Wilm Hosenfeld
»Ich versuche jeden zu retten«

Wilm Hosenfeld

»Ich versuche jeden zu retten«

Das Leben eines deutschen Offiziers in Briefen und Tagebüchern

Im Auftrag des
Militärgeschichtlichen Forschungsamtes
herausgegeben von Thomas Vogel

Deutsche Verlags-Anstalt
München

Bibliografische Information der Deutschen Bibliothek
Die Deutsche Bibliothek verzeichnet diese Publikation in der Deutschen Nationalbibliografie; detaillierte bibliografische Daten sind im Internet über http://dnb.ddb.de abrufbar.

Satz und Grafik: Militärgeschichtliches Forschungsamt, Potsdam
Abbildungen: Privatarchiv Familie Hosenfeld, Fulda
Druck und Bindung: Clausen & Bosse, Leck
Printed in Germany
ISBN 3-421-05776-1

Inhalt

Wilm Hosenfeld - Ein deutsches Leben ... 1
Kindheit und Schule, 1895-1914 ... 3
Soldat im Ersten Weltkrieg, 1914-1917 ... 4
Lehrer und Familienvater zwischen den Weltkriegen, 1917-1939 ... 11
Soldat und Retter in Polen, 1939-1945 ... 38
In sowjetischer Kriegsgefangenschaft, 1945-1952 ... 111

Dokumente
Tagebücher, Briefe, Aufzeichnungen

Erster Weltkrieg ... 149
Zwischen den Weltkriegen ... 181
Zweiter Weltkrieg ... 245
1939 ... 245
1940 ... 307
1941 ... 427
1942 ... 569
1943 ... 679
1944/45 ... 783
Kriegsgefangenschaft ... 889

Zur Quellenlage und Edition ... 981
Nachwort ... 987

Anmerkungsteil ... 991
Literatur ... 1173
Personenregister ... 1187

Wilm Hosenfeld – ein deutsches Leben

von Thomas Vogel

Am 13. August 1952, im Alter von 57 Jahren, starb in einem Straflager in Stalingrad, nach siebenjährigem Martyrium in sowjetischer Kriegsgefangenschaft, Hauptmann Wilhelm genannt Wilm Hosenfeld. Ein bemerkenswertes deutsches Leben fand damit sein tragisches Ende. Im Bemühen, den von Krankheit und Haft schwer Gezeichneten zu retten, hatte der jüdische Pole Leon Warm, der sein Überleben im Zweiten Weltkrieg auch Hosenfeld verdankte, bereits 1950 treffende Worte gefunden: »Tatsache ist, daß Schufte und Übeltäter auf freiem Fuß sind und ein Mensch, der eine Auszeichnung verdient, leiden muß[1].«

Wilm Hosenfeld lebte in der Erinnerung seiner Familie und derjenigen Menschen weiter, denen er während des Krieges zum Retter, Beschützer und Helfer geworden war. Der Öffentlichkeit blieb er lange Zeit unbekannt. Das mag daran liegen, daß seine Verdienste unter den politischen und gesellschaftlichen Bedingungen der Nachkriegszeit nicht besonders gefragt waren, Hosenfeld zudem weder aufgrund herausragender Position noch durch spektakuläre Taten posthum die Aufmerksamkeit auf sich ziehen konnte. Was ihn vielmehr auszeichnet und seine zeitgeschichtliche Bedeutung erkennen läßt, ist das »stille« Heldentum seines mitmenschlichen Engagements, mit dem er wie selbstverständlich auf die politische und rassische Verfolgung durch das nationalsozialistische Regime reagierte. Seine Selbstzeugnisse hierüber wurden zum großen Teil erst vor wenigen Jahren im Besitz der Familie wiederentdeckt. Sie offenbaren den stets wachen Geist und die Charakterstärke eines einfachen Bürgers, der sich von Hitlers »nationaler Revolution« zwar zeitweise mitreißen, von der NS-Ideologie aber nie wirklich überwältigen ließ und ihr schließlich mit schärfster Ablehnung und Widerstand begegnete.

Noch heute nötigt es größten Respekt ab, wie Hosenfeld aus seiner menschlichen und politischen Perspektive als Angehöriger der Warschauer Besatzungsgarnison zu ebenso hellsichtiger wie fundamentaler Kritik an der deutschen Herrschaftspraxis in Polen fand. Er nutzte darüber hinaus seinen Handlungsspielraum nach Kräften, um die grausamen Auswirkungen des nationalsozialistischen Terrors gegenüber Polen und Juden in seiner eigenen Umgebung zu mildern. Seine Hilfsbereitschaft wirkte sich dabei nicht nur im Fall von Władysław Szpilman lebensrettend aus. Nicht von ungefähr verdankt Hosenfeld seinen späten Nachruhm dem literarischen Denkmal, das ihm der jüdische polnische Pianist und Komponist Szpilman in seinen Memoiren[2] gesetzt hat. Erst jüngst hat die Verfilmung dieses Stoffes durch Roman Polanski, »Der Pianist«, auch den deutschen Hauptmann für die Öffentlichkeit lebendig werden lassen, wenngleich in einiger künstlerischer Freiheit.

Hosenfeld war beileibe kein »geborener« Gegner des Nationalsozialismus. Auf ihn trifft zu, was auch die allermeisten bekannten national-konservativen Köpfe im Widerstand gegen das »Dritte Reich« charakterisiert. Sein bereits in jungen Jahren erwecktes Nationalgefühl, sein freiwilliger Einsatz für Deutschland im Ersten Weltkrieg, sein soldatisches Erleben und seine Deutung dieses Krieges sowie die politische Enttäuschung über das Kriegs- und Nachkriegsschicksal Deutschlands machten ihn für Teile des nationalsozialistischen Programms durchaus empfänglich. Davon konnte er sich, wie anhand seiner Schriften gut nachzuvollziehen ist, erst in einem längeren Prozeß allmählicher Erkenntnis befreien. Das unmittelbare Erleben der nationalsozialistischen Schreckensherrschaft in Polen während des Zweiten Weltkrieges öffnete ihm dann endgültig und mit aller Konsequenz die Augen.

Kindheit und Schule, 1895-1914

Wilhelm Hosenfeld wurde als viertes von sechs Kindern am 2. Mai 1895 in Mackenzell geboren, einem Dorf, nahe der Kreisstadt Hünfeld am Rand der Rhön und in der preußischen Provinz Hessen-Nassau gelegen. Sein Vater Adalbert (1857-1938) leitete als Lehrer die örtliche Volksschule. Aus bäuerlicher Handwerker-Familie der weiteren Umgegend stammend, war er religiös fest im römisch-katholischen Glauben seiner Heimat verwurzelt. Nicht weniger gilt dies für Wilhelms Mutter Friederike, geborene Krick (1857-1930). Ziemlich eindeutig läßt Wilhelms Naturell das musische, schöngeistige Erbe der Mutter erkennen, die von einer angesehenen Musiker- und Glockengießer-Familie aus der Rhön abstammte. Seine Sensibilität und Emotionalität lassen dagegen wenig von der bäuerlichen Schlichtheit und patriarchalischen Dominanz des Vaters verspüren. Dessen gütiger Wesenskern scheint ihn dafür um so mehr geprägt zu haben, während sein eher lebhaftes Temperament wiederum stärker auf die Mutter hinweist.

Seine Kindheit verlebte Wilhelm wohlbehütet und ohne besondere Auffälligkeit im Dorf Mackenzell[3]. Die Erziehung durch den Vater, den er als Respektsperson durchaus fürchtete, war auch für damalige Verhältnisse recht streng. Das Verhältnis des Sohnes zum Vater hat es jedoch nicht nachhaltig getrübt. Die wirtschaftlichen Verhältnisse der Familie waren bescheiden. Dennoch erlaubten sie allen drei Söhnen den Besuch weiterführender Schulen. Wilhelm wurde nach den Grundschuljahren auf die Lateinschule in das benachbarte Hünfeld geschickt. Damals zeigte sich bereits sein gleichermaßen empfindsames wie aufbegehrendes Wesen, als er sich aus Protest gegen die Ohrfeige eines Lehrers vorübergehend weigerte, zur Schule zu gehen.

Nach der Lateinschule wechselte Wilm Hosenfeld mit 15 Jahren an eine sogenannte Präparandenanstalt, die ihn auf den Beruf des Volksschullehrers vorbereiten sollte. Hier, in der 70 Kilometer entfernten Kreisstadt Fritzlar, absolvierte er die Vorstufe für das nachfolgende eigentliche pädagogische Studium am katholischen Lehrerseminar in Fulda. Dort trat er genau an seinem achtzehnten Geburtstag im Jahre 1913 ein und nahm sich in der alten Bischofsstadt ein Zimmer.

Bei allem Respekt, den Wilhelm seinen Eltern entgegenbrachte, konnte auch ihr Verhältnis vom natürlichen Generationenkonflikt nicht unberührt bleiben, allerdings ohne daß es dadurch zum Zerwürfnis kam. Etwas mißtrauisch werden die Eltern verfolgt haben, wie sich Wilhelm wahrscheinlich schon in seiner Fritzlarer Zeit der alternativen Jugendbewegung des Wandervogels anschloß. Er nahm wohl im Oktober 1913 an einem deutschlandweiten Treffen auf dem Hohen Meißner bei Kassel teil, wo sich zahlreiche Wandervogel-Gruppen auf ein gemeinsames Programm, die »Meißnerformel«, verständigten und zur »Freideutschen Jugend« zusammenschlossen[4]. Hosenfelds geistige Formung, ja, sein ganzes Leben erhielt durch die Bindung an diese Bewegung entscheidende Impulse.

Der Wandervogel war Ende des 19. Jahrhunderts aus jugendlichem Protest gegen das Spießbürgertum der wilhelminischen Gesellschaft wie auch gegen die Zivilisationserscheinungen der industriellen Moderne entstanden. Die in losen Gruppierungen organisierten Wandervögel setzten dagegen ihre schwärmerische Idealisierung von Landleben und freier Natur. Dabei pflegten sie einen zwanglosen »kameradschaftlichen«, für damalige Verhältnisse jedoch freizügigen, emanzipatorischen Umgang der Geschlechter. Hauptsächlich unter der Jugend des städtischen Bildungsbürgertums fanden sie damit starke Resonanz. Solche Ideale vertrugen sich wenig mit den konservativen Vorstellungen der Eltern von Moral und politischer Autorität. Und so kann man erahnen, daß es über diese unterschiedlichen Auffassungen durchaus zu Reibungen zwischen Wilhelm und seinem Vater kam.

Soldat im Ersten Weltkrieg, 1914-1917

Dem inzwischen 19jährigen Wilhelm Hosenfeld blieb es nicht lange vergönnt, sich in der Wandervogel-Bewegung auszuleben. Der Ausbruch des Ersten Weltkrieges bereitete auch seiner beruflichen Ausbildung ein jähes Ende. Eine Woche nach Kriegsbeginn und nach kaum der Hälfte der vorgesehenen Zeit schloß er am 8. August 1914 sein Studium am Lehrerseminar in Fulda mit einer vorgezogenen Reifeprüfung ab. Sie beinhaltete bereits auch die »1. Lehrer-Prüfung«, formal dem heutigen 1. Staatsexamen vergleichbar. Das durch die allgemeine Mobilisierung erzwungene Los eines vorzeitigen Schulabschlusses teilte er mit vielen Altersgenossen, desgleichen die patriotische Begeisterung, die ihn damals erfaßte[5] und umgehend zu einer freiwilligen Meldung für den Militärdienst veranlaßte.

Bereits am 21. August 1914 wurde Hosenfeld beim preußischen Infanterie-Regiment Nr. 167 in Kassel als Rekrut eingestellt. Als Absolvent einer höheren Schule besaß er mit seiner freiwilligen Meldung die Perspektive einer Förderung zum Reserveoffizier. Doch zunächst einmal erhielt er seine militärische Grundausbildung. Er erfuhr sie trotz des Drills nicht als unangenehm. Sie kann allerdings höchstens zwei Monate gedauert haben. Schon Anfang November 1914 wurde er als »fertiger« Soldat zum preußischen Reserve-Infanterie-Regiment Nr. 235 versetzt, das sich gerade anschickte, an die Westfront nach Flandern abzurücken.

Im belgischen Flandern erlebte Hosenfeld sogleich seine Feuertaufe inmitten eines Brennpunktes des Kriegsgeschehens[6]. Mit seinem Regiment durchkämpfte er Mitte November 1914 die zweite Flandernschlacht vor Ypern, wo die deutschen Angriffsoperationen unter großen Verlusten scheiterten. Erst zwei Wochen zuvor waren hier in einer ersten mehrtägigen Schlacht, speziell um das Dorf Langemarck, Massen von deutschen Kriegsfreiwilligen, darunter viele Jugendliche, unzureichend ausgebildet und rücksichtslos geführt, im Angriff verblutet.

Nachdem die Kämpfe im Westen allgemein bald in einem Stellungskrieg erstarrt waren, von dem Hosenfeld offensichtlich keine nennenswerten Erlebnisse zu berichten wußte, kam es zu solchen erst wieder im Frühjahr 1915. Immer noch im selben Regiment vor Ypern eingesetzt, das unverändert von Truppen der Entente gehalten wurde, nahm er an der wiederaufgenommenen deutschen Offensive um den dortigen Frontbogen teil. Jedoch schon nach wenigen Tagen, am 24. April 1915, wurde er beim Kampf um St. Julien vor Ypern durch Artilleriebeschuß an Oberschenkel und Brust schwer verwundet[7]. Infolgedessen erlebte er seinen 20. Geburtstag in einem Lazarett in Aachen.

Hosenfeld scheint innerhalb der nächsten Wochen völlig von seiner Verwundung genesen zu sein. Jedenfalls wurde er am 28. Juni 1915 für den weiteren Kriegseinsatz nunmehr mit dem preußischen Reserve-Infanterie-Regiment Nr. 252 an die Ostfront verlegt. Ganz im Gegensatz zur Westfront befand sich diese damals heftig in Bewegung. Die im Mai 1915 entscheidend geschlagene Armee des Zaren zog sich auf breiter Front zurück. Mit Verstärkungen und neu aufgestellten Verbänden gelang es den Mittelmächten, ihren militärischen Erfolg auszunutzen. Im äußerst nördlichen Frontabschnitt von Litauen und Kurland beteiligte sich Hosenfelds Regiment am Zurückdrängen der russischen Armee. Dabei erlebte Hosenfeld die Eroberung von Kowno (Kaunas) Mitte August 1915. Erst im Herbst 1915 kam die Front entlang der Düna zum Stehen. Es begann nun auch hier ein Stellungskrieg. In einem Unterstand der Frontlinie östlich von Mitau, etwa 30 Kilometer südlich von Riga, feierte Hosenfeld seine zweite Kriegs-Weihnacht[8].

Hosenfeld erlebte an der Düna seinen am wenigsten aufregenden und gefährlichen Einsatz. Entsprechend wenig ist von ihm, der in der Rückschau vorwiegend die Höhepunkte seiner Kriegszeit festhielt, aus dieser Periode überliefert. Immerhin vermerkte er damals seine ersten Beförderungen, im August 1915 zum Gefreiten und schon im Oktober zum Unteroffizier. Damit erhielt er die Führung einer Gruppe von etwa zehn Soldaten. Im April 1916 wurde er für sein »tapferes Verhalten vor dem Feind auf dem östlichen Kriegsschauplatz«[9] mit dem preußischen Orden des Eisernen Kreuzes II. Klasse ausgezeichnet.

Mit Hosenfelds Verlegung auf den Balkan, an die im Entstehen begriffene Front entlang der ungarisch-rumänischen Grenze, begann die dritte und letzte, gleichzeitig die am besten dokumentierte Phase seiner Zeit im Ersten Weltkrieg. Hier, am Rand des ungarischen Siebenbürgen, hatte nach dem Zusammenbruch der österreichisch-ungarischen Ostfront gegenüber Rußland im Sommer 1916 die Kriegserklärung Rumäniens Ende August eine bedrohliche Lage für die Mittelmächte Deutschland und Österreich-Ungarn geschaffen. Umgehend mobilisierte die deutsche Oberste Heeresleitung ihre letzten Reserven zur Unterstützung des angeschlagenen Verbündeten.

Nach einwöchigem Eisenbahntransport erreichte Hosenfelds Regiment am 24. September 1916 seinen Sammelraum nördlich von Hermannstadt in Siebenbürgen. Verzugslos erfolgte der Angriff gegen die rumänischen Streitkräfte, die bereits nach Siebenbürgen vorgedrungen waren. Gleich Ende September kam es zur ersten größeren Schlacht. Anschließend war Hosenfelds Regiment dabei, einen Teil der rumänischen Armee ostwärts bis in den Raum von Kronstadt zu verfolgen. Dabei hatte Hosenfeld jenes eindringliche Erlebnis mit einem verwundeten rumänischen Soldaten, von dem er später in bewegender Weise berichtete und das als frühes Zeugnis seiner Moral und Menschlichkeit im Krieg gelten kann[10].

Bei Kronstadt unterlagen die Rumänen erneut und wurden in der Folge hier wie anderen Orts über die Grenzpässe der Transsilvanischen Alpen aus Siebenbürgen verdrängt. Mitte Oktober überwand Hosenfleds Verband im Verein mit einer österreichischen Gebirgs-Brigade den 1200 m hoch gelegenen Törzburger Paß und damit die Grenze nach Rumänien. Vom Panorama der bis zu 2500 m hohen Gebirgswelt fasziniert, lernte Hosenfeld damals andererseits die Strapazen und Gefahren des Krieges im Hochgebirge kennen. Den restlichen Oktober und fast den ganzen November wurde hier seine Truppe von den Rumänen aufgehalten, deren Widerstand sich nun versteifte.

Erst Ende November 1916 gelang der deutschen 9. Armee der allgemeine Durchbruch an der Gebirgsfront nach Süden in das rumänische Kern- bzw. Tiefland, die Walachei. Nach einer letzten großen Schlacht fiel ihr Bukarest nahezu kampflos in die Hände. Am 9. Dezember erreichte Hosenfelds Truppe 70 Kilometer weiter nördlich relativ ungehindert Ploieşti mit seinen bedeutenden Erdölförderanlagen. Die rumänischen Truppen stellten sich nunmehr unter russischem Oberbefehl im Verband mit der russischen Donau-Armee zwischen Buzău und Rîmnicul-Sărat nochmals den Angreifern entgegen. Ihre Verteidigungslinie bis zur Donau hielt jedoch in den letzten Dezember-Tagen 1916 nicht stand.

Ein vorerst letztes Angriffsziel erreichte die 9. Armee schließlich Anfang Januar 1917 mit dem Sereth-Zufluß Putna und dem Unterlauf des Donau-Zuflusses Sereth selbst. Damit stand sie an der Grenze der Moldau, der einzigen von den Mittelmächten noch nicht besetzten Region Rumäniens. In einer letzten größeren Anstrengung nahm Hosenfelds Regiment an der Einnahme der Festungsstadt Foçşani teil. Sowohl die winterliche Witterung als auch die eigene Erschöpfung machten darüber hinaus jeden Angriff der Mittelmächte auf die von russischen Armeen wesentlich verstärkte Front am Sereth aussichtslos. Die Schwäche beider Seiten, im Falle Rußlands bald durch die Wirren der Februarrevolution verschärft, ließ den Kampf zwischen Gebirge und Donaudelta schließlich bis in den Frühsommer 1917 im Stellungskrieg erstarren.

Der 21jährige Hosenfeld hatte sich bis dahin in den Augen seiner Vorgesetzten als Gruppenführer ganz offensichtlich gut bewährt. Daher wurde er am 27. Januar 1917, also gleich nach Verstreichen der Mindestdienstzeit als Unteroffizier, zum Vizefeldwebel befördert. Er übernahm die Führung eines Zuges von etwa 30 Soldaten, gegliedert in drei Gruppen. Damit fand er, obwohl noch Offiziersaspirant der Reserve, bereits auf einer Offiziersstelle Verwendung.

Der Stellungskrieg an Putna und Sereth bildete weniger eine militärische oder soldatische Herausforderung. Es waren vielmehr die naturräumlich-klimatischen Faktoren, vor allem aber die katastrophalen hygienischen Bedingungen, die die physische und psychische Belastung der Soldaten stark ansteigen ließen. Ruhr und Cholera dezimierten ihre Einsatzbereitschaft bald erheblich. Auch Hosenfeld erkrankte ernstlich. Er kam Ende März 1917 zur stationären Behandlung ins Lazarett, wo er schließlich den gesamten April zubringen mußte.

Anschließend durfte er zu einem dreiwöchigen Genesungsurlaub in die Heimat. Kaum zwei Monate nach seiner Rückkehr kam die Sereth-Front Ende Juli wieder in Bewegung. Im Zuge eines deutschen Angriffs über die Putna am 6. August verwundete ihn ein Gewehrschuß am linken Bein schwer. In Frontlazaretten wurde Hosenfeld zunächst chirurgisch notversorgt. Bald erwies sich die Notwendigkeit, ihn zur Weiterbehandlung in die Heimat zu überführen. Nach siebentägiger Fahrt erreichte der Lazarettzug Ende August Gera.

Im Lazarett von Gera wurde Hosenfelds Schußverletzung vier Wochen lang mit chirurgischem Geschick erfolgreich nachversorgt. Seine große Befürchtung, das Bein könnte dauerhaft steif bleiben, erwies sich als unbegründet. Ende September 1917 verlegte man ihn zum Ersatz-Truppenteil nach Jena, wo sein Alltag aus ruhigem Kasernendienst und ambulanter Rehabilitationstherapie bestand. Als »felddienstuntauglich« verbrachte er hier und später im Garnisonslazarett von Weimar das restliche Jahr 1917. Das gab ihm auch Muse, einen Großteil seiner Kriegserinnerungen zu verfassen. Etwa Anfang 1918 wurde er vermutlich wegen seiner körperlichen Verfassung aus dem aktiven Militärdienst entlassen. Der Krieg war für ihn vorbei.

Hosenfelds Selbstzeugnisse aus der Kriegszeit ergeben ein ziemlich klares Profil seiner Persönlichkeit. Sie machen Wesenszüge des jungen Erwachsenen sichtbar, von denen gleichzeitig dauerhafte Lebenslinien ausgehen, und verdienen deshalb etwas eingehendere Aufmerksamkeit. Beginnt man mit dem politischen Menschen, so fällt zunächst seine patriotische Begeisterung ins Auge, mit der er allerdings durchaus in das Bild seiner Generation und Bildungsschicht paßt[11]. Bezeichnenderweise galt diese weniger der preußischen Monarchie; Hosenfelds Äußerungen verraten vielmehr ein stark ausgeprägtes Nationalbewußtsein. Dieser Patriotismus war jedoch nicht nationalistisch übersteigert. Dahingehend machte er sich allenfalls und selten mißverständlich bemerkbar, so etwa beim Einsatz in Siebenbürgen und Rumänien. Gewiß auch unter dem Einfluß der Kriegspropaganda, fühlte sich Hosenfeld damals als »Befreier« der deutschen Minderheit vom rumänischen Joch. Die Teilhabe an den deutschen militärischen Erfolgen und der dort beobachtete Zivilisationsstand ließen in ihm unverhohlene Überlegenheitsgefühle gegenüber den Rumänen aufkommen. Wenn man hierin ein nationalistisches Moment erkennen will, so fehlte ihm doch jede Dumpfheit. Aus Hosenfelds Feder spricht keine Ignoranz oder abfällige Geringschätzigkeit gegenüber fremden Kulturen – im Gegenteil. Seine grundsätzliche Aufgeschlossenheit, sein großes Interesse für Land und Leute sind unverkennbar. Ihrer Beobachtung widmete er als Autor fast soviel Aufmerksamkeit wie seinen eigentlichen Kriegserlebnissen. Dabei kam er zu kritischen, aber immer auch abwägenden und letztlich verständnisvollen Urteilen über die andere Lebenswelt[12].

Fremd blieben Hosenfeld jegliche Haßgefühle für den Kriegsgegner. Menschliches Leid fand grundsätzlich sein Mitleid. Der notleidenden Zivilbevölkerung im Feindesland brachte er es ebenso entgegen wie dem verwundeten feindlichen Soldaten. Letzteres wirft ein bezeichnendes Licht auf seine durchaus nicht selbstverständliche Auffassung von soldatischer Kameradschaft. All das war Ausdruck eines christlichen Gewissens, das in tiefer Religiosität gründete, die wiederum wenig von herkömmlicher Frömmigkeit oder gar Frömmelei verspüren läßt. Sein religiöser Glauben sollte ihm später, in der Endphase des Zweiten Weltkrieges und in der Kriegsgefangenschaft, zum inneren Halt werden. Aber auch schon in jungen Jahren, in psychischer Bedrängnis durch das Fronterlebnis, fand er immer wieder Rückhalt und Zuflucht im christlichen Glauben an Gott. Das starke innere Erleben der Weihnachtszeit im Feld, in dem sich schon damals seine gleichermaßen religiöse wie romantische Seele offenbarte[13], ist durchaus symptomatisch hierfür.

Es bleibt schließlich die für seinen weiteren Lebensweg nicht unwichtige Frage, inwiefern das unmittelbare Kriegserleben Auswirkungen auf geistige Entwicklung und politisches Denken Hosenfelds hatte. Daß ihn die Jahre menschlich reifen und schneller erwachsen werden ließen, versteht sich fast von selbst. Darüber hinaus wird vieles erst seine spätere Biographie sichtbar machen. Vorerst ist festzustellen, daß sein Kriegserlebnis keinen grundlegenden geistigen Sinneswandel auslöste, der ihn politisch radikalisiert hätte. Weder glorifizierte er seine Zeit als Soldat noch wandte er sich dem Pazifismus zu. Er stellte rückblickend den Sinn des Krieges und seine Beteiligung daran auch nicht erkennbar in Frage. Das Gegenteil wäre einer Selbstverleugnung gleichgekommen, war er doch ungeachtet alles Erlittenen einfach zu gerne Soldat gewesen, der für die gerechte Sache Deutschlands zu kämpfen glaubte. Die vielfache Erfahrung von Tod und Verwundung, nicht zuletzt am eigenen Leib, hatte seine Kriegsbegeisterung der Anfangszeit immerhin gedämpft und den Blick auf die vergangenen Ereignisse geschärft. Die deutsche Ypern-Offensive vom Frühjahr 1915 bezeichnete er schon im Rückblick nach seiner ersten Verwundung als »entsetzliches Massenmorden«[14]. Und die Propagandatöne zur Kriegslage, die er im Lazarett bei der Weihnachtspredigt 1917 des Geistlichen hören mußte, kritisierte er als verlogen[15]. Anläßlich seiner vorzeitigen Verabschiedung empfand er Erleichterung darüber, wieder sein eigener Herr zu sein. Dabei erwies sich seine Unternehmungslust sogleich als ungebrochen.

Lehrer und Familienvater zwischen den Weltkriegen, 1917-1939

Politische, berufliche und private Orientierung unter dem Vorzeichen des Wandervogels, 1917-1919

Noch als Soldat in ärztlicher Behandlung, hatte Hosenfeld im Herbst 1917 bereits wieder Verbindungen zum Wandervogel geknüpft. Nach den jahrelangen Einschränkungen und Belastungen war es ihm ein Bedürfnis, nun wieder freie Luft und die Unbeschwertheit unter Gleichgesinnten zu genießen. Als »das Schönste, was mir die Heimat gibt«[16], bezeichnete er das Wiedersehen mit den Wandervögeln.

Die Jugendbewegung war allerdings in die Jahre gekommen, dabei verstärkt während des Weltkrieges unter den Einfluß ideologischer Strömungen geraten. Hosenfeld wurde Zeuge dieser Politisierung anläßlich eines »Gauführertages«

des thüringischen Wandervogels am 30. September 1917[17]. Er begeisterte sich für den Auftritt und die charismatische Persönlichkeit von Otger Gräff (1893-1917), der für den von ihm gegründeten Jungdeutschen Bund warb[18]. Mit den ursprünglichen Idealen des Wandervogels hatte diese politisch rechtsextreme Fraktion nicht mehr viel gemein. Hosenfeld trat dennoch den Jungdeutschen bei[19], wohl angezogen von ihrer als »völkisch« bezeichneten Betonung des Deutschtums, der Propagierung des Führerprinzips wie überhaupt ihrem elitären Bewußtsein. Dagegen schenkte er speziell ihren rassistischen und bereits antisemitischen Vorstellungen anscheinend keine Beachtung, jedenfalls waren sie ihm keine Erwähnung wert. Darüber hinaus zeigte sich sein politisches Bewußtsein keineswegs ideologisch verhärtet. Auf jenem »Gauführertag« fanden auch Persönlichkeit und Argumentation von Carl Rieniets sein Gefallen, eines deutlich linkssozialistisch orientierten Jugendführers aus Jena[20].

Parallel zu seinem recht aktiven Wandervogel-Leben bemühte sich Hosenfeld damals um eine berufliche Existenz. Am 1. Mai 1918 erhielt er an der Dorfschule von Rudolphshan, kaum zehn Kilometer von seinem Geburtsort Mackenzell entfernt[21], eine erste Anstellung als Referendar. Als er schon fünf Monate später wieder versetzt wurde, hatte er dort kurz zuvor noch eine eigene Wandervogel-Gruppe begründet. Als deren »Nest« wurde ein altes Dorfhaus angemietet und unter seiner Regie hergerichtet. Hier trafen sich unregelmäßig, an Wochenenden und in den Ferien, gleichgesinnte Männer und Frauen aus weitem Umkreis, von Kassel bis Gießen und Frankfurt am Main, überwiegend Junglehrer wie Hosenfeld selbst. Auch der junge Adolf Reichwein (1898-1944) nahm mindestens einmal daran teil. Vom reformpädagogischen Eifer, der diesen später berühmt machte, zeigte sich Hosenfeld selbst bald in der Praxis seines eigenen Schulbetriebs erfüllt.

Dem Wandervogel-Leben verdankte Hosenfeld jedoch nicht nur vielfache geistige und politische Anregung sowie im übrigen seinen Rufnamen Wilm. Am 8. August 1918 besuchte er ein überregionales Treffen auf Burg Ludwigstein bei Witzenhausen und begegnete erstmals seiner späteren Ehefrau, der drei Jahre jüngeren Annemarie Krummacher (1898-1972). Es war offensichtlich Liebe auf den ersten Blick. Nach einigen Monaten verlobten sie sich, zunächst heimlich, weil sie den Unwillen der Eltern fürchteten. Im Herbst 1919 offenbarten sie Ihnen dann doch ihre baldigen Heiratsabsichten.

Mit Wilm Hosenfeld und Annemarie Krummacher hatten sich zwei durchaus ähnliche Charaktere gefunden, gleichermaßen gefühl- wie temperamentvoll und von sinnlicher Ausstrahlung. Sie teilten nicht nur ihre Liebe zum Wandervogel, sondern ergänzten sich außergewöhnlich in ihren breiten geistigen und musischen Interessen. Ihre sehr unterschiedlichen familiären Hintergründe bildeten allerdings ein latentes Reibungspotential, das ihre innige Liebesbeziehung später nie in langweilige Eheharmonie verflachen ließ. Zunächst einmal erschwerte diese Konstellation jedoch ihre Eheschließung.

Annemarie Krummacher stammte aus fast schon großbürgerlicher Familie, deren streng protestantische Tradition väterlicherseits sich erst in ihrem Elternhaus etwas verloren hatte. Ihr Vater war der akademische Maler Karl Krummacher (1867-1955). Seine gutsituierte Herkunft aus einem alten rheinisch-westfälischen Theologen- und Pastorengeschlecht hatte es ihm erlaubt, sich nach einem kurzen Berliner Zwischenspiel als Kunstschriftsteller und -kritiker dauerhaft und materiell sorgenfrei mit seiner Familie in Worpswede niederzulassen, wo er sich fortan ganz der Malerei widmete. Im Kontakt mit den benachbarten und befreundeten Größen der dortigen Künstlerkolonie wuchs Annemarie auf. Ihre Spielgefährtin war die älteste Tochter der Malerfamilie Modersohn-Becker. Hier lernte sie auch den Maler Heinrich Vogeler näher kennen, dessen späteres Lebensexperiment mit dem Sowjet-Kommunismus noch die Eheleute Hosenfeld intellektuell anregen sollte. In dieser gebildeten Umgebung genoß Annemarie eine Erziehung, die freigeistig, auch sozialistischen und pazifistischen Gedanken aufgeschlossen, gleichzeitig der bürgerlichen Herkunft und dem reformierten Glaubensbekenntnis keinesfalls entfremdet war. Nach dem Besuch einer Internatsschule in Sondershausen studierte sie schließlich Sozialpädagogik in Bremen. Ihre musische Ader wurde durch eine Gesangsausbildung gefördert.

Ihre geistige Prägung brachte es mit sich, daß die junge Frau innerhalb des Wandervogels nicht Anschluß an jene völkische Fraktion suchte, mit der ihr späterer Mann sympathisierte, sondern die liberale Strömung in der »freideutschen Jugend« bevorzugte. Eine gemeinsame Grundlage für die menschliche Begegnung eines jungen Paares bildete die alte Wandervogel-Gemeinschaft damals aber immer noch, bevor diese als Opfer politischer Interessen bald endgültig in einzelne Jugendbünde zerfiel.

Heirat mit Hindernissen und berufliche Lehrjahre, 1920–1927

Als Wilm Hosenfeld irgendwann im Spätjahr 1919 seinen Eltern Verlobung und Heiratsabsicht mitteilte, entfachte er die erwartete Familienkrise. Vor allem sein Vater reagierte strikt ablehnend. Er hielt Annemarie nicht für geeignet, die Ehefrau eines Dorfschullehrers zu werden. Als »höhere Tochter« erschien sie nicht gerade geschaffen für ein solches Leben, denn es bot ihr materiell und in gesellschaftlicher Hinsicht eher bescheidene Aussichten. Überwiegend jedoch gründete die ablehnende Haltung der Eltern im konfessionellen Unterschied. Die Entscheidung ihres Sohnes für eine Frau aus andersgläubiger Familie erschütterte sie in ihren religiösen Grundfesten, verletzte zudem ihren elterlichen Stolz. Wilms Verzweiflung über die konfessionelle Engstirnigkeit seiner Eltern geht aus einem Schreiben hervor, in dem er Annemaries Eltern seine Lage auseinandersetzte[22]. Diese hielten das Verhalten ihrer Tochter zwar auch für leichtsinnig, den Entschluß des Paares für übereilt, erwiesen sich aber als verständnisvoller und hatten Wilm bereits freundlich aufgenommen.

Es bedurfte einiger Überredung, bis die Eltern den Entschluß ihres Sohnes akzeptierten. Am 23. Mai 1920 endlich konnte in der katholischen Kirche St. Johannis zu Bremen die Hochzeit stattfinden. Bald verbesserte sich das Verhältnis zwischen Wilms Eltern und der Schwiegertochter, als sie diese besser kennenlernten, nicht zuletzt weil Annemarie schließlich aus freien Stücken zum katholischen Glauben konvertierte.

Das frisch verheiratete Paar bezog im Spessart-Dorf Roßbach (Kreis Gelnhausen) seine erste gemeinsame Wohnung.

Hier hatte Hosenfeld seit der Abberufung aus Rudolphshan im Oktober 1918 sein Referendariat an der örtlichen Volksschule fortgesetzt. Seinen privaten Abschied aus Rudolphshahn hatte er allerdings erst im September 1919 genommen, als er das dort von ihm geführte »Wandervogel-Nest« unter dem Druck der Umstände auflösen mußte. Die unkonventionelle Gemeinschaft hatte zunehmenden Argwohn und Unwillen der Dorfbewohner ausgelöst und den Ortspfarrer auf den Plan gerufen. Der bündischen Jugend als dem politischen Erben des Wandervogel, mit dem er sich am meisten identifizieren konnte, blieb Hosenfeld aber weiterhin verbunden, wenngleich mit abnehmender Intensität. Das Berufs-, Ehe- und Familienleben forderte seinen Tribut.

In Roßbach konnte das Paar bald zwei wichtige berufliche und private Ereignisse feiern. Am 4. Februar 1921 schloß Hosenfeld hier seine Referendarzeit mit der 2. Lehrer-Prüfung ab und wurde daraufhin als Beamter in den Schuldienst übernommen. Eine solche existentielle Absicherung war dem Paar um so willkommener, als zwei Wochen später das erste Kind, Helmut, zur Welt kam. Die Versetzung Hosenfelds einige Monate später auf eine feste Lehrerstelle in das nur wenige Kilometer von Roßbach entfernte größere Dorf Kassel[23] ließ die Familie umziehen.

Am 1. Juni 1921 trat Hosenfeld seine neue Stelle an, wo er für die nächsten sechs Jahre bleiben sollte. Die Familie bewohnte die Lehrerwohnung im Schulhaus. Mit der Geburt der Tochter Anemone erhielt sie 1924 weiteren Zuwachs. Für Hosenfeld selbst wurde nicht nur die Volksschule in Kassel, sondern die ganze Dorfgemeinde zum ersten größeren Wirkungsort seines pädagogischen Reformeifers.

Mit seinem ausgeprägten reformpädagogischen Impetus war Hosenfeld Anhänger jener internationalen Bewegung, die vielfältige Ansätze zur Erneuerung von Erziehung, Schule und Unterricht hervorgebracht hatte. In der durch den Weltkrieg ernüchterten, nach neuen Wegen suchenden Jugendbewegung war solches Gedankengut auf fruchtbaren Boden gefallen. So deutet auch alles darauf hin, daß Hosenfeld als junger

Pädagoge wesentliche Anregungen aus der Diskussion innerhalb des Wandervogels erhielt. Deren Themen und Verlauf wurden vielfach von Protagonisten der Reformbewegung geprägt, auf die er sich später zuweilen berief. Das waren etwa Gustav Wyneken (1875-1964), Erzieher und radikaler Prophet einer neuen Jugendkultur, und der Philosoph Paul Natorp (1854-1924), Begründer einer sozialpädagogischen Denkschule. Nicht zuletzt dienten ihm die Lehren von Johann Heinrich Pestalozzi (1746-1827) als geistige Orientierung. Insgesamt bekannte sich Hosenfeld zum Prinzip der sogenannten Arbeitsschule.

Der Umstand, daß von Hosenfeld zahlreiche tagebuchartige Aufzeichnungen über den Schulalltag in Kassel erhalten sind, verdient an sich schon Beachtung. Scharfsinnig und oft hart im Urteil, zeigen sie ihn um eine Analyse der schulischen Zustände ebenso bemüht wie andererseits bereit zur Selbstreflexion und -kritik. Auf diese Weise spiegeln sie nichts weniger als sein berufliches Selbstverständnis wieder. Demnach betrachtete er sich nicht einfach als Lehrer, sondern fühlte sich in einem viel umfassenderen Sinn zum Erzieher berufen. Dabei folgte er der Erkenntnis, daß die berechtigten Ansprüche des Kindes auf Achtung seiner spezifischen Eigenheiten und Bedürfnisse mit den Erfordernissen einer Erziehung zur Gemeinschaft versöhnt werden müßten. In ganz prinzipiellem Respekt vor dem kindlichen Individuum also, bemühte sich Hosenfeld entsprechend einfühlsam und methodisch geschickt, gleichermaßen die Herzen seiner Schulkinder zu gewinnen wie ihren Verstand anzuregen, um sie für den Lernstoff wirklich empfänglich zu machen. Er gestaltete den Unterricht als inneres Erlebnis für sie, gab ihnen auch ungewöhnlich viel Freiraum. Damit wich er, ohne deshalb auf Konsequenz und Disziplin zu verzichten, vom damals üblichen autoritären Unterrichtsstil deutlich ab.

Unter den Kollegen machte sich der Junglehrer mit seinen »neumodischen« Vorstellungen nicht gerade beliebt. Er ließ sie seine Kritik an der konventionellen Unterrichtspraxis, die für ihn auf eine »Abrichtung« der Kinder zu willenlosen Geschöpfen hinauslief, und auch an ihren individuellen Fehlleistungen durchaus spüren. In gleicher Weise eckte er bei den Organen der örtlichen Schulaufsicht, Dorfbürgermeister und Ortspfarrer, immer wieder an. Im Gegenzug bereiteten ihm deren Selbstherrlichkeit und Winkelzüge manches Ärgernis.

Mitunter sah Hosenfeld seine hochfliegenden Erwartungen auch durch die geistige Trägheit der bäuerlichen Bevölkerung gedämpft. Um so energischer engagierte er sich im Dorfleben. Damit ist weniger sein Organistendienst in der Kirche gemeint als vielmehr sein ambitioniertes Wirken als »Menschenerzieher«, zu dem er sich jenseits des schulischen Lehrauftrages berufen fühlte. Das Ziel einer sozialen »Veredlung«[24] des Menschen vor Augen, war ihm dessen geistige und – hieraus ableitend – sittliche Hebung sein innerstes, zutiefst idealistisches Anliegen. Daher wollte er auch auf die Jugend über die Schulentlassung hinaus erzieherisch einwirken.

Für die praktische Umsetzung machte sich Hosenfeld den Gedanken der Fortbildungsschule zunutze, die damals noch im Wandel von der alten Winterschule des 19. Jahrhunderts zum modernen, fachbezogenen Berufsschulwesen steckte. Bei einem Kurs über Obstbau, den er für die Dorfbevölkerung abhielt, war ihm ein Bedürfnis auch an geistiger Weiterbildung aufgefallen. Einige »Unterhaltungsabende« über Literatur und Geschichte bestätigten ihm dies. Also wagte er Ende 1923 die Gründung einer örtlichen Fortbildungsschule. Für die freiwillige Teilnahme warb er gezielt unter der Dorfjugend im Alter zwischen 15 und 25 Jahren. Nachdem er die Unterstützung von Bürgermeister und Gemeinderat sowie die Mitwirkung eines Lehrerkollegen gewonnen hatte, konnte der Schulbetrieb anlaufen. Ein abwechslungsreiches und anspruchsvolles Programm aus Fächern wie Staatsbürgerkunde, Volkswirtschaftslehre, Naturkunde, Deutsch, Literatur, Geschichte wurde den Winter über an einem Abend pro Woche geboten. Seitdem blieb Hosenfelds Bemühen um »Jugendpflege« und »Volksbildung« im Rahmen der Fortbildungsschule ein wesentliches Element seines pädagogischen Engagements. Später sollte er es dann auch im offiziellen schulamtlichen Auftrag weiterführen.

Familienvater und Schulleiter in Thalau, 1927–1939

Nach fast sechsjähriger Tätigkeit im Dorf Kassel erreichte Hosenfeld die Versetzung in seine engere Heimatregion. Zum Schuljahresbeginn am 1. April 1927 trat er eine Stelle an der Volksschule von Thalau an, einem kleinen Dorf 15 Kilometer südöstlich von Fulda. Mehr als die Nähe zu Eltern und Verwandten dürfte ihn gereizt habe, daß er nun, mit fast 32 Jahren, Schulleiter wurde. Zwar stand ihm für die Betreuung der etwa 80 bis 90 Schulkinder in Thalau nur eine Kollegin zur Seite, doch war er jetzt weitgehend sein eigener Herr.

Die Familie zog ins Schulhaus ein. Hier sollte sie endgültig heimisch werden. Thalau wurde zum Geburtsort dreier weiterer Kinder, des zweiten Sohnes Detlev (1927) sowie der beiden Töchter Jorinde (1932) und Uta (1937). Alle Geschwister wuchsen mit dem engen räumlichen Nebeneinander von Familienwohnung, Schulbetrieb und eigenem Schulunterricht auf; die älteren genossen darüber hinaus den lebendig und interessant gestalteten Unterricht ihres eigenen Vaters.

Das kärgliche Gehalt eines Dorfschullehrers zwang die Familie zu äußerster Sparsamkeit. Auch Hosenfelds Nebenverdienste als Kirchenorganist und durch zeitweiligen Zusatzunterricht in der Fortbildungsschule besserten das Einkommen nicht wesentlich auf. Aus der eigenen kleinen Landwirtschaft versorgte man sich teilweise selbst. Gemüse und Obst wurden angebaut, auch Hühner gehalten, zuweilen sogar ein Schwein und eine Ziege. Die anfallenden Handarbeiten bereiteten Hosenfeld eine tiefe innere Befriedigung, die noch ganz die bäuerliche Herkunft spüren läßt. Eine besondere Leidenschaft entdeckte er für die Imkerei, die er bald recht professionell betrieb.

Dem geistigen Leben der Familie waren in der Abgeschiedenheit des Dorfes deutliche Grenzen gesetzt. Immerhin lag die nächste Bahnstation nur zwei Kilometer entfernt. Das erlaubte der Familie, die kein eigenes Fahrzeug besaß, hin und wieder einen Kinobesuch und Einkäufe in Fulda. Am meisten litt Annemarie Hosenfeld unter den Verhältnissen. Sie vermißte ein bürgerliches Gesellschaftsleben und den Verkehr mit gebildeten Leuten. Erschwerend kam hinzu, daß ihre zarte Natur die Pflichten als Mutter und Hauswirtschafterin nicht leicht bewältigte. Ein Dienstmädchen konnte sich die Familie erst in späteren Jahren leisten. Immerhin besaß Annemarie Hosenfeld in ihrem Ehemann einen an Literatur und Kunst vielseitig interessierten Gesprächspartner. Seine Vorliebe gehörte zwar dem national-konservativen deutschen Kriegsroman, Autoren wie Walter Flex, Edwin Erich Dwinger und Josef Magnus Wehner; das hinderte ihn andererseits nicht daran, gemeinsam mit seiner Frau aufgeschlossen das politische Experiment des jungen Sowjet-Kommunismus zu verfolgen.

Als Schulleiter in Thalau konnte Hosenfeld seine pädagogischen Vorstellungen nun ungehinderter von Rücksichten auf Vorgesetzte und Kollegen verwirklichen. Gelegentlich einer Revision durch Vertreter der mittleren Schulbehörde im Juni 1929 erhielt er sogar offizielles Lob für seine »fleißige Arbeit und die Methode des Arbeitsschulprinzips«[25]. Obwohl über Hosenfelds Anfangsjahre in Thalau relativ wenig Zeugnisse von ihm selbst überliefert sind[26], gibt es Hinweise darauf, daß er bereits damals über den engeren Schulbetrieb hinaus rührig war. Mehr als man es von ihm erwarten konnte, schaltete er sich in das öffentliche Leben des Dorfes ein. Außer dem Organistendienst übernahm er die Leitung des Gesangsvereins. Die Dorfbevölkerung suchte er in Obstbaukursen praktisch weiterzubilden, aber auch für Theater- und Musikaufführungen der Schule zu interessieren. Zudem intensivierte er den Schulsport und war mit seinen Schülern auf regionalen Sportfesten erfolgreich.

Besonders nahe lag es, daß Hosenfeld als ehemaliger Soldat Mitglied im Volksbund Deutscher Kriegsgräberfürsorge wurde, für den er sich auf örtlicher Ebene engagierte[27]. In diesem Zusammenhang suchte er am Volkstrauer- bzw. Heldengedenktag[28] auf die Dorfbevölkerung in seinem Sinn einzuwirken. So ließ er die jährliche Feierstunde im Dorf regelmäßig durch seine Schulkinder mitgestalten und hielt selbst die Festrede. Zwei dieser Ansprachen sind erhalten[29] und geben einen guten Einblick in seine Denkweise. Dem zeittypischen pathetischen Grundton verhaftet, beeindrucken sie andererseits durch eine Eindringlichkeit, die aus persönlichem Erleben herrührt. Sie führen den Zuhörern das Schicksal der Gefallenen, das Leiden der Frontkämpfer und ihren patriotischen Einsatz vor Augen. Die politische Botschaft ist deutlich, wenngleich ohne jeden konkreten parteipolitischen Bezug. Sie fordert zur Überwindung der politischen Zerrissenheit des deutschen Volkes auf, damit das Opfer nicht sinnlos bleibe.

Hosenfelds Eintreten für das Gedenken an die Gefallenen ist ein guter Beleg für sein ungebrochenes patriotisches Bewußtsein. Es war erstaunlich frei von kriegerischem Revanchismus. Auch wenn er den Friedensvertrag von Versailles als »Diktat« betrachtete, so lehnte er doch Kriegsverherrlichung und Kriegstreiberei ausdrücklich ab. Politisch rechtsextrem klang das jedenfalls nicht Anfang der dreißiger Jahre, als die Nationalsozialisten bereits nach der Macht griffen. Hosenfeld stand vielmehr der konservativ und katholisch geprägten Deutschen Zentrumspartei nahe. Über eine Parteimitgliedschaft ist nichts bekannt, doch war Hosenfeld nachweislich Mitglied des Katholischen Lehrerverbandes[30], der in einem engen Verhältnis zum Zentrum stand[31]. Auch wurde im Hause Hosenfeld die dem Zentrum nahestehende »Fuldaer Zeitung« gelesen sowie der »Bonifazius Bote«, die Kirchenzeitung des Bistums Fulda.

Obwohl keine explizite Stellungnahme Hosenfelds überliefert ist, darf man schließen, daß Hosenfelds Liebe nicht gerade der ersten deutschen Republik gehörte. Aus seiner Perspektive war sie zwangsläufig durch »Versailles« stigmatisiert. Den Friedensvertrag von 1919 verachteten wie Hosenfeld viele Deutsche als »Schanddiktat«, weil er Deutschland die Alleinschuld am Krieg zusprach. Schließlich mußte er Anfang der dreißiger Jahre das Scheitern aller politischen und wirtschaftlichen Konsolidierungsbemühungen erleben. Selbst in der ländlichen Umgebung war damals die bedrückende Massenarbeitslosigkeit gegenwärtig, von der das Deutsche Reich infolge der weltweiten Wirtschaftskrise erschüttert wurde. Als Patriot nahm er noch betroffener die gleichzeitige innenpolitische Radikalisierung wahr, die zu bürgerkriegsähnlichen

Zuständen führte. Doch Hosenfeld war kein Feind der Republik oder der demokratischen Staatsform an sich. Ungeachtet aller Vorbehalte hatte er sich mit beidem offensichtlich ganz gut arrangiert und darin durchaus die Chance für einen Neubeginn in Deutschland gesehen.

Bereits seine Initiative für die Fortbildungsschule in Kassel Ende 1923 war von politischem Optimismus beseelt gewesen[32]. Als Lehrer ließ er dann auch später nicht die geforderte staatsbürgerliche Loyalität gegenüber Souverän und Dienstherrn vermissen. Zur Feier des 10. Jahrestages der Verfassung von Weimar 1929 fand er im Schulunterricht sowohl didaktisch wie inhaltlich ansprechende Worte[33], mit denen er dem republikanischen Staat seinen Respekt erwies. Und dennoch: Wie viele Angehörige seiner sozialen Schicht und gerade seines Berufsstandes[34] war der »Vernunft-Republikaner« Hosenfeld schließlich nicht gefestigt genug, um der von Hitler ausgerufenen »nationalen Revolution« zu widerstehen. Die Parolen und vor allem der politische Erfolg der Nationalsozialisten überwältigten nach ihrer »Machtergreifung« allmählich auch ihn.

Einlassung und Auseinandersetzung mit dem Nationalsozialismus, 1933-1939

Hosenfelds Parteinahme für den Nationalsozialismus wurde keineswegs schlagartig von der Ernennung Hitlers zum Reichskanzler am 31. Januar 1933 ausgelöst. Bezeichnenderweise zählte er gerade nicht zu jenen politischen »Konjunkturrittern«, die nun innerhalb weniger Monate in Massen zu den neuen Machthabern überliefen. Vom Volksmund spöttisch »März-Gefallene« genannt, drängten besonders viele Beamte und gerade auch Lehrer in die Partei, bevor diese selbst, besorgt um ihre eigene Identität, einen allgemeinen Aufnahmestopp ab dem 1. Mai 1933 verfügte[35]. Ohne Zweifel begann für Hosenfeld aber 1933 ein Prozeß der Annäherung, der zwei Jahre später mit seinem Eintritt in die NSDAP wenigstens formal abgeschlossen war. Er findet sich als solcher in den wenigen Selbstzeugnisse aus dieser Phase allerdings unzureichend abgebildet. Die vorhandenen Fakten lassen dennoch eine relativ vollständige Rekonstruktion seiner Motive zu.

Hosenfeld schloß sich zunächst zwei Gliederungen der NSDAP an, lange bevor er schließlich Parteimitglied wurde. Zuerst trat er in die SA ein[36]. Das geschah am 15. April 1933, also kurz nachdem diese berüchtigte Schlägertruppe mit der »Machtergreifung« gewissermaßen »staatstragend« geworden und sogar zur Hilfspolizei aufgestiegen war. Für Hosenfeld war sie in ihrer neuen Rolle mehr als akzeptabel geworden. Er sah in der SA vorwiegend alte eigene Ideale verkörpert, vor allem jene der Wehrertüchtigung und der soldatischen Kameradschaft. Als SA-Mitglied fand somit seine Soldaten- und Wandervogel-Nostalgie eine gewisse Befriedigung. Zusätzlich besaß die neue Aufgabe für ihn auch einen aktuellen politischen Bezug: Der paramilitärische Anspruch der SA ließ ihn als Patrioten glauben, an der »Wiederwehrhaftmachung« des Reiches mitzuwirken.

Hosenfelds einigermaßen unbekümmerte, ja, naive Einstellung, die das brutale, ihm eigentlich fremde Wesen der SA an sich weitgehend ignorierte, erscheint heute nur deshalb erklärlich, weil er mit ihrem häßlichen Gesicht in der »politischen Idylle« von Thalau nicht konfrontiert wurde. Das Dutzend örtlicher SA-Männer, die Hosenfeld zuletzt im Rang eines Scharführers (Unteroffizier) kommandierte, trat hier offenbar nur als relativ harmlose »Wehrsportgruppe« in Erscheinung, wie es in seinen späteren Tagebuchnotizen glaubhaft beschrieben ist. Demzufolge war der SA-Dienst am Feierabend oder Wochenende mit Exerzieren, Geländesport, ideologischer Schulung und Kameradschaftsabenden ausgefüllt; zuweilen lockerten gemeinnützige Arbeiten wie eine Schrottsammelaktion oder die Mitwirkung bei einem örtlichen Fest die Routine auf. Nichts weist darauf hin, daß die örtliche SA an Übergriffen gegen Andersdenkende oder Juden, von denen in Thalau ohnehin keine lebten, beteiligt war. Somit darf man annehmen, daß Hosenfeld seine SA-Zugehörigkeit, vor allem nach Betrauung mit der örtlichen Führungsaufgabe, durchaus guten Gewissens innerlich einigermaßen befriedigte.

Etwas anders verhielt es sich mit Hosenfelds Mitgliedschaft in einer weiteren Unterorganisation der NSDAP, dem Nationalsozialistischen Lehrerbund (NSLB), dessen Gersfelder Ortsgruppe er am 25. August 1933 beitrat[37]. Auch dieser Schritt läßt sich, weil wieder einmal die authentische Auskunft fehlt, nur im Zusammenhang mit dem damaligen politischen Geschehen deuten und verstehen. Unübersehbar ist die zeitliche Nähe/Übereinstimmung mit der durch die nationalsozialistische Gleichschaltungspolitik erzwungenen Selbstauflösung des Katholischen Lehrerverbandes, dem Hosenfeld bis dahin angehört hatte[38]. Er beugte sich der »Gleichschaltung« offenbar erst dann, als ihm keine Alternative blieb. Hosenfeld wird andererseits das Schulprogramm der NSDAP und auch des NSLB zu Anfang der dreißiger Jahre nicht unbedingt mißfallen haben. Mit der Verwendung von Begriffen wie »Kirche«, »Gott« und »Christentum« gab es zumindest vor, sich am traditionellen religiösen Erziehungsideal zu orientieren[39]. So mag ihm die scheinbare Verpflichtung des NSLB auf christliche Ideale seinen Eintritt erleichtert haben. Zuletzt darf man nicht vergessen, daß sein Entschluß unter dem Gleichschaltungsdruck gereift sein wird, dem sich die Lehrerschaft ausgesetzt sah.

Noch etwas spekulativer gerät der Versuch, eine plausible Erklärung für Hosenfelds Eintritt in die NSDAP zu finden. Zu diesem Schritt kam es erst am 1. August 1935, als der inzwischen Vierzigjährige in die für Thalau zuständige Ortsgruppe von Dalherda aufgenommen wurde[40]. Der relativ späte Zeitpunkt ist nicht so recht mit dem immer noch geltenden allgemeinen Aufnahmestopp zu begründen[41]. Dieser erwies sich von Beginn an als löchrig, insofern er mit der Einschränkung galt, daß Angehörigen von Parteigliederungen der Eintritt nicht verwehrt werden sollte. Zudem bestand gerade zwischen Lehrerschaft und Partei eine besondere Affinität. Im gleichen Maße, wie Pädagogen besonders eifrig in die NSDAP drängten und dort bald einen weit überproportional starken Anteil unter den höheren Funktionären stellten, wußten im Gegenzug Partei und Regime die große Bedeutung dieses Berufsstandes für die eigene Machtsicherung zu schätzen und entsprechend ihre Vereinnahmung zu fördern. Vor diesem Hintergrund wäre es Hosenfeld bestimmt nicht sonderlich schwer gefallen, seine Aufnahme in die NSDAP früher zu erreichen – wenn er gewollt hätte.

Der späte Parteieintritt kann also bedeuten, daß Hosenfeld zögerte, sich politisch endgültig neu festzulegen. Seinen Entschluß mag man aus dem ereignisgeschichtlichen Kontext erklären. Zu ihm kam es möglicherweise im Hochgefühl über gerade zurückliegende politische Erfolge des Regimes, die dessen Ansehen vor allem bei national-konservativ gesinnten Deutschen erheblich vermehrt hatten. Zunächst war mit dem »Gesetz über den Aufbau der Wehrmacht« vom 16. März 1935 offiziell und unter Bruch des Versailler Vertrages die deutsche Wiederaufrüstung eingeleitet worden; drei Monate später dann hatte das deutsch-britische Flottenabkommen Deutschland eine günstige maritime Rüstungsoption eröffnet.

Getragen vom Hochgefühl über den nationalen Aufschwung widmete sich Hosenfeld ab Mitte der dreißiger Jahre energischer denn je dem öffentlichen Leben »seines« Dorfes. Sein neues politisches Selbst- und Sendungsbewußtsein äußerte sich in verstärkter »Volkstumsarbeit«[42]. Wüßte man nicht um seine eigentlichen erzieherischen und politischen Absichten, die er damit im wesentlichen unverändert verfolgte, könnte darüber der Eindruck entstehen, er hätte inzwischen die nationalsozialistische »Volkstumspolitik« verinnerlicht. Die zweifellos enge Verwandtschaft seiner Ideale mit jenen des Nationalsozialismus ließ ihn, zumal als Träger von SA-Uniform und Parteiabzeichen, wenigstens nach außen hin als NS-Funktionär erscheinen. Tatsächlich wurde er das niemals wirklich, weder formal noch faktisch im Sinne der Parteiideologie.

Der Schatten des »Dritten Reiches« konnte auf Hosenfeld auch fallen, weil er durch seine »Volkstumsarbeit« eine enge Verbindung mit dem nationalsozialistischen Feierkult[43] einging. Dieser diktierte angesichts der zahlreichen Jahrestage im Festkalender der Partei den öffentlichen Alltag in Deutschland bald weitgehend. Auch auf Hosenfeld verfehlten die politischen »Gottesdienste« der NSDAP ihre beabsichtigte Wirkung nicht. Den meist fragwürdigen Wesensgehalt von Anlaß und Ereignis verkennend, ließ er sich von den spektakulären Massenveranstaltungen emotional gefangennehmen, vor allem je stärker ihr pseudoreligiöser Charakter war. Ergriffen verfolgte er im Rundfunk das besonders mystische Feierritual am »Tag der Bewegung«, das alljährlich zum Gedenken an den Hitler-Putsch vom 9. November 1923 am historischen Ort in München zelebriert wurde[44].

Ein anderes zentrales Großereignis erlebte Hosenfeld zweimal aus eigener Anschauung mit: die gigantomanische Selbstinszenierung von Partei und Regime auf dem jeden September in Nürnberg stattfindenden Reichsparteitag der NSDAP[45]. Gemeinsam mit seinem Bruder Rudolf nahm er 1936 als SA-Mann an dem einwöchigen Spektakel teil. Zwei Jahre später nutzten er und seiner Ehefrau denselben Anlaß zu einer preisgünstigen Urlaubsreise nach Nürnberg. Vor allem bei seinem ersten Besuch zeigte er sich tief beeindruckt vom »Erlebnis der großen Gemeinschaft«[46], das ihm die Parteitagsregie vor der monumentalen Kulisse des Architekten Albert Speer bereitet hatte. Hosenfelds Aufzeichnungen anläßlich vieler weiterer, ähnlicher Gelegenheiten geben seine starke Empfänglichkeit für propagandistisch wirkungsvolle Auftritte der Regimeführung wieder, wie sie ihn per Radio, Film oder Zeitung erreichten.

Als Reformpädagoge wußte Hosenfeld um die pädagogische Bedeutung von Fest und Feier[47]. Die NS-Propagandaveranstaltung vor Augen, mit ihrem hohen Organisationsgrad und ihrem Kalkül der Effekte, ergriff er selbst Maßnahmen zur Mobilisierung der dörflichen »Volksgemeinschaft« in Thalau. Gelegenheiten dazu bot ihm der nationalsozialistische Jubelkalender reichlich. Er konzentrierte sich freilich auf Anlässe, die ihm für die dörflichen Verhältnisse auch geeignet erschienen. Deshalb kam etwa der »Tag der nationalen Arbeit« am 1. Mai nicht in Frage. Hosenfeld hatte beobachtet, daß die Landbevölkerung kein Interesse, weil keine innere Beziehung zu diesem Nationalfeiertag[48] fand, der sich eher an die städtische Industriearbeiterschaft richtete[49]. Statt dessen erkor er das jährliche Erntedankfest im Frühherbst[50] zum Dorffest schlechthin. Als Initiator, Organisator und Festredner setzte er alles daran, diesen Tag für die Dorfbevölkerung zu einem Erlebnis zu machen[51]. Vom »Fest der Kameradschaft des Dorfes« sollte ein Anstoß zur Besinnung auf Gemeinschaftsgeist und gemeinsame kulturelle Identität ausgehen. Er wollte damit den dörflichen Mikrokosmos in den Dienst der größeren Idee einer deutschen »Volksgemeinschaft« stellen, wie sie der Nationalsozialismus propagierte, allerdings erkennbar ohne deren rassistische Ausprägung. Anregung dafür bot ihm der »Tag des deutschen Bauern«, der von 1933 bis 1937 an dem zum Staatsfeiertag erhobenen traditionellen Erntedanktag auf dem Bükkeberg bei Hameln stattfand. Mit dem »Führer« im Mittelpunkt eines Rituals, zog er zuletzt über eine Million Besucher an und wurde so zur größten Massenveranstaltung des »Dritten Reiches« überhaupt.

Außer dem Erntedankfest kamen zwei weitere offizielle Anlässe Hosenfelds Absicht sehr gelegen, »die Menschen des Dorfes aus ihrer Dumpfheit aufzurütteln«[52]. Dies waren der »Heldengedenktag« alljährlich im Frühjahr[53] und der »Tag des deutschen Volkstums«. Letzteren machte er damit aus einer schulischen Pflichtveranstaltung, mit der die Kinder zur »völkischen« Verbundenheit mit den Auslandsdeutschen in aller Welt erzogen werden sollten, überhaupt erst zu einem öffentlichen Ereignis in Thalau. Bei einem improvisierten Auftritt auf dem Dorfplatz konnte er ihn ganz in seinem Sinn für einen leidenschaftlichen Appell an deutsches und nationales Bewußtsein nutzen. Rhetorisch geschickt , indem er das lebendige, über Generationen bewahrte Deutschtum von Auswanderern aus der Region als beispielhaft beschwor, verstand er es, die umstehenden Dörfler schließlich mit seiner Begeisterung anzustecken[54].

Persönlich am längsten und intensivsten verbunden war Hosenfeld dem »Heldengedenktag«. Nicht nur weil er als staatlicher Feiertag begangen wurde, bot er ihm günstige Voraussetzungen, um seine Zuhörer anzusprechen. So konnte er auf Anteilnahme hoffen, weil viele Familien selbst Angehörige im Krieg verloren hatten. Schließlich kam seine Begabung, das eigene »innere Erleben« auf die Zuhörer zu übertragen und sie mitzureißen, in diesem Fall besonders zur Geltung, weil er selbst als ehemaliger Soldat emotional stark beteiligt war.

Bei seinem Einsatz für den »Heldengedenktag« am 13. März 1938 bezog sich Hosenfeld viel stärker als früher auf die aktuelle politische Lage. Diese stimmte ihn geradezu euphorisch. Seine alten Hoffnungen auf die nationale Wiederauferstehung Deutschlands sah er erfüllt, als Hitler am selben Tag Österreich annektierte und das »Großdeutsche Reich« ausrief. Seine Begeisterung über den Zusammenfall der Ereignisse veranlaßte Hosenfeld damals spontan, eine besonders feierliche nationale Kundgebung abzuhalten. Hierfür bediente er sich merklich aus dem kultischen Repertoire des nationalsozialistischen Zeremoniells zum 9. November[55].

Vor allem Mitte der dreißiger Jahre bekannte Hosenfeld bei zahlreichen Gelegenheiten öffentlich seine große Zustimmung zum nationalsozialistischen Regime, mit dem er sich in seiner patriotischen Hochstimmung eins glaubte. Ob es um den gemeinschaftlichen Rundfunkempfang einer »Führerrede« im Dorfwirtshaus ging oder ob das Ergebnis einer »Reichstagswahl« (29.3.1936) nach feierlicher Umrahmung verlangte: Häufig improvisierte er ein kleines Begleitprogramm, indem er etwa eine Ansprache hielt oder mit dem von ihm geleiteten Gesangsverein auftrat. Seine öffentliche Rolle war bald so anerkannt, daß ihn die Dorfjugend um eine Ansprache zur Eröffnung der Kirmes bat. Sieht man einmal von den politischen Implikationen dieser Rolle ab, so verwirklichte er mit ihr letztlich reformpädagogische Konzepte, die den Lehrer geradezu als den »kulturellen Mittelpunkt des Dorfes«[56] forderten.

Seine Aktivitäten nahmen zwangsläufig viel, in den Augen seiner Frau hin und wieder auch zu viel Zeit in Anspruch. Noch im Rückblick darauf drängte es ihn erheblich später einmal, sich ihr gegenüber hierfür zu rechtfertigen und dabei an seinen Beweggründen keinen Zweifel zu lassen: »Weißt Du noch, wie ich im Dorf oft wirken wollte? Du hast es mir oft verdacht, daß ich aus dem Hause ging. Es war aber nicht, wie Du oft annahmst, mir darum zu tun, mir außerhalb der Familie zu schaffen zu machen, um von daheim wegzukommen. Nein ich spüre den Drang auch jetzt noch, für andere Menschen zu wirken, ihnen etwas zu sein und ihnen etwas zu geben[57].«

Das vielfältige öffentliche, »volkspädagogische« Engagement Hosenfelds lebte stark aus seiner pädagogischen Absicht.

Dabei erhielt die eigentlich private Initiative durch seine Parteizugehörigkeit einen offiziellen Anstrich. Nicht weniger, vielleicht weniger auffällig, betrieb er daneben die »geistige Erneuerung« des Dorfes als Lehrer. Die schulpolitischen Rahmenbedingungen unter dem Nationalsozialismus waren hierfür günstig. Durch ihn hatte der sogenannte Gesinnungsunterricht mit den Fächern Deutsch, Erdkunde und Geschichte an Bedeutung gewonnen, wenngleich um den Preis nationalsozialistischer Indoktrination[58]. Hosenfeld wird es keine Überwindung gekostet haben, das im neuen Geist geforderte vaterländisch-völkische Bewußtsein fächerübergreifend zu vermitteln und dabei besonders Geschichte und Bedeutung der »nationalen Revolution« zu betonen.

Hosenfelds Loyalität gegenüber der Weimarer Republik[59] hatte sich zur weitgehenden inneren Übereinstimmung mit dem nationalsozialistischen Staat gewandelt. Dies blieb nicht ohne Auswirkungen auf seinen Unterricht. Den vierten Jahrestag der »Machtübernahme« beging er am schulfreien 30. Januar 1937, indem er pflichtschuldig mit seinen Schülern am Rundfunkgerät die Festrede von Propagandaminister Goebbels verfolgte; zusätzlich behandelte er in seiner schulischen Nachbereitung Auszüge aus aktuellen Reden von Goebbels und Hitler, die seine große Anteilnahme und Zustimmung widerspiegeln[60]. Speziell in diesem Fall scheint sie für ihn mit dem Erfolg des Regimes in der Beschäftigungspolitik begründet gewesen zu sein.

Hosenfelds erratische Aufzeichnungen über seinen Schulunterricht geben immerhin so viel zu erkennen, daß er mit seinem Geschichtsverständnis und hinsichtlich der deutschen Außenpolitik ganz auf nationalsozialistischer »Linie« lag[61]. In diesem Sinn öffnete er den Unterricht zwangsläufig für offizielle Propagandalügen, die er als solche aus seiner Perspektive zwar nur schwer durchschauen konnte, die andererseits aber ziemlich genau seinem eigenen politisch-historischen Weltbild entsprochen haben dürften. Den deutschen Überfall auf die Tschechoslowakei im März 1939 etwa hielt er für gerechtfertigt, sowohl als Ergebnis einer endgültigen Revision von »Versailles« wie auch als Akt präventiver militärpolitischer

Notwehr. Und noch am Vorabend des Zweiten Weltkrieges übernahm er die offiziöse Diktion von einer feindlichen Einkreisung Deutschlands. Mit dieser Meinung stand er in der deutschen Gesellschaft nicht allein. Auf die angeblich gleiche Situation des Kaiserreiches vor dem Ersten Weltkrieg anspielend, hatte die NS-Propaganda den politischen Nerv einer ganzen Generation getroffen.

Anderweitig zeigte sich Hosenfeld in Schule und Unterricht ideologisch deutlich enthaltsamer. Die nationalsozialistische Rassenlehre etwa fand keinen ausgesprochenen Verfechter in ihm. Unter der Bezeichnung »Rassenkunde« war sie nicht nur Schwerpunkt in Biologie bzw. Naturkunde, sondern fächerübergreifendes Unterrichtsprinzip geworden. Nun konnte und wollte sich Hosenfeld weder dem Thema noch einem Schulfach einfach verweigern. Sein naturkundliches, auch anthropologisches Interesse[62], desgleichen sein völkisches Bewußtsein machten ihn im Gegenteil durchaus aufgeschlossen für den Fragenkreis um Fertilität, Erblichkeit und »Volksgesundheit«[63]. Auf dieses Verständnis reduziert und meist an Beispielen aus Pflanzen- und Tierwelt erläutert, scheint er dann auch »Rassenkunde« im Unterricht behandelt zu haben. Dabei verirrte er sich nicht in den eugenischen und »rassenhygienischen« Wahn des Nationalsozialismus. Schon gar nicht machte er sich dessen spezifischen Antisemitismus zu eigen. Nach seinen Unterrichtsaufzeichnungen zu urteilen, die das Wort »Jude« kein einziges Mal erwähnen, scheint er dieses Thema bewußt vermieden zu haben. Sich mit einem so menschenverachtenden Feindbild zu identifizieren, hätte auch seinem ganzen Charakter widersprochen.

Wie zurückhaltend er mit den rassenideologischen »Wahrheiten« des Nationalsozialismus umging, erhellt Hosenfelds Ansprache zur Schulentlassungsfeier vom 3. April 1938[64]. Zunächst enthält sie die reichlich konventionelle Ermahnung der Schulabgänger zu sittlichem und gesundheitsbewußtem Lebenswandel und die Warnung vor den »Keimgiften« Alkohol und Nikotin. Lediglich in einer Art rhetorischer Verbeugung wird dem nationalsozialistischen Staat bescheinigt, »uns die Augen für die Fragen des Erbgutes« zu öffnen. Damit verbunden ist die allgemeine Empfehlung, bei der künftigen Partnerwahl auf die »Gesetze des Blutes« zu achten. Diese würden über »Gesundheit und geistige Anlagen, Charakter« entscheiden. Ideologiegläubige Agitation, wie man sie von einem überzeugten Nationalsozialisten an solcher Stelle erwartet hätte, spricht nicht aus diesen Zeilen. Im gleichen Sinn überrascht schließlich Hosenfelds imperative Abschiedsbotschaft durch ihren »zivilen« Ton: »Tüchtige, gute Menschen« sollten seine Schüler werden.

Befreit von ihrer zeitbedingten Diktion, könnte die »Moral« der Ansprache somit fast schon zeitlose Gültigkeit beanspruchen. Im übrigen belegt sie erneut die persönliche und herzliche Beziehung, die Hosenfeld mit seinen Schulkindern verband. Sie ruft uns seine reformpädagogischen Vorsätze in Erinnerung, mit denen er zwei Jahrzehnte zuvor als Lehrer angetreten war. Nach wie vor war ihm falsches Autoritätsdenken und -gehabe fremd.

Einen fast schon egalitären Ton schlägt sein etwas später, Ende 1938/Anfang 1939, entstandener Aufsatz über »Die Dorfschule als Erziehungsgemeinschaft und Lerngemeinschaft«[65] an. So kurz die Schrift ist, gewährt sie noch einmal tiefen Einblick in sein pädagogisches Denken. Ihr richtiges Verständnis erfordert es allerdings, die pädagogische Begrifflichkeit auf ihre eigentliche, ursprüngliche Bedeutung zurückzuführen, wie sie noch nicht durch den Sprachgebrauch des Nationalsozialismus ideologisch pervertiert war. Am zentralen Gemeinschaftsbegriff wird deutlich, wie grundsätzlich sich Hosenfelds Vorstellung von »Dorfgemeinschaft« vom nationalsozialistischen Gemeinschaftsideal der »Volksgemeinschaft« unterschied. Er war und blieb dem reformpädagogischen Prinzip der Erziehung zur Gemeinschaft sowie dem primär unpolitischen Leitbild von der »Lebensgemeinschaft« verpflichtet. Es findet sich wieder in seinem vielfältigen Bemühen um eine »geistige Dorferneuerung«. Den Gemeinschaftsgeist wollte er beleben, in bester sozialerzieherischer Tradition und Absicht, um die »Lebensgemeinschaft« zu stärken, das menschliche Zusammenleben zu verbessern.

Im wachsenden Widerspruch zum NS-Regime, 1936–1939

Hosenfelds Faszination vom glanzvollen äußeren Schein, mit dem sich der NS-Staat umgab, ist unübersehbar. Dadurch getäuscht, glaubte er eigene politische und soziale Wunschvorstellungen im Nationalsozialismus wiederzufinden. Die faktischen außen- und wirtschaftspolitischen Erfolge Hitlers taten ein übriges, ihn für das Regime vorerst stark einzunehmen. Dennoch bewahrte er sich, wie allein seine Prinzipientreue als Pädagoge verrät, weitgehende geistige Selbständigkeit, vor allem aber moralische Sensibilität und Integrität. Infolgedessen nahm er bereits um die Mitte der dreißiger Jahre den Nationalsozialismus auch kritisch wahr. Einige Schlüsselereignisse bzw. -erlebnisse setzten einen Prozeß der Ernüchterung in Gang. Der raubte ihm zwar noch nicht jede Illusion, schuf aber bereits eine gewisse innere Distanz, die sich dann angesichts der Erfahrungen mit der NS-Politik im Zweiten Weltkrieg allmählich bis zur völligen Abkehr vom Nationalsozialismus und gar zum aktiven Widerstand steigerte.

In einen ersten inneren Konflikt, den er noch weitgehend mit sich selbst austrug, geriet Hosenfeld durch die Jugendpolitik des Nationalsozialismus. Als Vater *und* Lehrer erfuhr er, wie die Partei nach der totalen Verfügungsgewalt über die junge Generation strebte. Der sich verstärkende Zwang zur Mitgliedschaft in der Hitler-Jugend (HJ) entzog die Zehn- bis Achtzehnjährigen in wachsendem Maß sowohl dem Elternhaus als auch der Schule. Deren traditionelle Rolle wurde endgültig in Frage gestellt, als die HJ Ende 1936 gesetzlich zur »Staatsjugend« erhoben wurde[66]. Mit ihr verband sich das Prinzip der autonomen (Selbst-)Erziehung, getreu dem von Hitler geprägten Leitspruch: »Jugend wird durch Jugend geführt[67].«

Hosenfeld begegnete diesem revolutionierenden Ansatz durchaus aufgeschlossen[68], weil er ihn fälschlicherweise wohl an den Geist der alten Jugendbewegung erinnerte. Dementsprechend ermunterte er etwa seinen ältesten Sohn auch zum Engagement in der Hitlerjugend[69]. Die Praxis des HJ-Dienstes belehrte ihn dann allerdings eines Besseren. Er beurteilte die Erziehung dort als unqualifiziert und ineffektiv[70]. Um so enttäuschter war er, daß sein Angebot zur Mitarbeit abgelehnt, seine Erfahrung mißachtet wurde[71]. Ohnehin betrachtete er die staatliche Bevorzugung der HJ schon deshalb sehr kritisch, weil sie zu Lasten des Schulunterrichts ging. So war im Sommer 1934 der Samstag als Schultag gestrichen und statt dessen der HJ für ihre Ausbildungszwecke als »Staatsjugendtag« zur Verfügung gestellt worden. Weil sich die schulischen Leistungen dadurch verschlechterten, nahm das Regime die Neuerung schließlich zurück[72]. Dennoch verfestigte sich Hosenfelds Kritik am nationalsozialistischen Prinzip der autonomen Jugenderziehung zur eindeutigen Ablehnung: »Jugend von Jugend geführt ist ein Irrtum[73].« Hinter allem spürte er instinktiv die fehlende Wertschätzung des Regimes für den traditionellen Lehrer, den er trotz aller Reformfreude letztlich verkörperte.

Auf ganz andere Weise sah sich Hosenfeld gleichzeitig vom »Kirchenkampf« des NS-Regimes herausgefordert. Bereits seit 1935 litt das kirchliche Leben verstärkt unter staatlichen Willkürakten, begleitet von heftigen Angriffen der nationalsozialistischen Propaganda. Es ging darum, die Kirchen als letzte gesellschaftliche Konkurrenz im bereits weitgehend »gleichgeschalteten« Staatswesen zu beseitigen. Zu diesem Zweck scheute das Regime kein Mittel, um vor allem die als resistenter eingeschätzte katholische Kirche öffentlich zu diskreditieren. Die katholischen Orden wurden mit einer Prozeßwelle wegen angeblicher Devisen- und Sittlichkeitsvergehen überzogen, zahlreiche Geistliche und Laienbrüder inhaftiert sowie Kirchenvermögen beschlagnahmt[74]. Unter Mißachtung des Reichskonkordats von 1933 setzte man alles daran, Kirche und Religion aus der Schule zu verbannen. Zu einem Symbol dieses Konflikts geriet der Schulstreit. Gegen den öffentlichen Protest vor allem der katholischen Kirche erzwang das Regime die Entkonfessionalisierung der Schulen (»Bekenntnisschulen«) und ihre Umwandlung in »Deutsche Gemeinschaftsschulen«[75]. Ergänzt wurde dies durch eine Fülle repressiver Maßnahmen gegen die konfessionelle Organisation von Jugendlichen, Eltern und Lehrern.

Der »Kirchenkampf« des Regimes stürzte Hosenfeld wie viele andere Katholiken in einen ernsten Gewissenskonflikt.

Politische Treue zum Nationalsozialismus war für ihn weniger denn je vereinbar mit seinem religiösen Bekenntnis. Er beklagte das »große Unrecht, das man uns katholischen Menschen antut«[76]. Sie seinen »keine ganzen Nationalsozialisten«, wenn sie nicht ihre »Überzeugung in religiöser Hinsicht« preisgäben. Auch öffentlich trat er ziemlich freimütig für die Sache der Kirche ein. Hierin läßt sich ein grundsätzliches Bekenntnis zur Religions- und Glaubensfreiheit erkennen, um so mehr als Hosenfeld ein eher laues Verhältnis mit der katholischen Amtskirche verband. Sie erschien ihm antiquiert, die liturgische Praxis verkrustet und uninspiriert; gerne hätte er auch mehr »deutschkatholischen Geist«[77] im politischen Verhalten der Kirche gesehen. Praktizierender Katholik blieb er freilich dennoch.

Über die reine Glaubensfrage hinaus wurde es für Hosenfeld mindestens ebenso sehr eine Charakterfrage, die nationalsozialistische Hetze gegen die Kirchen nicht unwidersprochen hinzunehmen. Schon Ende 1935, kaum Mitglied der NSDAP, trat er mutig und offen auf gegen den »Mythus des 20. Jahrhunderts«, das Hauptwerk des »NS-Chefideologen« Alfred Rosenberg. Dieses abstruse, pseudo-religiöse Gedankengebilde, das sich deutlich gegen Christentum und Kirchen richtete, bezeichnete Hosenfeld bei einer Lehrerversammlung als »wissenschaftlich widerlegt«[78]. Unverblümt machte er sich damit die Auffassung der katholischen Kirche zu eigen, die Ende 1934 mit einer dezidierten Widerlegung der Thesen Rosenbergs an die Öffentlichkeit getreten war[79]. Die Quittung erhielt Hosenfeld ein Jahr später: Mit der Begründung, er sei kein »100%er Nationalsozialist«[80], wurde ihm die Lehrerlaubnis für den »weltanschaulichen Unterricht« in der Fortbildungsschule entzogen[81].

Vielleicht schreckte Hosenfeld deshalb davor zurück, sich ähnlich offen im Streit um die Konfessionsschule zu exponieren. Seine Haltung in dieser Frage fiel jedenfalls nicht weniger regimekritisch aus, wie seine Aufzeichnungen verraten. Das Vorgehen des Staates sah er als Angriff auf die Religionsfreiheit und die katholische Erziehung. Trotzdem lebte er weiter in der Hoffnung auf eine Versöhnung von Nationalsozialismus und Katholizismus. Immerhin hatte er sich genügend Realitätssinn bewahrt, um Ende April 1937 resigniert festzustellen, daß die Gemeinschaftsschule nach den Vorstellungen des Regimes nicht mehr aufzuhalten sei[82]. Illusionslos und bitter war er sich darüber im klaren, daß »die Partei [...] mit Lüge, Verdrehung und Verleumdung, und wo das nicht genügt, mit Terror [arbeitet]«[83], um ihre Ziele im »Kirchenkampf« durchzusetzen.

Hosenfeld durfte seine Solidarität mit der Kirche, wollte er seine Existenz und die seiner Familie nicht aufs Spiel setzen, nur verhalten zeigen. In Rahmen seiner Möglichkeiten ließ er dennoch keinen Zweifel daran.

Wer Hosenfelds Verhalten im Alltag beobachtete, konnte kaum übersehen, daß er der Kirche die Treue hielt und sich insofern der Politik des Regimes widersetzte. Er blieb ein aktives Mitglied der Kirchengemeinde, sprang etwa für den erkrankten Pfarrer bei der Wallfahrt als Vorbeter ein[84]; und selbstverständlich besuchte er regelmäßig den Gottesdienst. Der bot ihm nicht nur religiösen Halt, sondern mit den kirchenamtlichen Verlautbarungen auch politisch-moralische Orientierung im »Kirchenkampf«. Im übrigen ließ sich Hosenfeld nicht davon abhalten, den persönlichen Kontakt gerade zum Ortsgeistlichen aufrechtzuerhalten, ihn in seine »volkspädagogischen« Aktivitäten einzubeziehen. Und noch 1937 nahm er an einer Fortbildung der katholischen Kirche für Lehrer teil[85].

Ähnlich gefestigt erwies sich Hosenfeld gegenüber der antisemitischen Agitation des Nationalsozialismus. Nicht nur, daß sie in seinen Aufzeichnungen keinerlei Spuren der Zustimmung hinterließ. Für ein Parteimitglied wahrte er auffällig beredtes, vielleicht schamvolles Schweigen über die staatliche Diskriminierung und Verfolgung der Juden. Am wenigsten entziehen konnte er sich dem offenbar auf Veranstaltungen des Nationalsozialistischen Lehrerbundes. Den dort gebotenen »linientreuen« Ausführungen scheint er zwar nicht offen widersprochen zu haben. Doch für sich und im privaten Kreis kommentierte er sie nachher entweder mit ungläubig-ironischem Unterton[86] oder schätzte sie vielsagend als »sehr mäßig«[87] und »beschränkt, fanatisch, engstirnig, ungebildet«[88] ein.

Ganz unmißverständlich schlug sich auch seine Betroffenheit über den staatlich organisierten Gewaltexzeß gegen die Juden während der sogenannten Reichskristallnacht vom 9. und 10. November 1938 in einer entsprechenden Tagebuchnotiz nieder. Die »Judenpogrome in ganz Deutschland« bedeuteten Hosenfeld nichts weniger als »fürchterliche Zustände im Reich, ohne Recht und Ordnung, dabei nach außen Heuchelei und Lüge«[89].

Im Herbst 1938 geriet Hosenfelds politischer Glaube an das NS-Regime, so er durch den »Kirchenkampf« bereits beschädigt worden war, aus einem weiteren Grund erstmals richtiggehend ins Wanken. Ausgerechnet auf dem Gebiet der Außen- und Großmachtpolitik, wo er sich besonders stark mit dem Nationalsozialismus identifizierte, verlor er vorübergehend sein Vertrauen in das Regime. Dabei hatte er noch im Frühjahr 1938 euphorisch den »Anschluß« Österreichs und die Verkündung des »Großdeutschen Reiches« gefeiert. Doch nun, Ende September 1938, schlug seine Stimmung angesichts der sich zuspitzenden Sudetenkrise ins Gegenteil um. Gerade erst von einem eher touristisch motivierten Besuch des Nürnberger Reichsparteitags der NSDAP zurückgekehrt, entnahm er den Nachrichten, wie Hitler einen europäischen Krieg heraufbeschwor, indem er seinen Besitzanspruch auf die überwiegend deutsch besiedelten Sudetengebiete der Tschechoslowakei skrupellos durchsetzte.

Atmosphärisch dicht lassen Hosenfelds Tagebuchnotizen[90] miterleben, wie bedrückend er und vor allem auch seine Ehefrau die drohende Kriegsgefahr empfanden. Erstaunlich klarsichtig machte er Hitlers unmäßiges und kompromißloses Vorgehen dafür verantwortlich. Mit großer Erleichterung vernahm das Ehepaar schließlich am 29. September 1938 die Rundfunkmeldung von der fast nicht mehr erwarteten Einigung mit den Westmächten. Das mit dem Münchener Abkommen verbundene politische Unrecht blieb dabei unreflektiert. Hosenfelds regimekritische Reaktion auf die Sudetenkrise war bei weitem keine Ausnahme, sondern spiegelt die damals vorherrschende Stimmung in der deutschen Bevölkerung wieder[91]. Bemerkenswert ist, wie sie sich in seinem Fall zu fundamentaler

Kritik am politischen System in Deutschland steigerte. Die Vorgänge ließen ihn »zum Bewußtsein [kommen], welch große Gefahr die Staatsform der reinen Diktatur hat«[92]. Als bessere Alternative erschien ihm »die Demokratie mit dem Parlament«.

Seine Zweifel am Nationalsozialismus hatten, wie es scheint, wenigstens vorübergehend das Übergewicht bekommen. Ob die politische Entwicklung der folgenden Monate diesen Prozeß der inneren Abkehr weiter beschleunigte, ist schwer zu beurteilen, weil seine Tagebuchüberlieferung mit Ende des Jahres 1938 abreißt. Erhaltene Aufzeichnungen[93], die jedoch nur seine schulöffentliche Meinung wiedergeben, erwecken eher den Eindruck, als habe die NS-Propaganda wieder stärker bei ihm verfangen. Vor allem die Hosenfeld bereits aus dem Jahr 1914 vertraute Mär von der »Einkreisung« Deutschlands, mit der nun das NS-Regime die Bevölkerung gezielt auf den bevorstehenden Krieg einstimmte[94], fiel demnach bei ihm auf fruchtbaren Boden. Gleichwohl ist nur schwer vorstellbar, daß Hosenfeld über all dem die einschneidende Erfahrung der Sudetenkrise völlig vergessen hatte.

Am Vorabend des Zweiten Weltkrieges

»Kirchenkampf«, Judenpogrome, Kriegskurs – immer deutlicher zeigte die Diktatur ihr wahres Gesicht. Hosenfelds ursprüngliche Faszination vom Nationalsozialismus nutzte sich jedoch nicht nur unter dem ernüchternden Eindruck der »hohen« Politik ab. Auch die alltägliche Erfahrung mit der Partei trug erheblich dazu bei. Seine Erwartung, in der NS-Gemeinschaft eine echte Kameradschaft gleichgesinnter Idealisten zu finden, wie er sie früher im Wandervogel erlebt hatte, wurde gründlich enttäuscht. Nicht Kameradschaftsgeist, sondern geistlose Kameraderie erwartete ihn in der SA und im NSLB. Gerade auf den intellektuellen Austausch, die offene Diskussion mit seinen Berufskollegen hatte er gehofft; statt dessen sah er die häufigen Versammlungen von geistiger Dumpfheit, ideologischer Borniertheit und einer Atmosphäre des Mißtrauens bestimmt. Die niveaulosen Geselligkeiten, wie er sie allenthalben antraf, waren ihm ein Greuel: »Die Kameradschaft beim Bierglas ist nicht viel wert[95].«

Gleichzeitig mußte er erleben, welche inferioren Gestalten das NS-System in führende Positionen beförderte. Er selbst verband diesbezüglich mit seinem Engagement in den Parteiorganisationen keinen ausgeprägten Ehrgeiz – wohl auch deshalb, weil er bald erkennen konnte, wie wenig er den Erwartungen dieser Gesellschaft entsprach. In ihr mußte er Außenseiter bleiben, wie er sich selbst mehr als einmal eingestand. In Anbetracht dieses unbefriedigenden Zustandes packte ihn zunehmend der Überdruß. Selbst der Wehrsport in der SA war ihm schließlich verleidet. Den tieferen Sinn seines dortigen Dienstes vermochte er immer weniger einzusehen[96], wie anscheinend auch den der SA überhaupt. Vermutlich wurde ihm ihre zunehmende politische, aber auch militärische Bedeutungslosigkeit bewußt, nachdem selbst die NS-Führung inzwischen längst auf die Wehrmacht setzte.

Infolge seiner menschlichen Enttäuschung vom Parteileben, das seine Sehnsucht nach tiefergehender Kameradschaft, letztlich nach seelenverwandter Freundschaft, ungestillt ließ, überkam Hosenfeld zuweilen sogar das Gefühl innerer Einsamkeit. Wenngleich ihn dieses Gefühl später in der Trostlosigkeit von Krieg und Besatzungsalltag noch häufiger beschäftigte, darf es dennoch nicht überbewertet werden. Zum resignativen Gemütszustand verfestigte es sich nie. Erstaunlich gut vertrug sich Hosenfelds durchaus hoher Anspruch an die zwischenmenschliche Beziehung mit seiner natürlichen, manchmal fast schon unvorsichtigen Offenheit und Kontaktfreude. Seinem ganzen philanthropischen Wesen nach war und blieb er den Menschen zugewandt, neugierig auf die menschliche Begegnung. Ihm selbst sollte diese Eigenschaft später während seines Kriegseinsatzes gewissermaßen zum Lebenselixier werden. Sie ermöglichte ihm auch in der Fremde soziale Kontakte und ließ ihn dem bedrückenden Besatzungsalltag wenigstens innerlich und zeitweise entfliehen. Und jene, denen damals in ihrer Bedrängnis durch die nationalsozialistische Verfolgung seine Menschenfreundlichkeit zugute kam, verdankten ihr mitunter das Überleben.

Vorerst noch, in der für ihn gesellschaftlich zunehmend unbefriedigenderen Situation vor Kriegsausbruch, erwiesen sich in um so stärkerem Maße Ehe- und Familienglück als eigentlicher Quell seiner Lebenszufriedenheit. Die Familie erforderte auch verstärkte Zuwendung, nachdem sie durch die Geburt des fünften Kindes, der Tochter Uta, im Juli 1937 weiteren Zuwachs erhalten hatte. Annemarie Hosenfeld dürfte daher mit Erleichterung aufgenommen haben, daß die Begeisterung und somit auch das Engagement ihres Mannes für die Partei nachließen. Seine zeitliche Beanspruchung hierdurch war merklich zu Lasten des Familienlebens gegangen. Annemarie Hosenfeld hatte dies ebensowenig widerspruchslos hingenommen, wie sie als entschiedene Gegnerin des Nationalsozialismus im Familienkreis ohnehin keinen Zweifel daran ließ, daß ihr die Parteiaktivitäten ihres Mannes nicht behagten. Man kann sich gut vorstellen, daß Hosenfelds Kritik an Regime und Partei wesentlich unter dem Einfluß seiner Frau gewachsen war.

Soldat und Retter in Polen, 1939-1945

Wilm Hosenfeld wurde am 26. August 1939 zum Wehrdienst einberufen. Schon deshalb traf ihn die Nachricht vom Beginn des Krieges gegen Polen am 1. September nicht ganz unvorbereitet. Dennoch hatte er sie weder erwartet noch herbeigesehnt. Dabei hatte die nationalsozialistische Propaganda bereits seit Monaten die Bevölkerung auf einen Krieg eingestimmt, zu dem Hitler spätestens seit dem Frühjahr 1939 fest entschlossen war[97]. Mit einigem Erfolg ließ sich der Bevölkerung auch einreden, Deutschland würde durch die angebliche »Einkreisungspolitik« der Westmächte ein Krieg »aufgezwungen«. Dagegen gelang es der Propaganda nicht mehr, wirkliche Kriegsbegeisterung zu schüren. Allzu stark klangen die langjährigen Friedensbeteuerungen von NS-Führung und -Propaganda in der Bevölkerung nach. Vielen Deutschen war die Erfahrung des Ersten Weltkrieges noch in frischer Erinnerung. Daher folgte die große Mehrheit nur in einer Art »widerwilliger Loyalität«[98] Hitler in den Krieg. Vielfach hoffte man, trotz des anscheinend unvermeidlichen Feldzuges gegen

Polen werde letztlich doch noch der politische Ausgleich mit den Westmächten gelingen und so eine Ausweitung zum europäischen oder gar Weltkrieg vermeidbar sein.

In Hosenfelds Reaktion auf die außenpolitischen Ereignisse des Sommers 1939 wird die allgemein verbreitete, alles andere als kriegslüsterne Stimmung in der deutschen Bevölkerung auch individuell sehr konkret. Bis zuletzt hoffte und erwartete er, »daß es nicht zum Krieg kommt«[99]. In Erinnerung an die Sudetenrise im Vorjahr sah er Hitler wieder nur mit dem »ganzen Riesenapparat einer Mobilmachung mal spielen«[100] und war gleichzeitig überzeugt, daß dieser letztlich »jede Verhandlungsmöglichkeit ergreifen« werde. Als sich am Ende das Gegenteil bewahrheitete, nahm Hosenfeld, ohne die tatsächlichen Zusammenhänge zu durchblicken, eine gleichermaßen schicksalsergebene wie vor allem patriotische Haltung an: »Alle weltanschaulichen innerpolitischen Gegensätze haben zurückzutreten, jeder hat ein Deutscher zu sein, der für sein Volk zu stehen hat[101].« Die perfide Strategie der NS-Propaganda hatte gerade beim ehemaligen Weltkriegssoldaten Hosenfeld voll verfangen. Das Trugbild eines friedliebenden Deutschland vor Augen, das angeblich, wie schon einmal im Sommer 1914, von feindlichen Mächten unter Führung Großbritannien umgeben war, machte ihn entschlossen, für sein Land in den Kampf zu ziehen.

Besatzungssoldat in der polnischen Provinz, September 1939–Juli 1940

Der Gestellungsbefehl vom 26. September 1939 hatte Hosenfeld zunächst nach Fulda geführt. Hier befand sich sein Mobilmachungs-Truppenteil, das Landesschützen-Bataillon VII/IX, in rascher Aufstellung. Seinem letzten Dienstgrad im Ersten Weltkrieg entsprechend, wurde er als Feldwebel einer Kompanie des Bataillons zugeteilt. Dieses rekrutierte sich insgesamt aus älteren wehrfähigen Reservisten der Region. Deshalb war es von vornherein nicht für eigentliche Kampfeinsätze, sondern für militärische Bewachungs- und Besatzungsaufgaben vorgesehen. Bevor es dazu kommen konnte, mußten nach erfolgter Einkleidung und Ausrüstung innerhalb weniger Tage erst einmal die notwendigsten militärischen Grundkenntnisse aufgefrischt werden, wobei Hosenfeld bereits als Ausbilder eingesetzt wurde.

Schon nach der ersten Septemberwoche wurde das Bataillon per Eisenbahn von Fulda aus in das Kriegsgebiet nach Polen in Marsch gesetzt. Die Kämpfe waren noch in vollem Gange. Sie versiegten erst in den frühen Oktobertagen, nachdem die Hauptstadt Warschau am 27. September kapituliert hatte. Dem Feind begegnete Hosenfeld erst in Gestalt großer Massen polnischer Kriegsgefangener. Mitte September war seine Truppe an ihrem Bestimmungsort Pabianice eingetroffen, einer mittelgroßen Stadt, nahe der westpolnischen Industriemetropole Łódź. Hier übernahm sie für die nächsten zwei Monate den Aufbau und Betrieb eines Kriegsgefangenenlagers, das schließlich über zehntausend Insassen umfaßte.

Als »rechte Hand« des Lagerkommandanten bedeuteten Bewachung und Versorgung der vielen Gefangenen nicht nur eine organisatorische Herausforderung für Hosenfeld. Er bewies sogleich auch seine Menschlichkeit. In seiner von Humanität bestimmten Grundhaltung ließ er sich durch die Hetze der NS-Propaganda nicht irremachen. Zwar hatte diese mit ihren drastisch übertriebenen und frei erfundenen Berichten über polnische Greueltaten an der »volksdeutschen« Minderheit (»Bromberger Blutsonntag«) auch sein Polenbild manipuliert, doch rief es bei ihm nicht die beabsichtigten Rachegefühle hervor. Den polnischen Kriegsgefangenen brachte er natürlichen Respekt und menschliche Anteilnahme entgegen. Geradezu Mitleid empfand er für ihr hartes Schicksal. Wie selbstverständlich tat er das ihm Mögliche, um es erträglicher zu gestalten. Dabei überschritt er des öfteren seine Kompetenzen: Obwohl verboten, ließ er Besuche von Angehörigen zu oder setzte sich für die vorzeitige Entlassung von Gefangenen ein.

Auf diese Weise machte Hosenfeld bald nähere Bekanntschaft mit der polnischen Familie Cieciora[102]. Auf inständiges, persönliches Bitten Frau Ciecioras hatte er sich erfolgreich für die Entlassung des Ehemannes verwendet. Den politischen Bedingungen zum Trotz entwickelte sich aus dieser Begegnung eine Freundschaft zwischen beiden Familien. Mehrmals während des Krieges war Hosenfeld, manchmal sogar mit

Ehefrau und Kind, zu Gast bei Ciecioras, die auf einem Landgut nahe Samter im gerade vom Reich annektierten Wartheland wohnten. Und Hosenfeld half später in Warschau noch anderen Familienmitgliedern aus politischer Verfolgung.

Aus heutiger Sicht machte Hosenfeld in diesen ersten Monaten in Pabianice ungeachtet des unerfreulichen Rahmengeschehens den vergleichsweise zufriedensten Eindruck während der gesamten Kriegszeit. Die Trennung von der Familie war noch zu jung, als daß sie ihm bereits ernsthaft aufs Gemüt geschlagen hätte. Auch wurde sein Heimweh davon überspielt, daß Hosenfeld mit einer gewissen Begeisterung ins Soldatenleben zurückgefunden hatte: »Ich lebe ganz meinen jetzigen Aufgaben, umso mehr als mir die soldatische Haltung im Blute liegt und mich die Tätigkeit als verantwortlicher Führer von Männern befriedigt[103].« Noch bis zur Auflösung des Kriegsgefangenenlagers Pabianice Ende Oktober 1939 war er durch den vielfältigen, intensiven Umgang mit den Menschen dort in seinem Element. Seinen humanitären Einsatz für die Kriegsgefangenen dankten ihm diese und ihre Angehörigen. Außerdem sorgten zeitweilig selbständige Kommandos für Abwechslung.

Seine angeborene Unternehmungs-, ja, jungenhafte Abenteuerlust ließ den Mittvierziger manchmal fast vergessen, daß er sich in einem gerade erst eroberten Land befand. Ohne den herkömmlichen, durch die NS-Propaganda geförderten Vorurteilen zu verfallen, fanden polnische Bevölkerung und Kultur sein reges Interesse. Auch wenn er deutsche Überlegenheitsgefühle nicht ganz unterdrücken konnte, beeindruckten ihn Religiosität und auch Patriotismus der Polen tief. Trotz des Krieges und der Besetzung des Landes gab er sich schon bald der Hoffnung hin, Polen und Deutschland könnten einen Ausgleich auf der Grundlage gegenseitiger Achtung finden. Er träumte gar von einer »gemeinsamen Zukunft«[104].

Hosenfeld blieb allerdings die Entwicklung der deutschen Politik gegenüber Polen wie auch des ganzen Krieges nicht lange verborgen. Zum Schlüsselerlebnis wurde ihm einmal die im Rundfunk übertragene Rede Hitlers vom 8. November

1939. Hosenfeld hatte bis dahin zwar eine Ausweitung des Krieges befürchtet, dabei aber immer an das staatsmännische, letztlich dem Frieden verpflichtete Genie Hitlers geglaubt[105]. Nun mußte er dessen Rede »seelisch erschüttert«[106] entnehmen, daß »der Führer den Krieg will«[107], die Aussicht auf Frieden immer mehr entschwinde und das Unheil seinen Fortgang nehme.

Noch stärker betroffen machte ihn die teilweise selbst beobachtete Entwicklung des Geschehens in Polen. Durch die Propaganda desinformiert, hatte er es zunächst zwar nicht billigend, aber doch mit einem gewissen Verständnis hingenommen, daß sich viele »Volksdeutsche« nun gegenüber ihren vormaligen polnischen »Unterdrückern« wie die neuen Herren aufführten[108]. Diese Indifferenz wich, wiederum sehr plötzlich Anfang November 1939, einer so erschrockenen wie klaren Haltung. Wahrscheinlich hatte Hosenfeld über seine Kontakte mit Einheimischen erfahren, daß vor allem die polnische Bildungsschicht verfolgt wurde. Er vermutete planmäßige, durch die deutsche Regierung veranlaßte Aktionen zur Ausrottung der polnischen Intelligenz[109]. Seine Empörung hierüber machte sich in einem Brief an die Ehefrau Luft: »Wie gern bin ich Soldat gewesen, aber heute möchte ich den grauen Rock in Fetzen reißen. Wir sollen den Schild halten, hinter dem diese Verbrechen an der Menschheit geschehen können[110]?«

Erneut war es, wie im Falle des Kriegsgefangenen Cieciora, eine persönliche Begegnung, die ihm die Dramatik der Ereignisse emotional näherbrachte. In Pabianice war er mit der polnischen Familie Prut in Verbindung gekommen. An Hosenfeld, der vielleicht schon einen Ruf als »guter Deutscher« besaß, hatte sich Frau Prut in ihrer Verzweiflung gewandt, nachdem ihr Mann von der Gestapo verhaftet und verschleppt worden war. Möglicherweise wußte Hosenfeld daraufhin nicht nur tröstende Worte für Frau Prut[111], sondern verwandte sich auch für die Freilassung des Verhafteten, zu der es jedenfalls bald kam[112]. Hierfür spricht auch, daß sich aus dieser Bekanntschaft ebenso wie im Fall Ciecioras eine dauerhafte Freundschaft entwickelte, die Hosenfeld später wiederholt nach Pabianice zurückführte.

Der Überfall auf Polen und die deutsche Besatzungsherrschaft[113]

Hosenfeld wäre gewiß nicht besten patriotischen Gewissens in den Krieg gezogen, hätte er geahnt, welch ungeheuerliche Absichten das NS-Regime mit dem Überfall auf Polen von vornherein verfolgte. Hitler wollte sich, wie er den versammelten Oberbefehlshaber der Wehrmacht am 22. August 1939 eröffnete, keineswegs mit einer »klassischen« Eroberung des Nachbarlandes begnügen, um politische und territoriale Zugeständnisse gewaltsam zu erzwingen. Vielmehr beabsichtigte er die staatliche »Vernichtung Polens« und die »Beseitigung der lebendigen Kräfte«. Von den militärischen Führern verlangte er ein mitleidloses, »brutales Vorgehen«. Die ideologische Begründung des Vernichtungskrieges gab er am 2. Oktober 1939 dem künftigen »Generalgouverneur für die besetzten polnischen Gebiete« als programmatische Direktiven mit: Den Polen als »rassisch minderwertigen« Slawen billigten sie ein Existenzrecht nur insoweit zu, als dies im Interesse der »arischen Herrenrasse« und ihres Anspruchs auf »Lebensraum im Osten« lag. Unter der verharmlosenden Bezeichnung »Volkstumspolitik« wurde die Versklavung der polnischen Bevölkerung zum obersten Herrschaftsprinzip erhoben.

Der Vernichtungscharakter des Krieges und der deutschen Besatzungspolitik zeigte sich von Anfang an. Eigens aufgestellte Einsatzgruppen der SS rückten im Gefolge der Wehrmacht nach Polen ein und ermordeten oder inhaftierten im Herbst 1939 zunächst vor allem in den westlichen, zur Eingliederung ins Reich bestimmten Gebiete tausende Angehörige der polnischen Führungs- und Bildungsschicht. Diese Terrorwelle, von der auch Hosenfeld erfuhr, vermischte sich mit wilden Racheaktionen des »Volksdeutschen Selbstschutzes«, die ebenfalls mehreren tausend Polen das Leben kosteten.

Weiteres massenhaftes Leid verursachte die bald einsetzende politische Umgestaltung des polnischen Staatsgebietes, das etwa zu gleichen Teilen an die verbündeten Siegermächte Deutschland und Sowjetunion gefallen war. Umgehend wurde das deutsche Besatzungsgebiet weiter zerschlagen, seine nordwestliche Hälfte dem Reich eingegliedert. Auf diese Weise entstanden im Oktober 1939 die neuen Reichsgaue

Wartheland und Danzig-Westpreußen; daneben profitierten Ostpreußen und Schlesien von den Annektionen. Die Machthaber versuchten, das – zu 90 Prozent von Polen besiedelte – angeblich alte deutsche Land im Rahmen einer gnadenlosen »ethnischen Säuberung« möglichst schnell zu »germanisieren«. Wilden Vertreibungsaktionen der Anfangszeit folgten bald planmäßige Massendeportationen. Nicht wenige Polen wurden nach fragwürdigen Selektionskriterien für »rassisch höherwertig« befunden und mehr oder weniger zwangsweise eingedeutscht.

Einen völlig anderen Zweck verfolgte das NS-Regime ursprünglich mit der Gründung des »Generalgouvernements für die besetzten polnischen Gebiete« (ab 8. Juli 1940 nur noch »Generalgouvernement«). Es war mit Erlöschen der deutschen Militärverwaltung am 25. Oktober 1939 aus dem restlichen zentral- und südpolnischen Territorium gebildet worden und umfaßte damit etwa ein Viertel des ehemaligen polnischen Staatsgebietes. Hitler bestimmte es zunächst zu einer Art »Polen-Reservat«, dessen personelle und materielle Ressourcen unter deutscher Aufsicht zum größtmöglichen Vorteil des Reiches ausgebeutet werden sollten. Als Generalgouverneur an der Spitze eines deutschen Verwaltungs- und Polizeiapparates setzte Hans Frank die Vorgaben aus Berlin mit der gewünschten Brutalität um, bis der Vorstoß der Roten Armee Anfang 1945 sein Regime zusammenbrechen ließ. Aus ideologischen Gründen residierte er in Krakau und nicht in Warschau. Das Gebiet des Generalgouvernements gliederte sich in die vier Verwaltungsdistrikte Krakau, Warschau, Radom und Lublin; nach dem deutschen Überfall auf die Sowjetunion 1941 kam der Distrikt Galizien hinzu.

Sowohl politische Kurswechsel in der NS-Führung als auch unterschiedliche Interessen zwischen Berlin und Krakau ließen die »Volkstumspolitik« im Generalgouvernement uneinheitlich verlaufen, in jedem Fall aber katastrophal und mörderisch für die einheimische polnische und die jüdische Bevölkerung. Bald erwies sich das Generalgouvernement völlig überfordert mit der massenhaften Aufnahme von Polen und Juden aus den eingegliederten Gebieten, so daß die

Zwangsumsiedlungen im Frühjahr 1941 weitgehend zum Erliegen kamen. Außerdem entwickelte Hitler nun auch neue Vorstellungen zur Germanisierung des Generalgouvernements. Die Aussiedlung von »Volksdeutschen« wurde gestoppt, im Gegenteil gezielte Ansiedlungsexperimente in Gang gesetzt, natürlich zu Lasten der polnischen Bevölkerung. Auch bemühte man sich verstärkt um die Eindeutschung von Polen, die rassisch hierfür qualifiziert erschienen. Nicht mehr bevölkerungspolitisch motiviert, sondern ein Akt kollektiver Vergeltung war schließlich die totale »Evakuierung« Warschaus nach der Niederschlagung des Aufstandes im Oktober 1944. Eine halbe Million Menschen wurden in andere Gebiete des Generalgouvernements deportiert, wenn nicht gleich zur Zwangsarbeit ins Reich verschleppt oder in Konzentrationslager eingeliefert.

Abgesehen von Entwurzelung und Verelendung infolge der Bevölkerungsverschiebungen verschlechterten sich ganz allgemein die Lebensbedingungen der Polen drastisch. Schuld daran trugen die systematische Ausplünderung und Ausbeutung des Generalgouvernements, dessen industrielle und landwirtschaftliche Kapazitäten weitgehend in den Dienst der deutschen Kriegswirtschaft genommen wurden. Das Besatzungsregime und die kleine »volksdeutsche« Minderheit (ca. ein Prozent der Gesamtbevölkerung) lebten relativ gut auf Kosten des Landes. Dagegen beließ die Rationierung der Lebensmittelversorgung nach rassenideologischen Kriterien den Polen nicht einmal das Existenzminimum. Auch die aufblühende Schwarzmarktwirtschaft konnte dies immer schwerer und nur um den Preis zunehmender Verarmung der Bevölkerung ausgleichen, wovon wiederum das korrupte Besatzungsregime profitierte. Mindestens ebenso existenzbedrohend wirkte sich der wachsende Arbeitskräftebedarf im Deutschen Reich aus. Junge Polinnen und Polen mußten stets damit rechnen, bei Razzien erfaßt und zur Zwangsarbeit ins Reich verschleppt zu werden. Weit über eine Million erlitten dieses harte Schicksal, ganz abgesehen von der großen Anzahl, die innerhalb des Generalgouvernements zur Arbeit im Dienst der deutschen Kriegswirtschaft gezwungen wurden.

Entsprechend hemmungslos führte die Besatzungsmacht ihren »Volkstumskampf« gegen die polnische Bevölkerung auch auf dem Gebiet der Kultur- und Schulpolitik. Den Polen wurde nur soviel Bildung zugestanden, wie es die ihnen zugedachte Funktion als Arbeitsvolk erforderte. Auch um die Regeneration einer polnischen Führungsschicht zu verhindern, wurden deshalb höhere Schulen und wissenschaftliche Einrichtungen weitgehend geschlossen; lediglich Berufsschulen blieben im Interesse der deutschen Wirtschaft geöffnet. In der Regel sollten polnische Kinder nur eine siebenjährige Pflichtschule besuchen. Unterricht über polnische Geschichte und Kultur war verboten. Die gesamte Kulturpolitik verfolgte das Ziel, jede Erinnerung an eine nationalpolnische Identität auszulöschen und kein kulturelles Eigenleben zu dulden. Folglich wurden auch polnische Museen und Bibliotheken geschlossen, nicht ohne sie zu plündern; polnischer Theater-, Kino- und Musikbetrieb blieb nur auf niedrigem Unterhaltungsniveau erlaubt. Die Presse wurde »gleichgeschaltet« und in den Dienst der deutschen Propaganda gestellt. Sehr bald schon waren private Radiogeräte eingezogen, ihr Besitz unter drakonische Strafandrohung gestellt worden.

Ein eigener polizeilicher Sicherheitsapparat unter Führung der SS sicherte die deutsche Herrschaft im Generalgouvernement planmäßig mit Terror und Massenmord. Vorrangig »unschädlich« gemacht, also zu Tausenden ermordet oder in Konzentrationslager gesperrt, wurden Angehörige der polnischen Führungsschicht und Intelligenz, die in den nationalsozialistischen Plänen keinen Platz hatten, zudem als Keimzellen möglichen Widerstandes galten. Um jeden Widerstandswillen zu brechen, in diesem Sinne das Land zu »befrieden«, setzte man grundsätzlich auf Gewalt. Geiselnahmen etwa sollten vor »antideutschen« Akten abschrecken. Wo dies nicht gelang, wurde rücksichtslos »Vergeltung« geübt, meist mit Kollektivstrafen, oft durch Massenhinrichtungen. Die offizielle Politik bildete daneben häufig einen Deckmantel für gewöhnliche Verbrechen. Auf die eine oder andere Weise fielen dem deutschen Terror während des Zweiten Weltkrieges insgesamt etwa eineinhalb Millionen Polen zum Opfer, nicht eingerechnet die noch höhere Zahl ermordeter polnischer Juden.

So sehr sich die deutsche Herrschaft in ihrer Brutalität steigerte, erreichte sie doch nie ihr Ziel einer »Befriedung« des Generalgouvernements. Indem sie den Polen jede Hoffnung auf ein Einlenken der Besatzer nahm, verschaffte sie dem im Untergrund organisierten Widerstand wachsenden Zulauf, der dadurch seine anfängliche Passivität überwand. Dazu trug erst recht der Blick auf das Schicksal der Juden bei, als der programmatische Charakter ihrer Ermordung 1942 allmählich bekannt wurde. Erste militärische Rückschläge der Wehrmacht gaben dem polnischen Widerstand von 1942 an deutlich Auftrieb. Auf zunehmende Sabotageakte und Attentate gegen Einrichtungen bzw. Angehörige des Besatzungsapparates reagierte dieser mit »Befriedungsaktionen«, was noch erbitterteren Widerstand hervorrief. Unglaubwürdig und deshalb zum Scheitern verurteilt blieben späte, taktisch motivierte Versuche der Krakauer Regierung, angesichts der drohenden militärischen Niederlage gegen die Rote Armee antirussische Gefühle der Polen auszunutzen. Unter Aufbietung der letzten Reserven gelang es der Besatzungsmacht im Herbst 1944, den Aufstand der polnischen Heimatarmee in Warschau blutig niederzuschlagen[114]. Das sicherte ihre Herrschaft im Generalgouvernement noch für wenige Monate, bevor ihr der Vorstoß der Roten Armee Anfang 1945 ein Ende machte.

Ein besonderes Kapitel der NS-Herrschaft in Polen bildet der Mord an den Juden. Von Anfang an bekamen die 1,8 Millionen polnischen Juden, die im deutschen Herrschaftsbereich verblieben waren, den gewalttätigen Antisemitismus der Besatzungsmacht zu spüren. Sie wurden kollektiv auf eine Weise enteignet, entrechtet und mißhandelt, die sie existentiell noch weit schlechter als alle nichtjüdischen Polen stellte. Symbol ihrer Ächtung war die Kennzeichnung mit dem Judenstern, die ihnen im Generalgouvernement bereits Ende 1939 und damit lange vor seiner Einführung im Reich aufgezwungen wurde. Ausschreitungen und Pogrome gleich in den ersten Kriegsmonaten forderten überdies mehrere tausend jüdische Todesopfer; sie wurden von Vertreibungen begleitet und lösten Massenfluchten sogar in das sowjetisch besetzte

Ostpolen aus. Utopische Pläne des NS-Regimes, die Juden im großen Maßstab nach Übersee zu deportieren bzw. in ein eigenes Reservat im Generalgouvernement umzusiedeln, zerschlugen sich bald. Statt dessen ging man dazu über, sie in abgeschlossenen »jüdischen Wohnbezirken« zu konzentrieren und zu isolieren. In Łódź und Warschau entstanden 1940 die ersten solcher Ghettos. Die hohe Sterblichkeit dort infolge der unmenschlichen Lebensbedingungen ließ die Ghettoisierung der Juden zu einer Vorstufe des Völkermordes werden.

Der entscheidende Wandel hin zum programmatisch-systematischen Massenmord an den polnischen wie später auch an den anderen Juden im nationalsozialistischen Machtbereich vollzog sich 1941 mit dem Entschluß der NS-Führung zur »Endlösung der Judenfrage«. Das besetzte Polen wurde dabei zum Hauptschauplatz des Verbrechens. Den Auftakt machten im Sommer und Herbst 1941 planmäßige Mordaktionen von Einsatzgruppen der SS an den Juden in Ostpolen, nachdem der deutsche Überfall auf die Sowjetunion nun auch diese dem deutschen Zugriff ausgeliefert hatte. Ebenfalls unter Regie der SS begann Ende 1941 auf polnischem Boden der Bau mehrerer großer Vernichtungslager (Kulmhof/Chełmno, Bełżec, Sobibór, Treblinka, Auschwitz-Birkenau, Lublin-Majdanek). Vom Frühjahr 1942 an wurden alle jüdischen Ghettos sukzessive geräumt und ihre Insassen in die Vernichtungslager deportiert. Schubweise und mit Unterbrechungen erfolgte dort bis Sommer 1943 auf geradezu industriell durchorganisierte Weise ihre Ermordung mittels Giftgas, die anschließende Beseitigung der Leichen in Krematorien sowie die Verwertung der Hinterlassenschaft der Opfer. Das ursprünglich dreieinhalb Millionen Menschen zählende polnische Judentum bestand danach praktisch nicht mehr. Nur noch etwa 200 000 Juden, die vielfach das Kriegsende auch nicht mehr erlebten, fristeten bei härtester Zwangsarbeit oder in Verstecken ein elendes Leben. Einige der Vernichtungslager wurden, wie die meisten Ghettos, aufgelöst. Andere dienten 1943/44 der weitgehenden Vollendung des Mordes an den europäischen Juden, die man seit 1942 aus allen Teilen des nationalsozialistischen Machtbereichs hierher deportierte.

Das gesamte grauenhafte Spektrum der deutschen Besatzungsherrschaft erfuhr Hosenfeld im Laufe der Zeit so eindringlich, daß es ihn oft der Verzweiflung nahebrachte. Erste Hinweise auf die deutschen Verbrechen in Polen hatten ihn bekanntlich nicht gleichgültig gelassen, als seine Zeit in Pabianice Mitte November 1939 zu Ende ging. Das dort zu bewachende Kriegsgefangenenlager war schon Ende Oktober aufgelöst worden. Auf das Fuldaer Landesschützen-Bataillon kamen neue Aufgaben als Besatzungstruppe in einem anderen Teil Polens zu. Ende November/Anfang Dezember 1939 wurde es 200 Kilometer weit nach Osten in das Städtchen Wegrów verlegt. Damit verbunden war der Wechsel aus dem industrialisierten, dicht besiedelten Raum um Łódź in die ländliche, abgelegene Region im Einzugsbereich des Flusses Bug – »richtiges Polen«[115], wie Hosenfeld meinte. Nurmehr wenige Kilometer von der deutsch-sowjetischen Demarkationsgrenze entfernt, die das ehemalige polnische Staatsgebiet seit kurzem teilte, lag Wegrów verwaltungspolitisch im Distrikt Warschau des wenige Wochen zuvor errichteten »Generalgouvernements für die besetzten polnischen Gebiete«.

Mit dem neuen Einsatz zerschlugen sich für Hosenfeld alle Hoffnungen auf eine baldige Demobilisierung und Entlassung in die Heimat. Von seinem Heimweh, das er mit den meisten seiner Kameraden teilte, lenkten ihn vorerst die neuen Eindrücke ab. Er kam erstmals auch nach Warschau. Überall weckten die Kriegszerstörungen sein Mitgefühl für die notleidende Bevölkerung[116]. Erneut fiel ihm besonders die schlechte Behandlung der Juden auf[117]. Vor allem das von der deutschen Politik gestiftete Vertreibungs- und Flüchtlingselend berührte ihn[118]. Die wahre Absicht ahnend, fragte er sich: »Woher ist dieser teuflische Plan, wer kann so mit Menschen umgehen?«[119], um gleich anschließend die Schuldigen zu benennen: »... diese gegenwärtigen Machthaber«. Das »deutsche Volk in seiner Gesamtheit« hingegen sei unschuldig, wisse nichts davon, sei »betrogen und belogen und hintergangen worden«. Die Erlebnisse ließen ihn nicht los; der Gedanke bewegte ihn, sich »nicht mitschuldig machen«[120] zu dürfen. Seiner Frau gestand er, sich »manchmal geschämt [zu haben], deutscher

Soldat zu sein«[121]. Andererseits wußte er sich in seinem Mitgefühl und seiner Empörung als Deutscher durchaus nicht allein[122].

Seine Sorgen nahm Hosenfeld mit auf einen ersten Heimaturlaub über Weihnachten und Neujahr. Anfang Januar 1940 kehrte er nach Wegrów zurück, wo das Bataillon inzwischen fest einquartiert lag, und übernahm wieder gewöhnlichen Dienst in seiner alten Kompanie. Der harte Winter schränkte diesen jedoch stark ein. Auch sonst erlaubte die Abgeschiedenheit des Provinznests wenig Abwechslung. Die erzwungene Untätigkeit ließ ihn wachsenden Verdruß über sein Dasein und immer schmerzlicher auch die Trennung von der Familie empfinden. Vergeblich versuchte er, seine Entlassung zu erreichen. Ablenkung in der Eintönigkeit des Alltags verschaffte ihm die intensive Korrespondenz mit seiner Familie sowie die Lektüre. Willkommene Stunden der Besinnung und inneren Erhebung waren ihm sowohl der Gottesdienst im Rahmen der deutschen Militärseelsorge als auch, obwohl offiziell verboten, der Besuch der polnischen Messe.

In seiner dienstlichen Umgebung, im Umgang mit den Kameraden blieb er zurückhaltend und wählerisch. Doch hatte er das Glück, in seinem Kompanieführer, Leutnant der Reserve Dr. phil. Alfred Andreesen (1886-1944)[123], eine gebildete Persönlichkeit und einen angenehmen Vorgesetzten zu finden, mit dem er sich gut verstand. Näherer Kontakt ergab sich außerdem zu seinem Zimmergenossen, dem Reserve-Leutnant Neidhardt, einem gebürtigen Bayern. Diese Bekanntschaft regte Hosenfeld zu einigen ausgezeichneten Charakterportraits in seinen Briefen an[124]. Auch sonst zeigte sich immer wieder seine gute Beobachtungsgabe für Menschen und Situationen, und nicht zuletzt seine Bereitschaft und Fähigkeit zur Selbsterkenntnis[125].

Der Kontakt zur einheimischen Bevölkerung blieb mäßig, aber Hosenfeld scheute ihn nicht. Er ignorierte damit die Tatsache, daß solche Kontakte politisch mißliebig und bald formal untersagt waren. Bei der Familie des Apothekers erlebte er erneut die polnische Gastfreundschaft; auch der örtlichen Schule und ihrem Leiter stattete er einen Besuch ab. Der in Wegrów zahlenmäßig starken jüdischen Bevölkerung mit ihrem fremdartigen Erscheinungsbild begegnete er interessiert. Der freundliche Umgang mit ihr war ihm selbstverständlich. Über sein vom Zeitgeist abweichendes Verhalten war er sich dabei wohl bewußt: »Das ist typisch für meine Einstellung zu den Menschen, und wenn es diese verachtete Rasse ist[126].«

Über die »große« Politik hielt sich Hosenfeld durch den Rundfunk und die aus Warschau täglich gelieferte Zeitung einigermaßen gut informiert. Für Gesprächsstoff und Spekulationen sorgten damals Hitlers öffentliche, unverhohlene Drohungen, die militärische Passivität im Westen zu beenden, nun auch Frankreich und Großbritannien anzugreifen. Hosenfeld quittierte sie besorgt und ironisch zugleich als »nette Aussichten«[127]. Obwohl ihn seine Friedenshoffnungen nicht losließen, stellte er sich realistischerweise und mit der für ihn typischen nationalen Haltung auf die Ausweitung des Krieges ein: »Ich bin nicht kriegsbegeistert, aber wir wollen unseren Mann stellen[128].«

In seiner nationalen Gesinnung erschütterte ihn immer wieder die Begegnung mit der verbrecherischen Natur der deutschen Herrschaft in Polen. Im März 1940 nutzte er eine Dienstreise nach Łódź, um die befreundete Familie Prut in Pabianice zu besuchen, und wurde dort fassungslos Augenzeuge, wie eine Horde deutscher Amts- und Uniformträger einen Juden öffentlich mißhandelte: »Daß man da zuschaut, ohne einzugreifen. Wenn ich Offizier wäre, würde ich es sofort tun[129].« Daß es ihm ernst mit dieser Absicht war, bewies er um diese Zeit in Wegrów. Hier widerfuhr ihm ein noch viel dramatischeres Erlebnis, das er wie im Schock lange Zeit für sich behielt und erst viel später seinem ältesten Sohn anvertraute[130]. Demnach stellte er eines Tages einen »SS-Mann« zur Rede, der einen polnischen Schuljungen erschießen wollte, weil dieser requiriertes Heu gestohlen hatte, und wurde prompt selbst mit der Waffe und dem Tod bedroht.

Sein Besuch in Pabianice hatte bei Hosenfeld überdies einen starken Eindruck davon hinterlassen, welch allgemeine Atmosphäre lähmender Angst die polnische Bevölkerung angesichts ständiger Bedrohung durch Verhaftung oder Deportation beherrschte. Um die Verteidigung »seiner« Polen gegen die öffentliche Meinung in Deutschland bemüht, schrieb er seiner 16jährigen Tochter Anemone: »Du meinst, die Polen wären unsere schlimmsten Feinde; so schlimm ist das nicht, die waren nur verhetzt, ich kann sie ganz gut leiden. Daß sie ihr Vaterland lieben, ist doch schön[131].«

Erlebnisse wie die vorstehenden wühlten Hosenfeld innerlich auf; die von ihm ersehnte Abwechslung bedeuteten sie freilich nicht. Die brachte erst der nächste Heimaturlaub. Die ganze erste Aprilhälfte 1940 durfte er mit der Familie verleben, sich dabei vor allem seiner Frau zuwenden, die ein Kind erwartete. Gerade wieder nach Polen zurückgekehrt, mußte er von der frühzeitigen Fehlgeburt erfahren. Es blieb ihm nur, seine Frau brieflich zu trösten[132].

In Wegrów hatte sich inzwischen nicht nur der harte Winter verabschiedet und einem warmen Frühling Platz gemacht. Auch dienstlich brachen für Hosenfeld nunmehr bessere Zeiten an. Kaum angekommen, erreichte ihn endlich die schon länger erhoffte Nachricht von seiner Ernennung zum Offizier[133]. Bereits mit Wirkung vom 1. Februar 1940 war er zum Leutnant der Reserve befördert worden. Er machte jedoch kein großes Aufhebens davon, sondern freute sich vor allem über seine neue Tätigkeit als Zugführer und Ausbilder bei der Rekrutenkompanie des Bataillons[134], die soeben mit 165 neuen Soldaten aufgefüllt worden war. Diese Arbeit machte ihm ausdrücklich Spaß, weil seine pädagogischen Fähigkeiten gefordert waren, nahm ihn allerdings auch sofort voll in Anspruch.

Das gute Wetter und der mit der Rekrutenausbildung verbundene Geländedienst verschafften ihm Gelegenheiten, sich in der Gegend umzusehen. Unterwegs war er meist zu Pferd, nachdem er seit kurzem und mit schnellem Erfolg Reiten gelernt hatte. Der Umgang mit den Pferden, über die das Bataillon verfügte, wurde ihm zur liebsten Freizeitbeschäftigung. Kaum ein Wochenende verging ohne Ausritt in das Umland, wobei sich Hosenfeld meist alleine Land und Leute weiter erschloß. Angst vor Überfällen hatte er nicht, obwohl vor ihnen gewarnt wurde und Einzelunternehmungen offiziell verboten waren.

Hosenfelds Bataillon wurde Ende Mai 1940 erneut verlegt, allerdings nur etwa 30 Kilometer weit, in das noch kleinere, 4000 Einwohner zählende Städtchen Jadów. Ihm fiel sofort die deutliche Mehrheit der jüdischen Einwohnerschaft auf. Aus heutiger Sicht erscheint um so bemerkenswerter, daß die starke jüdische Gemeinde in der Folgezeit hier wie auch vormals in Wegrów wenigstens von der Wehrmacht offenbar unberührt blieb, die Besatzungstruppe sich nicht als Vollstrekker nationalsozialistischen Ungeists aufführte. Etwaige Übergriffe hätte Hosenfeld ziemlich sicher erwähnt. Das zurückhaltende Erscheinungsbild erklärt sich gewiß auch damit, daß führende Positionen im Offizierkorps des Bataillons augenscheinlich nicht von »Scharfmachern«, sondern von ähnlich anständigen Charakteren wie Hosenfeld besetzt waren. Das sollte nicht immer so bleiben.

Hosenfelds Ablehnung des NS-Regimes war trotz seiner negativen Erfahrungen in Polen damals noch nicht so entschieden, daß diese ihn gewissermaßen immun gegen die Propaganda gemacht hätten. Die Siegesmeldungen von allen Fronten ließen daher sein Soldatenherz bald höher schlagen. So kommentierte Hosenfeld den deutschen Überfall auf Dänemark und Norwegen im April 1940 in forschem, deutlich antibritischem Ton[135]. Zunächst noch sorgenvoll, dann erstaunt und schließlich überwältigt, verfolgte er einen Monat später den schnellen Erfolg der deutschen Offensive im Westen gegen Frankreich und die Benelux-Staaten. Der Propaganda, die in dieser Situation geschickt den Mythos vom militärischen Genius Hitlers zu konstruieren wußte, konnte er sich nicht entziehen[136]. Ebenso ließ er sich noch immer von der Friedensapologetik des Regimes täuschen. Frankreich und Großbritannien seien an ihrem Kriegsschicksal selbst schuld[137]. Bald war er fest davon überzeugt, »der Krieg kann nur mit brutaler Gewalt entschieden werden. Die Engländer wollten's ja so[138].«

Der deutsche Sieg im Westen machte Hosenfeld andererseits erneut unzufrieden mit seinem Dasein und weckte in ihm die alte »Abenteuerlust, wenn ich's mal so nennen soll«[139].

Sein Drang, aus Polen fortzukommen, um sich soldatisch bewähren zu können, blieb seiner Frau nicht verborgen, die ohnehin durch die Musterung des älteren Sohnes aufgeschreckt war. Hosenfeld versuchte sie brieflich zu beruhigen. Er sei sich seiner Verantwortung gegenüber der Familie zu sehr bewußt, um nicht leichtsinnig sein Leben zu riskieren[140]. Im übrigen war er überzeugt, der Krieg werde noch im selben Sommer zu Ende gehen[141].

Daß Hosenfeld sich dennoch mit seiner Situation in Jadów abfinden konnte, lag vor allem am Erfolg seiner Ausbildungsarbeit. Bei der Besichtigung der Rekruten durch den Divisionskommandeur war er diesem positiv aufgefallen. Als Anerkennung wurde ihm daraufhin die Führung der Kompanie übertragen[142]. Der neuen, größeren Verantwortung erfreute er sich allerdings nur wenige Wochen. In bester Laune traf ihn am 4. Juli 1940 überraschend die Nachricht, er sei im Zug einer größeren militärischen Reorganisation zu einer Wachkompanie versetzt worden, die im Lande verbleiben werde. Spontan bedrückte ihn die Aussicht, nicht wenigstens mit der übrigen Truppe nach Deutschland zurückkehren zu können, wenn er schon weiterhin auf seine Entlassung warten müßte. Immerhin als »kleine[n] Trostblick«[143] empfand er es, daß seine neue Einheit zum Einsatz in Warschau bestimmt war. Bereits am 9. Juli meldete er sich bei seinem neuen Kommandeur in Warschau, um dann wenige Tage später endgültig mit seiner Wachkompanie dorthin zu verlegen. Zu seiner großen Freude wurde ihm gleich ein zweiwöchiger Heimaturlaub genehmigt. Am 1. August war er zurück in Warschau, das für die nächsten viereinhalb Jahre und damit bis zum Ende der deutschen Herrschaft in Polen unfreiwillig seine zweite »Heimat« werden sollte.

In Warschau, Juli 1940-Januar 1945

Mit seiner Versetzung nach Warschau tauchte Hosenfeld in eine Welt ein, die ihm in jeder Hinsicht fremd war. Das lag zunächst an der Stadt selbst. Mit etwa einer Million Einwohner, davon fast ein Drittel Juden, deren Internierung im Ghetto ab 1940 zur Todesfalle wurde, war sie nach wie vor *die* polnische Metropole[144]. Die meisten der repräsentativen ehemaligen Regierungsgebäude wurden nun von der deutschen Zivilverwaltung des neu geschaffenen Distrikts Warschau genutzt. Der Distriktsgouverneur residierte im Palais Brühl, dem früheren polnischen Außenministerium. Die Verwaltung der Stadt selbst war in polnischen Händen belassen, aber völlig unter deutsche Aufsicht gestellt worden. Letztere betrieb planmäßig die Diskriminierung der polnischen Einwohner, die bald die meisten öffentlichen Einrichtungen nur noch eingeschränkt oder gar nicht mehr nutzen durften. Über die »innere Sicherheit« in Stadt und Distrikt wachte die deutsche Polizei, die sich freilich als Exekutive der nationalsozialistischen Gewaltherrschaft verstand. Eigentliche Terrorzentrale war die Dienststelle des regionalen »Kommandeurs der Sicherheitspolizei und des SD«. Diesem SS-Kommandeur unterstand außer der Gestapo auch das berüchtigte Pawiak-Gefängnis.

Die von den Zivilbehörden weitgehend autarke Wehrmacht besaß in Warschau eine große Garnison, die beide Flugplätze der Stadt und andere Liegenschaften der ehemaligen polnischen Streitkräfte nutzte. Die militärische Bedeutung des Standortes wuchs vor allem ab 1941 infolge des Kriegs gegen Rußland, so daß er bald mehrere zehntausend Soldaten zählte. Die Garnison bestand jedoch nur zum geringsten Teil aus Kampfverbänden, weit überwiegend aus Einrichtungen der Etappe mit Verwaltungs-, Logistik-, Kommunikations-, Ausbildungs- und Sicherungsaufgaben. Die territoriale militärische Befehlsgewalt in Stadt und Distrikt Warschau übte der Kommandant (später: Oberfeldkommandant) von Warschau aus, der wiederum dem deutschen »Militärbefehlshaber im Generalgouvernement« in Spała (später: Krakau) unterstand.

So fremd Hosenfeld das Warschauer Großstadtleben war, so erwarteten ihn auch ganz andere Aufgaben in einer ihm ungewohnten militärischen Umgebung. Mit Bedauern stellte er den Verlust seiner Selbständigkeit fest, wie er sie zuletzt als Kompanieführer in Jadów genossen hatte. In Warschau fühlte er sich anfangs verunsichert vom täglichen Umgang mit den vielen hohen Offizieren und zivilen Repräsentanten der deutschen Besatzungsbehörden. Verwendung fand Hosenfeld zunächst im Stab des Wach-Bataillons 660, das in einer früheren polnischen Armeekaserne im südlichen Warschau untergebracht war. Als Ordonnanzoffizier war er auch Sportoffizier des Bataillons. Sein erster größerer Auftrag bestand zunächst darin, ein Sportfest der Wehrmacht mit zu organisieren, das dann Ende August 1940 in Warschau stattfand.

Vorübergehend wurde er schon Mitte August als stellvertretender Adjutant in den Stab des Wach-Regiments Warschau kommandiert, dem alle Wach-Bataillone unterstanden. Mit dem Kommandeur des Regiments, Oberstleutnant Albrecht Graf von Hohenau (1882-1966) verstand sich Hosenfeld auf Anhieb gut. Wahrscheinlich beruhte die gegenseitige Sympathie auf der gemeinsamen kritischen Haltung zum NS-Regime. Jedenfalls fand Hosenfeld in diesem höheren Vorgesetzten bis zu dessen Verabschiedung 1943 einen wichtigen Mentor[145]. Das wurde für ihn um so wichtiger, nachdem er bald mit seinem direkten Vorgesetzten, dem Bataillonskommandeur, menschlich nicht gut auskam, ja, dieser sich als ausgesprochener »Nazi« entpuppte.

Noch weit ins Jahr 1941 hinein wurde Hosenfelds Dienstalltag außer von seinen Pflichten als Sportoffizier des Wach-Bataillons und dem gewöhnlichen Kasernendienst ganz wesentlich von einer Routine geprägt: seiner fast wöchentlichen Kommandanturwache. Für die Dauer von 24 Stunden war er damit wachhabender Offizier an der Kommandantur, dem die regelmäßige, persönliche Kontrolle militärischer Wachen und Streifen im gesamten Stadtgebiet oblag. Der Dienstantritt war stets mit dem parademäßigen Aufzug der Wachkompanie und des formalen Wachwechsels vor dem Kommandanturgebäude in der Stadtmitte verbunden, wo sich auch die Wachstube befand. Hosenfeld eignete sich als geübter Reiter dafür, weil Wachkompanie und -wechsel zu Pferde angeführt bzw. kommandiert werden mußten[146]. Außer auf Kommandanturwache mußte er hin und wieder auch einen ganzen Tag als »Offizier vom Dienst« in der Kommandantur verbringen. Als solcher war er nach der regulären Dienstzeit zentraler Ansprechpartner für alle militärische Belange im Standortbereich Warschau[147].

Aus dieser Dienstroutine wurde Hosenfeld von Anfang an durch Sonderaufträge gerissen, die ihm deshalb lieb waren. Eine Kurierfahrt nach Berlin etwa ließ ihm Zeit, auch kurz die Sehenswürdigkeiten der Reichshauptstadt zu besichtigen[148]. Wenig später erkundete er Quartiere im Umland von Warschau. Als interessantester Auftrag im Spätsommer 1940 erwies sich seine Abstellung als Verbindungsoffizier zu einem Filmteam unter Leitung des bedeutenden Regisseurs Gustav Ucicky. Bei dessen Suche nach einem geeigneten Drehort für den geplanten Propagandaspielfilm »Heimkehr« begleitete er die Filmleute mehrere Tage durch das Generalgouvernement und sogar nach Ostpreußen[149].

Die neuen Eindrücke verhinderten nicht, daß nach einjähriger, nur urlaubsweise unterbrochener Trennung von der Familie bald wieder die Heimweh an Hosenfeld nagte: »Ich bin krank nach meiner lieben Frau[150].« Dabei plagte ihn auch die Sorge um deren Gesundheit. Der Heimaturlaub, den er in den ersten Jahren einmal im Vierteljahr für etwa zwei Wochen erhielt, war ein schwacher Trost. Hinzu kam, daß ihn der Dienst in Warschau zunehmend anödete, weil er ihn nicht wirklich forderte. Und Kameradschaft in seinem Sinn unter den überwiegend älteren, bequemlichen Etappenoffizieren zu finden, fiel ihm schwer, da er bekanntlich kein Freund »leichter« Geselligkeit war. Zu all dem machten ihm ab Herbst 1940 unerklärliche Schwindelanfälle, Kopfschmerzen, Sprach- und Sehstörungen zu schaffen[151], die von da an in gewissen Abständen wiederkehrten. Erst aus heutiger Sicht lassen sich hierin Vorboten seiner späteren schweren organischen Erkrankung vermuten. Bei aller Beunruhigung gaben ihm die Krankheitssymptome damals Anlaß zur Hoffnung, über eine ärztliche Untersuchung seine Entlassung zu erreichen. Deren Ergebnis im Januar 1941 war dann allerdings eine Enttäuschung, weil sie ihn zwar nicht für frontverwendungsfähig, aber tauglich zum Dienst in der Etappe erklärte[152].

Eine gewisse Ablenkung fand Hosenfeld im Unterhaltungsangebot Warschaus. Gelegentlich besuchte er das Theater oder ein Konzert, häufiger ging er ins Kino. Er bekam auch schnell Kontakt zu Einheimischen, »Volksdeutschen« wie Polen. Die Bekanntschaft zur Familie Luckhaus etwa hielt die ganze Kriegszeit[153]. Sie führte ihm gleich zu Beginn seiner Zeit in Warschau das Problem einer Ehe zwischen einem »Volksdeutschen« und einer Polin vor Augen. Beide Eheleute fühlten sich dem untergegangenen Polen verbunden. Durch die Besatzungspolitik sahen sie sich aber zunehmend genötigt, um ihrer und ihrer kleinen Tochter willen ein formales Bekenntnis zum Deutschtum abzulegen[154], das sie wiederum in Konflikt mit ihrer polnischen Umgebung brachte. Es spricht für Hosenfelds Persönlichkeit, daß selbst die leidenschaftliche Polin Krystyna Luckhaus dem deutschen Offizier dennoch bis zuletzt vertrauensvoll verbunden blieb.

Was Wilm Hosenfeld von den Einheimischen erfuhr, erhärtete nur noch sein Urteil über die deutsche Herrschaft. Deren Auswirkungen waren ohnehin unübersehbar: »Ich komme gerade aus der Stadt und bin an so vielen gebeugten Menschen vorbeigeschritten, daß einem mitfühlenden Menschen ganz traurig zumute wird[155].« Immer häufiger traf er in den Straßen hungernde und bettelnde Polen. Er erkannte dahinter die Absicht wie auch den ganzen Charakter der deutschen Politik: »Man will gar keine Verständigung; der Pole hat nur Knecht zu sein[156].« Entschieden sprach er sich gegen eine solche Despotie und für »Großmut«[157] im Umgang mit den Polen aus: »Warum baut man die Ruinen nicht auf, warum gibt man dem Polen nicht wirtschaftliche und kulturelle Freiheit und läßt ihn teilhaben an sozialer Gerechtigkeit? Brauchen wir dieses geschlagene Volk noch zu fürchten? Muß es den Griff an der Kehle immer noch mit ganzer Brutalität spüren, und nur den[158]?« Verbarg sich in diesen Fragen noch eine Spur Hoffnung, so klang er vier Monate später bereits desillusioniert: »Es gibt ja keine Ideale mehr, um die gekämpft wird im Volkstumskampf hier im Osten, und sittliche Maßstäbe, mit denen wir groß geworden sind, sind unmodern und belasten unsereinen[159].«

Einzelne Vorfälle, mit denen Hosenfeld unmittelbar konfrontiert wurde, nahmen ihn ganz besonders stark mit. Eines

Tages mußte sein Bataillon ein Erschießungskommando stellen, um zwei junge Polen hinzurichten. Ihr Verbrechen bestand im tätlichen Angriff auf einen deutschen Soldaten, der offenbar ein polnisches Mädchen vergewaltigt hatte. Hosenfeld war empört: »Denken darf man nicht, sonst könnte man jede Lust am Soldatenleben verlieren. Was ist das für eine Rechtsauffassung[160]!« Wie weit die Verrohung bereits fortgeschritten war, fand er bald darauf einmal mehr in der Person seines eigenen Bataillonskommandeurs bestätigt. Der hatte von seinen Wachsoldaten gefordert, gezielt auf Kinder zu schießen, die sie beim Kohlendiebstahl ertappten[161]. Erschüttert war Hosenfeld Anfang März 1941 nach seinem ersten Besuch im jüdischen Ghetto: »Einblick in das Ghetto. Furchtbare Zustände, eine einzige Anklage gegen uns. Die Menschen müssen vertieren und verhungern[162].«

So sehr Hosenfeld auch das himmelschreiende Unrecht erkannte, das an der polnischen Bevölkerung planmäßig verübt wurde, zeigte er sich andererseits vorerst noch nicht reif für den völligen inneren Bruch mit dem NS-Regime. Seine grundsätzlich nationale Haltung ließ ihn gerade in Kriegszeiten Partei für Deutschland und damit fast zwangsläufig auch für seine Regierung ergreifen. Immer noch identifizierte er sich, wenngleich zunehmend kriegsmüde, weitgehend mit der deutschen Kriegspolitik. Diesbezüglich stand er weiterhin stark unter dem Einfluß der NS-Propaganda. Der zurückliegende Krieg gegen Polen etwa erschien ihm nach wie vor prinzipiell gerechtfertigt[163].

Angesichts des ungebrochenen britischen Widerstandes, sah er sich allerdings Ende September 1940 gezwungen, seine hoffnungsvolle Prognose vom Frühsommer zu revidieren: »Der Krieg ist jedenfalls noch lange nicht aus, dafür ist der Brandherd zu groß[164].« Auch rechnete er inzwischen mit einem Eingreifen der Vereinigten Staaten, was ihm in Erinnerung an den Ersten Weltkrieg besonders schwerwiegend erschien. Doch insgesamt zeigte er sich voller Siegeszuversicht. Hitlers Rede vom 8. November, in der dieser sich zum Entscheidungskampf gegen Großbritannien entschlossen gab, hielt er für »selten [...] so überzeugend«[165]. Hitler selbst erschien ihm bei dieser Gelegenheit als »doch ein fabelhafter Mensch«. Demgegenüber beurteilte er dann Ende Februar 1941, erneut als Reaktion auf eine im Rundfunk übertragene Rede Hitlers, nicht nur dessen Person, sondern vor allem die innere Verfassung Deutschlands erheblich nüchterner: »Das d[eutsche] Volk steckt jetzt in einer Zwangsjacke, aus der es sich nicht befreien kann; nur deshalb ist die sogenannte große Einigkeit möglich[166].« Aber nur, um sich sogleich doch wieder hinreißen zu lassen: »Eins ist großartig, der Glaube an den Sieg, den er auch auf die Massen überträgt: Ich glaube auch an ihn[167].« Seine Zuversicht bezog Hosenfeld nicht zuletzt aus der damaligen Lektüre von Hitlers »Mein Kampf«. Ihr entnahm er überrascht, »was der Führer von Forderungen, Plänen und Gedanken heute schon verwirklicht hat; ebenso läßt sich ahnen, was noch kommen wird, zum Beispiel eine Auseinandersetzung mit dem russ[ischen] Regierungssystem, unter anderem auch die restlose Erledigung der Judenfrage in Europa«[168].

Während sich für Hosenfeld mit letzterem damals sicher noch nicht die ungeheure Vorstellung eines millionenfachen Massenmordes verband, erhielt er in dem anderen Punkt sehr bald Klarheit. Er selbst half Anfang März 1941 die Einquartierung neuer deutscher Truppen im Raum Warschau vorzubereiten. Seine Informationen über einen bevorstehenden Krieg gegen die Sowjetunion verdichteten sich, noch bevor er Mitte März 1941 einen dreiwöchigen Heimaturlaub antrat[169]. Nach seiner Rückkehr war er überzeugt, daß es noch im Sommer des Jahres losgehen würde. Dem neuen Krieg sah er zwar ebensowenig freudig entgegen wie allen anderen zuvor, doch betrachtete er ihn als unvermeidlich und deshalb als notwendig: »R[ußland] bleibt eine ständige Bedrohung für uns, entzieht sich den vertraglichen Abmachungen, indem es uns nichts liefert, reorganisiert sein Heer und ist ohnehin gegen uns eingestellt[170].«

In der Erwartung des immer deutlicher absehbaren Krieges gegen die Sowjetunion wurde der Frühling 1941 für Hosenfeld wieder eine spannungsreiche Zeit. Der Anblick der aufmarschierenden Kampftruppen ließ ihn einerseits sein eigenes Etappendasein um so geringer und sinnloser erscheinen; andererseits schöpfte er daraus auch neue Hoffnung, von letzterem erlöst zu werden und sich im »richtigen Krieg« bewähren zu können[171]. Seine Ehefrau flehte er geradezu um Verständnis für seinen Wunsch an, den er auch gewissermaßen als Opfer verstanden wissen wollte: »Ich möchte Entbehrung und Kampf haben, daß ich nicht immer unter der Vorstellung zu stehen brauche, hier geht es dir viel zu gut, und meine Liebste daheim hat Entbehrung und Sorge allein[172].«

Schon ein Jahr zuvor, angesichts des Krieges gegen Frankreich, war Hosenfeld in ganz ähnlicher Gefühlslage schließlich vom eigenen Verantwortungsgefühl gegenüber der Familie zurückgehalten worden. Dieses Mal wurde der innere Drang so übermächtig, daß er bald um Verwendung im bevorstehenden Feldzug gegen die Sowjetunion nachsuchte. Als sich Anfang Juni 1941 abzeichnete, daß auch sein altes Bataillon[173] für diesen Einsatz vorgesehen war, überwand er sogar seine Antipathie und wurde bei dessen Kommandeur vorstellig[174]. Allein, sein Bemühen blieb erfolglos. Oberst Walter von Unruh (1875-1945), der Kommandant von Warschau selbst, gab ihn nicht frei. Erst einige Wochen zuvor, am 15. März, hatte er Hosenfeld die neue Aufgabe eines Sportoffiziers der Kommandantur übertragen[175].

Hosenfelds starker Wunsch, in den Krieg zu ziehen, erstaunt um so mehr, als er selbst zugeben mußte: »Gewiß, ich habe einen schönen Auftrag, eine Aufgabe, die mich befriedigt und in Anspruch nimmt, die ich selbständig anfassen kann[176].« Zufrieden sein konnte er inzwischen um so mehr, als seine Ernennung, bei der zunächst anscheinend nur an eine nebenamtliche Funktion gedacht gewesen war, bald wesentlich aufgewertet wurde. Vielleicht, um den damals fortstrebenden Hosenfeld zu halten, sagte man ihm Ende Mai seine formale Versetzung zum Stab der Kommandantur und dort auf den Dienstposten eines »Sport- und Gasschutz-Offiziers« zu[177]. Damit erhielt er die Aussicht auf eine dem Kompanieführer gleichwertige Verwendung, die somit eine Beförderung bis zum Hauptmann versprach.

Nicht erst mit dieser Förderung bewiesen Hosenfelds Vorgesetzte, daß sie ihn und seine Leistung schätzten. So hatte er zuletzt durch den Regimentskommandeur Graf Hohenau eine sehr gute dienstliche Beurteilung erhalten, die außer seinem militärischen Können bezeichnenderweise seinen anständigen und zuverlässigen Charakter hervorhob[178]. Daraufhin war er am 12. Mai 1941, rückwirkend zum 1. April 1941, zum Oberleutnant befördert worden. Überdies konnte er sich damals über die Auszeichnung mit dem Kriegsverdienstkreuz 2. Klasse freuen[179]. Hosenfeld hatte sich also seinen neuen, höherwertigen Dienstposten gewissermaßen verdient. Daß gerade er speziell hierfür ausersehen worden war, lag andererseits sicher auch an seiner sportlichen Erscheinung. Zwar betrieb er keinen Leistungssport, doch legte er auf seine körperliche Leistungsfähigkeit seit jeher Wert, wie nun auch in Warschau.

Bis sich Hosenfeld fest in seiner neuen Verwendung etablieren konnte, vergingen noch mehrere Monate. Das lag auch daran, daß sein Dienstposten erst neu eingerichtet wurde[180]. Solange, noch während des gesamten Sommers 1941, blieb er in seinen bisherigen Routinedienst als Angehöriger des Wachregiments eingespannt[181]. Gleichzeitig organisierte er bereits erste Sportwettbewerbe und arbeitete sich allgemein in sein neues Aufgabengebiet mit Elan ein. Unterbrochen wurde er dabei durch zwei Lehrgänge im Juli und August. Beide fanden in Deutschland statt: der vierzehntägige Sportführerlehrgang in Berlin, die dreiwöchige Ausbildung zum Gasschutzoffizier in Celle.

In beiden Fällen nahm Hosenfeld die Gelegenheit wahr, um am Lehrgangsort mit Ehefrau und Kindern eine Art Ersatzurlaub zu verbringen, da der Heimaturlaub in diesem Sommer ausfiel. Als glückliche Fügung erwies es sich, daß er Mitte August auf dem Rückweg von Celle nach Warschau noch einen mehrtägigen Aufenthalt in Thalau einlegen konnte. Er kam gerade rechtzeitig, um seinen älteren Sohn Helmut zu verabschieden, der nach dreimonatiger Grundausbildung nun an die Ostfront in Marsch gesetzt wurde.

Die Sorge um das Schicksal seines Sohnes ließ Hosenfeld künftig noch sehr viel intensiver das Kriegsgeschehen verfolgen. Völlig bewußt war er sich über den Charakter des neuen Krieges, der am 22. Juni begonnen hatte: »Unser Angriff ist ein ungeheurer Überfall, auf den der Russe seit Wochen wartete[182].« Weiterhin bejahte er diesen Krieg prinzipiell. Ganz im Sinne Hitlers, dessen Absichten er freilich völlig verkannte, müsse »eine radikale Lösung stattfinden, die kann nur auf gewaltsamem Weg erfolgen«[183]. Jetzt sei ein günstiger Augenblick »mit dem Bolschewismus einerseits und mit der letzten kontinentalen Großmacht andererseits aufzuräumen«[184]. Im übrigen hatte sich Hosenfeld zuletzt vom allgemeinen Optimismus in seiner Umgebung anstecken lassen: »In 8 Wochen soll der Spuk vorbei sein. [...] In diesem Jahr werden wir noch heimkommen[185].« Die »wunderbaren Erfolgsmeldungen« der ersten Kriegswochen ließen dann seine Hoffnung auf ein baldiges Kriegsende sogar noch steigen[186]. Allerdings mußte er bald einsehen, daß sich die weit verbreitete, so auch seine Erwartung nicht erfüllte, wonach der deutsche Angriff eine Revolution in Rußland und den Sturz des Sowjetregimes auslösen würde[187]. Desgleichen überraschte ihn Ende Juli auch das erste Stocken des deutschen Angriffs infolge der »hohen Kampfmoral der Bolschewiken«[188].

Fast zwangsläufig wirkte sich der Krieg gegen die Sowjetunion auf Hosenfelds Tätigkeit als Sportoffizier aus. Die militärischen Erfordernisse setzten nun allgemein andere Prioritäten. Die in der Phase des Aufmarsches gewaltig angewachsene Stärke der Garnison verminderte sich schlagartig und ließ auch die Beteiligung am Sportbetrieb merklich zurückgehen. Ein für den Spätsommer in Warschau geplantes großes Sportfest der Wehrmacht wurde auf höheren Befehl verschoben und schließlich ganz abgesagt. Von seiner zweifelnden Frau auf den Sinn des Sports in Kriegszeiten angesprochen, zeigte sich Hosenfeld sich überzeugt, daß dieser die körperliche wie geistige Leistungsfähigkeit der Soldaten steigerte[189]. Vor allem für die Etappe wie in Warschau sei dies von Bedeutung. Er selbst trieb verstärkt Sport, um den Anforderungen seines neuen Amtes gerecht zu werden. Darüber hinaus besaß der Sport für ihn einen höheren geistig-moralischen

Wert: »Ich will mich körperlich nicht unterkriegen lassen; es gibt einem auch innere Haltung[190].«

Trotz des vorerst nachlassenden bzw. eingeschränkten Sportbetriebs blieb Hosenfeld wegen seiner wiederholten längeren Abwesenheit und bedingt durch Sonderaufträge im Sommer und Frühherbst 1941 kaum die Zeit, um sich seines großen Aufgabenbereichs zu vergewissern und den Betrieb in seinem Sinn zu organisieren. Er war »Herr« über umfangreiche Sportstätten geworden, welche die Wehrmacht für ihre Zwecke beschlagnahmt hatte. Gewissermaßen den Kern seines »Sportparadieses«[191], wie er es selbst empfand, bildeten die Anlagen des polnischen Traditionsvereins »Legia Warschau« am südöstlichen Stadtrand. Sie umfaßten das mit einer Kapazität von 40 000 Zuschauern größte Sportstadion Warschaus, außerdem ein Schwimmstadion und Tennisplätze sowie ein Bootshaus am nahen Weichselufer. In einem ehemaligen Pfadfinderheim neben dem Stadiongelände, das bis zu 120 Personen Unterkunft bot, richtete Hosenfeld Ende September ein »Sportheim« ein. Einen Monat später bezog er dort selbst ein Zimmer und ein Büro. Ab November nahm hier unter seiner Leitung die »Wehrmacht-Sportschule« ihren Betrieb auf. Schließlich unterstand Hosenfeld noch ein zweites, weiter stadteinwärts gelegenes Areal, im wesentlichen aus zwei Sporthallen und einem Hallenschwimmbad bestehend.

Allein die Verwaltung dieser Liegenschaften beanspruchte Hosenfeld erheblich. Zusätzlich war er für die Organisation des alltäglichen Sportbetriebs verantwortlich, insofern Ansprechpartner und Koordinator der Warschauer Garnison; auch nach außen hin, gegenüber den Sportbeauftragten der Zivilverwaltung, der Polizei und SS vertrat er die Wehrmacht in allen sportlichen Belangen. Besonders eng entwickelte sich die Zusammenarbeit mit dem Sportreferenten in der Distriktverwaltung, seinem guten Bekannten Eduard Luckhaus. Im Alltagsbetrieb besaß Hosenfeld weitgehend freie Hand. Seine Vorgesetzten erwarteten vor allem ein ereignisreiches Sportjahr mit öffentlichkeitswirksamen Veranstaltungen, daneben auch eine erfolgreiche Betreuung der Sportgemeinschaft der Kommandantur. Entsprechend häufig war er mit Planung und

Durchführung verschiedenster Sportwettkämpfe beschäftigt, an denen er zuweilen auch selbst teilnahm. Den Höhepunkt bildete die zentrale Sportwoche (»Kampfspiel-Woche«) der Wehrmacht in Warschau, die alljährlich im Spätsommer stattfand, allerdings 1941 ausfiel.

Am liebsten widmete sich Hosenfeld der von ihm aufgebauten »Wehrmacht-Sportschule«, der ersten Einrichtung ihrer Art innerhalb des Generalgouvernements[192]. An ihr wurden Soldaten, vorwiegend Unteroffiziere, auf vierzehntägigen Lehrgängen sportlich trainiert und in theoretischem Sportunterricht für eine entsprechende Ausbildungsfunktion in ihren Einheiten qualifiziert. Während seine Vorgesetzten die Sportschule wohl hauptsächlich als ein Mittel der Soldatenbetreuung schätzten, verwirklichte Hosenfeld mit ihr quasi seinen Traum von der eigenen, weitgehend selbständig geführten Kompanie – und dabei von kameradschaftlicher Gemeinschaft überhaupt. Die Aufgabe weckte seinen ganzen erzieherischen Eifer als Erwachsenenbildner: »Ich habe jetzt eine richtige Schule, so wie ich mir das immer gewünscht habe. Mit Männern zusammenzuarbeiten, nicht mit Kindern[193].« Entsprechend ambitioniert gestaltete er die Lehrgänge. Dabei sah er den Sport, aus dem er bekanntlich selbst »innere Haltung« bezog, vor allem unter seiner Bedeutung »aus geistigem Prinzip«[194]: »Das ist auch das Wesentliche, womit ich meine Arbeit in der Sportschule [...] zu durchdringen suche. Darum kann ich auf das Volkslied und gelegentliche Dichtung, auf den geistig-seelischen Kontakt mit den Soldaten nicht verzichten[195].« Gemeint war sein allgemeinbildendes, gemeinschaftsförderliches Begleitprogramm, mit Vorträgen und kulturellen Ausflüge in die Stadt. Gemeinschaftsfeiern und Abschlußveranstaltungen, die einem geladenen Publikum werbewirksam auch sportliche Vorführungen boten, taten ein übriges, daß die Lehrgänge für die Teilnehmer zum Erlebnis wurden. Durch die positive Resonanz sah sich Hosenfeld bestätigt: »Ich habe es gefühlt, wie ich die Männer mitnahm in eine Welt, die ihnen verschüttet ist, die ihnen so wohl tut[196].« In seiner Rolle kam er sich zuweilen »fast vor wie ein Pastor«[197]. Tatsächlich betrieb er ganz absichtsvoll eine Art »Seelsorge«: »Ich will meine Pflicht hier tun, will meinen Leuten Kamerad und Vorbild sein und in ihnen seelische Kräfte wekken und sie bereitmachen, das alles zu ertragen, was uns Kriegern hier zugemutet wird und was uns wahrscheinlich noch bevorsteht[198].«

Einen Teil des Unterrichts und auch der praktischen Sportausbildung führte Hosenfeld regelmäßig selbst durch. An Fachpersonal standen ihm später bis zu vier zivile Sportlehrer zur Verfügung. Wiederholt zog er besonders geeignete Lehrgangsteilnehmer als Hilfsausbilder heran. Schon wegen der erheblich schwankenden Beteiligung blieb der Lehrgangsbetrieb flexibel und lebte stark von der Improvisation. In organisatorischer Hinsicht, vor allem bei der Bewirtschaftung der Sportanlagen, konnte sich Hosenfeld auf eine kleine Stamm-Mannschaft verlassen. Zu besten Zeiten, 1942, bestand sie aus einigen Unteroffizieren und gemeinen Soldaten sowie etwa 30 polnischen Arbeitskräften. Hosenfelds Menschlichkeit und natürliche Autorität als Vorgesetzter ließen in der relativen Abgelegenheit und Autonomie der Sportschule bald ein vertrauensvolles, ja, freundschaftliches Verhältnis untereinander entstehen. Dieser »familiäre« Zusammenhalt wurde später noch bedeutsam, als er es ihm immer wieder ermöglichte, rassisch und politisch verfolgten Polen Zuflucht in der Sportschule zu gewähren.

Hosenfelds Sportorganisation erreichte bald einen Umfang, der ihre offizielle Bezeichnung als »Sportamt der Kommandantur Warschau« rechtfertigte. Als Sportoffizier und Leiter des Sportamtes unterstand er dem Dritten Generalstabsoffizier (Leiter der Stabsabteilung Ic) der Kommandantur, einer anderen Stabsabteilung dagegen in seiner Zweitfunktion als Gasschutzoffizier[199]. Letztere liebte er nicht, da er sich noch gut an die Schrecken des Giftgaseinsatzes im Ersten Weltkrieg erinnerte. Pflichtgemäß besuchte er regelmäßig die Warschauer Truppenteile im Rahmen seiner entsprechenden Fachaufsicht zu Ausbildungszwecken und Geräteüberprüfungen. Sein hauptsächlicher Abteilungschef, im Soldatenjargon kurz der »Ic« genannt, war über die längste Zeit Oberstleutnant von Kamlah. Mit ihm kam Hosenfeld gut aus. Einen ausgesprochenen Mentor wie seinen Regimentskommandeur Graf Hohenau scheint er innerhalb der Kommandantur jedoch nicht gefunden zu haben[200].

Schon weil das Schicksal seines Sohnes Helmut damit verknüpft war, beschäftigte Hosenfeld weiterhin intensiv die Entwicklung des Krieges gegen die Sowjetunion. Diese ließ seinen kurzen, anfänglichen Optimismus sehr schnell verfliegen. Erstaunlich klarsichtig vertraute er seinen Notiz- und Tagebüchern offen an, womit er – vorerst noch – brieflich den »im Felde stehenden« Sohn nicht entmutigen wollte. Von der hohen Kampfmoral der sowjetischen Soldaten und der »Unerschütterlichkeit des Bolschewismus«[201] überrascht, hielt er demnach den Kampf gegen »einen zahlenmäßig überlegenen, gut gerüsteten Feind, dem außerdem der ungeheure Raum zu Hilfe«[202] komme, bereits Mitte September für so gut wie verloren. Bald glaubte er auch nicht mehr an eine Eroberung von Moskau[203], worin ihm die weitere Entwicklung recht geben sollte. Für Hosenfeld, den Ersten Weltkrieg in Erinnerung, brachte das Jahresende 1941 dann die Vorentscheidung im gesamten Krieg. Mit dem Kriegseintritt der Vereinigten Staaten sah er das Schicksal Deutschlands besiegelt: »Die neue Welt hat den vorigen Krieg entschieden. Sie wird ihn auch diesmal zu unserem Unglück entscheiden[204].«

Untergangsstimmung erfaßte ihn erst recht, als er von der verbrecherischen Dimension des Krieges im Osten erfuhr. Er ahnte bereits, daß die Deutschen einst dafür würden büßen müssen. Der Bericht über einen Massenmord an Juden in Rußland machte einen »lähmenden Eindruck«[205] auf ihn. Als er von der Behandlung der russischen Kriegsgefangenen in Deutschland hörte, die dem Hungertod preisgegeben wurden, erschien ihm dies »so widerwärtig, unmenschlich und so einfältig dumm, daß man sich nur tief schämen kann, daß das bei uns geschehen kann«[206]. Ohne Rücksicht auf die Gefahr der Zensur machte sich Hosenfeld schon bald in einem Brief an seine Frau Luft: »So viel helfen müßte man und kann nicht. Und so viele unausgesprochene Dinge lasten auf mir. Ich mache mir große Sorgen um unsere Zukunft, und man kann nicht darüber reden. Ich sehe viel Roheit und Dummheit und Lügen und Verblendung. Dieser Krieg ist mit Unrecht über Unrecht beladen, keine hohe sittliche Idee ist da[207].«

Seine stärksten Eindrücke vom nationalsozialistischen »Geist des Unrechts und der Unterdrückung«[208] vermittelten ihm jedoch nach wie vor die eigene Umgebung und das eigene Erleben im Generalgouvernement: »Betrachtet man aber die Not im Land hier und bedenkt, [...] daß wir nur durch Terror, Not und Hunger regieren, dann kommt man zu der Ansicht, das kann auf die Dauer nicht gutgehen[209].« Die Entrechtung und Verarmung der polnischen Bevölkerung sah er im Kontrast zum Wohlleben und zur aufreizenden Arroganz der deutschen Zivilverwaltung[210]. Aus seiner Kritik an der »schamlosen« Bereicherung der Deutschen machte er auch öffentlich keinen Hehl[211]. Ebensowenig scheute er eine »Auseinandersetzung beim Mittagstisch wegen Erschießung von Juden und Gefangenen«[212]. Einzelne Erlebnisse führten ihm besonders drastisch das Schicksal der Juden vor Augen. Der Besuch eines von der SS bewirtschafteten Landgutes vor den Toren Warschaus rief sein ganzes Mitgefühl für die dort »gewissermaßen als Sklaven gehalten[en]«[213] Juden hervor und ließ ihn eine Geste der Menschlichkeit wagen. An der Mauer des Warschauer Ghettos wurde er Zeuge der Mißhandlung eines jüdischen Kindes. In seiner Ohnmacht schämte er sich, »daß ich zu denen gehöre, die Schuld an solchem Unglück sind oder es dulden, ohne zu helfen«[214].

Zum bereits weit fortgeschrittenen Vertrauensverlust in die politische Führung trugen schließlich auch die Nachrichten aus der Heimat bei, ob sie nun die Mißhandlung polnischer Zwangsarbeiter oder die Verfolgung der katholischen Kirche betrafen. Seine vielfältige Erfahrung aus über zwei Kriegsjahren hatten sich bei Hosenfeld inzwischen zur klaren Erkenntnis vom verbrecherischen Charakter des NS-Regimes verdichtet. Das führte ihn Anfang 1942 zu ganz prinzipiellen Überlegungen, die er seinem Tagebuch anvertraute. Ein Vergleich mit der Herrschaft des sowjetischen »Bolschewismus« und der Jakobiner zur Zeit der Französischen Revolution drängte sich ihm auf: »Die Methoden der Nationalsozialisten sind andre, im Grund aber verfolgen auch sie den einen Gedanken, die Ausrottung, Vernichtung der Andersdenkenden[215].« Durch seine Methoden aber setze sich der Nationalsozialismus von den beiden anderen Herrschaftsformen sogar noch negativ ab. Seine Politik stünde im krassen Widerspruch zum eigenen ideologischen Anspruch und auch zum propagandistischem Bekenntnis, sei dabei von Heimlichkeit und Verlogenheit bestimmt. Kurz zuvor erst hatte Hosenfeld seinem Sohn an der Front brieflich in aller Vorsicht zu Verstehen gegeben, daß er die »faschistische Staatsform, wie wir sie jetzt haben«[216] für überholt halte, sie sich vielmehr demokratisieren müßte.

Auch wenn Hosenfeld die allgemeine politische Situation zur Jahreswende 1941/42 als deprimierend empfand, begann das neue Jahr für ihn persönlich mit einem durchaus erfreulichen Auftakt. Gerade war er aus einem Heimaturlaub über Weihnachten und Neujahr, den er trotz allgemeiner Urlaubssperre in Anerkennung seiner Leistungen als Sportoffizier erhalten hatte, wieder nach Warschau zurückgekehrt. Da erhielt er überraschend Besuch von seinem Sohn, der sich auf dem Rückweg von der Front in die Heimat befand, um hier eine mehrmonatige Ausbildung zum Sanitätssoldaten zu erhalten[217]. Eine große Sorge war ihm damit vorerst genommen.

Nachdem eine Fleckfieberepidemie den Sportbetrieb vorübergehend lahmgelegt hatte, ließ ihn Hosenfeld schon im Februar wieder intensiv aufleben, zeigte sich sogar um dessen Ausweitung bemüht. Über seinen Bekannten Luckhaus intensivierte er die Zusammenarbeit mit dem Sportamt der Distriktverwaltung. Kurzerhand eine polnische Gymnastikschule einbeziehend, schuf er gleichzeitig ein Sportangebot speziell für Frauen, das sich an das immer zahlreichere weibliche Hilfspersonal der Wehrmacht richtete[218]. Schließlich gab er unter dem Titel »Sport und Soldat« monatlich ab März ein Mitteilungsblatt heraus.

Im April 1942 ergab sich für Hosenfeld dann endlich eine Gelegenheit, auf die er schon seit dem vergangenen Herbst gesonnen hatte. Alle generellen Verbote und eine ausdrückliche Arrestandrohung mißachtend, leitete er den heimlichen Besuch seiner Ehefrau in Warschau in die Wege. Zunächst bewerkstelligte er ihre Einreise ins Generalgouvernement über den Wintersportort Zakopane in der Hohen Tatra, wohin er sich selbst in dienstlichem Auftrag hatte beordern lassen. Gemeinsam fuhren sie anschließend nach Warschau, wo Annemarie im Sportheim Unterkunft fand, ohne daß es höheren Ortes ruchbar wurde. So konnte Hosenfeld nicht nur seinen 47. Geburtstag in liebster Gesellschaft feiern. Ein glücklicher Zufall vergönnte beiden außerdem ein kurzes Wiedersehen mit Sohn Helmut, der nach beendetem Sanitätslehrgang auf dem Rücktransport zur Ostfront durch Warschau kam.

Nach dem Abschied vom Sohn und bald auch von der Ehefrau, die nach Thalau zurückkehrte, stürzte sich Hosenfeld voller Elan in die Vorbereitung und Durchführung eines größeren militärsportlichen Wettkampfes, den er selbst angeregt hatte. Die Veranstaltung am 31. Mai fand weithin große Beachtung und wurde sogar von der deutschen Film-Wochenschau aufgegriffen. Sie empfahl ihn auch gleich beim neuen Kommandanten von Warschau, Generalmajor Fritz Rossum.

Die Rückkehr seines Sohnes Helmut an die Ostfront erweckten in Hosenfeld von neuem die Sorge um dessen Leben. Sie wurde nicht geringer, als dieser ab Ende Juni 1942 an der großen deutschen Sommeroffensive im Südabschnitt der Ostfront teilnahm. Der Wiederaufnahme des deutschen Angriffs nach einem halben Jahr der Stagnation und Defensive begegnete Hosenfeld von vornherein mit starker Skepsis. Die vom Regime verbreitete Siegeszuversicht hatte für ihn seit dem Rückschlag vor Moskau entscheidend an Glaubwürdigkeit verloren: »Das ganze Volk hat aber noch die falschen Prophezeiungen [...] in mißtrauischer Erinnerung. So recht überzeugend wirkt das alles nicht[219].« Gegen alle offiziellen Parolen vom »russischen Untermenschen« wahrte er menschlichen Respekt vor dem »Feind«, was er auch seinem Sohn nicht verschwieg: »Die Russen kämpfen sehr tapfer, das muß ihnen der Neid lassen, wenn der Sprachgebrauch auch anders ist.

Warum ist man nicht ritterlicher? Das ehrt doch beide Teile[220].« Gleichzeitig drängte es ihn wieder fort aus Warschau: »Wenn ich die Wehrmachtberichte höre, erfaßt mich immer das Verlangen, auch dort zu sein, wo es was zu erleben gibt, nicht aus Sensationslust oder Abenteuersucht, sondern weil ich an dem Kriegsgeschehen Anteil haben möchte und mir [...] von dem gewaltigen Kampf in den östlichen Steppen ein Bild machen möchte[221].«

Wenige Tage, nachdem er seinem Sohn Helmut diese Zeilen geschrieben hatte, verloren die Kriegsereignisse für Hosenfeld schlagartig jede Aktualität. Geradezu schockartig nahm er Ende Juli 1942 die Entschlossenheit des NS-Regimes zur »Endlösung der Judenfrage« und damit zur planmäßigen Ermordung aller Juden wahr. Für ihn offenbar nicht sofort erkennbar, hatte sich die Judenverfolgung im ehemaligen Polen schon seit Monaten in diese neue Dimension gesteigert. Aufgeschreckt wurde er nun durch den Beginn der Räumung des Warschauer Ghettos am 22. Juli. Seine Informationen ließen ihn das Schicksal der 400 000 Warschauer Juden erahnen, zumal er einen Zusammenhang mit ähnlich mörderischen Aktionen vom Frühjahr in Lublin und Łódź vermutete, von denen ihm offenbar gleichzeitig berichtet wurde[222].

Lediglich rhetorisch sträubte er sich in seiner Fassungslosigkeit zunächst gegen besseres Wissen: »Aber man kann das alles nicht glauben, ich wehre mich dagegen, es zu glauben, nicht nur aus Sorge für die Zukunft unseres Volkes, das ja einmal diese Ungeheuerlichkeiten büßen muß, sondern deswegen, weil ich nicht glauben will, daß Hitler so etwas will, daß es deutsche Menschen gibt, die solche Befehle geben. Es gibt nur eine Erklärung, sie sind krank, anormal oder wahnsinnig[223].« In seiner Erschütterung ließ er alle Vorsicht fallen und schrieb noch am selben Tag seiner Frau: »Kann sich denn ein Deutscher noch auf der Welt sehen lassen? Sterben dafür unsere Soldaten draußen an der Front? Die Geschichte weiß ähnliches kaum zu berichten. Vielleicht haben sich die Urmenschen gegenseitig aufgefressen, aber daß man ein Volk, Männer, Frauen, Kinder, im 20. Jahrhundert einfach abschlachtet, ausgerechnet wir, die wir den Kreuzzug gegen den

Bolschewismus führen, das ist eine so entsetzliche Blutschuld, daß man vor Scham in den Boden sinken möchte. Man fragt sich, sind denn diese verantwortlichen Menschen noch normal. Ist es wirklich so, daß der Teufel Menschengestalt angenommen hat? Ich zweifele nicht daran[224].« Hosenfelds Zweifel wurden nicht zuletzt dadurch beseitigt, daß er einen der »Teufel« näher kennenlernte, einen jungen, promovierten SS-Offizier, der sich als »der mächtige Mann, der Herr des Ghettos«[225] aufspielte: »Von den Juden spricht er so wie von Ameisen oder sonstigem Ungeziefer. Von der ›Umsiedlung‹, das heißt, dem Massenmord, so wie von Vertilgung von Wanzen bei einer Entwesung in einem Haus[226].«

Die neue Dimension des Verbrechens zeigte sich damit in einem ihrer schrecklichsten Schauplätze nur wenige Kilometer von ihm entfernt. Ohne jede Geheimhaltung und mit größter Brutalität trieben deutsche und »fremdvölkische« Polizeikommandos Tag für Tag mehrere tausend Warschauer Juden aus dem Ghetto, um sie umgehend in das etwa 100 Kilometer nordöstlich gelegene Vernichtungslager Treblinka[227] zu deportieren. Hosenfeld wurde allerdings nicht selbst Augenzeuge des Geschehens, wollte es wahrscheinlich auch gar nicht werden, sondern verfügte über glaubwürdige Berichte: »Wenn das wahr ist, was in der Stadt erzählt wird, und zwar von glaubwürdigen Menschen, dann ist es keine Ehre, deutscher Offizier zu sein, dann kann man nicht mehr mitmachen. [...] Aber das ist ja alles Wahnsinn, das kann doch nicht möglich sein[228].«

Noch wochenlang, solange die Deportationen den Sommer über anhielten, ließ ihn das Entsetzen nicht los. Immer wieder schlug es sich in Tagebucheinträgen und in Briefen nieder[229]. Auch seinem Sohn an der Front teilte er sich bald unmißverständlich mit[230]. Als Deutscher, noch dazu als Teil der deutschen Besatzungsherrschaft, plagten Hosenfeld Gefühle der Mitschuld an den Verbrechen, außerdem Skrupel, weil er nichts dagegen unternahm[231].

Sein Versuch einer seelischen Bewältigung dieses »Wahnsinns« führte Hosenfeld zum anderen bis in die religionsphilosophische Tiefe der Theodizee. Offensichtlich hatten ihn auch als gläubigen Christen angesichts der Massenverbrechen und Kriegsgreuel zunächst Zweifel an der Existenz eines gütigen und gerechten Gottes beschlichen. Doch erwies sich sein Glaube letztlich als unerschütterlich. Ganz nach christlich-theologischer Auffassung gab ihm noch das größte weltliche Übel erst recht einen Beweis für die »Fügung und Vorsehung Gottes«[232]. Die Menschen, von diesem mit freiem Willen begabt, hätten ihre Freiheit zur Mißachtung der göttlichen Gebote und christlichen Lehren genutzt. Seinen Ausdruck fände dies in der Herrschaft von Bolschewismus und Nationalsozialismus, die sich in ihrer Gottlosigkeit glichen. »Darum herrscht heute der Antichrist und hat ein leichtes Spiel mit den Menschen[233].« Schuldige wie Unschuldige erwarte ein Strafgericht wie zur Zeit der biblischen Sintflut[234].

Die furchtbaren Ereignisse des Sommers 1942 hatten eschatologische und apokalyptische Bilder in Hosenfeld geweckt. Sie sollten fortan noch häufiger wiederkehren, ihn später geradezu beherrschen. Speziell für Deutschland und die Deutschen sah er – diesmal durchaus weltlich-politisch – einen unaufhaltsamen »Sturz ins Verhängnis«[235] voraus. Seinen deshalb wachsenden Fatalismus wollte er jedoch nicht als Gleichgültigkeit verstanden wissen: »Man muß alles so hinnehmen wie's kommt, auf sich selbst aber Bedacht haben, daß man sein Wesen entdeckt und ihm treu bleibt und seinen Weg geht[236].« Resignation um den Preis der Aufgabe von Moral und Selbstachtung kam für ihn also nicht in Frage. In diesem Sinn sich treu bleibend, trat Hosenfeld weiterhin ganz spontan auch öffentlich für seine Überzeugung ein. So hielt er etwa, unterstützt von seinem Regimentskommandeur Graf Hohenau, bei einer Diskussion unter Offizieren nicht mit seiner Meinung über den Mord an den Juden zurück, – anschließend selbst erschrocken darüber, in welche Gefahr er sich mit seiner Offenheit begeben hatte[237].

So paradox es vordergründig anmutet, bewahrte Hosenfeld, obwohl er sich dem Krieg innerlich bereits stark verweigerte, immer noch einen letzten Rest Hoffnung auf den militärischen Sieg Deutschlands. Bereits weit entfernt von jeder

Solidarisierung mit dem NS-Regime, machte sich hierin eine natürliche Parteinahme für die eigene Seite bemerkbar, seine »innige Verbundenheit mit dem Wesen des eigenen Volkes«[238], die ihn trotz allem einen gewissen »Stolz« auf die militärischen Leistungen der Wehrmacht empfinden ließ. Außerdem war ihm bewußt, daß sich Deutschland nur noch durch einen Sieg vor dem befürchteten vernichtenden Strafgericht des Gegners retten konnte. Schließlich mag sich Hosenfeld weiterhin an die Hoffnung geklammert haben, daß eine siegreiche Wehrmacht in der Lage und Willens sein würde, das NS-Regime zu entmachten[239]. Dieses werde vom Volk ohnehin nur noch ertragen, weil es »gegenwärtig von zwei Übeln das kleinere ist. Das größere ist, den Krieg zu verlieren«[240].

Der schnelle Anfangsfortschritt der deutschen Sommeroffensive 1942 konnte Hosenfeld nicht lange täuschen. Bereits Anfang August erkannte er, daß der Wehrmacht ein durchschlagender Erfolg versagt bleiben würde, weil sich die Rote Armee anders als im Jahr zuvor geschickt entzog und in die Weite des Raumes auswich[241]. Einen Monat später schien es ihm dann »geradezu unmöglich, den Krieg zu gewinnen«[242]. Stalingrad sah er noch lange nicht erobert, die Ölfelder des Kaukasus überhaupt unerreichbar. Die gesamte Kriegslage stimmte ihn nicht zuversichtlicher. Die Gefahr einer »zweiten Front« im Westen hielt er durch die deutsche Führung für unterschätzt. Die zunehmenden Luftangriffe auf das Reichsgebiet waren ihm Anzeichen der gewaltigen alliierten Übermacht, die sich früher oder später voll auswirken würde. Außerdem hätte Deutschland dann auch den Aufstand der von ihm »angegriffenen, vergewaltigten Völker« zu erwarten: »Mögen wir in diesem Jahr noch durchhalten, 1943 beginnt der Kampf auf Tod und Leben[243].«

Beeinträchtigt durch die seelischen Erschütterungen wegen des Massenmordes an den Juden fiel es Hosenfeld ganz offensichtlich schwer, sich im Hoch- und Spätsommer 1942 mit voller Hingabe seiner dienstlichen Tätigkeit zu widmen. Immerhin eine flüchtige Freude bereitete ihm dieser Tage seine nächste Beförderung[244], vor allem mit Blick auf sein fortgeschrittenes Alter: »Als Hauptmann steht man doch etwas höher im Ansehen bei den jungen Offizieren.«[245] In seiner Funktion änderte sich dadurch zunächst nichts. Der Sportbetrieb nahm ihn wieder voll in Anspruch. Es galt, die diesjährige »Wehrmacht-Kampfspielwoche« in der ersten September-Woche vorzubereiten. Mit über 1200 gemeldeten Teilnehmern und einigen tausend Zuschauern wurde die Veranstaltung schließlich ein Erfolg für ihn. Dennoch beklagte er einmal mehr das sportliche Desinteresse der meisten Offiziere. Er sah darin allerdings nur ein Symptom für die insgesamt desolate psychische Verfassung des Offizierkorps in der Etappe. Aus seiner Erklärung hierfür scheint jedoch vor allem die eigene Betroffenheit in der Sache zu sprechen: »Sie [die Offiziere] fühlen sich in ihrer Ehre gekränkt angesichts der Schandtaten, die durch die Beauftragten Himmlers an den Polen und Juden verübt werden. Sie müssen zu all diesen ungeheuren Greueln stillschweigen und wissen doch, daß sie im Ernstfall und bei der unausbleiblichen Reaktion das alles mitverantworten müssen und mit den Soldaten kämpfen müssen[246].«

Mitte September kehrte Hosenfeld von einer mehrtägigen Dienstreise nach Berlin zurück, die er auch genutzt hatte, dort einige gemeinsame Tage mit seiner Frau zu verbringen. Wieder in Warschau, erfüllte sich seine Erwartung, man würde ihn nach erfolgter Beförderung »für andere Aufgaben eines Tages einsetzen«[247], nun in allerdings ungeahnter Weise. Insgeheim hatte er immer noch auf eine Verwendung als Kompanieführer und sogar auf einen Fronteinsatz im Osten gehofft. Statt dessen berief ihn der Oberfeldkommandant von Warschau Ende September 1942 zusätzlich zu seinem bestehenden Aufgabenbereich zum nebenamtlichen Leiter der örtlichen »Wehrmachtkurse zur Berufsförderung«[248].

In Ergänzung der Truppenbetreuung hatte das Oberkommando der Wehrmacht (OKW) bereits im Sommer 1940 ein eigenes Berufsförderungswerk gegründet[249]. Dahinter stand der Gedanke, jeden Soldaten mit entsprechenden beruflichen Voraussetzungen während seiner Wehrdienstzeit weiterzubilden bzw. auf seine spätere Wiedereingliederung in den Zivilberuf vorzubereiten. Zunächst als Fernunterricht mit Anteilen von Selbststudium und Gemeinschaftsarbeit organisiert, erwies sich schließlich die Notwendigkeit, dem Ganzen einen festeren Rahmen zu geben. Mit dem Winterhalbjahr 1942/43 wurden deshalb an mehreren größeren Standorten im besetzten Gebiet »Wehrmachtkurse zur Berufsförderung« nach Art von Volkshochschulen eingerichtet. Ihre Leitung sollte ein geeigneter Soldat erhalten, der »aus seinem Zivilberuf Erfahrungen in der Führung von Menschen und möglichst auch in der Berufsausbildung« mitbrachte.

Hosenfeld entsprach diesen Anforderungen in idealer Weise. Ihn selbst hatte bekanntlich seit jeher eine verantwortliche Aufgabe in der Erwachsenenbildung gereizt, wie sie ihm die Sportschule nur ansatzweise bot. Nun konnte er sich als Leiter einer »höheren Bildungseinrichtung« fühlen. Angenehme Erinnerungen an seine frühere nebenamtliche Lehrtätigkeit in der ländlichen Fortbildungsschule wurden wach[250]. Mit ganzer Kraft wandte sich Hosenfeld seiner neuen Aufgabe zu. Sie forderte ihn sogleich als Organisator einer ersten, mehrwöchigen »Kursreihe« für den Spätherbst 1942, der zahlreiche weitere in den Jahren 1943 und 1944 folgen sollten[251]. Bei der Zusammenstellung des Kursprogramms, für das er dann mit einem »Vorlesungsverzeichnis« unter den Soldaten der Garnison warb, war er relativ frei. Seinem Geschick blieb es überlassen, den Bedarf festzustellen und geeignete Dozenten zu gewinnen. Solche boten sich ihm allein innerhalb der Wehrmacht, die über viele Reservisten mit zivilberuflicher Qualifikation verfügte, in großer Zahl an; ergänzend konnte er auf den Bereich der örtlichen deutschen Schulen, Zivilverwaltung und Wirtschaft zurückgreifen; sogar Gastdozenten aus dem Reich standen hin und wieder zur Verfügung. Für die erste, Ende Oktober beginnende Kursreihe kamen auf diese Weise zwanzig Abend-, Wochenend- und Tageskurse in verschiedenen Fachrichtungen zustande. Zu ihnen hatten sich insgesamt 550 Soldaten aus Stadt und Umland angemeldet. Wegen der großen Nachfrage mußte der Unterricht aus dem Sportheim in ein nahes Schulgebäude verlegt werden.

Voller Ehrgeiz trieb Hosenfeld den weiteren Ausbau seiner »Berufsschule« voran. Bald bot er sogar auf Reifeprüfung und Meisterprüfung hinführenden Unterricht an. Das Programm umfaßte schließlich ein großes, wechselndes Fächerangebot von Kfz-Technik und landwirtschaftlicher Betriebslehre über Mathematik und Fremdsprachen bis hin zu Kursen in Malen und Zeichnen oder etwa zur modernen Lyrik. Hosenfeld übernahm selbst gleich zu Beginn einen Geschichtskurs, wofür er bezeichnenderweise auf seine alten, »noch nicht bereinigt[en]«[252] Lehrbücher zurückgriff. Entsprechend freimütig scheint er seinen Unterricht dann auch gestaltet zu haben[253]. Aber nicht nur die eigene Lehrtätigkeit befriedigte ihn. Gerade auch der Umgang mit »seinen« Dozenten, unter deren oft niedrigen militärischen Diensträngen er zum Teil hochgebildete, interessante Persönlichkeiten entdeckte, gab ihm verstärkt das, wonach er stets suchte: geistige und menschliche Anregung[254].

Hosenfeld konnte sich, ohnehin innerlich noch vom Erkenntnisschock über den Judenmord gezeichnet, an seiner neuen Berufung nicht lange erfreuen. Anfang Dezember 1942 verfiel er erneut in große Sorge um seinen an der Ostfront kämpfenden Sohn Helmut[255]. Er wußte ihn im Verband der 6. Armee, die zwei Wochen zuvor in Stalingrad eingeschlossen worden war. Da der Briefkontakt vorübergehend abgerissen war, wähnte er ihn in höchster Gefahr. Erst Mitte Dezember erreichte ihn wieder ein beruhigendes Lebenszeichen, wenngleich er seinen Sohn weiterhin in die schweren Kämpfe um Stalingrad verwickelt sah[256].

Nach einem unerwarteten, kurzen Heimaturlaub über die Weihnachtsfeiertage ergab sich zur Freude Hosenfelds schon im Januar 1943 wieder einmal die Gelegenheit, eine Dienstreise zu einer Verabredung mit seiner Ehefrau nutzen zu können. Ihr »Feierabend-Urlaub« führte sie diesmal in Bromberg zusammen. Ein besonderes Erlebnis bescherte ihnen abschließend ein mehrtägiger Besuch bei der befreundeten polnischen Familie Cieciora, die gut 100 Kilometer von Bromberg entfernt auf einem Gutshof lebte.

Zurück in Warschau holte ihn sofort die dramatische Realität der politisch-militärischen Lageentwicklung ein. Deutlich absehbar näherte sich die Agonie der seit Wochen in Stalingrad eingeschlossenen deutschen 6. Armee ihrem Ende; im Kaukasus war die deutsche Front unter der sowjetischen Gegenoffensive bereits zusammengebrochen; und die deutsch-italienische Afrika-Armee unter Rommel befand sich endgültig auf dem Rückzug. »Angesichts dieser Hiobsbotschaften ist es ganz unbegreiflich, daß die Schandtaten gegen die polnische Bevölkerung sich eher noch steigern. Von ganz unglaublichen Vorgängen wird berichtet[257].« Hosenfeld hatte Kenntnis von einem weiteren mörderischen Umsiedlungs-Experiment (»Zamość-Aktion«) der SS erhalten, dem Ende 1942/Anfang 1943 erneut Zehntausende Polen zum Opfer fielen. In Warschau wurde er gleichzeitig Augenzeuge »wahre[r] Menschenjagden« durch die deutsche Polizei. Durch seine vielfältigen privaten Kontakte, etwa mit dem volksdeutschen Lehrer Ludwig Spatta, den er bereits 1941 als Gleichgesinnten kennengelernt hatte, verdichtete sich auch sein Wissen über die verbrecherischen Anfänge der deutsche Besatzungspolitik in Polen[258].

Anfang Februar 1943 schließlich nahm Hosenfeld »geradezu erschüttert«[259] die Meldung von der Kapitulation der 6. Armee in Stalingrad zur Kenntnis. Er war überzeugt, »daß wir uns von diesem Schlag nicht mehr erholen werden«[260]. Hierin bestärkten ihn die negativen Nachrichten von anderen Kriegsschauplätzen, vor allem aus Tunesien, wo sich für die Afrika-Armee ein »zweites Stalingrad« anbahnte, sowie aus Italien, wo sich das Mussolini-Regime nur noch mühsam hielt, schließlich auch aus Fernost, wo die militärische Aggression des japanischen Verbündeten längst an ihre Grenzen gestoßen war.

Durchaus glaubhaft relativierte Hosenfeld seine späte, endgültig erst mit Stalingrad erloschene Hoffnung auf eine Kriegswende zugunsten Deutschlands: »Als die schrecklichen Judenmassenmorde, die Hinschlachtung von Kindern und Frauen im vergangenen Sommer geschahen, da wußte ich mit aller Deutlichkeit, jetzt verlieren wir den Krieg, denn damit hatte der noch zu rechtfertigende Kampf um Nahrungsfreiheit, um Volksboden seinen Sinn verloren. Er artete aus in ein maßloses, unmenschliches, kulturwidriges Massenschlachten, das niemals vor dem deutschen Volk zu rechtfertigen ist und von dem gesamten d[eutschen] Volk zutiefst verurteilt wird[261].«

Den einzigen Lichtblick angesichts der desaströsen Gesamtlage bereitete Hosenfeld in jenen Tagen die gesunde Heimkehr seines Sohnes Helmut. Der hatte sich mit seiner Sanitätseinheit gerade noch der Einschließung in Stalingrad entziehen können und auch die anschließenden Kämpfe zur Jahreswende heil überstanden. Nach insgesamt eineinhalbjährigem Fronteinsatz erfüllte er nun die Voraussetzungen, um als Angehöriger einer sogenannten Studentenkompanie sein Medizinstudium an der Universität Frankfurt am Main fortsetzen zu können. Hier war er dem Krieg »nur noch« in Form der stark zunehmenden alliierten Luftangriffe auf das Reichsgebiet ausgesetzt. Von seinem Vater im fernen Warschau wurden diese kaum weniger sorgenvoll als Anzeichen der sich anbahnenden Niederlage Deutschlands gedeutet.

Schier verzweifelt über den Weg seines Vaterlandes in den moralischen und den existentiellen Abgrund, war Hosenfelds frühere Empfänglichkeit für den öffentlichen Auftritt des NS-Regimes restlos geschwunden. Die Propaganda war ihm zum Inbegriff für die Lüge als das »größte Übel« geworden: »Von ihr gehen alle anderen Teufeleien aus[262].« Selbst auf die einst geschätzte Rhetorik von Propagandaminister Goebbels gab er nichts mehr. Dessen berüchtigte Rede im Berliner Sportpalast vom 18. Februar 1943, welche die deutsche Bevölkerung auf den »totalen Krieg« einschwören sollte, entlarvte er als manipulatives »Kasperletheater«[263]. Solche »billige[n] Mätzchen« habe das Volk nicht nötig. Es wisse ganz genau, daß ihm »gar keine andre Wahl bleibt, als zu kämpfen und zu opfern und alles auf [sich] zu nehmen, um die furchtbare Gefahr aus dem Osten zu bannen[264].« In seiner Widerstandskraft sah er es allerdings durch die nationalsozialistische Politik gelähmt. Die Kriegsverbrechen in deutschem Namen beraubten es der für den Überlebenskampf notwendigen »sittlichen Kraft«; zudem werde es nur noch durch das letztlich untaugliche Band von Terror, Zwang und Furcht zusammengehalten[265]. »Wie alles, was die Nazis machen, was Hitler tut, [ist] blutigster Dilettantismus[266].«

Solche Äußerungen machen deutlich, wie grundlegend sich Hosenfelds Verhältnis zum NS-Staat gewandelt hatte. Unter dem Gesamteindruck von moralischer Katastrophe im Sommer 1942 und militärischer Katastrophe im Winter 1942/43 war seine für 1941 noch charakteristische, freilich bereits stark kritische Loyalität in kaum mehr verhohlene Gegnerschaft umgeschlagen. Ein jahrelanger, bis in die Vorkriegszeit zurückreichender Prozeß fortschreitender Ernüchterung und Abwendung vom Nationalsozialismus war damit zum Abschluß gekommen. Hosenfeld befand sich, ohne es jemals ausdrücklich so formuliert zu haben, endgültig in Opposition. Schon in der Vergangenheit war er der Politik des Nationalsozialismus mit wachsendem Widerspruch begegnet. Immer deutlicher ließ ihn das in einem fundamentalen Gegensatz zu ihr erscheinen. Nicht nur im privaten Kreis, unter mehr oder weniger Gleichgesinnten, sondern auch in der Quasi-Öffentlichkeit des Dienstbetriebes, im Gespräch mit Kameraden, im Unterricht, hielt er mit seinen Überzeugungen nicht zurück. Auch wenn sein Widerspruch keinen ausgeprägt demonstrativen Charakter annahm, setzte er sich damit doch zwangsläufig dem im NS-Staat schwerwiegenden, nicht selten tödlichen Vorwurf der Wehrkraftzersetzung aus[267]. Auf glückliche Weise ist er dieser Gefahr stets entgangen. Mindestens ebenso erstaunt, daß ihn seine intensive, dabei oft freimütige Korrespondenz über die Jahre hinweg nie der militärischen Briefzensur verriet[268]. Desgleichen blieben seine Widersetzlichkeiten im Alltag unentdeckt oder doch wenigstens ungeahndet. Allgemein gültige Dienstvorschriften, die im nationalsozialistischen Geist den privaten Umgang mit Polen und den Besuch polnischer Gottesdienste verboten, ignorierte er schlichtweg. Als einen Akt des Widerstandes wollte er dies gewiß nicht verstanden wissen. Eher war sein Verhalten Ausdruck eines selbstverständlichen, normalen zwischenmenschlichen Umgangs, verbunden mit der Absicht, den Polen durch sein persönliches Beispiel ein anderes, positives Bild vom Deutschen zu vermitteln.

Im Jahr 1943 überschritt Hosenfeld schließlich auch die Grenzen von Widerspruch und passiver Widersetzlichkeit. Schon länger quälte ihn angesichts der in deutschem Namen begangenen Verbrechen der Selbstvorwurf feiger Untätigkeit. Allmählich war es ihm unerträglich geworden, der Unterdrükkung und Verfolgung der Polen weiter tatenlos zuzusehen. Da auf offiziellem Weg wenig zu erreichen war und offener Widerstand sinnlos erschien, scheute er sich schließlich nicht mehr, unter geradezu konspirativen Umständen heimlich Hilfe zu leisten. Nach heutigem Verständnis vollzog er damit den Schritt in den aktiven Widerstand gegen den Nationalsozialismus.

Nicht mit letzter Sicherheit lassen sich Anfang und Ausmaß dieser neuen Qualität seines Handelns feststellen. Seiner konspirativen Natur gemäß hinterließ es relativ spärliche Spuren in Hosenfelds Schriften. Doch vermitteln sie auch in Verbindung mit den Aussagen Betroffener ein einigermaßen zuverlässiges Bild. Einige Einzelfälle sind sogar namentlich bekannt. Demnach steht fest, daß sich Hosenfeld die relative organisatorische und räumliche Eigenständigkeit des Sportamtes zunutze machte, um in seinem weitläufigen Dienstbereich verfolgten Polen Zuflucht zu gewähren. Er brachte sie, mit neuer amtlicher Identität versehen, inmitten seiner überwiegend polnischen Belegschaft als Arbeitskräfte unter. Im Besitz entsprechender Ausweispapiere genossen sie fortan nicht nur einen gewissen Schutz vor Verfolgung und Deportation, sondern auch bessere materielle Versorgung.

Auf diese Weise kam Hosenfelds Hilfe etwa einem Verwandten jener polnischen Familie Cieciora zugute, mit der er schon einige Zeit befreundet war. Sein Besuch bei ihr im Januar 1943[269] hatte einen Kontakt mit dem katholischen Priester Antoni Cieciora ergeben, der sich in Warschau vor der Gestapo versteckt hielt, seit er aus Posen vor dem extremen antikirchlichen Wüten des dortigen NS-Machthabers geflohen war. Am 16. März 1943 wurde er von Hosenfeld unter falschem Namen (Cichocki) als Bürokraft eingestellt[270] und bewährte sich bald als eine »Hauptstütze«[271] im Betrieb der Sportschule. Zwischen beiden entwickelte sich eine regelrechte Freundschaft; nach einiger Zeit schätzte der deutsche Hauptmann den polnischen Priester sogar als »gute[n] Kamerad[en]«[272] und »liebe[n] Freund«[273]. Schließlich konnte er Cieciora für das Wagnis gewinnen, polnischen Sprachunterricht im Rahmen der »Wehrmachtkurse zur Berufsförderung« zu geben[274]. Durch die Ausweispapiere, die Hosenfeld seinem Freund »besorgt« hatte, wurde dieser nach eigener Aussage »zweimal vor dem Tode bewahrt«[275].

Ganz allgemein und offiziell konnte Cieciora gleich nach dem Krieg bestätigen, welch hohes Ansehen Hosenfeld bei den etwa 30 polnischen Arbeitern und Arbeiterinnen des Sportamtes genossen hatte: »Die Polen nannten ihn ihren Vater und wandten sich voll Vertrauen in allen Sachen, ja sogar Familienangelegenheiten an ihn, wie an einen Vater[276].« Übergriffe seiner deutschen Untergebenen gegen sie seien von Hosenfeld streng geahndet worden. Als Ausdruck ihrer Dankbarkeit hätten ihm die polnischen Arbeiter sogar eine Medaille mit Widmung verehrt. Cieciora beschrieb damit die herzliche, fast familiäre Atmosphäre in der Sportschule, wie sie auch aus Hosenfelds Schriften spricht[277].

Weiterhin berichtete Antoni Cieciora nach dem Krieg, daß auf ähnliche Weise wie er auch zwei polnische Juden ihr Überleben Hosenfeld verdankten[278]: Josef Kufirski und Leon Warm-Warczyński. Von letzterem ist heute mehr als nur der Name bekannt[279]. Er steht für ein anderes dramatisches Verfolgungsschicksal. Leon Warm, wie er gebürtig hieß, war es gelungen, aus einem der Eisenbahnzüge zu entkommen, mit denen die Bewohner des Warschauer Ghettos im Sommer 1942 und im Frühjahr 1943 in das Vernichtungslager Treblinka deportiert wurden. Er konnte sich zunächst allein durchschlagen und kam schließlich mit Hilfe seiner Schwester über gemeinsame Bekannte in Warschau, das deutschrussische Ehepaar von Schoene, in Verbindung mit Hosenfeld. Der zögerte nicht, sich seiner anzunehmen, und brachte ihn unter dem Pseudonym Warczyński in der Sportschule als Arbeiter unter. Welches Risiko trotz der Geheimhaltung damit verbunden war, zeigte sich, als eines Tages eine anonyme Schmiererei im Sportstadion Warm als Juden denunzierte[280]. Zum Glück gelang es Hosenfeld, diesen Vorfall, der in seinen eigenen Schriften unerwähnt blieb, zu vertuschen.

Nicht weniger beherzt exponierte sich Hosenfeld zuweilen auch, falls es die Situation gebot und Hilfe versprach. Das bewies er etwa bei der spektakulären Rettung des Polen Kroschel, eines Verwandten der Ciecoras, der mit seiner Familie in Warschau lebte. Hosenfeld hatte ihn durch Pfarrer Antoni Cieciora kennengelernt. Eines Tages im Jahr 1943 wurde Kroschel zusammen mit anderen Polen durch ein SS-Kommando verhaftet, nachdem sich in ihrem Wohnviertel zuvor ein Attentat der polnischen Untergrundbewegung ereignet hatte. Die Verhafteten mußten befürchten, zur Vergeltung hingerichtet zu werden. Zufälligerweise kreuzte ihr Transport in der Innenstadt den Weg von Hosenfeld. Vom Lastwagen aus entdeckte Kroschel auf dem Bürgersteig den ihm bekannten Offizier und konnte ihn auf sich aufmerksam machen. Der hielt daraufhin geistesgegenwärtig den Wagen an und forderte von dem verantwortlichen SS-Führer im Befehlston: »Ich brauche einen Mann!« Nach kurzer Musterung der Verhafteten zeigte er schließlich wie von ungefähr auf Kroschel, der daraufhin aussteigen durfte und gerettet war[281].

Geradezu in die »Höhle des Löwen« wagte sich Hosenfeld schließlich im Fall des Polen Nowicki (Nowitzki). Der hatte sich im März 1943 über eine gemeinsame polnische Bekannte an ihn gewandt, weil er sich Hilfe für seinen Bruder erhoffte, der bereits im Vorjahr von der Gestapo verhaftet und ins Konzentrationslager Auschwitz gebracht worden war. Für ein Gnadengesuch an Hitler benötigte Nowicki »eine Begutachtung seiner loyalen Gesinnung gegenüber den Deutschen«[282]. Vor allem darum bat er nun Hosenfeld. Dieser war von der offensichtlichen Unschuld des Bruders überzeugt, zudem empört darüber, daß ein korrupter Polizeioffizier Nowicki bereits eine große Geldsumme ohne Gegenleistung abgeknöpft hatte. Um diesen »Lumpen« zur Verantwortung zu ziehen und Nowicki finanziell zu entschädigen, schreckte Hosenfeld auch nicht vor der Gefahr zurück, sich als »Polenfreund« bei den NS-Behörden verdächtig zu machen. Gleich mehrmals wurde er bei Sturmbannführer Dr. Ernst Kah vorstellig[283], dem Leiter des Sicherheitsdienstes (SD) der SS in Warschau. Kah zeigte allerdings wenig Lust, in der Sache tätig zu werden. Wenngleich über deren Ausgang weiter nichts bekannt ist, offenbart sie doch einmal mehr das ausgeprägte Gerechtigkeitsgefühl wie auch die ungewöhnliche und mutige Hilfsbereitschaft Hosenfelds.

In zahlreichen weiteren Fällen half Hosenfeld bedrängten Polen, ohne daß über deren Identität mehr als nur der Name überliefert ist. Einige dieser Namen gab Hosenfeld später in sowjetischer Kriegsgefangenschaft preis, als er sich von den betreffenden Personen nun selbst Hilfe bzw. ein gutes Leumundszeugnis erhoffte[284]. Eine noch höhere Dunkelziffer dürfte überhaupt namenlos geblieben sein. Einmal, Ende März 1943, deutete Hosenfeld brieflich seiner Frau gegenüber kurz an, welch großes Ausmaß seine Hilfsaktivität bereits damals erreicht hatte: »Wie vielen habe ich schon geholfen[285].« Im weiteren Zusammenhang ließ er erkennen, daß seine Hilfe wohl meist dem verwandt- und bekanntschaftlichen Umfeld seiner polnischen Arbeiter im Sportamt wie auch seinem privaten Bekanntenkreis in Warschau zugute kam. Nachdem sich unter den damaligen Verhältnissen Hosenfelds außergewöhnliches Wirken schnell herumgesprochen hatte, konnte er sich entsprechender Bittgesuche offenbar kaum mehr erwehren. Auch für ihn selbst war es beruhigend zu wissen: »Ich fühle mein Gewissen nicht so schlecht, daß ich eine Vergeltung zu befürchten habe[286].«

Schließlich widerfuhr auch einem von Verfolgung bereits schwer gezeichneten deutschen Landsmann das Glück, Hosenfeld zu begegnen. Es handelte sich um den aus Hanau stammenden Soldaten Karl Hörle, der im Dezember 1943 der Sportschule zugeteilt wurde[287]. Dieser Vorgang wirft zunächst ein Licht auf die dramatisch angespannte Personallage der Wehrmacht. Bereits im Frühjahr hatte man Hosenfeld seine drei bewährten Unteroffiziere ersatzlos abgezogen, um sie an der Front zu verwenden[288]. Für die Abgabe eines weiteren fronttauglichen Soldaten erhielt er nun den halbinvaliden Hörle. Dessen auffallend schlechte körperliche Verfassung rührte von schwerer Folter her, die er als Kommunist und ehemaliger Gewerkschaftsfunktionär bei Verhören durch die Gestapo und anschließend im Konzentrationslager hatte erleiden müssen. Hosenfeld gewann schon bald das Vertrauen seines neuen Untergebenen. Dieser erzählte verbotenerweise vom Erlittenen und fand, wie nicht anders zu erwarten, das ganze Mitgefühl wie auch den Schutz seines Vorgesetzten. Als ein halbes Jahr später infolge des gescheiterten Umsturzversuches vom 20. Juli 1944 eine neue Verfolgungswelle über Regimegegner hereinbrach, konnte ihn Hosenfeld vor erneuter Einlieferung ins Konzentrationslager bewahren[289]. Hörle bezeugte deshalb nach dem Krieg nur zu gerne Hosenfelds »antifaschistische Haltung als Mensch, Soldat und Kamerad«[290]. Er berichtete von der geradezu unvorsichtig offenen NS-Gegnerschaft seines früheren Chefs. Nicht selten habe er sich gezwungen gesehen, Hosenfeld zu warnen, wenn dieser wieder einmal »im allgemeinen und besonders über die Jugenderziehung bei den Nazis scharfe Äußerungen [machte], auch der SS gegenüber, die geeignet waren, wenn ein Denunziant darunter gewesen wäre, seine [Hosenfelds] Verhaftung herbeizuführen«[291].

Hosenfeld seinerseits verhalf die Bekanntschaft mit Hörle zu noch tieferem Einblick in das von Beginn an verbrecherische Unwesen der nationalsozialistischen Machthaber: »Die Greuel hier im Osten [...] sind nur die geradlinige Fortsetzung dessen, was anfangs mit den politischen Gegnern in Deutschland geschah[292].« Die NS-Machthaber erschienen ihm als die wahren »Untermenschen«, »krankhafte Verbrecher« und ein »Geschwür«, das vom deutschen Volk nicht rechtzeitig ausgemerzt worden sei und an dem es nun zugrunde gehen müßte. Mit Blick auf seine eigene frühere Begeisterung bekannte er voller Selbstkritik: »Und wir Toren glaubten, sie könnten uns eine bessere Zukunft bringen. Als Schande muß jeder Mensch es heute empfinden, daß er auch nur im geringsten dieses System bejahte[293].« Die Schuldigen aber würden zumindest der göttlichen Gerechtigkeit nicht entgehen.

Mit diesen Worten, die ihn von seiner ersten Aussprache mit Hörle noch ganz aufgewühlt zeigen, schloß Hosenfeld sein Tagebuch für 1943 ab. Das Jahr hatte auch ansonsten für ihn keinen guten Ausklang gefunden. Wie als Zeichen der allgemeinen Abwärtsentwicklung war es ihm erstmals nicht vergönnt gewesen, Weihnachten wie gewohnt im Kreis seiner Familie zu begehen. Keinen Ersatz hierfür, aber doch ein schönes Erlebnis bescherte ihm die Weihnachtsfeier in der Sportschule inmitten seiner polnischen Belegschaft[294]. Verständlicherweise konnte er sich immer schwerer mit der anhaltenden Trennung von Frau und Kindern abfinden. Seine wachsende Klage hierüber vermischte sich mit der Sehnsucht nach der Normalität des Zivillebens. Besonders schmerzlich hatte ihm der sechste Geburtstag seiner jüngsten Tochter bewußt gemacht, daß ihr in einer prägenden Lebensphase der Vater fremd blieb[295]. Daneben konnte er es schwer ertragen, aus der Ferne verfolgen zu müssen, wie seine älteren Kinder allmählich erwachsen wurden und das Elternhaus verließen. Helmut, seinen Ältesten, wußte er nach gefahrvollen Jahren an der Front nun als Sanitätsoffizier-Anwärter beim Medizinstudium in Frankfurt am Main.

Für neue Beunruhigung sorgte im Spätsommer, daß auch der sechzehnjährige Sohn Detlev vom Kriegsdienst erfaßt und zunächst als Luftwaffenhelfer (»Flak-Helfer«) in Kassel eingesetzt wurde. Ebenfalls zu Hause ausgezogen war die älteste Tochter Anemone (Moni) für ihre Ausbildung zur Krankenschwester. So erlebte Hosenfeld auch im Heimaturlaub seine Familie kaum noch in ihrer alten Geschlossenheit. Gelegenheit dazu erhielt er aus dienstlichen Gründen, infolge der angespannten Personallage, ohnehin nicht mehr im früheren Umfang. Nur zweimal war ihm 1943 ein regulärer, vierzehntägiger Urlaub und zusätzlich ein einwöchiger wegen »häuslichen Notstandes« bewilligt worden.

In Warschau hatte das Geschehen inzwischen, während der zurückliegenden Monate des Jahres 1943, eine Entwicklung genommen, die Hosenfeld in seiner Untergangsstimmung nur bestätigte. Aus dem Osterurlaub zurückgekehrt, erlebte er noch die Endphase des Aufstandes im Ghetto, den SS und Polizei blutig niederschlugen. Mit dem Mut der Verzweiflung hatte sich die kaum bewaffnete jüdische Untergrundorganisation vier Wochen lang erfolgreich gegen die endgültige

Räumung des Ghettos und die absehbare Ermordung seiner restlichen 60 000 Bewohner gewehrt. In verlustreichem Häuserkampf und unter Einsatz schwerer Waffen gelang es der SS schließlich, diesen Widerstand zu brechen. Hosenfeld bekam zunächst aus einiger Entfernung genügend mit, um froh darüber zu sein, »daß wir als Wehrmacht nichts damit zu tun haben«[296]. Als er einige Wochen später durch einen Augenzeugen Details von den furchtbaren Vorgängen im Ghetto erfuhr, war seine Empörung grenzenlos: »Diese Bestien. Mit diesem entsetzlichen Judenmassenmord haben wir den Krieg verloren. Eine untilgbare Schande, einen unauslöschlichen Fluch haben wir auf uns gebracht. Wir verdienen keine Gnade, wir sind alle mitschuldig. Ich schäme mich, in die Stadt zu gehen, jeder Pole hat das Recht, vor unsereinem auszuspuken. Täglich werden d[eutsche] Soldaten erschossen, es wird noch schlimmer kommen, und wir haben kein Recht, uns darüber zu beschweren. Wir haben's nicht anders verdient[297].«

Damit war angeklungen, was der deutschen Besatzungsmacht inzwischen erhebliche Probleme bereitete: die 1943 drastisch gestiegene Widerstandsaktivität der polnischen Untergrundbewegungen. Diese begnügten sich nicht länger mit Sabotage, sondern nahmen seit einiger Zeit gezielt Repräsentanten von SS, Polizei und Zivilverwaltung als Quelle des Besatzungsterrors ins Visier. Bald blieben aber auch Angehörige der Wehrmacht von Attentaten nicht mehr verschont. Näheren Einblick in die Sicherheitslage erhielt Hosenfeld im April 1943, als er vorübergehend seinen für die Feindabwehr zuständigen Abteilungschef vertrat[298]. Unterwegs in der Stadt »spürte [er] förmlich, wie feindselig die Menschen«[299] ihm als deutschem Offizier begegneten. Nachdem immer mehr Soldaten Anschlägen zum Opfer fielen, überkam ihn schließlich »das Gefühl, als säße man auf einem Pulverfaß«[300].

Gleichzeitig erkannte Hosenfeld, daß der deutsche Versuch, mit nur noch stärkerem Gegenterror den polnischen Widerstand einzudämmen, zum Scheitern verurteilt war. Er sah sich in seiner alten Kritik an der deutschen Besatzungspolitik bestätigt[301]. Die neue »Strategie« der deutschen Sicherheitspolizei, die ab Mitte Oktober 1943 fast täglich Geiseln als

Antwort auf Attentate des Widerstandes im jeweils betroffenen Stadtviertel öffentlich erschoß, ging nicht auf. Als Augenzeuge mindestens einer solchen Massenhinrichtung konnte Hosenfeld gut beobachten, wie sich die Bevölkerung mit den Opfern solidarisierte[302]. Andererseits glaubte er auch feststellen zu können, daß die hilflose Bevölkerung für die »Terrorakte gewisser Banden« büßen müsse, obwohl sie diese »aufs stärkste«[303] verurteile.

Der polnische Widerstand erhielt nicht zuletzt in dem Maße Auftrieb, wie sich immer deutlicher die militärische Niederlage Deutschlands abzeichnete. Auch Hosenfeld sah sie kommen, allen Beschönigungen und Täuschungen der Propaganda zum Trotz[304]. Daß die Initiative endgültig auf den Gegner übergegangen war, stellte er sowohl für die Ostfront fest, wo die Wehrmacht vor der Roten Armee zurückwich, wie auch für den Kriegsschauplatz Italien, wo Mussolinis Regime nach der alliierten Landung auf Sizilien Ende Juli gestürzt worden war. Auch die Wende im U-Boot-Krieg zugunsten der ganz offensichtlich technologisch überlegenen Briten und Amerikaner blieb ihm nicht verborgen. In gewisser Weise sah er die Katastrophe bereits eingetreten. Unabhängig vom künftigen Ausgang des Krieges schien ihm Deutschland durch die alliierten Luftangriffe der weitgehenden Zerstörung ausgeliefert und für einige Zeit zu zivilisatorischem Rückstand und Armut verurteilt. Nach seiner Meinung im Sommer 1943 ließ sich der Krieg unter diesen Umständen allenfalls noch bis zum Frühjahr 1944 durchstehen, vorausgesetzt, die Ostfront hielte solange stand. Eher halbherzig hoffte er damals noch »auf eine einigermaßen günstige Beendigung des Krieges« für den Fall, daß »die Wehrmachtgeneräle den Oberbefehl übernehmen würden und den Krieg beendigten«[305]. Ende 1943 glaubte er dann nicht mehr an einen inneren Umsturz durch die Armee: »Sie läßt sich willig in den Tod treiben[306].«

Hosenfelds zaghafte Hoffnung auf einen einigermaßen günstigen Kriegsausgang für Deutschland änderte nichts an seiner gefestigten Überzeugung, daß die Deutschen ein verdientes Schicksal erwartete. Die vom Regime angehäufte, aber auf der Gesamtheit des Volkes lastende »Blutschuld« sei so groß, daß individuelle Unschuld keine Bedeutung mehr spiele; nun müßten einfach alle Deutschen dafür büßen[307]. Ohnehin wollte er das eigene Volk, auch sich selbst, nicht von der Verantwortung für seine verbrecherische Führung freisprechen. Es habe schließlich den Nationalsozialisten zur Macht verholfen und sich später deren Unrechtspolitik nicht widersetzt. Dennoch erschien ihm das Volk mittlerweile weniger in der Rolle des Täters als in der eines Opfers. Zum einen sah er es als Opfer eines Selbstbetruges. Wider besseres Wissen und nur allzu gerne lasse es sich mittlerweile von Sieges- und Durchhalteparolen täuschen, »weil die Aussichten auf eine Katastrophe unausdenkbar sind«[308]. Andererseits werde es von den Machthabern bedenkenlos geopfert und mit in den eigenen Untergang gerissen. Es befinde es sich so fest im Griff der Gestapo, daß es für einzelne völlig sinnlos sei, den Aufstand zu wagen, obwohl inzwischen »einstimmig« die Fortführung des Krieges abgelehnt werde[309].

Sein Bemühen, hinter der »Vernichtungsorgie« einen tieferen Sinn nicht nur für die Zukunft Deutschlands, sondern der gesamten Menschheit zu entdecken, ließ Hosenfeld nicht los. Wo ihn rationale Erklärungen nicht befriedigten, mußte er als gläubiger Mensch einen höheren, göttlichen Willen vermuten. Gott wolle »den Menschen klarmachen, wohin sie kommen, wenn sie ihn auf der ganzen Linie verlassen«[310]. Die biblische Prophezeiung der Apokalypse vor Augen, betrachtete Hosenfeld die Katastrophe des Krieges als notwendige Katharsis für die Menschheit. Daher vermochte er Krieg und Vernichtung schließlich sogar ausgesprochene Zuversicht abzugewinnen: »Unter entsetzlichen Schmerzen wird etwas Neues, Größeres und Schöneres geboren. Es gibt auf der Welt keinen Untergang, keinen Tod ohne Hoffnung auf Auferstehung. [...] Der einzelne Mensch wird ausgelöscht, aber die Menschheit wird weiterleben, und ich glaube, sie wird besser und schöner aus der Katastrophe hervorgehen. Darum lohnt es zu leben und zu hoffen[311].« Aus solchen Sätzen sprach sowohl der gläubige Christ wie auch der »unverbesserliche Optimist«[312], der gerne das Gute sehen wollte. Dieser Wesenszug ließ ihn auch gleich wieder sehr irdisch-politische Visionen entwickeln: »Ein wirkliches, großartiges demokratisches Zeitalter wird kommen[313].« Daneben setzte er große Hoffnung auf die »Verwirklichung der sozialen Idee«[314].

Die intensive geistige Auseinandersetzung mit dem Geschehen und seine verstärkte Hinwendung zur Religion, wie sie sich auch praktisch, in Gebet und Kirchgang, äußerte, halfen Hosenfeld gewiß nicht unwesentlich, in dieser ihn zunehmend belastenden Situation sein psychisch-seelisches Gleichgewicht zu halten. Für ausgleichende und in gewisser Weise betäubende »Normalität« sorgte andererseits seine dienstliche Inanspruchnahme. Aus seiner Doppelfunktion als Leiter des Sportamtes und der Berufsförderkurse erwuchsen ihm 1943 weitere Verpflichtungen, die ihm als Auflockerung der Dienstroutine wiederum nicht unlieb waren. So veranstaltete er im Frühjahr für die Truppenbetreuer des Raumes Warschau eine größere Arbeitstagung. Bald darauf führte ihn eine Tagung der Sportführer im Generalgouvernement nach Krakau, wo er neue Eindrücke sammelte[315]. Im Juli arbeitete er an einer Filmreportage für die Deutsche Wochenschau mit, die sich der Freizeitgestaltung der Warschauer Truppe und dabei speziell dem Sportbetrieb im Stadion widmete.

Im Spätsommer dann sah sich Hosenfeld durch zwei besondere Vorhaben gleichzeitig gefordert. Einmal war die jährliche große Sportwoche der Warschauer Garnison vorzubereiten. Zum anderen hatte er einen zusätzlichen Auftrag im Rahmen der »geistigen Truppenbetreuung« erhalten. Außer der Reihe der Berufsförderkurse sollte er nun auch spezielle Weiterbildungsveranstaltungen für Wehrdienst leistende Studenten organisieren[316]. Für die drei Kurse von jeweils einer Woche Dauer, die schließlich im September stattfanden, wurden eigens Professoren deutscher Universitäten verpflichtet; außerdem stand der bereits in den Berufsförderkursen bewährte Warschauer Dozentenkreis zur Verfügung. Wie zu erwarten, ließ es sich Hosenfeld nicht nehmen, das Rahmenprogramm anspruchsvoll zu gestalten und selbst »erlebnispädagogisch« auf die Teilnehmer einzuwirken. Diese dankten ihm sein Engagement mit Begeisterung[317]. Er wurde von seinem

Erfolg geradezu überwältigt: »Ich habe noch selten in meinem Leben eine solche ›Ovation‹ erlebt[318].«

Unmittelbar im Anschluß daran nahmen die regulären »Wehrmachtkurse zur Berufsförderung« wieder ihren Unterrichtsbetrieb auf. Hosenfeld konnte sich zunächst über unerwartet große Nachfrage freuen, was nicht zuletzt daran lag, daß die Warschauer Garnison infolge des deutschen Rückzuges an der Ostfront wieder anwuchs. Jedoch bekam er schon im Spätherbst die sich zuspitzende Sicherheitslage in Warschau zu spüren. Auch wegen der damit verbundenen Ausgangssperre brach der Besuch der Kurse regelrecht ein. Abhilfe schuf Hosenfeld umgehend mit der Dezentralisierung des Kursangebotes auf verschiedene militärische Stützpunkte im Großraum Warschau, die den Teilnehmern eine weite und gefährliche Anfahrt ersparten.

Persönliche Erlebnisse anderer, dabei jeweils völlig unterschiedlicher Art verschafften ihm außerdem zwei größere Dienstreisen. Mitte Juli fuhr er im Sonderauftrag als Kurier mit geheimer Dienstpost per Bahn nach Krakau, wobei ihn sein polnischer »Schützling« und Vertrauter Antoni Cieciora begleitete. Eigentliches Erlebnis wurde auf der anschließenden Rückreise ein mehrtägiger Zwischenaufenthalt im Städtchen Miéchow. Hier erfuhr er die Gastfreundschaft der mit Cieciora verwandten polnischen Familie Kroschel. Sehr wahrscheinlich erklären sich dieser Besuch und seine überaus herzlich Aufnahme dort aus dem Zusammenhang mit der lebensrettenden Hilfe Hosenfelds für das in Warschau wohnende Mitglied der Familie Kroschel[319].

Der andere Sonderauftrag bescherte Hosenfeld die erste Flugreise seines Lebens. Als Begleitoffizier einer Delegation des Reichspropagandaministeriums führte sie ihn Ende November 1943 über 500 Kilometer weit in die weißrussische Stadt Borisov. Hier war ein Kriegsgefangenenlager mit sowjetpolnischen Überläufern ihr Ziel[320]. Mehr als dieser »Pressetermin« nahm ihn freilich der Flug selbst, mit Zwischenlandungen in Baranoviči und Minsk, gefangen, wenngleich er ihn nicht unbedingt in bester Erinnerung behielt.

Das neue Jahr 1944 begann für Hosenfeld nicht nur deshalb unter schlechten Vorzeichen, weil sich ihm unvermindert »die Sorgen um Deutschlands Zukunft [...] beängstigend auf das Gemüt«[321] legten. Vor allem physisch war er angeschlagen. Ein über die vergangenen Feiertage verschleppter Infekt weitete sich zu einer schwereren Erkrankung aus und zwang ihn fast zwei Wochen lang zur stationären Behandlung in ein Warschauer Lazarett. Nach anschließendem Genesungsurlaub zu Hause in Thalau befand ihn am 26. Februar eine ärztliche Untersuchung in Warschau überraschenderweise nunmehr für voll »kriegsverwendungsfähig«[322]. Das läßt keineswegs auf eine plötzliche Verbesserung seiner körperlichen Verfassung schließen; vielmehr waren seit einiger Zeit die allgemeinen Tauglichkeitsanforderungen aufgrund der Notlage beim militärischen Personalersatz immer weiter gesenkt worden. Da Hosenfeld nun täglich mit seiner Versetzung in eine Truppenverwendung rechnete, die nur noch vom Eintreffen eines Ersatzmannes abhängig schien, feierte er bereits seinen Abschied im Kameradenkreis. Obwohl er einer Versetzung durchaus erwartungsvoll entgegensah, kam es schließlich aus unbekannten Gründen nicht dazu. Möglicherweise hatten sich seine Vorgesetzten, die ihn gerne halten wollten, höheren Ortes doch noch durchsetzen können[323]. Ganz offensichtlich schätzte man ihn oder wenigstens seine Arbeit.

Spätestens seit Hosenfelds Entsendung zu einem Auffrischungslehrgang für Gasschutzoffiziere nach Bromberg Mitte April 1944 dürfte seine Versetzung unwahrscheinlich geworden sein, weil sich die Notwendigkeit eines solchen Lehrgangs aus seiner Zweitfunktion an der Kommandantur und damit seiner dortigen Weiterverwendung ableitete. Wie zuletzt im Januar 1943 nutzte er auch diesmal die günstige Gelegenheit, um sich mit seiner Ehefrau für diese Zeit zu einem »Feierabend-Urlaub« zu verabreden[324]. So waren ihnen schließlich drei gemeinsame Wochen in Bromberg vergönnt. Dabei konnten sie auch seinen 49. Geburtstag feiern, wahrscheinlich im Rahmen eines größeren Ausfluges, den sie am Vortag nach Danzig und Gotenhafen (Gdingen) unternahmen. Abermals besuchte das Ehepaar auf der Rückreise die befreundete polnische Familie Cieciora. Nur wenig später ließ er sich, wie schon im Vorjahr, die Gelegenheit einer Kurierfahrt nach Krakau nicht entgehen, um in Begleitung von Antoni Cieciora dessen Verwandten in Miéchow einen Besuch abzustatten.

So selbstverständlich die Besuche heute erscheinen, rufen sie doch in Erinnerung, daß private Kontakte zu Polen für Wehrmachtangehörige streng verboten waren. Hosenfelds freundschaftlicher Umgang mit Einheimischen verstieß nicht nur gegen militärisches Dienstreglement, sondern konnte ihm überdies mit allen strafrechtlichen Konsequenzen als »undeutsche« Gesinnung und regimefeindliche Betätigung ausgelegt werden. Aber er setzte sich nach wie vor über derartige Verbote hinweg. Um der Freundschaft willen ging er dabei manchmal fast schon leichtsinnige Wagnisse ein. So ließ er es sich nicht nehmen, an einer »Untergrundmesse« anläßlich des zehnjährigen Priesterjubiläums von Antoni Cieciora teilzunehmen und seinem Freund dabei als Meßdiener zu assistieren – in voller Uniform, wie berichtet wird[325]. Ähnlich unbekümmert hielt ihn in jenen Tagen auch die angespannte Sicherheitslage in Warschau nicht davon ab, wieder einmal die volksdeutsch-polnische Familie Luckhaus zu besuchen. Um seinen Gastgebern Anfeindungen durch ihre polnische Umgebung zu ersparen, tat er dies verbotenerweise in Zivilkleidung, die er sich kurzerhand über die Uniform zog[326].

Aus heutiger Sicht erstaunt immer wieder aufs Neue, welches Ausmaß unkonformen Verhaltens sich Hosenfeld über derart lange Zeit in Warschau erlauben konnte, ohne damit zu seinem Nachteil aufzufallen. Es läßt jedenfalls den individuellen Verhaltens- bzw. Handlungsspielraum erkennen, der auch unter den Bedingungen der Diktatur in der Wehrmacht damals noch existierte. Diesbezüglich aufschlußreich ist ein Bericht Hosenfelds vom Besuch eines »weltanschaulichen Schulungsabends« für Offiziere der Garnison im Frühjahr 1944. Dort mußte er erleben, wie die für Deutschland katastrophale Entwicklung des Krieges schöngeredet wurde. Das ganze kam ihm vor als »so ein recht typischer Nazirummel. Ohne Sachkenntnis, ohne Nachdenken großes Wortemachen«[327]. Daß die Parolen jedoch nicht bei allen verfingen, trat anschließend im Kasino zutage, wo sich nach Hosenfelds Beobachtung unter den Offizieren zwei Gruppen bildeten: »Die eine, der Propagandaoffizier an der Spitze, mit dem üblichen Phrasengerede, die andre, die es wagte, ihre andre Einstellung zu bekunden[328].« Keine Frage, welcher Gruppe er sich selbst zugehörig fühlte. Ungeachtet dessen zog er ein insgesamt pessimistisches Fazit: »Ich habe den Eindruck wieder einmal bekommen, daß wir unserm Verderben entgegeneilen müssen, weil keine Männer da sind, die mit Mannesmut dem Schicksal entgegenzutreten gewillt sind[329].« Als einige Zeit später, am 20. Juli 1944, eben solche »Männer« um Graf Stauffenberg zunächst Hitler töten und anschließend das NS-Regime stürzen wollten, verhinderten die Umstände, daß Hosenfeld dieses Ereignis in seiner ganzen Bedeutung erfaßte. Die Nachricht vom Attentat auf Hitler bestätigte ihm lediglich, daß »die Krise in der obersten Führung [...] damit akut geworden«[330] sei.

Ende Mai 1944 durfte Hosenfeld über Pfingsten wieder einmal in einen allerdings sehr kurzen Urlaub nach Hause fahren. Er konnte nicht ahnen, daß es sein letztes Wiedersehen mit der Familie werden würde. Von der relativen Ruhe, die zwischenzeitlich an der Ostfront eingetreten war, hatte er sich schon vor der Heimfahrt nicht täuschen lassen: »Es scheint mir eine Ruhe vor dem Sturm zu sein. Sie [die Russen] bereiten jetzt den Angriff vor, und wenn sie soweit sind, dann bricht's auch im Westen los[331].« Wie recht er mit seiner Einschätzung haben sollte, erwies sich nur wenige Tage nach seiner Rückkehr. Am 6. Juni eröffneten zunächst die Westalliierten in der Normandie die lange erwartete »zweite Front«. Obwohl Hosenfeld eine solche »Invasion« längst erwartet hatte, versetzte ihm die Nachricht doch einen inneren Stoß: »Das ist das Ende«[332], urteilte er mit realistischem Blick auf die alliierte Überlegenheit und unbeeindruckt vom Blendwerk der deutschen Propaganda.

Am 22. Juni, dem dritten Jahrestag des deutschen Überfalls auf die Sowjetunion, war es dann auch im Osten soweit. Die große Sommeroffensive der Roten Armee brach über die geschwächte deutsche Ostfront herein und ließ sie in ihrem Mittelabschnitt nach wenigen Tagen kollabieren. Anfang Juli überschritt der sowjetische Angriff die polnische Vorkriegsgrenze. Scheinbar unaufhaltsam bewegte er sich auf das 400 Kilometer entfernte Warschau zu. Dort war eben noch, trotz der fühlbaren Spannung, wenigstens »äußerlich [...] alles seinen gewohnten Gang«[333] gegangen. Durch die wachsende Bedrohung sah sich die deutsche Zivilverwaltung nun zu ersten Evakuierungen der deutschen Bevölkerung veranlaßt. Andererseits ließ der bereits seit Mai laufende Ausbau Warschaus zur Festung erkennen, daß die Stadt nicht kampflos aufgegeben werden sollte[334]. Gleichzeitig mobilisierte die militärische Führung in dieser kritischen Lage alle personellen Reserven, um sie der Roten Armee entgegenzuwerfen. Auch Hosenfeld bekam dies zu spüren, als ihn überraschend eine mit Sondervollmachten ausgestattete Feldjägerstreife aufsuchte, die militärische Dienststellen nach entbehrlichen Soldaten durchkämmte[335]. Er bestand die Prüfung jedoch glänzend. Die Feldjäger ließen sich von der Vielfalt seiner Aufgaben beeindrucken und damit auch von seiner dienstlichen Auslastung restlos überzeugen.

Wenngleich Hosenfeld auf diese Weise vorerst einer Frontverwendung entging, so konnte aufgrund der Lageentwicklung in Warschau selbst nicht ausbleiben, daß er schon wenig später dann doch in neue Pflichten genommen wurde. Die Anstrengungen zur Stabilisierung der Front hatten in relativ kurzer Zeit die deutsche Garnison erheblich zusammenschmelzen lassen und vor allem von fast allen kampfkräftigen Einheiten entblößt. Es stand zu erwarten, daß die polnischen Untergrundbewegungen die günstige Gelegenheit zur offenen Konfrontation mit den deutschen Machthabern nutzen würden. Die Sicherheitsvorkehrungen wurden deshalb noch einmal verstärkt, Personal an den wichtigsten Einrichtungen konzentriert und diese gegen Überfälle schwer befestigt. Die totale Mobilisierung der deutschen Kräfte erfaßte Mitte Juli auch Hosenfeld. »Für den Fall eines bewaffneten Aufstandes im Stadtgebiet«[336] erhielt er das Kommando über einen bestimmten Gebietsabschnitt. Eingespannt in entsprechende

Vorbereitungen, fand damit seine bisherige, dreijährige Tätigkeit als Sportoffizier ein jähes und stilles Ende.

In der letzten Juliwoche 1944 spitzte sich die Situation in Warschau dann dramatisch zu. Als die sowjetischen Angreifer nur noch 100 Kilometer vor Warschau standen, ordnete der Oberfeldkommandant als örtlicher Militärbefehlshaber zunächst eine Evakuierung des weiblichen Wehrmachtpersonals an. Hosenfeld beobachtete, wie dies umgehend eine Fluchtbewegung unter der deutschen Zivilbevölkerung auslöste[337]. Er selbst sah sich gezwungen, seinen »militärischen Hausstand« im Sportamt aufzulösen, nachdem ein Befehl alle Dienststellen aufgefordert hatte, die Räumung vorzubereiten. Mit kleinem Marschgepäck übersiedelte er ins Stadtzentrum an die Kommandantur, in deren Stab er während der letzten Julitage für alle möglichen anfallenden Aufgaben eingesetzt wurde. Trotz der dramatischen Ereignisse, vielleicht aber auch gerade wegen der erlösenden Dynamik des Geschehens fühlte er sich, wie er seiner Frau in aller Eile schrieb, »frisch und [...] guten Mutes. Daß das Ende des Krieges noch einmal mit Gewalt über uns hereinbricht, muß ertragen werden[338].«

Vorübergehend sah es für Hosenfeld noch danach aus, als würde er mit dem Stab der Oberfeldkommandantur aus Warschau abziehen. Im allgemeinen Durcheinander fand er sich schließlich am 30. Juli zum neuen Stab der »Wehrmacht-Kommandantur Warschau« versetzt, der sich gerade an Ort und Stelle einrichtete. Sein Schicksal stand Hosenfeld nun deutlich vor Augen: »Damit wird mich das Los all derer treffen, die hier als deutsche Soldaten eingesetzt werden. Kaum einer wird herauskommen, wenn nicht so bald als möglich geräumt wird[339].«

Der Stab, zu dem Hosenfeld versetzt wurde, war erst mit der Ernennung von Generalleutnant Rainer Stahel zum »Kommandanten von Warschau« am 25. Juli 1944 ins Leben gerufen worden. Ein »Führerbefehl« hatte den kampferprobten Luftwaffengeneral damit beauftragt, den »festen Platz« Warschau gegen die vorstürmende Rote Armee zu verteidigen. Hierfür wurden ihm alle örtlichen Kräfte der Wehrmacht sowie der Waffen-SS unterstellt.

Der neue Kommandant fand nach der Übernahme der militärischen Befehlsgewalt in Warschau am 27. Juli kaum Zeit zur Besinnung. Bald erwies sich als größte Herausforderung nicht einmal die Verteidigung der Stadt gegen den allseits befürchteten Angriff der Roten Armee. Zwar erreichten deren Spitzenverbände in den letzten Julitagen die Umgebung der jenseits der Weichsel gelegenen Warschauer Vorstadt Praga. Hier erlitten sie jedoch in einer größeren Panzerschlacht gegen eilig zusammengezogene deutsche Kampfverbände eine unerwartete Niederlage. Nicht weniger erschöpft als die Deutschen, sah sich die Rote Armee vor Warschau fürs erste in die Verteidigung gezwungen. Die deutsche Herrschaft über Warschau schien gerade noch einmal gerettet, da brach in der Stadt der Aufstand aus. In der Erwartung eines sowjetischen Erfolges, aber auch falsch unterrichtet, hatte die Führung der Armia Krajowa (»Heimatarmee«; kurz: AK) den Befehl zum Losschlagen gegeben[340]. Diese größte polnische Untergrundarmee, die sich als reguläre Streitmacht der bürgerlichen polnischen Exilregierung in London verstand, bot hierfür etwa 20 000 Kämpfer auf, darunter zehn Prozent Frauen. Höchstens ein Drittel von ihnen war mit überwiegend leichten Schußwaffen ausgerüstet; ebenso mangelte es an Munition. Um so todesmutiger griffen am Nachmittag des 1. August die Aufständischen nach einem wohlvorbereiteten Plan in mehreren Kampfgruppen deutsche Einrichtungen im ganzen Stadtgebiet an.

Die deutschen Besatzer traf der Aufstand weder unvorbereitet, noch wurden sie vom Zeitpunkt seines Ausbruchs völlig überrascht. Eine Überrumpelung gelang den Angreifern nur an wenigen Stellen und an keiner wirklich entscheidenden. Doch sahen sich die Deutschen in ihren Stützpunkten durch die Entschlossenheit der Aufständischen zunächst arg in die Defensive gedrängt. Der Stab der Wehrmacht-Kommandantur mit General Stahel hatte sich im Sächsischen Palais im Stadtzentrum verschanzt und war hier vorerst wie das gesamte deutsche Regierungsviertel vom restlichen Warschau und seinem Umland fast völlig abgeschnitten. Hosenfeld brachte diese Bedrängnis zum Ausdruck, als er sich am 4. August erstmals wieder bei seiner Familie meldete: »Bisher habe ich die Schrecken des Krieges nicht zu sehen bekommen. Deswegen haben mich die Erlebnisse dieser Tage erschüttert. Ich hoffe, daß noch alles gutgeht und es doch noch einen Ausweg aus diesem Hexenkessel gibt[341].«

Seinen von Beginn an relativ guten Überblick über das Geschehen verdankte Hosenfeld seiner Position im Stab der Wehrmacht-Kommandantur. Vorübergehend in der Funktion des Dritten Generalstabsoffiziers (»Ic-Offizier«) eingesetzt, war er für die Auswertung der Meldungen unterstellter Einheiten, die Führung der Lagekarten, die Unterrichtung des Kommandanten über die Lage, die Gewinnung von Nachrichten über den Feind sowie für die Verbindung mit SS und Polizei verantwortlich. Damit gehörte er »zum engsten Stab des Kommandanten«[342]. Die Tatsache, daß ihm als Reserveoffizier ohne jede adäquate Ausbildung diese herausgehobene Funktion übertragen worden war, zeigt einerseits die improvisierte Zusammensetzung des Stab, zum anderen aber auch, daß man ihm diese Aufgabe durchaus zutraute. Hosenfeld freute sich prinzipiell über seine neue, ihn Tag und Nacht fordernde Tätigkeit[343], in die er sich zur Zufriedenheit seines Generals einarbeitete. Gleichzeitig war er froh darüber, daß sie ihm angesichts des »unermeßlichen Unglück[s] um uns herum«[344] keine Zeit zum Nachdenken ließ. Mit dem Geschehen im Stadtgebiet gut vertraut machten ihn zwangsläufig die einlaufenden Meldungen der unterstellten Einheiten. Daneben verschaffte er sich, soweit ihm das anfangs vom eingeschlossenen Hauptquartier aus möglich war, offensichtlich auch direkte, persönliche Eindrücke von der Härte und Brutalität der Straßen- und Häuserkämpfe. Diese ließen »die Stadt von Tag zu Tag mehr in Schutt und Asche«[345] sinken, so daß Hosenfeld bald schon »das Finale dieses entsetzlichen Krieges für W[arschau]«[346] angebrochen sah.

Eine noch größere, ungeahnte Dimension der Gewalt brach über Warschau herein, als zunehmend die SS die Regie bei der Niederschlagung des Aufstandes übernahm. Bemerkbar machte sich das am Ende der ersten Aufstandswoche. Aus dem näheren und weiteren Umland eilig zusammengezogene Sonderverbände, überwiegend der SS und Polizei, stießen von den Stadträndern aus allmählich ins Zentrum vor. Mit dieser Verstärkung begann sich das Blatt zugunsten der Deutschen zu wenden, zumal die Hilfe der Roten Armee für die Aufständischen ausblieb. Hauptleidtragende der Kämpfe war inzwischen die weitgehend unbeteiligte Zivilbevölkerung geworden. Zu Zehntausenden fiel sie den Grausamkeiten der SS-Soldateska zum Opfer, was Hosenfeld nicht verborgen blieb: »Herzzerreißende Szenen spielen sich in den brennenden Straßen ab. Die Bevölkerung sitzt in den Kellern und wird bei den Räumungsaktionen auf die Straße getrieben [...]. Gestern wurden nur die Männer, tags zuvor auch die Frauen und Kinder getötet[347].« Einem für die Massaker unmittelbar Verantwortlichen, dem SS-Standartenführer Oskar Dirlewanger, begegnete Hosenfeld zufällig wenig später[348]. Damals hatte Hosenfeld auch schon erfahren, daß dem Massenmord planvolle Absicht, nämlich ein Befehl Himmlers zugrunde lag, der sich wiederum auf Hitler berief, Warschau dem Erdboden gleichzumachen und alle polnischen Einwohner unterschiedslos zu töten[349].

Angesichts des Geschehens konnte Hosenfeld seiner Frau nur berichten: »Man muß seine Augen und sein Herz verschließen. Mitleidlos wird die Bevölkerung vernichtet. [...] Gut, daß ich viel, viel Arbeit habe[350].« Alle Anstrengungen richteten sich darauf, den bedrängten Kräften der Wehrmacht in Abstimmung mit den Aktionen der Entsatztruppen wieder die notwendige Bewegungsfreiheit zu verschaffen. Auch in der zweiten Woche des Aufstandes war man noch nicht wieder Herr der Lage, wenngleich in der Kommandantur selbst durch die Aufständischen nicht mehr ernsthaft bedroht. Ungeachtet dessen hatte sich Hosenfeld, in fester Erwartung des Sturms der Roten Armee auf Warschau, »mit dem Gedanken abgefunden, daß ich aus W[arschau] nicht mehr herauskomme«[351]. Er rechnete bestenfalls damit, in sowjetische Gefangenschaft zu geraten.

Umgeben vom Inferno des Vernichtungskampfes und selbst in höchster Anspannung, bewies Hosenfeld nicht nur mit seinem Urteil über das Geschehen, sondern bei erster Gelegenheit auch durch sein hilfreiches Handeln, daß er sich selbst nicht untreu geworden war. Früh schon kamen seine begrenzten Möglichkeiten Antoni Cieciora zugute, den es in ein deutsches Auffanglager vor der Stadt verschlagen hatte[352]. Wenig später geriet Cieciora in Lebensgefahr, weil er wie viele polnische Zivilisten von den Deutschen zu Schanzarbeiten im Feuer zwischen den Fronten gezwungen wurde. Als er sich deshalb »in großer Not« erneut an Hosenfeld wandte, tat dieser wieder sein Bestes und verfiel anschließend dennoch in Selbstvorwürfe, weil es ihm zu wenig erschien[353]. Jedenfalls dürfte dieser damit ein weiteres und letztes Mal nicht unwesentlich dazu beigetragen haben, daß Cieciora schließlich den Krieg überlebte.

Nicht nur im Fall dieser eher selbstverständlichen Hilfe für einen guten Freund, sondern ganz allgemein ließ Hosenfeld nichts unversucht, Unrecht und Leid zu mildern, wo er sich damit persönlich konfrontiert und er die Möglichkeit dazu sah. Am eindrucksvollsten gelang ihm dies in seiner Funktion als Vernehmungsoffizier im Kommandanturstab[354]. Gefangene zur Vernehmung wurden allerdings erst nach einiger Zeit eingebracht, weil jener Mordbefehl Himmlers in Verbindung mit der allgemeinen Erbitterung über den Aufstand auf deutscher Seite bewirkt hatte, daß im Kampf ergriffene aufständische »Banditen« meist auf der Stelle getötet wurden. Als man Hosenfeld endlich am 11. August einen ersten AK-Kämpfer vorführte, empfand er für ihn ein Gefühl aus Mitleid und Bewunderung[355]. Am Schicksal dieses neunzehnjährigen, der nach seiner Vernehmung wieder an die Dirlewanger-Truppe ausgeliefert werden mußte und sehr wahrscheinlich ermordet wurde, vermochte er nichts mehr zu ändern. Er nahm den Fall aber zum Anlaß, bei General Stahel ganz grundsätzlich zu intervenieren. Als Ergebnis seiner Vernehmung trug er ihm vor, daß Angehörige der AK aufgrund ihres Selbstverständnisses und bei entsprechend eindeutiger Kennzeichnung als rechtmäßige Kombattanten nach dem Kriegsvölkerrecht und daher gegebenenfalls wie Kriegsgefangene zu behandeln seien. Das lehnte der General jedoch entschieden ab, gestützt auf die Expertise zweier anwesender Militärjuristen!

Von dieser Zurückweisung nicht entmutigt, unternahm Hosenfeld schon am übernächsten Tag einen neuen Vorstoß. Kurz zuvor hatten ihm drei andere Aufständische beim Verhör bestätigt[356], was ihm bereits mehrfach von anderer Seite glaubwürdig berichtet worden war: Die AK würde »die deutschen gefangenen Wehrmachtangehörigen gut behandeln [...]. SS und Polizei sowie SD [Sicherheitsdienst der SS] würden allerdings erschossen[357].« Sein General, dem er dies umgehend vortrug, beauftragte ihn daraufhin zu seiner Überraschung damit, persönlich die drei Gefangenen wegen ihrer Verwundungen in ein deutsches Lazarett einzuliefern und später einem polnischen Krankenhaus zu überstellen, was auch geschah. Hosenfeld nahm an, daß diese Entscheidung keinem grundsätzlichen Sinneswandel entsprang, sondern »Zweckmäßigkeitsüberlegungen, mit der Absicht, die Zivilbevölkerung gegen die Aufständischen zu beeinflussen«[358]. Ungeachtet dessen hatte seine Initiative drei Menschen jedenfalls vorerst das Leben gerettet.

Während der folgenden Tage erhielt Hosenfeld noch häufiger Gelegenheit, Gefangene zu verhören[359], insgesamt etwa 20 bis 30 Personen, von denen er die allermeisten anschließend persönlich und wohlbehalten in einem Auffanglager vor der Stadt ablieferte[360]. In seinem generellen Bemühen um Wiedergutmachung für das von deutscher Seite verursachte Leid, trat er dabei eher wie der Anwalt dieser Frauen und Männer auf. Selbst Patriot, empfand er ganz unverhohlen Hochachtung für ihre Haltung von »reinstem Patriotismus«[361]. Daß er sich nicht zum Inquisitor eignete, war ihm bewußt: »Ich bin nicht der Mensch dazu, solche Untersuchungen zu führen, wenigstens nicht mit der Herzlosigkeit, die hier am Platze wäre und meist angewendet wird. Und doch bin ich dankbar, daß ich das machen muß, denn ich kann doch manches noch gutmachen[362].« Deshalb handelte er weiter nach der für ihn schon länger gültigen Maxime: »Ich versuche jeden zu retten, der zu retten ist[363].«

Gegen Mitte August 1944, also zwei Wochen nach Beginn des Aufstands, zeichnete sich dessen Scheitern bereits deutlich ab, wenngleich »die auf beiden Seiten mit Erbitterung geführten Straßenkämpfe«[364] weiter anhielten. Mit nachgeführten Verstärkungen, unter Einsatz von Sturzkampfbombern und schwerster Artillerie, gewannen die Deutschen die Herrschaft über die Stadt allmählich zurück. Im selben Maß lokkerte sich auch die Einschließung des Stabes der Kommandantur. Der hatte allerdings inzwischen seine Bedeutung nicht nur faktisch eingebüßt. Auch formal war die Niederschlagung des Aufstandes auf Betreiben Himmlers Sache der SS geworden. Ihr unterstanden nun auch die Kräfte der Wehrmacht.

Die allgemeine Lageentwicklung und die wiedergewonnene, immer noch relative Bewegungsfreiheit erlaubten es General Stahel, Hosenfeld mit Sonderaufträgen in die Umgebung zu entsenden. Sie standen im Zusammenhang mit der Taktik des Generals, einen Keil zwischen die Aufständischen und die Zivilbevölkerung zu treiben. Letztere sollte veranlaßt werden, die Stadt zu verlassen, was die Bekämpfung des Aufstands erleichtert hätte. Primär aber wollte man, um freie Hand im Fall der befürchteten sowjetischen Offensive zu haben, so schnell wie möglich die Kapitulation der Aufständischen erreichen. Zu diesem Zweck wurde Hosenfeld ausersehen, katholische Geistliche, unter anderem auch den Verweser der Diözese Warschau, Bischof Antoni Szlagowski, in der Stadt herumzuführen, um sie als Vermittler zu gewinnen[365]. Dabei brachte Hosenfeld den Bischof sogar zu Verhandlungen in das 60 Kilometer westlich von Warschau gelegene Hauptquartier der SS. Seine Aufträge erledigte er mit dem ihm eigenen Einfühlungsvermögen zur Zufriedenheit seines Generals, der ihn ausdrücklich dafür belobigte.

Hosenfeld seinerseits hatte General Stahel trotz ihrer Differenzen in der Kombattanten-Frage menschlich durchaus schätzen gelernt[366]. Zu seinem Bedauern wurde dieser aber bereits am 25. August wieder aus Warschau abberufen, um eine ähnliche Feuerwehrmission in Bukarest zu übernehmen. Kurz zuvor hatte er Hosenfeld noch ins Hauptquartier der für den gesamten Frontabschnitt um Warschau zuständigen 9. Armee entsandt[367]. Wahrscheinlich ging es dabei auch um den Abzug des Kommandanturstabes aus der Stadtmitte, wo er überflüssig geworden war. Bereits unter dem neuen Kommandanten, Generalleutnant Hans Schirmer, mit dem Hosenfeld auf Anhieb eine ausgeprägte Antipathie verband[368], verlegte er schließlich Ende August an den äußerst westlichen Stadtrand, zunächst in ein altes Fort des Warschauer Festungsgürtels, drei Wochen später dann in einen unweit gelegenen Gutshof[369].

Aus nunmehr sicherer Distanz, etwa zehn Kilometer von der Stadtmitte Warschaus entfernt, erlebte Hosenfeld die beginnende Agonie des Aufstandes: »Wir sehen nur nachts die Brände und tags die Rauschschwaden über der unglücklichen Stadt. [...] In einzelnen Stadtteilen, in denen die schweren Waffen wirksam wurden, werden die Aufständischen weich, in anderen wird erbittert weitergekämpft[370].« Weiterhin als Ic-Offizier eingesetzt, hielten ihn die eingehenden Lageberichte auf dem laufenden. Am 5. September besuchte er den deutschen Brückenkopf jenseits der Weichsel. Der Weg dorthin führte ihn quer durch die gesamte Stadt und verschaffte ihm wieder persönliche Eindrücke von den dortigen Verhältnissen: »Die Stadt ist fast nur noch ein Trümmerhaufen. Trotzdem stecken die Keller noch voll Menschen, und die Aufständischen verteidigen sich tapfer[371].« Hosenfeld wurde »die Elendsbilder und Schreckensszenen nicht los. Noch scheußlicher als alle Leiden sind die Rohheit und die Vertiertheit eines Teiles unserer eingesetzten Truppen. Das heißt, die Wehrmacht hat immer noch ihr altes Renommee behalten. Wenn SS oder Polizei oder Volksdeutsche in Gefangenschaft geraten, werden sie sofort erschossen, Wehrmacht dagegen wird sehr anständig behandelt[372].« Seine Sympathie gehörte aber nicht allein deshalb den Aufständischen; sie war vielmehr ganz grundsätzlicher Natur, wie er in Briefen an seine Familie freimütig bekannte: »Der Aufstand hat bestimmt seine Berechtigung, wenn wir das auch abstreiten wollen, aber das ist einseitig, und gerade ein nationalistisch eingestelltes Volk müßte Verständnis dafür haben, daß ein Volk für seine Freiheit zu kämpfen hat[373].« Hosenfeld litt geradezu darunter, »daß man mit unschuldigen Menschen, die ihre Pflicht ihrem Vaterlande gegenüber tun, so verfahren kann, oder daß der größte Teil unserer Leute ohne Gefühl für anderer Menschen Schicksal und Leid sein kann[374].«

Seine Hoffnung, daß es mit dem Aufstand bald zu Ende gehen würde, erwies sich als verfrüht. Am 11. September begann der lange erwartete sowjetische Angriff. Innerhalb weniger Tage drängte er die Wehrmacht aus ihrem Brückenkopf um Praga über die Weichsel zurück. Bald wurde jedoch offenbar, daß diese Aktion keine Großoffensive einleitete, sondern sich mit der erreichten Frontbegradigung begnügte. Das politische Kalkül Stalins verurteilte die Rote Armee dazu, nun unmittelbar vom gegenüberliegenden, rechten Weichselufer aus mehr oder weniger untätig den unausbleiblichen Untergang der AK anzusehen[375]. Deren Führung hatte angesichts des sowjetischen Angriffs neue Hoffnung geschöpft, bereits begonnene Verhandlungen mit den Deutschen abgebrochen und den Kampf wieder aufgenommen. Kleinere Vorstöße der Roten Armee über die Weichsel ermutigten die Aufständischen auch vorübergehend. Doch blieben diese Unternehmen halbherzig und wurden verlustreich bis zum 23. September von der Wehrmacht abgewiesen.

Außer dem Geschützdonner bekam Hosenfeld von diesen Kämpfen fernab im Hinterland der Front nicht viel mit. Die relative Friedlichkeit hier empfand er besonders intensiv im Kontrast zur eben noch erlebten Gewaltorgie. In der allmählich zurückkehrenden Dienstroutine des Ausweichquartiers bedeutete es ihm eher eine angenehme Abwechslung, als Vernehmungsoffizier nun auch Bekanntschaft mit sowjetischen Gefangenen zu machen[376]. Einem besonders scharfen Verhörs unterzog er sie dabei ebensowenig wie vormals die gefangenen Aufständischen. Statt dessen widmete er sich ihnen mit dem für ihn charakteristischen ehrlichen menschlichen Interesse, aus dem gleichermaßen Anteilnahme wie Neugier sprachen.

In geradezu häuslicher Ruhe und Geborgenheit klang für Hosenfeld der September aus, nachdem er mit seinem Stab noch etwas weiter nach Westen auf einen Gutshof an der Ausfallstraße nach Posen umgezogen war[377]. Die Auflösung der Wehrmacht-Kommandantur und damit seine Versetzung deuteten sich bereits an. Dienstlich war er nicht mehr besonders gefordert, am meisten noch durch die Kontrolle der Zivilbevölkerung. Diese strömte im Bestreben, soviel wie möglich an Besitz zu retten, bereits wieder in Scharen nach Warschau zurück, wo soeben, in aussichtsloser Lage, die Führung der AK Kapitulationsverhandlungen aufgenommen hatte. Obwohl die Stadt längst zur völligen Entvölkerung und Zerstörung vorgesehen und deshalb für die Rückkehr von Zivilisten gesperrt war, ließ sich Hosenfeld in Einzelfällen durch menschliche Schicksale erweichen und stellte Passierscheine aus[378].

Sein Dienst ließ ihm genügend freie Zeit für liebe alte Gewohnheiten wie den täglichen Frühsport; sogar zur Lektüre fand er Muse[379]. In Gedanken kehrte er verstärkt zur Familie zurück. Nur zu gerne hätte er ihr beigestanden, da der Krieg nun auch seine Heimat erreichte. Fulda war soeben von den ersten schweren Luftangriffen heimgesucht worden; Hosenfeld mußte erfahren, daß seine zwölfjährige Tochter Jorinde, die dort zur Schule ging, den Bomben gerade noch entgangen war[380]. Seiner Frau in ihrer Sorge über das schnelle Vordringen der Alliierten im Westen versuchte er die Zukunftsangst zu nehmen: »Ihr müßt schön auf Eurem Dörfchen bleiben und abwarten, bis die Kriegswoge über Euch weggerollt ist. Aber so weit kommt das nicht. Ganz sicher nicht. Wenn es soweit ist, dann ist es bestimmt aus. Hätte denn Widerstand noch einen Zweck? Nein[381]!«

Als Hosenfeld am 5. Oktober nach einem Monat erstmals wieder in Warschau unterwegs war, begegneten ihm Kolonnen von Aufständischen. Ungebeugt und patriotische Lieder singend, marschierten sie in die Kriegsgefangenschaft, die ihnen mit der Kapitulation drei Tage vorher zugesichert worden war. Es gab Hosenfeld Anlaß, sich wieder einmal über den Patriotismus der Polen zu begeistern: »Was nationaler Geist ist, und in welch echter, spontaner Form er sich äußern kann, wenn ein Volk einen fünfjährigen unverdienten Leidensweg gegangen ist, das könnte man hier erleben[382].« Seine Beobachtung, daß die Aufständischen nun »als Kriegsgefangene sehr ordentlich behandelt« wurden, machte ihm leise Hoffnung: »Endlich wird man doch einsehen, daß man mit Methoden der Gewalt und Brutalität nicht weiterkommt[383].«

Die Enttäuschung hierüber blieb ihm nur erspart, weil er nicht mehr davon erfuhr: Den weiblichen Angehörigen der AK stand trotz des ihnen zugesicherten Offiziersstatus Zwangsarbeit bzw. Straflager bevor. Und auch ein Großteil der evakuierten Zivilbevölkerung, noch etwa 350 000 Menschen, wurde unter Bruch der Kapitulationsbedingungen zur Zwangsarbeit oder ins Konzentrationslager deportiert.

Im Quartier auf dem Gutshof, wo sich sogar bescheidenes Kasinoleben entwickelt hatte und einmal auch eine Dichterlesung stattfand[384], verbrachte Hosenfeld noch fast den gesamten Oktober. Die Ankunft eines neuen Kommandanten, Generalmajor Hellmuth Eisenstuck, beendete schließlich diese »Idylle«. Der Stab erhielt als Führungsorgan der neugeschaffenen »Festungskommandantur Warschau« wieder eine angemessene Aufgabe[385].Unter seiner Leitung sollte, einem »Führerbefehl« folgend, die Stadt als »Ringfestung zur Rundumverteidigung« ausgebaut werden, um sie auf eine lange Belagerung durch die Rote Armee vorzubereiten. Ende Oktober kehrte deshalb der nunmehrige Festungskommandanturstab ins Stadtgebiet zurück, wo er in Hauskellern seinen Gefechtsstand einrichtete[386].

Die stark zerstörte Stadt, in die Hosenfeld nach zwei Monaten wieder einzog, bot ein trostloses Bild: »Zivilisten sind nicht mehr in der Stadt. Sie ist vollkommen tot. Einzelne Soldaten sieht man ab und zu[387].« Für »Leben« in der Stadt sorgten jener Tage lediglich die Sprengkommandos von SS und Polizei. Wie von der NS-Führung befohlen, gingen sie daran, Warschau »dem Erdboden gleichzumachen«. Das sollte ihnen in den verbleibenden Wochen zu einem weiteren Drittel gelingen, nachdem bereits im Zuge des Aufstandes 30 Prozent der städtischen Bausubstanz zerstört worden war. Gleichzeitig plünderte ein »Räumungsstab« im persönlichen Auftrag Himmlers die Stadt nach Wertsachen. Im fast schon symbolischen Kontrast bewährte sich damals Hosenfeld. Nachdem er in einer verwüsteten Kirche wertvolles liturgisches Kirchengerät, unter anderem eine historische Monstranz, entdeckt hatte, scheute er den Aufwand nicht, stellte alles sicher und übergab es dem Bischof von Warschau[388].

Dienstlich begann für Hosenfeld mit der Rückkehr nach Warschau eine Phase der Unstetigkeit, wenngleich weiterhin innerhalb der Stadt. Nur wenige Tage noch verblieb er im Kommandanturstab. Ein letzter größerer Auftrag hieß ihn eine Pressedelegation mit Journalisten aus Deutschland und dem neutralen Ausland durch das zerstörte Warschau führen[389]. Aus unbekannten Gründen wurde er bald darauf aus dem Stab wegversetzt und erhielt die Führung einer Kompanie jenes Landesschützen-Bataillons, dem er bereits in seiner frühen Warschauer Zeit angehört hatte[390]. Dieses war nun der Festungskommandantur unterstellt und in den westlichen Außenbezirken der Stadt für Wach- und Kontrollaufgaben eingesetzt. Seine Freude darüber, statt der ungeliebten Stabsarbeit endlich wieder Menschen weitgehend selbstverantwortlich führen zu können, währte nur fünf Tage. Dann wurde das gesamte Bataillon überraschend aus Warschau abgezogen, um irgendwo an der Front eine Lücke zu schließen. Hosenfeld sollte in der Stadt bleiben. Er wurde der Ausbildungskompanie eines anderen Landesschützen-Bataillons zugeteilt, die in einem der alten Festungswerke vor den westlichen Toren der Stadt lag. Seine Rekruten, alte und eingeschränkt taugliche Männer, die bereits das vorletzte Aufgebot des »Dritten Reiches« verkörperten, versuchte er unter anderem mit Frühsport auf Trab zu bringen[391]. Die nur vorübergehende Aushilfe ohne eigentliche Führungsfunktion erfüllte ihn jedoch nicht.

Einigermaßen erträglich fand Hosenfeld sein Dasein nur deshalb, weil er sich in einem der wenigen unzerstörten Häuser der toten Stadt inzwischen ein recht behagliches Zuhause eingerichtet hatte[392]. Seine Wohnung, von der aus er täglich mit dem Fahrrad zum Dienst fuhr, lag wahrscheinlich in einem der westlichen Stadtbezirke Warschaus. Zerstreuung bereitete ihm ein zugelaufener Hund[393]. Im übrigen war er anspruchslos geworden. Die hoffnungslose allgemeine Lage hatte sein Interesse für das größere politische und militärische Geschehen deutlich abstumpfen lassen: »Es ist eine so merkwürdige Zeit. Scheinbar ist ein Stillstand an den Fronten eingetreten. Ich lese nur den Wehrmachtbericht. Ich höre sonst kein Radio und bekomme keine Zeitung zu Gesicht. Es interessiert mich auch nichts. Und doch spüre ich, daß sich große Dinge überall vorbereiten und zur Entscheidung drängen. Nein, am Ende sind wir noch nicht, aber auch nicht weit davon[394].«

Der Ernst der Lage spiegelte sich für Hosenfeld auch darin, daß seinem jüngeren Sohn Detlev im Alter von siebzehn Jahren die Einberufung zum Wehrdienst unmittelbar bevorstand[395]. Auch wenn ihn solche Nachrichten aus der Heimat verständlicherweise besorgt machten, gab ihm, so einsam und verlassen er sich fühlte, die nach wie vor intensive Korrespondenz mit der Familie inneren Halt. Diesen fand er zum anderen während abendlicher Stunden der Besinnung. Auffällig oft zog es ihn in die umliegenden Kirchen, die ihm gerade in ihrem verwüsteten, verlassenen Zustand das Gefühl vermittelten, hier Gott besonders nahe zu sein[396].

Mitte November 1944 schloß sich in gewisser Weise für Hosenfeld ein Kreis: Er wurde als Urlaubsvertretung in den Stab des Wach-Regiments Warschau abgeordnet, dem er schon 1940/42 angehört hatte. Nunmehr bestand der Auftrag des Regiments darin, den äußeren Festungsgürtel Warschaus zu sichern. Die Tage verliefen unspektakulär und ruhig, »sodaß man gar nicht daran denkt, daß es Krieg ist, besonders abends am Schreibtisch oder in einem gemütlichen Ledersessel mit einem schönen Buch beschäftigt«[397]. Der Routinedienst wurde aufgelockert von neuen Bekanntschaften im Kameradenkreis[398]. Mit seinem neuen Kommandeur, Oberst Lange, kam Hosenfeld gut aus, auch wenn ihn dessen Persönlichkeit im Stillen zu spitzer Kritik reizte[399].

Über eine außergewöhnliche Bekanntschaft, die Hosenfeld in dieser Zeit machte, verraten seine Briefe nach Hause aus verständlichen Gründen nichts. Sie ergab sich aus der zufälligen Begegnung mit dem damals 33jährigen jüdischen Polen Władysław Szpilman und ist durch diesen selbst ausführlich bezeugt[400]. Demnach kam es am 17. November 1944 zur ersten Begegnung mit dem deutschen Hauptmann, dem Szpilman sein Überleben verdanken sollte. Als Flüchtling aus dem jüdischen Ghetto war er bis dahin von polnischen Freunden in

Warschau versteckt gehalten und versorgt worden. Erst der Warschauer Aufstand hatte ihn dieser Unterstützung beraubt. Bereits dem Verhungern nahe, wurde er schließlich von Hosenfeld in einem verlassenen Wohnhaus in der Niepodległości-Allee entdeckt[401]. Zu Szpilmans Überraschung entpuppte sich sein Gegenüber schon im Gespräch nicht als der befürchtete Unmensch, ließ im Gegenteil sogleich seine Hilfsbereitschaft erkennen. Sie äußerte sich konkret zunächst darin, für Szpilman schnell noch ein besseres Versteck im Dachboden desselben Hauses zu finden, in das unmittelbar danach der Stab der Festungskommandantur einziehen sollte. Schließlich brachte Hosenfeld dem Hungernden auch noch Lebensmittel, bevor er ihn wieder verließ.

Während unterhalb seines Verstecks bald der deutsche Kommandanturstab arbeitete, hielt Szpilman auf dem Dachboden die folgenden zwei Monate aus, bis ihn die Eroberung Warschaus durch die Rote Armee Mitte Januar 1945 befreite. In der Zwischenzeit suchte ihn Hosenfeld noch mehrmals auf und brachte ihm Lebensmittel, Mantel und Bettdecke. Am 12. Dezember nahm Hosenfeld endgültig Abschied von Szpilman. Hosenfeld sprach ihm dabei nochmals Mut zu, indem er ihn auf die jeden Tag zu erwartende sowjetische Offensive hinwies. Szpilman wiederum konnte seine Dankbarkeit nur dadurch zeigen, daß er dem deutschen Hauptmann für die Zukunft Hilfe anbot. Zu diesem Zweck stellte er sich nun erstmals mit Namen vor. Den seines deutschen Retters erfuhr er dagegen nicht, wollte ihn aus Vorsichtsgründen auch gar nicht wissen, um ihn im Fall seiner Festnahme nicht verraten zu können. Daß »der *einzige Mensch* in deutscher Uniform, dem [er] begegnet [war]«[402], Wilm Hosenfeld hieß, erfuhr er erst sechs Jahre später auf Umwegen, als dieser seine Hilfe tatsächlich dringend benötigte.

Die wahrscheinliche Erklärung dafür, weshalb Hosenfeld Szpilman damals wieder sich selbst überließ: Anfang Dezember war seine Urlaubsvertretung im Regimentsstab zu Ende gegangen war. Verschiedene gesundheitliche Probleme, unter anderem seine Kopfschmerzen, veranlaßten ihn danach, für zwei, drei Tage ein Lazarett außerhalb von Warschau aufzusuchen[403]. Wieder zurück in Warschau, erwartete ihn endlich sein lang ersehntes Kommando als Kompanieführer, das er um den 12. Dezember übernahm[404]. Nicht zuletzt weil er dazu innerhalb der Stadt umziehen mußte, blieb ihm weder Zeit noch Gelegenheit, sich um Szpilman zu kümmern.

Hosenfeld fühlte sich, wie nicht anders zu erwarten, in seiner neuen Verwendung »wieder richtig im Element«[405]. Die Führung seiner über 200 Mann starken Einheit nahm ihn auch sofort voll in Anspruch. Das lag zum einen am Auftrag dieser »Kompanie zur besonderen Verwendung«[406]. Sie mußte ständig beide Warschauer Rundfunksender sowie sieben Depots bewachen und war deshalb über das gesamte Stadtgebiet verstreut. Allein die Kontrolle über seine Soldaten zu behalten, gestaltete sich also schwierig, zumal sie Dienstaufsicht besonders nötig hatten. Die Einheit erwies sich als »ein zusammengewürfelter Haufen«, in die andere Einheiten »ihre unbrauchbaren Leute abgeschoben hatten« und die dadurch »ein Sammelbecken für allerhand Tunichtgute geworden«[407] war: »Fast jeden Tag gibt es irgendeine Schweinerei, die zu bestrafen ist[408].« Solches fiel Hosenfeld um so schwerer, da er sich eigentlich als »Vater« der Kompanie fühlte, ein Herz für seine Leute und Verständnis für ihre vielfach privaten Probleme hatte. Um sie mental zu stärken, setzte er in erprobter Weise auf eine intensives Gemeinschaftserleben, vor allem mit Hilfe von Musik und Gesang. Hierfür ließ er sogar das Harmonium aus der verwüsteten Sportschule herbeischaffen, wo es ihm kürzlich wieder aufgefallen war. Das führte in der Vorweihnachtszeit mindestens einmal zu der bizarren Konstellation, daß sich Ausbildung an der Panzerfaust und Adventslieder zu einem unterhaltsamen wie besinnlichen Gemeinschaftsabend ergänzten[409].

Das letzte größere Erlebnis, das er seiner Kompanie und damit auch sich selbst bereitete, gelang ihm schließlich mit der Weihnachtsfeier am Heiligen Abend[410]. Seine Gedanken gehörten freilich seiner Frau und seinen Kindern, die er mittlerweile seit sieben Monaten nicht mehr gesehen hatte. Zum Jahreswechsel 1944/45 schwiegen an der Weichselfront weiterhin die Waffen, herrschte noch immer die Ruhe vor dem großen Sturm, die in der toten Ruinenstadt wohl um so gespenstischer wirkte. Dieser Spannungszustand sollte noch knapp zwei Wochen lang anhalten, währenddessen Hosenfeld möglicherweise wegen seiner dienstlichen Beanspruchung nur noch selten nach Hause schrieb. Geradezu belanglos ist sein letzter erhaltener Brief aus Warschau – ein kurzes Begleitschreiben, mit dem er am 12. Januar 1945 seiner Frau Kämme übersandte, die er gerade in der Kantine gekauft hatte.

Am selben Tag begann die lange erwartete sowjetische Großoffensive[411]. Sie durchstieß sofort die schwache deutsche Front und umfaßte Warschau im Norden und Süden. Gegen den Befehl Hitlers entschloß sich die militärische Führung am Abend des 16. Januar zur Aufgabe der »Festung Warschau«, deren Verteidigung schon lange aussichtslos und nun völlig sinnlos geworden war. Daraufhin setzte sich die deutsche Besatzung fluchtartig aus der Stadt ab, in vielen Fällen jedoch zu spät. Hosenfelds Kompanie gelangte noch bis in die Kleinstadt Błonie, 30 Kilometer westlich von Warschau. Dort traf sie am 17. Januar 1945 auf bereits weit vorgestoßene sowjetische Truppen. Im Kampf fielen einige Soldaten, während der Großteil der Kompanie mit ihrem Hauptmann am selben Tag unter nicht näher bekannten Umständen in sowjetische Kriegsgefangenschaft geriet[412].

In sowjetischer Kriegsgefangenschaft, 1945-1952

Hosenfelds Weg als Kriegsgefangener läßt sich wegen der seitdem drastisch verschlechterten Quellenlage[413] nicht immer lückenlos und mit letzter Sicherheit nachvollziehen. Nach seiner Gefangennahme in Błonie dürfte er noch mindestens zwei Wochen lang in einem provisorischen Sammellager der Roten Armee im Raum Warschau interniert gewesen sein. Das einzige Lebenszeichen von ihm aus dieser Zeit stammt ausgerechnet von einem Bekannten Władysław Szpilmans[414]. Wie es der Zufall wollte, kam der Geiger Zygmunt Lednicki auf seinem Rückweg nach Warschau Ende Januar 1945 genau an jenem Lager mit deutschen Kriegsgefangenen vorbei, in dem sich Hosenfeld befand. Im flüchtigen Gespräch am Stacheldrahtzaun gab sich der ihm unbekannte Offizier als Retter Szpilmans zu erkennen, verbunden mit der Bitte, diesen darüber zu informieren, daß er nun selbst der Hilfe bedürfte. Fataler Weise wurden sie vom Wachpersonal sogleich wieder getrennt, noch bevor Lednicki den Namen seines Gegenübers hatte erfahren können. Obwohl Szpilman auf diese Nachricht hin umgehend aktiv wurde, gelang es ihm nicht mehr, die Spur Hosenfelds aufzunehmen. Das Gefangenenlager war bereits mit unbekanntem Ziel verlegt worden; außerdem war ihm der Name seines Retters ja unbekannt. So scheiterte der früheste Versuch, Hosenfeld aus der Gefangenschaft zu befreien.

Durch den Bericht eines Mitgefangenen ist einigermaßen sicher belegt, daß Hosenfeld schließlich am 7. Februar in einem größeren Auffanglager für Kriegsgefangene in Brest am Bug eintraf[415]. Dort blieb er knapp vier Monate, in denen er bereits mehrmals von sowjetischen Offizieren über seine dienstliche Tätigkeit in Warschau befragt wurde. Etwa Ende Mai 1945 erfolgte dann seine Verlegung weiter nach Osten in ein spezielles Offizierlager der weißrussischen Hauptstadt Minsk. Hier scheint er umgehend in Untersuchungshaft genommen worden zu sein, offenbar weil er sich aufgrund der Ergebnisse der Vorbefragung in Brest verdächtig gemacht hatte.

Für die Zeit seiner Untersuchungshaft in Minsk sind insgesamt drei Vernehmungen in Form von Protokollen belegt, die von ihm eigenhändig verfaßt wurden[416]. Demzufolge konzentrierte sich das erste Verhör am 13. Juni 1945 überwiegend, die späteren Befragungen am 23. Juli und am 22. Oktober 1945 dann ausschließlich auf die Zeit des Warschauer Aufstandes. Dabei zeigten sich die Vernehmungsoffiziere des Volkskommissariats des Inneren (NKVD) nicht nur an Hosenfelds Tätigkeit in der Wehrmacht-Kommandantur während des Aufstandes interessiert. Fast noch mehr ging es ihnen darum, Informationen über die seinerzeit in Warschau verantwortlichen Deutschen zu erhalten. Bis auf Ungenauigkeiten im Detail, die mit der zeitlichen Distanz zum Geschehen zu erklären sind, hat Hosenfeld jedes Mal umfassend und im wesentlichen korrekt ausgesagt, dabei auch Personen, von deren Schuld er überzeugt war, nicht geschont. Vor allem seine letzte Aussage verstand er ausdrücklich als Anklage gegen »die militärischen Führer beziehungsweise Unterführer [...], die zur Niederkämpfung der polnischen Volkserhebung vom militärischen Standpunkt zwar ihre Pflicht getan haben, aber nicht vom allgemein menschlichen«[417]. Durch die »Bloßstellung der Kriegsverbrecher« wollte er auch offenbar machen, »daß die Gesamtheit des deutschen Volkes an diesen Verbrechen schuldlos war und nichts davon gewußt« habe, es vielmehr »nur eine kleine Gruppe von Terroristen und Mitläufern gewesen [sei], die diese Verbrechen begingen aus eigener Verantwortung, keinesfalls im Namen des deutschen Volkes«[418]. Gleichzeitig bekannte er, selbst »nicht nur ohne Schuld« zu sein, sondern auch »die geschilderten Vorkommnisse tief verabscheut«[419] zu haben. Polnische Zeugen für seine Unschuld hatte er gleich in seiner ersten Vernehmung am 13. Juni namhaft gemacht, darunter einige von ihm Gerettete wie Leon Warm-Warczyński, Władysław Szpilman und Antoni Cieciora.

Das amtliche Untersuchungsergebnis mit den Schlußfolgerungen und weiteren Veranlassungen der sowjetischen Vernehmungsoffiziere ist nicht bekannt, dafür immerhin Hosenfelds Eindrücke von ihrer Reaktion, wie er sie später einem Mitgefangenen erzählte[420]. Demnach scheint man ihm seine militärische »Harmlosigkeit« als Sportoffizier wahrscheinlich wegen der formalen Zugehörigkeit zur Stabsabteilung Ic der Warschauer Kommandantur lange Zeit nicht geglaubt zu haben, sondern verdächtigte ihn einer irgendwie gearteten antisowjetischen Agententätigkeit. Nach seiner Entlassung aus der Untersuchungshaft war Hosenfeld sicher, die Offiziere des NKVD »von der Sinnlosigkeit dieser Annahme überzeugt«[421] zu haben.

In seiner letzten Vernehmung vom 22. Oktober erklärte Hosenfeld ausdrücklich, nicht zur Aussage gezwungen worden zu sein, diese vielmehr aus freiem Willen geleistet zu haben. Auch wenn man dem Glauben schenken will, also Aussagen nicht gewaltsam erpreßt wurden, so hatten ihm die

Bedingungen seiner etwa halbjährigen Untersuchungshaft doch deutlich zugesetzt. Wie in solchen Fällen üblich, hatte er sie abgesondert in einem Isolationstrakt (»Isolator«) des Lagers in Einzelhaft zubringen müssen. Als er Ende 1945 aus ihr entlassen wurde, war er jedenfalls gesundheitlich angeschlagen[422].

Durch seine Rückkehr unter die Allgemeinheit des Minsker Offizier-Lagers mit seinen etwa 2000 Insassen genoß Hosenfeld wieder die größere Freizügigkeit eines gewöhnlichen Kriegsgefangenen. Als solcher besaß er nun Schreiberlaubnis. So erhielt die Familie nach langer quälender Ungewißheit endlich an Ostern 1946 eine erste Nachricht von ihm[423]. Unter dem Datum vom 25. Dezember 1945 meldete er sich »bei bester Gesundheit« und »in der festen Hoffnung auf ein baldiges Wiedersehen«[424]. Seine kurze Botschaft hatte er auf eine jener typischen Kriegsgefangenen-Postkarten des Roten Kreuzes geschrieben, die den Kriegsgefangenen von den sowjetischen Behörden als übliches Briefmittel zugestanden wurden und natürlich der Zensur unterlagen. Selten gelang es ihm, diese zu unterlaufen, indem er Mitgefangenen bei ihrer Entlassung Briefzettel an die Familie mitgab.

Schon nach einem nächsten Brief, den er gleich wenige Tage später am Neujahrstag 1946 schrieb, versiegten seine Mitteilungen aus unbekanntem Grund vorerst wieder[425]. Nur durch den späteren Bericht eines Mitgefangenen[426] wissen wir in groben Zügen über Hosenfelds restliche fünf Monate Bescheid, die er noch in Minsk zubrachte. Die Folgen seiner Einzelhaft scheinen sich wieder verschlimmert zu haben, so daß er im März an ein örtliches Sonderlager (»OK-Lager«) zur gesundheitlichen Erholung überwiesen wurde. Wahrscheinlich nachdem und weil er wieder einigermaßen hergestellt war, verlegte man ihn dann Ende Mai oder Anfang Juni 1946 in ein Gefangenenlager der weißrussischen Stadt Bobrujsk, etwa 150 Kilometer südöstlich von Minsk.

In Bobrujsk normalisierte sich Hosenfelds Gefangenenleben einigermaßen. Gleich nach seiner Ankunft erhielt er zu seiner großen Freude die ersten Antwortbriefe der Familie. Er selbst konnte von nun an mindestens einmal im Monat, zeitweise sogar wöchentlich schreiben. Vielleicht kam ihm dabei auch zustatten, daß er zunächst als »Postmeister«[427] des Lagers fungierte. Noch im Sommer arbeitete er dann körperlich in der Holzverarbeitung[428]. Ganz offenkundig tat er dies freiwillig[429], weil er sich leistungsfähig fühlte und ihm Handarbeit seit jeher lag. Überdies bot sich dadurch die Möglichkeit, dem tristen Lageralltag zu entkommen. Abwechslung brachte vor allem der Einsatz außerhalb des Lagers, der ihn mitunter auch in die Stadt führte.

Seine »Freizeit« im Lager zeigte ihn vor allem darum bemüht, sich geistig wachzuhalten. Er fand sogar Muse zum Lesen, Gottfried Kellers »Der Grüne Heinrich« und Wilhelm von Kügelgens »Jugenderinnerungen eines alten Mannes«. Daneben versuchte er, Russisch zu lernen, dichtete und schrieb Tagebuch, von dem sich allerdings nichts erhalten hat. Unter seinen Mitgefangenen fand er offenbar einige wenige wirkliche Freunde, zog sich aber ansonsten zurück[430]. Mit seiner Art und politischen Einstellung scheint er sich in der Lagergesellschaft, die ja nach wie vor die Wehrmacht spiegelte, nicht unbedingt beliebt gemacht zu haben[431]. Seine innere Einsamkeit angesichts der ihm meist wesensfremden Offizierkameraden wurde ihm in der Enge des Lagers wieder nur allzu bewußt[432].

Seine Briefe aus dieser Zeit scheinen zu bestätigen, daß es ihm gesundheitlich den Umständen entsprechend gut ging. Doch die Monate verstrichen, ohne daß sich seine Hoffnung auf baldige Entlassung erfüllte, während erste Heimkehrertransporte das Lager verließen. Halt gab ihm in seiner wachsenden Enttäuschung zum einen der Gedanke an die Familie. Begierig wartete er auf Nachrichten von ihr, die ihn zeitweise regelmäßig erreichten. Durch Ratschläge versuchte er als Familienvater präsent zu sein. Mindestens ebenso sehr fand er jedoch notwendige seelische »Geborgenheit in Gott«[433], verlieh ihm sein Glauben wesentliche innere Kraft: »Das Gebet ist mein Trost und Impuls[434].« Sein katholisches Meßbuch[435], das ihm außer einem Rosenkranz in der Gefangenschaft geblieben war, wurde sein größter »Schatz«[436]. Es bot ihm einen reichen Fundus an Bibelauszügen, deren Lektüre ihm zu meditativer Besinnung und religiöser Erbauung diente. Immer wieder zitierte er brieflich einzelne Bibelstellen, um der Familie ebenso platzsparend wie verschlüsselt Gefühle und religiöse Botschaften mitzuteilen[437].

Dem Leser vermitteln Hosenfelds Briefe, so echt sie in ihrer Gefühlsintensität auch sind, kein wirklichkeitsnahes Bild seiner Situation. Die Zensur zwang dazu, von vornherein manche Themen auszusparen. Zweifellos vorhandene Mißstände wie etwa unzureichende Ernährung oder Schikanen sind deshalb allenfalls zwischen den Zeilen angedeutet. Detailinformationen über Lagerführung und -organisation fehlen so gut wie ganz. Erst recht hinterlassen seine Briefe schließlich auch deshalb oft einen beschönigenden und damit die bekannte Realität[438] verzerrenden Gesamteindruck, weil sie ganz offensichtlich vom Bemühen diktiert waren, der Familie Mut und Hoffnung zu machen und sie über seine Lage zu beruhigen.

Zwischen Heimweh und immer wieder enttäuschter Hoffnung, aber doch einigermaßen gesund, verbrachte Hosenfeld über ein Jahr im Lager Bobrujsk. Am 27. Juli 1947 nahm sein Leben dann eine dramatische Wendung. Ein Schlaganfall streckte ihn nieder, der für einige Zeit seine rechte Körperhälfte lähmte und Sprachstörungen verursachte[439]. Unter den ungesunden Lebensbedingungen in der Gefangenschaft war damit endgültig eine Krankheit ausgebrochen, deren erste Anzeichen, Lähmungserscheinungen, Schwindelgefühle und vor allem ständig wiederkehrende starke Kopfschmerzen, ihm schon in Warschau zu schaffen gemacht hatten.

Auf den Schlaganfall hin war Hosenfeld sofort ins Lagerlazarett verlegt worden, wo ihn ein deutscher Militärarzt behandelte. Seine Bettlägerigkeit hielt ihn nicht davon ab, der Familie schon sechs Tage später den Vorfall zu berichten[440]. Danach schrieb er weiterhin regelmäßig und zeigte sich dabei wenigstens nach außen hin voller Optimismus. Der Umstand, daß er noch den ganzen September über entsprechend unbeholfen mit der linken Hand schreiben mußte, beschränkte seine Mitteilsamkeit allerdings merklich. Er erklärt nicht zuletzt die relative Kürze seiner damaligen Briefe. Deren Schriftbild verriet fortan untrüglich den Stand seiner gesundheitlichen Rehabilitation.

Mitte Oktober 1947 war Hosenfeld wieder soweit hergestellt, daß er aus dem Lazarett in Bobrujsk entlassen werden konnte. Anderweitig beurteilte er seine Aussichten schlechter: »Meine Heimkehr ungewiß, trotzdem man uns Hoffnung macht. Wir stehen der Kriegskatastrophe zu nahe und sind ihre Opfer. Ihr glaubt daheim, das wäre alles vorbei. Das ist nicht der Fall. Nur geistige Haltung hilft überwinden, und meine Liebe zu Euch[441].« Ende November konnte er dann, die unmittelbar bevorstehende Verlegung bereits vor Augen, der Familie noch einen Weihnachtsgruß und einen kurzen Auszug aus einem selbst gedichteten »Weihnachtsmärchen« schikken, dessen gänzliche Versendung ihm nicht erlaubt worden war[442]. Danach brach seine Korrespondenz für etwa ein halbes Jahr ab, weil wahrscheinlich die Post infolge der Verlegung bzw. am neuen Ort nicht funktionierte[443].

Hosenfelds neuer Aufenthalt ab etwa Anfang Dezember 1947 war ein Hospital in Cholmy östlich der weißrussischen Stadt Mogilev, etwa 150 Kilometer nordöstlich von Bobrujsk. Hier blieb er den gesamten Winter 1947/48 über, ohne daß Näheres bekannt ist[444]. Jedenfalls wirft die Verlegung an sich ein bezeichnendes Licht auf seine offenbar schlechte körperliche Verfassung. Als wahrscheinlich im März 1948 das Hospital in Cholmy aufgelöst wurde, verlegte man ihn kurzfristig noch in ein Hospital der 70 Kilometer nördlich gelegenen Stadt Orša. Hier zeigte er sich »mit seinem Lose einigermaßen zufrieden«, weil er regelmäßig Post von zu Hause bekam und nun auch »die Hoffnung auf baldige Heimkehr bestand«[445]. Seine Familie erhielt dagegen erst wieder am 15. Mai eine Nachricht von ihm, nunmehr aus dem Arbeitslager Vitebsk, wo er erst kurz zuvor eingeliefert worden war. Seine nach wie vor zittrige Schrift aufgrund der anhaltenden Schwäche in der rechten Hand veranlaßte ihn zu dem ausdrücklichen Hinweis, daß es ihm gesundheitlich wieder bedeutend besser ginge, als es den Anschein habe. Das wurde später auch durch Mitgefangene bestätigt[446].

Neuen Mut gefaßt hatte Hosenfeld damals vor allem aus den Umständen seiner letzten Verlegung. In Orša war er überraschend zum Politoffizier des Lagers befohlen worden, um sich dazu zu äußern, »ob er Kommandant in Warschau gewesen sei«[447]. Nach der Befragung hatte man ihn dann umgehend nach Vitebsk verlegt. Hosenfeld schloß hieraus auf seine unmittelbar bevorstehende Auslieferung nach Warschau, um dort als Zeuge in einem Prozeß gegen deutsche Kriegsverbrecher vernommen zu werden. Nicht nur, weil er selbst ein reines Gewissen besaß, sah er dem erwartungsvoll entgegen. Einmal in polnischem Gewahrsam, konnte er auf die Fürsprache seiner ehemaligen Schützlinge und Freunde vertrauen, die ihn aus der Kriegsgefangenschaft befreien würde. Um deren Hilfe zu mobilisieren, war er schon in den beiden vergangenen Jahren auf unterschiedliche Weise aktiv geworden.

Zuhause hatte inzwischen Annemarie Hosenfeld die Initiative ergriffen. Sie war bald nach Kriegsende mit Karl Hörle in Verbindung getreten, jenem von KZ-Haft gezeichneten deutschen Kommunisten, den Hosenfeld als seinen Untergebenen in Warschau in Schutz genommen und von dem er offenbar während seiner letzten Heimaturlaube erzählt hatte[448]. Diesen bat Annemarie Hosenfeld nun schriftlich um Hilfe. Der in Hanau wohnende Hörle kam dem umgehend nach. Am 9. November 1945 stellte er seinem ehemaligen Beschützer ein denkbar gutes Leumundszeugnis aus[449]. Sein Tenor läßt darauf schließen, daß es der Ehefrau in erster Linie wohl darum gegangen war, die berufliche Wiedereingliederung ihres Mannes als Lehrer vorzubereiten, die wegen dessen Mitgliedschaft in der NSDAP als gefährdet erschien.

Unabhängig davon ergriff Hosenfeld seinerseits die Initiative, kaum daß er im Frühsommer 1946 ins Lager Bobrujsk eingeliefert worden war. Er tat das Naheliegende und bat seine Frau brieflich, einige namentlich genannte Polen ausfindig zu machen, die ihm »zu Dank verpflichtet« seien und daher »von Nutzen sein«[450] könnten. Mindestens zwei der Namen waren ihr bereits geläufig: der seines »alten Bekannten« Joachim Prut aus Pabianice und der von Pfarrer Antoni Cieciora, – jedoch nicht derjenige Władysław Szpilmans, der ihr deshalb als »Pianist am Warschauer Rundfunk« näher beschrieben wurde. Angesichts der politischen Situation so bald nach Kriegsende war es fast ein Glück, daß Annemarie Hosenfeld daraufhin wenigstens den wieder in Posen tätigen Cieciora erreichen konnte. Dieser schickte ihr zwei Dokumente jeweils in polnischer und deutscher Ausfertigung[451], die Hosenfeld als mehrfachen Lebensretter und »guten Deutschen« auswiesen. Dessen ungeduldige briefliche Nachfragen belegen, daß er sie wiederum von seiner Frau wohl nicht vor Anfang 1947 auf dem Postweg erhalten hat[452]. Es wird sie daraufhin umgehend bei der Lagerleitung in Bobrujsk eingereicht haben. Ganz offensichtlich blieben sie jedoch wirkungslos.

Dasselbe Schicksal war einem offiziellen Gesuch an den polnischen Staatspräsidenten beschieden, mit dem Hosenfeld etwa zur selben Zeit um seine Auslieferung nach Polen bat[453]. Angeblich ist dieses Gesuch, in dem er »einflußreiche« polnische Referenzpersonen zum Beweis für seine Unschuld angegeben haben soll, von der Lagerbehörde auch weitergeleitet worden. Jedenfalls kann es jene hoffnungsvolle Reaktion Hosenfelds auf die Umstände seiner Verlegung aus Orša erklären helfen, zu der es Ende Mai 1948 so plötzlich kam.

Desgleichen ließ Annemarie Hosenfeld weiterhin nichts unversucht, um ihrem Mann zu helfen. Wahrscheinlich durch die Nachricht von seinem Schlaganfall im Sommer 1947 aufgeschreckt, wandte sie sich, da alle brieflichen Interventionen nicht fruchten wollten, in wachsender Verzweiflung erneut an Karl Hörle. Der erwies sich nun erst recht als überaus hilfsbereit. Zunächst verfaßte er am 5. Oktober 1947 als Vorsitzender der »Vereinigung der Verfolgten des Naziregimes Hanau-Stadt und -Land e.V. (VVN.)« ein förmliches Gesuch um die Entlassung Hosenfelds[454]. Mit einer Abschrift der früheren Bescheinigung Ciecioras als Anlage richtete er es direkt an den Kommandanten des Kriegsgefangenenlagers in Bobrujsk – ohne je eine Antwort darauf zu erhalten.

Vermutlich selbst nicht ganz von der Wirksamkeit des Schreibens überzeugt, faßten Hörle und Annemarie Hosenfeld gleichzeitig ein erfolgversprechenderes Vorgehen ins Auge. Es führte sie schließlich Ende Oktober 1947 auf eine gemeinsame Reise nach Ost-Berlin[455]. Hier wollten sie seine guten politischen Kontakte als Mitglied der KPD und der VVN nutzen, um die deutschen Machthaber in der Sowjetischen Besatzungszone (SBZ) für eine offizielle Petition in Moskau zu gewinnen. Durch Hörle entsprechend vorbereitet, wurden sie beide in den dortigen Parteizentralen von KPD/SED und CDU (Ost) empfangen. Hochrangigster Gesprächspartner bei ihren zweitägigen Verhandlungen scheint immerhin Otto Nuschke gewesen zu sein, Mitbegründer der CDU (Ost) und später stellvertretender Ministerpräsident der DDR, mit dem Hörle eine gemeinsame Leidenszeit im KZ verband. Nach einigem Bangen konnte Annemarie Hosenfeld am 31. Oktober erleichtert notieren: »K.P.D. ersucht um Freilassung aus Kriegsgefangenschaft, wenn günstig mit Kurier nach Moskau[456].« Ihre neue Hoffnung wurde jedoch mit der Zeit enttäuscht. Das Gesuch blieb wirkungslos, sollte es überhaupt jemals auf höherer politischer Ebene vorgebracht worden sein.

Hosenfeld selbst war über die letzte Initiative informiert, konnte über ein halbes Jahr später aber nur feststellen: »Von den Bemühungen [von] Hörle ist nichts zu mir gekommen[457].« Er schrieb dies bereits aus dem Arbeitslager in Vitebsk, wohin er etwa Anfang Mai 1948 so überraschend verlegt worden war. Doch blieb er hier kaum einen Monat. Schon am 24. Juni brachte ihn ein erneuter Ortswechsel zurück in sein altes Arbeitslager nach Bobrujsk[458]. Über alle Enttäuschung, daß die Bemühungen um seine Freilassung keine Wirkung zeigten, scheint er doch den Mut nicht verloren zu haben. Er lebte nun vor allem in der Hoffnung, daß »der Russe sein Versprechen hält, die Kriegsgefangenen bis Ende 1948 zu entlassen«[459], was sich auf einen entsprechenden Beschluß der alliierten Außenministerkonferenz in Moskau vom 23. April 1947 bezog. Auch begrüßte er grundsätzlich seine Zurückverlegung nach Bobrujsk: »In einem Arbeitslager geht ein frischer Wind, die Kriegsgefangenen sind jünger, gesund und, weil sie tätig sind, zufriedener. Im Lazarett muß man sich wehren gegen den Geist des Trübsinns[460].«

Hosenfelds physische Verfassung erwies sich instabiler, als er selbst wahrhaben wollte und als es nach außen hin erschien.

Am 26. September 1948 erlitt er einen Rückfall, der ihn wieder ins Lazarett zwang[461]. Der neuerliche Schlaganfall war deutlich leichter ausgefallen als jener des Vorjahres. Das läßt sich an der Handschrift seiner unvermindert fortgesetzten brieflichen Mitteilungen gut ablesen. Sie dokumentieren allerdings auch seine auf hohem Niveau schwankenden Blutdruckwerte[462] und damit seinen weiterhin äußerst fragilen Gesundheitszustand. Schwindelgefühle, Lähmungserscheinungen und Kopfschmerzen bestimmten in wechselnder Intensität seinen Alltag. Auch als er am 13. Mai 1949 aus dem Lazarett entlassen wurde, hatte sich dieser Zustand nicht wesentlich geändert.

Mit seiner Entlassung aus dem Lazarett in Bobrujsk begann für Hosenfeld ein Leidensweg, der ihn erst recht als Opfer der sowjetischen Kriegsgefangenenpolitik erscheinen läßt. Diese forderte Anfang 1949 die scharfe Kritik der Westmächte heraus, nachdem die ursprüngliche Zusage Moskaus, alle Kriegsgefangenen bis Ende 1948 zu entlassen, nicht eingehalten worden war. Noch befanden sich fast eine halbe Million Deutsche in sowjetischen Lagern, wo man sie weniger als politisches Faustpfand im beginnenden Kalten Krieg, sondern überwiegend aus wirtschaftlichen Gründen zurückhielt[463]. Nach dem Willen der Sowjetführung sollte ihre »Repatriierung« erst im Laufe des Jahres 1949 erfolgen. Davon ausgenommen waren lediglich Kriegsverbrecher, die noch zahlreich unter den Gefangenen vermutet wurden. Um diese nun rechtzeitig auszusieben und abzuurteilen, leitete man in aller Eile gegen Tausende als »belastet« eingestufte Gefangene so oberflächliche wie brachiale Ermittlungsverfahren ein, deren Ergebnisse durch politische Vorgaben präjudiziert waren. Militärtribunale vollendeten ab September 1949 die Willkürjustiz, indem sie die allermeisten Angeklagten in schematisierten Prozessen nur aufgrund der Aktenlage zu Standardstrafen von 25 Jahren Haft in »Arbeitsbesserungslagern« verurteilten.

Ihre Rechtfertigung bezog diese Verfolgungswelle aus einem völlig überdehnten Verständnis von Kriegsverbrechen. Als solches galt generell auch jede frühere Zugehörigkeit zu bestimmten militärischen Einrichtungen im gesamten vormals deutsch besetzten Osten, vor allem solchen der Feindabwehr und -aufklärung. Aus ihr wurden automatisch Spionage-, Sabotage- und Zersetzungstätigkeit und damit generell das »Staatsverbrechen« der »konterrevolutionären« Betätigung gegen die Sowjetmacht abgeleitet. Die ganze Fragwürdigkeit dieses Rechtsauffassung macht vollends eine Verfügung von MVD bzw. Militärstaatsanwaltschaft vom 1. April 1949 deutlich[464]. Sie stempelte ehemalige Angehörige von Kommandanturen und militärischen Stabsabteilungen Ic gleich denjenigen von Gestapo und Sicherheitsdienst der SS (SD) pauschal zu Kriegsverbrechern ab. Auf derart undifferenzierter, pseudorechtlicher Grundlage fiel es dann leicht, einen großen Personenkreis unabhängig von konkreter Funktion und individueller Schuld, aber formal korrekt wegen angeblicher Kriegsverbrechen abzuurteilen.

Dieses Vorgehen wurde geradezu exemplarisch auch Hosenfeld zum Verhängnis. Bereits seine vorzeitige, medizinisch nicht begründete Entlassung aus dem Lazarett in Bobrujsk erfolgte möglicherweise deshalb, weil er ins Visier der Militärstaatsanwaltschaft geraten war. Nach deren Maßstäben ließen ihn seine früheren Aussagen in den Verhören des Jahres 1945 von vornherein als »belastet« erscheinen. Allein seine langjährige Zugehörigkeit zur Stabsabteilung Ic der Warschauer Kommandantur und vor allem seine zuletzt vertretungsweise ausgeübte Funktion als Ic-Offizier wird Grund genug gewesen sein, nun auch gegen ihn vorzugehen. Den Auftakt machte seine erneute Vernehmung am 29. Mai 1949, also nur zwei Wochen nach seiner Entlassung aus dem Lazarett[465]. Es scheint, als habe man sich damit zunächst nur seiner früheren Angaben vergewissern wollen. Das Interesse des vernehmenden Offiziers galt diesmal bezeichnenderweise ausschließlich der militärischen Funktion und Tätigkeit, konzentrierte sich dabei vor allem wieder auf die Zeit des Warschauer Aufstandes. Hosenfeld wußte inhaltlich nichts Neues auszusagen. Seine Angaben waren vielmehr im Detail bereits merklich

Fortsetzung des Textes auf Seite 139

Abb. 1: H. als Wandervogel, ca. 1912/13 (stehend, zweiter von rechts)

Abb. 2: H. als Rekrut im Spätsommer 1914

Abb. 3: Unteroffizier H. (stehend, Mitte) mit seiner Gruppe an der Düna, 7. September 1916

Abb. 4: Vizefeldwebel H. zur Genesung in Weimar, Ende 1917 (links Bruder Rudolf)

Abb. 5: Annemarie Krummacher, spätere Ehefrau von H., ca. 1917

Abb. 6: H. Ende der 20er Jahre in Thalau

Abb. 7: H. (stehend, rechts) mit Familie, Eltern (sitzend), Schwiegereltern (stehend) und Geschwistern in Thalau, 27. April 1930

Abb. 8: H. als SA-Mann mit seinen Söhnen Helmut (links) und Detlev in Thalau, ca. 1934

Abb. 9: H. (in der Kreismitte) während einer Erntedankfeier in Thalau, Mitte der 30er Jahre

Abb. 10: H. und seine Familie in Thalau, Sommer 1938

Abb. 11: Feldwebel H. mit Sohn Helmut (in der Uniform des Reichsarbeitsdienstes), Ende August/Anfang September 1939

Abb. 12: H. im Heimaturlaub mit seiner Ehefrau, Anfang Januar 1940

Abb. 13: Feldwebel H. mit dem jüdischen »Kompanie-Johann« in Wegrów, Winter 1939/40

Abb. 14: Leutnant H. zu Besuch bei Familie Prut (Mitte) in Pabianice, Anfang September 1940

Abb. 15: Leutnant H. unterwegs in Ostpreußen, Mitte September 1940

Abb. 16: Leutnant H. mit Familie im Urlaub in Thalau, 20. Oktober 1940

Abb. 17: Leutnant H. (zu Pferd) beim Aufzug der Wache in der Warschauer Innenstadt, Spätjahr 1940

Abb. 17: H. (links, grüßend) und Oberstleutnant Graf von Hohenau (rechts, grüßend) im Wehrmacht-Stadion Warschau, ca. 1941/42

Abb. 18: Oberleutnant H. mit Sohn Detlev und Ehefrau (rechts neben ihm) bei der Verabschiedung von Sohn Helmut (oberhalb von Detlev) an die Front in Erfurt, 14. August 1941

Abb. 19: Wiedersehen zwischen H. und Sohn Helmut in Warschau, Januar 1942

Abb. 20 und 21: Hauptmann H. in seinem Zimmer im Sportheim Warschau, ca. 1942/43

Abb. 22: Oberleutnant H. (ganz rechts) mit einem Sportlehrgang beim Flaggenzeremoniell vor dem Sportheim in Warschau, Februar 1942

Abb. 23: Hauptmann H. in Warschau, 14. Februar 1943

Abb. 24: Oberleutnant H. (ganz links) als Teilnehmer eines militärischen Sportwettkampfes bei Warschau, 31. Mai 1942

Abb. 25 und 26: Hauptmann H. (mit Familie) während seines letzten Heimaturlaubs in Thalau, Ende Mai 1944

Abb. 27: Pfarrer Antoni Cieciora in einer Aufnahme nach dem Krieg

Abb. 28: Hauptmann H. mit ausländischen Pressevertretern im zerstörten Warschau, Ende Oktober 1944

Abb. 29: H. als Kriegsgefangener (nach der Zeichnung eines unbekannten Mitgefangenen) im sowjetischen Lager Bobrujsk, ca. Anfang April 1947

Warschau unter deutscher Besetzung 1939–1944

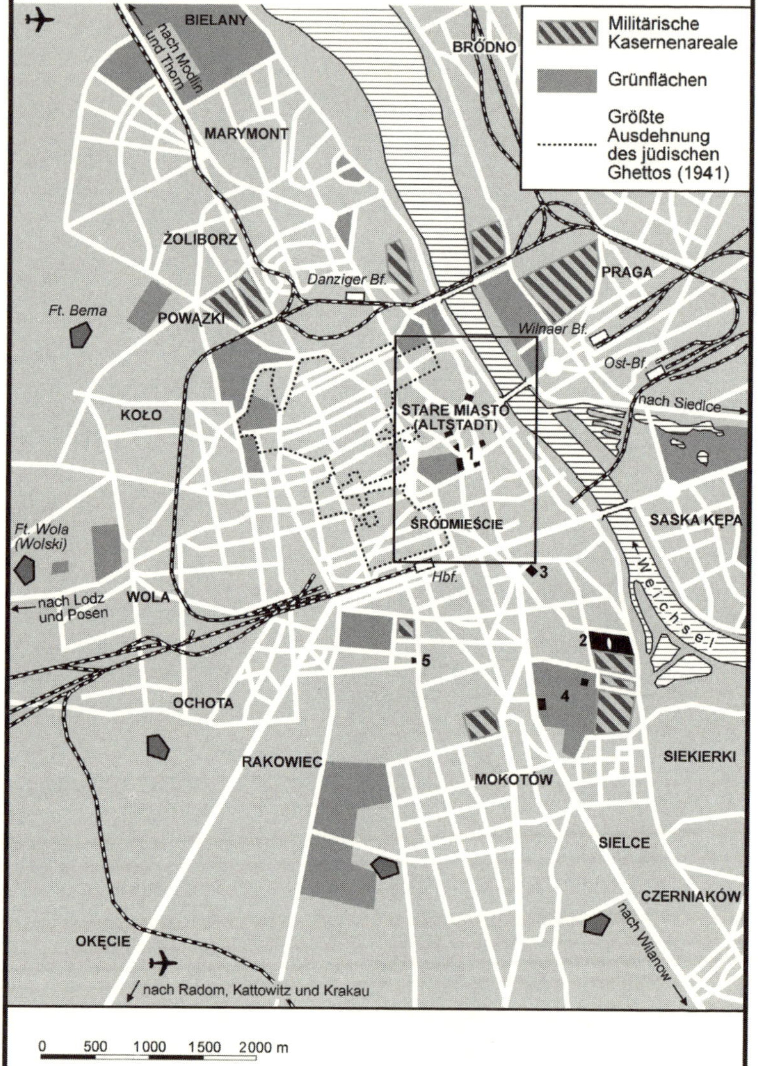

1 Piłsudski- bzw. Adolf-Hitler-Platz
2 Wehrmacht-Sportstätten mit Stadion (ex "Legia")
3 Wehrmacht-Sportstätten (ex "YMCA")
4 Lazienki-Park mit Schlössern Belvedere u. Lazienki
5 Al. Niepodległosci 223 (Begegnung mit Szpilman)

Quelle: Der Warschauer Aufstand 1944, Warszawa 1999, Bildanhang.

© MGFA 04738-08

Innenstadt von Warschau 1939–1944

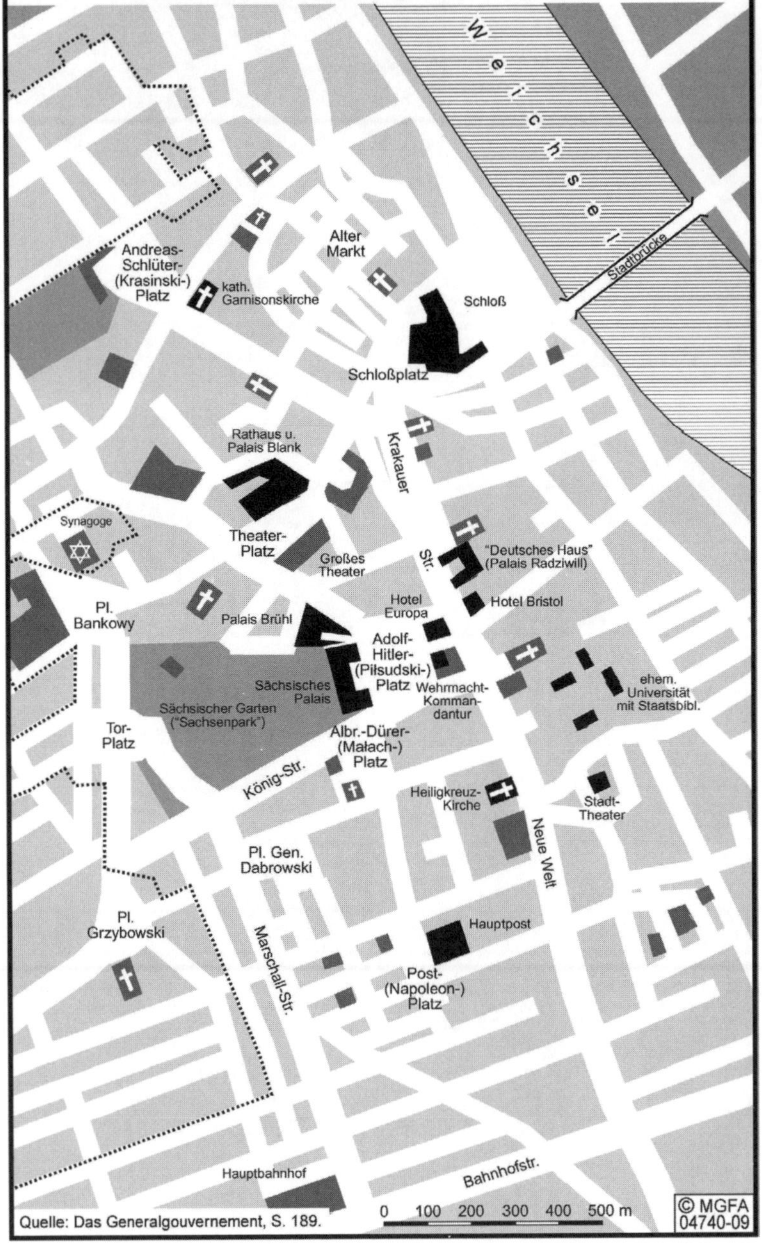

Quelle: Das Generalgouvernement, S. 189.

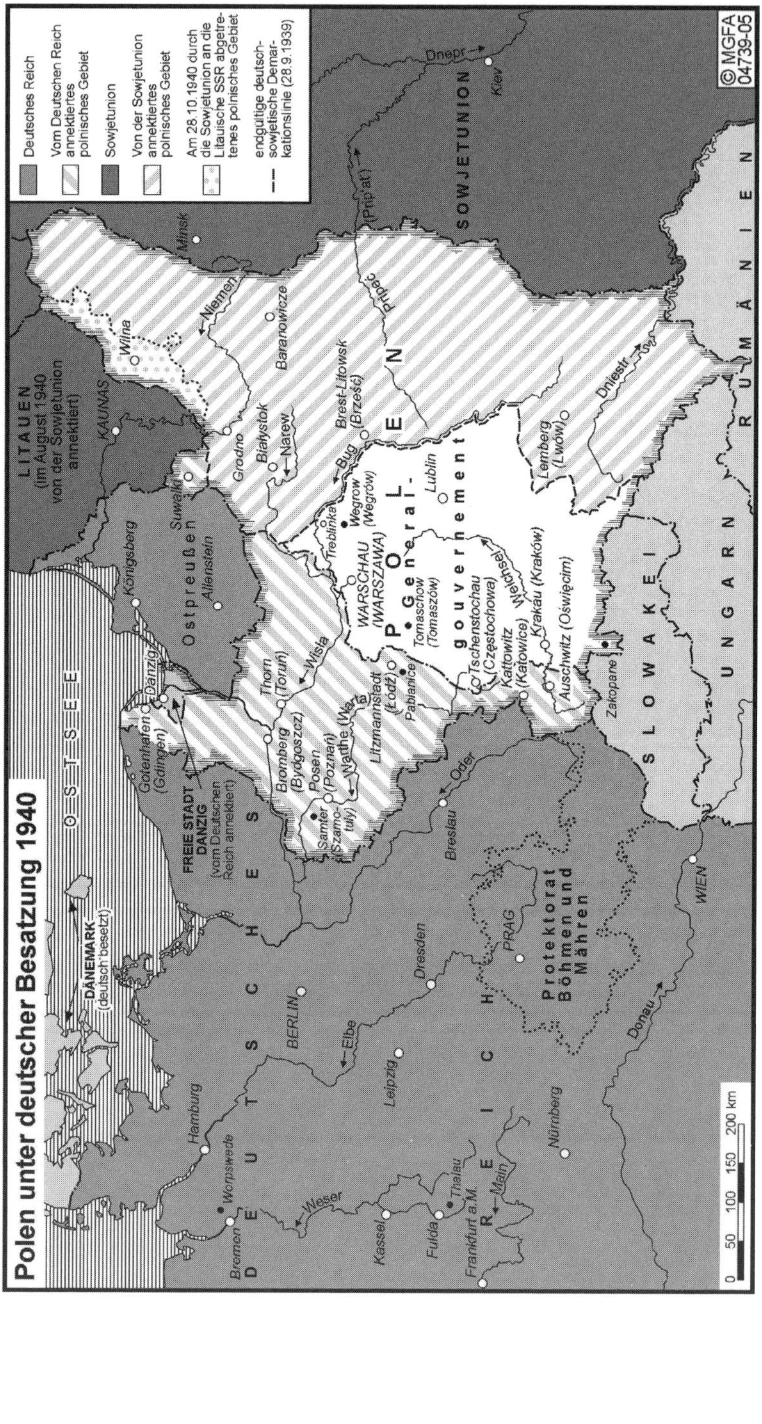
Polen unter deutscher Besatzung 1940
Deutsches Reich
Vom Deutschen Reich annektiertes polnisches Gebiet
Sowjetunion
Von der Sowjetunion annektiertes polnisches Gebiet
Am 28.10.1940 durch die Sowjetunion an die Litauische SSR abgetretenes polnisches Gebiet
endgültige deutsch-sowjetische Demarkationslinie (28.9.1939)
© MGFA 04739-05
O S T S E E
DÄNEMARK (deutsch besetzt)
LITAUEN (im August 1940 von der Sowjetunion annektiert)
KAUNAS
Wilna
Minsk
Niemen
Baranowicze
Pripjec
(Prip'at')
Dnepr
Kiev
SOWJETUNION
Grodno
Białystok
Narew
Brest-Litowsk (Brześć)
Bug
Suwałki
Königsberg
Ostpreußen
Allenstein
Danzig
Gotenhafen (Gdingen)
FREIE STADT DANZIG (vom Deutschen Reich annektiert)
Treblinka
Wegrow (Węgrów)
WARSCHAU (WARSZAWA)
P O L E N
Generalgouvernement
Lublin
Tomaschow (Tomaszów)
Weichsel
Thorn (Toruń)
Wisła
Bromberg (Bydgoszcz)
Posen (Poznań)
Netze
Warthe (Warta)
Samter (Szamotuły)
Litzmannstadt (Łódź)
Pabianice
Tschenstochau (Częstochowa)
Kattowitz (Katowice)
Krakau (Kraków)
Auschwitz (Oświęcim)
Zakopane
Lemberg (Lwów)
Dniestr
SLOWAKEI
UNGARN
RUMÄNIEN
D E U T S C H E S R E I C H
Bremen
Worpswede
Hamburg
BERLIN
Elbe
Leipzig
Dresden
Breslau
Oder
PRAG
Protektorat Böhmen und Mähren
Donau
WIEN
Nürnberg
Kassel
Weser
Fulda
Thalau
Frankfurt a.M.
Main
0 50 100 150 200 km

von Erinnerungsschwäche und daher von Ungenauigkeit getrübt. Dennoch dürften sie den Vernehmenden zufriedengestellt haben, da sie alle Verdachtsmomente bestätigten.

Vorerst erwuchsen Hosenfeld aus der Vernehmung keine negativen Folgen. Er besaß in Bobrujsk nach wie vor den Status eines gewöhnlichen Kriegsgefangenen. Inzwischen als invalide eingestuft, mußte er nur leichtere Arbeiten im Innendienst verrichten. Seine regelmäßige Korrespondenz in diesen Sommermonaten des Jahres 1949 läßt erkennen, daß er die Hoffnung auf Heimkehr zwar nicht aufgegeben hatte, sie aber auch nicht mehr mit der alten Kraft vertrat: »Von Heimfahren wollen wir nichts mehr reden. Es ist damit so wie mit dem ›In den Himmel kommen‹. Aber für beides habe ich gute Hoffnung. Das ist schon was[466].« Die anhaltende Ungewißheit machte ihm in seiner schwankenden physischen und damit auch psychischen Befindlichkeit mehr denn je zu schaffen. Besserung versprach er sich von einem neuen Medikament zur Blutdrucksenkung, das ihm die Familie aus der Schweiz besorgen und zuschicken wollte. Daneben mehrten sich auch ungute Ahnungen. Seine diesbezüglichen Äußerungen sind schwer zu deuten, stehen allerdings in auffälliger zeitlicher Koinzidenz mit der jüngsten Vernehmung. Der Anblick eines »roten Hauses« im Lager – möglicherweise die Verhörzentrale oder das Gefängnis – versetzte ihn in »Schrecken«[467]: »Wer da hineingeht, hat keine Hoffnung mehr, wie die, die der Hades verschlingt[468].«

Bevor diese dunklen Ahnungen schließlich wahr wurden, hellte sich seine Stimmung im Spätsommer noch einmal deutlich auf. Wahrscheinlich im Zusammenhang mit einer angekündigten größeren Verlegungsaktion aus dem Lager Bobrujsk schöpfte er ganz konkret Hoffnung. Aus seinen Mitteilungen vom September klang große Zuversicht: »[...] diese Karte soll die letzte sein, die ich als Wojna Plenni [Kriegsgefangener] schreibe. [...] Wir sind zwar so oft enttäuscht worden, aber nun muß es ja ernst werden[469].« Anders als gemeint sollten seine Worte wahr werden.

Ende Oktober 1949 verlegte man Hosenfeld tatsächlich mit mehreren hundert Kameraden in das Kriegsgefangenenlager nach Minsk. Jedoch anstatt von hier die Heimkehr anzutreten, wurden all seine Hoffnungen mit einem Schlag zunichte gemacht. Ein förmlicher Haftbefehl der weißrussischen Militärstaatsanwaltschaft vom 14. Dezember 1949 wies ihn in das Gefängnis (»Isolator«) des Lagers ein[470]. Bei der dortigen Aufnahme am 21. Dezember erfolgte zunächst eine regelrechte »Durchsuchung« seiner Habseligkeiten, die aber keine neuen Erkenntnisse zutage förderte[471]. Die Untersuchungshaft war ausdrücklich mit »Fluchtgefahr« infolge der Anklage wegen Kriegsverbrechen begründet worden[472]. Sie bildete nun den Rahmen für neue, verschärfte Verhöre, bei denen es aber anscheinend nicht gelang, ihm Schuldeingeständnisse abzupressen[473]. So fand die Voruntersuchung offenbar bereits am 22. Dezember ihren Abschluß. In einer förmlichen »Verfügung über den Ort der Strafverbüßung« befand der Untersuchungsrichter des Lagers anhand der »Unterlagen« Hosenfeld summarisch zahlreicher Kriegsverbrechen nach dem weißrussischen Strafgesetzbuch für schuldig[474]. Vorbehaltlich einer endgültigen Verurteilung durch ein Militärtribunal ordnete er damit gleichzeitig die Verbüßung der zu erwartenden Strafe in einem Sonderlager des sowjetischen Innenministeriums an.

Mit seiner Einlieferung in das Gefängnis des Lagers war Hosenfeld im Dezember 1949 an einen gefürchteten Ort zurückgekehrt, den er bereits durch seine frühere Untersuchungshaft im Jahr 1945 in unguter Erinnerung besaß. Nach fünf zermürbenden Jahren in Gefangenschaft wurden ihm die verschärften Haftbedingungen diesmal erst recht zur Tortur. Sie entzieht sich letztlich heutiger Vorstellungskraft; immerhin eine Ahnung davon vermitteln die wenigen bekannten Fakten. Bereits zu Beginn hatte man ihm bei den Vernehmungen während der Voruntersuchung so heftig zugesetzt, daß er erneut kleine Schlaganfälle erlitt, die Ende Dezember zu einem gesundheitlichen Zusammenbruch führten[475]. Noch seine Entlassung aus dem Lazarett einen Monat später erlebte Hosenfeld in ausgesprochen schlechter Verfassung, die ein ihn ärztlich betreuender Augenzeuge beschrieb[476]. Die anschließenden Monate des nervenaufreibenden Wartens auf die Hauptverhandlung waren seiner Genesung ebensowenig zuträglich wie der Umstand, daß der Briefkontakt zur Familie abgerissen und damit ein wesentlicher Kraftquell versiegt war. Bereits seit seiner Verhaftung unterlag er einem obligatorischen Schreibverbot, bald erweitert zur allgemeinen Postsperre für verurteilte Kriegsgefangene, die erst Ende 1950 wieder aufgehoben wurde. Seine Isolationshaft war allerdings nicht streng genug, um zu verhindern, daß damals Informationen über die Anklage gegen ihn durchsickerten und durch Heimkehrer auch an die Familie gelangten.

Über Hosenfelds weiteres Schicksal herrschte in der Heimat lange Zeit völlige Ungewißheit. So erfuhr die Familie erst sehr viel später davon, daß endlich am 27. Mai 1950 ein Militärtribunal des weißrussischen Innenministeriums im Bezirk Minsk in seinem Fall entschieden hatte[477]. Dabei war es zu keiner Gerichtssitzung und Urteilsfindung nach rechtsstaatlichem Verständnis gekommen. Vielmehr hatte das Tribunal in einem Verwaltungsakt »kurzen Prozeß« gemacht. Die Aktenlage hatte den drei Militärrichtern genügt, um sich in »geschlossener Sitzung« ein Urteil zu bilden. Anklage und Verteidigung waren ausdrücklich nicht vertreten gewesen. Dagegen läßt das damals übliche Verfahren vermuten, daß Hosenfeld die wenige Minuten dauernde Urteilsverkündung persönlich entgegennahm, allerdings ohne sich dazu äußern zu können.

Das Urteil stellte Hosenfelds Schuld an mehreren Verbrechen fest. Gesehen wurden diese sehr allgemein in der Bewachung polnischer Kriegsgefangener im Herbst 1939, vor allem aber in seiner angeblichen Beteiligung an Strafaktionen gegen die Warschauer Aufständischen im August 1944, besonders in ihrer Vernehmung und Einweisung ins Gefängnis. Damit habe er »zur Festigung des deutschen Faschismus und zu einer feindlichen Tätigkeit gegen die UdSSR beigetragen«, wie der wohl schwerstwiegende Schuldvorwurf lautete. Hierfür erhielt nun Hosenfeld unter Anrechnung der Untersuchungshaft eine Freiheitsstrafe von 25 Jahren. Das Strafmaß entsprach damit dem standardisierten Äquivalent für die erst 1947 abgeschaffte Todesstrafe, auf die das Urteil ausdrücklich Bezug nahm. Eher ungewöhnlich erscheint dagegen, daß die Verbüßung der Strafe im

»allgemeinen Strafvollzug« und nicht, wie in solchen Fällen üblich, speziell in einem »Besserungsarbeitslager« vorgesehen war.

Nachdem Hosenfeld einen »Auszug« aus der Urteilsschrift erhalten hatte, focht er das Urteil fristgerecht innerhalb von drei Tagen beim obersten Militärgericht im weißrussischen Innenministerium an. Die Revisionsinstanz bestätigte das erste Urteil mit einer bis in den Wortlaut identischen Begründung[478]. Die förmliche Benachrichtigung hiervon erreichte Hosenfeld erst am 17. Januar 1951, als er zur Strafverbüßung bereits längst an einen neuen Lagerort überstellt worden war.

Weil Hosenfelds Einspruch gegen das Urteil in erster Instanz keine aufschiebende Wirkung besaß, erging umgehend Anweisung, ihn zur Strafverbüßung in das Lager Nr. 362 für verurteilte Kriegsgefangene nach Stalingrad zu überführen[479]. Wahrscheinlich setzte man ihn daraufhin auch umgehend in Marsch. Sein genauer Weg nach Stalingrad verliert sich aber sogleich im Dunkel fehlender Überlieferung. Mit einiger Sicherheit, jedoch aus unbekannten Gründen, führte ihn sein Weg gemeinsam mit 250 weiteren verurteilten deutschen Kriegsgefangenen von Minsk aus zunächst in ein Lager nach Brest am Bug. Dort wurde er Anfang August 1950 ein letztes Mal von Mitgefangenen erkannt[480]. Mit der Nachricht hierüber erhielt die Familie für fast ein ganzes Jahr das vorerst letzte Lebenszeichen von ihm.

Hosenfeld traf schließlich im August 1950 in Stalingrad ein[481]. Das Straflager war aus einem Lager für gewöhnliche Kriegsgefangene hervorgegangen[482]. Deren Repatriierung hatte inzwischen praktisch ihren Abschluß gefunden. So diente das Lager unter verschärfter Bewachung ausschließlich als Haftstätte für verurteilte Kriegsgefangene. Bei Hosenfelds Ankunft im Sommer 1950 war es mit etwa 2000 Insassen überbelegt, die in primitiven Steinhäusern und großteils auch noch in Erdbunkern hausten. Entsprechend spartanische und beschwerliche Lebensverhältnisse herrschten insgesamt. Die schlechte Ernährungssituation besserte sich erst, als die Gefangenen, nachweislich auch Hosenfeld, ab 1951 Verpflegungspakete aus der Heimat erhielten. Der Alltag wurde weitgehend von schwerer Zwangsarbeit in der Umgebung des Lagers bestimmt, etwa an der Baustelle des Volga-Don-Kanals, wenngleich nicht unter jenen extrem unmenschlichen Bedingungen wie in den berüchtigten Lagern des GULag oder speziellen Besserungsarbeitslagern.

Vom harten Arbeitsalltag war Hosenfeld von Anfang an wenig betroffen. Auch das rigide Straflagerregime konnte seine körperliche Hinfälligkeit nicht ignorieren. Gleich nach seiner Ankunft wurde er als schwerer Fall in die Innere Abteilung des Zentrallazaretts, das »Spezialhospital 5771«, eingewiesen und befand sich dort seitdem die meiste Zeit in stationärer Behandlung[483]. Das Hospital bestand aus zwei Holzbaracken und einigen Erdbunkern, in denen durchschnittlich drei- bis vierhundert Kranke unter zwar hygienisch einwandfreien, aber denkbar primitiven Bedingungen von bis zu fünf sowjetischen Ärzten behandelt wurden, unter denen wiederum einige deutsche Mediziner arbeiteten[484]. Einer von ihnen, der Hosenfeld von Anfang an betreute, konnte später nach seiner eigenen Entlassung der Familie wichtige Informationen über dessen Krankengeschichte mitteilen[485]. Hosenfeld selbst war es bis in das Frühjahr 1951 hinein nicht möglich, der Familie zu schreiben. Schreibverbot und Postsperre unterbanden vorerst noch jeden Kontakt. So erfuhr er auch nichts von der letzten Anstrengung, die dort Ende 1950 zu seiner Entlassung bzw. Begnadigung unternommen wurde.

Die Initiative hierzu ging von Leon Warm-Warczyński aus, jenem jüdischen Polen, den Hosenfeld in Warschau unter seinen lebensrettenden Schutz genommen hatte[486]. Im November 1950 wollte Warm einen Aufenthalt in Deutschland nutzen, um auch seinen Retter zu besuchen. Von der Familie in Thalau erfuhr er zu seiner Überraschung, daß Hosenfeld sich immer noch in Gefangenschaft befand. Seine Entrüstung darüber, aber auch seine spontane Hilfsbereitschaft äußerten sich umgehend in einem Brief an Władysław Szpilman[487], auf dessen mögliche Bedeutung ihn soeben erst Annemarie Hosenfeld hingewiesen hatte. Szpilman, der wieder beim polnischen Rundfunk in Warschau arbeitete und als Pianist und Komponist bald eine gewisse Popularität in seiner Heimat errang, versuchte auf Warms Nachricht hin sein Möglichstes, um

Hosenfeld zu helfen. Er scheute nicht einmal davor zurück, bei einem berüchtigten Handlanger des stalinistischen Terrors in Polen vorzusprechen, bei Jakub Berman, dem mächtigen Chef des polnischen Staatssicherheitsdienstes[488]. Der hörte ihn an, ließ sich sogar einen schriftlichen Bericht geben. Doch mußte auch er bald darauf Szpilman gegenüber die Erfolglosigkeit seiner nicht näher bekannten Bemühungen eingestehen: »Da läßt sich nichts machen, denn er ist bei den sowjetischen Genossen[489].«

Nach über eineinhalb Jahren erzwungenen Schweigens meldete sich Hosenfeld schließlich mit einem Kartenbrief vom 26. Mai 1951 wieder bei der Familie zurück. Deutlich wirkte noch sein Freude über die Aufhebung von Schreibverbot und Postsperre nach, die ihm bereits im Januar auf einen Schlag ein Menge bis dahin zurückgehaltener Kartenbriefe aus der Heimat sowie zwei Versorgungspakete beschert hatte. Andererseits stand ihm damals auch die Endgültigkeit seines Schicksals vor Augen. Schon zu Jahresbeginn hatte er das negative Revisionsurteil zur Kenntnis nehmen müssen. Und gerade eben war ihm mitgeteilt worden, daß auch das »Höchste Gericht der UdSSR« seine nachfolgende Appellation wegen »fehlender Grundlage für eine Berufung« am 12. April 1951 zurückgewiesen hatte[490]. Davon deutete er der Familie jedoch nichts an, sondern täuschte ihr zum Trost Optimismus vor: »Termin der Heimfahrt nicht gewiß, doch glaube ich daran[491]!«

Hosenfeld hatte sich erst mit monatelanger Verspätung nach Aufhebung der Postsperre zurückgemeldet. Das lag vermutlich an seinem anhaltend schlechten Gesundheitszustand. Der Familie beschrieb er ihn eher verharmlosend als »wechselhaft«, gab aber gleichzeitig zu, daß sein Befinden seit seinem Zusammenbruch in Untersuchungshaft Ende Dezember 1949 »im ganzen unverändert«[492] geblieben war. Weil es ihm etwas besser ging, war er erst im Februar 1951 vorübergehend wieder aus dem Lazarett entlassen worden[493]. Doch er erholte sich nie mehr richtig. Der Familie blieb nicht verborgen, daß sich im Gegenteil sein körperlicher Verfall zusehends beschleunigte. Erschüttert mußte sie die abnehmende Qualität seiner Handschrift sowie seiner schriftlichen Ausdrucksfähigkeit und Ausdauer feststellen. Am 17. Juli 1951 erhielt sie gar erstmals einen Kartenbrief in fremder Handschrift, der lediglich noch von ihm selbst unterschrieben war. Möglicherweise entsprach seine eigene Schrift auch nicht mehr den Anforderungen der Zensur nach ausreichender Leserlichkeit. Nur noch ausnahmsweise verfaßte er fortan selbst den monatlich erlaubten Brief, von dem auch noch manch einer auf dem unsicheren Postweg verlorenging.

Seine schlechte Schreibfähigkeit als Indiz für einen gesundheitlichen Rückfall genommen, wurde Hosenfeld wahrscheinlich im Frühsommer wieder ins Hospital eingeliefert[494]. Ein neuer Gehirnschlag wird ihn niedergestreckt haben, einer von insgesamt dreien während seiner Zeit in Stalingrad, die jeweils zeitweise eine Körperhälfte lähmten[495]. Dank medizinischer Behandlung konnte er jedesmal wieder seine Gehfähigkeit zurückgewinnen. Zu seiner vorübergehenden Erholung im Herbst 1951 mag beigetragen haben, daß er damals außer zahlreichen normalen Versorgungspaketen endlich auch das heiß ersehnte blutdrucksenkende Medikament aus der Heimat erhielt[496]. So war es möglich, Hosenfeld am 12. Dezember aus dem Hospital zurück in das Lager zu entlassen. Hier dürfte er dennoch allenfalls zu leichten Arbeiten im Innendienst eingesetzt worden sein.

Hosenfelds Aufenthalt in der relativen Normalität des Lagers währte nicht lange. Schon am 20. Februar 1952 mußte er mit den bekannten Symptomen eines erneuten leichten Gehirnschlages wieder in das Hospital eingeliefert werden. Diesmal sollte er es nicht mehr verlassen. Sein letztes halbes Lebensjahr war damit angebrochen, für das eine ordentlich dokumentierte Krankengeschichte vorliegt[497]. Sie macht zum einen deutlich, daß er eine relativ gute medizinische Betreuung genoß. Ihre Möglichkeiten zur Behandlung seiner weit fortgeschrittenen Arterienverkalkung und seines extremen Bluthochdrucks waren freilich durch die bescheidene materielle Ausstattung stark eingeschränkt. Zum anderen läßt sie erkennen, daß sein unaufhaltsamer körperlichen Verfall nun auch zunehmend mentale Ausfälle hervorrief. Offensichtlich unter Aufbietung seiner ganzen Willenskraft richtete Hosenfeld am 19. April 1952 an seine Frau letztmals einige wenige eigenhändige Zeilen, die schon kaum mehr lesbar waren. Bei seiner allerletzten Mitteilungen vom 15. Juni reichte seine Kraft gerade noch für die Unterschrift. Seine von fremder Hand aufgesetzte Schlußbotschaft an Ehefrau Annemarie klang beruhigend: »Über mich mache Dir keine Sorgen, es geht mir den Verhältnissen entsprechend. Ich grüße Euch alle recht herzlich, alles Gute! Euer Wilm.«

Zwei Monate später, am Abend des 13. August 1952, verschlechterte sich sein Zustand plötzlich. Auch sofort anwesende ärztliche Hilfe konnte nicht mehr verhindern, daß Hosenfeld um 21 Uhr 50 innerhalb weniger Minuten an den Folgen einer Ruptur der Brustaorta innerlich verblutete. »Sein Tod kam plötzlich und völlig schmerzlos[498].« Wilm Hosenfeld war 57 Jahre alt geworden. Auf einem inzwischen aufgelassenen Friedhof unweit des Hospitals liegt er begraben.

Dokumente

Tagebücher, Briefe, Aufzeichnungen

Erster Weltkrieg

Aufzeichnung[1] *Weimar, November 1917*

Erinnerungen aus dem Feld.

Es ist so naßkaltes, böses Wetter draußen, wie es der Nebelmond halt mitbringt. Aber dieser bleigraue Himmel, der ewig trübe schaut und voll Wasser hängt, das er aber doch nur zage und dann wieder in langem Atem abgibt, diese schwere Herbstluft ruft in mir die Erinnerung wach an die Ereignisse, die ich vor einem Jahre in Siebenbürgen und den Transsylvanischen Alpen und in Rumänien erlebte. Sie führen mich noch weiter zurück in jene Gefilde Polens und Litauens vor zwei Jahren und lassen auch wieder die Bilder aus dem Spätherbst 1914, den ich im Schlamme Flanderns erlebte, an mir vorbeiziehn. Daß ich noch einmal als felddienstuntauglich in der Garnison sitzen sollte und mir den Krieg als uniformierter Zivilist anschauen sollte, das ließe ich mir altes [sic!] Frontschwein nicht träumen. Jedenfalls sitze ich aber jetzt in Weimar in einer warmen Bude und freue mich, daß ich noch am Leben bin. Denn daß es auch anders sein könnte, das kommt einem am wenigsten in den Sinn.

Welch hohe Begeisterung durchbebte unser aller Herzen, als wir uns damals nach den Sommerferien 1914 auf der Schulbank im Lehrerseminar[2] zu Fulda wiedertrafen. Wir waren in diesen Ferien auf großer Fahrt gewesen und hatten das liebe Vaterland reichlich kennengelernt und auch lieben [gelernt]. Jetzt war Krieg die Losung[3]. Hei, wer wäre da nicht gefolgt. In zwei Tagen legten wir die Reifeprüfung ab und dann fuhr [sic!] ich und alle andern heim; manche, die gar nicht warten konnten Soldat zu werden, gingen schnurstracks hinauf in

[die] Artilleriekaserne und meldeten sich, andere fuhren nach Hanau oder Frankfurt, um sofort einzutreten. Ich reiste erst nochmal heim, da ich bei der Artillerie nicht genommen wurde. Anderntags aber kam mein Bruder Martin[4] von Berlin. Ich lag noch im Bett, da kam er in die Stube gesegelt, umhalste mich und schrie freudig erregt: »Du, ich bin Ulan in Berlin bei den Garde-Ulanen[5]. Du mußt mit mir gehn.« Ich sagte, da würde ich nun noch schlecht ankommen, was er schließlich auch in Erwägung zog. Auf dem Bettrand sitzend mein Bruder, und ich im Bett liegend, den letzten Rest meines gesunden Schlafes aus den Augen reibend, beratschlagten wir nun, welches die beste Truppengattung für mich sei. Wir einigten uns auf Dragoner nach Hofgeismar oder Husaren[6] nach Kassel. Die Reiterei hat einen jungen Menschen immer schon in Bann geschlagen, darum ist es nicht wunderlich, wenn wir uns dafür entschieden. Vater aber war dagegen. Er meinte, Kavallerie sei die gefährlichste und grausamste Waffe und teilte unsere Begeisterung keineswegs. Außerdem hatte er noch einen schwerwiegenden Grund ins Treffen zu führen, nämlich den, daß wir keinen »Pferdeverstand« hätten, was mich auch überzeugte und veranlaßte, die stolze Infanterie zu erküren. Daß man bei den Soldaten die unmöglichsten Dinge lernt, das war uns damals nicht bekannt. Was die einzelnen Truppengattungen im modernen Krieg zu leisten hatten, das wußten die wenigsten, vielleicht niemand. Aber Infanterie war wohl das geläufigste von allem Militärwesen in unserer Familie. Daß wir Jungen uns kriegsfreiwillig melden müßten, war auch bei Vater und Mutter unausgesprochenes Gesetz, wenn man uns auch schweren Herzens ziehen ließ. Ich fuhr nun in der Welt rum und wurde endlich bei dem Infanterie-Regiment 167 in Kassel angenommen und am 21. August [1914] eingestellt und eingekleidet. [...]

Ausbildung.
Dieselbe fiel nicht schwer. Durch tüchtiges Wandern hatte ich alle körperlichen Organe gut ausgebildet und im Sport besonders erprobt. Turnen und Exerzieren war darum im Grunde genommen nichts Neues und Schwieriges. Unsere Instrukteure

hatten ihre helle Freude an diesen Rekruten, und von der Härte militärischer Disziplin habe ich nichts gespürt, da wir immer gern und froh gehorchten. Die Kameraden waren meist junge Menschen, zu zwei Dritteln aus dem gebildeten Stande, mit denen ich gut auskam. Ich lernte auch hier einige gute Freunde kennen, die aber früher als ich ins Feld kamen, da ich gerade auf Bahnwache in Melsungen war. Das hat mir grenzenlos leid getan. Doch der Tag kam auch.

Ankunft auf dem Kriegsschauplatz.
Mehrere Tage und Nächte waren wir gefahren. Es ging nach Flandern[7]. Es war wieder mal Nacht geworden. Am andern Tage sollten wir an Ort und Stelle sein. Man war in aufgeregter Stimmung. Immer näher der Front. Wir lauschten oft angestrengt zum Fenster hinaus und sahen scharf in die schwarze Novembernacht, ob wir nicht den Schall und das Aufblitzen der Kanonen beobachten könnten. Der Zug fuhr sehr langsam, man sagte, um nicht so großes Geräusch zu machen. Oft stand er und zog dann wieder ruckweise an. Das war auch schon keine deutsche Lokomotive mehr, die uns zog. Ich schlief nur unruhig und wurde gequält von schrecklichen Träumen. Die schwarzen belgischen Weiber, die wir durchs Zugfenster gesehen hatten und die uns die Zunge rausgestreckt hatten und dazu eine Bewegung des Halsabschneidens machten, dazu jene fremden Männergestalten mit den ausgemergelten Gesichtern, die lange Tonpfeife im Mund, den Kopf bis zu den Augen verdeckt durch eine unschöne Schildmütze, in weiten Hosen und Holzpantinen, diese Gestalten wirbelten durcheinander in dem aufgeregten Hirn meines jungen, gesunden Körpers. Dazu kam das Grausen vor der Schlacht, das sich trotz aller Begeisterung nicht ganz verbannen ließ. Ich lag am Fußboden meines Abteils 3. Klasse; die Beine eines andern Kameraden, der sich in umgekehrter Richtung hingestreckt hatte, dienten jetzt als Kopfkissen. Unter mir rumpelten die Räder immer dasselbe taktvolle Geräusch: Weit, weit, fort! Weit, weit, fort. Nicht mehr heim, nicht mehr heim! Eine grausame Bangigkeit, ungeheure Sehnsucht nach den Lieben ergreift mich. [Wie] ein drohen-

des Gespenst stehen die nächsten Tage vor mir. Was ist der Krieg?

Frühschein dämmert durch die Fenster. Man packt den Rucksack. Alles wird in Ordnung gebracht. Der Zug hält. Zerschossene Häuser, rauchende Trümmer sind die ersten Zeichen des Krieges. Ich lese das Bahnhofsschild. Roulers[8]. – Wir sind schon mal ausgestiegen, werden wieder ein- und wieder ausgeladen, setzen die Gewehre zusammen und legen das Gepäck ab. An dem Bahnhof ist stärkster Verkehr. Auf einmal ein Rennen und Drängen, Rufen und Schreien nach einem Güterwagen. Da sah ich, daß einige Leute Spaten, kleine Feldspaten haben. »Wo habt ihr die her?« »Mensch, mach zu, wenn du noch einen haben willst.« Ich renne nun auch dort hin, aber die Spaten sind alle, komme aber zu einem dichten Kreis, der einen Soldaten in der Mitte hat und der von der ungemeinen Wichtigkeit des kleinen Spatens erzählt. »Jungens, das will ich Euch sagen, schmeißt lieber das Gewehr fort, laßt alles im Stich, nur den Spaten, den werft um Gottes willen nicht fort.« Dann folgte eine Schilderung eines Gefechtes, wo ihm dieses Ausrüstungsstück so teuer geworden war. Da ging mir nun auch der Sinn auf. Unruhe befiel mich. Hättest du doch nur auch so einen Spaten. Ich habe lange gesucht. Vergeblich. Da ruft mich mein Kamerad Bösser-Hans: »Wilhem, hast du schon so e Schippche?« und reicht mir einen hübschen, feinen grau angestrichenen Spaten, der mir wie ein Kleinod vorkam. In den Holzstiel schnitzten wir den Namen. – Auf dem Bahnhof gab es viel zu sehen. Den durften wir nicht verlassen. Bis gegen Mittag rückten wir ab, aber nur bis zur Stadtmitte, auf dem Marktplatz machten wir wieder halt. Ich sah ein großes rotes Schild: »Feldpost«. Da rannte ich hin und schrieb mehrere Karten. Wir bummelten durch die Straßen, kauften Äpfel und Kuchen, tranken Bier und Kaffee und begafften die Belgier und ließen uns begaffen. Und etwas wie Stolz und Siegestriumph mag auf den jungen Stirnen zu lesen gewesen sein. Ja, ihr schwarzen Belgier, das sind deutsche Kriegsfreiwillige – blond, stark und lichtfroh. – Brausend drang das Lied »Dem Kaiser Wilhelm haben wir's geschworen« durch die Gassen, als wir weiterzogen, der Front entgegen. Ein gewaltiges, ergreifendes Weihegefühl durchströmte meine Brust. Hochauf flammte die Lohe [Flamme] der Begeisterung. Frischen, klaren Auges, stolz die Brust gehoben mit elastischem, gleichem Schritt, so schritten wir durch die Straßen. O herrlich, ein Jung-Soldat zu sein, zu kämpfen für das teure Vaterland. Jetzt empfand ich's zum ersten Male mit ganzer Wucht und Tiefe, welch starke Liebe und Treue mich mit dem Vaterland verband. Dankbarkeit und Stolz zugleich gab Kraft und hohen Mut und festen Willen.

In der Feuerzone.
Es war dunkel geworden. Der 9. Neblung [November] 1914 ging zur Neige. Wir zogen müden, schleppenden Fußes eine breite Straße lang. Es hatten sich zwei Reihen gebildet, eine auf diesem, die andere auf dem anderen Straßenrand sich bewegend. Mitten auf dem gepflasterten Fahrdamm rasselten schwere Munitionswagen. Die hatten ein schlechtes Fahren, da der Weg arg zerstoßen und zertreten war. Es war ganz dunkel geworden, und man sah nur nach dem Vordermann, und alle paar Schritte stand eine hohe Pappel. Endlich staute sich die Menge. Man ging [rückte] auf, und nach Geheiß des Führers stellten wir uns rechts von der Straße zur Marschkolonne auf. Da ich ziemlich bei den ersten war, konnte ich sehen, daß wir vor einem Haus standen; auch sah ich irrlichternden Schein durch Ritzen und schlechtverstopfte Türen durch. Aber Stimmen und Lärm waren in der Nähe. Die Wagenkolonne war nun auch vorüber. Und jetzt horchten wir auf. Denn das waren Schüsse, die da fielen; viele, viele, ganz nah, deuchte mir. Als der erste Schuß aus einem Geschütz losging, war ich schrecklich zusammengefahren. Die Batterie stand nur wenige Meter von uns weg. Und ich hatte gerade in die Richtung geschaut, als ich einen langgezogenen Feuerschwanz erblickte, dem augenblicklich der Schlag folgte. Bisweilen schwoll das Infanteriefeuer zum langhingezogenen Rollen an; es kam mir so vor, als wenn daheim die Kartoffeln auf dem Herde kochten. Da sah man wieder plötzlich die ganze Gegend hell erleuchtet. Und wir rieten, daß das Leuchtkugeln sein müßten. – Jetzt hieß es, Kochgeschirre abschnallen. »Essen holen!« Immer zu zwei [sic!]

gingen wir durch ein schmales Hoftor und kamen in einen großen Hof. Das war ein Schulhof gewesen. Über mächtigen Feuern hingen mächtige Kessel, und derbe Landwehrmänner rührten drin herum. Andere hackten Holz, schlachteten Vieh und zerhackten das Fleisch. Und an einem Kessel reichte man uns Suppe, einige Schritte weiter gab's Brot und Fleisch. Wir setzten uns auf die Schulbänke und aßen heißhungrig. – Das Gepäck wurde geholt; [es wurde] angetreten, und wir marschierten weiter in das Dorf hinein. Es hieß Westroosebeke. An der Kirche, deren Turm umgelegt war, machten wir halt. Dann kamen Offiziere von dem Stab, der hier lag, und wir mußten in Linie antreten. Es war aber streng verboten, Licht zu machen. Dann las man unsre Namen vor. Ich antwortete auch auf meinen Anruf mit lauter Stimme. Da schreit jemand durch die Finsternis »Wilhelm, Wilhelm!! Wo bist du?« Ich kenne ihn gleich an der Stimme. »Hier, Thomas[9]! Mensch, wie kommst du hierher?« »Ja und wo kommst du her?« Ich erklärte, was zu sagen war und ließ mir nun von ihm erzählen. Er war 14 Tage eher ausgerückt und hatte mit dem Regiment 233 schon ansehnliche Gefechte mitgemacht und schon tüchtigen Schneid bewiesen. Ich beneidete ihn darum. Sein Regiment war wegen starker Verluste und Erschlaffung aus der ersten Linie herausgenommen, und er lag in der Kirche mit seiner Kompanie. Wir freuten uns noch herzlich des sonderbaren Wiedersehens, und ich kroch dann zu den Kameraden auf den Boden eines halbzerschossenen Hauses. Der Gefechtslärm drang in vermehrter Deutlichkeit zu mir herauf, ich betete gut und schlief auch bald. Anderntags traf ich Thomas noch einmal und da hätte ich ihn bald nicht gekannt in seinem langen fusseligen Backenbart und den zerschlissenen Kleidern. Da sah ich erst, was er schon erlebt hatte. Er gab mir noch gute Ratschläge und Verhaltensmaßregeln und dann trennten wir uns, um uns erst wieder zu sehen, als ich auch schon Pulver und Eisen gerochen und auch schon ein richtiges dreckiges Frontschwein geworden war.

Der erste Angriff.

Bei einbrechender Abenddämmerung waren wir bis in eine Reservestellung vorgerückt. Es war das nur ein mannstiefer

Graben, der voll Stroh lag und mit Stroh zugedeckt war. Gleich daneben stand ein großer Strohhaufen, an dem die Kühe und junge Kälber, auch Pferde fraßen. Kein Mensch kümmerte sich um die Tiere. Warum wir in dem Graben lagen, begriff ich nicht. Ich beschäftigte mich auch nicht sehr mit der Frage und folgte dem Rat eines älteren Kameraden, mich »aufs Ohr zu hauen«. Ich konnte aber lange nicht schlafen. Draußen war ein unaufhörliches Geschieße, und ich strengte mich vergebens an zu unterscheiden, welches unsre Geschütze und welches die der Franzosen seien. Da ich aber zu keinem Ergebnis kam, nahm ich an, daß nur unsre Artillerie schoß, denn in meiner Naivität schien es mir unglaublich, daß der Feind auch so laut schießen könnte. – Als ich erwachte, schlürften die andern schon den Morgenkaffee. Es war noch dunkel. »Los, macht zu, Mensch, es geht gleich fort«, sagte mir jemand. Ich weckte Hans, und wir aßen etwas. Dann wurden wir zum Feldwebel gerufen. Der war von Kassel mitgekommen und führte uns. Er sagte uns eine Nummer; wie ich später erfuhr, war das die Stammrollennummer[10]. Diese mußten wir auf einen kleinen Zettel schreiben und in den Brustbeutel stecken. Er sagte, das wäre Ersatz für die Erkennungsmarke. Dann hieß es »fertigmachen«. Wir krochen aus dem Graben heraus; es war so mollig warm da drin gewesen, während die Luft feucht und neblig draußen über der Erde lag. In dem Strohhaufen hatte sich der Feldwebel eine Höhle machen lassen, die ihm bislang zur Wohnung gedient hatte. Er kam hervor und hieß uns noch warten, dieweil wir uns auf der dem Feinde abgekehrten Seite hinlegten. Auf! Im Gänsemarsch schritten wir über feuchte Rübenfelder. Die nasse Erde klebte an den Stiefeln. Immer stieß man an die hochgeschoßten Runkelstengel oder man trat auf die Runkel[-Rüben] und glitt ab und fiel. Wie das immer vorkommt, wenn in der Nacht marschiert wird und gar noch einzeln und über schlechtes Gelände, so riß auch jetzt die Verbindung bald ab. Man schrie »kurz treten« und »die Verbindung ist abgerissen«, aber man lief immer weiter. Da ging's über einen Bach, über den ein Balken als Brücke gelegt war. Vorsichtig balancierte ich glücklich hinüber; die meisten fielen, infolge der dreckbeschmierten Stiefel ins Wasser. Man arbeitete sich unter Fluchen und Schimpfen wieder raus. Aber dadurch war ein Aufenthalt eingetreten, und da die andern schnell weitergerannt waren, wußten wir nur noch die Richtung in der jene verschwunden waren. Ich erkannte die Umrisse eines zerschossenen Gebäudes, und an einer Wand lag der Kadaver einer Kuh. Der Wanst war greulich aufgeblasen, und die Beine starrten in die Luft. Dann kam eine Hecke. Durch diese war eine Lücke getreten, und wir wollten durch. Wir liefen schneller, da wir drüben sprechen hörten. Aber wie ich durch die Lücke will, fliegt mir der Helm rückwärts vom Kopf und mein Seitengewehr[11] hängt an einem Telefondraht. Mein Hintermann, dem ich nicht schnell genug fortkomme, drückt mich auf die Seite und will vor mir durch. Doch auch er verstrickt sich in die verdammten Drähte. Hinten schimpfen sie und wollen durch, laufen an der Hecke lang und suchen Durchgang. Allmählich waren wir nervös geworden. Da wir immer noch in dem Telefondraht verwickelt waren, zog einer sein Messer und wollte durchschneiden. »Um Gottes willen«, rief ein anderer, »das kann ja das größte Unglück geben«. Mit mehr Ruhe und gegenseitiger Hilfe kamen wir ja auch durch. Aber wohin sind die andern? Der eine rannte dahin, der andre dorthin. Einige Besonnenere blieben zusammen. Es waren etwa 10 Mann. Und wir überlegten, daß durch den Eingang noch mehr hindurchmüßten. Ratlos setzten wir uns auf die Rucksäcke und spähten in das dämmernde Morgengrauen. Plötzlich Rufen, Antworten, unverständliche Kommandoworte. Ein Ängstlicher von uns ruft: »Franzosen«. Wie eine Lähmung fährt's uns durch die Glieder. Jetzt kommt's uns erst zum Bewußtsein, daß wir ohne Führung herumgelaufen waren. Sollte es möglich sein? Wir hatten ja nicht die Überlegung und die Ruhe, uns zu fassen. Schon kommen uns Gestalten entgegen. Mir klopft das Herz in wahnsinniger Aufregung. Mir fliegen Gedanken von Schmach der Gefangenschaft und Nutzlosigkeit meines Soldatseins durch den Kopf. Jeder hat sich auf die Erde geworfen und sucht sich so klein als möglich zu machen. Jetzt kommen sie näher, grad auf die Hecke, auf die Lücke zu. Da hören wir den ersten sagen »Vorsicht, Draht!« Wie ein elektrischer Schlag durchfährt es mich, und wie auf Kommando springen wir auf und an den ersten Mann, der durch die Hecke durchgetreten ist und mit der linken Hand den Draht hochhält, während die Folgenden hindurch schreiten. Er war sichtlich erschrocken, als wir plötzlich auf ihn zugestürmt kommen. Wir sollen uns beim Leutnant melden. Das tun wir. »Anschließen!« ist der einfache Bescheid. Kaum haben wir uns in Bewegung gesetzt, als starkes Infanteriefeuer anhebt. Hui, pfiffen da die Kugeln! Ich hatte schon immer viel gehört und gelesen vom Pfeifen der Kugeln, aber ordentlich vorgestellt hatte ich mir diesen Ton nicht. Das war auch nicht ein Ton, das war eine ganze Tonleiter von Tönen, ein richtiges Konzert, ein Zischen und Zirpen, Sausen und leises [...][12], ein Trillern und Huschen, daß man gar nicht mehr wußte, wo man hin sollte. Dazu kam das fortwährende klatschende Einschlagen der Geschosse in den Boden und die Bäume. Das machte mich ganz von Sinnen. In kurzen Pausen durchrollte der gewaltige Donner eines Geschützes die Luft. Die Ungewißheit und die Plötzlichkeit des Überfalls, die vorhergegangene Erregung, all das vollbrachte einen gewaltigen seelischen Aufruhr in mir. In einem Straßengraben legten wir uns hin. Dahinter war eine Hecke, der Straßenrand mit Pappeln bepflanzt. Ich lag auf der Seite und blickte in die Höhe. Fortwährend splitterten die Geschosse die Bäume. Da ergriff mich die Wucht dieser Todbringer, und ich duckte mich noch mehr. Da, auf einmal ein Grunzen in meiner Nähe. Ich schaue auf, es tat meinem Nacken ordentlich wohl; ein großes, hochbeiniges Mutterschwein mit einem Rudel Jungen kommt langsam, den Boden aufwühlend, am Straßenrand her, ganz sorglos unbekümmert, als ob's nur Regenwürmer und Schnecken und so was gäbe. Das richtete auch mich auf und gab mir Mut. Ich schaute auf, aber ich sah nichts als in weiter Entfernung einen starken Dunstschleier und darin aufspritzende Erdfontänen. Ab und zu rannten Gestalten über das Feld, die aber sehr schnell zu Fall kamen. Ich glaubte, sie wären tot oder getroffen. So stark ich auch hinschaute, ich sah nichts von Freund und Feind. Beide sollte ich noch erblicken. Einzeln sprangen wir vor, liefen über die Straße, dann noch ein Stück durch ein

Tabakfeld und verschwanden dann in einem Laufgraben. Da ging's nun immer weiter fort. Es war Tag geworden. Aber das Schießen hörte nicht auf. Soweit ich durch den Graben blikken konnte, stand Mann an Mann dicht gedrängt. Jetzt hieß es Seitengewehr aufpflanzen. Da schlug mir das Herz. Da, ein Fauchen in der Luft und dann ein furchtbarer Schlag, ein Rauschen und Plätschern von niedergehenden Eisenstücken und über uns wegziehend eine schwarzgraue Wolke. Man roch den ziehenden Schwaden, es roch wie Kohlenrauch. Das war die erste Granate gewesen. Wir waren alle furchtbar erschrocken, und ich war fassungslos, daß niemand getroffen war. Ich konnte auch nicht begreifen, wie die Franzosen wissen konnten, wo wir waren, und daß sie so gut in die Umgegend trafen. Immer häufiger kamen jetzt die Granaten; manche platzten in der Luft, erst ein rötlicher flammender Schein, dann ein ziehendes weißes Wölkchen. Das wären Schrapnells, sagte man. Ein alter Soldat hatte uns belehrt gehabt, wenn's Artilleriefeuer gäbe, sollte man immer weiter vorspringen. Hinten wäre man sicher verloren. Darum rief nun alles: »Vorgehen, vorgehen«. »Es geht nicht«, kam's zurück. »Ja, ja, gelt, da vorn schießen sie nicht hin; wir können ja da sitzen«. So schrie und lärmte man durcheinander, bis jedesmal eine Granate, die in der Nähe einschlug, Ruhe herstellte. Daß es da vorn nicht besser sei, daran dachte man nicht. Aber es ruckte nun doch etwas. Jetzt hörte der Graben auf; er stieß an eine Straße, die noch nicht durchbrochen war. Man mußte hochgehen und auf der andern Seite wieder reinspringen. Das tat auch ich. Aber wie ich drüben rein sause und aufschaue, liegt auf der Dekkung, parallel mit der Grabenwand, ein Mann, die Augen weit offen, noch die Brille auf dem Gesicht, den Mund schwach geöffnet. Das Haar ist struppig, blond, und der Reif liegt darin. Ich will ihn nicht sehen. Es ist der erste Tote. Aber mit magischer Gewalt zieht es meine Augen auf ihn hin. Seine Augen blicken starr in den grauen Himmel, mich blickt die Ewigkeit an. So stark hat mich dieser Gedanke noch nicht ergriffen. Ich werde still, ganz still und ruhig. Wozu alle Hast und Hetze, alle Angst und Not. Jenen plagt nichts mehr, und ich empfinde, daß für den Soldaten der Tod eine Wohltat ist.

Eingekeilt stehen wir zwischen Erde und Menschen. Und von hinten schreit man immer lauter und wütender vorzugehen. Ein alter Soldat sagt, daß da hinten sicher ein höherer Offizier stecke, der so schimpfe. Ja, jetzt hört man ganz deutlich die grelle Kommandostimme. Er fordert, daß wir aus dem Laufgraben gehen und über das freie Gelände vorlaufen sollen. Einem älteren Soldaten droht er mit dem Revolver; der aber sagt, »Herr Hauptmann, ich gehe nicht; ich habe Frau und Kinder.« Denn es war der sichere Tod. Einige Pioniere mit großen Spaten und Drahtscheren waren vorgesprungen. Es waren die ersten Menschen, die ich sterben sah. Kameraden suchten sie zu bergen, wurden auch getroffen und dann lagen sie alle still. Endlich wurde nach vorne nachgerückt. Man lief wie betäubt in dem schrecklichen Lärm. [...]

Es ist Mittag vorbei, Nachmittag gegen 4 Uhr. – Ein Befehl wird durchgesagt! 5.15 [Uhr] stürmen die Jäger und die 5. und 6. Kompanie [Reserve-Infanterie-Regiment] 235. Da bin ich auch dabei. »Ja, ihr müßt zu eurem Regiment und zur Kompanie«, befiehlt ein Offizier. »Ach was, bleiben Sie hier; Sie gehen mit den Jägern vor! Zu ihrem Regiment kommen sie gar nicht durch.« Alle Gräben dick besetzt. Das war mir nun einerlei. Also, Gepäck lassen wir im Graben. »Aufpflanzen[13].« Es dunkelt schwach. 5 Uhr! Kameraden teilen eine Tafel Schokolade. Sie sagen kein Wort, blicken sich nur stumm an. Sie versprechen einander gut zu helfen, wenn sie verwundet, und heimzuschreiben, wenn ... Ja, das sprechen sie nicht aus! Mein guter Hans ist nicht bei mir. Wir sind schon am Morgen auseinander gekommen. Aber in solchen Augenblicken fällt alles Trennende und Häßliche zwischen den Menschen ab und sie drücken sich die Hände als reine, schöne Seelen, die in einem ärmlichen Körper wohnen. So schloß ich auch Freundschaft mit einem Kameraden, den ich nie recht leiden konnte. Seit dieser Stunde waren wir immer gute Freunde. Vor uns war es ziemlich still. Auch die Artillerie schwieg. »Aus dem Graben steigen!« Mir schlägt das Herz in wahnsinniger Hast und Spannung. Ich sehe dunkle Gestalten sich vorwärts bewegen. Eine lange Reihe. Jetzt stehen wir. Da laufen schon welche vor uns. Das ist der Schützenschleier[14]. Man flüstert kaum, aber man bleibt zusammen, immer zu zweit, zu dritt. Wir schreiten durch ein Tabakfeld, die Franzosen liegen 200 m weg. Alles noch ruhig. »Hinlegen.« Langsam von links nach rechts geht der Befehl durch. Links liegt alles, rechts schreiten sie weiter, legen sich hin. Ja, wo sind denn Offiziere? Doch, da schreitet ein Mann an uns vorbei. Leutnant Schmidt von der 6. Kompanie. Hier sind Jäger[15]. So! Er geht wieder! Ist Infanterie auch da? Ja! Wir wagen kaum zu rufen. Dableiben! »Wenn die nächste Leuchtkugel hochgeht, vorgehen! Durchsagen!« »Wenn sie runter ist, du Quatschkopp!« »Ja, ja!« Eine Ordonnanz [Befehlsüberbringer] rennt über das Feld und sagt das weiter. Da zischt die Rakete schon hoch. In großem Bogen hin nach den Franzosen. Tageshelle. Unsre Gesichter sind bleich, fast grün. In einem fasrigen Schwanz endigend, liegt die Leuchtkugel in Steinwurfsentfernung vor uns, einen zukkenden Lichtschein verbreitend, strahlenförmig nach oben. Die Tabakpflanzen um sie herum sind riesenhaft vergrößert, sehen aus wie Bäume. Vorwärts schreiten; die breiten Blätter rascheln, Stengel knicken. Die Aufregung wächst mit jedem Schritt. Noch ist Grabesstille vor uns. Verdammt verdächtig. Rechts starkes, fernes Infanteriefeuer. Fernes Aufblitzen von Geschützen. »Hurra – hurra, hurra«, schallt es von rechts. Die sind schon am feindlichen Graben, denk' ich. Wie weit wir noch sind? Ich fühle, ob mein Seitengewehr noch am Gewehr steckt. Da knallt es vor uns. Die Entfernung ist nicht zu schätzen. Bald scheint's nah, bald fern. Immer mehr, heftiger, nervöser werden die drüben; sie schießen alle nach der Richtung, wo das Hurra herkommt. Doch da knallt eine Rakete hoch, und gleich einer Tusche von Feuer und Eisen fährt es über uns weg. Wir liegen auf dem Bauch. Einschanzen! Vorgehen! Einschanzen! Vorgehen! Einschanzen! Einzeln vorgehen! In dem Lärm kann man brüllen. »Nicht schießen!« Kommandos werden durchgegeben. Es ist nichts zu verstehen. Der Feind hat uns gemerkt. Er legt ein rasendes Feuer auf uns. Wir dürfen nicht schießen. Vorgehen ist Wahnsinn. Horch, da schreit einer verwundet »helft mir, helft mir!« Laut klagend schallt's durch die Nacht. Nur stärker schießt der Feind nach der Richtung. Dann ist er still. Wir liegen die ganze Nacht noch da. Das Infanteriefeuer läßt nicht nach. Zurück können wir nicht. Es ist schon mehrmals Befehl dazu gegeben worden. Es wird schon bald hell. Hinten in unserm Graben schießen sie. Nun wird's Zeit. Ich bin ganz allein; mein Kamerad ist schon zurück. Ich danke Gott, daß ich zurückgekommen bin. [...]

An einen Freund *Aachen, 2. Mai 1915*

Lieber Robert[16],

Heute am Tage, da ich das 20. Lebensjahr vollende, will ich Dir schreiben[17]. An einem Härchen nur hing es, dann hätte ich die 20 Jahre nicht vollgelebt. Doch Gottes Wille ist unberechenbar und uns Menschen oft so rätselhaft. Ich wurde durch ein Schrapnell[18] getroffen. Zwei Kugeln sausten mir ins Fleisch, die eine in den rechten Oberschenkel, die andre in die rechte Brust, und blieben dort stecken. Der Arzt hat sie mühelos entfernt. Eine dritte Schrapnellkugel, die mir am gefährlichsten werden konnte, da sie mir das Genick streifte, hat mir nur zweimal den Rock aufgerissen. Von demselben Geschoß wurden noch zwei Kameraden tödlich getroffen. Das geht sonderbar zu bei so einem Akt. Wir lagen noch ganz rückwärts in dritter Staffel. Wir dachten kaum, daß wir an dem Tage ins Gefecht kämen. Wir hatten Langemark im Rücken, vor uns St. Julien und die Engländer. Die Feinde, hauptsächlich aus französischen Kolonialtruppen bestehend, waren ausgerissen wie Schafleder. Wir hatten große Mühe, ihnen zu folgen und die Überraschten schnell abzutransportieren. Das war am 22. und 23. [April] gewesen. Am 24. lagen wir, wie gesagt, noch zurück. Unsre Kompanie war hinter einer Hecke ausgeschwärmt und hatte den Befehl, hier vorläufig in Deckung zu bleiben. Hinter uns stand ein noch ziemlich gut erhaltenes Gehöft. Wir ich später erfuhr, hatte sich unser Divisionsstab darin eingerichtet. Die Franzosen mochten das Gehöft wohl gut kennen, da es ihnen doch selbst als Aufenthalt gedient hatte, und beschickten es fortwährend mit Schrappnells und Granaten. Da wir keine fünfzig Schritte davor lagen, schienen wir ernstlich gefährdet. Doch wir achteten nicht sonderlich auf die krepierenden Geschosse, waren sie doch noch alle weit neben uns und hinter uns gesprungen. Ja, es machte uns Vergnügen zuzusehen, wie plötzlich ein weißes Wölkchen entstand und daraus ein Blitz züngelte, der mit einem lauten »Patsch« begleitet war. Dann rauschte ein Geschoßhagel nieder und eine Schar abgeschlagener Äste und Zweige fiel mit zur Erde. Plötzlich aber – ein furchtbarer Knall und eine Flamme um mich herum, und ich fühlte sofort Schmerzen am ganzen Körper und ich schrie: »Ich bin getroffen«, und ließ meinen Tornister im Stich und lief nach dem Gehöft und schrie »Hilfe«; dort waren unsre Sanitäter. Ich hörte noch in [den] Ohren wie zwei Kameraden neben mir schrien, daß sie getroffen seien. Ich war aber so von Sinnen, daß ich nicht wußte, was ich tat. Ich fand dann auch sogleich Hilfe. Ich staune noch immer über meine Leistung, daß ich damals so weit gelaufen bin, obwohl ich mich nachher und heute noch gar nicht auf den Beinen halten konnte. In einem Schafstalle blieb ich liegen. Fortwährend mehrten sich die Verwundeten. Unsere Kompanie war unterdessen vorgegangen. Am nächsten Morgen trugen mich Sanitäter nach dem Verbandplatz. Unter den Verwundeten im Stalle traf ich einen Göttinger Wandervogel[19], der mit auf dem Hanstein[20] war. Er war vom Regiment 234, wurde aber schon früher als ich weggetragen; deshalb kamen wir voneinander. So ist's gegangen. Leb wohl,

Dein Wilhelm.

Hoffentlich komme ich heim und treffe auch Dich mal. Dann geht's wieder raus!

Aufzeichnung[21] *(ohne Ortsangabe,) Ende Juni 1917*

1915

Heute, da ich dieses niederschreibe, sind wir schon lange im Juni. Aber an einem Apriltag ist's gewesen, wo das Bedeutsamste für mich in dem halbjährigen Feldzug von November [1914] bis April [19]15 erfolgte. Im Leben des Soldaten freilich ist es durchaus nichts Besonderes, etwas sehr Selbstverständliches, aber für das Leben des einzelnen, für mich, etwas durchaus Ereigniswichtiges. Am 24. April [1915] wurde ich nämlich verwundet. Den ganzen Winter durch hab' ich Glück gehabt. Doch endlich, wo es zum entsetzlichen Massenmorden kam, als am 22. [April] die große Offensive deutscherseits ergriffen wurde, um durchzustoßen nach dem begehrenswerten, heißumtobten Ypern und [um] den letzten Zipfel Belgiens dem verhaßten Engländer zu entreißen[22], da traf es auch mich. Als erster von der Kompanie durch 3 Schrapnellkugeln[23] im rechten Bein und der rechten Brust und in der linken Schulter verletzt, mußte ich das Kampffeld verlassen. Ich hatte einem gütigen Gott für ein gütiges Schicksal zu danken. Wie viele sind gefallen. Meine liebsten Kameraden ruhen in dieser Erde, die heiß vom Kampf, rot vom jugendlich geflossenen Blut. Ja, wir hatten grausige Verluste. Doch die des Feindes waren viel, viel schlimmer, und unser Blut war für eine gewonnene Sache geflossen. Leider war es nicht ganz geglückt, bis an Ypern ranzukommen, doch hatten wir unsre Stellung weit vorgeschoben. Am 10. Mai standen wir dicht vor St. Jean, während das Gebiet bis dahin von Poelcapelle, Langemarck in feindlichem Besitz war[24].

Aufzeichnung[25] *Focşani/Rumänien, 28. April 1917*

28. September [19]16

Die deutschen Armeekorps, die zur Befreiung Siebenbürgens angesetzt waren, hatten ihre Aufmärsche beendigt[26]. Wir waren mit die ersten Truppen, die ausgeladen wurden, und so hatten wir einige Tage Ruhe in einem sächsischen Dorfe[27], nahe der vom Feind besetzten Gebiete. Die feindliche Artillerie sandte die ersten Granaten hierher. Das Dorf hieß Rotberg. Die deutsche Bevölkerung war meist geflohen. Nicht so die rumänische, die ja von ihren Landsleuten und Befreiern nichts zu fürchten hatten. Am 28. September [1916] wurde der ganze große Apparat in Bewegung gesetzt auf den Feind. Wir marschierten an den Stellungen der Österreicher vorbei, in denen sie den Rumänen bis jetzt standgehalten hatten. Ein lustiger Krieg begann. Wieviel Neues gab's jetzt zu sehen. Kamerad Österreich war uns ja noch neu, wenigstens mir. Ein neues Land mit anders gesitteten Menschen südlichen Typs sollten wir kämpfend durchmessen. Im Süden trotzte die gewaltige Gebirgsmauer der Transsylvanischen Alpen. Ich hatte eine österreichische Generalstabskarte gefunden, die mir von großem Wert war. Die Richtung, die wir einschlugen, war direkt auf Hermannstadt zu, von Norden nach Süden. Dann aber wendeten wir nach Osten und marschierten längs des Altflusses auf Herm[ann]stadt[28] zu. Eine richtige Wanderlust ergriff mich. Ein herrliches Herbstwetter verklärte den Himmel und die Landschaft. Reiter flitzten an der Marschkolonne vorbei, bald deutsche Ulanen[29], bald ungarische Honved-Husaren[30]; Offiziere, deutsche und öster[reichische] in ihren besten Uniformen, einer den andern an Schneid übertreffend. Witze und lustige Späße erleichterten die Anstrengungen. Jetzt kamen wir in ein Dorf, in dem alles verwüstet war; viele Häuser, die Kirche beschädigt, die Bewohner geflüchtet, Granatsplitter und Blindgänger lagen am Wege. Das sah aus wie Krieg. Eine steile Straße führte den Berg hinan. Oben war Artillerie aufgefahren und eröffnete das Feuer. Aber schon wurden die Protzen[31] wieder vorgefahren, die Geschütze angehängt, und wie wir die Höhe erreicht hatten, sahen wir eine wirbelnde Staubwolke und darin eine gliederrasselnde Schlange zu Tale rasen. Es war die Vorhut-Artillerie. Wir marschierten noch im Gros. Da unter uns breitete sich das wunderbare Alttal aus. Schmucke Dörfer, in grünen Obstbäumen versteckt, lagen da unten in bezaubernder Pracht. Und da drüben die gewaltigen [Transsilvanischen] Alpen, ganz nah. Mit dem Glas konnte man ganz deutlich die zerrissenen Felsen, die bizarren Linien der wildzerklüfteten Kämme erkennen. Mittendurch zieht die Aluta ihren viel gewundenen Lauf. Zauberhaft schön war das alles. Und in einigen Stunden soll die Schlacht hier brüllend ihre Granaten in dieses Paradies werfen und ein Lied anstimmen von Haß und Mord, von Tod und dämonischen Gewalten. Hier, in diesem Eldorado des Friedens. In dem Dorf, durch das wir kommen, wohnen nur Rumänen, darum ist es auch noch ganz unbeschädigt. Die Einwohner sind noch alle da. Aus allen Häusern kommen sie heraus und bringen Äpfel, Zwetschgen und frisches Wasser, Brot und Milch. Sie wollen es [sich] mit uns auch nicht verderben, diese rumänischen Untertanen Österreichs, oder ist wahre Teilnahme an unserem Kommen. Ich kann es nicht feststellen. Jedenfalls waren sie uns gegenüber sehr liebenswürdig und zuvorkommend. Im Dorfe machten wir halt, was selten vorkommt. Gegen 4 Uhr nachmittags traten wir den Marsch wieder an. Die Artillerie war wieder aufgefahren und begann wieder zu feuern. Aber diesmal ließ sie uns vorüberziehn und sandte ihre Geschosse über uns hin. Ein wahrer Höllenlärm entstand. Donnernd gaben die Berge den starken Wiederhall zurück. Ein nicht endendes Getöse umbrauste unsre Ohren. Jetzt geht der Tanz los. Mittlerweise wird es Abend. Lautlos marschieren wir im hohen Staub der Straße weiter. Es gibt noch Abendessen. Mit Spitze geht die Kompanie vor. Das Bataillon ist aufgelöst. Jede Kompanie hat ihren Sonder-Auftrag. Wir sollen den Kuhberg besetzen, falls der Feind noch festsitzt, Verstärkung abwarten und angreifen. Die Rumänen sind in einer verzweifelten Lage. Von Osten, von Norden und Westen sind sie in die Enge getrieben. Der Rote-Turm-Paß[32] ist von unsern Truppen abgeschnitten. Das wurde uns zur allgemeinen Lage bekanntgegeben. Aber das ist eine einfache, logische Sache. Wenn der Feind sich aber wütend wehrt, kann's böse Lücken geben. Na, wir werden ja diese Rumänen kennenlernen; wir brannten vor Begierde, uns mit ihnen zu messen. Wir schritten durch ein trockenes Maisfeld. Es war ganz dunkel geworden, und [wir] konnten uns nur noch nach dem Kompaß zurechtfinden. Die hohen Maisstengel, ausgedorrt von der Sonne, mit den langen, schwertähnlichen Blättern, rascheln und krachen in der verderblichen Stille, wo jedes Geräusch den doppelt erregten Sinnen in stärkster Nachwirkung auffällt. Endlich kommen wir auf Ackerland und von da in den Wald, einen dichten, wirren Laubwald mit starkem Unterholz. Einer hält sich am andern fest, sonst verlieren wir uns, da es jetzt total finster ist. Mit großer Mühe arbeiten wir uns durch das Geäst. Auf einer Waldblöße machen wir Halt. Der Kuhberg ist erreicht, der Feind verschwunden. Posten werden aufgestellt. Wir schlafen gut unter dem Rauschen der starken Eichbäume, die wir am Morgen erkannten.

Am 29. September kam's zu Gefechten. Der Feind suchte mit aller Macht gegen unsere Linien, die von Norden und Westen angriffen, anzurennen, aber er wurde geworfen [geschlagen]. Auf unsrer Seite fanden wir nicht sehr heftigen Widerstand. Was nicht abgefangen wurde, floh nach Osten auf

Kronstadt zu oder schlug sich in die Berge, in die wir ihnen nicht nachfolgten. Aber was uns lieber war, war die Beute, die sie uns gelassen. Zahllose Bagagen mit Bespannung, alle wohlgefüllt. Eisenbahnwagen gestopft voll. Zwieback, Zucker, Kerzen, Wein, Schmalz, Tabak, Zigaretten, ungeheure Vorräte. Aber wir konnten nicht viel davon mitnehmen. Das fing gut an.

Aufzeichnung *Focşani, 28. April 1917*

Weihnachten 1916[33]

Es war meine 3. Weihnacht, die ich fern der lieben Heimat im Felde feiern sollte. War die erste in einem Dorfe in Flandern in warmer Stube, so erlebte ich die zweite im trauten Unterstand an der Düna[34], und die dritte feierten wir unterm weiten Sternenzelt, weit, fern in der rum[änischen] Moldau, in einem kleinen, von Granatlöchern und Schützengräben zerwühlten Akazienwäldchen, 1500 m vom Feind. Ach, es war uns so traurig und trüb zumute, frohe Weihnachtsstimmung lag uns fern. Kein Gruß aus der Heimat, von den Lieben; kein Geschenk, das liebende Hände bereitgelegt für diesen Tag, wo sich alles glücklich machen will, an [dem] Gott selbst in liebender Erbarmung die Menschen beglückt hat. Ich saß auf dem Tornister, die Ellenbogen auf die Knie gestützt und den Kopf in den Händen, im Kreis der Kameraden um das wärmende Feuer. Keiner mochte etwas sagen. Jeder fühlte sich am wohlsten, ungestört zu träumen, die Seele auf lichten Schwingen dahin wandern zu lassen, wo das Glück, die Liebe daheim war. »Aber singen wollen wir doch das schönste Lied von der Heiligen Nacht«, bricht einer das Schweigen. »Stimm an«, klingt's ihm zurück. »Stille Nacht, heilige Nacht ...«; langsam, traurig, wunderbar trostreich schallt's durch die Nacht. Andre Kameraden drängen sich ums Feuer, der Kreis wird größer. Andre Lieder folgen. Sie sind verklungen; einer nach dem andern entfernt sich wieder. Ich sitze noch fast allein da und schüre die Glut und wickle mich fester in die Decken. Die Kameraden strecken sich auf das Nachtlager, um noch die kurzen Stunden bis zum Ablösen der Ruhe zu widmen. Die katholischen Mannschaften sollen noch Gottesdienst haben.

Wie gewandelt sind doch die Menschen; die lauten Schreier und Nörgler sind verstummt. Ein dumpfes Weh preßt jedem das Herz zusammen.

Zur Feier des Tages haben wir heute abend noch Gottesdienst. Ungefähr 30 Mann, stehen wir um ein lohendes Feuer. Unser Pfarrer in der Mitte. Er spricht mit leiser, warmer Stimme von Menschen- und Gottesliebe, von dem heiligen Fest und seiner segensreichen Bedeutung für uns arme Erdenkinder. »Wir sind ja heute so arm und elend, aber unglücklich sollen wir nicht sein. Sind wir auch weit fort von euch Lieben, strahlt uns kein Christbaum im Lichterglanz. Der Gott der Liebe ist uns darum doppelt nahe, und eh' Ihr zum neuen Gefecht geht, sollt ihr ihn selbst empfangen.« Der Wind rauschte in den Zweigen der Akazienbäume, als wollte er Gottes Odem uns spüren lassen. Ab und zu klatschten die feindlichen Kugeln durch die Äste; unwillkürlich zuckte mancher zusammen, wenn eine ganz nahe vorbeisauste. Aber ich hatte das Gefühl, hier trifft dich keine Kugel, Gott hat eine Schutzwehr um uns gezogen, daß das heilige Liebesmahl nicht gestört wird. Es war ein erhabener Augenblick, als mir der Diener Gottes die heilige Hostie reichte. Kein Gotteshaus der Welt hätte so viel Andacht erwecken können als hier der sternbesäte Himmel, die dunkle Erde, der schweigende Wald, das lodernde Feuer. Nie kam mir das Geborgensein in Gott, die unendliche Liebe des Schöpfers zu uns Menschen so zum Bewußtsein wie jetzt. Mein Leben gehört nicht mehr mir, einem Höheren ist es als eigen [sic!], in seinen Willen ergebe ich mich. Eine wunderbare Ruhe zog in mein Herz ein; trostreicher, lindernder Balsam. Konnte das Liebeswerk des Gotteskindes uns deutlicher werden als gerade in dieser Umgebung; Schlacht, Tod und Grauen um uns, vor und zwischen uns? Einen zauberhaften Talisman trug ich in meiner Brust. Und jetzt ging's wieder dem Feind entgegen. Oh, wieviel Blut hat dieser Weihnachtsabend gesehen; schwere Tage standen uns noch bevor. Aber der Durchbruch der russischen Stellungen war uns gelungen, und zwei Tage später schliefen wir im Bett bei einem Deutschen in der schönen Stadt Rimnic-Sarat[35].

Aufzeichnung[36] *Focşani, 29. April 1917*

Es war am 1. Oktober [19]16. Wir waren in die Gefechtslinie des Regiments 253 eingeschwärmt und warteten auf den Angriff der Rumänen, die gestern eine [Geschütz-]Batterie von uns überfallen hatten. Aber sie kamen nicht. Ausgeschickte Patrouillen hatten nichts mehr von ihnen gesehen. Die Feuerstellung der besagten Batterie befand sich noch vor unserer Stelle vor einem kleinen Waldstück inmitten von kleinem, niedrigen Buschwerk. Die Neugier regte sich in mir, den Kampfplatz zu sehen. Ein junger Kamerad, den ich von meinen Leuten besonders schätzte, ging mit. Wir waren bald zur Stelle. O Jammer, Grauen, Schrecken des Krieges. Der Anblick der Toten war ja noch zu ertragen. Die hatten ausgelitten; aber die armen Kerle, die da noch im Strauche lagen, um die sich niemand kümmerte, deren Klagen und Jammern nervenzerrüttend ans Ohr schlägt. Wenn es auch Feinde sind. Es lagen auch noch viele Pferde herum, die noch lebten. Denen besorgten wir den Liebesdienst und schossen ihnen eine Kugel ins Auge. Aber bei den Menschen kann ich das doch nicht; wurde es auch oft gesagt, daß man ihnen auf solche Weise den Tod erleichtern, sie von Schmerz und Qual befreien solle. Dazu war ich zuviel Mensch. Und helfen kann ich auch nicht. Ein tiefes Weh krallte sich mir in die Seele. Ich lief weg, daß ich nichts mehr hörte, und stand plötzlich vor einem Geschütz. Welcher Anblick. Hier hatte ein Verzweiflungskampf wildester Art getobt. Da lagen die blutigen Leichen, Feind und Freund ein Knäuel. Die Kanoniere hatten sich hier blutig zur Wehr gesetzt. Neben einem starken Deutschen, der in der Hand noch krampfhaft ein Sellscheid[37] umfaßte, drei Rumänen mit eingeschlagenem Schädel. Ihm selbst stak das Bajonett des Feindes im Herzen. An dem Rad hockte in zusammengesunkener Stellung, die Augen starr geöffnet, der Hauptmann, blutend aus mehreren Wunden. Es mochten zwanzig Leichen sein. Ein grausiger Anblick, der nie aus meiner Seele zu verwischen ist. Mit wankenden Knien schritt ich zurück und rief meinen Begleiter. Ich nähere mich einer Gestalt, die ich für einen Toten halte; als ich näher komme, richtet sie sich auf. Ein namenloser Schreck fährt mir in die Gebeine. Warum fürchte ich denn das Leben? Ein Rumäne war's. Ich gehe zu ihm hin und will alles tun für diesen Ärmsten, das nahm ich mir vor. »Kamerad, Daitsche, Granitza, Daitsche[38]«. Ich reiße das [Hosen-]Bein behutsam auf. Die Wunde ist nicht groß, blutet auch nicht mehr. Es ist am besten, wenn der Notverband bleibt. Es ist ein glatter Durchschuß durch den Oberschenkel, wohl durch den Knochen, schon dick verschwollen. Ich bedeute ihm, daß es gut ist. »Fog[39]«, bittet er und holt eine Zigarette aus der Tasche. Ich gebe ihm Feuer. Auch den kleinen Mundvorrat aus der Zigarettentasche schenk' ich ihm und meine Streichhölzer. Ich hole ihm Wasser bei und stell' es ihm mundgerecht zur Seite, auch Brot und Mäntel, die massenweise herumliegen. Es fängt leise an zu regnen. Mehr kann ich nicht für ihn tun. Die Rumänen können ja jeden Augenblick aus dem Wald hervorbrechen und uns zusammenschießen. Darum wende ich mich zum Gehen, als gerade auch mein Kamerad auf mich zukommt. Er spricht kein Wort. Ich mag auch nichts fragen. Aber wie wir die Schritte wenden, um uns zu entfernen, fängt der Verwundete bitterlich zu weinen an. Und wirft sich mit dem Oberkörper auf die Erde. Ein herzzerreißendes Stöhnen, dann wieder verzweifeltes Jammern entringt sich seinem Munde. »Kamerad, Spital, Spital«, ruft er mir ein ums andre Mal. Ich kann seine Angst verstehen, inmitten der Leichen, ohne Hilfe. Aber was soll ich machen; erklären kann ich mich ihm auch nicht. Er versteht mich nicht. Und helfen, ihn fortschaffen, kann ich auch nicht. Bis zu unserer Schützenlinie haben wir eine halbe Stunde zu gehen, und ich darf nicht lange verweilen. So müssen wir ihn in seiner trostlosen Lage liegen lassen. Da greift er meine Hand; ich knie neben ihm und [er] blickt mich mit seinen dunklen Augen so hoffnungsvoll an und preßt inbrünstige Küsse auf meine Hand. Und er ist still. Jetzt standen mir selbst die Tränen in den Augen, und meinem Kameraden auch. Nie werd' ich dies schöne Mannesantlitz mit den dunklen Augen, die deutlicher sprachen als der beredetste Mund, vergessen. Er mochte nun wohl beruhigt sein, in der Hoffnung, daß wir hilfebringend zurückkehrten. Ich kehrte zurück und erzählte, was ich gesehen, und es waren auch bald einige bereit, mitzugehen und jenen zu holen. Aber der Kompanieführer gab nicht die Erlaubnis, da es jeden Augenblick weitergehen konnte. Ich stellte noch alles Mögliche an, um jenem Hilfe zu bringen, aber mein Machtbereich war zu begrenzt. Wie es dunkelte, brachen wir auf; wir mußten vorgehen und zur Bergung der Toten und Verwundeten vor jener Stätte des Grauens uns eingraben; da kam ich wieder an der Stelle vorbei, wo jener lag. Aber er war ganz ruhig. Wahrscheinlich stellte er sich tot aus Furcht vor dem Feind. Man brachte vor allem erst unsre Leute weg, und ich sah am Nachmittag des folgenden Tages noch immer jenen armen Menschen liegen, und er lebte immer noch. Von unserer Kompanie wurde ein Bestattungskommando zurückgelassen, und ich erfuhr dann zu meiner großen Beruhigung, daß man einen rum[änischen] Verwundeten mit Oberschenkelschuß zurückgebracht habe. Da erst löste sich der Alp, der mir auf der Seele lastete. Denn ich hatte doch eine moralische Verpflichtung, ihm zu helfen, besonders, als ich durch meine Gefälligkeiten, die ich ihm bis jetzt erwiesen, eine Hoffnung in ihm genährt hatte; und ich konnte nun dies stumme Versprechen nicht einlösen.

Aufzeichnung[40] *Balta Alba/Rumänien, 26. Juni 1917*

[...] Seit dem 7. Mai [1917] war unsre Division[41] in Ruhe. Am 4. Juni traf ich bei der Kompanie ein. In einem Dorfe, gelegen an den südlichen Ausläufern der Karpaten, befand sich das Regiment in Ruhe. Nach der langen Abwesenheit vom Regiment freute ich mich darauf, die alten Kameraden zu treffen. Sie hatten schon tüchtig exerziert. Am nächsten Tage rückte ich auch gleich mit aus. Ein großes Feld, wo früher Mais und Weizen gebaut wurde, jetzt aber Unkraut und Blumen wucherten, war der Exerzierplatz. – Die rumänischen Dörfer sind oft recht groß; wenn auch die Einwohnerzahl nicht sehr groß ist, so zählen sie doch immer 500-600 Einwohner. Unverhältnismäßig groß aber ist der Raum, auf dem sich die Gebäude ausbreiten, im Vergleich mit deutschen Verhältnissen, wo Platzmangel ist und die Wohnungen dicht zusammengedrängt sind. Jeder Bauer hat um seinen Hof einen großen Garten und ein größeres Stück Land. Wenn man durch das Dorf geht, hat man von dem einen Ende zum andern immer einen Weg von gut dreiviertel Stunden. Das Wohnhaus des Bauern ist einstöckig, die Türe in der Mitte der Frontseite. Sie führt auf einen Vorraum. Der Tür gegenüber steht ein offener Kamin. Rechts und links sind zwei geräumige Wohnzimmer. Der Dachboden ist Vorratsspeicher und Lebensmittelkammer. Auch die Aussteuer der Braut ist hier zu finden. Da hinauf führt eine Leiter. Um die Frontseite des Hauses zieht sich eine Veranda. Die einfachen Säulen bei armen Leuten machen buntverzierten und bemalten bei besseren Platz. Unter dem Dach zieht sich da meist ein reich verzierter, mit Bogen und Spitzen versehener Holzkranz hin, der auch lebhafte Farben trägt. Der arme Mann deckt das Dach mit Maisstroh, der wohlhabende mit Spitzenbrettern oder Blech. Von außen haben die Wohnungen oft ein schmuckes Aussehen, und von der Ferne gesehen sieht ein Dorf, ganz versteckt in den Bäumen, mit den weißen Wänden und den bunten Farben der Häuser recht heimlich und idyllisch aus. Leider wird man oft recht enttäuscht durch die innere Unsauberkeit und die schmutzigen Leute. Die armen Menschen sind zu bedauern. Die Dörfer in der Nähe der Front und im Etappengebiet sind von Soldaten zum großen Teil besetzt. Den Einwohnern ist ein Viertel angewiesen. Mehrere Familien wohnen in einem Hause oder Hofe. Oft ist dieses Einwohnerviertel abgesperrt, weil Seuchen und Krankheiten grassieren. Für die Soldaten ist dies Gebiet streng verboten. Oft stumpfsinnig sitzen Weiber und Männer da, daneben spielen sorglos die Kinder. Es sind Menschen wie andre auch und [sie] leiden unter der Not und der Strenge des Krieges. Die wehrhaften Männer stehen im Feld, sind vielleicht lange nicht mehr am Leben. Nachricht können die im Felde den Daheimgebliebenen nicht zukommen lassen. In der quälendsten Ungewißheit leben sie die Tage dahin, von jedem neuen Tag das Ende des Krieges erwartend. Meist ungebildet können sie sich kein Bild machen von der Gesamtlage. Zeitunglesen ist ihnen unmöglich. Und den Gebildeten geht es noch schlimmer. Sie leiden noch schwerer unter den langen Zweifeln über das Schicksal ihrer Angehörigen. Sie bekommen keine Nachricht und können keine geben. Und immer nur sehen sie die Soldaten ihrer siegreichen Feinde. Und das macht sie noch unglücklicher. Sie fühlen, daß sie einem Wahnsinn zum Opfer gefallen sind, daß sie selbst schuldlos sind und daß sie auch keine Mittel haben, einst jene zu strafen, die so gefrevelt an ihrem Gut und Blut. Die Reichen spüren das Unglück kaum, desto mehr die Armen. Diese fühlen sich schuldlos und müssen die Schuld tragen, aber ein Ende ist nicht abzusehen. Stumpfe Verzichtleistung, unwilliges Fügen in ein eisernes Schicksal ist ihr Los. Es hat mich schon oft ergriffen, dieses tragische Leben der Menschen. Wie traurig scheu blicken einen die schwarzen Mädchenaugen an in ewig stummer Trauer. Sie können es ja nicht sagen. Und die Mütter und Frauen des Volkes; wie verlassen, trostlos und hilfeheischend sprechen ihre Augen. Und wieder die alten Männer im Silberhaar; wie gebrochen sitzen sie vor der Schwelle ihres Hauses, das meist nicht ihnen gehört. In ihrem eigenen wohnen Soldaten. Aber Haß spricht nicht aus den Zügen dieser Leute. Den fremden Soldaten geben sie keine Schuld an ihrem Unglück.

Wie rührend wieder ist das Spiel der Kinder, die noch so gar nichts wissen von der Not und dem Unglück. Wie natürlich kann sich dieses kleine Völkchen benehmen. Es mutet mich immer an, als wenn es junge Tiere wären, wie Füllen auf der Weide oder kleine Kätzchen. So anmutig, natürlich, wie man das bei uns gar nicht mehr findet; Kapriolen, die Kleinen darum, durchweg hübsche Kinder mit langen, schwarzen, manchmal auch braunen und gelben Locken, schwarzen, lustigen Augen, die aber sehr furchtsamen Ausdruck annehmen, wenn man ihnen naht. Schuhe kennen wohl die wenigsten; ein knappes Hemdchen übergeworfen, ist ihre einzige Bekleidung. Ihr Zutrauen gewinnt man so schnell nicht. Welche Gestalt mag doch der deutsche Soldat in diesem kleinen Hirn annehmen? – Die Knaben sind meist weniger verschüchtert; sie sind gern zu Diensten bereit, besonders, wenn man ihnen eine Zigarette verspricht. Die jungen Mädchen und Jungfrauen sind sehr scheu gegen uns Soldaten, wie sich das ja auch denken läßt bei diesen Naturkindern, ganz anders als die in Flandern. Ich habe sie oft bewundert, diese schwarzlockigen Jungfrauen, wie sie leicht und elastisch, in einfache Tücher gekleidet, wie das freie Reh im Wald daherschreiten. Ein federndes, kaum den Boden berührendes Schreiten, fast vornehm, elegant, und ist noch nichts weiter als unverdorbene Natur. Die jungen Menschen sind durchweg schön, oft mit rassiger, edler Gesichtsbildung. Nach dem 20. Lebensjahre beginnt das Weib zu verwelken, und die Städterin sucht ihre Jugend durch künstliche Mittel zu konservieren. Sie sind auch viel früher reif wie bei uns, und man findet Mütter von 15-16 Jahren nicht selten. Im allgemeinen habe ich den Eindruck, daß die Leute wohl hart zu leiden haben durch den Krieg und die unbedingten militärischen Forderungen, daß sie aber ihre Lage nicht von sehr schwermütigem Standpunkte auffassen. In Friedenszeiten stehen sie ja doch auch unter dem Druck der großen Gutsbesitzer, der Bojaren, denen sie ein Dritteil der Erzeugnisse abgeben müssen, und sind auch persönlich nicht frei. Die Schulbildung ist nur mangelhaft und die Bildungsstufe daher recht gering. So leiden sie doch nicht so stark als unsre aufgeklärtere, geistig höherstehende deutsche Bevölkerung, wenn sie sich in ähnlicher Lage befände. [...]

Aufzeichnung[42] *(Jena,) Oktober 1917*

[...] Wir lagen also wieder in Stellung unweit des Dorfes Paraipani, wo wir im Winter lagen, Putna-aufwärts. Alle Vorbereitungen zum Angriff waren getroffen. Einzelne [Geschütz-] Batterien schossen sich noch ein. [Die] 5., 6., 7. Kompanie lagen in der ersten Stellung, die 8. an einem Steilhang, wo sich Unterstände befanden. Im großen Ganzen war es ruhig. Jeden Abend bekamen die leichten Feld-Artillerie-Batterien ihren Abendsegen. Wenn die Granaten dann zu kurz gingen, dann schlugen sie in unsrer bedenklichen Nähe ein. Am Abend des 5. August [1917] lud uns der Kompanieführer zur Besprechung ein. Morgen sollte der Angriff sein. Unsre Stellung war gut ausgebaut an dem westlichen Ufer der Putna. Vor uns rauschte die Putna in breitem Bette. Um sie zu durchschreiten, mußten 4 Arme durchschritten werden. Die beiden letzten waren die tiefsten und breitesten. Auf dem jenseitigen Ufer lag die stark ausgebaute russ[ische] Stellung, mit Vorstellungen und Feldwachen. Alle Gräben mit starkem Drahtverhau vergittert. Dahinter lag ein Dorf, natürlich zerschossen. Wir gehen in zweiter Linie vor hinter dem linken Flügel des Bataillons. So sollte es sein. So stand's im Befehl. In Wirklichkeit ist das immer anders. Die Gräben standen dick voll, Mann an Mann. Sturmhelm und Sturmgepäck. Morgens 3 Uhr. – Bedrückende Dämmerung liegt über der Erde; sie legt sich auch schwer auf die Seele, oder ist's die heimliche Angst, die sich [sic!] doch bei allem Mut und [aller] Beherztheit wie ein Stein die Stimmung niederdrückt? Es ist keine Furcht vor dem Tode. Es ist ein sonderbares, beklemmendes Schmerzgefühl, das mir, ohne recht zum Bewußtsein zu kommen, den Willen lähmt, die Glieder zittern macht. Es geht mir immer so vor dem Sturm. Wenn's erst losgeht, dann fällt das alles wie Kettenlast von mir ab. Dann erfaßt mich der Kampfestaumel; es ist wie eine Hypnose. Wenn ich mich anfangs noch vor einer einzelnen Kugel unwillkürlich ducke, so ergreift mich im dicksten Granatenhagel und Infanteriegeknatter ein leichtsinniges Gefühl der Sicherheit, als ob es sein müßte, daß der Eisenhagel an mir vorüberfaucht. Mit stoischer Ruhe sieht man zu, wie hier und dort Kameraden stürzen und blutende Wunden gerissen werden. Man läßt den Gedanken, daß man selbst im nächsten Augenblick nur eine tote Masse sein kann, gar nicht aufkommen; man wehrt sich direkt dagegen. Aber eh' es zum Sturm geht, dann kann man sich noch nicht so intensiv der Gedanken entschlagen. Dann ziehen Heimat und die Lieben alle, die mir wert und teuer sind, mit wunderbarer Deutlichkeit an der Seele vorüber und fordern ihr Recht, daß man ihrer gedenke. Unwillkürlich schaut man an sich herunter, betrachtet die noch gesunden Arme und Beine und muß auch dem Gedanken einen Platz einräumen, daß man in wenigen Stunden nicht mehr Arm noch Bein besitzt. Diese Gedanken kamen mir, als wir im 1. Graben standen und des Befehles harrten, über die Brüstung zu steigen. Die Russen wußten von unserem Angriff und schickten schwere Granaten auf den Graben. Dann gingen wir raus. Jeder an seiner Stelle. Ich in der Mitte meines Zuges. Vor uns lag die 7. Kompanie in 3 Linien gestaffelt. Es war noch dunkel und morgendlich kühl. Vorne rauschte die Putna. Dunkle Gestalten wühlten in dem Gebüsch herum, andre gruben sich ein. Befehl: Weiter vorgehen bis an den zweitletzten Arm. Es war schon heller geworden. Die russ[ischen] Infanteristen hatten die vordere Linie schon bemerkt und suchten zu sperren. Das Artilleriefeuer war noch nicht so schlimm. Die Erwägung, daß es schlimmer kommen würde, trieb mich vor. Aber jetzt wurde das Abwehrfeuer schon so stark, daß nur Bruchteile meines Zuges in meine Linie reinkamen. Die übrigen suchten Dekkung an geeigneten Stellen des Flußbettes. Es war auch gut, daß sie nicht in meiner Höhe lagen, denn auf diese Sandbank, wo ich mit meinem lieben kleinen »Hos« (Putzer)[43] lag, legten die Russen das Sperrfeuer. Unsere Artillerie setzte Punkt 3 Uhr morgens ein. Zuerst Störungsschießen bis 5 Uhr, dann Zerstörungs- und Trommelfeuer bis 7.30 [Uhr]. Aber unser eigenes Feuer versank unter dem furchtbaren Abwehrfeuer der Russen, unter dem Gedröhne und Gefauche der Geschosse um uns herum. Ich hatte mich im Sand eingewühlt, aber dann kamen Steine, die Sohle des Flußbettes, und da ging's nicht mehr tiefer. Grundwasser sickerte hoch. Ich aber zog die Knie ans Kinn und suchte mich so tief zu bücken, als mir möglich war, und erwartete mein Ende. Jeden Augenblick glaubte ich, zerschmettert zu werden. Aber die Ruhe verließ mich nicht, keine Wimper zuckte. Ich verrichtete mit Andacht und Demut mein Morgengebet und vertraute Gott mein Schicksal an. Aber es wurde immer schrecklicher, und ich betete ruhiger, inbrünstiger in der größten Fassung. Der Zeit war ich [mir] nicht bewußt. Die Sonne stand schon am Himmel und brannte. Ich konnte nicht nach der Uhr sehen, da ich ganz mit Sand und Erde, Steinen und Wurzeln, die die einschlagenden Geschosse emporgewirbelt hatten, bedeckt war. Prrupp. Ich fahre zusammen. Furchtbare Angst erfaßt mich, die Haare stehen mir starr, Kalt und Warm schießt vom Herzen in die Adern, als möchte das Herz stillstehen; entsetzliche Todesangst. Eine dicke Granate ist kaum 20 cm von meinem linken

Fuß in die Erde reingefahren, aber sie krepiert nicht. Welche Gottesfügung. Ich möchte jetzt jubeln und singen, dem starken Helfer, der mich so treu beschützte. Ich weiß es nun, nichts wird mich treffen. Ein heißes Dankgefühl entströmt meiner Seele. – Das sind natürlich alles nur Momente, wo ein Gefühl das andre in rasender Schnelle ablöst, die sich in Worten gar nicht wiedergeben lassen. – Mein einziger Wunsch war nur immer: Wenn doch nur bald der Infanteriesturm losgeht. Endlich, endlich. Es entsteht eine kleine Pause. Ich hebe den Kopf, setze das Glas an und spähe nach vorne. Dort ist noch alles in Dampf und Staub gehüllt, aber ich sehe springende Punkte und erkenne die vorgehenden braven Jungen. Nun aber raus. »Los, raus«, schrei' ich meinem Putzer zu und dem Rest der Leute, die unverletzt sind. Viele hatte es getroffen. Aber mein kleiner Hos hört mich nicht. Ich rüttle ihn feste, da wird er lebendig. Ich glaube, das Kerlchen hat geschlafen. Schon stürze ich vor, den steilen Hang hinunter ins Wasser und drüber und drunter mit dem Kopf unter die gelbe Flut. Mein schöner Spazierstock, Handgranaten und Spaten und Mütze schwimmen davon. Ich bin aber gleich wieder oben und habe auch wieder Grund, stemme mich gegen die Strömung und komme rüber und springe wieder ins Wasser, durch den letzten Wasserarm. Schwer wie Bleigewichte zieht's mich nieder. Ich kann fast nicht weiterschreiten, ob[wohl] auch noch so starkes Feuer. Am jenseitigen Hang sammeln wir uns. Mein Kleiner kommt auch; er hat mehr Glück gehabt und kommt an einer seichteren Stelle rüber und sagt mir, er habe keine Angst mehr, gar nicht mehr; und wir wollten uns eine Zigarette anstecken. O, wie herrlich schmeckte die! Jetzt kamen auch die anderen, und wir folgten der ersten Linie. Der Stoßtrupp war in die feindlichen Gräben eingedrungen. Wir sahen die braven Jungen auf der Deckung stehen und Handgranaten werfen. Rechts saßen die Russen noch fest und wollten nicht aus den Gräben. Aber die zweite und dritte Stellung wurde überrannt. Die meisten Russen liefen zurück. Gefangene machten wir nicht sehr viel. Wir erreichten einen Riegelgraben, den wir dem Befehl nach zu besetzen hatten. Hier wurde mein kleiner Putzer durch Schrapnellschuß im [sic!] Fuß verwundet. Gegen Nachmittag gingen wir weiter. Die Russen hatten sich festgesetzt, und wir sollten abends angreifen. Jedoch stießen wir auf solchen starken Widerstand, daß ein Vorgehen unvernünftig gewesen wäre. Am Rande eines Maisfeldes hoben wir unsre Löcher aus. Ich schlief ausgezeichnet. Als ich erwachte, war schon wieder starke Schießerei, die mich im Halbschlaf zu wüsten Träumen veranlaßte. Die Sonne brannte schon mit redlicher Energie. »Fertigmachen!« Donnerschlag, schon wieder vor? Ja, das Feld wimmelt schon von Menschen. Auf einmal sind sie da, woher? Bald liegen sie wieder, mancher, um nicht wieder aufzustehen. Trotz des wildesten Feuers der Infanteristen schreiten wir weiter, das Gewehr unterm Arm. Keiner bückt sich mehr, denn wo fliegt jetzt keine Kugel. Der feindliche Graben wird gestürmt. Der Feind flutet zurück. Da gibt's ein Schreien von rechts: »Zurückgehen, rechts geht alles zurück!« Ein wahnsinniger Schrei geht durch die langen Schützenreihen. Wir wollen aber nicht zurück. Jeder stutzt, mancher stürzt. Jetzt sehen wir rechts die zurückweichenden Kameraden und dicke, dichte Wellen, gelbe Massen und vor uns grüne Massen, und es gibt kein Halten mehr. Alles rennt zurück. Kopflos, keinem Führer mehr gehorchend. Ich befehle: »Stellung.« »Stellung«, schreien andre Führer, aber niemand hört. Jetzt sind wir an unsern Löchern. Ich rufe, befehle, bitte, drohe zu halten. Da kommt ein M.G. [Maschinengewehr]. Ich zerre die 2 Leute in ein Schützenloch und lasse schießen. Rups, Ladehemmung. Herr-Gott, schnell, schnell, die Rumänen sind kaum 100 m vor uns. Ich springe wieder auf und lasse die beiden Schützen arbeiten. Aufrecht stehend schieße ich in die Massen der Angreifer. Au, ich hab' eine [Kugel], stürze um, auf das Maschinen-Gewehr. Die beiden Schützen denken, ich sei tot, nehmen ihr Gewehr, und fort sind sie. Mir ist, als wenn mir mit einem schweren Hammer gegen das obere Bein geschlagen wäre, werfe [das] Koppel ab und reiße die Hosen auf und runter. Aber es blutet nicht viel, und 50 m weg kommen die Rumänen, und ich allein, und die Kugeln fressen die hohen Maisstengel nur so dahin. Aber fort, nur zurück. Ich springe auf und stürze wieder hin. Es ist, als ob ich das eine Bein überhaupt nicht mehr hätte. Ein ähnliches Gefühl, nur nicht so stark, empfindet man, wenn das Bein eingeschlafen ist. Ich versuche [es] nochmal mit äußerster Willensanspannung. Unmöglich. Liegenbleiben, laß [es] kommen, wie's kommt. Aber schnell ist dieser Gedanke wieder abgeschüttelt. Retten, fliehen vor diesen Rumänen; ich habe schon genug Verwundete gesehen, die sie erstachen. Auf drei Gliedern krieche ich zurück, zunächst über einen Weg, der zwischen zwei Maisfeldern sich hinzieht, der unter starkem Längsfeuer der Infanterie liegt. Aber mir kommt es nicht zum Bewußtsein, daß ich noch eine [Kugel] bekommen könnte. Hinüber, und wieder in hohe Maisstauden hinein. Da treffe ich einen Musketier[44] von meinem Zuge. Ihn rufe ich an. Rulle ist sein Name. Er will mir helfen, aber er allein nützt mir nichts. Da rennt noch einer zurück, ein Unteroffizier (Milke). Sie beide nehmen mich nun unter die Arme und helfen mir weiter; aber meine Arme erschlaffen, ich kann mich nicht mehr festhalten. So lege ich mich mit dem Rücken auf den Boden, strecke beide Arme aus, und sie fassen mich um die Handgelenke und sie fegen mit mir los, als zögen sie einen Handkarren hinter sich her. Aber sie retteten mir das Leben. Ich werde es ihnen ewig danken. In einer Mulde machten sie halt, streiften die Hose ab und verbanden mich. Da lagen viele mit zerschossenen Gliedern und winselten. Ein Sanitäter prüfte meinen Verband und befand ihn gut. Jetzt gingen die Unsern wieder vor. Die Leute kamen zu mir und sagten mir Lebewohl. Ich sah nicht gut aus, und sie glaubten wohl, daß ich sterbe, und sagten mir viel Tröstliches. Denn sie liebten mich. Dann hörte ich ihr »Hurra«. Es war wie süße Engelsmusik.

Jetzt war ich gerettet. In einer Zeltbahn trugen mich 4 Mann zum Verbandsplatz, wo wir mit Sanitäts-Wagen abgeholt wurden. Das war eine furchtbare Marter, aber zu ertragen bei dem Gedanken, daß man immer näher tätiger Hilfe und sorgender Liebe kam. Bei der Sanitäts-Kompanie besuchte mich der Pfarrer und schenkte mir gute Zigaretten. – In einem rumpeligen Bagagewagen fuhren sie mich später nach Focsani ins Feldlazarett. Aber, da war es grauenvoll überfüllt mit Hunderten von Schwerverwundeten. Ganz Foksani war

Lazarett. Hier traf ich meinen Schulkameraden Fladung von Fulda, der einen Kniesteckschuß hatte. Wir beabsichtigten, sobald als möglich von hier fortzukommen. Es gelang uns, mit einem Leerzug nach Buzau zu fahren, wo wir in das Kriegs-Lazarett 123 aufgenommen wurden. Ich konnte jetzt schon ein wenig laufen, freilich mit viel Schmerzen und mit ganz gestrecktem Bein. [...]

Ich freue mich wie ein Kind auf die Heimat und konnte das Glück nicht fassen, in dem sauberen Lazarettzug zu liegen und nun Deutschland, dem lieben Vaterland, zugetragen zu werden. 7 Tage, vom 21.-27. August [1917], waren wir unterwegs. Durch Ungarn ging's sehr bummelig. In Gera luden sie uns aus. Hier blieb ich bis zum 28. September, um dann nach Jena zum Ersatz-Truppenteil entlassen zu werden. Die Schußwunden waren zwar fein verheilt, aber ich war doch lange noch nicht vollkommen wiederhergestellt. Es war mir nur lieb, aus dem Gefängnis rauszukommen. Jetzt bin ich [in] der Garnison, wohne in der Kaserne. Jeden Morgen gehe ich zur Spezialbehandlung in ein Lazarett und werde massiert und elektrisiert und mache Heißluftbäder mit. Aber Dienst brauche ich nicht zu machen. So ist's fein.

Das Schönste, was mir die Heimat gibt, ist die Möglichkeit, mit den Wandervögeln[45] zusammenzutreffen, denn das sind feine Menschen, andre Menschen, die über dem Alltag und seinen Gemeinplätzen stehen. Ich fand solche Menschen in Gera und hoffe, sie auch hier zu besitzen. [...]

Zwischen den Weltkriegen

Aufzeichnung[1] *(Jena,) Oktober 1917*

O, wie schön ist es, jung zu sein. Wie doppelt stark fühlt man jetzt das junge, feurige Blut durch die Adern jagen, jetzt, wo man wieder Jugend sieht, jetzt, wo man Jugend leben darf. Und wo kann man das besser als im Wandervogel[2]. Im Felde suchte ich mit Eifer die Genossen zu finden. Leider scheiterten meine Bemühungen an den Unmöglichkeiten der Dinge. Aber den Wandervogel-Gedanken habe ich doch nie vergessen, den Gedanken, daß wir uns der Natur zurückgeben wollen, in ihr Vorbilder suchen und ihren Vollkommenheiten nahezukommen [sic!], denen wir durch das Leben in der menschlichen Gesellschaft so weit entzogen waren. Wie sich nun in der Heimat die Sache gestaltet hatte, davon blieb man mehr oder weniger im unklaren. Nun stehe ich auf einmal mittendrin. Am *30. September*[3] [1917] ist eine Gausitzung oder vielmehr ein Gauführertag des e.V. Thüringens gewesen. Ich setzte mich mit den Wandervögeln der Jenaer Ortsgruppe in Verbindung und zog mit ihnen am frühen Sonntagmorgen los. Wir fuhren mit der Bahn bis Graitschen und liefen auf den Alten Kleistberg, wo am Morgen [um] 9 Uhr die Tagung begann. Das Interessanteste war, daß ich mit verschiedenen bedeutenden Wandervogel-Führern bekannt wurde, deren Namen schon oft genannt wurden; besonders war es Otger Gräff[4], der mich anzog, und Irmgard Scheibe.

Wenn man den Otger Gräff nur reden hört, muß man ihn lieben lernen. Er ist von mittlerer Größe. Das Gesicht ist fein geschnitten, die Wölbung über der Stirn zeigt den Tatmenschen. Aus all seiner Art tritt der Charakter eines edlen, starken, echten und liebenswerten Wesens hervor. Er will uns ältere Wandervögel zu einem deutschvölkischen, reinblütigen

Bunde zusammenschließen in dem von ihm gegründeten Jungdeutschen Bund. – Irmgard Scheibe ist ein frisches, blondes Mädel, ein echtes Wandervogel-Kind, fein von Gestalt und mit fast kindlich zarten, aber festen Zügen. Ich begrüßte sie, als ich erfuhr, das sei die Schriftleiterin vom J.D.B. [Jungdeutschen Bund]. Sie war überrascht und hocherfreut und rief gleich Otger. Sie erinnerte sich wohl, daß ich ihr schrieb. Otger Gräff spielt übrigens ganz wunderbar die Laute. Kötschau[5], man sieht ihm den Künstler an, den er aber nicht im mindesten zur Schau trägt. Er muß irgendein Beinleiden haben, das seinen Gang mißgestaltet. Natürlich fehlte nicht seine Frau, ein Wandervogel-Mädel aus Jena. Sie hat die Haare kurz geschnitten, wie sie oft unsre Kleinen tragen, da die Mutter, wenn's ein Mädel ist, noch nicht Zöpfe flechten will oder den Jungen, dem die langen Haare so allerliebst stehen, noch nicht durch die Schur das Geschlecht aufstempeln will. Es steht ihr aber recht gut. Sie sieht sehr jung aus. Von Halle war *Bohne*[6] erschienen. Ein starker Geist, begabt, redegewandt, cholerisch-eigensüchtig hinter feinem Takt, selbstüberzeugt. Wenn ich ihn nenne, muß ich seinen großen Gegner anführen, Rieniets (Jena)[7]. Sie nahmen auch heute wieder den Wortkampf auf, aber es gelang Bohne nicht, R[ieniets] an die Wand zu drükken. Er ging nicht scharf auf dessen Behauptungen ein. Ich hatte auch von R[ieniets] gelesen, und die vielen Kritiken und Vorwürfe waren mir bekannt, auch die Forderung, daß man ihn aus dem Wandervogel hinausweise. Viele sprachen gegen ihn. Aber als ich ihn erblickte, man mich aufmerksam machte, das ist R[ieniets], da gehörte meine ganze Sympathie ihm. Ein feines, wohlproportioniertes Gesicht, an Goethe erinnernd. Schwarzes Haar. Schwärmerische Augen, in denen sich eine tiefe Seele spiegelt. Er sprach angestrengt, mit Kraftaufwand, nicht laut, setzte nach jedem Gedanken ab, um zu überlegen. Aber es waren Gedanken, die mir gefielen. Überall kann ich ja nicht mit ihm gehen, aber doch weit. Der Streit drohte wieder ins Uferlose zu treten. Otger verglich die Parteien, nachdem Jüngling gegen R[ieniets], Hanna Richter für ihn geredet hatte. Letztere ist eine zarte Gestalt, lilienhaftschön. Ihre feine Seele findet ihren Ausdruck in dem reinen, fast vergeistigten Gesicht. Auch Martha Henschel scheint mir geistig hochstehend (Eisenach).

Ich ging mit Bolte schon eher den Berg hinunter. Die Jungen spielten ein Ballspiel und die Mädchen tanzten Reigen. Ich hätte ihnen gerne noch länger zugeschaut. Am Bahnhof trafen wir uns ½ Stunde vor Einlaufen des Zuges. Am Güterschuppen setzten wir uns zusammen zum Gesang. War das eine hübsche halbe Stunde. Das Dorf war natürlich bei uns versammelt. Unter anderm wurde gesungen: »Es welken alle Blätter«. [...]

An die künftigen Schwiegereltern[8] *(Roßbach,) 30. Dezember 1919*

Über Sonntag war ich zu Hause. Meine Mutter ist über viele Vorurteile, die sie gegen unsre Verbindung hatte, hinweggekommen. Vater aber kann sich nicht dazu verstehen, rückhaltlos ja zu sagen. Er fürchtet, A[nnemarie] ist nicht die richtige Frau für einen Landlehrer, natürlich wie er sie sieht. Er kennt mich zu wenig. Meine Welt ist ihm fremd. Er wird sie kaum verstehen. Nur ganz langsam muß er zu uns herüberfinden; aber doch nie ganz. Er wird in mir immer seinen Jungen sehn, der's anders macht, mithin mehr oder minder falsch. Ich werfe ihm vor, es ist Egoismus von ihm, wenn ich's von meinem Standpunkt betrachte, und doch ist es die reinste, selbstloseste Elternliebe von ihm aus gesehen. Ihr könnt das ja verstehen.

Der Gedanke aber ist Euch fremd: Alles für Gott im Gesetz der Kirche zu tun, selbst den Willen der Kinder zu verneinen und deren vermeintliches Glück, was sie als Unglück sehen, wenn diese dem Gesetz der Kirche zuwiderhandeln. Die Erfüllung der Gebote ist das Erste, das Einzige, [um] seine Seele zu retten. Ihr mögt anders denken, und doch müßt Ihr den Standpunkt gelten lassen, dem schon Jahrtausende dienen. Meine Eltern betrachten diese Gesetze nicht als Selbstzweck. Es sind ihnen Mittel, aber unentbehrliche Mittel, deren Nichtgebrauch straffällig Unterlassungsschuld ist. Wenn ich sonntags nicht in den Gottesdienst gehe, so sind sie darüber maßlos unglücklich. Sie sind ganz gewiß schon weiter in ihrem Suchen und Streben nach Gott wie ich. Sie brauchen den Gottesdienst, das Gebet viel mehr wie ich und sind darüber traurig. Sie haben die innere Sammlung viel notwendiger und spüren eine tiefe, reine Freude, die ich noch nicht so habe. Weil sie in ihrem Gottesdienst die tiefste, rastloseste Aufgabe ihres Menschen an den Geist finden, von jedem Grübeln und Philosophieren fern sind, gibt es für sie schlechterdings gar keine andre Möglichkeit, seine Bestimmung als Mensch zu finden. – Ich halte es nicht für nötig, die Gesetze der Kirche, der Heilsanstalt, unbedingt zu befolgen, wenn ich an deren Stelle etwas Besseres zu setzen habe und mein inneres Gesetz mir recht gibt. Darin liegt der Unterschied zwischen ihrer und meiner Auffassung des Dienstes am Geiste, den sie anders nennen. Mehr und mehr sehe ich ein, daß uns im Grunde nichts trennt. Wir sind uns einig in dem Wissen oder Glauben, daß der Tod das Tor für ein zweites Leben ist. Für sie ist jenes Leben ein neues Leben in vollster Glückseligkeit, ein einziges erhabenes Ziel. Mir ist es ein Leben in anderer Form und das Diesseits eine Vorstufe und als solche auch Selbstziel, und wenn ich auf der richtig gelebt, jenes von selbst zufällt, aber nicht als Lohn. [...]

Aufzeichnung[9] *(Dorf Kassel,) 21. November 1921*
Meine Oberklasse.
Ich habe die Oberstufe im Juli [19]21 übernommen. [...] Es sind 50 Kinder, die Mädchen in der Mehrzahl. Die vergangenen Lehrer [...] sind aus der alten Lernschule: der Lehrer der Herrscher, der Monarch, Despot, die Schüler die Untertanen ohne Anteil an der Unterrichtsgestaltung. Natürlich sind die Kinder auch nichts andres als Untertanen, und Untertanengeist steckt in ihnen. Gehorsam aufs Wort, ohne Überlegung; Unwahrhaftigkeit, Gefallsucht, Verlogenheit, Verstellung, urteilslos, ohne eigene Meinung, charakterlos. Bei Ankündigung von Strafen oder nach Strafen willfährig. Vor den Augen des prüfenden Vorgesetzten mustergültig. Gestern war der Pfarrer da. Wie sie da artig sind, wie sie ersterben vor ihm in Ergebung und Tadellosigkeit. Und das alles ist Maske. Ich strafe nicht mit dem Stock, auch Strafarbeiten gebe ich nicht viel, und es ist oft unmöglich, Aufmerksamkeit zu erzielen. Habe

ich aber einige Strafen erteilt, ist alles bei der Sache, wenigstens äußerlich. [...]

Aufzeichnung[10] *(Dorf Kassel,)* 7. *Dezember 1921*

Heute bin ich den ganzen Tag in gehobener Stimmung, weil ich eine so schöne Deutschstunde mit den Schülern erlebte. Ich erzählte von Goethe, Jugendzeit, Jünglingszeit und so weiter und trug dann das Gedicht »Erlkönig«[11] vor. Ich hatte eine kleine Einstimmung hervorgerufen, indem ich an die gespenstischen Gestalten im Halbdunkel oder im Nebel erinnerte, die dem Wanderer vor die Seele treten. Die Germanen bevölkerten Wald und Wiese mit solchen Geistern, die sie Elfen nannten. Sie führen auf taufeuchten Wiesen im Mondschein ihre Reigen auf, und wenn ein Menschenkind in die Nähe kommt, locken sie es mit ihrem Gesang, und der Mensch stirbt in ihrer Gewalt. – Eine Großmutter erzählte ihrem Enkelknaben oft solche Geschichten. Er wurde krank, und der Vater wickelte ihn in ein warmes Tuch und ritt mit ihm in die Stadt zum Arzt. Der konnte dem Knaben nicht helfen. Der Vater reitet wieder zurück. Das Fieber wird stärker. Sie reiten durch einen Wiesengrund. Jemand fragt: »Wer reitet ...«

Ich glaube, ich habe das Gedicht gut vorgetragen. Eine atemlose Stille herrschte unter den 50 Kindern. Einige sagten: »Es war schön.« Ich sagte zunächst nichts. Man würde durch jedes Wort den Eindruck zerstören oder doch abschwächen. Der kindliche Geist befindet sich in einer Hochspannung, die muß für das Eine ausgenützt werden. Keine andern Gedanken dürfen störend eintreten. Ich fragte, »Wollen wir über das Gedicht reden?« Viele sagten nein. Die hatten's am besten verstanden. Am andern Tag werden wir die Schönheiten besprechen.

Aufzeichnung[12] *(Dorf Kassel,) ca. Frühjahr 1924*

Volksbildungsbestrebungen.

Unterhaltungsabende Arbeitsgemeinschaft.

Im November [19]23 hielt ich einen gut besuchten Obstbaukursus ab. Meine Darlegungen waren fast ausschließlich theoretischer Art. Im Frühjahr folgt der praktische Teil. – Nach meinem Vortrag kamen oft noch ganz andre Fragen zur Sprache, die mir diese Abende eigentlich noch viel wertvoller machten. Ich warf den Gedanken der Volksbildung in die Versammlung, sagte den Leuten, daß wir auf dem Lande viel mehr lernen müßten. Ich forderte von den Jungen, daß sie sich zu Arbeitsgemeinschaften zusammentun müßten und ernsthaft an ihrer geistigen Fortbildung arbeiten müßten. – Es fand sich eine ganze Anzahl, die sich bereit erklärte, an diesen Abenden teilzunehmen. Der *erste Abend* fand statt. (25.11.) Ich hatte die Zeitung mitgebracht und las einen Artikel über die Rentenmark[13] vor. Daran schlossen sich eine ganze Menge von Fragen und Antworten. Darauf wurde gelesen, eine soziale Erzählung von W[ilhelm] von Polenz[14], »Der arme Grule«. Aussprachen kamen nicht zustande, jedoch merkte man an der gespannten Haltung aller Zuhörer die ungeteilte Aufmerksamkeit.

2. Abend: Bäcker H. Schum berichtet über Kriegserlebnisse in Kurland, Estland und auf der Insel Moon. *Vorlesen*: Tolstoi, »Wieviel Erde braucht der Mensch«[15]. Sehr guten Anklang fand diese Erzählung. T[olstoi] trifft ja auch ausgezeichnet den Volkston.

Vorläufig sind diese Abende reine Unterhaltungsabende. Ich möchte aber noch mehr die Mittätigkeit der Teilnehmer in Anspruch nehmen. Es melden sich ja immer Leute zum Wort, das werden aber die einzigen sein, und wenn diese ihren Stoff ausgegeben haben, dann werde ich auf neue Mittel sinnen müssen, wie ich den Wagen im Rollen halten kann. Zu Lesen haben wir immer etwas. An Lehrstoff wird es nicht fehlen. Das kann aber nur darbietendes Lesen sein. Ich werde es nun so machen, daß einzelne [Teilnehmer] Bücher mit heimnehmen und sie durchlesen und an dem nächsten Abend den Inhalt erzählen und besonders spannende Teile vorlesen.

Geistige Hebung.
Ich möchte aber diese Burschen geistig aufrütteln, ihrem Denken mal eine andre Richtung geben. Sie stecken da den

ganzen Tag in ihrer Arbeit, was es nun ist, der eine macht Besen, der andre geht in den Wald und schlägt Holz, der andre ist Handwerker und so weiter. Es ist alles Arbeit, die rohe Kräfte erfordert, der Geist liegt brach. Es ist klar, daß der Körper mit seinen niederen Instinkten und Trieben allein den bäuerlichen Menschen beherrscht. Der Geist aber ist ganz vernachlässigt. Bei allen Entscheidungen, mögen sie sich auf das Wohl des Nächsten beziehen oder auf andre Fragen des täglichen Lebens, läßt man sich von diesen rein körperlichen Trieben leiten. Der Eigennutz, der krasseste, uneingeschränkteste Eigennutz ist deshalb am stärksten bei dem ungebildeten Menschen zu finden. Jede Veredlung im Verkehr untereinander, im sozialen Verhalten zueinander ist nur möglich, wenn der Geist die Herrschaft erhält. An der Veredlung der Menschen möchte ich aber arbeiten und so frage ich mich, was kann dazu dienen, diese Massen aufzurütteln? Da scheint es mir die *Geschichte* zu sein, die geeigneter Stoff ist, diese Leute aus der Enge ihrer dörflichen Verhältnisse herauszuführen, sie vor gewaltige Geschehnisse im Leben der Völker zu führen, die den einzelnen Menschen klein erscheinen lassen und in ihm dem Wunsch [rege werden][16] lassen, an einem Ganzen mitzuarbeiten. Die Bilder aus der Geschichte sollen auch dazu helfen, den Wissensdurst anzureizen, daß diese Menschen zu eigner geistiger Arbeit schreiten.

3. Abend: Vorlesen: Tolstoi, »Lösche den Funken«[17].
Hanselmann berichtet vom Reichstag, liest aus einem Buch über Staatsbürgerkunde[18] vor.

Fortbildungsschule[19].
Ich rege den Gedanken an, eine Fortbildungsschule einzurichten. Es meldeten sich erst wenige. Allmählich stieg die Zahl der Teilnehmer auf über 40 junge Leute im Alter von 15-25. Herr Wolf nimmt auch teil als Lehrer, sodaß wir uns in die Arbeit teilen können. Ich übernehme Deutsch und Naturkunde, beziehungsweise setze ich für letzteres Fach Volkswirtschaftslehre.

Am Montag, 10. Dezember, eröffneten wir die Fortbildungsschule unter Beisein des Bürgermeisters und der Gemeindevertreter. [...] Da ich die Sache ins Leben gerufen, betrachte ich mich als Vorsitzenden, als Leiter der Versammlung, und nehme zuerst das Wort. Ich begrüße die Anwesenden, den *Herrn* Bürgermeister, die *Herrn* Gemeindevertreter und die Schüler. »Ich freue mich, daß in der mir als bildungsabholden Gemeinde Kassel geschilderten [sic!] doch Leute sind, die dieses Wort nicht verdienen. Die zahlreich erschienenen jungen Leute, die freiwillig herkommen, um sich geistig weiter zu führen, sind der beste Beweis, daß unsern jungen Leuten schon der Sinn aufgegangen ist für die Tatsache, daß mit der rohen Arbeitskraft allein nichts getan ist, sondern daß jeder, der in der menschlichen Gesellschaft sich vorwärtsbringen will, sich geistig bilden muß. Wir stehen vor einem neuen Abschnitt im wirtschaftlichen Leben, wir haben eine feste Währung[20]. Wir dürfen hoffen, daß sich unser Vaterlandsgeschick langsam zum Guten wendet. Da brauchen wir tüchtige Menschen. Die Arbeit wird wieder geschätzt werden, denn nur Arbeit wird uns aufwärts führen. Qualitätsarbeit brauchen wir, und jeder muß es sich vornehmen, etwas Ganzes und Tüchtiges zu werden. Darum Schulung des Geistes. – Wir stehen an einer Schicksalswende unseres Vaterlandes. Das alte Reich mit seiner Macht und Kraft ist zusammengebrochen. Ein neuer Staat mit neuer Kraft wird auferstehen. Laßt uns diese Zeit wach erleben, laßt uns hineinhorchen in der Ereignisse Getriebe. Nicht dumpf und geistvergessen wie das sich plagende, stumpfe Tier, sondern helläugig und rührig. Es scheint, als ob Ihr gern bereit seid, mitzutun. Ich kenne Euch noch nicht und kann nur mein volles Vertrauen in Euch setzen und hoffen, daß Ihr nicht wieder lau werdet. So ruf' ich Euch zu: Erwacht aus der Dumpfheit, arbeitet mit uns Lehrern an Eurer Zukunft, für die Ihr jetzt in der Jungzeit die Fundamente legt, laßt Euch nicht wankend machen von dem Straßenpöbel, der sich zufrieden fühlt in seinen Trieben [...]«

[...]

Redemanuskript[21] *(Dorf Kassel,) ca. Ende März 1924*

Ansprache an die Eltern, beziehungsweise an die Mütter.

Liebe Mütter –

Ihr bringt mir selbst Eure Kinder her. Das ist sehr schön. Ich bedaure, daß einige Mütter fehlen. Wenn man so vor den kleinen Schulneulingen steht, dann überkommt einem als Lehrer ein eigenartiges Gefühl der Freude. Da stehen sie nun und treten in eine neue Welt ein, von der sie nur vom Hörensagen etwas wußten. Manchmal ist ihnen mit der Schule gedroht worden, und das Kind steht ängstlich und verzagt vor dem Lehrer, vor der neuen Umgebung. Es kommt sich hilflos und verlassen vor. Es muß deshalb unsere erste Aufgabe sein, gleich vom ersten Eintreten in die neue Welt Mut zu machen. Es gehört wohl der Vergangenheit an, daß die Schule zu einem Schreckgespenst gemacht wird. Von diesem ersten Eindruck, der in jedes Menschen Gedächtnis das ganze Leben lang haftet, hängt die ganze erste Schulzeit ab. Es dauert oft Monate, bis die Kinder das richtige Vertrauen zum Lehrer gefaßt haben.

Nun zu Ihrer Stellung als Mutter zu mir als Lehrer, dem Ihr Eure Kinder anvertraut habt. Fassen Sie doch ein aufrechtes Vertrauen zu mir und sprechen Sie oft mit mir über das Kind. So oft wir uns treffen, müssen wir auf das Kind zu sprechen kommen, und dann wollen wir nicht nur von seinen Fortschritten sprechen oder seinem mangelhaften Können, sondern wir wollen die erziehliche Seite ins Auge fassen. Da gibt es oft schon mit 6 Jahren recht schlimme Fehler und Untugenden. Sagen Sie mir ganz offen, wenn Ihr Kind vielleicht lügt oder Sachen wegnimmt, naschhaft ist, die Geschwister nicht in Ruhe läßt, mit fremden Kindern unverträglich ist und was so mehr für Dinge gibt [sic!]. Ich habe im Unterricht so viel Gelegenheit, auf das Kind einzuwirken, ihm das Verkehrte seines Wesens klarzulegen, daß ich sehr gut die Eltern unterstützen kann, in dem Bestreben, einen ordentlichen Menschen aus dem Kinde zu machen. Jetzt ist es noch leicht, und ein Wort vom Lehrer wirkt oft ganz anders als von der Mutter, von der das Kind sehr oft gemahnt wird. Ich kann dann mal eine ganze Unterrichtsstunde nur für das eine Kind halten und meine besondere Aufmerksamkeit ihm widmen. Das Kind weiß nichts von meiner Absicht, sieht sich aber erkannt und wird sich sehr zusammennehmen, wenn es weiß, daß die Worte gerade für es selbst gelten. Ich kann den Unterricht dann gerade für so einen einzelnen Fall zuspitzen. Und so muß sich ja Schule und Elternhaus ergänzen, indem die Schule in geistiger Weise arbeitet und anfängt, was Ihr zu Hause praktisch durchführt.

Was die Hilfe bei dem Lernen des Kindes betrifft, bei Erledigung der häuslichen Schulaufgaben, so bin ich für Ihre Hilfe recht dankbar. Auch hier müßte ich Ihnen einige Fingerzeige geben. Nicht ungeduldig werden, schimpfen und in einem fort tadeln, ach, was bist du so dumm, aus dir wird's doch auch gar nichts, und was der Redensarten mehr sind. Damit ist gar nichts getan. Im Gegenteil, dem Kind wird der Mut genommen, und dann ist viel verloren. Eher loben als tadeln. Wenn das Kind könnte, würde es es ja schon besser machen. [...]

Aufzeichnung[22] *(Dorf Kassel,) 6. Oktober 1924*

Jünglings-Jungfrauen-Verein. Arbeit an der Jugend. Jugendpflege im Dorfe.

Ich habe mir schon oft meine Gedanken darüber gemacht, ob es wirklich Zweck hat, sich mit den Schulentlassenen noch zu befassen. Es klingt wie Hohn, wenn man sich so etwas fragen muß. Was gehört denn zum erziehungspflichtigen Jugendalter? Ist es mit 14 Jahren zu Ende? Ja, für uns Lehrer leider, leider ja. Ich habe das immer nicht glauben wollen. Allmählich aber muß ich's widerstrebend glauben. Der Erzieher im Lehrerberuf ist mit der Schulentlassung kaltgestellt. Und in der Schulzeit ist sein Einfluß fragwürdig. Man muß sich diese Gedanken ganz klarmachen. Es gibt sonst zu viele falsche Hoffnungen, Enttäuschungen und sogenannte trübe Erfahrungen. Nehmen wir doch mal die äußere Beeinflussung, die Erziehung zur Sauberkeit, ganz von der viel schwereren geistigen Einwirkung und Annahme seitens des Zöglings zu schweigen. Was erreichen wir da in der Schule ohne Hilfe des Elternhauses. Also ein ganz einfaches, häufiges Beispiel: Ein Kind ist stets unsauber, nicht gewaschen, kein Taschentuch, Rotznase, zerrissene Kleidung. Ursache ist nicht Armut, sondern die mangelhafte oder gänzlich versagende Erziehung des Elternhauses im Punkte der Reinlichkeit. – Nun gehe ich als Erziehungsfaktor, außerhalb der eigentlichen Erziehungsbasis, dem Haus, stehend, daran bessernd einzugreifen. Es muß eingegriffen werden, wie in die Radspeichen eines Wagens, der stehengeblieben ist. Solange ich nun schiebe, wird sich das Gefährt weiterbewegen, sobald die anhebende Kraft nachläßt, bleibt es stehen. Oder glaubt jemand, mein Antrieb reicht hin, Eigenbewegung zu erzeugen? Oder gar die häusliche Umwelt mitzureißen? Der verleugnet die Gesetze des Beharrungsvermögens. [...] Das Kind kennt ganz genau die Erziehungsmethoden, die im Hause herrschen und hat sich ihnen angepaßt. Es weiß, was es tun darf und wofür es Schläge kriegt, also nicht darf [sic!]. Es weiß schon, wie es sich aus einer schwierigen Lage mittels Lügen heraushilft, wie es sich kleine Vorteile auf Kosten der Geschwister oder anderer verschafft. Diese Methode bleibt im Verlauf der folgenden Schuljahre dieselbe. Sie ist vorzugsweise praktisch, sinnlich eingestellt. Der Junge, der seine Sonntagshose zerrissen hat, wird dafür viel härter bestraft, als wenn er mittels einer Lüge sich aus einer Klemme geholfen hat. Genauso wird der erwachsene Sohn nicht deshalb von seinen Eltern aus dem Haus verstoßen, weil er, als er das Mädchen verführte, ein moralischer Lump ist, sondern weil das Vermögen nicht zusammenpaßt oder durch ihn Schande über die Familie gebracht wurde. Eine Erziehung nach geistigen Gesichtspunkten kennt die gewöhnliche häusliche Erziehung kaum. Ab und zu wird den Eltern in der Predigt oder durch Erfahrung das Gewissen geschärft. Aber auch da vermißt man den Standpunkt ohne Zweck, daß das Gute getan wird um seiner selbst willen. In der religiösen Unterweisung in Predigt und so weiter wird stets betont, daß das Böse böse Folgen hat und es darum zweckmäßiger ist, das Gute zu tun. Andre geistige Anregung hat der Bauer kaum. Eigne Gedanken zu haben, ist ihm schon von Kindheit an abgewöhnt, also stellt er die Erziehung seiner Kinder auf den gegebenen Standpunkt ein, sich praktisch und erfolgreich im Leben einzurichten. Daß der Mensch dann auch noch Lebensgenuß hat, dafür sorgt jeder selbst, indem er sich im Rahmen des Nützlichkeitsganzen hält. Sittliche Bedenken sind kaum vorhanden.

Die Erziehung durch die Schule und die Lehrerpersönlichkeit:
Zu dieser häuslichen Erziehung tritt als 2. Faktor die Schule und die möglicherweise vorhandene Erzieherpersönlichkeit, der Lehrer. Die Schule will die geistigen Fähigkeiten aufwekken, stärken und ausbilden. Sie stellt die geistige Beeinflussung in den Vordergrund; die Gewöhnung ist ihr naturgemäß nicht möglich. Der Nützlichkeitsstandpunkt wird auch von ihr vertreten, aber doch nicht so stark. Sie will geistige Kräfte freimachen und entwickeln und braucht dazu die Betätigung, die Anwendung im Leben. Sie darf also nicht mit dem Schulschluß aufhören, sie muß über die Schule hinaus wirksam sein; dazu ist aber eine Persönlichkeit nötig, die der Lehrer sein müßte. Die Schule mit ihrem Wissen bleibt unfruchtbar, wenn nicht ein Sämann da ist, der den Boden weiterhin bearbeitet und Samen auswirft. – Im schulpflichtigen Alter befinden sich die jungen Menschen in ihrer alten Umgebung (Elternhaus), in ihrer gewohnten Beschäftigung, in lange vorher bestandenen Verhältnissen. Die Entwicklung geht langsam vorwärts. Mit dem Austritt aus der Schule ist meist ein Umschwung verbunden, der das Kind in neue Lebensverhältnisse bringt mit anderm, ganz neuem, ungewöhnlichem Lebensinhalt. Dieser Wechsel muß in das Seelenleben eingreifen und gewaltsame Veränderungen hervorrufen; und darf da der junge Mensch alleingelassen werden? Die Schule als Anstalt zur Wissensvermittlung bedeutet für den jungen Menschen gar nichts. (Im Gegensatz zur Wissensvermittlung im späteren Leben, wo doch auch nur Wissen gegeben wird, was aber der Erziehung und Selbsterziehung große Dienste leistet.) In der Schulzeit ist das Kind noch nicht fähig, an sich zu arbeiten, über sich nachzudenken, Maßstäbe anzulegen. Es hat noch nicht die Erkenntnis von seinen Schwächen und auch nicht

den Willen, über sie hinwegzukommen. Will der Lehrererzieher diese Arbeit an dem jungen Menschen leisten, dann muß er sich die Möglichkeit verschaffen, sie nach der Schulzeit um sich zu haben. Es wird aber schon recht schwer sein, mit solchen 14jährigen anzufangen, die er vorher nicht kennt und die seinen Einfluß noch nicht kennen. Ich kann mir nur eine erfolgreiche Erziehungsarbeit denken, wenn ich die Kinder schon 8 Jahre oder wenigstens 4 Jahre vorher in der Schule gehabt habe. Und es scheint mir, als wäre vor dieser Zeit eine Betätigung in Jugendvereinen ohne Aussicht auf Erfolg. Man täuscht sich so gerne hinweg über sogenannte Erfolge, und schaut man tiefer, dann gähnen Abgründe; besonders gern scheinen die geistlichen Jugendpfleger diesem Augerfolg zu erliegen. Da wird immer aufgefahren mit großen Zahlen, hohen Worten, umfangreichen Veranstaltungen; und was ist's, kommt der einzelne in seinem Charakter einen Schritt voran? Kommt er mal über den Durchschnitt seiner Umgebung? Ist da mal wirklich ein Eigener, der zum Eigengestalten seines Lebens hingeführt wird? Äußere Aufmachung, Fassade, Strebertum, Eitelkeit sind Mittel und Beweggründe gar zu oft. Und das will ich ja gerade, das Eigenmenschwerden. In meiner ganzen Beeinflussung als Lehrer und Erzieher stelle ich diesen Gedanken oben an; und so glaube ich allein, den Massengeist dieser jungen Menschen besiegen zu können. Wenn ich nur immer mit Trara und Hallo den Verein auf die Beine bringe, dann ist das doch das größte Armutszeugnis, das sich der Leiter des Vereins ausstellt. Die innere Wahrhaftigkeit müßte ihm doch verbieten, auf diesem Wege weiterzugehen. Aber mir erscheint, als ob mit diesen halb kirchlichen Vereinen gar nicht der Mensch, die Charakterbildung des einzelnen im Vordergrund steht, sondern ganz andre Ziele. Man will vermeiden, daß eine Abwanderung in andere Vereine, nichtkirchliche, stattfindet, und so diesen [den] Einfluß entziehen; man will sich so den dauernden Einfluß, der in dieser Zeit der eigenartigen Entwicklung des jungen Menschen so fragwürdig wird, hinüberretten in das heiratsfähige Alter, wo sich von selbst eine Annäherung an die Kirche wieder vollzieht. Dieses mehr negative Ziel ist an sich ganz richtig, aber doch nur ein

Teilziel und darf nicht als Alleinziel und Endziel aufgefaßt werden, sondern das muß einzig und allein der Einzelmensch sein, der innere Mensch, der uns zur Vervollkommnung übergeben ist.

Die Kirche spürt, wie eine andre Organisation, der Verein, mag es ein Verein sein, wie er will, ihr an Einfluß und Macht etwas wegnimmt. Um das zu verhüten, treiben wohl die meisten Geistlichen Jugendpflege. Zu einer wirklichen geistigen Bewegung, die religiöse Erneuerung und Verinnerlichung zum Ziel hat, wie es die katholische Jugendbewegung tut, kommt es wohl in den wenigsten Fällen. Und das ist so jammerschade. Gerade das hätten wir so bitter nötig.

Ich bin überzeugt, wenn die Jünglings- und Jungfrauen-Vereine sich selbst überlassen blieben, sie würden alle selig entschlafen. Es steckt kein Eigenwille darin, kein Geist, und der läßt sich Gott sei Dank nicht *machen*. In den dürren Baum kommt auch kein Leben hinein, wenn ich ihn mit künstlichen Blättern und Blüten behänge. Er bleibt dürr. Der Geist, der das Austreiben bewirken soll, ist an bestimmte Bedingungen gebunden, und lassen wir die außer acht, dann wird es kein Leben geben, trotz aller angestrengten Aufmachung. Das müssen wir Jugenderzieher gut merken.

Aufzeichnung[23] *(Dorf Kassel,) 21. März 1925*

Schulrat Weißenstein war heute morgen auf eine halbe Stunde in meiner Klasse. Es wird plötzlich heftig an die Tür geklopft, und ehe ich Zeit habe zu öffnen, steht Schulrat W[eißenstein] vor mir. Im ersten Augenblick bin ich etwas erschrocken, bin aber sofort Herr der Lage und habe nicht den mindesten üblichen Druck bei derlei Gelegenheit. »Ich möchte nun mal sehen, wie weit Sie mit dem 2. Schuljahr gekommen sind.« »Wir lesen gerade Schneewittchen.« Also fortfahren. Die Kinder lesen alle, außer 2 ganz schlechten, gut. Dann ein kleines Diktat davon. Ich frage nicht nach der Meinung des Schulrats. Der Satz war wohl etwas zu schwer. Deshalb kamen mehr Fehler vor, als ich erwartet hatte. Dann Rechnen. Die 1. Abteilung hat das Ziel erreicht. Die 2. nicht, weiß ich auch. Aber liegt's an mir? Gut, mag er's denken. Ich bin heute doch ziemlich selbständig in meiner Schularbeit geworden und lasse mich nicht irremachen. Ich tue mein Möglichstes und stelle mich nicht auf das Prinzip des Drills ein, sondern auf die Pflege der Persönlichkeit des Kindes. Das Kind hat doch wahrhaftig mehr davon, wenn ich ihm Kräfte wecke und sie ausbilde, als wenn ich gemäß papierner Vorschrift eine mechanische Fertigkeit beibringe, die wie alt gewordener Verputz später doch wieder abfällt. Gut, ich lasse [mir] die Ziele, die die Regierung vorschreibt, gefallen, aber der eine ist erst dann in der Lage, dieses Ziel zu erreichen, und der andere 1 Jahr später, und das andre Kind kommt auch zu diesem Ziel. Aber am wichtigsten ist doch, daß der Unterricht Dinge bietet, die alle erfassen, die jedem etwas gibt [sic!] und jedes Kind innerlich, seelisch ergreift und anfüllt. Dahin rechne ich den Gesinnungs-Unterricht, den Religions-Unterricht, die Märchen und Geschichten. Da gibt es für alle Kinder innerliche Erlebnisse, die sind für die Erziehung unendlich wichtig; freilich sind sie für den abschlußführenden Rechnungsbeamten nicht festzustellen, nicht einmal zu bemerken. Und in 1 halben Stunde, in der er da ist, um nun gerade mal die Ergebnisse schnell abzupflücken, kann er das auch nicht und will es nicht, denn diesen alten Beamten, die die Einstellung zu unserer Zeit und zu den jungen Lehrern nicht haben, bedeuten doch nur feste Ergebnisse etwas. Deshalb habe ich das Gefühl, daß Schulrat W[eißenstein] nie so recht mit mir zufrieden sein wird. Er ist mir auch nicht so sehr angenehm. Schon die ganze Art des Kontrollierens, es ist die alte Schulriecherei, ob der Lehrer auch seine Pflicht tut. Er klopft an die Tür und tritt unaufgefordert ein. Ob er denkt, daß etwas geschieht, was er nicht sehen dürfte, das er nun schnell entdecken will? Also etwas Mißtrauen von vornherein. Und dann so gar keine menschliche Fühlungnahme, persönliche Einstellung zum Lehrer. Jeden behandelt er als Nummer, so kommt es mir wenigstens vor. Das mag wohl klug sein und richtig, aber es führt nicht zu dem Glauben, daß wir an demselben Werk arbeiten, wozu wir uns gegenseitig anfeuern müssen. Er ist geschäftsmäßig und kalt, kehrt wohl auch den Vorgesetzten hervor, den er gern verbergen möchte, der ihm aber doch aus allen Knopflöchern herausschaut. Er müßte doch für das Neue und Eigenartige, das ein Lehrer in seiner Schule anfaßt, ein Auge haben, wenn auch nicht gleich ein Herz. Zum Beispiel müßte ihm das Kaspertheater in meiner Klasse doch aufgefallen sein, davon sagt er aber nichts. Das beachtet er aber nicht. Das ist ihm nichts wert. [...]

Aufzeichnung[24] *(Thalau,) 16. November 1928*

[...]
Statt Rechtschreiben:
Vorlesen der »Kriegserlebnisse«. Vortrag der Gedichte für die Gefallenenfeier.
Weltgeschichte:
Aus den Kämpfen um Verdun aus Beumelburg, »Douaumont«[25] lese ich Abschnitte vor. – Die Kinder werden damit in [die] Furchtbarkeit des Kriegserlebnisses hineingestellt. Mit diesem Erleben wird wohl weniger Wissen vermittelt, aber doch eine Anschaulichkeit, ein Miterleben der entsetzlichen Opfer, daß das geistig Geschaute sich darauf in der Seele des Kindes festsetzt. Ehrfurcht und Dankbarkeit gegen die Männer, die das miterlebt haben, und Dank den Toten und Verehrung den vielen Opfern jener Kriegszeit. Das soll der Sinn und das Ziel dieser Stunden sein. Die Gefallenenfeier in der Gemeinde soll der Höhepunkt dieser Verbindungen werden. Die Schule nimmt ja auch daran teil.

Aufzeichnung[26] *(Thalau,) ca. 1. August 1929*

Verfassungstag 1929. (10. Wiederkehr des Verfassungstags) Feier am letzten Tag vor den Sommerferien. 1. August 1929.

Das Klassenzimmer ist mit zwei Fahnen, der deutschen und der preußischen, geschmückt. (Es fehlen leider die Bilder der zwei Reichspräsidenten[27].) Zur Feier des Tages haben die Kinder sich besser angezogen.

Zur *Einführung* sage ich einige Worte über den Grund der heutigen Feier. Das Wort Verfassung ist den Schülern fremd. Der Inhalt des Wortes läßt sich auch nicht so schnell und einfach geben. Der äußere Rahmen der Feier wäre deswegen noch mehr zu pflegen.

»Der heutige Tag ist ein Gedenktag; er soll uns denken lassen an unser Vaterland, an unsere enge Heimat (die ihr kennt) und an das weite, große Deutsche Reich, das ihr nicht kennt, davon ihr nur gehört, gelesen und gelernt habt. In diesem Deutschen Reich wohnen die 63 Millionen Deutschen, ein großes Volk.

Kaiserreich – Volksstaat. Früher regierten Kaiser und das Volk. Kaiser große Macht. Das Kaiserreich war eine große Weltmacht. Krieg. 4 Jahre. Niederlage der Deutschen. Große Traurigkeit – Unzufriedenheit mit der alten Regierung. Umsturz – Revolution. Neuordnung. Männer waren da, die von dem Gedanken beseelt waren, daß das Volk sich selbst eine neue Ordnung geben muß (Verfassung) und sich selbst regieren. Darum wählte das deutsche Volk eine Anzahl Männer (die National-Versammlung). Weimar. Diese kamen jeden Tag im Theater in W[eimar] zusammen und berieten die neue Staatsordnung oder Verfassung. Fertig im Sommer 1919. Am 11. August 1919 ist sie fertig und unterzeichnet worden. Dieser Tag gilt als der Geburtstag der Reichsverfassung, und heute (11.) ist die 10jährige Wiederkehr. 10 Jahre ist eine lange Zeit. Wo wart Ihr da? Da kann es sich erproben, ob die Reichs-Verfassung gut ist. Es hat sich gezeigt, daß sie gut ist und das d[eutsche] Volk kann dankbar den Männern sein, die sie geschaffen. Wiederaufbau, Handel-Verkehr, Schiffahrt, Eisenbahn, Bildungswesen.

Auf die Arbeit, die die Deutschen geleistet haben, dürfen wir stolz sein und Hoffnung haben, daß die schwere Zeit der Zukunft, in der wir die Kriegsschulden abtragen müssen, nicht zum Niedergang führt. Der neue Volksstaat ist gebaut nicht mit dem Überfluß des Reichtums, mit Millionen Mark oder Dollar, nein, das Fundament ist gleichsam errichtet auf den Knochen der vielen gefallenen deutsch[en] Soldaten. Ihr Blut und das der Verwundeten zusammen mit dem Schweiß des arbeitssamen deutschen Volkes, damit ist das Fundament gebaut.

Diesem neuen Staat soll unser *Herz* gehören. (Mitsingen: »Gloria Viktoria ...«)

Aber auch die *Hand*. Später – Beruf. Die Schüler die Plätze der Erwachsenen einnehmen.«

Deutschlandlied. Hochleben des deutschen Vaterlandes.

Redemanuskript[28] *(Thalau,) ca. Februar 1932*

Volkstrauertag[29]! Unser ganzes Volk trauert heute um seine gefallenen Söhne. Wenn auch schon 13 Jahre seit Kriegsende verflossen sind und eine junge Generation heranwächst, die keinen unmittelbaren Eindruck vom Schrecken des Krieges haben [sic!], so steht doch dem Großteil des Volkes heute noch die Zeit von 1914-1918 in unauslöschlicher Erinnerung. Und die Wehmut und Trauer steigt in unsern Herzen wieder auf beim Gedanken an diesen und jenen, der uns ein guter Bekannter, ein Freund, ein Bruder, ein Gatte, ein Sohn gewesen ist. Gewiß sind viele schon vergessen. Das ist der Lauf der Welt. Aber so wie der einzelne Tote in unvergeßlicher Erinnerung in der Familie des einzelnen steht, so wenig wird das Volk in seiner Gesamtheit an dem Grabe 2 Millionen gefallener deutscher Krieger vorbeigehen können, ohne in tiefem Schmerz stille zu stehen und hinzuhorchen, was sie uns aus ihren Gräbern zurufen. Und was sie uns, den Überlebenden, zurufen, ist das: »Vergeßt nicht, was wir litten!«

Ja, gelitten haben sie, grausam unmenschlich gelitten so mancher, ehe ihn der Tod erlöste. Wer die furchtbaren Waffen des modernen Krieges kennt, der weiß um die Schmerzen und Qualen, die sie hervorrufen. Den einen streckte die Infanteriekugel oder das Maschinengewehr [nieder], den andern fällten die furchtbaren Granaten und zerrissen ihm die Glieder, den einen begrub's lebendig unter der Erde stürzender Schollen, andre wieder tötete giftiges Gas, wieder andere sanken auf den Meeresgrund. Wahllos und zahllos traf es sie, in tausendfacher Weise. Und wie mußten sie sterben, keine liebende Hand, kein tröstliches Wort war um sie, allein in furchtbarer Hilflosigkeit mußten sie liegen zwischen den feindlichen Schützengräben in unnahbarem Niemandsland zwischen den Stellungen. Wer kennt von uns Mitkämpfern nicht das entsetzliche Rufen der Schwerverwundeten, die allein und verlassen verbluten mußten, weil es einfach nicht möglich war, ihnen zu helfen, sie zu verbinden und sie zurückzuholen. Wieviel treue Kameradschaft auch zur Seite steht, der moderne Krieg ist ein Ungeheuer, das die Leiber der Soldaten zerhackt und verschlingt, viele Hunderte auf einmal. Was sind die schwachen, wenigen

Arme der Sanitäter. Einzelnen könnten sie Hilfe bringen, aber wie vielen nicht. Da liegen sie in den zerschossenen Gräben der ersten Linien, in den Trichtern des Schlachtfeldes. Um sie herum ist das Toben der Schlacht, das Geschrei der Getroffenen. Die Nacht kommt über die Erde; mit ihr steigt die Hoffnung, werden sie mich holen, werden sie mich finden. Der Verwundete erhebt den Kopf, er will rufen, ach, wer soll ihn bei dem Donner der Granaten, bei dem Toben des Schlachtfeldes hören. Jeden Augenblick bebt die Erde von neuen furchtbaren Schlägen. Der Schmerz wühlt in seinem zerrissenen Körper, die ganze rechte Körperseite ist gelähmt, er kann mit Mühe den Kopf heben, aber er glaubt noch ans Leben. Vor jeder heulenden Granate zuckt er zusammen; sich tiefer in die Erde hineinwühlen, nur nicht sterben, so nicht, so nicht. Vor ihm steigt das lichte Bilde der Heimat auf, wie er sie im Erntefrieden verlassen; er sieht den Vater, die Mutter. Was haben sie doch gesungen, als sie auszogen, in der Heimat ... Ja, er will sie wiedersehen, alle, alle die guten lieben Menschen daheim. O, wie will er gut sein, will er arbeiten, will er zufrieden sein. Nur leben, leben. Mit der einen gesunden Hand tastet er am Körper entlang, das Bein schmerzt, die Hüfte schmerzt, der linke Arm liegt in einer Blutlache. Wie hatte es ihn nur getroffen. Ja, ja, da steht es wieder vor seinen Sinnen. Es waren ihrer viele, die Kameraden gingen rechts und links. Geduckt rannten sie über das Feld und dann auf einmal ein heller Blitz, ein wahnsinniges Krachen, wie wenn ein Berg über einen fällt; er sieht noch die taumelnden Kameraden und dann ist Nacht um ihn. Als er erwacht, liegt er so, wie er jetzt noch liegt. Er weiß nicht, wie lang er gelegen, die erste Nacht ist vorbei. Es wird wieder Tag. Mit ihm erwacht die Schlacht. Neue Schrecken um ihn, in Hoffnungslosigkeit sinkt sein Haupt auf die nasse Erde. Er ist so schwach, Fieber durchschauern seinen Leib. Wahnsinniger Durst quält ihn; er will beten, will sich besinnen, er will aufspringen und schreien. Aber er ist an die Erde gefesselt, sein ganzer Leib ist eine blutende Wunde. Ach, wenn doch der Feind käme oder ein mitleidiger Kamerad, und machte mit ihm ein Ende, er möchte die brausenden Geschosse, die über ihn dahinfahren, herabziehen, daß sie ihn träfen, daß sie seinen Qualen ein Ende machten. Wieder ein Tag geht zu Ende, die Schlacht braust weiter. Wieder eine Nacht senkt sich auf die Erde, wieder erwacht die Hoffnung auf Rettung. Er ist so müde, so krank, die Augen fallen ihm zu, nur nicht schlafen! Nicht schlafen! Vielleicht sind die Krankenträger in der Nähe, vielleicht die Kameraden. Ach Gott, lenke ihre Schritte zu mir, daß sie mich finden. Er reißt sich gewaltsam auf, er versucht zu schreien, es ist nur ein mühseliges, heißeres Stöhnen, das ihm aus der Kehle dringt. Der Gaumen ist vertrocknet, die Zunge klebt, er kann sie nicht bewegen. Der Durst, der Durst.

Die Schlacht ist weitergegangen, drei Tage stand sie. Sie hat alles zerschlagen und zerrissen [zerstampft][30], die Erde, die Bäume [zerhauen][31], die Häuser und [zerhackt][32] die Leiber der Soldaten. Nun rast sie weiter. Die Toten können begraben, die Schwerverwundeten geborgen werden. Man findet auch ihn am Morgen des 4. Tages. Er ist tot. Sie nehmen ihm die Erkennungsmarke ab und schaufeln ihm ein Grab. Ein großes, breites Grab, das ihn mit vielen toten Brüdern aufnimmt. So starben sie[33]! [Den einen riß es im Augenblick aus dem Leben, den andern ließ es elend in langsamer Qual, tropfenweise das Blut aus den Adern, bis der letzte verrann.][34] Wen heute die Schlacht verschonte, der kam morgen an die Reihe, der eine am ersten Tage, der andre am letzten, im Angesicht der Heimat. Lassen wir sie im Geiste an uns vorübergehen, die endlosen Reihen der grauen Männer, die der Krieg verschlungen; und wenn wir sie im Drange des geschäftigen Alltags vergessen haben, einmal im Jahr sollen sie vor uns aufstehen und sollen ihr Antlitz uns zuwenden und sollen uns zurufen: »Vergeßt nicht, was wir litten.«

Wir Lebenden stehen in stummer Trauer und lassen sie vorüberziehen, die zwei Millionen. Es ist ein gewaltiger Zug, wie sie dahinschreiten, 4 und 4 nebeneinander. Sie schreiten und schreiten in unabsehbarem Zug; die ersten haben schon die d[eutsche] Reichshauptstadt [sic!], die letzten stehen erst den [sic!] Rhein; 6 Tage lang gehen sie in ununterbrochenem Zuge. [Und in diesem endlosen Zuge da marschieren sie, die toten Freunde, die gefallenen Männer aus unsern Gemeinden.

Wir sehen sie einen nach dem andern heranschreiten, wie sie der Reihe nach sterben mußten, wie es auf der Gedenktafel in unserm Gotteshause geschrieben steht. Und dies sind ihre Namen!][35]

Aber schon ziehn andre heran, alles Fremde, Unbekannte, und doch alles unsre Brüder, die für uns starben. Nein, auch Ihr sollt nicht vergessen sein. Jeden Freitag, wenn die Glocke vom Turm schallt, wollen wir in unserer Arbeit innehalten und Euch anschauen und Eurer gedenken. Und wir Älteren, die mit Euch gekämpft, die wir wieder der Heimat zurückgegeben wurden, wollen das Andenken an Euch wachhalten. Ihr habt es verdient.

Wir wollen nicht vergessen, was Ihr gelitten, wir wollen auch nicht vergessen, was Ihr uns zum 2. zuruft: »Vergeßt nicht, wozu wir gestritten. Wir haben gestritten und sind gestorben für das Vaterland! Du höhnst über das Wort ›Vaterland‹. Weißt Du auch, was Vaterland ist? Die Mutter ist es, die Dich gebar, der Vater ist es, der Dich mit Mühe und Sorge großgezogen; Dein Bruder, Deine Schwester, Deine Kinder, die Nachbarn und Freunde, das Elternhaus, die Hütte ist es, die Deiner Kindheit Lebensfrühling gesehn, das Dorf, die Stadt, der Platz Deiner Arbeit. Das ist Dein Vaterland, Deine Heimat, dafür sind wir gestorben.«

»Vergesset nicht, wozu wir gestritten«, rufen sie uns zu. »Für Deutschlands Ehre und Größe, zum Schutze deiner Grenzen standen wir wie eine Mauer in den Stahlgewittern der Schlachten. Mit unserm Blut und unsern Leibern haben wir Dein und unser Vaterland geschützt. Vergeßt das nicht und sorgt Ihr dafür, daß deutsches Wesen, deutsche Arbeit, deutscher Familiensinn, deutsche Frauen, deutsche Treue wieder in der Welt erlangen ihren alten, guten Klang[36].«

»Vergesset nicht, wozu wir gestritten!« Ein drittes sagen sie uns. »Seid einig, einig, einig, wie wir einig gewesen sind. Ein Volk waren wir, als wir ausgezogen; alle trugen wir dasselbe graue Kleid, alle sind wir gleich in unsern Gräbern. So seid auch Ihr unsre Erben, Ihr, die Überlebenden, die das Schicksal an unsre Plätze rief, die wir verlassen mußten, als wir zum Kampf auszogen; seid auch Ihr einig. Laßt das Parteiengezänk und den Unfrieden der Geister, tragt wie wir in Einigkeit und

Treue Euer Los und haltet dem Vaterland die Treue, so wie wir sie gehalten haben [...][37].

[...][38] Das deutsche Volk ist heute in seiner inneren Uneinigkeit zerrissener als je. Wir wissen, wie die politischen Leidenschaften das Volk aufwühlen, wie sich weite Kreise mit offensichtlicher Abneigung gegenüberstehen, wie sie sich den engen Lebensraum verbittern. Unüberbrückbare Gegensätze, so scheint es, trennen die Volksgenossen. – Aber mag auch gegenwärtig noch so viel Trennendes zwischen ihnen stehn, am heutigen Tag sind sie alle einig in dem Gedanken an die Toten ihres Vaterlandes. Und solange uns der noch verbindet, solange das deutsche Volk den Volkstrauertag im Herzen erlebt, werden wir als Volk noch stark sein, die gegenwärtige Wirtschaftsnot zu ertragen, und werden die um uns in Waffen stehenden Staaten vor uns Achtung haben müssen. Ein Volk aber, das seine Toten vergißt, ist nicht wert, daß es weiterbesteht.

Auch wir wollen Anteil nehmen an der Erinnerungsfeier des deutschen Volkes, die Jungen und Alten, die Männer, die dabei waren, die Frauen, die daheim sich plagten, die Kinder, die jungen Burschen und Mädchen, die von jener Zeit sich schon so oft erzählen ließen.

Die ehemaligen Frontsoldaten wissen, daß es keine Worte gibt für das Heldentum und die Leiden des todumbrausten grauen Stürmers; sie werden spüren, daß alle Worte nur einen schwachen Widerhall geben können von dem ungeheuren Getöse der Schlacht, von der Wucht des Geschauten und Erlebten. Aber die Jungen mögen die Gesänge und Gedichte und Bilder des Abends auf jene Zeit hinlenken, die eine der größten, furchtbarsten und heldenhaftesten gewesen ist, die je ein Volk zu bestehen hatte. Nicht wollen wir uns an den deutschen Taten berauschen, obgleich sie unzweifelhaft groß und unbestritten zu den herrlichsten der deutschen Geschichte zählen; nicht wollen wir Stimmung machen oder begeistern für einen neuen Krieg; nein, ihnen soll eine Ahnung aufgehen, was der Vater, der Bruder als deutscher Soldat mitgemacht hat, welcher Begeisterung sie fähig waren und welchen Aufgaben und Gefahren sie gegenüberstanden und welche Opfer die brachten, die heute das deutsche Volk beweint.

Die Jahre gehen dahin, die ungeheure Erlebniswucht jener Tage ist nicht mehr spürbar, jene Zeit, in der uns Bluten und Sterben so vertraut waren, wie den Kindern das tägliche Morgengebet. Wo Höhlen und Löcher, schmutzstarrende Erdfurchen unsre Heimat waren. Wo wir wehmütig an stillen Tagen das Stück Himmel und die Handvoll Sterne über uns anschauten, wenn wir an den Frieden dachten. Das ist lange her, aber des Nachts, wenn der Lärm unserer arbeitsreichen Tage verklungen, tritt der und jener wieder vor uns hin, mit zerschmetterter Stirn dieser, jener mit dem kreisrunden Loch in der Brust, der dort kaum zu erkennen, bleich, schmutzig alle. Wir werden diese Bilder nicht mehr los, sie werden immer wieder aufsteigen, immer wieder! Und immer wieder werden wir darüber staunen, daß es uns verschonte, daß es uns nicht traf.

Und sollen wir davon schweigen, sollen wir der Jugend und den Kindern nicht davon erzählen dürfen, weil wir unbewaffnet sind, weil der Krieg verloren ist, weil es keine Mode heute ist?

Solange[39] die Generation lebt, die den Krieg mitgemacht, entweder als Kämpfer an der Front oder zu Hause, niemals wird diese große und furchtbare Zeit verlöscht werden können und niemals werden die Männer, die der Krieg verschlungen, in unserm Andenken untergehen; aber auch unseren Kindern und Enkeln sollen und müssen sie weiterleben. Das ist unsre Pflicht der Dankbarkeit, der Treue, den Besten unseres Volkes gegenüber. Und daß dieser Gedanke an die Toten des Weltkrieges nicht bei uns untergehe, dafür soll der heutige Abend uns eine kurze Stunde zusammenhalten.

Was wir aber singen und sagen wollen, soll denen zur Ehre geschehen, die es nicht überlebt haben. All ihre Heldentaten, ihr Mut, ihre Tapferkeit, ihr letztes starres Erkennen des Sterbenmüssens, das letzte Aufbäumen des Lebenwollens, die Schmerzen der zerrissenen Glieder und das Brechen so vieler Augen soll uns, die Lebenden, zur Treue mahnen. Ja, zur *Treue*, die so oft über alle Maßen schön und herrlich erstrahlte, wie sie sich nur in des Lebens höchsten Gefahren und Nöten zeigen kann. So laßt uns aufstehen und diesen Gedanken der Treue in dem Lied ausklingen: »Ich hatt' einen Kameraden.«

Aufzeichnung[40] *(Thalau,) ca. September 1934*

Erntedanktag 1934[41].

Nachdem im vorigen Jahr 1933 das erste Erntedankfest in Deutschland gefeiert wurde, begingen wir nun in diesem Jahre im ganzen Reich das zweite. Voriges Jahr brachten wir in Thalau mit Hängen und Würgen zwei Wagen zusammen. Die Arbeit wurde von einigen wenigen, die immer guten Willens sind, geleistet. [...] Die andern standen abseits, nicht in der Teilnahme an dem Festzug, aber in der Bereitschaft zur Mitarbeit. Fast die ganze männliche Bevölkerung zog mit nach Schmalnau, wo sich die umliegenden Dörfer an einem Festzug beteiligten, Ried, Schmalnau, Thalau, Stellberg, Hettenhausen, Gichenbach. Dalherda, das auch zu dem Bezirk gehörte, machte nicht mit. Der Zug ging durch Schmalnau und endete auf einer Festwiese, wo Lehrer Neeb aus Gichenbach eine Ansprache hielt. Die ganze Veranstaltung war wohl in den Ausmaßen für unsere dörflichen Verhältnisse imponierend, aber es fehlte die Geschlossenheit, der volkstümliche Einschlag, es war ein Anfang mit all seinen Mängeln. Schon damals war es mir klar, daß im kommenden Jahr dieser Tag des Dorfes in anderer Form gefeiert werden müßte. Mein Bestreben ging deshalb in diesem Jahr dahinaus, eine Feier für uns im Dorf zu machen. Ich hatte bald auch die maßgebenden Leute beeinflußt, sich dem Gedanken einer bezirksweisen Feier zu widersetzen. Einer muß die Sache in die Hand nehmen, und da ist der geeignetste der Lehrer. Der Schultheiß [Ortsvorsteher], der Ortsbauernführer[42] oder der politische Leiter [der NSDAP] können es meistens nicht. So machte ich im Verein mit meiner Frau den ganzen Plan erst fertig, ehe ich durch den Ortsdiener die Bauern in die Schule zu einer Besprechung zusammenrief. Unsere Anregungen fanden auch gleich Zustimmung, und so entstand am Sonntag, den 30. September, eine wunderschöne Feier. – Am Morgen, ½ Stunde vor dem Hochamt, füllte sich der Kirchenplatz mit den Kirchgängern der drei Kuratiedörfer. Unter Glockengeläute sang die ganze Gemeinde: »Großer Gott, wir loben Dich«. Unterdessen hatte eine Spielschar, bestehend aus den Schulkindern, Jungfrauen und Burschen, vor der Kirchentreppe

Aufstellung genommen und begann ein religiöses Erntedankfestspiel. Es war sehr stimmungsvoll und paßte gut an den Anfang des Tages. Der Priester stand währenddessen mit den Meßdienern in der Kirchentüre. Durch seine Gegenwart und durch die Örtlichkeit war gleich eine weihevolle Stimmung erzeugt. Das Spiel entnahmen wir dem kleinen Boten (Beilage des Bon[ifatius]boten[43]) Nr. 19, Jahrgang 1934. Zuerst das Spiel der Kinder, dann das der Jungfrauen, dann das der Burschen. Die Jungfrauen trugen die Erntekrone. Sie hatten die alten Rhöner Trachtenkleider an. Die Burschen traten mit dem geschmückten Arbeitsgerät auf. Der Gesang wurde von den Flötenspielern der Schulknaben und von mir mit der Laute begleitet. Unter dem Läuten der Glocken und dem Gesang der zweiten Strophe von »Großer Gott« zog alles in die Kirche. Die Erntekrone wurde auf einen Ständer mitten in der Kirche gesetzt. Die Jungfrauen blieben dabei stehen, dahinter die Burschen mit Sensen, Hacken und so weiter. Die Kinder hatten ihre Gaben auf die Kommunionbank gestellt. Darunter auch einen Kanarienvogel, der immerzu piepste. Der Kuratus[44] hielt eine passende, zu Herzen sprechende Predigt, entgegen seiner sonstigen Gewohnheit. Die Erntekrone verblieb in der Kirche. Mittags 1 Uhr war eine Erntedankandacht, bei der die Erntekrone den Segen des Priesters erhielt. Es war eine schöne, fromme, von uralten und neuen Gebeten ausgefüllte Andacht. Nur war die Andacht schwach besucht. Es sah wunderschön aus, wie die mit Bändern geschmückte Erntekrone in der leeren Kirche stand. Es war mir fast schade, sie heraus ins Wirtshaus zu holen. Zum Festzug sollte sie abgeholt werden von den Jungfrauen, wurde aber vergessen in dem allgemeinen Trubel. Und ich dachte auch nicht mehr daran, als es losging.

Gegen 2 Uhr nachmittags sammelte sich der Festzug in [...] Männer und Burschen von H[ettenhausen] waren sehr lustig. Der Most genügte aber doch nicht; eine Flasche Schnaps machte zwischendurch die Runde. Die Thalauer hatten einen Brautwagen aus Urgroßmutters Zeit geladen. Der [Melkös]-bauer stellte dazu ein Himmelbett, einen schönen geschnitzten Tisch und anderes Urväterhausgerät. Vorneweg fuhr ein junges Brautpaar, die Wirts Maria mit Schmitts. Der Gerhardsbauer lud einen Kuhwagen mit kleinen Kindern. Die Altenhöfer stellten eine Spinnstube zusammen, wobei es auch sehr lustig zuging. Nicht zu vergessen das Ziegengespann, das ich für meine Kinder bereitstellte. Wenn der Wagen auch klein war, so nahm er doch die größte Aufmerksamkeit in Anspruch. Ganz Thalau war auf den Beinen, dazu Altenhof. Der Zug ging nach Altenhof und zurück auf die Festwiese an der Straße nach Altenhof. Hier tummelte sich die Jugend in allerlei lustigen Spielen. – In der Gastwirtschaft hatten wir eine Obst- und Gemüseausstellung eingerichtet, die lebhafte Beachtung fand. Bei dem abendlichen Tanz war Preisverteilung für die besten Ausstellungssachen.

Alles in allem war das Erntedankfest 1934 ein wohlgelungener Versuch, wie man ein dörfliches Fest heimatlich gestaltet. Es hat allen sehr gut gefallen. Alle oder fast alle nahmen daran teil, und es hat nichts gekostet.
Wilhelm Hosenfeld.

Nachtrag
Volksabstimmung am ... betreffend der Vereinigung des Amtes des Reichspräsidenten mit dem Kanzleramt Hitlers[45]. In Thalau waren von 296 Stimmen 24 Nein-Stimmen und 6 ungültige. Die Abstimmung war geheim. Unzufriedene wird es immer geben.

Aufzeichnung[46] *(Thalau,) 20. September 1935*
Jungvolk und Jungmädelschar.
Seit der Machtübernahme durch Adolf Hitler ist auch die Jugend für die Ausgestaltung des nationalsozialistischen Staatsgedankens von der Regierung eingestellt worden. Der Junge beziehungsweise das Mädchen sollen vom 10. Lebensjahr dieser Jugend, die positiv aufbauend der Idee des nationalsozialistischen Staates dienen soll, angehören. Nach Geschlechtern getrennt, bilden das J.V. [Jungvolk] und die J.M. [Jungmädelschar] eine eigne Organisation, die verantwortlich von Jugendlichen geführt wird[47]. Dieses Prinzip: Jugend soll von Jugend geführt werden[48], ist ein besonderes Kennzeichen, aber auch

ein Punkt, bei dem die Kritik nicht verstummen wird. Das Jungvolk wird gegenwärtig geführt von meinem 14jährigen Sohn Helmut. Er besucht das Gymnasium in Fulda. Sonnabends bleibt er hier und hält mit den Pimpfen[49] von 8-1 [13] Uhr Dienst. Der Staatsjugendtag, der Samstag, ist im ganzen Reiche eingeführt[50]. Alle organisierten Kinder haben Dienst in ihren Verbänden. Die Restschüler, die etwa 30 Mädchen und 7 Knaben ausmachen, haben staatspolitischen Unterricht beim Lehrer. – [...] Helmut versteht mir den Jungen umzugehen, und er weiß etwas mit ihnen anzufangen. Er ist den Volksschülern geistig überlegen und besitzt darum eine gewisse Autorität, die andre Jungen nicht haben. Darum ist es für die Jungen, die da als Führer vor der Schar stehen sollen, so sehr schwer, sich Respekt zu verschaffen. In den meisten Fällen, in denen ein gleichaltriger Schüler (und wenn er im Unterricht der beste ist) eine Jungenschaft zu führen hat, kommt der Erfolg nicht über einige formale Übungen hinaus. Die Jungen sind mehr oder weniger sich selbst überlassen, andererseits ist der Führer von dem guten Willen der Masse abhängig, ob etwas gemacht wird oder nicht. Das Prinzip der Jugendführung durch Jugendliche ist meiner Ansicht falsch angewandt, daß um jeden Preis ein Jugendlicher Führer sein muß – und wenn gleich nichts geleistet wird, aber das Prinzip ist gewahrt. Der Dienst am Staatsjugendtag muß in erzieherischer Hinsicht der Jugend das geben, was die Schule, die die Aufgabe der Wissensvermittlung heute mehr denn je hat, der Jugend nicht in dem Maße geben kann. Ein jugendlich fühlender Lehrer, der auf die Jugend einzugehen weiß, kann aber dasselbe und noch mehr leisten, in erzieherischer Hinsicht sicher noch mehr, weil er weiß, worauf es ankommt, weil er die psychologischen Kenntnisse besitzt. Ich als Lehrer und viele Eltern haben das Gefühl, daß der Samstag nicht in der Weise ausgenutzt wird, daß er ein Erfolg für die Schularbeit ist.

Notiz *(Thalau,) 9. Januar 1936*

[...] Ich lese zwei Bücher: 1.) Vom Kaiserhof zur Reichskanzlei, von J[oseph] Goebbels[51]. Die Persönlichkeit G[oebbels'] und vor allem des Führers tritt in vielen einzelnen persönlichen Zügen hervor und läßt einen die Bedeutung H[itlers] immer besser erkennen. Starke Überzeugung von dem Edelsinn des Wollens der einzelnen Führer. 2.) Der Heilige, von John Galsworthy[52]. [...]

Notiz *(Thalau,) 11. Januar 1936*

In Hettenhausen Reichsparteitag-Film 1934[53]. Mit den Schülern. Helmut führt die Jungen vom Jungvolk[54] hin. M. Link die Mädchen von der J.M.[Jungmädel]-Schar[55]. [...] Die Begeisterung, die dieser Film weckt, ist sehr rasch verflogen. Der Film schafft keine Willensimpulse. Er ist nur für den Augenblick.

Notiz *(Thalau,) 19. Januar 1936*

Morgens in der Frühmesse. 11 Uhr weg. [...] Helm[ut] geht mit bis Schm[alnau]. Wir unterhalten uns über Weltanschauung des Nationalsozialismus. H[elmut] erwähnt den Kampf der Jugendführung[56] gegen christliche Ideale. Ich ermuntere ihn zu aktivem Einsatz für das J.V. [Jungvolk].

In der Uniform des SA-Mannes[57] ist man nicht mehr sein eigner Herr. Man verkörpert die große Gemeinschaft. [...]

Notiz *(Thalau,) 8. Februar 1936*

Es sind jetzt noch 12 Mädchen und 2 Knaben nicht in den nationalen Jugendverbänden[58]. Auf einmal ist ein Umschwung erfolgt, und die meisten Kinder der Oberstufe sind nun organisiert. Mit den wenigen ist nicht viel anzufangen[59]. [...]

Notiz *(Thalau,) 9. Februar 1936*

Im Hochamt Bischofswort über die Ehe vorgelesen. – »Auf parteipolitische Unterweisung verzichten wir gerne«, sagt Kuratus Wald[60]. Aber die Jungmännerabende[61]. – Stellung der katholischen Kirche gegen das Sterilisationsgesetz[62]. Wie ich nachträglich erfahre, ist bei der Ortsgruppenleitung in Dalherda Bericht gegen die Versammlung der kirchlichen Vereine gemacht worden. Eines Abends erschienen der Landjäger und [NSDAP-]Ortsgruppenleiter Jordan bei einer Versammlung des Jungmänner-Vereins.

Notiz *(Thalau,) 12. Februar 1936*

In Fulda. Um 3 Uhr NSLB-Tagung[63] in der Aula des Gymnasiums. Schweickhardt [Schweikart][64] spricht zuerst. Nichts Neues, ziemlich lahm. Der Mann tat mir leid. »Die Macht dazu hätten wir gehabt, die Köpfe rollen zu lassen, aber wir taten es nicht.« Es sieht so aus, als ob Andersgesinnte aus Gnade dieser Männer noch leben dürften. Sch[weikhart] weist auf die Weltjudengefahr und auf die Gefahr hin, in der auch der Führer schwebt. Ganz Juda[65] in Deutschland haftet für ihn. Es würde ein greuliches Massaker geben.

Notiz *(Thalau,) 13. Februar 1936*

Deutschlands wehrhafte Mannschaft schützt unser Recht. Heute noch. Aber wissen wir alle, daß wir infolge des gewaltigen Geburtenausfalles in 50-60 Jahren nur noch die Hälfte an wehrfähigen Männern haben? Werden diese dann ausreichen, unser Recht und unsere Freiheit zu verteidigen?

Notiz *(Thalau,) 1. März 1936*

In Mackenzell[66]. In der Kirche – ich fühle mich in M[ackenzell] nicht wie in der Heimat, die Kirche sagt mir eigentlich recht wenig. Sie weckt in mir keine warmen Gefühle im religiösen Gebiet. So wohlvertraut mir das alles ist, die ungeheure Langeweile des vielen Kirchenlaufens, die alten langweiligen Gesichter der Kirchenbesucher, die Heuchelei der Weiber erzeugt noch heute in mir Abwehr. Ich bin in keiner Kirche weniger fromm als in Mackenzell.

Notiz *(Thalau,) 4. März 1936*

Am Nachmittag Konferenz[67] in Altenfeld. Vortrag: Gutberlet: Eintritt der Juden in die Weltgeschichte. Winkler redet in mystischen Worten über die Religion der deutschen Seele und des deutschen Gewissens. Er lehnt Orientierung an dem jüdischen Alten Testament ab. Das d[eutsche] Herz sagt ihm alles. Reeb regt an, daß einer der Lehrer einen Vortrag hält über den Religionsunterricht nach dem Alten Testament. Buhl und Kaib sind dazu bereit. Winkler will nach seiner Auffassung berichten[68].

Notiz *(Thalau,) 6. März 1936*

Hans-Schemm-Feier[69] 11-11.50 [Uhr] im Radio. Gedenkfeier. 13. IV.

Am Sonnabend kam der Unterbannführer der HJ. hierher[70]. Auf meine Veranlassung. Die Leistungen der hiesigen HJ [Hitler-Jugend] sind = O [gleich Null]. Ich hatte ihm gesagt, daß ich zur Mitarbeit bereit sei. Die Jungen wollen aber nichts von mir wissen. Der Bürgermeister + die Gemeinderäte waren auch erschienen. Sie erkannten alles an, was gesagt wurde. Was der Unterbannführer [sagte], war ziemlicher Quatsch.

Notiz *(Thalau,) 8. März 1936*

Heldengedenkfeier[71].

Feier vor der Kirche. Ansprache Kuratus Wald[72]. 2 Gedichte von J.V.[Jungvolk]-Pimpfen[73]. Meine Ansprache. Verlesen der Namen der Gefallenen. Grüßen der Helden. Beteiligung der nationalen Verbände. Bevölkerung nicht stark vertreten. Abends Versammlung der Kriegsgräberfürsorge[74]. Rechnungslegung über abgeführte Beträge. [...]

Notiz *(Thalau,) 10. März 1936*

[...] Goebbels redet über die neue Lage in D[eutschland][75]. Wir hören im Radio. G[oebbels] ist ein großartiger Volksredner. Er überzeugt. [...]

Notiz *(Thalau,) 15. März 1936*

[...] In Fulda teilgenommen an den Ausscheidungskämpfen des Sturmbanns II. R 61[76]. 25-km-Marsch. 3000-m-Hindernislauf, Kampfballspiele. [SA-Sturm] 12 R 61[77] Gersfeld gewinnt den 25-km-Marsch. [...] Mir macht der Sport große Freude. [...]

Notiz *(Thalau,) 18. März 1936*

Nationale Jugendverbände[78]: Wir Lehrer werden immer wieder aufgefordert, dafür zu sorgen, daß sämtliche Schüler vom 10. Jahr ab in den nationalen Verbänden organisiert sind. Zu der Werbung für diese Sache braucht man uns. Aber nachher steht uns kein Recht mehr zu, irgendwie Einfluß zu nehmen, und wenn die Führung noch so schlecht und der Betrieb an den Jugendtagen noch so oberflächlich sein [sic!]. Man will eben keine außenstehenden Erwachsenen, die vielleicht mit fertiger Weltanschauung an die Jugend herantreten, sondern sorgt dafür, daß die Jugend ganz unter sich bleibt und jeder Anregung von den patentierten Führern offengehalten wird [sic!], das besonders auf dem Gebiet der Weltanschauung. Gerade auf diesem Gebiet sind die nationalsozialistischen Jugendführer am mißtrauischsten gegen die ältere Generation und ist [sic!] ängstlich bemüht, irgendwelchen Einfluß auszuschalten. Im Grundsätzlichen ist das richtig, denn Nationalsozialismus bedeutet die Revolutionierung des Bisherigen, und die muß von der Jugend ausgehen. – Wir Lehrer spielen in der Jugendführung eine klägliche Rolle. Ich glaube, wir sind selten so aufs tote Gleis geschoben worden wie heute. Wenn Hans Schemm[79] noch lebte, würde das nicht möglich sein. Allenfalls Schule dürfen wir halten, außerhalb der Schule geht die Jugend uns nicht [sic!] an, und diese Bürschchen sind dazu angehalten, jede Einmischung sich zu verbitten. Worin besteht eigentlich noch eine Erziehungsmöglichkeit auf die schulentlassene Jugend? Heute wird doch gerade auf Erziehung der größte Wert gelegt, angeblich mehr als auf das Wissen, wir Lehrer sind doch nur noch Wissensvermittler. Siehe neues Lesebuch 5.+6. Schuljahr. Ist die Häufung von Stoff in Einklang zu bringen mit dem Grundsatz: Erziehung geht vor Unterricht? Die Anforderungen an Kenntnissen werden gesteigert, dabei geht uns der Samstag verloren[80]. Das sind 6 Wochen Unterricht im Jahr weniger.

Notiz *(Thalau,) 28. März 1936*

Am Abend (8 Uhr) gemeinschaftlicher Empfang der letzten Führerrede von Köln[81]. Im Wirtssaal findet sich nach und nach eine Menge, meist jüngerer Dorfleute ein. Politische Organisationen. Die Rede ist undeutlich. Danach Fackelzug. Abschluß am Dorfplatz, Gesangsverein singt ein Lied: »D[eutschland] höre wieder«. Mit kurzen Schlußworten und dem Lied: »O Deutschland hoch in Ehren« geht der Abend zu Ende.

Notiz *(Thalau,) 1. Mai 1936*

Tag der deutschen Arbeit. ½8 [Uhr] Gottesdienst. Poststadion ½9 [Uhr] Jugendkundgebung[82]. Es spricht B[aldur] v[on] Schirach[83]. Dr. Goebbels. Die nationalen Jugendgruppen[84] hören gemeinsam in der Wirtschaft in Thalau. Der Führer spricht. B[aldur] v[on] S[chirach] meldet. Feier der Reichskulturkammer. Dr. Goebb[els] sehr gut. 12.30 [Uhr] Feier im Lustgarten. Hitler spricht. Goebb[els] eröffnet die Feier.

Notiz *(Thalau,) 9. Mai 1936*

Gestern bei der Beerdigung von Pfarrer Bagon[85] ging es mir so auf, daß diese katholische Welt der Geistlichen eine ganz andre ist, die wir nicht verstehen können in der modernen Zeit. Andersgläubige werden überhaupt keine Einstellung dazu finden können. Das lateinische Gebet im Chor mutet einem fast komisch an. Warum nicht deutsch? Und dann die vielen dicken Pfarrer! Eine starke Vernachlässigung des Körperlichen, das verstehen wir nicht mehr.

Notiz *(Thalau,) 20. Mai 1936*

NSLB-Versammlung Alt[en]f[eld] ½3 [Uhr][86]. Vortrag Winkler-Reeb. Erfahrungsbogen für die öffentlichen Schulen. [...] In der Konferenz zu den Ausführungen von Winkler und Reeb gesprochen. Andre Überzeugung. Zustimmung.

Notiz *(Thalau,) 21. Mai 1936*

Hirtenbrief an die katholische Jugend[87].

Angeblich neuen Glauben, aus dem Blut geboren. »Hüften umgürtet mit Wahrheit.« Je weniger in den Jugendverbänden von Religion die Rede ist, desto mehr hinwenden zu der Kirche.

Notiz *(Thalau,) 3. Juni 1936*

[...] Ich lese: Stadt und Festung Belgerad, von J[osef] M[agnus] Wehner[88].

Wenn ich ein gutes Kriegsbuch lese, dann bin ich so ergriffen wie beim Lesen eines frommen Buches.

Notiz *(Thalau,) 15. Juli 1936*

[...] Mittags wieder nach G[ersfeld] gefahren[89]. Nichts versäumt. Wittm[ann][90] spricht über Geschichte der Bewegung. Viele Kollegen sind als Charaktere nicht viel wert. In ihrer häuslichen Umgebung gewiß, aber davon losgelöst sind sie nur Masse. Ich finde zu keinem ein Verhältnis. Unterhalten kann ich mich mit diesem und jenem, aber nicht mehr. [...]

Notiz *(Thalau,) 17. Juli 1936*

Gestern abend Kameradschaftsabend auf der Ziegelhütte. Geßner bekommt den Baumannsorden. Geistiger Tiefstand der Geselligkeit. Johlereien und Albernheiten bilden die Unterhaltung. Sehr viel Bier. Wittmann ist ein zügelloser Mensch. [...]

Notiz *(Thalau,) 18. Juli 1936*

[...] Warum passe ich so wenig in die größere Gemeinschaft eines solchen Lehrgangs. Die Kollegen sind mir so fremd. Ich beobachte fortgesetzt, leider ist zu wenig Gelegenheit, weil keine Betätigung, bei der sich der andere verrät.

Notiz *(Thalau,) 19. Juli 1936*

[...] Am Abend war der Abschieds-Kommers[91]. Ich bin nun mal kein Mensch für diese Plattheiten und das alberne Geschwätz. Wenn andere Beifall brüllen, kann ich mich nur langweilen.

Notiz *(Thalau,) 30. August 1936*

Schönes Wetter. Hochamt: Hirtenbrief der d[eutschen] Bischöfe[92]. Denkschrift an den Reichskanzler. Berufung auf das Konkordat[93]. Vordringen des Kommunismus, darum keine Uneinigkeit. Nach Spanien – ? Verleumdung der Kirche, weil in Verbindung mit Kommunismus. Dem Kommunismus gegenüber versagt jede neue Weltanschauung. Nicht Kampf gegen die Kirche, sondern Friede mit ihr. Nicht Waffengewalt ist ein dauerhaftes Gegenmittel. [...]

Notiz *(Thalau,) 5. September 1936*

Staatsjugendtag[94]. Ich möchte gerne alles Gute an dieser Einrichtung sehen, aber es kommt einen als Erzieher und Lehrer doch schwer an. Ich finde, daß mit der Jugend verantwortungslos verfahren wird. Eine Führerschulung ist überhaupt nicht wirksam. Aus sich heraus können die Jungen einer Schar Gleichaltriger nicht Herr werden. Die Autorität fehlt; wenn sie in etwa vorhanden ist, dann ist der Rückhalt am Lehrer spürbar.

Notiz *(Nürnberg,) 10. September 1936*

R.P.T. [Reichsparteitag][95]. Appell des Reichsarbeitsdienstes. Fackelzug. Vorbeimarsch der politischen Leiter.

Anreisetag.

[...] Mit Rud[olf] zusammen. Infanteriekaserne. Abends in Luis-Trenker-Film. »Kaiser von Kalifornien[96].« Das ist ein Mensch dahinter, ein Gipfelstürmer, ein Charakter, folgerichtig bis zum Irrsinn. Das Ergreifendste ist nicht die Tragik seines Schicksals, sondern die Zerstörung seines Familienglückes. Tod der Frau und Kinder. Wären sie am Leben geblieben, er wäre nicht zum Narr geworden.

Notiz *(Nürnberg,) 11. September 1936*

RPT [Reichsparteitag]. Appell der H.J. [Hitler-Jugend] – Stadion.

Notiz *(Nürnberg,) 12. September 1936*

Volksfest und Feuerwerk auf der Zeppelinwiese.

Wir kommen abends an in Nürnberg. Wieder ergreift mich das Erlebnis der großen Gemeinschaft, in der wir marschieren. Es ist wie im Krieg.

Notiz *(Nürnberg,) 13. September 1936*

8 Uhr SA-Vorbeimarsch. 11.30 [Uhr] Vorbeimarsch der SA. [...]

Notiz *(Nürnberg,) 14. September 1936*

1. Vorführung der Wehrmacht auf der Zeppelinwiese 8 Uhr.
2. Vorführung 14 Uhr.

Um 4 Uhr Wecken zum Abmarsch auf die Zeppelinwiese. 8 Uhr Beginn der Vorführung der Wehrmacht. Die neuzeitlichen Waffen werden im Gefecht gezeigt. Tanks [Panzer] und

Tankabwehr. Luftwaffe. Mich regt das Schauspiel auf. Wehe, wenn es Ernst würde, mit solchen Waffen Krieg zu führen. – Zur Handhabung dieser Maschinen ist eine lange Ausbildungszeit nötig.

Notiz *(Nürnberg,) 15. September 1936*

SA-Lager Langwasser.
Hier in Nürnberg erhält einer erst einen Begriff von der SA. Als Rudolf und ich durch die abendlichen Lagergassen gingen, sagte er: »Es ist wie ein Gang durch Deutschland.«

Den Tag mußten wir selbst ausfüllen. Der R.P.T. [Reichsparteitag] ist zu Ende. Das Lager leert sich. Wir waren in der Liebfrauenkirche und im Alb[recht]-Dürer-Haus. Die Kirche war kein Erlebnis mehr für mich nach dem gestrigen Besuch der Lorenz- und Sebalduskirche. Im Dürerhaus störte der Massenbesuch die Weihe dieses Hauses, in der einer [der] größten Genien lebte. [...]

Notiz *(Thalau,) 27. September 1936*

Hirtenbrief betreffend Vorgänge in Waldbreitbach (Klosterbrüder)[97]. Vermahnung der Bischofskonferenz Fulda.

Notiz *(Thalau,) 30. September 1936*

[...] Hanns Johst: »Schlageter«[98]. Schauspiel. Verlag A. Langer. München. (Aus der Landesbibliothek)

Ein Buch, das mich packte. Es ist zu schade, daß man auf dem Dorfe ein solches Buch nicht in einer Gemeinschaft lesen kann. Nicht einmal unter Kollegen findet sich eine kleine Anzahl Gleichgesinnter, die dies Schauspiel verstehen.

Notiz *(Thalau,) 28. Oktober 1936*

Zu Günther nach Lütter[99] gefahren. Ich sage ihm, daß ich von ihm erwarte, nicht in Thalau Fortbildungsschule[100] zu halten, wenn er mich als Nationalsozialist und Berufskamerad achtet. Aus Gründen meiner Berufsehre kann ich es nicht dulden, daß er hierher kommt. Er will mit mir beim Landratsamt vorstellig werden[101].

Notiz *(Thalau,) 1. November 1936*

Hirtenbrief: Katholische Kirche + Bolschewismus. Vorwurf gegen die Kirche, daß sich die Kirche nicht wehrt gegen Bolschewismus, wird zurückgewiesen.

Notiz *(Thalau,) 2. November 1936*

In Fulda bei Schweickardt [Schweikart][102] und Wittmann[103] wegen Fortbildungsschule[104]. S[chweikart] teilt mir mit, daß ich nicht 100%er Nationalsozialist bin und deswegen dem [NSDAP-]Kreisleiter nicht genehm bin für Erteilung des Fortbildungsschul-Unterrichts. Ich habe vor 1 Jahr in einer Lehrer-Versammlung die Meinung vertreten, daß Rosenbergs Buch vom Mythos [Mythus] des 20. Jahrhunderts wissenschaftlich widerlegt sei[105].

Notiz *(Thalau,) 3. November 1936*

»Dem politischen Führer haben religiöse Lehren und Einrichtungen seines Volkes immer unantastbar zu sein, sonst darf er nicht Politiker sein, sondern soll Reformator werden, wenn er das Zeug hierzu besitzt.« – Hitler: »Mein Kampf«.

Notiz *(Thalau,) 8. November 1936*

[...] In der Kirche: In einer bischöflichen Erklärung wird der Vorwurf des Landesverrates, der anläßlich des Kreis-Parteitages den Katholiken gemacht wurde, mit Schärfe und Nachdruck zurückgewiesen.

Notiz *(Thalau,) 17. November 1936*

Rassenpflege, ganz gewiß findet sie vollste Zustimmung. Unsere Rasse zunächst, soll auch noch gültig sein, aber die Geistesgrößen anderer Völker, anderer Rassen müssen anerkannt werden. Große Menschen anderer Nationen, mögen sie auf dem Gebiete der Erfindung, der Forschung, des Heereswesens oder der Musik, der Dichtung, der Religion Herren sein, sie müssen als solche internationalen Menschengrößen von allen Völkern anerkannt sein. Und die Heiligen.

Notiz *(Thalau,) 25. November 1936*

[...] Abends politische Versammlung über die Juden. Sehr mäßige Ausführungen.

Aufzeichnung[106] *(Thalau,) ca. Januar 1937*

Abschaffung des Staatsjugendtages:

Mit dem ... Januar 1937 ist der Staatsjugendtag in der bisherigen Form aufgehoben worden[107]. Nähere Erklärungen, warum diese Maßnahme erfolgte, sind nicht bekanntgegeben worden. Von den Lehrern, die ernsthaft in der Schule arbeiten und etwas erreichen wollen, wird es keinen geben, der sich nicht freut, daß er wieder eine volle Woche zur Verfügung hat. Die Schulleistungen sind zurückgegangen. Ob auf der anderen Seite durch den J.V. [Jungvolk]-Dienst so viel ausgeglichen wurde, daß die Jugend die Einbuße an Schul-Wissen und -Können ohne Schaden ertragen hätte, scheint doch auch höheren Ortes bezweifelt worden zu sein.

Notiz *(Thalau,) 3. Januar 1937*

[...] SA-Dienst – Führerbesprechung in Fulda. Neuorganisation. SAR [SA-Reserve] aufgelöst. Zuteilung zu [SA-]Sturm 7/418. Einteilung in aktive SA und SAR geschah aus wehrpolitischen Gründen, fällt jetzt weg. [...]

Notiz *(Thalau,) 17. Januar 1937*

Kommunion. In der Kirche Verlesen zweier Erklärungen der deutschen Bischöfe. Protest gegen die Gemeinschaftsschule[108]. Auf dem Boden des Gesetzes gewährleistet: den Bestand der Bekenntnisschule und die Neueinrichtung. Dagegen christliche Simultanschule.

2. Erklärung: Reichskonkordat erheben zum Reichsgesetz, garantiert Gewissensfreiheit und Bekenntnisschule.

Notiz *(Thalau,) 21. Januar 1937*

[...] »Es kann uns gleichgültig sein, welcher Konfession unsere Volksgenossen angehören. Unsere Frage ist nur, ob er ein anständiger Kerl, ein ehrlicher Deutscher ist.«

Gauleiter Weinrich[109] auf der Gautagung der politischen Leiter vor den Vertretern der Wehrmacht und der Partei. 20.I.37. Und in Wirklichkeit[110]? [...]

Notiz *(Thalau,) 23. Januar 1937*

[...] Ich habe dauernd so viel zu tun. Jede Minute ist mir kostbar. Ich komme mit der Zeit nicht aus, obwohl ich doch keine vertrödele. Auch unsere Kinder sind in einen streng geordneten Pflichtenkreis eingespannt.

Notiz *(Thalau,) 5. Februar 1937*

In der Hanseatenhalle in Hamburg spricht Dr. Goebbels[111]: Die Partei habe eine universale deutsche Aufgabe zu erfüllen, und sie lasse aus diesem Grunde jedem Volksgenossen auf religiösem Gebiet seine persönliche Freiheit[112].

Notiz *(Thalau,) 12. Februar 1937*

9 Uhr vormittags Pflichtfilm in Schmalnau: »Untergang der Emden«[113]. – Die ganze Klasse nahm teil. Die Kinder, die kein Geld mitbrachten, habe ich heimgejagt. Sie kamen dann auch mit dem Geld an. Der Film hat den Kindern gut gefallen, jedoch ist er nicht verständlich. Der Wechsel zwischen deutschem Schiff und englischem erhöht die Unsicherheit der Beurteilung.

Notiz *(Thalau,) 21. Februar 1937*

In Thalau wurde nichts veranstaltet, was dem Andenken der Gefallenen entsprochen hätte[114]. Nächstes Jahr will ich doch zeitig daran denken. [...]

Notiz *(Thalau,) 24. Februar 1937*

N.S.L.B. [Nationalsozialistischer Lehrerbund]. Tagung in Altenfeld. Stoffplan und Begründung des Stoffplans. Natürlich konnte nur ein Plan zur Besprechung kommen. Reeb. Winkler. Auch Feuerstein kam zu Wort. Man ist sich durchaus nicht klar, was man eigentlich will. – Abends Luftschutzschulung[115]. Gut besucht. Gut aufgelegt.

Notiz *(Thalau,) 6. März 1937*

½4 [Uhr] in der Kapelle des Instituts der Englischen Fräulein[116]. Pater Canisius Berninger S.J. [Societas Jesu][117]. Vortrag für Lehrer und Geistliche. [...]

Notiz *(Thalau,) 21. März 1937*

Palmsonntag. In der Kirche wird ein Papstbrief vorgelesen, der sich mit der religiösen Lage in Deutschland befaßt[118]. Er kritisiert eingehend und scharf die religions-gegnerische Haltung der nationalsozialistischen Regierung. [...]

Notiz *(Thalau,) 11. April 1937*

[...] In der Kirche: Predigt über die Gemeinschaftsschule. Abstimmung[119]. Ergebnis nicht bekanntgegeben. An Bischof gemeldet. In andern Kirchen beschlagnahmt. Hier wurde die Liste verbrannt.

Notiz *(Thalau,) 15. April 1937*

SA-Dienst: Zum Dienst waren wieder nur einige Männer erschienen. Die meisten waren entschuldigt. Einige hätten wohl da sein können. Denen fehlt das Verständnis für den Sinn der SA, und der kommt erst dann, wenn wirkliche Aufgaben gelöst werden.

Notiz *(Thalau,) 20. April 1937*

SA-Dienst in der Schar[120]. Musterung der Jahrgänge 1892-1912. Wegen meiner Verwundung bin ich bedingt tauglich geschrieben. Ich fühle mich aber tauglich I.

Notiz *(Thalau,) 25. April 1937*

Sturmdienst[121] am Schmaln[auer] Sportplatz. Ich muß den Trupp vorexerzieren[122]. Das macht Spaß. Überhaupt macht mir die Führung einer größeren Einheit Freude. Wir machen anschließend noch einen Orientierungslauf nach der Karte. [...]

Notiz *(Thalau,) 28. April 1937*

Morgens Begräbnis des [...] Wilhelm Sitzmann aus Altenhof, Bruder des Bauers S[itzmann]. Der Sarg ist von A[ltenhof] hergefahren worden und steht neben dem Pfarrhaus, als ich mit den Schülern und dem Geistlichen hinzutrete, um die Einsegnungsgebete mitzusprechen. Die Vaterunserleierei ist zu Ende, um gleich wieder zu beginnen. Es ist ein beschämendes, unwürdiges Geleier, das mit Gebet nichts zu tun hat. Es ist unmännlich, undeutsch und unchristlich. Vor der Majestät des Todes soll man schweigen. [...]

Notiz *(Thalau,) 30. April 1937*

Die Gemeinschaftsschule[123] läßt sich nicht mehr aufhalten. In der Presse ist ein heftiger Angriff auf die Klosterbrüder[124] im Schwang, sicher als Auftakt zur Abstimmung. Der öffentlichen Meinung soll gezeigt werden, daß die katholische Erziehung nichts wert ist. Wozu aber diese Methoden? Warum befiehlt H[itler] nicht einfach die neue Schulform? Oder warum wird keine öffentliche Abstimmung im ganzen Reich durchgeführt? Allgemeine, geheime, freie Wahl.

Notiz *(Thalau,) 1. Mai 1937*

Im Hühnerkropf[125]-Wirtshaus hörte ich die Führerrede[126] an, zuerst mit den Schülern; wegen der Unruhe schickte ich sie heim, weil sie doch nichts verstanden. Übertragung war nicht gut. Markante Sätze: »Wir werden ihnen ihre Kinder nehmen«; gemeint sind die katholischen Erzieher. – Am Schluß beim Siegheil blieb ich erst sitzen. Die anwesenden Männer machten keinerlei Anstalt aufzustehen, da blieb ich erst auch sitzen. Beim Deutschlandlied standen doch alle auf und sangen mit. Ich hätte eigentlich den Anstoß geben müssen, weil ich auch noch das Parteiabzeichen trug. Aber wenn man von einer Sache nicht durchdrungen ist, fehlt der Schwung, plötzlich eine Situation an sich zu reißen.

Notiz *(Thalau,) 4. Mai 1937*

Wallfahrt nach Schmalnau. Beteiligung mäßig. Kuratus Wald[127] ist krank. Ich übernehme die Vertretung. Heimzu habe ich vorgebetet. Die Gebete um Segen für die Feldfrüchte sind mit die schönsten Gebete im Gesangbuch. Es scheint, als ob noch altes germanisches Glaubensgut aus der Heidenzeit darin läge, so naturnah + fromm sind sie.

Notiz *(Thalau,) 5. Mai 1937*

NSLB-Versammlung Gersfeld. [...] Heindorf macht »unangenehme« Mitteilungen. Ausschluß aus NSLB (die katholischen Lehrerinnen)[128]. Abstimmung für die Bekenntnisschule[129] erregt den Zorn des H[eindorf]. [Er] will vertrauliche Besprechung mit denen, die es angeht. Die katholischen Lehrer gehen alle fort. Ein jeder sucht sich zu drücken. Nicht ein einziger steht mannhaft für sein Bekenntnis ein. Auch ich nicht. Die Feiglinge ließen mich doch im Stich, und warum soll ich mich für eine verlorene Sache einsetzen. Die Partei arbeitet mit Lüge, Verdrehung und Verleumdung, und wo das nicht genügt, mit Terror. Was nützt es dem einzelnen, dagegen anzurennen. [...]

Notiz *(Thalau,) 17. Mai 1937*

Im Gottesdienst wird ein Schreiben des Hochwürdigen Herrn Bischof vorgelesen[130], in dem betont wird, daß die Kirche die sittlichen Vergehen der zur Zeit verurteilten Ordensbrüder auf das strengste verurteilt. Wenn aber jemand nun angibt, daß er wegen dieser Vorkommnisse nicht mehr glauben könne, so zeigt er, daß er nicht auf das Wesentliche sieht. Die Kirche Gottes steht der Sünde fern. Sie wird das Laster überwinden.

Notiz *(Thalau,) 30. Mai 1937*

[...] Mit Fried[131] über die konfessionellen Streitigkeiten und die politische Lage auseinandergesetzt. Ihn läßt das kalt, weil er keine Einstellung zu religiösen Dingen hat.

Notiz *(Thalau,) 7. Juli 1937*

A[nnemarie] und ich [...] gehen auf unsere Wiese spazieren. Wir sprechen von unsern Kindern. Die Erziehung der Kinder muß konsequent sein, auch streng, die Kinder müssen das Gehorchen lernen, aber sie dürfen nicht so angefaßt werden, daß sie ihren eigenen Willen verlieren. [...]

Notiz *(Thalau,) 12. Juli 1937*
Geburtstag Uta Susanna Maria[132] 10 Minuten vor 24 Uhr.

Abends sind A[nnemarie], Jor[inde] und ich spazieren gegangen in den Wiesen. Die Wehen stellten sich schon stark ein, darauf hatte A[nnemarie] schon so sehnlichst gewartet. Jetzt schien es endlich zu beginnen. Die Wehen hörten nicht mehr auf, bis gegen 24 Uhr das kleine Mädchen ziemlich rasch zur Welt kam.

Notiz *(Thalau,) 12. September 1937*
Kommunion. In der Kirche: Hirtenwort zu einer Feierstunde für die katholischen Auslands-Deutschen[133]. – Endlich arbeitet die Kirche in deutschkatholischem Geist.

Redemanuskript[134] *(Thalau,) 19. September 1937*
Tag des deutschen Volkstums am 18. und 19. September 1937. Ansprache des Lehrers an die versammelte Dorfgemeinde auf dem Dorfplatz.
Liebe Volksgenossen!
Heute feiert das deutsche Volk den Tag des deutschen Volkstums. Was ist das für ein Gedenktag, fragt wohl manch einer. Daß diese Frage gestellt wird von einem deutschen Volksgenossen, beweist, wie notwendig ein solcher Gedenktag ist. Denn mit dem Wort »Tag des deutschen Volkstums« weiß er keinen Sinn zu verbinden. Dieser Gedenktag ist nichts Neues. In der Schule wird er schon jedes Jahr gefeiert. Aber wegen seiner Wichtigkeit ist es notwendig, daß er auch außerhalb der Schule in Erscheinung tritt. Wir begehen ihn dieses Jahr zum 1. Mal in der Öffentlichkeit des Dorfes. Welches ist nun die Bedeutung dieser Gedenkstunde? Der Tag des deutschen Volkstums soll den deutschen Volksgenossen im Reich bewußt machen, daß sie sich mit den deutschen Volksgenossen außerhalb der Reichsgrenzen als große Volksgemeinschaft eins fühlen. Von 3 Deutschen lebt einer außerhalb des Reiches. Und diesen neuen Auslanddeutschen gilt heute unser Gedenken und unser Gruß. Und umgekehrt gedenkt heute der Deutsche im Ausland seiner deutschen Brüder im Reich. Heute versammelt sich der Deutsche in den östlichen Ländern, in Polen,

Rußland, in den baltischen Ländern, in der Tschecho-Slow[akei] und in Jugo-Sl[awien][135], in Südtirol, in Nordschleswig und in Übersee und feiert mit diesem Tag das Gedenken an seine große deutsche Mutter, an sein Heimatland, von dem er oder seine Väter ausgezogen sind. Unter fremden Wirtsvölkern leben die Auslanddeutschen, manche Volksgruppen schon Jahrhunderte. Und das ist das Erstaunliche: Sie sind in dem fremden Land auch heute noch Deutsche geblieben. Sie haben ihr Volkstum bewahrt, Jahrhunderte durch. Zur Zeit Barbarossas, zur Zeit der Kreuzzüge, zogen deutsche Bauern von Rhein und Mosel nach Siebenbürgen in Rumänien, das sind nun schon 700 Jahre her. Als wir im Weltkrieg zu ihnen kamen[136], da waren wir so maßlos erstaunt, es war uns, als kämen wir in ein deutsches Dorf im Reichsgebiet. Und im ungarischen Banat leben heute noch die Stifoller, die aus dem Stift Fulda auswanderten, darunter auch ein Thalauer, ein Nikolaus Herbert von »Dole«, verheiratet mit der Margrete Noll aus Motten, [der] in der Chronik genannt wird. Er wanderte aus in der Mitte des 18. Jahrhunderts um 1745. Mit ihm zogen viele Bauern aus dem ehemaligen Stift Fulda ins Ungarland. Als vor einigen Jahren der Petersberger Lehrer Hack die Stifoller im Banat besuchte, da war er überwältigt (erstaunt)[137], daß die dortigen Deutschen heute noch ihren Fuldaer Dialekt sprachen. Sie sind nicht nur ihrem katholischen Glauben treu geblieben. Sie haben auch ihre alten heimatlichen Gebräuche und Sitten behalten. Am 1. Fastensonntag brennen sie ihr Hutzelfeuer ab und singen das »Sillis Kell Erwes mit Hutzelbruh geschmälzt«[138], als wenn es hier in Thalau oder Stellberg wäre. – Durch den unglücklichen Ausgang des [Ersten] Weltkrieges sind große Teile vom deutschen Mutterland abgetrennt worden, insgesamt 70 000 qkm mit 6½ Millionen Einwohnern. Das entspricht einer Fläche so groß wie Bayern und einer Einwohnerzahl der von Bayern. Und noch ein anderer Verlust an deutschem Volksboden hat das d[eutsche] Volk zu beklagen. Die Regierungen der neu gebildeten Staaten haben durch eine sogenannte Agrarreform die d[eutschen] Bauern enteignet, ihnen den Besitz einfach durch Staatsgesetz entrissen. Der Verlust beträgt ungefähr dieselbe Fläche wie das verlorene Gebiet, also 70 000 qkm. Das Sudet[en-]D[eutschtum] in der Tschecho-Sl[owakei] leidet unter einer furchtbaren Arbeitslosigkeit[139]. Neben dieser wirtschaftlichen Not leiden die Deutschen unter schwerem geistigem Druck. Besonders brennend ist der Kampf um die d[eutsche] Schule und damit um die d[eutsche] Sprache, um deutsches Kultur- und Geistesleben. Den d[eutschen] Kindern wird es vielfach unmöglich gemacht, d[eutsche] Schulen zu besuchen. Der fremde Staat gibt keinen Pfennig für das d[eutsche] Schulwesen. Aber trotzdem halten die Auslandsd[eutschen] unter schweren Opfern ihre Schulen. Und die Pfennige, die die d[eutschen] Schüler im Reich sammeln, kommen durch den V.D.A. [Volksbund für das Deutschtum im Ausland][140] den d[eutschen] Schulen zugute. Ohne Hilfe aus dem Reich wird das Auslandsd[eutschtum] den Riesenkampf nicht auf die Dauer bestehen. Unser eignes wirtschaftliches Interesse gebietet uns, ihnen zu helfen, denn die Auslandsd[eutschen] sind unsere besten Kunden für unsere Industrieerzeugnisse. Aber diese Überlegung darf nicht der Grund sein, daß wir den Auslandsd[eutschen] Treue und Liebe und Opferbereitschaft erweisen. Sie sind unsere Brüder, und wo immer ein d[eutscher] Bruder in Not ist, verdient er unsere Hilfe. Ein starkes Band der Treue muß uns als Volk umschließen, muß uns zusammenbinden. Die 65 Millionen im Reich und die 30 Millionen im Ausland sind eine große Familie. Und wie die Auslandsd[eutschen] stolz auf ihr Mutterland schauen, so wollen wir im Reich voll Treue ihnen die Hand entgegenstrecken und sie festhalten und ihnen zurufen: Wir vergessen Euch nicht. [Lied: »Ich hab mich ergeben.«][141] Und stimmt ein in den Ruf: Unser großes deutsches Volk im Reich und im Ausland und unserm Führer, der dies Volk geeint, ein dreifach Sieg-Heil.

[...]

Nachtrag: Die Kundgebung war zu wenig bekannt. Als wir auf den Platz kamen, waren fast alle Kirchgänger verschwunden. Aber wir fingen doch an. Nach und nach lief immer mehr Volk zusammen, sodaß ich doch nicht vor den Kindern allein zu sprechen hatte. Ich war richtig in Fahrt gekommen und sprach aus voller Seele, durchaus auf die geistige Fassungskraft der Dorfmenschen Rücksicht nehmend. Ich merkte, wie ich die Zuhörer in den Bannkreis meiner Worte zog; als das Lied: »Ich hab mich ergeben« gesungen wurde, sang alles mit, und bei den Nationalliedern kam eine ehrliche Begeisterung zum Ausdruck, ebenso bei dem »Sieg Heil«. – Ich habe aus dieser anfangs entmutigenden Sachlage gelernt, es muß nur ein Mensch selbst von einer Sache beseelt sein, dann reißt er die andern mit. Solche öffentlichen, nationalen Kundgebungen müssen öfters stattfinden. Sie können mit wenig Mitteln aufgezogen werden, sie erreichen doch den Zweck, daß die Menschen des Dorfes aus ihrer Dumpfheit aufgerüttelt werden. Und das ist sehr wichtig. Warum überzeugen so wenige Redner? Weil sie selbst nicht ergriffen sind von dem, was sie sagen. Feuer entsteht nur durch Feuer.

Notiz *(Thalau,) 16. Oktober 1937*

[...] Um 6 [Uhr] fahre ich zum Kreisparteitag nach Fulda. Ehser[142] und der Landrat hetzen in gewöhnlicher Weise gegen die Geistlichkeit. Sie sind aber zahm gegen voriges Jahr. [...]

Notiz *(Thalau,) 26. Oktober 1937*

Manche Männer, die im nationalsozialistischen Staat etwas geworden sind, kommen mir oft vor wie die Kinder. Sie stellen sich wohl mal auf den Stuhl und sagen: Vater, ich bin größer als du.

Wenn manchmal einer eine Uniform anhat, dann meint er, er könnte auf andere herabschauen.

Aufzeichnung[143] *(Thalau,) ca. 9. November 1937*

Der 9. November.

[...]

12-13.30 [Uhr]. Übertragung des Marsches zur Feldherrnhalle[144].

Eine eindrucksvolle Feierstunde. Für die Kinder und mich selber ein tiefes Erlebnis. Die Fahnen sind nicht auf Halbmast gesetzt, sondern Vollmast. Die Erinnerung an die Toten des 9. November ist keine quälende, zur Trauer stimmende, sondern zur Ehrfurcht und zum Stolz hinweisende. Der Marsch beginnt vor dem Bürgerbräukeller in München. Generaloberst Göring[145] gibt den Befehl zum Abmarsch. Adolf Hitler reiht sich ein. Jul[ius] Streicher[146] geht zuerst, der Gauführer von Franken. Die Blutfahne[147] ist das einzige Symbol, das über dem Alten Garten schwebt. Einst trug sie Bauriedel [Bauriedl]. Der ist mit ihr gefallen. Die Namen der Führer werden genannt, dann schließen sich die vielen unbekannten Männer an, 3000 Blutordenträger[148]. Auf dem langen Weg, den der Zug nimmt, stehen Feuertürme. Jeder trägt den Namen eines gefallenen Nationalsozialisten. 274 Namen nennt der Sprecher. Dazu klingt das Horst-Wessel-Lied[149] ganz leise auf, Trommelschlag und wieder dasselbe Lied. Wie wenig Namen kennen wir. Aber die Schüler freuen sich bei den Namen, die sie kennen. Sie warten auf Horst Wessel. Als letzter wird er genannt. Nein, diese Helden sind nicht gestorben, sie leben. Über ganz Deutschl[an]d wird ihr Name gerufen. Sie marschieren alle mit. Und mein Herz marschiert mit. Ich gehöre in diese Reihen, ich spüre es. Schon immer bin ich dabei gewesen. Es ist mein Schicksal, daß man mich nicht haben will. Das ist ein großes Unrecht, das man uns katholischen Menschen antut. Wenn wir unsere Überzeugung in religiöser Beziehung nicht preisgibt [sic!], sind wir keine ganzen Nationalsozialisten. Wie viele Katholiken mögen unter den toten Nationalsozialisten sein? – Die Kinder schreiben zur Erhöhung der Aufmerksamkeit die Namen mit, summen das H[orst-]W[essel-]Lied mit. In der Minute zählen wir 11–12 Namen. Wie lange Zeit dauert das? Rechenaufgabe. Wie lange die 2 000 000 Gefallenen des Weltkrieges. Mich ergreift der Gedanke, wenn die Angehörigen den Namen ihres Toten hören. Eine solche Feierstunde übermittelt in dem Kinde ein starkes Gefühl der Teilnahme an dem damaligen Geschehen, erweckt Liebe zu den Opfern, macht das Gemüt empfänglich für Hingabe an das Große, Erhabene. Keine Unterrichtsstunde könnte das so vermitteln. Es fallen uns viele polnische Namen auf. – 16 Kanonenschüsse schlagen an unser Ohr. Generalfeldmarschall von Blomberg[150] legt einen Kranz nieder vor der Feldherrnhalle. »Ich hatt' einen Kameraden« erklingt. Vor innerer Bewegung kann ich mich nicht halten. Tränen treten mir in die Augen. Ich suche es zu verbergen.

Die Kinder merken es doch, auch sie sind ergriffen. Lautlose Stille. Stehend hören sie das Lied an. – Dann hören wir in scheinbar endloser Wiederholung das Deutschlandlied. Die Kinder singen leise mit, alle 3 Strophen. Endlich Fanfarenklänge, der Zug ist vor der Ewigen Wache angelangt. Die 16 Gefallenen werden aufgerufen. H.J. [Hitler-Jugend] ruft das »Hier«. Trommelwirbel und Querpfeifen erklingen, man meint, der Tote kommt heranmarschiert. Wir haben eine Abbildung der 16 Gefallenen und betrachten uns jeden. Morgen schreiben wir die 16 Namen auf. Die Totenehrung ist beendet. Das ist eine ergreifende, deutsche Heldenehrung – kein Gebet, kein Requiem im hohen Dom ist so erhaben, soldatisch, männlich, verpflichtend. – Mit der Kranzniederlegung Blombergs wird zum Ausdruck gebracht, daß die Wehrmacht die Verbindung mit diesen Toten in ihr Erbe aufnimmt.

»Wenn eine Mutter zu mir käme und sagte: ›Herr Hitler, Sie haben meinen Sohn auf dem Gewissen‹, dann wäre der 9. November umsonst gewesen, aber es ist keine gekommen, im Gegenteil, 10 000 andere sind dazugekommen.« Ad[olf] H[itler]

Notiz *(Thalau,) 9. November 1937*

Feier zu Ehren des 9. November. 12-½2 [Uhr] am Radio den historischen Marsch zur Feldherrnhalle in der Schule gehört. Großer Eindruck bei den Kindern und auf mich. Eine wunderbare Totenehrung. Das ist ein deutsches Requiem, da ist ein neuer Stil. Ich bin den ganzen Tag in gehobener Stimmung.

Notiz *(Thalau,) 17. November 1937*

8 Uhr Gottesdienst, Requiem für die Gefallenen. A[nnemarie] sowohl als auch mir kam es zum Bewußtsein, daß diese Art der katholischen Totenehrung keinerlei inneres Erleben zuläßt. Es ist etwas fremdes, abstraktes und [undeutsches][151]. Wie ganz anders könnte diese Totenehrung sein.

Notiz *(Thalau,) 28. November 1937*

Einkehrtag für die Männer und Jungmänner. Pater Johannes vom Frauenberg[152] hält die Vorträge. Die Predigten waren gut, einleuchtend volkstümlich, für einen Gebildeten jedoch nicht ausreichend begründet. Es gibt doch verschiedene Widersprüche, die nicht mit der Autorität des Glaubens gelöst werden können.

Notiz *(Thalau,) 1. Januar 1938*

[...] Der Krieger-Verein hat den alten Veteran zu Grabe geleitet. Ehrensalve. Grabreden. Hinterher strömt die ganze Kameradschaft ins Wirtshaus. Wann wird's da ein Ende geben? Ich stehe abseits. Diese Art Geselligkeit und Kameradschaft liegt mir nicht. So werde ich stets als Außenseiter betrachtet.

Notiz *(Thalau,) 21. Januar 1938*

A[nemarie] [hat] sehr viel Verständnis für meine Volkstumsarbeit, das heißt aber mehr scharfe und meist richtige Kritik; sie sieht genau meine Fehler, neuerlich wird auch Helmut zu meinem Richter. Das ist eine gute Bremse. Ich habe ja auch schon einige Erfahrung. Wenn sie sich dazu aufschwingen könnte, aktiv mit mir zu arbeiten, mir zu helfen, als immer nur zu richten, dann könnte ich noch viel mehr und freudiger schaffen. – Gerade die Volkstumsarbeit im Dorf ist eine dankbare Aufgabe, die der Arbeit des Lehrers Anerkennung bringt.

Notiz *(Thalau,) 25. Januar 1938*

Gestern abend Versammlung der Hauswarte im Luftschutz[153]. Ich spreche eine Stunde lang über Aufgabe und Sinn des Luftschutzes. Ich kann allmählich frei reden, wenn ich den Stoff beherrsche.

Notiz *(Thalau,) 5. Februar 1938*

Konferenz in Gersfeld[154]. Ich habe das Bedürfnis, ab und zu mit Kollegen über Schulfragen zu reden, aber mit wem? Es ist fast nicht einer dabei, der mein Vertrauen genießt. Überhaupt ist eine kameradschaftliche Bindung untereinander so gut wie nicht da. Es traut keiner dem andern. Eine ehrliche Meinung zu äußern, ist ja auch gefährlich.

Notiz *(Thalau,) 19. Februar 1938*

[...] Abends Kameradschaftsabend der SA in Lütter. A[nnemarie] freute sich auf den Abend, ich auch. Es war aber kein geschlossener Abend, keine nette Geselligkeit; Rummel und Betrieb wie auf jedem andern Tanzabend auch. [...] Die Auffassung meines Sturmführers[155] und anderer Kameraden vom Leben und [von der] Lebensgestaltung ist eine so verschiedene, daß ich bei diesen gesellschaftlichen Gelegenheiten gar nicht mit ihnen übereinkomme. Im Dienst geht es ganz gut.

Aufzeichnung[156] *(Thalau,) ca. 13. März 1938*

Heldengedenktag 1938. Anschluß Deutsch-Österreichs[157], 13. März.

Feier am Hühnerkröpfer Berg.

Durch die Erkrankung meines Vaters war ich in letzter Zeit oft zu Hause und hatte mich nicht darum gekümmert, was zur Feier des Heldengedenktages im Dorf gemacht werden sollte. – Am Sonntag erfuhr ich, daß nichts vorbereitet war. Nach dem Hochamt hieß ich den Bürgermeister und andere Männer warten, und wir besprachen die Möglichkeit einer Feier am Abend. Natürlich verhielt man sich ablehnend. Ich setzte mich aber mit Entschiedenheit dafür ein und überzeugte die Männer, daß wir einen Tag dieser geschichtlichen Bedeutung auf keinen Fall vorübergehen lassen dürften, ohne daß das ganze Dorf wachgerüttelt würde. Im Laufe des Tages sammelte das Jungvolk, ([...][158] sich) Reisig im Wald und im Dorf [...][159] die SA zu einem großen Haufen [... Lehrer Feuer]stein[160] von Stellberg hatte auch in Stellberg für die [Feier gewor]ben[161]. Auf dem Dorfplatz sammelten sich die Thalauer. Der Verkauf von Fackeln ging sehr langsam. Die jungen Kerle vor allem weigerten sich, die 20 Pfennig dafür auszugeben. Erst als ich energisch an diese Burschen herantrat und ihnen die Fackeln einfach aufnötigte, waren wir soweit, daß der Zug sich endlich in Bewegung setzen konnte. In H[ühner]kr[opf] warteten die Stellberger schon eine ganze Zeit auf uns. Die SA hatte ihre Uniformen angelegt und marschierte mit, auch HJ [Hitler-Jugend] und J.V. [Jungvolk]. Oben angekommen, wurden die Fackeln ausgemacht. In der Nähe des Holzhaufens stellte sich alles auf. – Ich hielt eine Ansprache und gedachte der Gefallenen. Mit großer Eindringlichkeit rief ich die gefallenen Helden unserer Gemeinde in den Kreis, als ich zwei Fackeln entzündete und damit dreimal durch die Luft schlug. Der Schein des Feuers weckte im Turm der Thalauer Kirche die große Kriegerglocke, die zu dröhnen begann und langsam ihren Totenweckruf herauf zu dem Berg sandte. Beim Schein der Fackeln, begleitet vom Klang der Glocke, verlas ich die Namen der 22 Gefallenen. Es waren ergreifende Minuten. Mit dem Lied vom Guten Kameraden war die Feier beendet. – Ich ergriff nun wieder das Wort und sagte, daß wir nicht nur zur Totenfeier auf den Berg gekommen seien, sondern auch zu einer Freudenfeier. Ich würdigte in weiteren Worten die Bedeutung des heutigen denkwürdigen Tages, an dem Österreich dem Deutschen Reich durch des Führers Tat heute einverleibt wurde und damit der hundertjährige Traum vom Großdeutschen Reich in Erfüllung gegangen sei. Unter dem Gesang des Feuerliedes entzündeten die Jungen den Reisighaufen, der weithin in die Nacht leuchtete. Die Jugend sang noch mehrere vaterländische Lieder, dann begab sich alles wieder auf den Heimweg. Es war eine der schönsten Feiern, die wir im Dorfe hatten.

Notiz *(Thalau,) 15. März 1938*

Der Anschluß Österreichs ans Reich löst überall große Freude aus. Riesige Begeisterung in Österreich und Berlin[162] beim Empfang des Führers.

Notiz[163] *Mackenzell, 24. März 1938*

Kriegerdenkmal auf dem Hühnerkropfer Berg[164].

Beschreibung des Denkmals: Das Denkmal ist ein stehendes Steinprisma, aus Sandsteinen gemauert und zwar unbehauenen Feldsteinen. In der Mitte der Vorderseite ist ein Einlaß, ein Hohlraum, der durch eine Bronzetür abgeschlossen ist. In diesem Gelaß liegt ein Buch, in dem die Namen der Gefallenen (22) aufgezeichnet sind. Um den Stein herum stehen im Quadrat 22 Sandsteine mit schalenartiger Vertiefung, die als

Feuerschalen gebraucht werden können. An den 4 Ecken steht je eine Linde.
Das Ehrenbuch: In dem Ehrenbuch stehen die Namen der Gefallenen. Von jedem ist die Familie, Haus und nähere Verwandtschaft angegeben. Alles Wichtige aus der Kriegszeit, der Teilnahme an Gefechten, Art und Umstände des Todes, des Grabes, soweit es zu ermitteln ist, soll darin aufgezeichnet werden. An 11 Tagen vor dem Heldengedenktag und 11 Tagen danach wird an jedem Tag in der Schule ein Gefallener geehrt und sein Schicksal den Kindern vorgelesen.
Heldengedenkfeier: Jedes Jahr findet am Denkmal die Heldengedenkfeier statt. Das Ehrenbuch wird aus dem Stein herausgenommen und die Namen der Toten [werden] genannt.

Redemanuskript[165] *(Thalau,) ca. 3. April 1938*
[Ansprache an die Schulkinder, Eltern und Dorfhonoratioren anläßlich der Schulentlassungsfeier am 3. April 1938][166]
[...] Für Euch, Ihr Schulentlassenen, ist das eine besondere Ehre. Euch zu Liebe und Euch zu ehren, machen wir diesen Abend. Zum letzten Mal steht Ihr hier als meine Schüler, gehört ihr der Klassengemeinschaft an. Der Scheidetag soll ein Festtag für Euch sein. Die Augen des Dorfes ruhen auf Euch, und nicht nur Eure Eltern, auch all die ernsten Besucher, die hier im Raume sind, die machen sich ihre Gedanken über Euch. Und mancher denkt, was wird wohl aus dem und der werden. Was mag in 10 Jahren aus ihnen geworden sein. Gewiß sind solche ernsten Gedanken berechtigt und lassen sich gar nicht abwehren. Aber beim Anblick dieser 14 gesunden jungen Menschenkinder, da überkommt einen doch die Freude. Und Ihr lieben Eltern könnt stolz auf sie sein und könnt Euch herzlich freuen, daß Euer Kind soweit ist, wenn auch schon wieder neue Sorgen vor der Türe stehn. Indem ich Eure Kinder vor die Gemeinde hinstelle, stelle ich auch Euch hinter ihnen auf, und die Augen der Gemeinde richten sich auf Euch. Und jedem Elternpaar dankt die Gemeinde, jedem Elternpaar drücke ich als Lehrer und Vertreter des Staates die Hand und sage Vater und Mutter herzlichen Dank und Vergeltsgott, dafür, daß Ihr diesem Dorf und diesem Land das

Kind geschenkt und miterzogen habt. Liebe Volksgenossen, die Ihr auf diese Kinder schaut, seht Ihr hinter jedem die große Reihe ihrer Ahnen, die zwei Eltern, die vier Großeltern, die 8 Urgroßeltern und die unendliche Reihe all der Vorfahren. – Wir brauchen nur einige Geschlechter zurückzugehen, und schon werden wir in den Chroniken feststellen, das ist ja unser eigner Ahn, unsere eigene Ahne. Dieses Kind, diese Kinder sind ja blutsverwandt mit mir. Tatsächlich ist es so, daß die Bevölkerung eines Dorfes, besonders eines Dorfes, das nicht im Verkehr liegt, auf einige Wurzelfamilien zurückgeht, und daß allesamt miteinander verwandt sind. Dieser Gedanke der Blutsverwandtschaft schließt aber auch eine ernste Verpflichtung ein. Wir wollen im Dorf sein wie eine große Familie und wollen diese Familie in ihrem Wohlergehen unterstützen, nicht eigenbrötlerisch abseitsstehn. Wir wollen aber auch alles vermeiden, was das gute Blut unserer Ahnen auf uns vererbt hat [sic!], verdorben wird. Für die Jugendlichen gilt die Warnung: Verderbt Euch nicht Euer Blut durch die Keimgifte des Alkohols und, was noch gefährlicher ist, des Nikotins. Hütet Euch, Ihr jungen Menschen, vor den Gefahren, die unsittliches Leben mit sich bringt. Und, Ihr jungen Männer und Frauen, laßt bei der Wahl Eures zukünftigen Ehegatten nicht die Gesetze des Blutes außer acht. Denn die Gesetze des Blutes sind meist entscheidend über Gesundheit und geistige Anlagen, Charakter Eurer Nachkommen. Der nationalsozialistische Staat öffnet uns die Augen für die Fragen des Erbgutes. Und, Ihr Schulentlassenen, vergeßt es nicht, was ich Euch darüber gesagt habe. – Seht Ihr, zu welch langer Gedankenreihe die Leute da unten kommen, wenn sie Euch da stehn sehn. Seid Euch bewußt, Ihr seid das Glück Eurer Eltern; Ihr begegnet in Eurem Leben keinem mehr, der Euch lieber hätte, der sich mehr Sorgen um Euch macht. Heute sind sie stolz auf Euch und setzen große Hoffnungen auf Euch. Werdet tüchtige, gute Menschen und sorgt dafür, daß die Hoffnungen, die Eure Eltern in Euch setzen, nicht zerknickt werden.

Auch ich will Abschied von Euch nehmen. Ihr scheidet aus der Schulgemeinschaft aus und geht in den Kreis der Familie und die größere Gemeinschaft des Dorfes zurück. Ich gebe Euch dem Elternhaus zurück, das Euch vor 8 Jahren uns anvertraute. Ihr habt die 8 Jahre viel gelernt, es reicht bei allen, das kann ich mit besonderer Freude sagen, daß Ihr im Leben damit fürs erste auskommt. Wir haben tüchtig miteinander gearbeitet, es ging manchmal hart auf hart und scharf her. Aber wir haben auch viel Freude zusammen gehabt. Besonders das letzte Jahr hat's Euch gut gefallen. Das war das schönste Jahr der Schulzeit. Ich will auch keine großen Ermahnungen und Lehren zum Abschied sagen. Unser lieber Herr Kuratus[167] hat Euch in letzter Zeit so gründlich unterwiesen, daß es wohl für's erste genügt. Was ich Euch aber zum Abschied sagen will, ist das: Ihr wißt, daß ich es gut mit Euch gemeint habe, daß ich auch in Zukunft das Beste für Euch wünsche und Euer ferneres Leben mit herzlicher Anteilnahme verfolge, Eure Eltern wissen es auch, daß ich es gut mit Euch gemeint habe, und so scheiden wir als Freunde. Und wenn Freunde sich wieder begegnen, dann freuen sie sich, daß sie sich wiedersehn. Und so wollen wir es halten. Und das wäre mein Abschiedswunsch.

Notiz *(Thalau,) 21. April 1938*

[...] Wenn sich einer unterstehn würde und einem von uns mir nichts dir nichts die Kleider vom Leib reißen würde oder wenn er uns mit Gassendreck bewerfen würde, dann würden wir diese Angriffe entsprechend tätlich abwehren. Was tun aber diese Menschen anders, die in Wort und Schrift die Weltanschauung des andern, die Persönlichkeit des Nächsten angreifen.

Notiz *(Thalau,) 27. April 1938*

[...] In Gersfeld Konferenz, amtlich mit 2 Lehrproben von Kaib. Nachmittags Vortrag. Ich nehme nicht am Essen teil. Die Kameradschaft beim Bierglas ist nicht viel wert. Außerdem spare ich. [...] Diese Konferenz! Wie kann man an der ersten Zusammenkunft nach den großen Ereignissen mit Österreich[168] einen so dummen Mist verzapfen lassen, wie es der Vortrag von Kaib war.

Notiz *(Thalau,) 1. Mai 1938*

Flaggen! In unsern Dörfern erleben wir ja nichts vom Pulsschlag der Geschichte in der heutigen Zeit. Was ist uns der 1. Mai? Ich habe heute noch nicht mal Zeit, die Rede des Führers zu hören[169].

Notiz *(Thalau,) 5. Mai 1938*

[...] Abends SA-Führerbesprechung in Schmalnau. Ich kann dem Dienst bald keinen Ernst mehr entgegenbringen und sehe kein Ziel, das mich anzieht. Um ¾11 [Uhr] kam unerwartet der Brigadeführer, Oberführer Worrel. Ein wenig imponierender Mann. Mir kommt es vor, als ob er ein Sklave irgendwelcher Leidenschaften stände [sic!], so unfrei, unfertig erscheint er mir. – Dagegen ist der Sturmführer Simon ein ganz andrer Kerl. Er hat wenigstens ein anderes Auftreten. Mir geht es immer so, wenn ich in einer größeren Gemeinschaft bin, dann befällt mich ein Gefühl des Alleinseins und des Überdrusses.

Notiz *(Thalau,) 8. Mai 1938*

SA-Sporttag. Fulda. Ich habe ihn mitgemacht. Er hat mir von neuem die ganze Sache verleidet. Ich habe keine Freude mehr daran. Die Sinnlosigkeit kommt mir immer mehr zum Bewußtsein. [...]

Notiz *(Thalau,) 22.–24. Mai 1938*

[...] Auf der Spielweise spielen Kinder aus dem Dorf Völkerball. Wenn die Kinder beim Spiel unter sich sind, dann kann man so richtig ihre Natur beobachten. Sie beschimpfen sich mit den gewöhnlichsten Ausdrücken, betrügen einander, streiten und zanken sich. Wie ganz anders ist ein richtig geleitetes Spiel. [...]

Sport ist ein sehr gutes Erziehungsmittel. Bei den Kampfspielen offenbart sich der Charakter des Kindes, da treten die ungezügelten Leidenschaften, die Empfindsamkeit, die Zanksucht, Lügenhaftigkeit zutage. Da muß der Erzieher einsetzen. Im übrigen Unterricht bemerkt er diese Fehler nicht in dem starken Maße. Nur eine starke Persönlichkeit, ein in sich gefestigter Charakter kann aber erzieherisch wirksam sein. Es ist ausgeschlossen, daß Kinder unter sich allein miteinander fertigwerden. Jugend von Jugend geführt ist ein Irrtum[170]. [...]

Notiz *(Thalau,) 25. Mai 1938*

[...] Gestern abend beim Bürgermeister wegen [...] des Schulhaushalts. Anschließend Unterhaltung über politische Tagesfragen. Wegen der sudetendeutschen Lage[171]. Flor[ian] Kreß glaubt an Krieg. Ich halte ihn für ausgeschlossen. – Die Verwicklung wäre zu groß.

Notiz *(Thalau,) 12. Juni 1938*

Im Kreuz ist Heil! Bekenntnissonntag der Jugend[172]. Predigt vom Kreuz. – Auch der jetzige Kuratus[173] schimpft und sieht seine Aufgabe vor allem in der Kritik. – Mit der Jugend wird er auch nicht fertig. [...]

Notiz *(Thalau,) 12. Juli 1938*

Konferenz in Poppenhausen. [...] Lehrer Diez hält den Geschichts-Unterricht und Deutsch. Lektion von den Juden. – Beschränkt, fanatisch, engstirnig, ungebildet[174].

Notiz *(Nürnberg,) 8. September 1938*

Fahrt nach Nürnberg[175]. Abfahrt Fulda 8.47 [Uhr]. Ankunft Nürnberg-Fischbach 14.43 [Uhr]. A[nnemarie] in Lorenzerschule untergebracht, ich im Zeltlager Moorenbrunn.

Notiz *(Nürnberg,) 9. September 1938*

Um 10 Uhr mit A[nnemarie] getroffen. 11.00 [Uhr] Parteikongreß in Kongreßhalle, großartiger Raum.

Notiz *(Nürnberg,) 11. September 1938*

SA-Appell im Luitpoldhain. Großartiges Bild.

Notiz *(Nürnberg,) 12. September 1938*

In Nürnberg. [...] Das Fest ist aus. [Nürnberg] 20.43 [Uhr] ab, Fulda 2.04 [Uhr an]. [...]

Notiz *(Thalau,) 23. September 1938*

Abends SA-Unterführer-Besprechung wegen Schrottsammlung. – Bei der Hinfahrt nach Hett[en]haus[en] motorisierte Geschützbatterien, die nach Wildflecken fahren und von Prenzlau und Stettin kommen. Die Teilmobilisation beginnt[176].

Notiz *(Thalau,) 25. September 1938*

[...] Im Rundfunk Nachricht, daß Frankr[eich] + Engl[an]d die Tsch[echo]slowakei unterstüzen. Besprechung mit Chamberlain anscheinend negativ[177]. [...]

Notiz *(Thalau,) 26. September 1938*

Kriegsgefahr! Heute abend Hitlerrede[178]. Sie hat uns nicht gefallen. Er redet maßlos, überheblich, man kann sagen, seine Art ist wenig vornehm, überlegen. Ausdrücke wie »demokratisches Lügenmaul« sind unwürdig eines großen Staatsmannes, der ein großes Volk vertritt. Er will nicht nachgeben. Wir befürchten, daß es Krieg gibt.

Notiz *(Thalau,) 27. September 1938*

Jetzt kommt einem doch auch mal zum Bewußtsein, welch große Gefahr die Staatsform der reinen Diktatur hat. Was steht im Wege, wenn Hitler unzugänglich bleibt und das d[eutsche] Volk in den Krieg stürzt? Volksbefragung? Das sind große Worte, in Wirklichkeit wird das Volk nicht gefragt. Ganz anders die Demokratie mit dem Parlament.

Notiz *(Thalau,) 28. September 1938*

Das war ein böser Tag. Der Schatten eines Krieges breitete sich immer dunkler über Deutschland und Europa. Ich bin sehr besorgt über das eigene Schicksal und das der Familie, aber noch mehr fast über das des Volkes. Dieser Krieg wäre in seinen Folgen ungeheuer schlimm. – Wir stürzen jedesmal, wenn der Rundfunk Nachrichten bringt, an den Lautsprecher. A[nnemarie] ist so niedergeschlagen, daß sie bei der geringsten Gemütsbewegung weint.

Notiz *(Thalau,) 29. September 1938*

Die Kriegsgefahr scheint abgewendet zu sein. Heute ist die 4-Mächtebesprechung in München. Hitler, Mussolini, Chamberlain und Daladier nehmen die Verhandlungen wieder auf[179]. Wir atmen auf und freuen uns so recht aus Herzensgrund. A[nnemarie] ist wie umgewandelt, froh und lustig, voll Hoffnung und Zuversicht. [...]

Notiz *(Thalau,) 30. Oktober 1938*

[...] In der Predigt eine ewige Mahnerei und Gängelei, Vorwürfe, keine Erhebung, kein Hinaufziehen, keine Größe und kein Glauben.

Notiz *(Thalau,) 12. November 1938*

Judenpogrome in ganz Deutschl[and][180]. Es sind fürchterliche Zustände im Reich, ohne Recht und Ordnung, dabei nach außen Heuchelei und Lüge.

Notiz *(Thalau,) 13. November 1938*

[...] Predigt über den Rosenkranz, alles äußerlich, keine Erhebung, immerfort Ermahnung, Antrieb, Kritik – gerade so, wie die Kirche äußerlich in Ordnung ist, so setzt Kuratus Wald[181] den Ehrgeiz hinein, alles nach außen hin zu tun.

Aufzeichnung[182] *(Thalau,) ca. Ende 1938/Anfang 1939*

Die Dorfschule ist eine Erziehungsgemeinschaft und Lerngemeinschaft. Nicht nur der Lehrer gibt von seinem Wissen, sondern auch die Kinder bereichern ihn, indem sie ihn an ihrem Leben teilnehmen lassen und ihm offene Tore zu dem Herzen der Dorfgenossen bauen. »Die Gründe, aus denen unsere Erziehungsarbeit wächst, umfassen Erzieher und Kind als lebendige Einheit, als schaffende Gruppe, als Gemeinschaft. Es gibt nicht jene unheilvolle Spaltung in ›wissend‹ und ›unwissend‹, ›Respekt‹ und ›Duldung‹, ›Katheder‹ und ›Klasse‹.« Die neue Begründung unserer Arbeit entspricht zuletzt einem tiefen Wandel unserer Lebensform. Nennen wir diese neue Lebensform Kameradschaft, dann wird ohne weiteres klar, was gemeint ist. Kameradschaft läßt sich nicht erlernen und lehren. Sie muß gelebt werden. Die Wahrheit der Pestalozzi-Worte[183] wird uns neu erfüllt: »Keine Kraft des Lebens entwikkelt sich durch Wortbelehrung, sondern immer nur durch Tathandlung, Liebe durch Liebe, Glaube durch Glauben, Denken durch Denken, Tun durch Tun.« Unsere Schularbeit muß dafür ein lebendiges Zeugnis sein.

Nicht vom Stoff her darf ich an die Kinder herangehen, sondern das Kind gibt den Weg und den Ansatzpunkt für Unterricht und Erziehungsarbeit an. Erster und ernstester Grundsatz ist der Gedanke, daß jedes Kind eine Persönlichkeit, eine auf der ganzen Erde einmalige Erscheinung ist, der ich als Erzieher gerecht zu werden imstande sein muß. Jede dieser Persönlichkeiten ist, objektiv betrachtet, in ihrer Art gleichwertig und gleichgut anzusehen, anders kommen wir nicht zu der Idee Gemeinschaft und werden sie nicht in der Kameradschaft verwirklichen und erleben können. Dieses Kind ist morgen der Staatsbürger, der Träger der Volksgemeinschaft, dem Vollgültigkeit zuerkannt wird, an welcher Stelle er [auch] steht. »Die Tugenden, die das Große braucht, sollen auch die Tugenden für die Kleinen sein.«

Wenn ich sage, nicht vom Stoff her, sondern vom Kinde her muß ich erziehen und unterrichten, dann heißt das nicht, daß die Lehrstoffe, die unsere Lehrpläne vorschreiben, die wieder Ausdruck unserer Kultur und unseres politischen Lebens und [unserer] Zivilisation(sansprüche) sind, daß diese Lehrstoffe nicht vom Kind erlernt zu werden brauchten. Unsere Lehrpläne schreiben bestimmte Stoffe vor, verlangen die Aufarbeitung und Aneignung gewisser Bildungsgüter, weil ihr Besitz erst den Menschen in die Lage versetzt, an dem Kulturschatz und der Zivilisation teilzunehmen, andererseits [er] dadurch erst in die Lage versetzt wird, die Staatsbürgerpflichten zu erfüllen.

[...]

Aufzeichnung[184] *(Thalau,) ca. Ende 1938/Anfang 1939*
Biologie[185]:

Biologie ist die neue Grundlage unseres Denkens und Wollens. Wir betrachten Tier und Pflanze nicht um ihrer selbst, sondern benutzt [sic!] die Lebewesen vor allem als Offenbarungen des Gesamtlebens und seiner durchgängigen Gesetzmäßigkeiten, die für Pflanzen, Tiere und Menschen gelten. Aber nicht theoretisch-wissenschaftliche Erkenntnis ist das Ziel, sondern die gewonnenen Einsichten müssen praktische Folgerungen für unser menschliches Tun und Lassen haben. *Rassenkundliche Arbeit* in der Schulbiologie ist auf die dreifache Zielsetzung der *Rassenpolitik* zu gründen: Kampf dem Geburtenrückgang, Kampf der erblichen Unterwertigkeit, Kampf der Rassenmischung.

Auf der Unterstufe wie auch auf der Oberstufe muß der Naturk[undeunterricht] als naturkundlicher Heimatk[undeunterricht] betrieben werden, auch da schon Denkanstöße im Sinne rassekundlichen Denkens. Besondere Gesichtspunkte dafür sind:

1.) Die kinderreiche Familie, ein Reichtum; Kinderarmut – Armut.
2.) Die Familie des Schülers und er selbst ein Teil des Blutstromes der Nation. In diesem Sinne familienkundliche Betrachtungen.
3.) Der Begriff des Volkes.
4.) Frage der Erblichkeit.
5.) Begriff an [sic!] Rasse an Beispielen der Tierwelt erarbeiten. Rasse ist Formgruppe und zugleich Leistungsgruppe innerhalb der Art.

An den Sohn *Thalau, 13. Juni 1939*

Lieber Helmut –

[...] Ich war am vorvorigen Sonntag in Kassel zur Absperrung mit der SA[186]. Den Führer bekamen wir nicht zu sehen, ebensowenig die vielen 10 000de [sic!] Volksgenossen[187]. Den ganzen Sonntag verbrachten wir, das heißt etwa 700 Mann, auf dem Schulhof einer Kasseler Schule, wenn wir nicht Absperrdienst hatten. Der Platz war nicht viel größer als der Thalauer Schulhof. Dazu die Hitze! Abends eine kleine Abwechslung, Besuch bei Tilde Kr[ummacher]. Fritz hatte seine Freunde zu einem Bummel bestellt. Wir liefen dann auch noch 2 Stunden in der festlichen Stadt umher. Bei Kr[ummachers] habe ich gut geschlafen, ich brauchte wenigstens nicht ins Zelt. Am letzten

Sonntag Standartensportfest[188] in Fulda. Ich habe einen Orientierungsmarsch mitgemacht. 1 Führer, 3 Mann. 6 km, fast nur im Laufschritt, nach Karte. Wenn ich so unter den Kameraden bin, dann bin ich im Grunde ganz einsam. Ich staune oft darüber, wie die meisten Menschen bei einem Krug Bier und dergleichen als Individuum aufhören und zum geselligen Wesen werden können. Umso beglückender ist das Bewußtsein, daß daheim in der Familie der Platz ist, der auf mich wartet, »der ruhende Pol in der Erscheinungen Flucht«. Aber man muß immer wieder herauskommen, um zu begreifen, was dieser eine kleine Kreis wert ist. Wer nicht fortgeht, kehrt nicht heim, heißt ein Sprichwort. – Der scharfe Dienst[189] wird ja wohl mit der Besichtigung einigermaßen nachlassen. Die strengen Herrn regieren nicht lange. Mit der Zeit gewöhnt man sich eine köstliche Wurstigkeit an, an der aller Unterführergeist oder -ungeist am Ende zuschanden wird. Es sind ja doch nur Kraftproben. Sie sind allerdings nur zu ertragen, weil sie der Gemeinschaft auferlegt werden und im Geiste der Gemeinschaft erduldet werden. Das ist aber auch wieder ihr Plus, das dem Ganzen zugute kommt. Am Schluß hat man die Freude, ich kann körperlich was aushalten und »der kann mir [sic!] mal ...«. Ich freue mich, daß Du alles noch humoristisch aufnimmst. Wenn Du Sonntag kommst, wird bei uns große Freude sein. Sei herzlich gegrüßt, Dein Vater.

An den Sohn *Thalau, 15. Juli 1939*

Lieber Helmut –

[...] Du bist also an der Bahnstrecke Treysa-Malsfeld. Ist Homberg in der Nähe? Wir freuen uns, daß Du es gut getroffen hast. Du drückst Dich ja sehr vorsichtig aus, aber diese Bauernarbeit wird Dir sicher gefallen, wenn Du einen Herrn hast, der einigermaßen guten Willen hat. Das Essen am fremden Tisch ist mir früher immer peinlich gewesen, ich aß nie gerne Mittagessen, lieber Brot und dergleichen, weil es da sauberer zuging. Du kennst ja auch die Arbeit schon etwas, da brauchst Du Dich nicht gar so verkehrt anzustellen, zum Beispiel Holzhakken, Mistaufladen und dergleichen sind Dir ja nicht fremd. Im Krieg habe ich mir immer ausgemalt, wenn ich mal in Gefangenschaft käme, dann wollte ich auch zu einem Bauern in Frankreich oder Rußland und wollte da alle Arbeit tun und mich da ganz unentbehrlich machen. Nun bist Du schon so groß und erlebst es in etwas anderer Form. [...]

Aufzeichnung[190] *(Thalau,) 25. August 1939*

Das Dorf und seine Bewohner.

Das Dorf Th[alau] breitet sich mit dem eingeschulten Filialdorf Altenhof auf einer kleinen Hochebene aus. Die Dorfgemarkungen sind eben und bestehen aus einem fruchtbaren Lehm, nur an den Anhöhen ist Sandboden. Die Erbhöfe haben etwa 10-18 ha Besitz, wovon ein Teil Wald ist. Die Bauern leben ausschließlich von der Landwirtschaft. Neben den Bauern und Hüttnern wohnen hier auch Industriearbeiter, die in Fulda und am Ort selbst arbeiten. Altenhof ist rein bäuerlich, Thalau zur Hälfte, der Weiler Hühnerkropf weist mehr Arbeiter auf. Die hiesige Bevölkerung ist ein gesunder, arbeitsamer Bauernschlag von solider Lebensführung, etwas schwerfällig im Denken, von konservativer Grundhaltung, im ganzen jedoch geistig regsam. Rassisch betrachtet, ergibt sich nach meinen Beobachtungen etwa folgendes Bild: Haarfarbe bei Männer mehr blond, bei Frauen mehr braun, bei den Kindern überwiegt blonde Haarfarbe. Augenfarbe zeigt dieselbe Verteilung von hell-meliert bis braun. Die der nordischen Rasse eigentümlichen geraden Nasenformen sind vorherrschend, doch trifft man auch auf die konvexe Nasenform der dinarischen Rasse. Gesichtsformen meist nach unten spitz verlaufend eiförmig und trapezförmig. Runder Gesichtsumriß selten. Die meisten Merkmale deuten auf die nordische Rasse hin, doch kommt auch dinarischer, westischer Einschlag vor. Auch die durchschnittlich große, hagere, schlanke Körperform deutet auf nordisches Blut.

Entsprechend obig gemachter Angaben über die Erwachsenen des Dorfes sind auch die Kinder meiner Schule zu werten. Allen Kindern eigentümlich ist eine Verhaltenheit des Wesens, die oft an Temperamentlosigkeit grenzt. Die passive Grundhaltung ist die vorherrschende. Auffallend stark sind die Sippeneigentümlichkeiten. Da ist eine musikalische Sippe, eine andere, die sich durch gute Handschrift auszeichnet, aber sonst ungeistig ist, bei einer andern fällt die gute mündliche und schriftliche Ausdrucksfähigkeit auf, bei einer andern die mimische, darstellerische Ausdrucksfähigkeit auf. So ist jeder eine in sich geschlossene, festgelegte Persönlichkeit, die zu erkennen und zu beurteilen eine Voraussetzung für alle erzieherische und geistige Arbeit am Kinde ist.

An Ehefrau und Kinder *Fulda, 27. August 1939*

Meine Lieben –

als ich eben im Institut der Engl[ischen] Fräulein[191] war und mich die Schwester fragte, wie lange ich denn schon eingezogen wäre, da mußte ich mich tatsächlich besinnen. Es kommt mir vor, als ob ich schon viele Tage hier wäre, und doch bin ich gestern morgen erst fort[192]. Ich bin gleich ins Depot der Artilleriekaserne mit etwa 20 Mann und habe dort für unsere Kompanie die Ausrüstung abgeholt. Gewehre, Gasmasken, Seitengewehre, Fahrräder und so weiter. Dann ging es ans Einkleiden bis zum Nachmittag. Gegen 6 [Uhr] waren wir mit den ersten 100 Mann fertig, aber bis spät abends kamen immer noch Nachzügler, die der Stellungsbefehl nicht zu Hause antraf. Ich muß dauernd zur Stelle sein. Sobald ich etwas frei bin, fahre ich mal nach Hause, ich hoffe, daß ich Urlaub kriege. Habt Ihr Nachricht von Helmut? Stimmt es, daß Postsperre ist? Kriegt Ihr keine Zivilpost mehr? – Vergangene Nacht habe ich fast kein Auge zugetan, ich konnte einfach nicht schlafen, obwohl ich ein ganz ordentliches Bett habe. Ich habe mit einigen Kameraden ein gangbares Zimmerchen mit 5 Betten belegt, da kann ich mich bequem breitmachen, außerdem steht mir ein großes Zimmer zur Verfügung, worin ich meine Ausrüstungsgegenstände habe. Vorhin war der Heinrich Albinger hier, er sagte mir, Du, liebe Annemarie, wärest heute so bedrückt gewesen. Um mich brauchst Du Dir keine Sorgen zu machen. Es ist nur schade, daß wir getrennt sind. An den Krieg glaube ich nicht, trotz aller ernsten Vorzeichen. Ich habe so das Gefühl, als wollte Hitler den ganzen Riesenapparat einer Mobilmachung mal spielen lassen. Im Grunde wird er jede Verhandlungsmöglichkeit ergreifen[193]. [...]

An den Sohn *Fulda, 30. August 1939*

Mein lieber Helmut –

[...] Wir sind alles ältere Männer, aber noch wehrfähig, meist Männer vom Land. Wenn wir einige Zeit das Soldatenhandwerk betrieben haben, glaube ich, daß unsere Kompanie eine ganz gute Kampfeinheit darstellt. Viele Kameraden sind Weltkriegsteilnehmer. Heute morgen habe ich Unterricht über die Gasmaske und ihren Gebrauch gehalten. Unser Kompanieführer ist der Leiter der Biebersteiner Schule, ein feiner Mann[194]. Ich habe mit der Ausgabe der Geräte und Waffen tüchtig zu tun. Das Verhältnis zu den Soldaten ist gut. Die Stimmung ernst, aber entschlossen. Wir sind der Auffassung, daß es nicht zum Krieg kommt. Aber wer weiß, was es gibt. Die Vorbereitungen sind gar zu grausig. [...]

Zweiter Weltkrieg

1939

An den Sohn *Fulda, 1. September 1939*

Lieber Helmut –

nun sind die Würfel gefallen. Die scheußliche Spannung in der Ungewißheit ist gelöst. Wir wissen, woran wir sind. Im Osten beginnt der Sturm[1]. Die Forderungen des Führers waren annehmbar, bescheiden und hätten dazu gedient, den Frieden zu erhalten[2]. Es ist mir ganz klar, daß England den Krieg nicht verhindern will, genau wie 1914, als der d[eutsche] Kaiser in letzter Stunde sich um den Frieden bemühte[3]. D[eutschland] ist zu rasch stark geworden, es hat seine Fesseln zu rasch abgeschüttelt und beginnt, eine entscheidende Weltmacht zu werden, das kann E[ngland] nicht zulassen. Seit 1902 geht es den rücksichtslosen Weg der Einkreisung[4]. Ob eine andere Regierung als die nationalsozialistische in Deutschland wäre, sie wäre genauso wie Hitler, wenn sie seine Ziele im Auge gehabt hätte, mit Engl[and] zusammengestoßen. – Es ist seither viel geredet und gejammert worden, viel geschimpft und kritisiert – damit muß jetzt Schluß sein. Alle weltanschaulichen innerpolitischen Gegensätze haben zurückzutreten, jeder hat ein Deutscher zu sein, der für sein Volk zu stehen hat. Auch 1914 hätte der Krieg vermieden werden können, aber es war deutsches Schicksal, daß er ausgetragen wurde. Heute waltet wieder ein Schicksal über uns, die Führer sind ja nur Figuren in eines Höheren Hand und müssen tun, was er will. Wir Männer und Frauen des d[eutschen] Volkes müssen dies Schicksal mit Würde und Kraft tragen, einerlei was es von uns fordert. – Ich sitze hier im Land und werde auch wahrscheinlich in dieser Formation, wenn nötig, zu kämpfen haben, aber wenn es von mir gefordert wird, dann gehe ich auch an die

Front. Unsere liebe Mutter härmt sich unablässig und ist verzweifelt. Um mich braucht sie sich nicht zu ängstigen. Moni kommt jeden Tag zu mir, heute abend will Mutter auch zu mir fahren, da will ich sie trösten und aufrichten. [...] Vorläufig wird der Krieg wohl auf den Osten beschränkt bleiben. Italien traue ich nicht. Ob es hilft, wenn die Westmächte angreifen? Herzliche Grüße, Dein Vater.

An den Sohn *Fulda, 4. September 1939*

Mein lieber Helmut –
herzlichen Dank für Deinen lieben Brief, den ich heute erhielt. Du fragst mich nach meiner Verwendung. Wir bleiben vorläufig im Land, wir stellen hier die Wachen und bilden unsere Leute infanteristisch aus. Der Dienst ist zum Aushalten. Jedenfalls bin ich zu Hause viel mehr beschäftigt und leiste das Dreifache von dem, was ich hier zu tun habe. Ich bin vorläufig Kammerfeldwebel, mache aber den Dienst in der Kompanie mit, außerdem bin ich Gasschutzunteroffizier. Heut haben wir wieder mal scharf geschossen. Am Sonntag war ich mit einem Kameraden zu Hause. Die Mutter ist ja untröstlich, aber mein Kamerad hat sie doch wieder etwas aufgemuntert. Deine Geschwister freuten sich so sehr, als wir kamen. Uta war mit dem Onkel Josef gleich gut Freund. Er erzählte 3 Stunden lang an einem Stück von seiner Flucht aus russischer Gefangenschaft über Turkestan nach Afghanistan. Abends brachte uns ein Auto, von einem Geschäftsmann aus der Rhön, der auch in der Kompanie ist, wieder zurück. Ich bin mit Sorgen von [zu] Hause weggegangen. Mutters beste Stütze ist Detlev. – Wenn Engl[and] und Frankreich in den Krieg eintreten, wird es für uns einen schweren Kampf geben, unsicher scheint mir die Haltung Italiens. Vielleicht verhindert aber gerade I[talien] das Eingreifen Frankreichs[5]. Die Polen liefern unsern Truppen schwere Schlachten, wie ich vermutet und vorausgesehen habe. Aber in einigen Wochen muß es im Osten fertig sein. – Dieser Kampf blieb uns ja doch nicht erspart, er mußte kommen. Wenn Engl[and] ernstlich gewollt hätte, daß der Frieden erhalten blieb, dann konnte es Hitlers Vorschlägen zustimmen und konnte uns die Kolonien zurück-

geben, dann war [sic!] alles gut[6]. Dieser Kampf wird noch entschiedener enden als der [Erste] Weltkrieg, aber ich glaube, daß er nicht die Ausmaße des [Ersten] Weltkrieges annehmen wird. Die Regierungen werden ihn doch zu lokalisieren versuchen, sonst gibt es einen Weltbrand von unvorstellbarem Ausmaß. – Ich habe heute den Dienst des Offiziers von der Runde zu versehen und kontrolliere in der Nacht die Posten. Unser Kompanieführer ist der Direktor von Bieberstein, ein feiner Mann[7]. Zwei Offiziere der Kompanie sind auch ältere Kollegen aus der Umgegend. – Laß nur alles kommen, wie's kommt. Melde Dich nicht freiwillig. Onkel Rudolf ist auch irgendwo Soldat[8]. Sei vielmals herzlich gegrüßt, Dein Vater.

An Ehefrau und Kinder *Bautzen, 10. September 1939*

Meine Lieben zu Haus!

Wir sind sehr schnell gefahren und sind schon am Sonntag morgen hier. Die Fahrt geht nach Südosten. Heute ist Sonntag, die Bauern arbeiten auf den Feldern. Vorhin sahen wir den ersten Transport gefangener Polen. [...]

An Ehefrau und Kinder *Pabianice, 14. September 1939*

Meine Lieben –

wir sind hier gestern abend angekommen. Die Stadt hat etwa 60 000 Einwohner, sie liegt südlich von Lodz. Die Straßenbahn fährt von hier dorthin. Ich bin als Quartiermacher mit Unteroffizier Theierl und 6 Mann als Vorkommando vor der Kompanie hier eingetroffen. Die Kompanie erwarten wir heute oder morgen. Wir fuhren auf einem Benzinauto etwa 100 km in tollster Fahrt bis hierher. Die Straße war erbärmlich schlecht, ein unheimlicher Staub wirbelte hinter uns her. Als wir ankamen, waren wir schwarz wie die Mohren. In einem polnischen Hof konnten wir uns gleich an der Pumpe waschen. Viele Kinder standen um uns herum und staunten uns an. Als ich gar die Zähne mit der Zahnbürste putzte, rissen sie nur so die Augen auf. Ich schenkte dem Jungen, der mir das Wasser pumpte, 10 Pfennig, da hat er sich sehr gefreut. In einem Park stand eine kleine Eisbude, die fabrizierte Schokoladeneis. Das haben wir auch gleich versucht. Es war sehr gut. In den Läden gibt es noch alles zu kaufen. Ich habe mir heute morgen 2 Frottierhandtücher, Strümpfe und 1 Hemd gekauft. Die Frau des Schuldieners wäscht unsre Hemden und Strümpfe. Die Frau ist recht eifrig, aber wir können uns schlecht mit ihr verständigen. Ihre Tochter aber ist sehr stolz und abweisend, sie ist etwa 16 Jahre alt, ihr Vater ist im Krieg. Sie schaut uns mißtrauisch an und läuft weg, wenn man etwas will. Ich wollte mir eben heißes Wasser zum Rasieren holen, aber sie konnte mich nicht verstehen, bis dann eine Frau hinzukam, die etwas deutsch konnte. Auf Schritt und Tritt begegnet man Leuten, die deutsch sprechen, allerdings meist Erwachsene, die Kinder durften es nicht lernen. Mir gefällt das Mädchen wegen ihrer Haltung. – Eben komme ich zurück aus einem Gefangenenlager. Gestern abend kamen 2000 Mann an. Viele sind ganz unzureichend bekleidet, eine ganze Anzahl lief barfuß. Sie sind alle froh, daß sie gefangen sind, besonders die Deutschen[9] freuen sich. Sie sind gleich ausgeschieden worden und in einem Fabrikraum untergebracht. Die Juden werden auch gleich ausgesondert. Denen geht es nicht am besten.

Auf der ganzen Strecke, die wir gestern fuhren, kamen uns ungezählte Flüchtlinge entgegen, die von den Polen gezwungen wurden, die Grenzlande zu räumen, viele sind auch aus Angst vor den D[eutschen] geflohen, weil sie [sic!] weisgemacht wurden, die D[eutschen] würden sie töten. Da kann man ein Elend sehen, auf hochbepackten Wagen sitzen sie, davor ein mageres Pferd, Männer, Frauen und immer eine Schar Kinder dabei, das sind noch die Beneidenswertesten, viele laufen zu Fuß, meist barfuß, sie sind schon tagelang unterwegs, haben nichts zu essen. Dann sieht man Mütter mit Kindern auf dem Arm, Kinder hinterherlaufend, schwere Bündel schleppend. Manche ziehen hochbeladene Handwagen, Kinderwagen und dergleichen immer neben der Landstraße her in dem Staub, den die Fahrzeuge in einem fort aufwirbeln. – Den Deutschen ist es schlecht gegangen. Sie haben einen schrecklichen Zorn auf die Polen[10]. In einem fort sausen die Bomber über die Stadt, sie werden den letzten Widerstand der Armee brechen wollen. Theierl kommt aus der Stadt und erzählt mir ganz aufgeregt, daß der Führer soeben durchgefahren ist[11]. – Wie geht es Euch? Macht Euch nur nicht so große Sorge. Wenn ich weiß, wie gut Ihr es daheim habt, dann bin ich froh. Die lange Trennung ist ja gewiß schmerzlich, aber sie geht vorüber. Liebe Annemarie, ich denke immer in Liebe an Dich und an die Kinder und betrachte mir Eure Bilder. Wie geht es Helmut? Wann werde ich etwas von Euch hören? Seid herzlichst gegrüßt, Euer Vater.

An die Ehefrau *Pabianice, 16. September 1939*

Liebe Annemarie –
heute habe ich mal schön Zeit, Dir zu schreiben. Ich sitze auf der Veranda eines kleinen Landhauses, in dem ich mich einquartiert habe. Die Kompanie ist in den Häusern in der Nachbarschaft am Rande der oben genannten Stadt untergebracht. Ihr werdet die Stadt auf der Karte finden. Sie hat 60 000 Einwohner. Große Fabriken, Textilwerke vor allem, sind hier. Die Stadt ist vom Krieg verschont geblieben, auf unserm ganzen Marsch hierher sahen wir nur einige Ortschaften, die zerstört und ausgebrannt waren. Der Vormarsch ist sehr schnell vor sich gegangen. – An dem angrenzenden Platz sind Juden damit beschäftigt, die Schützengräben zuzuwerfen. Volksdeutsche schleppen sie jeden Tag zusammen und lassen sie arbeiten. Die haben eine Freude, daß sie jetzt wieder den Kopf hochheben dürfen. Seither mußten sie sich dukken[12]. Mein Hauswirt, ein deutscher Kaufmann Schulz, hat sich drei Tage in seiner Fabrik versteckt, bis die Deutschen einmarschiert waren. Seine Frau mit Kindern ist seit 3 Monaten in Deutschland in Zittau. Er ist sehr höflich und aufmerksam und sucht es mir recht gut zu machen. Ich habe auf dem Ruhebett ein schönes Nachtlager, das Badezimmer steht mir zur Verfügung, ich esse am gedeckten Tisch. Es fehlt mir nichts. Nur Du, meine liebe, gute, süße Annemi, müßtest hier sein und die lieben Kinder. Gestern war ich in der wunderschönen Kirche und habe für Euch gebetet und an Euch gedacht. Vor der Kirche war ein Madonnenbild aufgestellt. Da lagen Frauen und Männer auf den Knien und beteten. Was mögen sie für Sorgen und Kummer der Gottesmutter geklagt haben. 100 Schritte neben der Kirche ist eine große Fabrik, da

sind die Gefangenen untergebracht. Jeden Tag kommen Tausende an. Wir stellen die Wachen ab und zu. Sie werden gut behandelt. Es läßt sich natürlich gar nicht vermeiden, daß auch Härten entstehen, weil die Massen zu groß sind. Aber wie die armen Kerle aussehen! Sie sind sehr ungenügend ausgerüstet und haben entsetzlichen Hunger. Die Deutschen[13] werden sofort ausgeschieden, die Juden und Polen ebenso für sich gestellt. Die Deutschen entläßt man sofort in ihre Heimat. Die Juden haben nichts zu lachen. Mich empört die rohe Behandlung. Die Einheimischen sehen mit Behagen zu, denn die Juden haben sie, wie sie erzählen, in jeder Weise ausgenutzt und sich auf ihre Kosten bereichert. Die reichen J[uden] sind allerdings ausgerückt, die armen Juden müssen's büßen. [...]

An den Sohn *Pabianice, 19. September 1939*

Lieber Helmut –

[...] Mit geht es sehr gut. Seit einer Woche sind wir in diesem Ort. Es ist eine Stadt von 65 000 Einwohnern. Große Textilwerke sind hier und chemische Fabriken. Ich wohne bei einem Herrn Schulz, einem Deutschen. Besser könnte ich es daheim auch nicht haben. Der Dienst ist sehr wechselnd, wir stehen hier zur Verfügung der Kommandantur, meistens stellen wir Wachen, entweder bei den Gefangenen im Lager oder auf den Transporten nach rückwärts. Auch sonst sind Wachen zu versehen. Als Feldwebel habe ich mit dem Wachenschieben nichts zu tun. Ich helfe dem Kompanieführer[14], Quartiere für die Soldaten ausfindig [zu] machen. Wir gehen mit einem Kommando von einigen Mann durch die Straßen und Häuser und notieren die geeigneten Räume. Dabei habe ich mehrere deutsche Familien kennengelernt. Eine Frau Schmidt klagte mir ihren Kummer. Die Polen haben ihren Mann verschleppt, und die Familie weiß seit 3 Wochen nichts mehr von ihm. Die Kinder sind sehr zutraulich, der älteste Junge, Hans, interessiert sich natürlich für alles, was mit dem d[eutschen] Soldatenwesen zusammenhängt. Ich habe ihm gesagt, daß er mal an Detl[ev] schreiben soll. Auch das Töchterchen, Krista, will an Moni schreiben. Ich habe einen ganzen Abend in der Familie verbracht und war zum Abendessen eingeladen. Unseres Bleibens wird es nicht länger hier sein [sic!], vielleicht schon morgen geht's weiter über Lodz nach Warschau zu. Der Krieg geht dem Ende zu. Was wird weiter geschehen? Wird D[eutschland] Frankreich angreifen? Ich glaube es beinahe, damit England gänzlich isoliert ist, dann wird E[ngland] das deutsche Diktat annehmen. [...]

An Ehefrau und Kinder *Pabianice, 23. September 1939*

Liebste Annemarie, liebe Kinder –

[...] Einige Tage werden wir noch hier bleiben. Heute war ich zu der Wache im Gefangenenlager eingeteilt. Ich hatte das Offizierslager zu beaufsichtigen. Es sind 171 Offiziere in einer polnischen Turnhalle untergebracht, ein großer, schöner Sportplatz steht den Gefangenen zur Verfügung. Die Offiziere sind alle sehr froh, daß sie in der Gefangenschaft sind. Sie versichern, daß sie an Flucht nicht denken, aber wir müssen desto ungeachtet [sic!] auf dem Posten sein. Als ich ihnen mitteilte, sie könnten Post abschicken, da setzten sich viele sogleich hin und schrieben. Die meisten können deutsch. Es waren viele aus der Posener und Bromberger Gegend, die bei Kutno und Lowitz gefangen wurden[15]. Ich ließ mir die Briefe unverschlossen geben. Es war rührend, diese Briefe zu lesen. Am Abend vor dem Appell bat mich ein poln[ischer] Oberleutnant, ob sie ihre Abendandacht verrichten dürften. Ich erlaubte es ihnen natürlich. Ein Offizier sprach ein Gebet und dann sangen sie zwei Strophen eines Chorals. Ich muß sagen, obwohl ich die Worte nicht verstand, es ging mir durch und durch. Mich hat diese geschlossene religiöse Haltung tief ergriffen. Wenn ich dagegen unsere ungläubige, zersplitterte Weltanschauung stelle, kommt mir zum Bewußtsein, daß die Religion eine gewaltige Kraft darstellt, die auch durch einen unglücklichen Krieg nicht gebrochen wird. Polen wird ja wohl von der Landkarte verschwinden, aber das polnische Volk wird nicht verschwinden.

Nach der Abendandacht kamen mehrere Offiziere zu mir und bedankten sich bei mir und äußerten ihre Freude darüber, daß ich meine Mütze abgetan hatte. Sie zogen vorher auch ihre Kopfbedeckungen ab. Ich will jetzt noch einige Stunden schlafen. Um 12 Uhr in der Nacht muß ich wieder ablösen. Eins vermisse ich bei den Offizieren. Sie haben wenig Stolz und fast kein selbstbewußtes Auftreten. Wenn ich meine Pfeife ertönen lasse, dann sind sie sofort ruhig und folgen unbedingt meinen Anordnungen. [...]

An die Ehefrau *Pabianice, 26. September 1939*

Liebe, süße Annemi –

[...] Deine Sorge um die gute Mutter liegt mir auf der Seele. Hoffentlich erreicht Dich mein Brief in Worpswede, daß Du mit Deinen Lieben erfährst, wie ich Anteil an Euch nehme. Liebste Annemi, ich habe so viel Unglück und Jammer gesehen, eben bin ich auf einen Sprung aus dem Gefangenenlager weggelaufen, um Dir zu schreiben, aber ich kann mich nicht losmachen von dem Unglück dieser Menschen, die da zusammengepfercht sind, hungernd und darbend, die grausame Not im Gesicht. Und ich kann Dir nur sagen, tröste Dich, wenn Deine gute Mutter im Arme des Vaters und im Beisein ihrer Kinder sterben sollte, es ist ein schöner Tod, es ist ein friedliches Ende, ohne Schrecken und Qual. Wie schön ist mein Vater gestorben, und wie rasch und gut meine Mutter. Das muß ja sein, das kann ja nicht anders sein, aber das Sterben der jungen blühenden Männer, das erschüttert mich, das macht mich elend. Liebe Annemi, wir sind so glücklich gewesen all die Zeit. Ich bin so froh, wenn ich an Dich denke, und ein süßer Strom der Liebe zu Dir rinnt mir durch das Blut. Ich möchte Dir die Hände festhalten und Dich liebhaben und Dir sagen, sei nicht traurig, wenn Dir Deine Mutter stirbt, das ist ja kein Schicksal, das ist ja so. Aber ich weiß, daß es kein Trost sein kann, eine Mutter stirbt ja nicht für sich, sie stirbt uns allen. Sag Deinem lieben, guten Vater, daß meine Gedanken bei Euch allen sind und ich ihm für alles Gute danke, und sag Deiner Mutter, daß ich ihr von Herzen dankbar bin, daß sie Dich mir und den Kindern geboren hat. Vielleicht ist sie, wenn ich dies schreibe, schon nicht mehr bei Euch, aber Du kannst es ihr doch sagen, wir sind ja eine unsichtbare gläubige Gemeinschaft, die nichts trennt als der Raum. [...]

An die Ehefrau *Pabianice, 27. September 1939*

Liebste Annemi –

[...] Ich bin von morgens bis abends auf den Beinen. Es gibt so viel zu tun im Gefangenenlager. Die 10 000 Mann haben so viele Bedürfnisse und so großen Hunger. Was ein Stückchen Brot wert ist, das weiß ich jetzt, und was ein guter Blick in der Seele eines Menschen wachrufen kann, habe ich tausendmal erfahren. Ich glaube, die Leute sehen es mir an, daß ich mit ihnen leide; wo ich mich sehen lasse, sind sie um mich herum und sagen mir ihre Wünsche, ich schnauze keinen an und suche zu helfen, wo ich kann. Gestern kamen zwei junge Frauen, deren Männer angeblich unter den Gefangenen sein sollten. Als ich aus dem Tor kam, hingen sie sich an mich und baten mich so flehentlich, ich möchte sie doch ins Lager lassen, daß ich nicht anders konnte. 1000 andere umringen die Tore und Zäune. Der eine konnte etwas deutsch, die anderen nicht, aber ich wußte, wie sie litten und welche Liebe und Angst sie beseelte. Obwohl es ja verboten ist, führte ich sie, im Nu war schon eine große Menge anderer Frauen um mich, durch einen Privatausgang ins Lager. Aber wie sollten sie ihre Männer finden! Ich konnte es nicht mehr mitansehen, wie enttäuscht und unglücklich sie waren, ich mußte leider anderes tun und konnte sie nicht mehr begleiten. »Das ist ein guter Mann«, sagten sie immerfort zu den gefangenen Soldaten, am liebsten hätten sie mich umhalst, und ich hätte es auch gerne getan, aber mir schossen die Tränen in die Augen, und ich ließ sie stehen. Bei anderen hatte ich das Glück, die Gesuchten zu finden. Ach, diese Freude und Seligkeit des Wiedersehens, es ist doch unbeschreiblich. Ich kann es nicht mitansehen, ohne erschüttert zu werden. – Zuerst hatte ich einige Zeit das Offizierslager unter mir. Da waren viele nette Menschen darunter. Als ich sie an die Bayern abgab, bedauerten sie es sehr, daß ich nicht mit ihnen zusammenblieb. Immer wieder fragten mich andere: »Herr Feldwebel, kommen Sie nicht mit uns?« Es ist eine tiefe Freude, andern gut zu sein.

Aber davon wollte ich Dir gar nicht schreiben, ich wollte wissen, wie es Dir geht, und wollte Dir und den Deinen versichern, daß ich immer an Euch denke und daß ich Dich so lieb habe und Dir Kraft geben möchte, fest zu stehen und das Leben zu lieben. Wir guten Menschen sind ja so nötig. Grüße alle recht herzlich, Du aber sei geküßt und eins mit mir, Dein Wilm.

An die Kinder *Pabianice, 27. September 1939*

Liebe Moni, lieber Detlev und Ihr zwei kleinen Mädchen –

[...] Daß Du, liebe Anemone, so viel zu lernen hast, das ist nicht schlimm. Freu Dich, daß Du in Frieden und Ordnung zu Hause sein kannst, Ihr glaubt ja gar nicht, was der Krieg für die Leute hier ein Schrecken war. Jeden Tag ziehen die Flüchtlinge durch die Straßen ihren Wohnungen zu. Vor der deutschen Armee zwischen den polnischen Soldaten sind sie geflüchtet, das Allernötigste nur konnten sie mitnehmen, nun irren sie auf den Straßen herum, kleine Kinder, Frauen, Mädchen, alte Männer, viele sind von den Fliegern erschossen worden, weil sie zwischen den polnischen Soldaten zurückgingen. Oft kommen sie nach Hause in ihr Dorf und finden ihre Wohnungen in Schutt und Asche. Unsere Kompanie hat die Gefangenen in einem großen Lager zu bewachen. Es sind mehr als 10 000. In einer großen Fabrik sind sie untergebracht. Tagelang haben sie kaum etwas zu essen bekommen, und wir sind auch machtlos gegen den Hunger. Wir können auch nicht so viele Menschen auf einmal satt kriegen. Es fehlt an Kochkesseln und Lebensmitteln. 8 Mann müssen sich in [sic!] ein Brot teilen, das ist im Augenblick verschlungen. Gestern bei der Brotausgabe wäre der Unteroffizier, der das Brot verteilt, fast von den Gefangenen totgetreten worden. Nicht aus Bosheit, sondern aus Hunger. Die Gefangenen stürzten auf ihn los, rissen ihm die Brote aus den Händen, die nichts kriegten, drängten von hinten nach und fielen übereinander her. Ich leite die Befestigung des Lagers, mit Stacheldraht wird es umzäunt. Die Gefangenen wollen ja gar nicht ausreißen, aber man muß sich doch vorsehen, mit der Zeit wächst die Sehnsucht nach Hause, und sie gehen uns durch. Vorhin kamen zwei Frauen, deren Männer hier gefangen sind, sie baten mich so sehr, daß ich ihnen erlaubte hereinzugehen, obwohl es ja verboten ist. Aber ich glaube, unter den vielen Menschen haben sie ihre Männer doch nicht gefunden. – So, nun habt Ihr auch wieder einen Brief und wißt ein wenig, wie und was ich treibe. Seid alle vielmals gegrüßt, Euer Vater.

An den Sohn *Pabianice, 30. September 1939*

Lieber Helmut –

[...] In den letzten 14 Tagen hatte unsere Kompanie ein großes Gefangenenlager zu betreuen. Morgen geben wir es ab an die 1. Kompanie. Wir haben aus dem Chaos, das anfangs herrschte, ziemlich Ordnung gemacht. Die übernehmende Kompanie legt sich ins gemachte Bett. Es hat mir Freude gemacht, an der Aufbauarbeit tätigen Anteil zu haben. Ich war die rechte Hand des Lagerführers. Das Lager ist in einer riesigen Fabrik mit 20-30 Räumen, Schuppen und dergleichen untergebracht. Die Fläche entspricht etwa der des Dorfes Thalau. 10 000 Mann liegen hier. Mir lag vor allem die Sicherung ob. Ich habe die Wachen, Infanterieposten, M.G.[Maschinengewehr]-Posten einzurichten, den Drahtzaun anfertigen zu lassen und dergleichen mehr. Auf einer großen Skizze ist alles eingetragen. Zuerst hatte ich das Offizierslager mit etwa 350 gefangenen poln[ischen] Offizieren. Die Sicherung war durchaus ungenügend, aber es ist keinem eingefallen zu fliehen. Du hättest mal sehen sollen, wenn ich Offiziersappell hielt, wie die Herrn Offiziere da angespritzt kamen. Wenn sie meine Pfeife hörten, da rief alles schon durcheinander »Spjurka! Spjurka!«. Das heißt »Antreten«. Ich hatte alles in Gruppen zu 21 Mann eingeteilt und Majore und noch höhere Offiziere, Hauptleute und Leutnants als Gruppenführer aufstellen lassen. Im Nu stand alles und meldete mir. Ich habe sehr nette Männer kennengelernt. Alle waren willig und freundlich. Als ich sie an die Bayern abgeben mußte, gaben sie ihrem Bedauern lebhaften Ausdruck. Ich hätte das Lager auch gerne behalten. Nun aber die Arbeit in dem Mannschaftslager! 10 000 Mann, das ist eine Division; jeder Unteroffizier hatte ein Bataillon zu besorgen. Du glaubst ja nicht, was diese Massen einen Hunger hatten. Allmählich kriegen wir sie satt. In den Maschinensälen und anderen Räumen sind die Gefangenen untergebracht. Es ist ein Jammer, diese armen Menschen zu sehen, aber wir sind machtlos gegen das Elend. Hoffentlich bricht keine Seuche aus. Die Volksdeutschen[16] werden ausgesondert und übermorgen entlassen. Zwischen den Polen, Deutschen auf der einen Seite und den Ukrainern und Polen andererseits drohen immer wieder Saalschlachten. Mit Gewalt müssen unsere Posten dazwischen fahren, um Ruhe zu stiften. Alle freuen sich, daß sie in Gefangenschaft sind, ihr einziger Wunsch ist, bald heimzukommen. Die Desorganisation im poln[ischen] Heer muß schon stark gewesen sein, das Soldatenmaterial ist durchaus gut. Auch die Offiziere machen einen guten Eindruck. Wir haben auch etwa 150 Fähnriche [Offizieranwärter]. Die haben eine ausgezeichnete Haltung. Man sieht ihnen an, wie ihnen das Schicksal ihres Landes zu Herzen geht. Das Volk hier sieht dem politischen Geschehen anscheinend mit Gelassenheit zu. Die wenigsten haben ein politisches Interesse. Ihnen liegt Arbeit und Brot am meisten am Herzen, das flache Land steht zu dem ganzen Geschehen passiv. Die Bauern und Arbeiter haben im poln[ischen] Staat nur ein Existenzminimum gehabt. Sie sind voller Hoffnung, daß es bei den Deutschen bald besser wird. Die Juden sind zum Teil schrecklich behandelt worden. Sie sind ein geschlagenes Volk. Davon kann ich Euch später mal erzählen. Ich kann darüber nichts schreiben. Hier leben viele Deutsche. Sie waren seither in guten Stellungen, verdienten am besten, und die d[eutschen] Bauern hatten die rentabelsten Güter. Aber seit Anfang des Jahres setzte eine unglaubliche Deutschenhetze ein. Die Greuel, die man in den Zeitungen las, entsprechen den Tatsachen[17]. Ich habe mit so vielen schon gesprochen, man hört immer wieder dasselbe. Seitdem ich die Roheit unserer eigenen Soldaten mit Augen gesehen habe, glaube ich an alle Viechereien der Polen, die in unverantwortlicher Weise verhetzt wurden. – Aber welche Aussichten eröffnen sich uns nun. Die politische Lage ist auf dem Gipfel der Ereignisse und der Spannung angekommen. Hitlers und damit Deutschlands Macht ist ungeheuer. Dieser Krieg und die ganze Auseinandersetzung mußte kommen. Sie eröffnet D[eutschland] eine entscheidende Rolle bei den Friedensverhandlungen, die nur in unserm Sinne entschieden werden. Nie hat ein deutscher

Staatsmann eine größere Rolle gespielt als heute der Führer. Denke einmal, wenn der Führer die Kraft des d[eutschen] Volkes in seiner Gesamtheit, die heute für den Krieg organisiert ist, nach dem Krieg für den Frieden einsetzt und Werke des Friedens geschaffen werden mit derselben Unbedingtheit, mit der heute der Krieg geführt wird, welche große, beglückende Zukunft steht dann vor uns. Nur mal so ein Flakgeschütz [Flugabwehrgeschütz] oder so ein Flugzeug, welche geniale Erfindung und Bewährung menschlichen und deutschen Geistes! Mit welcher Umsicht ist dieser Krieg mobilisiert, wie rasch geht der Wiederaufbau! Und diese ganze potenzierte Stärke eines großen Volkes wird von dem uneigennützigsten Staatsmann der Welt auf das eine Ziel gerichtet: Frieden, Wohlfahrt, Glück und Kultur! Und nach diesem Krieg wird Hitler soweit sein. Dieser Friede dauert 50 Jahre. – Ich glaube nicht, daß sich Frankreich der Stoßkraft der 4 Staaten D[eutschland], Ital[ien], Rußl[and], Span[ien] entgegenstellen wird. England wird allein gelassen werden und – wird diesen Krieg schwer bezahlen müssen. Es kann nur noch in einem raschen Frieden bessere Bedingungen erhalten. Nach einem Krieg, den es bestimmt verliert, ist seine Macht aus. Glaube mir, unsere Propaganda ist diesmal auf der Scheibe [sic!]! Die Erfolge sieht man an der Haltung der Neutralen, der Türkei und Japans. [...]

An Ehefrau und Kinder *Pabianice, 30. September 1939*

Meine Lieben daheim –

[...] Es gibt hier und besonders auch in Lodz noch sehr preiswerte, gute Wollstoffe zu kaufen. [...] Auch Kaffee gibt es hier. Nur Lebensmittel sind knapp, Zigaretten und Alkohol. Die Zivilbevölkerung leidet gerade keine Not, aber sie ist weit entfernt von dem normalen Leben. Allerdings sind die Lebensansprüche der Landbevölkerung äußerst gering. Die essen jeden Tag saure Suppe und Kartoffeln. Die Bauern sind tüchtig ausgenutzt worden, Bargeld haben sie überhaupt nicht. Ein Weber verdiente in der Woche 12-15 Zloty, das sind 6-7 Mark. In P[abianice] sind riesige Tuchfabriken, besonders macht man Decken und baumwollene Weißwaren. Die Deutschen sind jetzt die Herren. Vor ihnen kriechen nun die Polen. Der Widerstand der Polen ist restlos gebrochen, die Frage ist nur, wie bringen wir die vielen Gefangenen satt. In unserm Lager geht es jetzt besser. Wir kochen in 30 Kesseln und geben 3x aus, das sind 9000 l Suppe mit Pferde- und Rindfleisch und Kartoffeln, Kraut und dergleichen. Morgen geben wir das Lager an eine andere Kompanie ab. – Die politischen Ereignisse sind auf dem Gipfel angelangt[18]. Wenn die Franzosen nicht bald abspringen, werden sie von Deutschl[an]d, Rußl[and], It[alien], Spanien angegriffen und zerschmettert. Ich glaube jedoch, sie geben vorher auf. England wird nachgeben müssen. Zu einem Weltkrieg kommt es nicht. Wir sind zu stark. Engl[and] kann durch Verhandlung mehr erreichen. Es wird den Krieg nicht fortsetzen. Diesen Krieg wird es bezahlen. Hitler hat Engl[and] in der Hand. Es wird nicht ungestraft entkommen. Um Helmut mach ich mir keine Sorge. Er kommt nicht mehr ins Feld. [...]

Aufzeichnung *(Pabianice,) ca. Ende September 1939*

Gefangenenlager P[abianice]

Vor einigen Tagen wurde ich zum Kommandanten eines Gefangenenlagers bestimmt. Als ich es übernahm, war es eigentlich kein Lager, vielmehr nur eine Sammelstelle, in der die täglich ankommenden Transporte polnischer Soldaten, die in der Vernichtungsschlacht an der Bzura[19] gefangengenommen waren, vorübergehend untergebracht wurden, um so bald als möglich ins Hinterland weitergeleitet zu werden. Ich übernahm es mit etwa zweitausend Insassen. Die folgenden Tage gehören zu den eindrucksvollsten meines ganzen Lebens, das wahrlich schon reich genug gewesen ist an ähnlichen Bildern, die während des [Ersten] Weltkrieges in Frankreich, Polen, Galizien und Rumänien an mir vorübergezogen sind.

Wir befinden uns in einer Industriestadt des mittleren Polens; häßliche kleine Häuser umrahmen einen weiträumigen quadratischen Marktplatz mit holprigem Kopfsteinpflaster; darum herum breiten sich Industrieanlagen und schmutzige Arbeiterviertel. An den Haupteingängen der Stadt zerschossene Häuser und Brandruinen, aus denen die Fensterhöhlen wie ausgestochenen Augen tot und leer zum Himmel blicken.

Die Sammelstelle ist in einer Fabrik untergebracht, die schon seit längerer Zeit leer steht, weil sie in Konkurs gegangen ist. Öde rote Backsteinbauten mit gußeisernen Fenstern; überall Merkmale des Verfalls; weite Höfe mit einem Pflaster, das den Verkehr eher erschwert als erleichtert; überall Kehrichthaufen, halbverschrottete Maschinen; Textilabfälle; dazwischen Dreckpfützen; die Erdhaufen ausgeworfener Luftschutzgräben; und überall der Geruch von Latrinen, Urin und Chlorkalk und die in den Himmel ragenden toten Fabrikschornsteine.

Den Gefangenen dienen die großen Lagerräume und Böden zum Aufenthalt und zum Schlafen. Eine dünne Strohschütte auf kaltem Steinfußboden dient als behelfsmäßiges Nachtlager. Dazwischen liegen große Hallen mit stilliegenden Webstühlen, Rohmaterialien, Büroräume, in denen das Büropersonal der ehemaligen Fabrik wieder arbeitet. In einem alten Magazin sind drei Waschkessel aufgestellt, mit deren Hilfe man die durch das Lager ziehenden Militärgefangenen vor ihrem Weitertransport notdürftig etwas verpflegt hat. Gerade ist wieder ein Transport abgegangen, und wir geben uns der Hoffnung hin, daß das Lager bald ganz aufgehoben wird. Gegen Abend erhalte ich die Nachricht, daß in der Nacht zwei größere Gefangentransporte von je etwa zweitausend bis zweitausendfünfhundert Mann eintreffen werden. Da unser Restbestand immer noch etwa zweitausend Mann beträgt, wird es sehr eng werden; aber es muß gehen. Denn das Wetter ist kalt und regnerisch geworden; und diese armen polnischen Gefangenen, die tagelang vom eisernen Ring der deutschen Truppen eingeschlossen waren, in Dreck und Kälte herumgelegen haben und müde und ausgehungert sind, haben keinen anderen Wunsch, als sich irgendwo »hinhauen« zu können und zu schlafen, mag das Lager auch noch so hart und der Raum so eng belegt sein wie in einer Heringtonne; schließlich: je enger, umso wärmer.

Wir sind zum Empfang bereit: mein Lageroffizier, ich selbst und der treffliche volksdeutsche »Lagerführer«, den wir uns aus den vertrauenswürdigen Deutschen herausgesucht haben! Er dient uns zusammen mit einigen anderen volksdeutschen

Gefangenen als Helfer und Dolmetscher; er ist ein ehemaliger polnischer Wachtmeister, der mit Geschick und Kraft auch Tausende von Gefangenen zu ordnen und zu kommandieren versteht, und zwar so, als wie [sic!] es in Polen offenbar üblich ist und woran wir deutsche Soldaten uns nicht so rasch gewöhnen können, mit herrischem Aufruf und, wenn's not tat, mit Gummiknüppel und Fußtritt. Zugleich führt er die Lagerlisten, in denen der Zugang und Abgang an Gefangenen festgehalten wird.

Wir warten in dem kleinen Büroraum, den wir uns eingerichtet hatten, stundenlang auf die Ankunft der gemeldeten Transporte; es wird Abend, es wird Nacht; tiefdunkel, sternenlos, naßkalt und regnerisch! – Aus dem Halbschlummer weckt uns ein dumpfes Geräusch, wie es Tausende von müden Soldatenstiefeln auf holprigem Straßenpflaster hervorrufen. Das eiserne hintere Tor der Fabrik wird geöffnet; die Spitze des langen Zuges marschiert in das Dunkel der Fabrikhöfe hinein. In Gliedern zu vier kommen sie anmarschiert, ein Glied nach dem anderen; unübersehbar verliert sich der Zug im Dunkel der Straße. »Wieviel bringen Sie uns?« – Der Begleitunteroffizier der Transporte weiß es nicht genau: »Es werden wohl zweitausend sein!« Jetzt ist die Spitze an der Tür des ersten »Saales« angelangt! Er ist schon dicht mit Gefangenen belegt; aber es müssen noch mehr hinein. Unser volksdeutscher »Lagerführer« teilt zehn Glieder ab, dazu einen Führer ein, wie sie gerade im Zuge heranmarschieren. Diese 41 Leute bilden nun eine Gruppe, die Schicksalsgemeinschaft ihres nun beginnenden Gefangenenlebens, Eß- und Schlafkameradschaft, die sich nun freundschaftlich in den zugewiesenen Raumteil, in das empfangene Brot und in alles, was an sie herantritt, teilen soll. Jede Gruppe vermerkt der Lagerführer durch einen Strich in seiner Liste; dann rückt sie ein in den Saal, und so folgt Gruppe auf Gruppe, bis die Fassungskraft des Raumes endgültig erschöpft zu sein scheint. So geht es Stunde auf Stunde! –

Immer neue Massen schüttet die Nacht in das Lager hinein. Aus dem Dunkel tauchen die Gestalten auf, abgemagert und schleppenden Ganges, in ihren grünlich braunen, verschmutzten Blusen; die meisten in langen Mänteln von gleicher Farbe, die meist bis auf die Stiefel herabhängen, zerrissen, verdreckt, die Gesichter müde und grau, abgestumpft und gleichgültig gegen das Schicksal! So quellen sie hervor aus dem Dunkel, treten für einen Augenblick in mein Gesichtsfeld, verschwommen, schattenhaft, wie eine Vision, und verschwinden wieder in der Finsternis des Lagers.

Es scheinen immer die gleichen Gesichter zu sein, derselbe Mensch, in seiner Not, in seiner Angst, in dumpfer Ergebenheit, in seinem tiefsten Elend! Nur zuweilen hebt sich ein einzelner heraus: Da trägt einer den Arm in der Binde; ein anderer hat einen Verband um den Kopf; wieder einer humpelt mühsam am Stab mit in Reih und Glied; statt eines Stiefels ein Tuch um einen Fuß gebunden; dort wird einer von zwei Kameraden geführt oder getragen.

Und so ergießt sich nun ununterbrochen der lehmfarbene Strom durch das Tor, wie von einer geheimnisvollen Macht bewegt; aller Wille ist in den Gesichtern erloschen, triebartig schiebt sich die Masse vor; ähnlich den Aalen, die in dichten Reihen und im ununterbrochenen Strom die Flüsse im Frühjahr hinaufziehen. Kein Wort wird ausgesprochen; schweigend wandern sie durch die Nacht; man hört nur das müde Geräusch der Tausenden von Füßen, die sich langsam und schwer über das harte Pflaster schleppen. Jetzt kommt der braune Menschenstrom in das grelle Licht einer Bogenlampe; ihr fahles bläuliches Licht läßt die Gestalten deutlicher erkennen; aber mit ihren blaugrauen Schatten wirken sie noch gespensterhafter, noch unwirklicher.

Doch jetzt erst entdecke ich die *Augen*[20] in diesen Gesichtern, die im Dunkel hinter verschlossenen Lidern wie schlafend dahindämmerten! Die meisten blicken mich ängstlich fragend an. Sie sind ohne jedes Leben, apathisch und gleichgültig, der eine mit einem Schimmer des Glückes, der Hölle des Krieges entronnen, dem Leben gewonnen zu sein; andere wieder verzweifelt oder voll unsagbaren Leids; vereinzelt auch lodert leidenschaftlicher Haß darin! In allen Augen liegen noch das Entsetzen und die Schauer des Todes. Es ist, als seien die Seelen wissend und reif geworden! Die Augen der Jünglinge haben den Glanz der gläubigen Jugend verloren; vor der Zeit zum Manne gereift und schon von der Müdigkeit des Alters befallen!

So fließt der erdige Strom an mir vorbei, Menschen, die vielleicht auch einmal von gläubiger Glut ergriffen waren, vielleicht auch einmal nach den Sternen schauten, vielleicht auch einmal das Höchste gewollt haben! Nun ziehen sie dahin, den Blick zur Erde gebeugt, mit Erde beschmutzt, im erdfarbenen Zeug, und wandern in dumpfer Erdgebundenheit in die Unfreiheit der Gefangenschaft. Endlos ziehen die Kolonnen; kommen aus der dunklen Grenzlosigkeit der Nacht und marschieren hinein in die düstere Unendlichkeit der weiten Säle. Man hatte uns gesagt, der Transport bringe zweitausend Mann; die Zahl ist längst überschritten. Schon hat der Lagerführer bis dreitausend gezählt. Und als wir am Ende zu sein glauben, meldet sich wieder ein neuer Transport. Und es wiederholen sich alle die Bilder der ersten Stunden dieser Nacht. Wieder Tausende, die aus dem Dunkel der nächtlichen Straße hervorquellen und im Lager verschwinden. Endlich ist es still; die Mondsichel bricht durch die nächtlichen Wolken und wirft bisweilen einen milden Schein über die jetzt menschenleeren Fabrikhöfe! Wer sein Ohr an die Türen der Säle hielte, würde nichts hören als die Geräusche tiefsten menschlichen Schlafes!

Morgens in aller Frühe – noch ist nicht daran zu denken, die Tausenden der Nacht zu verpflegen – klopft schon ein neuer Transport an das Tor; es sollen noch einmal zweitausend Mann sein! Wohin mit ihnen! Wie für sie Raum schaffen, Unterkunft, Verpflegung, Stroh?

Wieder ergießt sich im Morgendämmern eines grauen Septembersonntages der lehmfarbene Strom durch das Fabriktor, in Gliedern zu vier geordnet; und schier endlos stehen die Kolonnen auf der breiten Hauptstraße der Stadt. Da es nun Tag ist, wollen wir versuchen, die ungeformte Masse zu sichten und zu ordnen, bevor die Menschen in den Schlafsälen eingeordnet werden. Die braunen Massen sammeln sich auf einem großen freien Platz und wogen nun zwischen den Fabrikmauern hin und her. Zweitausend sollen es sein; gewiß sind es wieder weit mehr; zweitausendfünfhundert bis dreitausend werden es mindestens sein.

Bis dahin habe ich nicht gewußt, was das bedeutet: dreitausend Menschen! Man begreift wohl leicht mit dem Verstand die Größe dieser Zahl, mathematisch birgt sie gewiß kein Problem! Aber wer hat eine richtige Vorstellung von diesem Etwas, von »dreitausend Menschen«, noch dazu auf engem Raum zusammengedrängt. Ein unübersehbares und ohne Lautsprecher kaum zu regierendes Chaos! – Und ich soll mit einem Unteroffizier und nur wenigen Soldaten darin Ordnung schaffen! Ich klettere auf eine große Kerbeltrommel, die von der Menge umbrandet wird, und versuche, zunächst vergeblich, mit meiner Stimme diese formlose Masse zu durchdringen! Ich verstehe ja nicht einmal ihre Sprache! Sie drängen an meinen Hochstand heran! Was bin ich einzelner zwischen diesen Tausenden! Wenn sie sich empören wollten! Ich wäre bald unter die Füße getreten, und der Revolver wäre mit entrissen. Aber sie denken ja nicht daran, sie haben gewiß nur einen Gedanken, der Hölle entronnen zu sein. Einer, der deutsch sprach, berichtete soeben, von seinem Bataillon von achthundert Mann, das von deutschen Fliegern angegriffen wurde, seien nur acht Überlebende außer 36 Verwundeten, deren Schicksal ihnen unbekannt sei, – nein, diese Menschen denken wirklich nicht an Revolte; sie sind wie eine Herde Schafe im nächtlichen Pferch!

Allmählich vermag ich mich mit Hilfe einiger volksdeutscher Dolmetscher durchzusetzen. Zunächst muß die Menge sortiert werden: Die Offiziere werden ausgeschieden, dann die Unteroffiziere, dann die Offiziersaspiranten und schließlich die Volksdeutschen in allen Gruppen. Unter den Offizieren und den Offiziersaspiranten sind diese bezeichnenderweise nicht vertreten.

Dann werden die Gruppen zu vierzig eingeteilt; jede bekommt einen volksdeutschen Unteroffizier als Führer und Dolmetscher. Stunden vergehen, immer noch stehen dichte Kolonnen um mich herum. Da erscheint ein hoher katholischer Geistlicher, um im Lager Gottesdienst abzuhalten. Ich muß die Arbeit des Einteilens unterbrechen!

Zehntausend mögen es sein, die auf der Wiese zusammenströmen, wo der Pfarrer behelfsmäßig einen Altar errichtet hat. Sie haben wohl seit Tagen nichts gegessen und getrunken, diese Menschen; müde, stumpf und ausgepumpt bis zum letzten. Aber in tiefer Ergriffenheit sinkt die ganze Menge vor dem Allerheiligsten des Meßopfers auf die Knie, und andächtiger und sehnsuchtsvoller als in irgendeiner Kirche klingen die polnischen Choräle zum grauen Herbsthimmel. Vaterland, Heimat, Elternhaus, Familie, Eltern und Kinder, alles vielleicht verloren; was bleibt dem Menschen anderes als die Hoffnung auf den Himmel! Inbrünstig greifen sie nach der rettenden Hand des ewigen Gottes. Und als der Gottesdienst längst zu Ende ist, knien die braunen Gestalten immer noch schweigend in frommer Andacht vor dem Muttergottesbilde des Feldaltars.

Doch das alles ist nur wie eine für Augenblicke aufleuchtende himmlische Vision! Noch zittert etwas von dem göttlichen Glanze in den Augen einzelner nach. Aber schon tritt die Wirklichkeit mir ihrer erbarmungslosen Härte wieder in ihr unerbittliches Recht! Wieder branden die braunen Massen um mich herum, Hunderte, Tausende. Es wird Mittag, bis endlich alles geordnet und auf die Unterkunftsräume verteilt ist. Es werden über 11 000 Mann sein, die jetzt in diesen Fabrikhöfen durcheinanderwimmeln, in rastloser Bewegung wie ein Bienenschwarm; das Bild stimmt freilich nicht ganz; denn diese müden Menschen schwärmen nicht; sie schleppen sich über das Pflaster. Eine Unruhe liegt über allen; die Unruhe des ungeordneten Chaos, wie es die Natur nicht kennt, in der alles geordnet und abgestimmt ist. Wo der Mensch die natürlichen Formen zerschlägt, entsteht erst dieses Unheimliche: die »*Masse*«[21]; sie kennt nicht Ordnung, Vernunft, Wille und Gesetz; dumpfe Triebe bewegen sie richtungslos, ungeordnet durcheinander. Es treibt sie durch die Höfe, drängt gegen die Umgrenzung, sucht nach Wasser, nach Kameraden, nach Nahrung.

Doch nun beginnt die Aufbereitung. Deutscher Ordnungssinn sucht auch dieses Chaos zu gestalten. Was will nicht alles bedacht sein! Wie soll man sie speisen? Wie für Bedürfnisanstalten sorgen? Die elementarsten animalischen Triebe müssen zuerst befriedigt werden; denn sie sind die gefährlichsten! Brot muß herbei! Hydranten spenden Wasser! Vor allem müssen Kochgelegenheiten geschaffen werden! Was sind unsere drei Kessel für elftausend Mann! Es ist, als wollte man für eine kinderreiche Familie in einem Fingerhut das Essen kochen! Dank der Hilfe des tüchtigen Zahlmeisters gelingt es, in den Geschäften der Stadt noch Kochkessel aufzutreiben. Freilich dauert es Tage, bis sie eingebaut sind und für je zweitausend Gefangene eine Küche mit fünf bis sechs Kesseln errichtet ist. Bis dahin kochen wir ununterbrochen Kaffee und nähren in den ersten Tagen die Tausenden mit Kaffee und Brot. Fast noch schwieriger ist das Verteilungsproblem! Ein Tag vergeht, bis alle ihn empfangen haben. Dankbar anerkennen die Gefangenen die täglich sich steigernde Fürsorge! Traggefäße werden besorgt, ein Waschraum entsteht, ein Fußballplatz! Freilich, je mehr die Lebensgeister der Gefangenen zurückkehren, umso mehr wächst der Drang, nach Hause zu kommen, in die Heimat; umso mehr gilt es, das Lager zu sichern durch Posten, Maschinengewehre und Drahtverhaue. Und in wenigen Tagen entsteht ein wohldurchdachtes Sicherungssystem, das jedes Entweichen unmöglich macht. So will es das Kriegsrecht und das Gebot der Stunde!

Einzelne freilich, besonders Volksdeutsche, die sich als unsere Gehilfen bewährt haben, kommen schon bald zu dem Glück, entlassen zu werden, in die Heimat, auf ihre Bauernhöfe, an die alten Arbeitsstätten. Umso stärker wird der Drang der Zurückbleibenden, auch in das Land der goldenen Freiheit zurückzukommen. Die Menschen umdrängen mich täglich, die Gesuche häufen sich! Aber ich kann hier nicht helfen! Wer könnte es unseren deutschen Kameraden gegenüber verantworten, diese Elftausend einfach frei laufen zu lassen? Wie viele Fanatiker der polnischen Idee mögen darunter sein? Was alles muß man nicht von der polnischen Leidenschaft befürchten?

Und draußen vor den Gittern drängen sich Frauen und Kinder, Menschen aus der Stadt, die nach ihren Angehörigen suchen oder die Auskunft von den Soldaten haben möchten, ob sie überhaupt noch leben! Bräute weinen jammernd nach dem Bräutigam; Mütter klagen um ihren Sohn; junge Frauen, mit dem Kind unter dem Herzen, suchen nach dem Manne. Ein junges Mädchen möchte sich mit dem Versprochenen trauen lassen, bevor er nach Deutschland in die Gefangenschaft wandert. – Aber wie soll man unter den Tausenden, deren Namen wir nicht kennen, den Gesuchten finden? Kaum, daß wir die fremdartigen Namen verstehen können! Es gilt, erst das Chaos zu ordnen!

Doch auch das gelingt! Deutsche Unteroffiziere werden Regimentskommandeure! Zweitausend Gefangene kommandiert ein jeder von ihnen; er bildet sich aus ihnen seine Führer heran, meist Volksdeutsche; zweimal täglich ordnet er seine Truppe auf dem Appell. Und die Leute fassen Vertrauen, sie werden satt; der Sinn für Sauberkeit beginnt sich zu entwikkeln. Aus der ungeordneten Masse wächst die erste Organisation heran; und schließlich – wir fühlen es alle – ist das Lager ein Organismus geworden, dessen Organe eigenes Leben gewinnen, aufeinander abgestimmt sind und sich verbunden fühlen.

Und damit entsteht wieder das Gefühl für den »Segen der Arbeit«. Die Leute drängen sich dazu! Im Lager wird alles ordentlicher, sauberer, schöner, Kommandos ziehen aus und helfen in der Kartoffelernte und beim Getreidedreschen. Aus Nacht und Nebel zog eine müde, ungestaltete Masse lehmfarbener Gestalten in das dämmernde Dunkel des Lagers; nun ist es wieder Licht geworden. Das Leben hat gesiegt über den Krieg. Segen der Ordnung! Segen der Arbeit! Gibt es noch andere Wurzeln, die das Leben der Menschen nähren?

Es ist noch früh am Tage; eben dämmert der graue Morgen durch die trüben Scheiben der gußeisernen Fabrikfenster. Die Leute erwachen! Einer steht auf und stimmt den Morgenchoral an; alle erheben sich, und ergriffen fallen sie ein in den Lobgesang. Und abends: Die Wachen haben die letzten Gefangenen in die Schlafsäle hineingetrieben, der Tag wird vom Dunkel der Nacht verschluckt. Und wieder stehen alle andächtig vor Gott und singen ihm Dank für den vergangenen Tag.

Das Leben dankt dem Leben! In diesen kindlichen Herzen eines Bauernvolkes bleibt in aller Not der Zeit eins unerschüttert, das demütige Gefühl göttlicher Bindung, die gläubige Hingabe: »Wir nennen es Frommsein.«

Ist das primitive Religion? Diese Menschen kennen nicht das bohrende Grübeln des nordischen Menschen; der zergliedernde Verstand schob sich nicht zwischen Gott und Mensch! Sie sind anders als ich, als wir! Da ist nur Hingabe, Ergebung! Fast beschleicht mich etwas wie Neid, Sehnsucht, Heimweh! Wie war doch die letzte Weisheit des alten Goethe in seinem 8. Lebensjahrzehnt?

> »In unsers Busens Reine wogt ein Streben,
> Sich einem Höhern, Reinern, Unbekannten
> Aus Dankbarkeit freiwillig hinzugeben,
> Enträtselnd sich dem ewig Ungenannten;
> Wir heißens Frommsein!«

In wie unendlich vielen Formen enträtselt sich dem Mensch dieser ewig Ungenannte! – Ich beneide diese Menschen! – Mir scheint, sie sind glücklich! – Hier liegt das Geheimnis der polnischen wie auch der russischen Seele: bedingungslose Hingabe, die zur Selbstaufgabe wird. Dieses Polen kann sich niemals ganz verlieren; von hier aus wird es sich wiederfinden. Und dieses neue Polen wird seinen Ausgleich mit Deutschland finden, weil wir dieses Polen achten können.

Ich gehe sinnend durch mein Lager; das ist nicht mehr formloses Chaos, nicht mehr ein bloßer Haufe, Masse! Es sind Menschen. Menschen, anders als ich. Ich selber, wir Deutsche, wir müssen schon andere Wege gehen! Und es wächst in mir zugleich der Stolz auf dieses Anderssein. Aber in den tiefsten Hintergründen des Menschseins gehören wir auch mit diesen hier zusammen! Und darum dürfen wir alles erhoffen von einer *gemeinsamen*[22] Zukunft.

An die Ehefrau *Pabianice, 2. Oktober 1939*

Liebe Annemi –

heute erhielt ich Deinen ersten Brief Nr. 1 vom 11.9. Die später abgesandten waren eher da als die ersten. Ich ersehe aus Deinen lieben Zeilen, wie sehr Du gelitten hast unter dem

Abschied. Dein ganzer Brief atmet Deine unbegrenzte Liebe zu mir. Ja, wie schwer ist es, auseinandergerissen zu werden, wenn es so schön war bei uns. Ich habe lange Stunden in der Nacht während der Fahrt gewacht und ins Dunkel geschaut und habe Euch von Stunde zu Stunde begleitet, wie Ihr nach Hause ginget und wie der Abschied in Eurem Herzen in bitterm Weh weiterbohrte. Und wenn ich an Euch dachte, da war es mir so selig im Gemüt, und die Tränen fielen mir unaufhörlich aus den Augen. Ich war die ganze Fahrt so still, daß die Kameraden sich wunderten. Es war mir das Herz so voll der Sehnsucht, der Liebe und des Glückes. Und so ist es jeden Tag bis heute gewesen. Einmal ziehe ich das schöne Büchlein von Moni hervor und denke an das große Mädel, dann wieder Detlevs schönen Schlüsselbeutel, dann wieder sehe ich mir Eure Bilder an und höre Eure süßen Stimmen, und immer muß ich weinen. Ich bin ganz merkwürdig weich, eine kleine Gemütserschütterung, und schon stürzen mir die Tränen in die Augen. Ich lasse das aber niemand sehen. Der goldene Ring glänzt an meiner Hand, Du bist mein getreuestes Herz, ich gehöre ganz Dir. Der letzte Satz Deines Briefes hat mich so getröstet und gefreut. Ja, wir sind alle glücklich im Leid, Du, ich und unsere lieben Kinder. Kamerad Theierl war ganz gerührt über Jorindes schönen Brief.

½12 [Uhr] nachts. Aus allen Gefühlen herausgerissen. Ich bin in der Nacht vom 2. auf den 3. Oktober Offizier vom Dienst im Gefangenenlager. 17 polnische Gefangene werden von der Ortsstreife eingeliefert. Sie kommen von Warschau und wollen nach Kalisch. Kein deutscher Soldat begleitet sie. Sie haben auch keinen Ausweis einer deutschen Dienststelle, die sie entlassen hat. Was soll ich machen mit ihnen? Mittels eines Dolmetschers stelle ich Verhör an und gewinne den Eindruck, daß sie ungefährlich sind. Auf die Frage, ob sie noch kämpfen wollen, rufen sie aus einem Munde, »um Gottes willen, wir haben Krieg satt«. Einer sagt, mit der Frau im Bett will er kämpfen. Warschau sei ganz zerstört. Sie machen einen guten Eindruck, alles stramme Kerle. Ich stelle ihnen einen Passierschein aus. Sie wollen noch 90 km in der Nacht fahren, nur heim, nur heim. Ich wünsche gute Fahrt. Sie sind überglücklich und sausen los. Die andern Gefangenen sind voller Neid. Sie müssen noch hier bleiben. [...]

An die Ehefrau *Pabianice, 6. Oktober 1939*

Liebe Annemarie,
von Fräulein Mans[23] erhielt ich am Dienstag einen Brief, woraus ich entnehme, daß Deine liebe Mutter gestorben ist. Helmut ist auch nach Worpswede gefahren! Das hat mich sehr gefreut, daß Du, liebe Annemi, nicht allein warst und einen Halt von Deinem großen Sohn hattest. Von Dir, Liebste, erhielt ich einen Brief vom 14.9. Seit Deinem Brief aus Bremen habe ich von dort noch nichts erhalten. Ich bin sehr begierig, alles zu erfahren. Nun wirst Du wohl wieder zu Hause sein und Du hast die lieben Kinder wieder um Dich, aber eine Lücke wird in Deinem Herzen sein und Traurigkeit wird Dein Gemüt verhängen. Es ist alles nur eine halbe Freude, was Dir Schönes und Liebes geboten wird. Ich habe Dir, meine Liebe, alles geschrieben, was ich an Trost Dir zu sagen wußte. Wenn ich Deine liebe Hand nehmen könnte und Dir den Mund verschließen könnte mit meinem Mund und Dir Deine Tränen abküssen könnte, dann würdest Du wieder froh sein. Das weiß ich, aber so steht alles nur auf dem toten Papier. Und doch siehst Du meine Schriftzeichen, die ich mit gesunder Hand geschrieben habe und fühlst aus diesen Zeichen meine Anteilnahme und meine Liebe zu Dir. Freilich kommen meine Briefe alle zu spät, als daß sie Anteil hätten an Deinem ersten großen Schmerz. Nun liebe Frau, gib mir Deine liebe Hand, mit der Du Deiner Mutter das letzte Lebewohl gesagt hast und ich halte sie fest. Ich halte sie ja schon 21 Jahre in Treue und gutem Verstehen, nun bist Du noch enger mir verbunden und den Kindern, Dein Halt sind wir. Du hast Dich wohl nicht immer so richtig mit Deinen Eltern verstanden, wie ich es zeitweise auch nicht konnte mit meinen Eltern, aber das eine weiß ich, daß Fremdsein ging nie von Dir aus, Du hast unzählige Male versucht, die zerrissenen Fäden zu verbinden; wer aber kann verantwortlich gemacht werden, daß ein Abstand blieb. Ich weiß es, ich kenne Dich, Dein Herz gehörte ganz nur mir und Deinen Kindern. In

dieser Beschränktheit liegt Deine Größe, und Dein Schicksal war es, so zu sein, wie es das Deiner Eltern war, so zu sein, wie sie sind. Darüber darf man gar nicht so gefühlvoll werden, man muß die Zusammenhänge erkennen und verstehen und muß sich auf sich selbst zurechtfinden und unter dem guten Stern des eigenen Geschickes sein Leben gestalten. Du hast wohl oft geklagt, daß Du es besonders schwer hättest. Das ist nicht wahr. Du leidest bloß stärker; auch bei geringen Anlässen, die einen anderen Menschen gar nicht so beunruhigen, wirst Du bis ins Innerste erschüttert. Gott gibt Dir nicht mehr, als Du tragen sollst in seinem Ratschluß. Darum weiß ich, daß ich trotz allem eine liebe, süße, glückliche Annemi wiedersehen werde, Dein, Dich im Herzen tragender Wilm.

An Ehefrau und Kinder *Pabianice, 8. Oktober 1939*

Meine liebe Annemi, Ihr lieben Kinder –

es ist Sonntag nachmittag. Draußen ist ein trübes, herbstliches Wetter. Wir haben uns Feuer machen lassen. [...] Es ist heute wenig Dienst. Da spürt man das Fernsein von Hause am stärksten. [...] Der Kompanieführer hat mich zum Offizier eingereicht. Aber die Beförderung wird noch einige Zeit dauern. Sie geht erst ans Bataillon am 20.10. ab, weil ich erst 2 Monate dem Feldheer angehören muß. Das Schönste dabei wird sein, wie ich hoffe, daß ich dann bald mal zur Einkleidung in Urlaub fahren kann. Bis allerdings die Ernennung, die der Führer genehmigen muß[24], zurückkommt, kann es Ende November werden. Vielleicht wird es gar nicht mehr nötig sein, und wir haben Frieden. Der Kompanieführer[25] hat mir ein sehr gutes Zeugnis ausgestellt. Ich habe es heimlicherweise gelesen. – Ja, was wird werden? Eine quälende Ungewißheit liegt über uns. Soviel ich aber sagen möchte, glaube ich nicht an die Fortsetzung des Krieges. Aber wer kann's wissen. [...]

An Ehefrau und Kinder *Pabianice, 12. Oktober 1939*

Liebe Annemi, liebe Kinder –

im Trubel der Gefangenenkanzlei schreibe ich Euch schnell diese Zeilen. Zur Besinnung kommt man erst, wenn sich abends das Durcheinander etwas gelegt hat. [...] Ich habe heute Offiziersdienst am Tag gehabt. Unaufhörlich kommen die Angehörigen der Gefangenen mit Entlassungsgesuchen und andern Gesuchen. Eine junge, schwangere Frau aus Lodz suchte ihren Mann. Glücklicherweise fand sie ihn auch bald. Nun wollte sie ihn durchaus mit heim nehmen. Aber heute ging es noch nicht, morgen wird sie wiederkommen. Leider bin ich nicht da, sonst wollte ich ihr schon behilflich sein, daß sie ihn mitkriegt. Ich konnte mich auch ohne Dolmetscher mit ihr verständigen. Vor Glück und Freude mußte sie immer weinen. – Ein polnischer Feldwebel sitzt schon eine Stunde bei mir und erzählt von den Erlebnissen an der Front. Er ist von Kolmar bei Schneidemühl. Die Abzeichen an den Achselklappen hat er sich bei der Gefangennahme abgetrennt, weil ihm weisgemacht wurde, die Deutschen würden den Offizieren und Unteroffizieren die Abzeichen mit glühenden Eisen auf die Haut brennen. Ich muß ihn fortschicken, damit ich den Brief fertig kriege. Mit zwei Zigaretten mache ich ihm noch eine große Freude. Er will mir, wenn er entlassen wird, [Zigaretten] von zu Hause schicken. Er hat ein gutes Geschäft und hat viel Geld zu Haus. [...]

An die Ehefrau *Pabianice, 19. Oktober 1939*

Liebe Annemi –

[...] Ich war heute nachmittag in Lodz, in ¾ Stunden fährt man mit der Straßenbahn hin. An den Brotläden stehen Menschenschlangen und warten auf Brot. Vor der Lodzer Kathedrale ist das Grabmal des Unbekannten Soldaten. Eine Opferflamme brennt dort Tag und Nacht. Die Deutschen ehren die Heimatliebe und Treue des polnischen Volkes. Sie haben die Flamme selbst entzündet, nachdem sie wochenlang erloschen war. Durch die Straßen fahren die deutschen Fronttruppen dem Westen zu[26]. [...] In der Straßenbahn sitzt ein Herr aus Warschau neben mir. Er sucht seine Kinder, die bei Kalisch sein sollen. Man braucht nur mit einem Menschen ins Gespräch kommen, immer trifft man auf grausame Erlebnisse und Schicksale. Der Krieg im Westen scheint nun doch zu beginnen. Und doch kann ich den Wahnsinn nicht begreifen, wenn er Wirklichkeit werden sollte. [...]

An Ehefrau und Kinder *Pabianice, 20. Oktober 1939*

Liebste, liebe Kinder –

[...] Oben höre ich die Gefangenen das Abendgebet singen. Sie sitzen abends zusammen und beten den Rosenkranz. Das ist ein schönes Bild. Es tröstet sie in ihrem Jammer. Die Stärke der Polen ist ihre Religion und ihre weltanschauliche Geschlossenheit. Von uns gehen viele nicht in die Kirche, obwohl sie sonntags Gelegenheit hätten. Ich kann am Sonntag nicht hingehen, da ich Tagesdienst im Lager habe. Montag abend ist ein Vortrag von Dr. Andreesen[27] im deutschen Schul- und Bildungsverein. Ich habe diese Sache angeregt. Die Volksdeutschen gingen freudig darauf ein. Ich will später meinen Vortrag über Bevölkerungspolitik auch da halten. – Wegen meiner Beförderung zum Leutnant mache Dir, liebe A[nnemi], keine Sorge. Ich bleibe auf jeden Fall hier. Es ist ein großer Mangel bei uns an Offizieren. [...] In Deinem Brief vom 18.9. schreibst Du, daß es Dir nicht gut geht. Herzallerliebste, Du mußt aber gesund und stark sein. Sieh mal, ich bin in keiner Gefahr, so Gott will, komme ich wieder zu Dir, und was Du von Helmut für überraschende Mitteilung machst. Er ist Medizinstudent? In Göttingen? Da bin ich ja so stolz! Freilich müssen wir da sparen. Aber das werden wir schon fertig kriegen. Jetzt kriegen wir ja auch wieder die Kinderzulage für ihn, und Ausbildungsbeihilfen werden wir auch sofort beantragen. Geh mal ans Finanzamt nach Fulda und stelle den Antrag, auch für Moni kriegen wir die. Du meinst, ich soll die Ernennung zum Offizier verhindern. Nach Frankr[eich] komme ich deswegen nicht, aber ich habe bedeutend mehr Einnahmen, und dann kommt es mir zu, nach dem, was ich leiste. Die Sache läuft, aber es dauert noch eine Zeitlang. Weihnachten, hoffe ich, ist es soweit. Wir Landesschützen bleiben als Besatzungstruppen. Ganz Polen ist von Landesschützen-Regimentern besetzt. Darum gräme Dich nicht. [...] Ich weiß ja, alles ist bei Dir nur seelisches Herzeleid, Du meinst, ich hätte es leichter hier als Du zu Hause, glaube mir, ich würde daheim auch fertig, weil ich eben ein Mann bin und die Dinge nehme, wie sie sind. Ich bin zwar nicht den Kugeln ausgesetzt, aber meinst Du, das wäre ein Leben hier, das mich und alle andern befriedigte. Jeder sehnt sich heim. In der fremden Umgebung, meist mit Menschen zu leben, die den Deutschen doch als Feind ansehen, herausgerissen aus seinem Lebenswerk. Ich konzentriere mich jeden Tag auf Dich und die Kinder, und das gibt mir Kraft und Ausdauer. Ich bin einer der Stillsten, die Kameraden wundern sich, daß ich soviel schreibe. Es ist wohl keiner, der so viele Briefe schreibt wie ich. Das Niederdrückendste für mich ist, daß ich mir so zwecklos erscheine und Du und die Kinder mich so nötig haben, und ich kann Euch nicht beistehn. Du mit Deinen Sorgen und Deinem Ärger, und nun ohne Mädchen und mit dem Haushalt, Geldgeschäften und so weiter. Du weißt doch, wie ich für Euch alle sorgen will und gesorgt habe. [...]

An die Ehefrau *Pabianice, 23. Oktober 1939*

Liebe Annemi –
ich sitze im Sprechzimmer obig bezeichneten poln[ischen] Professors der Medizin[28]. Er hat mir seinen Schreibtisch zur Verfügung gestellt und sein Zimmer. In meiner Wohnung bei Schulz habe ich keine Ruhe zum Briefeschreiben. Ein Teil der Wohnung des Doktors, zwei beste Zimmer, sind als Kompaniekammer eingerichtet. Er war mit der Frau geflüchtet und ist seit einigen Tagen wieder hier. Wir hatten die leerstehende Wohnung beschlagnahmt. Jetzt wohnt er oben mit der Frau und einem Sohn. Er ist Chirurg an einem hiesigen Krankenhaus. Die Frau ist auch Ärztin, schon etwas ältlich, sehr modern aufgezogen, stark geschminkt, der Typ wie die Pariserin, die mal bei Sebalds war, aber noch nicht so verwittert. Es sind echte Polen, aber da ich höflich und entgegenkommend bin, eben auch so. Liebenswürdig und freundlich. Ich biete beiden immer eine Zigarette an, worüber sie sich sehr freuen. Die Frau raucht unablässig, aber die Küche ist denkbar primitiv und schmuddelig. Das Dienstmädchen ist vor einigen Tagen durchgegangen. Die Frau Doktor hat mir ihr Leid geklagt, vorher hat das Dienstmädchen dem Theierl das Herz ausgeschüttet über die schlechte Behandlung. Es ist überall dasselbe. Nun muß die Frau Doktor selbst in der Küche wirtschaften. Es ist danach. In einem kleinen Schüsselchen

spült sie das Geschirr, das kurzgeschnittene Haar ist ihr über die Schläfen heruntergefallen, oben drauf ist es hellblond, darunter grau. Sie hat keine Kohlen; der Theierl, der hier ganz allein wohnt, hat ihr Kohlen besorgt. Darüber ist sie sehr beglückt. Das Haus ist ganz neu, kurz vor dem Krieg ist es bezogen worden. Trotzdem, überall zeigt sich etwas die polnische Wirtschaft, dagegen blitzt alles bei meiner deutschen Wirtin. Aber ich mag sie nicht. Sie ist eine furchtbar egoistische, herrschsüchtige Frau, die ihren Mann kujoniert. Aber das sind nicht meine Sorgen. [...]

An Ehefrau und Kinder *Pabianice, 23. Oktober 1939*

Liebe allesamt –

[...] Es ist doch zu schön, Briefe zu schreiben. Da bin ich so ganz mit Euch allein. Heute hatte ich Offiziersdienst im Gefangenenlager. In die Kirche konnte ich deswegen nicht gehen. Ach, was habe ich wieder alles erlebt. Eine große breite Mutter, so ein richtiger slawischer Typ, war 150 km zu Fuß hierher gelaufen, um ihren Sohn zu besuchen und heimzuholen. Sie hat uns allen imponiert, sie ließ sich nicht abweisen. In ihrer ganzen bäuerlichen Erdenschwere stand sie da vor dem Lagerkommandanten, der sie nicht anhören wollte. Seit einer Woche sind strenge Bestimmungen wegen der Entlassung. Ausnahmen werden doch gemacht. Ich redete dem Leutnant auch gut zu. Er schrieb dann eine Empfehlung, und es klappte. Das war ein Wiedersehen zwischen Mutter und Kind und eine Freude, als die Frau den großen Sohn an die Hand nehmen konnte und heimziehn durfte. Nachmittags war ich allein, auf eigene Verantwortung holte ich mir mehrere Frauen und Männer, die vor dem eisernen Gitter standen, herein und prüfte ihre Entlassungsgesuche. Ich suchte bei dem Ortskommandanten die Befreiung zu erwirken. Und es gelang mir, einem Vater, der den [Ersten] Weltkrieg auf deutscher Seite mitgemacht hatte, seinen Sohn, einem andern auch den Sohn, einer Frau den Mann, einer Schwester den Bruder, einem Bauern den Nachbarssohn und einer Mutter ihre zwei Söhne, die zufällig im Lager zusammen waren, mit heim zu geben. Die eine Frau bekam vor Freude und Glück einen

Weinanfall. Die Mutter mit den zwei Söhnen drückte mir zwanzig Zloty in die Hand. Ich gab sie ihr aber zurück. Ich sagte, »Sie sind doch katholisch? – Ja, ich auch. Lassen Sie eine Messe für uns alle lesen.« Ja, ja, das wollte sie tun. Am liebsten hätte sie mich umarmt. Die andre Frau küßte mir unaufhörlich die Hände, die dritte, eine bessere Dame, holte ihr Parfümfläschchen aus der Handtasche und spritzte mich mit Parfüm ein. Sie nahm mein Taschentuch, das ich gerade in der Hand hatte, und leerte das Fläschchen hinein. »Sie sollen ein Andenken von mir haben.« Ich rieche noch ganz stark nach dem Parfüm. Was ist es doch so schön, einem betrübten Menschenherzen wohlzutun. Was die Leute wohl für mich beten werden. [...]

An die Ehefrau *Pabianice, 23. Oktober 1939*

Liebste Frau Annemi –

[...] Jetzt ist ein bestimmter Wechsel in unsere Beschäftigung eingetreten. Wenn der Dienst zu Ende ist, dann bin ich einen halben Tag für mich und kann allein sein. Wenn man immer mit andern Menschen zusammenhocken muß und dauernd andre Anforderungen gestellt werden, kommt man gar nicht zu sich selbst. Bei Euch ist das anders. Du bist in Deinem ewigen Dreh, hast alles um Dich wie sonst auch, Deine Aufgaben sind dieselben geblieben, sind nur vermehrt und schwerer. So vermißt Du vor allem mich, der ich Dir so viel abnahm. Bei mir aber ist eine gewisse Gleichgültigkeit gegen alle früheren Tätigkeiten, sogar gegen meinen Lehrerberuf eingetreten. Ich lebe ganz meinen jetzigen Aufgaben, umso mehr als mir die soldatische Haltung im Blute liegt und mich die Tätigkeit als verantwortlicher Führer von Männern befriedigt. Es ist mir geradezu eine Unbegreiflichkeit, wie wenig ich mich zu den Aufgaben als Lehrer hingezogen fühle. Es mag sein, daß ich in meinen Briefen zu wenig auf Euch eingegangen bin, aber Ihr lebtet unvermindert in meinem Bewußtsein, und meine Liebe zu den Kindern und vor allem zu Dir, meine einzig geliebte, süße Frau, blieb unvermindert. Es ist unser Schicksal, jetzt voneinander getrennt zu sein. Der mehr oder weniger starke sinnliche Trieb zueinander, der in der körperlichen Vereinigung süße Erfüllung fand, ist nun in eine sehnsüchtige, fast überirdische Zuneigung verwandelt, die mich wie ein Talisman umgibt. Du kennst mich und weißt, wie sehr ich dem Ewig Weiblichen ausgeliefert bin, wie mein Inneres sich spannt in der Umgebung des Weibes. Es wäre hier auch genug Gelegenheit, Liebeleien anzufangen, aber ich werde meinen süßen, treuen Schatz nicht verraten. Du sollst mich wieder so haben, wie ich von Dir fort ging. Deine starke innige Liebe ist mir ein fester Halt. Es gibt keine Liebe mit halber Treue, mit halber Aufrichtigkeit, mit halbem Opfer. Wir zwei sind jeder ganz, und so wollen wir einer neuen Ganzheit entgegenleben. Du bist der ruhende Pol, ich bin der schweifende, aber nicht mehr suchende oder sich verirrende Jüngling, der sich Dir als Mann ganz hingibt und in dieser beseeligenden Gewißheit auf Dich wartet unentwegt, aber stark und beseeligt, Dein Herzallerliebster. [...]

An Ehefrau und Kinder *Pabianice, 23. Oktober 1939*

Lieben alle –

[...] Für Eure lieben Briefe, liebe drei Kinder, herzlichen Dank, die Äpfel und Birnen [und] Nüsse sind mir eine willkommene Abwechslung. Und der viele Honig. [...] 3 Äpfel und Nüsse verzehrte ich mit drei Gefangenen, die im Krankenrevier als Ärzte beziehungsweise Hilfsärzte tätig sind. Ich rief sie zu mir, und wir unterhielten uns zusammen bis 12 Uhr. Eben habe ich die Posten nachgesehen und bin wieder in der Kanzlei und schreibe Euch. Es regnet. Jeder der drei Männer hat sein Schicksal. Der Oberarzt, 31 Jahre alt, wohnhaft in [der] Provinz Posen. Er ist mit seinem Auto und seinen Instrumenten eingezogen worden. Seine Frau mit 2 Kindern ist einige Tage vor dem Krieg nach Warschau gefahren. Alles ist ihm verlorengegangen, er weiß nichts mehr von der Frau und den Kindern. Das Auto ist zerschossen. Er hat nur noch sein nacktes Leben gerettet. Der zweite ist Medizinstudent im letzten Jahr, studierte in Lemberg, war als Oberleutnant bei der Kavallerie, ein schneidiger, feiner Kerl, kann nicht gut deutsch. Von Hause anscheinend sehr reich, hat sein Reitpferd, arabisches Blut, mit in den Krieg genommen, zu dritt sind sie in den Krieg gezogen. Zwei Brüder sind gefallen. Vater als russ[ischer] Offizier im Krieg [19]16 gefallen. Zu Hause ist niemand mehr von der Familie, Mutter kurz vor dem Krieg gestorben. Er kann nicht nach Hause schreiben. Die Russen sind dort. Sie werden sein Gut aufteilen, meint er. Der dritte, Student in Posen, 5 Brüder im Krieg, 2 Ärzte dabei, er weiß von keinem mehr etwas, seit er in den Krieg zog. Auch nichts von daheim. Er will gar nicht heim, ihm bangt vor dem zu erwartenden Unglück. Sie erzählen mir von ihren Erlebnissen im Krieg. Ich biete ihnen Zigaretten an, die sie dankbar annehmen. Dem letzteren habe ich ein halbes Glas Honig geschenkt, weil er so hustet. Für die Gefangenen sind unzureichende Arzneien da. 50 Aspirintabletten für 200 Kranke. Das Lager wird wahrscheinlich aufgelöst. Transporte gehen nach Breslau. Wir bleiben hier als Besatzung, wahrscheinlich, jedenfalls in Polen. [...] Den Brief von Klein-Uta habe ich gern gelesen. Das kleine, liebe Mädchen! Ich nehme manchmal die Polenkinder auf den Arm und denke an meine kleinen Mädchen. Am Sonntag fuhren 3 kleine Mädchen im Sonnenschein ihre Puppen aus, ein recht zotteliger Dettabär lag auch im Wagen. Ich bückte mich zu ihnen herab und streichelte den Petz. Da schrie das kleinste Mädchen auf einmal so grell auf, daß ich meine Hand wegzog. Sie fürchtete sich vor mir. Eine Frau kam dazu und sagte: »Haben Sie auch Kinder? Sie sein so gut zu die Kleine.« Die drei jagten dann im Sturmschritt davon. Sie haben sich von der Angst vor den Deutschen noch nicht erholt, seit ihnen die unmenschlichsten Geschichten erzählt wurden. [...]

An Ehefrau und Kinder *Pabianice, 29. Oktober 1939*

Meine Lieben alle –

[...] Die Woche war angefüllt mit einer Menge Arbeit und mancherlei Aufregung und Hast. Wir mußten ganz schnell das Gefangenenlager räumen, die Gefangenen entlassen und nach Deutschl[and] transportieren. Manche Gefangene, denen ich zur Entlassung verhalf, wollen mir beziehungsweise an Dich, liebe Annemi, schreiben. Ist der Gefangene mit dem Gefreiten Möller aus Altenhof in Th[alau] gut angekommen, und habt

Ihr die zwei Pakete erhalten? – Ich hatte mich so auf den Transport nach D[eutschland] gefreut und auf ein kurzes Wiedersehen, aber es wurde in letzter Minute alles umgeworfen. Was man mit uns macht, ist unbestimmt. Morgen gehe ich mit 5 Mann zu einem Oberförster, 30 km von hier entfernt. Dort sollen wir so eine Art Waldpolizei gegen Wild- und Holzdiebe spielen. [...] Heute morgen war ich zur Kommunion. Ich glaube, Doktor Seb[ald] hat die Orgel gespielt. Liebe A[nnemi], hast Du das Soldatengebetbüchlein gekriegt? Das Kommuniongebet ist das Schönste darin. – Nachmittags war ich zu einer politischen Kundgebung aufgefordert, ich kam aber lieber einer Geburtstagseinladung bei einer Familie nach. Die Frau feierte ihren 62. Geburtstag. Da war es sehr nett. Es gab wunderbares Essen, Kaffee und Kuchen. Ich habe nette Menschen kennengelernt. Die Deutschen wußten sehr viel zu erzählen von ihren Erlebnissen im Krieg. Später kam noch der Landratstellvertreter dazu, da bin ich bald weggegangen. Ich habe immer eine gewisse Abneigung gegen diese Parteileute, und meistens bestätigt sich mein Mißtrauen. [...]

An Ehefrau und Kinder[29] *Sedziejowice, 30. Oktober – 1. November 1939*

Meine Lieben –

wo ich jetzt bin, da könntet Ihr mich nicht finden. 30 km südwärts von Pabjanice, in einem großen Wald. In einem einsamen Forsthaus haben wir unsere Bleibe mit 7 Mann aufgeschlagen. Wir sind noch am Einrichten. Der Theierl ist auch dabei. Er wollte gerne mit. Ich fahre übermorgen wieder zurück nach Pabj[anice]. Ich habe nur das Kommando einzuweisen. Der Unteroffizier mit 5 Mann bleibt hier für 3-4 Wochen voraussichtlich, aber man kann ja nicht sagen, ob wir jetzt nach Auflösung des Gefangenenlagers in P[abianice] bleiben. Der Oberförster, dessen Haus 300 m weg liegt, soll heute noch kommen. Er ist ein deutscher Beamter aus Posen, von den Polen in diese Wildnis geschickt. Mit den zurückgehenden Truppen mußte er nach Warschau flüchten. Die Wohnung ist ausgeräumt, Fensterscheiben zerschlagen, Möbel, Wäsche, alles gestohlen von der einheimischen Bevölkerung, sogar die Herdplatte aus der Küche. Hier hat man nur gemauerte Herde, obendrauf liegt die eiserne Herdplatte. Ein Knecht mit Familie ist noch da. Er hat in Spandau beim 3. Garde-Artillerie-Regiment gedient, den Krieg [Ersten Weltkrieg] mitgemacht, er kann deutsch. Mit seiner Hilfe verständigen wir uns mit dem polnischen Förster. Ein Sekretär ist da. Er hat den Namen Neugebauer, ein Fuldaer Namen, aber er radebrecht nur ein wenig deutsch. In den umliegenden Dörfern sollen wir das Diebesgut wiederholen, das die Polen fortgeschleppt haben. Unsere Hauptaufgabe soll sein, den Holz- und Wilddieben das Handwerk zu legen. Die Fahrt hierher war ganz abwechslungsreich. Ein Lastkraftwagen fuhr uns bis in den Wald, aber dann gings nicht mehr weiter. Die Räder sanken bis an die Achsen in den Sand. Da kam gerade ein polnischer Bauer mit seinem Pferdewagen, der fuhr unser Gepäck, Essen für die Wache, bis hierher. Mit einer Schachtel Zigaretten wurde er entlohnt. In einem Dorf, in dem wir hielten, war gerade die Schule aus. Da haben wir die Schulkinder um uns herum gestellt und Bilder gemacht. Hoffentlich sind sie was geworden. Die Kinder, überhaupt die Leute hier, haben fast noch keine deutsch[en] Soldaten gesehen. Es kam mir doch sonderbar vor, als ich plötzlich inmitten der lachenden, frohen Kinderschar stand, die uns neugierig und gar nicht schüchtern umstanden und auf uns losplauderten, als müßten wir alles verstehen. Die Landschaft ist hier im Herbstkleid wunderschön. Die lange Straße ist rechts und links von Pappeln und Birken gesäumt. Die bunten Fahnen der Birken leuchten in allen Farben. Dahinter die strohgedeckten Hütten der Bauern, zum Teil ganz mit Moos bedeckt. Darunter lugen die kleinen weißen Fenster wie Guckaugen aus der weißen Wand.

31.10. Gestern kam ich nicht mehr zum Schreiben. Wir waren in einem Dorf und suchten Petroleum. Es ist nichts aufzutreiben. Aber gegen Salz tauschten wir heute 2 Pfund Zwiebeln und ½ l Petroleum ein. Auch eine Gans kriegten wir für 3 Pfund Salz. Zu hungern werden wir nicht brauchen. Ein Kamerad aus Fulda schoß vorhin einen schönen Rehbock. Auf einem Bild werdet Ihr uns bewundern können. Wir waren heute morgen über Land in einem Kirchdorf. Bei einem poln[ischen] Gutsbesitzer wurde uns ein Frühstück gereicht, Brot und Wurst mit Tee. Aber der Tee ist nun auch zu Ende, da gab's selbstgemachten Wald- und Wiesentee. Es war alles ein wenig verschlampt und unordentlich. Die Frau sprach gut deutsch, war in Mannheim und anderen d[eutschen] Städten. Dick und schwerfällig, aber voll heißer Vaterlandsliebe, voll Haß gegen die Juden. Mit dem Schicksal Polens, meinte sie, müßte man sich abfinden, aber später würden die Deutschen noch zu tun kriegen. Ich glaube, wenn es die poln[ischen] Bauern bei Deutschl[an]d besser haben, sind sie brav. In einem Dorf in der Nähe ... Abruf!

1.11.39, 4 Uhr. Ich bin wieder in P[abianice] im alten Quartier. Es ist 4 Uhr morgens, ich kann nicht mehr schlafen und schreibe an Euch. [...] Ich habe es so schön hier, liege auf dem sauberen, bequemen Ruhebett, die elektrische Stehlampe brennt neben mir. Gestern noch in der Wildnis bei Kerzenschein. Auf dem Bett ist noch so viel Platz, Du könntest jetzt schön bei mir liegen. Ich wollte Dir Deinen Wuschelkopf schön streicheln, und durch und durch ging mir die Süße Deines Leibes. Aber statt dessen macht mir diese oberflächliche, alberne Mutter Schulz abends das Bett. Sie ist nur auf das Essen aus und richtet ihre Launen nach dem, was ich mitbringe. Siehst Du, so ist es im Leben. Aber einmal, einmal – sollte man dann wirklich so im Alltag wieder versinken können? Weißt Du, wonach ich Sehnsucht habe? Nach weiter nichts, als mit Dir und den Kindern zusammenzusein, im Garten und an den Bienen zu arbeiten, sonst nichts. Wenn ich wieder daheim bin, ist mir alles Wurst. Ich gehe nur aus der Bude, wenn ich unbedingt muß. Es scheint mir alles andere, was außerhalb der Familie liegt, überflüssig. Freilich geht das ja auch nicht ganz. [...] Politik! Fort damit!

Aber ich muß Euch ja noch berichten, wie ich so schnell wieder hierher kam. Wir hatten gerade unsere Gans, die wir für 1 kg Salz getauscht hatten, gegessen, und ich wollte den Brief schreiben, da brummt ein Motorrad. Ich ahne nichts Gutes. Richtig, ich soll sofort zurückkommen. Theierl bleibt mit den 5 Mann im Wald. Wo, dachte ich, daß der Motorradfahrer uns fände, aber ein Panje[30] zeigte ihm den Weg und er fuhr mit. Schnell den Rehbock, eine Ente und ein Huhn in den Beiwagen, mein Gepäck dazu. Erst ging's eine Strecke ganz gut, dann saßen wir im Dreck fest. Runter von der Kiste, schieben. Wieder drauf. 100 m, ein Loch voll Wasser, hinein und nicht heraus. Mit Leibeskraft schieben. Wir schieben alle beide 500 m, 1000 m. Es ist schon dunkel. Unmöglich weiterzukommen. Ich laufe zu einem Bauernhof, um ein Pferd zu holen. Zum Glück kommt der Jagdaufseher. Er versteht zwar kein deutsch, aber er weiß, was ich will. Ein Pferd wird vorgespannt. So geht es durch die Pfützen noch 2 km, dann aber packt's das Pferd nicht mehr. Im nächsten Dorf noch ein Pferd vorgespannt. Ich klopfe an einem Haus, tappe durch den Hausgang in die Stube. Alle starren mich an. Vor dem Herd sitzen sie, das offene Feuer ist das Licht, das zur Arbeit leuchtet, der Mann flickt ein Kummet[31]. Die Frau strickt, Großmutter schält Kartoffeln, 4, 5 Kinder sitzen herum. Der Mann steht sofort auf und schirrt das Pferd an. Die Frau bringt die Laterne und hängt sie ans Rad, an die Lenkstange. Um uns stehen 20-30 Personen. Es ist stockdunkel und fängt zu schneien an. Wenn die Polen uns feindlich gesinnt wären, könnten sie schnell mit uns fertig werden. Aber sie sind gutmütig und denken nicht daran, uns Böses zu tun. Jetzt geht's ein Stück auf trockenem Weg, der Bauer springt neben uns her, die Pferde laufen schnell. Die Laterne baumelt, beleuchtet das Hinterteil der Pferde, den trabenden Bauer. Ich muß staunen, wie der Mann in seinen Holzschuhen laufen kann, nein rennen kann, aber dann ist der gute Weg zu Ende, rein in die Pfützen, meine Beine sind schon ganz naß. Der Bauer macht die Leinen lang, ruft die Pferde an und klatscht mit der Peitsche. Er ist barfuß in Holzschuhen. Im Schein der Laterne sehe ich nur die Füße. Das geht so 5 km, mal durch knietiefen, mahlenden Sand, dann wieder durch Wasserlöcher. Endlich sind wir auf fester Straße. Der Panje wird entlohnt. 1 Schachtel Zigaretten, 1 Mark. Er bedankt sich sehr. Das Motorrad springt an. Wir sausen in die Nacht. Wie Funken sausen die Schneeflocken entgegen und peitschen das Gesicht. Ich muß mich nur wundern, daß dem Fahrer nicht die Hände abfallen. 35 km sausende Nachtfahrt, die Füße sind nur leblose Klumpen. Dem Enterich sind die Fußfesseln abgegangen.

Er will aus dem Beiwagen raus. Ich drücke ihn wieder vorn hinein und verstopfe das Loch mit der Decke. Nun friert's mich aber. Aber wir wollen keinen Aufenthalt machen. Zahllose Pferde-Panjewagen sind unterwegs mit Lebensmitteln zur Stadt Lodz und von da zurück. Auf jedem Wagen bis zu 12 Personen, Flüchtlinge. Vorbei in rasender Fahrt. Endlich am Ziel. – Meldung an der Ortskommandantur. Morgen weitere Befehle. Etwas gegessen, ins Bett. Briefe, Briefe! Herrlich. Jetzt ist's ½6 Uhr. 1 Stunde noch schlafen. Herzliche Grüße, Euer Vater, Dein Wilm.

An Ehefrau und Kinder *Pabianice, 5. November 1939*

Liebe Annemi, liebe Kinder –

Ich war schon um 7 Uhr in der Frühkirche und bin auch zur Kommunion gegangen. Vielleicht warst Du zur selben Zeit, gewiß eins von den Kindern, in der Kirche. Und unsere Gedanken flogen zueinander. Wie eigenartig das ist, zwischen den polnischen Frauen und Müttern an der Kommunionbank zu knien, und mit ihnen das Haupt vor dem Sakrament zu neigen. Wir schlagen zusammen an die Brust, sprechen in verschiedener Sprache das »Jesus, dir leb ich«, und kein Haß ist zwischen uns, vielmehr spüre ich, wie sie den deutschen Soldaten ins Herz und ins Gebet einschließen, und mir gut sind. Sogar die Nonnen, die in der Nähe des Chores knien, heben die sonst züchtig gesenkten Köpfe und schauen mich an. Das Wort des polnischen Priesters: »Corpus domine Jesu Christi in vitam aeternam, amen« bringt mir die weltumspannende Idee und Kraft der katholischen Kirche, die Verbundenheit aller, die an Christus glauben, zum gläubigen Erleben. Die kurzen Gebete in dem Feldgesangbuch sind so männlich, stark und tief. Ich kann das: »Herr, den ich tief im Herzen trage« nur mit großer Ergriffenheit beten, weiß ich doch, wie Dir, meine Liebe, Kraft und Trost aus diesen Worten entgegenquillt. [...]

An Sohn Helmut *Pabianice, 6. November 1939*

Mein lieber, großer Junge –

ich bin heute abend so ausgepumpt und müde, ich glaube, ich bringe keinen ordentlichen Brief hin, aber ich weiß, wie Du in der neuen, fremden Welt nach einem Zeichen von mir verlangst, denn wir sind ja so verbunden, daß wir bekümmert sind, wenn wir nichts voneinander wissen. Aber es wird Dir jetzt eine Freude sein, zu schaffen und zu wirken für Deinen Lebensberuf. Gerade die Verhältnisse, unter denen Du Dich Deinem Studium zuwendest, sind verpflichtend, daß Du mit größter Energie auf Dein Ziel losgehst. Ich brauche Dir darüber nichts zu schreiben, ich weiß, wie ernst es Dir ist. Aber der Ernst, mit dem Du arbeitest, überhebt Dich auch dem Gefühl, daß Du ein Unrecht begehst, wenn Du nicht im Soldatenrock steckst. Die sittliche Verpflichtung, die Du in Dir hast, nichts Deinen Kameraden vorauszuhaben, es besser, leichter zu haben, weniger Opfer zu bringen, könnte bei Dir jederzeit zur Tat werden, wenn Du gerufen wirst. Behalte Dir diese Bereitschaft zum Opfer. Sie macht uns groß. Und dann – bringt die Mutter, bringen die kleinen Geschwister und Du selbst nicht genug des Opfers, daß sie den Vater entbehren? Genügt es nicht, daß ich in Waffen dem Ganzen diene? Man darf auch Egoist sein und kann auch fürs große Ganze Egoist sein.

Ich kann Dir nur sagen, ich habe auch gebangt um Dich und um das Gelingen. Brief um Brief lief ein und immer keine Entscheidung, und wie ich jetzt froh bin, das kann ich Dir gar nicht sagen, und unser Muttchen erst, wie wird sie gehüpft sein! Sie sollte nun aber auch ein klein wenig zufrieden sein. Nun will ich Dir ein wenig von meinem Leben dahier erzählen. Ich habe jetzt ein neues Kommando, 25 Mann einer Bereitschaft z.b.V. zur besonderen Verwendung, nämlich der Ortskommandantur. Ich bin ganz selbständig, mache meinen Dienstplan, habe mit meinen Soldaten eigene Quartiere, ich selbst auf dem Markt ein nettes, gemütliches Zimmer. Die Soldaten liegen zum Teil in den angrenzenden Zimmern. Einer von ihnen hat Stubendienst, besorgt mein Zimmer, den Ofen, andere bedienen mich beim Essen. Wenn ich in den Versammlungsraum, der zugleich Eßraum ist, komme, brüllt einer »Achtung«. Ich setze mich an den gedeckten Tisch und bin bei allem der erste. Aber ich sorge auch für meine Leute. Kein Weg ist mir zu weit und zu viel. Das wissen sie auch. Es ist ein nettes, kameradschaftliches Zusammensein. Morgens machen wir 2 Stunden und nachmittags 2 Stunden infanteristische Ausbildung, werfen Handgranaten, schießen scharf, marschieren ins Gelände, singen und unterhalten uns bis über den Zapfenstreich hinaus. Die Soldaten sind alles Bauern beziehungsweise Geschäftsleute, Arbeiter aus Fulda und Umgebung. Ein gediegener, zuverlässiger Schlag. Das wäre alles zum Aushalten; aber immer bohrt in mir die Sorge um die liebe Mutter, die sich zu Hause in Sehnsucht und Kummer verzehrt. Und doch könntest Du Dir denken, daß ich zu Hause sitzen könnte, wenn auch tausend andere daheim sind? Wenn es wäre, ich käme mir vor wie ein Drückeberger. Ich will meinen Mann hier draußen an des Vaterlandes Grenze stellen [sic!] wie die 100 000de anderer Männer und will dem Ganzen dienen, wie es einem Mann geziemt. »Der Anteil, welchen der einzelne am Staate hat, gibt ihm die höchste Ehre, das männlichste Glück.« Freytag[32]. Mein lieber Junge, ich grüße Dich mit tausend Grüßen, Dein Vater.

An Ehefrau und Kinder *Pabianice, 8. November 1939*

Liebste Frau, liebe Kinder –

wir sind nun noch in P[abianice] geblieben als einzigstes [sic!] Bataillon. Die Bayern, Braunschweiger, Kasseler sind weitergezogen in die Nähe von Warschau. Wahrscheinlich bleiben wir noch eine Zeitlang hier. Bestimmtes kann man im Krieg nicht voraussagen. Ich habe ein selbständiges Kommando von 25 Mann, bin von der Kompanie abgetrennt, unterstehe dem Bataillon. Mit meinen Leuten wohne ich zusammen. [...] Ich bilde meine Abteilung aus, [im] Schießen mit M.G. [Maschinengewehr], Handgranatenwerfen und im Exerzieren. [...] Außerdem halte ich in der Zwischenzeit WH-Autos[33] an und kontrolliere auf mitfahrende Zivilpersonen. Das ist so meine meiste Tätigkeit seit dieser Woche. Die schönste Zeit ist abends, wenn ich auf meine Stube gehen kann und Eure Briefe lese oder beantworte. [...] Die Kameraden haben den Rundfunk angestellt, der Führer spricht[34]. Ich will mal rüber gehen. – Sehr viel Neues kann ich der Rede nicht entnehmen, deswegen will ich mit Euch weiter zusammen sein. Mich stört der Applaus, [das] Gebrüll der alten Kämpfer.

An die Ehefrau *Pabianice, 10. November 1939*

Meine Annemi –

vor mir liegt Dein lieber Brief vom 8.11. Er ist geschrieben unter dem Eindruck der Führerrede[35], und [sie] hat Dich wie mich seelisch erschüttert. Ich habe nur kurze Zeit zugehört, entnehme ihr aber, daß der Führer den Krieg will. Die Aussicht auf Frieden entschwindet immer mehr, das Unheil nimmt seinen Fortgang. Von dem Leid, das andere Menschen betrifft, wird man von den eigenen Wünschen ganz fortgezogen. Eine tiefe Bitterkeit und Qual senkt sich mir ins Herz. Ich weiß, daß ich Dir nur Schmerz bereite, aber es diene auch Dir zur Aufrichtung. Aus all diesen Erfahrungen nehme ich das nur mit, daß wir unser Herz auf Gott hinwenden und auf seinen Sohn. Siehst Du, als ich heute abend dieser schluchzenden, vor Leid zitternden Frau, der die G.Sta.Po. [Geheime Staatspolizei] ihren Mann verhaftete[36], etwas zum Troste sagen sollte, da versiegte selbst das Mitleid in mir, das mich ja nur hingetrieben hatte, und ich konnte ihr nichts zum Troste sagen. Aber dann war es mir klar, das Leid, das jetzt so viele hier und daheim trifft, es hat einen Sinn und ein Vorbild zugleich in Jesus Christus. Das stellvertretende Leiden des Gottessohnes ist dies Vorbild. Er litt für die Sünden der Welt und ist für die Bosheit der Menschen am Kreuz gestorben. Das sühnende Leiden, das stellvertretende Leiden wird heute von zahllosen unglücklichen Menschen gefordert. Es ist das Opfer für die Schuld der andern. »Liebe Frau Prut, die Polen haben viel Unheil an den Deutschen getan, nun trifft es in Ihrem Mann einen ganz Unschuldigen, Sie und er und Ihre Kinder müssen für die andern büßen. Schauen Sie auf Jesus Christus.« Da richtete sich die zerschmetterte Frau auf und erstarkte im Herrn. Eine Verhaftungswelle geht über das unglückliche Land, auf Grund von Angaben hiesiger deutscher Einwohner werden Hunderte gegriffen und verschleppt. Wie man sie behandelt, kann man sich denken, denn man übt Vergeltung[37]. Mag darin auch eine gewisse Berechtigung liegen, aber nun ist der Krieg doch aus, und wir wollen aufbauen, aber was in den paar friedlichen letzten Wochen Gutes getan ist, wird mit einem Schlag zerstört. Eine ohnmächtige Wut, ein lähmender

Schrecken zieht von Haus zu Haus, in denen ein Pole wohnt, der über dem Durchschnitt steht. Es geht gar nicht um Vergeltung, es hat den Anschein, als ob man die Intelligenz ausrotten will nach dem Vorbild der Russen[38]. Wer hätte das gedacht von einer Regierung, die den Bolschewismus tödlich haßte und ihn im eigenen Land so verfolgte. Wie gern bin ich Soldat gewesen, aber heute möchte ich den grauen Rock in Fetzen reißen. Wir sollen den Schild halten, hinter dem diese Verbrechen an der Menschheit geschehen können? Die Wehrmacht ist nicht schuld, sie billigt das alles nicht, aber wir stehen machtlos daneben und müssen mit zusehen. – Du schreibst mir, Du willst nicht klagen und mir das Herz schwer machen. Du hast es so schwer, was ist Dir an Widerwärtigkeiten geschehen? Du sollst mir alles schreiben, ich habe Dich lieb, und meine Zuflucht bist Du. Wenn mein Herz voll Trauer und Kummer ist, komme ich zu Dir. Du brauchst mich nicht zu schonen. Ich will es nicht besser haben als Du selber. Vor der Liebe zu Dir versinkt die Liebe zu den Kindern und zu jeglichen anderen Menschen. Darum bin ich immer bei Dir, wenn ich Dir auch fortgenommen bin. Du bist mir auch fortgenommen, aber immer tragen wir alles miteinander. Wir haben ja noch diese Briefe. Ich gehe jetzt schlafen, wenn ich weinen könnte, möchte ich es in Deinen Armen tun, und es wäre mir ein Trost von so unsäglicher Süßigkeit, aber in Gedanken an Dich und die Kinder schlafe ich ein und fühle Deine Hand über mein Gesicht streichen und Deinen Mund auf meinen Lippen, Dein Mann.

An Ehefrau und Kinder *Pabianice, 14. November 1939*

Meine liebste Frau – liebe Kinder –

[...] Gestern war ich mit Frau Fier in Lodz. Die stammt eigentlich von Lodz und weiß Bescheid. ¾ Stunden Straßenbahn von P[abianice] bis L[odz]. Ich habe etwas für Weihnachten gekauft. Das will ich aber nicht schicken, das bring ich mit. Es wird jetzt auch erst verarbeitet. Wenn man die Geschäfte nicht kennt, kriegt man die Sachen nicht. In L[odz] sind ja fast nur Judengeschäfte, aber ich habe doch da gekauft. Der Mann von Frau F[ier] ist in einer Strumpfwirkerei. Er besorgt mir Strümpfe. [...] Herr Kalb, mit dem ich Sonntag abend bei Fiers zum Abendessen war, läßt Dich grüßen. Er war selig, dort ein Klavier anzutreffen. Er hat ein Bataillonslied der Fuldaer Landesschützen komponiert und gedichtet. Ich war mit 2 andern im Preisgericht. Der Hauptmann[39] hatte ein Preisausschreiben veranstaltet. Es liefen etwa 10-12 Sachen ein, aber die waren nicht viel wert. Jedenfalls war Kalbs Lied das beste. Das soll jetzt geübt werden. [...] Am Sonntag habe ich mit andern Kameraden zusammen Reiten gelernt. Mir tun jetzt noch die Backen weh. Wir haben eine Menge Pferde, meist polnische. Das Reiten ist nicht einfach. Das Pferd kommt einem wie eine unheimliche, tückische Macht vor, die mit einem machen kann, was sie will. Ich war mehrmals in kritischer Lage. Aber ich bin doch nicht aus dem Sattel geflogen. Die andern Kameraden waren auch stolz, daß sie sich im Sattel hielten. [...] Gestern morgen hatten wir Exerzieren mit M.G. [Maschinengewehr]. Es gibt wieder Verschiebungen hier. Die Ortskommandantur zieht morgen nach Petrikau. Ob wir hier bleiben, ist fraglich. Hoffen wir`s. Warum ich von Frau Schulz weg bin?

Mit meinem kleinen Kommando von 25 Mann mußte ich in die Nähe der Ortskommandantur ziehen. Wegen des polnischen Staatsfeiertages am 11.11. traf man Vorsichtsmaßregeln. Jetzt werden wir wahrscheinlich zum Bataillon zurückkommen. Diese selbständige Abteilung hat mir gut gefallen. – In der Fabrik, wo unser Eßraum und die Soldatenquartiere sind, wohnt oben ein glühender Pole mit Frau und zwei Kindern. Er hat mich schon 20mal aufgefordert, ihn zu besuchen und die Seife zu holen. Gestern abend war ich da. Das war ein sehr interessanter Abend, viel anregender als bei den hiesigen Deutschen, bei denen ich schon mehrfach war. Das Gespräch ging vom politischen auf das religiöse Gebiet über. Der Mann ist griechisch-katholisch, sie ist protestantisch. Er fährt nach Lodz in die Kirche und nimmt seine Kinder mit, sie geht hier in die deutsch-evangelische. Aber aus ihrer Abneigung gegen die Deutschen macht sie keinen Hehl. Polen über alles! Sie glauben standhaft, daß wir hier nicht bleiben. Über das Unglück ihres Landes sind sie tief bekümmert. Ich brachte Brot und Wurst mit und Tee, der nicht mehr zu kriegen ist. Dafür erhielt ich selbstgekochte Seife (er ist Chemiker), Seifenpulver und einen Ballen Kordel. Das Seifenpulver ist fünfmal so stark als gewöhnliches Seifenpulver oder andere Seife. Da mußt Du ganz sparsam damit sein. Die Seife ist auch sehr gut. Ich brauche ja nichts. Ich denke immer an Euch.

An die Ehefrau *Pabianice, 14. November 1939*

Meine liebe Annemi –

[...] Nachrichten hören wir auch, aber ich mag sie gar nicht wissen. Ich mache meinen Dienst und bin allein mit meinen Gedanken bei Euch. Das ist mir genug. Die Wahrheit wird ja hüben und drüben derart entstellt, daß man sich viel zu schade sein muß, sich belügen zu lassen. Dieser Endkampf zwischen England und uns ist nicht zu umgehen gewesen. Die einzige Chance, die Engl[and] hat, ist die propagandistische. Leider ist Italiens Haltung negativ[40] und die Rußlands sehr fraglich[41]. Auf die dürfen wir nicht hineinfallen[42]. Für viele ist der Krieg schon eine Episode geworden, der d[eutsche] Rundfunk bringt keine Sensationen mehr, sie stürzen sich auf d[eutsche] Auslandssender. [...] Wahrscheinlich soll ich zu einem Offizierskurs. Das lehnte ich schon ab und werde es weiter ablehnen, ich lasse mich nicht mehr mit 20jährigen schleifen. Dann bleibe ich lieber Feldwebel. [...] Du elendest mich doch nicht mit Deinen Alltagssorgen, ich will doch alles wissen. Ich denke, ich helfe Dir mit meinen Gedanken. Die Ferne macht uns nicht fremd. [...] Wenn ich mit meinen Lieben in Verbindung bleiben will, muß ich stundenlang schreiben. Aber das geht nicht so in einem Fluß, da sitze ich oft lange dabei und träume. Ja, das läßt sich alles so wunderschön ausmalen, wenn ich heimfahre zu Euch. Dann hüpfst Du schon am Bahnhof unruhevoll umher und wartest auf meinen Zug und bist ganz verzehrt vor Aufregung und Angst, daß ich nicht mitkomme, und dann fliegen wir uns an den Hals, aber die Kinder bringst Du mit. Ich schreibe Dir ganz genau den Zug, wann ich eintreffe. Oder Ihr bleibt schön zu Haus und wartet in aller Ruhe ab, wann ich auftauche, dann ist's immer noch Zeit zum Sturm auf mich. Und wenn ein Tag kein Brief kommt, dann kommt am nächsten Tag halt einer. Immer die Ruhe! Und Du sorgst mir schön für alles und bist so tüchtig und fleißig, und ich bin so glücklich, daß ich Dich hab. Ich weiß es, wie mühselig Du Dein Tagewerk bezwingen mußt ohne mich. Siehst Du, es geht, das Band der innigen Liebe und Treue umschlingt uns und läßt uns nicht los. Nur der Tod könnte uns scheiden, und der nicht. Ich habe gar keine Sorge um unser späteres Glück. Wir feiern ein zweites und ein drittes Mal Hochzeit, des bin ich gewiß. Und immer warten wir aufeinander wie Brautleute. Nicht wahr? Meine alte, treue Liebe, unser Herz bleibt jung und stark. Grüß mir die Kinder und küsse sie der Reihe nach, auch die große Moni. Komm her und leg Dich in meinen Arm und schließe die Augen, es küßt Dich Dein Liebster.

An Ehefrau und Kinder *Pabianice, 17. November 1939*

Liebe Annemi, liebe Kinder –

heute morgen sandte ich Euch einen Brief aus recht niedergedrückter Stimmung. Den ganzen Tag bin ich nicht mehr froh geworden. Unter den Kameraden herrscht auch meist Niedergeschlagenheit. Sie machen ihren Dienst, aber sie tun alles mit einer gewissen Verdrossenheit. Ich bin wieder mal umgezogen mit meiner Bereitschaft. [...] Gestern rief mich der Kompanieführer[43] zurück zur Kompanie. Ich mußte auch mit der Kompanie Dienst machen, weil er fort war und kein Offizier mehr in der Kompanie ist. 2 sind krank, Leutnant Schade von Großenlüder seit vorgestern im Erholungsurlaub. Leutnant Zentgraf ist immer noch krank. [...] 1 Leutnant ist abkommandiert. Nächste Woche sollen wir weitertransportiert werden, es hieß ja schon immer so, aber jetzt soll es ernst werden. Es heißt, wir kämen über Warschau hinaus, 30 km von der russ[ischen] Grenze entfernt ins Protektorat[44]. P[abianice] gehört ja zum Reichsgebiet[45]. Meinetwegen, mir ist schon alles gleich. Dann wird es wohl mit dem Einkaufen auch zu Ende sein. [...] Ich will jetzt alles wegschicken. Im Fall, daß wir reisen, brauche ich es nicht mitzunehmen. Hoffentlich kommt alles gut an. Das ist meine liebste Beschäftigung, für Euch etwas einzukaufen. – Heute regnet's den ganzen Tag. Wir saßen nach dem Kaffeetrinken bis 10 Uhr zusammen und redeten über Politik, aber davon mögen die Leute nichts mehr wissen. Wir sprachen über Kindererziehung, und ein Soldat von Hettenhausen schnitt das Thema von der Aufklärung der Jugend über geschlechtliche Dinge an, ein anderer das Thema vom Heiraten. Ich sprach über [die] Entwicklung von P[abianice] zur Industriestadt. Da hören alle gerne zu. Am Abend ist keiner zu Haus, die Kameraden sind in die Stadt. Fast jeder kennt volksd[eutsche] Familien, von denen sie Abschied nehmen wollen. Jüngere sind auch zu ihren Mädchen gegangen. [...]

An Ehefrau und Kinder *Siedlce, 22. November 1939*

Meine Lieben, liebste Annemi, liebe Kinder –
seit zwei Tagen bin ich mit einem Vorkommando in dieser Stadt. Wir warten auf weitere Befehle. Ich bin hierher geschickt worden, um für das Bataillon Quartiere zu machen. Von P[abianice] ist diese Stadt 200 km entfernt. Der Hauptmann[46] hat keine Ahnung, wie es hier aussieht. Er hat mir seine Wünsche betreffend einer bequemen Unterkunft sehr ans Herz gelegt, auch die Kompaniefeldwebel, Offiziere und Mannschaften trugen uns auf, für gute Quartiere zu sorgen. Aber hier sieht es anders aus als in P[abianice]. S[iedlce] ist eine Stadt wie Fulda, aber die Hälfte der Stadt, große, schöne Häuser, ein riesiger Bahnhof liegen in Schutt und Asche. Zwischen den Trümmern hausen die Einwohner, das heißt, die Reste der Bevölkerung, dazu liegen hier etwa 4000 Soldaten. Bis jetzt konnten wir keine Unterkünfte kriegen. Wahrscheinlich werden wir noch weiter nach Osten an die russische Demarkationslinie[47] vorgeschoben werden. Ich wohne in einem kleinen Holzhaus, darin hausen drei Familien. In einem sauberen Zimmer hat mir die Frau ein ganz gutes Lager gemacht. Ich bin sehr zufrieden, daß ich es noch so gut habe. Die 10 Kameraden hausen in einem unzerstört gebliebenen Zimmer eines ehemaligen Steueramtes, denkbar primitiv. Alle sehnen sich zurück nach P[abianice]. Einzig die Schadenfreude, wenn das Bataillon nachkommt und in diese neuen Verhältnisse kommen wird, entschädigt sie ein bißchen. Ein

Unteroffizier aus Wüstensachsen wollte sich gestern schon krank melden. Wir sind bisher vom Kriegsleben nichts gewahr geworden, die jungen Truppen, die hier schon längere Zeit liegen, finden es hier sehr gut. Sie sind schon froh, daß sie abends Licht haben. Zu essen kann man sich genug kaufen. Auf dem großen Markt sind Hunderte von Bauerngespannen aufgefahren mit den Produkten des Landes. Aber Geld wollen die Bauern nicht, sie wollen Salz, Naphtha (Petroleum) tauschen. Man findet ganz wenig deutschsprechende Personen, man muß sich mit dem Wörterbuch helfen. Schickt mir bitte mal einen Matula-Sprachführer. In der ungeheizten Stube ist es ungemütlich kalt, die Hände frieren mir beim Schreiben. Die Bevölkerung hat keine Kohle. Was an der Bahn vorhanden ist, beschlagnahmt die Truppe. Wenn man die Not der Menschen und die Verwüstung sieht, wird man ganz traurig. Wie lange wird es wieder dauern, bis hier normale Zustände einkehren? Ein Herr fuhr mit seiner Familie mit uns von Lodz nach Warschau. Er war ein feingebildeter Pole, sprach gut deutsch. Er war vor den Deutsch[en] nach Osten geflüchtet, von den Russen festgenommen, dann wieder entlassen [worden], hatte das ganze Kriegs- und Flüchtlingselend am eigenen Leib erfahren. Gegen die Deutschen nahm er eine vorsichtige, aber leicht ablehnende Haltung ein, verurteilte besonders die feige Haltung der poln[ischen] Offiziere, die sich durch Beschlagnehmung von mit Flüchtlingen besetzten Zivilautos nach der rumän[ischen] Grenze in Sicherheit brachten. Ich bewundere immer wieder die Haltung dieser slawischen Menschen. Sie tragen ihr Unglück mit einer Ruhe und Haltung, die wir nicht kennen. Wie viele Schicksale lerne ich kennen, sooft ich anderen Menschen nähertrete. In meinem Haus wohnen drei Frauen mit ihren Familien eng beisammen. Alle drei Frauen haben ihre Männer verloren, einer in russ[ischer] Gefangenschaft oder in d[eutscher] oder tot, wer weiß es, keine Nachricht seit August. Die Wohnungen in der Stadt sind von Bomben zerstört, die Einrichtungen verbrannt, ausgeraubt. 1 silbernen Löffel und 1 Messer hat die Frau noch. Die Mutter der einen hat eine Bombe getötet. Das Bild der Frau steht neben mir, das Mädchen legt sich abends davor und weint. – Für wen müssen die Unschuldigen leiden? Ihr seid gut aufgehoben. Immer ferner bin ich von Euch, aber meine Liebe ist unwandelbar und stetig. Es gibt Tage, da versinken alle Sorgen um uns und um die Mitmenschen, da ist man hilflos der rohen Umwelt ausgeliefert. Aber ich habe Euch und bin Euer Vater und Dein lieber Mann.

An den Sohn *Siedlce, 23. November 1939*

Lieber Detlev –

Erst heute hatte ich richtig Zeit, Deinen lieben Brief mit Muße zu lesen. [...] Wir haben hier fast nichts zu tun. Die Soldaten, die mit mir hier sind, erst gar nicht, ich muß immer zu den Stäben und auf Befehle warten, aber immer noch warte ich auf einen bestimmten Entscheid. Ich soll für 600 Mann Quartiere machen, aber alles liegt schon voll Soldaten. So sitzt man herum und muß die Zeit totschlagen. Was habe ich zu Hause alles arbeiten können. Nachher kommt's wieder haufendick. – Auf der Fahrt hierher habe ich schon vielerlei erlebt. Am Bahnhof in Lodz stauten sich die Menschen, fast alles Juden. Sie müssen am rechten Arm eine gelbe Binde tragen, schon die kleinen Kinder[48]. In dem Straßenbild der Stadt fallen sie gleich ins Auge. Mit Sack und Pack beladen, steigen sie in die Züge, viele kommen nicht mit, in Viehwagen werden sie zusammengepfercht, Türe zu, und dann stehen sie stundenlang; wohin sie fahren, ist mir unbekannt. Viele wandern aus nach Rußl[and], aber die Russen schaffen sie wieder hierher. Die Kinder tun mir immer so leid. Der deutsche Bahnschutz geht roh mit den Juden um, überhaupt wird der Jude weniger geachtet wie ein Stück Vieh. Die Soldaten sind noch die anständigsten, besonders die älteren. Juden sagen: »Alte Soldat gut, junge Soldat slim.« Wir fanden einen Platz in [der] II. Klasse. Auf der Fahrt nach Warschau konnten wir die endlosen Trümmer längs der Bahnstrecke sehen. Es war schon ½5 [Uhr] abends, hier wird's eine Stunde früher Nacht als zu Haus, da kamen wir in Warschau an. Der Bahnhof und viele große Häuser sind verbrannt und zerschossen, bei der anbrechenden Dunkelheit konnten wir die Ruinen nur halb erkennen. Vom Hauptbahnhof mußten wir auf den

Ostbahnhof nach Praga. Die Weichsel teilt die Stadt. Das ist eine Stunde Weg. Mit dem Gepäck wäre das eine tüchtige Anstrengung geworden. Vor dem Bahnhof standen viele Kutschen und Autos. Wir kriegten uns einen Panje her, der mußte uns mit seinem Panjewagen das Gepäck aufladen. Wir wollten zu Fuß gehen, aber er sagte, wir sollten uns auch aufsetzen. Er hieb dann auch tüchtig auf den Schimmel los, und im Trab ging es durch die Stadt. Die Soldaten stimmten gleich das Lied an von der Rosemarie. Vor der Weichselbrücke stiegen wir doch ab, da geht es bergauf. Der Kutscher schlug in einem fort auf das Pferd. Er sagte immer wieder: »faul«. Dabei war es ein uralter Gaul, der die Schläge gar nicht mehr spürte, so viele hat er wohl schon gekriegt. Neben auf [sic!] den Bürgersteigen waren noch frische Gräber von Soldaten. Die waren wahrscheinlich im Straßengraben gefallen, da hat man die Steinplatten aufgedeckt und die Toten hineingelegt, der Verkehr geht drum herum. [...]

An die Ehefrau *Kałuszyn, 25. November 1939*

Liebste Annemi –

gestern wollte ich Dir einen Brief von Siedlce schreiben, kam aber nicht mehr dazu. Ein Funkspruch befahl, uns nach oben genanntem Ort zu begeben. Nun sind wir hier in einem fast gänzlich zerstörten, verbrannten Städtchen, ehemals 9000 Einwohner, davon 7000 Juden. Die Judenhäuser sind restlos verbrannt. Etwa 20-30 Häuser sind noch bewohnbar. Hier soll eine Kompanie unterkommen. Unsere Landser werden Augen machen, wenn sie hierher kommen. [...] Dein lieber Brief hat mich sehr gefreut. Ach, was machst Du Dir wieder für Sorgen. Ich tue nicht mehr, als ich muß. Was ich manchmal im Innern denke, das sollte keiner wissen. Soldat sein ist ganz nett, wenn man jung ist und keine Familie hat, aber in meinem Alter ist das vorbei mit der Begeisterung. Und Ehrgeiz? Nein, ich habe keinen Ehrgeiz, etwas zu werden, und gerade nach den letzten Erlebnissen möchte ich mich nicht mitschuldig machen. [...] Im Briefe kann ich Dir nichts von meinen Gedanken berichten, Du kennst mich doch. Ich bin in all diesen Fragen eins mit Dir, aber was soll ich Dir mit solchen

Dingen den Kopf vollmachen. Es gibt doch viel nettere Sachen und viel, viel liebere Dinge, wovon wir zwei reden können. Ich sage Dir nur das eine, ich habe mich manchmal geschämt, deutscher Soldat zu sein. Ich käme erst heim, wenn ich Leutnant wäre, da hast Du Dir was vormachen lassen. Wenn ich Dir so nicht recht wäre, bliebe ich lieber in Polen. Entlassung? Portepeeträger[49] werden sowieso nicht entlassen. So viel weißt Du doch auch vom Militärkram, was befohlen wird, wird gemacht. Über die Dinge wollen wir uns gar nicht unterhalten. Wenn ich nach Hause komme, wirst Du mich nicht anders wiederfinden, als auf dem Bild, wo ich nur die Hose anhabe. [...]

An die Ehefrau *Kałuszyn, 26. November 1939*

Liebe Annemi –
ein Urlauber fährt von hier aus in Urlaub. Ich schreibe Dir schnell einige Zeilen, damit Du weißt, wo ich bin. [...] Wir wohnen beim Pfarrer[50], er kann ein bißchen deutsch. Er besorgt uns rührend. Als er gar sah, daß wir heute morgen in der Kirche waren, freute er sich mächtig. In seiner Wohnung hat er zwei Flüchtlingsfamilien untergebracht. Er haust in der Küche. Wir haben sein Wohnzimmer mit Heu belegt und hausen darin. Er ist alles gern zufrieden [sic!]. Die Glocken dürfen hier auch nicht läuten. Er meint, Weihnachten dürften sie die Geburt des Herrn verkünden. Mir sollen die Glocken in Polen das Weihnachtsfest nicht einläuten. Da will ich bei Euch sein. [...]

An Ehefrau und Kinder *Mrozy, 28. November 1939*

Liebe Annemi, liebe Kinder –
von unserm lieben Pfarrer nehme ich eben Abschied. Ich soll ihm später schreiben, wenn er in Sochazeff[51] Dekan ist. Man sah ihm an, wie er sich freute, in uns und besonders auch in mir gleichgesinnte Menschen zu treffen. Es war mir auch ein besonderes Bedürfnis, gut zu ihm zu sein nach all dem Schweren, das er erlebte. Heute morgen habe ich beim Vikar gebeichtet. Er sagte mir, daß er nur einige Worte deutsch könnte. Wir haben uns halb deutsch, halb lateinisch zu verste-

hen versucht. Und ich glaube, daß mir die Absolution doch die Gnade bewirkte, die ich brauchte, um zum Tisch des Herrn zu gehen. – Bei dem Pfarrer, der besser deutsch versteht, wollte ich doch nicht beichten, es ist ja falsch, aber man hat doch so dumme Hemmungen. Zum Abschied drückte mir der Pfarrer die Hände und sagte, daß er für mich, für Dich und die Kinder beten wollte. Wie gut das einem tut. Am Bahnhof habe ich noch Zeit und schreibe ihm einen Abschiedsgruß. Der Bauer, dem ich den Brief mitgebe, versteht erst nicht, wem er den Brief abgeben soll. Ich muß erst mein Wörterbüchlein herausholen und ihm das poln[ische] Wort »proporcs«[52] nennen. Dann leuchtet sein Gesicht auf, »ah, dobsche Panje«[53], sagt er. Was ist die Sprache doch ein wunderbares Hilfsmittel. Erst hier wird man das so recht gewahr, wenn man gegenseitig um Worte ringt. [...]

An die Ehefrau *Pabianice, 2. Dezember[54] 1939*

Liebste –
Weihnachtsabend treffe ich in Thalau ein. Als ich gestern hier bei der Kompanie in die Schreibstube trat, sagte Andreesen[55] gerade, »Hosenfeld fährt auch am 22. Dezember«, da stand ich ganz unerwartet vor ihm. Er wähnte mich in Wegrow. Das gibt ein schönes Weihnachtsfest. Ich bin zum Bataillonsstab als Ordonanzoffizier versetzt, obwohl ich nur Feldwebel bin. Aber ich will wieder zu A[ndreesen]. Jetzt gibt es viel Lauferei, da gehe ich dem Bataillonsführer zur Hand. Er hat mich gern um sich. Er nahm mich im Auto mit her. 240 Kilometer, vom Bug nach Pabj[anice]. [...]

An Ehefrau und Kinder *Wegrów, 5. Dezember 1939*

Liebe Annemi, liebe Kinder –
jetzt sitze ich schon wieder 240 km von Pabjanize entfernt in dem schönen Polenstädtchen W[egrow]. Mir gefällt es sehr gut, wenigstens im Quartier. Ich war ja schon mal hier in W[egrow] und hatte mir ein Stübchen ausgesucht. Aber ich glaube, ich darf nicht hier bleiben. Der Hauptmann will seine Stabsoffiziere bei sich haben, damit er unterhalten wird. Wir legen aber keinen großen Wert darauf, der Doktor nicht und

der Adjutant nicht, und ich bin besonders abends am liebsten allein, daß ich Briefe schreiben kann. Die ewige Unterhaltung ist langweilig. Ich vergesse immer, daß es mein Vorgesetzter ist, und sage meine Ansicht, was man nicht immer tun soll. Na ja, der Hauptmann ist ein guter alter Papa von 56 Jahren, eigensinnig und oft kleinlich, aber auch wieder recht gut. Es ist der Rechtsanwalt Francken aus Fulda. Ich fuhr mit dem Doktor heute hierher. Er ist von Kassel, ist dort praktischer Arzt. Ich mag ihn recht gern, viel lieber als Dr. Sebald, der schon seit einigen Wochen weg ist aus Verärgerung, daß er nur Assistenzarzt ist und nicht Stabsarzt wurde. Der jetzige Bataillonsarzt ist auch nur Unterarzt, obwohl er schon den [Ersten] Weltkrieg mitgemacht hat, allerdings als Kriegsfreiwilliger. Heute abend bin ich zum Skatspielen befohlen. Merkwürdigerweise mache ich mir gar nichts mehr aus dem Kartenspiel. Früher spielte ich so gerne. Ich bliebe viel lieber in meinem Quartier. – Die Fahrt ging ganz glatt. Um ½9 [Uhr] fuhren wir in P[abianice] fort und waren um 12 [Uhr] in Warschau. Da haben wir im Soldatenheim für 1,40 [Mark] ein kleines Schnitzel gegessen, dann ging's weiter über Kaluschin nach W[egrow]. Um 3 [Uhr] waren wir da. Was man mit dem Auto für Strecken bewältigt. Zum Teil sind die Straßen sehr schlecht, zum Teil aber auch sehr gut, schöne Autobahnen wie in D[eutschland]. Das ist vielleicht ein Gehupper über das Kopfsteinpflaster! Aber ich hab doch geschlafen.

II.

10 Uhr abends. [...] Jetzt schreibe ich Euch noch ein paar Worte vorm Schlafengehen. Das Plätzchenpaket hatte ich schon hier, das schmeckt mir jetzt. Das Adventskerzchen habe ich noch nicht anzünden können, bei Familie Prut in P[abianice] hatte ich es vergessen, und an anderen Abenden paßte es nicht, und jetzt steckt es im Koffer auf der Bagage. Aber wenn es kommt, dann will ich bei seinem Schein an Euch denken und will es als ein Symbol des Friedens und Eurer Liebe zu mir ansehen. Jorinde schrieb mir, daß Klein-Uta den Zuckerguß von den Plätzchen ableckte, aber auf denen, die Ihr ge-

schickt habt, ist er dicke drauf. Nächstens schickt Ihr mir mal eins, das sie abgeleckt hat, das esse ich dann besonders gern. Liebe A[nnemi], Du fragst, warum in Siedlce so viele Truppen lägen, ob das etwas zu bedeuten hätte, nein, Truppen müssen ja im Protektorat[56] bleiben, und dort sind heilgebliebene Kasernen, da sind sie gut unterzubringen. Da liegen meist aktive Truppen, junge Kerle, auch alte. Jeden Tag spielte die Regimentsmusik. Es war eigentlich etwas komisch. Ringsherum die Brandruinen und zertrümmerten Häuser, die Polenkinder und Panjes [polnische Bauern] als Zuhörer und dann die wunderschönen Musikstücke aus Opern und die schneidigen Märsche. Diese schönen, jungen Menschen, wie die die Instrumente beherrschen. Es ist doch ein Trauerspiel, solche fähigen Musiker in den Tod zu führen. Aber die machen sich nichts draus. Sie haben Schneid und denken gar nicht dran, daß sie's mal treffen könnte. Vorläufig ist ja auch kein Anlaß zu solchen Gedanken. – Freilich sind wir eine Feldtruppe, aber wir haben nur Besatzungsaufgaben. [...] In Warschau beherrscht der Panjebauer das Stadtbild. Ungezählte Wagen fahren durch die Stadt und verkaufen Lebensmittel. Die Anlieferung durch Bahn- oder Autotransporte ist ungenügend. – Hier ist richtiges Polen, aber ich muß sagen, die kleinen Städte haben ihre Reize, soweit man nicht in den Panjebuden Quartier zu nehmen nötig hat. Ich wohne jetzt, leider vielleicht nur wenige Tage, bei einer Frau, deren Mann in d[eutscher] Gefangenschaft ist. Sie ist schon ältlich, aber doch recht betriebsam und sauber. Sie kann kein Wort deutsch. Heute morgen hat sie mir schon Frühstück gemacht, dafür kriegt sie dann von meinem Soldatenessen. Ich könnte mir ja einen Burschen nehmen, an den Möller von Altenh[of] hab ich schon gedacht, aber ich bin lieber für mich, und dann lasse ich mich nicht gern von einem alten Mann bedienen. So, nun muß ich zum Dienst. [...]

An die Ehefrau *(Wegrów,) 8. Dezember 1939*

Meine liebste Annemi –

morgen fahren Urlauber heim, denen will ich noch rasch einen Brief an Dich mitgeben. Es ist schon wieder ½11 [Uhr] geworden. Ich wäre am liebsten heute abend zu Hause geblieben, aber ich sollte noch einmal zum Hauptmann[57] kommen, da habe ich die schöne Zeit verbummelt. Der Hauptmann ist im Quartier einer poln[ischen] Familie. Die Tochter ist ehemalige Studentin, hat in Wien und Danzig Sprachen studiert und sitzt jetzt zu Hause in bitterster Armut. Der Hauptmann unterhält sich gern mit ihr, nach meiner Meinung auf nicht ganz geschickte Art. Er ist überhaupt kein Menschenkenner. Ich hörte aus der Unterhaltung immer das eine heraus, wie sehr dieses Mädchen sein Vaterland liebt und wie unglücklich es ist über das harte Schicksal seines Landes. Diese besondere Haltung der Polen beobachte ich immer wieder und erfüllt mich mit Hochachtung. Man trifft selten auf Haß oder Opposition, auf offene Abneigung schon gar nicht. Aber man spürt, wie sehr wir als Feinde angesehen sind, die ihr Land ins Unglück gestürzt haben. Da sitzt das pockennarbige Mädchen uns gegenüber, sie hat schon viel Elend und Not gesehen und ist erstaunt, wie gütig väterlich einmal dieser Offizier mit der Polin redet, auf der anderen Seite dann wieder den deutschen Offiziersstandpunkt geltend macht. Sie hat schon viele Offiziere im Quartier gehabt, aber jeder ist anders, sagt sie, die früheren haben gemeinsam, daß sie sich als Sieger fühlen und als solche immer recht haben, mögen die Deutschen tun, was sie wollen, alles ist richtig. Sie freut sich, daß sie hier zwei Männern gegenübersitzt, die sie als Polin verstehn wollen. Aber sie sagt nicht alles, sie möchte viel, viel mehr aus sich herausgehen können, aber sie weiß nicht, ob sie es darf. Der alte Mann wird sie auch nicht richtig verstehn können. Ihr ist Angst vor dem Winter, vor der furchtbaren Not, die hier einkehren wird. Sie kann nicht einsehen, daß die D[eutschen] das geschehen lassen. – Meine Hauswirtin ist heute überaus glücklich, sie hat 2 Karten von ihrem Mann erhalten. Sie hat uns heute abend Koteletts gebraten und uns ein gutes Abendessen gemacht. Heute ist Feiertag. Vor meinem Fenster gingen die Kirchgänger vorbei zur Kirche. Auch die Soldaten waren in der Kirche, ich leider nicht, ich hatte Dienst. [...]

An Ehefrau und Kinder *Wegrów, 13. Dezember 1939*

Liebe Annemi, liebe Kinder –

eigentlich müßte ich Dir, meiner lieben kleinen Jorinde, einen Brief schreiben und Dir, lieber Detlev, käme auch einer zu, und Dich, liebe Moni, möchte ich auch nicht übergehen, aber Ihr kriegt alle keinen und alle einen. Warum ich gerade an mein Jorindelein schreiben möchte und an das süße Utalein? Ich war heute in Sokolow, das ist die Bahnstation von W[egrow], etwa so weit wie Thalau von Fulda entfernt. Da kam ein Flüchtlingszug an. Ich schaute da zu. Aus dem zum Platzen gefüllten Zug stürzten die armen Menschen heraus, ihre kärglichen Habseligkeiten mit sich schleppend, wankende Greisinnen und Greise, Männer, Frauen und viele, viele Kinder. In einem Kinderwagen saß ein kleines Mädchen, fast erdrückt von den Packen und Decken und Sachen, aber es war so ein süßes, wonniges Kindchen mit so leuchtenden, frohen Kinderaugen, daß ich gar nicht weggehen mochte. Und das schwarze Dirnlein, das den schweren Wagen durch den Schnee und die Kälte mit klammen Fingern schieben mußte, war gar nicht traurig und bekümmert. Es lachte mich an und wollte etwas zu mir sagen, aber ich verstand es nicht. Und auf einmal rollten mir die Tränen aus den Augen. Das sah das Kind und sagte zu seiner Mutter, die auf dem Bündel saß, »Panje puakai«[58]. Die Frau konnte es nicht sehen, weil ich mich von ihr wegwand, aber sie stand auf und schaute mir ins Gesicht. Ach, dieses dumme Mitleid. Ich ging weg und ordnete die Haufen, daß sie von der Straße wegkamen, denn unsere Lastwagen waren im Anfahren. In meiner Tasche fühlte ich eine Rolle Hustenbonbons, die mir Sebald vor einigen Tagen sandte. Unter dem durcheinanderwogenden, -rufenden, -laufenden Menschengewühle fand ich wieder meine zwei Mädchen und legte dem kleinen die Zuckersteine auf die Decke. Wie schnell das Geschöpfchen seine Händchen unter der Decke hervortat und nach dem Geschenke griff. Mit Behendigkeit biß es das Staniolpapier ab und langte sich die Bonbons heraus, das größere Mädchen stand lächelnd dabei und freute sich über sein Schwesterchen, das jetzt der Mutter und dem Vater mit frohem Jauchzen eins anbot. »Sag danke schen, sage danke schen«, aber das Kindchen hatte schon so viele Zuckersteine im Mund, daß es nichts sagen konnte. Die Dunkelheit verschluckte die Heimatlosen, und ich ging dem Bahnhof zu, wo die Urlauber warteten. Dann kam der Zug und die Feldgrauen stiegen ein. [...] Das nächste Mal bin ich dabei. Ein Vater kommt heim zu seinen Lieben, einer von vielen Tausenden, aber für Euch der einzige, der richtige. Draußen stehen die Sterne so strahlend am hohen Himmelszelt, wie nah sind wir uns, wenn wir unsere Augen zu ihnen erheben, wir kleinen, winzigen Menschlein auf dieser winzigen Welt. Und so groß ist unser Herz und unsere Sehnsucht zueinander. Übermorgen schon habt Ihr diesen Brief, ein Urlauber nimmt ihn mit.

Das Adventskerzchen leuchtet und brennt so heiß und rot mir einen Gruß von Euch. In Treue, Euer Vater.

Aufzeichnung *Wegrów, 14. Dezember 1939*

In Sokolow am Bahnhof morgens 10 Uhr, ein Zug steht da, vorne ein paar Personenwagen, hinten viele Viehtransportwagen. Alles dicht besetzt mit ausgewiesenen Polen aus dem jetzt deutsch gewordenen ehemaligen Polen[59]. Eine Frau fragt mich, wo sie warmes Wasser bekommen kann für ihr Kind, das etwas zu trinken wünscht. Die Posten lassen sie nicht in den Bahnhof. Ich zeige ihr einen Ausgang. Drei Tage sind die zusammengepferchten Menschen schon im Zug. – Am Nachmittag gegen drei Uhr komme ich wieder hin, da werden die Ausgewiesenen gerade ausgeladen. Sie stehn schon eine Stunde vor dem Bahnhof und wissen nicht wohin. Ein Bild des Jammers. Ein alter Mann fällt mir unter vielen andern besonders auf. Ich rede ihn an. Er sagt mir wie alle andern das eine Wort: »Was sollen wir tun? Wohin sollen wir gehen?« – Er hat ein liebes, altes Greisengesicht, er ist ein Bauer von 76 Jahren. Man hat ihn aus seinem Hof fortgetrieben mit all den vielen andern. – Die Männer und Frauen umringen mich und fragen alle dasselbe, ein Mann zeigt auf sein kleines Kindchen, das in einem klapperigen Wagen liegt, ganz erfroren. Es kann nicht mehr schreien. Der Schnee wirbelt und deckt die Menschen mit weißen Flocken. Schutzlos, verlassen stehen sie.

Ein Mann kommt auf den Polizisten zu, der den Zug begleitet hat: »Mein Herr, was sollen wir tun?« Er hat einen alten Pelz an, seine Frau steht hinter ihm. Der Mann weint. »Ich bin aus dem Wald gekommen mit meinen Pferden und meinem Wagen, da haben sie zu mir gesagt, sofort mußt Du hier raus, alle müssen fort, Deine Frau und die Kinder, in 10 Minuten mußt Du fort sein. Meine alten Eltern sind schon 80 Jahre alt. Ich habe 6 Kinder. Seit drei Tagen haben wir nichts zu essen bekommen. Meine Kinder sterben vor Hunger. Ich habe nichts mitnehmen können, ich habe kein Geld.« Er wischt sich mit seinen schwieligen Händen über das Gesicht, hilflos steht er vor mir. Und ich kann ihnen nicht helfen. Das Unglück schneidet mir ins Herz. So sieht diese Umsiedlung aus, von der man so große Töne redet. Im Bahnhofsgebäude drängen sich die Menschen, sie suchen Schutz vor der Kälte. Ein großer, hagerer Mann mit einer schwarzen Pelzmütze auf dem feinen Kopf schaut mich mit ernsten Augen an. Er muß in mir auch so einen Unmenschen sehen, oder meint er, daß ich ein gutes Herz habe? Ich hätte gerne mit ihm geredet, aber ich scheue mich, ihn anzusprechen. Er ist einer von der Intelligenz, die man ausrotten will[60], vielleicht ist er ein Geistlicher. Die Frauen umringen mich und fragen, ob sie zu ihren Verwandten reisen dürfen in die Gegend von Sandomierz bei Lublin. Ja, wenn ich das wüßte. Ja, sie dürfen hingehen, wohin sie wollen, aber sie können sich keine Fahrkarten kaufen. Man hat ihnen das Geld gestohlen, einfach geraubt, weggenommen. Sie haben nichts mehr. Sie haben auch nichts mehr zu essen. Die Polizei ist gekommen und hat sie aus ihren Wohnungen herausgetrieben, in 10 Minuten mußten sie das Haus verlassen, alles dalassen, nur das Notdürftigste haben sie zusammengerafft, aber die Kinder, die Kinder. Wenn ich an Euch, meine lieben Kinder daheim, denke, da steigt es mir heiß in der Seele hoch, und ich möchte jedes Kind auf den Arm nehmen und trösten, ich möchte sie alle diese Unglücklichen trösten und sie um Verzeihung bitten, daß die Deutschen so mit ihnen sind, so ruchlos unbarmherzig, so grausam unmenschlich. Warum reißt man diese Menschen aus ihren Behausungen, wenn man nicht weiß, wo man sie unterbringen soll? Einen

Tag lang stehen sie in der Kälte, sitzen auf den Bündeln, ihren kärglichen Habseligkeiten, man gibt ihnen nichts zu essen. Da liegt System darin, man will diese Menschen krank, elend, hilflos machen, sie sollen umkommen. Was der Krieg verschont hat, will man so umbringen, auf diese ruchlose Weise. Woher ist dieser teuflische Plan, wer kann so mit Menschen umgehen? Für uns fordern wir Gerechtigkeit, und redet davon [sic!], daß unsere Lebensrechte in Gefahr waren[61], daß wir bedroht waren von Engländern, von Tschechen, Polen, und hier stößt man Millionen Menschen ins Elend. Sind wir die Barbaren, die wir genannt werden in den Zeitungen aller Welt? Nun, wir sind es nicht, es sind nur diese gegenwärtigen Machthaber, das deutsche Volk in seiner Gesamtheit ist unschuldig, sie [sic!] wissen nichts davon. Unser gutes deutsches Volk wird sich empören und schämen, wenn man ihm solche Gesinnung zumutete. Und doch sind wir alle schuld, nein, wir sind alle betrogen und belogen und hintergangen worden. Eine tiefe Traurigkeit legt sich mir in die Seele. Ich steige in das Auto und fahre durch die ängstlich auseinanderstiebenden Menschen hindurch. Sie zerren ihre Bündel von der Straße und warten weiter. Und morgen wird der Platz leer sein. Irgendwo wird man die Ausgestoßenen zusammenpferchen, in kalten Scheuern, in Ställen, vielleicht auch in Häusern, wo schon die Not wohnt. Auf der Straße kommt ein Blinder uns entgegen, er hat einen Stock in der rechten Hand und tastet am Straßenrand entlang, daß er den Weg nicht verliert. Er sieht nichts von dem Elend, das ich gesehen. Wohin gehen seine Schritte? Wohin geht unser Weg?

Aufzeichnung *(Wegrów), 15. Dezember 1939*

Gestern abend mit großer Sorge über unsere Zukunft schlafen gegangen. Mit den Kameraden Rundfunk gehört, engl[ischer] Sender. Göbbels [Goebbels][62] wird der Reichstagsbrand[63], Göring[64] das Attentat auf den Führer im Bürgerbräu am 8. November[65] zur Last gelegt. Namensliste der Gefangenen bekanntgegeben. Der e[nglische] Sprecher sagt, daß die Russen weiterhin gegen die faschistischen Staaten hetzen, ihre Anhänger und das Proletariat der Welt besonders zum Kampf gegen das Nazid[eutschland] auffordern. Er spricht von einem Handelsabkommen Rußlands mit Großbritannien[66] und einem Versagen der russ[ischen] Hilfe für D[eutschland]. Man kann nicht alles glauben. Aber warum veröffentlicht man in D[eutschland] nicht die Rede Molotows vor der Komintern[67]? Mag die Propaganda noch so geschickt sein, sie könnte uns nichts schaden, wenn wir in D[eutschland] eines Sinnes und eines Glaubens wären, aber wie kann eine Einheit entstehen, wenn zahllose Volksgenossen brutal verfolgt wurden, ungerecht behandelt, schimpflich herabgesetzt wurden, nur weil sie andern Sinnes als die Nazi waren. Gerade die religiösen Verfolgungen haben viel böses Blut [...][68]und bleiben unvergessen. Und nun sieht man's, wie es die G.Sta.Po. [Geheime Staatspolizei] hier treibt[69]. Zahllose Polen, von den Juden ganz zu schweigen, werden verhaftet. Ein Offizier fragt einen G.Sta.Po.-Mann: »Glauben Sie, mit diesen Methoden können Sie die Männer gewinnen zum Aufbau? Wenn die aus dem Konzentrationslager zurückkommen, sind sie die schlimmsten Gegner der Deutschen!« Darauf erwidert der G.Sta.Po[lizist]: »Ja, glauben Sie denn, daß einer davon zurückkommt? Die werden alle auf der Flucht erschossen.«

Aufzeichnung *Wegrów, 15. Dezember 1939*

Bahnhof Sokolow. Der alte Mann, der mich so an meinen Vater erinnerte, sitzt im Bahnhof in einer Ecke. Sein Gesicht ist seit gestern ganz verfallen und bleich. Er hält eine Schnupftabaksdose in den zitternden Händen. Seine Frau öffnet den Deckel der Dose und nimmt eine Prise aus der Dose und streut sie ihrem guten alten Mann auf die Hand. Er dankt ihr mit einer rührenden Gebärde. So haben sie sich ihre letzten Tage auch nicht gedacht, aber sie haben sich noch, und das wird ihnen ein lieber, letzter Trost sein. Sie machen keine Anstalten, von hier wegzukommen, ihnen ist alles gleich. Wo sie sterben. Ein riesiger Bauer in schwarzem Pelz und Pelzmütze überragt alle, er hat ein gutmütiges Gesicht. Sechs Jahre hat er im preußischen Militär gedient, 4 Jahre [Ersten] Weltkrieg mitgemacht. Er kann es nicht begreifen, daß man ihn hierher bringt. Er will wieder zu Fuß zurück nach Posen.

Eine alte Mutter sitzt auf einem Bündel, sie hat drei Söhne an der Westfront stehen. Sie lebten vor dem Krieg in Deutschland und kämpfen für das Land, das ihre Mutter von Haus und Hof jagt. Im Zuge sind 3 Frauen entbunden worden. Eine Frau hat sich die Halsader durchschnitten und ist ins Lazarett eingeliefert worden. In einem Wagen liegt ein Toter. Ein uralter Mann, er soll 103 Jahre alt sein, befindet sich unter den Vertriebenen[70]. Ich habe ein Brot mitgebracht und Käse und Wurst und verteile das unter die Kinder. In der Stationskasse liefert ein polnischer Eisenbahner die Einnahmen der Fahrkartenausgabe ab. Es fehlen ihm 3,20 Mark. Bereitwillig legt er es aus seiner Tasche drauf, mehr als ein ganzer Tagesverdienst. Ein junger Pole, der fließend deutsch spricht, bittet um die Fahrterlaubnis von hier zu seiner Mutter nach Kielce. Sein Geld ist ihm abgenommen worden. Vom Landratsamt ist er weggejagt worden. Der Bahnbeamte darf ohne die Bescheinigung des Landrats keine Karte ausgeben. Aber er hat ein gutes Herz, er wird es doch tun, wenn er wiederkommt. Ich frage ihn, »was sind Sie im Zivilberuf?« »Lehrer«, sagt der Pole. »Mein Bruder hatte eine große Eisengießerei in Polen. Von dem Vermögen von 1¼ Millionen durfte er 50 Zloty behalten. Er sitzt mit Frau und Kindern drüben in der Zukkerfabrik und weiß nicht wohin.« Auf dem Bahnsteig läuft schon wieder ein Zug mit polnischen Ausgewiesenen ein. Wie viele Schicksale, wie viel Unglück bringt jeder Zug dieser Ausgestoßenen? Ich treffe viele Soldaten, Eisenbahner, Offiziere, sie sind voller Mitgefühl und Empörung, einer sagt, »man schämt sich, ein Deutscher zu sein.«

An Ehefrau und Kinder *Wegrów, 16. Dezember 1939*

Meine allerliebste Frau, meine Kinder!
Das soll der letzte Brief vor Weihnachten sein. Urlauber werden ihn morgen mitnehmen. Ich habe ja gar keine Ruhe mehr zum Schreiben. Zeit hätte ich schon, aber ich lebe so halb schon im Urlaub bei Euch. Was soll ich denn noch schreiben! [...] So, das ist also die Schilderung von Andreesen[71]. Sehr schön! Das hätte ich hinter ihm gar nicht erwartet, daß er so Briefe schreiben kann. Es ist wohl als ein Bericht für seine

Schüler gedacht. Mir kommt A[ndreesen] immer etwas unmännlich vor, sein Erleben geht nicht tief, er ist mehr ein gewandter Darsteller und Berichterstatter als ein Mensch mit Fleisch und Blut. Ich glaube, er hat auch keine Kinder. Er ist mir aber doch der liebste Offizier, und ich verstehe mich sehr gut mit ihm. Er bedauert es, daß ich nicht mehr bei ihm bin, andererseits bin ich ihm zu selbständig und geriet auch gelegentlich mit ihm zusammen. Wir haben uns so recht herzlich gefreut, als wir uns nach längerer Zeit wiedersahen. Ich sehe alles mehr im einzelnen, mich beschäftigt das Schicksal des einzelnen, er sieht mehr das Ganze, er ist Kosmopolit und Philosoph, ich mehr der Praktiker. [...] Von meiner jetzigen Tätigkeit erzähle ich Euch, auch von den Erlebnissen der letzten Tage. Ich fahre jeden Tag nach Sokolow an den Bahnhof und lade Baracken aus, Arbeitsdienstbaracken für unsere Mannschaften. Die soll ich auch aufbauen, ja, was man nicht alles werden kann. Aber diese Tätigkeit ist auch wieder interessant und abwechslungsreich. Ich erzähle unserm Adjutanten, der mit mir zusammen wohnt, manchmal von meinen Erlebnissen. Der wundert sich immer und jammert: »Ich muß immer in der Bude sitzen und sehe und höre nichts von Polen.« Ja, es ist so, manche gehen blind und taub durch das Elend und den Jammer, der uns umgibt, hindurch und wissen nicht, was sich abspielt. Die kleinen Polenkinder hier kennen mich schon und lachen mich an, wenn sie zur Schule gehen. In der nächsten Zeit erwarten wir Tausende von »Umgesiedelten«, Ausgestoßenen[72]. Was Frieden ist, vermißt nur der, der diese Bilder des Unglücks sieht. [...] Wann ich komme, weiß ich noch nicht genau. Die Züge werden Verspätung haben. Am 21. oder 22. treffe ich aber bestimmt ein und habe Zeit bis zum 4.1.[19]40. [...]

1940

Notiz *(Auf der Rückreise nach Wegrów,) 4./5. Januar 1940*

Abends mit dem 9-Uhr-Zug nach F[ulda]. Annemi fährt mit. Die drei Großen begleiten mich an die Bahn. Bitterer Abschied von den Kindern. Jorinde weint sehr, Uta ist schon im Bett, von ihr fällt mir der Abschied so schwer. Sie lacht und tollt. – In Fulda nehmen wir ein Zimmer im »Hess[ischen] Hof« und übernachten da. Um 2 Uhr soll der Schnellzug abfahren. Wir warten im Bahnhof. Der Bahnhofsraum ist voll Urlaubern. Abschied von Annemi.

Dresden, Elbterasse – Zwinger. Abfahrt nach Warschau–Siedlce. Bei Frau Witwicka Schuhe für Uta, Wollhose für Moni abgeholt.

3 Uhr in Sokolow. Mit Schlitten nach Wegrow. Es schneit und friert.

An Ehefrau und Kinder *Wegrów, 7. Januar 1940*

Liebe Frau, liebe Kinder –

[...] es ist ein gar wehmütiges Gefühl, jetzt wieder zu Tinte und Papier seine Zuflucht nehmen zu müssen, um mit Euch, meinen Allerliebsten, in Zwiesprache zu kommen. Ich spüre noch das blutwarme Leben meiner Kinder und Deinen lieben Mund und schmecke das Salz Deiner Abschiedstränen. Wie rasch wurden wir auseinandergeführt. Wenn auch lange erwartet, ist der Abschied jäh und viel zu früh. Mir steht der letzte Kuß, der letzte Händedruck von jedem von Euch so warm in der Seele. Wie teuer seid Ihr mir, und wie reich bin ich, daß ich Euch habe. [...]

Mit einigen Stunden Verspätung trafen wir in Dresden ein, hatten da noch einige Zeit, uns die alten, berühmten Bauten des Zwingers und der Elbterrasse anzusehen. Ich kaufte Dir einen Füllhalter, den ich Dir hier mitschicke. Hoffentlich kannst Du damit schreiben. Ich versuche ihn in diesem Brief. Es ist ein Druckfüller, in der Handhabung beim Füllen deshalb einfacher. Um 4 Uhr fuhren wir in D[resden] ab und kamen Sonnabend um 11 Uhr in S[iedlce] an. [...] Um 3 [Uhr] waren wir in Sokolow. Nach etlicher Mühe gelang es uns, einen Panjeschlitten [Pferdeschlitten] zu erwischen, der uns nach Wegrow brachte. Es war gut, daß das Wetter gelinder wurde, ich habe auf dem Schlitten so schon tüchtig gefroren. Hier hat sich manches geändert. Ich bin zur Kompanie zurückversetzt worden und wohne mit den Offizieren der Kompanie in einem ehemaligen Lehrerhaus unweit der Schule, in der die 2.+3. Kompanie untergebracht sind. Wir wohnen im Norden der Stadt, etwa 500 m draußen. Ich bin recht froh, daß ich wieder bei der Kompanie bin. Man weiß eher, wo man hingehört, und hat nicht so viel Unruhe. [...]

An Ehefrau und Kinder *Wegrów, 9. Januar 1940*

Meine lieben Fünf daheim –

[...] Seid Ihr alle recht gesund, ist es auch so kalt bei Euch? Hier herrscht eine grimmige Kälte. Heute mittag beim Exerzieren sind mir fast die Finger abgefroren. In der Stube wird es gar nicht richtig warm. Draußen können wir gar keinen Arbeitsdienst für den Ausbau des Lagers machen. Der Boden ist steinhart. Ein Glück, daß wir genügend Holz eingesorgt haben, die Kohlen sind fast alle. – Es ist wieder Abend. Meine Gedanken und Sehnsüchte gehen zu Euch meine Lieben, zu Dir, meine liebe Frau. Ich bin mitten unter den Soldaten ein Einsamer wie ein Verliebter. Eine süße Traurigkeit erfüllt mein Wesen. Und das soll so bleiben, bis ich wieder zu Dir und zu Euch komme. – Einen neuen Menschen habe ich kennengelernt. Bisher habe ich ihn nur mehr als Kameraden neben mir gesehen. Seitdem ich mit ihm zusammenwohne, weiß ich erst, was er für einer ist. Es ist ein großer, schwerer Mann; er trinkt gern und reichlich, wenn die Gelegenheit sich bietet, aber nicht oft. Wenn er die Augen vom Schlaf auftut, zündet er sich schon eine Pfeife oder eine Zigarette an, was grad' zur Hand ist. Er raucht unausgesetzt vom Morgen bis zum Abend, am ausgiebigsten die lange Pfeife. Auf alles Äußere legt er keinen Wert. Er macht sich's sofort bequem, wenn er nach Hause kommt. Er tritt nie einem Kameraden zu nahe in seinem Urteil, läßt sich gern etwas erzählen, aber am liebsten erzählt er selbst. Alles, was er erzählt, hat Fleisch und Bein, ist ehrlich und echt. Er spricht nur seine oberpfälzische Mundart, Hochdeutsch kann er gar nicht. Daß er ein großer Musikfreund ist, habe ich schon gewußt, daß er aber ein begeisterter Cellospieler auf der Schule war, höre ich erst jetzt. Er ist eines bayerischen Bauern Sohn. Mit einem inneren Stolz und mit Selbstbewußtsein spricht er von seinen Eltern, als von einfachen, charakterfesten Menschen, die so fest in der Heimaterde wurzeln wie die Tannen des bayerischen Waldes, seiner Heimat. Was ein Mensch ist aus einem Guß, das erlebe ich ständig an diesem prächtigen Menschen. Es ist nicht leicht an ihn heranzukommen, er offenbart sich nur, wenn man ihm Zeit läßt und mit Geduld wartet. Ich habe ihn immer für einen bequemen Spießer gehalten, weil er sich alles vom Leib hielt, was ihn in seiner Ruhe störte, aber das ist nur die Abwehr alles für ihn Unwesentlichen. Er schreibt kaum mal einen Brief oder eine Karte, weder an seine Frau noch an sonst jemand. Er kriegt auch sehr wenig Post. Aber das paßt so zu ihm. In Freising hat er auf der landwirtschaftlichen Hochschule in Weihenstephan studiert, war Korpsstudent, Offizier, Batterieführer, Gutsverwalter und betreibt jetzt ein Geschäft in Wüstensachsen. Das Leben hat ihm übel mitgespielt, aber das kam alles nicht an ihn heran. Es ist der Leutnant Neithart. Mit ihm wohne ich zusammen in dem einsamen Lehrerhaus. Ich sende Euch meine herzlichsten Grüße, Euer Vater, Dein Wilm.

Notiz *(Wegrów,) 11.–14. Januar 1940*

Bei meinem Aufenthalt in Pabj[anice], als ich bei Familie Prut wohnte[1], lernte ich auch manche Erziehungsmethoden der Eltern bei ihren Kindern kennen. Morgens beteten die Eltern gemeinsam mit den Kindern, und zwar die Kinder kniend ihr Morgengebet, dann erhoben sie sich und wünschten den Eltern »Guten Morgen«. Auch mir, dem Gast. – Den Befehlen der Eltern gehorchten sie sofort aufs Wort. Nach dem Essen bedankten sich die Kinder bei der Mutter, und die Mutter bei den Kindern. Das Kind ging zur Mutter und sagte »Danke«, darauf antwortete die Mutter ebenfalls »Danke«. Damit bringt sie zum Ausdruck, daß sie dankbar ist, daß das Kind von ihrem Tisch gegessen hat, und gleichzeitig dankt sie Gott, daß es ihr vergönnt ist, das Kind zu speisen.

In den ersten Tagen war die Mutter nicht zu Hause. Eines der Mädchen, 8 und 9 Jahr alt, hatte die Vertretung für die Mutter. Das bewachte auch die Schlüssel. Wenn das Dienstmädchen etwas aus dem verschlossenen Schrank haben wollte, dann mußte es zu dem Kind gehen. Das Kind gab den betreffenden Gegenstand heraus, verschloß wieder und steckte den Schlüssel wieder zu sich. Anderntags erhielt das andere Mädchen den Schlüssel. Abends wollte das Dienstmädchen mein Bett beziehen und konnte den Schrank nicht öffnen. Die Kinder schliefen schon. Wo hatte das Mädchen den Schlüssel? Unter ihrem Kopfkissen. So treu und gewissenhaft faßte das Kind seine Pflichten auf.

An den Sohn *Wegrów, 14. Januar 1940*[2]

Lieber Helmut –

von daheim habe ich immer noch keine Nachricht, seit ich vom Urlaub hier bin. Mutter wird Dir erzählt haben, wie ich von Fulda weggekommen bin. Mir war es vor allem schmerzlich, sie so allein und verlassen ihrem Weh zu überlassen, deswegen wollte ich, daß Du mit nach F[ulda] fahren solltest. Am letzten Tag kam es darum noch zu einer empfindlichen Störung zwischen uns, die Du wohl bemerkt haben wirst. Aber es war doch so besser, daß wir bis zur letzten Minute ganz allein sein konnten, wenn auch niemand der Mutter zur Seite war, als ich weg war. Alles oder nichts, so ist sie nun mal. Ich stand noch eine lange Zeit in dem Gang des Zuges und starrte gegen die blinde Fensterscheibe; ich spürte das Weh fast körperlich. Und immer weiter, unerbittlich weiter fort trug mich der Zug. Und doch, es ist ein wunderbarer Schmerz, den man um nichts in der Welt hergeben möchte, diesen Schmerz, den die Liebe zu einem andern Menschen bereitet. Wie gerne wäre ich noch einmal umgekehrt und hätte Euch fünf noch einmal in die Arme geschlossen. [...]

An Ehefrau und Kinder *Wegrów, 16. Januar 1940*[3]

Meine Liebe, meine Kinder –
noch immer nicht ist eine Nachricht von Euch gekommen. Ich erinnere mich, liebe A[nnemie], daß Du einmal sagtest, Du wolltest mir in den nächsten Wochen nicht schreiben. Oder ist die Feldpost daran schuld. Die Anlieferung der Post ist jetzt wirklich nicht vorbildlich. Ich warte so sehr auf eine Nachricht von Euch. Von mir kann ich Euch nichts Besonderes berichten. Seitdem ich wieder in der Kompanie bin, ist mein Dienst ganz geregelt. Um 7 Uhr stehen wir auf. Leutnant Neidhardt[4] ist nach Wüstensachsen in Urlaub gefahren. Leutnant Andreesen[5] ist seit Sonnabend wieder hier. Er hat einige Postsäcke Pakete bekommen. Ein Teil ist noch vorhanden. Ich esse tüchtig mit, daß all die guten Sachen wegkommen. Die Backwaren sind schon hart geworden. Er hat eine Unmenge Bekannte und Beziehungen. Von überallher bekommt er Post und Pakete. Wir unterhalten uns viel. Ich höre seinen klugen Ausführungen gern zu. – Ich lese in einem schönen Buch, das ich zufällig in der Bataillonsbibliothek entdeckte und das ich Dir, liebe A[nnemie], bald senden werde. Es ist von S[igrid] Undset[6] geschrieben und scheint mir die Fortsetzung von »Gymnadenia«, das ich nur zum Teil las, zu sein. Es heißt »Der brennende Busch«. Hinter den Sinn dieses Namens bin ich noch nicht gekommen. Es schildert, wie Paul Selmer katholisch wird und seinen Lebenslauf als Katholik aufnimmt. U[ndset] schreibt mit einer Sachlichkeit und verblüffenden Kenntnis des Menschenlebens bis in seine geheimsten Regungen, die bewundernswert ist. So alltäglich vieles geschildert ist, so hat doch alles einen höheren Sinn und eine erweiterte Bedeutung im ganzen Geschehen der Handlung. – Ich würde es als das Seligste ansehen, was ich mir denken könnte, wenn ich abends mit Dir vor dem Einschlafen über das Buch reden könnte. Du mußt es lesen. Du wirst ja wenig Zeit haben, das weiß ich ja, aber Du wirst es doch le-

sen, wenn Du einmal ein Stück drin bist. – Aber ich merke, wie so ein Buch alle seelischen Kräfte in einem verschlingt, wohl diesen und jenen guten und erhabenen Gedanken anregt, aber es ist einem so wie nach einer üppigen Mahlzeit, man ist überladen, es ist kein Hunger, keine Spannung mehr da, man ist eben satt. Und so bleibt mir nur das eine selige Gefühl, daß ich Euch alle so recht lieb habe und so gerne bei Euch wäre. Jeder von Euch ist anders und wertvoll, und das beglückt mich und macht mich reich.

Einmal werde ich ja doch wieder einen Brief von Euch erhalten. Draußen stürmt [es] und regnet's und taut [es]. Es geht auf Mitternacht. Lebt wohl, seid in Gottes treuer Hut, Euer Vater, Dein Wilm.

Notiz *(Wegrów,) 19. Januar 1940*

Herr Prut[7] hatte durch seine Tante erfahren, daß ich an einem Sonntagmorgen kommuniziert hatte. Als er mir begegnete, reichte er mir die Hand und beglückwünschte mich; vielmehr hat der Glückwunsch den Sinn, daß er sich selbst beglückwünscht, mit einem geheiligten Menschen zusammenzutreffen.

An die Ehefrau *Wegrów, 20. Januar 1940*

Liebe Annemi –

die Postverbindung ist recht schwierig jetzt. Es ist für die Pferde und die Fahrer auch eine Strapaze, den langen Weg von S[iedlce] hierher zu bewältigen bei dem Schnee und der Kälte. Diese Nacht hatte ich Nachtdienst von ½12-½1 [Uhr]. Liedtke nahm ich mir zur Begleitung mit. Wir stapften durch den hohen Schnee. Obwohl es nicht mondhell war, war es doch hell durch den Schnee. Der Wind wollte einen geradezu umwerfen, dabei stäubte er die feinen Schneekristalle in die Kleider bis auf die Haut. Aber es war mir ein köstliches Gefühl, ich bin so frisch und gesund. Die Kälte macht mir nichts, ich möchte gern größere Anstrengungen erproben. Wenn ich nur meine Schi hier hätte. Es gibt zwar keine Berge, aber das Laufen in dieser endlosen Ebene muß auch herrlich sein. – Wenn ich vom Dienst komme, freue ich mich schon auf die

»Kristin«[8]. Ich lese mit Ruhe und Besinnung. Welche Schönheiten gehen mir da erst auf. Wie diese Frau beobachtet hat. Was die wohl selbst alles erlebt haben mag. Wie zart weiß sie die erwachende Liebe der Jungfrau Kristin zu sagen; es sind immer nur Andeutungen und doch so wunderbar. Ich bekam so Sehnsucht nach dieser ersten Zeit, als wir uns sahen, und es erfüllt mich mit Wehmut, daß ich so viel vergessen habe. Du weißt ja noch viel mehr. Deswegen lasse ich mir so gerne aus dieser Zeit von Dir erzählen. Einer der schönsten Augenblicke war der, als Du am Gelnhäuser Bahnhof ankamst, und dann die Fahrt mit der Spessartbahn durch die Frühlingsnacht. Wir standen auf der Plattform. Ich traute Dich noch nicht so richtig anzufassen, geküßt haben wir uns doch nicht. Du warst wie eine Blumenknospe, duftig zart und voller Lockung und Geheimnisse. Unsere Kinder müssen wir so erziehen, daß sie sich die Reinheit des Herzens bewahren. Das Wundersame der ersten richtigen Liebe durchsonnt unser ganzes Leben. [...]

An Ehefrau und Kinder *Wegrów, 23. Januar 1940*

Meine Lieben –

[...] Fräulein Stöber schreibt, alle Lehrer, die nicht Offiziere wären, würden entlassen. Das glaube ich nun nicht, trotzdem soll Fräulein Mans[9] mal zum Schulrat Dr. Hammacher gehen und fragen, ob er mich nicht anfordern könnte. Für Fräulein Mans ist die Vertretung auf die Dauer doch wohl zu schwer. Ich selbst kann natürlich nicht den Antrag stellen, er muß schon von Fräulein Mans oder besser noch von der Gemeinde gestellt werden. Die Regierung müßte mich dann anfordern. Liebe A[nnemie], besprich doch diese Sache mal mit Fräulein M[ans]. Für Rud[olf][10] und seine Braut freue ich mich ja sehr, daß er nun entlassen ist. Meine Beförderung läßt ja doch noch sicher bis Ostern auf sich warten. Bis dahin läßt sich schon etwas in die Wege leiten.

[...] Als junger Mensch hat man doch keine Menschenkenntnis, und einem jüngeren Mann ist die Frau ein Geheimnis mit sieben Siegeln. Es ist Schicksal für einen Menschen, ob er den richtigen Lebensgefährten findet. Liebste, mit uns hat es das Schicksal doch gut gemeint. Wenn wir zwei darüber nachdenken, so wird es uns gewiß, daß wir von unsichtbarer Hand zusammengeführt wurden. Was an Ecken noch heraussteht, wird die Zeit abschleifen. Es wird dazu kommen, daß wir in schöner Harmonie beisammen sein werden und uns in treuer Sorge für unsere Kinder einmal ganz zusammenschließen, aber auch als Mann und Frau uns unentbehrlich sein werden. Es wird so sein, wie es jetzt ist; aus weiter Ferne umschlingen sich jetzt unsere Gedanken in seliger Freundschaft. Aber es wird auch so sein, wenn wir wieder zusammen sind. [...]

An Ehefrau und Kinder *Węgrów, 24./25. Januar 1940*

Meine Lieben!
Heute war ein schöner Tag. Morgens standen die Bäume in weißer Pracht. Die Kälte hat nachgelassen. Gegen Mittag kam die Sonne ein wenig zum Vorschein und überstrahlte die weiße Winterlandschaft. Wir haben wenig Dienst, obwohl der Dienstplan 8 Stunden vorschreibt. Bei den Geländeübungen stapfen die Soldaten oft bis an die Knie im hohen Schnee, und die Ausbilder frieren an die Füße, aber ich habe den Dienst in der herrlichen Winterlandschaft sehr gerne. Ich wünsche mir meine Schneeschuhe hierher, wie wollte ich über die weiten Flächen jagen und meinen Körper müde machen, daß meine Sehnsucht nach Dir in der Erschlaffung erlöschen möchte, und doch ist sie so wunderbar – ich möchte ohne sie nicht sein. [...]

Ja, das Bild mit dem alten Juden ist nett. Das ist typisch für meine Einstellung zu den Menschen, und wenn es diese verachtete Rasse ist. Ich habe diesen Film mit 3 anderen zu Pauli geschickt, Moni kann sie dort abholen mit den Vergrößerungen. [...]

25.1.40

Leutnant A[ndreesen][11] kommt vom Dienst zurück. Er ist auch ganz mißmutig. »Da bringt man seine besten Jahre in diesem traurigen Nest hier zu, und man könnte so viel zu Hause schaffen, und ich wäre so notwendig.« Mehrere Studienassessoren, die viel jünger als er sind, sind zu Hause und halten Unterricht.

An Ehefrau und Kinder *Wegrów, 26. Januar 1940*

Liebe Annemarie, liebe Kinder!

Ein Tag nach dem anderen geht dahin, die Langeweile lastet auf mir und macht mich unfroh und müde. Sie legt sich wie eine Staubschicht auf das Gemüt. Es ist eigentlich keine Langeweile, sondern mehr Überdruß. Dazu kommt bei mir das anhaltende Verlangen nach Euch. Ich mache mir jetzt eine Beschäftigung, indem ich mich auf der Schreibmaschine übe. Abends haben wir oft kein Licht, da muß man halt ins Bett. Manchmal spielen wir auch Karten. Wir haben jetzt wieder einen neuen Leutnant bekommen. Er ist auch Lehrer, ein besonderer Mensch für sich, einer von den Menschen, die in sich ganz verkapselt sind, wie ein Schalentier in einer Schale. Die Umwelt kommt an solche Menschen nur heran durch den Panzer, den eine gütige Natur um sie gelegt hat. In manchen Stücken ist ein solcher Mensch zu beneiden, er kriecht unbeirrt seinen Weg weiter, die Schicksale der Mitmenschen sind ihnen [sic!] gleichgültig und interessieren sie nicht, – sie leben in ihrer Welt, halten ihre Welt für die einzig richtige. Diesem Menschen gegenüber verschließe ich mich und lasse ihn an meinem inneren Menschen nicht teilnehmen. Aber es ist gut, mit solchen Menschen auszukommen. [...]

Von den Entlassungen hört man verschiedene Darstellungen, manche Soldaten, die von uns weg sind, wurden wieder eingezogen und sind anderen Formationen zugeteilt worden. Aber ganz einerlei, der Bürgermeister soll einen Entlassungsantrag für mich stellen, auch auf meine Stellung als Berufsschulleiter hinweisen. [...]

An den Sohn *Wegrów, 28. Januar 1940*

Lieber Helmut!

[...] Die übermäßige Kälte in diesem Winter ist für die deutsche Kriegswirtschaft eine verhängnisvolle Zugabe. Wir spüren die Versorgungsschwierigkeiten auch, aber die Verpflegung kommt immer noch herbei; katastrophal wirkt sich auch hier die Brennstoffknappheit aus, in erster Linie für die Zivilbevölkerung. Seit Tagen haben wir abends kein Licht. Der Fluß ist zugefroren, und die Dampfkessel, die anstelle der Wasserkraft die Lichtmaschinen treiben, können nicht beheizt werden. Da bleibt uns nichts andres übrig, als früh ins Bett zu gehen und zu schlafen. Ich habe diese ruhigen Nachtstunden gern, da kann man so schön seine Gedanken laufen lassen, dahin, wo auch Deine hingehen. Mit einem dankbaren Gebet entrückt einen dann der Schlaf all der Sorge und der Sehnsüchte. – Wir machen gegenwärtig wenig Dienst, im Gelände kann man nicht lange herumlaufen, und Unterricht ist bei den beschränkten Raumverhältnissen nicht immer möglich. – Ich bin froh, wieder bei der Kompanie zu sein, ich schrieb es Dir, glaube ich, schon. Hier habe ich meine festgesetzten Dienststunden, dann bin ich frei, während ich beim Stab ständig auf der Lauer liegen muß, um der Befehle gewärtig zu sein. Das Zusammensein mit einem so gebildeten Mann wie Dr. Andreesen[12] ist für mich auch eine große Befriedigung.

Es ist jetzt am Sonntag Nachmittag. Die Essenausgabe ist vorbei, Ruhe ist wieder im Kompanierevier eingekehrt; eine Menge Polenkinder standen da und warteten darauf, was die Soldaten übrigließen; heute gab es Erbsen mit Pellkartoffeln und Schweinefleisch, da lassen die Landser nicht viel übrig. – Die Judenjungen sind auch jeden Tag zur Stelle, sie arbeiten, was ihnen unter die Finger kommt, nur damit sie etwas zu essen kriegen. Sie sind aber immer guter Dinge und nehmen auch derbe Behandlung nicht übel. Sie sind auch bei den Polen die Parias gewesen und sind Kummer gewohnt. Es ist überhaupt erstaunlich, unter welch kümmerlichen Verhältnissen ihr Leben zu fristen sie imstande sind. Du kannst Dir gar nicht vorstellen, auf welche kümmerlichen Gestalten man im Judenviertel trifft. Einen großen, schlank gewachsenen Juden trifft man kaum einmal, meist sind sie klein und untersetzt, noch mehr die Weiber. Ein Judenjunge, der mir vor einigen Tagen etwas besorgte, war sehr stolz, daß er deutsch verstand. Ihr Jiddisch verwendet eine Menge deutscher Worte, meist in einer unmöglichen Aussprache. [...]

Notiz *(Wegrów,) 29. Januar 1940*

Schachturniere mit Leutnant A[ndreesen][13]. 2 Spiele verloren. Ich bin kein Schachspieler, früher hätte ich mich geärgert und hätte meinen Ehrgeiz darein gesetzt, es zu lernen, heute erkenne ich klarer meine Fähigkeiten, mir fehlt das konstruktive Denken, also gebe ich mich mit anderen Sachen ab. Abends mit Leutnant Dietz und Oberfeldwebel Albrecht lange Skat gespielt. 1,35 [Mark] gewonnen.

Notiz *(Wegrów,) 31. Januar 1940*

Wenn man die großen Werke der Menschen betrachtet, ein Kunstwerk, Maschinen, eine Fabrik, ein Radio mit den zahllosen geheimnisvollen Drähten, und vergleicht damit sein eigenes Schaffen, wie winzig klein ist das. Einzig, daß man da ist, ist ein Wunder, aber was wir leisten, ist sehr gering. Was wir aber tun können, ist das, daß man bestrebt ist, ein guter Mensch zu werden.

An die Ehefrau *Wegrów, 31. Januar 1940*

Liebe Annemi –

[...] Die Rede des Führers habt Ihr wohl gestern abend auch gehört[14]. Sie eröffnet nette Aussichten. Im Frühjahr wird also der große Schlag im Westen und gegen England kommen. Trotzdem läßt die Rede auch wieder einen Hoffnungsschimmer für friedliche Lösung[en] zu. Von Rußland hat er gar nichts erwähnt, dagegen Italiens alte Freundschaft betont. Möglich, daß letzteres sich seiner Bündnispflicht doch noch erinnert und sich aktiv einschaltet[15]. Wenn die Ostmärker in Frankreich marschieren sollen, dann kommen sie als Gebirgstruppen vielleicht über Italien nach Frankreich[16]. – Seit gestern ist die Kälte wieder größer geworden. Mir sind die Finger noch ganz steif, Du siehst's wohl an der Schrift. Wir waren draußen zum Exerzieren. [...]

Notiz *(Wegrów,) 1. Februar 1940*

Abends Besuch gemacht bei dem Apotheker, eine sehr hübsche Jüdin kennengelernt. Sie sagt, ich hätte Ähnlichkeit mit einem Filmschauspieler in Warschau. Ich muß mich wundern über die Gastfreundschaft der Polen. Wegen mir wird sofort der Tisch zum Abendessen gedeckt. Die Lebensmittel sind doch sehr schwierig zu beschaffen, aber trotzdem bieten sie an, was sie haben.

Notiz *(Wegrów,) 2. Februar 1940*

Dienst am Vormittag, Marsch nach Richtung Lochow. Unterricht. Geige geholt. Wolle zur Strickerin gebracht. Nachts geweckt von Leutnant Büttner und anderen. Von 2-4 [Uhr] morgens Steinhäger getrunken. Oberfeldwebel aus dem Bett geholt. – Leutnant D[ietz] macht nicht mit, oder nur gezwungenermaßen, Grund Spießigkeit, Sparsamkeit.

Notiz *(Wegrów,) 4. Februar 1940*

Morgens nicht in der Kirche. Das Verbot des Kirchenbesuchs[17] scheint aber nicht aufrechterhalten zu werden. Der Hauptmann[18] denkt nicht daran, es [sic!] zu verbieten. Ich wollte mich nicht widersetzen und blieb weg. Offizierbesprechung im Kasino, ich mache einen Bummel durch die Stadt. [...]

An die Ehefrau *Wegrów, 12. Februar 1940*

Liebe Annemi –

schon eine ganze Woche lang warte ich auf Deine Antwort, wie es mit Dir geht. Heute kommt keine Post, also muß ich mich noch einmal einen Tag gedulden. Meine Briefe wirst Du wohl erhalten haben, es gingen mehrere Urlauber und Entlassene ab, denen ich sie mitgeben konnte. Die Ungewißheit, wie es um Dich steht, plagt mich den ganzen Tag. Ich denke, wenn es Dir nicht gut ging, würdest Du ein Telegramm senden. Ich hoffe also, daß es besser mit Dir ist. [...]

Mir geht es gut. Ein Ohr habe ich mir etwas erfroren, aber das ist nicht schlimm. Das kommt vor bei der Kälte. Vormittags halte ich drei Stunden Unterricht. Wenn ich die schwarze Mappe unter den Arm nehme, komme ich mir vor, als wenn ich zur Schule ginge. Ich bereite mich auch regelmäßig vor, der Unterricht macht mir Spaß. Der neue Leutnant Dietz ist zu einer Krankenhausbehandlung nach Breslau ins Lazarett. Was er hat, weiß ich nicht, er tut so geheimnisvoll. Jugendsünden, sagt er. So mache ich jetzt mit Leutnant Neidhardt[19] wieder allein den Offiziersdienst. Er erzählt mir immer wieder aus der Jugendzeit und aus seinem Elternhaus. Ich höre ihm gerne zu. Sein Vater muß genau so ein Original gewesen sein wie er selber. Sein Vater hat das ganze Jahr keine 10 Worte mit den Jungen geredet, so wortkarg war er gegen sie. Sie hätten sich in seiner Nähe auch nie wohlgefühlt. Wenn sie mal in der Stube gesessen hätten, hat er gefragt: »Na, hast Du keine Schulaufgaben zu machen?« – »Ich hab sie schon gemacht.« – »Schreib mal 5 Vaterunser auf!« Der Junge traute sich nicht zu sagen, daß er schon die Aufgaben gemacht hatte; auf Papier durfte er nicht schreiben, weil das Verschwendung war, also mußte er die Aufgaben auslöschen und die Vaterunser schreiben und danach die Aufgaben wieder. Widerspruch war undenkbar. Sein Vater war Schmied, Gastwirt, Bauer und Landwirt, er hatte einen großen Besitz. Er hat nie einen Geldbeutel gehabt. Wenn er Geld brauchte, ist er zur Frau gegangen und hat gesagt, »Mutter, gib mir mal 1 M[ark]«. Das Geld hatte er in der rechten Westentasche. Das sind nur so ein paar Geschichten. Der zweite Sohn mußte Schmied lernen. Er hat's dem Vater aber nie recht gemacht. Er hat ihn immer gescholten. Im Grunde war der aber geschickter als der Alte, aber er ließ den Sohn nie merken, daß er zufrieden war. Als der Sohn wieder mal ein schönes Hufeisen geschmiedet hatte, ist der Alte zur Mutter in die Küche und hat zu ihr gesagt: »Da guck mal den Sauhund an, der kunn's besser als i!« [...]

Notiz *(Wegrów,) 13. Februar 1940*

-20° [Celsius]. Vormittags dienstfrei. In der Bibel gelesen. Mein Heiligtum ist mein Innenleben, an dem ich andre nicht teilnehmen lasse, außer den [sic!] Vertrautesten, meine Liebsten. Meine Familie ist mein Heiligtum, die Frau und die Kinder sind meine Perlen. Ihnen darf ich nicht untreu werden.

Bei der Polizeistation hier; ein Grazer Wachtmeister fertigt Skizzen an. Unterhaltung mit ihm, guter Kerl, aber verhetzt. Warum sind die Menschen nicht, wie sie von Natur aus sind?

An den Sohn *Wegrów, 13. Februar 1940*

Mein lieber Helmut –

ob Dich mein Brief wohl zu Deinem Geburtstag erreichen wird? Ich bin so weit von Dir. Aber meine Gedanken sind nahe bei Dir. Meine guten Wünsche begleiten Dich jeden Tag, aber heute zu Deinem Geburtstag möchte ich Dir von ganzem Herzen alles Gute sagen und Dir Glück und Wohlfahrt, Gottes Segen zu allermeist wünschen. Du bist mit Deinen 19 Jahren ganz auf Dich gestellt und mußt Dein Leben selbst in die Hand nehmen. Ich bin stolz und froh darüber, daß Du es so ernst nimmst. Als mein gutes Erbteil hast Du dieses Verantwortungsbewußtsein von Deinen Ahnen mitbekommen. Ich bin glücklich darüber, daß es Dir vergönnt ist, in Vorbereitung auf Deinen zukünftigen Beruf die Kräfte zu regen, zu schaffen und zu wirken. Ich brauche es Dir nicht zu sagen, daß die Gunst des Schicksals verpflichtet, im Gegenteil befürchte ich, daß Du Dein Studium[20] und Dein Streben zu ernst nimmst und darüber die schönen Gelegenheiten des Lebens, den heiteren, frohen Genuß, gering achtest. In unserm Blut liegt diese unbeholfene Schwere, oft ein unfrohes Verzichten, ein kritisches Wägen und entschlußloses Sich-schieben-lassen. Von der Mutter her wirst Du den leichteren, frohen Sinn zum Schönen des Lebens ererbt haben, dem mußt du nachgeben. Wir haben eine Anlage zum Spießer und Muckertum! Du kommst jetzt auch in das Alter, in dem man viel über sich nachdenkt und seine Fähigkeiten abschätzt und prüft, nicht daß man das schon früher [nicht] auch getan hätte, aber man tut das in der Zeit der Berufsausrichtung mit mehr Ernst und schärferer Kritik und oft mit einem [Mangel?][21] an Vertrauen in seine eigenen Kräfte. Wir Hosenfelds bleiben lange Kinder und reifen langsam, bleiben länger jung, aber auch unfertig. »Was langsam reift, das altert spät.« In der Umgebung mit frühreifen, oft verdorbenen Menschen kommt einem diese Unfertigkeit wie ein Mangel vor; es ist aber ein Stück Jugend. Wie oft erlebe ich das. Unter den Menschen, mit denen ich zusammensein muß, treffe ich immer auf solche, die so ganz abgeschlossen sind, die meisten verkalkt, verkrustet, schwunglos, begeisterungsunfähig, aber in gewissem

Sinn selbstsicher, feststehend, wenn auch nur die Schale die Festigkeit verleiht, aber immerhin Haltung bietend. Früher kam ich mir immer diesen Typen unterlegen vor, heute schaue ich tiefer und kann lächeln.

Bewahre Dir, mein lieber Junge, diese Jugend des Herzens und Deines Leibes und sei recht herzlich gegrüßt, Dein Vater

Notiz *(Wegrów,) 15. Februar 1940*

Schneesturm. Leutnant Neidhardt[22] erzählt ganz prächtig, mit einer Anschaulichkeit, Greifbarkeit des Geschilderten, die im Wesen begründet ist. Er ist eine männliche Natur, herb und derb, aber im Grunde weich und voller Gemüt. Erzählung, wie er einen Zahn plombieren läßt, wie er das EK 1[23] bekam. Er erzählt ohne Tendenz, ohne Absicht, Wirkung zu machen oder sich in helles Licht zu rücken. Es ist alles wie selbstverständlich.

An die Ehefrau *Wegrów, 20. Februar 1940*

Mein liebes Frauchen –

[...] Ich bekam Deinen Brief [...] vom 10.II., in dem Du mitteilst, daß es mit Dir und Uta wieder besser geht. Ich habe mich sehr um Euch gesorgt, besonders um Dich, meine Liebste. Mag kommen, was kommen mag, wir wollen immer zufrieden sein und dankbar, wenn wir gesund bleiben. Du brauchst Dir gar keine Sorge um mich zu machen, und um Helmut doch auch vorläufig nicht. Hier werden jetzt nur Truppen eingesetzt, die in unserem Alter sind. Polen bleibt den Landesschützen vorbehalten. Wir sind Besatzungsarmee. Was noch alles kommen kann, natürlich, wer weiß das, aber warum denn sich vor etwas fürchten, was gerade so gut nicht eintreten kann. Ich habe Vertrauen in Gottes Vorsehung und überlasse mich ihr. Dieses Gefühl der Sicherheit unbegreiflichen Dingen gegenüber hat mich stets begleitet, ein schönes Erbteil meines seligen Vaters, und läßt mich eigentlich nie bange sein. [...]

An den Sohn *Wegrów, 21. Februar 1940*

Lieber Detlev!

Mutter schrieb mir dieser Tage, daß Du in diesen Tagen die Aufnahmeprüfung machen mußt; wenn Du diese Zeilen in der Hand hast, dann bist Du vielleicht schon Oberschüler. Schreib mir mal, wie das gegangen ist. Hast Du auch keine zu große Angst gehabt? Die Angst macht einen oft so verdattert, dann weiß man die einfachsten Sachen nicht. Wie ging es denn im Rechnen? Wenn Du erst täglich nach Fulda mußt, dann wird die Mutter Deine Hilfe sehr vermissen, und die Jorinde muß in Deine Stellung einrücken als Oberkinderbewahrer. Heute gibt's wieder keine Post, das ist eine Enttäuschung! – Ich wollte Dir ein Bild von unserem Kompaniejohann beilegen, aber es ist noch nicht fertig. Das ist ein Jude, ein sehr fleißiger Kerl, er verdient sich bei uns das Essen und kann auch seinen Kindern noch etwas mitnehmen, Bezahlung erhält er nicht. Wenn er anfängt, deutsch zu reden, muß man lachen. Ehrerbietig zieht er seine Pelzmütze, so oft er mir begegnet, dann macht er »Heil Hitler«[24]! Die kleinen Polenjungen, die sich jeden Tag das Essen von den Soldaten holen, grüßen auch so, sie meinen sicher, das macht auf die Deutschen einen guten Eindruck. Oder sie denken sich wohl gar nichts dabei, sonst ließen sie es unterwegs. – Grüße mir die kleine Gesellschaft und gib Klein Uta einen Kuß in meinem Auftrag, die Jor[inde] will doch keinen von Dir, glaube ich. – Sei herzlich gegrüßt von Deinem Vater.

An die Ehefrau *Wegrów, 22. Februar 1940*

Meine liebe Frau –

[...] Leutnant Neidhardt[25] und ich sind, wie ich schon schrieb, noch allein. Jetzt sitzen wir zwei, und jeder schreibt einen Brief. Er schreibt selten und kriegt auch selten Briefe. Er ist ein ganz prächtiger Mensch. Wir zwei sind ganz verschieden, aber wir verstehen uns ausgezeichnet. An meinem inneren Menschen nimmt er keinen Anteil, davon und von meiner Familie erzähle ich ihm nichts. Danach fragt er auch nie. Von Frauen will er nichts wissen. Die existieren gar nicht für ihn. Er hat im [Ersten] Weltkrieg sehr viel mitgemacht, davon erzählt er meist, oder von seinem Heimatdorf oder von Wüstensachsen, lauter so Raufereien oder Saufgeschichten. Er sagt nie ein unanständiges Wort, etwa Zweideutigkeiten oder dergleichen, aber mit bayrischen Kraftausdrücken spart er nicht. Wenn er irgendeinen Verdruß hat, dann poltert er kräftig los. Dann ist's vorbei. Aber ärgern tut er sich nicht weiter. Im [Ersten] Weltkrieg ging ein Feldwebel an ihm vorbei, der es nicht für nötig hielt, ihn zu grüßen. Das 1. Mal übersah er es, das 2. Mal sagte er zu ihm: »Wenn Sie mich das nächste Mal wieder nicht grüßen wollen, dann sagen Sie gleich: Leck mich am Arsch, verstehen Sie?« In dieser Tonart geht es bei ihm. – Im Dienst läßt er mich vollkommen gewähren, er sagt mir nie einen Ton. – Abends spielen wir manchmal Skat. Ich habe aber keine große Lust daran. Ich lese jetzt Goethe, »Reineke Fuchs«, »Herm[ann] + Dorothea«[26] und anderes mehr. Gestern habe ich gewaschen, drei Hemden, Taschentücher und Handtücher. Es ist ganz schön weiß geworden; der Waschfrau mag ich es nicht geben, die Wascherei ist mir zu unappetitlich mit der vielen Schmutzwäsche zusammen. Meine Strümpfe stopfe ich auch selber, ich kann es schon ganz schön. Später werde ich Dir helfen, allerdings nur bei den Wollstrümpfen. Gestern morgen war mal wieder die Lehrersfrau, in deren Wohnung wir hausen, hier. Sie bettelt sich von unsern Burschen Zigaretten, ich gab ihr auch zwei. Sie schaut sich im Zimmer um und zählt ihre Sachen, die wir in Benutzung haben. Sie macht mir einen Doppelknopf fürs Hemd, weil ich so das Hemd nicht zukriege, aber so schön hätt ich's auch gekonnt. Eben ist Leutnant B[üttner] bei uns. Er wohnt im linken Flügel unseres Hauses. Abends kommt er immer mal zu uns. Er ist auch den Krieg müde. Wer wäre es nicht? Er ist aus dem Geschäft B[üttner] in der Friedr[ich]straße[27]. [...]

An den Sohn *Wegrów, 26. Februar 1940*

Lieber Helmut!

[...] Kerzen sind tatsächlich angebrachter als Zigaretten. Aber damit – mit Zigaretten – wird es nun auch bald ein Ende haben; im freien Handel sind sie schon rationiert. Am besten wäre es, wenn es gar keine mehr gäbe, dann brauchte man keine heroischen Entschlüsse zu fassen, die bei der nächsten Gelegenheit umgeworfen werden. Es ist aber auch etwas Merkwürdiges an diesem Laster; wenn man allein ist, kann man noch damit fertigwerden, aber in der Gesellschaft wird man immer wieder verführt. Nach dem Mittagessen oder jeder Mahlzeit überhaupt ist die Zigarette gesucht. Ich verstehe, warum in der Heeresverpflegungs-Ordnung ein gewisses Tabakquantum festgelegt ist, auf das der Soldat Anspruch hat. Neulich blieben die Rauchwaren einige Zeit aus, darauf beschwerten sich einige Soldaten, darauf wurden sie nachgeliefert; Du glaubst nicht, wie erpicht die Leute auf ihre Rechte sind. Ein anderes Beispiel: Ich vergaß auf dem Dienstplan nachzusehen, wie lange Dienst angesetzt war, darauf beschwerten sich einige, daß ich zu lange Dienst hielt, obwohl sie gerne dabei waren. [...] Die Beförderung zum Offizier ist wieder eine Zeitlang hinausgeschoben. Bis zu Oberost [Oberbefehlshaber Ost][28] war der Amtsschimmel schon 2x getrabt. Irgendein Federfuchser hat noch ein Tüpfelchen entdeckt, das noch fehlte, und das mußte nachgeholt werden. Wenn der Krieg aus ist, werde ich soweit sein. »Warum soll es Ihnen besser gehn als uns«, sagt mir Leutnant Neidhart[29], mein Stubenkamerad, »ich war auch der ewige Vize«.

An die Ehefrau *Wegrów, 27. Februar 1940*

Liebe Annemi!

[...] Urlauber sollen keine [Briefe] mehr mitnehmen von der Front, weil sie so der Zensur entgehen. [...]

Ja, wir wollen nur dankbar sein! Auch dafür, daß ich im Osten bin; ich wäre bestimmt auch im Westen, aber da gibt's bald Fetzen. Was hilft alles Jammern, es ist eine ungewöhnliche Zeit und verlangt von uns Ungewöhnliches. Ich bin nicht kriegsbegeistert, aber wir wollen unseren Mann stellen [sic!]; ich will zufrieden sein, und Du bist es ja auch; natürlich könnte alles viel schöner sein. [...]

An die Tochter *Wegrów, 29. Februar 1940*

Liebe Moni!

Damit ich gestern abend, als die Post verteilt wurde, nicht ganz [leer] ausgehen sollte, erhielt ich zum Schluß noch Deinen lieben Brief vom 23. des Monats. [...]

Du meinst, die Polen wären unsere schlimmsten Feinde; so schlimm ist das nicht, die waren nur verhetzt, ich kann sie ganz gut leiden. Daß sie ihr Vaterland lieben, ist doch schön. Die Greuel waren scheußlich und sind nicht zu verstehen. Ich war dieser Tage in einer polnischen Familie, ich hatte einige deutsche Illustrierte mitgebracht, da waren Kriegsbilder drin, unter anderem ein Bild, wo ein gefallener polnischer Soldat abgebildet ist; das Mädchen weinte und sagte: »Das ist vielleicht mein Bruder, wir haben noch keine Nachricht von ihm, wir wissen nicht, ob er noch lebt oder ob er tot ist.« Viele Leute wissen nichts über den Verbleib ihrer Soldaten, das ist hart.

Nun leb herzlich wohl, auf frohes Wiedersehen zu Jorindes Weißem Sonntag [Erstkommunion], grüße auch die Schwestern recht herzlich von mir, Dein Vater.

Notiz *(Wegrów,) 1. März 1940*

Wieder Frost. 8-9 [Uhr] Vortrag über die Gasmaske von Leutnant Müller, Ulrich. Er war auf einem Gaskursus in Celle[30]. Viel Neues hat er nicht vorgebracht.

Gestern abend schönes Konzert, Opern, moderne Tänze, Lieder[31]. Fast 2 Sunden habe ich auf dem Bett im dunklen Zimmer gelegen und zugehört. Eine große Sehnsucht nach der lieben Frau, die alles Schöne miterleben muß, wenn ein Genuß erst ganz sein soll. Ich liege da, fühle nichts vom eignen Sein, verliere das Körpergefühl, die Musik trägt einen wie die Luft eine Feder.

Notiz *(Wegrów,) 2. März 1940*

Kalt. Windig. Exerzieren 1., 2., 3. Kompanie. Leitung Leutnant Neidh[ardt]. Bald aufgehört, es war zu kalt. Haareschneiden bei poln[ischem] Friseur. Besuch in der Schule. Vogelgesang. Poln[ischen] Schulleiter kennengelernt. [...]

Notiz *(Wegrów,) 3. März 1940*

Kommunion. 8 Uhr Amt. Der Besuch des Gottesdienstes ließ uns den Sonntag so recht als einen besonderen Tag erscheinen. Man fühlt sich gehoben. – Ich kann nicht sagen, daß ich zu einer besonderen Andacht fähig war, aber die Kommunion hab' ich doch in einem Augenblick der göttlichen Gnade als ein Glück empfunden. Auch den nächsten Tag war in mir die Sehnsucht nach dieser Seelenspeise. Ich lese in der Heiligen Schrift den Jak[obus]brief.

An die Ehefrau *Wegrów, 3. März 1940*

Liebe Annemi –

heute ist Sonntag. Ich bin früh aufgestanden, habe geturnt und mich tüchtig gewaschen und bin in die Kirche gegangen. Gestern konnten wir wieder mal beichten. Wir haben jetzt einen katholischen Feldgeistlichen in der Division. Er hielt diese Woche eine sogenannte Kasernenstunde. Er ist ein junger, begeisterter Priester, der mir gut gefällt. Ich unterhielt mich kurze Zeit mit Ihm. Am nächsten Tag war er auch beim Exerzieren dabei. An seinem Händedruck spürte ich, daß er nähere Bekanntschaft suchte und daß irgendwie eine Verbindung zwischen ihm und mir bestand. Ich suchte die Annäherung aber nicht, weil ich bei ihm beichten wollte. Heute hielt er ein Amt, viele Soldaten gingen zur Kommunion. Ich würde gern einmal Orgel spielen, wenn ich meine Noten da hätte.

Voraussichtlich fahre ich am 22. März und bin am Karsamstag abend in Fulda. Über Ostern-Weißen Sonntag bin ich dann bei Dir. Montag, den 8.4., muß ich wieder reisen. Heute in drei Wochen! [...]

An die Ehefrau *Wegrów, 5. März 1940*

Meine Annemi –

Jeder Tag bringt uns einen Schritt näher. Ich fange nun an, die Tage zu zählen, wann ich zu Dir komme. Denn nun lohnt es sich. Man sieht das Ende. Sonst mache ich mir keine Gedanken, wie lange es noch dauert, bis ich heimkomme; ich lasse die Tage und Stunden verrinnen wie das spielende Kind den

Sand durch die Hand, aber nun werden der Tage immer weniger, da wird jeder Tag vor dem Fest davor ein Licht in der Reihe zu dem großen Sonnentag, an dem wir zwei unsere Augen ineinandertauchen. Du, mein großes, helles Glück! Ich komme nicht mit einem Geschleppe von schönen Sachen wie das letzte Mal. Ich reise unbeschwert, ich kann Dir auch zum Geburtstag nichts bringen, ich schenke Dir mich selber. So wie ich Dich verließ, komme ich wieder zu Dir. All meine Sehnsucht empfängt Dich mit liebender Wonne. Unser Jahr teilt sich in neue Feste, in die Feste des Wiedersehens nach monatelanger Trennung. [...]

An den Sohn *Wegrów, 5. März[32] 1940*

Lieber Helmut!

[...] Du wirst Ostern wohl auch zu Hause sein. Es gibt wieder viel zu erzählen, allerdings habe ich nicht viel Interessantes gesehen, der Winter hat alles zugedeckt. Um so größer werden die Ereignisse der nächsten Zeit sein; ich glaube aber immer noch nicht an den deutschen Angriff im Westen, das Wort des französischen Generalissimus, Generaloberst Gamelin[33]: »Wer marsiert [sic!], der verliert«, scheint mir nicht ohne Bedeutung zu sein, andererseits müßten wir des Erfolges so sicher sein, daß wir den Angriff doch riskieren. Ich kann mir nicht denken, daß die großen Ankündigungen Bluff gewesen sein sollten.

Lebe herzlich wohl, und sei vielmals gegrüßt von Deinem Vater.

Notiz *(Łódź,) 9. März 1940*

In Lodsch die Besorgungen erledigt. Zuerst zum Heeresgerätepark, um die Schneeschuhe zu holen. Großes Lager. Ein LKW wird uns zur Verfügung gestellt. Dicker, mopsiger Fahrer mit verdrossenem Gesicht fährt. Sofort habe ich gegen den Mann eine Abneigung; ganz verkehrt, er ist gutmütig, geduldig, fährt uns 3 Stunden. Ich lade ihn zum Mittagessen ein, gebe ihm 1 Mark Trinkgeld, aber wir haben viel Zeit gespart.

Notiz *(Pabianice,) 10./11. März 1940*

Ich war nicht in der Kirche. Mit Prut[34] an der Post. Er hat ein sehr ängstliches, unsicheres Auftreten, er fürchtet sich sehr. Die Menschen leben in einer quälenden Ungewißheit. An nichts können sie Freude haben. Die Angst, daß sie verschickt werden, lähmt jede Lebensäußerung. Nachmittags wollte ich mich mit H. Schmitt treffen – ich war erleichtert, daß sie nicht kamen; ein gewisser Belka, von Geburt Deutscher, Obermüller in der großen Mühle in P[abianice] ist zu Besuch bei Prut. Er erzählt von seiner 5wöchigen Haft. Grund der Verhaftung unbekannt. – Am Landratsamt Bezugschein für Bettzeug. Vor dem Landratsamt mißhandelt ein Beamter, Volksdeutscher, einen Juden; der Jude liegt auf der Erde und jammert, der Beamte tritt ihn und schlägt ihn. Ein Stab von Ordensjunkern[35], Parteileuten, SS, eine Menge Zivilisten sieht [sic!] zu. Daß man da zuschaut, ohne einzugreifen. Wenn ich Offizier wäre, würde ich es sofort tun. [...]

Aufzeichnung *(Wegrów,) ca. Mitte März 1940*

Reise nach Lodz-Pabjanice
vom 9. bis 13. März 1940

Reiseeindrücke.

In Warschau stand eine riesige Menschenmenge am Bahnhof, die auf den Zug nach Siedlce-Terespol wartete. Viele Leute kamen nicht mit. Wir waren in die ersten Wagen eingestiegen, mußten aber wieder raus, weil da die Post hineingeladen wurde. Das deutsche Militär hat immer den Vorzug, wir hätten uns breitmachen können, nach der Vorschrift mußten wir sogar allein bleiben, aber wir ließen doch mehrere Leute ins Abteil, besonders Frauen und jungen Mädchen sind die Soldaten gefällig. Neben mir saß eine junge Polin aus Warschau. Sie wollte nach Byala[36]. Sie wohnte vor dem Krieg in Graudenz, wurde von dort ins Gouvernement abgeschoben[37]. Ich unterhielt mich mit ihr. Sie war sehr verliebt. Wie leichtsinnig solche Frauen sind, und welche Gefahren für einen Soldaten. Sie war 31 Jahre alt, verheiratet, hübsch, dazu sehr sinnlich, nicht wie die meisten Polinnen zierlich und dunkel, sondern groß und schlank, blond. Sie ließ sich meine Mütze von einem Soldaten geben und setzte sie auf. In ihrem ganzen Wesen verspürte ich die Annäherung; ich selbst, durch die lange Enthaltsamkeit und ohnedies für Frauen eingenommen, konnte mich nur schwer erwehren. Als ich in Siedlce ausstieg, winkte sie mir zu. Wenn ich gesagt hätte, sie sollte mit mir kommen, hätte sie sicher ihre Reise unterbrochen. – Wie froh bin ich, daß ich jetzt bald zu meiner kleinen süßen Frau nach Hause komme. – In Lodz stieg ein Ehepaar ein und eine alte Frau. Wir machten in unserm Abteil Platz. Mit dem Mann kam ich ins Gespräch. Er war ein ausgesiedelter Deutscher aus Galizien, aus Lemberg, Buchhalter von Beruf. Die Mutter, eine Ukrainerin, verstand etwas deutsch; die Frau rannte aufgeregt aus dem Abteil und blieb trotz eindringlicher Bemühungen des Mannes im Gang stehen. »Aljuscha«, rief der Mann ein über das andre Mal, aber die eigensinnige, nervöse Frau blieb draußen. Er sagte, sie könnte die schlechte Luft nicht vertragen. Er erzählte, daß er in dem Umsiedlungslager in Lodsch sei, jetzt wolle er zu Verwandten nach Tschenstochau fahren; später hofft er in Berlin eine Anstellung zu finden. Er sprach leidlich deutsch, wenn er nach Worten suchte, gerieten sein Gesicht und die Hände in nervöse Aufregung. In dem Auffanglager in L[odz] würden die Auswanderer gut verpflegt, aber die Leute, die nun schon 2 Monate warteten, wären ungeduldig und unzufrieden, besonders die Bauern wollten endlich in ihre neuen Siedlerstellen. So schnell geht das aber alles nicht. Fehlleitungen müssen doch auch vermieden werden. Von den [sic!] dort ansässigen deutschen Gutsbesitzern und Bauern, überhaupt alle Deutschen sind restlos freiwillig und gerne abgewandert, unter keinen Umständen wollten sie dort bleiben unter der Bolschewikenherrschaft[38]. Auch sehr viele Polen haben sich zur Umsiedlung gemeldet, sie haben ihre polnischen Namen in deutsche umgeändert und sind in die Aussiedlerliste aufgenommen worden. Sie befinden sich gegenwärtig in einem besonderen Lager in Lodsch. Das widerspricht nun ganz den Grundsätzen der Umsiedlungspolitik, indem man volksfremde Polen ins Reich nimmt; man rechnet aber mit dem guten Willen dieser Menschen und hofft, sie mit der Zeit zu guten Deutschen umzuformen. Zu gleicher Zeit werden aus den zum Reich geschlagenen Gebieten die Polen ausgewiesen.

Notiz *(Warschau/Wegrów,) 12.–14. März 1940*

Um 16 Uhr in Pabj[anice] abgefahren, verabschiedet von Direktor Bessert. Von Prut[39] und seiner Frau und Kindern. Lodsch ab 19 Uhr Schnellzug nach Warschau, geht durch. In W[arschau] am Bahnhof übernachtet auf einer Bank. Der Zug nach Siedlce geht nicht, wie die Auskunft in Lodz angab, um 6.00 [Uhr], sondern um 9.00 [Uhr]. Nur keine Ungeduld, es kommt gar nicht darauf an. Also zurück in den staubigen Warteraum. Die Soldaten, besonders Grenzer[40], liegen auf den Tischen und Bänken und schlafen, wir essen etwas, und nun schreibe ich. Der Grenzer erzählt von den Russen am Bug in Terespol. Die R[ussen] siedeln die Polen und Ukrainer, ebenso Juden nach Sibirien aus, setzen Altrussen an ihre Stelle[41]. So wird Polen nur noch im Gouvernement bestehen bleiben, von beiden Seiten von zwei großen Völkern umklammert. – In Siedlce angekommen am 13. [März] gegen 13.30 [Uhr]. Verliebte Polinnen im Zug. Furchtbares Gedränge. In S[iedlce] bei Witwitzky übernachtet. – In Sok[olow] Leutnant Andreesen[42] getroffen. Mit dem Schlitten nach Wegrow. [...]

An die Ehefrau *Wegrów, 14. März 1940*

Mein allerliebster, süßer Schatz –

[...] Urlaub. Ich muß am 28. [März] fahren, vielleicht auf Sonderurlaub, die Urlaubsrate ist nämlich sehr gering, am Ende ist auch noch Urlaubssperre. Dann mußt Du am 26. [März] ein Telegramm loslassen, daß ich Sonderurlaub kriege, etwa: Bitte kommen, Operation wahrscheinlich. Das wäre ja keine Lüge bei Deiner Krankheit, und ich kann daraufhin bestimmt am 28. [März] abfahren und bin am Freitag, den 29. [März], bei Dir, auch wenn allgemeine Urlaubssperre eintreten sollte. – Für Helmut ist das praktische Vierteljahr sicher von größter Wichtigkeit. Es wäre ja fein, wenn er in F[ulda] ankäme. Die Kriegslage hat sich zu unsern Gunsten verschoben. Es ist möglich, daß doch noch friedliche Lösungen eintreten. Krieg um Rumänien ist unwahrscheinlich, wozu? In der Balkankonferenz hat sich R[umänien] festgelegt und wird alles vermeiden, was zum Kriege führen könnte, denn Rußl[and], Bulg[arien], Ungarn warten auf eine Auseinandersetzung mit R[umänien], da sie alte Rechnungen zu begleichen haben[43]. [...]

An den Schwiegervater[44] *Wegrów, 16. März 1940*

Lieber Vater!

[...] Ich glaube nicht, daß es im Westen zu einer deutschen Offensive kommt[45]. So kann das freilich nicht weitergehen, aber die Entfesselung des entsetzlichen Gemetzels wäre viel furchtbarer als das Warten. Ich glaube auch, daß die Bemühungen der Diplomaten doch zum Ziele führen, der Papst wird auch ein Wort mitzureden haben, und der ist gewiß nicht für den Krieg. Inzwischen müssen wir halt aushalten, was hilft das alles. [...]

Notiz *(Wegrów,) 18. März 1940*

Besichtigung des Bataillons in der Gruppe durch Generalmajor von Wrede[46], Divisionskommandeur der 423. Landesschützen-Division z.b.V. [zur besonderen Verwendung].

Der Ausbildungsstand ist noch mangelhaft, besonders die Gefechtsausbildung der Gruppe. Der General hat ein scharfes Auge für alle Mängel, verlangt schlagfertige, überlegte Antworten.

Notiz *(Wegrów,) 19. März 1940*

Sehr schönes Wetter, kalt. Morgens früh aufgestanden, für Unteroffiziersunterricht gearbeitet. Mittags Sonnenbad gemacht im Zimmer. – Beim Kaffeetrinken Unterhaltung über die Bedeutung des Zusammentreffens des Führers und Musso[linis] am Brenner[47]. Leutnant Andr[eesen][48] sagt, der Führer verdient erschossen zu werden, wenn er die jetzigen Trümpfe aus der Hand gäbe. Er hält D[eutschland]s Lage für sehr günstig, dagegen E[ngland] für gefährdet, und für Fr[an]kr[eich] ist nichts zu gewinnen, die Stimmung der fr[anzösischen] Truppen für schlecht [sic!]. [...]

An ein befreundetes Ehepaar *Wegrów, 19. März 1940*

Liebe Thea, lieber Fried!

[...] Die Ungewißheit des Kommenden scheint sich jetzt ein weniges [sic!] zu entschleiern, wenn man die politische Hochspannung der Gegenwart als Auftakt zu politischen Verhandlungen ansehen darf. Es hat zwar den Anschein, als ob keiner nachgeben wollte, aber es kommt mir so vor, wie wenn sich zwei Buben, die miteinander gerauft haben, mit erhobenen Fäusten aus der Entfernung sich entgegenwenden und sich zurufen: »Komm her, wenn du noch etwas willst!« Nur keine Schwachheiten sich anmerken lassen! Im Grunde sind beide froh, den Handel beendet zu haben. – Es ist eine große geschichtliche Stunde für unser Volk, und die Trümpfe, die wir in der Hand haben, werden wir nicht ohne Gewinn aus der Hand geben, der Führer am allerwenigsten. Ich bin auch wie Du, lieber Fried, der Überzeugung, daß das gegenwärtige Ringen günstig für uns ausgeht. Wir müssen uns halt noch in die harte Zeit schicken, aber wir dürfen dafür auch ein wenig stolz sein, daß wir wieder einmal dabei sein durften. – Ja, von den Umsiedlungsaktionen[49] könnte ich Dir schon manches Interessante erzählen! Gerade vor einer Woche war ich wieder mal in Lodsch und in Pabjanize; da habe ich mir manches erzählen lassen, das hat mir ein recht anschauliches Bild von dem großartigen Planen dieser Aktion gegeben, freilich auch manche Rätsel aufgegeben, die man so ohne weiteres nicht versteht. Alle Umsiedler sind sich einig in der Ablehnung der Bolschewikenherrschaft und sind den Deutschen so dankbar, daß sie sie dort herausgeholt haben; eines Bleibens wäre für sie dort nicht gewesen. Deshalb haben sich auch so viele Polen zur Umsiedlung gemeldet und haben für Deutschland optiert. Die Bauern auch hierzuland sind gegen uns gar nicht feindlich eingestellt; im Gegensatz glaube ich, daß mit einer wirtschaftlichen Besserstellung der Landbevölkerung, die 70 % ausmacht, sehr bald eine Befriedigung eintreten wird, und damit eine Beruhigung des ganzen Landes; die intellektuelle Schicht muß natürlich immer noch die Faust des Siegers spüren, das geht nicht ohne Härten ab.

Immer mehr dringt bei den Polen die Erkenntnis durch, daß sie von ihrer Regierung falsch geführt wurden und in einen Strudel hineingezogen wurden, aus dem sie nicht wieder heil herauskommen; es ist erstaunlich, was für eine Menge unglaublicher Gerüchte im Volk herumgetragen werden und geglaubt werden, aber die Ernüchterung greift doch mehr und mehr Platz, zum Beispiel sagte mir neulich in L[odz] ein Nationalpole, »es wurde uns immer weisgemacht, die Deutschen hätten kein Benzin, o Cholera! Was die deutschen Autos da rumfahren!« [...]

Notiz *(Wegrów,) 21. März 1940*

Kommunion. Um 8 Uhr Gottesdienst, auch viele Polen kommen in die Kirche, stehen stumpfsinnig herum. Ein Bauer bringt in weißem Sarg ein totes Kind mit. Er stellt es vor sich auf den Boden.

Frau Prut[50] fastet jeden Montag. Sie hat dieses Opfer Gott angeboten, wenn ihr Mann wieder aus dem Konzentrationslager der GeStaPo [Geheimen Staatspolizei] entlassen würde. – Es ist rührend und aufwühlend, eine eindringliche Sprache, dieses Beispiel. [...]

An Ehefrau und Kinder *(Wegrów,) 22. März 1940*

Meine Lieben –
wir hatten soeben die liturgische Karfreitagsfeier mit unserem Feldgeistlichen hier in der polnischen Kirche. Die meisten Soldaten nahmen teil, Offiziere kaum. »Es ist viel Frucht in den Furchen der Armen.« Die einfachen Menschen sind die Armen, und sie sind Gottes Lieblinge. Der Feldpfarrer ist jung, aber unerfahren. Gütig, freundlich, aber er wirkt wie gut erzogen. Ich wollte den Soldaten anders predigen, die wollen vom Leben etwas erfahren, nicht vom Buchstaben. Kuratus Wald[51] ist ungefähr derselbe. Ganz gewiß gut gemeint! Aber sie machen sich's zu leicht. – Gestern abend mit Leutnant A[ndreesen][52] Bibelstunde, er betrachtet die Heilige Schrift kritisch; wie er zu ihr als Gotteswort im katholischen Sinn steht, weiß ich noch nicht. Da kann man auch sagen: »Und er schloß ihnen die Schrift auf.« Er sprach gestern über Markus

8, 27–38, besonders die Stelle 8, 32. Petr[us] sieht alle seine Messiashoffnungen von J[esus] zerstört. Er sieht ihn nur als den Befreier von der Römerherrschaft: [Markus] 8, 33. »Gehe hinter mich, du Satan!« – Und dann die großartige und schwere Aufforderung: »Wer mir nachfolgen ...«[53] [...]

An Ehefrau und Kinder *Wegrów, 24. März 1940*

[...] Ostern! Es ist mir nicht danach. Ich bin ganz zerschlagen. Was Du schreibst, lieber Helm[ut], hat mich recht erfreut. Das Studium bringt Dir doch viel Abwechslung. Die praktische Arbeit in der Stud[enten?]hilfe ist sicher eine gute Einrichtung. Freilich, die meisten Menschen sind, wenn man sie unvoreingenommen besieht, besser, als man annimmt. Ich mache immer wieder die Erfahrung, sobald man auf die Mitmenschen eingeht, kommen sie einem näher. Man darf nicht mit Vorurteilen kommen. Selbst, wenn Äußeres oder Zugehörigkeit zu einer unsympathischen Vereinigung uns von vornherein abstößt, darf man nicht gleich mit dem Urteil fertig sein. – Politik zu treiben, ist für Dich auch recht überflüssig. Geschichte studieren ja, aber sich in die gegenwärtigen Fragen einlassen, befriedigt nicht. [...]

Liebe Annemi, der Brief kommt vielleicht nicht früher an, als ich selbst. Es bleibt dabei: Sonntag früh in Fulda. Sonnabend 9 Uhr abends in Berlin, ab Berlin 22.14 [Uhr], Fulda an 4.15 [Uhr], da kriege ich den ersten Zug nach Gersfeld.

Auf frohes Wiedersehen, herzliche Ostergrüße, Euer Vater, Dein Wilm.

Aufzeichnung *Wegrów, 26. März 1940*

Am 1. Ostertag hatte ich es wie eine Leere empfunden, nicht das Osteramt des Auferstehungsfests besucht zu haben. Der deutsche Feldgeistliche kam nicht. Ich hätte um 11 Uhr in den poln[ischen] Gottesdienst gehen können[54], aber ich war so entschlußlos. Als die 10-Uhr-Messe ausfiel, ging ich wieder weg. Der ganze Tag war wie ein Rahmen ohne Bild, ein Gefäß ohne Wein. Aber heute wurde ich entschädigt. Am frühen Morgen erwachte ich schon, ein schönes Gefühl der Dankbarkeit erfüllte mich, ich betete den Rosenkranz. Das Gesetz von der Auferstehung und dann die Litanei vom Namen Jesu. Die Anrufe sind ein stammelnder Preis des Menschen Jesus und des Gottes Jesus. Jeder Anruf ein funkelnder Edelstein in der Krone des Menschensohnes, ein Blitz in dem Geschmeide, das fromme, ehrfürchtige Menschen gebildet [haben]. Darum erschrickt man fast, wenn die folgenden Bitten die vielfältigen Bande erkennen lassen, mit denen wir gefesselt sind, und doch gibt uns sein Leben die Kraft, die wir brauchen, um ihn zu erkennen. – Am liebsten hätte ich das Brot empfangen. – Ich blieb bis Mittag nüchtern und rauchte auch nicht. Es ist immer etwas Erhebendes, gegen sich zu streiten.

Die Klosterkirche war dicht gefüllt mit Menschen, auch eine Anzahl Soldaten war dazwischen eingepfercht. Ein buntes Bild, die Männer in den braunen Pelzen und schwarzen Halskragen, schwarze, weiße Pelze der Frauen, Kinder und junge Mädchen. Von der Orgel hatte ich einen schönen Überblick über die dicht gescharte Menge; richtig wie ein Schiff kam mir die Kirche vor, vorne der wuchtige Säulenaltar, das Holzwerk braun vor Alter, ganz zart abgesetzt mit Blau und Gold, die brennenden Kerzen und der feiernde Priester. Es erschütterte mich, als die jungen Geistlichen auf der Orgel das Credo anstimmten, und das Alleluja klang so froh und befreiend und herzlich durch die Räume. Ich hatte mein Gebetsbüchlein vergessen, aber ich brauchte es nicht. Ich fuhr mit dem vollgeladenen Schiff über die Erde hinweg in einen leichten, seligen Raum und spürte in Augenblicken der stummen Hingabe Gottes Liebe und Güte und des Heilands Erlöserwerk. Zwischen den singenden Geistlichen standen junge Frauen und Mädchen, die einmal verstohlen zu den feinen Gesichtern und dann wieder zu mir hinschauten, um sich wieder in ihr Gebetbuch zu vertiefen.

Notiz *(Wegrów,) 27. März 1940*

Offizier vom Tagesdienst für Leutnant Büttner. Morgens mit Unteroffizieren, am Sand ein Gelände aufgebaut. Unteroffizier Bickert schießt einen Hund. In uns ist eine Lust am Morden. Jeder freute sich, als der Hund eins aufs Fell gebrannt kriegte.

Abends Varieté. Vom sittlichen Standpunkt aus betrachtet, ist das Leben dieser Menschen umsonst. Es sind auch oberflächliche, gewinn-, genußsüchtige Menschen, die früh altern. Aber es gehört zur Mannigfaltigkeit des Lebens, daß es auch solche Menschen gibt. [...]

Notiz *(Auf der Heimreise nach Thalau,) 30./31. März 1940*
Urlaub! 5.45 [Uhr], ich sitze im D-Zug Siedlce–Warsch[au]–Berlin. 6.40 [Uhr] Abfahrt Siedlce, 21.00 [Uhr] soll er in Berlin sein.

Es ist ein herrliches Gefühl, im bequemen Schnellzug zu sitzen und den Reisetag zu den Lieben vor sich zu haben. – Auch um die Erhaltung eines großen Glückes drängt es einen zu beten. Nicht nur das Leid, auch das Glück macht uns reifer und bringt uns Gott näher. – Als ich in Berlin ankam, war der Schnellzug nach Ffm. [Frankfurt/Main] schon weg. Ich kann erst 0.30 [Uhr] weiterfahren und bin um 7.55 [Uhr] in Fulda, Anschluß?

Der Zug lief pünktlich ein. Ganz unerwartet treffe ich Annemi an der Sperre. Ich war so fassungslos vor Überraschung, daß ich erst gar nicht wußte, wie mir geschah. 8.20 [Uhr] weitergefahren nach Schmalnau.

An Ehefrau und Kinder *Wegrów, 17. April 1940*
Meine Lieben alle –
es ist wieder Abend. Ich bin allein. Die Herrn Offiziere sind ins Kasino, da wird Bier ausgeschenkt. Ich habe auch Durst danach, denn es war heute ein warmer Tag. 20° [Celsius] zeigt das Thermometer an. Hätten wir nur einmal so einen schönen Tag gehabt in meinem Urlaub. Morgens waren wir im Gelände, und heute mittag bin ich mit Leutnant A[ndreesen][55] und einem andern Offizier geritten. Gestern auch schon. Heute abend tut mir der Podex ordentlich weh, ganz vorsichtig muß ich mich auf dem Stuhl niederlassen. Ich habe mir 2 Kissen darauf gelegt, da sitze ich ganz schön. Vorläufig ist das Reiten für mich kein Spaß, weil ich noch vieles falsch mache und mir auch die entsprechenden Teile des Körpers sehr weh tun, aber es ist ein wundervolles Gefühl, von diesem stolzen

Tier getragen zu werden. Wie blöde dagegen ist das Autofahren. Nun denkst Du, liebe Annemi, ich wollte gar nicht mehr nach Hause. Weit gefehlt, sofort heute abend noch marschierte ich ab, wenn's sein sollte, zu Fuß, dann wäre ich im Juni daheim. Aber ich muß hier bleiben. Ich weiß jetzt auch, was die Anfrage des Wehrbezirkskommandos nach meiner Feldanschrift bedeutete. Als ich ankam, erhielt ich ein Schreiben vom Wehrbezirkskommando, aber nicht etwa einen u.k.-Antrag[56], darin wurden mehrere Unterlagen für die Offiziersbeförderung angefordert. Unter anderem auch die beiden anliegenden Nachweise. Liebe A[nnemie], fülle die beiden Nachweise von mir und Dir aus und schicke die erforderlichen Urkunden zusammen mit den zwei anliegenden Ausweisen ans Wehrbezirkskommando[57]. Spätestens am 15. Mai muß alles abgesandt sein. Die erforderlichen Urkunden sind: 1. Geburtsurkunde (von Vater, Mutter). 2. Heiratsurkunde (von Vater, Mutter), ebenso von 2 Großvätern und 2 Großmüttern. [...]

An den Sohn *Wegrów, 17. April 1940*

Mein lieber Helmut –

Oben im Norden, da fleckt's[58]. Die Kameraden haben ein Verzeichnis der engl[ischen] Flotte und registrieren die Verluste[59]. Wenn's so weiter geht, kriegen wir die Engl[änder] klein, und im Juni landen wir in Schottland. Wenn erst in Dänemark und Norwegen genügend Flugplätze geschaffen sind, greifen wir mit 1000 Fliegern auf einmal an. Vorläufig ist das [nicht] möglich, weil wir nicht genügend Flugplätze haben. Maschinen und Flieger sind sicher da.

Gute Nacht, mein großer Junge, Dein Vater.

An Ehefrau und Kinder *Wegrów, 19. April 1940*

Meine Lieben –

Ihr werdet Euch wundern, daß ich so wenig schreibe, ich habe nämlich wenig Ruhe und Zeit zum Schreiben. Seit meinem Urlaub muß ich mich mit der Ausbildung der Rekruten beschäftigen und habe von morgens bis abends Dienst. Nächste Woche kommt wieder ein großer Transport von

Münster in Westf[alen]. Da wird die Arbeit erst recht losgehen. [...]

Neben mir sitzt ein junger Feldwebel, der seit einigen Tagen hier ist. Er ist Zahnarzt, Doktor aus Konstanz; ich glaube, er ist ein recht netter Kamerad. Wir bereiten uns vor für den Dienst morgen. Es kommt mir so vor, als machten wir Schulaufgaben. Die meisten Dinge sind ihm auch neu, und er muß sich hineinlernen wie ich auch.

Solange ich noch keine Nachricht von Euch habe, bin ich wie abgeschnitten von Euch. Nun kommt auch noch hinzu, daß ich keine Zeit zur Besinnung habe, und da ist es mir, als ob ich Verrat an Euch beginge. Aber Ihr wißt ja, daß ich Euch immer im Herzen trage und daß Ihr mir so lieb und wert seid wie nichts auf der Welt.

Seid mir herzlich gegrüßt und bleibt gesund, Euer lieber Vater und Dein lieber Wilm.

An die Ehefrau *Wegrów, 21. April 1940*

Liebe Annemi –
heute ist es wieder Sonntag; um diese Zeit, in der ich den Brief schreibe, rüstete ich zum Aufbruch heute vor 8 Tagen. Mir steht alles noch so lebendig vor der Seele. Und doch meine ich, ich sei schon so lange von Euch fort. Die Gegenwart beschäftigt mich so stark, daß ich wenig an Euch denken kann. Es ist so, wie wenn die Sonne ab und zu durch die Wolkendecke für kurze Zeit durchblickt und die Landschaft mit Glut und Farben erfüllt. Der tägliche Dienst und die Vorbereitung dazu beanspruchen die meiste Zeit. Außerdem bin ich nie Herr auch der freien Zeit, da muß ich mich nach andern richten. Mittags ist von 12–2 [Uhr] Pause. 12 Uhr Essen im Kasino. In 15 Minuten hätte ich gegessen, und dann möchte ich mich in die Sonne legen, aber da sitzt man herum und muß warten, bis der Kommandeur sich erhebt. Neben unserm Haus ist ein Sandberg, da kann man sich schön in die Sonne legen, ein paarmal haben wir's schon gemacht. Mein Kamerad aus Konstanz, der Zahnarzt, macht jetzt auch mit. Ich habe ihm meine SA-Sporthose geliehen. Mit ihm komme ich sehr gut aus. Ich freue mich, daß ich einen jungen, gebildeten

Menschen neben mir habe. – Gestern abend war ein Essen im Kasino. Ich habe mich schrecklich gemopst[60], aber was will man machen. Zum Glück hatte ich Runde, da konnte ich nach 12 [Uhr] weggehen. Eine Anzahl ist noch geblieben und hat dem Alkohol zugesprochen. Auch K[uhn?] kam erst sehr spät. Ich glaube gegen 3 Uhr. Heute morgen hatte er einen Mordskater.

Dieser schöne Sonntag hat mich so empfindsam gemacht. Ich las in der Heiligen Schrift und war um 11 Uhr im deutschen Gottesdienst. Ich hätte gerne kommuniziert, ich war nüchtern geblieben, aber so ganz allein wollte ich es auch nicht tun. Es ist ja feige, wenn man sich von andern bestimmen läßt, aber man kann sich nicht immer frei machen. Dann fiel mir auch ein, daß ich doch nicht ganz nüchtern war, ich hatte auf dem Rundgang einige Plätzchen in der Manteltasche entdeckt, weißt Du, die ganz harten, und die habe ich verzehrt unterwegs, die haben mir herrlich geschmeckt. Ein Dieringer Rekrut begleitete mich. Ihm gab ich auch ab. Er lobte sie sehr.

Du glaubst nicht, meine liebe, gute Frau, wie ich mich nach Dir sehne. Ich könnte mich hinsetzen und in einem fort weinen. Alles Schöne, das ich genieße, hat eine Bitterkeit, weil ich es ohne Dich erlebe. [...]

An Ehefrau und Kinder *Wegrów, 23. April 1940*

Liebe Annemi, meine lieben Kinder –

[...] Meine Liebste! Nun ist es doch so geworden, wie wir es gar nicht denken konnten. Du weißt, wie sehr ich mich auf das neue Geheimnis[61] freute, und wie fest meine Hoffnung war. Und doch, ich bin auch wieder eine Sorge los, die sich in meinem Herzen festkrallte. Es ist ja alles Bestimmung und soll so sein. Du sollst es leichter haben so! Ich weiß, wie groß Deine Enttäuschung gewesen ist und traure mit Dir. Am Freitag ritt ich mit A[ndreesen?][62] und N[eidhardt?][63] in die Gegend, da stelzte ein Storch durch das Wasser. N[eidhardt?] sagte, »paßt auf, der sucht sich einen von uns raus! Ich glaube, der nimmt den Hosenfeld, wir zwei sind ihm zu alt.« Ich habe still vor mich hin gelächelt und dachte, da hast Du nicht unrecht, aber gesagt habe ich nichts. In W[egrow] hat sich jetzt wieder manches geändert, das heißt in der Zusammensetzung der Truppe. Es kommen immer mehr Rekruten aus Deutschland, und wir haben viel zu tun mit der Ausbildung. [...]

Notiz *(Wegrów,) 24. April 1940*

[...] Besichtigung der westfälischen Truppenrekruten durch Generalmajor v[on] Wrede[64], Divisionsgeneral.

Die Beurteilung durch den General war vernichtend, unglaublich; dem Hauptmann[65] bleibt nichts anderes übrig, als abzudanken. Als Motto muß man über diese Besichtigung schreiben: »Wer ist die größte Schlafmütze?«

An Ehefrau und Kinder *Wegrów, 25. April 1940*

Meine Lieben –

heute war ein heißer Tag, und ich hatte viel Arbeit. Unser Dienstplan geht von 5.45 bis 19 Uhr ohne Unterbrechung durch. Die Rekruten, 165 Mann, trafen heute ein. Aus Schmalnau ist ein Schneider Heller dabei, sonst sind wenige aus der Fuldaer Gegend. Allmählich treffen immer neue Transporte ein, sodaß der Mannschaftsstand schon verjüngt ist. Die Unteroffiziere müssen noch dableiben, und für mich ist die Hoffnung entlassen zu werden vollends vorbei. Gestern wurde mir die Ernennung zum Offizier mitgeteilt. Seit dem 1.II. bin ich schon befördert, erfuhr es aber erst gestern[66]. Wenn Du, liebe A[nnemie], die Unterlagen für arische Abstammung[67] bis zum 15.5. nicht beischaffen kannst, dann darf es auch länger dauern.

Ich schreibe Euch noch rasch einige Zeilen, damit Ihr nicht ohne Nachricht seid; ich bin so ausgepumpt und muß mich noch für morgen vorbereiten. Aber die neuen Aufgaben freuen mich, die Ausbildung macht mir Spaß. [...]

An die Ehefrau *Wegrów, 30. April 1940*

Liebste Annemi –

[...] Vor einer Stunde hat Oberleutnant Andreesen[68] sich von der Kompanie verabschiedet. Morgen fährt er nach Hause. Es ist ihm schwergefallen wegzugehen, und die Leute bedauern alle sein Scheiden. Nun ist Oberleutnant Neidhardt[69] noch allein da von den Offizieren, die mit uns ausrückten. Ich bin auch in eine andre Kompanie versetzt, in die 4.; ich bleibe aber noch hier wohnen, später ziehe ich um. Der Kompanieführer der 4. ist Oberleutnant Gilles, Amtsgerichtsrat in Fulda. Mit dem komme ich auch gut aus. – Der ganze alte Bestand ist zusammengeschmolzen. Man sieht lauter neue Gesichter. Die Ausbildung der Rekruten macht mir Spaß, obwohl es den ganzen Tag Anspannung erfordert. Das sind alles keine jungen Leute mehr, die meisten verheiratet, haben selbständige Berufe, stehen alle im Beruf und Erwerbsleben. Es rührt mich geradezu, wie willig und bereit sie alles machen, um die Zufriedenheit der Vorgesetzten zu erhalten. Heute lag ich neben einem Rekruten, der das Zielen übte. Ich sagte zu ihm: »Ja Mensch, machen Sie doch das linke Auge zu, Sie können doch nicht mit 2 Augen zielen.« – »Das ist *e*gal (ein Thüringer), ich hab doch ein Glasauge links, da seh' ich doch nichts.« Ein andrer meinte im Unterricht über Dienstrangabzeichen, den Leutnant erkennt man an den Breecheshosen. [...]

An den Sohn *Wegrów, 3. Mai 1940*

Lieber Helmut –

Dein Geburtstagsbrief kam heute an. Ich habe schon auf ihn gewartet. Herzlichen Dank, er hat mich sehr gefreut, besonders, daß Du mir so ausführlich von Deiner Arbeit und Deinen Gedanken erzählst. Bei uns hat sich vieles wieder geändert, fast täglich gibt es etwas Neues. Ich habe jetzt viel mit der Rekrutenausbildung zu tun, Jahrgang [19]06. Mich rührt diese Unbeholfenheit der Menschen und der gute Wille. Denke Dir Karl Böhm oder Lud[wig] Sebald als Rekruten. An sich alles vernünftige, tüchtige Menschen, die in Zivil ihren Mann stellten [sic!], aber jetzt dem gänzlich neuen Leben mit seinen körperlichen Anstrengungen und den militärischen Erfordernissen fremd und ängstlich gegenüberstehen. Mir macht es große Freude, wenn auch viel Arbeit. 5.45 Uhr fängt es an [und dauert] bis 19 Uhr. Die Rekruten kommen aus allen Gegenden Hessen-Nassaus, von Ffm. [Frankfurt/Main], 1 auch von Schmalnau. Ich schreibe Dir, damit Du mal etwas von mir hörst, Zeit habe ich heute wenig. Am Sonntag vielleicht mehr. – Wir haben einen jungen, sehr ehrgeizigen General[70], der alle paar Tage da ist. Er schwänzt [sic!] das ganze Bataillon ordentlich auf. Mir gefällt seine forsche, männliche und unerbittliche Art. In letzter Zeit bin ich auch öfters geritten, das macht mir auch viel Freude. [...]

An Ehefrau und Kinder *Wegrów, 5. Mai 1940*

Meine Herzallerliebste – meine lieben Kinder!

Sonntag morgen. Um 11 Uhr ist Kirchgang. Oberleutnant Neidhardt[71] führt die Katholiken, Feldwebel Kuhn, mein Stubengenosse, die Evangelischen. Er wehrte sich erst gegen dieses Kommando, da er es angeblich aus weltanschaulichen Gründen nicht tun könnte. Aber er wurde dazu befohlen; es ist ihm freigestellt, vor der Kirchentür das Ende des Gottesdienstes abzuwarten, um die Kirchgänger dann wieder zurückzuführen. Im geheimen muß ich über dieses Gebaren lachen, es kommt mir so unreif und unfertig vor. Jedenfalls ist es ein Zugeständnis der Schwäche. Der protestantische Pastor ist ein besonders feiner Mann, ein aktiver Hauptmann, der Pfarrer geworden ist. Ich saß neulich im Kasino neben ihm. – Es hat sehr viele Umänderungen im Bataillon gegeben. Gegenwärtig führt ein neuer Hauptmann das Bataillon. Der General war mit unserm alten sehr unzufrieden. Es wird ihm wohl nichts übrig bleiben, als abzudanken[72]. Er ist dieser Tage in Urlaub gefahren, fraglich, ob er zurückkommt. Ich bin zur 4. Kompanie versetzt, das schrieb ich Dir schon, wohne aber noch im Nordblock und esse mit N[eidhardt?] zusammen. In den nächsten Tagen ziehe ich um.

Seit Anfang dieser Woche weht hier ein steifer Ostwind. Gestern wuchs er an zum Sturm. Der Sand dringt durch die Fensterritzen. In unserer Stube liegt eine dicke Sandschicht, auf dem Bett, auf den Tischen. Wenn man draußen ist, peitscht einem der Sand ins Gesicht. Es tut richtig weh. Das Gesicht ist in kurzer Zeit grau; in den Ohren, in den Augen und in der Nase setzt sich der Sand fest. Hier kriegt man einen Begriff, wie ein Sandsturm in der heißen Wüste sein mag. Dieser kalte Ostwind ist wohl auch bei Euch und wird vielen Bienen das Leben kosten. – Um unsere Quartiere sind 2 m hohe Drahtzäune gezogen, von der Zivilbevölkerung sollen die Soldaten vollständig abgeschlossen sein. Ich glaube die Beobachtung zu machen, daß sich die Zivilbevölkerung mehr und mehr in eine Abwehrfront gegen das deutsche Militär stellt. Seither hatte sie immer noch die Hoffnung, daß wir den Krieg verlieren, aber mit der Zeit geben sie die auf, und die alte Abneigung gegen die Deutschen kommt wieder zum Vorschein. Wenn die Erfolge in Norw[egen] so weitergehen[73], wird Engl[and] sich doch besinnen, zumal auch Italien bald den Augenblick gekommen sieht, daß für es der Weizen blüht. [...]

Heute ist so ein schwermütiger Tag, es fängt an zu regnen, da habe ich Heimweh nach Euch. Lebt wohl und seid so herzlich von mir gegrüßt, Dein Wilm, Euer Vater.

Notiz *(Wegrów,)* *7. Mai 1940*

Allein ausgeritten mit dem Hans. Zuerst hat er sehr gebockt, dann ist er gut gegangen, Trab und Galopp. Oberleutnant Köck hat getadelt, daß das Pferd so geschwitzt war [sic!]. – Ich merke, daß man mich stark kritisiert, ich bin zu aktiv, ich muß zurückhaltender sein und nicht auffallen. Bei den Offizieren, besonders den R.O.A. [Reserveoffizieranwärtern], glaube ich Eifersucht zu erkennen.

An die Ehefrau *Wegrów,* *7. Mai 1940*

Meine Liebste –

jeden Tag warte ich auf einen Brief von Dir, aber nichts kommt. Bist Du am Ende wieder krank? Ich kann mir doch nicht denken, daß Du mir aus einem andern Grund nicht schriebst. Denn ich schreibe Dir doch auch, wenn auch nur kurz, aber Du weißt doch, wie es mir geht. Wenn Dir etwas fehlen sollte in Zukunft, und Du kannst nicht schreiben, dann muß eins von den Kindern kurz schreiben. Ich denke, Du hast jetzt im Garten viel zu tun und bist abends zu müde. Ach, das würde mich freuen, da wollte ich zufrieden sein, aber wenn Du leiden mußt!

Der schreckliche Wind hat sich gelegt, heute war es wieder recht sonnig. Wir haben fleißig exerziert und sind draußen im Gelände gewesen. Da ist es jetzt wunderschön. Ich muß immer an Deine Heimat denken. Die Kiebitze schreiten und taumeln um einen herum, und die Störche waten durch die Sümpfe, dazu das weite Land mit den Birken und Kiefern und dem Sand. Aber bei Euch ist doch alles kultivierter. Der deutsche Bauer kann doch etwas anderes aus dem Boden machen. Ich reite auch öfters. Ich kann es schon ganz leidlich. Heute war ich sogar allein mit dem Pferd unterwegs. Erst hat es sehr gebockt und wollte mich abwerfen, aber dann hab ich es doch hingebracht, wo es hin sollte. Zuletzt war es recht friedlich. Aber der Troßführer war nicht zufrieden mit mir, als ich den Gaul naß in den Stall führte. Sei mit den lieben Kindern viel herzlich gegrüßt, Dein lieber Mann.

Liebe Moni, kauf mir bitte 2 Ordensschnallen. EK II[74], Frontkämpfer- + Treudienstabzeichen in einer Schnalle[75].

Mir wird das Leben hier sehr überdrüssig!

An Ehefrau und Kinder *Wegrów, 10. Mai 1940*

Meine Lieben alle –
nun ist das lang befürchtete Ereignis eingetreten. Der Kampf im Westen hat begonnen[76]. Hoffentlich fällt bald eine Entscheidung zu unseren Gunsten. Der Krieg wird damit am schnellsten zu Ende gehen, wenn wir die holl[ändische] und belg[ische] Küste in der Hand haben. Ein Kampf auf Leben und Tod ist es nun doch geworden. Ich kann den Gedanken an die Vorgänge, die sich im Westen abspielen, nicht loswerden. Es liegt mir wie ein Alpdruck auf der Seele. Ich will zufrieden sein, daß ich gesund bin und es mir wohl geht. Heute früh erwachte ich gegen vier [Uhr] mit einem so frohen, dankbaren Gefühl der Freude und innigen Gottgedenkens, daß ich ganz glücklich war. Ich spürte so richtig Gottes Liebe mit einem fast körperlichen Glücksgefühl. Zum Beten kam ich aber doch nicht. Ich schlief dann bald wieder ein. –

Gestern erhielten wir einen neuen Hauptmann, Eile. Er ist Lehrer, früher in der Nähe von Gersfeld. Ich kannte ihn, er mich auch. Wir ritten zusammen zum Regimentskommandeur[77], der etwa 12 km von hier entfernt liegt. Er lud uns zum Kaffee ein. Es ist ein guter alter Herr (Oberstleutnant). Das schönste aber war der Ritt. Ich kann's jetzt schon ganz gut, wenigstens so gut wie die Offiziere hier auch. Eile ist ein sehr sinniger, lieber Mensch, der viel Sinn für die Natur hat. Er freut sich richtig, mit mir zusammensein zu können, leider aber erhielt er heute schon wieder Befehl, daß er von uns versetzt wird. Ich führte ihn heute abend in W[egrow] herum, auch durch das Judenviertel. In der Art, wie er diese Leute, besonders auch die Juden, beurteilte, erkannte ich, daß wir uns gut verstehen würden. Für morgen haben wir einen großen Marsch vor, nachmittags haben wir uns zu einem Ritt verabredet. Die meisten Offiziere wollen nicht gerne reiten, aus Bequemlichkeit oder Interesselosigkeit. Ich kann mir nichts Schöneres denken. [...]

Gestern abend gab ich einigen Judenkindern Zuckersteine, die ich in der Kantine gekauft hatte. Da hättet Ihr mal sehen sollen, wie im Nu ein Haufen Kinder hinter mir herkamen. Ich mußte eine Handvoll auswerfen, um sie loszuwerden. Heute abend warteten sie schon auf mich, ich hatte aber nichts. Seid recht lieb mit der Mutter! Bleibt gesund, der liebe Gott behüte Euch, tausend Grüße, Euer Vater, Dein Wilm.

An die Ehefrau *Wegrów, 19. Mai 1940*

Meine Frau –
in meinem Taschenkalender lese ich, daß heute Muttertag ist. Ich habe daran nicht früher gedacht, aber als ich das Datum lese, packt mich der Gedanke an Dich, unsere liebe Mutter und meine geliebte Frau. Und gleich überfällt mich auch der Gedanke an die vielen Mütter, die wieder einmal ihre Söhne dem Vaterland opfern müssen. Gestern machten wir einen Ausmarsch von 25 km in die umliegenden Ortschaften. Durch manche Dörfer, die wir durchliefen, war wohl noch kein deutscher Soldat gekommen. Die Leute standen an den Zäu-

nen und guckten uns scheu nach. Die Kinder liefen davon. Eine Frau mit mehreren kleinen Kindern stand an ihrer Haustüre und schaute uns mit so einem traurigen Blick an, daß es mich merkwürdig ergriff. Ihren Mann oder Sohn hat sicher der Krieg ins Ungewisse geführt, und sie wartet vergebens auf Nachricht. Das Leid, das Ihr Frauen tragen müßt, ist ein Meer von Blut und Tränen. Bis jetzt hat Dich ein gütiges Geschick davor bewahrt, mich und Helmut hergeben zu müssen, aber das Schicksal der andern Mütter erfüllt Dein Herz, und Du leidest mit ihnen. Aber Du darfst auch nicht schwach und kleinlich werden; das Leben fordert diese Opfer. Wir müssen bereit sein, sie zu bringen. Um mich brauchst Du Dir keine Sorgen zu machen. Mit dem Soldatenmaterial, das wir haben, lassen sich keine großen Geschichten machen. Erst wenn die Regimenter verjüngt sind, stellen sie einigen Kampfwert dar. Für die Aufgaben hier sind sie zu gebrauchen, aber für den Kampf im Westen taugen sie nicht. Ich glaube, daß sich der Krieg in diesem Sommer entscheiden wird. Es ist ja geradezu unglaublich, mit welcher Schnelligkeit die deutschen Truppen vordringen. Die Franzosen und Belgier scheinen auch keine große Kriegslust zu haben. – Es ist wieder mal Sonntag. Nach Wochen großer Trockenheit regnet es seit gestern. Es ist kalt geworden. Ich sitze in meinem einsamen Stübchen; der Bursche hat Feuer angemacht, der Regen rauscht auf die Zinkblechpfannen, mit denen das Dach gedeckt ist, und der Wind heult in derben Stößen um das Haus. Mein Blick geht über die graue Landschaft nach Westen, hin zu Euch. Ihr rüstet Euch jetzt zur Kirche. Wir haben heute keine. Wie geht es Euch? Seid mir gegrüßt! Ich bin zu schwermütig, ich muß allein sein. Gestern abend bin ich früh aus dem Kasino weggegangen, die andern können stundenlang zusammensitzen und quatschen und lustig sein. Ich gelte als Einspänner. Ja, meine A[nnemie], schön ist es hier auch nicht. –

Leb' wohl meine Liebste, küsse die Kinder, freue Dich an ihnen und behalte uns lieb; dem lieben Gott danke ich jeden Tag, daß Du meiner Kinder Mutter bist. Leb wohl, Dein Wilm.

An die Ehefrau *Wegrów, 21. Mai 1940*

Meine liebe, kranke Frau, mein treues Herz –

eben vor einer Stunde erhielt ich Dein Telegramm. Ein Unteroffizier überreichte es mir während des Dienstes. Ich bin sehr erschrocken, obwohl Dein Brief vom 17. [Mai] mich darauf vorbereitete, daß Du ins Krankenhaus gehen wolltest und die Operation ausführen lassen wolltest. Ich hatte aber Hoffnung, daß es noch gutginge. Nun ist die Operation sicher schon vorbei, und Du bist allein, schwach und hilflos. Ich kann nicht bei Dir sein und Deine liebe Hand anfassen und Dir über die Stirn streichen und Dich trösten in Deinen Schmerzen. Arme, liebe Frau! Ich darf auch nicht zu Dir fahren. Ich bin sofort zum Bataillonsführer gegangen und habe um einen Sonderurlaub nachgesucht. Aber er wurde mir rundweg abgesagt, mit der Begründung, daß ich erst Urlaub gehabt hätte und daß die gegenwärtige Lage, der Offiziersmangel, [die] bevorstehende Besichtigung und der jeden Tag erfolgende Abruf in einen andern Ort eine Beurlaubung nicht zulasse. Ich sehe diese Einwände auch ein. Es war mir schwer genug geworden, diese Bitte an einen Mann zu stellen, der mir seit je unsympathisch ist; Hauptmann Fr[ancken][78] ist gegenwärtig in Urlaub und hat einen Vertreter. Aber die Hoffnung, wenn auch nur einige Tage bei Dir zu sein, und meine Sorge um Dich ließen meine Bedenken zurücktreten. Es ist eine ganze Anzahl Kameraden, die noch nicht ein zweites Mal in Urlaub waren; diesen gegenüber fiel es mir nicht leicht, mein Gesuch anzubringen, obwohl die meisten mir zuliebe zurückgetreten wären. Wenn Du aber länger krank sein solltest, werde ich doch versuchen, heimzufahren. Hast Du eine Narkose gekriegt? Sicher! Hast Du große Schmerzen, und hält der Arzt es für bedenklich? Es ist wohl so ähnlich wie damals in Gelnhausen. Weißt Du noch, wie ich Dir da einen großen Blumenstrauß mitbrachte und Dich mit dem kleinen Helmut besuchte und Dich auf den Arm nahm und mit nach Hause brachte? Ach, wie gerne wollte ich das jetzt tun. Und Du malst Dir das alles so schön aus, wie ich auf einmal zu Dir komme und Dich hole. Ich weiß, wie sehr Du auf mich wartest; sehnsüchtig gehen Deine Augen nach der Türe. So oft sie geöffnet wird, glaubst Du, ich käme herein. Wie schnell solltest Du gesund sein, wenn ich bei Dir wäre. Aber ich muß weit von Dir sein, und Du bist Deinem Kummer preisgegeben. Nicht einmal mein Brief kommt rasch genug in Deine Hand, daß er Dir sagen könnte, wie's um mich steht. – Ich will mich im Gebet mit Dir vereinigen; Gott wird Dir Mut und Kraft geben, das ist der einzige Trost, der mich erfüllt. Ich muß zu meinen Aufgaben zurück, muß mich mit andern Menschen abgeben und mit Dingen beschäftigen, die mir so unendlich gleichgültig sind, aber ich will immer noch dankbar sein, und Du sollst es auch sein, daß ich hier bin und nicht dem Tode preisgegeben bin wie so viele Soldaten im Westen. Halt aus mein liebes, tapferes Herz; ich bin bei Dir und stehe Dir zur Seite. Meine Liebe soll Dich tragen und bald gesund machen.

Leb wohl, küsse die Kinder! Ich halte Deine liebe, schmale Hand und sitze an Deinem Bett und streiche Deine Haare aus der Stirn und küsse Dir die traurigen Augen; schlaf ein, meine Annemi, und werde gesund, Dein Liebster ist bei Dir, Dein Wilm.

An den Sohn *Wegrów, 22. Mai 1940*

Mein lieber Helmut –
hab' herzlichen Dank für Deinen lieben Brief und das Büchlein. Ich habe mich damit in die Sonne gelegt und es in einer freien Stunde gelesen. Ich sende es Dir bald wieder zurück. – Inzwischen, Dein Brief ist vom 8.5., hat sich die Kriegslage entscheidend gewendet[79]. Was die deutschen Waffen in diesen Tagen vollbracht haben, ist bewundernswert. Noch so einige Schläge, dann reicht es erstmal. Aber es hat den Anschein, als ob es keinen Halt gibt, bis Paris gefallen [ist] und London angegriffen wird. Im Westen wird's ungeheure Opfer kosten, aber die müssen gebracht werden, sonst gibt's kein Ende. Habt Ihr in Ffm. [Frankfurt/Main] auch schon feindlichen Fliegerbesuch gehabt? Wir leben hier recht friedlich. Um mich macht Euch vorläufig keine Sorge. Wir bilden Rekruten aus. Mir macht das einigen Spaß, wenigstens ist das eine geregelte, dankbare Tätigkeit, die mich ausfüllt.

Diese Kameradschaftsgelage sind auch nicht mein Fall. Wir H[osenfelds] sind überhaupt schlechte Gesellschafter. Auf unsern regelmäßigen Kasinoabenden bin ich immer einer der stillsten und der gelangweiltesten Teilnehmer. Ich kann es gar nicht verstehen, wie man so lange Stunden zusammenhocken mag und die Zeit totschlägt. Sobald ich kann, verschwinde ich, freilich muß ich erst den Hauptmann um Erlaubnis fragen. – Es freut mich, daß Du auch an gesellschaftlichen Veranstaltungen teilnimmst. Das habe ich Dir ja schon früher geraten. Es ist notwendig, daß Du Dich in solchen Kreisen und mit Mädchen benehmen lernst. Soll ich Dir Geld schicken? Ich habe etwas übrig. Mutter schrieb mir, daß sie nicht auskommt.

Ja, die Zeit des Wandervogels mit der romantischen Naturschwärmerei hat viel Gutes gehabt. Ich zehre noch heute davon. Wenn Frieden ist, gehen wir zwei und Detl[ev] zusammen fort. Ich bin so müde von dem Dienst, daß ich Dir nur wenig schreiben kann; Mutter soll auch noch einige Zeilen haben. Wir reiten jetzt öfters, das macht mir große Freude. Leider habe ich keinen rechten Kameraden, der mittut; die Offiziere sind zu bequem.

Leb herzlich wohl, grüße Knorrs, Dein Vater.

An die Ehefrau *Wegrów, 24. Mai 1940*

Meine Liebste –

heute Deinen Brief vom 18.5. erhalten. Er hat mich recht niedergedrückt. Inzwischen ist die Operation schon vorbei. Das Schlimmste wirst Du überstanden haben, aber Deine seelische Mattigkeit neben dem körperlichen Leiden ist viel größer. Ich weiß es und fühle alles mit Dir. Ich bin so begierig auf Deinen nächsten Brief. Ich mache mir so viele Gedanken. Um die Kinder nicht, um Dich. Daheim geht das schon mal, aber Du, Du bist so allein. Hast Du denn gute Pflege gehabt? Ist alles gut verlaufen? Das habe ich schon in den vorigen Briefen gefragt. Es scheinen einige Briefe von mir noch nicht angekommen zu sein. [...] Detlevs Brief und Päckchen ist auch noch nicht da. Die Urlaubspakete habe ich erhalten. Die habe ich doch schon bestätigt. – Ja der Krieg! In Westen muß eine furchtbare Schlacht sein[80]. Der Heeresbericht schweigt. Das bedeutet immer etwas. Ich glaube aber fest, daß wir die Entscheidung zu unsern Gunsten erzwingen. Wie die Dinge nun einmal stehen, war sie nicht zu umgehen. Man muß nur einmal über die ungeheure Schlagkraft der d[eutschen] Waffen sich wundern. Hitler ist ein großes Genie. Er soll die Operationen selbst leiten und die ganzen strategischen Pläne entwerfen, das ist fast nicht zu glauben[81]. Habt Ihr mal etwas vom Berti gehört? Der steckt jetzt wohl auch drin. Wenn ich nicht Euch hätte, möchte ich wohl auch dabei sein, und dem Helmut wird's auch beschämlich sein, daheim zu sitzen. Aber wir wollen Dir keine Sorgen machen. Dafür läßt Du Dich schneiden und gehst ins Lazarett; so ganz ungeschoren scheinen wir also nicht wegzukommen. Ich wollte es aber lieber für Dich aushalten; Du hast so schon genug Kummer. – Den Brief zum Muttertag hast Du nun wohl schon bekommen, wenn auch verspätet. Unser Hochzeitstag! Den nächsten feiern wir wieder zusammen, gelt? Im Juli komme ich zu Dir in Urlaub. Da bist Du wieder gesund. Machen wir da wieder so eine schöne Wanderung?

Ich rechne oftmals nach, wie lange ich noch rüstig und gesund bleiben kann; ich meine immer bis 70, da will ich noch etwas leisten, das sind noch 25 Jahre. Nach diesem Krieg wird's ein langer Friede! Den dürfen wir für unsere Kinder leben. Wir zwei werden nicht so schnell alt. [...] Ich könnte Dir noch so viel erzählen. Morgen schreibe ich mehr. Eben ist der Marschbefehl gekommen. Von Sonntag auf Montag marschieren wir in ein 30 km entferntes Städtchen, es soll ein großes Judennest sein. Es liegt an der Strecke Warschau–Wyskosch[82]. Ein Vorteil ist dabei, näher bei der Bahn. Es ist nicht gut, wenn die Soldaten zu lange in einem Ort sind, denkt wahrscheinlich der General, darum müssen wir hier fort. [...]

An Ehefrau und Kinder *Wegrów, 27. Mai 1940*

Liebe Annemi – liebe Kinder –
seit der Nachricht von Moni, daß es Dir besser ging und Du wieder heim wolltest, hörte ich nichts Weiteres. [...] Wir sind jetzt mitten im Aufbruch, das heißt, es ist alles schon abge-

rückt; ich habe noch einiges der nachrückenden Truppe zu übergeben und bin ganz überflüssig. Es ist ein greulicher Zustand, nirgendwo gehört man hin, kein Stuhl, kein Tisch, kein Bett steht einem mehr zur Verfügung, man wartet und wartet. Jetzt soll ich noch 5 Stunden auf das nächste Auto warten, mit dem ich wegfahren will. Da wird einem die Zeit grausig lang. Gestern bin ich am Wasser gewesen und habe geschwommen. Das war sehr schön, aber es war nicht recht warm in der Sonne, und da habe ich mich erkältet. Ich habe es im Hals, heute morgen konnte ich keinen Ton herausbringen. Ich übernachtete gestern bei Frau Nuika. Das Quartier war frei geworden, und ich wußte nicht wohin, aber ich hatte es schlecht getroffen. Die nachfolgende Truppe beschlagnahmte das ganze Möbel und möblierte damit ein leerstehendes Haus für die Offiziere aus. Ich kann Frau N[uikas] Zorn verstehen. Mir genügte zwar ein Bett, aber es war doch recht ungemütlich in dem früher so gemütlichen Zimmer. Seit einigen Wochen ist ihr Mann aus der deutschen Kriegsgefangenschaft zurück. Ich unterhielt mich mit ihm. Er kann etwas Deutsch. In einem hiesigen Konsum ist er Leiter, deshalb hat ihn die Zivilverwaltung angefordert. Er sagte, daß er es in der Gefangenschaft gut gehabt hätte. Er hat als Landarbeiter auf einem Gut in Pommern gearbeitet. Die Frau sagte, wenn der Krieg damit zu Ende wäre, dann wollte sie ihre ganze Einrichtung hergeben. – Ich habe mir noch weitere Mühe zur Beschaffung eines Dienstmädchens gemacht, aber ohne Erfolg. Gegenwärtig sind die Mädchen und Burschen in großer Angst. Sie werden nämlich zwangsweise nach D[eutschland] gebracht[83]. Die Polizei macht Streifen und greift sie auf, auch nachts, deswegen schlafen manche gar nicht zu Hause. Die schlimmsten Greuelmärchen erzählt man sich über das Los der Mädchen in D[eutschland]. Zum Beispiel würde man sie zu Bluttransfusionen für verwundete Soldaten nehmen und was nicht noch mehr. Das sind aber bewußte Lügennachrichten, um die Verschickung zu sabotieren. Hier liegen die Arbeitskräfte tatsächlich brach. Viele haben nichts zu tun, sie lungern herum. Vor allem natürlich die Juden, aber die wollen wir ja nicht in D[eutschland]. – Vom Westen hört man nichts Neues, als daß eine große Schlacht im Gange ist[84]. Ich habe schon mehrere Tage kein Radio gehört, weil wir es abgebaut haben. Die Warschauer Zeitung kommt allerdings auch am Tag der Ausgabe hier an, aber man ist doch zu gespannt auf das Neueste. Man rechnet damit, daß Paris in einigen Wochen in d[eutscher] Hand ist. Aber wer weiß, wie sich Italien stellt. Die It[aliener] wollen doch auch noch etwas machen und finden nicht den Dreh. Man sagt, Hitler setzt die Italiener ein, wenn er sie braucht[85]. [...]

An die Ehefrau *Wegrów, 27. Mai 1940*

Liebe Annemi –

[...] Gestern hatte ich ein schönes Erlebnis. In letzter Zeit war ich gar nicht mehr fromm. Man hat so Zeiten, da ist man nicht in sich geschlossen. Ich hatte nun nichts zu tun und ging gegen Abend an der Kirche vorbei, da war gerade Maiandacht. Ich blieb, die betenden Menschen, der Vespergesang und die Orgel wirkten so feierlich. Dann bildete sich eine Prozession. Vorneweg ein paar kleine Meßdiener in kurzen Röckchen, barfuß mit braunen Beinen; vier andere trugen auf einer Art Bahre eine Christkindfigur auf ihren Schultern, es war beängstigend, wie die Jungen damit umgingen. Und dann kam eine Schar kleiner, weißgekleideter Mädchen mit Lilien in den Händen, ganz entzückend angezogen, in kurzen Kleidchen mit nackten Beinen, dahinter größere in einer ganz bunten Nationaltracht. Vier Männer holte sich der Küster aus den Anwesenden und bekleidete sie mit Chorröcken, die mußten den »Himmel«[86] tragen. Frauen mit brennenden Kerzen folgten. Noch selten hat mich eine Prozession so ergriffen. Als das Allerheiligste vorbeigetragen wurde, bin ich nur so aufs Knie gesunken. Lebt alle wohl, Euer Vater.

Notiz *(Jadów,) 28. Mai 1940*

[...] Letzter Tag in Wegrow. 4.00 [Uhr], General v[on] Schenkendorf[87] macht Alarm. Das 2. Bataillon ist abgerückt. Für mich ist nichts mehr zu tun. Ich verbummele die Zeit und warte auf ein Auto. Abends 6 Uhr fahren wir. [...] Ich beziehe Quartier am Markt in Jadow bei Hauptmann Schneider.

An die Ehefrau *Jadów, 30. Mai 1940*

Liebe Annemi –

nur ein paar Zeilen. Ich muß gleich zum Dienst. Damit Du weißt, daß es mir gut geht und daß ich an Dich denke, schreibe ich Dir schnell ein paar Worte. Ich wohne auf dem Marktplatz in Jadow. Mit mir zusammen zwei Offiziere. Meine Kompanie liegt in einem idyllisch gelegenen Waldlager, aber weil die Rekruten in der Stadt untergebracht sind, muß ich auch hier sein. Da draußen wäre ich viel lieber. Die Stadt ist ärmlich, 80 % Juden von 4000 Einwohnern. [...]

An die Ehefrau *Jadów, 30. Mai 1940*

Meine allerliebste Frau –

ich hätte noch Dienstpläne zu machen und Unterrichtsvorbereitungen zu treffen, aber ich will meinem süßen Herzensschatz erstmal einen Brief schreiben. Tagsüber blitzt mir oftmals der Gedanke an Dich und die lieben Kinder durch den Sinn, aber lange verweilen kann ich nicht bei Euch. Die Aufgaben der Stunde und die Ermüdung nehmen mich zu sehr in Anspruch. Die nächsten 3 Wochen habe ich die Rekrutenkompanie (215 Mann) zu führen. Der Oberleutnant, der mit mir zusammen war, fährt auf Urlaub. Es ist ein biederer Oberhesse aus der Gegend von Alsfeld. Mit ihm verstehe ich mich gut. Bei uns hat alles gewechselt. Die alten Offiziere und Mannschaften sind aufgeteilt zu anderen Formationen oder entlassen. Oberleutnant Neidthardt[88] ist Wirtschaftsoffizier bei der Division geworden. Der Hauptmann Fr[ancken][89] ist gegangen worden, weil er dem General nicht genug leistete. Jetzt haben wir einen alten Major als Bataillonskommandeur[90], der nach meiner Meinung noch weniger versteht. Hier in J[adow] gefällt es uns noch nicht, es muß noch viel eingerichtet werden. Vorhin kam der Link vom Frauenholz strahlend zu mir, morgen soll er entlassen werden. Theierl geht auch. Der ist ganz daneben geraten. Er ist schrecklich aufgeregt und hat gar keine Lust mehr, in Polen zu sein. – Ich bin allein. Meine Zimmerkameraden, Hauptmann Schneider aus Schlesien, Verwalter auf einer Herrenhuter Gemeinschaft[91], und Oberleutnant Kratz sind zu einer musikalischen Darbietung von Berufsmusikern, die von K.d.Fr. [Kraft durch Freude][92] an die Front geschickt werden. Ich will morgen abend hingehen. Von meinem Zimmer schau ich auf den Markt. Kinder und junge Mädchen treiben sich da herum. Die Soldaten schauen sehnsüchtig nach den Mädels und prüfen jede, ob sie eine Binde am Arm hat oder nicht[93]. Erstere sind Judenmädchen, die hier gar nicht so scheu sind. Wahrscheinlich haben die Bayern, die vor uns hier waren, nicht so große Abneigung gegen sie gezeigt. Neben unserm Haus steht die Kirche. Vorhin war Maiandacht und Prozession, so wie in Wegrow. Ein wundervoll farbenprächtiges Bild. Das Licht geht aus. Ich setze mich auf den Balkon und schreibe beim letzten Tageslicht. Unten sitzt der Theierl vor der Wachtstube und liest Zeitung. Er ist hoffnungsvoll. Andre Soldaten, die noch hier bleiben müssen, sind voll Zorn und Mißmut, schimpfen und zetern über ungerechte Behandlung und Zurücksetzung. [...]

Notiz *(Jadów,) 1. Juni 1940*

Exerzieren mit Rekruten-Kompanie, bin wieder ganz auf der Höhe.

Abends Gespräch mit Hauptmann Schneider. Er ist Herrnhuter[94], steht auf christlichem Standpunkt. Er befürchtet, daß nach dem Krieg die Partei weiterhin die christlichen Kirchen unterdrücken wird und zwar in gesteigertem Maße. Ich sage, daß ein Umschwung eintreten wird, die Partei an Bedeutung verliert zugunsten der Wehrmacht.

An Ehefrau und Kinder *Jadów, 5. Juni 1940*

Meine Lieben,

Eure Post ist noch nicht nachgekommen. Heute bekam ich nur eine Karte von Helmut. Er arbeitet noch recht tüchtig. Das Medizinstudium scheint das richtige für ihn zu sein. Wie mich so ein kurzer Gruß freut! Ich sitze auf dem Balkon, der Dienst ist zu Ende. Das sind herrliche Stunden bis zum Schlafengehen. So war es mir immer daheim. Wenn ich so recht tüchtig im Garten gearbeitet hatte und ging nach Feierabend noch einmal durch den Garten oder zu den Bienen;

freilich, bei jedem Schritt fiel mir etwas anderes ein, was zu tun war. Was macht das jetzt alles? Habt ihr auch schon Salat? Spinat, Radieschen? Ich war eben im Pfarrgarten, ein riesiger Garten, da haben die Bayern Radieschen und Rettiche gesät; wir ernten jetzt. Im sehr schönen Pfarrhaus wohnt der Bataillonsstab, der Pfarrer irgendwo sonst. – Der Dienst ist vielseitig und anstrengend, aber ich bin gesund und leistungsfähig. Wenn ich mittags Zeit habe, lege ich mich in die Sonne. Auch jetzt habe ich nur die braune Sporthose an. Die Sonne scheint noch so warm, es ist schon ½8 Uhr. Unten am Zaun stehen eine Menge Kinder, Mädchen und Frauen, fast alles Juden. Sie hören der Radiomusik zu, die aus dem großen Auto der fahrbaren Frontbuchhandlung kommt. Das sind zwei große, wundervolle Autos, die eine ganze Buchhandlung mitführen. [...]

Notiz *(Jadów,) 6. Juni 1940*

Besichtigung der Rekruten von Leutnant Volzke. Niederschmetternde Kritik des Generals von Oven[95]. Morgen bin ich an der Reihe. Ich habe Zuversicht, daß es besser geht. Früher hätte ich Bammel gehabt, aber heute habe ich ein sicheres Auftreten und freue mich eigentlich, daß mir die Sache übertragen ist. Oberleutnant Kratz ist in Urlaub gefahren.

Notiz *(Jadów,) 7. Juni 1940*

Besichtigung, ein großer Reinfall. Schon bei den ersten Wendungen der 1. Gruppe legt der General los. Das geht so weiter, nichts gefällt ihm. Der Major Schäfer, der seit einigen Tagen hier ist[96], ist der Sache nicht gewachsen und erregt des Generals höchsten Unwillen. Nachmittags bei Besichtigung der Gefechtsübungen dasselbe.

Übertragung der Rekruten-Kompanie.

An Sohn Helmut *Jadów, 11. Juni 1940*

Mein lieber Junge –

ich war eben in der Wochenschau. Einnahme von Löwen, Brüssel, Maubeuge, Sedan, Fallschirmjäger in Narvik[97]. Wahrscheinlich hast Du sie auch gesehen. Wir haben jede Woche irgendeine Darbietung, vorige Woche Kammermusik, Schauspieler kommen nächste Woche. Den Eintritt Italiens in den Krieg[98] erlebten wir durch ein Lautsprecher-Auto, das den Film vorführt; große fahrbare Feldbuchhandlungen bereisen die Truppe. Eine Organisation! Fabelhaft! Und diese Waffentaten im Westen. Junge, Junge! Wer wäre da nicht gern dabei! Wie mußt Du Dir vorkommen! Inzwischen bin ich Rekrutenausbilder. Ich habe jetzt eine sehr arbeitsreiche, aber auch befriedigende Tätigkeit. Bisher war ich Zugführer, ein Oberleutnant führte die Rekruten-Kompanie. 165 Mann. Er fuhr in Urlaub. Am 7. [Juni] war Besichtigung durch den Divisions-General[99]. Ich mußte die Kompanie vorführen. Alle hatten Schiß, am meisten der Bataillonskommandeur, ein alter Major[100]. Der General war aufgebracht, hat fürchterlich gehaust. Morgens formale Ausbildung, nachmittags Gefechtsausbildung, dasselbe Fiasko. Ich ließ mich aber nicht aus der Ruhe bringen. Ich weiß, woran alles krankt; keine Ausbilder, keine einheitliche Leitung. Ich hatte getan, was ich konnte. Deswegen ließ ich mich auch nicht verblüffen. Ich widersprach dem General mehrernmals; die Offiziere waren sprachlos über meine Frechheit. Der General irrte mehrernmals; ich wies ihm an Hand der Dienstvorschriften seinen Irrtum nach. Er ist ein strenger, aber gerechter Mann. Wahrscheinlich habe ich ihm imponiert. Auf einmal kriegt er mich am Arm und führt mich abseits von dem ihn umgebenden Haufen der Offiziere. »Sagen Sie mal, Sie sind 45 Jahre? Erklären Sie mir mal, wie kommt es, daß das hier so ein Sauladen ist; Sie sind frisch und jung und machen Ihre Sache gut und wissen Bescheid. Wie kommt das?« »Herr General, ich bin nur Stellvertreter, der Kompanieführer ist in Urlaub; darf ich Herrn General offen meine Ansicht sagen?« »Darum bitte ich.« Am Schluß der Besichtigung gab er mir die Hand und sagte zum Regimentskommandeur, »der Leutnant H[osenfeld] behält doch die Rekruten-Kompanie!« »Jawohl, Herr General.« So bin ich jetzt Kompanieführer. Jeden Morgen reite ich vor der Kompanie ins Gelände zu den Felddienstübungen und spritze in der Gegend herum. Am schönsten sind die großen Gefechtsübungen. Ich habe jetzt 3 junge, aktive Feldwebel als Zugführer, [...] einer in Zivil Zahnarzt, mit denen läßt sich etwas machen. An Unteroffizieren und Ausbildern fehlt es sehr, aber ich denke, daß ich sie hinkriege. Diese selbständige, verantwortungsvolle Arbeit macht mir Freude. In 4 Wochen ist die Schlußbesichtigung. Ich hoffe darauf, in Urlaub zu kommen.

Grüße Knorrs. Leb wohl, mein großer Junge! Dein Vater.

An den Sohn *Jadów, 11. Juni 1940*

Lieber Helmut –
eben erhalte ich Deinen Brief vom 2.6. Wir sind in der Nähe von Wyskow am Bug in dem Städtchen Jadow am Liwir, einer kleinen Judenstadt. Es gefällt mir jetzt sehr gut, besonders weil in der Nähe ein großer Fischteich ist, in dem wir schwimmen können. Die Gegend ist auch recht schön. Ich liebe die poln[ische] Landschaft. P[olen] wird schlechter gemacht, als es ist. Umstehend ein Dienstplan dieser Woche[101]. Daraus kannst Du sehen, was wir so treiben. Wir bekommen immer mehr Rekruten zur Ausbildung. Jahrgang [19]06. Das sind keine Jungen mehr. Der Beruf hat sie körperlich zum Teil stark mitgenommen, aber sie sind doch noch leistungsfähiger als unsere alten Jahrgänge, die fast ganz entlassen sind, der Schmied Alb[inger] gestern auch. – Bleib Du lieber, wo Du bist; ich bin ganz gern für Dich Soldat. Im übrigen bringt Mutter für alle genug Opfer. »Ja, ist das alles nötig?« Das ist eine Frage. Ich glaube, ja. Ist das Erdbeben in der Türkei nötig gewesen, oder der Tornado, oder sonst eine Katastrophe? Gott hat die Welt so eingerichtet. Die Menschen sind eben zum großen Teil Teufel. Daß die Unschuldigen dabei leiden müssen, ist das Geheimnis des stellvertretenden Leidens, das Jesus vorgelitten hat. Das Erlebnis mit den Verwundeten wird Dich außerordentlich gepackt haben, das glaube ich. Moni schrieb mir, daß die Mädels bei dem Ausladen der Verwundeten alle geweint hätten.

Herzlichst, Dein Vater.

Notiz *(Jadów,) 12. Juni 1940*

5.00 [Uhr] Wecken. Formale [Ausbildung] und Gefechtsausbildung auf dem Exerzierplatz bei Jadow. Pferd mitgenommen, nachmittags zum Schießstand geritten. Pfarrer in Wójty besucht, kurze Unterhaltung.

Mit drei Feldwebeln ausgeritten, auf Gut Wajówka Milch getrunken, gastlich bewirtet.

Notiz *(Jadów,) 14. Juni 1940*

Exerzierplatz, Gefechtswagen mitgenommen wegen etwaiger Aufstände. In Wegrow [hat] angeblich ein Zivilist geschossen.

An die Ehefrau *Jadów, 14. Juni 1940*

Liebste –

als wir heute mittag beim Essen im Kasino saßen, überbrachte ein Soldat die Nachricht, daß die d[eutschen] Truppen in Paris einmarschierten. Wir waren alle höchst überrascht, die jungen R.O.A.-Feldwebel[102] bedauern außerordentlich, daß sie nicht im Westen dabeisein dürfen. Das kann ich verstehen. Unser aller Wunsch ist es auch, aus Polen rauszukommen und etwas anderes zu erleben; ich persönlich allerdings möchte wohl auch im Westen dabei sein, aber mein Leben gehört nicht mir, und meine Abenteuerlust, wenn ich's mal so nennen soll, erfährt eine Abkühlung in dem Gedanken an Dich und an die Kinder. Ich brauche mich nicht vor Dir zu rechtfertigen. Du kennst mich in meiner Auffassung von Pflicht und Ehre, und vor einem andern Menschen brauche ich keine Rechtfertigung. Es soll mir recht sein, wenn wir hier das Kriegsende erleben. Ich brauche keine Kriegsauszeichnungen und habe auch keinen soldatischen Ehrgeiz. Gäbe Gott, daß ich glücklich wieder zu Euch komme und der Krieg bald zu Ende geht. – Mir geht es gut. Ich habe jeden Tag anstrengenden, aber befriedigenden Dienst. Meine drei Zugführer sind tüchtige und ordentliche Kerle, mit ihnen läßt sich gut arbeiten. Mit dem Zahnarzt Dr. Kuhn[103], von dem ich Dir schon schrieb, komme ich auch zurecht, obwohl ich kein rechtes Verhältnis zu ihm habe. Die andern zwei sind ganz echte Kerle. Einer ist aus Hannover, der andere aus Göttingen. Gestern habe ich ihnen Pferde besorgt und bin mit ihnen ausgeritten. Sie lernen jetzt das Reiten. Auf einem Gutshof kehrten wir ein. Die Frau des Hauses setzte uns Brot, Milch, Käse und

Butter vor. Es hat uns recht geschmeckt. Der alte Herr war sehr liebenswürdig, die Frau, deren Mann als Oberst in d[eutscher] Gefangenschaft ist, dagegen sehr zurückhaltend und abweisend, wenn auch gastfrei. Diese polnischen Gutshöfe haben immer etwas Anziehendes, riesige alte Linden, ein großer Park, das Haus etwas verkommen, die Einrichtung in den Räumen eine gewisse Eleganz und voll Geschmack, aber alles stark verwohnt und verbraucht. So gut ging`s den Edelleuten hier auch nicht. – Der Vogt will morgen in Urlaub fahren und den Brief in Fulda einwerfen. Er will Euch auch einmal besuchen. Die meisten alten Knaben sind entlassen beziehungsweise in andere Formationen aufgeteilt. – Am Sonntag fuhr ich mit dem Rad 10 km zum Wehrmachtsgottesdienst. Das hat mich sehr beglückt. [...]

An die Ehefrau *Jadów, 16. Juni 1940*

Liebste –

Sonntag morgen! Ich bin ganz allein; Hauptmann Schneider[104], der Kompanieführer der 6. Kompanie anstelle von Oberleutnant Andreesen[105], ist gestern in Urlaub gefahren. Oberleutnant Kratz kommt in den nächsten Tagen zurück. So bin ich jetzt stellvertretender Kompanieführer in der 6. Das ist meine ehemalige 3. Ich gehöre aber zu der 7. Die liegt aber in einem Waldlager für sich. Weil ich die Rekrutenkompanie habe, mußte ich mit nach Jadow ziehn. So wohne ich mit den Offizieren meiner alten Kompanie zusammen, und die Burschen stehen mir zu Diensten. Vor dem Hause sitzen die Soldaten, auf dem großen Markt gehen ununterbrochen die Wasserholer. Das Rad des Brunnens dreht sich unaufhörlich. – Ich wollte heute morgen beichten, aber gerade war noch ein Mann vor mir, da brach der Geistliche die Beichte ab und ließ uns stehen. Ich wäre so gerne zur Kommunion gegangen. – Wie schön ist diese Ruhe am Sonntag morgen, so ganz für sich sein zu dürfen und mit Euch sich eins zu fühlen. [...]

Helm[ut] schreibt mir, daß er gemustert wurde. Der Krieg wird sich in diesem Sommer entscheiden. Daß Am[erika] eintritt, glaube ich nicht. Frankr[eich] ist ja schon erledigt[106]. »Die Deutschen sind doch Teufel«, sagte mir ein Pole, mit dem ich mich unterhielt. »Die Polen brauchten sich nicht zu schämen, von D[eutschen] besiegt zu sein, wenn es den Franz[osen] + Engl[ändern] nicht anders geht.« Nein, Mitleid braucht man mit ihnen nicht zu haben. Hitler hat ihnen oft genug die Friedenshand geboten[107]. – Aber lassen wir die Politik und den Krieg. Ich lebe mit Euch, mit Dir, und Ihr für mich. Es gibt nichts auf der Welt, was mich ernstlich berührt, außer meine Familie, mein Glück zu Haus. Sei gegrüßt und herzlich umarmt, mein treues Weib, Dein Wilm.

An die Ehefrau *Jadów, 20. Juni 1940*

Meine Annemi –

so ist das nun doch nicht, wie Du glaubst, daß mir nichts fehlt und ich es so gut hätte hier. Im Grunde bin ich trotz der vielen Kameraden allein. Beim Bierabend der Offiziere sowohl wie beim Dienst mit den jungen Feldwebels [sic!] und den Rekruten. Es kommt mir albern vor, mich mit [sic!] ersteren anzubiedern und zuzuprosten. Ich bin fast eine Generation älter, wenn ich auch noch nicht so aussehe. Eine Gemeinschaft entsteht doch nur auf der Grundlage gleicher Gesinnung und inneren Gleichklangs. Das Fraternisieren mit den Soldaten habe ich nie getan, obwohl ich gut mit ihnen bin. Nach Dienst sitze ich in meinem Zimmer und bereite mich für den andren Tag vor. Dann gehe ich schlafen. Mittags lege ich mich in die Sonne, da bin ich meist so müde, daß ich gleich einschlafe. Von den Soldaten darf ich nichts anderes verlangen, als daß sie sich militärisch benehmen lernen; was sie sonst drückt, ist mir nicht gleichgültig, aber dafür habe ich [keine] Zeit. – Manchmal ist mir dies Leben so überdrüssig, daß ich am liebsten davonginge. – Ach nein, eine »Liebschaft« fang ich nicht an. Da sei mal unbesorgt. Und flirten! Das tue ich auch nicht. – Du schreibst mir so nett von den Kindern. Von Dir schreibst Du mir so wenig; was Du denkst und fühlst, wenn Du abends im Bett bist und allein, sagst Du mir gar nicht mehr; schreib mir doch mal so einen richtigen, tollen Liebesbrief, wie ich sie Dir geschrieben habe. Ich bin immer so erfüllt von der Tagesarbeit und so müde, daß ich gar keine Zeit zu diesen Dingen habe. [...]

Notiz *(Jadów,) 21. Juni 1940*

Heiß! Morgens zum Dienst General v[on] Oven[108] erschienen. Ich hatte gerade Zugausbildung. Zug in der Verteidigung. Soldaten standen um mich herum. Ich rief »Achtung!« Der General entdeckte einige Soldaten, die nachrührten[109]; darauf wies er mich zurecht. Ich mußte noch 1x melden. Er hatte noch Verschiedenes auszusetzen.

Notiz *(Jadów,) 22. Juni 1940*

Heiß. Hagel + Gewitter + Regen. 4 Uhr Abmarsch zum Schießen nach Jasiorowska. Viktor, das Kompaniepferd der 6. [Kompanie], hat Sehnenscheidenentzündung und muß 8 Tage stehen. Deswegen wollte ich den Schimmel reiten; als wir abmarschieren wollten, war er nicht vorwärts zu bewegen; er schaßte mit mir zurück zum Stall. – In Jas[iorowska], Quartier der 7. Kompanie, haben wir Scharfschießen gemacht. Bevölkerung aus Feldküche gespeist. [...] Abends Theater, Konrad Dreher-Bühne[110].

Notiz *(Jadów,) 24. Juni 1940*

Ausbildung am Exerzierplatz. Feldwebel Siewers und Kuhn[111] in die Schranken gewiesen. Es ist für mich immer ein peinliches Gefühl hinterher, aber ich muß mich durchsetzen, und ich werde es auch. Vor allen Dingen muß ich etwas können, mehr als sie, und bestimmt sein. [...]

Notiz *(Jadów,) 25. Juni 1940*

Rahmenspiel im Bataillonsverband. Gespielt wird die 5. Kompanie, Oberleutnant Weber. Der General v[on] Oven[112] ist auch da. Er kritisiert wieder sehr scharf. Ein Pferdehalter hat die Bügel nicht hochgeschlagen. Dafür bekommt der Kompanieführer einen Anpfiff. Oberleutnant Striechnitz sitzt zu Pferde und hat den Kragen geöffnet. »Solche Offiziere mag ich nicht«, sagt der General.

An Ehefrau und Kinder *Jadów, 26. Juni 1940*

Meine liebste Annemi, liebe Kinder –

[...] Die Zerstörungen der feindlichen Flieger in D[eutschland] sind doch nur Kleinigkeiten gegen das, was unsere Flieger in Frankr[eich] angerichtet haben und was jetzt die Engländer als Antwort bekommen. Der Krieg kann nur mit brutaler Gewalt entschieden werden. Die Engl[änder] wollten's ja so. Nein, in 4 Wochen ist's nicht Frieden, aber der Hauptschlag in England sitzt[113]. – Vom Urlaub will ich heute nichts schreiben, denn ich weiß noch nichts Bestimmtes. Vielleicht geht's doch noch Anfang Juli. – Heute war wieder ein schöner, arbeitsreicher Tag. Zur Belohnung bin ich abends mit einem netten Kameraden, ein[em] Feldwebel Müller R.O.A. [Reserveoffizier-Anwärter] von der M.G.[Maschinengewehr]-Kompanie, weggeritten. Wir baden beziehungsweise liegen oft zusammen in der Sonne. Er ist Jurist aus Stuttgart, erzählte mir auf dem Ritt von den Rilkebriefen und P[aula] Modersohn[114]. – Am Sonntag war ich allein fortgeritten. Auf dem Dorfplatz eines kleinen poln[ischen] Dorfes machte ich Halt und gab meinem Pferd Brot. Bald war eine Menge Leute, besonders Männer, um mich. Ein Gymnasiast konnte ein wenig deutsch; eine Frau holte einen Stuhl für mich aus dem Haus, wischte ihn mit der Schürze und lud mich ein, Platz zu nehmen. Wenn man sich doch verständigen könnte! Vor mir hockte eine Großmutter mit dem Enkel auf dem Schoß. Hinter mir ein kleines Gärtchen, in dem ein Marienbild stand, blumengeschmückt. Und ich zwischen allen diesen einfachen Menschen. Du hättest mich mal sehen müssen. [...]

Notiz *(Jadów,) 27. Juni 1940*

Besichtigung der Truppen-Rekruten-Kompanie, Hauptmann Martini[115]. [...] Oberstleutnant Riedel, die Besichtigung ist gut ausgefallen[116]. Das ist mehreren Umständen zu verdanken; einmal haben wir tüchtig gearbeitet und den Rekruten eine ganz gute Grundlage in militärischen Dingen gegeben, dann war die Art der Vorführung durch Hauptmann M[artini] sehr gewandt, und 3. haben die zwei Rekrutenausbilder Feldwebel Siewers und Magerhans durch ihre Kenntnis im Rekrutenausbilden eine gute Grundlage gegeben, auch mir sehr viele Anregungen gegeben.

Offizierbesprechung. Ich mache Dummheiten, da ich die Gefechtslage nicht erfaßt habe.

Notiz *(Jadów,) 2. Juli 1940*

Heiß! Ein schöner, arbeitsreicher Tag. Morgens Geländedienst, Fuchs geritten. Er wollte nicht über den Wassergraben. Ich bin abgestiegen und zog ihn, da machte er einen mächtigen Satz. So ein Pferd kann man richtig liebhaben. Nachmittags die Liese geritten. Sie ist noch besser als der Fuchs, ruhiger und folgsamer. Am Abend bin ich voll Frische und Lebenslust.

Notiz *(Jadów,) 4. Juli 1940*

Beim Mittagessen gab's die große Überraschung. Ich bin zu der Wachkompanie, die das Bataillon aufzustellen hat, versetzt. Die Division wird hier herausgezogen, kommt wahrscheinlich nach Deutschl[and]. Was man damit macht, ist unbekannt. Für mich ist das eine große Enttäuschung; ich hätte lieber eine Kompanie übernommen. Am besten, man läßt's laufen, wie es mag.

An Ehefrau und Kinder *Jadów, 4. Juli 1940*

Meine Lieben alle –

nun ist meine schöne Hoffnung, Euch am Sonnabend in die Arme zu schließen, zunichte geworden. Heute kam Befehl, daß der Urlaub für die nächste Zeit gesperrt ist. Ich denke aber, in 14 Tagen doch zu kommen. Es hat sich wieder einmal alles geändert. Die Kompanien werden zum Teil aufgelöst und neu formiert. Ich bin einer sogenannten Wachkompanie zugeteilt und muß in Polen bleiben, während Ältere und Jüngere im alten Verbande wahrscheinlich verbleiben und nach Deutschland irgendwo auf einen Truppenübungsplatz oder wer weiß wohin kommen. Es kann auch sein, daß sie aufgelöst oder ergänzt werden[117]. Alles ist unbestimmt und unbekannt. Ich weiß nicht, soll ich mich zufrieden geben, soll ich mich freuen, oder soll ich mich ärgern, soll ich

Schritte tun gegen meine Verwendung oder was sonst. Ich könnte beim Bataillonsführer vorstellig werden und ihn bitten, mich bei der bisherigen Truppe zu belassen. Aber ich weiß es noch nicht, was ich tun soll. Ich hatte immer den Grundsatz, es gehen zu lassen, wie es geht, nichts freiwillig zu unternehmen oder sonstwie dem Lauf der Dinge in die Arme zu fallen. Die Aussicht, noch länger in Polen bleiben zu müssen, bedrückt mich. An eine Entlassung ist ja vorläufig nicht zu denken, und kommt für die andern auch nicht in Frage; ich möchte nur gerne bei der aktiven Truppe bleiben und aus Polen raus. Es ist zu weit von daheim weg. Siehst Du, liebe Frau, das möchte ich mal mit Dir bereden. Du könntest mir zwar nichts in militärischen Dingen raten, aber Du hast ein feines Gefühl dafür, was das Richtige wäre. Wenn es sich nicht so banal anhörte, würde ich sagen, ich überlasse es dem lieben Gott, was er mit mir vorhat. An sich ist es ganz belanglos, was sich abspielt. Wir werden ja doch immer von unsichtbarer Hand gelenkt. – Eben erfahre ich, daß die Wachkompanie, der ich zugeteilt bin, nach Warschau kommt. Das ist ein kleiner Trostblick. – Mag's werden, wie's will. Hoffentlich ist's bald mit dem ganzen Krieg zu Ende. [...]

An die Ehefrau *Jadów, 5. Juli 1940*

Liebe Annemi –

[...] Ja, das ist eine große Enttäuschung für mich gewesen; ich hatte den Urlaub schon in der Tasche und muß hier bleiben. – Heute haben wir die neue Kompanie aufgestellt; in den nächsten Tagen werden wir noch damit zu tun haben, die Ausrüstung zu besorgen. Ich habe mich jetzt damit abgefunden, meinetwegen mag's werden, was es will. Nach Hause komme ich doch sowieso nicht, ob ich nun irgendwo in Deutschland Gefangene zu bewachen habe, oder in Polen rumfalle [herumhänge], aushalten muß ich nun einmal. Eure Bilder haben mir neuen Mut und Freude gemacht. Was sind wir so reich und glücklich dran. [...]

Notiz *(Jadów,) 6. Juli 1940*

Die Polen üben für unsre Anschauung die kirchlichen Pflichten in ziemlich oberflächlicher Weise aus. Die eifrigsten Besucher, und oft die einzigen, sind Frauen und Kinder. Bei Begräbnissen sieht man auch nur ganz wenig Männer. Bekenner sind die Polen nicht. So ein Begräbniszug macht einen kümmerlichen Eindruck. 4 Männer tragen einen Sarg auf den Schultern, vorweg einige Kinder, dahinter Frauen und Mädchen, die herzzerreißend singen.

Notiz *(Jadów,) 8. Juli 1940*

Mittags beim Baden. Abends Ritt nach Borki, Abendessen bei Agronom Prutnitzki. Große Aufregung wegen meines Ausbleibens bei Hauptmann Schneider[118]. Zum Glück hat der Batail-lonsführer nichts erfahren. Mit Oberleutnant Hoffmann Geburtstag gefeiert bei einer Flasche Sekt. Hauptmann Martini[119] redet mich an: »Was, H[osenfeld], Sie hier, verträgt sich das mit Ihrer katholischen Erziehung?«

An die Ehefrau *Jadów, 9. Juli 1940*

Liebe Annemi –

die vordringlichste Frage ist doch die meines Kommens. Einen andern Gedanken habe ich wenigstens nicht mehr. Aber es ist alles ungewiß, besonders der Zeitpunkt meiner Abfahrt. Wir sind noch in J[adow], sind aber marschbereit und warten auf den Marschbefehl. Unser Ziel ist vorläufig Warschau. Solange diese Umformierung im Gange ist, kann ich nicht weg. Der Kompanieführer ist allein in der Kompanie, und da gibt's zuviel zu tun und zu bedenken. Ich habe mich mit dem Troß zu befassen, mit den Fahrzeugen und den Pferden. Die Pferde haben mir immer schon Spaß gemacht. Jetzt, durch das Reiten, lerne ich die Begeisterung mancher Pferdeliebhaber verstehen. Als kleiner Junge war ich bei unserm Nachbarn sehr viel im Pferdestall, und wenn ich heute den Stallgeruch wahrnehme, dann steigt das Erinnerungsbild an diesen Stall mit dem Knecht Otto und dem ganzen Drum und Dran in mir hoch. – Gestern abend war ich auch mit dem Pferde fort. Ich kam erst bei Dunkelheit nach Hause. Es war so wunderschön draußen, aber Hauptmann Schneider[120], mit dem ich noch zusammen wohne, hatte in überflüssiger Angst und Betriebsamkeit schon das Bataillon angerufen und wollte mich suchen lassen. Gott sei Dank kam ich an, ehe er die Sache an die große Glocke hängte. Es ist nämlich verboten, allein auszureiten, weil man immer noch befürchtet, daß die Polen einem etwas tun könnten. Die Polen sind noch an der Heuernte. Ich ritt gestern abend über die weiten Wiesen. Überall waren die Bauern an der Arbeit, aber es geht alles gemütlich und ohne Hast. Wenn ich daran denke, was das bei uns eine Hetze ist. Freilich, es ist ja auch jeden Tag schönes Wetter. Das Heu wenden ist nicht nötig; es ist ziemlich klein, und die Sonne brennt es in zwei Tagen trocken. Mir fällt besonders auch die slawische Art in der Lebensweise der Menschen auf. Man nimmt sich Zeit zu allem und liebt den alten Schlendrian. In der Stadt dagegen ist der Pole äußeren Einflüssen durchaus zugetan; besonders zeigt sich das in der Kleidung der jungen Leute. [...]

Notiz *(Jadów,) 9.-11. Juli 1940*

Wir warten auf weitere Befehle, was mit uns wird. Vorläufig ist mit der Aufstellung und Ausrüstung der Wachkompanie, der ich zugeteilt bin, viel zu tun. Die beste Mannschaft mit vollzähliger Ausrüstung ist befohlen. Oberleutnant Weber[121] ist zu unschlüssig und unsicher, kann sich nicht durchsetzen, aber er ist ein guter, anständiger Mensch; das ist noch wichtiger für das Zusammenleben. Mittags richte ich es so ein, daß ich zum Schwimmen gehen kann. Jeden Tag ist es warm und sonnig. – Im Kasino Bierabend. Ich fühle immer mehr, daß ich mit Martini[122] nicht auskäme, wenn wir zusammenblieben. Das ist der typische Nazi, voller Voreingenommenheit gegen Andersdenkende, überaus höflich, aber falsch und devot. Gegen Vorgesetzte liebedienerisch, gegen Untergebene brutal, unbeherrscht, läßt sich gehen, wo er's machen darf. Ich befinde mich in geheimer Opposition, die er merkt. Obwohl noch korrekt gegen mich, fühle ich den Stachel gegen mich. Gut, daß wir auseinandergehen.

An die Ehefrau *Jadów, 10. Juli 1940*

Meine Allerliebste –

Du meinst, das ging alles so, wie man wollte. Fahr' ich nicht heut, fahr' ich morgen. Nein, nein, so geht das nicht. Ich hab den Urlaubsschein in der Tasche und darf nicht weg. – Gestern war ich in Warschau bei dem neuen Kommandeur. Nachdem ich ihn einigermaßen beurteilen konnte, brachte ich mein Anliegen vor. Er stellte mir in Aussicht, daß ich als einer der ersten fahren dürfte, jedoch rechne ich, nicht vor dem 20. Juli. Bis wir umgezogen sind von hier nach Warschau, und bis die neue Formation auf [den] Beinen ist, das dauert eine Zeit. – Liebster Schatz, ich weiß ja, wie Du auf mich wartest und wie sehr Du jetzt gerade bereit bist. »Montag hast Du diese Zeilen und Mittwoch reist Du«, so denkst Du Dir das. So geht's leider nicht. Arbeite noch recht tüchtig und schaffe Dir Ablenkung auf irgendeine Art, daß Dir die Zeit nicht zu lange wird. Du, wollen wir nicht mal mit den drei Großen etwas unternehmen in dem Urlaub? Natürlich sind wir auch 2 Tage wieder für uns. Das geht doch nicht anders. So ganz allein, wir zwei. Wie möcht ich mich schon jetzt in Deine weichen Arme legen, und Du sollst mich liebkosen und ich Dich. Ich muß endlich mal wieder eine Frau im Arm haben. Gestern in Warschau habe ich so viele schicke Frauen gesehen, das hat mich auch angeregt. Aber ich kann an dem Elend dort nicht vorbei sehen. Ich warte jedenfalls auf meine eine allerliebste Kleine, Süße. Sehn Dich weiter nach Deinem Wilm.

Notiz *(Warschau,) 13. Juli 1940*

Mit LKW Rest der Tornister und des Gepäcks von Handwerkerstube von Jadow abgefahren. – Bei Abmeldung ist Hauptmann Martini[123] ungnädig, weil ich die Bagage schon um 8 Uhr abends abrücken ließ. Mir war es selbst etwas bange, weil ich gegen Befehl handelte. Sie kam aber gut an. Hauptmann Heidermanns[124] läßt mich gleich in Urlaub fahren. Noch Wache an Swidry-Brücke aufziehen lassen.

Notiz *(Warschau,) 1. August 1940*

1. Tag in Warschau. Morgens bei Hauptmann Heidermanns[125] gemeldet, mit ihm durch den Stall gegangen. Den Fuchs begrüßt. Oberleutnant Kanert. Mannschaften begrüßen mich freudestrahlend. – Hauptmann Weber[126] sauersüß, aber gutmütig, temperamentlos, angenehmer Untergebener und Vorgesetzter. Nachmittags in Warschau umgesehen. Film: »Ehe in Dosis«[127]. Gute Wochenschau, bereitet den Angriff auf Engl[an]d[128] vor.

Notiz *(Warschau,) 2. August 1940*

[...] Nachts mit Oberleutnant Kratz Wachen geprüft. Tanklager in der Blonska und in der Powazkowska[129]. – Von 7-8 [Uhr] geritten, den Viktor in der Reitbahn. Zweimal gestürzt, beide Male großes Glück gehabt, nichts passiert. Mit großer Erwartung und Übereifer aufs Pferd gesetzt und losgeritten. Mehr Maß halten! Gute Lehre für mich.

4.00 [Uhr] als Sportoffizier auf Kommandantur.

Notiz *(Warschau,) 3. August 1940*

Heute Dienst als stellvertretender Ordonnanzoffizier[130] angetreten. – Nachmittags im Schwimmstadion den Schwimmwettkämpfen beigewohnt. Ich fühle mich sehr allein und in einer fremden Welt; es mag auch mit einer körperlichen Ermüdung zusammenhängen.

An den Sohn *Warschau, 3. August 1940*

Mein lieber Helmut –

das hat mich ja so gefreut, als ich am 31. Juli hier ankam und fand Deinen lieben Brief vor. Ja gewiß, wir zwei waren viel zu selten zusammen, mal so richtig ganz für uns. Am liebsten wäre ich mit Dir in die Berge gegangen, einen Tag lang. Aber Du weißt, daß ich das nicht hätte tun dürfen. Zunächst gehört der heimgekehrte Mann der Frau. Wenn Du die Sehnsuchtsbriefe lesen könntest! Aber Du bist ja zu vernünftig und siehst es ein und stehst gerne zur Seite, nicht nur, weil Du es Deiner Mutter gönnst, sondern weil Du gut bist. Die letzten Tage waren nicht ganz friedlich; es gibt immer mal, selbst in den kurzen Urlaubstagen, Störungen zwischen uns. Mutter und ich sind so ganz verschiedene Naturen; wir können nicht so ruhig und gemächlich dahintrotten, wie es Eheleute, die einen so großen Sohn und eine Tochter von 10 Jahren und noch drei kleine Kinder ihr eigen nennen, nun endlich lernen müßten. Das wird auch nie so sein. Mutter ist ein feuriges, junges Roß, das dahinfegt, wenn es sich seiner Fesseln ledig fühlt, und ich bin ein langsamer, stetiger Ackergaul, der seinen Weg möglichst zielbewußt und stetig gehen möchte. Und nun denk' Dir diese Gegensätze in einem Geschirr. Daß der Wagen dahinter gelegentlich ramponiert wird, liegt auf der Hand. Aber Ihr seid ja doch ganz leidlich geraten. Die spitzen Reden der Moni haben mich aber doch manchmal aufhorchen lassen. Und ich hab in mich hineingelächelt, während Mutter fuchsteufelswild wurde. [...] Du als Ältester weißt mehr als die Geschwister, und ich habe so großes Vertrauen zu Dir wie zu keinem Freund, den ich auch nicht habe.

In W[arschau] habe ich ganz neue Aufgaben. Die Großstadt pulst um mich herum. Es gibt so viel zu sehen und zu erleben. Leider ist meine schöne Zeit in der Kompanie schon wieder vorbei. Da ist man sein eigner Herr in der Freizeit und kann tun, was einem liegt. Ab morgen bin ich wieder Ordonnanzoffizier beim Bataillonsstab, vorläufig vertretungsweise, dazu Sportoffizier. Wir bereiten innerhalb des Standortes W[arschau] ein großes Sportfest vor. Zu einer Vorbesprechung war ich heute mit einer Menge Offiziere in der Ortskommandantur, dem früheren poln[ischen] Regierungsgebäude[131]. Hier tagten die Großen von Warschau. Ich kam mir so klein und winzig vor unter den hohen Tieren, Obersten, Majoren; sogar ein Fliegergeneral saß mit am Tisch. Ein Fliegeroberleutnant ist der verantwortliche Mann. Wie selbstbewußt und sicher diese Soldaten sind, so ohne Hemmungen und Beschwerung. Sie sind nichts anderes als Soldaten. Das bin ich nicht. Meine Leistung liegt auf andrem Gebiet, aber das gilt nichts; deswegen ist unsereiner belastet und unsicher. Es gäb nichts Schöneres, als in die alte Lebensaufgabe zurückzukehren zu dürfen.

Schreibe mir bitte bald ausführlich, in Treue, Dein Vater.

Notiz *(Warschau,) 5. August 1940*

Gestern mit Dr. Pickelmann der Weichsel entlang geritten. Abends im Theater: »Flachsmann als Erzieher«[132]. Graf Schwerin[133] kennengelernt, Intendant des Theaters in Ingolstadt, stellt mir sein Auto zur Heimfahrt zur Verfügung. – Als Offizier steht einem doch manche Tür offen. – Früh Reiten. Nachmittags Besprechung im Sportstadion[134]. – Vorbereitung des Sporttages der WH. [Wehrmacht, Heer] am 24./25.8. in W[arschau].

Notiz *(Warschau,) 6. August 1940*

Vormittags auf Ordonnanzzimmer die Sportanmeldungen bearbeitet. Exerziert mit der 5. Kompanie, die mit mir auf Wache zieht. – Auf Wache gezogen. – Abendessen im Hotel »Europa«[135] im Kreise der Kommandanturoffiziere. Ich fühle mich etwas beklommen; abends kommt noch ein bayerischer General. Mit Schütze Pfeifer die Sportmeldungen zusammengestellt.

Notiz *(Warschau,) 7. August 1940*

Vormittags im Offizierheim der Kommandantur gefrühstückt. Auf dem Sportplatz Wettkämpfer beaufsichtigt. – Nachmittags Besuch bei einer polnischen Familie, die ich im November in der Bahn kennenlernte. Hans Sachs. Die Mutter spricht gut Deutsch. Es ist eine Arztfamilie. Kinder in Rußland. [...] Im Kaffee »Club«[136], sehr schönes Konzert daselbst.

Notiz *(Warschau,) 8. August 1940*

Vormittags auf dem Sportplatz im Stadion[137]. Etwa 100 Sportler üben. In Unterhaltungen mit den Offizieren tritt zutage, wie rein äußerlich das Leben aufgefaßt wird. Der Lebensgenuß, die äußere Anerkennung, Erfolg sind Triebfedern, die zu Leistungen Ansporn geben. Oberleutnant Krüger, der mich auf der Wache besuchte, sonst ein gutmütiger Mensch, offenbarte in einem kurzen Gespräch seinen Haß gegen das Christentum, besonders die katholische Kirche.

An Ehefrau und Kinder *Warschau, 8. August 1940*

Liebe Annemi, liebe Kinder –

[...] Jetzt im August sind wir doch meistens jeden Tag baden gegangen. Nicht weit von der Kaserne hier ist das Badestadion. Ich habe aber noch keine Zeit gehabt hinzugehen, vielleicht heute. Du fragst nach meiner Beschäftigung, liebe Annemi. Die ist sehr verschieden. Vom 6. auf den 7. [August] war ich auf Kommandantur-Wache, wovon ich Dir schon erzählte. Von der Kaserne bis in die Mitte der Stadt, wo die Kommandantur ist[138], marschiert man etwa eine Stunde. Es geht durch die belebtesten Straßen, zweimal in der Woche mit Musik. Eine Fliegerkapelle spielt. Der Offizier reitet vor der Wachkompanie her und kommandiert auf dem Platz die Ablösung. Zuerst hatte ich doch ein bißchen Herzklopfen, aber der Unteroffizier Leß von Hett[en]h[ausen] sagte, es hätte geklappt. Abends nimmt der wachhabende Offizier am Essen der Kommandanturoffiziere teil. Die wohnen in dem ersten Hotel von Warschau, im Hotel »Europeiski«[139], der Kommandantur gegenüber, das Ihr auf der Karte seht. Da wohnten in der Vorkriegszeit gelegentlich die ausländischen Diplomaten. Ich habe ein solch prunkvolles Haus noch nicht gesehen. Die Offiziere wohnen wie die Fürsten, buchstäblich; das Essen ist aber auch hier denkbar einfach, nur Mannschaftsessen, freilich in silbernem Geschirr serviert, in einem Prunkraum, wo einem der Hunger vor lauter Staunen Nebensache ist; es ging mir wenigstens so. Ich wollte Euch einen Brief auf der Wache schreiben, aber ich kam nicht dazu. Der wachhabende Offizier hat ein nettes, kleines Zimmer mit Bett und Klubsesseln, Radio und Schreibtisch, Bücherkiste und so weiter, aber wenn er von dem Rundgang der Wachen zurück ist, dann sinkt er von selbst in den weichen Polsterstuhl. Ich bin dann immer ein bißchen eingeschlafen, obwohl das verboten ist. Ein Buch hab' ich angefangen zu lesen, »Jörn Uhl«, von G[ustav] Frenssen[140]. Das hat mir ganz ausgezeichnet gefallen. Dich, liebe A[nnemie], wird das besonders fesseln; Du kennst es ja wohl, aber es lohnt sich, es wieder zu lesen. Um 12.30 [Uhr] gestern, Mittwoch, bin ich mit meiner Wache wieder abgerückt. Dann habe ich bis 6 Uhr geschlafen und bin noch ein wenig in die Stadt gebummelt. Wir liegen ziemlich weit außerhalb der Stadt, und um 9 [Uhr] geht die letzte Straßenbahn; da kann man nicht lange bleiben. Es gibt sehr viel zu sehen. Man kann sich zu wenig verständigen, und die Soldaten wissen nichts. [...]

An den Sohn *Warschau, 10. August 1940*

Lieber Helmut –

[...] Bekommst Du denn bei Deinem Bauern genügend zu essen[141]? Daß es einfach hergeht, ist nicht das Schlimmste, nur satt mußt Du werden. Das wird ja eine schöne Würgerei sein, wenn der Bauer gar keine Maschinen hat. Ich habe immer festgestellt, daß die Landwirte in Polen heute noch so arbeiten wie unsere Bauern vor 50 Jahren. Die Gütererzeugung ist darum geringer, aber die Volkskraft ist genau wie in D[eutschland] damals erheblich stärker. Wenn ein gewisses Existenzminimum vorhanden ist und diese Bevölkerungsschichten noch nicht durch die Zivilisation verdorben sind, stellen sie die wertvollsten Kräfte für ein Volk.

Ich habe schon immer eine Zuneigung zu einfachen Menschen gehabt, ich glaube aus dem Gefühl heraus, daß sie natürlicher und nicht so falsch zu sein brauchen in ihrem einfachen Dasein. Ich lerne so viele Menschen kennen, und immer entdecke ich eine große Geschicklichkeit im Verstecken des wahren Seins. Aber man kommt bald dahinter und wendet sich etwas ernüchtert ab. Ich komme mit den meisten gut aus, habe aber noch keinen Vertrauten gefunden. Das wäre ja auch ein besonderes Geschenk. Ich bin ja reich genug!

Jetzt habe ich ein ganz erträgliches Leben, ich bin Sportoffizier des Bataillons und leite den Sport und die Vorbereitungen für ein großes Sportfest der Wehrmacht in hiesigem Stadion. Als Ordonnanzoffizier habe ich gegenwärtig nicht viel zu tun. Davon schrieb ich Dir wohl schon. – Die Stadt W[arschau] bietet außerordentlich viel Abwechslung, ich erobere mir die Stadt langsam. An den vielen Trümmern kann ich immer noch nicht ohne inneren Aufruhr vorbeigehen.

Heute ist der 10. [August]. Hitlers Glückstag, ob der Schlag gegen England heute erfolgt[142]? Daß er nicht ausbleibt, ist gewiß. [...]

Notiz *(Warschau,) 18. August 1940*

Gottesdienst verschlafen. Bei Tennisspiel zugeschaut. Nachmittags Sportfest der 4 Gouvernementsdistrikte, Warschau, Krakau, Lublin, Radom[143]. Ich sitze mit einigen Fliegeroffizieren in der Ehrenloge. Dr. Fischer[144], Gouverneur von Warschau, gibt mir die Hand. Ich bestaune das sichere Auftreten der jungen Fliegeroffiziere.

An den Schwiegervater[145] *Warschau, 19. August 1940*

Lieber Vater –

[...] Ich fühle mich hier so überflüssig, um so mehr, als doch junge Leute genug da sind, die an unsern Platz treten könnten. Warschau bietet manche Ablenkung und Unterhaltung, aber die suche ich nicht; das meiste hinterläßt nur einen faden Geschmack. Ich komme gerade aus der Stadt und bin an so vielen gebeugten Menschen vorbeigeschritten, daß einem mitfühlenden Menschen ganz traurig zumute wird. Das Leben geht äußerlich seinen Gang, aber man spürt und sieht den Polen an, wie die Fesseln schmerzen; das Niederdrückendste muß für dieses Volk sein, daß gar nicht abzusehen ist, wann es einmal anders wird. Meiner Meinung nach spielen sich die Deutschen zu sehr als Herren auf; man will gar keine Verständigung; der Pole hat nur Knecht zu sein, wie von verantwortlicher Stelle einmal betont wurde[146]. Das paßt doch gar nicht zu der Idee des National-Sozialismus, der jedem Volk angeblich freien Spielraum gewähren will. Gewiß kämpfen auch wir um unsere Existenz und müssen hart und unerbittlich dem Schicksal ins Auge sehen, aber Polen ist doch niedergeworfen und schadet uns nichts mehr. Ich meine, mit Großmut wäre viel, viel mehr zu gewinnen. [...] Mich als Soldaten geht das ja alles nichts an, aber man macht sich so seine Gedanken, und dazu hat man Zeit genug. – Gestern abend war ich in dem Lustspiel »Wenn der Hahn kräht«. Es ist wohl von Hinrichsen[147], den ich vor 20 Jahren bei Euch kennenlernte. Es wurde sehr gut gespielt. Die

Schauspieler des Ingolstädter Stadttheaters unter Leitung von Graf von Schwerin haben hier ein ständiges Fronttheater eingerichtet. Neulich gaben sie »Flachsmann als Erzieher«[148], dann ist noch ein sehr gutes Freilichtspiel hier, das klassische Sachen bringt.

Aber mich reizt das alles nicht, man geht hin, um die Zeit mal angenehm herumzubringen; ja, wenn ich meine liebe Frau bei mir hätte und könnte mit der das genießen, dann wäre das etwas anderes.

Sonst geht es mir ausgezeichnet, ich schreibe Dir nur mal meine Ansichten über die Dinge, weil Du Dich für alles interessierst und auch Deine eigenen Ansichten hast. Deswegen kann man doch ein guter Patriot sein, wenn das auch gewisse Leute in Frage stellen. [...]

Notiz *(Warschau,) 22. August 1940*

Am Regimentsgeschäftszimmer eingearbeitet. Ich bin den vielen Anfragen und dem Neuen noch zu fremd und daher unsicher. Ich werde mich aber schnell einarbeiten. Oberstleutnant Graf v[on] Hohenau[149], ein gütiger, großzügiger Mensch; mit dem ist es leicht, sich einzuarbeiten.

An Ehefrau und Kinder *(Warschau,) 25. August 1940*

Meine Lieben alle –

Zwei Tage habe ich nun geschwiegen, jetzt drängt es mich aber, Euch zu berichten. Ich schreibe mit Bleistift, das geht schneller. Ich komme soeben vom Sportfest der Wehrmacht zurück. In den letzten Tagen hatte ich damit viel Lauferei. Ich freue mich auch, daß alles geklappt hat und daß ein Sieger unter meiner Mannschaft ist, der einen sehr schönen 1. Preis, ein Führerbild, bekam. Seit einigen Tagen bin ich als stellvertretender Adjutant zum Regimentsstab kommandiert. Das teilte ich Euch, glaube ich, schon mit. Ich komme da viel mit dem Oberstleutnant Graf von Hohenau[150] zusammen und fahre mit ihm im Auto zu den Dienststellen und dergleichen. Er ist ein sehr edler, feiner Mensch, mit dem sich gut arbeiten läßt. Ich muß auch erst in die ganz neuen Aufgaben hineinfinden, aber das macht mir gerade Freude. An einer solchen Kommandostelle laufen einem manche Dinge durch die Finger, von denen man sonst keine Ahnung hat. Ich habe wieder so viele Menschen kennengelernt und komme mit höheren Offizieren zusammen, die man meist nur von weitem sieht. Am vorigen Sonntag saß ich bei einer Sportveranstaltung der Zivilverwaltung in der Ehrenloge und bekam eine Hand vom Gouverneur von Warschau[151]. Das sind natürlich alles nur ganz oberflächliche Bekanntschaften, aber man bekommt dadurch einen andern Blick und tiefere Einsicht. – Durch Zufall kam ich mit einem jungen Oberleutnant zusammen, der auch als Sportoffizier von seinem Regiment hier in W[arschau] war. Eines Abends erschien er plötzlich in meinem Quartier und bat um Herberge. Ein Offizier ist in Urlaub, und so konnte ich ihn betten. Er wohnt jetzt mehrere Tage mit mir zusammen. Er trägt das Ritterkreuz[152] und fällt überall auf, wo er sich sehen läßt. Als ich ihn heute um seinen Namen fragte, stellte er sich vor als Freiherr von Ketelhardt [Ketelhodt][153]. Wir führten schon recht ernste Gespräche zusammen; ich würde mich gut mit ihm verstehen. Dann ist noch ein Münchener Arzt bei uns, mit dem ich auch gut zurechtkomme. Siehst Du, liebe A[nnemie], nun glaubst Du gewiß, ich vergäße Dich und die Kinder, nein, ganz im Gegenteil; immer muß ich daran denken, wie mein Glück doch nur in Dir ruht und wie mir alles unvollkommen ist, was ich tue und was ich erlebe. Hinter all den Vorgängen und den Menschen um mich stehst Du. Es ist so, als wenn ich an einem Garten vorübergehe; ich sehe nur den Zaun, dahinter verbergen sich die Gefilde des Glückes und die Wonnen der Freude, der endlosen Sehnsucht.

Seid tausendmal gegrüßt von Eurem Vater und Du von Deinem Wilm. [...]

Notiz *(Warschau,) 26. August 1940*

Mit Filmleuten der »Wien-Film«-Gesellschaft in der Nähe von W[arschau] Motive gesucht[154].

Regisseur: [Gustav] Ucicky; [Film-]Architekt: [Walter] Röhrig; Produktionschef: [Erich] von Neusser; Kameramann: [Günther] Anders; Intendant der Sommerspiele: Igo Sym[155].

Notiz *(Warschau,) 27. August 1940*

Mit »Wien-Film« – Minsk[156]–Wegrow–Wyskow–Warschau. Aufnahmeleiter: [Heinz] Fiebig; Geschäftsführer: [Karl] Janoschek.

Notiz *(Warschau,) 28. August 1940*

Mit »Wien-Film«-Männern Fahrt über Warschau-Ok•zie–Biala Mazowiezka, Breczinу nach Lodz, zurück W[arschau]. 350 km.

An die Ehefrau *Warschau, 28. August 1940*

Liebe Annemi –

ich komme soeben von einer Rundfahrt mit den »Wien-Film«-Leuten über Lodsch zurück. Wir sind 350 km gefahren; das, was die Leute suchen, haben wir immer noch nicht gefunden, aber sie haben zahllose Aufnahmen gemacht [sic!] aus den Marktflecken und den Dörfern, von Bauern, Frauen und Kindern. Nach diesen Bildern will der Architekt einen Markt im Film-Atelier in Wien aufbauen. Erst hatte der Regisseur die Absicht, den Film in einer geeigneten poln[ischen] Stadt zu drehen; er ist aber davon abgekommen[157]. Wir fahren noch die nächsten Tage in den Warthegau, dann ist dieses Kommando für mich erledigt. Ich gehe gerne wieder auf meine Schreibstube zu dem alten Grafen[158]. Es hat etwas Bestechendes, mit solchen Leuten in näherem Umgang zu stehen, aber sehr bald bin ich ernüchtert worden. Ein Mensch mit der mir eigenen, ernsten Lebensauffassung paßt nicht zu diesen leichtsinnigen, oberflächlichen, nur auf den Genuß und den Gelderwerb gerichteten Menschen. Für sie ist das Leben eine ewige Jagd nach Sensationen und Genuß. Eitelkeit und Geltungssucht stehen im Vordergrund. Alle Höflichkeit und liebenswürdiges Benehmen sind doch nur Firnis. – Aber das geht mich ja alles nichts an. Ich habe nur für mich einzustehen. Aber es ist doch wertvoll, zu erkennen, wie sehr alles auf hohlem Schein beruht. [...]

Schrieb ich schon, daß ich gestern in Wegrow war? Ich habe eine merkwürdige Veränderung der dortigen Leute festgestellt. Die Bevölkerung scheint immer stärker gegen die

Deutschen in Abwehrstellung zu gehen. In der Zeit, als wir da waren, ertrug man sich gegenseitig mit einer gewissen gegenseitigen Wertschätzung. Jetzt bemerkte ich eine kühle Zurückhaltung. Wahrscheinlich sind die jetzigen Truppen weniger rücksichtsvoll als wir. Ich hatte keine Zeit, mich mit den mir bekannten Menschen auszusprechen. Es wäre mir interessant gewesen, den Hintergrund zu erfahren. Aber was nützt den Polen das alles, sie müssen sich mit uns vertragen. Welche maßlose Verstiegenheit erfüllte sie vor einem Jahr. Ich las jetzt solche Dokumente. Geradezu verrückt kommt einem heute ihre Propaganda gegen Deutschland vor. Leider müssen es viele unschuldige Menschen nun büßen, was eine verblendete Regierung verursachte. Den poln[ischen] Bauern geht es aber ganz gut.

Seid Ihr alle herzlich gegrüßt, Euer Vater, Dein Wilm.

An Ehefrau und Kinder *Warschau, 29. August 1940*

Meine Lieben –
heute sind wir nicht aus W[arschau] herausgekommen, aber die Eindrücke waren nicht weniger stark als bisher auf den Fahrten durch Polen. Zuerst besichtigten wir das Palais Brühl[159], die Empfehlung des Reichspropagandaministers öffnet alle Türen. Eine Szene des geplanten Films spielt in dem Amtszimmer des poln[ischen] Außenministers Beck[160]. Jetzt dient es dem Gouverneur[161] des Distrikts Warschau als Arbeitszimmer. Die Filmleute machten zahlreiche Aufnahmen. Der Architekt[162] will das Zimmer nach diesen Fotos im Filmatelier nachbauen. Ich bewunderte wieder die herrliche Treppe in grünem, weißem und rotem Marmor, das Treppengeländer aus Alabaster. Das haben sich die Polen etwas kosten lassen. Bis zum Krieg ist daran gearbeitet worden. – Dann ging's in ein Gefängnis, wo politische Gefangene untergebracht sind[163]. Das war das erste Mal, daß ich ein Gefängnis sah. Ich weiß ja nicht, was die einzelnen Insassen angestellt haben; sie sind sicher nicht ohne Grund darin, aber ein grenzenloses Mitleid steigt in einem hoch, wenn man diese armen, bleichen Gestalten sieht. In einem andern modernen Gefängnis waren Gefangene, die irgend etwas ange-

stellt haben, darunter Jungen von 8-18 Jahren. Meist hatten sie Diebstähle verübt, viele wahrscheinlich aus Hunger, wie der Wärter sagte. Mir war das so neu und interessant; ich ging mit in jede Zelle und jeden Raum und betrachtete mir die Gesichter. Auffallend viele junge Menschen. Die Kriminalität soll eine sehr starke sein. Bei den Jungens lagen Bücher auf dem Tisch. Ich schlug eines auf, da lag zwischen den Blättern Tabak. Der Wärter hatte es im Augenblick auch gesehen. Der betreffende Junge, der das Buch gehabt hatte, sollte sich melden, aber niemand meldete sich, und die Bengels verrieten auch nichts. Ein 8jähriger Judenjunge sagte, »Tobak braucht mer nicht, lieber ein größeres Stück Brot«. Im Gang wurden Pakete von den Angehörigen untersucht. Jeder Laib Brot wurde durchschnitten, jedes Stück Speck. Jeder Apfel und die Wurst genau untersucht, damit nichts hineingeschmuggelt werden kann. Im Gefängnishof sind sehr schöne Blumenanlagen. Die Blumen werden von Gefangenen betreut. Man sieht es diesen Blumen geradezu an, mit welcher Liebe und Sorgfalt sie gepflegt werden. Es ist eine besondere Vergünstigung für die, die das tun dürfen. Auch Soldaten sind in einem besonderen Gebäude untergebracht; der Unteroffizier sagte mir, es wären immer viele Flieger darunter. Nachmittags wurden uns verbotene Filme, darunter ein Judenfilm, vorgeführt. Darin war auf unbedingte Echtheit und Reinheit des Jüdischen gehalten. Es ist doch eine vollkommen unverständliche Welt für uns. – Morgen geht's nach Südosten in Richtung Radom. Da werde ich Euch nicht schreiben können. Ich schicke mit gleicher Post ein Schokoladenpäckchen ab. Seid alle herzlich gegrüßt, besonders Du, meine liebe Annemi, Dein lieber Wilm.

An Ehefrau und Kinder *Posen[164], 2. September 1940*

Liebste Annemi, liebe Kinder –
zwei Tage habe ich Euch nicht schreiben können, und in den nächsten Tagen werden meine Briefe auch kurz sein. Ich bin mit den Filmleuten unterwegs nach Ostpreußen. Unsere Fahrt führte über Lodz, Kalisch–Ostrowo und endete Sonntag abend in Posen. Von hier soll es weiter nach Ostpreußen ge-

hen und dann wieder zurück nach Warschau. Von der Kommandantur in W[arschau] sind zwei Autos mit Fahrern zur Verfügung gestellt. Jetzt haben wir auch gut Platz darin. Zwei Herrn sind bereits wieder abgereist. Diese Filmleute reisen im Auftrage des Propagandaministers, deswegen die Unterstützung der militärischen und der amtlichen Zivilstellen. Ich fahre meist mit dem [Film-]Architekten Röhrig, ein von Witz sprühender Mensch. Er erzählt mir sehr viel von seinen Reisen und von seiner Arbeit. – Gestern übernachtete die Gesellschaft in Lodz; ich fuhr nach Pabjanize und blieb bei Pruts[165]. Sie haben sich sehr gefreut. Sie wollten gerade, als ich kam, zu einer Geburtstagsfeier gehen. Ich ging da auch mit. Herr Pr[ut] schrieb Euch ja eine Karte. Es geht ihnen noch ganz gut. Sie leben halt unter dem beständigen Druck der Ungewißheit ihres Schicksals. Wirtschaftlich geht's ihnen erträglich. Die Frau scheint nicht so recht gesund zu sein. Sie schaut so ein wenig verbissen aus, der Mann betäubt sich mit seiner Arbeit. Gestern abend, als wir hier in P[abianice] ankamen, war es schon dunkel. Leider fahren wir früh weiter, daß wir von der Stadt nicht viel sehen; uns, nein, die Filmleute interessiert das polnische Dorf und die Kleinstadt. Wir suchen noch einen Marktplatz, auf dem der Film gedreht werden könnte. Bis jetzt haben wir noch nicht das Richtige entdeckt. [...] Vielleicht landen wir heute abend in Allenstein. Von da geht's nach Suwalki, das jetzt auch zu Ostpreußen gehört[166].

Lebt herzlich wohl! Ich habe vor mir Eure lieben Bilder liegen und betrachte Eure lieben Gesichter. Ich habe Euch alle herzlich blieb, besonders Dich, meine liebe Frau, Dein Wilm, Euer Vater.

An Ehefrau und Kinder *Thorn, 3. September 1940*

Liebste Frau, liebe Kinder –

ich sitze jetzt am Morgen des 3. September in Thorn, in einem mäßigen Gasthof, und denke an Euch mit großer Innigkeit. Von Posen sind wir gestern hierher gefahren. Es war eine langweilige, uninteressante Fahrt. Die Filmleute stöhnen und möchten nicht mehr weiter. Sie fürchten, je weiter es der russischen Grenze zugeht, schlechte Hotels und schlechtes Essen.

Mir ist das gleichgültig, wenigstens lege ich dem nicht die große Bedeutung zu. Aber ich hatte mir die Reise schöner vorgestellt. Unentwegt geht es durch das eintönige östliche Land. Es ist nicht viel Unterschied, ob es zeitweilig durch Polen geht oder durch deutsches Gebiet. Mein Reisekamerad, den ich immer mehr schätze, sagt »stinklangweilig«. [...]

An die Ehefrau *Sensburg in Ostpreußen, 3. September 1940*

Liebste Frau –

ich schrieb Dir heute schon zwei Karten. Daß ich jetzt so ganz ohne Nachricht von Euch und besonders von Dir sein muß, macht meine Sehnsucht nach Dir immer größer. Ich habe Dir einen Korallenrosenkranz gekauft, den ich Dir so gerne geschickt hätte, aber ich kann mich nicht so schnell davon trennen; ich will ihn noch eine Zeitlang mit mir herumtragen, vielleicht bringe ich ihn Dir selber mit, wenn ich in Urlaub komme. Er hat ziemlich viel Geld gekostet, aber ich konnte Dir nur das Schönste kaufen, meine Teure. Tagelang flitzen wir schon durch die weite ostdeutsche und polnische Landschaft. Jeden Augenblick wechseln die Bilder, aber es bleibt doch stets dasselbe, Weite, Himmel, Landstraßen, Dörfer, Menschen, Städte, und zurück laufen meine Gedanken zu Euch, zu Dir, zu meinem reinen, friedlichen Glück, das um Dich steht. [...]

Notiz *(Warschau,) 4. September 1940*

Um 9 Uhr Fahrt nach Warschau. Suwalki aufgegeben. Unterwegs in Chorzele den richtigen Marktplatz gefunden[167]. Über Pultusk, Narew mit Fähre überquert. Abends in Warschau. In Künstlerkaffe, Architekt Rodmil. Abend verbummelt. Bar besucht. Häßliche Eindrücke.

An die Ehefrau *Warschau, 5. September 1940*

Liebste Annemi –

nun sitz' ich wieder in meiner Stube in Warschau und hoffe, daß ich Dienst in der Kompanie tun kann. Die Fahrten durch Polen und Ostpreußen, Warthegau waren an sich reizvoll und haben mich ein schönes Stück Ostraum erleben lassen; besonders die zwei Tage durch Süd-Ostpreußen waren, vom Wetter begünstigt, ein besonderes Erlebnis dieser schönen Landschaft. Wir haben in der Nähe der Grenze dann auch ein Städtchen gefunden, auf der [sic!] ein Teil des Filmes gedreht werden könnte. Ob das aber der Fall sein wird, ist fraglich, da die maßgeblichen Herrn ihre Ansichten von Tag zu Tag wechseln. Ich fuhr immer mit dem Architekten Röhrig, der ein sehr interessanter Mensch ist. Er ist Maler, baut aber für den Film, weil der tolle Gehälter bezahlt. Wir fuhren meist mit 4 Herrn. Ich bin mit der Gesellschaft nicht warm geworden, es sind zu liederliche Menschen. Jeden Abend großes Saufgelage. Am andern Tag war kein Fortkommen. An eine Verabredung fühlte sich keiner gebunden, bald will man dies, bald jenes. Sie waren alle sehr nett zu mir und bezahlten mir auch einige Tagegelder, hielten mich meist frei. Untereinander herrschte ständig Streit. Wenn einer allein mit mir war, schmälte[168] er gegen den andern. Ein tolles Intrigenspiel, wie ich das noch nicht erlebt habe. Die Hauptsache war das Essen und Trinken. Eine Zeche von 50 Mark war keine Seltenheit für den einzelnen. Abends ging's von einer Bar in die andere, jedes Weib ist ihnen recht. Gestern abend sollte Abschied gefeiert werden. Ich ging eine Zeitlang mit, zuletzt widerte mich das Treiben so an, daß ich mich stillschweigend entfernte. Wegen der Zeche kamen sie in Streit, keiner wollte bezahlen, der Kellner rief den Polizeiposten zu Hilfe. Ich schämte mich dieser Gesellschaft. Nein, das sind keine Leute. Dabei haben sie einen Hochmut; gelegentlich können sie dann wieder gemein und niederträchtig sein. Mit Geld werfen sie nur so um sich. Da hab' ich mal gesehen, wie das Geld die Menschen schlecht macht. Wie gut sind diese einfachen Soldaten um mich herum. Ich habe mich richtig gefreut, wieder unter ihnen zu sein. Heute nachmittag ließ ich mir meinen Fuchs satteln und bin 2 Stunden allein an der Weichsel entlanggeritten. Der Strom fließt breit und ruhig dahin, ein Dampfer mit Schleppkränen zieht neben mir stromaufwärts, die Vögel schreien im Ufergebüsch, Menschenlärm ist weitab. Mit meinem Pferd und meinen Gedanken bin ich allein. Wie schön ist das. Meine Sehnsucht geht zu Dir; wie weit und fern bist Du mir, und wie spür ich Dich so nah. Dein Brief knistert in meiner Tasche. Du und die Kinder, das ist meine Welt. Von Euch gibt's keine Trennung. Wie dankbar bin ich dem Geschick, daß es mir diesen teuren Besitz schenkte. Wenn ich auch fern und einsam bin, wir stehen in innigem Bund. Wie sicher und ruhig macht mich das. [...]

An Ehefrau und Kinder *Warschau, 7. September 1940.*

Meine Lieben daheim –

es ist neun Uhr, Sonnabend abend. Eins nach dem andern von Euch steigt ins Badewasser. Uta und Jorinde zuerst. Sie schlafen wohl schon, oder krakeelt der kleine Wildfang immer noch und springt aus seinem Bettchen und will nicht ruhig sein? Du, gute Annemi, suchst die Sonntagskleider für die Kinder und räumst auf und schreibst vielleicht noch einen Brief an mich. Ihr sprecht noch über die engl[ischen] Flieger, die sich am Ende auch nach Thalau verirren könnten, und Detl[ev] hat ein wenig Sorge, nein? Die Schule fängt nun auch wieder an. Vielleicht ist Moni froh, daß sie wieder kochen lernen kann, und Detlev freut sich auf die Mathematikstunde, weil er in den Ferien so fleißig gelernt hat. Jorinde hat noch länger Ferien? Sie kann die Schule noch eine Zeitlang entbehren. Und Helmut ist in Frankfurt? Wie froh bin ich, daß ich Euch auf dem kleinen, stillen Rhöndörfchen weiß. Die Urlauber, die aus den Städten kommen, berichten von dauernden feindlichen Fliegerangriffen. Da haben wir es hier gut. Hier kennt man keine Verdunkelung. Ich sitze auf der Wachstube im Kommandanturgebäude[169]. Meine Gedanken gehen hin zu Euch. Was tue ich in der fremden, großen Stadt? Man macht seinen Dienst, sitzt mit den Kameraden zusammen, aber das Herz wird nicht froh; gewiß, Tausende und Millionen andere Väter sind auch von daheim weg, aber die wenigsten haben ein so schönes Glück im Stich lassen müssen wie ich. Vor meinem Fenster breitet sich ein riesiger, mit Steinfliesen belegter Platz aus. Der frühere Pilsudskiplatz, seit vorigem Sonntag heißt er Ad[olf]-Hitler-Platz. Da stand früher eine große russ[ische] Kirche. Die Polen haben sie abgetragen. Mein Blick geht über den Platz hinweg zu einer Säulenreihe, ein gedämpftes blaues Licht scheint auf, eine große, mit Inschriften bedeckte Bronzeplatte, an den vier Ecken stehen bronzene Kandelaber. Die Platte liegt voller frischer Blumen. Immerzu treten die Menschen heran, die deutschen Soldaten grüßen, die Polen stehen stumm, manche Frau weint. Es ist das Denkmal des »Unbekannten Soldaten«[170]. Ein unbekannter polnischer Soldat liegt unter der Platte. Es ist ein polnisches Nationalheiligtum, diese Stätte, und heiße Hoffnungen und ohnmächtiger Zorn mag in den Herzen der polnischen Menschen erwachen, wenn sie da herantreten. – Aber das Schicksal geht über die heißen, kummervollen Herzen hinweg. Was ist ein Volk, was ist ein kleiner Mensch in diesem Erdenlauf? [...]

Notiz *(Warschau,) 8. September 1940*

Schönes Wetter. Ich lese: Hans Grimm, »Volk ohne Raum«[171]. Aber ich bin nicht richtig dabei. Wie hat mich das Buch das 1. Mal gefesselt. Der Stil kommt mir geschraubt, umständlich vor. Auch das Schicksal ist mir zu schwer. – Ich weiß, was mir fehlt, ich bin krank nach meiner lieben Frau.

An die Ehefrau *Warschau, 9. September 1940*

Liebste, beste Frau –

[...] Ich sitze in meiner alten Wohnung in W[arschau]. Ich bin froh, daß ich wieder in der Kompanie Dienst tun kann, obwohl die Zeit beim Regimentsstab sehr interessant war. Aber man kommt nicht zu sich selbst, man muß stets für andere Menschen da sein und auf jeden Anruf gewärtig sein. Lieber nicht in exponierter Stellung, dafür mehr an sich und an seine Lieben denken. Diese Woche muß ich zweimal auf Kommandanturwache, Mittwoch und Sonntag. Beide Male mit Musik. Eine Fliegerkapelle zieht da mit auf. Es ist jedesmal ein Schauspiel. Die Leute werden aufgehalten und dürfen die Straße nicht mehr passieren, sobald die Wache anmarschiert kommt. Die Polen möchten das ja gar nicht sehen, aber sie müssen stehenbleiben, wenn die Straßen gesperrt sind. Die alte Wache zieht sofort ab, sobald die Posten abgelöst sind. Das ist immer eine Geschäftigkeit und eine Aufbruchfreude. Der Weg zurück durch die Stadt dauert ungefähr eine Stunde. Für den Tag (Rest) sind die Mannschaften dienstfrei. Wir reiten an der deutschen Schule vorbei. Da beobachte ich gern die kleinen Jungen, wie sie nebenher marschieren und auch mal meinen Gaul ein bißchen ärgern möchten, daß der Männchen macht. Vor der Straßenbahn scheut er jetzt nicht mehr so wie im Anfang, aber auf dem glatten Pflaster rutscht er oft. Da erschrecken sich die Buben und lachen wie über den schönsten Witz. Mir ist das aber gar nicht zum Lachen. Nur gut, daß ich nun schon sicher bin auf dem Pferd; ein Kamerad mußte neulich auch auf diese Wache ziehn und hatte erst zum zweiten Male auf dem Pferd gesessen. Er sagte, er hätte bald Blut geschwitzt. Meine Herren Offizierskameraden haben mich um das Kommando zum Regimentsstab und zu der Filmreise erst recht beneidet, und da es zur Mißgunst nicht weit hin ist, muß ich jetzt die Wachen nachholen und muß 2x in der Woche dran. [...]

Notiz *(Warschau,) 11. September 1940*

Mittags auf Kommandanturwache mit Musik. Das Pferd ist ziemlich unruhig, besonders beim Spielen der Nationalhymne; es scheut vor der Straßenbahn. Der Musikmeister der Fliegerkapelle sagte mir, ich müßte lauter kommandieren und zwischen den Kommandos längere Zeit lassen. Ich war der Ansicht, daß ich laut genug brüllte; unter dem Stahlhelm schallt das übermäßig laut, daß man keinen Vergleich hat. Die Unteroffiziere freuten sich, daß das Aufziehen geklappt hat. [...]

An die Ehefrau *Warschau, 11. September 1940*

Liebste Annemarie, mein Herzensfrauchen –

[...] Draußen ziehn die Soldaten vorbei und singen: »Lebe wohl, du kleine Monika«. Das Pferdegetrappel der Droschken klappert durch die nächtliche Stille, ab und zu ein Mädchenlachen, Soldaten bringen ihre Schätze nach Hause. Gleich wird alles still sein; ich mache die Runde bei den Nachtposten und trete in das gedämpfte Licht am Grabmal des Unbekannten Soldaten[172] und grüße den toten Feind wie einen Bruder. Die roten Blumen leuchten in dem blauen Licht, nein, sie leuchten nicht, sie liegen da, wie mit Tränen benetzt; sie verwelken und trauern in dieser Gestalt der Vergänglichkeit und zeigen das Antlitz des Todes viel mehr als in ihrer prahlenden Frische, als ich sie vor ein paar Stunden sah. [...]

Mein liebes, armes Weib, was hast Du in diesem Jahr alles auf Dich nehmen müssen; all die Mannesarbeit, die ich Dir vorenthielt, die mußtest Du nun auch auf Deine schwachen Schultern packen, und dazu hast Du ein so schnell verzagendes Herz. Aber die Sonne scheint bei Dir schnell durch alle Ritzen und macht alles wieder hell. Du bist gesund und hast einen lieben Mann, der Dich auch in der weiten Ferne in den Arm nehmen kann. Ich weiß es, Du hast es schwer, aber Du bist doch tapfer. [...]

Daß Ihr mit Helmut so glücklich gewesen seid, erfüllt mich mit großer Freude; dieses große Glück unseres ältesten Sohnes, das er in seinem Elternhaus erlebt, wird ihn stark machen. Ich habe ihm geschrieben wegen seines Examens, ich kann ihm ja auch nichts raten. Er fragt am besten seinen Professor. [...]

Ich habe immer mal wieder nach einem Mädchen Umschau gehalten, aber es ist zwecklos, die haben alle so schreckliche Angst, wahrscheinlich bearbeitet die Flüsterpropaganda die Menschen und verbreitet die unheimlichsten Dinge[173]. Das jetzige Dienstmädchen bist Du ja bald los, aber Du hast noch keine Neue.

Nein, ich glaube nicht, daß ich noch den Winter von Euch fern bin; es gibt so viele Soldaten, junge Leute, da lassen sie uns bald los, das glaube ich ganz sicher, und viele andere auch. Was täte ich wohl lieber, als nach Hause gehen, aber, mein Herz, sei nicht kleinmütig, auch diese Stunde kommt.

Gute Nacht, mit Stiefeln und in der Uniform schläft es sich nicht so schön, als wenn ich bei Dir in dem weichen Bett läge und spürte Deinen süßen Leib. In einer halben Stunde bin ich wieder zurück.

Es ist gleich 12 Uhr, die Hälfte der Wache ist schon herum. Ich habe die 5 Wachstuben geprüft, es war alles in Ordnung. In einer Stube spielten die Soldaten Skat; ich habe ein paar Spiele mitgespielt, dann bin ich weiter gegangen. Am Grabmal des Unbekannten Soldaten konnte ich nicht vorübergehen, so viele Blumen; die eine Hälfte des Grabmals ist mit roten, die andere mit weißen bedeckt, auf den schwarzen Porphyr[tuff]platten, in den Bronzekandelabern; rings herum im Gitter sind Blumen, Blumen. Wie ein Schlachtfeld, bedeckt mit den jungen, schönen Leibern der Erschlagenen, so kommt es mir vor.

Schlaf wohl mit dem kleinen Utakind im Arm und geh' einem neuen, schöneren Morgen entgegen, herzlichst Dein Wilm.

An einen früheren Schüler[174] *Warschau, 11. September 1940*

Lieber Josef Kraus –

Deinen lieben Brief aus Frankreich habe ich schon eine ganze Zeit erhalten, bin aber noch nicht zur Beantwortung gekommen, obwohl ich es mir schon mehrfach vorgenommen hatte. Ich beneide Dich um die großen Erlebnisse während der Kämpfe im Westen. Freilich, wenn man so drinsteckt, da wird einen niemand beneiden, da kommt man sich vor wie ein armseliger Wurm, der am liebsten in die Erde kröche. Du bist also gar nicht mehr bei der Pak [Panzerabwerkanone][175]. Warst du denn am M.G. [Maschinengewehr] ausgebildet? Es lernt sich ja alles mit ein wenig Grips und wenn man Spaß an einer Sache hat. Im letzten Urlaub war ich bei Deinem Vater, er erzählte mir auch einiges von Deinen Erlebnissen. Von Thalau scheinen gar nicht viele Soldaten mitgemacht zu haben. Im Dorf geht alles seinen gewohnten Gang, als wäre gar kein Krieg. Bist Du schon im Urlaub gewesen? Ich nehme an, nein, deswegen sende ich den Brief nach Thalau; ich habe auch Deine Adresse verlegt. Anfang Oktober denke ich auch in Urlaub zu kommen. Ihr kriegt doch auch 3 Wochen, wie?

Mir geht es hier so leidlich, eigentlich etwas auszustehen haben wir natürlich nicht, aber ich fühle mich hier unnütz, ich könnte zu Hause ganz was anderes leisten, und meine Familie bräuchte mich; bei Dir ist es ja dasselbe, Dein Vater ist auch nicht mehr der Jüngste, aber was ist zu machen. Man darf nicht an die Brüder denken, die zu Hause sitzen und sich ins Fäustchen lachen. Da könnte einen die Wut packen, aber das geht nun mal so. Ich bin deswegen doch stolz, daß ich diesmal auch wieder dabeigewesen bin, und pfeife auf die Wichte, die zu Hause sitzen. Dir wird es grade so gehen; die großen Erlebnisse, die einem der Kriegsdienst gebracht hat, möchte man hinterher doch nicht vermissen. [...]

An die Ehefrau *Warschau, 13. September 1940*

Liebste –

gestern abend erhielt ich Deinen Brief vom 10. [September]; 2 Tage, das ist schnell gegangen. Ich antworte Dir gleich, bevor ich zum Dienst gehe. Ja, Du hast recht, Du weißt nie, wo ich bin und was ich tue, obwohl ich Dir doch manches erzähle. Es ist eine zu fremde Welt für Dich. – Die »Wien-Film«-Gesellschaft hat mich durch das Oberkommando des Heeres in Berlin anfordern lassen. Gestern bekam ich ein Telegramm aus Wien. In der Nähe der ostpreußischen Grenze soll in einem kleinen poln[ischen] Städtchen der Film gedreht werden, wenigstens 1 Akt[176]. Vorher muß der Marktplatz aber umgebaut werden. Der Architekt benötigt dazu eine Menge Facharbeiter, Maurer, Zimmerleute, Schreiner. Ich soll versuchen, solche von der Wehrmacht freizubekommen. Ich habe also eine Stellung als Verbindungsoffizier zwischen der W.H. [Wehrmacht, Heer] und der Filmgesellschaft. Außerdem bin ich verantwortlich für die Soldaten. Ich weiß nun noch gar nicht, wie die Sache laufen soll. Heute mittag werden die Leute eintreffen. Einesteils mache ich das gern, es ist eine selbständige, verantwortliche Stellung, und dann verdiene ich auch etwas. Die Gesellschaft bezahlt mir für den Tag 25 Mark. Es gibt allerdings auch Auslagen, aber etwas behalte ich doch übrig. Und hier bin ich überflüssig. Der Dienst ist sehr langweilig und eintönig. Von den Offizieren werde ich wegen dieses Auftrages sehr beneidet. Ich habe ihnen noch gar nicht gesagt, daß ich auch eine Gage beziehe. Ich werde Dir jeden Tag Bericht geben. [...]

An Ehefrau und Kinder *Ortelsburg in Ostpreußen, 14. September 1940*

Meine Lieben –

anbei sende ich wieder einige Bilder. Ich habe noch mehr, die ich Euch nach und nach sende. Wir sind gestern noch von W[arschau] hierher gefahren. Heute geht's in der Umgegend von Ortelsb[ur]g umher. Das Wetter ist mies. Der Regisseur Ucitzki [Ucicky][177], der in Venedig mit seinen Filmen »Postmeister«[178] und »Mutterliebe«[179] große Anerkennung fand, ist mit dabei. Ehe wir weiterfahren, schnell diesen kurzen Gruß. Deinen letzten Brief beantworte ich bei mehr Zeit. Seid herzlich gegrüßt, ich habe Euch immer lieb und denke viel an Euch. Euer Vater, Dein Wilm.

An Ehefrau und Kinder *Niedersee in Ostpreußen, 15. September 1940*

Meine Lieben –

ich sitze in der Frühstückshalle eines Kurhauses am Niedersee. Es heißt Rudzanny[180]. Wir sind gestern durch anhaltenden Regen gefahren und nahmen unsere Zuflucht zu diesem Haus, da die Städte mit Militär überfüllt sind. Heute wollen wir nach W[arschau] zurückfahren. Die Landschaft, die neulich im Sonnenschein so herrlich erschien, ist heute eintönig und stumpf. Der Regisseur hat sich nun für das Städtchen Chorzele entschieden, da soll der Film im Frühjahr gedreht werden[181]. Die Umbauten sollen bald beginnen. Von dem Fenster der Halle hat man einen schönen Blick auf den See, aber es ist alles trüb und regnerisch und kalt. Die Leute sitzen mit Mänteln an den Tischen; es sind meist Berliner, Frauen mit ihren Kindern, die sich vor den Fliegerangriffen nach Ostpr[eußen] in Sicherheit bringen, alte Ehepaare, auch Soldaten, die hier ihren Urlaub verbringen.

Ich habe eine schöne Hoffnung, in kaum 3 Wochen bin ich bei Euch. – Was haben diese Leute hier für Sorgen, sie wollen sich erholen, gut essen und die Ruhe genießen, aber das Wetter macht ihnen einen Strich durch die Rechnung. Sie jammern und stöhnen. Könnten wir zwei uns das mal leisten, was fragten wir nach dem Wetter. – Eine ältere Dame beschwert sich laut über lieblose Bedienung. Ihr Mann, der mit Herr Doktor angeredet wird, raunzt ein älteres Ehepaar an, weil es sich an seinen Tisch gesetzt hatte, an dem er gestern Platz nahm. Das schlechte Wetter verdirbt allen die Laune, glaube ich. Du weißt ja, uns auch ein bißchen, als wir in Brückenau waren. Abfahrt! ...

15.9.1940

Fortsetzung. Abends in Warschau. Sonntag abend. Ich habe jetzt schon eine Woche lang Kopfschmerzen. Und zwar nur an der linken Seite. Den Zahn ließ ich mir ziehen. Ich schrieb es schon. Seitdem tut mir die ganze linke Gesichtshälfte weh. Ich nehme eine Veramon-Tablette, dann geht es weg. Auch heute abend bin ich ganz benommen. – Wir sind an der russ[ischen] Grenze gewesen, aber von den russ[ischen] Grenzposten war nichts zu sehen, alles wie ausgestorben da drüben. Einen Heidezweig habe ich von dort mitgenommen. Gegen Abend waren wir wieder in Warschau. Ich bin gleich in meine Wohnung gegangen. Selbst zum Briefschreiben bin ich zu schlapp. Ins Bett kann ich auch nicht gehen, es ist kalt und ungemütlich. Während der Fahrt habe ich oft an Euch gedacht und daran, was Ihr zu der und der Zeit tun werdet. In die Kirche bin ich wieder nicht gekommen. Wir fuhren durch ein p[olnisches] Dorf, in dem gerade Morgengottesdienst war. Die Orgel klang zu uns herüber. Die Filmleute wollten sich das ansehen. Ich bin aber nicht mitgegangen. Es sind nur Neugierige, die eine Sensation suchen. Von der inneren Berührtheit eines katholischen Gottesdienstes spüren die nichts. Und ich will mich vor diesen Menschen nicht preisgeben. Da sitzt man dicht an dicht mit andern Menschen zusammen, und Welten trennen einen voneinander. Trotzdem komme ich gut aus mit Ihnen. [...]

An die Ehefrau *Warschau, 16. September 1940*

Liebste –

als ich heute abend gegen 7 Uhr heimkam, lagen zwei Briefe von meiner Allerliebsten auf dem Tisch. Von den Filmleuten hatte ich mich schon mittags losgemacht, die fuhren wieder nach Wien. Es ist mir immer so, als wenn ich mich waschen müßte, als wenn ich Spinnweben aus dem Gesicht wischen und einen ekligen Schleim loswerden müßte. Und dann macht dieser Ucicky diesen wundervollen Film: den »Postmeister«[182]. Ich komme soeben aus dem Lichtspieltheater. Es ist 11 Uhr nachts. Mein treuer Bursche hat die Bohnen aus dem Kaffee gelesen und braut mir noch einen Mokka. Er hat mich gern und tut alles für mich. Er bedient auch die andern Offiziere, aber meinetwegen betrügt er sie ein bißchen. Ich muß über seine Anhänglichkeit lächeln. Er betrachtete sich Dein Bild, das Du mir heute sandtest. »Nein, das glaube ich nicht, daß das Ihre Frau ist.« Erst als ich ihm noch andere zeigte, war er überzeugt. »Das ist aber noch eine junge, die paßt zu Ihnen.« Und ob die paßt. Ich sagte ihm: »Das ist mein Schatz.« – »Ja ja, ihr Schatz, aber nicht Ihre Frau, die haben Sie noch neben Ihrer Frau.« Du, das will ich ganz groß haben, das ist ein ganz herrliches Bild von Dir. Weißt Du, was daran fehlt? Du hättest auf die Rückseite schreiben müssen: Meinem lieben Wilm. Habe ich Dir nicht auch schöne Bilder von mir geschickt? Jetzt weiß ich, daß ich die Widmung auch vergessen habe. Hast Du diesen Film gesehen? Ist das Mädchen nicht bezaubernd? Unser Doktor, ein Münchener, ein kleiner, dunkler, feinsinniger Mensch, sagte mir heute: »Hosenfeld, den ›Postmeister‹ müssen Sie sehen. Das ist der Typ der polnischen Frauen, die ich so gerne hab'.« Ich wollte ihn zum Reiten abholen. Aber er war vormittags schon ausgeritten. Ich bin fast 2 Stunden geritten und habe mein Tier so gern gehabt. Durch Regen und Wind an den feuchten Ufern des großen Wassers bin ich entlanggeritten. Bei Bauern bin ich eingekehrt und habe dürftige Zwiesprache gehalten. Die einfachen Menschen sind gut. Die Tiere sind gut. Aber die feinen, genußgierigen Menschen sind gemein und falsch und niederträchtig. Aber auch in diesen lebt die unerlöste Seele, die nach Reinheit und Schönheit lechzt, und kraft ihres Künstlertums bricht sie in ihrem Schaffen durch. Und dann versinkt sie wieder unter der beladenen Gier der Leiblichkeit. Ihre Gesichter sind roh, verlebt, ihre Gespräche sind schmutzig, ihr Gehabe launenhaft, unecht und doch wieder so kindlich und hungrig. [...]

Notiz *(Warschau,) 17. September 1940*

Ich lese aus Arndts »Erinnerungen«[183]. Ein starkes Buch, weil eine kraftvolle Persönlichkeit daraus spricht. Was für edle, heldische Menschen!

An die Ehefrau *Berlin, 20. September 1940*

Meine Liebste –

ein Stück bin ich Dir schon entgegengeflogen. Hätte ich das früher gewußt, daß ich heute in Berlin sein sollte, da hätte ich Dich durch ein Telegramm hierher gerufen, und wir hätten uns für einige Stunden gehabt. Die ganze Fahrt in der Nacht malte ich es mir aus, wie das wohl werden würde, Dich hier zu haben. Aber es war alles so ungewiß, und ich wußte nicht, wieviel Zeit ich für Dich übrig hatte. Ich werde ganz traurig, wenn ich daran denke, wie herrlich das gewesen wäre, und nun kann es nicht sein. Eins tröstet mich, daß ich ohnedies Ende September in Urlaub fahre. Heute nacht fahre ich wieder nach Warschau. Ich bin hier in einem Sonderauftrag als Kurieroffizier. Der Auftrag kam ganz plötzlich. Ich saß gerade auf Wache und wollte einen Brief für Dich tippen. Schon mehrere Tage habe ich nichts bekommen von Dir. Da kam der Bataillonsadjutant und ließ mich durch einen anderen Offizier ablösen. Ich mußte innerhalb einer Stunde abfahren. Diese Fahrt war natürlich sehr bequem. Ein Schlafwagenabteil 1. Klasse stand mir zur Verfügung. Aber so recht geschlafen habe ich nicht. Ich war zu aufgeregt vor Freude, daß ich Dich am Ende heute treffen würde. Im Grunde genommen ist es ja Unsinn, aber denke Dir nur, wie rasend schön das geworden wäre. Ich habe hier ein wunderbares Zimmer[184]; zum Schlafen komme ich ja gar nicht, aber ich kann mich den freien Abend und Nachmittag hier aufhalten. Wenn wir nur zwei Stunden hier zusammen gewesen wären. [...]

An den Sohn *Berlin, 20. September 1940*

Mein lieber Helmut –

ich saß gestern abend in Warschau gerade dabei, Deinen lieben Brief zu beantworten. Da bekam ich den Befehl, sofort als Kurier nach Berlin zu fahren. So bin ich im Schlafwagen 1. Klasse statt auf dem Feldbett der Wachstube heute früh in Berlin aufgewacht und sitze in diesem vornehmen Hotel[185] in einem wundervollen Zimmer, mit allen Schikanen eingerichtet. Die Schlafwagenkarte kostet 25 Mark, das Zimmer hier 12,65 [Mark]. So vornehm bin ich noch nicht gereist. Es kostet mich ja auch nichts. Ein Auto holt mich ab, bringt mich fort. Ordonnanzen schaffen die Kurierpost ins Kurier-Abteil. Ich bin für alles verantwortlich. Es kostet mich Hals und Kragen, wenn etwas nicht ankäme, denn es sind viele Geheimsachen dabei. Ich war im Kriegsministerium, wo das O.K.H. [Oberkommando des Heeres] sitzt[186].

Du mußt auch einige Semester in Berlin studieren, diese gewaltige Stadt mußt Du als junger Mensch sehen. Heute morgen sind wir durch das historische Berlin, Wilhelmsplatz, Reichskanzlei, Kaiserschloß, Unter den Linden, Ehrenmal, gefahren. Geschichte weht einen an. Was ist Warschau eine kleine Stadt dagegen. Aber ihr [sic!] eigenes Gesicht hat es auch, und eine schöne Stadt ist es. In der Nacht um 23 Uhr fahre ich wieder gen Osten. Hätte ich eine Ahnung von dem Auftrag gehabt, ich hätte der Mutter geschrieben, mir entgegenzufliegen. Das wäre ein Spaß gewesen, aber ich komme Ende September nach Hause. Hab' Dank für Deinen lieben Brief vom 15. [September]. Gut, daß Du das Buch gebrauchen kannst. Ich fand es zufällig. Andere einschlägige Werke habe ich noch nicht gesehen. Was brauchst Du denn etwa? Vielleicht kann ich es hier billig erwerben. [...]

An die Ehefrau *Warschau, 21. September 1940*

Meine gute, liebe Frau –
ich bin wieder in W[arschau]. Heute früh kam ich hier an. Ich hatte ziemlich viel Kuriergepäck. Einen ganzen Sack voll und noch mehrere Pakete. Ich muß alles mit ins Schlafwagenabteil nehmen. Vom Gepäck darf man sich nicht trennen. Es sind zum Teil Geheimsachen. Die Rückfahrt ging sehr schnell, das heißt, ich habe gut geschlafen. Wie ich aufwachte, war ich schon bald in Warschau. – Aus dem Besuch von Marianne Schröder ist es nichts geworden. Ich hatte nicht genügend Zeit. Es kommt ja auch nichts dabei heraus. Ich hatte auch

Sorge, daß es Fliegeralarm gäbe, dann saß [sic!] ich irgendwo im Keller und hätte nicht zurück gekonnt. Das Leben in der verdunkelten Stadt kommt einem Fremdling doch merkwürdig vor. Am Morgen fuhr ich durch das historische Berlin, sah das Kaiserschloß, die Reichskanzlei, das Grabmal Unter den Linden[187], Wilhelmsplatz, die Ministerien und anderes. Was ist das doch für eine gewaltige Stadt. Diese Paläste! Warschau ist doch sehr viel unbedeutender. Da habe ich erstmal den Unterschied gemerkt. Diese Pracht und Einrichtung in dem Hotel Eden. Ich komme oft in die Räume der hiesigen großen Hotels, wo die Stäbe liegen. Die sind schon großartig, aber das Berliner Haus ist noch kostbarer. Sicher gibt es noch bedeutend bessere. Aber was bedeuten alle Pracht und aller Reichtum. Ich lernte verschiedene Leute kennen, denen dieser Komfort eine Selbstverständlichkeit ist. Aber was für kleine Leute sind das in Wirklichkeit, geistig, charakterlich. Es ist tatsächlich so. Der Reichtum und das verwöhnte Leben erdrücken und verkümmern die Menschen, wie Fliegen, die zwischen die Blätter eines dicken Buches gepreßt sind. [...]

Du hast ganz recht, diese dummen Tendenzfilme, aber die Propaganda braucht sie. »Goebbels ist ein Armeekorps wert!« sagte neulich ein höherer Offizier. Es geht um Sein und Nichtsein! Mit Phrasen macht der Engl[änder] seinen Krieg, mit Phrasen antworten wir. Die Propaganda verschlingt Unsummen, aber sie bringt es wieder ein. Sieh die Erfolge auf dem Balkan[188]. Ohne unsere Propaganda wäre Amerika schon im Krieg mit uns. Wer weiß, wie es wird! [...]

An den Sohn *Warschau, 21. September 1940*

Lieber Helmut –
von Berlin zurückkommend, finde ich Deinen lieben Brief hier vor, auf den ich Dir nun gleich antworten will. [...]

Ob das stimmt, daß Ihr nicht weiter studieren sollt, bezweifle ich. Der Mangel an Ärzten ist doch sehr groß, und die Sorge um den Nachwuchs ließ es den verantwortlichen Stellen seinerzeit geraten erscheinen, Euch zum Studium die Möglichkeit zu geben. Man kann allerdings nicht wissen, ob man die jungen Soldaten nicht doch noch nötig hat. Ich befürchte, daß es mit Rußland nicht geheuer ist. Und ob Amerika neutral bleibt, bezweifle ich auch. Der Krieg ist in ein kritisches Stadium getreten. Ich hoffe aber, es gelingt der Staatskunst des Führers, die Dinge zu meistern. Die diplomatischen und auch die wirtschaftlichen Erfolge auf dem Balkan sind doch großartig[189]. Die Italiener gefallen mir nicht. Wenn das Kerle wären, dann hätten sie doch Malta, das ihnen vor der Nase liegt, ernsthaft angegriffen, und ob sie in Ägypten vorankommen, scheint mir auch zweifelhaft[190]. Wahrscheinlich ziehn es die Ägypter vor, lieber unter englischer als unter italienischer Herrschaft zu stehen. Der Krieg ist jedenfalls noch lange nicht aus, dafür ist der Brandherd zu groß und [sind] die Entscheidungen, die auf dem Spiele stehen, zu ungeheuer. [...]

An die Ehefrau *Warschau, 23. September 1940*

Liebste –

[...] Sonntag war ich im Wehrmachtsgottesdienst und habe auch kommuniziert. Hier ist ein sehr intelligenter Geistlicher, in seiner Art ein richtiger Soldat. Sehr viele junge Flieger waren da. Manche mit ganz feinen Gesichtern, aber wenn man bedenkt, so viel tausend Soldaten hier, und etwa nur 4-500 gehen zum Gottesdienst. Ich habe so richtig die Gemeinschaft des Glaubens erlebt. Was ist dagegen die Phrase der »Kameradschaft«! Es gibt keine Religion ohne Konfession, das ist mir heute klar. Ich las die Lebensbeschreibung der heiligen Hildegardis[191]. Was ist das für eine Frau gewesen! Ich lese auch ein anderes Buch: Arndt, »Lebenserinnerungen«[192]. Die Zeit der napol[eonischen] Kriege. Auch das sind Menschen, Charaktere, Männer, eine Kraft, eine edle Gesinnung, die konnten auch Führer sein! [...]

Was Du von den Kindern der Reihe nach schreibst, ist sehr erfreulich. Fast ärgert's mich ein wenig, daß es ohne mich so gut geht. Ach, ich bin das Leben so überdrüssig hier. Man schleppt sich von einem Tag zum andern natürlich weiter, aber wie negativ ist es. Gestern legte der Kommandant von Warschau[193] im Beisein vieler Offiziere am Gedenkstein des Generalobersten von Fritsch[194] einen Kranz nieder. Ich war auch mit. Der Stein steht an der Stelle, wo er gefallen ist vor einem Jahr. – Der Krieg geht weiter. Wer weiß, wie lange noch. – Ja, wann kannst Du mal wieder an die Schultüre klopfen, wenn Dein lieber Mann darin Schule hält. Je weiter ich von der Friedenstätigkeit abrücke, desto mehr sehne ich mich danach. Was habe ich doch eine Arbeit geleistet daheim, in der Schule, an den Kindern der Bauern. Jetzt wird das denen wohl auch mal aufgehen, den Dösköppen. Jetzt hätte ich von diesem Krieg genug abgekriegt, es reicht mir. Ich möchte dies Jahr nicht vermissen, es gehört zu mir, es ist ein Teil meines und Deines Schicksals. Wir werden nie wieder vergessen, was wir an uns haben. Das Entferntsein vom Geliebten steigert die Liebe, die Nähe läßt sie erkalten und gleichgültig werden. Mein kleines, liebes, verliebtes Frauchen, meinst Du, Du sehnst Dich allein. Du willst mir einen verliebten Brief schreiben und bringst nichts aufs Papier. Ich weiß warum, die Worte wirken auf dem Papier so unschön und sagen das gar nicht, was man empfindet. Da läßt man's lieber sein. Ich bin fast stets für mich. Mit den Offizieren habe ich gar keine Gemeinschaft. Sie sind mir zu tot. Ich stehe mich aber mit allen gut. Ich sitze auf meinem Zimmer und schreibe und lese, wenn die Zeit noch reicht. Heute waren wir in den umliegenden Dörfern von W[arschau] und haben in einer Villenkolonie festgestellt, wieviel Soldaten da hineingelegt werden können. Es kommen immer mehr aus Frankr[eich] hierher[195]. Die Häuser stehen meist leer. Meist sind reiche Juden die Besitzer. [...]

An die Ehefrau *Warschau, 25. September 1940*

Liebste Frau –

ich sitze wieder mal auf der Wachstube in [der] Kommandantur. Seit 12.30 [Uhr]. Als ich vor 8 Tagen hier war, wurde ich plötzlich abgerufen und mußte nach Berlin fahren. In strömendem Regen sind wir heute aufgezogen. Gestern hat es auch schon gegossen, da waren wir unterwegs auf den Dörfern und stellten Belegsmöglichkeiten für kommende Truppen fest[196]. Wir gerieten mit dem Auto auf einen morastigen Feldweg, in dem wir alle Augenblicke stecken zu bleiben drohten. Aber der Motor schaffte es. Am Morgen mußten wir bei einer Schule warten. 3 Lehrer und 1 Lehrerin unterrichteten. Ein Lehrer konnte Deutsch. Es war ein Ukrainer[197]. Er sagte, die Polen dürften nicht wissen, daß er Ukr[ainer] sei, sonst kriegte er nichts mehr zu essen. Er war begeistert für die Deutschen. Er sagte: »Es muß etwas geschehen in meiner Heimat, die Deutschen müssen die Ukraine den Russen abnehmen. In meiner Heimat warten sie alle darauf, daß die D[eutschen] uns von den Russen erlösen.« Ich habe mich mit den Kindern unterhalten, 6.+7. Schuljahr. Die Polen haben nur 7 Schuljahre[198]. Die Kinder hatten eine Freude. Sie konnten etwas Deutsch und waren sehr stolz. Sie sangen »Fuchs, du hast die Gans gestohlen« und »Winter ade«. Mit eigentümlicher Aussprache. Ich malte einen Eimer und Spaten und andere Dinge an die Tafel und schrieb das d[eutsche] Wort dazu. Wie schnell konnten sie das Wort behalten, aber ich vergaß immer wieder das polnische. Ein süßes, schwarzäugiges Mädelchen hieß Monika. Ich sagte, meine Tochter heißt auch so. Sie wollten meinen Namen wissen. Ich schrieb ihn an die Tafel. Im Chor sagten sie meinen Namen. Wie merkwürdig mir das in den Ohren klang. Als ich fort mußte, waren wir gute Freunde geworden. Wie leicht ist ein Kinderherz zu gewinnen. Diese Bauernkinder sind reine Naturkinder. Was kann umgekehrt der Haß aus ihnen machen. Ich war überrascht über die Leistungen der Kinder und ihr sauberes, gesundes Aussehen. Alles intelligent aussehende Kinder, die meisten blond. – Könnte ich erstmal in meiner eigenen Schule sein! [...]

An einen Bekannten[199] *Warschau, 25. September 1940*

Lieber Freiherr von Ketelhort [Ketelhodt][200],

Ihr lieber Brief wartet schon eine ganze Zeit auf Beantwortung. Ich habe mich sehr gefreut, daß Sie noch an mich gedacht haben. Heute auf Kommandanturwache habe ich Zeit zu antworten. Vor 8 Tagen hatte ich mir gerade einen Schreibbogen eingespannt, um an Sie zu schreiben, da wurde ich abgelöst und mußte nach Berlin als Kurier fahren. Das war eine nette Abwechslung, das machte ich öfters. Das Leben geht so seinen eintönigen Gang weiter, ohne Schwung und ohne Lust, gerade, daß man seine Pflicht tut, aber auch nicht mehr. Bei Ihnen ist das wohl eine andere Sache. Sie sind Berufssoldat, der Krieg ist für Sie eher eine Abwechslung und bietet Ihnen die Bewährungsmöglichkeit, die Sie brauchen, aber für mich ist dies Leben ohne eigentliche Aufgaben nicht leicht. Es geht natürlich tausend anderen auch so, aber dadurch wird's nicht besser. Was mich am meisten bedrückt, ist das Unglück dieses eroberten Landes und die Unzulänglichkeit der Methoden, mit denen man an der Befriedung des Landes arbeitet. Ist Edelmut, Großzügigkeit und deutsche Kulturüberlegenheit hier wirklich fehl am Platze? Ich kann es mir nicht denken. Dieser Kampf ist doch die große Auseinandersetzung Europas mit den neuen Ideen des nationalsozialistischen Deutschlands. Sind wir zu klein für die großen Gedanken des Führers? Wir mußten [sic!] wie Könige denken und handeln und nicht wie Freigelassene. Europa steht morgen als eine neue deutsche Schöpfung da, oder alles versinkt in ein unheilvolles Chaos. Napoleon versuchte, ein französisches Europa zu schaffen, die Nachwirkungen dauerten bis in unsere Tage, aber sein an sich großartiger Genius entbehrte der konstruktiven Idee eines Genies wie Adolf Hitler. Die Trennungslinie zwischen Europa und Asien liegt heute schon, nach den deutschen Siegen des Krieges, am Bug, und wir Deutsche, die wir hier stehen, müssen dem besiegten polnischen Volke bewußt machen, daß es zu dem deutschen Europa gehört. Dann aber müssen sich die Methoden, mit denen man das Land beherrscht, ändern. Ein Volk wie das polnische ist niemals auszulöschen, [es] widerspricht auch ganz den Ideen des Nationalsozialismus. Es muß als eigenlebige nationale Größe in die Gleichung: westeuropäische Völker = Einheit = Deutschland eingereiht werden. Die Geschichte erhält einen neuen Sinn. Es ist mir unzweifelhaft, daß England nach seiner unausbleiblichen Niederwerfung in diese neue deutsche Front einbezogen wird; der Führer selbst hat es eingestanden, daß er diesem Entscheidungskampf mit England nicht ohne Herzbluten entgegengesehen hat[201], und an ihm liegt es nicht, daß der Krieg diese Schrecken angenommen hat. Der Kampf muß nun durchgestanden werden, ganz gewiß. Aus dieser Schau gewinnt unser Einsatz dann auch wieder eine andere Rechtfertigung. Wir müssen aushalten. Aber wieviel leichter könnte es uns Soldaten gemacht werden, wenn wir als Sendboten deutschen Geistes hier stehen dürften und nicht als Despoten. Warum baut man die Ruinen nicht auf, warum gibt man dem Polen nicht wirtschaftliche und kulturelle Freiheit und läßt ihn teilhaben an sozialer Gerechtigkeit? Brauchen wir dieses geschlagene Volk noch zu fürchten? Muß es den Griff an der Kehle immer noch mit ganzer Brutalität spüren, und nur den? Ist das Volk nicht genug gestraft für die Unfähigkeit einer verblendeten Staatsführung? – Ich hätte mich gerne einmal über diese und andere Gedanken in dieser Richtung mit Ihnen unterhalten. Vielleicht kommen Sie wieder einmal nach W[arschau].

Recht herzliche Grüße, Ihr W. Hosenfeld

An die Nichte[202] *Warschau, 25. September 1940*

Liebe Heidi –

Dein lieber Brief liegt nun schon bald einen Monat unbeantwortet hier. Ich habe gerade wieder mal Wache, da finde ich Zeit zum Briefeschreiben, da sollst Du nun auch mal wieder etwas von mir hören. Aber mir fällt ein, daß ich Dir in der Zwischenzeit doch schon geantwortet habe auf Deinen letzten Brief. Du meinst, Du wärest jetzt nirgends zu Hause. Das ist wohl richtig. Von Hause hat man sich in Deinem Alter so ziemlich losgelöst und ist ein Schweifender geworden. Das geht jedem Suchenden so; je selbständiger sich ein Mensch entwickelt, desto losgelöster fühlt er sich in der gar nicht leichten Zeit des Suchens nach neuem Lebensinhalt und [neuer] Lebensform. Die Eltern können einem dabei gar wenig helfen. Ja, man steht gar zu oft im Gegensatz zu ihnen und ist oft sogar ungewollt hart, wenn es darauf ankommt, das Eigene zu verteidigen. Mir ging es auch so, und Annemarie hatte auch schwere Auseinandersetzungen mit ihrem Elternhaus. Wir beide sind unsern Weg allein gegangen, meist im Gegensatz zu den beiderseitigen Eltern. Wenn man sich das alles heute überlegt, dann tut es einem leid, daß man ungewollt der Anlaß zu manchem Herzeleid gewesen ist. Ich bin immer glücklich darüber, daß später alles im schönsten Frieden verlief. – Die Naturliebe, die Du Dein eigen nennst, hast Du mit uns gemeinsam; ich bin auch am liebsten draußen in der Ursprünglichkeit der Natur und lebe gern mit den einfachen Menschen; es wäre mir zum Beispiel nicht eingefallen, in eine Schule der Großstadt zu gehen; das Leben auf dem Land ist mir zur zweiten Natur geworden. – Helmut hat in seinem Erntedienst tüchtig ran gemußt. Eine Erholung ist die Zeit für ihn jedenfalls nicht gewesen. Vorläufig kann er das Trimester noch studieren, dann wird gewünscht, daß sein Jahrgang sich freiwillig zum Militärdienst meldet. [...] Meiner Gesellschaft zu Hause geht es gut, ich hoffe bald in Urlaub zu fahren, wenn alles gut geht, Anfang Oktober. Die kleine Jorinde ist ein richtiger Leseratz [Vielleser] geworden; es ist ein Opfer für sie, sich mit der kleineren Schwester abzugeben. Wie mir Annemarie schreibt, macht die jeden Tag die tollsten Zicken. So ein wildes Kind haben wir noch nicht gehabt. Sie schläft in einem eisernen Bett, dessen Vorderseite zweiteilig ist. Die obere Klappe muß immer mit einem Fahrradschloss zugesperrt werden, sonst steigt sie heraus und verübt irgendeine Schandtat, während die Mutter glaubt, das süße Kind schläft. Nach einer halben Stunde erscheint sie dann in irgendeiner unmöglichen Verfassung, alle Welt in die größte Bestürzung versetzend. Ich höre jetzt noch das Jammergeschrei der guten Moni, als sie während eines Urlaubs die schönen Porzellanpuppengeschirre zerschmissen hatte. Fast in jedem Brief steht etwas von ihren Schandtaten, und doch haben die Geschwister sie unendlich lieb. [...]

Notiz *(Warschau,) 27. September 1940*

Umzug in die Artilleriekaserne. Nachmittags im Hallenbad der Imka [YMCA][203]. Oberleutnant Mooshammer, feister Genießer. Die zwei Doktoren machen sich sehr lustig über ihn, üben scharfe Kritik. Dr. P[ickelmann] sagt, daß wir im Wachbataillon den Ausschuß zurückbehalten haben.

An die Ehefrau *Warschau, 28. September 1940*

Meine gute, liebe Frau, meine Herzliebste –

Dein Blumenkränzlein hängt an der Wand über meinem Bett. Die einzelnen Blumen leuchten mir jede einen Gruß von Dir ins Herz. Die roten sind am stärksten vertreten, und das grüne Band der Hoffnung hält sie alle zusammen. In meiner Kiste hebe ich noch immer die 6 Rosen auf, die Du mir zum Abschied, als ich ins Feld zog, mitgabst. Deine Briefe sind mir der schönste Gruß. Ich nehme die Blätter an den Mund und spüre Deine Hand, die darüber geglitten, und sehe Dein Angesicht, das darauf geschaut, und höre Dein klopfendes Herz, das bei jedem Wort mir entgegenschlägt. Liebste – die Sorgen lasten auf Dir, Dein Herz ist voll Trauer, der Schmerz der Trennung bohrt in Deiner Seele. Es ist Dir jeden Tag, als wäre etwas in Deinem Wesen zerbrochen, als hättest Du eine blutende Wunde, die immer von neuem aufbricht und blutet; es ist, als entränne das schöne, süße Leben, und Du könntest es nicht halten, als gäbe es keinen Trost für Dich. Ich fühle mit Dir und spüre Deinen Kummer. Und [ich] sehe die tausend andern Frauen neben Dir, wie sie der Jammer würgt, wie sie eilenden Schrittes über die Straßen eilen, dem Unglück zu entgehen und dem fernen Glück entgegenzufliegen. Ich sehe die traurigen Augen der einsamen Mütter, an der Hand ein lieblich plauderndes Kind. Mit halbem Ohr neigt sich die Mutter dem Kinde zu; ihre Gedanken sind weit fort, auch von dem Kind an ihrer Seite, und suchen und suchen in dieser feindlichen, starren Welt. Wo bist Du, mein treuester, mein innig geliebter Mann? Jeden Tag hält der Tod seine grimmige Ernte unter den jungen Männern, jeder Tag bringt neue Verwüstung und Unheil über feindliche Städte. Immer neue Opfer fordert der Krieg. Gott schweigt: Die Herzen der Menschen sind verhärtet. Er überläßt sie ihrem Verderben. Die Geschichte ist ein einziges Totenfeld des Hasses und des Triumphes der Not, die sich die Menschen selbst bereiten. Wir sind wieder in diese große Not hineingestoßen. Vor einem Jahr lag Warschau voll toter Menschen, Leichen über Leichen und rauchende Trümmer. Wahnsinn und grenzenloses Leid, ein einziger ungeheurer Schrei des Elends, des

Schreckens. Lange Züge trauernder Menschen ziehn am Grabmal des Unbekannten Soldaten vorbei und grüßen ihre Toten. Der Herbststurm fährt durch die Bäume und reißt die Blätter herab und treibt sie durch die Gassen. Aber unsern Herzen soll dieser Sturm nichts anhaben; wir sind noch unberührt geblieben, wir spüren seine Kälte und erzittern vor seiner Macht, aber wir sitzen noch fest am Baum des Lebens und ergeben uns nicht willenlos seinem grausamen Spiel. In Dir und mir glüht warm und innig das Glück des hoffenden Herzens. Wir halten uns treu die Hände und suchen unsre Seelen nicht vergebens. [...]

Notiz *(Warschau,) 29. September 1940*

Morgens im Wehrmachtsgottesdienst. Schöne Gemeinschaftsmesse. Nachmittags Besuch mit Herrn Tschammer bei Familie Kosiorowski. Abendbrot gegessen. Der Mann ist leidenschaftlicher Pole, die Frau als Deutsche sucht zu vermitteln. T[schammer] ist ein gemütlicher Sachse, der keiner Laus etwas tut.

Notiz *(Warschau,) 30. September 1940*

[...] Schwiegertocher von Frau Sachs[204] übernimmt den Auszug. Jüdin, alle Juden kommen ins Ghetto[205]. [...]

An die Ehefrau *Warschau, 30. September 1940*

Liebste –

Dein Brief vom Freitag kam eben. Ich antworte Dir sofort. Sei doch nicht so zappelig. Am Donnerstag bin ich zu Hause. Es läßt sich nicht alles so am Knie abbrechen. Ich schrieb Dir zwar, daß ich Ende September komme, aber ich bin ja nicht mein freier Herr. Ich muß mich nach meinen Vorgesetzten richten. Eben hat mir der Bataillonskommandeur den Urlaub genehmigt. Ich fahre am Mittwoch abend hier fort und bin um 7 Uhr in Berlin, dann aber habe ich erst am Nachmittag Gelegenheit zur Weiterfahrt. Das ist bitter, einen halben Tag muß ich in B[erlin] verbummeln. Ich wäre dann erst in der Nacht in Fulda. Ein Kamerad meinte, ich sollte sehen, ob ich den Basler D-Zug, der morgens in Berl[in] abgeht, erwischte. Dann wäre ich schon am Nachmittag in Fulda. Aber wir dürfen keine Schnellzüge benutzen, nur Urlauberzüge. Deswegen ist meine Ankunft ungewiß. Ich schicke Dir ein Telegramm, daß Du rechtzeitig nach F[ulda] fahren kannst und mich dort triffst. Wir übernachten dann wieder im »Hessischen Hof«, wo wir schon einmal geschlafen haben. Du mußt dann rechtzeitig ein Zimmer bestellen. Das wird dann ein Fest! Ausmalen überflüssig!? [...]

Aber eine kleine Überraschung habe ich für Dich. Ein Bild von mir. Bei den Sportkämpfen lernte ich einen volksdeutschen Sportler kennen, der polnischer Meister im Weitsprung war[206]. Ich besuchte ihn verschiedene Male. Er wollte mich gern einmal zeichnen. Am Sonnabend hat er mich porträtiert. Ich bin ja gespannt, was Du zu dem Bild sagst[207]. Ich war ganz sprachlos über seine anderen Köpfe. Ich hätte ihm das nicht zugetraut. Und wie schnell er fertig war. Na, Du wirst es sehen. Vor Deinem kritischen Blick wird es schwer standhalten. [...]

Notiz *(Auf der Rückreise nach Warschau,) 23./24. Oktober 1940*

Mit dem Frühzug um 7.00 [Uhr] nach Fulda. Moni + Detlev fuhren zur Schule. Sie begleiteten uns noch ein Stück, Mo[ni] mußte zuerst fort, dann Detl[ev]. Er weinte. Ich ging noch einmal zurück und küßte ihn, er mich auch. Es war auf dem Weg nach dem Frauenberg. A[nnemie] ging mit mir auf den Frauenberg; wir blieben eine Zeitlang in der Kirche. Sie fror und fühlte sich nicht wohl. Wir hatten uns lieb; der Abschied war für mich nicht so schmerzlich wie für sie. Ich mag es auch nicht gern, wenn das Abschiednehmen so in die Länge gezogen wird. Drei Momente sind mir schmerzlich gewesen, Jorindes Trauer und Utas lautes Weinen, als ich sie die Treppe hinauf schickte, und A[nnemie]s liebe Gestalt, als sie am Geländer stand und mir zuwinkte, bis der Zug verschwand.

An Ehefrau und Kinder *Warschau, 24. Oktober 1940*

Meine liebe Annemi, liebe Kinder –
ich bin noch nicht recht zu mir gekommen; es ist, als wenn ich träumte, daß ich schon wieder in Warschau sein soll, so weit weg von Euch. Die ganze Fahrt erlebte ich wie traum-

wandelnd. Ich wurde zum erstenmal wach, als ich die polnischen Milchfrauen am Bahnsteig sah, in ihren Pelzen und den in Tüchern eingeknüpften Milchkannen. Von Berlin aus hatte der Zug 3 Stunden Verspätung. Ich erwischte trotz größtem Gedränge einen Sitzplatz. Drei Berliner Offiziere saßen zusammen und erzählten sich von Fliegeralarm, Kellerfesten im Luftschutzraum, vom guten Essen und Berliner Neuigkeiten. Der eine war ein Briefmarkensammler, der unter anderem zwei Briefmarken hat, die 4500 Mark kosten, die seine Tochter bei Luftalarmen immer mit in den Keller nehmen muß; auch einen Drilling hat er, ein kostbares Jagdgewehr; die Tochter hat ihm versprechen müssen, diese 3 Sachen in erster Linie in Sicherheit zu bringen. Sonst wäre er nicht mit Ruhe nach Polen gefahren. – In Fulda war der Zug völlig besetzt. Nachdem ich eine Zeitlang gestanden [hatte], bot mir ein Fliegermajor einen Platz im Kurierabteil der 1. Klasse an. Da saß ich mit andern Herrn recht schön. Aber keiner sagte ein Wort zum andern. Erst von Weimar ab entdeckten der Major und sein Gegenüber, ein Stabsarzt aus Fr[an]kf[ur]t, daß sie frühere Reisegenossen auf einem Schiff nach dem Nordkap gewesen seien [sic!]. Die beiden hörten dann nicht mehr auf, von ihren Reisen zu berichten. Ein anderer Kurier-Major war zugestiegen. Mit eisiger Miene, fest zusammengekniffenen Lippen und starren Augen hörte er das Gespräch der beiden an. Er war von Anfang an darüber aufgebracht, daß drei Offiziere, die Nichtkuriere waren, das Abteil teilten. Ich bot ihm meine Ecke an. Mein Angebot wurde höflichst abgelehnt. – Als ich heute morgen ausgeschlafen hatte und die Herrn im Abteil betrachtete, saß ein Artilleriehauptmann mir gegenüber. Merkwürdig, welche Gefühle der Ablehnung und des Widerstrebens ein unsympatischer Mensch auf einen ausüben [sic!]. Ich hatte das Gefühl, das ist dein Feind. Komisch: Auch in diesem Abteil wurde kein Wort gesprochen. Die Urlaubsfahrer sind gesprächiger. Die Zurückkommenden sind alle verstört. [...]

An einen früheren Untergebenen[208] *Warschau, 24. Oktober 1940*

Lieber Kamerad Höfer –

vom Urlaub zurückkommend, finde ich Ihren Brief hier vor. Ich muß sagen, einen Brief, der mir zu denken gibt. Sie meinen also, daß mich ein erheblicher Teil Schuld an Ihrem Unglück trifft. Wenn das wahr sein sollte, dann aber ohne mein Wissen. Ich wäre wohl der letzte gewesen, der Ihnen nicht einen weniger anstrengenden Dienst gegönnt hätte. Hätten Sie doch nur mal ein Wort gesagt, daß Sie die Waffenmeisterstelle gerne übernehmen würden! Sie waren ja auch gar nicht der damaligen 6. Kompanie zugeteilt, die ich seinerzeit vertretungsweise führte, sodaß ich Sie gar nicht dazu hätte nehmen können. Ich war ja viel zu wenig mit Ihnen zusammen, als daß ich ein Auge auf Sie haben konnte. Ja, in der ersten Zeit, als ich nur den Zug hatte, da konnte ich mich um jeden einzelnen kümmern und konnte auch jeden kennenlernen, aber später, unter den 155 Rekruten, da verlor ich den einzelnen aus dem Auge. Sie wissen ja, wie es in der Ausbildungszeit herging! Wenn die Züge angetreten waren, dann konnte ich nicht fragen, wer fühlt sich von Euch krank, sondern ich mußte mit Euch Dienst machen. Sie haben sicher zu viel Ehrgefühl gehabt und fürchteten, bei den Kameraden und den Vorgesetzten in ein schlechtes Licht zu kommen, wenn Sie sich krank meldeten. Das ist sehr schade, und ich verstehe Ihren Kummer vollkommen, aber wer sollte Ihre Krankheit denn besser kennen als Sie selbst? Ich konnte sie doch nicht beurteilen, ich habe mich immer gefreut, wenn ich Sie noch unter der Schar entdeckte und sah, daß Sie so tapfer mitmachten, aber daß es Ihnen so schwerfiel, davon hatte ich doch nicht die geringste Ahnung. Wer ist in diesem, Ihrem Fall verantwortlich zu machen? Der ausbildende Offizier doch am allerwenigsten. Die Männer, die zum Dienst angetreten sind, sind gesund; Kranke treten nicht mit an, die melden sich eben krank, etwas anderes gibt es beim Militär nicht. Nein, ich werde nicht auf Sie schimpfen, ich verstehe Sie sehr gut, daß Sie in Ihrem jetzigen Zustand, der so überraschend über Sie gekommen ist, verbittert sind und nach einem Schuldigen suchen. Sie tun mir wenigstens recht leid, und ich wünschte, ich könnte Ihnen helfen, Kleinmut Ihnen zu nehmen; warum sollten Sie denn nicht mehr gesund werden und Ihre Frau auch; die Tuberkulose ist heute nicht mehr unbesiegbar wie in früheren Jahren, und sicher werden Sie als Soldat eine besonders gute Behandlung haben, sodaß Sie sich bald erholen werden und wieder ganz gesund werden. – Sie schreiben unter anderem, daß ich Sie bei den Märschen nicht genügend berücksichtigt hätte; ja, du liebe Zeit, wer hat da nicht geschwitzt bei der Hitze? Ich kann nur eins sagen, Sie hätten nicht so einen Ehrgeiz haben sollen, Sie haben sich eben zuviel zugemutet, zuviel Anständigkeit ist auch nichts. Ich teile Ihren Pessimismus ganz und gar nicht; warum sollen Sie nicht wieder gesund werden? Wenn Sie den Willen hatten, die Strapazen zu ertragen, dann wird Ihnen der Wille zum Gesundwerden nicht abgehen, und den wünsche ich Ihnen vor allem und grüße Sie mit den besten Wünschen für Ihre Genesung, auch für Ihre Frau! [...]

Wehrdienstbeschädigungsliste über den Schützen Gerhard Höfer. Feststellung des Tatbestandes[209]:

Der Schütze Höfer wurde am 26.4.40 meiner Rekrutenkompanie zur Ausbildung zugeteilt. Nach einem 15 km Übungsmarsch am 3.5.40 meldete H[öfer] mir, daß er unter Aufbietung aller Kräfte den Marsch durchgesetzt hätte. Er teilte mir mit, daß er 1938 an einseitiger Lungenlähmung erkrankt sei und einen Lungenriß gehabt habe. Der ausbildende Unteroffizier Fink meldete mir, daß H[öfer] die Übungen mit Gasmaske nicht mitmachen könnte. Ich befreite H[öfer] von diesen Übungen. Mitte Mai wurden die Rekruten vom Truppenarzt untersucht. H[öfer] wurde für dienstfähig befunden. Die wöchentlichen Übungsmärsche hat H[öfer] mitgemacht. Ich beobachtete, daß ihn das Marschieren sehr anstrengte. H[öfer] war ein sehr diensteifriger Soldat, der, wahrscheinlich durch starkes Ehrgefühl getrieben, sich körperlich mehr zumutete, als er zu leisten imstande war.

Warschau, 13.11.1940

An die Ehefrau *Warschau, 28. Oktober 1940*

Liebste –

[...] Du hast Schwindelanfälle, ich auch, wir werden alt, mein Lieb. Ich habe auch immer wieder Kopfschmerzen, zum Aushalten, aber ich meine, ich wäre nicht auf der Höhe. Von der Kulturwoche[210] will ich nicht viel sehen. Ich gehe mal in ein Konzert. Heute abend wahrscheinlich. Ich bleibe auch genauso gerne daheim. Es ist mir alles gleichgültig. Ich liege auf meinem Bett und träume von Euch, von Dir.

Abends, 10.20 Uhr

Ich war mit einigen Kameraden im Symphoniekonzert. Aber ich habe kein rechtes Verständnis. Ein Schauspiel verstehe ich besser. Mit der Zeit hatte ich mit dem Schlaf zu kämpfen. Jetzt sitze ich wieder zu Hause, in dieser gemütlichen Bude. Um 6 Uhr morgens geht's zum Dienst, das mache ich eigentlich ganz gerne. Gegen 11 Uhr sind wir fertig. Nachmittags noch einige Stunden, dann bin ich wieder frei. Aber mit den schönen Freistunden weiß ich nichts anzufangen, nichts, was mich befriedigt. [...]

Notiz *(Warschau,) 29./30. Oktober 1940*

Abends Film: »Die Rothschilds«[211]. Tendenzfilm, ist aber nicht so gewöhnlich wie der neuere Judenfilm »Jud Süß«[212]. In dem ersteren Film wird doch eine gewisse Linie des Verstehens und ein objektives Hinnehmen des Geschehens gewahrt, während bei dem 2. Film alles schlecht gemacht wird, was uns nicht paßt. Dagegen sucht der Film den Großherzog von Württemberg als Landesvater zu frisieren, obwohl er doch der größere Lüstling und der eigentliche Urheber des Unglücks ist, des Juden dagegen sich nur als willfähriges Werkzeug bedient.

An die Ehefrau *Warschau, 1. November 1940*

Liebe Frau –

das ist so ein richtiger Tag zum Spinnen, ein Gedanke reiht sich an den andern. Dir wird es gewiß auch so gehen. – Ich habe heute Dienst an der Kommandantur als Offizier vom

Dienst, nicht mit der Wache. Als O.v.D. [Offizier vom Dienst] muß ich 24 Stunden in dem Dienstzimmer sein und alle möglichen Fragen und Ansuchen beantworten. Besonders, wenn von 17 Uhr ab die Dienststellen ihre Tätigkeit einstellen, dann muß der O.v.D. alles vermitteln. Manches weiß ich gar nicht zu beantworten. Das Telefon läutet in einem fort. Bald ist da ein Soldat verunglückt, der ein Sanitätsauto nötig hat; da ist ein Fahnenflüchtiger festgenommen worden. Eine Dienststelle fragt an, ob heute gesetzlicher Feiertag ist und ob die Mannschaften bis 12 Uhr Ausgang hätten. Ein anderer will deutsches Geld in poln[isches] umwechseln und fragt, wo die Stelle ist, bei der er wechseln kann. Der Kurier will die Kurierpost haben. Ich werde angerufen, ich soll Geheimsachen beim A.O.K. [Armee-Oberkommando] abholen. Auf meiner Stube ist ein Panzerschrank, da hinein tue ich die Sachen, bis sie abgeholt werden. Von Krakau meldet sich ein Oberregierungsrat an, er will Quartier gemacht haben, 15 Soldaten ebenfalls. Ein Generalstabsarzt ist zwischen x-y verunglückt, sofort einen Wagen abschicken. Zwei betrunkene Soldaten sitzen in einem Lokal und schlagen alles kaputt. Feldgendarmerie benachrichtigen. So etwa geht das, bis es 9-10 Uhr abends ist. Dann läßt es nach, wenn nicht in der Nacht irgendetwas passiert. Ich komme mir vor wie gefangen. Das Zimmer ist eigentlich sehr gemütlich eingerichtet. Ein feiner Mahagonischreibtisch mit Sessel, bequeme Polstersessel und Sofa, hübsch warm, Radio, Waschvorrichtung. Das wäre schon alles ganz nett, wenn es mir gefallen tät. – Soll ich Dir noch mehr erzählen? Eben, 15.30 [Uhr], saß ein Unteroffizier von der Feld-Gendarmerie bei mir, ein netter Kerl, ein Wiener. Er hatte eine große Schramme am Kopf. Er kam gerade von einer Streife zurück, hatte mit dem Auto einen Unfall. Er selbst hatte einen Verbrecher mit sich im Auto, an seiner Hand angeschlossen, daß er ihm nicht entwischen konnte. Der Kerl hatte Telefonkabel zerstört und war von den Polen selbst verraten worden. Der Unfall war noch gnädig abgegangen. Was er bei mir wollte? Er suchte in den Akten, ob am 15.10. ein Soldat angezeigt wäre, der einem Droschkenkutscher in der Nacht Geld erpresst hatte. Hier war nichts eingetragen. [...]

Dieser Tage kam ich mit einem Herrn von Rengarten, einem Balten-Deutschen, zusammen. Ich erzählte Dir schon einmal von ihm. Er ist Direktor eines Kabelwerkes[213]. Er nahm mich mit in seine Wohnung, wo ich seine Frau kennenlernte. Die zeigte mir einen Hut mit Haarnetz, er kostete aber auch bei [sic!] 15 Mark. Die Frau ist lungenleidend, sie hatte einen kostbaren Schmuck und war sehr schön angezogen, aber sie tat mir leid und der Mann auch. Er war so übertrieben freundlich und nett zu seiner Frau, daß es mir bald merkwürdig vorkam, ob das echt sei. Kinder hatten sie nicht, aber einen Hund. [...]

Notiz *(Warschau,) 2. November 1940*

Besuch poln[ischen] Gottesdienstes ist durch Kommandanturbefehl verboten[214]. Abends mit Herrn + Frau v[on] Rengarten[215] in Kaffee »Lardelli«[216]. Karfreitagsmusik, anschließend Piroggen-Mahlzeit in der Familie bei R[engarten].

An die Ehefrau *Warschau, 3. November 1940*

Meine Frau –

es ist inzwischen Abend geworden. Ich habe mich eine Zeitlang aufs Bett gelegt, dabei ist es dunkel geworden. Eine Stunde Musik in der Dämmerung brachte das Radio. Die beiden Lieder von Franz Schubert, »Das Abendrot« und »Über allen Wipfeln ist Ruh«[217], waren so unendlich schön, daß mir die Tränen die Backen herunterkollerten. Ich verstehe nur einfache Musik, ich muß einen Anhaltspunkt haben an der Sprache, am Wort, dann ergreift mich die Musik. Gestern abend war ich mit meinen Warschauer Bekannten in einem Kaffee[218], in dem die ehemaligen Symphoniker der poln[ischen] Oper jeden Tag konzertieren, um ihr Leben zu fristen. Da wurden große Werke gespielt von großen Musikern; weil Allerseelen war, ganz ernste Musik, aber ich bin nicht ergriffen gewesen. Nicht weit von mir saß ein junges Mädchen, das war so ergriffen, so gebannt; man sah ihr [sic!] an, wie schwer es ihr fiel, beim Schluß des Stückes sich wieder in der Umwelt zurechtzufinden. Aber ich verstehe diese Musik nicht. Ich glaube, die meisten andern Menschen auch nicht. Sowie ich aber etwas Bekanntes höre oder etwas, an dem ich schon selbst herumgestümpert habe, zum Beispiel das Largo von H[ändel] oder »Solveigs Lied«[219], dann ergreift's mich mit seliger Gewalt, und ich spüre die Erhabenheit der Töne. Es ist wohl so mit der Musik wie mit andern Dingen auch. Ich verstehe nicht einen Philosophen wie Kant oder Nietzsche oder wissenschaftliche Abhandlungen großer Gelehrter. Wie viele verstehen sie? Und die Musik eines von Beethoven sollte jeder verstehen, auch wenn er unmusikalisch ist? Ich glaube das nicht. Diese Musik muß einer studiert haben, ehe er sie begreift. Mich kann so ein Lied für einige Stunden froh und glücklich, noch mehr: gut und edel machen. Es geht mir auch so, wenn ich ein schönes Bild betrachte, zum Beispiel den Engel oder die Jungfrau vom Englischen Gruß von Veit Stoß[220], die Du kennst aus Nürnberg, oder ich betrachte die steingewordene Uta vom Naumburger Dom[221]. – Heute morgen, eigentlich wollte ich in die Kirche, nahm ich an der Ehrung des früheren Kommandanten des Fliegerhorstes Warschau teil, der bei einem Sonderauftrag über England den Fliegertod fand. Seine Frau, 1 Sohn, auch Fliegeroffizier, und zwei Töchter waren von Stuttgart zu der Feier gekommen. Zuerst wurde in der Stadt eine Straße zu Ehren des gefallenen Fliegers umbenannt. Der Stadtpräsident von W[arschau][222] hielt die Weihrede, dann fuhren wir hinaus auf den Flugplatz. Da war ein ganzes Fliegerregiment angetreten. An einer hohen Säule wurde eine Gedenktafel enthüllt. Für die drei Frauen hatte man Stühle hingestellt. Es war recht kalt und naß; ich glaube, sie waren froh, als die Feier nach einer Stunde zu Ende war. Wie kalt mag aber die Frau im Herzen geblieben sein, bei all dem militärischen, ganz und gar unpersönlichen Schauspiel? Erst der letzte Redner, ein österreichischer Fliegergeneral, fand herzliche Worte, die sich auch ans Gemüt richteten. Aber vielleicht ist das so auch richtig. [...]

Notiz *(Warschau,) 6. November 1940*

Zwei Bücher: Alfred E. Hoche: »Tagebuch des Gefangenen[223]«. Viele gute Gedanken über die Frau, Eheleben, die Liebe. Karl Haushofer, »Weltpolitik von heute«[224]. Erfordert Studium, das sich lohnt, um den heutigen Krieg zu verstehen.

An die Ehefrau *Warschau, 7. November 1940*

Liebe Annemi –
heute morgen war ich wieder bei dem Nervenarzt. Er hatte den fraglichen elektrischen Apparat aber immer noch nicht da, deshalb ist die Untersuchung immer noch nicht abgeschlossen, aber ich glaube, daß ich mit einer Änderung rechnen muß, vielleicht mit Entlassung. Er deutete mir so etwas an. Er nahm die zeitweise auftretenden Sehstörungen und Sprachhemmungen ernster als die Beingeschichte[225]. Ich kann Dir weiter noch nichts sagen; acht Tage wird sich die Entscheidung noch hinauszögern. Sonst geht es mir gut. [...]

Notiz *(Warschau,) 8. November 1940*

Kommandanturwache. Herr Luckhaus[226] besucht mich auf dem Wachzimmer. Er schüttet sein Herz ein wenig aus. Er ist Deutscher, fühlt sich aber nicht zugehörig, leidet unter dem Unglück der Polen, des Volkes, dem seine Frau angehört. Die Frau haßt die Deutschen mit echter vaterländischer Gesinnung und mit der Inbrunst des gläubigen, unterdrückten, freiheitsberaubten Unterworfenen.

Notiz *(Warschau,) 11. November 1940*

Wieder bei dem Nervenarzt, ich habe keine große Hoffnung mehr, daß er mich für dienstunfähig hält. Am Freitag soll der Apparat da sein, mit dem er mich untersuchen will. Pandostat heißt er. [...]

An die Ehefrau *Warschau, 12. November 1940*

Meine Annemi –
[...] Ich glaube gerne, daß ich in der Schule nötig bin, und wie gerne würde ich da arbeiten. Meine große Erwartung ist durch den Arzt, bei dem ich gestern wieder war, gedämpft worden, so leicht wird's doch nicht sein, mich zu entlassen. Ich sehe zu gesund aus. Aber ich gebe die Hoffnung noch nicht auf. [...]

An die Ehefrau *Warschau, 12. November 1940*

Liebste –
eigentlich wollte ich ins Kino gehen, heute abend, aber ich bin doch lieber daheim geblieben und habe meine Strümpfe gestopft; gelt, das gefällt Dir? Und außerdem, ich hatte mich so satt gegessen an dem Käsekuchen und dazu ein Stück von dem wundervollen Honigkuchen, daß ich ganz träge war. Kamerad Kratz hat Deinen Kuchen auch sehr gelobt. Das Rauchen hatte ich eine ganze Zeit unterlassen, aber jetzt betreibe ich es wieder in mäßigen Grenzen, der Arzt sagte, das schadete mir nichts. Mit dem Schwindel und den anderen Erscheinungen hätte das nichts zu tun. Wenn ich so an meinem Abendbrottisch sitze und verzehre mein Essen, dann habe ich immer ein Buch oder die Zeitung dabei liegen und lese dazu. Da kommt mir die Ödigkeit meines Daseins nicht so zum Bewußtsein. Ich freue mich die ganze Zeit schon auf eine Zigarette hinterher. So kommt es, daß ich es schlecht meiden kann. Morgen habe ich vormittags nichts zu tun, um ½11-12 [Uhr] ist Reiten. Am Freitag soll ein Jagdspringen stattfinden, das mache ich auch mit. Hinterher ist Hasenessen. Zwei Offiziere waren am Sonntag auf der Jagd und haben 10 Stück erlegt. Anschließend wird's ein Gelage geben. Als ich vom Urlaub kam, war schon mal so eine Sache, ich bin da aber drum gekommen zu meiner größten Befriedigung. Am Sonntag habe ich wieder Kommandanturwache, von Sonntag 12 Uhr bis Montag 12 Uhr. Nachmittags gehe ich meist zum Schwimmen. – Die Mütze macht Dir mit Hilfe einer Pelznäherin die Frau des Malers[227], der das Bild von mir machte. Sie will auch die Zutaten stellen. Das sind sehr freundliche Menschen. Sie laden mich immer wieder ein; meist muß ich mit Abendbrot essen, aber das ist dann so wenig, daß ich nur ein bißchen zugreifen mag. Die Frau ist Polin und leidet unter den gegenwärtigen Verhältnissen außerordentlich; er sucht bei mir immer Trost und Verständnis. Manchmal ist er ganz unglücklich. [...]

Nun bist Du bald allein und mußt alles ohne Mädchen schaffen, das macht mir Sorge. Wenn ich da wäre, brauchten wir keine Hilfe. Ich helfe Dir den ganzen Tag. Aber ich habe

Dich immerfort sehr lieb und bin mit den Kindern, trotzdem sie Dich so ärgern, eng verbunden. Seid alle herzlich gegrüßt, Dein Wilm, Euer Vater.

An die Ehefrau *Warschau, 14. November 1940*

Liebste Annemi –

[...] Gestern abend war ich im Theater: Max Halbe, »Ein ganzer Kerl«[228]. Es wurde sehr gut gespielt. Mir sagen diese Stücke nichts, die keinen sittlichen Gehalt haben. Herr und Frau von Rengarten[229] waren auch mit. Die Frau versteht aber zu wenig deutsch. Was ist das nur immer, bin ich so anspruchsvoll? Ich sehe so schnell hinter dem Äußeren den kleinen Menschen, und dann mag ich den Umgang nicht mehr. – Herr Luckhaus[230], der Maler, hat mich noch nicht enttäuscht; er sucht immer Anlehnung an mich. Heute war ich mit seiner Frau bei der Pelzmacherin. Morgen ist die Mütze fertig. Ich schicke sie Dir mit einem Urlauber. Auf dem Heimweg entdeckte ich ein Spielwarengeschäft, da gab es ganz reizende Puppen, aber teuer; für Uta kaufe ich aber eine. 10-15 Mark. Darf ich das ausgeben? [...]

Nein, vor dem Zusammenleben mit Dir hätte ich gewiß nicht ein bißchen Angst. Daß wir uns einmal wieder kabbeln, das ist nicht schlimm, das nehmen wir nicht wichtig und ernst, das geht nicht tief. Du stehst immer vor mir, und mein Herz ist erfüllt mit Sehnsucht nach Dir, nicht nur nach körperlicher Vereinigung, sondern nach ständigem inneren seelischen Einssein. Und das bleibt. Je älter wir werden, desto schöner wird das Einswerden, das Ineinanderaufgehen. Wir Männer sind unstet und wild und zügellos, viel mehr als Ihr Frauen, wenigstens wie ich einer bin. Mein Sinn steht immer auf Erleben, auf Schauen und Wachsein und Tätigsein, und Du bist gerade so; und da rennen wir oft aneinander hin und vergessen, daß wir Schritt zu halten haben und dieselbe Richtung. Nein, ich bin Dir gewiß nicht untreu, auch nicht in Gedanken, Gelegenheit wäre hier genug, aber Dein Glaube an mich schützt mich und die Gewißheit, daß ich bei Dir so selig und ganz allein, ganz allein am herzlichsten aufgehoben bin, und daß *Du*[231] keinen besseren Mann haben kannst als Deinen Wilm.

Notiz *(Warschau,) 15. November 1940*

3 Uhr mittags Jagdspringen und Fuchsjagd. Ich fange den Fuchs. Abends Hasenessen, anschließend Trinkgelage bis ½2 Uhr. Übles Benehmen von Oberleutnant Florak. Er stänkert gegen mich. Anderntags entschuldigt er sich. Oberleutnant Kanert übernimmt das Präsidium. Ganz geschickt. Im Grunde ein anständiger Kerl.

An die Ehefrau *Warschau, 15. November 1940*

Liebe Annemi,

[...] Heute morgen mußte ich die Wachen kontrollieren. Zuerst in einer großen Bäckerei. Da werden täglich 25 000 Brote gebacken. Das Mehl wird von den Eisenbahnwagen hereingefahren, kommt in riesige Schüsseln, wo es sich erwärmt, dann wird es gemischt, mit Maschinen geknetet, geformt in die Backöfen geschoben. Auf einem laufenden Band kommt es gebacken wieder heraus, und vor der andern Seite des Gebäudes stehn Lastautos und fahren es fort. Die zweite Wache ist in einem Hotel[232], in dem das deutsche Quartieramt ist. Die dritte in einem Krankenhaus, die vierte steht an einer Eisenbahnbrücke. Da geht der Vormittag hin, obwohl ich mit dem Auto alles abfahre. – Mittags war die Fuchsjagd, es waren nur 10 Reiter. Der Graf[233] machte auch mit. In toller Jagd ging es querfeldein über Hindernisse, Gräben, durchs Wasser, einen steilen Hang hinauf, hinab. Ein junger, aktiver Feldwebel von der Kavallerie, unser derzeitiger Reitlehrer, führte das Feld. Am Schwanz seines Pferdes war der Fuchsschwanz befestigt. Mein braver Fuchs lief wie der Teufel, und es gelang mir, den Fuchs zu fangen. Das kostet mich heute abend ein Faß Bier. Heute abend ist nämlich Hasenessen, und der neue »Master« wird dabei gefeiert. Ich weiß noch gar nicht, wie ich mich dabei benehmen soll. – Gelt, das sieht nicht aus, als ob ich als dienstuntauglich entlassen würde, aber ich baue noch immer auf den ärztlichen Befund. [...]

An den Sohn *Warschau, 15. November 1940*

Lieber Helmut –

für Deinen Brief vom 10.11.40 besten Dank. Nun hat Dir der Professor auch einen guten Rat gegeben, aber es ist wie bei allen schweren Entscheidungen im Leben: Den letzten Schritt muß jeder selbst tun, die letzte Verantwortung nimmt einem keiner ab. Ich würde mich jetzt an Deiner Stelle klar für das eine oder das andere entschließen; alle Folgerungen nimmst Du dann wissentlich auf Dich, und Du siehst den kommenden Dingen fest ins Auge. Ich will Dich nicht beeinflussen, aber es scheint mir richtig zu sein, daß Du noch ein Semester zur Vorbereitung auf das Physikum verwendest.

Wie ich Dir schon schrieb, ließ ich mich von einem Arzt wegen meiner Kriegsverletzung untersuchen. Er tat das sehr eingehend, will aber erst ein abschließendes Urteil geben, wenn er mit dem Pandostat oder wie der Apparat heißt, seine Diagnose erhärten kann. Eben war ich wieder da, der besagte Apparat fehlt aber noch immer. Das kann noch eine gute Weile dauern, bis er da ist. Mutter hat sich schon große Hoffnungen gemacht. – Gegen den 10.–15. Dezember fahre ich in Urlaub, daß ich Weihnachten zu Hause bin. – Der Dienst hier ist ganz angenehm. Unter anderen Umständen würde ich das als Spielerei betrachten, aber das ständige Bewußtsein, hier eigentlich überflüssig zu sein und daheim so unentbehrlich, nimmt mir die Lust. Und trotzdem muß man aushalten, nötig sind wir im grauen Rock schon, wenn einem das auch nicht gerade einleuchtet. Das gewaltige deutsche Heer steht schlagfertig und ist deshalb eine ausschlaggebende Macht, unter dessen Schatten Ad[olf] Hitler seine Pläne verwirklichen kann. Die Russen werden sich nun bald am Bosporus einrichten, und das östliche Mittelmeer und Ägypten werden wieder mal deutsche Soldaten sehen. Unsere Stellung war noch nie so stark wie jetzt. Hitler hat selten eine so überzeugende Rede gehalten wie die vom 9. November[234]. Er ist doch ein fabelhafter Mensch. – Hier herrscht immer noch große Teuerung. Die Stadtbevölkerung ist schlimm dran. Den Bauern geht es gut. Anscheinend sind diese Zustände geduldet, denn man will die poln[ische] Intelligenz treffen[235]. [...]

An Ehefrau und Kinder *Warschau, 17. November 1940*

Meine Lieben alle –

[…] Unterdessen sitze ich auf der Kommandantur in W[arschau]. Heute, am Sonntag, ging's wieder mit Musik. Das mache ich gerne. Eine Menge Leute schaute zu, als wir aufzogen. Ich habe mir 2 Äpfel und ein Stück Kuchen mitgenommen und – zerrissene Strümpfe. Ich habe ein schönes Zimmer allein für mich und Zeit, da kann ich sie stopfen. Das ist eine Abwechslung. Gerade vorher bekam ich Deinen lieben Brief vom 14. Du sagst, ich schriebe nicht, welche Briefe ankämen? Das stimmt aber nicht. Ich registriere jeden Brief, der ankommt. Mach Dir nur mal ein Verzeichnis und schreibe dahinter, angekommen – nicht angekommen. […]

Gestern erlebte ich eine Überraschung, die ich Euch erzählen muß. Was für ein Leid gibt's doch. Als ich bei L[uckhaus][236] war, saß da schon die junge Frau Sachs[237]; kannst Du Dich erinnern an die Frau Sachs, die ich mehrere Male besuchte? Die Schwiegertochter mit ihrem Mann und ihrem kleinen Jungen lernte ich vor einem Jahr im Zug kennen und war ihnen behilflich, daß sie mitkamen. Die Familie L[uckhaus] und diese Familie S[achs] kennen sich von früher. Neulich war Frau S[achs] schon mal mit ihrem kleinen Felix bei L[uckhaus], und ich schenkte dem Kleinen eine Mundharmonika, die ich zufällig bei mir hatte. Und gestern kommt Frau S[achs] und wickelt aus einem Papier eine wunderschöne Puppe für Uta heraus. Ich war ganz sprachlos. Ja, das wäre ihre Puppe, und meine kleine Tochter sollte die haben. Sie wünschte sich zwar auch so gerne ein kleines Mädchen, aber sie müßte sich jetzt von ihrem Mann scheiden lassen. Sie holte das Bild ihres Mannes aus der Handtasche und weinte. Von L[uckhaus] erfuhr ich den ganzen Sachverhalt. Ihr Vater ist österreichischer Offizier im [Ersten] Weltkrieg gewesen, hat in Italien gekämpft, ist in Lodz Direktor einer Volksschule gewesen, die Mutter Direktorin eines Mädchenlyzeums. Sie selbst war Sportstudentin, ein Bruder ist in W[arschau] gefallen, ein Bruder in deutscher Gefangenschaft. Den Eltern hat man alles weggenommen und sie völlig mittellos über die Grenze ins Gouvernement abgeschoben. Die leben sehr dürftig irgendwo auf einem Dorf und haben das kleine Kind bei sich. Sie ist jetzt nach W[arschau] gekommen. Der Zufall läßt mich die Frau wiedersehen und mich die Lebensschicksale kennenlernen. Was für eine Tragik! [...]

An die Ehefrau *Warschau, 20. November 1940*

Meine Annemi –

es ist Abend geworden. Im Kasino ist Hasenessen. Dienst! Ich habe mich beim Kommandeur entschuldigt. Viel lieber schreibe ich Dir einen Brief und lege mich zeitig ins Bett. Manchmal sitze ich am Tisch und brüte vor mich hin und mag mich nicht unterhalten. Dann fragt der Doktor: »Kopfweh?« Ich nicke, wenn es auch andre Kopfweh sind, als die er meint. Wie trostlos ist doch unser Leben. Es gibt keine Gemeinschaft, ich mag auch keine. Es ist ganz abwechslungsreich, wenn ich mal zu den Bekannten in die Stadt gehe und mich da unterhalte. Aber ich bleibe leer. Wie ein Fremder, der hier nichts zu suchen hat, renne ich durch die Stadt. Und wenn ich zum Schwimmen gehe und sehe, wie ausgelassen die jungen Offiziere da herumtoben, dann schleiche ich mich fix wieder davon, froh, mit keinem ein Wort sprechen zu brauchen. Das scheint Dir sentimental, ist es auch, ich wehre mich auch gar nicht dagegen. Ich beneide Dich um Deine Arbeit zu Hause. [...]

Klein Utas Händchen hätte ich auch gerne in meiner warmen, großen Vaterhand. Was wird sie zu der Puppe sagen? Weißt Du, das Gesichtchen ist wohl etwas fremdartig slawisch oder negerisch, und Du stellst Dir vielleicht eine Käthe-Kruse-Puppe vor, aber ich habe mich schon ein wenig in dieses Gesichtchen verliebt. Sie heißt »Soscha«. Soll ich der Jorinde auch ein nettes Püppchen schenken? Ich hätte große Freude daran. [...]

An die Ehefrau *Warschau, 22. November 1940*

Liebe Annemi –

[...] Nun noch eine erfreuliche Mitteilung. Ich war wieder bei dem Arzt. Der fragliche Apparat war noch nicht da. Ich muß mich also noch eine Woche, oder wer weiß wie lang, gedulden. Ich fragte den Arzt aber rundweg, was er mit mir machen wollte. Er meinte, daß ich wohl als garnisondienstfähig entlassen würde. Er will aber unbedingt erst noch den Spezialapparat anwenden. Ich reite jetzt auch nicht mehr mit. Er wollte mich ins Lazarett nehmen, aber das habe ich abgelehnt. Ich will noch meinen Dienst hier machen. Alles Gute und Beste. Dein Wilm.

Notiz *(Warschau,) 23. November 1940*

[...] Den Heldenfriedhof des I.R. [Infanterie-Regiments] 44 südlich von W[arschau] aufgesucht[238]. Wir fuhren auf dem Weg nach S[wider?] vorbei. [...] Reiten mache ich nicht mehr mit.

An die Ehefrau *Warschau, 24. November 1940*

Meine Annemi –

heute erhielt ich Deinen Doppelbrief vom 20. und 21. [November]. Herzlichen Dank. Dein altes Tagebuch könntest Du mir mal schicken, aber ich hoffe, daß ich nicht mehr lange hier bin. Ich weiß ja nichts Bestimmtes, aber ich habe doch die beste Hoffnung. Ich lasse mir erst Erholungsurlaub geben, dann fahre ich zum Ersatzbataillon nach Aachen, vielleicht muß ich auch erst dahin. Aber das ist ja dann einerlei. Urlaub ist mir um den 10.12. herum auch sicher; jedenfalls bin ich bald wieder bei Dir und bei Euch. [...]

An Ehefrau und Kinder *Warschau, 25. November 1940*

Meine Lieben zu Haus, meine liebe Annemi, meine lieben Kinder –

[...] Ich wollte gestern abend noch einen Lederhändler besuchen, traf ihn aber nicht mehr an. So bin ich durch die Stadt wieder heimgebummelt, begegnete Herrn Luckhaus[239]. Zu Hause erzählte er mir, wie er den Krieg erlebt hat und die Erlebnisse seiner Frau, die die Beschießung von W[arschau] erlebte. Gerade im gefährlichsten, meistzerstörten Stadtteil hat sie sich aufgehalten, ständig das Kind auf den Armen. Die Deutschen in Warschau werden jetzt umgesiedelt, sie kommen ins

Reich, wahrscheinlich in den Westen nach Elsaß-Lothr[ingen][240]. Die Frau will nicht mit. – Morgen bin ich wieder auf Wache, Donnerstag sitze ich auf der Kommandantur. Hoffentlich fällt Ende der Woche endlich das ärztliche Urteil. Ich habe heute gelesen, 2-3 Bücher angefangen, und sie wieder weggelegt; ich finde alles so belanglos, was die Menschen schreiben. Ich war auch wieder beim Zahnarzt. Jetzt habe ich einen schlechten Zahn im Oberkiefer, der schmerzt; eine Röntgenaufnahme gab keinen Aufschluß. – Früh war ich mit der Kompanie zum Exerzieren. Der Nebel legt sich aufs Gemüt, oder ich weiß nicht, was es ist. Ich bin so müde und gleichgültig. Nicht mal einen ordentlichen Brief bringe ich zurecht. Es ärgert mich alles um mich her. Das wäre gar nicht nötig, Euch zu schreiben, aber Ihr dürft auch wissen, daß ich das Leben hier überdrüssig bin. [...]

An die Ehefrau *Warschau, 26. November 1940*

Liebe Annemie –

heute morgen habe ich, da ich vor der Wache keinen Dienst hatte, Deine Briefe geordnet in einen Schnellhefter. Ich legte diese Mappe vor einem Jahre in Pabj[anice] an. Jetzt ist es ein dickes Buch geworden. Es könnte die Überschrift tragen: Ein Buch der Liebe. Als ein solches nehme ich es auch immer gerne zur Hand und blättere darin und lese längst bekannte Briefe wieder. Zärtlichkeit, Hingabe an die geliebte Frau, die treue Mutter meiner Kinder und ein Bedürfnis, sie zu umsorgen, zu schützen, zieht mir ins Herz, und daneben macht sich ein heißes Verlangen nach sinnlicher Umarmung geltend. Zwischen die Briefe habe ich auf weiße Blätter Deine Bilder geklebt, und Postkarten. [...] Ich betrachte sie mit steigendem Verlangen nach Dir, meinem süßen Weib. [...] Du meinst oft, ich sei so stark und hätte Dich nicht nötig, das ist nicht richtig, das ist ganz gewiß falsch. Es gibt Grenzen zwischen zwei Wesen, zwischen Mann und Frau, zwischen Dir und mir auch, aber wir sind in unserer Ungleichheit doch so ineinander verzahnt, daß wir fest verwachsen sind zur unlöslichen Einheit. Warum kommen einem nur solche Gedanken? Das macht meine Einsamkeit. Ich bin auf Wache, ich habe den nächtlichen Rundgang beendet und sitze wieder in meiner Stube. Schlafen kann ich noch nicht, das Bett ist auch hart, und in den Kleidern schläft's sich nicht gut; Zeitungen und Bücher mag ich nicht. Überhaupt habe ich gar keine richtige Spannkraft. Ich glaube, es ist die Erwartung, das Ungewisse der nächsten Tage, was mich lähmt. Aber ich bin gesund. [...]

Notiz *(Warschau,) 26. November 1940*

Kommandanturwache, 3. Kompanie.

Ich hole mir Bücher in der polnischen Buchhandlung. Da ist eine deutsche Abteilung, auch ein Antiquariat, viele medizinischen Fachbücher.

Ein politisches Buch: Freiherr von Freytagh-Loringhofen: »Deutschlands Außenpolitik 1933-1940«[241]. Das gibt einen sehr guten Überblick über die Politik Ad[olf] H[itlers], hält sich natürlicherweise nur an die Veröffentlichungen der d[eutschen] Regierung; ein wissenschaftliches Buch ist es nicht, gibt auf manche Fragen keine Antwort, zum Beispiel auf die Frage, warum der Krieg mit Polen nicht doch verhindert wurde. Man hat den Eindruck, daß D[eutschland] den Krieg wollte.

An die Ehefrau *Rembertow bei Warschau, 27. November 1940*

Liebe Annemi –

[...] Heute erlebte ich eine unangenehme Überraschung. Ich bekam ein Kommando nach R[embertow][242], um einen Adjutanten zu vertreten. Das ist mir gar nicht recht. Ich besprach mich mit dem behandelnden Arzt. Er meinte, ich sollte jetzt erstmal das Kommando annehmen, in 14 Tagen wäre sein Apparat (das elende Monstrum) sicher da. Da wollten wir weiter sehen. Was ich für eine Wut habe, kannst Du Dir denken. Aber ich tröste mich. »Gut Ding will Weile haben.« Abends kam ich mit meinem Bataillonskommandeur[243] zusammen und stellte ihm vor, daß ich nicht der geeignete Mann auf dem Posten wäre. Ich denke nun, daß ich in der Kompanie bleiben kann. Am 13.12. fahre ich bestimmt in Urlaub (3 Wochen), aber bis dahin hat sich die andere Sache sicher entschieden. Daß Du mir den Daumen hältst, weiß ich ja. [...]

Nun zu den dringlichen Fragen. Schreibe Du sofort an den Oberbürgermeister von Fulda. Das geht doch schneller, weil sicher Rückfragen kommen und Du gelegentlich persönlich vorsprechen kannst. Schreibe nicht, daß wir nicht in der Lage wären, das Schulgeld zu bezahlen, sondern, daß es uns schwerfiele. Übertreibungen muß man vermeiden, und man kommt genauso weit. [...] Das Angebot der Frau C[ieciora][244] würde ich doch annehmen. Das ist sicher eine tüchtige Hilfe für Dich. Ich bin ganz froh darüber. Aber das [Dienst-]Mädchen muß allein hinfahren. Frau C[ieciora] scheint doch ganz gewandt zu sein, die soll sie auf die Bahn setzen. Leider habe ich nicht die neue Adresse von Frau C[ieciora], sonst würde ich ihr auch schreiben. In Samter ist sie doch nicht mehr. Ein tüchtiges Mädchen macht sich auf alle Fälle bezahlt. – Ich kann das Mädchen leider nicht mitnehmen, weil ich 1.) mit dem Urlauberzug fahre, der keine Zivilpersonen mitnimmt; 2.) fahre ich nicht über Posen, sondern über Breslau im durchgehenden Zug bis Erfurt. Du mußt Dich sicher auch mit dem Arbeitsamt verständigen. Soviel ich hörte, bekommst Du die Fahrt für das Mädchen frei. – Das wäre eine wunderschöne Lösung! Wie froh wäre ich um Dich.

Daß Du so arbeiten mußt, tut mir richtig leid. Wenn ich zu Hause bin, nehme ich Dir manches ab, das sei versichert, aber mit einem Mädchen wäre Dir natürlich viel mehr gedient, das sehe ich ein. [...]

Wir haben jetzt weniger Offiziere, da häuft sich der Dienst. Morgen muß ich auf Kommandanturwache, übermorgen habe ich den ganzen Tag dort Dienst als Offizier vom Dienst. Da kriegt man wenig Ruhe und wenig Schlaf. Aber Du schläfst in Deinem weißen, schönen Bett ja auch nicht! [...]

An die Ehefrau *Warschau, 28. November 1940*

Liebste –

ich sitze wieder auf der Kommandantur, neben mir am Schreibtisch das Telefon. Bis jetzt war noch nicht viel los. Aber jetzt ist es 5 Uhr geworden, die Dienststellen haben Schluß gemacht, da konzentriert sich dann alles auf den

O.v.D. (Offizier vom Dienst] Ich habe an Frau C[ieciora][245] nach Samter geschrieben. Wie weit seid Ihr denn nun? Mir fiel ein, es wäre besser, wenn Du Dich nicht an das Arbeitsamt in Fulda wendest. Die Vorschriften, die für Polenmädchen, betreffend Kirchgang und anderes mehr, möchtest Du doch nicht angewandt haben. Es ist besser, wenn das Mädchen unter der Hand zu uns kommt. Oder besteht eine Meldepflicht? Die kann man dann nicht umgehen[246]. Ich wünschte Dir so sehr, daß Du Erfolg hast. – Damit ich's nicht vergesse: Detlev soll mir zu Weihnachten das Tagebuch schenken, das ich schon seit Jahren benutze. Es heißt: Tägliche Notizen 1941. Verlag Franz Borgmeyer, Hildesheim. Er bekommt es bei Uptmoor[247].

Von Martin[248] erhielt ich heute einen Brief. Er rechnet also stark damit, daß er eingezogen wird. Hier sind auch eine Anzahl älterer Offiziere eingetroffen, die bis jetzt nicht eingezogen waren. Die großen Besatzungsgebiete erfordern eine Unmenge Dienststellen, die von älteren Herrn ganz gut verwaltet werden können. – Ich schrieb Dir schon, daß ich gestern plötzlich abkommandiert wurde, als Adjutant zu einer Lagerkommandantur in der Nähe von W[arschau]. Ich war schon mit Sack und Pack umgesiedelt, bewirkte aber dann doch eine Rückversetzung. Nachdem ich andere Aussichten habe auf eine Änderung in meinem militärischen Leben, wollte ich nicht erst etwas Neues anfangen. Und dann liegt mir dieser Schreibstubenkram auch nicht. Der Major, ein Freiherr von Dittfurth, war ja ein sehr sympathischer Herr. Mit dem wäre ich schon ins Reine gekommen, aber trotzdem [...] Schrieb ich schon, daß ich am 13.12. in Urlaub fahre? Vorher hoffe ich, bestimmt eine noch bessere Nachricht Dir mitteilen zu können. Du willst nicht wieder Abschied nehmen. Nein, ich auch nicht. – Ein mir sehr sympathischer Feldwebel gab mir heute ein schönes Buch, ein polnischer Roman[249]. Den habe ich angefangen zu lesen. Seit langem wieder mal ein Buch, das mich fesselt. Wie habe ich mir zu Hause oft eine Stunde zum Lesen eines Buches förmlich stehlen müssen, und welcher Genuß war das. Hier habe ich oft Zeit, und ich mag nicht lesen. Das Schicksal fremder Menschen bewegt mich nicht.

Man ist aus seiner Ordnung heraus, aus dem stillen Winkel, aus dem man die Welt begreift, verjagt, und nun geht sie uns nichts mehr an.

Dir und den Kindern herzliche Grüße, Dein Wilm, Euer Vater.

An den Sohn *Warschau, 28. November 1940*

Lieber Helmut –
gestern erhielt ich Dein Briefblatt vom 24.11. Wenn es auch nur wenige Zeilen sind, die mich von Dir erreichen, so freut es mich doch jedesmal, wenn ein Lebenszeichen von Dir ankommt. Du brauchst keine langen Briefe zu schreiben, Du wirst keine Zeit dazu haben. Das weiß ich schon. Damit ich's nicht vergesse: Hier in den Antiquariaten der Buchhandlungen befinden sich oft medizinische Bücher, die wohl aus Not verkauft werden. Ich schaue sie mir manchmal an und denke, daß Du eines [sic!] oder das andre nötig hättest. Um nichts Unnötiges zu kaufen, gib mir den Titel eines gewünschten Buches an. Vielleicht kann ich es Dir besorgen. [...] Ach, diese dumme Sache mit der ärztlichen Untersuchung. Noch immer stehe ich auf demselben Platz, der Arzt wartet immer noch auf den Pandostat, mit dem er mich untersuchen will. Jetzt hat er mich wieder für 14 Tage vertröstet. In der Zeit fahre ich dann schon in Urlaub, nämlich am 13.12., sodaß ich der Mutter leider nicht die beglückende Nachricht meiner Entlassung mitteilen kann beziehungsweise selbst überbringen darf. Aber »Gut Ding will Weile haben«. Damit habe ich Mutter auch schon trösten müssen. [...]

Du willst nun doch umziehen. Ja, die Erfahrung macht man immer wieder, es gibt üble Zeitgenossen. Solange man nicht mit ihnen zu tun hat, geht es ja, aber wenn man gar in ein Abhängigkeitsverhältnis gerät, dann ist es bös. Nur muß man sich auch davor hüten, die Menschen abzutun, wenn sie einem selbst nicht liegen. Die sind in ihrer Art und dem Milieu, in das sie gehören, ganz brauchbar, aber man paßt nicht zu ihnen. Wir, das heißt, sowohl Deine Mutter als auch ich, stellen an die Menschen zu hohe Anforderungen, oder sagen wir lieber, andere Anforderungen. Und so wird der Kreis, der uns genügt, immer enger und beschränkt sich eigentlich auf die engere Familie. So wirst Du auch sein, und das können manche Leute nicht vertragen. Sie legen es einem als Hochmut aus und zahlen einem mit allerlei Gehässigkeiten zurück. Man muß nur selbst auf seinem festen Sinn beharren, dann gewinnt man Anerkennung.

Auf frohes Wiedersehen, herzlichste Grüße, Dein Vater.

Notiz *(Warschau,) 29./30. November 1940*

Abends Liebesmahl im Kasino. 3 Generäle nahmen am Essen teil. Üppiges Essen, Rotwein. Es soll bis 3 Uhr gedauert haben. Ich bin schon bald aufgestanden, als Wachoffizier hatte ich ja auch einen triftigen Grund, zu verschwinden. Ich lese: Reymond [Reymont], »Die Bauern«[250], ein Buch der poln[ischen] Bauern. Ein sehr echtes Buch, schöne Sprache, tiefe Gedanken. Das Werk wurde mit dem Nobelpreis ausgezeichnet. Durch meinen langen Aufenthalt in Polen kenne ich die Verhältnisse, schließlich sind sich die Bauern überall gleich.

Notiz *(Warschau,) 4. Dezember 1940*

[...] 2. Kompanie stellt unter Führung von Hauptmann Weber ein Erschießungskommando. Zwei junge Polen, die einen d[eutschen] Soldaten tätlich angegriffen haben, weil er ein p[olnisches] Mädchen geschlechtlich brauchte. – Denken darf man nicht, sonst könnte man jede Lust am Soldatenleben verlieren. Was ist das für eine Rechtsauffassung! Wenn in D[eutschland] das geschehen wäre mit einem Franzosen, dann wären das Nationalhelden.

Notiz *(Warschau,) 5. Dezember 1940*

Im Stadttheater W[arschau] Bunte Abende.

Quartiererkundung[251]. Die Volksdeutschen machen mir immer einen unsympathischen Eindruck. Ihre zur Schau getragene nationale Einstellung ist lästig. Ihre Kinder können kaum ein Wort Deutsch. Noch eine Generation, und sie wären ganz im Polentum aufgegangen, ein ganz natürlicher Vorgang.

An Ehefrau und Kinder *Warschau, 5. Dezember 1940*

Meine liebe, gute Frau, liebe Kinder –

[...] Es ist höchste Zeit, daß ich wieder mal rauskomme. Unter den Kameraden ist auch eine starke Überdrüssigkeit zu bemerken. Mittags beim gemeinsamen Essen brütet jeder vor sich hin, kaum daß eine Unterhaltung von Tischgenossen aufkommt. Der Kommandeur hat die üble Angewohnheit, noch lange nach dem Essen sitzenzubleiben. Das ist geradezu zum Auswachsen. Jeder wartet auf das erlösende Stuhlrücken. Dann sind sie alle wie weggeblasen. Jeder verschwindet in seine Stube. Der Dienst nahm mich in letzter Zeit stark in Anspruch, sodaß ich schon 14 Tage nicht mehr zum Schwimmen kam. Heute wollten die Herrn mit dem Auto hinfahren, aber ich mochte nicht mitgehen. Es wird mir übel, wenn ich mir so einige nackend vorstelle. Man ist sich so richtig gegenseitig über. Zur Zerstreuung der Truppe wird ja alles Mögliche getan. Eine Schauspielertruppe nach der andern, Artisten, Musiker reisen von Truppe zu Truppe, aber das zieht alles nicht. Am besten ist es noch, wenn strammer Dienst gemacht wird, und die Soldaten kommen müde und hungrig nach Hause. Das ist die beste Ablenkung. [...]

Notiz *(Warschau,) 9. Dezember 1940*

Sehr schöner Spaziergang, abends.

Wachenkontrolle. – Mit Oberzahlmeister[252] Fraumann unterhalten wegen Gänsekauf. Ich sagte, daß ich diese angewandten Gewaltmethoden ablehnte. Er war der Meinung, warum sollen die Polen Gänse essen und wir keine. Ich betrachte das als Diebstahl. Im Grunde bekannte er sich zu meiner Auffassung.

An die Ehefrau *Warschau, 9. Dezember 1940*

Liebe Annemi –

gestern, Sonntag, bin ich wieder auf Wache gezogen; am Mittwoch wird es das letzte Mal sein. Am Freitag mittag fahre ich ab. Das ist der zweitletzte Brief.

Es ist noch sehr sehr früh. Um 3.40 Uhr habe ich die Wachen abgegangen und versuchte [dann] zu schlafen. Aber ich kann nicht mehr einschlafen. Überhaupt schlafe ich schlecht. Das wird daheim anders. Die Kinder haben ja dann auch Ferien, daß wir nicht so früh heraus brauchen. Allerdings Uta!! Ein Kamerad saß in der Nacht eine Zeitlang mit mir zusammen. Er ist Schriftsteller von Beruf, bot mir seine Schreibmaschine an. Er wollte sich schriftstellerisch betätigen, darum brachte er sie sich aus dem Urlaub mit. Aber er brächte nichts hin, er erlebte nichts und könnte nichts gestalten. Ich sagte ihm, daß es mir genauso ging, nicht einmal einen ordentlichen Brief brächte ich zusammen. Und so ist es. Eine große Leere und Ödigkeit beherrscht einen, und Trägheit des Geistes und Schaffensunlust.

Warum backt Ihr denn so viel? Ich sehe schon, wenn ich heimkomme, dann ist alles wunderbar in Ordnung, großartiges Essen, und die kleine Mutter ist abgeschafft, nervös und krank. Den Nikolaus mache ich nicht. Dazu steht mir gar nicht der Sinn. Aber helfen werde ich Dir von morgens bis abends. Darauf freue ich mich. Moni soll mir bei Weinrich einen Pelikan-Füller bestellen. Den möchte ich zu Weihnachten von Dir haben. Die Unbillen mit Grazie ertragen! Gut gesagt! Bleib so tüchtig! Dein unzufriedener Mann.

Notiz *(Warschau,) 12. Dezember 1940*

Das polnische Buch »Die Bauern« von Reymont[253] habe ich heute beendet. Der Schluß des Buches hat mich merkwürdig berührt. Der ist slawisch. Für mein Gefühl zu hart, das Schicksal der Personen ungelöst, aber das Ganze ein großes Kunstwerk von stärkster Eindringlichkeit. Dem poln[ischen] Volk wird ein Spiegel vorgehalten, der nichts verborgen läßt.

Notiz *(Thalau,) 14. Dezember 1940*

1. [Urlaubs-]Tag, Ankunft in F[ulda]. ½ Stunde Verspätung. A[nnemie] holt mich ab. Sie hat mich erst nicht gefunden. Wir waren beide sehr enttäuscht, daß wir uns nicht fanden. Schönes Wiedersehen! In der Stadt noch Einkäufe gemacht. Beichte in der Pfarrkirche.

Notiz *(Thalau,) 16. Dezember 1940*

3. [Urlaubs-]Tag. Lange geschlafen. Detl[ev] und Mo[ni] müssen früh heraus. Bei der Kälte ist der Schulweg eine gehörige Anstrengung. Ich mache den zweien das Frühstück und bringe sie auf den Weg. Es tut mit leid, die zwei in die Kälte hinauszuschicken, aber die Anstrengungen härten ab.

Notiz *(Thalau,) 30. Dezember 1940*

A[nnemie] hat Großwaschtag. Wir helfen alle mit. Mir ist es eine große Freude, alles in Ordnung zu bringen. Ich räume auf den Böden auf, ziehe Drähte zum Wäscheaufhängen, dichte die Kellerfenster, mache in der Waschküche sauber und wringe mit Helm[ut] die großen Wäschestücke aus, die für die kleinen Hände Annemis zu groß sind. Was ist das für ein friedliches Schaffen.

1941

Notiz *(Thalau,) 1. Januar 1941*

19. Urlaubstag. Im kleinen Kreis der Familie haben wir Silvester gefeiert. A[nnemie] hatte einen feinen Himbeerpunsch gemacht. Nachdem Uta im Bett war, saßen wir übrigen alle in der neuen Stube; ich mußte den Kindern vom Krieg erzählen. Das hören sie immer gerne. Ich berichte am liebsten vom [Ersten] Weltkrieg; von diesem Krieg habe ich nicht viel Gutes gesehen und nichts Kriegerisches erlebt. Wir gingen zeitig ins Bett, die 4 [Kinder] legten sich zusammen ins Bett und hörten bis 12.00 Uhr Tanzmusik. Ich wußte etwas Schöneres.

Notiz *(Auf der Rückreise nach Warschau,) 4. Januar 1941*

Morgens 5 Uhr in Leipzig angekommen. Fronturlauber erhalten 2 Tage Urlaubsverlängerung. Aber was nützt mir das jetzt. Ich fahre 10.10 [Uhr] nach Berlin. Im Gang der 1. Klasse fahren 3 Kaufleute mit. Die Unterhaltung bewegt sich durchweg in einer ablehnenden Kritik der deutschen Kriegführung und Zweifel in die d[eutschen] Kriegserfolge.

Notiz *(Warschau,) 6. Januar 1941*

Kommandanturwache. Wenn man vom Urlaub kommt, meint man, es müßte sich das eine oder andere geändert haben, aber es ist meist alles beim Alten. Beim Essen im Kasino kommt mir der Gedanke: Was gäbe das eine Verwirrung unter der Kommandantur, wenn plötzlich ein Überfall auf die Kommandantur gemacht würde. Wie würden sich diese alten Herrn benehmen in einem Ernstfall?

An Ehefrau und Kinder *Warschau, 6. Januar 1941*[1]

Meine Lieben –

es ist 9 Uhr abends. Ich bin auf der Wachstube. Draußen glitzern die Sterne. Droschkenschlitten bimmeln durch die verschneiten Straßen. Die Posten wandern in beständigem Gleichschritt an meinem Fenster vorbei. In ihren dicken Pelzmänteln und den großen Überschuhen sehen sie aus wie unbeholfene Bären. Aber meine Gedanken gehen zu Euch. Jetzt sitzt Ihr alle beisammen in der neuen Stube. Klein Uta schläft schon, Gott sei Dank, was hat sie alles getrieben? Jorinde will aber noch nicht ins Bett. Moni graut es, wenn sie an den ersten Schultag morgen denkt. Detlev hat es heute schon mal probiert. Helmut aalt sich noch in dem schönen Gefühl, noch drei Tage Frist zu haben. Und die liebe Annemi stöhnt über dem großen Wäschekorb, der gebügelt und geflickt sein will. – Wie gut war's, daß ich auf der Reise keine Nahrungssorgen hatte. Eine Menge Äpfel habe ich schon verzehrt. Die Torte war tadellos angekommen, dank der zweckmäßigen Verpakkung. Mit Oberleutnant Kratz habe ich mich heute morgen daran gelabt. [...]

An Ehefrau und Kinder *Warschau, 6. Januar 1941*

Meine Allerliebsten –

nun bin ich glücklich wieder in meinen 4 Wänden in W[arschau] gelandet. Wie froh ich bin, das könnt Ihr Euch denken. Das war eine Reise! Von Leipzig schrieb ich Euch schon. Da wurde bekanntgegeben, daß die Fronturlauber in L[eipzig] untergebracht würden und 2 Tage Urlaubsverlängerung erhielten. Wenn ich das zu Hause gewußt hätte. Ich fuhr mit dem nächsten Zug nach Berlin und kam um 4 Uhr dort an. Unterwegs, ich mußte im Gang stehen, fuhr ich mit 3 sehr interessanten Herrn, die 1. Klasse Fahrkarten hatten, aber keinen Platz kriegten. Es waren Kaufleute, die Geschäfte in aller Welt hatten, einer ein holländischer Deutscher, der andre ein Kölner, der dritte ein Berliner. Das war eine interessante Unterhaltung. Sie kannten alle drei auch Warschau und wollte viel von hier wissen. Wie diese Leute den Krieg ansehen. Ich wunderte mich über den Freimut, mit dem sie die Dinge beurteilten[2]. Mir wurde dann ein Platz in der 1. Klasse angeboten. Da habe ich mir die Füße aufgetaut. Ich glaube, ich habe Frostbeulen gekriegt. Die Füße brennen auch jetzt noch ganz scheußlich. In Berlin sollten wir gleich Anschluß haben. Der Zug wurde da eingesetzt. Eine Unmenge Menschen belagerte den Bahnsteig. Aber unser Zug hatte 4 Stunden Verspätung. [...] Mit 8 Stunden Verspätung waren wir in W[arschau]. Ich bin mit der Straßenbahn nach der Kaserne gefahren und mußte dann den Koffer noch eine Strecke schleppen. Am Kasernentor nahm ihn mir ein Jude ab und trug ihn auf meine Stube. Er freute sich riesig über ein Stück Brot. Geld wollte er nicht. Es kommt mir noch alles so verdreht vor. Morgen muß ich auf Kommandanturwache und am 10./11. [Januar] wieder. Da komme ich gleich richtig ins Geschirr. [...]

Notiz *(Warschau,) 8. Januar 1941*

Frau L[uckhaus?][3] erzählt, daß in Chelm[4], ihrer Vaterstadt, eine Irrenanstalt war. Die D[eutschen] haben sich der Insassen auf einfache Weise entledigt. Man hat sie erschossen. So viel Fresser weniger. Die Volksdeutschen müssen jetzt aus W[arschau] raus[5]. Es gibt aber eine ganze Anzahl, die sich nicht gemeldet hat. – Es sind neuerdings Arbeitslager für polnische Männer in Aussicht genommen[6]. [...]

Notiz *(Warschau,) 9. Januar 1941*

Bei v[on] R[engarten][7]. Die Frau muß Schlange stehen zum Einkaufen. Die Unterhaltung geht bald auf die politischen Zustände über. Immer wieder die traurigen Vorkommnisse. Ein junger Arzt wird aus dem Bett geholt, wird vor Schrecken unmächtig [sic!], wird entführt. Nach 4 Wochen kann die Leiche abgeholt werden von dem Konzentrationslager Auschwitz[8]. – Der Büroangestellte von R[engartens], der Benzinzuteilungsscheine abholen [will], wird von dem SA-Truppführer, der als Beamter im Palais Blank[9] angestellt ist, hinausgeprügelt. [...]

An Ehefrau und Kinder *Warschau, 9. Januar 1941*

Liebe Annemi, liebe Kinder –

gestern war ich bei dem Arzt. Der fragliche Apparat[10] war endlich da und so konnte die Sache losgehen. Ich wurde noch einmal gründlich untersucht. Der Befund ist an meinen Truppenarzt noch nicht weitergegeben worden. Ich erwarte ihn und die Entscheidung jeden Tag. Warten und warten, das lernt man ausgiebig. Leider hat sich der Arzt nicht näher geäußert über das Untersuchungsergebnis; er sagte nur, daß ich für den Infanteriedienst ungeeignet sei. Was für eine andere Verwendungsmöglichkeit er mir zutraut, weiß ich noch nicht. Auf meine Kopfschmerzen kam er diesmal nicht eingehender zurück. Er will diese Tatsache aber auch im Krankenblatt verbuchen. Bald werde ich Euch berichten. Habt Ihr endlich von Frau Cieciora[11] Nachricht? Es sind tatsächlich wieder Umsiedlungsaktionen im Gang. Gestern abend besuchte ich Luckhaus[12] und brachte ihnen die mitgenommenen Sachen. Sie haben sich sehr darüber gefreut, vor allem über den Honig. Die Nichte von Frau Luckhaus ist sehr krank, für sie wäre der Honig Arznei. Der kleinen Soscha schenkte ich einen Apfel. Da wurde sie gleich zutraulich. Sie kannte mich wieder und war gar nicht mehr so schüchtern wie früher. Der Mann und die Frau leben in einem ewigen Konflikt. Sie kommt über das Schicksal ihres Volkes nicht hinweg. Der Fall von Bardia[13] ist ein Gegenstand neuer Hoffnung, so unbedeutend dieser Teilerfolg auch für die Gesamtlage ist. Vorgestern war ich in dem Film »Das Herz der Königin«[14]. Das hat mir sehr gut gefallen. Seit langem wieder mal ein Spiel, das mich befriedigte. Detlevs »Schneider von Ulm« habe ich bald durchgelesen. Daß Detlev so eine Freude an dem Buch hat, ist bezeichnend für sein Gefühlsleben. Das ist ein Jugendbuch im Stil früherer Schriftsteller, die alles bis ins Kleinste ausmalen. Große Heldentaten geschehen nicht, aufregende Schicksale und Geschichten gibt es auch nicht, aber das Buch ist mit echt deutscher Innerlichkeit geschrieben, frei von Sensationen unserer heutigen Jugendbücher und darum so wertvoll und für Detlev das richtige. Die vielen technischen Fragen, die den Helden beschäftigen, liegen ihm wohl auch. [...]

An die Ehefrau *Warschau, 11. Januar 1941*

Liebste Annemi –

ich hatte heute mit einem Brief von Dir gerechnet, aber es kam keiner. Ich bin in einer so niedergedrückten Stimmung, daß ich zu Dir meine Zuflucht nehmen muß. Ich wollte Dir nun Endgültiges über meine Untersuchung mitteilen, aber ich kann Dir auch jetzt noch nichts letztes schreiben. Der Nervenarzt hat mich mehrmals untersucht, aber sein Befund hat nicht das gewünschte Ergebnis gehabt. Er schrieb mich garnisondienstfähig fürs Feld. Da müßte ich also in dem Truppenverband, in dem ich mich jetzt befinde, weiterhin Dienst tun. Ich hatte erwartet, nach dem, was er anfänglich sagte, daß ich g.v.h., also »garnisondienstverwendungsfähig Heimat«, geschrieben würde. Mein Truppenarzt will zwar noch einmal mit dem Nervenarzt sprechen, aber viel verheiße ich mir auch nicht davon. Anscheinend mache ich den Herrn keinen genügend kranken Eindruck. So werde ich also verurteilt sein, weiterhin Dienst zu machen. Das zerstört nicht nur Dir, liebe Frau, viele Hoffnungen, sondern es drückt auch mich derart nieder, daß ich zu nichts mehr Lust verspüre. Am meisten aber machst Du mir Sorge und der Gedanke, daß Du der Belastung durch die Trennung von mir nicht gewachsen bist. [...]

Notiz *(Warschau,) 13. Januar 1941*

Kontrolle der Wachen in der Bäckerei, [im] Hotel Polonia[15], [im] Ortslazarett III[16]. Auto wird nicht mehr zur Verfügung gestellt, Benzin muß gespart werden. Der Gang durch die Stadt ist immer interessant. – Abends mit Hauptmann W[eber][17] in der Operette »Die Fledermaus«[18]. Nachher mit dem Intendanten Igo Sym[19] und dem Oberspielleiter eines Fronttheaters zusammengesessen. Diese Menschen sind Theaterspieler und bleiben es auch in der Unterhaltung. Sehr ungebildet und sehen nur sich. Große Egoisten. [...]

An die Ehefrau *Warschau, 15. Januar 1941*

Meine Annemi –

wenn ich an Dich denke, wird es mir so froh und schwer im Gemüt. Eine friedliche, stille Welt ist um Dich, nach der ich mich sehne, in die ich zurück möchte. Wie gut ist es mir, wenn Du Deine kleine Hand auf den Kopf legst und mir über die Haare streichst, und wenn Deine Augen sich in meine senken und Dein lieber Mund sich auf meine Lippen legt. In Dir umschließen meine Arme die ganze Welt, meine Kinder; Du trägst mich selbst in Dir. Um mich ist Lärm, Gleichgültigkeit, sehr viel Unwahrhaftigkeit und Phrase. Es ist mir nicht gegeben, leicht darüber hinwegzukommen und dieses Leben ernst zu nehmen. Wie garstiges Gestrüpp stehen die Menschen um einen herum. Nähert man sich ihnen, dann weichen sie höflich und geschmeidig zurück, um einen zu umklammern und einzufangen. So wird man immer scheuer und einsamer und enttäuschter. Aber über diese Grenzen der Umwelt und aus dem Gestrüpp der eigenen Unzulänglichkeiten steht das helle, reine Ziel, das meine Sehnsucht sucht und findet: Du mit den Kindern. – Auf eine Entscheidung warte ich immer noch. Nachgerade ist es peinlich für mich, darauf zurückzukommen[20]. In den unehrlichen Augen sehe ich Schadenfreude, verstecktes Ausweichen. Bin ich ein Drückeberger? Hält man mich dafür? Warum stehen Menschen nicht zu ihrem Wort? [...]

Notiz *(Warschau,) 16. Januar 1941*

Beim Frühstück lud mich Oberstleutnant von Hoh[enau][21] an seinen Tisch ein. Er erzählte mir einen köstlichen Witz. Ein SS-Mann erwischt einen Juden bei einem Diebstahl. Er packte den Juden und versohlte ihn und drohte ihm mit Erschießen. Der Jude bettelt um sein Leben, aber der SS-Mann gibt kein Pardon. Plötzlich sagt er, »gut, du sollst davonkommen, wenn du richtig rätst. Ich habe ein Glasauge, sage, welches ist das Glasauge, das rechte oder das linke?« Der Jude blickt ihn eine Zeitlang an und sagt: »das linke«. »Richtig, aber woran siehst du das?« Der Jude sagt: »O SS-Leben [sic!], das linke blickt mich so gütig an.«

An Ehefrau und Kinder *Warschau, 16. Januar 1941*

Liebe Annemi – liebe Kinder –

es ist 4.00 [Uhr] morgens. Ich komme eben von meinem Rundgang zur Prüfung der Posten und Streifen. Auf dem großen Platz stehen Autos. Einige lassen die Motoren laufen, damit sie anspringen, wenn sie in der Frühe weiterfahren wollen. Ich suche zunächst die Streife im Sachsen-Park. Im Sommer ist das ein herrlicher Garten. Jetzt stehen die vielen Statuen und

Steinbilder wie vergessen im fahlen Licht des Vollmondes unter den glitzernden Sternen. Sie sind alle wenig bekleidet. Die Künstler schufen sie als fröhliche Sinnbilder sommerlicher Freuden. Sie haben die Beschießung der Stadt erlebt und tragen Spuren berstender Geschosse. Einer Muse fehlt der Arm, mit dem sie in die Zither greifen will; einer andren ist das Gesicht zur Hälfte zerrissen. Die Gartenbeete liegen unter Schnee. Von fernher tönt das Pfeifen der Eisenbahn. Durch die Arkaden, die den Park nach dem Pilsudskiplatz[22] abschließen, geht mein Rundgang. Aber da kann ich nicht vorbeigehen, ohne Halt zu machen an dem Grab des Unbekannten Soldaten[23]. Wie rührend ist es geschmückt. Mitten in der Kälte Blumen. Im [...][24] Kränze, kleine, zierliche Kränze, von liebenden Händen gebunden, zarte Schleifen mit innigen Grüßen. Das blaue Licht überstrahlt die Denkmalsplatte und die bronzenen Opferschalen, in denen rote Blumen liegen. Tagsüber stehen die Menschen dort; ein unablässiger Pilgerstrom geht dort vorbei, und oft sieht man trauernde Frauen hier weinen. Die deutschen Soldaten grüßen militärisch und ehren die toten Gegner; ein warmer Blick der Polen dankt ihnen dafür. – Um 3 Uhr bin ich aufgewacht. Ich habe von Klein-Uta geträumt. Ich bin jetzt noch beglückt, so deutlich und voll Leben war der Traum. [...] Es ist 5 Uhr geworden. Die Kinder schlafen noch fest, und Du, mein Schatz, vielleicht auch. Oder bist Du schon erwacht und denkst an Deinen lieben Wilm, der zu dieser Stunde zu Dir flieht? Bald rasselt der Wecker und reißt jetzt die zwei großen Schüler auf, die nach Fulda müssen. Wie gerne wollt ich ihnen den Kaffee einschenken und die Brote schmieren! [...]

Notiz *(Warschau,) 17./18. Januar 1941*

Vormittags in der deutschen Volksschule. Mit dem Leiter gesprochen. Braun[25]. Einladung zur morgigen Konferenz. – Um 9 Uhr war ich da, ich hatte mich dienstfrei gemacht. Leider wurde ich durch Hauptmann W[eber][26] abgerufen und mußte auf Kommandanturwache ziehen. Ein Lehrer hielt eine Musterlektion über das Gedicht von J[ohann] P[eter] Hebel: »Der Winter«[27]. Ich beteiligte mich an der Aussprache. Was würde mir das eine Freude sein, hier zu wirken, weniger als Lehrer, vielmehr als Rektor, als Organisator. Auf einmal sind wieder Probleme und Aufgaben da und die Lust, an sie heranzugehen und sie zu meistern. Der Lehrer, der hier schafft, muß Idealist sein, Herz und Gemüt haben, er muß dem Kinde zu einem Erlebnis verhelfen, und zwar ein *deutsches*[28] Erlebnis.

Notiz *(Warschau,) 23. Januar 1941*

Oberst von Unruh[29] bittet mich an seinen Tisch. Er ist beim Frühstück wahrscheinlich nicht gern allein und unterhält sich gern, wie [es] ältere Herrn wohl tun, fragt nach der Stimmung der Truppe. – Im Kommandanturarrest werden jeden Tag Soldaten und auch Dienstgrade eingeliefert. Ein Flieger hat sich total betrunken, wird von der Feldgendarmerie aus dem Bordell geholt.

Notiz *(Warschau,) 24. Januar 1941*

Erkundungsauftrag. Über Belegsmöglichkeiten poln[ischer] Privatschulen. Schulleiter sind oft alte Lehrerinnen. Sie haben große Angst und befürchten, daß sie irgendeine behördliche Maßnahme [be]droht. Eine private Volksschule, die von Ordensschwestern geleitet wurde, befindet sich in der Kaszimozowska [-Straße]. Zuerst kam eine alte Schwester, der sichtlich die Angst aus den Augen sah. Sie begrüßte mich tapfer mit »Gelobt sei Jesus Christus«. Ich antwortete ihr »In Ewigkeit Amen«. Anscheinend hatte sie das aber nicht verstanden, sonst hätte sie gleich gewußt, wie sie mit mir dran war. Sie vergewisserte sich, daß ich nicht von Polizei und nicht von Ge.Sta.Po. [Geheimer Staatspolizei] wäre und beruhigte sich allmählich. Nachher erschien eine jüngere Schwester. Die Oberin. Sie sprach gut deutsch. Sie gaben freundlichst Auskunft. Man sah ihnen die Entbehrung und Not an. Ihr starker Gottesglaube hilft ihnen, alles zu ertragen.

An die Tochter *Warschau, 25. Januar 1941*

Meine liebe Moni –
hoffentlich trifft dieser Brief noch rechtzeitig ein. Zu Deinem 17. Geburtstag sende ich Dir meine allerbesten Wünsche. Ich habe jetzt viel Zeit und denke viel an Dich, gerade weil jetzt

Dein Geburtstag ist. Und ich bin unter lauter fremden Menschen, und keiner weiß, wo meine Gedanken sind, und ich mag sie auch keinem verraten. Was Du und jedes von Euch mir wert sind, das kann ich Dir gar nicht sagen. Täglich seid Ihr meine Kameraden, ich sehe Dich mit Detl[ev] zur Schule fahren und auf dem Heimweg und höre Eure Stimmen, Euer Lachen und Weinen. Jorinde und Uta stehen ebenso leibhaftig vor mir wie der große Bruder. Wenn ich die Kinder auf der Straße sehe, manchmal gehen sie zur Schule, dann gehe ich hinter ihnen her und höre ihre Reden, von denen ich nichts verstehe, aber unwillkürlich denke ich, das könnten unsere kleinen Mädchen sein. Ich fahre ihnen mit der Hand über die Pudelmütze, aber sie verstehen es falsch und rennen erschreckt davon. Ja, was geht mir in der Zeit, daß [sic!] ich von Euch weg bin, alles verloren. Eins macht mich immer wieder zufrieden, der Gedanke, daß es Euch gut geht, daß Ihr vom Krieg verschont geblieben seid und nicht das schreckliche Leid so vieler Familien erlebt habt, wie es mir hier auf Schritt und Tritt begegnet. Ihr braucht nicht Hunger zu leiden und zu frieren. Ich hatte jetzt eine Anzahl Schulen zu besuchen, um festzustellen, wie da verschiedene Verhältnisse sind[30]. Halbe Schulklassen sind krank, viele Kinder elend, die armen gehen gar nicht zur Schule. Ja, Ihr habt es in Deutschland gut. Deswegen stehen wir hier draußen, und wir wollen Euch auch beschützen. Der Gedanke versöhnt einen ein wenig damit, daß man Euch entbehren muß. [...]

An die Ehefrau (Fragment) *Warschau, 26. Januar 1941*

[...] Wenn ich über mein zukünftiges Leben nachdenke und mir vorstelle, wie das weiter wird und was ich davon erhoffe, dann meine ich nicht, daß ich mich anders wohl fühlen könnte als auf einem einsamen, stillen Ort. Da werde ich mich um gar nichts mehr in der Welt kümmern, als nur noch ganz intensiv für mich, das heißt, für die Meinen leben. Unsere Kinder werden eine Zuflucht brauchen, wenn sie aus dem Getriebe und der Verlogenheit der Welt zu uns zurückkommen. Am schönsten wäre ein kleines Haus mit eigenem Grundstück, das ich bebauen wollte. – Ich hätte wohl Kraft zu etwas anderem. Als ich vorige Woche hier in der Schule war[31], welche Lust hat mich da ergriffen, wieder Lehrer zu sein. Wie wollte ich hier an so einer Stelle, wo es auf ganze Männer ankommt, wirken. Da sind etwa 20 Lehrkräfte. Ich weiß, ich würde mit dieser Aufgabe fertig. Ich hätte die Erfahrung und die Liebe, die nötig ist. Aber ich sehe die Konflikte wie ein Gestrüpp emporschießen, und darin würde ich mich entweder wundreißen oder den Rückzug antreten. Es gibt ja keine Ideale mehr, um die gekämpft wird im Volkstumskampf[32] hier im Osten, und sittliche Maßstäbe, mit denen wir groß geworden sind, sind unmodern und belasten unsereinen. – So wird das erste als Zukunftsziel richtig sein. Ich weiß, daß Du aus der Enge heraus möchtest und am Pulsschlag der Zeit mitfühlen möchtest und bist darum oft verbittert, vor allem weil ich nicht bei Dir bin. Und wenn wir zusammen sind, tun wir ja alles gemeinsam, und dann wird es immer richtig. Die Verhältnisse machen oft die Menschen, meint man, aber nur äußerlich. Wie fad sind die meisten, obwohl sie in Stellen stehen, die Vorbilder brauchen. – Daß man seine Persönlichkeit ausreifen läßt, das gibt es ja nicht ganz, aber doch in etwa. Und das ist wohl das eigentliche Geheimnis des Glückes. Das hoffe ich noch mit Dir zu finden. Sei herzlich gegrüßt, Dein Mann.

Notiz *(Warschau,) 29. Januar 1941*

[...] Hauptmann H[eidermanns][33] wiederum die Beförderungsvorschläge vorgelegt. Er ist unsachlich, mißtrauisch, sieht nicht das Gute, sondern in allem nur das Schlechte, kein Führer, der mitreißt.

An die Ehefrau *Warschau, 29./30. Januar 1941*

[...]

Fortsetzung 30.1.41.

Meine Liebste – Ich bin gestern abend in dem Film »Bismarck«[34] gewesen. Das wäre ein idealer Unterrichtsfilm für Weltgeschichte. Er hat mir gut gefallen. Weiß Du, was ich gar nicht mehr mag bei diesen vaterländischen Filmen? Das Militärische, Kriegerische. Und wie hätte mich das früher gerade gepackt. Auch die Wochenschauen, in denen nun ausgiebig viel vom Kriegsgeschehen berichtet wird, werden einem gleichgültig. Wie erlöst ist man, wenn man die Schiläufer-Truppen in Norwegen zum Beispiel mal sieht, wie die bei Lappen einkaufen und dergleichen; aber die ewigen Kampfszenen, Begrüßungen, Empfänge und dergleichen wirken [sic!] überdrüssig. Das ist unseren Truppen gegenüber undankbar, nein, es ist ein Fehler der Propaganda, die immer und ewig in Massenpsychose macht. Die meisten Menschen möchten nicht dauernd Kriegshandlungen sehen; es ist eine Wohltat, mal nichts davon zu sehen. Wenn es wieder ernst ist, tut jeder doch seine Pflicht. [...]

Notiz *(Warschau,) 30. Januar 1941*

Kommandantur-Wache. Nachts wird von Oberleutnant Danneborn, Führer der Heeresstreife[35], ein Fliegerunteroffizier eingeliefert. Er blutet aus Mund und Nase. Ein großer, schlanker Junge, H.J.-Bannführer[36], Abiturient. Mit andern Kameraden hat er in einer Bar seinen 21. Geburtstag gefeiert, ist gegen den Offizier frech geworden, hat ihn beleidigt und beschimpft. Darauf hat ihn der Offizier ins Gesicht geschlagen, weil er sich Achtung verschaffen mußte, von der Schießwaffe [sic!] aber keinen Gebrauch machen wollte. So verderben sich diese jungen Menschen ihr ganzes Leben. Was fragt dieser Mensch danach, das nächste Mal einen Vorgesetzten zusammenzuschießen. Der Dünkel ist in diesen Leuten natürlicherweise hochgezüchtet. Unterordnung ist ihnen ein lästiger Begriff. Sie sehen nur sich, sind eifersüchtige Egoisten, Kameraden nur soweit, als diese ihnen huldigen. Wer sie überflügelt, ist ihr Feind. An allem Mißgeschick sind nur die andern schuld. Im Einsatz dagegen wird er sich gut bewähren.

An den Sohn *Warschau, 31. Januar 1941*

Mein lieber Helmut –

es ist 1 Uhr nachts. Ich komme soeben von einer Postenkontrolle zurück. Es ist alles in Ordnung. Ich bin durch den weiten, dunklen Park gelaufen, um mich zu beruhigen. Wie sich diese jungen Menschen ins Unglück bringen. Es tut mir immer so leid. Wenn sie klaren Kopf haben, am andern Tag, dann kommt die Reue. Jede Nacht kommen diese Fälle vor. Dieser war besonders kraß. Der Offizier war noch ganz aufgeregt. Er kam zu mir ins Zimmer und beruhigte sich erst mit einer Zigarette. Mir stand immer noch der junge Fliegerunteroffizier vor Augen, hinter dem sich vor einigen Minuten die Eisentür geschlossen [hat], immer noch aufbegehrend und den Offizier beleidigend. Mit einer Anzahl Kameraden wollte er seinen 21. Geburtstag feiern, war in einem verbotenen Lokal eingekehrt, hatte lustig gezecht, neben sich junge Mädchen. Der Offizier von der Heeresstreife fordert die Soldaten auf, sich zu entfernen. Sie gehorchen widerwillig, der Unteroffizier wird frech, beleidigt den Offizier, leistet gegen seine Verhaftung Widerstand. Der Offizier findet keine Unterstützung, will nicht die Waffe gebrauchen und schlägt den Unteroffizier ins Gesicht. Zum Glück wehrt dieser sich nicht, aber beschimpft den Offizier weiter. Ich kann Dir nicht alles schreiben. Zu mir sagt er, »ich bin H.J.-Bannführer[37] und Abiturient, ich könnte auch Offizier sein«. Aus seinen Papieren geht hervor, daß er verschiedene fliegerische Prüfungen hinter sich hat. Nun ist es aus mit seiner Laufbahn. Wenn's gutgeht, kriegt er einige Monate Gefängnis. – Vielleicht gibt man ihm Gelegenheit, sich vor dem Feind zu bewähren. Da stellt [sic!] er sicher seinen Mann. [...] Was das heißt, g.v. Feld? Garnisonverwendungsfähig im Besatzungsgebiet. Die Ärzte scheinen sich auch nicht klar zu sein. Na ja, vorläufig bleibe ich bei meiner Formation. Weißt Du, ich will ganz gern Soldat sein, wenn ich wüßte, daß zu Hause alles lief, wie es laufen sollte, und Mutter beherzter wäre. – Vorhin die Führerrede gehört[38]. Ich finde sie ungemein scharf. Scheinbar soll das Jahr [19]41 die unbedingte Entscheidung bringen. Das glaube ich auch.

Mache Du in aller Ruhe Dein Examen. Was weiter wird, werden wir sehen.

Viele gute Grüße und Wünsche, Dein Vater.

Notiz *(Warschau,) 1. Februar 1941*

Schweigen, auch bei Gelegenheiten, die einen wütend machen, ist immer das beste. Abends Kompanieführerbesprechung. Hauptmann H[eidermanns][39] rügte, daß ich auf dem

Bataillonsgeschäftszimmer Bücher aus dem Schrank geholt hatte. Er verdrehte die Sache in übler Weise. Ich war nahe daran, mich zu verteidigen und ihn anzugreifen. Es ist aber das Klügste, nichts zu sagen. Am andern Tag war er wieder ganz liebenswürdig zu mir. Er ist aber falsch.

Notiz *(Warschau,) 2. Februar 1941*

Morgens wollte ich in die Kirche gehen, aber ich merkte, daß eine Migräne im Anzug war; ich fuhr deswegen wieder mit der Straßenbahn zurück und ruhte mich aus. Bis Mittag war es vorüber. Um 5 Uhr traf ich mich mit v[on] Rengarten[40] im Kaffee. Seine Frau liegt an einer Lungenschwäche darnieder. Solche kinderlosen Eheleute nehmen sich doch ungewöhnlich ernst. Jede Schmälerung des eigenen Ichs findet sie in der Abwehr. Wie belanglos ist ein solches Leben. Er erzählte mir aus seinem Betrieb. Von dem Arbeitsamt wurde gerügt, daß er seinen Arbeiterinnen zu hohe Löhne (60 Gr.)[41] die Stunde bezahle. Aber ins Theater müssen sie gehn. Der Betrieb wird förmlich dazu gezwungen, die Arbeiter dahin zu schicken. Wahrscheinlich, um die Kassen zu füllen. Andererseits wird für die Ernährung nichts getan; man will die Menschen gerade noch vorm Verhungern bewahren. Auch daran liegt nichts[42]. [...]

An den Sohn *Warschau, 3. Februar 1941*

Lieber Detlev –

[...] Du hast bis jetzt noch keinen Brief von mir bekommen, seit ich wieder von Hause weg bin; deshalb schreibe ich Dir heute mal. Dein Buch wirst Du ja bekommen haben. Ein Urlauber sandte es in Deutschland ab. Hier dürfen wir im Monat nur 1 kg im ganzen absenden; deshalb gab ich es einem Urlauber mit. Wie geht es in der Schule? Gegen das Schulende wird immer tüchtig gebüffelt. Aber Ihr habt ja erst Ende Juni Schuljahresschluß, nicht[43]? Es ist doch jetzt anders, wie ich in der Zeitung las. Habt Ihr noch viel Schnee? [...] Zum Skifahren kommst Du wohl auch nicht mehr oft. Ich gehe manchmal spazieren in der Umgegend der Stadt. Wir wohnen am Stadtrand. Da sehe ich gern den Jungen zu, wie sie auf einem ganz kleinen Abhang üben. Der Hang ist so glatt gerutscht, daß man nur unter großer Mühe heraufkommt; nichtsdestoweniger versuchen's die Sportlustigen immer wieder. Aber auf dem Eisplatz ist ein zünftiges Treiben. Eh es richtig kalt wurde, exerzierte ich auf einem Sportplatz mit meinen Soldaten. Ich wunderte mich, daß da eine Wasserleitung hingelegt wurde. Als ich eines Morgens wieder auf den Platz wollte, kam mir eine Frau entgegen und wollte mir klarmachen, daß ich nicht mehr den Platz benutzen dürfte; da sollte eine Eisbahn angelegt werden. Ich verstand sie aber nicht, und wir blieben da. Am andern Tag kamen wir wieder; da war der Platz eine spiegelblanke Fläche. Nun blieben wir von selbst weg. Aber ich gehe manchmal hin und schaue den Jungen zu, wie sie Eishockey spielen. Es sind fast alles höhere Schüler. Die Gymnasien sind geschlossen[44]. [...]

An die Ehefrau *Warschau, 4. Februar 1941*

Meine liebe Frau – meine Annemi –

[...] Wir machen hier unsern üblichen Dienst. Den Soldaten ist es auch oft langweilig, aber sie sehen ein, es könnte anders sein, viel schlimmer, und da ertragen sie's. Alles wartet auf die große Stunde der Entscheidung[45]. Vorläufig wird das aber noch eine Zeit dauern. Der Winter kommt täglich mit neuen Schneemassen und wechselnder Kälte. Er will die Herrschaft noch nicht abgeben. Wie ist das Wetter bei Euch?

Ich lese gerade die Briefe von Bismarck[46] an seine Braut und später an die Frau. Aus diesen Briefen ersieht man, was das für ein zärtlicher Gatte war, ein besorgter Vater und guter Hausvater. Wie ernst diese Menschen die innere Ausrichtung nahmen. Es mutet einem fast komisch an, wenn dieser große Mann an so kleinliche Dinge denkt, zum Beispiel an seine Hemden, und der Frau den Stoff vorschreibt, aus dem er sie gemacht haben will. Imponierend ist seine Pflichtauffassung. Aus diesen geistreichen Briefen, die sich sehr oft mit ganz alltäglichen menschlichen Dingen befassen, erahnt man die Größe dieses Menschen, der später als Schöpfer des D[eutschen] Reiches alle überschattet. Was aber das Liebenswürdige, das Edle, Gütige und Menschliche an ihm ist, was man gar nicht vermutet, das offenbart sich in diesen Zeilen. Wenn es Dir möglich ist, lasse Dir das Buch mal von der Landesbibliothek Fulda schicken. – Ich habe lange kein vernünftiges Buch mehr gelesen. Ich habe gar kein Verhältnis mehr zu dem geschriebenen Wort. Kriegsbücher, politische Schriften, Zeitungen, alles Tendenzhafte ist mir zuwider. Ich vertrage auch keine Schilderungen schwerer Schicksale, und doch mag ich keine seichte Lektüre lesen. Fachstudium möchte ich treiben.

Ich hoffe, daß Du wieder ganz munter, stark und tapfer bist und die Widerwärtigkeit der Zeit begreifst und bestehst; behalte lieb Deinen Wilm.

Notiz *(Warschau,) 5. Februar 1941*

Mittags von Wache nach Hause gekommen. Zum ersten Mal wieder seit langer Zeit geritten. In der Reithalle. Abends bei Luckh[aus][47]. Er ist ein sehr anständiger, aber etwas langweiliger Mensch, sie verstehe ich zu wenig. Ich werde immer recht herzlich aufgenommen. Er steht unbedingt zur d[eutschen] Sache und nimmt alle unschönen Erscheinungen um der höheren Sache willen in Kauf. Genauso energisch und verbissen steht sie auf der p[olnischen] Seite.

Notiz *(Warschau,) 6./7. Februar 1941*

[...] Vormittags Schießen. Mit dem Pferd draußen gewesen. Das Reiten macht mir immer Freude. Ich muß mich wieder auf den Gedanken umstellen, daß ich gesund bin und allen Dienst mitmache.

Ein neuer Offizier, Leutnant Bellin, ist ins Bataillon gekommen als Ordonnanzoffizier. Er ist Kavallerist und hält den Reitunterricht bei den Offizieren. Mich interessiert er als Mensch, als Offizier. Er nötigt mir Achtung ab in seinem bestimmten, sichern Auftreten. Warum wirken andre Menschen immer auf mich, warum muß ich zu jedem Stellung einnehmen in zustimmender und ablehnender Weise? Das Wesen Mensch lockt mich immer wieder, zieht mich hin, stößt mich ab. Noch mehr geht es mir so mit den Frauen. Ich bin wie eine Magnetnadel, die bei Annäherung von Eisen in Unruhe gerät und hin und her schwingt.

Notiz *(Warschau,) 8. Februar 1941*

Hauptmann H[eidermanns][48] macht mir Vorhaltungen, daß ich mich nicht wegen des Reitens bei ihm entschuldigte, obwohl der Adjutant vollkommen im Bilde war. Ich mache diese kleinliche Schikane nicht mit und verzichte ganz auf diesen mir so liebgewordenen Sport.

Notiz *(Warschau,) 10. Februar 1941*

An einem Kasinoabend, wenn ich als einziger nicht am Trinken teilnehme, kommt mir zum Bewußtsein, daß ich etwas Eigenes zu verteidigen habe. Wenn auch keiner zu direkten Angriffen auf meine Enthaltsamkeit übergeht, so fehlt es doch nicht an Anspielungen auf eine gewisse Minderwertigkeit des dem Alkohol Abholden. Eine Ausnahmestellung in einer, wenn auch zufälligen Gemeinschaft fordert immer zu erhöhter Kritik heraus und verlangt Abwehr und Festhalten am eigenen Standpunkt. Ich spüre meine Einsamkeit in diesem Kreise und fühle mich gar nicht wohl. Es gibt so manches, was ich ablehne und was mich zur Kritik herausfordert. Aber es ist nicht klug, damit herauszurücken. Ich muß Zurückhaltung üben und alles seinen Lauf gehen lassen, nicht versuchen, auf andre einzureden oder deren Standpunkt zu verurteilen. Möglichst unauffällig bleiben und doch in sich geschlossen, vor allem nicht hochmütig sein.

Notiz *(Warschau,) 12. Februar 1941*

[...] Man ist wie ein anderer Mensch im Liegen als im Stehen. Diese Tatsache habe ich schon oft erfahren. Wenn ich im Bett liege des Nachts und Gedanken beschäftigen mich, so sind diese Gedanken oft von einer Gegensätzlichkeit zu dem, was ich nachher tue, daß ich gar nicht verstehe, wie die sich festsetzen konnten. So stelle ich mir oft die Auseinandersetzung mit einem verhaßten Menschen in einer Deutlichkeit vor, die meinen Puls schneller gehen läßt. Gegen den Hauptmann H[eidermanns][49] habe ich eine massive Abneigung. Aus Klugheitsgründen verberge ich sie, aber in Gedanken wirkt sich diese Abneigung so deutlich aus, daß ich mir jedes Wort vorspreche, was ich diesem Menschen ins Gesicht schleudern möchte, um mich an ihm zu rächen. Es sind die zwei Naturen, die in jedem stecken, die [nun] einmal die Herrschaft über uns hat [sic!]. So geht es auch mit den sinnlichen Regungen. [...]

An Ehefrau und Kinder *Warschau, 12. Februar 1941*

Liebe Annemi, lieber Detlev und Ihr 3 andern daheim –

[...] Abends – ich mußte einen andern Offizier auf der Wache ablösen, der das Eissprengkommando auf der Weichsel hat. Die Weichsel ist bei dem Tauwetter angeschwollen, und das Eis staut sich vor den Brücken. Zum Teil ist das Flußeis noch nicht gelöst, das soll nun gesprengt werden. Voriges Jahr hatte ich dieses Kommando in Jadow. So sitze ich nun wieder auf der Kommandantur. Freitag auch wieder. Gestern habe ich den Kameraden Kratz im Lazarett besucht. Es ist besser mit ihm. Er ist verschiedene Male geröntgt worden. Die Lunge zeigte verschattete Stellen. Da will ich doch lieber gesund sein, als mit solcher Krankheit schließlich in die Heimat kommen. Wenn man so trostlos in einem kahlen Krankenzimmer liegen muß, das ist auch kein Vergnügen. Ich bin jetzt wieder ganz gesund. Heute nachmittag bin ich wieder zum Schwimmen gewesen. Vom Reiten habe ich mich für einige Zeit dispensieren lassen. Ich hätte wohl Lust dazu, aber ich will eine Zeitlang aussetzen aus besonderen Gründen. Mit dem Kommandeur[50] hatte ich außerdem eine Auseinandersetzung, die mich geärgert hat; das ist auch ein Grund mehr. Gestern abend war im Kasino eine Offiziersversammlung mit waffentechnischer Belehrung, anschließend gemeinschaftliches Abendessen. Ein Kamerad hatte auf dem Lande irgendwo Geflügel aufgekauft, das wurde verzehrt. So angenehm eine solche Abwechslung in der eintönigen Kost ist, so widerstrebt es mir doch, solche Essereien mitzumachen. Die Zivilbevölkerung hat nichts zu essen[51], und für uns ist doch gesorgt. [...]

An den Sohn *Warschau, 14. Februar 1941*

Mein lieber Helmut –

zu Deinem 20. Geburtstag sende ich Dir die allerherzlichsten Grüße und Glückwünsche. Auch für Dich wird dieses Jahr neben Ungewißheiten und Überraschungen ein Schicksalsjahr sein. Wir sind alle eingelagert in das Los des Vaterlandes und drehen uns mit im Wirbel der Ereignisse. Wo den einzelnen nun der Zufall oder das Geschick oder, sagen wir es religiös, die Vorsehung Gottes hinstellt, wird der eine mehr, der andre weniger in den Strudel gerissen. Das Klagen ist unbillig, es kann sich niemand dem Geschick entziehen. Neue Formen und neue Ideen ringen um Gestalt. Altes zerbricht und wird zerfetzt. Es geht mit der Gestaltung des neuen Reiches, des neuen Europas um die Formwerdung eines neuen Zeitalters. Wir heutigen Menschen sind in den Prozeß hineingestellt und müssen handelnd und leidend die Auseinandersetzung auf uns nehmen. Der einzelne verschwindet und bedeutet nichts, er muß fürs Ganze stehn. Es ist so, wie wenn der Bildhauer aus einem Marmorblock eine Figur herausmeißelt. Bis die fertige Form sichtbar wird, spaltet der Meißel ein Stück nach dem andern ab, sie bleiben als Scherben liegen; aber sie mußten fallen, um die Idee des Künstlers Form werden zu lassen.

Das nächste Ereignis, das Dich in Atem hält, ist die Prüfung[52]. Mutter schrieb mir, Du würdest Dich sehr anstrengen und Du sähest blaß und überarbeitet aus. Wirst Du denn immer satt? Das Essen ist in diesem Fall sehr wichtig. Meist hat man keinen Hunger, weil der Organismus anormal beansprucht wird. Hast Du denn morge*ns* (nicht morgen*ds*)[53] keine Vorlesungen, daß Du bis 11 Uhr schlafen kannst? Nein, ich weiß noch nicht, wann ich auf Urlaub fahren werde, Ende März, denke ich. Daß Du zu Hause warst, schrieb Mutter mir; es war große Freude. Du kannst nach Deinem Physikum doch sicher bis zu Deiner Einberufung nach Hause gehn oder nicht? [...] Wir haben auch wieder Ersatz bekommen, Jahrgang [19]01-06. Ich muß lachen, wenn die alten Säcke auf dem Kasernenhof herumgejagt werden. Sie sind noch nicht ausgebildet. Für unsere Aufgaben eignen sie sich noch. Es sind meist Rheinländer. Gestern abend war ich mit ihnen in der Kantine zusammen. An Musikern fehlt's nicht, und Singen ist ihre Freude. Mir geht es gut. Ich bin wieder ganz in der Ordnung. Ich bin sehr froh, daß ich mit der Ausbildung diesmal nichts zu tun habe. [...]

An die Ehefrau *Warschau, 15. Februar 1941*

Liebe Annemi –

wenn ich doch mit Dir so manches zusammen erleben könnte! Wir sind schon lange zusammen gewesen, und ich sehe vieles mit Deinen unbestechlichen Augen. So auch, wenn ich an der Tafelrunde im Offizierkasino der Kommandantur sitze. Ich bin ja nur Gast da für die Zeit meines Dienstes, aber seine Beobachtungen kann man deswegen doch machen. Gestern mittag gab's Linsensuppe, ein gutes, schmackhaftes Gericht. Mir hat es sehr gut geschmeckt. Der Oberstleutnant von Z[itzewitz][54] mit einem echt preußischen Junkernamen, feinem Kopf, Monokel, schnarrender Befehlsstimme: »Ordonnanz, ich habe Ihnen doch gesagt, daß Sie mich anläuten sollen, wenn's Linsensuppe gibt; ich kann sie nicht vertragen.« – »Entschuldigen Herr Oberstleutnant, ich habe es vergessen.« – »Ach, was heißt vergessen! Besorgen Sie mir die Speisekarte aus dem Hotel!« Nach 10 Minuten kommt ein Kellner mit silbernen Schüsseln, hinter die sich Herr v[on] Z[itzewitz] mit noch immer mürrischem Gesicht setzt. Heute morgen sitzt er beim Frühstück. Ich merkte ihm schon mehrere Tage an, daß er verdrossen ist. »Sagen Sie mal, Herr Oberstabsarzt, haben Sie nichts gegen Husten? Ich huste mir ja die Lunge heraus!« – »Ja, wir haben einen Hustensaft da, der ist sehr gut!« – »Davon habe ich schon 3 Flaschen ausgesoffen; es ist davon nicht schlimmer geworden.« – »Schwitzen, ins Bett!«, verordnet der besorgte Oberstabsarzt. »Dazu habe ich keine Zeit; ein Oberstabsarzt muß doch andre Mittel haben als jeder Sanitätsgehilfe!« Nein, viel mehr hat der auch nicht. An einem andern Tisch geht es sehr lustig zu. Zwei Herrn fahren in Urlaub; der eine macht einen Luftsprung, als er sich verabschiedet. Sie freuen sich wie die Kinder. Ein neuer katholischer Pfarrer ist eingetroffen. Der Vorgänger erhielt das Verdienstkreuz[55] und wurde vor 14 Tagen verabschiedet. Er war sehr beliebt. Das kam zum Ausdruck bei dem Abschiedsabend, bei dem Reden und Verse zum besten gegeben wurden, die den Pfarrer verherrlichten. Der neue ist ein fettes Herrchen mit ewig schmunzelndem Gesicht. Ich glaube nicht, daß er sich wie der Verabschiedete so wohl fühlt und einfügt unter die Soldaten. Er hat nichts Männliches an sich. Morgen will ich in die

Kirche gehen. Ich bin gespannt, ob sich mein Urteil bestätigt. Ein Oberzahlmeister[56] ist plötzlich versetzt worden nach Lothringen. Der Abschied von W[arschau] wird ihm schwer. Er lebte hier sehr angenehm, hatte eine schöne Wohnung und pflegte vertrauten Verkehr mit der Damenwelt. Heute früh war er schon verschwunden, an seinem Platz sitzt ein anderer. Morgen ist er vergessen. – Gestern war die Erstaufführung des neuen Films »Sieg im Westen«[57]. In der kommenden Woche will ich auch hingehen. Der Bismarck-Film[58] hat mir gut gefallen. Ich mußte zur Einführung den Soldaten einen Vortrag halten über das Leben O[tto] v[on] B[ismarcks]. Das habe ich gern getan. – Frau Sachs[59] hat mir sagen lassen, daß ihr Vater heute abend käme und brächte ihren kleinen Sohn mit. Seit 4 Monaten hat sie ihn nicht mehr gesehen. Ich will sie heute abend besuchen und den Vater kennenlernen. Er war österr[eichischer] Offizier und geriet in itali[enische] Gefangenschaft. Wenn ich von [der] Wache komme, werde ich mich ausschlafen und dann zum Schwimmen gehen. Es ist ein weiter Weg bis zum Bad, aber die körperliche Bewegung ist mir eine Wohltat. Ich konnte immer nur 5-10 Minuten schwimmen; das letzte Mal brachte ich es bis 22 Minuten. Es fehlte mir nicht an Kraft, aber an Luft. Leb wohl, mein allerliebstes Herz; ich grüße Dich und liebe Dich immer, Dein Wilm.

Notiz *(Warschau,) 16. Februar 1941*

[...] Film: »Sieg im Westen«[60]. Nichts Wesentliches, was man vom Krieg nicht schon wußte. Das Ganze eine Aneinanderreihung von Filmdokumenten. Einseitig; nicht die Furchtbarkeit des Krieges zu Geltung gebracht aus propagandistischen Gründen. Am Ende vor dem Straßburger Münster erwarte ich im Münster einen Dank an Gott. Den braucht man nicht.

An den Sohn *Warschau, 17. Februar 1941*

Mein lieber Detlev –

ich schicke Dir hier ein Büchlein, das ich gern gelesen habe und das Dir sicher auch Freude machen wird. Vielleicht verstehst Du die Feinheiten nicht so wie ich, denn zu den Worten, die man liest, muß man Erfahrung haben, die einem die

Worte erst gehaltvoll machen. Der lieben Mutter mußt Du aber mal vorlesen, wie die Familie über die Kuhweide lief, da kann sie Dir aus ihrer Kindheit ein ähnliches Ereignis erzählen. Recht merkwürdig wird Dir der Hans vorkommen, der lieber mit seiner Mutter geht, an die Hand genommen wird und weise Reden führt. Der kleinere Fritz spürt das Unechte und Zimperliche und lehnt sich auf dagegen. – Das Büchlein habe ich nicht gekauft, ich habe es mir in der Kirche mitgenommen; das scheint Dir merkwürdig. Aber wenn die Soldaten in die Kirche gehen, dann ist das nicht so, wie es die alte Gewohnheit in einer Kirche daheim vorschreibt. Die polnischen Kirchen haben keine Bänke; die Leute stehn, aber unser Pfarrer hat für die Soldaten Stühle und Sessel hinstellen lassen. Während des Gottesdienstes setzen wir uns deswegen auch. Mitten in der Kirche ist ein Tisch, darauf liegt eine Menge religiöser Schriften, Liederbücher und so fort. Auch kleine Schriften wie das [sic!] beigefügte[61]. Jeder kann sich davon mitnehmen, was er will. Nun hätte ich das Buch ja an Kameraden weitergegeben, aber ich glaube, Du liest es auch gern, und für die ist ja gesorgt. Zu lesen gibt es allerlei. Jede Kompanie hat mehrere Feldbücherkisten mit je 40 Bänden; die bevorzugen die Soldaten aber nicht so sehr. Meist lesen sie Kelter-Romane[62], die Du in Auslagen am Bahnhof oder dergleichen auch schon gesehen haben wirst. Gestern, Sonntag, besuchte ich den Kameraden Kratz im Lazarett. Bei dem lag ein Major, der wollte zur Abwechslung auch ein solches Heft lesen. Aber er gab es bald zurück; da würde zu viel geschossen, es gäbe schon 4 Tote, sagte er. Auf dem Weg zum Lazarett geht man über die Weichselbrücke. Der mächtige Fluß liegt noch im Eis erstarrt. Die Schiffe stecken zum Teil im Eis. Von der Brücke führt eine Treppe herunter zu der Straße. Die wird viel begangen. Deswegen haben hier Bettler Aufstellung genommen. Oben stand ein Blinder, dann ein Junge mit gräßlichen Narben im Gesicht, die Hosen waren zerrissen, daß man die vom Frost roten Schenkel sah; einige Stufen tiefer lag ein Bursche mit verkrüppelten Beinen, auf halbem Treppenaufsatz spielte ein alter Mann auf der Flöte, und unten saß eine alte Frau, ein Kind auf dem Schoß; eine andere Frau hatte zwei kleine Mädchen bei sich, die Kirchenlieder sangen. Ob sie viel bekommen? Ich glaube nicht. Solche Bilder sieht man häufig in den Straßen der Stadt. Grüße alle, und sei Du herzlich gegrüßt von Deinem Vater.

An den Sohn *Warschau, 19. Februar 1941*

Lieber Helmut –

das glaube ich, daß der Gestellungsbefehl für Dich eine schöne Überraschung war, aber nun ist es fein, daß Du noch 3 Monate Zeit hast. Die Mutter sieht es ja nur als eine Galgenfrist an und ist sicher sehr erschrocken. Sie schrieb mir, es ginge ihr nicht gut. Gewiß hat sie sich über die letzten Enttäuschungen so aufgeregt, daß sie elend wurde. Mich bekümmert das immer. Gerade der Gedanke, daß sie daheim nicht fertig wird und die Sorgen sie niederdrücken, verleidet mir das Soldatenleben. Wenn sie bloß bald Hilfe bekommt. – Es war wirklich sehr schön zu Hause. Nur der Abschied war nicht schön. Ich habe mir fest vorgenommen, ich nehme die Mutter nicht mehr mit an die Bahn, wenigstens nicht nach Fulda. Sie war wohl sehr unglücklich, als sie nach Hause kam. – Ich hatte eine scheußliche Fahrt. In Leipzig hieß es dann, Fronturlauber könnten noch 2 Tage heimfahren. Da habe ich mich natürlich geärgert. Ich bin gerade in die größte Zugstockung hineingeraten. Na, ich schrieb es schon nach Hause. Den Brief[63] wirst Du wohl noch gelesen haben. – Wenn ich aus dem Urlaub zurückkehre zur Truppe, dann fällt es mir immer schwer, mich einzugewöhnen. Zu Hause wird mir, oder vielmehr erst nachher, bewußt, wie nötig ich daheim bin. Aber ich muß die Arme schlaff herunterhängen lassen und kann nichts tun. Die Untersuchung ergab, daß ich »g.v. Feld«[64] bin, also vorläufig bei der Truppe, die ja als Garnisontruppe angesehen wird, verbleibe. Bis es mal eine Änderung gibt. – Ich kann gut begreifen, daß Du auch Soldat werden willst. Es ist ein läppisches Gefühl, daheim zu sitzen, während die Kameraden draußen sind. Du hast ja bis jetzt auch Glück gehabt. Mutter muß sich damit abfinden. Es hilft alles nichts. Sei froh, daß die Prüfung endlich losgeht. Wenn Du noch länger Zeit hast, wirst Du auch nicht fertig. Die andern haben es ja auch geschafft. Nur in Ruhe systematisch weiterarbeiten. – Hier sind noch die alten Verhältnisse. Der Dienst ist jetzt anstrengender. Der Hauptmann[65] ist in Urlaub. Ich bin noch allein in der Kompanie, bin stellvertretender Kompanieführer und muß noch häufig auf Wache ziehn. Verschiedene Offiziere sind krank. Aber die Tätigkeit ist mir recht. Da weiß man, wozu man da ist. Gestern war ich hier in der deutschen Schule und hörte dem Unterricht zu und nahm an einer Konferenz teil, beteiligte mich auch an der Aussprache. Das würde mir Freude machen, hier an verantwortlicher Stelle zu arbeiten. Es steckt alles noch in den Anfängen. Geht die Uhr genau? Mir ist es eine Genugtuung, daß ich Dir damit Freude machte.

Leb' herzlich wohl, Dein Vater.

An die Ehefrau *Warschau, 20. Februar 1941*

Meine Allerliebste, meine Annemi –

ich komme eben vom Kriegerfriedhof. Drei Offiziere von uns mußten mit zum Ehrengeleit gehen. Vor einer langen Reihe offener Gräber standen 10 schmucklose Särge. Am Sonntag ist ein Eisenbahnunglück in der Nähe von Warschau geschehen[66]. Bis jetzt sind 10 Soldaten gestorben, viele sind verwundet. Vier Gräber blieben offen für abgestürzte Flieger, die morgen beerdigt werden sollen. Ich war zum ersten Mal auf diesem Friedhof. Viele Hunderte deutscher Soldaten liegen hier. Die Angehörigen der Toten konnten wohl nicht alle da sein. Eine ganz junge Frau am Arm ihres Schwiegervaters wanderte die Reihe der Särge entlang und suchte ihren Mann in einem. Sie weinte so herzzerreißend. Sie streichelte den Sarg und legte einen Blumenstrauß darauf. Vor wenigen Tagen war ihr Liebster erst bei ihr gewesen; auf der Urlaubsreise hierher traf ihn der Tod. Ein anderer Soldat war auf der Reise nach Hause zu seiner kranken Frau. Er hatte ein Telegramm erhalten, sofort heimzukommen. Auch ihn traf der Tod. Andre waren im Sonntagsurlaub in W[arschau] gewesen. Auch Zivilpersonen sind umgekommen. Eine Kompanie von uns schoß den Ehrensalut, eine Fliegerkapelle spielte Trauermusik. Der evangelische und der katholische Geistliche sprachen Grabreden. Der Kommandant von W[arschau][67] war erschienen. Abordnungen der verschiedenen Truppenteile trugen große Kränze. Über allem hing der Jammer der jungen Frau. So ist das Leben. [...]

Notiz *(Warschau,) 21. Februar 1941*

Wes Geistes Kind der Hauptmann H[eidermanns][68], welcher Gefühlsrohheit er fähig ist, zeigt ein Ausspruch am Mittagstisch, als er bemerkt, daß er von den Posten, die an den Kohlen Wache hielten, verlangte, daß sie auf die Kinder, die Kohlen stehlen, schössen. »Was liegt daran, wenn sie mal ein Kind umlegen.« Er trüge die Verantwortung. Nicht Schreckschüsse dürfte ein Posten geben, sondern sofort zielen!

An die Ehefrau *Warschau, 23. Februar 1941*

Sonntag, morgens auf Kommandantur-Wache.

Meine Annemi –

In zwei Stunden marschieren wir wieder nach Hause in die Kaserne. Für den Rest des Tages habe ich Ruhe. Ich weiß noch nicht, was ich tun werde. Ich bin so schlaff und willenlos; die Gedanken schleichen träge durch das Gehirn. Ist es die unbequeme Lagerstatt, die Unruhe der Nacht? Die Glieder und der Rücken sind wie abgeknickt. Oder ist es der Druck im Kopf? Es ist wohl so, daß es Zeiten gibt, in denen man nur vegetiert. Da ist man ohne Schwung und seelischer Kräfte bar. Auch beten kann man nicht. Ich nehme mir stets das Neue Testament mit. Von allen Büchern gibt dieses Buch einem doch die stärksten inneren Impulse. – Über Nacht ist Schnee gefallen, aber das Thermometer zeigt keine Kälte. Der Frühling scheint auf dem Weg zu sein. Gestern früh war ich mit dem Pferd ganz allein draußen an der Weichsel. Ich wollte den Fuchs wieder mal reiten und an mich gewöhnen. Wenn ich zur Kommandantur reite, ist er zu lebhaft und tanzt auf der Straße herum, deshalb habe ich ihn erst müde geritten. Es ist wirklich ein köstliches Gefühl, so im Galopp dahinzufliegen; unter den Hufen splittert das Eis und spritzen die Pfützen. So ein lebendiges Wesen unter sich zu spüren, ist etwas ganz anderes, als zum Beispiel im Auto durch die Gegend zu rasen.

Meine Annemi – [...] Du schreibst, Du fändest im Dorf Ablehnung und Teilnahmslosigkeit. Ich glaube, daß Du Dich nicht täuschst. Ich spüre dasselbe inmitten der Kameraden. Was verbindet einen mit ihnen? Sie verzeihen dem, der sich auf sich selbst zurückzieht, nicht die Zurückhaltung. Nur wenn sich die Menschen gegenseitig brauchen, sind sie bereit entgegenzukommen. Du bist immer schon gerne ohne die Masse ausgekommen und ziehst Dich jetzt erst recht von ihr zurück. Es ist kein Hochmut. Es ist eine Schutzwehr, wie sie vor allem Wertvollen nötig ist. Du bist keine gewöhnliche Frau, Du bist von einer solchen Köstlichkeit, die ich erst jetzt in der langen Trennungszeit ganz begreife, nein, fühle. Denke ich an so viele gemeinsame Erlebnisse, an sich ganz unbedeutend, dann erst wird mir klar, was ich an Dir liebe. Die Wanderung an den Kreuzberg[69], die Fahrt nach Meiningen oder nach Weiperz. Ein stiller, tiefer Friede senkt sich mir ins Gemüt und eine unstillbare Sehnsucht, bei Dir zu sein. [...]

Notiz *(Warschau,) 24. Februar 1941*

Vormittags Unterricht in der Kompanie am Sandkasten, ebenfalls nachmittags. Um 4 [Uhr] Schwimmen. Um 5 [Uhr] Rede des Führers zu oben[70]. Bei Luckh[aus][71] gehört. Dann ging ich ins Albert-Breyer-Haus[72] und hörte da weiter, trank Kaffee und ließ mir etwas zu essen geben. Ich werde den Eindruck nicht los, als ob der Führer zu selbstüberheblich wäre und sich Vorschußlorbeeren pflückte. Er ist zu ungerecht gegen die Vergangenheit, gegen die Männer der Geschichte, die unter den derzeitigen Verhältnissen ihr Bestes getan haben. Das d[eutsche] Volk steckt jetzt in einer Zwangsjacke, aus der es sich nicht befreien kann; nur deshalb ist die sogenannte große Einigkeit möglich. Man soll sich aber nicht täuschen und glauben, es sei eine ideelle Einigkeit oder gar eine gewachsene. Eins ist großartig, der Glaube an den Sieg, den er auch auf die Massen überträgt. Ich glaube auch an ihn. [...]

Notiz *(Warschau,) 26. Februar 1941*

[...] [Beim] Aufziehn der Wache das Präsentieren[73] vergessen. Peinliche Angelegenheit. Beherrschung des Augenblicks geht mir ab. In solchen unerwarteten Lagen muß ich kaltblütige Ruhe bewahren, daß der überlegte Gedankenablauf nicht gestört wird. Aber mir geht es dann oft so, daß sich die Gefühle störend vordrängen und mich beherrschen. Ich verliere dann auch den ruhigen Blick, die sachliche Beobachtung, sodaß ich nicht überschaue, was um mich vorgeht. Schnelles Erfassen der augenblicklichen Lage und sachliche, nüchterne Überlegung fehlen mir manchmal, nicht immer, aber oft, wenn ich an etwas Ungewohntem stehe. Eine Blutwelle steigt mir dann in den Kopf und nimmt mir klares Denken.

Notiz *(Warschau,) 3. März 1941*

Vormittags und nachmittags vom Gerätelager im Ghetto[74] Betten und Tische abfahren lassen. Einblick in das Ghetto. Furchtbare Zustände, eine einzige Anklage gegen uns. Die Menschen müssen vertieren [sic!] und verhungern. Wie in einem Ameisenhaufen kriechen sie durch die schmutzstarrenden Straßen. Verlumpt und verelendet. Jüdische Ordnungspolizei[75] greift energisch durch.

An Ehefrau und Kinder *Warschau, 3. März 1941*

Meine Lieben alle –

[...] Das tut mir aber leid, daß die zwei lieben kleinen Mädels[76] krank sind. Da werden also doch die Masern kommen. Heute schickte ich das Püppchen ab. Als ich es eingepackt hatte, fiel mir ein, daß ich nichts dazu geschrieben habe. Ist das viel Geld, 5 M[ark]? Es gibt noch größere, die kosten aber das Doppelte. Nun dürft Ihr zwei Euch aber nicht darum zanken. Oder muß ich noch eins schicken oder mitbringen? Ich habe es, so gut es ging, sorgfältig verpackt, damit es heil ankommt. Das sollte mir leid tun, wenn dem Püppchen etwas passierte, denn ich habe es selbst schon ein wenig liebgewonnen. Du, liebe Jor[inde], kannst ihm so schöne Kleidchen machen, schrieb mir Mutter! Hoffentlich seid Ihr zwei bald wieder gesund. Wie soll es denn heißen? Einen Polennamen muß es doch haben; ich schlage vor, Natascha. – Wegen Anemone weiß ich auch nichts Rechtes zu entscheiden. ½ Jahr Arbeitsdienst wird ihr gewiß nichts schaden. Wenn sie das aber nicht nötig hat, soll sie doch lieber daheim bleiben. Ich glaube nicht, daß sie deswegen gleich weggeholt wird. [...] Ich habe jetzt eine abwechslungsreiche Tätigkeit. Ich richte eine große Schule für Einquartierungen her[77]. An dem Heeresgerätelager holen wir die nötigen Einrichtungsgeräte. Betten, [...][78], Holzwolle, Tische, Hocker und so weiter. Die ganze Woche werden wir noch damit zu tun haben. Abends bin ich ziemlich müde. Wir müssen oft ins Ghetto fahren, da ist ein großes Magazin. Wie die Menschen da leben müssen, das könnt Ihr Euch gar nicht denken. Buchstäblich wie die Ameisen kriechen die Menschen da herum, und wie die aussehen, verlumpt, verhungert! Schauderhaft. Die Juden haben da ihre eigene Polizei, ehemalige polnische, jüdische Soldaten, gut gewachsene, gut ernährte und gekleidete Männer, die sehr energisch sind und unbarmherzig zuschlagen. Mit einer Schneidigkeit grüßen sie den deutschen Offizier, daß ich ganz verwundert war. Wie Juden sich anpassen können! [...]

An Ehefrau und Kinder *Warschau, 6. März 1941*

Liebe Annemi, meine lieben Kinder, vor allem Ihr zwei lieben Kleinen –

ich hatte es mir ja schon gedacht, daß Ihr richtig krank würdet. Was ist denn nun eigentlich? Habt Ihr die Masern? [...] Wie wollte ich Euch lieb haben, Ihr zwei, und an Euerm Bette sitzen und Euch vorlesen und erzählen. Und erst, wenn ich Euch hier hätte! Da hättet Ihr's noch viel schöner. Der Leonhardt müßte Euch recht was Gutes auf seinem elektrischen Kocher zurechtmachen, und ich schmierte Euch Kommißbrote, und Uta, die so viel Durst hat, kriegte Limonade. Aber so schöne Wickel, wie [sie] die Mutter macht, könnte ich Euch doch nicht anlegen. Bei ihr habt Ihr's doch am besten. [...] Heute war ich wieder in der großen Schule, wo die Soldaten einquartiert werden[79]. Unten ist eine Küche, darin wird für die Kinder mittags eine dünne Suppe gekocht. Da solltet Ihr sehen, wie denen das Essen schmeckt. Ich hatte eine Tüte Zuckersteine eingesteckt und schüttete sie ihnen auf den Tisch. Zuerst waren die Kinder so erstaunt, daß sie gar nicht zulangten, aber als das erste Kind zugriff, waren im Nu alle

Bonbons fort. Ich hätte ihnen gern hundertmal mehr gegeben. Was die sich gefreut haben. Ihr müßtet mal sehen, wie blaß und schmal die Kinder aussehen. Ihr habt es sehr gut dagegen. Nun wünsche ich Euch zwei nur, daß Ihr bald recht gesund werdet. [...]

Notiz *(Warschau,)* 7. *März 1941*

[...] Seit einiger Zeit beobachte ich stärkeres Herzklopfen, besonders nachts, wenn ich im Bett liege. Es ist ein eigentümliches Zittern in der Herzgegend und ein lautes Schlagen. Eine geringe Beklemmung. Auch nach dem Genuß von engl[ischen] Zigaretten habe ich es schon gespürt. Auch nach dem heißen Duschen.

An die Ehefrau *Warschau,* 7. *März 1941*

Meine Annemi –

[...] Man spricht davon, daß wir von W[arschau] wegkämen, aber etwas Gewisses ist nicht bekannt. Mir läge nichts daran, aber in die kleinen, abgelegenen Nester irgendwo in Polen möchte ich doch nicht. – Mir geht es gut. Ich wohne seit dem letzten Urlaub allein. Hauptmann Kratz ist zur Erholung [...] in den Kurort Zakopane, das Garmisch der Polen. Dort soll es ganz wundervoll sein. Du fragst nach meinem Plan. Ich soll später noch einmal zu dem Arzt kommen. Er hat mir aber noch nichts sagen lassen. Ich muß noch warten. Es ist jetzt alles in der Schwebe, da muß ich mich noch gedulden. Ob es einen Zweck hat, weiß ich nicht. Es kann aber gelingen. Vorläufig komme ich erst in Urlaub, wie ich schon schrieb, Ende März. [...]

An den Sohn *Warschau,* 7. *März 1941*

Mein lieber Helmut –

besten Dank für Deinen Brief. Du brauchst Dich wirklich nicht zu entschuldigen, daß Du kurze Briefe schreibst. In dieser Zeit, in der Du so anstrengend arbeitest, hat man erstens keine Sammlung und Lust dazu und zweitens fehlen die Gedanken. Die kommen aus dem inneren Wesen ganz von selbst und verlangen nach Mitteilung. So geht es mir zum Beispiel jetzt.

Ich habe heute nachmittag dienstfrei. Erst mußte ich stundenlang warten, bis dann nichts aus der Sache wurde und ich verärgert nach Hause lief. Nun sitze ich in meinen kahlen Wänden. Zuerst versuchte ich es mit einem Buch, dann fiel mir ein, ach, dem Helmut mußt Du ja antworten. So schreibe ich Dir jetzt gerne ein paar Zeilen aus dem Bedürfnis heraus, mit einem lieben, treuen Menschen Zwiesprache zu halten. Wir haben nicht viel Dienst; das ist ja ganz schön, weil man in der freien Zeit sein eigner Herr sein kann, andererseits befriedigt mich dies Leben nicht ohne angespannte Tätigkeit, besonders auch deshalb nicht, weil ich daheim doch so sehr nötig wäre. Wie ein ferner, schöner Traum liegt mir diese Friedenstätigkeit weit zurück. Hoffentlich habt Ihr es einmal besser. Ich glaube ganz fest daran, einmal, daß wir den Krieg gewinnen, und 2., daß die politischen Dinge in Europa so geordnet werden, daß eine lange Friedenszeit folgt. Ich lese A[dolf] H[itlers] »Mein Kampf«[80]. Es ist sehr überraschend, darin festzustellen, was der Führer von Forderungen, Plänen und Gedanken heute schon verwirklicht hat; ebenso läßt sich ahnen, was noch kommen wird, zum Beispiel eine Auseinandersetzung mit dem russ[ischen] Regierungssystem, unter anderem auch die restlose Erledigung der Judenfrage in Europa. Nach Hitler wird kein Jude mehr in Europa sein. – Die nächste Zeit wird manche Überraschung bringen. [...]

Notiz *(Warschau,) 8. März 1941*

Vormittags mit Hauptmann H[eidermanns][81] und Dr. Biskupski Schokoladenfabrik Wedel besichtigt. Täglich 5000 kg Süßwaren liefert die Fabrik an die d[eutsche] Verwaltung, besonders [die] Wehrmacht, ab. Vorräte hat die Fabrik noch bis Ende des Jahres. Ich bin immer voll Bewunderung für den Geist der Technik und die Menschen, die solche Maschinen ausdenken.

Nachmittags Reiten. Weiter Ritt nach der Swidry-Brücke[82].

An die Ehefrau *Warschau, 9. März 1941*

Meine Annemi –

[...] Heute zog die Wache wieder parademäßig mit Spielmannszug und Musikkorps auf. Es ist ein erhebendes Gefühl, das Ganze zu führen und zu kommandieren. Eine große Menschenmenge versammelt sich dann jedesmal vor der Kommandantur, teils um Zuschauer zu sein, teils, für die Polen trifft das sicher zu, weil der Passantenstrom durch die Absperrung aufgehalten wird. An Sonntagen sieht sich mancher, der nichts zu tun hat, das Schauspiel gerne an, besonders die zahlreichen Soldaten. Anfangs war ich stets etwas aufgeregt, vor einiger Zeit vergaß ich beinah das Kommando zum Präsentieren[83]. Ich tröstete mich damit, daß ein Oberleutnant es ganz wegließ und ein anderer auch Fehler machte. Den Soldaten war das ein willkommener Anlaß, gelegentlich eines Kameradschaftsabends uns durch den Kakao zu ziehen. Heute war ich aber sehr sicher, und es klappte tadellos. Der Kommandeur[84] hatte mir schon angesagt, daß er sich die Sache ansehn wollte. Ein Soldat machte verschiedene Aufnahmen. Ich werde sie mitbringen, wenn sie gelungen sind. Anbei vier Aufnahmen von der großen Holzbrücke über die Weichsel, von der ich an Jorinde schrieb, und 2 Aufnahmen von dem Kameradschaftsabend. In dieser Kompanie (1.) sind viele Rheinländer. Sie zogen eine Karnevals-Elferrat-Sitzung auf. Ich war erstaunt über diesen Humor und den Witz, mit dem sie das machten. Unser Graf[85] hat sich großartig belustigt. Die Reden und Witze sind zwar oft derb, aber das nimmt keiner krumm; anders wirkte das, wenn man's geschrieben liest wie in der Bierzeitung, die ich gelegentlich mitschicke. Ich mache mir gewöhnlich nicht viel aus solchen Abenden, aber da hat es mir ganz gut gefallen. Wir kriegen unsere Kompanie nie zusammen, weil sie [sic!] aufgeteilt auf den einzelnen Stadtwachen Posten stehn und Dienst tun müssen. Ich glaube, unserm Hauptmann Weber[86] ist das nicht ganz unrecht, denn er hätte nicht das Geschick, so etwas aufzuziehn. Wir haben auch nicht die Leute dazu. Ich bin auch nicht versessen darauf.

Mit der Einrichtung der Schule bin ich die ganze vorige Woche beschäftigt gewesen. Gestern war ich mit dem Bataillonskommandeur dort, er hat sich alles angesehen. Auf dem Rückweg kamen wir an der großen Schokoladenfabrik Wedel vorbei, der wir einen Besuch abstatteten. Für mich war es sehr interessant, die Herstellung der Schokolade und der Bonbons und anderes mehr zu sehen. Wir durften auch Kostproben nehmen von der gerösteten Kakaobohne bis zur feinsten Praline. Leider kann man nichts kaufen. Die ganze Produktion, täglich 5000 kg, ist für die Wehrmacht beschlagnahmt. Die Fabrik hatte riesige Vorräte, sodaß sie noch bis Jahresende arbeiten kann und die ganze Zeit im Betrieb war. – Über Warschau hängt dieser Tage ein schweres Verhängnis. Der deutschpolnische Theaterintendant, ich lernte ihn seinerzeit durch die Filmleute kennen, er leitete das hiesige deutsche Theater, ist vorgestern erschossen worden[87]. Darauf sind einige hundert Geiseln festgenommen worden mit der Drohung, daß sie erschossen werden, wenn bis heute abend sich der Täter nicht meldet. Ab 8 Uhr abends darf niemand mehr auf der Straße sein. Was die Beweggründe zu dieser Tat sind, ob politische Motive oder ob Weibergeschichten eine Rolle spielen, weiß man nicht. Jedenfalls ist es verhängnisvoll, daß durch einen Fanatiker so viele unschuldige Menschen ums Leben kommen müssen.

Mein Zimmer geht auf die Straße, es liegt in einer langen Fensterfront zu ebener Erde. Nachts lasse ich meist das Fenster auf wegen der frischen Luft. Dicke Eisenstäbe vergittern die Fenster. Sobald es Tag wird, sind eine Menge Kinder draußen. »Herr, bitte ein Stückchen Brot, nur ein kleines.« Das wiederholt sich so hundertemal. Dann hört man mal, wie ein Stück Brot auf die Straße klatscht oder ein Knust[88], und das Getrappel der Füße und das Gebalge der Kinder. Ich kann das Geschrei nicht anhören. So gern man helfen wollte, es wird einem doch zuviel. Heute morgen standen 2 kleine Mädchen vor dem Fenster, denen konnte ich nicht widerstehen. Ich schnitt jedem ein ordentliches Stück ab, aber da kamen schon wieder zwei; auch die kriegten noch etwas. Dann habe ich schnell zugemacht, aber ich mußte mir die traurigen Augen der anderen, die nichts kriegten, noch anschauen, und der Gedanke kam mir, wie immer, wenn Ihr das wäret. Weil's Sonntag war und ich auch diese Kinder froh machen wollte, säbelte ich mein Brot bis auf einen kleinen Knust weg. Aber einen Jungen, der am Fenster hochkletterte, vertrieb ich mit einem Wasserguß. Vielleicht hatte er den größten Hunger.

Wer will da gerecht sein? Mir kommt es immer vor, wenn ich morgens diese eintönigen Rufe höre, als wären das da draußen kleine Tiere, die unaufhörlich nach Futter schrien. [...]

Notiz *(Warschau,) 10. März 1941*

Gestern Abend mit dem O.v.D. [Offizier vom Dienst], Leutnant Rosenkr[an]z, lange unterhalten. Wen man auch spricht, immer dasselbe. Die Unzufriedenheit mit den Parteileuten, mit den Dienststellen. Ob einer aus einem kleinen Dorf kommt oder aus der Großstadt, überall das Versagen dieser Leute. R[osenkranz] erregt sich, daß die SS so viele Vorteile genießt, dabei nur im Etappendienst und gegen die Zivilbevölkerung eingesetzt wird. Mißbrauch der Waffen-SS, die das Renommee der politischen Organisation vor dem Volk hochhalten muß.

Notiz *(Warschau,) 11. März 1941*

Vormittags in der Kompanie Unterricht über Verhalten auf Wache. Anschließend Wachenkontrolle. Unterwegs begegnete ich einem vorbeimarschierenden Feldbataillon. Die Mannschaften marschierten nur mit Sturmgepäck, Kochgeschirr und Zeltbahn. Junge Offiziere, meist Leutnants, führten die Kompanien. Mir fiel in der Haltung der Offiziere der überlegene Ausdruck in den Mienen auf, mit der sie mich Etappenoffizier ansahen. Sie haben das Recht, auf unsereinen herabzusehen. – Nachmittags Reiten mit Hauptmann W[eber][89]; ich bringe ihm Trab und Galopp nach Vorschrift bei.

Notiz *(Warschau,) 12. März 1941*

[...] Mit Hauptmann H[eidermanns][90] Auseinandersetzung wegen Urlaub. Plötzlich schiebt er Leutnant Bastek, der gar nicht in Urlaub fahren will, dazwischen, so daß ich in die Urlaubssperre falle. Bei gutem Willen könnte ich aber sehr gut am 18. [März] fahren. Als ich ihn bat, zu genehmigen, ein Urlaubsgesuch an den Regimentskommandeur zu richten, wurde er äußerst aufgebracht und machte mir Vorwürfe, ich täte nicht meine Pflicht, konnte es aber nicht beweisen. Er beliebt, eine Sache nach Gutdünken zu verdrehen.

Notiz *(Warschau,) 13. März 1941*

Heute beim Mittagessen ist H[eidermanns][91] wie umgewandelt; ich kann nun doch in Urlaub fahren. Er gibt mir die Hand und bittet, alles zu vergessen zu wollen. Ich bin gerne bereit. Im Grunde meines Wesens bin ich friedfertig; nur wenn ich persönlich angegriffen werde oder wenn ich für das Recht einzutreten habe, bin ich unduldsam. Dadurch ziehe ich mir Gegner zu, besonders von [sic!] Menschen, die nicht offen kämpfen.

An die Ehefrau *Warschau, 13. März 1941*

Meine Herzliebste –

[...] Es gibt so viel, was man sich zu sagen hat, obwohl es schon tausendmal gesagt ist; man kann es immer wieder in anderer Form, in anderer Stimmung erneuern. Du schreibst von dem Begräbnis des alten Stephan. In Deiner empfindsamen Art gibst Du der Stimmung Raum, aber ganz anders als die Trauergemeinde. Du bleibst in Deiner Individualität Einzelseele. Du läßt Dich kaum berühren von der Trauer der Umstehenden, von den Massengefühlen; was andre nicht sehen, nicht spüren: die Sonne, der blaue Himmel, die Berge, zwitschernde Vögel, die jungfräuliche Erde, mittendrin die landschaftlich gefesselten Menschen, das alles atmet durch Dein Gemüt, und Dein von Sehnsucht beladenes Herz wird still und reich in sich und allein. Deine Hand sucht nach einer lieben, teuern Freundeshand. Aber sie ist weit von Dir, unerreichbar weit. Darum ziehst Du Dich ganz in Dich zurück und rufst jene Zeit des glücklichen Fürsichseins, als Du, ein junges, scheues Mädchen, in der Heide lagst und den Stimmen der Unruhe, der ahnungsvollen Lust, den Geheimnissen des Lebens wartend entgegenharrtest. Und dann kommen die seligen Erinnerungen, wie wir zwei am Südhang des Kerkelberges bei Roßbach unsere ersten Geheimnisse berührten, wie wir unsern kleinen Knaben[92] im Wäschekorb über die Wiese trugen, wie ich Dir Deine Kinder Deinem Schoß entringen half und sie Dir in die Arme legte. Wie durch einen grauen Schleier bewegt sich die Welt um Dich herum, und [Du] spürst, ich gehöre nicht dazu, und doch verlangtest Du und ich ebenso nach diesem Alleinsein. Darin werden wir wieder wir selbst, erkennen unser inneres Wesen, werden reich. Nun sind wir bald zusammen und wollen uns einander verschenken. [...]

Notiz *(Warschau,) 15. März 1941*

Zum Sportoffizier bei der Kommandantur W[arschau] ernannt. Oberst von Unruh[93] fragte mich, ob ich das übernehmen könnte. Ich sagte zu.

Zahlreiche Andeutungen lassen auf bevorstehende Ereignisse schließen. Ich vermute eine Auseinandersetzung mit Rußland[94]. Da wird's mit dem Kriegsende im Jahr [19]41 nichts. [...]

An Ehefrau und Kinder *Warschau, 15. März 1941*

Letzter Brief vor dem Urlaub.

Meine Lieben alle –

ich bin wieder auf Wache, morgen am Sonntag auch. Auf dem weiten Platz vor der Kommandantur haben junge Arbeitsdienstmänner ihr Gepäck abgelegt und stehen wartend herum. Sie sind heute früh mit der Bahn aus der Heimat gekommen. Es sind Rheinländer. Jahrgang 1922. Als ich auf ihre Gruppe zuging, verkrümelten sie sich, einer nach dem andern, in der Meinung, ich wollte dienstlich mit ihnen reden, oder war ihnen das Erscheinen eines Offiziers an sich unsympathisch. Als ich aber eine Unterhaltung begann, war gleich ein großer Haufen um mich herum. Ich mußte mir immer nur diese jungen Gesichter betrachten und an Helmut denken. Wir werden auch nicht mehr lange in W[arschau] bleiben, aber ob wir P[olen] verlassen, scheint mir unwahrscheinlich. – Gestern traf ich in dem Hotel[95], wo das Offizierskasino der Kommandantur ist, in dem ich die Mahlzeiten einnehme, wenn ich hier Dienst habe, zwei Herrn von der »Wien-Film«[96]. Mit riesigen Kosten hat die Gesellschaft in einem kleinen Städtchen den Markt umgebaut, und als alles fertig war und die Schneeaufnahmen sollten gedreht werden, hat's getaut, und der Schnee ging weg. Hunderte von Schauspielern und Trabanten mußten wieder abreisen. 100 000de [sic!]

hat das alles gekostet, und der Erfolg gleich Null. Aber darüber machen sich die Leute keine Sorgen. – Am Donnerstag war ich in dem Film »Kampfgeschwader Lützow«[97]. Der hat mir gut gefallen. – Was Du, liebe Annemi, von dem Vandalismus gewisser Leute am Frauenberg in F[ulda][98] schreibst, braucht einen an sich nicht zu verwundern, was einen aber empören kann, ist die Gemeinheit solcher Burschen, die sich an der Heimat vergreifen, Weihestätten und Kulturdenkmäler schänden, die vielen Soldaten, die ihr Leben dafür einsetzen und den Schutz der Heimat mit der Waffe in der Hand übernommen haben, heilig sind. In früheren Zeiten hätte man diese Kerle, die den Burgfrieden störten, die Sabotage in der belagerten Festung verübten, an den nächstbesten Baum gehängt. Man spricht vom Dolchstoß 1918, ist das nicht ganz dasselbe? Gerade diese Menschen sabotieren die Einheit des d[eutschen] Volkes und erschüttern die Grundlagen der sittlichen Haltung. Lies nur mal A[dolf] H[itlers] »Mein Kampf«[99], 1. Band, Seite 293, was er von dem Wert des religiösen Glaubens schreibt. Er schreibt oder sagt an einer andern Stelle: »Eine Sache ist nur so viel wert, als man bereit ist, Opfer dafür zu bringen.« Und das trifft auch hier den Kern der Sache. Mit Sühneandachten ist hier nichts gemacht. Erst, wenn sich so und so viele dafür einsperren lassen und größere Opfer auf sich nehmen, kann der Wert des Christentums bewiesen werden. – Aber von alldem können wir später reden. Ich wollte Dir ganz etwas anderes schreiben. Ein wundervoller Tag ist angebrochen. Ich bin in einer Unrast und inneren Gehobenheit, ich möchte auf alles pfeifen, nur ein Gedanke beseelt mich, nach Hause, nach Hause. Bald bin ich bei Euch. Seid mir von Herzen gegrüßt, auf ein frohes Wiedersehen mit Euerm Vater, mit Deinem Wilm.

Notiz *(Warschau,) 17. März 1941*

[...] Im Palais Brühl bei Luckhaus[100] wegen Wehrmacht-Sport. Mit Oberleutnant Gellert Gespräch. Er vertritt den Standpunkt, daß wegen des Mordes zu wenig Polen erschossen [worden] seien[101]. Er beruft sich auf die Methoden der Engl[änder] und Franz[osen] und meint, die Polen hätten's nicht anders gemacht. Das sind so naive Hirne. Wenn wir uns auf diese niedrige Stufe stellen, dann kämen die Völker auf das Niveau der Kannibalen. Abwechselnd müßten sich die Völker dann ausrotten. Warum regen wir uns dann über die Polengreuel auf?

Notiz *(Thalau,) 5. April 1941*

Im Hause allerlei in Ordnung gebracht[102]. Uta bekommt Wichse, weil sie das Fenster an der Treppe entzweigetreten hat. Große Bestürzung bei allen Geschwistern. Es tut allen sehr leid, mir auch, aber Strafe muß sein. Bei dieser Gelegenheit zeigte sich, wie lieb sich alle haben.

Notiz *(Warschau,) 8. April 1941*

Abends 7.00 [Uhr] in W[arschau] angekommen. Freundlicher Empfang von Hauptmann H[eidermanns][103]. Es hat sich nichts geändert, einige Offiziere neu. Die Vorbereitungen, die man allerwegen spürt, die Truppenzusammenziehungen deuten darauf hin, daß es zu einem Krieg mit Rußland in diesem Sommer kommt[104]. Da mit einer längeren Dauer zu rechnen ist, werden wir uns mit der Ukraine und dem Donezbecken eine wirtschaftliche Basis sichern wollen. R[ußland] bleibt eine ständige Bedrohung für uns, entzieht sich den vertraglichen Abmachungen, indem es uns nichts liefert, reorganisiert sein Heer und ist ohnehin gegen uns eingestellt[105]. Unser Heer ist zum allergrößten Teil inaktiv, also ganz für diese große Aufgabe verwendungsbereit. Die Grenzen und Machtverhältnisse im Osten sind nicht endgültig. Die Ostseestaaten, Polen, eine selbständige Ukraine gewährleisten größere Sicherheit als das mächtige Bolschewistenreich, dessen Nachbar wir jetzt sind.

An die Ehefrau *Warschau, 9./10. April 1941*

Liebe Annemi –

noch steht Dein liebes Bild in aller Deutlichkeit und Wärme vor meinem Auge. Mit dem Gedanken an Dich und in froher, lieber Erinnerung an die Kinder legte ich mich in mein Feldbett. Aber schon früh erwachte ich wieder, und all die schönen Tage bei Euch und die treue Sorge und köstliche Liebe erweckten Sehnsucht nach der vergangenen Zeit. Am Tag nahm mich die Forderung des Dienstes gefangen. Wie ich schon schrieb, ist Hauptmann W[eber][106] vor meinem Eintreffen in Urlaub gefahren. Die [Urlaubs-]Sperre ist teilweise aufgehoben. So bin ich der einzige Offizier und muß die Kompanie führen, außerdem auch auf Wache ziehn. Gerade auf Ostersonntag zum Ostermontag trifft mich wieder das Los. Aber die Arbeit befriedigt mich. [...] Bei Luckhaus[107] ging ich auch vorbei. Ich traf aber niemand. Seit einigen Tagen ist große Teuerung hier. Das kg Brot kostet 9 Zloty. Vor unsern Fenstern stehn viele Kinder und auch Frauen, die auf ein Stück Brot warten. – Es hat sich manches geändert hier. Ein Teil des Bataillons[108] ist abgerückt. Neue Offiziere sind gekommen. Man spürt, es liegt etwas in der Luft. Die großartigen Erfolge unserer Soldaten im Südosten[109] werden vielleicht eine Klärung und Wendung bringen. [...]

10.4.41. [...] So, und wie geht es Euch der Reihe nach? Ich bin ja so begierig auf Euern ersten Brief. Ob Moni Bescheid hat vom RAD [Reichsarbeitsdienst][110]? Und Helmut? Ist Detl[ev] wieder ganz gesund? Ich meine, kein Urlaub wäre so schön gewesen wie dieser. Ihr waret alle so lieb und verträglich, und ich nahm die Gewißheit mit, diesmal ganz besonders, wie wir eine innige, feste Gemeinschaft sind. Wir beide und auch die drei großen Kinder begreifen das schon, was wir aneinander haben. Mich selbst macht dieses Bewußtsein so frei und selbstbewußt. Ich trage es mit mir herum wie einen heimlichen Schatz. Wenn uns das Schicksal noch mehr aufbürdet, wir werden es bestehen, komme was will.

Seid herzlichst gegrüßt, Dein Wilm, Euer Vater.

An die Ehefrau *Warschau, 11. April 1941*

Meine Annemi –

ich komme eben, 11.30 [Uhr], aus der Kirche; da finde ich Deinen Brief. Was, schon einen Brief von meiner Liebsten? Erst zünde ich mir eine Zigarette an, ich habe noch keine geraucht heute. Dann schneide ich den Brief ganz säuberlich auf und lese Deine lieben Zeilen. Leonhardt meldet, daß eine

Stunde später gegessen wird, ich kann Dir darum gleich antworten. Draußen war es bei voller Sonne recht kalt. Wir machen heute keinen Dienst, es ist auch hier, wenigstens bei der Truppe, Feiertag. Ich wunderte mich, daß so viele Soldaten den Gottesdienst besuchten, Rote-Kreuz-Schwestern und Nachrichtenhelferinnen[111] waren auch eine ganze Menge da. Es ist so rührend, wenn die Soldaten zur Messe dienen und mit gefalteten Händen den Altar umschreiten und das Rauchfaß schwenken. Die Sonne strahlte durch das Kirchenfenster über dem Altar; der Prediger stand ganz im Licht und sprach aus diesem Glanz heraus vom Kreuz als dem Zeichen des Widerspruchs, dem verachtetsten und paradoxen Zeichen, bei dessen Für und Wider sich die Menschheit scheidet und entscheidet. [...]

Notiz *(Warschau,) 13. April 1941*

[...] 8 Uhr in der Frühmesse, Kommunion. Ein Generalstabshauptmann kniet neben mir. Gottesdienst gut besucht. [...] Auf der Wache werden 2 Engländer, die aus dem Kriegsgefangenenlager Posen entflohen sind, eingeliefert. Sie wollten nach Rußland.

Notiz *(Warschau,) 14. April 1941*

Heute früh marschierte ein Trupp SA-Männer, etwa 15 Mann, durch die Krakauer Straße. In ihren braunen Uniformen mit den roten Aufschlägen wirken sie, besonders wenn sie im Trupp marschieren, ein wenig lächerlich. Wie einfach und schlicht, aber wie wuchtig sieht eine feldgraue Kolonne[112] aus. Unangenehm fällt auch die Haltung auf, die mehr Pose ist. Die SA-Männer wollen etwas vorstellen. Von Soldaten werden sie nicht ernst genommen.

An die Ehefrau (Fragment) *Warschau, ca. Mitte April 1941*

[...] Was wird die Zukunft bringen? Wenn der Krieg am Balkan[113] zu Ende ist, fängt's hier im Osten an, glaube ich. Rußland ist eine beständige Drohung für Deutschland und wird's immer mehr, je mehr sich die russ[ische] Armee reorganisiert. In Finnland hat sie kläglich versagt; danach ist sie umgebildet und vom militärischen Geist statt vom politischen durchgebildet [worden][114]. Wenigstens haben nicht mehr die politischen Kommissare, sondern die Militärs die Armee in die Hand bekommen. Jetzt scheint ein günstiger Augenblick zu sein, mit den Russen abzurechnen, vielmehr späteren Verwicklungen vorzubeugen. Ich denke mir die Sache so, daß wir die Ostseestaaten wieder frei machen, Polen wieder selbständig machen, natürlich ohne die jetzt zum Reich gekommenen Gebiete; Bessarabien kommt wieder zu Rumänien, und die ganze Ukraine wird selbständig. Vielleicht brauchen wir auch die Ölquellen bei Baku-Batum. Wenn der Krieg sich noch hinziehn sollte, haben wir die wirtschaftliche Basis, auf der wir aushalten können, und brauchen Amerika nicht zu fürchten. Dieser Krieg ist ein Wirtschaftskrieg und wird nicht durch die Waffen entschieden, sondern durch wirtschaftliche Positionen. Das sind nur so meine Überlegungen und Gedanken. Wenn ich mich mit meinen Kameraden unterhalte, lachen sie mich aus. In der Ukraine haben wir Getreide, Eisen, Öl. Damit ist das übrige Rußland ohne kriegswirtschaftliche Basis. Und wenn sie selbständig wird, was von jeher ihr Wunsch war und im vorigen Krieg beziehungsweise nach Ausbruch der russ[ischen] Revolution das Ziel war[115], sind wir im Osten gesichert.

Wenn ich mir die große, weitschauende Politik des Führers vergegenwärtige, glaube ich noch entschiedener an diese Entwicklung. Der Nichtangriffspakt Japan-Rußland ist eine reine östliche Angelegenheit. Er schafft den Japanern im Gegenteil freie Hand, da sie sich ja gegen England und die USA zu wehren haben werden. Ich glaube, die Reise des Matsouka[116] hat weiter nichts bedeutet als eine ganz offene Aussprache mit dem Führer über diese Sache. Die Deutschen wollen mit den Russen allein fertigwerden und brauchen die Jap[aner] nicht, wie sie die Italiener in Frankreich nicht nötig hatten. Rußland ist die große Spekulation der Engländer und der U.S.A. Ihr Einfluß wird dort immer stärker, und mit uns halten die Russen keine Freundschaft und wollen sie nicht. Ich zweifle nicht daran, daß die Sache glückt. Zwar bietet die Weltgeschichte mit dem Jahre 1812 eine Warnung[117], aber heute spielt der Raum nicht mehr die Bedeutung. Die Technik überwindet den Raum in einem ganz andern Tempo als vor 130 Jahren. [...]

Notiz *(Warschau,) 16. April 1941*

Abends in dem Film: »Fr[iedrich] Schiller«[118]. Meine Vorstellung von Sch[iller] als einem Feuerkopf, der von eigenen Ideen beherrscht ist, steht dieser Schiller, der mehr ein Theaterheld ist, wird nicht bereichert [sic!]. Heinr[ich] George spielt den Herzog Karl Eugen, aber das ist trotzdem kein Tyrann. Die Liebesszenen Sch[illers] mit der Generalstochter sind sicher nicht geschichtlich. Theatereffekte.

Notiz *(Warschau,) 17. April 1941*

[...] Zusammentreffen mit Lehrern an der deutschen Schule. Bei Lehrer Spatta[119] Abendbrot gegessen. Er ist poln[ischer] Hauptmann gewesen, hat den höchsten p[olnischen] Militärorden »Virtuti Militari«[120].

Notiz *(Warschau,) 20. April 1941*

Vormittags Appell des ganzen Bataillons. Regimentskommandeur Graf v[on] Hoh[enau][121] verteilt Auszeichnungen, ich erhalte auch das Kriegs-Verdienstkreuz[122]. Anschließend »Sektfrühstück«. Ich verabschiede mich bald, da ich nach Mondralin in das Lehrerheim[123] fahren will, treffe dort den Schulrat Braun und eine Lehrerin, gastliche Aufnahme. Sehr schönes Heim, inmitten einer stillen, reizvollen Landschaft.

Notiz *(Warschau,) 22. April 1941*

[...] Nachmittags mit Intendanturrat[124] Dr. Eckart geritten. Ein frischer, offener Mensch, der mir gut gefällt. Er fiel mir durch sein offenes Wesen gleich auf; ohne Einbildung und Vorbehalt ist er. Er muß aus gebildetem Hause stammen und eine gute Erziehung haben, von innerem Wert erfüllt, ohne Wesens davon zu machen.

An den Sohn *Warschau, 22. April 1941*

Mein lieber Helmut –

herzlichen Dank für Deine liebe Karte aus dem Krankenhaus. Das ist sicher sehr anregend für Dich, ein Stück praktische Medizin vor Augen geführt zu sehen. Wenn es auch schade ist, daß Du Dein Studium nicht weiter betreiben kannst, so sehe ich doch auch ein, daß Du nicht weiter daheim sein magst, in einer Zeit, in der alle gesunden jungen Männer Soldat sind. Es kommt ja im Leben doch, wie es kommen soll. Die liebe Mutter soll sich nur nicht zu sehr darüber grämen. Wir wollen uns ruhig der göttlichen Vorsehung überlassen. Wir können ja doch nichts dafür und dagegen tun. Ich habe auch die feste Zuversicht, daß Dir nichts geschieht. So eine rechte Freude wirst Du ja wohl nicht am Studium haben, weil Du immer den Militärdienst vor Augen hast. Aber nutz Du nur die Zeit gut. Später wirst Du alles gut gebrauchen können. [...] Bist Du nun dem WBK [Wehrbezirkskommando] Fulda überwiesen? Hast Du von dort die Nachricht, daß Du Anfang Mai eingezogen wirst? Möglicherweise besteht die Möglichkeit, daß Du weiterstudieren kannst. Erkundige Dich mal. Jedenfalls werden Soldaten, die das Medizinstudium begonnen haben, beurlaubt zum Weiterstudieren. [...] Die Sache scheint sich hier im Osten in dem früher angedeuteten Sinn doch weiterzuentwickeln, obwohl man trotz alledem nichts Zuverlässiges weiß. [...]

An Ehefrau und Kinder *Warschau, 23. April 1941*

Meine liebe Frau, liebe Kinder –

es ist Mittwoch abend. Ich sitze allein zu Haus. Der Rundfunk spielt. Ich weiß nicht, soll ich abstellen oder weiterhören. Von einem Musikstück zum andern warte ich auf etwas Besonderes, eine Musik, die mich fesselt. Wie schön war es immer, wenn wir oben saßen und hörten der Musik zu. Du, liebe A[nnemi], stopftest Strümpfe, und ich wußte nicht recht, was ich treiben sollte, aber ich hatte Euch alle um mich. [...] Ich kam vor einigen Stunden vom Dienst zurück. Am Nachmittag war ich im Stadion bei einem Fußballspiel um die Armeemeisterschaft. Einige tausend Soldaten, viele Offiziere waren da. Ich war für die Instandsetzung der Anlagen verantwortlich. Es war recht kalt; ich spüre heute abend eine kleine Halsentzündung, aber nicht schlimm. Merkwürdig, daß ich so schnell etwas im Hals spüre. Und zwar schon nach einigen Stunden. In der Dämmerung legte ich mich aufs Bett und döste. Die Gedanken gehen unentwegt zu Euch. Um mich die Leere, dort daheim mein Glück. Vor dem Fenster rufen die Kinder nach Brot; ich höre das Schelten der Soldaten, die sie mit harten Worten wegjagen. – Am Sonntag war ich, wie ich schon schrieb, in einem Dorf, in dem die d[eutschen] Lehrer ein ehemaliges poln[isches] Lehrerheim[125] haben. Ich fuhr mit der Vorortbahn hinaus, ganz allein, und fand das Haus auch. Es war eine schöne Wanderung durch Wald und Sand. Ich wurde gastlich aufgenommen. Es war schönes Wetter. An einem Bienenstand flogen die Bienen. Ich nahm das Volk auseinander und suchte nach der Königin, aber das Volk war weisellos[126]. Wie ein Sinnbild des geschlagenen p[olnischen] Volkes kam es mir vor. Am Morgen hatten wir großen Appell in der Kaserne anläßlich des Geburtstages des Führers. Ich erhielt auch die Auszeichnung des Verdienstkreuzes[127]. Anschließend versammelten sich die Offiziere im Kasino zu einem »Sektfrühstück«. Ich war froh, daß ich einen Grund hatte, bald aufzustehn, weil ich wegfahren wollte. In dem Lehrerheim hörte ich im Rundfunk Gigli[128] singen. Dabei dachte ich an Dich, liebe A[nnemi], und in dem heutigen Brief schreibst Du, daß Du auch zugehört hast. [...] Heute früh kam Hauptmann Kratz, mein Zimmergenosse, aus dem Lazarett hier an. Er ist wieder gesund. Morgen trifft Hauptmann W[eber][129] wieder ein. Dann gebe ich die Kompanie ab. Diese Tätigkeit hat mir gut gefallen. Unsere Soldaten liegen weit verstreut auf Außenwachen. Bei gelegentlichen Kontrollen kam ich überall herum. Eine Wache liegt mitten im Wald. Sie hat einen sehr verantwortlichen Dienst. Als ich die Posten abschritt, es war gegen Sonnenuntergang, da war der Wald erfüllt von dem Gesang der Vögel. Wie lange hatte ich das nicht mehr gehört. Ich würde mich freuen, wenn wir aus der Stadt herauskämen, irgendwohin aufs Land. Ich glaube, daß sich die Verhältnisse hier bald ändern werden; vielleicht stehen wir vor ernsten Ereignissen. [...]

Notiz *(Warschau,) 24. April 1941*

16.30 [Uhr] Untersuchung bei Dr. Deckert. Die heutige Untersuchung ergab, daß sich mein Bein gebessert hat. Auf meine Beschwerden wegen der Kopfschmerzen ließ sich der Arzt nicht besonders ein, weil er keine Anhaltspunkte hat. Er ist lediglich auf meine Beschreibung der Krankheitserscheinungen angewiesen. Er würdigt zwar meine Angaben, wertet sie aber nicht in der Hinsicht aus, daß er mir die Kriegstauglichkeit abspricht. Es bleibt also bei dem vorigen Ergebnis: g.v.f. [garnisonverwendungsfähig Feld][130].

An die Tochter *Warschau, 24. April 1941*

Meine liebe Moni –

von Helmut hatte ich es zuerst erfahren, daß Du zum Arbeitsdienst[131] kämst; dann schrieb es gestern auch die Mutter, und heute kam Dein lieber Brief. Weißt Du, ich freue mich, daß Du noch genommen wurdest; was hättest Du sonst angefangen. Und der Dienst wird Dir gewiß auch nicht allzu schwerfallen. Vorläufig werdet Ihr wohl noch nicht zum Bauern in die Arbeit gehen, Ihr müßt doch erst das Lagerleben kennenlernen. Deine Kameradinnen sind Rheinländerinnen. Wir haben auch viele Soldaten aus dem Rheinland und aus Westfalen. Das sind recht lustige Brüder. Ich mag sie sehr gerne. – Der Abschied von daheim ist Dir wohl doch ein wenig schwer geworden. Jetzt in der Fremde wirst Du merken, wie schön es daheim ist und wie lieb wir uns alle haben. Das ist doch das Allerschönste. Und das ist auch mein stilles Glück. Hast Du Dir denn auch Bilder von Hause mitgenommen? Soll ich Dir welche schicken? Morgen sende ich Dir Briefpapier. Ja, was ich treibe? Am Führer-Geburtstag hatten wir auch einen Appell. Ich bekam auch das Verdienstkreuz[132]. Nachmittags war es so schönes Wetter, da bin ich mit der Schnellbahn weit aus Warschau herausgefahren bis in ein polnisches Dorf. Die schöne Landschaft, der Wald und die Sonne haben mich hinausgelockt. In diesem Dorf ist ein sehr schönes Lehrerheim, da traf ich mich mit Lehrern an der deutschen Schule. Wenn ich nur Zeit hätte, führe ich öfters mal dorthin. Ob wir von W[arschau] wegkommen, weiß ich noch nicht. Es ist alles ungewiß. Viele glauben, daß es mit Rußland Krieg gibt, wenn es am Balkan fertig ist. Aber wer weiß das. Die Namen einnähen wird Dir doch nicht so schwerfallen wie mir früher. Das müssen die Soldaten auch machen. [...] Heute war ich auf einer Wache außerhalb von W[arschau]. Da war ein Hund, den durchziehende Truppen dagelassen hatten. Ich setzte ihn ins Auto und nahm ihn mit. Jetzt liegt er bei mir im Zimmer. Er läuft mir überallhin nach.

Sei herzlich gegrüßt von Deinem Vater.

Notiz *(Warschau,) 25. April 1941*

[Dem] Oberst v[on] Unruh[133] Vortrag über Sport. Er wünscht ständig auf dem laufenden gehalten zu werden und will Vorschläge über künftige Programmgestaltung für den Sommer. Mit meinen Vorschlägen war er einverstanden. Ich zweifle daran, ob die Ereignisse es zulassen, sich dem Sport zu widmen.

An die Ehefrau *Warschau, 25. April 1941*

Meine liebe Annemi –

[...] Mit meiner neuen Arbeit als Sportoffizier habe ich ziemlich zu tun, weil ich es neben meinem Kompaniedienst erledige. Aber das macht mir Spaß. Ich lerne auch eine Menge Leute kennen, die im Zivilleben tüchtige Leute sind, zum Beispiel von der PK, Propaganda-Kompanie. Heute morgen war ich zum Kommandanten[134] befohlen und mußte ihm berichten. Wenn wir hier bleiben, soll ich ein Sportfest der Wehrmacht vorbereiten. – Schrieb ich Dir schon, daß ich das Verdienstkreuz erhielt[135]? Geärgert hätte es mich doch, wenn ich es nicht bekommen hätte. Beim Arzt war ich auch. Er stellte fest, nachdem er mich ganz eingehend untersucht hatte, viel eingehender als voriges Mal, daß das Bein sich gebessert hätte. Für die Kopfschmerzen gab er mir neue Tabletten. Damit ist der Traum aus. Bums! Luckhaus'[136] sind in einen Vorort gezogen. Die Familie bleibt vorläufig beisammen. Deswegen kam ich noch nicht auf Dein großmütiges Angebot zurück. Frau L[uckhaus] läßt Dir herzlich dafür danken. [...]

Notiz *(Warschau,) 27. April 1941*

Sonntagmorgen. Ich höre den Dichtungen und der Musik einer Morgenfeier zu. Schätze deutscher Seele, Innigkeit und Sehnsucht. Aber eins fehlt diesen Darbietungen am Sonntag, die Frömmigkeit. Und wenn schon Musik von Bach[137] gespielt wird oder einem anderen im Christentum verankerten Genie, dann ist es so, man bietet das Geschmeide, die Krone, aber man meidet den Träger, man verleugnet den König, dem das Geschmeide ziemt, Christus.

Die frühere Gewöhnung, den Sonntag heilig zu halten, wirkt auch heute noch bei mir. Ich kann den Sonntag nicht wie einen andern Wochentag sehen. Er hat etwas Ehrwürdiges und Weihevolles für mich, besonders der Vormittag. Ist es nur Gewohnheit, wenn ja, dann ist es eine wundervolle Gewöhnung; alles Gute, Reine regt sich mit der Sehnsucht nach Schönheit, Frieden und Dankbarkeit gegen Gott. Im Gebet halte ich Zwiesprache mit ihm. Ich schlage die Heilige Schrift auf und lese Lukas 11, 27-36. Man meint, daß die Schrift einem bekannt wäre, aber ich entdecke immer wieder Neues. [...]

An die Ehefrau *Warschau, 30. April 1941*

Meine Annemi –

[...] Anemone schrieb mir heute einen 4 Seiten langen Brief. Sie erzählt von dem Leben im Lager[138]. Sie scheint sich rasch einzugewöhnen. Die Arbeit bei den Bauern tut ihr sicher auch gut. Zu Hause ist sie nicht verwöhnt worden, da schickt sie sich rasch in die neuen Verhältnisse. Sie träumt schon von [einem] gemeinsamen Urlaub von mir und Helmut. Ach, das wird so schnell nicht in Erfüllung gehen. Ich habe das letzte Mal immer gedacht, wer weiß, wann wir alle wieder zusammen sein dürfen. [...] Hier sind die Lebensmittel[preise] sehr gestiegen. Wohin das noch führen soll. Unsere Verpflegung ist gut, wenigstens komme ich damit aus. Die ganze Woche hat es geregnet. Heute früh war ich auf einer Wache in einer Fabrik. Unterwegs sah ich marschierende Truppen. Ich bin ausgestiegen und habe eine Stunde an der Straße gestanden und die Männer angeschaut, die da vorüberzogen. Was wird Ihnen bevorstehen? Am liebsten wäre ich mitgegangen. Die Bevölkerung staute sich an den Straßenkreuzungen und betrachtete voll Staunen und Anteilnahme die Marschkolonnen. Ein poln[ischer] Polizeimeister[139] stand neben mir. Er sprach gut deutsch, war im [Ersten] Weltkrieg deutscher Soldat in Frankr[eich] gewesen. Er äußerte seine Bewunderung über die Zucht der Soldaten. Ich fragte, »was denken die Polen?« Er meinte, die beten nur immer, daß es bald ein Ende haben möge. Einerseits freuen sie sich, daß die Russen geschlagen würden, aber sie rechnen auch damit, daß die Deutschen besiegt würden und daß sie wieder frei würden. Ich habe den Eindruck, daß sie so in Sorge und Not sind, daß ihnen alles einerlei ist, nur ein Ende.

An sich selbst darf man jetzt gar nicht denken. Wie gut habe ich es noch hier gegenwärtig. Manchmal schäme ich mich, daß ich es so gut habe. Wenn ich allerdings die verlorenen Jahre und die Trennung von Dir und den Kindern bedenke, die vielleicht noch lange Zeit dauern kann, dann überfällt mich ein ernstes Weh. Es ist mir nach dem letzten ärztlichen Befund[140] klar geworden, daß es für mich kein Heimkommen gibt, bis dieser Kampf zu Ende ist. Was sind die kurzen Urlaubstage? Sie lassen mich bewußt werden, welches Glück mir beschieden ist, lassen mich all die Freuden der Liebe zu Dir und den Kindern verkosten und bleiben dann wie ein schöner Traum in meiner Seele; aber immer ist ein Unerfülltsein, eine Leere in mir, die all mein Tun so unwichtig, so belanglos erscheinen läßt. Aber das Gefühl, daß ich doch meinen Platz, diesen Platz auszufüllen berufen bin, versöhnt mich mit meinem Schicksal, besonders dann, wenn ich die einfachen Soldaten ihren schweren Dienst tun sehe. Nein, ich will es nicht besser haben, ich will nicht zu Hause sitzen, ich will an meinem Opfer stark werden. – Ich lese den »Demian« von Hesse[141]. Ach, das sind schöne Gedanken für den Frieden. Da kann sich der einzelne wichtig nehmen, da darf einer die Feinheiten der seelischen Komplexe analysieren und sich als Individuum bis ins letzte ernst nehmen. Aber was geht das die heutige Welt an. Es ist mir ein Genuß, diesen Gedanken nachzugehen und sie nachzuleben; aber ich gehöre nicht zu den Naturen, die am Leben zerbrechen, weil es hart ist und auf das Einzelwesen keine Rücksicht nimmt. [...]

Notiz[142] *(Warschau,) ca. April 1941*

Abschrift meiner Beurteilung als Offizier, gelegentlich der Beförderung zum Oberleutnant[143]. 1.4.41.

»Geistig reger und vielseitig interessierter Offizier, der sich als Rekrutenausbilder, Zugführer und stellvertretender Kompanieführer bewährt hat. Er füllt seine Stellung als Zugführer und stellvertretender Kompanieführer gut aus.

18.3.41. Bataillonskommandeur, [gezeichnet] Heidermanns.«

»Anständiger, zuverlestiger [sic!] Charakter; geistig sehr rege und vielseitig interessiert. Militärisches Können sehr gut. Energisches, sicheres Auftreten vor der Front. Guter Ausbilder; hat sich als stellvertretender Kompanieführer sehr bewährt.

28.3.41. Regimentskommandeur, [gezeichnet] Graf von Hohenau.«

Notiz *(Warschau,) 1. Mai 1941*

Zum 1. Male ging heute die Regiments-Musik mit auf Wache. Das war ein besonderer Anlaß. Deswegen begaben sich fast alle Offiziere des Bataillons zur Kommandantur. Der Regimentskommandeur und der Oberst[144] erwarteten die aufziehende Wache vor dem Gebäude. Ich war mir bewußt, daß es diesmal ganz besonders gut gehen mußte. Alles lag auf der Lauer. Ich war vollkommen ruhig und übertrug diese Ruhe auch auf das Pferd. Der Regimentskommandeur sprach mir seine Anerkennung aus, auch der Bataillonskommandeur[145]. Der Oberst war zufrieden.

An den Sohn *Warschau, 2. Mai 1941*

Mein lieber Helmut –

es ist 8 Uhr. Bis zur Ablösung um 12 [Uhr] habe ich noch Zeit zum Schreiben. Das heißt, es gibt dauernd Unterbrechungen. Eben klingelt das Telefon. Die Kompanie ruft an und bittet, den Schützen Kampmann ablösen zu dürfen. Er soll beim Arzt untersucht werden, und anschließend kriegt er 5 Tage geschärften Arrest. Er meldet sich gleich. Was hat er gemacht? Die Kameraden sagen, er war betrunken und hat dem Kompaniefeldwebel achtungsverletzende Antworten gegeben. Da hilft also nichts, er muß in [...][146]. – Auf dem großen Platz marschierte heute früh Arbeitsdienst[147] auf mit Musik. Sie üben für eine Parade. Jahrgang 22. Wie die Kerlchen die Beine werfen. Eine musterhafte, durchexerzierte Abteilung. Aber es scheint mir doch ein etwas seelenloser Drill zu sein. – Schütze Kampmann meldet sich ab. Vor einigen Wochen war er bei mir und erkundigte sich, wie er es bewerkstelligen könnte, zu den Fallschirmjägern zu kommen. Ich vermittelte ihm die Meldestelle, nun wartet er auf Bescheid. Auf meine Frage, was er angestellt hätte, sagte er, daß er abends nicht ins Bett gegangen sei und mit dem Feldwebel sich [...][148] hätte, weil er nicht Gefreiter geworden sei. – Als ich das Datum schrieb, fiel mir ein, ich habe ja heute Geburtstag. Ich hatte noch gar nicht daran gedacht. Wenn ich heimkomme, sind Eure Briefe da. Was wäre mein Leben ohne Euch. Auf meinem Postenrundgang um 2 Uhr diese Nacht ließ ich mir von den Soldaten erzählen. Wenn sie so einsam in der Nacht stehen, dann sind sie gesprächig und, wie einfache Menschen sind, zutraulich. Der erste steht als Sperrposten auf einem langen Flur vor den Stabsgeschäftszimmern. Er meint, es ist gut, daß es verboten ist, sich zu setzen, sonst schliefe er gleich ein. Er ist aus der Nähe von Krefeld, hat ein Geschäft mit Farben und Tapeten. Bei einem starken Sturm ist das Dach abgedeckt worden. Die Frau kann es nicht in Ordnung bringen; die Dachdecker haben auf 2 Jahre zu tun. Er macht sich Sorge, wie sich die Frau helfen wird. Ein zweiter Posten sitzt im Pförtnerhäuschen. Er ist am Briefschreiben, Schneider vom Niederrhein. Es geht alles gut zu Haus, nur Pech haben sie gehabt mit dem Hochwasser. Der Rhein war übergetreten, und die Stadt stand unter Wasser. Seine ganze Wohnung war vollgelaufen. Die Verwandten haben der Frau noch rechtzeitig die Möbel herausschaffen helfen. – Vor dem Generalstabsgebäude[149] stehen Posten eines Panzerjäger-Regiments, junge

Kerle. Aus Ostfriesland, Bremen-Oldenburg. Ich höre sie gerne sprechen. Sie sind zu dritt, das ist nicht so langweilig. Der eine war auf Arbeitsurlaub und ist einige Tage wieder hier. Er erzählt von den nächtlichen Beschießungen der Städte. Jeder weiß eine Einzelheit zu berichten. Es ist gegen 4 Uhr geworden. Es lohnt, sich noch einmal zum Schlafen hinzulegen. – Bald wirst Du das Soldatenleben auch kennenlernen. Dann ist die liebe Mutter wieder mit den drei Kleinen allein. Sie muß das Nest hüten, zu dem wir so gerne zurückdenken und zurückfliegen möchten.

Grüße sie alle daheim und sei herzlichst gegrüßt von Deinem Vater.

An die Ehefrau *Warschau, 5. Mai 1941*

Meine liebe Frau –
von Helmut und Detlev traf heute der Brief ein, in dem H[elmut] mir mitteilte, daß er auf dem Weg in die Kaserne nach Kassel sei[150]. So rasch hat sich das nun geändert. Ich weiß nicht, was ich ihm lieber hätte wünschen sollen, ob Artillerie oder Infanterie. Interessant wäre ja wohl der Dienst in Cuxhaven gewesen, aber das liegt doch dauernd unter Beschuß der engl[ischen] Flieger. Es kommt ja doch alles, wie's kommen soll. Wir müssen's erleiden. Nun hast Du, mein liebes, gutes Weib, eine große Sorge mehr. Habe nur Vertrauen. [...]

Notiz *(Warschau,) 6. Mai 1941*

[...] Einweihung unserer seitherigen Kaserne. Sie trägt den Namen: Generaloberst-Freiherr-von-Fritsch-Kaserne[151]. Der Oberst v[on] Unruh[152], Kommandant von W[arschau], gab ihr den neuen Namen. Ich war zu der Ehrenkompanie eingeteilt, die Hauptmann Burck führte. Anschließend zog ich auf Wache. Aus der Ansprache des Obersts erfuhr ich, daß Fritsch aus dem Hessischen stammt. Sicher ist er verwandt mit dem Wandervogel v[on] Fritsch[153].

Notiz *(Warschau,) 8. Mai 1941*

Abends in dem Film: »Ohm Krüger«[154]. Ich frage mich nur, haben wir ein Recht, einen solchen Film zu machen? Ist der Vernichtungskampf gegen die Polen, ganz zu schweigen gegen die Juden, nicht dasselbe? Man kann eben nur sagen, alles was uns nützt, ob Lüge oder Heuchelei, darf die Kriegspropaganda anwenden. Auf die Masse der Deutschen wirkt der Film sicher im gewollten Sinn, den Engl[änder] für ein Scheusal zu halten. Aber warum bemühte sich der Führer so sehr um die Freundschaft mit Engl[and]? Waren es 1933-1938 nicht dieselben Engländer? Genauso sind die Bolschewiken dieselben geblieben. Aber die Politik fragt nicht nach Gefühlswerten oder Moral oder Anständigkeit. Was nützt, ist recht, was im Weg ist, ist schlecht.

Notiz *(Warschau,) 9. Mai 1941*

[...] Vormittags dienstfrei. Früh aufgestanden, zum Reiten gegangen. Erst die Dwina geritten. 1 Stunde. Ich bekomme allmählich ein Gefühl dafür, ob das Pferd gut ist oder nicht. Ein Unteroffizier reitet ein sehr schönes Tier. Ich sehe zu, wie der die Hindernisse nimmt und bitte ihn, mich aufsitzen zu lassen. Ein solches Pferd habe ich noch nicht geritten. Spielend überspringt es die hohen Hindernisse. Es gehört immer Mut dazu. Hinterher ist man sehr befriedigt und selbstbewußt.

An die Ehefrau *Warschau, 9. Mai 1941*

Meine Annemi –

[...] Dein Wunsch, daß ich von W[arschau] wegkäme, kann bald in Erfüllung gehen. Ich habe auch nichts dagegen, wenn wir hier fortkommen. Du hast wohl Deine besonderen Gedanken dabei, das weiß ich ja, aber darüber sollst Du beruhigt sein. Ich komme mit den früheren Bekannten nicht mehr zusammen und mit Luckhaus'[155], die von hier weggezogen sind, auch nicht. Mit ihm habe ich immer mal zu tun wegen der Sportveranstaltungen. Vor 2 Wochen besuchte ich an einem Sonntag die Familie. Ich will auch keine Bekanntschaften haben; es ist doch nur eine oberflächliche Beziehung, die mir anfänglich hier ganz erwünscht schienen [sic!], weil ich das Leben und die Verhältnisse kennenlernte. Aber innerlich weiter kommt man nicht, und eine Befriedigung habe ich auch nicht, und Ablenkung habe ich nicht nötig. All diese Erlebnisse führen einen von sich selbst ab. Es ist wohl oft so, daß ich mich aus dem Einerlei des Dienstes, der Öde der Kasernenstube und dem unfruchtbaren Zusammenleben mit den Soldaten heraussehne, das mußt Du auch begreifen können, aber was ich bis jetzt gefunden habe, ist alles fade und läßt mich leer. Die eine große Sehnsucht zu Dir und den Kindern soll mich allein erfüllen. Du wirst es schon gemerkt haben, wie stark wir jetzt wieder verbunden sind. Ich wünschte, ich hätte eines von den Kindern bei mir. Wie sehr beneide ich Dich, daß Du die drei bei Dir hast. Erzähle mir all die kleinen Begebenheiten, die bei Euch geschehen; auch die Kinder sollen mir öfters schreiben. Wie frisch und lebendig können sie berichten. Gerade diese Kleinigkeiten sind wichtig, das Leben besteht ja in der Hauptsache daraus, und sie setzen sich zusammen und geben erst das richtige Bild. Wenn wir nur Wichtiges mitzuteilen hätten, dann würde der Briefwechsel recht mager und selten sein. Du schreibst mir zum Beispiel, wie Ihr am Sonntag Schlagball gespielt habt. Ich sehe Euch auf der Wiese, sehe Euch laufen und schreien, wie die Kinder sich ereifern, sehe Dich über die Wiese rennen, Dein Haar flattert Dir ums Gesicht, Dein Busen schaukelt, höre Dein Lachen und Deine tiefe Frauenstimme, sehe den besinnlichen Detlev und die temperamentvolle Jorinde; die Uta macht sich derweil irgendwas zu schaffen und busselt am Zaun entlang oder rennt Euch in den Weg. Und ich male mir aus, wie es wäre, wenn ich auf einmal da wäre, und Ihr kämt mir entgegengeflogen, und ich könnte Dich in meine Arme nehmen und Dich abküssen. [...] Ich bin auf Wache in der Kommandantur und habe ein Gespräch mit Dir angemeldet. Eben ruft mich das Telefonfräulein an und fragt, ob die Dienststelle in Thalau denn nicht geschlossen wäre. Ich sagte ihr, daß die immer zu erreichen wäre, aber ich habe doch die Befürchtung, daß das in Th[alau] nicht klappt. Wie freue ich mich, Deine liebe Stimme zu hören. Ich mache mir schon Gedanken, was ich sagen soll. Es kommt mir wie ein Wunder vor, wenn das gelingen sollte.

Deinen Rat, öfters in dem Gasthaus zu essen, bin ich bis jetzt noch wenig nachgekommen. Gestern war ich mal im »Deutschen Haus«[156]. Das ist ein alter Adelspalast einer ehemaligen poln[ischen] adeligen Familie, der von den Deutschen sehr geschmackvoll und mit großen Kosten erneuert wurde. Man muß eine sogenannte Gästekarte haben, wenn man Zutritt haben will. Ich besorgte mir eine an der Kommandantur. Ich aß erst mein Abendbrot zu Hause und ging dann dahin. Es waren sehr wenig Gäste da. Das Omelett mit Konfitüren hat mir gut geschmeckt, aber ein Eierpfannkuchen bei Dir und eine Schüssel Obst hätte mir doch eher zugesagt. Ich habe gar nicht viel Hunger. Ich meine aber, ich sähe jetzt besser aus als im Urlaub; jedenfalls fühle ich mich sehr wohl, bin leistungsfähig und habe gar keine Kopfschmerzen mehr. Ich mache mir jeden Tag irgendwelche körperliche Bewegung, entweder Reiten oder Schwimmen. Heute morgen stand ich schon früh auf und ging zum Stall und ließ mir ein Pferd satteln. [...]

An die Ehefrau (Fragment) *Warschau, ca. Anfang/Mitte Mai 1941*

[...] Ich schrieb wohl schon, daß unsere Kaserne den Namen »Generaloberst-Freiherr-von-Fritsch-Kaserne« erhielt[157]. Der Ansprache des Kommandanten entnahm ich, daß Fr[itsch] einem hessischen Adel entstammt. Erinnerst Du Dich noch an den kleinen Baron von Fritsch, den wir bei Will Kreß in Ffm. [Frankfurt/Main] kennenlernten, der die Mesalliance mit der Pfarrerstochter aus Elm eingegangen war und selbst Edelkommunist war? Das ist diese Familie. Wie sich doch manchmal die Fäden des Geschehens verwickeln und entwirren; auf einmal ist eine Beziehung zu diesem großen Heerführer, der vor Warschau fiel, zu meinem eigenen Leben entstanden. [...] Draußen ist es dunkel geworden, ich warte auf Deinen Anruf! Die Nachrichtenmädchen[158] werden abgelöst, junge Mädchenstimmen, Gelächter und Fröhlichkeit kommen durchs Fenster. Die Soldaten holen sie ab. Wie schnell sich eins zum andern findet. [...] Schreib doch ja mal Deine Erlebnisse auf; für wen Du die schreiben sollst? Für wen anders als für mich, für die Kinder und für Dich. Nein, man kann das nicht oft. Aber manchmal, da verlangt das Erleben nach einem Ausdruck, oft dann gerade, wenn man nicht in der Lage ist, es festzuhalten. Und die kleinen Dinge sind [sic!], gerade die offenbaren uns eine ganze Welt. Es ist ja das Geheimnis der Seele, die sich an diesen, an sich unbedeutenden Gegenständen enthüllt, sofern wir die Kraft haben, sie zu entschleiern. Du hast recht, die Menschen der Stadt sind nicht viel wert. Die versimpeln viel eher in ihrer Geschäftigkeit und entwöhnen sich des einsamen Erlebens so sehr, daß sie allen Grund unter den Füßen verlieren; dabei meinen sie, nur in der Stadt hätte man etwas vom Leben. Was wird Dir der Garten für Freude machen. Wenn ich sonntags nach der Kirche durch den Garten gehen konnte oder am Bienenstand saß, Du saustest dann rasch hinauf, um das Essen zu kochen, was sind das für stille, innige Freuden gewesen. [...]

An den Sohn *Warschau, 10. Mai 1941*

Mein lieber Helmut –

[...] Mutter schrieb mir, daß sie Dich an einem Abend ins Vertrauen gezogen hätte und Dir Andeutungen gemacht habe, daß ich in Warschau eine polnische Freundin hätte. Außerdem beklagte sie sich, Du hättest sie etwas merkwürdig behandelt, weil sie sich öfters mit dem Oberleutnant Strenger getroffen habe. Du hast Dir nun anscheinend Sorge um Deine Eltern gemacht und hast geglaubt, wir wären beide auf die schiefe Ebene gekommen. Mein lieber Junge, diese Sorge ist überflüssig und töricht. Was mich betrifft, so habe ich der Mutter erzählt, daß ich hier verschiedene Bekannte habe, unter denen auch eine Frau ist, die ich besonders schätzte, aber auch weiter nichts. Mutter hat die Sache aber sehr tragisch genommen und befürchtete eine Gefahr für unser eheliches und Familienglück. Die Beziehungen der Mutter zu Oberleutnant Strenger sind genauso bedeutungslos. Wir beide haben uns nie so lieb gehabt wie gerade jetzt in der Trennungszeit, und Du brauchst Dir wirklich keine unnötigen Gedanken zu machen. Ich gehe auf diese Sache ein, einmal weil Mutter mich bat, Dir darüber zu schreiben, und zweitens deshalb, weil unser gegenseitiges Vertrauen ernstlich bedroht scheint, wenn ich schweige. Du trägst am Ende einen Gedanken mit Dir herum, der sich in Dir festsetzt und einen Riß herbeiführen könnte zwischen Dir und mir, der geeignet wäre unser schönes Verhältnis zu vergiften. Es muß Dir genügen, was wir Dir gesagt haben. Du bist viel zu jung, um Dir ein selbständiges Urteil zu bilden, das den Kern der Sache trifft. Ich glaube, es gibt wenig Ehen, die so harmonisch und glücklich sind wie unsere. Daß es gelegentlich Konflikte gibt, ist nicht zu vermeiden und allzu menschlich. Bei dem verschiedenen Temperament und der konträren Veranlagung von uns beiden sind die unausbleiblich. Wir haben bestimmt keine alltägliche und erst recht nicht eine langweilige Ehe geführt. Du hast als unser Ältester manchen Sturm selbst miterlebt; Du warst schon früh wissend und kritisch, gelegentlich hat unser Verhältnis wohl auch darunter gelitten. Das bleibt keinem Kind erspart. Es ging mir mit meinen Eltern auch so, aber ich hätte mich nie getraut, an meinen Eltern zu zweifeln. Die Ehe ist eine so tiefe und glückliche, oft auch tragische Schicksalsgemeinschaft zwischen zwei Menschen, ja, eine geheimnisvolle Verbindung zwischen Mann und Frau, daß nicht einmal das eigene Blut, das Kind, die tieferen Beziehungen richtig zu sehen vermag. Es bleibt immer etwas Unausgesprochenes zwischen Eltern und Kindern, das sich von einer gewissen Ablehnung bis zur Feindschaft steigern kann, wenn die Liebe und das Vertrauen nicht da wären und die Opferbereitschaft die Brücken schläge. Unter dem Herzen der Mutter schon wächst der eigene Mensch, das Individuum, das Einzelwesen, das seine besonderen Gesetze in sich hat und sich loslöst von denen, die ihm das Leben schenkten. So lange die Welt besteht, wird es das Problem Vater und Sohn geben. Und das muß so sein, darin erweist sich die unendliche Weisheit des Schöpfers und der Gestaltungsreichtum seiner Schöpfung. Wir Eltern sind die Werkzeuge Gottes, an uns vollzieht sich das Geheimnis der Menschwerdung. Jedes Kind ist anders und – eigenartig. Ein besonderes Geschenk und eine Gnade ist es, wenn sich Eltern und Kinder zeitlebens verstehen und tiefste Bindungen erleben im Bewußtsein gemeinsamer Blut- und Seelengesetze. Wißt Ihr Kinder, wie sehr Eure Eltern Euch lieben? Nein, das könnt Ihr nicht. Kinder wissen das nicht. Es gibt ein wahres Wort aus der harten Erfahrung des Volkes geprägt: Ein Vater kann 10 Kinder ernähren, aber 10 Kinder nicht einen Vater. – Es gibt keine innigere Gemeinschaft auf Erden als zwischen Frau und Mann. Darum ist die Ehe in der katholischen Kirche ein Sakrament. Ich glaube, daß wir die Ehe als solches leben. Trotz aller Irrungen und Wirrungen! Gott hat unseren Bund in Euch lieben Kindern gesegnet. Wir haben Euch als seine Geschenke empfangen. Ihr seid das Unterpfand unserer Liebe, und so wollen wir aneinander festhalten. Sei mir darum herzlich gegrüßt und bleibe mein lieber, großer Sohn, Dein Vater. [...]

Notiz *(Warschau,) 11. Mai 1941*

Um 8 Uhr Frühkirche besucht, Beichte + Kommunion.

Mit Stabszahlmeister[159] Gleichfeld Ausritt an die Weichsel. Abends eine Vorstellung im »Roma«[160] besucht. Zum größten Teil minderwertige Darbietungen unter Anruf niedriger sexueller Instinkte, die mich abstießen. [...]

Notiz *(Warschau,) 12. Mai 1941*

Früh Geländeerkundung mit Fahrradabteilung.

Beförderung[161] zum Oberleutnant bekannt geworden[162]. Der Graf[163] selbst überbrachte mir die Neuigkeit. – Abends bringen die Nachrichten die sensationelle Meldung von dem Flug [von] Rud[olf] Hess [Heß] nach England[164]. – Ich dachte gleich, der ist nicht verunglückt, und sagte im Scherz, der ist nach England geflogen! Eine rätselhafte Geschichte!

Notiz *(Warschau,) 13. Mai 1941*

[...] Wegen Erkrankung von Hauptmann Ritter bin ich schon heute auf Kommandanturwache gezogen. Es immer wieder etwas Besonderes. Wie verschieden sich die Polen verhalten. Die einen schauen uns nicht an, andere wieder betrachten sich die Soldaten; Männer interessiert das militärische Schauspiel, aber die besseren Frauen und Mädels kehren sich bewußt ab. Eine sah ich, die hielt sich gestern die Ohren zu. [...]

An den Sohn *Warschau, 13. Mai 1941*

Lieber Helmut –

herzlichen Dank für Deinen Brief, in dem Du die komischen Erlebnisse im Gasraum berichtest[165]. Es ist richtig, daß Du alles von der humorvollen Seite ansiehst. Die großen Schreier meinen es gar nicht so schlimm, aber es gehört einmal dazu, die Rekruten zu striezen. Daß Dir der Kommißbetrieb Freude macht, freut mich. Man muß seine innere Überlegenheit aber nicht zeigen, immer »jawoll« gesagt und laut; gewöhne Dir an, laut zu sprechen, exakt, klar und knapp, und nicht mehr zu sagen, als Du gefragt wirst. Und dann, immer Selbstvertrauen haben in das eigne Wollen und Können. Die paar Handgriffe lernt man schon. Einen »Reibert«[166] für MG.[Maschinengewehr]-Kompanie habe ich leider nicht und kann ihn hier wohl auch nicht bekommen, ebenso kann ich Dir nicht mit einer billigen Uhr dienen. Schließlich brauchst Du ja keine. Der UvD [Unteroffizier vom Dienst] ist ja dafür da. – Hier wird die Sensation des Tages, die Flucht oder wie man's nennen will, von Rud[olf] Heß[167] in allen möglichen Mutmaßungen durchgesprochen. Ich muß sagen, ich stehe auch vor einem Rätsel. Die Partei rückt aber schon von ihm ab, und das macht mich stutzig. Übergeschnappt kann er doch auch nicht sein, sonst ließ[e] man ihn doch nicht in seinem Amt, und er vollbrächte diesen Flug nicht. Daß er Verrat treiben könnte, ist mir undenkbar. Ich hielt ihn für einen der sympathischsten Männer um den Führer. Als ich gestern hörte, er wäre abgestürzt – wir saßen gerade im Kasino zusammen – da sagte ich, der ist nicht abgestürzt, und ich gab dem ungeheuerlichen Gedanken Ausdruck, vielleicht ist er nach Engl[an]d geflogen. Das schien mir selbst ein dummer Witz; um so betroffener war ich, als ich heute hörte, er sei in Schottland abgesprungen. Wir werden noch manches erleben. Für heute diesen kurzen Brief,

herzlichst, Dein Vater.

Ach so, ich bin auch Oberleutnant geworden[168]!

Notiz *(Warschau,) 14. Mai 1941*

Es gibt kein anderes Gesprächsthema als den Flug oder die Flucht von R[udolf] Hess [Heß] nach England[169]. [...]

An die Ehefrau *Warschau, 14. Mai 1941*

Meine liebe Annemi –

[...] Das Tagesgespräch ist, wie wohl auf der ganzen Welt, die geheimnisvolle Flucht Rudolf Heß' nach England[170]. Vorläufig steht man da vor einem Rätsel. Ein Geistesgestörter vollbringt nicht den Flug nach Schottland, und ein Mensch mit klarem Verstand muß sich sagen, daß er seinem Vaterland ungeheuer schadet und nichts erreicht. An einen Verrat kann ich nicht glauben, und irgendwelche Dienste wird er den Engländern nicht tun. Man fragt sich aber, wo bleibt die Parteidisziplin? Ist das oberste Führerkorps – H[eß] gehört doch zum Geheimen Kriegskabinett[171] – nicht mit den Maßnahmen des Führers zufrieden, und besteht da keine Einigkeit?

[...] Helm[ut] schreibt mir von seiner Ausbildung. Er faßt auch das Gebrüll der Unteroffiziere humoristisch auf wie Moni die nächtlichen Alarmübungen. [...] Ach so, Oberleutnant bin ich ja auch geworden. [...]

Notiz *(Warschau,) 17. Mai 1941*

Im Sachsenpark[172] spielen die kleinen Kinder im Sand, behütet von jungen Müttern. In den Gesichtern steht der Gram und die Sorge, ab und zu erhellt von dem Anblick des Kindes. Ich gehe an den spielenden Kindern vorbei; ob ich wohl ein kleines Mädchen entdecke, das Uta gleicht. Ich möchte eines an die Hand nehmen.

[...] Mittags auf Wache. Die Stadt wimmelt von Soldaten, Rote-Kreuz-Schwestern aus D[eutschland], frisch hier eingetroffen, ziehen in Trupps durch die Anlagen des Sachsenparks. Auch sie gehören zu den Aufmarschkräften des Ostens. [...]

An die Ehefrau *Warschau, 20. Mai 1941*

Liebe Frau –

[...] Morgen fahre ich zu einem 2tägigen Kurs für Gasschutz nach Litzmannschaft [Litzmannstadt], mit zwei andern Offizieren. Ich machte Dir im letzten Brief Andeutungen, Du solltest Geld sparen. Es kann nämlich sein, daß ich zu einem späteren Gaskurs nach Deutschland, vielleicht Celle, kommandiert werde oder in Berlin zu tun habe. Der Gaskurs in C[elle] dauert gewöhnlich 7 Tage. Es ließe sich doch machen, daß Du dorthin führst und daß wir einige Tage beisammen sein könnten. Wäre das nicht herrlich? Habt Ihr da nicht Bekannte, Enkhausen oder so ähnlich? Vielleicht schreibst Du mal dahin, ob Du da wohnen kannst, im Notfall natürlich nur. Wie mir Kameraden erzählten, sollen die Gasthäuser voll besetzt sein durch Einquartierung und Belegung durch die Wehrmacht. In Berlin hätte ich höchstens 2 Tage zu tun. Ich schicke Dir vorher ein Telegramm. Leider ist [das] aber noch unbestimmt. Aber freuen dürfen wir uns ja schon ein wenig, nicht? Ich werde versuchen, mein Möglichstes zu tun. – Was es in den nächsten Tagen gibt, weiß niemand. Ob wir hierbleiben oder nicht, ist auch ganz unbestimmt. Die widersprechendsten Nachrichten kursieren. In welcher Form der Marsch nach dem Osten vor sich geht, ob ein Kriegsmarsch oder ein Durchmarsch[173]? Es ist alles ein großes Rätselraten. Vielleicht bleibe ich auch hier. Mit meiner neuen Beschäftigung habe ich viel Arbeit. Ein Offizier vom Stab sagte mir, ich sollte hierbleiben; dann hört man auch wieder etwas anderes. Mir ist schon alles einerlei. [...]

Notiz *(Warschau,) 25. Mai 1941*

Volkssporttag der SS- und Polizei-Sport-Gemeinschaft, verbunden mit Reichssportwettkampf der H.J. [Hitlerjugend]. – Die Ansprachen gehen nicht zu Herzen. Der Polizeioberst kann's nicht, und der Hitlerjunge auch nicht. Vom Polizeioberst zum Frühstück eingeladen ins Polizeioffiziers-Kasino; lerne verschiedene Herren kenne, es sind alles aktive Offiziere.

An die Ehefrau *Warschau, 25. Mai 1941*

Meine Allerliebste.

Sonntag. Der Tag ist mit herrlichem Sonnenschein zu Ende gegangen. Ich habe mich aus dem Trubel herausgestohlen und habe zu Abend gegessen. Auf meinem Tisch häufen sich die Briefe und Meldungen, die ich noch zu bearbeiten habe, aber ich schiebe alles zur Seite, erst soll mein lieber Herzensschatz einen Brief haben. So viel ist in den letzten Tagen gewesen, daß ich gar nicht zur Besinnung kam und meinen Mittelpunkt, mein Lieb zu Hause, fast vergaß. Aber jetzt ist Ruhe um mich, nicht ganz, ein Lautsprecher schreit in einem Nebenzimmer, und in der Kantine über mir rumoren die Soldaten, singen und zechen. [...] Eh ich auf Deine Schreiben eingehe, will ich Dir der Reihe nach erzählen. Am Mittwoch fuhr ich zu einem kurzen Gasschutzlehrgang, ausgerechnet nach Pabjanize. Ich besuchte die Pruts[174] und wohnte dort. Sie freuten sich herzlich, und ich fand gute Aufnahme. Ich habe sehr viel gelernt und Neues gesehen, aber Gott sei Dank scheint die Sache mit Rußland gutzugehen, und alle Vorbereitungen, die auf einen schweren Kampf schließen lassen, scheinen überflüssig zu werden. Die nächsten Wochen werden große Überraschungen bringen. Ich war heute als Vertreter des Kommandanten bei dem Regiments-Kommando eines Polizei-Regiments zum Frühstück eingeladen. Da waren verschiedene Offiziere, sehr interessante Menschen; ich kam mir ganz klein vor. Ein mit Orden bedeckter Flieger erzählte, daß er gewettet habe, am 1. Juli brennt in Berlin die Straßenbeleuchtung[175]. Er müsse 20 Flaschen Sekt bezahlen, wenn das nicht wahr sei, und er wäre sicher, daß er sie gewänne. Das schien manchen gar zu optimistisch, andre stimmten zu. Ich greife voraus, aber in dem Zusammenhang der angedeuteten Ereignisse wollte ich diese Unterhaltung anfügen. Also zurück zu Pruts. Als ich aus der Straßenbahn ausstieg, in der Absicht, mich zu dem Sammelquartier zu begeben, begegnete mir eins der kleinen Prutmädchen. Sie redete mich in reinstem Deutsch an und strahlte mich so freudig an, daß ich ganz überrascht war. Bei meinem letzten Besuch konnten sie kaum etwas Deutsch reden. »Kommen Sie doch bitte zu uns!« sagte sie. »Grüße Vater und Mutter; ich komme später!« Wie der Wind stob sie davon. Ich schaute mir erstmal das Quartier an. Das war in einem großen Fabrikraum, in derselben Fabrik und in denselben Räumen, in denen wir im Herbst [19]39 die Gefangenen hatten[176]. Diese primitiven Quartiere waren wenig einladend. Seither hausten hier die Wolhyniendeutschen[177], die von hier aus umgesiedelt werden. Ich lief dann durch die weitläufigen Höfe, und die Erinnerungen drängten sich mir mit solcher Deutlichkeit und mit allen Einzelheiten auf, daß ich gar nicht weitergehen mochte. Ich sah die sich drängenden, riesigen Haufen der Gefangenen, wie [sie] sich auf den Höfen und in den Sälen herumstießen und gestoßen wurden, die Zäune, an denen sie in dichten Trauben hingen, von der Zivilbevölkerung ein Stück Brot erbittend. Mit wie vielen Menschen war ich damals bekannt geworden, wie vielen war ich ein Begriff geworden, das Beispiel eines ehrlichen, anständigen Soldaten, der den gefangenen Feind achtet. Ich sehe sie noch alle, jeden einzelnen. Wenn Du meine Briefe von damals liest, werden sie auch Dir Gestalt annehmen. Was sind wir Menschen ohne Liebe. Sie gewinnt uns eine ganze Welt. Ich ging über das rückwärtige Fabrikgebäude, wo wir an einem Sonntag den Gottesdienst hatten. Jetzt stehen da Tausende von Fahrzeugen der Umsiedler. Nun war ich an dem Pförtnerhaus. Der alte verbissene Mann erkannte mich, wie hätte ich das gedacht, und eine Freude erhellte sein Gesicht. Ich fragte ihn, »kennen Sie mich denn?« »Tak, tak[178]!« sagte er. Nun war ich nicht mehr weit von Herrn Schulz[179]. Als ich mich dem Haus näherte, stürzte Frau Schulz heraus und begrüßte mich mit einem Freudenschrei. »Gibt es denn so was auch«, sagte sie, »den ganzen Tag habe ich schon an Sie gedacht; gestern abend haben wir von Ihnen gesprochen.« Ich blieb zu einer Tasse Tee, lehnte aber das Mittagessen und das Bett ab. Ich bin leider nicht mehr dorthin gekommen, obwohl ich das Wiederkommen versprochen hatte. Zurück durch die Stadt, die Geschäfte sind zwar nicht leer, aber die reichen Auslagen von damals verschwunden, überall deutsche Inhaber, kein einziger Pole ist mehr da, das heißt, betreibt ein Geschäft. Polen sind noch genug da, aber denen geht es wie überall schlecht. Sie drücken sich überall scheu zur Seite. Bei Pr[uts] wartete schon das Mittagessen auf mich, als ich kam. Aber erst meinen Koffer holen. Auf diesem Weg mußte ich durchs Ghetto[180]. Als ich nach dem Weg fragte, stürzte gleich ein Dutzend Juden auf mich, ein alter Jude mit einem fast unmenschlichen Gesicht, die Nase war so groß und so schmutzig wie eine Kartoffel, riß mir förmlich den Koffer aus der Hand und rannte immer ein Stück in die Richtung, die mir der wegweisende Polizist, Judenpolizist[181], wies. Zwei derselben begleiteten mich, der Kofferträger vorneweg. Hunderte von Juden gingen an uns vorbei, immer die Mütze vom Kopf reißend, manche nahmen sie schon 10 Schritte vorher ab und machten dann einen demütigen Diener. Sie sind glücklich, daß sie arbeiten dürfen, sie machen Fliegeruniformen, sie kriegen auch Essen und werden bezahlt. Wenn einer nicht pariert, wird er ins Ghetto nach Litzmannstadt[182] gebracht. Davor haben sie große Angst. Jedenfalls ist das hier in P[abianice] ein Paradies gegen das Ghetto in Warschau[183]. Und erzählt haben sie mir; der Alte mit dem Koffer lief immer wieder ein Stück zu mir zurück, wenn er auch was wußte, dann trollte er wieder davon. Ich konnte ihn gar nicht ansehen, ich dachte, mein Gott, mit dem darfst Du Dich doch nicht in der Stadt sehen lassen, aber er tat mir auch wieder leid, so daß ich ihm den Koffer ließ. Zum Glück ging unser Weg durch wenig belebte Straßen, als wir aus dem Ghetto heraus waren. [...]

An die Ehefrau *Warschau, 28. Mai 1941*

Meine Annemi –
ich komme eben aus dem Karl Peters-Film[184]. Er hat mir gut gefallen. Wenn auch Tendenz-Film, aber sauber, klar und nicht verlogen wie der »Ohm Krüger«[185]. Hier geht es um eine nationale Idee, die berechtigt ist. Darum überzeugt sie. Aber das war nicht das Erlebnis des Abends. Auf der großen Straße, die nach Osten geht über die Weichselbrücke, höre ich schon von weitem das Rattern fahrender Kolonnen, den Hufschlag der Pferde. Deutsche Truppen auf dem Marsch nach Rußland, ist mein Gedanken. Wem wäre das noch ein Geheimnis? Die ganze Welt weiß es schon und soll es wissen; die Russen wissen's auch, daß wir kommen. Ich laufe neben den marschierenden Soldaten her. Ich möchte den Jungens die Hand geben, diese braven Kerle. 30 km sind sie schon marschiert; es soll die Nacht durchgehen. An der Sprache erkenne ich den Unteroffizier auf dem Pferde als Hessen. Neben ihm geht ein gesatteltes Pferd ohne Reiter. Mit einem Sprung wäre ich im Sattel. Mich packt der Gedanke mitzureiten, mitzuziehn dem neuen Abenteuer entgegen, nein, nicht Abenteuer. Was sitze ich hier in W[arschau], mir ist das Leben hier leid. Da gehöre ich hin, mit diesen Männern, zu den Reitern, zu den Solda-

ten. Gewiß, ich habe einen schönen Auftrag, eine Aufgabe, die mich befriedigt und in Anspruch nimmt, die ich selbständig anfassen kann. Es liegt mir, zu organisieren; aber bin ich deswegen von daheim fort, ist das des Einsatzes wert? Ich möchte es auch nicht gut haben, während Du so viel entbehrst und die Kinder ohne Vater sind. Aber darf ich mich freiwillig melden? Ich bin noch nicht zu alt. Ich leiste mehr als meine Kameraden. Ich nehme es mit jedem auf. Darum bin ich froh, daß ich aus der Kompanie heraus bin und den simplen Dienst nicht mitzumachen brauche. Der Adjutant vom Obersten[186] hat mir eine K-Stelle, das ist eine dem Kompanieführer gleiche Stellung, bei der Kommandantur zugesagt. Demnächst soll ich als Sport- und Gasschutzoffizier zu der Kommandantur versetzt werden. Dann sitze ich aber hier fest. Ich möchte Entbehrung und Kampf haben, daß ich nicht immer unter der Vorstellung zu stehen brauche, hier geht es dir viel zu gut, und meine Liebste daheim hat Entbehrung und Sorge allein; Dein Brief von heute beweist es mir wieder. [...]

An die Ehefrau (Fragment) *Warschau, 28. Mai 1941*

[...] In den Film[187] ging ich heute abend, weil ich einer Gesellschaft von lustigen, frohen Menschen aus dem Weg gehen wollte, und da hatte ich eine schöne Ausrede, nicht mitzutun. [...] Vor den Soldaten steigen in der Dunkelheit – es ist halb zwölf [Uhr] – die Türme der Weichselbrücke auf; einer fragt mich, »geht es noch lang durch die Stadt?« »Nein, das ist die Weichsel, und dort beginnt Praga, wo die Lichter schimmern.« Ich frage einen neben mir gehenden Zivilisten nach der Hafenstraße. Er antwortet mir in gutem Deutsch und ist sehr gefällig. Ich frage ihn, ob er nicht auch Lust hätte, mitzumarschieren. »Ja«, sagt er, »sofort. Soll ich das nicht? Jetzt geht's endlich los gegen die Bolschewiken, da sollte ich nicht dabei sein?« »Wieso?« »Na, ich bin doch Russe. Ich bin in Petersburg geboren; darf ich mich bekannt machen, Wenzel von Schöne [Schoene]. Ich bin russ[ischer] Rittmeister im [Ersten] Weltkrieg gewesen und habe schon einmal mit den Deutschen in Georgien gekämpft gegen die Bolschewiken.« Ich frage ihn, »haben Sie schon Ihre Mob[ilmachungs-]Order?« Da zeigt er mir einen Ausweis, der ihn als Rittmeister der russ[ischen] Armee (der alten) ausweist. »Ja, und was wollen Sie in Rußl[and]?« »Ach, ich habe schon meine Aufgabe dort.« Das ist ja alles fabelhaft vorbereitet[188]. Ich sage, »kommen Sie mit, darauf trinken wir eine Flasche Sekt«. (Ich habe nämlich noch eine.) Er dankt, es ist schon spät, seine Frau wartet, aber er lädt mich zu sich ein und gibt mir seine Karte. Ich notiere seine Anschrift und seine Telefonnummer. Er will mich in den nächsten Tagen besuchen. Als er mich auf den richtigen Weg gebracht hat, verabschiedet er sich, im Schein der Laterne sehe ich, wie sein Gesicht vor Freude glänzt und seine Augen leuchten. Er drückt mir die Hand, daß ich sie ihm fast entzogen hätte. »Diese Hunde, diese Bolschewiken, denen sollen die Augen übergehen«, meint er noch. – Ich laufe die Hafenstraße entlang, der Strom glänzt, die Lichter schimmern und spiegeln sich, die Nacht ist warm, Frösche quaken, dort läuft ein Liebespärchen im schnellen Schritt vor mir davon. Ich rufe sie an. Sie bleiben sofort stehen. Ich frage aber nur nach dem Weg. So spät noch? Ja, es ist so wunderschön heute abend, da kann man nicht schlafen. – Es ist 1 Uhr geworden. Meine Gedanken sind bei Dir. Könntest Du bei mir sein! [...]

Notiz *(Warschau,) 28. Mai 1941*

Abends Begegnung mit dem russ[ischen] Rittmeister Wenzel von Schoene, der den Krieg mit Rußl[an]d begrüßt und selbst mit seinem Einsatz rechnet. [...]

An die Tochter *Warschau, 30. Mai 1941*

Meine liebe Moni –

ich habe schon einen Brief an Dich begonnen, aber ich habe ihn in meiner anderen Wohnung liegen. Jetzt habe ich gerade Zeit und will Dir antworten. Mit Deinem Brief hast Du mir viel Freude gemacht. Du schilderst Deine Erlebnisse sehr anschaulich und lebendig und mit feiner Beobachtung der Umstände und der Menschen. Weißt Du noch, daß ich in der Schule immer diese Art der Aufsätze von den Schülern verlangte? Bei der Familie Klein bleibst Du ja wohl nicht immer;

soviel ich weiß, wechselt Ihr doch alle 4 Wochen in eine andere Stelle, nicht[189]? Also wirst Du auch da aushalten müssen eine kurze Zeit. Bei diesen Gelegenheiten lernt [man die][190] Verhältnisse und Menschen kennen. Dabei ist es die Hauptsache, daß man sich in die Verhältnisse, wie sie nun einmal vorliegen, schickt. Man darf nicht jammern darüber, daß man es nicht so gut getroffen hat wie die andern, die gerade Glück gehabt haben. Wenn man fertig wird auch mit den ungünstigen Gelegenheiten, dann erweist man sich erst als tüchtig. Das Wort kommt von »taugen«. Du weißt ja, wie viele Dienstmädchen wir hatten; die taugten nichts, und was sie der Mutter für Ärger gemacht haben, das weißt Du ja auch. Sei nur immer willig und befolge die Anordnungen und Befehle. Wir werden ja auch nicht gefragt nach dem, was wir gern möchten. Ich muß tun, was mir befohlen wird, und bin doch auch selbst in der Lage, Befehle zu geben, trotzdem muß ich gehorchen. Man spricht manchmal von der Schule des Lebens, das ist sie, da braucht man nicht in der Schulbank auf seinem Platz zu sitzen, aber es ist doch so, daß der Bewegungsraum eingeengt ist um einen, und man stößt sich rechts und links und hinten und vorne. Wenn man aber weiß, wo die Kanten und Ecken sind, dann sitzt man mit der Zeit auch da ganz schön, nicht? Na, ich will Dir aber keine weisen Lehren geben. Vielleicht bist Du sogar über Pfingsten im Urlaub. Wann ich [Urlaub] bekomme, ist sehr unbestimmt. Die großen Dinge hier im Osten rollen allmählich an, und das muß sich erst klären. – Ich habe eine recht interessante Arbeit jetzt durch meinen Dienst als Sportoffizier[191]. Ich baue die ganze Organisation erst auf. Das macht viel Arbeit, aber mir macht das Spaß. Du müßtest mal die schönen Anlagen hier sehen. Gleich 4 große Spielfelder im Stadion, daneben das Schwimmstadion und an der Weichsel das Bootshaus[192]. Ich habe auch schon das Paddeln auf der Weichsel versucht. Da müßte ich Euch dabei haben! Der Brief soll endlich fort. Sei herzlich gegrüßt von Deinem Vater.

An die Ehefrau *Warschau, 31. Mai 1941*

Meine Annemie –

[...] Ich schrieb Dir schon von meiner neuen Tätigkeit. Um in der Nähe der Sportanlagen zu sein, habe ich zwei Zimmer einrichten lassen, eins im Bootshaus, das andre im Stadion. Es ist mir zuviel Betrieb da, um für sich sein zu können. Es sind mehr Büros. Das Zimmer in der Kaserne habe ich auch noch, komme aber meist nur abends dorthin. Weißt Du, diese neue Tätigkeit ist recht interessant und abwechslungsvoll und macht mir wohl auch Spaß, aber eine rechte Befriedigung bietet sie mir nicht. Ich kann nicht von dem Gedanken loskommen, wie viel nötiger ich daheim wäre. Ich finde mich immer schlechter mit der Aussicht auf längeres Getrenntsein von Dir und den Kindern ab. Es geht wohl vielen so, aber die meisten richten sich irgendwie ein. – Du kannst Dir nun gar nicht so eine rechte Vorstellung machen, worin meine Tätigkeit besteht, deshalb will ich Dir mal davon berichten. Die Sportgemeinschaft der Kommandantur erstreckt sich auf etwa 20 verschiedene Einheiten, die ich sportlich zu betreuen habe; die liegen in und um W[arschau]. Dazu habe ich die Verwaltung der Sportanlagen und die Aufsicht, vor allem aber obliegt mir der eigentliche Sportbetrieb, also Leichtathletik, Fußball, Handball, Tennis, Schwimmen, Wassersport. Es gibt eine endlose Lauferei, dazwischen Vortrag bei dem Kommandanten oder seinem Vertreter, Verbindungsnehmen mit den andern Sportgemeinschaften. Morgen ist Eröffnung des Schwimmbades und des Bootshauses, verbunden mit Wettkämpfen. Das Interesse ist sehr groß, aber es fehlt noch an Geräten und anderem mehr. Die Truppen haben viele Sportgeräte verschleppt, und die Beschaffung ist schwierig. Vielleicht magst Du ja gar nichts von all dem wissen. Du denkst, im Krieg, da müßte geschossen werden, aber mit den Sachen hätte das nichts zu tun. Über die demnächstige [sic!] Umgruppierung ist mir gerüchteweise etwas bekannt. Nur soviel steht fest, daß ein Teil hier wegkommt. Wohin, ist ungewiß. Man wartet von Tag zu Tag auf den Beginn der Operationen; es wird auch gesagt, daß die D[eutschen] schon in die Ukraine einmarschieren, aber das sind solche Gerüchte! [...]

An die Kinder *Warschau, 3. Juni 1941*

Lieber Detlev und liebe Jorinde –
am vergangenen Freitag seid Ihr beide gefirmt worden. Ich kam noch nicht dazu, Euch rechtzeitig zu diesem Tag zu schreiben; jetzt will ich es endlich nachholen. Wie friedlich erscheint mir diese Welt daheim. Hier ist zwar auch kein eigentlicher Krieg mit Tod und Verwundung und Kampf und Blut, aber der Unfrieden der Deutschen gegen das unterdrückte Volk ist deutlich, dazu die vielen Soldaten, die von Hause losgerissen hier im fremden Land sein müssen. – Ich habe mir das alles vorgestellt, wie Ihr nach Schmalnau gefahren seid mit der vollgeladenen Kutsche. Du, liebe Jorinde, mußt mir das alles schreiben, und Du, lieber Detlev, erzählst mir, was Du in der Kirche und in Schm[alnau] erlebt hast. War der Bischof von Fulda da? Es wurde mal gesagt, er sei verhaftet worden[193]. Wißt Ihr auch noch, was er gepredigt hat? Habt Ihr gut aufgepaßt? Nachher habt Ihr zu Hause noch ein kleines Fest gefeiert. Hast Du Dich mit Deinem Petter [Firmpaten] gut verstanden, Detl[ev]? Was habt Ihr denn am Nachmittag gemacht? Und Du, liebe Jorinde, wer ist eigentlich Deine Firmdöt [Firmpatin], Fräulein Mans oder Fräulein Ningelgen? Ich erwarte heute einen Brief von Euch. Ich wünsche Euch beiden, daß Euch die Gnade Gottes und der Frieden des Herzens bewahrt bleibt, daß Euch Gottes Geist erfüllt und lebendig macht und daß in Euch die Kraft bleibt, die Werke Gottes zu tun.

Seid beide herzlichst gegrüßt von Euerm Vater.

Notiz *(Warschau,) 5. Juni 1941*

Schönes Wetter. Mittags im Bootshaus. Graf v[on] Hoh[enau][194] kommt zum Segeln. – Das Bataillon[195] wird aufgelöst. Umstellungsbefehle sind eingegangen. [...]

An die Ehefrau *Warschau, 6. Juni 1941*

Meine liebste Annemi –
[...] Ich fürchte, Du wirst noch öfters auf ein Schreiben von mir warten müssen, wenn erst die große Maschine hier losrollt. Ob ich mit hineingezogen werde, ist noch ungewiß. Fast wünschte

ich es, damit ich einen tieferen Sinn für die Trennung von Dir erhielte, der in Anstrengung, Marsch und Entbehrung uns erwartet. Über meine weitere Verwendung ist mir noch nichts Endgültiges mitgeteilt. Meine Arbeit hat etwas Unbefriedigtes [sic!], weil ich nicht auf weite Sicht sehen kann. Es scheint alles für den Augenblick getan. [...] Wie himmelweit ist diese schöne, friedliche Welt bei Euch. Ich möchte so gerne auf alles hier verzichten, was sich mir Schönes bietet. Immer bleibt der Stachel, ohne Dich zu leben und zu erleben. Wenn ich über den weiten Strom hinübersehe, die weißen Segel und die Schiffe daherkommen, oben schießen die Möwen und Schwalben, in dem Weidengebüsch singt eine Nachtigall, wie wunderbar wäre es, mit Dir hier zu sitzen und Deine Hand in der meinen zu spüren und unsre Herzen aneinanderschlagen zu hören! Aber so ist mir alles öd und leer und ohne Seele. Immer wieder lerne ich diesen oder jenen prachtvollen Menschen kennen, man ergeht sich in oberflächlichen Gesprächen, Mutmaßungen, Hoffnungen und Wünschen und geht wieder auseinander. Ich mag kein Buch lesen, die Zeitung durchfliege ich oberflächlich, selbst die Musik im Rundfunk ärgert mich – was sind diese schönen Töne, die ans Herz rühren, wo das Herz nicht reden darf. Ja, Du hast recht, die Tage und Wochen gehen dahin, nutzlos und ungenutzt. [...]

Notiz *(Warschau,) 7. Juni 1941*

Abmarsch von [Landesschützen-Bataillon] 973.

Es scheint jetzt festzustehen, daß sich unser Bataillon von W[arschau] loslöst und in den Strudel der kommenden Ereignisse hineingezogen wird, also abmarschiert[196]. Ich habe dem Hauptmann Heidermanns[197] den Wunsch geäußert, daß ich gerne mitginge, wenn er mir eine Kompanie gibt.

An die Ehefrau *Warschau, 7. Juni 1941*

Meine Annemie –

[...] Bei uns ist jetzt alles in der Umbildung. Was werden wird, weiß niemand. Ich würde gerne beim Bataillon bleiben und eine Kompanieführerstelle annehmen, aber der Oberst[198] wird mich nicht freigeben. Als Gasschutz- und Sportoffizier habe ich hier eine ausgedehnte Tätigkeit; trotzdem reizt es mich nicht in dem Maße, als ich vorher dachte. Vor allem käme ich von hier weg. Wohin die Kompanie[199] geht, ist nicht sicher; jedenfalls von hier weg – das wäre mir eben recht.

Heute war's ein schöner Sonnabend-Sonnentag. Ich hatte mittags frei und konnte mich in die Sonne legen. Mehrere junge Ärzte kommen jeden Tag, und ich sitze oft mit ihnen zusammen. Es sind ganz liebe, unvoreingenommene Menschen, mit denen man ein offenes Wort reden kann. Überhaupt komme ich mit so vielen Leuten, Offizieren und Mannschaften zusammen, die der Sport zusammenführt, daß ich da keine Langeweile habe. Aber es bleibt alles auf der Oberfläche. Eine richtige Befriedigung habe ich nicht. – Man spricht wieder stärker von einer friedlichen Lösung mit Rußland; hoffentlich ist es so. [...]

An den Sohn *Warschau, 7. Juni 1941*

Mein lieber Helmut –
endlich höre ich mal wieder etwas von Dir. Heute erhielt ich Deinen lieben Brief von 29.5. Die Post scheint jetzt unregelmäßig, wenigstens viel langsamer zu gehen. Bei uns gibt es allerhand Neuigkeiten. Wir sind mitten in der Umbildung, aber ich werde wahrscheinlich meinen Posten hier als Gasschutz- und Sportoffizier behalten müssen. Lieber wäre es mir gewesen, ich hätte eine K-Stelle, das ist eine Kompanieführerstelle, beim alten Bataillon erhalten. Aber der Oberst wird mich nicht freigeben. Vielleicht gelingt es mir doch noch. Daß Du ein guter Soldat bist, freut mich. Das sichere Auge und die ruhige Hand des Schützen hast Du von uns doch geerbt. Das nehme ich auch ohne weiteres an. Detlev, glaube ich, wird das auch können. Er ist ja noch ruhiger als Du. Deine Onkels und mein Vater schossen auch gut. Mein Petter [Pate] in Straßburg war bei der Schützengilde oft Schützenkönig, und ich bewunderte im Jahre 1912, als ich ihn besuchte, seine vielen Trophäen. Ich selbst schieße auch nicht schlecht, aber ich habe nicht mehr die Ruhe, und vor allem streikt das Augenlicht. – Die Mainzer sind meistens Krakeeler; Dr. Andreesen[200] hatte sie auch auf dem Strich. Er kennt sie

vom Weltkrieg her und war gar nicht gut auf sie zu sprechen. Ja, man lernt allerlei Menschen kennen. Das ist gut. – Durch meine jetzige Tätigkeit komme ich mit meist sehr netten Menschen zusammen. Alles Sportler, Offiziere, Ärzte und so weiter. Aber auch unter den Dienstgraden und Mannschaften sind ganz prächtige Leute. Ich meine, noch häufiger. Die Sportler sind doch mehr oder weniger Idealisten. [...]

An die Ehefrau *Warschau, 8. Juni 1941*

Meine Annemi –

[...] Es ist jetzt schon wieder ½12 [23.30 Uhr]. Tagsüber komme ich kaum zum Schreiben. Immer ist etwas anderes los. Ich pendele von Besprechungen, Besuchen bei diesen und jenen Dienststellen, Obleuten der Sportmannschaften hin und her, und nebenbei habe ich noch sehr viel schriftliche Arbeit zu erledigen. Vorläufig habe ich noch keine Schreibhilfe und muß alles selbst machen. Es gibt auch viel Ärger und Verdruß, besonders mit den Zivilverwaltungsstellen. Dabei kommen die Soldaten und Dienststellen mit ihren Anträgen für Sportbekleidung und Sportgeräte in einem fort zu mir, aber ich muß sie abweisen, ich kann ihnen nichts vermitteln. Damit wollte ich Dir nur sagen, was ich für eine Tätigkeit gegenwärtig habe. Ich bin ganz froh, daß ich aus dem Kommißbetrieb heraus bin und selbständig arbeiten kann. Mein Bataillon wird bald marschieren. Ich habe mich dem Kommandeur zur Verfügung gestellt. Er will mich auch gerne mitnehmen, aber ich glaube nicht, daß er mich freibekommt. Wohin die Reise geht, weiß niemand; ich wäre nur gerne von hier weg und sähe lieber mal was anderes. [...]

Notiz *(Warschau,) 11. Juni 1941*

Zusammentreffen mit dem Sportbeauftragten des Generalgouvernements, Dr. Niffka[201]. Nachmittags soll Tschammer-Pokal-Spiel[202] im Fußball sein. [...] Unterhaltung mit N[iffka]. Er bittet mich, dafür Sorge zu tragen, daß der poln[ische] Hoheitsadler am Stadion entfernt wird[203]. Mit solcher Wichtigtuerei wollen die Zivilisten den Krieg gewinnen.

An den Sohn *Warschau, 11. Juni 1941*

Mein lieber Detlev –

endlich kommt ein Brief von Euch beziehungsweise von Dir. [...] Heute war ich wieder viel unterwegs. Meist fahre ich ja mit dem Fahrrad, aber ab und zu kriege ich auch ein Auto, wenn ich weiter weg muß. Für heute abend habe ich mir aber nichts vorgenommen. Ich will Dir schreiben und Moni, und früh ins Bett gehen. Moni will Geld geschickt haben von mir, daß sie nach Hause fahren kann, aber das kommt viel zu spät an. Hat sie denn Urlaub gekriegt? Sehr gefreut habe ich mich über Deinen Bericht über die Bienen. Von allen Völkern sind also nur sieben einigermaßen entwickelt, daß man mit Tracht rechnen kann, beziehungsweise mit Honigertrag. Bei den vielen Blüten müßte doch etwas eingebracht werden. Mitte Juni habe ich das meiste geschleudert. Damit scheint es jetzt nichts zu sein. Daß der Garten und alle Obstbäume so schön blühen, freut mich. Wie gern wäre ich jetzt einmal zu Haus und würde im Garten und im Bienenhaus arbeiten, aber an Urlaub ist gegenwärtig nicht zu denken. Kein Mensch weiß, was es mit uns in der nächsten Zeit gibt. Alles steht auf dem Sprung. [...] Gefällt Dir denn der Dienst in der H.J. [Hitlerjugend][204]? Hier sind die kleinen volksdeutschen Jungen auch alle in der H.J. und im J.V. [Jungvolk]. Neulich, als die Reichsjugendwettkämpfe stattfanden, war ich auch bei ihnen im Sportfeld. [...]

An die Ehefrau *Warschau, 12. Juni 1941*

Meine Annemi –

[...] Heute regnet es den ganzen Tag. Es ist auch recht trübe geworden und kalt. Auf einen Regentag habe ich schon gewartet, daß ich die schriftlichen Arbeiten erledigen kann. Sonst komme ich nicht viel zum Schreiben. Heute morgen hatte ich schon 20 Telefongespräche. Ich habe mir einen Apparat in mein Zimmer legen lassen. Da habe ich es bequemer. Wenn es ginge, könnt' ich von meinem Zimmer mit Dir sprechen. Gegenwärtig sind aber alle Privatgespräche unstatthaft. Ich hätte Deine Stimme und die der Kinder gerne mal gehört. Du hattest es ja vor, sie mit an den Apparat zu nehmen. In der letzten Zeit bin ich wenig in die Stadt gekommen; Filme und so weiter sehe ich mir gar nicht an. In der Stadt ist ein riesiger Verkehr. An den Straßenkreuzungen stauen sich die Fahrzeuge in endlosen Reihen. Die Straßenbahnen können nicht fahren. Alle öffentlichen Gebäude und Plätze sind belegt mit Truppen und Fahrzeugen. Es ist ein undurchschaubares Kommen und Gehen. Unser Bataillon[205] steht marschbereit. Ich komme wahrscheinlich nicht mit. Ich habe zwar dem Bataillonskommandeur meinen Wunsch vorgetragen, aber ich will mich auch nicht loseisen; hinterher macht man sich Vorwürfe. Wenn sie allerdings nach Deutschland abrückten, würde ich mich doch erheblich ärgern. Aber man weiß gar nichts.

Mein Tagebuch weist viele leere Blätter auf. Heute sehe ich: Fronleichnam! Wie ferngerückt ist diese Welt, die sich um dieses Wort erhebt. Wie ein ferner, schöner Zauber, ein fast unwirklicher Traum einer besseren Welt steigt die Erinnerung an diesen Tag in mir auf. Und ich habe auch nicht die Sammlung und Frömmigkeit, mich darauf zu konzentrieren und mich in die Weihe des Tages zu versenken. Dazu das scheußliche Wetter hier. Das war immer ein sonnenwarmer, strahlender Sommertag, farbig und freudig, mit frohem, reinem Gemüt. Habt Ihr den Tag eigentlich begangen? Und wenn Ihr eine Prozession haltet, wie schmerzlich muß die Erinnerung sein. Und doch ist die Anbetung des Göttlichen und das Hinknien vor dem Thron Gottes das einzig Tröstliche und Erlösende und Versöhnende. – Gestern war ich mit dem Leiter des Sportes für das Generalgouvernement, einem Dr. Niffka, zusammen, der von der Regierung in Krakau anläßlich eines Fußballspieles um den Tschammer-Pokal hier ist [...][206]. Die Unterhaltung ging sehr bald auf die Tagesereignisse und auf das Politische über. Ohne mich zu exponieren, vertrat ich doch meine Ansichten. Wie leicht sind diese Leute mit ihren vorgefaßten Meinungen doch zu widerlegen. Er bat mich, doch dafür Sorge zu tragen, das große Hoheitsabzeichen des poln[ischen] Staates, das noch am Stadiongelände ist, zu beseitigen, und dann hatte es ihm eine Inschrift am Grabmal des Unbekannten Soldaten[207] angetan. Mit solcher Wichtigtuerei glauben die Leute den Krieg zu gewinnen. Er verlangte, daß alle Erinnerungen an den poln[ischen] Staat ausgelöscht würden und hieß es gut, daß das Denkmal des Musikers Chopin[208] oder des Dichters Mickiewitz[209] beseitigt worden sind. Ich gab ihm zur Antwort, daß wir Deutsche Achtung vor der geistigen Leistung eines Volkes haben müßten, auch wenn es im Kriegszustand mit uns sei, und es einem Kulturvolk besser anstünde, Kulturdenkmäler fremden Volkstums zu respektieren als zu vernichten; wir könnten nicht in die Methoden der Barbaren zurückfallen, wie es vor 2000 Jahren war. – Na ja, das so nebenbei. [...]

Notiz *(Warschau,) 13. Juni 1941*

[...] Vormittags Führung durch die Wasserwerke der Stadt Warschau; Vermittlung durch Direktor Wondra.

Als Kurier nach Spala zum M.i.G. [Militärbefehlshaber im Generalgouvernement][210] gefahren; Stabsmusikmeister[211] Heuer fuhr mit. In Tomaschow bei Direktor der Kunstseidenfabrik nach dem Segelboot von Frau H. erkundigt und um Freigabe gebeten. [...]

An die Ehefrau *Warschau, 14. Juni 1941*

Meine liebe Annemi –

[...] ich habe Dir eine freudige Mitteilung zu machen. Der Termin, an dem ich in Celle bin, liegt jetzt fest. Der Lehrgang findet vom 24.7.-13.8.41 statt. Vorher aber nehme ich höchstwahrscheinlich an einem Lehrgang für Sportleiter in Berlin teil und zwar vom 29.6.-12.7. Richte Dich mit Geld so ein, daß es Dir möglich ist, diese Zeit mit mir zusammen zu sein. Denn ob ich Urlaub erhalte, ist recht unwahrscheinlich. Bei der jetzigen Sperre wird es später lang dauern, bis die Reihe durch ist. Vielleicht ist es möglich, die Kinder zu sehen und auf einen Sprung erst nach Hause zu fahren, denn ich sehne mich sehr nach ihnen, und sie würden mich auch gerne wiedersehen. Wenn wir zwei dann zusammensein könnten, wäre ich ganz glücklich. – Gestern war ich als Kurier unterwegs, nach der Befehlsstelle des Militärbefehlshabers im Generalgouvernement. Er wohnt auf dem Sommersitz des ehemaligen poln[ischen] Staatspräsidenten Mosicki[212]. Es war eine schöne Autofahrt durch das frühsommerliche Land. Ich hatte zwei

Briefe, die nur durch einen Offizier befördert werden durften, dorthin zu bringen, und einen kriegte ich wieder mit. Die Entfernung betrug 120 km [...]. In 2 Stunden waren wir da und in 2 Stunden zurück. Wir nahmen uns aber Zeit und betrachteten die Fahrt nicht als eine Dienstreise, sondern als eine Vergnügungsfahrt; unser Stabsmusikmeister war noch mit; er war mir dankbar, daß ich ihm Gelegenheit bot. Um 8 Uhr abends war ich wieder in W[arschau]. Unterwegs kaufte ich in einem Bauernhaus Eier. Ich mochte nicht hamstern, sonst hätte ich bestimmt welche zusammengekriegt. Abends traf ich den russ[ischen] Rittmeister[213], von dem ich Dir schon schrieb. Er war aber beim Umzug. Seine Wohnung liegt in der Nähe der Eisenbahnbrücke, und da hat er schon einmal schlechte Erfahrung gemacht und hat sich eine weniger gefährdete Gegend ausgesucht. Wir trafen uns in einem Kafe [sic!]. Das nächste Mal soll ich zu ihm in die Wohnung kommen. [...]

An die Ehefrau *Warschau, 17. Juni 1941*

Meine Annemi –

[...] Vormittags bin ich auf den Dienststellen, manchmal habe ich ein Auto zur Verfügung, dann fahre ich wieder auf dem Rad oder laufe zu Fuß. Nachmittags kommen die Sportler zu den Übungsplätzen oder ans Wasser. Ich lerne jetzt auch allmählich, mich auf dem Wasser wohlzufühlen. Meine Fertigkeiten sind allerdings noch bescheiden. Wir segeln, rudern und fahren mit dem Paddelboot. Oft ist großer Andrang. Gegenwärtig sind viele Truppen hier und suchen Erholung und Ablenkung im Sport. Die Sonntage sind alle fest belegt durch Veranstaltungen. – Heute hatte ich eine richtige Freude. Ich wurde ans Telefon gerufen, da meldete sich der Oberleutnant Freiherr von Kettelhorst [Ketelhodt][214], den ich im vorigen Jahre kennenlernte. Er ist Ritterkreuzträger. Ich erzählte und schrieb Dir von ihm. Er kam dann auch zu mir. Leider waren zu viele Menschen da, und ich wurde dauernd weggerufen, sodaß es zu einer gemütlichen Unterhaltung nicht kam. Er hofft, zu einem höheren Stab, der in W[arschau] liegt, zu kommen, dann will er mich wieder besuchen.

Ich habe mich richtig gefreut, ihn wiederzusehen. Er erinnerte sich noch an vieles, was wir im vorigen Jahr gesprochen, und fragte mit Teilnahme, wie es zu Hause geht. Dann ist noch ein kleiner Oberleutnant, der hier an einer Ohrengeschichte im Lazarett operiert wurde, mein täglicher Kamerad. Er stammt von Wiesbaden und hat in Fulda eine Zeitlang gedient, kennt die Rhön sehr gut und erzählt mir viel von Frankreich. Er ist ehemaliger Wandervogel[215] und singt die alten Wandervogellieder zur Gitarre. Gestern mußte ich mit ihm in ein Russenkaffee gehen, wo er der russ[ischen] Kapelle die russ[ischen] Musikstücke und Lieder angab, die sie spielen sollten. Die freuten sich mächtig darüber. [...]

Notiz *(Warschau,) 18. Juni 1941*

[...] Im Bootshaus mit Oberleutnant Heckel und Unteroffizier gesegelt. Das Segeln ist eine Kunst, die ich nicht mehr lernen will; es fehlt dazu später doch die Gelegenheit, aber ich mache jetzt mit, um es kennenzulernen. [...]

An die Ehefrau *Warschau, 18. Juni 1941*

Meine allerbeste Annemi –
ich hatte doch so eine Ahnung, daß Dir irgendetwas fehlte. [...] Glaubst Du, daß ich mir manchmal wünsche, es möchte mir nicht so gut gehen? Und eins bedauere ich: nicht mehr so für mich sein zu können, wie das früher der Fall war, zum Beispiel in Wegrow. Da war ich ein richtiger Einspänner und als solcher bekannt und unter den Kameraden als Eigenbrödler nicht besonders geschätzt. Ich hatte meine Welt für mich. Das wart Ihr, Du und die Kinder. Aber das seid Ihr heute auch noch. Nur, ich bin den ganzen Tag im Dienst anderer Menschen und muß für sie bereit sein. Ich kann mich nicht von ihnen zurückziehen und privat sein. An und für sich gefällt mir diese Tätigkeit durchaus. Sie kommt meinen sportlichen Interessen und [meiner] körperlichen Veranlagung entgegen und befreit mich von dem Kommißbetrieb. Zu dem Sportbetrieb kommt nun noch die allgemeine undurchsichtige Lage mit der ganzen Ungewißheit und dem Aufruhr. [...]

An den Sohn *Warschau, 20. Juni 1941*

Lieber Helmut –

Mutter schrieb, Du hättest Dich beschwert darüber, daß ich Dir so wenig schrieb. Ich habe doch auf jeden Deiner Briefe geantwortet, oder solltest Du den einen oder den andern Brief nicht erhalten haben? Ich habe allerdings in der letzten Zeit wenig Gelegenheit zum Schreiben gehabt, da mußt Du schon mit diesem kurzen Brief zufrieden sein. In den nächsten Tagen rückt mein altes Bataillon[216] ab. Ich bleibe hier. Teils bin ich ungern ausgeschieden, teils finde ich mich auch mit der neuen Aufgabe gern ab. Man soll sich zu nichts freiwillig melden. Es kommt dann, wie es kommen sollte, und man macht sich keine Vorwürfe. Hab ich Dir eigentlich schon von meiner Tätigkeit als Sportoffizier berichtet? Ich lerne die verschiedensten Soldaten kennen. Dieser Tage einen 19jährigen Obergefreiten von der Flak [Flugabwehrkanone][217]. Ich lud ihn zum Essen ein. Er erinnerte mich so an Dich. Wir unterhielten uns bis in die späte Nacht. Nachher schrieb er mir. Er will zur SS. Ich riet ihm ab und legte ihm meine Gedanken klar. Schade, daß diese jungen Menschen so verhetzt sind und gar keinen Überblick mehr haben und kein Urteil, was recht und unrecht ist. – Wie geht es Dir? Die Ausbildungszeit ist bald vorbei. Schreibe bald ausführlich Deinem Vater.

An Ehefrau und Kinder *Warschau, 21. Juni 1941*

Meine Annemie, liebe Kinder –

[...] Ja, Du darfst mich schon ein wenig beneiden. Von vielen Kameraden werde ich auch beneidet, nicht so sehr wegen meiner Tätigkeit als Sportoffizier als vielmehr deshalb, daß ich hier bleiben kann. Diese alten Knacker, obwohl sie nicht älter sind als ich, haben die Freude an der Natur und erst recht an ihrem Körper verloren und betrachten den Sport als unnötige Anstrengung. Mein Kommandeur[218] ist so liebenswürdig zu mir, seit er mir nichts mehr zu sagen hat. Neulich sagte er, »ich hätte Sie gerne mitgenommen, weil ich Ihre Art sehr schätze. Sie sagen einem auch mal etwas vor die Platte [sic!], was man nicht gern hört, aber das gefällt mir«. Und früher hat er mir das so übelgenommen. Ich bin froh, daß ich nicht mehr bei ihm bin, obwohl ich ihn zu nehmen wüßte. Er hat sich bei übergeordneten Dienststellen bemüht, mich mitzukriegen, aber es ist ihm übelgenommen worden. Lern' einer die Menschen kennen. Als er mich zum Oberleutnant einreichen sollte, hat er mich monatelang hingehalten, bis endlich der Regimentskommandeur[219] meine Einreichung von ihm anforderte. – Der Graf kommt oft zu mir; er ist ein begeisterter Wassersportler. Ich fahre auch gerne mit ihm. Neulich fuhr er auch los; es war glühende Sonne, und der Wind setzte aus, als er auf dem Wasser war. Rot wie ein Krebs kam er spät nachmittags an. Die ganze Haut geht ihm runter. Er ist ein naher Verwandter der Hohenzollern[220]. Dann kommen noch eine Menge Ärzte und Offiziere. Ich fühle mich in ihrem Kreise sehr wohl. Ich habe sie gewissermaßen nur zu Besuch, und ich kann mich zurückziehen, wenn ich will. Dann sind es lauter junge Leute, sie haben einen ganz andern Horizont. Wenn Du deren Ansichten mal über Polen hören würdest, dann könntest Du so einen Tendenzfilm wie den, den Du gesehen hast, anders beurteilen. Ich habe gesehn, wie man solche Filme macht. Der »Ohm Krüger«-Film[221] ist auch so ein Machwerk. Für die Massen ist er recht; die Hauptsache, das Volk glaubt alles und bleibt bei der Stange, und wir gewinnen den Krieg. – Das große Rätsel Rußl[an]d wird wohl in den nächsten Tagen gelöst werden. Auf alle Fälle rechnen wir mit dem Schlimmsten. In der Stadt sind Luftschutzgräben ausgehoben, und abends wird Fliegeralarm und Verdunkelung probeweise geübt. Unaufhörlich strömen die Truppen über die Weichsel. Manche sagen, daß der Aufmarsch gewaltiger sei als im Westen; jeder Mensch weiß, was los ist, und alle wissen nichts. Die widersprechendsten Gerüchte laufen um. Mir ist die Sache klar. Der russ[ischen] Sphynx soll das Gesicht nach dem Osten gedreht werden, und [sie soll] als zweite kontinentale Großmacht ausgeschaltet werden. Jetzt, wo wir das gewaltige Heer haben, ist der günstige Augenblick. Man rechnet außerdem mit inneren Verwicklungen. Ein bezeichnendes Wort wurde von einem Mann ausgesprochen, der etwas wissen muß: »Der Russe ist aufreizend schwach.« Wir rechnen mit einem Bombardement von W[arschau] und anderen Städten, vielleicht sogar Berlin. Alles möglich. In 8 Wochen soll der Spuk zu Ende sein und [sollen] die Deutschen in Moskau sein. Ich könnte Dir noch mehr erzählen. Bald sehen wir klar.

Nein, an Urlaub ist nicht zu denken, aber wir werden uns sicher in D[eutschland] treffen. Darauf darfst Du Dich so freuen, wie ich es tue. – Jetzt kann ich Dir doch richtig antworten auf Deinen Brief. Wenn sie ausbleiben und ich kann nur von mir berichten, dann fehlt der Ansatzpunkt an Deinem Erleben, und das ist doch das Entscheidende, das macht den Briefwechsel erst ergiebig. Jede kleine Bemerkung ist mir wichtig. Daß Du sonnenverbrannt bist, ist mir so wichtig wie Dir, und daß Du Lust am Abenteuer hast, ebenso; daß Du jung und hübsch und interessant aussiehst, erst recht. [...] Nein, Jahre dauert der Krieg nicht mehr. Für Rußl[an]d brauchen wir dieses immense Aufgebot; dann werden die älteren Jahrgänge heimgeschickt. In diesem Jahr werden wir noch heimkommen. [...]

Notiz *(Warschau,) 22. Juni 1941*

Krieg mit Rußland!

Seit 3.05 [Uhr] rollt der Angriff gegen Rußland[222]. Endlich ist die Spannung gelöst. Was wochen- und monatelang die Gemüter erregte und in Spannung hielt, ist eingetroffen. Und zwar kriegerische Auseinandersetzung, nicht, wie oft gesagt, friedliche Lösung. Das liegt auch gar nicht im Sinne Ad[olf] H[itlers][223]. Es muß eine radikale Lösung stattfinden, die kann nur auf gewaltsamem Wege erfolgen.

Die ersten Verwundeten treffen ein. Umzug in die Husarenkaserne. [...]

An den Sohn *Warschau, 22. Juni 1941*

Mein Helmut –
gestern wollte ich Dir schon auf Deinen Brief antworten, den ich abends erhielt. Ich schrieb aber erst an Mutter, von der 3 Briefe zugleich kamen. Was ich ihr andeutete, ist heute Wirklichkeit geworden. Der Krieg mit Rußland ist in vollem Gange[224]. Wir warten hier schon auf die russ[ischen] Flieger. – Wer

diesen Riesenaufmarsch miterlebte, dem konnte es nicht zweifelhaft sein, was bevorstand. Ich mußte immer lachen über die Märchenerzähler und die Fabeleien wegen eines Durchmarsches[225]. Ja wohin denn? Mir war es schon längere Zeit klar, daß jetzt der gegebene Augenblick sei, um mit dem Bolschewismus einerseits und mit der letzten kontinentalen Großmacht andererseits aufzuräumen. Viel einfacher wäre es gewesen und für England vorteilhafter, wenn es sich mit uns geeinigt hätte. E[ngland] kämpft wirklich einen heroischen Kampf, es bleibt unser erbittertster Gegner und wird mit [den] USA noch lange widerstehen. Die Kriegserklärung der USA wird nicht lange auf sich warten lassen. Jetzt hat es ja auch einen günstigen Anlaß. Aber mit der Niederringung Rußlands wird unsern Gegnern der letzte Trumpf aus der Hand geschlagen. Und damit kommen wir dem Ende am ehesten näher. Die Basis, auf der unsere europäische Position sich aufbaut, wird durch die Einbeziehung Rußlands sehr viel größer und sicherer. Die beständige und latente Bedrohung von dieser Seite läßt unseren Hauptgegner England immer neuen Mut schöpfen. Außerdem wird mit der Niederringung der Sowjet-U[nion] die Möglichkeit geschaffen, den Ostraum grundlegend neu zu gestalten. – Ich sitze eben am Radio und höre die P[ropaganda]-K[ompanie]-Berichte von den ersten Kämpfen. Unser Angriff ist ein ungeheurer Überfall, auf den der Russe seit Wochen wartete[226]. Vor ein paar Tagen saßen hier am selben Tisch junge aktive Offiziere, die mit dabei sind. Es ist ein eigenes Gefühl, an sie zu denken. – Die ersten Verwundeten sind schon angekommen. Wie mich das packt. – Meine Tätigkeit ist jetzt durch die Ereignisse eingeschränkt. Gestern, Sonntag, hatten wir ein großes Sporttreffen, Kämpfe um die Distrikt-Meisterschaften; die Beteiligung litt natürlich sehr. Diese Nacht haben wir noch einmal friedlich geschlafen. Ob die russ[ischen] Flieger in den nächsten Tagen kommen? Der Kanonendonner ist deutlich zu hören. – Ich freue mich, daß Dir der Dienst so viel Spaß macht[227]. Sind Deine Kameraden meist im gleichen Alter wie Du? Wenn Ihr schon auf den Übungsplatz kommt, dann kannst Du wohl auch noch ein Stück Rußland kennenlernen. Ich schicke Dir mein liebstes

Kriegsbuch: W[alter] Flex, »Der Wanderer zwischen den beiden Welten«[228]. Das ist der Soldat des [Ersten] Weltkrieges.

Lebe wohl und sei gegrüßt von Deinem Vater.

An die Ehefrau *Warschau, 23. Juni 1941*

Meine Annemi –
eben krachen die ersten Bomben in die Stadt. Ich sehe von der Veranda die Rauchwolken aufsteigen. Gleich darauf kommen wieder zwei russ[ische] Flieger. Sehr hoch. Die ersten Verwundeten wurden hier auch schon eingeliefert. Nun ist auch *der* Krieg da[229]. Von seiner glücklichen Beendigung erwarte ich auch ein rasches Ende oder wenigstens eine Beschleunigung des Endes zu unseren Gunsten. – Ich bin zu einem andern Bataillon[230] versetzt und werde bald wieder auf Kommandanturwache ziehn, mache aber den Dienst als Sportoffizier weiter. Man hofft, daß in 14 Tagen spätestens hier wieder Ruhe ist. – Die Sirenen heulen schon wieder. – Mein altes Bataillon[231] steht abmarschbereit. Es wartet stündlich auf den Befehl zum Abrücken. Wir sind jetzt wieder Wachbataillon. [...] Als ich heute im Radio die Frontberichte hörte, da ergriff mich doch eine solche Lust, auch mit dabei zu sein, aber das ist ja töricht. Ich könnte das auch leisten, aber ich muß ja für Euch da sein. [...] Jorinde im weißen Kleid bei der Fronleichnamsprozession! Mir traten heiße Tränen in die Augen, ich habe so richtig herzlich geweint. Das tat gut. – Ja, Du Liebe, wann werden wir Hand in Hand gehen dürfen, ohne dieses Zerren und Ziehen im Herzen zu spüren, ohne Angst und Bitterkeit? [...]

Notiz *(Warschau,) 24. Juni 1941*

[...] Frühmorgens Training für das Sportabzeichen. Laufen, Diskus-, Speerwerfen, Schwimmen. – Ein schöneres Leben kann ich mir jetzt gar nicht wünschen. Mit dem militärischen Dienst habe ich jetzt gar nichts zu tun. Es kommt mir vor, als hätte ich Urlaub. Ich lebe ganz für mich und meine Gesundheit.

An die Ehefrau *Warschau, 25. Juni 1941*

Meine Annemi –

[...] Heute morgen war ich im Palais Brühl, wo ich mit dem Sportbeauftragten des Distriktes W[arschau], mit Herrn Luckhaus[232], eine Besprechung hatte. Da kam seine Frau ganz verstört und verängstigt an und bat ihren Mann, er möchte ihr doch einen Ausweis verschaffen, daß sie von W[arschau] fortfahren könne. Ich habe sie seit April nicht mehr gesehen. Sie wohnen jetzt weit draußen, aber in der Nähe des Flugplatzes, und seitdem die Russen da waren, hat sie große Angst. – Es fielen nur wenige Bomben, aber es hat an die 80 Tote gegeben. Ein dichtbesetzter Straßenbahnwagen wurde getroffen. Alle Insassen sofort tot. [...] Endlich habe ich auch einige Bilder von hier. Es sind schon so oft Bilder gemacht worden, aber ich habe noch keine davon gesehen. Die meisten Soldaten und Offiziere, die hier waren, sind an die Front abgegangen. Ein Flieger brachte mir heute diese Bilder vom Bootshaus. Da hast Du wenigstens einen kleinen Begriff, wie es hier ist. Man hat einen herrlichen Blick auf die Weichsel. Das Dach oben ist flach, da kann man sich sonnen. Jetzt ist der Wassersportbetrieb verboten, man fürchtet, daß die Russen oder vielleicht auch die Polen Sabotage an der Bücke ausüben könnten, und hat die Weichsel für den gesamten Schiffsverkehr gesperrt. Das ist eine überängstliche Vorsicht, aber da hilft nichts. [...]

An die Ehefrau *Warschau, 26./27. Juni 1941*

Meine Annemi –

was fehlte mir eigentlich noch, warum bin ich nicht zufrieden? Ich habe es so gut und bin doch niedergeschlagen, unlustig, ohne Schwung, ohne Freude. Soll ich froh sein, daß ich hier bleiben kann? Warum zieht's mich fort von diesem faulen Leben? Gehe ich mit den andern, dann rücke ich immer weiter nach Osten von Euch weg, erlebe Neues, Großes, Einmaliges vielleicht, vergesse die Trennung, werde hineingerissen in den Strudel des Krieges. Immer noch schwanke ich, soll ich mich doch noch freiwillig melden. Du hast mir noch gar nichts geantwortet auf frühere Fragen. Deine Meinung wiegt am schwersten. Hier hält mich nichts. Ich weiß, Du wünschtest es so sehr, daß ich von W[arschau] wegkäme. Aber Deine früheren Gründe sind weggefallen. Mich hält nichts in W[arschau], keine Frau, kein Kamerad, keine Arbeit. Ich könnte mir ein lustiges Leben machen, könnte leichtsinnig sein und vergnügt, aber ich habe dazu kein Talent. – Ich werde gestört.

Fortsetzung 27.6. Gestern abend kamen noch 5 Offiziere, die ein bißchen frische Abendluft genießen wollten und sich auf der Veranda niederließen. Der mir schon bekannte Major X war auch wieder dabei. Er hat mir verschiedene Gefälligkeiten erwiesen, deshalb muß ich mich ihm widmen, wenn ich auch lieber ungestört geblieben wäre. Was lernt man doch für Typen kennen. Er hat den ganzen Abend bis ½12 [Uhr] nur allein und von sich geredet; ich kannte das meiste schon von einem früheren Abend, aber es waren 3 neue Herrn dabei, die das alles auch hören mußten. Ich bekomme einen Begriff, was eine Berliner Großschnauze ist. Plötzlich fielen Bomben; die Russ[en] waren wieder da, aber ziemlich entfernt von uns. Das Sirenengeheul ist etwas widerwärtiges. Sei froh, daß Du in Th[alau] bist. – Ich war eben zum Schwimmen. Ich will das Goldene Reichssportabzeichen machen. Die vorgeschriebenen 300 m Schwimmen schaffte ich in 8 Minuten 32 Sekunden. Als ich im Winter zu schwimmen anfing, brauchte ich 18 Minuten. Ich hoffe, auch die übrigen Übungen zu erfüllen. Man kann das Goldene Sportabzeichen mit 40 Jahren schon machen. Ich freue mich, daß ich noch so leistungsfähig bin. Wenn wir zwei doch mehr Anteil aneinander hätten. Ich trainiere meinen Körper und will gesund sein für Dich. Du sollst Deine Freude an mir haben. Wenn ich Dich auf den Bildern sehe, so niedlich und frisch, möchte ich meine Arme um Dich schlingen und Dich festhalten, daß Dir der Atem ausblieb. Und küssen will ich Dich, na, Du weißt schon, was ich noch mehr tun möchte. Ich will mein Leben nur in Gedanken an Dich und unsere Zukunft hier weiterleben, wenn auch ohne Erfüllung und Antrieb.

Sei mit den Kindern herzlichst gegrüßt von Deinem treuen Mann.

Notiz *(Berlin,) 28. Juni 1941*

Ich hätte gar nicht erwartet, daß der Oberst[233] mich nach Berl[in] lassen würde. Um so erstaunter war ich, als mir die Genehmigung erteilt wurde. Ich habe mich tüchtig gefreut, besonders weil ich doch mit A[nnemie] zusammenkommen kann. Die andern marschieren nach Rußl[and], und ich fahre nach Berlin. Der Zug war sehr stark besetzt. Ich hatte aber Platz.

An die Tochter *Berlin, 29. Juni 1941*

Meine liebe Anemone –

Du wunderst Dich, daß Du von mir einen Brief bekommst aus Berlin. Ja, seit heute bin ich bis zum 12.7. hier zu einem Sportführer-Lehrgang[234]. Ich erhielt noch Deine Karte, die Du mit Helmut zusammen schriebst. Ihr habt Euch in Kassel getroffen, Du bist hingefahren. Das war aber nett. So eine Freude! Das ist doch anders, als wenn man sich mal in den Ferien trifft, was? Hatte Helm[ut] denn auch Zeit für Dich? [...] Nein, nach Rußland komme ich leider nicht mit. Ich wäre gerne mit meiner Kompanie als Kompanieführer mitgegangen. Statt dessen sitze ich in Warschau, und jetzt hier. Das ist ein besonderer Glücksfall, daß ich hierher gekommen bin. Ich wundere mich selbst, daß es klappte. Ich bin bis jetzt der einzige Offizier und Soldat. Das andre sind ausschließlich Zivilisten, Sportler, und zwar aus Südtirol, aus dem Teil, der heute noch zu Italien gehört. Diese Männer aber glauben, daß sie wieder zu Deutschland zurückkommen. Sie sind nicht gut auf die Italiener zu sprechen. Ich habe schon an Mutter geschrieben, daß sie mich hier besucht. Denn nach Hause kann ich ja nicht fahren. Und Urlaub wird es auch noch nicht geben, nicht eher bis der Feldzug gegen Rußland beendigt ist. [...] Die Sondermeldungen, die heute durchgekommen sind, sind ja wunderbare Erfolgsmeldungen[235]. Wenn das so weitergeht, ist der Krieg mit Rußl[an]d tatsächlich auch in 4 Wochen beendigt, wenigstens die kriegerischen Operationen. Wenn es mit Rußl[an]d fertig ist, wird der Führer den Engländern ein Friedensangebot machen, glaube ich. Es ist ja ein Jammer, daß sich die zwei tüchtigsten germanischen Völker in Europa so bekämpfen.

Ich habe mir heute die großartigen Anlagen des Reichssportfeldes[236], das Du ja auch aus Helmuts Album von der Olympiade 1936 her kennst, angesehen. Das ist eine riesige Anlage, wunderbar ausgestattet. In den nächsten Tagen werde ich das alles genau kennenlernen. Schreibe mir mal, wie es zu Hause war. Schicke diesen Brief an Helmut weiter. Ich weiß nicht, ob ich an ihn gleich schreiben kann.

Sei herzlich gegrüßt von Deinem Vater.

An den Sohn *Berlin, 29./30. Juni 1941*

Mein lieber Helmut –
wie sehr habe ich mich über Eure gemeinsame Karte gefreut. Das war aber eine schöne Zusammenkunft. Wenn man mit so vielen fremden, gleichgültigen Menschen zusammensein muß, dann fühlt man erst, was einem ein lieber, treuer Mensch wert ist. – Du hast nun Deine 8 Wochen Ausbildungszeit[237] hinter Dir und kriegst allmählich einen Geschmack vom Soldatenleben. Wenn Du jetzt die Truppenplatzausbildung[238] beendigt hast, hast Du das Schwerste hinter Dir. Wie hast Du eigentlich die körperlichen Anstrengungen überstanden? Ich hoffe gut, Du bist ja gesund und sportlich leistungsfähig. Ich glaube, für den russ[ischen] Feldzug wirst Du nicht mehr gebraucht. Nach den heutigen Meldungen gehen die Operationen in einem so raschen Tempo voran, daß die vorgesehene Zeit von 8 Wochen nicht einmal benötigt wird[239]. Am 2. Tag, am Montag, waren russ[ische] Flieger in W[arschau] und haben Bomben geworfen. Man erwartete sie sogar in Berlin, aber es scheint ihnen vergangen zu sein. Den Warschauern war der Fliegerschreck sehr in die Knochen gefahren, sie haben noch von der Bombardierung durch die Deutschen den Schrecken nicht überwunden.

30.6.41[240]. Und wie komme [ich] nach Berlin, und was tue ich hier, wirst Du denken. Ich bin hier zu einem Sportlehrgang[241] an der Akademie für Leibesübungen auf dem Reichssportfeld, das Du aus Deinem Album von der Olympiade 1936 her kennst. Es ließ sich so einrichten, und ich habe mich selbst gewundert, daß es genehmigt wurde. Ich bin der einzige Soldat, der an dem Kurs teilnimmt. Er war für die Auslandsdeutschen im Südostraum und Osten geplant, aber es sind nur Südtiroler aus Italien hier. Tadellose Kerle, von einer prächtigen nationalen Haltung. Ich bin ganz überrascht von dem Urteil, das sie über Italien haben. Nicht einen guten Faden lassen sie an ihnen [sic!]. Der Führer soll Südtirol wieder zurückfordern. Sie leben der Hoffnung, daß das so nicht bleibt[242]. Die It[aliener] treiben trotz allem unentwegte Entdeutschungspolitik, der die Tiroler zähen Widerstand entgegensetzen. Aus der it[alienischen] Armee sind alle Südt[iroler] ausgeschieden und in das d[eutsche] Heer eingetreten. – Wir haben heute tüchtig geturnt. Es wird viel verlangt. Das Geräteturnen liegt mir nicht, aber ich komme mit. Das Wichtigste ist, daß ich wieder in eine sportliche Form komme. Es ist gut, daß ich in W[arschau] schon gut trainiert habe, so bin ich gar nicht so müde heute abend nach all den Anstrengungen.

Das schönste ist, daß ich mich mit Mutter in den nächsten Tagen treffen werde. Das war auch im geheimen mein tiefster Wunsch, hierherzukommen.

Bleibe gesund, behüt' Dich Gott und sei herzlichst gegrüßt, von Deinem Vater.

Notiz *(Berlin,) 4. Juli 1941*

Nachmittags Ankunft von A[nnemie] in Berlin. Ich hole sie am Anhalter Bahnhof ab. Ich bin sehr gespannt, wie sie ausschaut, und bin erstaunt über ihr gutes Aussehen und ihre schicke Kleidung. Wie sie mir sagt, komme ich ihr in [sic!] meinem Gesicht ganz fremd vor. Wir können es beide nicht glauben, daß wir wieder beisammen sind.

Notiz *(Berlin,) 5. Juli 1941*

Mittags bin ich schon frei. Wir gehen mit den Südtirolern durch die Stadt, sehen uns Berlin an, waren im Zeughaus, im Ehrenmal[243]. Mich ergreift das immer. Frische Kränze liegen für die Toten der jüngst in Rußl[an]d Gefallenen um den Opferstein.

An die Tochter *Berlin, 12. Juli 1941*

Meine liebe Moni –

nun bin ich mit Mutter schon den letzten Tag zusammen. Die Woche ist wie im Fluge vergangen. Morgen früh am Sonntag reisen wir ost- und westwärts auseinander. Das ist nun mal so, man darf sich keine Gedanken darüber machen, sonst wäre es gar nicht zum Aushalten. Und Du, mein liebes Mädel, mußt im Krankenhaus liegen; nun hast Du doch den Mumps gekriegt? Das tut wohl recht weh? Ich wünsch' Dir baldige Genesung. Bei Deinem Bauern[244] bist Du doch sicher viel lieber. Überhaupt weiß man erst, welch großer Schatz die Gesundheit ist, wenn man krank ist. – Mir geht es sehr gut und Mutter auch; sie hat sich ganz braun brennen lassen in der schönen Sonne, und aus dem Wasser wäre sie am liebsten gar nicht mehr herausgegangen. Tagsüber kam Mutter zu mir auf das Reichssportfeld[245]; ich hatte wohl wenig Zeit für sie, aber abends konnten wir zusammen sein. Wir besuchten Theater und Film, aber am schönsten war es, wenn wir ganz für uns sein konnten und wir uns erzählten. Von Uta weiß Mutter so viel zu erzählen, daß ich richtige Sehnsucht nach ihr bekommen habe. Wie gerne wäre ich einen Tag wenigstens heimgefahren! Ende Juli mache ich wahrscheinlich einen Gasschutzlehrgang in Celle mit, vielleicht kann Mutter die Kleine mit dahin nehmen. Am liebsten hätte ich es, wenn alle drei mitkämen, aber das geht ja nun nicht. – Es ist Sonnabend morgen, ich habe heute dienstfrei; wir wohnen in einem Hospiz; erst waren wir in einem Hotel untergekommen, aber da war es sehr teuer. Hier gefällt es uns sehr gut. Mutter ist zum Friseur. Sie hat eine neue Haarfrisur ausprobiert, und der großstädtische Haarkünstler soll sie nun recht schick machen. Mir gefällt die neue Frisur besser. [...]

An den Sohn *Berlin, 12. Juli 1941*

Lieber Helmut –

besten Dank für Deinen lieben Brief, den Mutter und ich hier noch erhielten. Schade, daß es mit Wildfl[ecken][246] nichts geworden ist. Beim Militär ist eben alles sehr ungewiß; man kann nicht wissen, was die nächsten Stunden bringen. Mutter ist wegen Dir immer in großer Sorge; das ist meiner Ansicht [...] nach nicht nötig. Und wenn Du demnächst doch noch ins Feld kämest, ist das auch nicht schlimm, wo so viele junge Kerle mitmarschieren. Du sollst das auch erlebt haben, was alle jungen Männer mitmachen müssen. Über die Zukunft irgendetwas zu sagen, ist nicht leicht. Die allgemeine Revolution in Rußl[and] läßt wahrscheinlich doch auf sich warten. Die Bolschewistenherrschaft ist wohl zu erschüttern, aber dazu sind noch ganz gewaltige Schläge unsererseits nötig. Und die sind mit Bestimmtheit zu erwarten. Welch riesige Perspektiven eröffnet dieser Feldzug gegen Rußl[an]d. Vom Eintritt Am[erikas] in den Krieg erwartet man eine europäische Solidarität, die sich für uns günstig auswirkt. Ich hatte hier Gelegenheit, mit Leuten aus der Bewegung[247] zu sprechen und ihre Meinungen zu hören über die künftige Gestaltung Europas; danach wird es nur noch eine Großmacht in Europa geben. Das ist an sich nichts Ungewöhnliches und Neues, Napoleon hat das auch schon im Auge gehabt, aber wir haben heute eine ganz andre Macht und größere Stoßkraft. Welche Aufgaben werden dann aber dem deutschen Menschen gestellt und welche Möglichkeiten! [...]

An die Ehefrau *Warschau, 14. Juli 1941*

Meine Annemie –
wie bist Du nach Hause gekommen? Wie war die Reise? [...] Ich bin recht gut hierher gekommen. Es war sehr heiß im Abteil, aber da es nicht überfüllt war, ging es gut. [...] Hier ist alles im alten Dreh weitergegangen. Das alte Bataillon ist nach dem Osten abgerückt[248], Richtung Brest-Litowsk–Minsk. Es tut mir doch etwas leid, daß ich nicht mit dabei bin, denn wozu bin ich von Hause weg und im Kriege, wenn ich nichts davon zu sehen bekomme. [...]

An den Sohn *Warschau, 15. Juli 1941*

Lieber Helmut –
ich bin seit vorgestern abend wieder in W[arschau]. Mutter fuhr etwas eher nach Westen, als ich in entgegengesetzter Richtung abdampfte. Es ist ein eigentümliches Gefühl, wenn

man sich von einem Menschen, den man liebt, mit Schnellzugstempo entfernt. Aber es wird für diesmal nicht so lange sein. Am 24.7. beginnt in Celle ein Gasschutzlehrgang, an dem ich teilnehmen muß, da werden wir uns wiedersehen; vielleicht kann ich auch über Kassel fahren, daß ich Dich treffe. – Anbei die restlichen Brotkarten und so weiter. Ich habe sie nicht gebraucht, weil ich in dem Sportkursus freie Verpflegung hatte. Für Mutter war die Esserei ziemlich umständlich. Sie hat sich so durchgefuttert. Sie braucht ja nicht viel im allgemeinen, aber das Schwimmen macht Hunger. Was ist das Leben teuer in Berlin. Das Geld schmilzt weg wie Butter an der Sonne. [...]

Notiz *(Warschau,) 21. Juli 1941*

16 Uhr Vortrag vor den Einheitsführern in der Kommandantur W[arschau] über den Sport in der Wehrmacht und Vorbereitung zu den Wehrmachtkampfspielen[249]. Der Kommandant[250] war nicht da. Ich hatte den Eindruck, daß die Zuhörer (alle Einheitsführer bis Kompanieführer) durch meine Ausführungen stark angeregt wurden.

An die Ehefrau (Fragment) *Warschau, 22. Juli 1941*

Meine liebe Annemie –

endlich kann ich Dir Bescheid schreiben. Bis jetzt war es noch unbestimmt, ob ich überhaupt nach Celle fahren sollte. Die Kommandierung sollte zurückgezogen werden, weil ich für die Vorbereitung der Wehrkampfspiele hier nötig bin. Der General[251] versuchte, mich freizubekommen oder zu einem späteren Termin wegzuschicken. Vom Oberbefehlshaber im Generalgouvernement[252] aber kam der Bescheid jetzt zurück, daß ich doch fahren müßte. Für mich war zwar die Woche hinreichend ausgefüllt, weil ich alles erst ordnen und organisieren mußte und gestern vor den Kommandeuren und Einheitsführern einen Vortrag halten mußte, aber die Ungewißheit war doch sehr quälend. [...]

Notiz *(Celle,) 23. Juli 1941*

[...] Mittags in C[elle] angekommen[253]. Wie ist das Reisen zu einer solchen Gelegenheit doch so reizlos. Man steht in der fremden Stadt, sie hat für mich keine Anziehung, keinen Reiz, weil die Menschen fehlen, die ich [erwarte], die mich erwarten. Alles ist unpersönlich, kalt. Ich fahre mit vielen Offizieren und Soldaten zu demselben Ziel. Man braucht nicht viel zu fragen, eine Bemerkung, und schon weiß man, sie wollen auch dahin, wo ich hin muß. Also hält man sich zum Haufen und kommt hin.

An den Sohn *Celle, 25. Juli 1941*

Lieber Helmut –

bist Du jetzt wieder in Kassel? In Deinem letzten Brief, den ich noch in Warschau erhielt, schriebst Du, daß Du ab 24. [Juli] zurück bist. Ich überlege mir schon jeden Tag, wie ich Dich besuchen könnte. Allerdings dürfen Bahnfahrten über 100 km nicht gemacht werden, und Kassel ist weiter. Ich freue mich immer wieder, daß Dir der Dienst Spaß macht, es Dir jedenfalls nicht zu schwer fällt und Du auch die technischen Schwierigkeiten in der Waffenbedienung beherrschst. So eine Besichtigung ist immer eine große Sache für alle Beteiligten, genau wie in der Schule, wenn der Schulrat kommt. Die Schüler sind wie die Rekruten; Gott sei Dank, denkt der Verantwortliche, im Glauben, daß ihnen die Prüfung gilt, aber der vorführende Offizier oder der Lehrer haben das Gefühl, daß sie geprüft werden sollen. Ich habe es erlebt, daß drei Offiziere dabei abserviert wurden. Ich führte einmal eine Rekruten-Kompanie von 155 Mann vor und schnitt ganz gut ab vor dem General[254]. Dem General imponierte ich wahrscheinlich, weil ich wagte, ihm verschiedentlich zu widersprechen, weil ich bestimmt wußte, daß er sich irrte und daß seine Angaben nicht im Einklang mit der HDv [Heeres-Dienstvorschrift] standen. Diese Ausbildungszeit habe ich in guter Erinnerung; ich möchte sie aber nicht mit meiner jetzigen Tätigkeit als Sportoffizier eintauschen, das ist ein viel interessanteres Gebiet. Freilich, jetzt muß ich Gasabwehr lernen, eine Sache, die mir gar nicht liegt und für die ich mich auch nicht erwärmen werde. Der Aufenthalt in Celle ist lediglich eine Gelegenheit, mal wieder in Deutschl[an]d zu sein und mit Euch zusammenzukommen. Ich bin in W[arschau] gerade in Vorbereitung der Wehrmacht-Kampfspiele[255] und hätte viel Arbeit damit. – Wenn ich am Sonnabend, 2.8. auf 3.8., nicht kommen kann, versuche ich Dich jedenfalls am Ende meines Aufenthaltes in C[elle] zu treffen. Ich reise dann über Kassel. Moni muß dann auch kommen. Mutter will mich mit den drei Kleinen hier besuchen und eine Zeitlang hierbleiben.

Alles Gute, mein lieber Junge, Dein Vater.

An die Tochter *Celle, 25. Juli 1941*

Meine Moni –

Dein Brief vom 17.7. kam in Warschau schon in meine Hände. Ich hatte noch nicht Zeit zur Antwort. Vorgestern bin ich hier angekommen. Hier soll ich einen Lehrgang der H.G.S. (Heeresgasschutzschule) mitmachen, um nachher als Abwehroffizier für den Gasschutz in W[arschau] tätig zu sein. Ich hoffe aber, daß es nicht mehr nötig sein wird in W[arschau], denn die Russen werden ja wohl nicht mehr nach W[arschau] kommen und mit Gas anfangen. Das ist überhaupt eine scheußliche Sache. Hoffentlich fangen die Engländer nicht damit an. Wir wollen auch keinen Gaskrieg. Aber was kann man sagen. Mir ist das Leben hier sehr eintönig, aber bald wird es ja anders; Mutter will mich mit den drei Kleinen eine Woche besuchen. [...] Mit dem Plan Mutters, Dich als Säuglingsschwester zunächst in Frankfurt unterzubringen, bin ich eher einverstanden als mit der Rote-Kreuz-Ausbildung. Als Krankenschwester für die Verwundeten kommst Du wegen Deiner Jugend nicht in Frage, und [um] als Helferin irgendwo auf einem Bahnhof Kaffee auszuschenken und die dummen Witze der Soldaten in Empfang zu nehmen, dafür bist Du mir zu schade. Später kriegst Du eine gediegene Ausbildung als D.R.K.[Deutsches-Rote-Kreuz]-Schwester, damit Du auch eine wirkliche Stütze für Helmut sein kannst. [...] Nein, ich bin keine Sportskanone, wie Du meinst, aber ich bin noch recht beweglich und mache alle möglichen Leibesübungen mit. Jetzt habe ich das Goldene Reichssportabzeichen gemacht, das heißt, noch nicht ganz. Im Diskuswerfen fehlen mir noch 20 cm an den 25 m, sonst wäre ich fertig. Leider kann ich hier nicht trainieren, sonst würde ich es bald schaffen. [...]

Notiz *(Celle,) 28. Juli 1941*

[...] Dienst bis 10.00 [Uhr]. Reinigen der Gasmasken. 2. Gasraumprobe. Meine Maske undicht. – In der Stadt, Bahnhof. Sportplatz. – Abends Film: »Friedemann Bach«[256]. – Um diese großen Menschen zu meistern, fehlt unsern Schauspielern der innere Wert. Die nebensächlichen Figuren wie zum Beispiel der Graf Brühl ist [sic!] echt, die Geistlichen [auch], aber die Hauptpersonen nicht. [...]

An die Tochter *Celle, 29. Juli 1941*

Meine Moni –

[...] Warum läßt man Euch denn am Sonntag nicht heraus? Daß der Sonntagsgottesdienst nicht in das Programm des Arbeitsdienstes[257] paßt, ist ja bekannt. Aber was setzt man an dessen Stelle? Da weiß man nichts. Die meisten Menschen haben auch kein Bedürfnis, sich irgendwie geistig und seelisch zu erheben. Mit Essen und Trinken, Lieben und Hassen ist ihr Leben ausgefüllt. Mir ist es sonntags, als müßte ich etwas Besonderes erleben. Die jahrelange Gewöhnung mag auch dazu beitragen, den Sonntag als einen besonderen Tag anzusehen. Viele sagen, es ist nicht nötig, daß man nun gerade in die Kirche geht, man kann ja auch in den Wald oder ins Feld laufen oder mit der Eisenbahn fortfahren. Da bleibt aber jeder allein; was wir in der Kirche suchen ist das Erlebnis der Gemeinschaft. Gerade, daß so viele Menschen zum gemeinsamen Gottesdienst sich zusammenfinden und eines Sinns und eines Glaubens sind, das ist das Einzigartige und Schöne dabei. Wenn die kleinen Buben und Mädchen auch nicht so andächtig sind und ein wenig Allotria [Schabernack] treiben und es vielen jungen Leuten gar nicht zum Beten zumute ist, das schadet nichts; sie fühlen sich doch als zugehörig zu der ganzen Gemeinde, wenn auch unbewußt, und wenn sie groß sind und sind von daheim fort, da wirkt sich das aus und läßt sie Sehnsucht empfinden nach diesem heimatlichen Erlebnis. – Ich wollte am Sonntag hier in den katholischen Gottesdienst gehen, verpaßte aber die Zeit, und da gerade die Glocken von dem Turm der evangelisch-lutherischen Kirche zum Gottesdienst riefen, ging ich dorthin. Ich setzte mich ganz hinten in eine Bank. Es ist eine schöne alte, ehemals katholische Barockkirche. Schon das Orgelspiel ging mir zu Herzen und die frommen andächtigen Menschen; es waren nicht viele, aber eine wundervolle Ruhe und ein stiller Frieden herrschte in dem weiten Raum. Mich interessierte auch, den evangelischen Gottesdienst kennenzulernen. Der Geistliche sprach ganz gut, aber die Wärme und die Weihe des katholischen Meßopfers kann auch der beste Prediger nicht ersetzen. Im [Ersten] Weltkrieg war ich mal, als ich als Verwundeter in Gera war[258], in eine evangelische Kirche statt in die katholische gegangen, ohne besondere Überlegung und Absicht. Ich erzählte es nachher, als ich im Urlaub war, meiner Mutter. Aber da hättest Du mal sehen sollen, wie sie bös wurde. Ich war damals jung und hielt nicht viel vom Kirchengehen, und sie schöpfte gleich Verdacht, ich wollte vom Glauben abfallen. Sie hat mir eine ordentliche Strafpredigt gehalten. [...]

An den Sohn *Celle, 30. Juli 1941*

Mein lieber Helmut –
[...] Wenn Du vorläufig mit zum Ernteeinsatz kommst, dann wird das für Dich sicher eine hübsche Abwechslung sein. Schade, schade, daß Du nicht vorher noch zu Hause warst. Aber wir werden uns schon noch sehen. – Warum sollst Du Dich in die Tropen melden? Die Romantik spielt immer eine gewisse Rolle, ich kann mich ihr auch nicht entziehen, aber wozu denn? Auch Deinen Wunsch, mit der Waffe dienen zu können, kann ich gut verstehen, aber es gibt Wichtigeres. Wenn wir mal zusammen sind, möchte ich Dir meine Ansicht darüber sagen. Nimm die Gelegenheiten wahr, die Dich Deinem Beruf näherbringen und Dir dafür nützlich sind, ein guter Arzt zu werden.

Bist Du Sanitätsoffizieranwärter? Wie ist das überhaupt mit Deiner Aussicht, zur Sanität zu kommen? Ich habe darüber wenig Ahnung. [...] Nun etwas von hier. Ich mache an der H.G.S.=Heeres-Gasschutz-Schule einen dreiwöchigen Kurs mit. Wie ich höre, sollen diese Offiziere ständig im Gasabwehrdienst verwandt werden. Für den Rest des Krieges hätte ich also meine Aufgabe auf diesem Feld. Ich kann noch nicht sagen, daß mir das besonders liegt, jedenfalls vorläufig noch nicht. Es hängt wohl auch mit der ganzen Sache zusammen. Der Giftgaskrieg ist ja an sich eine gemeine Angelegenheit. Wir werden wohl nicht damit anfangen. Bis jetzt hört man auch von den Russen nicht, daß sie Giftkampfstoffe gebraucht haben. Wenn sie sich allerdings weiterhin so hartnäckig wehren, ist damit zu rechnen. Dem Verteidiger nützt es mehr als dem Angreifer. Hoffentlich geht's im Osten bald weiter[259]. Die Nachschubschwierigkeiten müssen ungeheuer sein. Einen Rechenfehler haben wir wohl auch gemacht; wir rechneten mit dem inneren Umsturz und glaubten nicht an die hohe Kampfmoral der Bolschewiken. Ich erwarte aber doch bald größere Entscheidungen zu unsern Gunsten. [...]

Notiz *(Celle,) 31. Juli 1941*

[...] Abends 20.09 [Uhr] kommt A[nnemie] mit den Kindern.

Gestern früh und heute früh leide ich unter Schwindel. Gestern wurde ich in der Nacht wach gegen 2.00 [Uhr] und stand auf und verspürte starken Schwindel. Heute sogar noch um 10 Uhr.

Notiz *(Celle/Erfurt?) 13. August 1941*

[...] Annemi fährt am Morgen mit den 3 Kindern zurück, ich am Nachmittag. Ich hatte durch den Adjutanten um Urlaub beim Oberst[260] bitten lassen, wurde abschlägig beschieden. Das muß man selbst vorbringen. Ich bin überzeugt, daß ich Erfolg [gehabt hätte]. – In Bebra telefoniere ich nach Erfurt, um Helm[ut] zu sprechen, erfahre, daß er morgen ins Feld geht[261], fahre deswegen nach Erfurt. H[elmut] holt mich am Bahnhof ab. Ich schließe ihn in meine Arme.

Notiz *(Thalau/Fulda?) 14. August 1941*

Um 12 Uhr treffen A[nnemie] und Detl[ev] ein, die ich durch Telegramm benachrichtigte. Wie glücklich sind wir, daß wir den großen Jungen noch diese kurzen Stunden haben dürfen.

Wir begleiten ihn an den Transportzug. Ich sehe sein liebes Gesicht noch immer vor mir, wie er an der Wagentür sitzt. Als der Zug dann fortfährt, möchte ich nachlaufen und ihn nur noch einmal sehen. Ein großer Schmerz erfüllt mich. [...]

Notiz *(Thalau,) 15. August 1941*

Zu Hause.

Feiertag in Th[alau]. In der Kirche. Es ist nicht feierlich, trotzdem alles so ordentlich und peinlich hergeht. Die Predigt ist schwunglos, steril. Der Geistliche kann nichts aus dem Evangelientext machen. Es fehlen ihm die Erlebnisse. Ich hätte die Liedstrophe »Die Mutter muß beim Sohne sein« unter dem Eindruck des gestrigen Abschieds von Helmut zum Gegenstand der Predigt gemacht.

Notiz *(Thalau/Fulda?) 16. August 1941*

[...] Vormittags habe ich mit Detl[ev] [Honig] geschleudert. Das hat mir Freude gemacht. Die friedliche Beschäftigung legt sich mir wie ein Balsam auf das Gemüt; all die Vorstellungen meiner früheren Tätigkeit werden wach. Wie wollte ich alles schön machen.

Notiz *(Auf der Rückreise/Warschau?) 17. August 1941*

Abreise nach W[arschau].

Mit dem letzten Zug gestern nach Fulda, A[nnemie] fährt mit. Seitdem wir unsern großen Jungen ins Feld geschickt haben, ist A[nnemie] innerlich so erschüttert, daß sie jede kleine Gemütserregung aus der Fassung bringt. Wir sind als gute Kameraden auseinandergegangen. [...]

Notiz *(Warschau,) 18. August 1941*

Vormittags zum Vortrag beim General[262] befohlen. – Mit Luckh[aus][263] und [Unteroffizier] Pfeiffer Programme besprochen. Oberstleutnant v[on] Kamley [Kamlah][264] ist meinen Plänen abhold. Er will nichts von einer Beteiligung der Partei wissen[265].

Notiz *(Warschau,) 19. August 1941*

[...] Morgens im Stadion trainiert, anschließend Reiten. General[266] besucht das Stadion. Ich muß ihm Rechenschaft über den Zustand und die baulichen Veränderungen geben.

Notiz *(Warschau,) 20. August 1941*

[...] Die Kampfspiele[267] werden auf unbestimmt verschoben. Der O.B. [Oberbefehlshaber] vom Generalgouvernement[268] wünscht jetzt keine sportlichen Veranstaltungen angesichts des großen, schweren Kampfes in Rußland. Das ist zu verstehen. [...]

An den Sohn *Warschau, 20. August 1941*

Lieber Helmut –

wo magst Du sein, wo soll Dich unsere Sehnsucht suchen? Ich bin schon einige Tage hier und habe meine alte Beschäftigung wieder aufgenommen, ich muß Dir gestehen, seitdem Du im Einsatz des Krieges stehst[269], gehe ich mit einem inneren Widerstreben an die Arbeit. Auch die Mutter hat das wohl gedacht, als sie sagte, »wozu macht Ihr das jetzt im Kriege? Wozu Sport, wenn die anderen Soldaten sich totschießen lassen müssen?« Mir gibt der Gedanke jedoch eine gewisse Beruhigung, daß gerade der Sport die Leistungsfähigkeit des Soldaten im besonderen Maße erhöht und die körperliche und geistige Spannkraft erhöht, ganz besonders bei den Truppenteilen, die hier den standortgebundenen Einheiten angehören. – Zur Zeit ist hier die Führer-Reserve des OKH [Oberkommandos des Heeres], alles junge Offiziere, die sich mit großer Begeisterung an den sportlichen Veranstaltungen beteiligen. Leider kann ich sie für die Kampfspiele der Wehrmacht nicht einsetzen, denn der einzelne kann jeden Tag abgerufen werden, und einem Offizier kann man ja auch nicht gut zumuten, daß er sich dem Sport zuliebe vom Frontdienst zurückstellen läßt. Der General[270] will natürlich eine große Sache vorgeführt haben, aber er hat keine Ahnung von den Schwierigkeiten. [...]

An die Ehefrau *Warschau, 21. August 1941*

Meine Annemie –

Du wirst auch noch keine Nachricht von unserm lieben Jungen haben. Ich erwarte sie auch mit großem Verlangen. Ich muß den ganzen Tag an ihn denken, mehr als an Euch zu Haus, denn Euch zu Haus weiß ich in den gewohnten Verhältnissen, wenn ich auch nicht weiß, wie es Euch gerade geht. Aber von Helmut kann ich nur vermuten. Irgendwo im weiten Rußland wird er unter vielen Kameraden Dienst machen oder marschieren; an der Front wird er wohl noch kaum eingesetzt sein. Das glaube ich nicht. Wie lieb habe ich den Jungen; immer sehe ich sein liebes Gesicht, wie er in der Türe des Eisenbahnwagens sitzt und Dich und Detlev anschaut, dann wieder seinen Blick zu mir wendet und uns alle mit lächelndem Angesicht anstrahlt. Als der Zug sich dann in Bewegung setzte und ich den Jungen nicht mehr sehen konnte, schnitt es mir durchs Herz; nur noch einmal wollte ich ihn sehen, nur einmal den herzigen Jungen sehen. Wie schwer mag dem Kind das Herz gewesen sein. So also muß man sich eines Sohnes wert erzeigen, so muß man der Liebe und der Innigkeit bewußt gemacht werden, um zu begreifen, was es heißt, einen Sohn zu besitzen. Das weiß man nicht, wenn man im ruhigen, friedlichen Leben mit dem Kinde zusammen lebt. Und nun die bange Sorge, die quälende Angst. Ich habe die feste Zuversicht, daß ihm nichts geschieht, daß er wieder gesund zu uns zurückkommt und daß wir alle nach dem Kriege friedlich zusammensein dürfen. Man darf nicht fragen, womit hätten wir dieses Glück vor andern verdient; nein, verdient nicht, es kann uns nur geschenkt werden, und wir können nur um dieses Geschenk bitten. Wie wirst Du das alles ertragen, mein liebes Weib? Wappne Dein Herz mit Starkmut und Frömmigkeit. Aber das brauche ich Dir nicht zu sagen. Bleib recht gesund, mein guter Schatz, und vertrau auf Gott. Zufall ist nichts; an den Zufall zu glauben, ist dumm und armselig. Wenn ich eine Blume oder einen Schmetterling betrachte und die wundervollen Lebensfunktionen ansehe, dann muß ich an einen Schöpfer, an einen großen, herrlichen Gott glauben, der das alles einrichtet und erhält und nichts von ungefähr geschehen läßt, und das gibt mir auch Gewißheit, daß dieser selbe gütige Gott unsere Geschicke in der Hand hat und auch unser Kind beschützt, wenn er es für wert hält zu erhalten. Ich bin auch in großen Gefahren gewesen und bin glücklich entronnen. Das selbe Glück wird auch mit Helmut sein; man darf es allerdings nicht Glück nennen, sondern muß es demütig als eine Fügung ansehen. In diesem Trost und in dieser Gewißheit bin ich mit herzlichen Grüßen, Dein Wilm.

Notiz *(Warschau,) 23. August 1941*

Nachmittags 3 Uhr Beginn der Meisterschaften im Schwimmen. Ich habe als Kampfrichter beim Kunst- und Turnierspringen mitfungiert. Die Kommandantur-Sportgemeinschaft hat gut abgeschnitten. Abends war ich bei v[on] Schöne[271] [Schoene] eingeladen. Die Frau ist sehr nervös, aber doch interessant. Es scheinen mir reiche Leute zu sein. Zugleich war auch ein Fräulein X, Freundin von Dr. Stabenow[272], eingeladen. Sie ist sehr hübsch, aber unbedeutend.

Notiz *(Warschau,) 24. August 1941*

Fortsetzung der Schwimmwettkämpfe, nachmittags Leichtathletikwettkampf der 4 Distrikte. W[arschau], Krak[au], Radom, Lublin. W[arschau] gewann, besonders durch die Beteiligung der Kommandantur-Sportgemeinschaft. – Ich wurde dem Gouverneur Dr. Fischer[273] vorgestellt.

An die Tochter *Warschau, 25. August 1941*

Meine liebe Moni –

heute erhielt ich die ersten Nachrichten von Mutter und von Helmut. Die Post scheint wieder langsamer zu befördern. Deine Karte kam schon vor einigen Tagen. Darüber habe ich mich recht gefreut. Ja, es ist nicht schön, immer wieder Abschied nehmen zu müssen. Auch für Dich nicht, wenn Du auch in der Nähe bist von daheim. Helmut schrieb aus einem Dorf irgendwo in Polen. Wenn er mir nur den Ort angegeben hätte. Wenn es nicht gar so weit von hier wäre, hätte ich vielleicht die Möglichkeit, ihn aufzusuchen. Ein Auto kriegte ich schon mal. Er hat auch keine Anschrift geschrieben, anscheinend sollen sie noch nicht schreiben. Für ihn ist das viele Neue, das er jetzt sieht, von großem Interesse. Ich bedauere es sehr, daß ich ihm nicht schreiben kann. Mir geht es gut. Ich habe meine Tätigkeit als Sportoffizier wieder aufgenommen und bin außerdem Gasschutzoffizier bei der Kommandantur in W[arschau]. Ich treibe selbst auch wieder Sport, morgens mache ich einen Lauf, dann ist Reiten, und nachmittags gehe ich auch noch zum Schwimmen. Ich fühle mich bei dieser körperlichen Ausarbeitung sehr wohl. Wenn ich abends in meinem Zimmer sitze, schreibe ich Briefe und lese. Die andern Offiziere sind alle älter und mögen vom Sport nichts wissen. Sie sitzen bis in die späte Nacht beim Skatspielen und sind ärgerlich, daß ich mich nicht beteilige. Aber dazu ist mir die Zeit zu schade. Ich bin glücklich, daß ich noch so gesund und leistungsfähig bin. Gestern hatten wir Sportwettkämpfe im Stadion. Ich glaube, wenn Du Dich tüchtig übtest, Du könntest auch im Schwimmen etwas leisten. Meine Leute machten mehrere erste Preise. Darüber habe ich mich gefreut. Heute morgen bin ich mit meinem Gaul an der Weichsel entlanggeritten. Ich wollte mal versuchen, ob er auch ins Wasser ging. Da war ein Wasser, das ich nicht für sehr tief hielt. Erst wollte das Pferd nicht ins Wasser, dann ging es hinein, es wurde immer tiefer, und es kriegte keinen Grund mehr und schwamm. Ich blieb darauf sitzen, aber meine Stiefel waren voll Wasser, daß es nur so quatschte. Als ich durch war, wollte ich weiterreiten, aber da war Sumpf, so mußte ich noch einmal zurück. Es war nicht breit und auch nicht gefährlich, es sieht sich nur so an. Wie lieb man so ein Tier hat, wenn es so treu gehorcht. – Schade, daß ich Euch nicht mal etwas vorreiten kann. Ich habe jetzt ein neues Pferd, das noch besser ist als das frühere. Im September ist ein Offizierwettkampf, an dem ich mich beteiligen will, dabei wird auch ein Hindernisrennen gemacht. Wenn Ihr als Zuschauer dabeisein könntet! Wir wollen aber zufrieden sein, wenn wir alle gesund bleiben und alle schön zueinanderkommen. Nicht?

Herzlichst, Dein Vater.

Notiz *(Warschau,) 27. August 1941*

[...] Abends Beginn des Fechtkurses. Dr. Stabenow[274] vom SD [Sicherheitsdienst der SS] ficht mit seinem Trainingsmeister. Ich schaue mir das an. Es wird elektrisch gefochten. Später bekomme ich auch eine kurze Lektion. Ich frage mich, soll ich diesen Sport auch noch betreiben? Was hat das für einen Zweck? Das lerne ich doch nie, aber ich mache mit. Ich bekomme eine Ahnung davon; die Zeit kann ich gut nutzen.

Notiz *(Warschau,) 28. August 1941*

Vormittags im Geschäftszimmer des Regiments gearbeitet. Dann bei Stabszahlmeister[275] Brenner 1 kg Tee und Schnäpse gekauft. B[renner] ist sehr liebenswürdig, lädt mich zum Frühstück ein, zeigt mir seine Hasen – Angorakaninchenzucht. Er lebt in guten Verhältnissen, hat alles, was er sich wünscht, [ist] sehr gut eingerichtet, ißt und trinkt, was er mag. Die Herrn Zahlmeister! Und doch möchte ich dieses üppige Leben nicht führen. Nachmittags mit Graf[276] gesegelt.

Notiz *(Warschau,) 30. August 1941*

Nachmittags Beginn der Ostdeutschen Kampfspiele. Abends bin ich eingeladen zu einem Empfang beim Oberbürgermeister[277] der Stadt W[arschau] anläßlich des Vier-Bereiche-Kampfes[278]. Sehr schöne Tafel, gutes Essen. Mit Graf v[on] H[ohenau][279] bei v[on] Schoene[280] mit Dr. Stabenow[281]. Das Essen ist schon vorbei, als ich komme. Ein Italiener ist auch da, der in Lublin eine Maccaronifabrik aufmachen will.

An die Ehefrau (Fragment) *Warschau, 1. September 1941*

[...] Ich hatte aber vorher noch an einem Empfang beim Oberbürgermeister[282] der Stadt Warschau als Vertreter der Kommandantur teilzunehmen. Anliegend Speisekarte[283]. Am Tag vorher nahm mich der Graf mit zu einer offiziellen Feier bei dem Gouverneur[284]. Da nahm ich auch am Essen teil. Da gab es herrliche Sachen. Ich habe mich auch nicht schöngestellt, sondern ordentlich zugegriffen. Durch meine Tätigkeit als Sportoffizier der Kommandantur komme ich mit den Leuten aus den führenden Kreisen zusammen. Früher war ich recht befangen, jetzt kann ich mich mit einer gewissen Selbstverständlichkeit dabei bewegen. Wenn man ein wenig kritisch ist, sieht man gleich hinter die Tapete und gewinnt sein Selbstvertrauen. – Am Sonntag war ich in der Kirche. Es drängte mich, die Sakramente zu empfangen. Man ist doch ein anderer Mensch, wenn man aus der Kirche kommt. Statt der Predigt wurde das anliegende Hirtenschreiben[285] vorgelesen. Nach dem Gottesdienst kam der Feldgeistliche zu mir und reichte mir das Blatt. Ich kenne ihn schon längere Zeit. Wenn man nicht so skeptisch sein müßte gegenüber den hochtönenden Worten von dem Kreuzzug gegen Rußland ausgerechnet von einer Bewegung, die das Christentum im eigenen Land verfolgt. Das Gefühl wehrt sich dagegen, daß man damit Propaganda treibt. [...]

An die Ehefrau (Fragment) *Warschau, 1. September 1941*

Liebe Annemie –

[...] Helmut schrieb mir ein zweites Mal, ein ganz unbedeutendes Blatt, auf dem nur wenige Zeilen standen. Und doch, wie freut man sich, nur ein Lebenszeichen in der Hand zu halten. Ich habe durch die Feldpost herausgekriegt, wo er steckt. In der Gegend von Lublin. Das ist zu weit von hier. Eine Adresse hat er nicht angegeben, sonst versuchte ich, mit ihm zu sprechen. Seitdem der Junge im Osten steht, hat dieser Russenkrieg eine ganz andre Bedeutung für mich bekommen. Und Monis Brief. Ja, wie hängt das große Mädel an uns! Es ist rührend und beseligend für uns beide, nicht wahr? Ob es ohne die Trennung auch so wäre? Ich glaube, ja. [...] Was ich tue? Ich bin jetzt zur Vertretung des beurlaubten Regimentsadjutanten[286] beim Grafen von Hohenau[287]. Vormittags sitze ich auf der Regiments-Schreibstube und bearbeite die Eingänge, gebe Anweisungen und mache Unterschriften für abgehende Befehle und dergleichen. Dann fahren wir zu den Kompanien, zu Wachen und zu andern Befehlsstellen; da ist der Tag im Nu herum. Die Vorbereitungen für das Sportfest gehen weiter, obwohl ich fast glaube, daß es nicht stattfindet. Es sind zahlreiche Meldungen eingegangen, und es würde bestimmt eine schöne Veranstaltung werden. Besonders der

Offizier-Fünfkampf findet große Beachtung; es haben sich sogar Offiziere aus dem Reich gemeldet. Ich habe vor, diesen Wettkampf auch mitzumachen. Ich nehme deswegen an einem Fechtkurs teil, glaube aber nicht, daß ich diese Kunst noch begreife. Jedenfalls ist es eine nette Abwechslung. Viermal in der Woche findet das Fechten abends von 8-10 [Uhr] statt. Am Sonnabend war ich bei dem russischen Rittmeister[288] eingeladen. Ich führte auch den Grafen ein. Die Frau wollte ihn gerne kennenlernen. [...]

Notiz *(Warschau,) 2. September 1941*

In Litzmannstadt, Pa[bianice]. Bei Prut[289]. Pr[ut] ist politisch sehr interessiert und verfolgt mit großem Eifer und Spannung die Kriegshandlungen im Osten. Er glaubt nicht an einen d[eutschen] Sieg und wünscht ihn auch nicht. Er ist in seinem Stolz als p[olnischer] Offizier zu sehr gedemütigt und von glühendem Patriotismus erfüllt. Unsere menschlichen Beziehungen leiden dadurch nicht. Ich erfahre immer größte Gastfreundschaft.

An die Tochter *Warschau, 3. September 1941*

Meine liebe Moni –
recht herzlichen Dank für Deinen lieben, langen Brief. Ich will Dir gleich antworten, vielleicht kriege ich ihn bis zum Abgang des Zuges beziehungsweise der Post noch fertig. Meine Hand zittert etwas, Du merkst es vielleicht an der Schrift. Ich komme nämlich vom Reiten. Demnächst soll ein Jagdreiten sein, daran möchte ich mich beteiligen. Zu diesem Zweck fuhr ich mit meinem Regimentskommandeur, das ist ein schlesischer Graf von Hohenau[290], auf ein Landgut[291], das von der SS bewirtschaftet wird. Als Arbeiter sind auf dem Gut Juden beschäftigt, die gewissermaßen als Sklaven gehalten werden. Wenn sie nicht parieren, werden sie in das Warschauer Ghetto zurückgeschickt. Deswegen bleiben sie gern da draußen. Der Junge, der mir mein Pferd abnahm nach dem Reiten, hatte so ein sympathisches Gesicht; ich schenkte ihm einen Zloty, er bedankte sich in bestem Deutsch. Ich habe immer Mitleid mit diesen Menschen. Es ist ein großes Gut

von einigen tausend Morgen, aber nicht recht in Ordnung. – Gestern war ich in Litzmannstadt mit dem Wagen; natürlich habe ich auch die Familie Prut[292] aufgesucht. Es gab guten Kuchen und sehr gute eingemachte Früchte. Daran hätte ich mich gern nach Herzenslust gelabt, aber ich hatte mir vor ein paar Tagen durch zu hastig gegessenes Obst den Magen verkorkst, und da mußte ich vorsichtig sein. Frau Prut hat mir aber noch ein Glas eingemachte schwarze Johannisbeeren mitgegeben. Die Polen sind sehr gastfrei. Sie geben das Beste und das Letzte her, wenn jemand zu Besuch kommt. Die Kinder freuten sich sehr und wollten mich gerne über Nacht dabehalten, aber ich konnte nur einige Stunden dableiben. Wenn ich dann so durch die Gegend fahre, dann eilen meine Gedanken zu Euch daheim, zu Dir und dem großen Jungen. Ja, es ist wunderschön, daß wir so fein zusammenhalten und uns so lieb haben. Du spürst es ja selber, wie schön es da heim ist. Wie schade, daß man noch immer nicht an Helmut schreiben kann. Ich habe jetzt herausgekriegt, wo er ist. Er ist noch in der Gegend von Lublin, bei Luckow. Ob er allerdings jetzt noch da ist, weiß ich nicht. Eine Anschrift hat er mir noch nicht angegeben. Hier auf dem großen Kasernenhof fuhr gestern ein Transportregiment mit einigen hundert Autos auf. Die Fahrer sind lauter junge Kerlchen Jahrgang [19]23, die sich freiwillig meldeten. Ich sprach mit einem und merkte sofort an der Sprache, daß er aus der Hünfelder Gegend stammt. Es sollen noch mehr Fuldaer dabei sein. [...]

Notiz *(Warschau,) 4. September 1941*

[...] Morgens 3000-m-Lauf – im Lazienki-Park[293] im Springgarten mit Donar geritten. Die SS reitet da die Pferde vom Rennstall. D[onar] nimmt die meisten Hindernisse. – Nachmittags reite ich nochmals mit 3 Offizieren von der Führerreserve aus. Einer erzählt von den Scheußlichkeiten der SS und Polizei in Polen. – Zusammentreffen mit 4 Jungen aus dem Fuldaer Land, ein Sohn von Studiendirektor Schnäder ist dabei. Sie sind als Freiwillige zum NSKK[294] eingezogen und fahren in einem Transportregiment Munition und dergleichen an die Front. Sie sind Jahrgang 1923; wie wohltuend diese jungen Gesichter auf mich wirken. Ich sehe in jedem meinen eigenen Jungen. Über Helm[ut] erfahre ich durch die Feldpostvermittlung, daß er bei Lublin in Luckow war; leider ist der Transport weitergegangen, sonst wäre ich hingefahren. [...]

An die Ehefrau *Warschau, 4. September 1941*

Liebe Annemie –

[...] Helmut! Ich hatte heute gerade ausgemacht, wo er steckte, aber da wurde mir telefonisch mitgeteilt, daß das Marschbataillon von Erfurt nicht mehr da ist. Er war in der Stadt Luckow, südlich Sielce [Siedlce]. Das wäre gar nicht so weit gewesen. Ich wäre heute abend noch hingefahren, um ihn zu sehen. Wie habe ich mich geärgert, daß ich nicht früher Aufschluß hatte. Ich mache mir natürlich auch große Sorge, aber ich habe gute Hoffnung, daß es ihm gut gehen wird. Was wäre das eine Überraschung für den Jungen geworden! Warum mich der dumme Junge nicht mal angerufen hat? Ich hatte in 3 Minuten die Verbindung mit L[uckow]. Umgekehrt wäre es auch gegangen. Aber auf den Dreh ist er nicht gekommen. Anscheinend ist der Transport weiter nach Rußl[and] gefahren. [...] Mir geht es gut. Ich fühle mich gesund und leistungsfähig, aber ich habe oft Schwindel im Kopf. Wenn ich mit der gewohnten raschen Bewegung aus dem Bett fahre, torkele ich. Einmal bin ich fast umgefallen. Aber es ist ganz verschieden. Sowie ich ein wenig verweile, ist es gut. Genau wie mein Vater. Aber der ist ja 81 geworden, also habe ich keine Sorge, daß es was ist. Heute morgen bin ich 3000 m gelaufen, dann 1½ Stunden geritten; das hat mir nichts ausgemacht. Ich nehme es mit den 20 Jahre Jüngeren bald noch auf.

Dir frohe, herzliche Grüße, Dein Wilm.

An Ehefrau und Kinder *Warschau, 10. September 1941*

Meine liebe Annemie – liebe Kinder –

[...] Ich erwarte auch schon so lange von Helmut eine Nachricht. Er schrieb mir zuletzt am 20.8. Wahrscheinlich wird er jetzt einem Fronttruppenteil zugeteilt sein oder noch irgendwo im Operationsgebiet liegen, wo er noch keine Feldpostnummer erhalten hat. Sorge mache ich mir nicht um ihn. Es ist die übliche Erscheinung, daß die Post so langsam geht. Ich habe eine neue Aufgabe erhalten, ich bin an der Frontleitstelle[295] beschäftigt, die die durchkommenden Soldaten zur Front lotst oder umgekehrt in rückwärtiges Gebiet schickt oder in die Heimat beurlaubt. Meist sind es Soldaten, die hier ihre Kraftfahrzeuge in Reparatur geben und mehrere Wochen auf Instandsetzung warten müssen. Die schicke ich dann in Urlaub, damit sie von W[arschau] wegkommen. Natürlich ist die Freude bei ihnen darüber groß. Es herrscht ein solcher Andrang, daß 1 Unteroffizier und noch ein Gefreiter den ganzen Tag zu schreiben haben. Ich muß unentwegt meinen Namen darunter schreiben. – Die Wehrmacht-Kampfspiele[296] sind, wie ich Dir schon schrieb, vorläufig verschoben; ich glaube, sie finden gar nicht statt. Mir liegt nichts daran. [...]

Notiz *(Warschau,) 12. September 1941*

[...] In der Frontleitstelle mehrere Landsleute von Fulda und Umgebung getroffen. [...] Im Springgarten[297] geritten; Donar springt sehr schön. – Auseinandersetzung beim Mittagstisch wegen Erschießung von Juden und Gefangenen.

Notiz *(Warschau,) 14. September 1941*

Vormittags Besichtigung der Unterkünfte in der Frontleitstelle. Gespräch mit den dort untergebrachten Soldaten. In der Kirche um 10 Uhr. Nachmittags mit M. in Bielany bei Luckhaus[298]. Einrichtung des Gymnastikkursus. Abends zu Hause. Vorbereitung auf Eröffnung. Ich fühle mich einsam und unbefriedigt. – Nur in opferwilligem Entsagen und in der Erfüllung der göttlichen Gebote finde ich zu der Haltung zurück, die mir Kraft gibt, dieses Leben zu meistern. [...]

Notiz *(Warschau,) 15. September 1941*[299]

Besprechung beim Kommandanten[300] beziehungsweise Oberstleutnant v[on] Zitzewitz[301] über das Problem der Erfassung und Beschäftigung der Kraftfahrer.

Eine große Überraschung, und keine angenehme, bringt uns dieser Krieg mit Rußland. 2 große Enttäuschungen; die erste ist die gewaltige moralische Widerstandskraft der russ[ischen] Soldaten, die Kampfmoral der Sowjets, und das 2. ist die Unerschütterlichkeit des Bolschewismus. Man hat mit einer Gegenrevolution gerechnet, ohne zu wissen, daß die Träger einer Gegenrevolution nicht existieren. Wir sind durch die Waffenerfolge, die wir gegen kleine Staaten und gegen das kriegsmüde Frankreich errangen, verwöhnt worden. In Rußl[an]d treffen wir auf einen zahlenmäßig überlegenen, gut gerüsteten Feind, dem außerdem der ungeheure Raum zu Hilfe kommt. Wenn im Herbst keine Entscheidung für uns kommt, werden wir im Osten den Kampf verlieren[302].

An Ehefrau und Kinder *Warschau, 17. September 1941*

Meine liebe Annemie, liebe Kinder –

[...] Meine verschiedenen Tätigkeiten nehmen mich ganz in Anspruch. In die Kaserne und in meine Wohnung dort komme ich nur zum Mittagessen und abends. Aber heute habe ich mich am Nachmittag ganz frei gemacht und bin mal wieder ins Bootshaus gegangen. Ich bin auch ein wenig auf dem Wasser gewesen mit dem Paddelboot, aber es ist zu kühl. Deswegen sind auch keine Besucher hier. Es ist ganz einsam. Ich habe bis zur Dunkelheit auf der Veranda gesessen und über den Strom hingeschaut. Langsam verblassen die Lichter auf dem Wasser, der Horizont steht voll schwarzer Wolken; morgen oder diese Nacht wird es wieder regnen. Meine Gedanken gehen nach dem Osten, wo unser lieber Junge ist, und nach dem Westen, wo Ihr lieben fünf Euch sorgt; ich bin dazwischen. Daß ich H[elmut] nicht schreiben kann, drückt mir auf die Seele. Wie nötig hätte er einen Gruß von uns. Aber es wird ihm schon gut gehen. – Der Krieg wird sich noch lange hinziehen. Im Osten wird so schnell keine Entscheidung fallen. Kein Mensch hat mit diesem Widerstand gerechnet. Es ist eine gewaltige Prüfung für unser Volk. Genauso wie es eine große Bewährung für das Christentum ist, das jetzt um seine Geltung und seinen Wert für die Menschheit zu streiten hat. Die Druckschrift, die Du mir sandtest, habe ich mit großer Freude gelesen. Wer gab sie Dir? Fräulein Mans[303]? Es ist eine Besonderheit unserer Zeit, daß die Menschen nicht mehr wissen, was Recht und Unrecht ist. So sind sie verhetzt und ihr Gewissen abgestumpft. Der Massengeist ist beherrschend. Wenige besinnen sich auf sich selbst und handeln nach eigenem Urteil. Bei uns in D[eutschland] wird aber noch viel mehr Kritik geübt. Man macht sich über manche Dinge doch Gedanken, weil unsere Menschen gebildeter sind. In Rußland ist Stalin ein wirklicher Abgott, dem man blindlings vertraut und für den sich die Soldaten auch im aussichtslosen Kampf niederschießen lassen. Man nennt das zwar Verbissenheit, aber es ist eine nicht zu bestreitende Größe und ein einmaliger Erfolg der bolschewistischen Erziehung. Um so größer ist diese Erscheinung, weil man weiß, wie schlecht es der Bevölkerung dort geht. Sie haben allerdings überhaupt keinen Begriff von Wohlstand und persönlicher Freiheit. Die Sowjetpropaganda konnte bei dem primitiven Volk nie so wirksam sein, als der Russe sehr religiös veranlagt ist und sein ganzer innerer Mensch einem Idol dienstbar wurde, das er nun mit Fanatismus verteidigt. Am Ende wird doch der stärkere Mensch über die Masse siegen. Das ist meine Hoffnung.

Laßt es Euch herzlich gut gehen. In Liebe, Dein Wilm.

Notiz *(Warschau,) 18./19. September 1941*

Früh Lauf, dann mit Donar im Sprunggarten geritten, alle Hindernisse gesprungen. Das macht eine riesige Freude. Nachmittags in der YMCA[304] geschwommen, dann nochmals geritten mit Hauptmann Gollier. Auf der Reitbahn finden Übungen zu einem Turnier statt, an dem sich auch Damen beteiligen. – Wenn ich auch nichts für meine Lieben daheim tun kann, ich will mich für sie gesund und leistungsfähig erhalten. Das ist auch ein Hauptantrieb, mich sportlich zu betätigen.

Hirtenbrief des Bischofs von Münster, Clem[ens] Aug[ust] v[on] Galen:

»Nehmt Euch zum Beispiel und Vorbild jenen preußischen Justizminister, dem einst Friedrich der Große das Ansinnen stellte, ein gesetzmäßig gefälltes Urteil nach dem Wunsche des Monarchen umzustoßen. Da hat dieser echte Edelmann geantwortet: ›Mein Kopf steht Euer Majestät zur Verfügung, mein Gewissen nicht[305].‹«

An Ehefrau und Kinder *Warschau, 18. September 1941*

Meine Lieben daheim –

[...] Ja, ich habe auch an den 14. August gedacht, als wir unsern Jungen nach dem Osten fahren sahen. Jetzt hat er schon 1 Monat von den 6 herum[306]. Die andern werden auch herum gehen. Inzwischen kriegt er doch etwas zu sehen vom Krieg, wie er sich das wünschte. Ihm steht das immer vor Augen, daß ich als 19Jähriger auch draußen war. Wenn er daheim sein sollte, das käme ihm doch läppisch vor. Ich kann ihm das gut nachfühlen. An der Urlaubsstelle[307] komme ich jeden Tag mit Frontsoldaten zusammen, die mir erzählen. Es sind unheimliche Entfernungen von der Front bis W[arschau], und die Anforderungen an die kämpfende Truppe sind außerordentlich, aber die Jungens haben alle guten Mut. In den nächsten Tagen will ich in die Lazarette gehen und mit den Verwundeten sprechen. Liebe Annemie, Du mußt Dir nicht so große Sorgen machen. Mir geht es aber nicht anders. Nachts ist man ein anderer Mensch, und wenn man im Bett liegt, überfallen einen die schlimmsten Gedanken. Es ist gut, daß sie mit der Tagesarbeit zerstieben. Schrieb ich Dir schon, daß ich vor einiger Zeit den Dichter Edwin Dwinger[308] kennenlernte? Es war in einem kleinen Kreis; ich hatte Gelegenheit, mich mit ihm eingehend zu unterhalten. Ich muß sagen, daß er mich etwas enttäuschte, aber er ist doch kein alltäglicher Mensch. Hast Du eigentlich eins von seinen Büchern gelesen? »Armee hinter Stacheldraht«, »Zwischen Rot und Weiß« [»Zwischen Weiß und Rot«]. Wie war ich seinerzeit begeistert von diesen Büchern; aber daß das alles noch einmal Wirklichkeit werden sollte und wir sogar unsern Sohn in den Krieg mit den Roten schicken würden, wer hätte das gedacht; und doch hat sich Deine Ahnung erfüllt. Jetzt muß ich kein Kriegsbuch mehr in die Hand nehmen. – Ich denke so oft, wenn Du doch einmal bei mir wärst hier in W[arschau]. Ich sause viel in der Stadt herum, jetzt wieder mit dem Fahrrad. Es gibt nicht viele Offiziere, die mit dem Rad fahren; das finden sie nicht vornehm. Ich tue das recht gern, und dann kommt mir das so läppisch vor, immer mit dem Auto zu fahren. Jetzt reite ich auch wieder fast jeden Tag, und wenn die Zeit reicht, gehe ich ins

Hallenschwimmbad. Wenn ich so wenig für Euch tun kann – einen gesunden, abgehärteten Körper will ich Dir und den Kindern zurückbringen. Das ist mit ein Grund, warum ich Sport treibe. Ich will mich körperlich nicht unterkriegen lassen; es gibt einem auch innere Haltung. [...]

An die Ehefrau *Warschau, 20. September 1941*

Meine Annemie –

[...] Glaubst Du mir, bei aller Sehnsucht nach Euch, nach allem Glück, bei Dir sein zu dürfen und die Kinder um mich zu haben, ich wollte dies nicht. Ich könnte daheim ganz anders für Euch sorgen, Euch und Dich behüten und aus der Heimperspektive das große Geschehen ablaufen sehen; ich ertrüge dies nicht. Ich habe keinen Haß weder gegen die Polen noch gegen die Russen. Wie rasch fällt das alles ab, wenn man dem Menschen gegenübersteht. Da sind gefangene Russen, die eine Transportkolonne mitgebracht hat. Die Soldaten behandeln sie wie ihre Arbeitskameraden. Wenn sie nicht durch ihre Uniform auffielen, es wäre kein Unterschied. Ich lasse mich auch nicht versetzen, aber ich muß meinen Mann stehn für mein Volk hier draußen. Wie wünschte ich, bei meinem Jungen zu sein und die großen Entbehrungen mit ihm zu teilen! Ich lerne so viele Menschen kennen, neben unbedeutenden feine, edle Männer. Ich habe keine Kameradschaft, aber ich bin ihnen verbunden und freue mich, daß sie auch mich schätzen. Es ist keine Phrase, wenn ich sage, ich gehöre zu den Soldaten, ich muß Soldat sein. [...]

Notiz *(Warschau,) 24. September 1941*

Großartige Erfolge in der Schlacht östlich Kiew[309]. Über 600 000 Gefangene. Vielleicht schaffen wir [es] doch noch vor Einbruch des Winters, daß der Krieg mit Rußl[and] abgeschlossen wird. Ich glaube es aber nicht. Moskau werden wir nicht erobern.

Notiz *(Warschau,) 26. September 1941*

Die Woche ist nur so herumgeflogen. Ich habe keine Eintragungen gemacht, obwohl mich allerlei beschäftigte. Heute früh beim Chef des Stabes[310] wegen Einrichtung des Sportheims. Er hat meinen Vorschlag genehmigt. [...]

Notiz *(Warschau,) 27. September 1941*

Vormittags mit Auto unterwegs. 1 kg Tee verkauft. Äpfel und Pfirsiche gekauft. An der Ghettomauer sind Wasserdurchlässe, dadurch schmuggeln jüdische Kinder, die sich außerhalb aufhalten, Kartoffeln. Ich sah, wie ein poln[ischer] Polizist[311] einen Jungen schlug, der das versuchte. Als ich unter dem Mantel des Kindes die abgemagerten Beine erblickte und das angsterfüllte Gesicht, erfaßte mich ein großes Mitleid. Am liebsten hätte ich mein Obst dem Jungen geschenkt.

Notiz *(Warschau,) 28. September 1941*

[...] Kirchenbesuch. Kommunion. Nachmittags im Belvederepark[312] bei Reitturnier, nachher Besuch des Heldenfriedhofs bei Fort Bema[313]. – Eine junge Frau, Polin, sitzt mit der alten Schwiegermutter und zwei süßen Mädelchen am Grabe ihres gefallenen Mannes, die Kinder spielen am Grab ihres Vaters. Auf dem deutschen Heldenfriedhof eine d[eutsche] Mutter, hockt am Grabe ihres gefallenen Sohnes, der alte Vater daneben. Das Grab ist voller Blumen und brennender Lichter. Viele Stunden sitzen die beiden da. Für sie gibt es keinen Ort, wo sie lieber sein möchten. [...]

An Ehefrau und Kinder *Warschau, 28. September 1941*

Meine Lieben –

[...] Aus seinem [Helmuts] Brief an Detl[ev] ersah ich, daß er mit demselben Gefühl, mit dem auch ich die gefangenen Russen betrachte, behaftet ist. Er spürt auch, wie er sich im Gegensatz befindet zu den eignen Kameraden. Er ist ein guter Junge. Vor einigen Tagen kaufte ich mir Obst in der Nähe der Markthalle. Daran grenzt das Ghetto[314]. In der hohen Mauer sind unten kleine Wasserdurchlässe. Ein armseliger Junge, wahrscheinlich ein Judenjunge, der sich aus dem Ghetto herausgestohlen hatte, versuchte Kartoffeln durch dieses Loch hindurchzuschmuggeln. Ich sah auch die abgemergelten Hände jenseits des Loches. Mit langen Sätzen kam ein polnischer

Polizist herbeigerannt, warf den Jungen zu Boden und verprügelte ihn. Ich sah unter dem schlotternden langen Mantel des Jungen die dürren nackten Beine und das angstvolle Gesicht des Kindes. Mich ergriff der Gedanke, wenn das mein Detlev wäre, er könnte es gerade so gut sein. Am liebsten wäre ich ausgestiegen und hätte die Äpfel dem Jungen verschenkt. Ich habe mich geschämt, daß ich zu denen gehöre, die Schuld an solchem Unglück sind oder es dulden, ohne zu helfen.

Wie schön Du erzählst von den zweien, die im Schneewittchenfilm waren. Ja, das hätte ich auch gerne mit ihnen erlebt. Ich bin seit Berlin nicht mehr im Film gewesen. Zum Lesen komme ich auch nicht; ich mag auch nichts lesen. Es geht mir wie Dir. Das Leben ist viel wichtiger. Nächste Woche hoffe ich zu kommen. Ich habe noch wichtige Arbeiten vor, die ich diese Woche zu erledigen hoffe. – Ja, die Erfolge in Rußl[an]d sind großartig, aber ob es noch vor dem Winter dort zu Ende sein wird, bezweifele ich. [...]

Notiz *(Warschau,) 29. September 1941*[315]

Im Belvedere-Park[316] ist großes Reitturnier, veranstaltet vom Gouverneur[317] vom Distrikt Warschau; beteiligt ist der zivile Reiterverein, die SS und Polizei; für W[ehrmacht] ist die Teilnahme verboten. Folgerichtig hätte man auch den Besuch verbieten müssen. Das wäre wenigstens eine klare Scheidung gewesen, denn in der Zeit, in der die Soldaten in Dreck und Blut liegen und nur als Verwundete hierherkommen, muß es seltsam wirken, daß die Etappenleute und die Zivilisten solche Feste aufziehn. Wie aufreizend muß das alles erst auf die poln[ische] Bevölkerung wirken, wenn ihre Einrichtungen, zum Beispiel hier die Belvedere-Anlagen und der Turnierplatz, von den Deutschen beschlagnahmt werden und sie ausgeschlossen sind. Gewiß, sie werden gar nicht gefragt, sie sind ohnedies rechtlos, aber dieser Zustand der Rechtlosigkeit auch in diesen Dingen muß sie mit dem stärksten Mißtrauen erfüllen. An eine gedeihliche Zusammenarbeit ist nie zu denken. Wie lächerlich sind die großen Worte von der Neuordnung Europas und der Befriedung, wenn alle Maßnahmen nur den Geist des Unrechts und der Unterdrückung zeigen. Die Deutschen wollen auch unter sich sein. Ich habe das Gefühl, daß die Zivilisten unter Minderwertigkeitsgefühlen leiden und schon deswegen nicht die Polen haben wollen, besonders die Damen. Sie können neben den Warschauerinnen nicht bestehen. Aber wenn auch die Deutschen hier unter sich sind, von einer geschlossenen Gemeinschaft ist nichts zu spüren, und das sollte doch wohl der Hauptzweck einer solchen Sache sein. Es ist genauso wie bei den anrüchigen sogenannten Plutokraten[318]. Die sich als hohe Herrschaften fühlenden Beamten mit ihren Frauen sitzen in den Logen, die Soldaten und die Volksdeutschen nehmen die niederen Ränge ein. Der reiterliche Wettkampf wird von der SS unter sich ausgetragen. Hier stehn die Rennpferde aus dem Reitstall zur Verfügung. Ein SS-Scharführer[319] holt sich 6 Preise, weil es an Konkurrenz fehlt. Dafür werden nun Tausende Mark ausgegeben. Als Abschluß folgt ein wüstes Saufgelage, bei dessen Beginn der Gouverneur schon sinnlos betrunken ist.

Notiz *(Warschau,) 30. September 1941*

Einrichtung des Sportheimes.

Den ganzen Tag viel Lauferei und, wenn ich wollte, Ärger. Wütend allerdings bin ich über die sogenannten Blitzmädel[320] in der H[eeres]-Vermittlung. Wenn ich sie vor mir hätte, würde ich sie um die Ohren schlagen. So etwas von Unzuverlässigkeit! Unter den Soldaten, die von der Front kommen, stelle ich Dickfülligkeit, Ungehorsam, Gleichgültigkeit fest. Es sind jüngere Jahrgänge, die älteren sind besser.

An die Ehefrau *Warschau, 30. September 1941*

Meine Annemie –

damit Du nicht den ganzen Brief zu überfliegen brauchst, schreibe ich Dir gleich zu Anfang, daß ich damit rechne, in der nächsten Woche heimzufahren. [...]

Ich richte ein Sportheim für Soldaten ein, eigentlich mehr eine Unterkunft für die Kraftfahrer, die von der Front kommen. Ihre Betreuung ist ein Problem. Ich machte dem Kommandanten[321] den Vorschlag, und er war hocherfreut über diesen Plan. Die Leute kommen mit beschädigten Wagen von der Front und müssen wochenlang auf die Reparatur warten; in der Zwischenzeit verlockt sie die Großstadt zu allerlei Torheiten, die meist beim Kriegsgericht enden. Ich will sie nun in einem Heim zusammenfassen und sie, wie man sagt, »betreuen«. Vorher will ich aber noch in Urlaub fahren. Lieber, guter Schatz, bleib gesund und gottbefohlen mit den lieben Kindern, Dein Wilm.

Notiz *(Thalau,) 5. Oktober 1941*

[...] A[nnemie] holt mich in F[ulda] ab. Der Zug lief mit halbstündiger Verspätung ein. Wie schön ist das Wiedersehen und die erste Nacht. A[nnemie] sieht gut aus, sie hat sich ein blaues Kostüm machen lassen aus dem poln[ischen] Stoff, den ich 1939 in Pabi[anice] kaufte.

An den Sohn *Thalau, 7. Oktober 1941*

Mein lieber Helmut –

[...] Nun bin ich seit Sonntag, also schon 2½ Tage zu Haus. Moni kam gestern an. Es geht allen gut. Den ganzen Tag bin ich im Garten beschäftigt. Die Äpfel habe ich schon im Keller, die Birnen auch. Das schöne Wetter muß ausgenutzt werden. Es gibt sehr viel zu tun. [...] Der Tag ist viel zu kurz, das Wetter scheint sich zu ändern. Ihr habt in Rußland hoffentlich auch besseres Wetter in der letzten Zeit gehabt. Nun bist Du endlich bei der Truppe gelandet. Seid Ihr schon im Einsatz gewesen? Der Wehrmacht-Bericht bringt heute abend wieder schöne Erfolge. Die Zange um Moskau wird jetzt angesetzt[322]. Hoffentlich vollzieht sich auch diese Operation so, daß wir dem Ende bald nahe kommen. – Deine Berichte, die uns erreichten, [...] schildern zwar nichts von den Strapazen, die Ihr mitzumachen habt, aber ich kann mir ein Bild machen. Allmählich gewöhnt man sich an die Anstrengungen und an die Kost. Du schreibst so sehr vorsichtig; Du kannst doch ruhig mehr auf die Verhältnisse eingehen. [...] Bist Du als MG.[Maschinengewehr]-Schütze eingeteilt bei der motorisierten Abteilung? Wie gespannt sind wir auf Deine nächsten Briefe. Hast Du Landsleute bei Dir, und bist Du in einem hessischen Regiment? – Unsere

Wehrmacht-Kampfspiele in W[arschau] sind nicht gestartet; der O.B. [Oberbefehlshaber] vom Generalgouvernement[323] wollte erst die Entwicklung der Kämpfe im Osten abwarten, aber inzwischen ist es zu kalt geworden, sodaß wir sie ganz abgeblasen haben. Ich bin noch bis zum 21.10. zu Haus und fahre dann wieder nach W[arschau]. [...] Ich hoffe, Dich auch noch mal in W[arschau] zu treffen. Sei herzlich von uns allen gegrüßt, Gott behüte Dich, Dein Vater.

Notiz *(Thalau,) 14. Oktober 1941*

Den ganzen Tag Holz kleingemacht, die beiden kleinen Mädchen sind immer bei mir.

Moni schreibt einen Brief an das Polenmädchen Vikta, mit der sie im Arbeitsdienst auf dem Bauernhof zusammen gearbeitet hat. Es ist ihr ein Bedürfnis, das arme, verlassene Mädchen, an dessen Schicksal sie so eine starke Anteilnahme hatte, zu trösten oder ihr irgendetwas Liebes zu tun. Auch den kriegsgefangenen Franzosen ließ sie herzlich grüßen. Aber die Mutter riet ihr, den Brief nicht abzusenden, weil es verboten ist, mit Polen zu sympathisieren. Das darf eine D.A. Maid [Deutsche Arbeitsmaid][324] nicht; von ihr wird Würde und Stolz und Verachtung erwartet gegen ehemalige Feinde. – Die edelsten Triebe der Nächstenliebe und der Menschlichkeit werden unserer Jugend ausgetrieben. – Auf welch primitive Stufe menschlicher Gesittung wir herabgesunken sind, zeigt ein Beispiel, das ich zu Hause hörte, wo ein Hilfspolizist ein Polenmädchen wegen eines geringen Vergehens – es hatte nicht das »P« an der Bluse[325] – blutig schlug und in den Mist des Stalles warf und mißhandelte. Der Bauer mit seiner Frau lassen das geschehen, trotzdem das Mädchen ihnen eine unentbehrliche Arbeitskraft ist und 2 Jahre äußerst tüchtig arbeitet. Das ist ein Beispiel von zahllosen andern, von der Behandlung der Polen hierzulande ganz zu schweigen.

An den Sohn *Thalau, 18. Oktober 1941*

Lieber Helmut –

nun haben wir gestern Deine neue, wahrscheinlich endgültige Feldanschrift erhalten. [...] Die Soldaten und die Angehörigen beschweren sich, daß die Post sie nicht erreicht. Aber wie soll das anders sein, bei diesen Entfernungen und bei den Nachschubschwierigkeiten. Man muß schon genug darüber staunen, daß die deutschen Armeen vorankommen und die Russen schlagen. Du wirst nun auch drin stecken. Gott behüte Dich, mein lieber Junge. Mutter macht sich so große Sorgen um Dich; wir sprechen viel von Dir. Gestern abend waren wir bei Feuersteins[326]. [...] Da ließ es sich auf dem gemütlichen Sofa im warmen Zimmer gemächlich von dem großen Kampf in Rußland reden. Mir fielen die Verse ein aus dem »Faust«, als sich die Bürger bei dem Osterspaziergang unterhalten:

»Nichts Beßres weiß ich mir an Sonn- und Feiertagen,
Als ein Gespräch von Krieg und Kriegsgeschrei,
Wenn hinten weit in der Türkei,
Die Völker aufeinanderschlagen.
Man steht am Fenster, trinkt ein Gläschen aus
Und sieht den Fluß hinab die bunten Schiffe gleiten[327].«

So ist das auf der Welt. Die Bauern hier spüren nichts vom Krieg, soweit sie gerade niemand draußen haben. [...]

An Ehefrau und Kinder *Warschau, 23. Oktober 1941*

Liebe Annemie, liebe Kinder –
den Brief von unterwegs werdet Ihr schon bekommen haben, gestern abend solltet Ihr den ersten von hier bekommen, aber ich kam nicht mehr dazu, Euch zu schreiben. Der Zug lief pünktlich hier ein. Die Fahrt war nicht anstrengend, da ich einen Sitzplatz hatte. In Berlin habe ich mich mit dem Gepäck gebuckelt, aber das war auch nicht schlimm. Mein Bursche ist unterdes in Urlaub gefahren, sodaß ich nicht abgeholt wurde. Auf der Straßenbahn gab es einen kleinen Unfall. Wegen der Verdunkelung sah der Wagenführer einen auf den Schienen fahrenden Wagen nicht. Die Straßenbahn fuhr auf den Wagen auf und schob ihn ein Stück vor sich her. Zum Glück zogen die Pferde tüchtig an. Der Wagen war mit Kartoffeln beladen, die rollten auf die Straße; im Nu waren die Leute da und sammelten sie auf; die Fuhrleute tobten und schlugen mit der Peitsche dazwischen, aber sie ließen sich ruhig verdreschen und steckten sich dabei die Taschen voll.

Nach einigem Aufenthalt ging's weiter. Die Offiziere waren gerade im Kasino; ich bezahlte eine Urlaubsrunde Schnaps und empfahl mich bald. – Heute früh meldete ich mich beim General[328]. Von dem Zuspätkommen war keine Rede; ich hatte aber doch Herzklopfen, ich glaube, so geht es Detlev, wenn er keine Entschuldigung hat. Er erkundigte sich umgehend nach meinen Plänen[329] und war damit einverstanden. Ob es sich alles so durchführen läßt, wie ich mir das denke, weiß ich noch nicht. Jedenfalls ist es mir nicht so ganz geheuer damit. Ich traue es mir schon zu, aber ich bin ganz auf mich gestellt und habe vorläufig niemand, der mich unterstützt. Die Herrn wollen Vorschläge gemacht haben, die hieb- und stichfest sind.

Von Helmut fand ich nur eine Karte vor, auf der er mir die neue Feldpostnummer mitteilt. Immer steht mir der Junge vor Augen. Er ist jetzt sicher bei den Kämpfen um Moskau dabei. Soldaten, die von vorne kommen, berichten, daß es dort schon tüchtig geschneit hat. Es soll gut vorwärts gehen[330]. [...]

An den Sohn *Warschau, 25. Oktober 1941*

Mein lieber, lieber Junge –

als ich vom Urlaub hierherkam, lag nur Deine Karte vom 30.9. mit der neuen Anschrift da, und ich hatte auf viel mehr Nachricht von Dir gehofft. Du bist also bei den 15nern[331] endlich gelandet. Inzwischen wirst Du in die Schlamassel hineingekommen sein. Was wir alle eine Sorge um Dich haben! Ich sprach gestern im Laza[rett mi]t[332] frisch von der Front eingetroffenen Verwun[deten. Nac]h ihren Berichten gi[bt es] auf unserer Seite [starke Ve]rluste. Mag sein, da[ß sie] unter dem Ei[ndruck des Erl]ebten übertreiben[, aber] man kann [es sich] denken. Wenn die Russen s[ich n]icht so toll zur Weh[r setz]ten, wären wir sicher s[chon] am Ende. Ich verm[ute] Dich in der Gegend von [O]rel-Brjansk[333]. Zu welcher [Einheit] gehörst Du? Bist Du als Kradschütze[334] eingeteilt oder als SMG-Schütze[335]? Die motorisierten Fahrzeuge werden wohl bei dem Gelände ganz ausfallen. [...]

Weißt Du, mein lieber Helmut – es geht mir so wie der Mutter. Sie saß vor dem Papier und wußte Dir nichts zu schreiben. Die Angst und Sorge um Dich kann sie Dir ja nicht in jedem Wort wiederholen, was man wohl möchte, und wie lieb wir Dich haben, auch nicht; dazu kommen [un]sere eigenen Erlebnisse uns an Deinem Erleben gemessen so [nebe]nsächlich und kleinlich [vor], daß man sich fast schämt, [es] zu sagen, eben weil es [einem] so gut geht. Ich lege Dir [ein Bild]chen von der sü[ßen] Uta hinzu. Ich habe das so [besonde]rs gern. Der ganze [Sche]lm des kleinen Mädels spri[cht da]raus. Ich habe mich g[ut] mit ihr verstanden. E[in]mal hat sie doch Kloppe von mir gekriegt. Sie ist nicht nachtragend, aber als Mutter sie fragte, ob sie sich freut, wenn der Vater fortgeht, nickte sie leise mit dem Kopf. Das hat mir doch ein bißchen weh getan, aber ich kann es verstehen. Ich war mit den lieben Kindern diesmal so richtig glücklich. Alle sind sie mit ihrem Vater und der Mutter eins in der Liebe und Sorge um unsern lieben, großen Jungen.

Gott behüte Dich! Lebe wohl und sei herzlich gegrüßt von Deinem Vater.

An Ehefrau und Kinder *Warschau, 26. Oktober 1941*

Meine Lieben –
es ist Sonntag morgen. [...] Ich bin jetzt umgezogen in das Sportheim[336]. Im II. Stock habe ich ein nettes Zimmer, ausgestattet mit einfachen Möbeln, aber ich fühle mich sehr wohl darin. Nur ist es nicht besonders warm, da die Dampfheizung sehr sparsam betrieben werden muß. Draußen regnet und stürmt es. Regen und Schnee. Dem lieben Helmut schrieb ich einen langen Brief. Vielleicht gelingt es mir festzustellen, wo er steckt. Ich vermute, in der Gegend von Orel[337].

Liebe Annemie, es geht mir so wie Dir. Ich sitze vor dem Papier und weiß dem Jungen nichts zu schreiben. Was man ihm mit jedem Wort sagen möchte, daß wir in Angst und Sorge und großer Liebe an ihn denken jede Stunde, kann man ihm doch nicht nur schreiben; dazu scheinen mir die eigenen Erlebnisse so belanglos, gemessen an dem schweren Schicksal, dem er ausgeliefert ist. Ich schäme mich fast, daß es mir so gut geht, daß ich zu essen habe, daß ich ruhig und warm schlafen darf. Wie gerne wollte ich alles mit ihm teilen. Auf meinem

Schreibtisch steht sein liebes Bild. Ich habe mir hier ein Rähmchen gekauft. Ihr braucht mir keins zu schicken. Wie geht es Uta? Ist das Füßchen wieder gut? Und die andern drei? Habt Ihr über Moni etwas Neues gehört? Für Detlev lege ich eine Karte von Rußland bei. – Wie schön waren doch die kurzen Tage des Urlaubs. Ein bißchen weh getan hat es mir doch, daß Uta damit einverstanden war, daß ich wieder fortging. So ganz hat sie die Kloppe doch nicht vergessen. Ich bin für sie doch ein wenig fremd, so richtig zur Familie zählt sie mich nicht. Aber ich kann es gut verstehen. Jedenfalls sind ihre Gefühle echt, und sie findet es nicht für nötig, sie zu verbergen. [...]

Notiz *(Warschau,) 27. Oktober 1941*

[...] Meldung bei Major Gramke[338]. Er war sehr dienstlich zu mir, weil ich mich noch nicht bei ihm gemeldet hatte. Ich hatte dazu keinen Befehl. Kameradschaftlich erklärte er mir, daß ich es ihm gegenüber an der nötigen militärischen Haltung fehlen ließe. Ich hätte mich bei einem Gespräch mit ihm auf den Schreibtisch gesetzt. Ich entschuldigte mich, und die Sache war erledigt. Gramke ist ein von der Pike auf gedienter Soldat. Er sagt selbst, daß er keine gute Kinderstube gehabt habe, ist stolz auf das Erreichte, leidet aber unter Minderwertigkeitskomplexen, wie das leicht der Fall ist bei Menschen, die von einer höheren Gesellschaftsschicht nicht ernstgenommen werden. [...]

Notiz *(Warschau,) 29. Oktober 1941*

Mittags 3 Uhr Sportführerbesprechung.

Die Besprechung war gut besucht. Ich hatte mir kein genaues Programm überlegt und war stockend in den Ausführungen. Frei reden kann ich nun einmal nicht. Deswegen hatte ich hinterher ein mieses Gefühl, daß ich mich blamiert hätte.

An die Ehefrau *Warschau, 29. Oktober 1941*

Meine liebe Annemie –

[...] Ich arbeite jetzt an der Kommandantur, bin zu einem Major kommandiert beziehungsweise als Adjutant beigegeben[339]. Die Sportsache muß ich so nebenbei erledigen. Die Tätigkeit ist dort ganz interessant; ich muß mich allerdings erst einarbeiten. [...]

Notiz *(Warschau,) 5. November 1941*

Großes Fußballspiel: Schalke 04 gegen Warschauer Städtemannschaft. 30 000 Zuschauer werden dagewesen sein, fast alles Soldaten. Ergebnis 8:1 für Sch[alke]. Es ist ganz gut, daß den hiesigen Sportkönnern eine Lektion erteilt wurde. Ich kann mich für den Fußball nicht so schrecklich interessieren.

An Ehefrau und Kind *Warschau, 6. November 1941*

Meine Annemie – liebe Moni –

[...] Der Brief sollte heute früh fertig werden, nun ist es Abend geworden. Ich bin so unzufrieden mit mir. Die neue Sache scheint mir doch recht problematisch. Manchmal bangt mir davor, ob ich das alles machen kann. Ich habe so wenig Hilfe und die ganze Verantwortung. Jetzt sitze ich jeden Tag nach dem Dienst und in der Dienstzeit und arbeite Vorträge aus. Nun ist auch noch meine Hauptstütze, ein Sportlehrer, der die Gymnastikstunden der Männer leitete, von hier weggekommen, und ich muß am Ende die Sache selbst machen. Nächste Woche Montag fängt der 1. Lehrgang an. [...] Ob Mo[ni] zu den Freien Schwestern[340] gehen soll, möchte ich nicht ohne weiteres entscheiden. Soviel ich sehe, ist es eine rein nationalsozialistische Einrichtung, und da werden dieselben Grundsätze betreffend Rechte der freien Persönlichkeit ebensowenig gelten wie bei einer andern Gliederung. Warum soll sie nicht D.R.K.[Deutsches Rotes Kreuz]-Schwester werden? [...]

Notiz *(Warschau,) 7. November 1941*

[...] Ich bin an der Kommandantur beim Standortoffizier. Da treffen jeden Tag viele Soldaten von der Front ein. Ich unterhielt mich mit einem Obergefreiten, der um Urlaub für 3 Tage bat. Er ist Hoboist [sic!] und gehört zu einer Kapelle, die Konzertreisen nach Italien unternimmt, an der er öfters beteiligt war und [wozu er] auch jetzt wieder angefordert wurde. Er kommt von Orel. Die Partisanengefahr wäre sehr stark in

Rußland. Tägliche Kämpfe und Sabotageakte kämen vor. Die schrecklichen Erschießungen der Juden erfüllten ihn mit Abscheu. In Gomel hätte man 5000 erschossen, auch Frauen und Kinder[341]. »Das hat nichts mehr mit Krieg zu tun«, sagt er. Auf mich macht das einen lähmenden Eindruck. Wird sich das nicht einmal an uns und an unsern Kindern rächen? [...]

An die Ehefrau *Warschau, 11. November 1941*

Meine Annemie –

im gestrigen Brief wirst Du vergeblich nach Helmuts Briefblättern gesucht haben. Ich wollte sie noch einmal in aller Ruhe durchlesen und den Brief an Dich doch abschicken. Mich rühren diese fleckigen, abgerissenen Blätter. Unter welchen Umständen sind sie geschrieben? Der Brief ist erst am 21. [Oktober] abgestempelt. Wahrscheinlich hat es so lang gedauert, bis er von der Truppe ans Feldpostamt kam. Er hat nun schon allerlei mitgemacht. Ich bin trotz allem sehr stolz auf ihn. Er schreibt, die Kameraden sprächen vom Kriegsende und von der Heimfahrt. Diese Einfalt ist rührend. Daran ist nicht zu denken. Hast Du die Rede des Führers vom 9. November[342], die er vor der alten Garde hielt, gelesen? Sie wurde im Funk nicht übertragen. Die Zeitungen brachten sie auch nicht allgemein. Daraus spricht ja eine starke Zuversicht. Aber die kitzeligen Punkte hat er nicht berührt, zum Beispiel [die] Blockade Englands[343], die immer stärker werdenden Luftangriffe[344], das Festsitzen in Afrika[345], Änderung der Lage durch den Eintritt [der] USA in den Krieg[346], Japans vorsichtige Haltung[347], dagegen streift er in etwa die inneren Strömungen[348]. Im Westen Deutschlands ist man doch sehr empört über manche Dinge, die man sich der katholischen Kirche gegenüber leistet. Ein Urlauber erzählte, der Bischof von Münster[349] sei von der GeSta-Po [Geheimen Staatspolizei] verhaftet worden, zahlreiche Klöster geschlossen und das Eigentum eingezogen. Das ist doch nicht zu glauben, mitten im Krieg macht man doch solche Sachen nicht. Wenn man das auch gerne täte, [für] so dumm halte ich die G.Sta.Po. nicht. »Und dann hilft auch die Tarnung mit der Religion nicht? Dann kommt der Augenblick, wo ich blitzartig zuschlage[350].« (Tosender, minutenlanger Beifall): Wer ist da anders gemeint? »Das ganze Volk ist in der Bewegung organisiert, die bis in jedes Haus hineinreicht.« Wenn das mal keine ernste Täuschung ist; so sehr verankert ist diese Bewegung nicht überall. Ich glaube nicht, daß sie den Krieg entscheidet, sondern ganz allein die Wehrmacht. Und warum soll *sie*[351] nach den vielen starken Beweisen nicht auch den Schlußstein zu setzen vermögen? Es geht zwar gegenwärtig nicht voran, aber das ist ja auch nicht denkbar. Die Schwierigkeiten sind zu groß, darunter leiden die Bolschewiken aber auch[352].

Was wird uns Helmut alles erzählen können! [...]

Notiz *(Warschau,) 13. November 1941*

Vormittags hat sich der General[353] die Ymca[354] angesehen und den Sportlehrgang bei der Arbeit. Er hat sich nicht darüber geäußert; die ganze Sache ist ihm so fernliegend. Er ist ein alter Mann; er läßt mich aber gewähren und unterstützt mich. Das ist sehr viel. Mit dem SS-Mann, der als Ymca-Verwalter eingesetzt ist, hatte ich einen Auftritt, aber ich setzte doch meinen Willen durch. Das ganze Aufgabengebiet, das ich mit dem Sportamt übernommen habe, ist viel umfangreicher, als es mir schien[355]. Bei weiterer Vertiefung nimmt es festere Formen an und gewinnt weiterhin an Umfang.

An Ehefrau und Kinder *Warschau, 14. November 1941*

Liebe Annemie, liebe Kinder –

[...] Ich war dieser Tage bei v[on] Schoenes[356]. Die Frau nimmt sehr teil an dem Schicksal unseres Jungen. Ich mußte ihnen von H[elmuts] Briefen erzählen. Eben, während ich schreibe, läutet das Telefon, und Herr v[on] Schoene ruft an und fragt, ob H[elmut] geschrieben habe. Martin[357] war übrigens auch einmal mit dort zum Abendbrot. Das war für den Jungen ein Ereignis. Er hat gegessen wie ein Landgendarm. Aber es war ihm gegönnt. Na also – die Frau stand plötzlich auf und sagt, »ich habe etwas für Ihren Sohn, das sollen Sie ihm [...][358] schicken«. In einem Tüchlein hat sie Erde beziehungsweise kleine Steine von dem Grabe Jesu. Sie teilt diese Steine und übergibt sie mir, ein kleines Spitzentüchlein dazu. Ich mußte es nehmen. Ich habe mich so gefreut. Die Anteilnahme ist so herzlich und aufrichtig. So habe ich denn heute das Päckchen abgesandt. Hier ist es sehr kalt geworden. Ein eisiger Ostwind kommt über die Weichsel. Wie mögen die guten Jungs in dieser Kälte ausharren! [...] Ich sitze jetzt auch viel zu Hause und schreibe und bereite mich vor. Wie in der Schule. Die erste Woche meines Sportlehrgangs ist morgen zu Ende. Über Erwarten ist alles recht gut gegangen. Ich habe einen ausgezeichneten Sportlehrer (nach vieler Mühe) für den Lehrgang freibekommen. Wenn es möglich wäre, ihn ganz zu übernehmen, dann wäre ich einer großen Sorge enthoben. Der General[359] war gestern da und hat sich den Betrieb angesehen. Allmählich stellt er sich ein und zeigt Interesse. Er hat mir volle Unterstützung zugesagt. Dadurch habe ich einen guten Hinterhalt. Neben der sportlichen Seite lasse ich Vorträge laufen aus den verschiedensten Wissensgebieten. Heute abend sprach ein Professor aus Tübingen[360] über das neue Volksgesetzbuch[361]. Ich hatte Sorge, daß er zu akademisch reden würde, aber er machte es recht gut. Dann habe ich zwei Ärzte, die über sportärztliche Themen referieren. Ich bin ganz selbständig und kann nach eigenen Plänen arbeiten. Das macht mir richtig Spaß. Der erste Kurs ist zwar noch nicht so stark besucht (30 Mann,) aber ich plane am nächsten Samstag eine Werbeveranstaltung als Abschluß des 1. Kurses; da hoffe ich, daß es bald Zulauf gibt. – Es ist die erste Sportschule im Generalgouvernement. Die Krakauer Zeitung will Berichte haben. Wie ich mir die Sache denke, kann die Schule großzügig ausgestattet werden. Ach, hätte ich Euch bei mir! Dann wäre mein Glück vollkommen. Nein, noch lange nicht; Helmut fehlte. – Gestern waren am hellen Tage russ[ische] Flieger hier und haben Bomben geworfen, viel Schaden gemacht und eine Menge Menschen getötet.

Ihr seid mir so wert und teuer; ich habe Euch über alles lieb, Dein Wilm, Euer Vater.

An die Ehefrau *Warschau, 16. November 1941*

Liebe Annemie –

[...] Es gibt keinen andern Gedanken als Helmut. Es geht mir so wie Dir. Ich steh' zwischen den Soldaten, und wir sprechen vom Krieg. Für mich ist der Krieg nichts andres als die Sorge um den Jungen. Aber geht es Dir nicht auch so? Ich habe eigentlich keine Angst um ihn. Was wird er inzwischen alles mitgemacht haben? – Ich habe schon manchmal daran gedacht, ob Du mich einmal hier besuchen könntest? Man muß eine Einreiseerlaubnis von irgendeiner Stelle in der Heimat haben. Dann ließe sich das machen. Von hier aus geht das nicht. Für Soldaten ist es verboten, ihre Frauen kommen zu lassen, aber es wird doch ab und zu gemacht. Martin[362] erzählte mir, daß ein Kamerad von ihm auch seine Frau hier gehabt hätte. Allerdings ohne Wissen der Vorgesetzten und durch Vermittlung einer Heimatdienststelle. Erkundige Dich doch einmal. Ich wollte so gerne, daß Du mal das alles hier siehst, damit Du eine Vorstellung von meinem Leben hast. – Vormittags gehe ich meist auf die Kommandantur und erledige dort die schriftlichen Arbeiten; nachmittags bin ich mit meinen Soldaten, die den Sportlehrgang besuchen, zusammen. Heute, Sonntag, ist Ruhe. Aber wenn man die ganze Verantwortung hat, dann drückt einem immer etwas, und man ist nicht frei. [...]

An die Ehefrau *Warschau, 20. November 1941*

Meine liebe Frau, meine Annemie –
endlich kam heute ein Brief von Dir. Ich habe so sehr darauf gewartet. Er ist vom 16. [November]. Hab herzlichen Dank dafür. Und so schön ordentlich hast Du ihn geschrieben und so viel. Das Buch von Finkh[363] werde ich im nächsten Urlaub bei Dir lesen. Ich erinnere mich noch des Gesamteindrucks dieses Buches, Einzelheiten sind mir entfallen. Ich weiß nur, daß es das Hohelied der Frau und Mutter ist. Wie schön sind diese Stellen, die Du anführst. Ich habe das Bedürfnis, mit Dir mich zu unterhalten, neben Dir zu sitzen und Deine Hand zu nehmen. Nachher wollte ich mit Dir im warmen Bett zusammenliegen und Dich lieb haben. Nicht wild und begierig, sondern ganz zart und fein. Deine Haare streicheln und Deine Augen küssen, und in Deinem Schoß ruhen und mir von Dir erzählen lassen. Ich habe eine Frau so nötig, eine Frau? Nein, Dich. [...] Du bist oft so einsam und traurig; ein reifer Mensch, der Dich mit Sorge umhegt, fehlt Dir. Ich weiß es. Ich bin so

weit von Dir und kann so wenig mit Dir teilen. Was sind schon Briefe? Ich sehe Dich so genau vor mir, wie Du sinnst und ins Weite schaust und Deines lieben Mannes gedenkst. Ein Bild aus Deiner Mädchenzeit habe ich im Gedächtnis. Diesen Ausdruck habe ich so gern an Dir. Diesen schönen Brief hast Du in einer Stimmung geschrieben, die mich so an Dich anzieht, so ganz gesammelt, so beglückt und verhalten. Wenn ich zu Dir komme, wirst Du nur voller Güte und Glück sein. Wir werden unter Schmerzen auseinandergehen müssen, ach, wie oft noch. Das Leben geht an mir vorüber, manchmal packt es mich wieder und erschüttert mich und nimmt mir allen Mut. So viel helfen müßte man und kann nicht. Und so viele unausgesprochene Dinge lasten auf mir. Ich mache mir große Sorgen um unsere Zukunft, und man kann nicht darüber reden. Ich sehe viel Roheit und Dummheit und Lügen und Verblendung. Dieser Krieg ist mit Unrecht über Unrecht beladen, keine hohe sittliche Idee ist da; sie wäre da, aber sie wird von ihren Propagandisten verraten, weil sie nur Worthelden sind. – Meine Sportschule macht mir Freude. Ich lebe zwar immer etwas in Sorge, weil ich eine große Verantwortung trage und weil ich mich manchmal den Widerständen nicht gewachsen fühle, aber meistens spüre ich, daß ich es kann. Die Soldaten sind auch mit mir zufrieden, glaube ich wenigstens. Morgen abend ist ein Abschlußabend, eine Werbevorführung des 1. Kursus vor dem General und den Kommandeuren und zahlreichen Sportlern in der großen Ymca-Sporthalle[364]. Hoffentlich gelingt der Abend. Ach, wenn Du dabei sein könntest, wie würde ich mich sicher fühlen und wie stolz wärest Du auf mich, nicht wahr? Weißt Du noch, wie ich im Dorf oft wirken wollte? Du hast es mir oft verdacht, daß ich aus dem Hause ging. Es war aber nicht, wie Du oft annahmst, mir darum zu tun, mir außerhalb der Familie zu schaffen zu machen, um von daheim wegzukommen. Nein, ich spüre den Drang auch jetzt noch, für andere Menschen zu wirken, ihnen etwas zu sein und ihnen etwas zu geben. Am Sonntag morgen hielt ich in dem großen Saal hier eine Morgenfeier. Ich habe es gefühlt, wie ich die Männer mitnahm in eine Welt, die ihnen verschüttet ist, die ihnen so wohl tut. Ich sitze mit ihnen zusammen beim Mittagsmahl, und ich komme mit diesem und jenem ins Gespräch, und ich weiß, daß ich ihnen ein Kamerad bin, und doch bin ich ein Herr unter ihnen. Es fällt mir nicht schwer, beides zu sein, es liegt in meinem Wesen. Und doch habe ich eine so große Sehnsucht danach, von all dem hinwegzukommen und unterzutauchen, nichts zu tun, nichts vorstellen zu müssen, sondern so ganz verborgen in Euerm Kreis, im Garten, im Bienenhaus, im kleinen Dorf leben zu dürfen. Ich lerne viele Menschen kennen, ich komme mit ihnen gut aus, und sie wollen mich auch gerne bei sich haben, aber es hält mich nichts bei ihnen. Die meisten sind so arm. [...]

An die Ehefrau (Fragment) *Warschau, ca. Mitte November 1941*

[...] Die Zentralheizung brennt so oder so, es sind erst keine Kohlen da. Das Haus hat mindestens 50 Räume, ist ganz modern eingerichtet[365]; allerdings fehlten die Möbel. Das Angenehmste ist mir die große Bewegungsmöglichkeit, die hellen schönen Stuben, die Wasch- und Duschräume und die schöne Lage weit aus der Stadt. Neben dem Haus sind die Sportplätze und die Tennisplätze, die jetzt Eislaufbahnen sind. [...]

An Ehefrau und Kinder *Warschau, 22./23. November 1941*

Liebe Annemie, liebe Kinder –

[...] Es ist Sonnabend, der letzte Tag einer arbeitsreichen Woche. Gestern abend war der Abschlußabend des ersten Lehrgangs. Der General[366] war nicht erschienen. Er hatte eine Einladung zu einem Fliegergeneral und hielt das wichtiger als unsere Sportsache. Mein Chef, ein Oberstleutnant von Kamlah[367], dem ich in der Abteilung Ic unterstellt bin, war sehr wütend auf ihn. Durch ein Versehen kamen die Einladungen auch zu spät zu den Einheiten und den Sportgemeinschaften, sodaß nicht viele Besucher da waren. Nur einige Kommandeure waren erschienen, im ganzen etwa 100 Personen; ich hatte mit einem vollen Haus gerechnet, mit 400-500 Leuten. Aber trotzdem war der Abend ein voller Erfolg. Man sprach mir auch mehrfach Anerkennung aus. Mich freute es, daß alles so gut ging und ich vor der Öffentlichkeit bestehen konnte.

Die Hauptsache hat ja mein Sportlehrer gemacht, aber ich mußte doch vieles angeben und oft eingreifen, und am Ende hängt doch alles an mir. Ich habe gerade kein Programm hier. Das nächste Mal sende ich eins mit.

Sonntag, 23. [November]. Gestern abend hatten wir unsern Kameradschaftsabend. Das war ein wirklicher Kameradschaftsabend. Einige Soldaten brachten eine Anzahl Krankenschwestern mit. Denen gefiel es besonders gut. Wie anständig und nett Soldaten sind, wenn sie richtig angefaßt werden und mit anständigen Frauen zusammen sind. Es waren ganz junge Dinger dabei; ich mußte an Moni denken. Eine erzählte mir, sie ginge im Frühjahr auf die Kolonialschule nach Rendsburg[368]. Das wäre auch etwas für Moni. Daran dachten wir früher schon. Ob man mal Prospekte dorther schicken läßt? Im April fängt das neue Schuljahr dort an. – Heute morgen und auch am vorigen Sonntag hielt ich in dem großen Saal eine Morgenfeier. Ich habe ein Harmonium besorgt. Was ich den Soldaten sagte, ging mir von Herzen; ich merkte an ihrer Teilnahme und an späteren Äußerungen, wie sehr ihnen das gefallen hat. – Heute ist wieder Eis gefroren. Die Schlittschuhbahn wird morgen wieder gut sein. Wir wollen Eishockey spielen. Ich übe mich auch im Schlittschuhfahren. Wenn Ihr bei mir wäret, was könnte ich Euch bieten. [...]

Notiz *(Warschau,) 24. November 1941*

[...] Abends mit Lehrgang im Theater: »Liselott v[on] d[er] Pfalz«[369]. – Die Treue zur Heimat wird gefeiert. Ich habe einen faden Geschmack auf der Zunge, wenn ich sehe, wie wir heute das Volkstum und die Vaterlandsliebe anderer Völker mißachten und als Verbrechen ahnden.

An den Sohn *Warschau, 24. November 1941*

Mein Helmut –

heute erhielt ich gleich zwei Briefe von Dir, vom 30.10. und vom 4.11. Ich kann mir schon denken, wie Du jetzt drinsteckst. Und die erste Post hast Du auch gekriegt. Wie wir auf Deine Briefe warten! Ich schicke sie sofort nach Hause, und Mutter an mich. [...] Ihr armen Kerle, was müßt Ihr aushalten!

Wir können uns gar keinen Begriff davon machen. Ich dachte mir immer, Du mußt in der Gegend von Moskau sein. Nein, an ein Heimkommen ist nicht zu denken, nicht anders als im Lazarettzug. In den Lazaretten hier liegen viele Verwundete von der Front um Moskau[370]. Ich wünschte, Du kämest auch hierher, dann brauchst Du nur die Kommandantur anzurufen, und ich bin bei Dir. Du lernst so richtig das Kriegsleben kennen, aber jetzt im Winter, da ist das alles keine Kleinigkeit. Und doch wollte ich nicht, daß Du nicht dabei wärest. Ich bin stolz auf Dich. Trotz aller Sorge und Unruhe. Du bist jetzt Schütze. Das ist gleich eine Auszeichnung. Mit Euern Fahrzeugen kommt Ihr wohl nicht weit bei den grundlosen Wegen, und trotzdem wird's geschafft. Aber der Widerstand der Russen soll sehr, sehr stark sein. Verwundete Offiziere erzählten mir von den schweren Kämpfen. Gerade jetzt muß es wieder schlimm sein. Wie Du von der Requirierfahrt erzählst und von den Erlebnissen in den Bauernhäusern, von den Läusen, das alles ist mir so vertraut. Du erzählst so einfach und plastisch. Schreibe mir oft auch von den Kämpfen; weißt Du, wir wissen ja doch, daß Du dabei bist, und daß Du in Gefahren bist, und wenn Du nichts erzählst, haben wir das Gefühl, daß Du uns das Schlimmste verschweigst, und man sorgt sich noch mehr. – Von mir mag ich Dir gar nichts berichten. Ich lebe hier so friedlich. Schrieb ich Dir schon, daß ich eine Sportschule für die Wehrmacht eingerichtet habe? Der erste Lehrgang ist heute zu Ende gegangen. Ich lebe mit den Soldaten ganz zusammen. Heute abend waren wir noch im Theater. Ich habe dies Leben gern, das ist eine Aufgabe; ich muß mich vorbereiten wie in der Schule. Das Schönste dabei ist, daß ich erzieherisch auf die Männer Einfluß nehmen kann. Sie sind so dankbar dafür und wollen so gerne geführt werden. Die Tage her [sic!] war es ziemlich kalt; ich habe Schlittschuh gelaufen. Seit 1913 das erste Mal wieder. Ich übe mich täglich. Morgens mache ich ohne Schwierigkeit einen 1500-m-Lauf mit den Leuten. Ich freue mich, daß ich körperlich gut in Ordnung bin. – Behüt Dich Gott, leb wohl, auf Wiedersehen, herzliche Grüße, Dein Vater.

Notiz *(Warschau,) 28. November 1941*

Im [Landesschützen-]Bataillon 996 Gasgeräteprüfung und Prüfung der Mannschaften in Kenntnissen in Gasschutz. Sehr lückenhafte Kenntnisse, unbeholfen im Gebrauch.

Der poln[ische] Trainer für Eishockey zeigte seine Fertigkeit im Eislauf. Als ich wieder aufs Eis ging, kam ich mir vor wie ein ungelenkter Stock; mir war aller Mut genommen, noch etwas zu lernen. Das war für mich ein methodischer Wink. Wenn man dem Schüler zu große Fertigkeit zeigt, dann nimmt man ihm den Mut. Langsames Fortschreiten von einer Schwierigkeit zu andern steigert die Lernlust. [...]

An Ehefrau und Kinder *Warschau, 28. November 1941*

Meine Allerliebsten –

[...] Ich bin so müde und beschwert. Ich weiß nicht, ob ich den nächsten Kurs zustandebringe; mein Sportlehrer ist auch weg. Wenn ich die Offiziere im Bataillon ansehe, was die ein bequemes Leben haben. Ich muß mir dauernd den Kopf zerbrechen und Gedanken machen, aber tauschen möcht' ich doch nicht. Heute war ein prächtiger Tag, kalt, windig, aber so strahlender Sonnenschein. Ich habe [sic!], statt zu schlafen, mittags Schlittschuh gelaufen. Gleich neben meinem Haus sind die Tennisplätze, die sind gespritzt worden und geben wundervolle Eisflächen; aber meinst Du, ich wäre mal so richtig froh? Ach ja, mit Deinem Kommen hierher hat es seine Haken. Ich weiß es. Ich habe mich wieder erkundigt; für Offiziere ist es nicht gestattet, seine [sic!] Frau kommen zu lassen. Die Unterbringung und das Essen wäre nicht das Schlimmste. [...] Wie wird es Helmut gehen? Er steckt sicher in den großen Kämpfen um Moskau[371]. Wie soll man nur froh werden? – Die nächsten Tage habe ich die Prüfung der Gasschutzgeräte vorzunehmen bei den einzelnen Einheiten, und am 1. Dezember soll der nächste Lehrgang anfangen. An Beschäftigung fehlt es mir nicht. Ich komme gar nicht in die Stadt. Das Stadion liegt ziemlich weit draußen. Abends bin ich am liebsten in meiner Bude. Herr Luckhaus[372] ließ mir heute sagen, daß mich seine Frau für Heilig Abend einladen läßt. Ich denke aber, ich bin bei Euch. Er wohnt ganz im Norden der Stadt.

Das ist so weit wie von Thalau nach Gersf[eld][373]. Ich habe seine Frau seit Juni diesen Jahres nicht mehr gesehen. Ich komme mit ihm wegen des Sports oft zusammen; ich habe ihn auch als Lehrer verwandt. [...]

An Sohn Helmut *Warschau, 28. November 1941*

Mein Junge –
ich sende Dir zwei Bilder von den Lieben daheim, ohne Dir viel zu schreiben. Ich will noch einen Brief an die Mutter schreiben. Mir liegt die Sorge um Dich so auf dem Herzen. Wie mag es Dir gehen? Ihr steckt jetzt sicher in den schweren Kämpfen, von denen der Bericht des OKH [Oberkommandos des Heeres] spricht[374], mittendrin. Und dazu diese Kälte! Und der weite, endlose Raum. Was müßt Ihr tapferen Jungens aushalten. Wir können das hier hinten gar nicht begreifen, was geleistet wird. Mir ist es immer ein Rätsel, wie der Nachschub nach vorn gebracht wird. Kannst Du Dir denken, mein lieber Junge, daß ich indes beim hellen Lampenlicht am Schreibtisch sitze, in der warmen, geheizten Stube (Zentralheizung,) eine Menge Bücher um mich herum, ein weiß überzogenes Bett? Und Du in wüstem Kampf. Aber ich habe das ja auch alles mitgemacht, und hunderttausend andere sind neben Dir. Du willst es gewiß nicht besser haben. Ein Kamerad erzählte mir eben, er fährt morgen zu seinem verwundeten Sohn nach Brest-Litowsk. Wie habe ich ihn beneidet. Solltest Du dabeisein, wenn Ihr in Moskau einzieht? Das wäre ein Erlebnis. Ich wollt es Dir gönnen. Leb wohl, behüt Dich Gott, Dein Vater.

Notiz *(Warschau,) 29. November 1941*

Kalt. Minus 6 Grad [Celsius]. Gasgeräteprüfung im Pionier-Kommando. Mannschaft macht einen besseren Eindruck als bei Landesschützen[375]; meist jüngere Leute als dort, sind besser unterrichtet, aber auch hier lückenhafte Kenntnisse, falsche Begriffe. – Schlittschuhlaufen, mit einigen Kameraden Eishokkey. Ein poln[ischer] Trainer macht uns etwas vor. Fabelhaft, was der kann.

An die Ehefrau (Fragment) *Warschau, 29. November 1941*

Meine Annemie – meine liebe Annemie –

es ist Sonnabend abend. In der polnischen Hauptstadt wehen von den Laternenpfählen die Hakenkreuzfahnen. Die Deutschen halten hier eine Deutsche Kulturwoche. George[376] trägt Gedichte vor, erste Künstler treten auf, in den Lichtspielhäusern wird ein Film, »Ich klage an«[377], aufgeführt. Dazu braucht man in keinen Film zu gehen. Das Thema schreit einen an jeder Straßenecke und bei jedem Blick aus dem Straßenbahnfenster an. Zu Erhard Witeck [Wittek][378], der heute aus seinen Werken vorlas, wäre ich gerne gegangen. W[ittek] schrieb das Buch »Männer« [»Männer. Ein Buch des Stolzes«] und »anno 18« [»Durchbruch anno 18«]. Moni kennt es. Ich bin aber nicht weggegangen, es ist zu weit, bis ich in die Stadt komme. Ich bin zu Hause geblieben. Von dem ganzen Rummel habe ich nichts gesehen. Es ist mir bei allem zu viel Phrase, Überheblichkeit und Fassade. Ich möchte nur mal wissen, wie die großen Künstler, von denen man annehmen darf, daß sie große Menschen sind, das alles beurteilen. Jetzt wieder die Rede Ribbentrops[379]. Das hört sich alles an, als ob der Krieg gewonnen [wäre] und wir nur noch den Frieden zu diktieren hätten! Aber ich glaube daran nicht. Ich bin heute wieder so beschwert und niedergedrückt, so allein. Wie sehne ich mich nach Dir. Alles haben wir früher miteinander besprochen und uns vorgelegt, ach, wie kleine Dinge waren das oft. Und wie ernst haben wir sie genommen. Wie hast Du mich gescholten, wenn ich einen Kochtopf gekauft hatte, den Du für überflüssig hieltest, oder wenn ich mir ein Paar Ski kaufte. Ich habe dann ein paar Mark heruntergetan, damit Du nicht so bös wurdest, aber nach dem Geld fragtest Du ja nicht. Es war Dir auch immer gleichgültig, wenn wir keins hatten, nur erstaunt warst Du stets darüber, daß es nicht langte, besonders Weihnachten. Na, da hast Du ja nie genug gekriegt, wir machten dann jedes Jahr Schulden, die erst im Juni ausgeglichen waren. Ach, wie schön war das, wenn wir einkauften und schleppten dann die Sachen nach Hause. Aber jetzt gibt's nur ein Gedanke [sic!]: Helmut, Helmut! Ich lege seinen Brief vom 10.11. bei. Er ist nicht für Dich bestimmt, weil er eine Schilderung vom Gefecht gibt, aber ich habe ihm geschrieben, er soll nur oft davon schreiben und uns wahrheitsgetreu berichten; man macht sich ja doch Sorgen. Das ist nun unser kleiner, lieber Junge, unser Kind, der muß sich mit den Bolschewiken herumschlagen, auf den schießen sie wie auf einen Hasen, wenn er über die Brücke läuft. Und wie gut ist gerade er gegen jeden Menschen gewesen. Wie ist es ihm ein Bedürfnis, auch diese armen Bauern menschlich zu betrachten. – Ich habe auch meine Sorgen. Der 2. Kurs[380], der am Montag, am 1.12., anfangen soll, kommt nicht zustande wegen geringer Beteiligung. Ich selbst habe ja mit der Gasgeschichte[381] noch 14 Tage zu tun, aber ich habe noch 7 Soldaten bei mir, die kann ich nicht richtig beschäftigen, und bei der Leuteknappheit holen sie mir die weg. Und dann das Riesenhaus [...].

An den Sohn *Warschau, 1. Dezember 1941*

Lieber Helmut –
ich habe ja gerade keine Zeit zum Schreiben, aber ich muß Dir doch schnell mitteilen, wie sehr ich mich über Deinen Brief vom 10.11. gefreut habe, in dem Du mir von dem ersten Gefecht erzähltest. Wie lebhaft fühle ich das alles mit, und wie kann ich mir die einzelnen Szenen so genau vorstellen. Hinterher meint man, es war gar nicht so schlimm, und ist stolz auf das Mitgemachte. Ich habe den Brief auch nach Hause geschickt. Habe keine Sorge, daß Mutter dadurch in großen Schrecken versetzt wird. Sie regt sich auch so auf und ist mehr bedrückt von Deinem Schweigen über die Gefahr als von einer sachlichen Darstellung. Verraten tust Du ja auch nichts; die täglichen Frontberichte schildern dasselbe. Für mich sind die Briefe außerordentlich interessant, für die daheim natürlich auch. Wie mag es Euch inzwischen ergangen sein? Solltest Du Gelegenheit haben, dann versuche doch einmal, mich anzurufen. Du läßt Dir die Heeresvermittlung Kommandantur Warschau geben. Dort die Nummer 74859, sagst, Du sprichst von Rußl[an]d aus und willst Deinen Vater sprechen. Das geht bestimmt. Hast Du denn jetzt meine Päckchen erhalten?

[...] Hört Ihr eigentlich auch manchmal Radio? Und wißt, was in der Welt los ist? Oder habt Ihr dazu gar keine Zeit und

Gelegenheit? Ich kann mir gar nicht denken, wie die Infanterie bei dem gefrorenen Boden angreifen kann. Die Russ[en] sitzen doch in wohlvorbereiteten Stellungen, und Ihr müßt über das freie Feld laufen und könnt Euch nicht eingraben. – Soll ich Dir ein bißchen von mir erzählen? Heute sollte schon der 2. Sportlehrgang anlaufen, aber es gingen zu wenig Meldungen ein. Deswegen war ich in großer Sorge, möglicherweise würde alles abgeblasen, und meine ganzen Pläne wären über den Haufen geworfen worden. Ich ging zu meinem Chef bei der Kommandantur, ein Oberstleutnant[382], und erklärte ihm, daß ich mich nicht mehr mit freiwilligen Meldungen abgeben könnte; die Teilnahme müßte den Einheitsführern befohlen werden. Zum Glück war anschließend Generalsbesprechung und unter den Generalen einer, der sich sehr für meine Sportschule einsetzte; er sagte mir sofort 27 Mann zu. Damit war das Eis gebrochen; auch mein General[383], der immer schwankend war, stellte sich auf meine Seite. Er war sogar stolz darauf, mit dieser Einrichtung aufwarten zu können. Was der O.B. [Oberbefehlshaber] im Generalgouvernement[384] nun dazu sagte, das weiß ich nicht. Jedenfalls bin ich sehr froh, daß alles so gut ging. Und erst war ich so niedergeschlagen. Man soll nie eine Sache gleich aufgeben.

Mein lieber Junge, leb wohl, behüt Dich Gott, Dein Vater.

Notiz *(Warschau,) 2. Dezember 1941*

[...] Abends starkes Rheuma im linken Bein; ich kann fast nicht laufen. Den ganzen Tag zu Hause, mein Bein gewärmt; es ist besser geworden, aber noch nicht gut. Ich habe fast den ganzen Tag an meinem Vortrag »Sport in der Truppe« gearbeitet. Abends dem Gefreiten Twänhävel [Twenhäfel] in die Maschine diktiert. – Ohne körperliche Bewegung bin ich ein halber Mensch.

An die Ehefrau *Warschau, 3. Dezember 1941*

Meine Annemie –

zwei Briefe vom 28.11. erreichten mich gestern, in einem waren die Blätter von Helmut vom 6.+9. November. Um diese Zeit schrieb er mir; den Brief schicke ich Euch. Inzwischen wird er an den Kämpfen bei Moskau teilgenommen haben[385]. Da soll es langsam vorwärts gehen, aber ich glaub nicht, daß wir hinein kommen. Die Nachschubschwierigkeiten sind zu groß. Vielleicht wird's durch den Frost besser, aber dann können sich die Schützen nicht eingraben, wenn sie angreifen sollen. Aber H[elmut] hat ganz recht, wir machen uns zuviel Gedanken. Es geht alles so, wie es gehen soll, sagt man sich immer, und wir ändern nichts daran, aber wer kann trotzdem froh sein? Ich war in dem Film: »Ich klage an«[386]. Ich dachte erst, es wäre ein politischer Film, deshalb wollte ich ihn mir nicht ansehen, aber ein Kamerad, auf dessen Urteil ich halte, lobte den Film so sehr, daß ich ihn mir ansah. Schauspielerisch, technisch ausgezeichnet, aber jetzt im Krieg, wo Millionen junger Menschenleben vernichtet werden, angeblich für das Heil des größeren Ganzen, wozu dann ein Film, der die Berechtigung des Arztes nachweisen will, ein unheilbares Leiden abzukürzen. Wie unwichtig ist das jetzt im Kriege, wo man sich keine Gedanken darüber macht, so viele Menschen, eigene Volksgenossen und die unserer Gegner dem Tode preiszugeben. Daß man auch in der Heimat die gefangenen Russen so schmählich behandelt und sie halb verhungern läßt[387], ist so widerwärtig, unmenschlich und so einfältig dumm, daß man sich nur tief schämen kann, daß das bei uns geschehen kann. [...] Ich hoffe, daß es mit meinem Bein bald besser wird, so etwas! Ich bin jetzt ein richtiger Krüppel, ich kann nicht laufen; das war mir erst so unerhört, daß ich mich auf einen Stuhl gesetzt habe, um das zu begreifen; dann habe ich wieder probiert, aber ich fiel um. Nachts hatte ich solche Schmerzen, daß ich dachte, na, das Lazarett ist sicher. Wenn ich richtig liege und das Bein warm verpacke, dann geht's. Der ganze Hexenschuß scheint diesmal ins Bein gewandert zu sein. – Und dazu soll am Freitag der neue Lehrgang beginnen mit der doppelten Stärke als der erste. Plötzlich hat die Sache eine andere Wendung genommen. Ein auswärtiger General interessiert sich sehr für die Sache. Der Lehrgang schließt am 19. [Dezember], dann hoffe ich abkömmlich zu sein und Urlaub zu kriegen. [...]

Notiz *(Warschau,) 4. Dezember 1941*

[...] Dr. Goebbels hielt dieser Tage eine Rede in der Berliner Universität vor einem großen Kreis aus Diplomaten, Wehrmacht, Regierung, Partei, Wirtschaft, Wissenschaft, Kunst, Kultur und ausländischer Presse[388]. Zum Schluß sagte er: »Wir können siegen, müssen und werden siegen.« Betrachtet man aber die Not im Land hier und bedenkt, daß wir nicht in der Lage sind, sie zu meistern, daß wir nur durch Terror, Not und Hunger regieren, dann kommt man zu der Ansicht, das kann auf die Dauer nicht gutgehen.

An Ehefrau und Kinder *Warschau, 6. Dezember 1941*

Meine Lieben, liebe Annemie –

jetzt will ich mir mal Zeit zum Schreiben nehmen. Sonnabend abend. Im Zimmer ist es nicht warm, wir müssen mit dem Koks sparen. Es ist Zentralheizung im Haus; wir brauchten nicht alle Zimmer zu heizen, aber die Öfen fehlen. Ganze Stadtteile sind Tag und Nacht ohne Licht. Aber wir wollen uns nicht beklagen, es geht uns noch viel zu gut. Seither war Frost, jetzt haben wir Schnee gehabt und mildes Matschwetter. Ach, das ist alles nicht wichtig, daß man es aufs Papier bringt. Es geschieht überall so viel Unerhörtes. Am besten ist es, wenn man nichts davon weiß, aber manchmal, da schreien es einem die Menschen in die Ohren, daß man zuhören muß. Die Lazarette liegen voll von Verwundeten; die Ärzte und die Schwestern könne die Arbeit fast nicht leisten. Ein junger, 22jähriger Leutnant hat 40 [Grad Celsius] Fieber und kann nichts essen, aber die Schwester hat nichts für ihn als Kaffee und Leberwurstbrot. Sie hat auch keine Zeit, sich mit jedem abzugeben. So viele warten auf sie. Ich bin so um [sic!] Sorge um unsern lieben Jungen; vielleicht ist sie unnötig, wie er in einem Brief meint, aber wer nimmt sie uns ab, und wie soll man sich keinen Kummer machen? So recht herzlich mit Dir zusammen und den lieben Kindern für ihn beten und bitten können, das wäre mir ein großer Trost. [...] Mir geht es wieder besser. Ich mußte heute mit den Soldaten Sport machen. Es fiel mir noch schwer, aber es ging doch wieder. Vor einigen Tagen hätte ich gedacht, ich bliebe ein Krüppel oder ich müßte ins Lazarett. Wie plötzlich kann so etwas kommen. Die Schwindelanfälle habe ich jetzt gar nicht mehr gehabt. Ich glaube, die sind vergangen durch die regelmäßige, gesunde Lebensweise. [...] Der II. Lehrgang ist heute angelaufen. Diese Arbeit macht mir Freude. Ich schicke Dir mal ein Wochenprogramm[389]. Ich selbst habe mir auch verschiedene Vorträge ausgearbeitet[390], die ich auch bei den Bataillonen halte. [...]

An Ehefrau und Kinder *Warschau, 7. Dezember 1941*

Liebe Annemie – liebe Kinder –

als ich heute früh aus der Kirche nach Hause kam, lag Dein lieber Brief da. Aber ich habe ihn nicht gleich aufgemacht. Das sollte mein Nachtisch sein zum Mittagessen. Es gab heute ein Stückchen Fleisch mit Soße und einen tüchtigen Berg Kartoffeln. Ich sitze mit den Soldaten am Tisch, und wir lassen es uns recht gut schmecken. Aber, wenn einer nicht noch etwas von Hause zuzusetzen hat, dann ist es doch nicht genug. Aber das macht nichts. Lieber wollen wir, daß alle satt haben. – Bei der Morgenfeier kam ich mir fast vor wie ein Pastor. Ich bemühe mich, einfache, wesentliche Dinge zu sagen. Die werden verstanden, und wenn das eigene Gefühl dabei ist, gehen sie tiefer. Ein wenig eigene Stimmung ist aber nötig und auch Schwung. Wenn ich nach Hause komme, muß ich mir verschiedene Literatur, die ich in der Schule gebrauchte, mitnehmen. – In so früher Morgenstunde hast Du den Brief schon geschrieben. Ja, vor Weihnachten hattest Du immer so viel zu bereiten. Jetzt wird es nicht anders sein. Ich kann Euch dieses Mal nichts mitbringen. Ich hoffe, daß ich fahren kann, obwohl es knapp 8 Wochen her sind seit meinem letzten Urlaub. Lieber will ich dann etwas länger warten. [...] Helmuts letzten Brief und frühere sende ich zurück. Gewiß liegt er nicht mehr in Ruhe; die ganze Front südlich Moskau ist doch in Bewegung[391]. Am Tag habe ich immer so ein sicheres Gefühl, daß es ihm gut geht, aber nachts quäle ich mich auch. In Südrußland sind schwere Kämpfe im Gang, die für uns nicht gut standen. Rostow soll wieder in der Hand der R[ussen] sein, ebenso Taganrog[392]. Es gibt natürlich auch Rückschläge. Jetzt wird H[elmut] doch wohl Wintersachen haben. Ein Soldat sagte, es wären jetzt fast 30 [Grad Celsius] unter Null vor M[oskau]. [...]

Notiz *(Warschau,) 8. Dezember 1941*

[...] Seit gestern ist Krieg zwischen J[apan] und Amerika und England[393]. Das ist die Entscheidung. Wird Jap[an] unterliegen, dann rollt die engl[isch]-am[erikanische] Kriegsmaschine über Europa. Das Landheer ist mobilisiert. Jetzt ist kein Halten mehr. Von heute ab müssen wir damit rechnen, daß auch wir uns zu schlagen haben mit den USA-Streitkräften.

An Sohn Helmut *Warschau, 8. Dezember 1941*

Mein Junge –
anbei einige Kleinigkeiten, die Du gebrauchen kannst. Ich habe noch gar nichts für Dich zu Weihnachten zurechtmachen können. [...]

Der zweite Sportlehrgang läuft vom 5.-19. [Dezember]. Dann hoffe ich in Urlaub zu fahren. Ich habe jetzt eine richtige Schule, so wie ich mir das immer gewünscht habe. Mit Männern zusammenzuarbeiten, nicht mit Kindern. Ich will diese Schule fürs ganze Generalgouvernement erweitern. Nächstens läuft ein Lehrgang für Offiziere. Der Oberbefehlshaber im Generalgouvernement[394] interessiert sich bereits dafür. Alles Gute, alles Gute und Beste und ein wenig Glück wünsche ich Dir, so wie ich es im vorigen Weltkrieg hatte. Heute ist Japan in den Krieg eingetreten[395]. Damit ist die Entscheidung gefallen. Behauptet sich Japan gegen [die] USA und Engl[an]d, dann gewinnen wir den Krieg; wird Jap[an] geschlagen, dann rollt die am[erikanische] Kriegsmaschine auch über Europa, und der Ausgang ist dann zweifelhaft.

Heil Euch tapferen Jungen! Dein Vater.

Notiz *(Warschau,) 9. Dezember 1941*

[...] Amerika im Krieg mit der Achse[396]. Die neue Welt hat den vorigen Krieg entschieden. Sie wird ihn auch diesesmal zu unserm Unglück entscheiden. Die Vereinigten Demokratien werden Japan schlagen, dann Italien und von Südeuropa aus D[eutschland] angreifen. – Dieser Krieg ist für D[eutschland] eine gewaltige Gegenauslese. Die besten Männer bleiben auf dem Schlachtfeld, der Abschaum wird erhalten; damit wird das Gegenteil erreicht, was der Nationalsozialismus mit seiner Rassenlehre erreichen wollte.

Notiz *(Warschau,) 10. Dezember 1941*

Vortrag bei Landesschützen-Bataillon 996 vor Unteroffizieren. Offiziere waren bezeichnenderweise nicht erschienen, nur Hauptmann [Meseck?][397], der Bataillons-Kommandeur. Ich sprach meistens frei. Ich hatte das Gefühl, daß meine Ausführungen über die Notwendigkeit des Sportes jedem eindringlich wurden und überzeugten, aber den meisten fehlte der Wille, etwas zu leisten.

Notiz *(Warschau,) 11. Dezember 1941*

[...] In der Ymca[398] mit Lehrgang geübt, anschließend geschwommen. Ich bin einesteils froh, daß ich die Leibesübungen selbst leite und mitmachen kann. Abends Konzert. In kleinem Rahmen, aber umso eindrucksvoller. Der Gefreite Thomas, Kustos am Kunsthistorischen Museum in Wien, führt uns durch [das] deutsche Warschau. Mit Graf v[on] H[ohenau][399] bei von Schoene[400]. *Kriegserklärung an Amerika*[401]!!! Von H[elmut] keine Nachricht. Größte Sorge um ihn.

An Ehefrau und Kinder *Warschau, 12. Dezember 1941*

Meine Annemie, meine Kinder –

die Führerrede[402] habe ich gestern nicht gehört, ich war mittags und abends verhindert; aber daß der Führer an Am[erika] den Krieg erklärt hat, habe ich mit Schrecken gehört. Das, was Du, liebe A[nnemie], schon so lange befürchtet hattest, was wohl jeder Deutsche befürchtete, ist Wahrheit geworden. Ich bin mir nun schon über alles Weitere klar. Und nun unsere lieben, armen Jungen in Rußland. Um Helm[ut] mach' ich mir die größte Sorge. Was soll man überhaupt noch tun? Mir hingen die Arme wie zerschlagen am Leib. Wenn mich nicht die Pflicht trieb, ich könnte in einer Ecke sitzen und die Wand anstieren. Aber von dieser Stimmung darf man sich nicht überwältigen lassen, das ist ja Untergangsstimmung. Und dazu ist noch kein Anlaß vorhanden. Aber was wird noch kommen? [...] Von Helm[ut] habe ich seit dem 12.11. nichts gehört. Da waren dann die schweren Kämpfe, die er sicher auch mitgemacht hat. Aber noch schlimmer ist die Kälte. Ein Soldat, der uns vorgestern besuchte, kam von der Front südlich M[oskau], wo ich auch H[elmut] vermute. Er erzählte, daß es sehr kalt sei, daß die Winterausrüstung ausgeteilt sei, aber trotzdem wäre es scheußlich kalt. Auf den Boden könnten sich die Schützen gar nicht legen, da frören sie an. [...]

An die Ehefrau *Warschau, 13./14. Dezember 1941*

Meine liebe Annemie –

heute war ein Glückstag für mich. Und als ich in mein Taschenbuch schaue, sehe ich: Todestag meiner Mutter 1930. Elf Jahre ist sie schon tot. Und wie frisch lebt sie in der Erinnerung. Wie hat sie damals auch gelitten um ihre Jungen. Heute begreife ich es. Mit welcher Zuversicht hat mein Vater neben ihr gestanden. Du mußt das Schwere allein tragen. Dein Brief vom 8.[12] und von Helmut einer vom 30.11. trafen zusammen ein. Wie war ich glücklich. Die schweren Kämpfe um Moskau[403] hat H[elmut] also hinter sich. Wie er schreibt, waren sie nicht eingesetzt. Jetzt soll allgemeine Ruhe sein, wenigstens greifen die Deutschen nicht an. Vorläufig wird's mit den schnellen Truppen, wozu Helmut gehört, wegen der Witterungsverhältnisse kein Weiterkommen geben.

3. Advents-Sonntag, 14.12.

Nun sollte der Brief schon heute morgen abgehen, damit Du rasch Nachricht hättest von Deinem lieben Jungen, aber gestern abend besuchte ich mit dem Lehrgang einen Boxabend, an dem zwei meiner Männer gegen die Polizei starteten. Sie siegten beide. Da mußten wir natürlich dabeisein. Nachher habe ich mit meinem Schreiber noch bis 12 [24] Uhr an dem Monatsbericht gearbeitet, der bis zum 15.[12.] an der Kommandantur sein muß. Heute früh war ich schon in der Kirche. Ich war so dankbar, daß es Helmut und Euch gut geht und daß Moni wieder gesund ist. Gestern habe ich um Urlaub nachgesucht. Der Adjutant des Generals[404] will mein Gesuch befürworten. Er hat allerdings nicht gefragt, wann ich das letzte Mal im Urlaub war. Es sind gerade 8 Wochen her. Mir steht mithin kein Urlaub zu. Ich müßte ganz großes Glück haben. Wenn ich nicht 14 Tage erhalte, will ich versuchen, 5 Tage zu bekommen, daß ich wenigstens über die Feiertage zu Hause bin. Damit mußt Du, liebes Mädchen, Dich auch abfinden und mir keine Vorhaltungen machen. Dieser Urlaub rechnet dann nicht als Erholungsurlaub und würde nicht eingetragen. Im Jahr stehen dem Soldaten nur 2 x 14 Tage zu. Morgen werde ich's wissen. – Ich bin wieder ganz in Ordnung. Aber 14 Tage hatte ich doch damit zu tun. Ich dachte sicher, ich käm' ins Lazarett. Ein bißchen hatte ich mich schon deswegen gefreut. [...]

Notiz *(Warschau,) 17. Dezember 1941*

Urlaubsschein abgeholt. – Der General[405] besichtigt den II. Lehrgang, den ich in der Ymca-Halle[406] vorführe.

Notiz *(Warschau,) den 19. Dezember 1941*

[...] Abends Abschluß des 2. Lehrgangs im großen Saal. Stimmungsvolle Feier am brennenden Kaminfeuer, 4 Kerzen. Die 1. den Gefallenen, die 2. dem Führer, die 3. den Liebenden daheim, die 4. dem Christkind. – Eine Gefahr ist dabei, daß man sein Gefühl nicht zu sehr verausgabt. [...]

Notiz *(Warschau,) 21. Dezember 1941*

A[nnemie] holt mich in Fulda ab. Wir sind sehr beglückt. Ich habe mein anmutiges Frauchen sehr lieb. In Schm[alnau] holen uns die Kinder ab. Wie lieb sind sie alle vier, und wie niedlich sind sie alle zurechtgemacht. Diese Freude des Wiedersehens! Fast meine ich, es lohne sich dafür, so lange von Hause weg zu sein.

An den Sohn *Thalau, 22. Dezember 1941*

Mein lieber Helmut –

[...] Seit gestern bin ich wieder einmal zu Hause. Von Warschau bin ich in 24 Stunden in Fulda. Mutter hat mich in F[ulda] natürlich erwartet. Dieses erste Wiedersehen mit dem liebsten Menschen auf der Welt ist bei aller Einzigartigkeit immer eine Überraschung. Wir haben uns ja in diesem Jahr verhältnismäßig oft gesehen. Ich glaubte auch nicht daran, daß ich schon wieder Urlaub kriegte, weil ich doch erst 8 Wochen vorher hatte. Bis zum letzten Augenblick habe ich immer gedacht, daß mir der beantragte Urlaub noch versagt würde, aber ich hatte, wie immer, Glück auch diesmal. Der General[407] hatte verfügt, daß kein Offizier über Weihnachten und Neujahr im Urlaub sein dürfte; ich war der einzige, dem er das gewährte. Mein Sportlehrgang schloß am 19. Dezember, und der nächste beginnt am 7. Januar, so konnte ich also nur in dieser Zeit fahren. [...] Hoffentlich habt Ihr jetzt endlich vor den Russen Ruhe. Sie scheinen mit der Ungunst der Witterung doch besser auszukommen als die Deutschen. Man muß sich wundern, daß sie immer noch angreifen[408]. Ich glaube aber, daß wir mit Absicht gewisse Strecken aufgeben, um die Front zu begradigen und feste Stellungen [zu] beziehen[409]. Wenn wir auch nicht damit gerechnet haben, die Front erstarren zu lassen, so bleibt doch nichts anderes übrig. In Deinem letzten Brief schriebst Du, daß Ihr noch weiter ostwärts zieht, das wird wohl zum Abschluß gekommen sein. Heute hörten wir im Wehrmachtbericht, daß die Kämpfe im Osten trotz der schlechten Witterung weitergehen. Ich las eben die Briefe, die Du an Moni und Mutter schriebst. Deine Erlebnisse in den Quartieren bei den russ[ischen] Bauern sind ja lustig. Warum kann man sich nicht verstehen, warum müssen sich die Menschen immer Böses antun? An diesem Krieg werden die Menschen mindestens für 100 Jahre genug haben. Endlich müssen sie doch mal zur Einsicht kommen. Ich halte diesen Krieg für die letzte Auseinandersetzung zwischen der demokratischen und der autoritären Staatsform; ein Kuriosum dabei ist, daß ausgerechnet die krasseste Form der letzteren sich mit den Amerikanern und Engländern verbunden hat zur Vernichtung der deutschen absoluten Staatsform. Die faschistische Staatsform, wie wir sie jetzt haben, wird auch nicht so bleiben, denn praktisch ist das Volk doch von der Gestaltung seines Staatslebens ausgeschaltet. In der Übergangszeit mußte der Führer auch das Regiment allein in die Hand nehmen, aber er ist viel zu klug, es auf die Dauer ganz in Anspruch zu nehmen. So klar, wie er die künftige Gestaltung sieht, wird auch eine verantwortungsvolle Volksvertretung sie nicht in die Wirklichkeit umsetzen können. Die Geschichte wird eben doch von einzelnen Genien gemacht. Man muß die Weltgeschichte von ganz großen Gesichtspunkten sehen. Was spielt der einzelne schon für eine Rolle, selbst ganze Völker werden der Gestaltung dieser Idee geopfert. Allein schon der Versuch, die Idee des Kommunismus zu verwirklichen; Ihr seht ja am besten mit eigenen Augen, wie ein großes Volk dieses Experiment mit der Wohlfahrt des einzelnen hat bezahlen müssen. Überraschend für uns ist die Tatsache, daß die Bolschewisten so eine starke Kampfmoral zeigen. Die Vernichtung der Persönlichkeit ist bei dem primitiven russ[ischen] Menschen so konsequent gelungen, daß von der Seite keine Gegenaktion, auf die wir doch rechneten, zu erwarten ist. Ich halte unser Volk für nicht so geschlossen, als daß es einen langen, verlustreichen und wirtschaftlich entbehrungsreichen Krieg auf Jahre aushalten wird.

Ich wälze hier die schwierigsten Probleme, Du ahnst nicht, wie das Leben um mich herumwirbelt; Uta klettert hinter meinem Rücken auf dem Stuhl herum, und die anderen reden, schreien, jetzt kommt auch noch der Blanka ihr kleiner Junge mit dem Lisbethchen zu Besuch. Uta ruft zum Abendessen, da will ich doch erstmal aufhören. – So, jetzt kann es weitergehn. Wir haben zu Abend gegessen mit dem üblichen Krach. Das Theater kennst Du ja. Aber es hat uns gut geschmeckt. Vom Turm läuteten heute die Kirchenglocken den Abschied. Sie werden bald als Granaten über Eure Köpfe hinwegbrausen. Das ist halt der Krieg, da muß die Sentimentalität schweigen. Mit wieviel Mühe hat damals der Kuratus Arend die Glocken lange Jahre nach dem [Ersten] Weltkrieg beschafft. Du wirst es noch wissen, ich habe damals ein Bild davon gemacht auf dem Kirchplatz, Detlev sitzt auch dabei, mit der grünen Zipfelmütze. – Uta hat ausgerechnet, daß sie noch zweimal schlafen muß, bis das Christkindchen kommt, darum läßt sie sich auch gerne ins Bett bringen. – Als wir im vorigen Jahr alle beisammen waren zu Weihnachten, da ahnte ich, daß einer von uns fehlte. Unsere Gedanken werden bei Dir sein, alle Lichter des Baumes brennen nur für Dich.

Leb wohl, Gott behüte Dich und führe Dich gesund wieder in unsere Mitte. Sei herzlich von uns allen gegrüßt, Dein Vater.

An den Sohn *Thalau, 27. Dezember 1941*

Lieber Helmut –

seit Deinem Schreiben vom 8. Dezember warten wir täglich auf weitere Nachrichten von Dir. Ich habe Mutter schon vergeblich klar zu machen versucht, daß es Dir jetzt wohl nicht möglich sein wird zu schreiben. In Deinem letzten Brief teiltest Du mit, daß Ihr in O[rel?] Lebensmittel empfangen habt und auf Eurem schadhaften Fahrzeug wieder steckengeblieben seid. Jetzt wirst Du wohl bei der Kompanie sein und hoffentlich recht viel Post gekriegt haben. Von mir scheinst Du noch recht wenig erhalten zu haben. Der Wehrmachtsbericht meldet, daß die Russen immer noch heftig angreifen, gerade auch im mittleren Kampfabschnitt der Ostfront. Ich meine aber, ein Heer, das solche Siege errungen hat, läßt sich nicht so ohne weiteres in die Defensive drücken; von uns sind diese Rückzugsbewegungen absichtlich gewollt[410]. Neben den Aufrufen zur Ablieferung von Wollsachen sollen jetzt auch Ski und Skiausrüstung gespendet werden[411]. Mutter will Deine Ski auch abliefern, aber ich bin nicht dafür. Wenn wir zwei Soldaten stellen, dann tun wir nach meiner Meinung wirklich genug. Ich sitze in der Küche; ich habe mich hierher zurückgezogen, denn oben in dem neuen Zimmer ist Hochbetrieb. Gerhard aus Mackenzell ist da, um das Paket abzuholen, das ich von Martin mitgebracht habe[412]. Er wollte eigentlich schon heute fahren, aber es gefällt ihm so gut hier, daß er sich noch nicht entschließen konnte abzureisen. Uta läßt ihn keinen Augenblick in Ruhe. Jetzt ist sie endlich im Bett. Aber die drei anderen treiben mit ihm allerlei Allotria [Schabernack]. Heute ist Schnee gefallen, und Moni, Detlev und Gerhard sind zum ersten Mal mit Skiern unterwegs gewesen, aber es ging noch nicht recht. Ich habe diesmal keine rechte Lust dazu. Ihr werdet im Osten auch mit Schi ausgerüstet sein müssen bei dem vielen Schnee. Morgen wollen wir Dir ein Paket mit warmer Winterbekleidung schicken; es wird ja reichlich spät ankommen, aber der russische Winter dauert noch lange. Mutter sagt, sie hätte Dir schon allerlei Sachen gesandt; ob das jetzt in Deiner Hand ist? [...]

1942

An den Sohn *Thalau, 2. Januar 1942*

Mein Helmut –

[...] Gut, daß Ihr nun endlich warme Sachen bekommen habt. Hier wurde, wie in ganz Deutschland, auch für die Front gesammelt; es ist viel zusammengebracht worden, ich hätte es gar nicht gedacht. Wollsachen haben wir nicht gespendet, aber Monis und Deine Schi haben wir auch abgeliefert. Mutter wollte es unbedingt; ich hatte gedacht, daß wir schon genug leisteten, aber sie tat es nicht anders. Sie hat ja auch recht, was kommt es schon darauf an; Du kannst meine haben, wenn Du sie mal brauchen solltest. Du schreibst sehr anschauliche Briefe, ich kann mir das alles sehr gut vorstellen. Das laute Geschrei ist eine Eigentümlichkeit der Deutschen, das sagten mir auch schon die Polen, die haben es ja auch schon oft genug erfahren. Aber es ist gar nicht so schlimm gemeint. Genauso ist das mit den üblichen Schweinigeleien; die Kerle denken sich oft meist gar nichts dabei, wenn sie solche Ausdrücke brauchen, in anständiger Gesellschaft betragen sie sich auch mustergültig. Das erlebe ich immer bei meinen Sportlehrgängen. In meiner Gegenwart machen sie das auch nicht, anders natürlich, wenn sie unter sich sind. Aber das ist ihre Welt, sie haben eine ganz andere Perspektive als wir; falsch und spießig wäre es aber, sie deshalb als minderwertig anzusehen. Ich kann es auch verstehen, daß Du bei Gelegenheit der Zechereien mittust, nicht etwa, weil einem das ein besonderer Genuß wäre, sondern einfach, um nicht aus der Reihe zu fallen. Man verscherzt sich geradezu die Sympathie der Kameraden, wenn man sich ausschließt. Selbst in Offizierskreisen wird einem das übelgenommen. Ich bin ja jetzt ganz selbständig und brauche die Kasinoabende nicht mitzumachen. Aber manchmal kann ich mich nicht ausschließen, da mache ich auch mit. Ein besonderes Kapitel ist immer die Frau; man müßte annehmen, das wären alle minderwertige Subjekte, und ihre Frauen nicht viel anders, aber lernt man diese Leute in der Familie mal kennen, dann ist man erstaunt über die Biederkeit und Ordentlichkeit. [...] Die Änderung in der allgemeinen Lage ist uns nicht unbekannt geblieben. Man hat darüber seine besonderen Gedanken. Das Bärenfell wird immer erst dann verteilt, wenn der Bär wirklich erlegt ist, sonst macht man sich lächerlich. – Ich schicke Dir das »Lachende Soldatenbuch« von Max Jungnickel[1] mit, das mir Malkmus[2] zum Jahreswechsel 1915 auf [19]16 ins Feld sandte. Ich mag J[ungnickel] im allgemeinen nicht wegen seiner Überschwenglichkeit, aber dies Büchlein ist mir auch noch teuer wegen seines hohen Idealismus. Ja, das ist ewiger deutscher Adel, den wir heute so bitter wenig um uns sehen. In Poelcapelle[3] vor Ypern lagen wir anno [19]14 in einem Brauereikeller, und einer las den »Faust«[4] vor, und bei anderer Gelegenheit lasen wir in der Bibel. Wer wird diese Bücher heute im Tornister haben? Man sagt, uns fehle heute die sittliche Idee, aber Ihr werdet in diesem Russenkrieg erfahren haben, wofür Ihr draußen seid, was deutsche Kultur ist. Wenn nur von allen dies so begriffen würde, daß sie wie Herren auftreten! [...]

Was soll man zu den Kriegserklärungen[5] sagen? So mußte ja alles kommen. [Die] USA haben das von langer Hand vorbereitet, sie nehmen sich Zeit, für sie ist der Ausgang des Krieges ein Rechenexempel. Wenn es uns gelingt, die Russen im nächsten Jahre entscheidend zu schlagen, dann können wir den Ausgang des Ringens auch in Ruhe abwarten, vorausgesetzt, daß Italien durchhält. [...]

Tagebucheintrag (Fragment) *(Warschau,) ca. 6. Januar 1942*

[...] Dieser anbrausende Zug ist mir immer ein Symbol der dunklen Mächte, die uns beherrschen, der [sic!] wir willenlos uns ergeben müssen. In Berlin um 7.45 [Uhr] vom Charl[otten]b[ur]g[er] Bahnhof Abfahrt nach W[arschau]. 19.30 [Uhr] in Warschau. Hier ist Winter. Wegmann[6] holt mich ab. Der neue Lehrgang ist wieder abgesagt. Meine Arbeit in der Sportschule in Frage gestellt. Kann die Auflösung aber verhindern. Sportamt bleibt mit 2 Unteroffizieren und 2 Mann besetzt. Man will mich an der Kommandantur beschäftigen. General[7] eröffnet mir, daß ich wieder Dienst in der Kompanie mache beim Wachregiment. Das ist mir recht.

An Ehefrau und Kinder *Warschau, 6. Januar 1942*

Liebe Annemie, liebe Kinder –
ich bin gut hier angekommen. Die Fahrt ging ganz gut, obwohl ein fürchterliches Gedränge im Zug war. Ich hatte einen Sitzplatz und bin gar nicht so müde. Ein Kamerad holte mich ab. Von Euch liegen zwei Päckchen vor. [...] Von Helmut diese beiden Karten und der Brief. Den Ort Mzlurk[8] habe ich nicht auf der Karte gefunden. Er muß in der Gegend von Orel sein. Vielleicht findet Ihr ihn auf einer größeren Karte im Lexikon. Die Hauptsache, unserm lieben Jungen geht es gut. [...]

Wie einsam sitze ich jetzt wieder hier. Es gibt eine Veränderung; der nächste Lehrgang ist abgesagt, angeblich wegen Fleckfieberschutzmaßnahmen. Morgen höre ich Näheres. Meine liebgewordene Tätigkeit findet damit ein jähes Ende. Ich ahnte schon so etwas. Seid herzlichst gegrüßt, Dein Wilm, Euer Vater.

Tagebucheintrag *(Warschau,) 8. Januar 1942*

Ein ganz großer Glückstag. Helmut ist plötzlich da. Er ruft mich von Praga[9] aus an, kommt von der Front bei Orel mit 2 andern Kameraden, die auch Medizinstudenten sind. Sie sind versetzt zur Sanitätsschule nach Kassel. Eine Stunde später umarmen wir uns. Entlausung.

Tagebucheintrag *(Warschau,) 11. Januar 1942*

Vormittags Reiten. Auch Helm[ut] versucht es. Abreise am Mittag. Wir scheiden wie zwei liebe, alte Kameraden. Nicht wie Vater und Sohn. Das graue Tuch macht uns gleich.

An Ehefrau und Kinder *Warschau, 11. Januar 1942*

Meine Lieben –

war das eine Freude, als mich Helmut am Donnerstag anrief am Telefon. Ich war so überrascht, daß ich ihn gar nicht an der Stimme erkannte. »Gefreiter H[osenfeld].« Ich denke, gibt es denn einen Verwandten, der am Ende hier irgendwo ist? Als er aber sagte, »Vater, bist Du es?«, da war ich ganz verzaubert vor Glück und Freude. Ich bin ihm in die Stadt entgegengefahren. An der Kommandantur traf ich ihn. Ach, wie sah er aus, ganz schwarz im Gesicht, aber so lieb und treu. Ich hab ihm gleich einen Kuß gegeben. Bepackt waren die drei wie die Esel. Er wird Euch nun alles selbst erzählen. Ich hoffe, daß er, wenn Ihr diesen Brief bekommt, schon bei Euch ist. Was für ein unsagbares Glück ist das doch. Ich kann es immer noch nicht fassen. Die drei Tage, die er hier war, sind so voll Glück für mich gewesen. Wir haben uns so viel erzählt. Wie gut haben wir uns verstanden. Er kommt mir gar nicht vor wie mein Sohn, sondern wie mein Kamerad. Nachts sind wir aufgeblieben und haben erzählt. Die Tage sind mir entschwunden wie Minuten. Als ich wieder allein zu Hause war in meiner Stube, da überfiel mich meine Einsamkeit. Ich hätte heulen können. Von so einem lieben Menschen ist man nun getrennt. Wer weiß, für wie lange. Aber ich will nicht klagen, ich bin so dankbar und glücklich. Was wird das für einen Jubel bei Euch gegeben haben, als das Telegramm ankam! Hatte ich nicht recht, meine liebe Annemie, als ich Dir sagte: H[elmut] kommt einmal hierher, und wir machen ein Fest. Es war ein dreitägiges Fest. Er wird Euch erzählen, wie ich mit den drei Frontsoldaten bei Schoenes war. Sie sollten mal in einem schönen, warmen Zimmer am gedeckten Tisch sitzen. In meiner Freude hatte ich Herrn v[on] Sch[oene][10] Mitteilung gemacht. Er lud uns auch gleich ein. Der Abend dort war sehr schön. Wie gut tat den Jungen die herzliche Gastfreundschaft und das riesige Interesse an ihrem Kriegserleben. Sie waren den ganzen Abend der Mittelpunkt, sie ließen sich bedienen und verwöhnen wie brave Kinder. Na, H[elmut] wird Euch auch davon berichten. Ich habe ihm hier alles gezeigt. Ich bin so froh, daß ich ihm alles zeigen konnte. Jetzt weiß wenigstens ein lieber Mensch von Euch, wie ich hause und was ich tue. Er meinte, das müßtest Du auch mal sehen, liebe Annemie. Was ich nur Schönes wußte, wollte ich dem guten Jungen antun. [...]

Tagebucheintrag *(Warschau,) 13. Januar 1942*

[Minus] 20° Kälte am Morgen. Ich gehe heute zum Reiten und will auch in der Folgezeit das Reiten wieder aufnehmen. In der Kompanie, in der ich jetzt wieder Dienst mache, ist nicht viel zu tun. Ich komme mir vor wie ein Nichtstuer. Meine Tätigkeit ist ohne Ziel und Sinn. Die liebgewonnene Arbeit mußte ich aufgeben. Aber ich will mir jetzt neue Arbeit suchen und planmäßig und mit Energie daran arbeiten. [...]

Tagebucheintrag *(Warschau,) 16. Januar 1942*

Heute bin ich seit langer Zeit das erste Mal wieder auf Kommandanturwache gezogen. Ich glaube, es war im April [19]41 das letzte Mal. Seitdem hat sich nicht viel hier geändert. Die Aufgaben der Wachen sind zwar andre, die Soldaten auch, aber der ganze Betrieb ist doch der gleiche geblieben. An dem Bücherstand im Hotel Bristol[11] habe ich drei Kinderbücher gekauft und für A[nnemi] von Ina Seidel »Das Wunschkind«[12]. Ich lese in Hebels »Schatzkästlein« die Geschichte »Zwei Kriegsgefangene in Bobruisk«[13], und ich denke, wie sind diese Menschen früher doch gut und edel gewesen, auch im Krieg, und ich zweifle, ob das der Fall ist. Ich glaube nicht, daß es die Kriegsgefangenen bei den Bolschewisten gut haben werden, daß sie überhaupt mit guten Menschen zusammenkommen. Wenn ich sehe, wie bei uns die Kriegsgefangenen behandelt werden[14], wie wird es unsern erst gehen. Der Grund liegt nicht darin, daß es dort keine guten Menschen gäbe, genauso gut wie bei uns, als vielmehr in dem Umstand, daß alle hüben wie drüben verhetzt sind und der Massensuggestion verfallen sind. Das bringt die Propaganda, die die öffentliche Meinung macht, zustande durch Presse, Rundfunk, Massenversammlungen der Partei und durch die Anhäufung der in Kriegsdienst gestellten Menschen. Zu Hause und in ihrer friedlichen Tätigkeit sind dieselben Leute doch ganz andre. Wie ist es möglich, daß sie sich von ihrem bisherigen Denken und Tun so entfernen können? Der Krieg und vielleicht dieser besonders macht sie schlecht und unpersönlich[15], roh und egoistisch. Es wurde erzählt, daß bei der Pelz- und Wollsammlung die Deutschen den Polenfrauen die Kleidungsstücke abgenommen hätten, Pelzmäntel, Pelzkragen und Muffe. Bei einer Unterhaltung darüber, in der ich sagte, daß das doch schamlos sei, fanden andre das ganz in der Ordnung; diese selben Leute tragen aber selbst ihre Pelze weiter und denken nicht daran, sie zur Verfügung zu stellen. Sie selbst wollen kein Opfer bringen, deswegen rechtfertigen sie diese Ungerechtigkeit an dem Gegner. Das ist eins der vielen Anzeichen des Mangels an heroischem Geist, an Opferwillen bei uns. Große Worte werden geredet, aber es fehlt der persönliche Einsatz, die sittliche Idee an das große Ganze. Man braucht nur diese Zivilbeamten hier anzusehen, wie die sich einrichten und wie sie ihr Leben einrichten. Ich halte keinen für fähig, ihre [sic!] Stellung aufzugeben, um einen Soldaten an der Front zu ersetzen. Dafür sind sie viel zu egoistisch und jeden großen Geistes bar.

Tagebucheintrag *(Warschau,) ca. 18.–22. Januar 1942*

Die nationalsozialistische Revolution trägt in allem den Stempel der Halbheit. Die Geschichte berichtet von der Französischen Revolution grausame Tatsachen, erschütternde Unmenschlichkeiten ebenso, wie der bolschewistische Umsturz die tierischen Instinkte haßerfüllter Untermenschen entsetzliche Untaten an der herrschenden Schicht verüben ließ. Mag man vom menschlichen Standpunkt aus beides aufs tiefste bedauern und verurteilen, so muß man doch das Bedingungslose, das Entschiedene, Rücksichtslose und Unwiderrufliche anerkennen. Es gibt kein Paktieren, keinen Schein, keine Zugeständnisse. Was diese Umstürzler tun, tun sie ganz, zielbewußt und ohne Rücksicht auf Weltgewissen und Moral und Herkommen. Die Jakobiner sowohl als die Bolschewisten schlachten die herrschende Oberschicht ab und richten die königlichen Familien hin. Sie brechen mit dem Christentum und führen einen Vernichtungskampf dagegen mit dem Ziel der gänzlichen Austilgung. Sie sind von ihren [Ideen?][16] besessen, nicht nur fanatisiert; daher gelingt es ihnen, die Menschen ihres Staatsvolkes in Kriege zu verwickeln, die sie mit Schwung und Begeisterung führen, damals die Revolutionskriege, heute den Krieg gegen die Deutschen. Ihre Theorien und Umsturzgedanken üben eine ungeheure Kraft aus über die Volksgrenzen hinaus.

Die Methoden der Nationalsozialisten sind andre, im Grund aber verfolgen auch sie den einen Gedanken, die Ausrottung, Vernichtung der Andersdenkenden. Gelegentlich erschießt man soundso viele, auch Volksgenossen, aber man vertuscht und verschweigt es vor [der] Öffentlichkeit, man sperrt sie in Konzentrationslager, läßt sie dort langsam verkommen und zugrunde gehen. Die Öffentlichkeit erfährt nichts davon. Wenn man schon Staatsfeinde ergreift, muß man auch den Mut haben, sie vor der Öffentlichkeit zu brandmarken und dem Gericht der Öffentlichkeit zu übergeben. Man liiert sich mit den herrschenden Schichten des Großkapitals der Industrie und hält das kapitalistische Prinzip aufrecht, predigt aber den Sozialismus. Man erklärt das Recht der freien Persönlichkeit, der Religionsfreiheit, vernichtet aber die christlichen Kirchen, führt einen heimlichen, unterirdischen Kampf gegen sie; man redet vom Führerprinzip und dem Anrecht des Tüchtigen auf freie Entwicklung, macht aber alles davon abhängig, ob einer in der Partei ist. Auch der Tüchtigste, Genialste wird kaltgestellt, wenn er abseits stehen bleibt. Hitler bietet der Welt den Frieden an, rüstet aber zu gleicher Zeit in unheimlicher Weise auf. Er verkündet der Welt, daß er nicht daran denkt, andre Völker dem deutschen Staatsverband einzuverleiben, ihnen ihr Recht auf Eigenstaatlichkeit zu nehmen, aber was macht man mit den Tschechen, mit den Polen, Serben? Gerade in Polen wäre es doch nicht nötig gewesen, ein Volk im geschlossenen Siedlungsraum der Eigenstaatlichkeit zu berauben. Und sieht man die Nationalsozialisten mal selber an, wieweit sie die nationalsozialistischen Grundsätze leben, zum Beispiel »Gemeinnutz geht vor Eigennutz«[17]. Vom Kleinen Mann verlangt man es, aber sie selbst denken nicht daran. Wer steht am Feind – das Volk, nicht die Partei. Jetzt zieht man schon die Leute mit körperlichen Gebrechen zum Heeresdienst ein, und in den Parteidienststellen und der Polizei sieht man die geradesten, gesündesten jungen Leute weit vom Schuß ihren Dienst tun. Wofür hebt man sie auf? Den Polen und Juden nimmt man das Eigentum, um es sich selbst anzueignen und sich in seinen Genuß zu setzen. Jene haben nichts zu essen, darben und frieren, man selbst nimmt keinen Anstoß daran, für sich alles zu nehmen und zu verprassen.

An Ehefrau und Kinder *Warschau, 19. Januar 1942*

Meine Annemie –
nach Helmuts Abreise befiel mich eine tiefe Niedergeschlagenheit. Ich weiß nicht warum. Es kam mir so recht zum Bewußtsein, wie unfruchtbar und leer mein Leben ist ohne Euch. Ich habe mich an dem Jungen sehr gefreut, wir waren wie gute Freunde; es war so, als könnten wir uns letzte Dinge anvertrauen, keine Fremdheit, kein Mißverstehen, ein schönes Aufeinandereingehen und eine große, schöne Zuversicht und – Liebe. Er sowohl als ich haben das natürlich versteckt, aber wie beglückt [er] war, mir etwas zu schenken und dazulassen, und wie gerne gab ich ihm. Noch heute tut es mir leid, daß ich ihm für die Reise keine Plätzchen und Äpfel einpackte. Wir mußten schnell alles zusammenpacken, und ich vergaß darauf [sic!]. Nachher hatte der Zug eine Stunde Verspätung. – Ich warte jeden Tag auf Nachricht von Euch und von ihm. Welches Glück haben wir, hat er, daß er jetzt raus ist. Gerade vor Orel sind jetzt große Abwehrkämpfe. Man weiß nicht, wie noch alles wird, aber jetzt hat er es doch mal gut, und Du bist die Sorge los. Ich kann mir den Jubel bei Euch vorstellen, als Ihr erfuhrt, daß er heimkommt.

Ich habe für Dich ein Buch gekauft. Ina Seidel, »Das Wunschkind«[18]. Wenn Du es Dir inzwischen, bis ich es Dir zusenden kann, in der Landesbibliothek ausleihen kannst, dann tue es doch bitte. Es hat an die 1000 Seiten, und ich komme nicht häufig dazu, nur jeden Tag einige Seiten. Seit der »Christin L[avranstochter]«[19] habe ich noch nicht wieder ein solches Buch gelesen. Jede Seite lese ich mit Bedacht und voll Teilnahme. Ich weiß, das ist ein Buch für Dich. Es beginnt in der Zeit der Französischen Revolution in Mainz. Ich denke immer, was gibt es doch für große Frauen, geniale Menschen, die solche Bücher schreiben können. Ich schreibe wohl auch mal meine Gedanken nieder und halte Umschau in die Welt und suche einzudringen in das geheimnisvolle Rätsel »Mensch«, aber wie diese Dichterin hineinschaut, wie sie das blutwarme Leben in Worten weiterreicht, daß man erschrickt und das eigene Leben oft wiedererkennt wie in einem klaren Spiegel, das ist Gnade, das ist Genius. – Wenn ich mich recht entsinne, ist Ina Seidel Katholikin. Ich bin noch nicht weit genug, um das aus dem Buch herauszulesen. – Ich danke Dir auch für die zwei Bücher, die Du mir mitgabst und auch für das Weihnachtsbuch. Ich verstehe diese Art nicht so gut. Wehner[20] schreibt mir zu mystisch und undurchsichtig, ich liebe die klare, einfache Sprache, die die Dinge so darstellt, wie sie sind, aber das Geheimnis dahinter spüren lassen [sic!].

Ich habe Dich fest an der Hand, sei gegrüßt, Dein Wilm.

Tagebucheintrag *(Warschau,) 22. Januar 1942*

Ausbildung eines Jagdkommandos[21] auf Schi. Vorläufig lernen [die] Soldaten erstmal auf den Schi laufen. Sonst bin ich von anderm Dienst befreit. Ich mache mir Vorwürfe, daß ich nicht genügend zu tun habe, aber allmählich tröste ich mich damit, daß ich alles annehme, wie es kommt; wer weiß, wie lang ich hier bleibe und was später kommt. Vorläufig bin ich ganz glücklich, daß ich es so schön hier habe. Früh um 6 [Uhr] stehe ich oft auf, mache einen Lauf, heute 3 km auf knirschendem Schnee; die kalte Luft zieht durch die Nase, daß sie schmerzt, dann gehe ich unter die Brause; oft ist sie warm, aber hinterher dusche ich mich kalt ab. Auf den geräumigen Gängen turnt es sich schön. 1 Stunde vergeht, bis die Körperpflege beendet [ist]. Ich fühle mich frisch und gesund und unbeschwert. Dann kann ich auch beten und in der Bibel lesen, aber wenn ich noch müde im Bett gelegen habe und mit Unlust erwache, dann ist der Morgen ohne Schwung und Kraft. Unschlüssig wende ich mich bald diesem, bald jenem zu. Wenn ich aber des Körpergefühls durch Gymnastik und

Waschen bewußt geworden bin, dann geht alles viel leichter. Ich lese das Buch [von] Ina Seidel, »Das Wunschkind«[22]. Es ist ein tiefes Buch.

Tagebucheintrag *Warschau, 22. Januar 1942*

Moni zum 18. Geburtstag[23].

Meine liebe Anemone – in wenigen Tagen ist Dein 18. Geburtstag. Nun bist Du kein kleines Mädchen mehr, nun bist Du eine erwachsene Jungfrau, ein voll erblühtes Menschenkind. Wir haben Dich als winziges Samenkorn in uns getragen, ich, Dein Vater, und sie, Deine liebe Mutter. Lange Geschlechterreihen sind vor Dir gewesen, in uns beiden haben sie sich zu einer Ganzheit verschmolzen und haben Dir das Leben geschenkt in uns, durch uns. Als eine zarte Knospe haben wir Dich in den Händen gehalten, Dich geschützt und gepflegt. Nun bist Du groß und rein erblüht und gehst Deinen eigenen Lebensweg. Wir stehen mit segnenden Händen neben und über Dir. Unsere Liebe, der Du entsprossen bist, begleitet Dich auch fürderhin. Bald wird Dich Dein Weg herausführen aus der Geborgenheit des friedlichen Kreises Deiner Kinderjahre. Aber mit tausend feinen Fäden bist Du ihm verwachsen und verbunden. Dein Weg wird Dich immer wieder dorthin zurückführen, von wo Du gekommen bist, und Du wirst immer die Wärme und Sicherheit dieses Ortes suchen und finden.

In unserm Büchergestell ist ein Buch: »Das Haus in der Sonne«. Darin hat ein Maler seine Tochter gemalt. Achtzehn Jahre, steht darunter. Seit langem habe ich dieses Bild nicht mehr gesehen, aber es ist mir gut in der Erinnerung. Das Mädchen lehnt an ein junges blühendes Apfelbäumchen. Sie wetteifern beide im Liebreiz der Jugend, in ihrer Reinheit und Zartheit, und man vergißt im Anschauen des lieblichen Bildes, wie schwach und weich das Bäumchen ist, wie leicht es geknickt werden könnte, wie ein Sturm es zerzausen und ihm seinen Blütenschmuck zerreißen könnte. Aber sie stehn beide fest und stark in dem fruchtbaren Mutterboden der heimatlichen Erde und wurzeln sich darin fest. Mit rührendem Vertrauen blicken die klaren Augen der Jungfrau in das

Blau des Himmels und in die Buntheit der Frühlingswelt. So sehe ich Dich, meine liebe A[nemone]. Weit fort bin ich von Dir und muß alle Sorgen um Dich der lieben Mutter überlassen, aber meine Gedanken sind oft bei Euch und fragen nach Euch und sehnen sich in Eure Mitte. Und ich male mir aus, wie schön es sein wird, wenn ich wieder bei Euch sein darf und für Euch sorgen kann. Wann aber dürfen wir wieder die Werke des Friedens tun? Wann wird die Trennung ein Ende haben? An meinem Fenster rollen die Kolonnen schwerer Lastzüge ostwärts, drüben starren die rauchgeschwärzten Trümmer einstmaliger menschlicher Wohnungen, dazwischen laufen in dicker winterlicher Vermummung frierend und hungernd die Menschen dieser Stadt. Schwere Soldatenstiefel dröhnen auf dem Pflaster. Ein fernes Soldatenlied trägt der Wind zu mir herein. Einsam sitze ich zwischen diesen lieblosen Wänden. Wer fragt nach mir, wen geht es an? Jetzt steigen glitzernd die Sterne auf, mit tausend Augen sieht die unendliche Weite zu mir herein, und ich weiß, das sind die Augen des Himmels, darunter sind die treuen Lichter meiner Lieben, ich zähle sechs der hellsten und schönsten heraus. Sie senden mir allabendlich ihren Gruß mit stillem, tröstendem Leuchten. Mag auch der graue Tag, mögen die dunklen Wolken sie dem Auge entrücken, sie sind doch da und kommen immer wieder und sind einfach und eindringlich in ihrer keuschen Helle. Sie stehn so hoch und hehr, nichts rührt sie von all dem Menschenleid, von Menschennot und Haß. Fest und ehern sind die Gesetze, nach denen sie ihre Bahnen gehn, geführt von weiser Schöpferhand. So seid Ihr meine lieben Lichter, und ich bete, daß Ihr mir erhalten bleibt, und freue mich an Euerm stillen, fernen Schein.

Dir aber, meine liebe Moni, sende ich heute besondere Grüße und Wünsche. ...

Auf Kommandantur-Wache, 22.1.42.

Tagebucheintrag *(Warschau,) 22. Januar 1942*

Jeder Wehrmacht-Bericht bringt Meldung über erbitterte Kämpfe an der russ[ischen] Front. Die Russen greifen von Petersb[ur]g bis in die Krim ununterbrochen an[24]. Der d[eutsche] Bericht nennt keine Namen. Er spricht vom nördlichen, mittleren, südlichen Frontabschnitt. Ob die eine oder andere Stadt vom Feind erobert wurde, erfährt man erst nach einiger Zeit, wenn es gelang, sie wiederzugewinnen. Von hier anlangenden Soldaten erfährt man manchmal von den großen Verlusten an Menschen und Material. Das Erstaunliche ist, daß die Sowj[ets] jetzt mitten im kältesten Winter angreifen. Sie hätten doch die Ruhe, sollte man meinen, so nötig wie wir; dazu, als es hieß, sie seien bereits tödlich getroffen, und es bedürfte nur noch einer letzten Anstrengung, um sie ganz zu vernichten. Über diese Ausführungen des Führers vom 5.10.41[25] und über die Presseauslassungen hat man, besonders in Soldatenkreisen, allgemein gelacht, ja, [sie] mit bitterem Hohn empfunden. Die Zivilstrategen treffen die Sowjets zu Tode, und sie, die Soldaten, gehen stiften vor ihnen. Mit einem gewissen Galgenhumor berichten sie, wie sie alles im Stich lassen mußten. Diese zu früh gepflückten Lorbeeren hängen als welke Kränze dem verabschiedeten Oberbefehlshaber, Generalfeldmarschall von Brauchitsch[26], um die Stirne; auch andere Generalfeldmarschälle[27] sind mit dieser Last abgetreten. Generalfeldmarschall von Reichenau[28] ist einem Herzschlag erlegen. In Afrika ist General Rommel weit zurückgeschlagen[29]. Aber die Japaner machen gute Fortschritte[30]. Hoffentlich bleiben es nicht nur Anfangserfolge. Der Winter [19]41/42 hat schwere, unerwartete Schläge gebracht. In Deutschland werden umfangreiche Aushebungen vorgenommen. Neue Verbände sind in der Aufstellung. Der Mai wird mit einer gewaltigen Offensive beginnen[31], vordem ist wegen der schlechten Wegeverhältnisse im Osten nichts zu machen. Seitdem die großen Fliegerhelden Major Wieck [Wick], Oberstleutnant Mölders den Fliegertod fanden[32], hört man nichts mehr von überragenden Leistungen großer Fliegerhelden. Vielleicht will man ihre Namen auch nicht nennen.

Bei der Postenkontrolle stelle ich fest, daß einzelne Männer nicht ihre Pflicht so tun, wie sie von ihnen erwartet werden muß. Kein Wunder, wenn Sabotageakte so leicht verübt werden können, wie der gestrige Brand von 2 Strohscheunen von je 5000 t Stroh. [...]

Tagebucheintrag *(Warschau,) 23. Januar 1942*

Die jungen Offiziere der Führerreserve, die hier auf den Abruf zur Front warten, beteiligen sich sehr rege an dem Sportbetrieb in der Sportschule. Unter anderem ist große Nachfrage nach Reitgelegenheit, aber es stehen keine Pferde zur Verfügung. Dagegen hat der Gouverneur einen zivilen Reiterverein gegründet mit 30 Pferden. Sie werden geritten von den Zivilbeamten, Schreibmaschinenfräuleins und so weiter. Die Frau Gouverneur hat 2 Reitpferde. Die Wehrmacht hat keine, aber die Zivilisten. Dem Kommandanten von W[arschau] steht kein Reitpferd zu, aber der Gouverneur kann sich zwei halten, außer den 2 für die Frau. Sind das nicht unmögliche Zustände? Offiziere, die morgen zur Front gehen, können das Reiten nicht lernen, weil die Wehrmacht weder Pferde noch Futter hat. Dort stehen 30 Pferde zum Vergnügen der Zivilisten, außerdem unterhält die SS-Totenkopf-Reiterstandarte[33] einen Rennstall von 25 Pferden. Für wen?

An die Ehefrau *Warschau, 26. Januar 1942*

Meine Annemie –

[...] Mir fällt da gerade ein, was Helmut mir sagte, und das war so, als ob ich das von mir sagen könnte. Er meinte, alles was er täte, das wäre nur halb; nichts wäre in seinem Leben bis jetzt so gewesen, daß ihn das ganz ausgefüllt, daß er etwas bis ins letzte durchgetrieben hätte. Das wäre früher in der Schule so gewesen und im Studium und auch jetzt im Soldatenleben. Er hat also auch diese Unruhe, dieses Suchen und Schweifen, ihm fehlt wie mir das Einseitige. Wenn ich andere Männer sehe, die sind nur eins, und das sind sie ganz, mag es sein, was es will. Oft sind sie langweilig und spießig, aber sie sind mit dem zufrieden, was sie sind. Ich komme mir so oft als Umhergetriebener vor. Ich mache eine Sache eine Zeitlang, dann lasse ich sie liegen. Das Sture bewundere ich manchmal an anderen. Ich kann immer nur das mit vollem Einsatz tun, wo ich mit dem Gefühl und dem inneren Erleben dabeisein kann. So bist Du zwar auch, aber Du bist klarer und einseitiger. Helmut wird, wenn er den Beruf als Arzt ergreift, diesen in seinem Wesen empfundenen Mangel verlieren, weil ihn der [Beruf] ganz ausfüllen wird. Die

Tätigkeit, die ich jetzt habe, erfüllt mich ganz. Am Freitag wird der nächste Lehrgang einberufen. Er wird diesmal stark besucht werden. Ich freue mich schon auf diese Arbeit. [...]

Tagebucheintrag *(Warschau,) 30. Januar 1942*

Führerrede am 30. Januar anläßlich der Machtübernahme[34]. Warum spricht der Führer nichts von den drängendsten Fragen, dem Krieg? In den letzten 20 Minuten der zweistündigen Rede kommt er erst darauf, obwohl wir doch von Anfang [an] gerade und nur darauf warten. Er wiederholt die bis zum Überdruß so oft wiederholte Geschichte der Partei, nicht ohne die üblichen gehässigen Wendungen gegen die sogenannten Intellektuellen, gegen die Bürgerlichen und gegen die konfessionelle Partei des Zentrums. Ist das jetzt am Platz, wo es um die Geschlossenheit des Volkes geht? Er beschimpft die Führer der Gegner, Roosevelt und Churchill. Die Ausdrücke wie »verlogener Betbruder« und »versoffenes Schwein«, »irrer Trunkenbold«[35] wirken beschämend in dem Mund eines großen Führers, der im Namen des d[eutschen] Volkes vor der Welt steht. Tun das die andern auch? Ich glaube nicht. H[itler] stellt wieder Wechsel aus auf die unbestimmte Zukunft und sagt, daß wir, sobald das Frühjahr kommt, die Russen schlagen werden. Das ganze Volk hat aber noch die falschen Prophezeiungen vom Jahr der Entscheidung 1941 und von dem Sieg über Rußl[and] vom Oktober[36] in mißtrauischer Erinnerung. So recht überzeugend wirkt das alles nicht.

An den Sohn *Warschau, 31. Januar 1942*

Mein Helmut –

[...] Hier schwirren natürlich eine Menge Gerüchte durcheinander, einmal aufgebracht von Frontsoldaten, dann auch fließen hier alle möglichen unkontrollierbaren Quellen der Gegenseite. Die uns gut Gesinnten klammern sich dann umso fester an die deutsch[en] Berichte.

Jetzt müßtest Du einmal bei mir sein. Was ein Leben in meiner Schule herrscht. 60 Soldaten von allen möglichen Formationen kommen zum 3. Lehrgang, unter anderen 7 SS-Unteroffiziere [Scharführer], junge Kerle, die mir ausgezeichnet gefallen. Den Sportbetrieb in der Turnhalle leite ich morgens selbst. Auf fast allen Gebieten sind tüchtige Sportler unter den Lehrgangsteilnehmern, die ich natürlich heranziehe. Nachmittags laufen wir Schi und gehen aufs Eis. Im H.B.L. [Heeres-Bekleidungs-Lager] habe ich 50 Paar Schi und ebensoviel Schistiefel empfangen. In einem benachbarten Park ist ein ideales Gelände für Anfänger. Also fehlt's an nichts. [...]

An die Ehefrau *Warschau, 2. Februar 1942*

Meine Annemie –

[...] Der neue Lehrgang macht mir viel Spaß. Der Sportlehrer ist auch da, aber er kam mit erfrorenen Füßen aus Rußland zurück und kann noch nicht viel machen. Ein zweiter akademisch gebildeter steht mir nun auch zur Verfügung. Bei den 60 Teilnehmern könnte ich es allein nicht schaffen. Wir treiben Schisport, Eislauf, Schwimmen, Hallengymnastik, Boxen, daneben Tischtennis, Singen. Der Tag ist gut ausgefüllt, sehr abwechslungsreich, und die Leute sind mit Eifer dabei. Leider ist einer an Scharlach erkrankt. Ich befürchte, daß, wenn ein zweiter Fall eintritt, der Lehrgang geschlossen wird. Verletzungen kommen natürlich jeden Tag vor. [...]

An den Sohn *Warschau, 6. Februar 1942*

Mein Helmut, ich danke Dir für Deine lieben Briefe. Den Brief an Frau v[on] S[choene][37] habe ich abgegeben. [...] Ich hatte sie mit ihrem Mann gestern abend zu einer Gemeinschaftsfeier eingeladen, die ich mit dem laufenden Lehrgang abhielt. [...]

Der Abend gestern war recht stimmungsvoll. Ich hatte einen Klavierspieler und zwei Geigenspieler gebeten, die begleiteten die Lieder meisterlich. Wir sangen Wandervogellieder aus dem »Zupfgeigenhansl«[38] und Landsknechtslieder. Einer spielte Laute. Dazwischen las ich Gedichte. Den Gästen und den Soldaten hat es sehr gut gefallen. – Ich glaube nicht, daß ich etwas erreichen werde mit der Anforderung hierher. K.v.-Soldaten[39] werden nicht im Etappendienst verwendet. Ihr werdet wohl wieder an die Front müssen. Heute hielt ein junger Sanitätsunteroffizier, der im 5. Semester steht, einen Vortrag über den menschlichen Körper. Er ist auch 21 Jahre und wird demnächst zum Ersatztruppenteil zurückgeschickt. Er ist hier bei einem Kraftfahrzeugpark gewesen. Großes Glück hatte er. Von der Front hatte er bis jetzt nichts gesehen. Das, was er vorbrachte, war ganz ordentlich, aber das hättest Du auch gekonnt. Es machte ihm sichtlich Freude, dozieren zu können. [...]

An die Ehefrau *Warschau, 8. Februar 1942*

Meine Annemie –

Du wirst mir nicht böse sein, daß ich Dir die ganze Woche nicht schrieb, nicht wahr? Dein Brief vom 31. [Januar] kam schon am Mittwoch, und heute ist es Sonntag. Eine Woche fliegt nur so herum, besonders wenn man eine so in Anspruch nehmende Beschäftigung hat wie ich jetzt. Gestern ließ ich zum Abschluß der ersten Woche eine schriftliche Arbeit schreiben. Ich bin erstaunt über die guten Niederschriften vieler Männer. Bei Gelegenheit schicke ich Dir einige zu. Jetzt brauche ich sie noch für die Zensuren. Wie dankbar die Leute auch sind für die geistige Anregung, geht aus diesen Arbeiten hervor. Ich bin überhaupt erstaunt und recht befriedigt, daß sie alle mit der Art, wie ich den ganzen Lehrgang leite, einverstanden und oft richtig begeistert sind. Bei allen Vorträgen mache ich keine großen Worte, sondern überzeuge durch Beispiele und ganz klare, einfache Redewendung; oft rege ich durch Frage und Antwort zum Mitgehen an. Unter den Teilnehmern sind manchmal richtige Kanonen; zum Beispiel ist ein fabelhafter Schiläufer dabei, andre sind ausgezeichnete Schlittschuhläufer, Schwimmer und Geräteturner. Ich mache gar keinen Hehl daraus, daß ich das nicht kann. Diese Leute ziehe ich gleich als Übungsleiter heran, und schon sind sie am richtigen Platz, und statt irgendwelcher Kritik habe ich an ihnen prächtige Helfer. Was für Freude ihnen das Singen der Wandervogellieder[40] macht, hätte ich nicht erwartet. In den beiden ersten Lehrgängen hatte ich einen Chorleiter zur Verfügung. Jetzt mache ich es selber. Der hatte nicht die richtige Art, Lust zu erwecken. Ich lese auch vor und bringe Gedichte. Alles fällt auf hungrigen Boden. Zuerst war ich etwas beklommen, als ich die steinernen, unbeweglichen Gesichter anschaute. Sie lassen sich von innerer Teilnahme nichts merken. Ab und zu mal ein Aufleuchten der Augen, ein zustimmendes Nicken, im ganzen aber ungerührte Haltung. Ich klammerte mich dann mal an ein leeres Gesicht, das immer bereit zum Lächeln war, wenn ich dazu Anlaß gab, aber das waren, wie ich später wahrnahm, gar nicht die ernsten, tiefen Männer. Erst die schriftlichen Arbeiten zeigten mir, wie sie reagieren. Man muß seiner Sache nur gewiß sein und sie mit Überzeugung vorbringen, dann hat man Gefolgschaft, zwar erst unter Vorbehalt, aber dann auch entschieden. [...]

An die Ehefrau *Warschau, 12./15. Februar 1942*

Liebe Annemie –

[...] Ich bin nun mitten im Sportparadies, aber vor lauter Schreibkram und Unterricht komme ich tagelang nicht zum Sport. Morgen abend ist die Abschlußvorführung. Hoffentlich sind mehr Besucher da als das vorige Mal. Es ist verkehrt, wenn man arbeitet, um die Zufriedenheit der Vorgesetzten zu erhalten. Da kann man erleben, daß [...] einem der Eifer als zu große Selbständigkeit ausgelegt wird, und das können sie im Tod nicht leiden. So ging mir das heute. Ach, die geistige Anregung. Wo habe ich denn welche? Ich rege mich selbst am meisten an, finde ich immer wieder. Die Arbeit an den Menschen und gute Bücher sind vollends genug. Andre Leute geben mir nicht viel. Ein Spruch aus Deinem Buch ist so viel wie ein Jahr mit andern Menschen, wenn man auf deren Anregung warten wollte. Seit ich aus dem Urlaub zurück bin, war ich noch nicht im Film, 1x im Theater, Operette »Maske in Blau«[41]. Mist. Wenn H[elmut] keinen Urlaub kriegte, das wäre aber schade, da mußt Du ihn in Kassel besuchen. Ich will jetzt ins Bett gehen. Schlaft, Ihr Lieben alle, besonders Du, mein guter Schatz, recht schön. Dein Wilm.

(Fortsetzung) *Sonntag abend, 15.II.42.*

Meine liebe Frau –

[...] Der Abschlußabend in der Turnhalle verlief sehr gut. Es waren sehr viele Leute da, sie waren überrascht über die Leistungen, die gezeigt wurden. [...]

Morgen habe ich Kommandanturwache. Heute früh habe ich den Lehrgang entlassen. Gestern abend hatten wir einen fidelen Abschiedsabend. Ich staune immer, was für gesellschaftliche Talente unter den Soldaten sind. Das war bis jetzt der beste Lehrgang. Es war viel Arbeit mit den 60 Mann, aber es waren tüchtige Sportler darunter. Heute früh jagte ich sie noch einmal zu einem Frühlauf heraus. Sie wollten es erst gar nicht glauben, daß es ernst sei. Als sie den Lauf hinter sich hatten, waren alle sehr fröhlich und guter Laune. [...]

An den Sohn *Warschau, 12. Februar 1942*

Mein lieber Helmut –
wenn Du nur noch bis zum 16. [Februar] in Gera sein wirst, dann will ich Dir doch heute schon den Geburtstagsbrief schreiben. Ich wünsche Dir so viel Gutes, als Du Dir wohl selber nicht zu wünschen wagst. 21 Jahre wirst Du nun. Es ist mir doch geradezu unfaßbar, daß Du nun schon ein Mann geworden bist, einige Jahre jünger wie ich damals, als ich heiratete. Mit 21 Jahren war ich auch Soldat; wir waren damals, Winter 1916[42], in Kurland, in einer Stellung an der Düna. Wenn ich an diese Zeit zurückdenke, dann scheint es mir, ich hätte sehr oberflächlich gelebt. Nur einzelne Tatsachen sind mir als Erinnerung geblieben, obwohl ich alles im Ganzen behalten habe. Aber was mich so wirklich tief beeindruckte, ist nur dürftig. [...] In diesem Lehrgang war ich so voller Gedanken und Kraft, es war mir ein leichtes, die 60 Mann zu führen. Ich spüre, wie sie mitgehen und sich führen lassen. Sie schreiben in ihren Briefen von mir und zeigen mir ihre Bereitschaft. Ein junger SS-Scharführer[43] widmete mir sein Bild. Sie sind beglückt von dem Erlebnis einer warmen, brüderlichen Gemeinschaft. Ich meine nichts zu empfangen. Aber es ist genug, daß es einem bewußt wird, Kraft zu spenden und Wärme zu spenden. Du bist auch oft ein Einsamer. Laß es Dich nicht anfechten, Du mußt so sein. In Dir ist Geist und Blut in schöner Mischung. Beides wirkt und strebt aus Dir heraus und findet noch kein Ziel. Es ist die Zeit der ewigen Sehnsucht nach Schönheit, Reinheit, nach Weichheit der Frauenliebe und wieder die Lust am Harten, Männlichen,

nach Abenteuer und Entsagung. Ich schrieb es Dir, ich glaube schon einmal, wir sind langsame Naturen. Wir entwickeln uns spät, bleiben lange jung, und so möchte ich sagen, Du bist mit Deinen 21 Jahren noch so unfertig wie das Küken, das aus den Eierschalen schlüpft, und kein Mensch weiß das besser als Du selbst. Aber beginne nur einmal auf einen Menschen zu wirken, den Du ganz allein für Dich hast, dann ist es Dir auf einmal klar, was in Dir steckt. Vielleicht lernst Du ein Mädchen kennen, vielleicht beschert Dir das kommende Jahr einen Freund. Jedenfalls weiß ich, daß Du auf all das warten kannst. Siehst Du, und deswegen mögen Dich die Kameraden nicht; sie leben sich an jedes Ding heran, so wie es ist, spielen damit und lassen es wieder liegen, wie die Kinder, die über einem bunten Scherben eine Goldkugel vergessen. Das tun wir nicht, wir suchen immer nach Gold und sind Schatzgräber immerzu. Das wird Dir besonders mit den Frauen so gehen. »Edle Frauen wirken wie Musik. Sie erzeugen ein Ethos ohne Worte.« [...]

Fein, daß Dich die Arbeit bei den Verwundeten[44] so befriedigt. Das Schönste im Leben ist doch immer der Dienst an den Menschen. Geht man auf sie ein, dann erschließen sie sich so gerne, am ehesten, wenn man sich ihnen nicht anbietet. – Lerne Du nur tüchtig, Deine Sani-HDv [Sanitäts-Heeres-Dienstvorschrift], die andern tun das auch, sie sagen es nur nicht. Und so große Lichter sind sie auch nicht, daß es ihnen von selbst hell wird. Daß Ihr so wenig Schwerverwundete habt! Hier sind die Lazarette überfüllt. Ja, den Film »Ich klage an«[45] habe ich gesehen. Er ist fabelhaft gemacht, und die Tendenz ist sehr geschickt frisiert. Trotzdem bleibe ich bei der Auffassung, der Mensch hat kein Recht zu einem Eingriff in das Leben, in seines nicht und in das eines andren. Wo sind da die Grenzen? Klar und eindeutig heißt das 5. Gebot: Du sollst nicht töten! [...]

An die Ehefrau *Warschau, 16. Februar 1942*

Meine Annemie –

[...] Unter den Kursteilnehmern hat sich eine ganze Anzahl erkältet. Sie sind nichts gewöhnt. Mir macht die Kälte nicht viel aus. Jetzt ist es auch gar nicht mehr kalt. Stürmisch war es hier gar nicht. Bei uns daheim ist das Wetter viel unbeständiger als hier. Du hast doch sonst den Sturm so gern gehabt. Ja, wenn ich bei Dir schlief und Dich im Arm hatte, da konnte es draußen toben, da war es erst recht schön im warmen Nest, nicht wahr, mein Bestes? Aber jetzt ist es Dir, als wenn der Sturm mit harten Fingern auf den Saiten des ruhelosen Herzens spielt und reißt und zerrt, Deine Angst und Verzweiflung auf seine Flügel lädt und Dich hochreißt und stürzen läßt in wildem Flug. Aber Du bist an die Erde gekettet, und die Fesseln schneiden Dir ins warme Fleisch. Ach, meine Annemie, ich denke so gerne an Dich und bin immer um Dich. Ich verlasse Dich nie mehr. Lange Zeit wird es diesmal dauern, bis wir uns wiedersehen dürfen. Es wird eine schwere Zeit für uns beide sein! Aber Du sollst in Ruhe und Zuversicht auf mich warten dürfen, des kannst Du gewiß sein. – Wenn ich morgens früh aus dem Bett gehe und treibe mich zur Abhärtung und zur Leibesübung, dann erwacht in mir eine Freude und eine Lust an der Arbeit, so als wenn ich sagen möchte: Komm her, du Tag, jetzt gehörst du mir, jetzt werde ich dich leben, jetzt bin ich dein Herr. Weißt Du, was Spannung ist? Da erlebe ich sie. Meist hält sie den ganzen Tag an. Ich fühle mich gesund und stark. Ich könnte Dir so viel geben. Nein, denke nicht, Du wirst zu alt! Du nicht! Als ich heute beim Frisör vor dem Spiegel saß und meine Haarlücken betrachtete, da fiel's mir ein, wie mein Vater sich früher das Haar kämmte. Er hatte vorn einen Büschel Haare stehen so wie ich heute, und dann kam ein Stück Glatze, und dahinter war es voll. Auch die Tränensäcke unter den Augen zeigen sich bei mir, aber das macht nichts, ich fühle mich doch noch jung. [...]

An die Ehefrau *Warschau, 20. Februar 1942*

Meine liebe Frau –

[...] Was haben wir für ein Glück und ein Gottes Segen mit unsern gesunden Kindern! Ja, Du hast recht, die kleine Uta kennt mich gar nicht. Aber das ist alles noch nicht das Schwerste und Schlimmste; ein krankes Kind daheim zu wissen, ist unerträglich, glaube ich. Was gibt es für Unglück! Jeden Tag kann man etwas anderes hören, was einen niederdrücken muß. Aber es muß wohl so sein. Gestern war ich zum Begräbnis eines Kameraden. Die Särge stehen in dem Totenhaus in langen Reihen, numeriert. 15 - 20 Soldaten werden jeden Tag in die Erde gesenkt. Es sind lange, tiefe Gruben ausgehoben, die obere Frostschicht muß gesprengt werden. Der Reihe nach werden die Särge hineingetragen. Die Musik spielt, eine Abordnung Soldaten schießt den Ehrensalut, erst spricht der eine, dann der andere Pfarrer. Sie wissen schon nicht mehr, was sie sagen sollen. Hinter dem einen Sarg gehen die Angehörigen, hinter dem zweiten einige Kameraden, die meisten sind ohne Begleitung. Man könnte das größte Gefühl haben, auch das wird abgestumpft. Es geht einem so wie dem Soldaten, der hier Dienst tut. Er ist im Zivilberuf Aschenkästenleerer bei der städtischen Müllabfuhr in Düsseldorf. Nicht anders fertigt er hier die Särge ab wie früher die Müllkästen. Wer kann ihm das übelnehmen, wenn er sich zwischendurch eine Zigarette ansteckt. Aber wenn man das so sieht, dann kommt einem der Ingrimm und der ganze Jammer dieser armen Kerle, und was sind wir tatsächlich [sic!]? Lohnt es sich, daß man so ein Theater um das Leben macht? Wie schwer ist es, weise zu werden!

Wie sehr wünschte ich, wenn Du zu mir kommen könntest. Nicht auszudenken wäre das. Es ließe sich schon einrichten, daß Du bei mir wohnst, und Essen mußt Du mitbringen. Aber vorläufig ist der ganze Verkehr gesperrt. Und das wird noch einige Monate dauern, bis der Aufmarsch[46] beendet ist. Ach, wäre das schön, Dir W[arschau] zeigen zu können, und Du könntest meine ganze Tätigkeit einmal kennenlernen!

Grüße die Kinder! Behalte mich lieb, Dein Wilm.

An die Ehefrau *Warschau, 28. Februar 1942*

Meine Annemie –

[...] Ich komme nicht viel aus meinem Bau, oft ziehe ich gar nicht die Uniform an und bleibe im Trainingsanzug. Wir haben uns jetzt eine kleine Turnhalle eingerichtet hier. Allmählich habe ich aber gar keine Lust mehr am Wintersport. Der

Winter dauert zu lange. Und immer muß ich sorgen, meine Tätigkeit nimmt plötzlich ein Ende, alles, was ich eingerichtet habe, wird auffliegen. Ich rechne eigentlich immer damit. Die Frühjahrsoffensive[47] wird nicht ohne Auswirkung bleiben. – Ja, meine Liebe, ob ich Urlaub kriege? Wer weiß das? Ob Du kommen kannst? Es ist doch nicht so einfach. Ich will alles versuchen, was sich tun läßt. Das wäre eine Freude für mich, aber niemand darf etwas erfahren davon, selbst meine Kameraden nicht. Meine Unteroffiziere, die mit mir im Sportamt sind, schon, aber sonst niemand. [...]

Tagebucheintrag *(Warschau,) 1. März 1942*

Vormittags Schipatrouillenlauf. Ich beteilige mich auch. Es ist mir eine große Genugtuung, mit viel jüngeren Soldaten antreten zu können und sie in der Leistung zu überbieten. 10 Mannschaften zu 1.4[48] beteiligten sich, SS und auch Polizei. – Nachmittags mehrere Fußballspiele, um 5 Uhr Siegerehrung für die Wehrmacht-Meisterschaften im Tischtennis. Ich benutze diese Gelegenheit, um zu den zahlreich erschienenen Sportlern zu sprechen.

An die Ehefrau *Warschau, 3. März 1942*

Meine Annemie –

[...] Immer die Ungewißheit; eigentlich ist unser jetziges Leben von einer steten Ungewißheit überschattet. Sie nimmt einem geradezu die Kraft, etwas Richtiges zu tun. Obwohl es nicht zu meinem Wesen gehört, untätig zu sein, bin ich doch oft von einem müden Verzicht befallen. Es ist natürlich falsch, man soll immer den Tag leben, wie er uns findet und was er von uns fordert, aber man möchte so gerne auch einmal planen und Wirklichkeiten festhalten und für etwas Bleibendes schaffen. Aber bei meiner Arbeit ist es so, was mich heute erfüllt und begeistert, kann morgen für zwecklos zur Seite geschoben sein. Ich muß etwas unter den Händen haben, was in Ruhe und Zuversicht wachsen könnte. Wie sehne ich mich danach, im Garten daheim oder am Bienenstand zu arbeiten und Euch um mich zu haben. Ich lese jetzt ein Buch von Emil Strauß[49], ich schicke es Dir später. Ein Ende der 40iger [sic!] stehender Mann kommt aus dem Krieg nach Hause, findet die frühere Geliebte, wegen deren Untreue er Deutschland verließ, als gealterte Frau wieder. Sie hat eine unglückliche Ehe hinter sich. Er kauft einen Bauernhof und wird Bauer. Wie er da schafft und plant, das ist so richtig nach meinem Herzen. Sie finden wieder zueinander, sie schenkt ihm noch ein Kind und stirbt. Wenn ich ein Buch lese, schaue ich es immer mit Deinen Augen an; ich denke unbewußt, wie urteilst Du, und das ist für uns geschrieben, das ist für Dich und mich.

Du findest auf beiliegenden Blättern einen Vortrag[50], den ich kürzlich vor den Sportwartinnen der Nachrichten-Helferinnen[51] des Generalgouvernements hielt. Ich habe das Büchlein über Frauengymnastik, das ich Dir sandte, zum Teil benutzt. Gefällt Dir diese Arbeit? Die Mädels waren sehr zufrieden und baten mich, ich möchte ihnen eine Abschrift überlassen. Ich unterhielt mich schon des öfteren mit ihnen; ach, was sind das doch oft für unreife Menschen, obwohl sie doch alle höhere Schulbildung haben. (Diese Sportwartinnen, meine ich.) Sonst ist ziemlich viel Gemüse darunter. Du hattest ja schon immer einen gewissen Vorbehalt gegen sie. Am Samstag vermittelte ich eine Gymnastikvorführung einer poln[ischen] Gymnastikschule. Den Leiter dieser Schule lernte ich früher kennen, er gab uns Fechtunterricht. Er führte sein System mit etwa 15 Frauen und Mädchen vor. Da haben unsere biederen deutschen Mädchen sich aber gewundert. Was die ihnen vorturnten! Mir gefiel es nicht so ganz, mir schien diese Art der Leibesübung zu sehr auf Schein und Wirkung abgestellt zu sein. Das geistige Prinzip fehlt. Das ist auch das Wesentliche, womit ich meine Arbeit in der Sportschule der Soldaten zu durchdringen suche. Darum kann ich auf das Volkslied und gelegentliche Dichtung, auf den geistig-seelischen Kontakt mit den Soldaten nicht verzichten. Ich freue mich schon immer wieder darauf, vor sie hinzutreten und diese seelische Verbindung zu knüpfen. – Gelegentlich des nächsten Abschlußabends des 4. Lehrgangs, der heute begann, sollen die Nachrichten-Helferinnen auch mitwirken mit einem Volkstanz und mit einer rhythmischen Gymnastik-Vorführung. Eine polnische

Gymnastiklehrerin gibt ihnen Unterricht. Ich hoffe, daß ich für den Volkstanz Kostüme vom Theater bekomme. – Diese Mädels kommen doch nun alle vom BDM [Bund Deutscher Mädel][52], und die Sportwartinnen waren Führerinnen, aber meinst Du, es wäre eine dabei, die den Sport zu leiten sich zutraute oder einen Volkstanz einzuüben. Aber klug reden können sie. Es sind so viele deutsche Frauen und Mädchen hier, aber beschämend ist es, wie wenig Sinn sie haben für deutsche Kulturbelange. Ich stehe jetzt mit dem Sportamt der Distrikt-Verwaltung in Verbindung; Herr Luckhaus[53] möchte gerne zu mir ins Stadion ziehen, wenigstens sein Büro hier einrichten. Er verspricht sich davon eine bessere Zusammenfassung des zivilen Sportbetriebes. Ich habe hier schon eine zentrale Stelle für den gesamten Truppensport eingerichtet, jeden Sonntag haben wir hier mächtigen Betrieb. Davon verspricht er sich auch eine Belebung des zivilen Sports. Demnächst geben wir auch eine kleine Zeitung heraus, die als Mitteilungsblatt für die Soldaten, die sich für Sport interessieren, gedacht ist[54]. – Ich könnte Dich so schön hier brauchen. Wie würdest Du mir raten können und helfen; diese ganze Arbeit verstehst Du doch auch, jedenfalls hättest Du das größte Interesse daran. Aber Du bist daheim wichtiger, und das, was Du tust, ist Wirklichkeit und Wert; ich baue nur auf Sand, meine Arbeit ist so, als wenn man Rauch in die Luft bläst. Letzte Befriedigung gibt sie mir nicht, aber es ist immerhin etwas anderes als der sture Dienst bei der Truppe. [...]

Tagebucheintrag *(Warschau,) 4. März 1942*

Die Deutschen, die heute nach Polen gekommen sind, als Soldaten oder Beamte, haben hier einen viel schwereren Stand als seinerzeit unsre Vorfahren. Sie wurden zum Teil hereingerufen, jedenfalls brachten sie dem kulturell rückständigen Volk im Osten die Kultur des Westens, verbesserte Arbeitsmethoden im Landbau und höhere Fertigkeiten im Handwerk. Heute sehen wir in der Stadt Warschau eine Bevölkerung, die in zivilisatorischen und kulturellen Ansprüchen einer deutsch[en] Stadt nichts nachgibt; auf dem Land ist ein Rückstand gegen d[eutsche] Verhältnisse offensichtlich. Heute stehn wir einem politisch geeinten Volk gegenüber, das den Verlust seiner Selbständigkeit schwer empfindet. Wenn die Deutschen wirklich Boden fassen wollen, dann müssen sie hervorragende Leistungen zeigen. Leider ist dies nicht der Fall. Mit Gewalt und Unterdrückungsmethoden wird auf die Dauer keine ersprießliche, für beide Teile wertvolle Zusammenarbeit und ein neuer Aufbau möglich sein. Alle deutschen Maßnahmen, so einschneidend sie für das poln[ische] Volk sind, werden von ihm als ein vorläufiges Muß angesehen, dem sie [sic!] mit Fanatismus ein baldiges Ende wünschen. Unter diesen Verhältnissen, die sich auch nicht ändern werden, wird den D[eutschen] nichts anderes übrigbleiben, als eine Diktatur für lange Zeit einzurichten.

An den Sohn *Warschau, 6. März 1942*

Lieber Detlev –

[...] Hast Du meinen Brief erhalten, in dem ich Dir mitteilte, daß Du in diesem Jahr die Bienen versorgen müßtest? Was meinst Du dazu? Wie viele Jungen in Deinem Alter müssen jetzt an die Stelle ihres Vaters treten, und wie viele alte Leute, die sich schon zur Ruhe gesetzt hatten, müssen wieder arbeiten! Das willst Du ja auch gerne, aber Du hast Angst vor dem Stechen und davor, daß Du es nicht richtig machst. Du mußt Dich jetzt halt mit den Bienenbüchern beschäftigen, besonders auch mit der Bienenzeitung. Ich denke auch, Onkel Rud[olf][55] wird noch nicht eingezogen; er befürchtet es zwar, wie er mir schrieb, aber vielleicht hat er doch noch Zeit. Er muß dann einmal kommen und Dich belehren. – Wie geht es in der Schule? Bist Du immer recht gesund? Wie sind eigentlich die Fahrräder im Stande? Fährst Du wieder mit dem Rad nach Schmalnau, oder liegt immer noch so hoher Schnee? Hier ist er fast weg, aber kalt ist es wieder sehr geworden, der Winter nimmt diesmal gar kein Ende. Ich erinnere mich, daß ich am 12. Februar einmal im oberen Garten gelbe Rüben gesät habe, nachher wurde es auch wieder kalt, aber die Samen von Möhren keimen ja lange, und als es dann schönes Wetter wurde, wuchsen sie wunderschön. In diesem Jahr darf man mit dem kostbaren Samen natürlich keine Experimente machen. Habt

Ihr schon Samen von Stellberg bekommen? Sorgt Euch sehr bald vor, sonst ist nichts mehr zu kriegen, und Ihr müßt das Unkraut im Garten wachsen lassen. Für Tante Josefine[56] soll ich hier Zwiebelsamen kaufen, aber es gibt auch hier nichts. Siehst Du, jetzt habe ich einen Brief geschrieben, als wärest Du mein Verwalter, und das ist ja auch ein wenig so, nicht? Mutter muß in diesem Jahr auch Mist besorgen! Wenn sie auch hier und dort abgewiesen wird, irgendwo kriegt sie doch etwas. Das Mistbeet, hatten wir das im vorigen Jahr frisch gefüllt? Ich glaube nicht. Das könnt Ihr ganz lassen, macht nur einen Kürbis hinein, aber erst im Mai die Kerne stecken. Na, das wißt Ihr ja!

Lebe herzlich wohl, grüße alle von Deinem Vater.

Tagebucheintrag *(Warschau,) 8. März 1942*

Es ist immer noch sehr kalt. Am Freitag waren es um 7 Uhr morgens [minus] 22° [Celsius]. Heute früh war ich in der Kirche um 8 Uhr, da hat es mich auch verteufelt gefroren. Der rundliche Pfarrer[57] der Garnisonkirche kam am Schluß zu mir und fragte nach der religiösen Betreuung der Sportler in der Sportschule. Ich sagte ihm, daß es sich wohl wenig lohnte, dort etwas in dieser Hinsicht zu unternehmen. Er will mir aber eine Gottesdienstordnung zuschicken, die ich aufhängen soll. Ich hatte das Gefühl, daß es ihm hauptsächlich darum zu tun war, mit mir zu sprechen, da ich mich schon einige Zeit nicht in der Garnisonkirche sehen ließ.

An die Ehefrau *Warschau, 10. März 1942*

Meine liebe Annemie –

Dein Brief vom 4. [März] erreichte mich gestern. Ein Brief mit einem Anfang von Niedergeschlagenheit und einem vergnügten Ende. Weil Helmuts Besuch in Aussicht ist. Hoffentlich ist er wirklich da. Zunächst wegen Deiner Reise hierher. Warum gibst Du gleich die Hoffnung auf? Gegenwärtig ist eine ungünstige Zeit. Der Zugverkehr ist sehr eingeschränkt, und die Einreiseerlaubnis wird nur in dringenden Fällen erteilt. Es sind immer noch große Transporte im Gang[58]. Später wird es leichter sein. Du mußt Dich noch gedulden. Es wird sich schon machen lassen. Ich glaube es ganz bestimmt. [...] Tagsüber, wenn ich in dem rastlosen Betrieb stehe, vergesse ich das ewige Unerfülltsein, aber abends, wenn ich mir über den Tag Rechenschaft ablege, dann bleibt die Seele leer. Wozu denn alles? Man soll aber nicht so fragen. Ich will meine Pflicht hier tun, will meinen Leuten Kamerad und Vorbild sein und in ihnen seelische Kräfte wecken und sie bereitmachen, das alles zu ertragen, was uns Kriegern hier zugemutet wird und was uns wahrscheinlich noch bevorsteht. Unter meinen Soldaten sind [sic!] eine Anzahl junger Leute; ich weiß, daß sie mich besonders ernst nehmen. Und so will ich auch nicht mehr klagen, und Du sollst es auch nicht mehr. [...]

An Ehefrau und Kinder *Warschau, 15. März 1942*

Meine Lieben –

[...] Ich habe diese Woche auch wenig geschrieben, es gab so viel zu tun. Der 4. Lehrgang schließt morgen ab. Heute, am Heldengedenktag[59], hatten wir eine schöne Feier; auch der gestrige Kameradschaftsabend war sehr nett, ein Opernsänger sang uns sehr schöne Lieder, dazu hatten wir einen tüchtigen Klavierspieler und einen Geiger im Kurs; ganz neu war mir das Spiel auf einer Säge. Ein Unteroffizier vom Kursus überraschte uns damit. Ich hatte das schon manchmal in den Straßen von Warschau gesehen. Es ist ein langes Sägeblatt wie eine Fuchsschwanzsäge, das mit einem Geigenbogen gestrichen wird. Von weitem hört es sich an, als ob eine Frau singt. Unter den Soldaten sind allerlei Talente, besonders unter den älteren. Morgen abend ist wieder ein Abschlußabend, zu dem auch der General[60] sein Erscheinen zugesagt hat. Ich bin gespannt, ob er diesmal kommt. Für die Sportler ist das ein Anreiz und für mich eine Anerkennung. Zugesagt hat er es mir ja.

Dir, lieber Detlev, herzlichen Dank für die Bücher aus dem Hilger-Verlag. Du kannst mir gerne mal welche schicken, wenn Du sie gelesen hast, die kann ich sicher zum Vorlesen gebrauchen. Beim Mittagessen lesen wir immer vor, da vergessen die Leute ganz, daß die Suppe so dünn ist. Das Buch, das ich Dir schickte, »Der Schatz im Morgenbrotstal«[61], haben wir ganz vorgelesen. Das hat den Männern sehr gut gefallen. Jeder UvD [Unteroffizier vom Dienst] liest vor, manchmal trifft's einen, der nicht so gut lesen kann, dann sagt er, er hätte Halsschmerzen, dann kommt ein anderer dran. Ein paar Briefmarken lege ich Dir heute bei, jetzt will ich mal für Dich sammeln. Für Deinen lieben Brief herzlichen Dank, darauf antworte ich später. [...]

An die Ehefrau *Warschau, 18. März 1942*

Meine liebe Annemie –

[...] Der Abschlußabend am Montag ist gut gelungen. Der General[62] erschien mit Gefolge. Es hat ihm alles sehr gut gefallen. Aber ich habe doch einige Zigarren bekommen. Ich mußte anderntags zu ihm kommen. Er ist sehr militärisch, und einige Sachen waren ihm nicht straff genug. Ich hatte auch verpaßt, ihn an der Türe zu empfangen und ihn auf seinen Platz zu geleiten. Obwohl ich alles gut vorbereitet hatte, passierte mir doch das Mißgeschick. Die freigehaltenen Plätze waren von anderen Offizieren besetzt worden, während ich an einem anderen Platz zu tun hatte. Es waren alles Kleinigkeiten, was er zu bemängeln hatte, aber diese Regiefehler dürfen nicht vorkommen. Der Adjutant sagte mir, ich brauchte mir das nicht sehr zu Herzen zu nehmen, der General hätte sich sehr anerkennend geäußert. Mir war es eine Genugtuung und für die Teilnehmer des Lehrgangs ein Ansporn. Ich habe jetzt noch eine Arbeit dazubekommen. Auf dem Stadiongelände ist ein großer Garten mit Mistbeeten und Treibhaus. Ich habe vorgeschlagen, das alles in Betrieb zu nehmen. Das geschieht nun auch, und ich habe die Aufsicht über das Ganze. Nun, denkst Du, fehlen noch die Bienen, dann hat er alles. Aber weit daneben geschossen. Was man hier so tut, ist nur Behelf, nur Betäubung; es steckt in allem kein richtiger Sinn und befriedigt nicht. Ich gehöre doch zu sehr zu Euch, und Ihr fehlt mir an allen Enden.

Gute Nacht, meine liebe kleine Frau. Ich habe Dich lieb, Dein Wilm. Grüße die lieben Kinder.

An die Ehefrau *Warschau, 18. März 1942*

Liebste Annemie –

[...] Wegen Deiner Reise nach Warschau habe ich mich jetzt an verschiedenen Stellen erkundigt. Von hier aus kann ich keine Einreiseerlaubnis bekommen. Ich müßte eine Bescheinigung meiner vorgesetzten Dienststelle vorweisen. Aber da kriege ich keine, ich würde geradezu ausgelacht. Wer wollte von den vielen Soldaten nicht seine Frau hierherkommen lassen. Ich deutete das nur mal gesprächsweise bei Offizieren an, um zu erfahren, wie man darüber denkt, erwähnte natürlich nichts von meiner Absicht. Nun habe ich aber einen andern Plan. Vom 10.-20. April habe ich mich nach dem Höhenkurort Zakopane in den Karpaten[63] kommandieren lassen. Das ist auch im Generalgouvernement. Dorthin ist es leichter, die Einreiseerlaubnis zu bekommen. Ich habe an der Paßstelle in Krakau eine Einreisebewilligung für Dich beantragt. Nach 10 Tagen fährst Du dann mit mir von dort hierher und bleibst noch einige Tage bei mir hier. Ich habe einen Aufenthalt von 3 Wochen, vom 10.4.-1. Mai, beantragt. Es hängt nun davon ab, ob sie erteilt wird. Du mußt aber auch genügend Geld mitnehmen. Ich schätze so etwa 6-700 Mark. Ich wohne in Z[akopane] in einer Offiziersunterkunft, und Dich muß ich in einem Hotel unterbringen. Wie ich Dich hier unterbringe, weiß ich noch nicht recht, aber das wird sich schon finden. Von meinen Vorgesetzten darf natürlich niemand etwas erfahren. Du mußt mir vorher einige Pakete schicken mit Lebensmitteln. Aber das ist nicht das Wichtigste. Du ißt ja nicht so viel. Zu essen kriege ich schon etwas für Dich. Aber die Reise wird ziemlich beschwerlich sein für Dich. Du fährst über Berlin–Breslau–Krakau–Zakopane. Das liegt ganz in der südlichsten Ecke von Polen. Die Geldausgabe darfst Du nicht scheuen, man kann ja jetzt doch nichts kaufen. Und Du darfst Dir diese Ausspannung schon mal leisten. Die Kinder sind bei Anna ja auch gut versorgt. In F[ulda] mußt Du Dich eingehend erkundigen nach den Zügen. Noch eins, Du mußt Dir am Landratsamt einen Personalausweis besorgen. Hast Du Mut? Etwas Abenteuerlust darf Dir nicht fehlen. Ich habe Dich sehr lieb und sehne mich sehr nach Dir. Grüße die lieben Kinder von Deinem Wilm.

An die Ehefrau *Warschau, 24. März 1942*

Liebe Annemie –

[...] Es ist spät geworden, und ich bin müde von dem vielen Umherlaufen. So rechte Sammlung zum Briefschreiben habe ich gar nicht. Ich habe jetzt so viel zu bedenken, besonders auch durch die Gasschutzobliegenheiten, daß man gar keine Sammlung aufbringt. Gegenwärtig ist ein Lehrgang für die Kompaniefeldwebel, da muß ich mich auch gut vorbereiten. Ab 1. April ist einer für Offiziere. Ich hoffe dann, daß es etwas wird mit der Kommandierung nach Zakopane. In den nächsten Tagen bekomme ich darüber Gewißheit. Ich schreibe Dir sofort. Hast Du Lust zu kommen, oder ist Dir das Wagnis zu groß? Man muß schon mal ins Blaue hinein operieren, sonst gewinnt man nichts. [...]

An die Ehefrau *Warschau, 31. März 1942*

Liebe Annemie!

[...] Ich habe heute Bescheid bekommen, daß ich vom 11.–21. April nach Zakopane[64] kommandiert bin. Ich soll dort die Wintersportgelegenheiten prüfen. Die Kommandantur schickt von ihren Soldaten laufend Erholungsbedürftige dorthin. Ob man noch Schilaufen kann, weiß ich nicht, ist auch ganz gleichgültig, wenn Du da wärest. Wir werden uns die Zeit schon vertreiben, auch ohne Schi. Heute erhielt ich Nachricht von der Paßstelle in Krakau, daß mein Antrag von da zuständigkeitshalber an meine vorgesetzte Dienststelle gesandt sei. Das wollte ich gerade vermeiden, daß sie etwas davon erführen; nun ist aber nichts mehr zu machen, und ich muß nun abwarten, ob die Genehmigung erteilt wird, oder ob ich einen gehörigen Anschnauzer einstecken muß. Darauf bin ich gefaßt. Sollte auch das gelingen, dann gebe ich sofort Bescheid. Du mußt ja erst die Einreisegenehmigung in der Hand haben, ehe Du losfahren kannst. Was Du anziehen sollst? Moni schrieb mir, Du hättest ein neues Kostüm und wärest so schick gewesen, als Du mit Jorinde nach Jena fuhrst. Das wirst Du mitnehmen und dann praktische Kleidung zum Wandern und ein gutes Gesellschaftskleid. Ich wohne in dem Offiziersheim »Haus Marzeni«, das mußt Du Dir merken, im Falle [daß] wir uns verfehlten oder Du mir irgendwie Nachricht zukommen lassen willst. Nimm keine Lebensmittel mit, nur so viel, als Du unterwegs brauchst; einmal habe ich allerlei gespart, und dann kriegt man da gut zu essen. Wenn ich Dir schrieb, daß Du

Dich mit Eßsachen eindecken solltest, dann tat ich das, weil ich über die Verhältnisse nicht Bescheid wußte. Ein Bekannter, der auch nach Z[akopane] fährt, will sich nach einem Quartier für Dich umtun. So weit wäre alles gut, nur fehlt noch die Hauptsache, die Erlaubnis. Der Garten kann Dich schon eine kurze Zeit entbehren, das wird nicht so schlimm sein. Was redest Du für dummes Zeug, kleine, unscheinbare Frau; Du bist doch meine Liebste, und wie gut ich zu Dir bin, das wirst Du schon sehen. Es darf überhaupt nicht eine Minute geben, daß wir uns nicht lieb hätten und uns nicht verständen. Gerade, weil Du von so weit zu mir kommst, werden wir dies wunderbare Glück erleben wie noch niemals.

[...] Was wirst Du alles auf der weiten Reise erleben? Nein, darum habe ich keine Angst, daß Du nicht gewandt wärest, das liegt Dir doch; früher habe ich das nur alles gemacht, weil ich so gerne für Dich sorgte! Jetzt bist du sicher viel selbständiger geworden. Das sehe ich schon daran, wie Du das alles mit den Ausweisen und so weiter erledigst. Aber, mein lieber Schatz, sei nicht traurig, wenn alles nichts wird; freue Dich noch nicht zu sehr darauf, damit Du nicht so sehr enttäuscht bist, und rechne es mir nicht zur Schuld an, wenn es nicht geht. Ich habe ja auch Bedenken, weil es eben für Wehrmachtangehörige verboten ist und Offiziere keine Ausnahme machen dürfen. Mir ist auch kein Fall bekannt, daß es gestattet wurde, aber ich weiß darin auch nicht Bescheid; das hängt niemand an die große Glocke. Du könntest wohl nicht von dort aus nicht irgendwas unternehmen, wie? – Daß die liebe Moni Dich nun morgen verläßt, ist Dir wohl sehr schmerzlich, aber sie muß ja etwas lernen. Sie geht wohl auch gerne nach Kassel[65]. Sie will auch etwas leisten; wie schön ist das, daß wir so tüchtige Kinder haben. Detlev soll mir mal über seine Arbeiten an den Bienen schreiben. Sind sie alle durch den Winter gekommen? Mir geht es gut, ich habe nur einen tollen Husten, aber das ist nicht gefährlich. [...]

An den Sohn *Warschau, 1. April 1942*

Lieber Helmut –

[...] Dein Brief aus dem Urlaub ist lange unterwegs gewesen. Es ist einfach unverständlich, wie sich diese Heimkriecher den Frontsoldaten gegenüber benehmen; ich würde gerne mal einen Bericht an das OKH [Oberkommando des Heeres] loslassen, wenn Ihr mir die Unterlagen dafür geben würdet, natürlich würde ich Euere Namen nicht nennen, wohl aber meine Unterschrift daruntersetzen! Es ist gewiß nicht im Sinne der höheren Führung, daß diese bösartige Schikane an den Soldaten ausgeübt wird. Ich habe Verständnis für Disziplin und militärischen Drill, aber nicht für Schinderei! Was kommt dabei heraus? Man will den jungen Soldaten die Garnison verekeln, daß sie sich lieber wieder an die Front melden, als dem Schliff des Kasernenlebens sich auszusetzen! Dem Spieß[66] in der Kaserne ist der Anblick der Frontsoldaten ein ständiger Vorwurf; er glaubt, durch seine Maßnahmen den nach seiner Ansicht verbummelten Frontsoldaten wieder in Form bringen zu müssen, um durch Strenge seine Unentbehrlichkeit in der Heimat darzutun.

Deine Einstellung ist die einzig richtige männliche Antwort gewesen, nur nicht kleinkriegen lassen, sich innerlich als Sieger fühlen gegenüber der Niedertracht. Der Nachtmarsch war dann nur eine sportliche Leistung, und Du mußt dankbar sein, daß Du Deine Tüchtigkeit einmal unter Beweis stellen kannst. – Der abgeschlossene Kurs mit den Spießen hat mich in vieler Beziehung überrascht. Man muß seine Sache nur mit Überzeugung vorbringen und muß selbst mittun, dann überwältigt man den Widerspenstigsten. Zum Schluß haben alle bedauert, daß der Lehrgang nur 8 Tage dauerte. Ich habe selbst manches gelernt! Vor allem bin ich sicherer geworden in der Behandlung reiferer Menschen, die selbst eine bestimmte Haltung haben. [...]

An die Ehefrau *Warschau, 2. April 1942*

Meine liebe Annemie!

der hoffnungsvolle Brief von gestern wird kaum in Deinen Händen sein, da wird Dich diese Hiobsbotschaft treffen. Mit der Einreiseerlaubnis für Dich ist es nichts. Heute wurde ich zum Adjutanten vom General[67] befohlen. Ich ahnte schon nichts Gutes, hatte mir schon alle Argumente der Rechtfertigung zurechtgelegt und wiegte mich in leiser Hoffnung. Als ich mich meldete, sah ich aber schon, was [es] geschlagen hatte, da mir kein Stuhl angeboten wurde, wie das sonst üblich ist. »Sie machen uns Kummer!« begann der Adjutant. »Wie können Sie solche Sachen machen, Sie wissen doch, daß die Einreise der Ehefrauen für Soldaten verboten ist. Der Major ... hat mich heute morgen angerufen und mir Ihr Gesuch bekanntgegeben. Von einer Bestrafung wollen wir absehen, aber ich soll Sie ganz gehörig zurechtweisen.« Auf Erklärungen ließ er sich nicht ein. Mit dem Hinweis »es geht uns allen so« war die Angelegenheit erledigt. Später traf der Adjutant mich noch einmal, er rief mich in sein Zimmer und sagte mir: »Machen Sie keine Dummheiten, schreiben Sie Ihrer Frau ab, der General ist sonst gezwungen, Sie wegen Ungehorsam einzusperren!« – So, nun ist der Traum aus. Liebste, weißt Du, wie traurig und niedergeschlagen ich bin? Wie hatte ich mir das alles schon ausgemalt. Und Du erst, wie traurig wirst Du sein? Hast Du mit einer solchen Enttäuschung gerechnet? Mir tut es bitter leid, daß ich Dir eine solche Hoffnung auf ein baldiges Wiedersehen vorgegaukelt habe. Ich mag mich auch nicht trösten mit den vielen andern, die es nicht besser haben. Ich hätte es so nötig gehabt, mit Dir zusammen zu sein! [...]

An die Ehefrau *(Warschau,) 3. April 1942*

Meine Annemie, mein herzlieber Schatz –

[...] Ich bin so niedergeschlagen. Wenn ich Deine Worte lese, in denen sich die große Erwartung und Freude ausdrückt, könnte ich weinen. Du hast Dir schon alles überlegt und Dich erkundigt nach den Zügen. Ich wollte Dir so gerne meinen Platz hier zeigen, meine Tätigkeit und den Wirkungskreis. Ach, Du brauchst keine Angst darum zu haben, daß ich von Dir fortgehe oder daß ich durch meine jetzige Tätigkeit mich von Euch entferne. Im Grunde führe ich ein Einsiedlerleben und bin einsam, ohne rechte Freude und inneres Glück. Nur in Gedanken an Dich und die Kinder finde ich Ruhe. Ich habe zeitweise viel seelische Stärke und ströme davon auf die Männer über, die zu den Kursen kommen. Ich lege Dir einen Brief bei, den ein Teilnehmer heute an mich sandte[68]. Er ist wohl etwas übertrieben, aber ich spüre die menschliche Verbundenheit mit den Kameraden. Es ist eigenartig, wie zugetan mir diese Männer sind. Vielleicht kommt es auch daher, weil sie in eine ganz andre Umgebung kommen und einer Seelenführung ganz entraten müssen. Bei meinen Lehrgängen geht es mir vor allem darum, eine seelische Erhebung in den Soldaten zu erzeugen. Und wie gerne gehen sie mit. Auf den Unterricht freuen sie sich richtig. Ich auch. Um 7 Uhr ist Wecken. Manchmal berede ich mich mit einigen guten Sängern, dann wecken wir mit dem Lied: »Es taget vor dem Walde« oder »Glück auf, der Steiger kommt«. In 5 Minuten ist dann alles zum Frühlauf angetreten. Ich habe mir schon einige Gedanken zurechtgelegt, benutze auch die Sprüche aus dem Buch von Dir und halte eine kurze, besinnliche Ansprache. Da ist schon alles in gehobener Stimmung, dann geht's zum Morgenlauf. Über die Wichtigkeit der Leibesübung aus geistigem Prinzip, aus Verantwortung gegen sich und sein Wirken im großen Ganzen gebe ich zwischendurch Belehrung, oft dasselbe wiederholend, daß es sich einprägt. Dann wieder völlig neue Gesichtspunkte und immer wieder dasselbe Ziel, die Persönlichkeit, der wesentliche Mensch. Ich wirke vor allem durch das Beispiel. Nach [dem] Lauf, der die inneren Organe, Herz, Lungen, Atmung kräftigt, den Stoffwechsel anregt, gehen wir in den Gymnastiksaal und machen 20 Minuten Gymnastik, Feinarbeit am Körper. Auch das Waschen, die Leibespflege, nehme ich ernst und gehe darauf ein, indem ich die Abhärtung betone. Vieles ist den Leuten ganz neu. Nach dem Kaffeetrinken ist Singen und 1 Stunde Unterricht. Um 10 Uhr gebe ich den Lehrgang ab an die Sportlehrer. Aber auch da bin ich oft dabei und mache selbst mit. – Der Offizierlehrgang ist nicht zustande gekommen, einmal wegen der Bequemlichkeit der meisten Herrn und dann auch wegen der unglücklichen Zeitlage über die Osterwoche. Das hatte ich nicht bedacht. Er wird später stattfinden. Jetzt habe ich viel Arbeit mit der Organisation der Gasabwehr, sodaß ich im

April keinen Sportlehrgang mehr einberufe. Die Kommandierung nach Z[akopane][69] ist auch auf später verschoben. Am 10.4. kann ich also gar nicht weg, vielleicht am 20.4. Aber jetzt ist mir die Freude daran so verdorben, daß ich gar keine Lust mehr dazu habe. [...]

Als ich am Sonntag zur Beichte gehen wollte, drängte sich ein langer Soldat vor mich. Ich war schon etwas ärgerlich auf ihn. Da stand der Priester im Beichtstuhl auch noch auf, um sich zu entfernen. Ich war enttäuscht, so lange hatte ich gewartet, und gerade vor mir hört er auf. Aber siehe da, der lange Landser nimmt ihm die Stola ab und setzt sich in den Beichtstuhl. Die beiden Priester wechseln noch ein paar Worte, und der Landser hört dem Oberleutnant das Sündenregister ab und gibt ihm die Buße auf. Es war wirklich heiter. Welche Ehrfurcht habe ich heute vor einem Priester, besonders vor diesen einfachen Soldaten, die Priester sind.

Herzliche Ostergrüße, Dein Wilm.

An die Ehefrau *Warschau, 5. April 1942*

Liebe Frau –

[...] Um Dich ist doch das Leben ganz anders als um mich. Du meintest, ich hätte hier eine zweite Heimat gefunden! Nein, dem ist nicht so. Leere ist um mich. Ich bin sehr einsam. Die vielen Menschen, mit denen ich zu tun habe, sind mir fremd. Und das bißchen Anerkennung, das mir zuteil wird, ist morgen schon vergessen und verkehrt sich in Tadel. Darum soll es einem nicht gehen, gewiß nicht. Um ein liebes Kinderlachen, um Deine Nähe gäbe ich alles gerne hin. Ich mache mir viel Arbeit u[nd] bin tätig, aber wofür? Manchmal ergreift mich ein Überdruß, daß ich fort von hier möchte mit den andern nach Rußland. Es geht mir gut. Zu klagen hätte ich eigentlich nichts, aber froh kann ich nicht werden, weil ich immer spüre, daß Du unglücklich bist und mit Deinem Schicksal nicht fertig wirst. Das ist eine ewige Sorge für mich. [...]

Nun aber zu Uta. Da bin ich erschrocken, ist die Operation schlimm? Du schriebst doch immer, daß sie so gesund ist. Geht das nicht von allein wieder weg? Der Arzt hat das wohl zuerst nicht gefunden? Das süße, kleine Ding muß so etwas mitmachen. Du hast nun neue Sorgen. – Behüt Dich Gott mit den Kindern, sei herzlichst gegrüßt, Dein Wilm.

An den Sohn *Warschau, 6. April 1942*

Lieber Helmut!

[...] Deine Tätigkeit[70] ist doch wirklich schön. Als Kompaniesani[täter] hast Du mehr Selbständigkeit, als wenn Du in einer Sanitäts-Kompanie wärest. Freilich ist es da sicherer. Dein Kamerad H. hat wirklich Dusel, daß er nach Frankreich gekommen ist. Studiere nur tüchtig und nutze die Zeit gut aus; kannst Du in Jena nicht ins Theater gehen? Die Wanderung und der Kommers[71], wie man Eure Bierfahrt wohl nennen darf, war Dir so ein Erlebnis? Das glaube ich Dir. Und das Singen! Bei meinen Kursen wird sehr viel gesungen! Zuerst hatte ich mir einen Feldwebel als Dirigenten bestimmt, der alles sehr genau machte; er konnte sehr gut Klavier spielen, aber es fehlte ihm die Hauptsache, er verstand nicht die Seele der Lieder, darum habe ich es selbst gemacht; wir sangen gar keine Soldatenlieder, höchstens alte Landsknechtslieder, etwa »Wir zogen in das Feld, strampedemi«[72] oder »Kein schönrer Tod ist in der Welt«, dafür aber Liebeslieder aus dem »Zupfgeigenhansl«[73], »Feinsliebchen, du sollst mir nicht barfuß gehn«, »Stehn zwei Stern am hohen Himmel«, »Im Märzen der Bauer« und andere mehr. Wie ich die Soldaten da packen konnte, und wie sie sich auf das Singen gefreut haben! Es war für mich ein Beweis, wie hungrig die Männer sind nach geistigem Gut und nach seelischer Tiefe. Auch mit den Spießen[74] machte ich dieselbe Erfahrung.

Die Umgebung von Jena ist sehr schön. Ich war im Herbst [19]17 da. Einmal war eine Wandervogel-Gautagung auf irgendeiner Bergkuppe, einige Stationen weit weg von Jena. Das war wunderschön, besonders im Kreis der jungen Menschen; die junge Frau des Malers Kötschau[75] – frag doch mal nach ihm, der ist sicher noch da – hatte abgeschnittenes Haar, das war eine so große Neuigkeit, daß sich viele darüber aufregten und die Landbevölkerung auf der Straße stehenblieb; ein Bubikopf war damals ein Wagnis für eine Frau. Aber die Jugendbewegung ging immer eigene Wege und fragte nicht nach den Spießern. Hast Du in der Universität schon die Bilder von Hodler[76] gesehn? [...]

An die Ehefrau *Warschau, 10. April 1942*

Meine Annemie –

[...] Wie war es an Deinem Geburtstag? Recht einsam für Dich! Von Schwester Moni[77] erhielt ich schon eine Karte, und heute auch von Helmut und Detlev. Ich war so überrascht, daß der Junge in Jena ist. Das war eine gute Idee. Wie mögen sich die zwei dort gut verstanden haben. So große Jungen haben wir schon! Und auf Moni bin ich auch richtig stolz. Ja, wir wollen zufrieden und dankbar sein. Wir haben guten Grund dazu. Helmut schrieb mir: »Mutter hat es von uns allen am Schwersten.« Wie er Dich gut versteht und Dich liebt.

Ich bin den ganzen Tag sehr in Anspruch genommen. Die Woche fliegt nur so herum. Für jeden Tag habe ich einen Termin zu erledigen. Bald muß ich da und bald dort sein. Aber das ist gut. Abends bin ich ganz müde und schlafe fest. Meine Gedanken sind oft bei Dir. Dein liebes Bild steht vor mir. Ich kann es immer anschauen. Ich lege Dir eins von mir bei. Ein kleines sandte ich Dir schon. – Gestern abend war ich zur Geburtstagsfeier des Grafen[78] im Kasino. Ich habe selten Alkohol getrunken seither. Nach einigen Runden stieg er mir schon zu Kopf. Ich bin das gesunde Leben gewöhnt und vertrage keinen Schnaps. Der Graf ist ein äußerst liebenswürdiger Herr und wird von seinen Offizieren und Mannschaften sehr verehrt. [...]

An die Ehefrau *Warschau, 14. April 1942*

Meine liebe Annemarie –

heute kam Dein sehnlichst erwarteter Brief, aber er erhielt [sic!] nur die Ankündigung um [sic!] Utas Operation. Auch die rührende Karte von Uta kam mit. Ich schrieb ihr eine Karte nach Fulda. Gerade das Kleinste von unsern fünf muß zuerst ins Krankenhaus. Hoffentlich geht alles gut. Die Urlaubssperre ist aufgehoben. Ich habe Urlaub eingereicht vom 20.4.-6.5. Ob er genehmigt wird, weiß ich noch nicht. Vielleicht erreicht Dich ein Telegramm vor dem Brief. Wenn nicht, dann muß ich noch warten. Ich habe keinen Stellvertreter für den Gasoffizier. Das kann Schwierigkeiten machen, und 8 ältere Offiziere haben auch eingereicht. Wenn ich fahre, steige ich in Weimar aus und fahre zuerst nach Jena zu Helmut[79]. Damit wirst Du einverstanden sein, nicht wahr? Oder treffe ich ihn nicht mehr dort an? Ich freue mich, daß ich Dich bei Uta ablösen kann. Wenn es in Kürze nichts wird, dann komme ich bestimmt im Mai. Du schriebst in Deinem Brief, daß Detl[ev] und Helmut zusammen studieren wollen; D[etlev] will auch Arzt werden. Glaubst Du mir, daß mir die Tränen in die Augen traten, als ich das las? Das sind nun unsere Söhne! [...]

An die Ehefrau *Warschau, 16. April 1942*

Meine Annemie –
wieder habe ich Dir eine falsche Hoffnung gemacht. Ich dachte, ich wäre am Sonntag schon bei Euch und könnte die liebe Kleine besuchen, aber der Urlaub ist mir nicht bewilligt worden. Erstens, weil verschiedene ältere Herrn, die im Juli den letzten Urlaub hatten, vor mir stehen, und zweitens, weil ich am 20. [April] nach Zakopane[80] fahren muß. Ich bin dort schon gemeldet, und es kann nicht mehr zurückgenommen werden. Ich soll den Urlaub später einreichen. Das war für mich wieder eine große Enttäuschung. Das nächste Mal werde ich nicht eher etwas schreiben, als bis ich den Urlaubsschein in der Tasche habe. Ich war schon allzu optimistisch. Aber meine Liebe, sei nicht traurig, ich komme bald, wenn es auch noch einige Wochen dauert. [...]

Tagebucheintrag *(Warschau,) 17. April 1942*

Ich lebe hier in der Sportschule einen friedlichen Tag nach dem anderen. Von dem Kriegsgeschehen merke ich nichts. Aber froh werden kann man nicht. Gelegentlich erfährt man dieses und jenes. Hier stehen die Ereignisse der Etappe im Vordergrund. Die Erschießungen, die Unglücksfälle und so weiter. In Litzmannstadt sind 100 Menschen, man kann sagen unschuldige Menschen, erschossen worden, weil Banditen drei Polizisten erschossen haben, in W[arschau] dasselbe. Aber die Wirkung ist die entgegengesetzte, nicht Angst und Schrecken, sondern Verbissenheit, Wut und steigender Fanatismus. Auf der Pragabrücke belästigten zwei Hitlerjungen einen Polen; sie riefen, als er sich wehrte, einen d[eutschen] Polizisten zu Hilfe. Darauf schoß der Pole alle drei nieder. Am Postplatz fuhr ein großes Militärauto eine Rikscha mit 3 Personen rücksichtslos zusammen. Der Fahrer wurde gleich getötet. Der Fahrer fuhr weiter, unter dem Auto die Rikscha[81] mitschleppend, in der noch ein Mensch saß. Ein Menschenauflauf entstand, aber das Auto fuhr weiter. Ein Deutscher versuchte es aufzuhalten. Die Rikscha verwickelte sich in die Räder, sodaß das Auto stehenbleiben mußte. Die Fahrer hielten, rissen sie weg und fuhren weiter. – In Zakopane haben Polen ihre Schi nicht abgeliefert, darauf wurde Haussuchung gemacht, und 240 Männer kamen nach Auschwitz, das gefürchtete KZ-Lager im Osten[82]. Dort werden die Menschen von der G.Sta.Po. [Geheimen Staatspolizei] zu Tode gequält. Um schnellen Prozeß zu machen, treibt man die Unglücklichen in eine Gaszelle und tötet sie mit Gas. Bei den Verhören werden sie unmenschlich geschlagen. Besondere Marterzellen hat man da, zum Beispiel eine Säule steht in einer Zelle, daran das Opfer mit den Händen und Armen festgebunden wird, dann wird die Säule hochgezogen, und der Mensch hängt daran, bis er bewußtlos wird. Oder er wird in einen Kasten gesteckt, in dem er nur in hockender Stellung stehen kann. Darin bleibt er, bis ihm die Sinne schwinden. Was mag man sonst noch für Teufeleien sich erdacht haben? Wie viele Menschen stecken in den Gefängnissen, die vollständig unschuldig sind?

Mit jedem Tag werden die Lebensmittel knapper, allmählich gibt es in W[arschau] Hungersnot[83].

Wie wird der Krieg weitergehen? Im Hafen von Murmansk landen die A[merikaner] und Engl[änder] ununterbrochen Kriegsmaterial für die Sowjets[84]. Die S[owjets] greifen immer wieder an. Wird unsere geplante Offensive die Entscheidung bringen? Bald werden die Engl[änder] und A[merikaner] in Frankr[eich] oder Italien landen und angreifen[85]. Sind wir stark genug, gegen 3 mächtige Völker zu kämpfen? Wenn wir wie 1914 einig wären, wenn wir wie damals diese sittliche Kraft hätten, dann ja, aber heute? Es ist nicht zum Ausdenken, aber ...

Tagebucheintrag *Krakau, 21. April 1942*

2.00 [Uhr]. In der Rote-Kreuz-Baracke bin ich zur Ruhe gekommen, nachdem ich vergeblich versuchte, die Standortkommandantur zu erreichen und mir ein Zimmer anweisen zu lassen. Ich wollte mir Kr[akau] ansehen und nachmittags weiterfahren. Der eine sagt 2, der andre 5, die zwei SS-Männer 10 Minuten. Da gebe ich auf und kehre zum Bahnhof zurück. In der Baracke sind eine Menge Soldaten, die fahren vielleicht auch nach Zakopane. Da sitzt ein Zahlmeister, den ich schon im Speisewagen sah. Ich kenne ihn gut, aber ich weiß nicht, wo ich ihn sah. Es ist mir peinlich, ihm das zu sagen. Wird man so vergeßlich?

Wie schwer ist es, sich in der Nacht an einem fremden Platz zurechtzufinden. Man läßt sich den Weg einmal, zweimal beschreiben. Es hört sich alles so einfach an, und kaum ist man einige Schritte gegangen, da weiß man nicht wohin. Der Wartesaal 2. Klasse ist geschlossen, in der 3. Klasse ist jeder Tisch besetzt, eine scheußliche Luft. Da will ich nicht sitzen. In der Rote-Kreuz-Baracke ist es ganz ordentlich. In meiner Nähe sitzt eine Rote-Kreuz-Schwester; sie unterhält sich mit einem Zivilisten, ziemlich laut, daß man es in der Runde hört. Frankfurter Mundart. Sie ist sehr offenherzig; sie glaubt, daß alle Leute wissen müssen, was sie erlebt hat. Mich ärgert diese vorlaute Art. Die Lebensmittelpreise, ihr Zahnersatz, ihr Aufenthalt in Nikolajew, ihre Photografien, Briefe an den und den sind die Unterhaltungsthemen. Sie sieht frisch und nett aus in ihrer sauberen Schwesterntracht. Aber dies ständige Umworbensein von den Soldaten verdirbt diese Mädchen. Ich wende mich an sie wegen Tee. Sehr bereitwillig erhebt sie sich und erkundigt sich in der Küche. »Es gibt keinen Tee mehr, aber Kaffee; ich tue ihnen Zucker hinein.« Dann bringt sie eine Halbliter-Tasse. Jetzt schreibt sie Briefe, nachdem sie erst an einem andern Tisch einen lebhaften Schwatz gemacht hatte.

Im Zug immer dasselbe Bild, ängstlich herumirrende Polen, schimpfende deutsche Beamte. An einer Station hat der Zugführer eine Anzahl Männer und Frauen aus dem Zug gewiesen. Er droht dem Stationsbeamten, keinen von ihnen einsteigen zu lassen. Die können mit dem Personenzug nachfahren. Was haben sie wohl verbrochen, irgendeine Formalität war nicht erfüllt. Diese Behandlung! Der friedlichste Mensch muß da vor Wut zum Überkochen kommen. Am Bahnhof in Krakau: Schilder »Nur für Deutsche«, »Für Polen«! In Scharen liegen die Leute in den Gängen, vor dem Bahnhof, an den Einfahrten benachbarter Häuser, der Wartesaal hier nur für Deutsche. »Tylko dla Niemców!«[86] Die Maßnahmen sind richtig, aber der Ton, mit dem die D[eutschen] das alles machen; am übelsten benehmen sich immer die Eisenbahner und die Polizei.

Im D-Zug sitze ich im Speisewagen und schaue zum Fenster hinaus, in diese traurige Landschaft. Die Bauern sind auf den Feldern, zum Teil wird gesät. Das Land ist aber noch recht naß. Überall wird an den Bahnhöfen gebaut. Züge mit Nachschub für die Front laufen vorbei. Die Soldaten, einige Offiziere, meist sind es Beamte, sammeln sich zum Abendessen. Ich kriege auch etwas ohne Marken. Es schmeckt nicht, aber man ißt es hinein. An dem Nachbartisch unterhält man sich über die Preise. Ich mag keine Menschen sehen, kein Wort mit jemandem reden. Ich starre nur hinaus in die Landschaft, und meine Gedanken sind daheim bei A[nnemie] und den Kindern.

Tagebucheintrag *(Zakopane,) 22. April 1942*

½18 Uhr. Telegramm von A[nnemie] trifft ein: »Ankomme Freitag 10.26 [Uhr] in Krakau. Annemie.« – Ist das eine Überraschung! Gestern war ich noch tief betrübt, daß sie nicht hierherkommen konnte. Heute früh um 9 Uhr gab ich zwei Telegramme auf, eins an [das] Landratsamt Fulda: »Einreise für Frau H[osenfeld] genehmigt, Stadtkommissar Zakopane.« Dienstsiegel! Das zweite: An Annemie. »Komme sofort Z[akopane]. Telegrafische Einreisegenehmigung nach Landratsamt Fulda erteilt. Ich wohne Haus Marzenie. Wilm.« Beide Telegramme habe ich dringlich befördern lassen, 18,60 Zloty. Und jetzt um ½6 [Uhr] habe ich schon von A[nnemie] Antwort, daß sie kommt. Jetzt erst ist mir dieser Urlaub hier eine wirkliche Freude.

Heute war ich schon mit der Seilbahn auf dem Casprovi [Kasprowy][87]. Großartige Gebirgswelt. Dort oben kann man noch Schi laufen. So große Lust habe ich aber gar nicht. Der junge Tadeus Gablikowski will mit mir gehen.

Tagebucheintrag *(Zakopane,) 24. April 1942*

Am Freitag, 24.4., trifft A[nnemie] wirklich ein. Ich hole sie in Krakau ab. Wie ist mir zumute, als ich sie plötzlich auf dem Bahnhof zwischen den vielen fremden Menschen in der unbekannten Stadt vor mir sehe. Das liebe, kleine Frauchen mit dem strahlenden Gesicht. Sie will mir an den Hals fliegen, aber ich muß abwehren, denn ich darf das Wiedersehen nicht so auffällig machen, um nicht die Aufmerksamkeit auf mich zu lenken, weil es doch verboten ist. Wir sind beide sehr glücklich. Am Nachmittag fahren wir zusammen nach Zakopane.

An die Kinder *Warschau, 2. Mai 1942*

Meine lieben Kinderchen –
heute, an meinem Geburtstag, sende ich Euch schnell die herzlichsten Grüße. Das schönste Geburtstagsgeschenk war, daß wir zwei, Mutter und ich, gestern noch Helmut am Bahnhof in W[arschau] sehen konnten. Er ist mit einem Transportzug nach Rußland gefahren[88]. So ein Glück! Er war guter Dinge. Ich habe ihm noch Gutsi [Bonbons] und eine Wurst mitgegeben. Geht es Euch noch gut? Mutter kommt nächste Woche. Wann, weiß ich noch nicht. Ich schreibe Euch diesen kurzen Brief, den ein Urlauber mitnehmen soll und in Deutschl[an]d einwerfen soll. Es geht uns gut. Mutter gefällt es bei mir. Die herzlichsten Grüße, Euer Vater. [...]

An die Ehefrau *Warschau, 12. Mai 1942*

Liebe Annemie –
nächsten Sonntag ist der amtliche Muttertag[89]. Ich will Dir schon heute meine besten Grüße senden. Im Grunde widerstrebt es meinem Gefühl, anläßlich eines allgemeinen Gedenktages Dir, unserer lieben Mutter, zu gedenken. Und doch ist gerade in dieser Zeit der Opferung so vieler Söhne ein Volksmuttertag am Platze. – Seitdem Du von mir weggefahren bist, bin ich noch nicht richtig zu mir selbst gekommen.

Ich weiß es nicht, woran es liegt. Ich habe eine ständige Unruhe, eine Leerheit und ein Unbefriedigtsein, daß mich alles gleichgültig läßt. Ich bin auch noch zu keiner ordentlichen Arbeit gekommen. Von den mancherlei Aufgaben lasse ich mich umtreiben, ohne ein inneres Verhältnis dazu zu gewinnen. Ich erwarte nun Deinen ersten Brief, vielleicht löst sich dann die Spannung. Wie bist Du heimgekommen? Wie war die Fahrt, wie fandest Du das Zuhause und die Kinder vor? – Ich muß so viel an Dich denken; es scheint mir fast unglaubhaft, daß Du hier in diesen kahlen Räumen gewesen bist, in meinem Bett geschlafen hast. Wie froh bin ich, daß Du das alles kennst. Du hast Dich gewundert, daß ich so wenig Wert auf Wohnlichkeit gelegt habe und daß es so nüchtern und kahl bei mir ist. Weißt Du, ich habe gar keine Lust, irgendetwas zu tun, was mich in diesen Räumen heimisch werden ließe. Das Primitive ist meiner Stimmung am gelegensten. Ich mag noch keinen Blumenstrauß aufstellen. Auch das Essen ist mir keine Freude. Es ist mir nicht der Mühe wert. Du hast es ja selbst gesehen. Als Du bei mir warst, hätte ich es gerne schöner machen wollen! [...]

An den Sohn *Warschau, 15. Mai 1942*

Lieber Helmut!

Herzlichen Dank für Deinen Brief. Ich freue mich, daß Du bei einer Sanitätskompanie gelandet bist[90], da kannst Du sicher mehr lernen und steckst nicht so ganz vorne drin. Es ist ja gerade nicht sehr heldenhaft, wenn man so denkt und anderen das Schwerste läßt, aber als Vater kann man nicht gut anders als seinem Kinde das Leichtere wünschen. An Gefahren wird es auch da nicht fehlen, ich weiß das! Sanitäter einer Sanitäts-Kompanie haben mich bei Ypern auch aus dem Feuer geschleppt[91], sie waren geradeso gefährdet wie ich. [...] Ich habe viel zu tun, das ist sehr gut. Oft denke ich, daß ich auch das Leben der Front teilen möchte, nur deshalb, um es nicht besser als die anderen zu haben. Aber es sind ja so viele hier hinten, die noch weniger ein Recht haben als ich. [...]

An die Ehefrau *Warschau, 20./21. Mai 1942*

Meine Annemie –

21.5.[92] Gestern sollte der Brief schon geschrieben sein[93], aber ich kam nicht dazu. Und morgen ist unser Hochzeitstag. Nein, diesmal habe ich ihn nicht vergessen, meine liebe Frau. Du hast mir so zwei liebe, frohe Briefe geschrieben, worüber ich richtig glücklich wurde. Aber zur Antwort reichte die Zeit nicht. Heute war auch wieder so ein schöner Schaffenstag. Um 6 Uhr war ich endlich fertig, das heißt, mit dem Dringendsten. Mein Schreibtisch liegt noch voll, und wichtige Schreiben müssen weg, aber ich kann doch meinen liebsten Schatz nicht hintansetzen. Heute kamen auch Deine drei Pakete. Ich habe sie noch nicht geöffnet, aber sie sind so verheißungsvoll schwer. Auf keinen Fall sollst Du mir wieder Eßsachen schicken, die Du den Kindern entziehst und Dir. Hab herzlichen Dank dafür. [...]

Drüben gehen die Leute in die Maiandacht. Ich möchte auch mitgehen und zur Gottesmutter für Euch alle beten. Ich habe so ein warmes Gefühl der Dankbarkeit und Hingabe. Dieser Tag war schön. Früh bin ich mit einem netten SS-Offizier an die Weichsel geritten. Er gibt mir Anweisungen für die Behandlung des Pferdes und macht mich auf Fehler aufmerksam. Ich lerne gerne. Wir sind die Rennstrecke für den 31. [Mai] abgeritten[94]. Als ich eben zu Hause war, kam mein Abteilungschef, Oberstleutnant von Kamlah[95], und wollte meinen »Erbhof« besichtigen. Vor allem aber wollte er die Programmgestaltung für den 31. wissen. Der General hatte ihn geschickt. Es wird eine große Sache werden. Ich hoffe, daß alles klappt. Es muß alles bis ins Kleinste überlegt werden. Graf von Hohenau[96] reitet in meiner Staffel mit. Der Kommandant des Flughafenbereiches ritt am Montag mit mir aus, um die Strecke kennenzulernen. Dem neuen General[97] mußte ich gestern Vortrag halten. Er ist ein sympathischer Herr, aber ganz Soldat, achtunggebietend und streng. Kein Wort zuviel, bestimmt, sachlich und kühl. Ich habe diese Männer sehr gern. Er kann unheimlich dienstlich sein. Ich glaube, der Vorgänger hat einen Zylinder [sic!] gekriegt. Als die Besprechung mit v[on] K[amlah] zu Ende war, habe ich mich an die Maschine gesetzt und für die [Zeitung?][98] den B[efehl?][99] aufgeschrieben. Eine Telefonade ist das [je]den Tag! Aufbau der Lautsprecheranlage, [Fi]lmreklame, Text für die Wachsplatte des Filmsprechers. Eine Propagandakompanie wird einen Film drehen für die Wochenschau. Plakate müssen gedruckt werden. Siegerurkunden, Einladungen ausgefertigt werden. Alle höheren militärischen Dienststellen und Zivilbehörden werden eingeladen; dann Besprechungen mit den Staffelführern. 7 Mannschaften sind gemeldet, 2 vom Heer, 2 von der SS, 2 von der Polizei, 1 von der Luftwaffe. Wie würde ich mich freuen, wenn Ihr da mal zuschauen könntet. Erst war das Ganze eine kleine Idee von mir, nun wächst sich das immer größer aus. Es wird ein Ereignis für W[arschau]. Die viele Arbeit, die Organisation und das viele Gefrage macht mir Freude. Ich bin so gesund und stark.

Draußen toben die Fußballer, Faustballer, Tennisspieler; Pfeifer trainiert die Mädels. Es hält mich fast nicht hier oben. Es geht mir so wie damals, als ich ein kleiner Junge war, und die Dorfjungen spielten Schlagball auf der Straße. Da war ich unmöglich drin zu halten. Mein Vater hatte gar kein Verständnis dafür. – In der Sportschule ist jetzt ein Kursus für Sanitäter, die das Basteln lernen, um die Verwundeten zu beschäftigen. Ich könnte noch viel mehr schreiben, aber ich will aufhören. Lebe wohl, grüße die lieben Kinder, Dein Wilm.

An die Ehefrau *Tomaszów Mazowiecki, 24. Juni 1942*

Meine liebe Annemie –

ich bin jetzt schon 2 Tage hier in Th. [Tomaszów Mazowiecki][100] und nehme an einem Gasschutzkurs teil. Ich bin mit zwei anderen Teilnehmern mit dem Autobus hierhergefahren. Th. [Tomaszów Mazowiecki] ist eine Industriestadt; hier wurde vor allem Kunstseide hergestellt, aber auch alle Arten von Tuche. Große und zahlreiche Fabriken sind hier. In der Nähe ist das ehemalige Schloß des poln[ischen] Ministerpräsidenten, wo jetzt der Militär-Befehlshaber[101] wohnt. Es heißt Spala. Hier ist in Th. [Tomaszów Mazowiecki] eine Gasschutzschule eingerichtet. Es ist alles etwas behelfsmäßig. Die Schule selbst ist in einem scheußlichen Privathaus, ehedem eine Judenwohnung, zwischen den Häusern eingepfercht. Ich komme mir hier wie in der Gefangenschaft vor.

Auf irgendeine Weise habe ich mir den Magen verdorben. Es ist mir erbärmlich schlecht. Ich habe keinen Hunger, mag keine Zigarette rauchen und bin so schlapp wie eine Fliege. Am ersten Morgen kriegten wir Brot mit Leberwurst, die hat mich ein wenig angewidert, aber ich hab sie doch gegessen. Ich glaube, davon kommt es. Nach Dienstschluß bin ich gestern draußen am Wasser gewesen und habe mich in die Sonne gelegt, aber ich habe immer gefroren; abends habe ich mich mit mehreren Decken zugepackt und Pyramidon genommen. Heute ist es etwas besser, ich habe noch nichts gegessen. Heute abend will ich versuchen, etwas zu essen. Wie man doch gleich so hinfällig sein kann, wenn einem etwas fehlt. Die Glieder schmerzen, der Bauch, der Kopf; Durchfall habe ich auch, das ist ja gut. Der Doktor hat mir Kohle zum Einnehmen gegeben, aber ich will damit warten, bis alles raus ist.

Was ist das hier eine öde Welt. In W[arschau] war ich's schon so überdrüssig, aber hier ist es ganz übel. Wie war es so schön bei Dir zu Haus. Der Abschied ist mir diesmal recht schwer gewesen, und ich denke mit großer Sehnsucht an Euch.

Sei mit den Kindern herzlichst gegrüßt von Deinem Wilm.

Tagebucheintrag *Tomaszów Mazowiecki, 26. Juni 1942*

Ich war im Film und sah mir die Wochenschau an. Sewastopol[102]. Erstürmung der Bunker und Feldstellungen. Afrika-Krieg in der Wüste, Eroberung von Tobruk[103]. Was tun wir dagegen? Es wird mir immer klarer, daß wir nichts leisten. Ich will näher an die Front. Das Leben hier ist unwert zu leben.

Aus der katholischen Kirche höre ich Orgelton und Gesang. Ich gehe hinein. Vor dem Altar stehen die Erstkommunikanten in weißen Kleidern. Viele Menschen sind in der Kirche. Das »Tantum ergo« wird gerade gesungen und der Segen erteilt. Ich lasse mich auch segnen. Da stehen die kleinen, unschuldigen Menschenkinder hier in einer poln[ischen] Stadt und dort in einer deutsch[en] oder in einem anderen Land und beten alle zu Gott, und in einigen Jahren gehen sie im Haß und in Verblendung aufeinander los und töten sich. Auch früher, als die

Völker christlicher waren und ihre Regierungen sich christliche Majestäten nannten, war es nicht anders als heute, wo man von ihm [dem Christentum] abrückt. Der Mensch scheint dazu verurteilt, mehr das Böse als das Gute zu tun. Das größte Ideal auf Erden ist die Menschenliebe.

An den Sohn *Tomaszów Mazowiecki, 26. Juni 1942*

Mein Helmut –

[...] Ich mache hier einen Gasschutzkurs mit, eigentlich mehr freiwillig; weil ich in W[arschau] Gabo [Gasabwehr-Offizier] bin, muß ich mich auf dem laufenden halten. Es wird hier nichts grundsätzlich Neues geboten, aber die Auffrischung tut nötig. Ich gewinne immer den Eindruck, daß es eine gemeine Viecherei wird, wenn der Gaskrieg entfesselt werden sollte. Vor allem wird die Zivilbevölkerung leiden. [...]

An die Ehefrau *Warschau, 27. Juni 1942*

Liebe Annemie –

es ist 12 Uhr nachts, ich kam eben von Tom[aszów Mazowiecki] zurück. Es war eine umständliche Bahnfahrt. Ich bin aber gar nicht müde. Ich fand von Dir nichts vor. – Unterwegs trafen wir einen Lazarettzug, der aus Orel kam. Ach, wie erschrak ich, als ich den Ort hörte. Aber von Helmut lag ein Brief auf dem Tisch, der mich sehr erfreute. Der Brief war nur 3 Tage unterwegs. H[elmut] schreibt, daß er weiter nach Süden gekommen ist, über Charkow hinaus[104]. Da unten gibt es viel zu tun. Er ist in der chirurgischen Abteilung Narkotiseur und ist froh darüber, daß er diesen verantwortlichen Posten übertragen [er]hielt. Er arbeitet also auf dem Hauptverbandsplatz[105]. Ich bin so froh, daß ich endlich weiß, was er tut und wo er seinen Dienst tut. Wir wollen dankbar sein, daß er in verhältnismäßiger Sicherheit ist. Und dann, was lernt er und sieht er für seinen Beruf. Ich bin unendlich froh. [...]

An die Ehefrau *Warschau, 30. Juni 1942*

Meine Annemie –

was hast Du mir für einen lieben Brief geschrieben. Glaubst Du mir, daß ich ein wenig bange war, ihn zu öffnen? Ich mußte doch denken, jetzt kommt die Fortsetzung. Aber gar nichts, kein Wörtchen davon, kein Tadel, kein Vorwurf. Ich hätte Dir ja auch keinen machen können. Wir sind halt immer noch zwei dumme, aber auch unbeherrschte Leute. Du bist es noch mehr als ich, das muß ich Dir schon sagen. Wenn das Feuer abgekühlt ist, dann ist eben die Wärme vorbei, und man muß nicht in der Asche rumwühlen und jammern, das nur noch ein paar glühende Kohlen da sind, nein, man muß die Asche ruhig liegenlassen, denn sie hütet ja den unauslöschbaren Funken. Ein Hölzchen nach dem andern legen wir darauf, und dann kommt mal wieder ein Windchen und bläst in die Asche, und schon brennt der ganze Haufen lichterloh. Und wir wärmen uns und freuen uns, und wir kochen mehr als eine Suppe darauf. Wenn wir wochenlang den Feuerstoß geschichtet, dann geht eine herrliche, heiße Flamme hoch, aber auch sie verebbt und sinkt in sich zusammen, aber sie verlischt nicht, nie. Die Liebe zieht nichts ab und rechnet nichts an, gelt? [...]

An Ehefrau und Kinder *Warschau, 5. Juli 1942*

Liebe Annemie, liebe Kinder –
ein strahlend schöner und heißer Tag geht zu Ende. Ich habe heute mittag lange in der Sonne gelegen und spüre noch die Sonnenwärme am ganzen Körper. Am ganzen Abendhimmel ist keine Wolke, morgen wird es wahrscheinlich auch wieder heiß. – Früh war ich in der Kirche. Dann habe ich Pudding gekocht, und zum Mittag hat er mir sehr gut geschmeckt. Ich führe ein richtiges Einsiedlerleben. Tagsüber fahre ich mit dem Fahrrad zu einzelnen Dienststellen und prüfe die Ausrüstung und Handhabung im Gasabwehrdienst. Das Benzin ist so knapp, daß Fahrten mit dem Auto nicht in Frage kommen. Heute mittag brach in einem großen Petroleumlager Feuer aus. Eine ungeheure Rauchwolke stieg zum Himmel, daß die Sonne verdunkelt wurde. Es soll ein Sabotageakt vorliegen. In der Gegend, wo ich früher war, bei Wegrow, hausen große Banden von Partisanen, die mit Flugzeugen von den Russen abgesetzt werden. Man sollte es nicht für möglich halten. Was haben diese Kerle für einen Schneid. Sie müssen doch damit

rechnen, daß sie verloren sind, aber sie wagen es immer wieder, jede Nacht sollen neue landen. – Die Kämpfe im Osten sind nun wieder im vollen Gange[106], aber hinter der deutschen Front halten sich versprengte Banden und fügen uns Schaden zu, wo sie nur können[107]. Bei dieser hohen Kampfmoral des Feindes glaube ich nicht, daß wir in diesem Sommer fertig werden. Von Helmut habe ich seit dem 28.6. nichts mehr gehört. Er scheint hinter der jetzigen Angriffsfront im Mittelabschnitt zu sein. Da wird es genug zu tun geben. [...] Ich denke viel an Euch und mache mir Gedanken, wie es Euch geht und wie Ihr zurechtkommt. Jetzt wird es schon reife Kirschen geben und Beerenobst; ist das Gemüse gut vorangekommen, und wie steht es mit den Bienen? Darüber muß Detl[ev] berichten. Was macht der Schwarm, hat es einen zweiten gegeben? Ist Rud[olf][108] zum Schleudern [des Honigs] dagewesen? Detl[ev] hat wohl Ferien? [...] Was soll ich denn nur den zwei lieben Mädchen zum Geburtstag schicken? Ich habe noch nichts finden können für sie. Ihr habt wohl auch nicht viel Zeit zum Briefeschreiben. Ich warte einige Tage vergebens auf einen lieben Brief von Euch. Ich bin in treuer Liebe, Euer Vater und Dein Wilm.

An den Sohn *Warschau, 8. Juli 1942*

Mein lieber Helmut –

[...] Du schriebst schon neulich, daß Euch Euer Spieß[109] so bearbeitet. Ihr macht also auch, oder wenigstens in der Zeit, in der Ihr nichts anderes zu tun habt, Infanteriedienst. Es ist noch lange nicht das Schlechteste, was Ihr da erfahrt. Straffe Zucht und Ordnung, und wenn sie auch mitunter in Kleinlichkeiten ausartet, ist immer noch besser als Schlamperei und Nachlässigkeit im Dienstbetrieb. Du mußt halt diese Zeit durchbeißen, im Grunde geht das alles nicht tief. Ich habe jetzt in der Hauptsache mit dem Gasschutz zu tun. Ich kontrolliere bei den hier untergebrachten Einheiten, ob die Ausrüstung vollständig ist und die Ausbildung betrieben wird. Ich glaube ja nicht, daß man auch diese Schweinerei noch einmal anwendet, aber man kann nicht wissen, und auf alle Fälle muß man vorbereitet sein. Wenn Du wieder mal Zeit hast, berichte ausführlich von Deinen Eindrücken, von Deiner Tätigkeit und von Deinem Leben. [...] Ich vermute Dich in der Nähe von Charkow[110]. Ist das richtig?

Mir geht es gut. Es ist wundervolles Sommerwetter. Das schöne Schwimmbad wird viel besucht. Ich gehe morgens früh oder abends spät mit meinen Unteroffizieren zum Schwimmen. Tagsüber ist ein toller Betrieb da. Es sind jetzt fast mehr Frauen da als Soldaten. In den Dienststellen, die fest am Platz sind, werden Mädels beschäftigt zum Schrecken der Kommandeure. Für die Soldaten ist das natürlich eine Unterhaltung. Hier merkt man nichts vom Krieg. Ich wünsche mich oft von hier weg. Wenn man's gut hat, weiß man's wahrscheinlich nicht zu schätzen und weiß nicht, was einem fehlt. [...]

An die Ehefrau *Warschau, 11. Juli 1942*

Meine liebe Annemie –

[...] Es ist heute Sonnabend, ¾17 Uhr; ich habe den Rundfunk angestellt, um Nachrichten um 17 Uhr zu hören. Aber da sind zwei, die machen so blöde Witze, daß man unwillkürlich hinhören muß und mitlacht: Was die aber auch für üble Reden führen, und das Publikum birst vor Lachen. Diese Witze bewegen sich doch meist in der Nähe des Unanständigen und des Gewöhnlichen, aber es gefällt der Masse. Die Nachrichten melden günstigen Verlauf der Schlacht am Don[111]. Wie lange soll das so weitergehen? Ich glaube nicht, daß die Russen zu fassen sind. Sie gehen immer tiefer in ihr Land zurück. Das ist Taktik. Unsere Nachschubverhältnisse werden immer schwieriger. Es ist geradezu erstaunlich, daß sie trotzdem gemeistert werden. Von einem Nachlassen der Widerstandskraft der Russen ist nichts zu merken. Dieser Sommer wird bestimmt nicht das Ende bringen. Die Räume sind zu riesig, und die Kriegsmaschine zu gewaltig, um sie in kurzer Zeit zum Stillstehen zu bringen. Helmut wird wohl in der Gegend von Charkow sein[112], wahrscheinlich östlich davon. Sein Brief vom 27.6. erzählt von einer großen Stadt, von der ich vermute, daß es Charkow ist. Ihm haben die großen Staatsgebäude imponiert. Ein bekannter Leutnant, der öfters hierherkommt, meinte, es gäbe so viele Parallelen zwischen dem Nationalsozialismus und dem Bolschewismus gerade auch in den großen Baulichkeiten auf beiden Seiten. Aber das ist ja ganz natürlich, ein machtvolles Staatsgedenken sucht sich in der Weise zu manifestieren. Wenn man heute in eine kleine Stadt kommt, nimm zum Beispiel Fulda, in der früher ein Fürst regierte, dann fallen einem die steinernen Zeugen ihrer Baulichkeiten, die vom Schweiß der Untertanen errichtet sind, in die Augen. Und diese Plätze sind dankbar, daß sie so etwas haben. Was wäre F[ulda] ohne seine schönen Rokokobauten, ohne Dom und Michaelskirche? Was wäre Nürnberg ohne seine Kirchen oder die Kaiserburg? Aber diese Herrscher waren doch ehrlicher als die heutigen. Sie haben nicht gesagt, sie sind für das Volk gebaut, sondern sie wurden errichtet als Denkmäler ihrer Macht und Pracht. Das Volk bestaunte sie nur von außen. Und ist es heute anders? Der Unteroffizier Pf[eiffer] war vor einigen Sonntagen zu einer sportlichen Veranstaltung nach Krakau gefahren mit einer Anzahl Sportlern. Die wollten dort in dem sogenannten Staats-Kasino essen, das ist ein großartiger Bau, den die Zivilverwaltung dort für die Deutschen errichtete. Er soll ganz fabelhaft eingerichtet sein und Millionen gekostet haben. Aber – die Volksgenossen wurden hinausgewiesen, weil sie keine Berechtigung hätten, das Gebäude zu betreten. Wenn die Menschen früherer Jahrhunderte gar nicht auf den Gedanken kamen, daß sie auch ein Recht hätten, so zu leben wie die obere Schicht, so ist das heute ganz anders. Was meinst Du wohl, wie die Sportler geschimpft haben, als man sie auswies, außerdem waren es lauter Soldaten, und dabei mußten sie sehen, wie eine Menge Zivilisten sich dort breitmachte und fürstlich tafelte. – Wie ist doch ein solcher Bau mit den riesigen, glatten Flächen so typisch für die Baugesinnung. Der einzelne Mensch hat doch gar keine Beziehung dazu, denke an Nürnberg, an die Reichsparteitagsgebäude[113]. Und dann diese unpersönliche Masse, erinnerst Du Dich an den Heimweg von der Wehrmachtsvorführung, wo man sich beinahe totdrückte, einer des andern Feind? Und in der Altstadt von Nürnberg die wunderschönen Kirchen; jeder Stein ist gleichsam von einem Mann des Volkes an seinen Platz gesetzt, zahllose Meister haben an den Pfeilern, den Bildwerken, den Gemälden jahrelang gearbeitet, jeder hat geholfen mit seinem eigensten, freiwilligen Opfer, daß das Werk gedieh. Sie haben es wachsen gesehen unter den Händen in jahrelanger Hingabe an ihr Werk. Wieviele tausend Künstler und was für einfache und große Menschen waren es, mit welcher frommen, opferbereiten Hingabe haben sie geschaffen, Veit Stoß oder Dürer[114] und die namenlosen anderen vielen? Darum ist ein solches Bauwerk so mannigfaltig; nimm ein Bild vom Straßburger Münster und betrachte mal die tausend Plastiken, Steinrosen, Formen und Figuren allein am Portal. Darin steckt in jedem einzelnen kleinen Werk die Seele eines Spenders, das Genie des Künstlers. Und der Werkstoff! Es sind die Steine der Landschaft, außen und innen. Bei den heutigen Bauten ist innen Backstein und außen sind weiße Sandsteinplatten aufgeklebt, das soll monumental aussehen und etwas anderes vortäuschen. An der Sportschule hier ist das ja auch so gemacht. Die rechte Baugesinnung fehlt. Es ist alles auf Eindruck, Massenwirkung, man kann sagen, auf Übersteigerung und Überheblichkeit ausgerichtet. Lächerlich klein wirkt dann so ein Menschlein. Ich konnte mich dieses Eindrucks in Nürnberg bei den SA-Aufmärschen oft nicht erwehren. Da müssen Lautsprecher her, um die Stimmen vernehmlich zu machen, und jeder mußte ein Fernglas haben, um etwas zu sehen von den Führern und Rednern.

Du schriebst von den Wandervogel-Zeitungen[115]. Ja, das war wirklich ein Suchen und Sehnen und Verstehen und ernsthaftes Streiten um wesentliche Dinge. Diese Menschen sind heute auch noch da. Man trifft immer wieder auf sie. Sie waren damals ja auch vereinzelt. Auch in unserer Jugend werden sie sein. Unsere Jungens sind keine Ausnahmen.

Abends. Ich habe eine Stunde Tennis gespielt. Ich hatte keinen Partner, da spielte ich mit dem polnischen Balljungen, der es gut kann. Er ist ein armer Teufel. Vom Mittag hatte ich noch Suppe, die gab ich ihm und Brot und etwas Kunsthonig. Geld wollte er nicht. Die Eltern sind im Krieg bei der Belagerung umgekommen. Er hungert sich so durch. Das nächste

Mal bringe ich ihm alte Kleider mit. Er arbeitet bei mir hier im Stadion, aber er hat nichts anzuziehen. Geld verdient er auch so wenig, daß er sich nichts kaufen kann. – Was liegt an einem Menschen! Das ist der heutige Standpunkt. Aber geht man mit Herz und Gefühl auf einen Menschen ein, gleich offenbart sich eine Welt; in seiner Brust wohnt und verbirgt sich das Universum.

Leb wohl, mein Schatz, Dein Wilm.

An den Sohn *Warschau, 12. Juli 1942*

Mein Helmut –

[...] Deine Schilderungen haben mir sehr gut gefallen. Ich habe sie meinen Kameraden im Sportamt vorgelesen. Gleichzeitig erhielt ich auch einen Brief von einem Kompaniekameraden, dem ich schrieb, ob eine Kompanieführerstelle bei ihnen frei wäre. Ich wollte mich wieder zu ihnen melden. Gerade vor einem Jahr rückten sie nach R[ußland] ab[116]. Sie haben viel mitgemacht und haben große Verluste gehabt. Wenn ich an Euch da draußen denke, dann mag ich nicht hier sein und es mir so gehn lassen. Ich muß aber immer an daheim denken und will deswegen nichts freiwillig unternehmen; es wird schon noch eine Zeit kommen, wo sie uns brauchen werden. [...] Ist eigentlich das Land in dem Kriegsgebiet bestellt? Ich wähne Dich in der Nähe von Charkow: Die große Stadt mit dem Roten Platz ist wohl diese. Das Wiedersehn mit den alten Kameraden von der 8. [Kompanie] war ein schönes Erlebnis. Bleib Du aber, wo Du bist. Man soll nie etwas freiwillig tun, worüber man sich später Vorwürfe machen würde. Wo man hingestellt wird, füllt man seinen Platz aus und Schluß. Die Gefühle darf man nicht in den Vordergrund stellen, wie schnell ändern sich diese. Es ist schade, daß so wenig Kameradschaft herrscht, auch unter den gebildeten Soldaten. Ein Zeichen, daß sie nichts erleben und sich nicht nötig haben. Der militärische Drill ist ganz gut. Ich ärgere mich oft über die Schlappigkeit von manchen Offizieren und andern Vorgesetzten. Sie haben oft gar nicht den Mut, von ihren Untergebenen etwas zu verlangen. Soviel Ärzte habt Ihr? Unter den Medizinern ist selten gute Kameradschaft, das ist bekannt. [...] Jetzt wird es auch bei Euch viel zu tun geben. Ich nehme aber an, daß Ihr auf dem Marsch seid. Die Kriegslage ist gegenwärtig im Osten wenig durchsichtig. Die Russen kämpfen sehr tapfer, das muß ihnen der Neid lassen, wenn der Sprachgebrauch auch anders ist. Warum ist man nicht ritterlicher? Das ehrt doch beide Teile. [...]

Heute hat Uta Geburtstag. 5 Jahre ist sie alt. 3 Jahre habe ich an ihr verloren. [...]

An die Ehefrau *Warschau, 16. Juli 1942*

Meine Annemie –

noch immer habe ich Deine beiden letzten Briefe nicht vollends beantwortet. Ich habe sie so gerne gelesen. Es ist Abend geworden. Vor einer halben Stunde war noch großes Treiben auf allen Plätzen, jetzt ist es still geworden. Unten im Haus ziehen sich die Soldaten noch an und bald wird Ruhe sein. Ich war noch eben zum Schwimmen. Tagsüber, wenn so viel Rummel ist, gehe ich nicht. Abends und manchmal früh morgens, wenn ich das Schwimmbecken ganz für mich habe, schwimme ich am liebsten. Da denke ich oft an Dich. Wenn Du da bei mir sein könntest! Schrieb ich Dir eigentlich schon, daß der Graf[117] davon wußte, daß Du hier warst? Er hat mir nichts gesagt, er hat sich bei einem mir gut bekannten Kameraden darüber geäußert, aber er wird nichts verraten. Es ist ja auch schon lange her. [...] Vorhin war ich im Film. Mich interessierte die Wochenschau. Den Film habe ich teilweise gesehen, dann bin ich weggegangen. In der Wochenschau wurde die Beschießung und Eroberung von Sewastopol[118] gezeigt. – Wie ist das alles irrsinnig. Da wird nun so eine schöne Stadt in Grund und Boden zerschlagen. Auch die Einwohner kommen in dieser furchtbaren Hölle um. Nein, zur Vernunft werden die Menschen nicht kommen. Sie müssen das Böse tun und müssen und wollen schlecht und bös sein. Der Krieg ist die höchste Potenz der Menschenbosheit. Was könnte für die Werke der Vernichtung so viel Gutes und Schönes geschaffen werden. Es ist unnütz, darüber zu reden. Scheinbar ist es ein ewiges Gesetz, dem wir Menschen schicksalhaft verschrieben sind. [...]

An die Ehefrau *Warschau, 19. Juli 1942*

Meine Annemie –

es ist ganz früher Sonntag, Jorindes Geburtstag. Von ihrer Geburt mußt Du mir mal Einzelheiten erzählen; Du weißt doch alles noch so genau. Ich war heute schon früh wach und wollte nicht mehr schlafen; eine Zeitlang habe ich im Bett gelegen und bin meinen Gedanken nachgegangen, ich dachte an Dich, an das heutige Geburtstagskind. Auf meinem Schreibtisch habe ich drei Bilder von Jorinde aufgestellt. Das eine, auf dem sie die rechte Hand an die Backe lehnt, das andere ebenfalls im roten Stuhl, im Luftkleidchen, wie sie etwas lacht, den Mund zusammenkneift und wartet, bis der Verschluß der Kamera klappt, das dritte, Uta und sie nach der Fronleichnamsprozession. Jor[inde] mit dem Kranz, Uta mit strahlendem, offenen Gesichtchen. Zwei starke Kontraste im Ausdruck, wie sie wohl im Wesen der beiden begründet liegen. Die eine versonnen, in sich gekehrt, still für sich beobachtend, etwas unfrei, versteckt mit leise spöttischem Mund, die andre froh, hell, ganz dem Augenblick hingegeben, temperamentvoll, explosiv. Ja, Du hast Recht, wenn man diese Kinder sieht, dann meint man, es dürfte noch nicht das letzte gewesen sein.

Mittag. Ein Kamerad hat mich zum Tennisspielen abgeholt. Wir haben fast zwei Stunden gespielt. Mein Arm tut mir zwar weh, aber die Bewegung ist gut. Ich kriege allmählich wieder Kraft. Dann habe ich mich umgezogen und bin in die Kirche. Der Pfarrer schenkte mir neulich einen Volksschott[119]. Das Evangelium verstehe ich nicht recht. Was ist der geheimnisvolle Sinn? Eh' die Kirche anfing, war gerade eine Trauung zu Ende. Das Brautpaar, ein Soldat und ein junges Mädchen, wahrscheinlich eine Volksdeutsche, kniete noch am Altar. Dem Priester fehlte ein Meßdiener; ein junger Soldat ging unaufgefordert an den Altar und ministrierte. Nach dem Hochamt spielte jemand sehr schön Orgel. Ich blieb noch sitzen, bis das Spiel zu Ende war. Es war die Toccata von Bach[120]. Gerade, als ich herausging, kam der Musiker; es war ein Assistenzarzt. Wir hatten denselben Heimweg; wir unterhielten uns über die Musik, er freute sich, daß ich ihm Anerkennung zollte. – Jetzt habe ich Pudding für heute abend gekocht. Gleich will ich mich in die Sonne legen, dann werden die Sportler wieder da sein. Ich fahre jetzt jeden Tag in der Gegend umher, leider ohne Auto, mit der Straßenbahn und dem Rad – und prüfe bei den einzelnen Formationen die Gasabwehrbereitschaft. – Schrieb ich Dir schon, daß ich auch eine Seidenraupenzucht zu betreuen habe? Auf dem Stadiongelände sind Maulbeeren, deswegen haben wir die Zucht eingerichtet. In 24 Tagen verpuppen sich die Raupen. Es soll so viel geben, daß ein Fallschirm aus der Seide hergestellt werden kann. [...]

An die Ehefrau *Warschau, 20. Juli 1942*

Liebe Frau, liebe Annemie –

[...] Bei uns ist jetzt auch Regenwetter. Ich sitze an meinem Schreibtisch, ein Wust von Papieren, Meldungen, mit Entwürfen beschriebener Blätter liegt da herum; ich räume da gar nicht gerne auf. Heute vormittag war ich in einem Lazarett und an anderen Dienststellen. Ich habe eine schöne Tischdekke gekauft, aus buntem Leinen. Ich lege sie manchmal auf und freue mich an dem kleinen Schmuck; später werde ich sie Dir schenken. [...] Als ich in der Nähe meines Hauses war, sah ich Frau Luckhaus[121]. Sie war in meiner Wohnung gewesen und betrübt abgezogen. Was führte sie zu mir? Sie freute sich sehr, als sie mich erblickte. Aus ihren Worten konnte ich entnehmen, daß sie versuchen wollte, für ihren Mann ein Gesuch einzureichen um UK-Stellung[122] beziehungsweise [um] Verwendung als Dolmetscher. Leider mußte ich ihr sagen, daß das zwecklos sei. Gestern hatte sie ihn hier am Bahnhof im Transportzug, der an die Front ging, sehen können. Sie hatte auch ihre kleine Tochter mitgebracht. – Ihr armen Frauen! Wie schwer hat auch sie es. Sie ist jetzt noch im Genuß der Lebensmittelkarte ihres Mannes und freut sich, daß sie etwas zu essen kriegt. Aber die Weitergewährung der Karte wird davon abhängig gemacht, daß sie eine Erklärung unterschreibt, daß sie deutsch werden will[123]. Aber das tut sie nicht. Welche Probleme! Der Mann kämpft auf der Seite des Volkes, das ihrem Volk die Existenz geraubt hat und so namenloses Elend gebracht hat. Aber das tritt alles zurück, wenn Mann und Frau nun sich sorgen. – Ich bot ihr einen Teller Erbsensuppe an, den sie nach langem Zögern auch annahm. Ich dachte an das herrliche Essen, das sie uns bereitet hatte. Aber sie war so dankbar und zufrieden, daß sie mit mir hatte sprechen können. [...]

An den Sohn *Warschau, 21. Juli 1942*

Mein Helmut –
wo wirst Du sein, was wirst Du unterdessen alles erlebt haben? Wenn ich die Wehrmachtberichte höre, erfaßt mich immer das Verlangen, auch dort zu sein, wo es was zu erleben gibt, nicht aus Sensationslust oder Abenteuersucht, sondern weil ich an dem Kriegsgeschehen Anteil haben möchte und mir eine Anschauung von dem gewaltigen Kampf in den östlichen Steppen ein Bild [sic!] machen möchte. Es ist ungeheuer, was unsre Männer dort leisten. Mich erfaßt oft die Sorge, ob wir mit dieser Riesenaufgabe fertigwerden. Die Russen sind sehr tapfer, mag man sagen, was man will. Ich sprach mit einem ehemals russischen Offizier[124]. Er haßt die Bolschewisten, aber er muß gestehen, im zaristischen Rußland hat er diese Geschlossenheit und Widerstandskraft des russ[ischen] Volkes nicht erlebt. Er ist voller Bewunderung für die Haltung der bolschewistischen Armee, obwohl er wünscht, daß sie vernichtet wird und daß die deutschen Waffen siegen. Es ist der Stolz auf sein Vaterland und sein Volk, das er trotz allem liebt. – Ich war heute im Lazarett wegen Überprüfung des Gasschutzgerätes. Jeden Tag komme ich zu einer oder mehreren Einheiten und lerne alle möglichen Leute kennen. Da war ein Assistenzarzt, er war neulich schon einmal mit mir zusammen und gefiel mir gut. Groß, schwarz, schmalgesichtig, Württemberger, der typische Alemanne mit schwäbischem Akzent. Ich ging mit ihm durch seine Station. Er stellte mir seine Patienten vor, die interessanten Fälle. Wie die jungen Menschen da liegen in ihren Schmerzen, aber zufrieden, froh, der Schlacht entronnen zu sein, dem Leben langsam entgegengehend, wenn auch der eine oder andere ohne Arm und Bein. Dann die Leichtverwundeten, sogar voll Freude. Sie kommen ja bald in die Heimat, sehen ihre Lieben

und sind geborgen für eine Zeit. Ich möchte sie umarmen und sie liebhaben. Bei den Schwerverwundeten muß ich an mich halten, sonst schießen mir die Tränen in die Augen, so packt mich die innere Bewegung. Und doch muß man so sachlich, kühl und unberührt tun. Wenn unsre Frauen das mitansehen müßten. Den Krankenschwestern ist das ja alles nur Dienst, nur Beschäftigung, aber unsern Müttern würde das Herz bluten. Wenn ich doch Arzt sein könnte! Sei glücklich, daß Du diesen Beruf erlernen kannst und daß Du Wunden heilen darfst. [...]

Tagebucheintrag *(Warschau,) 23. Juli 1942*

Wenn man die Zeitungen liest und den Rundfunkberichten zuhört, dann glaubt man, es sei alles in bester Ordnung, der Frieden sei gesichert, der Krieg schon gewonnen und die Zukunft für das d[eutsche] Volk sei voller Hoffnung. Aber ich kann und kann nicht daran glauben, einfach deshalb nicht, weil das Unrecht auf die Dauer nicht Herr sein kann und weil die deutschen Methoden, die unterworfenen Länder zu beherrschen, früher oder später die Gegenwehr auslösen müssen. Ich überschaue hier ja nur die Verhältnisse in Polen, auch nur in ganz geringem Umfang, weil man das Wenigste erfährt, aber in den vielen Beobachtungen, Gesprächen, Mitteilungen, die einem täglich zukommen, gewinnt man doch ein klares Bild. Mögen die Verwaltungsmethoden und Regierungsmethoden, die Erpressungen in Behandlung der Einwohner, sowie das Vorgehen der G.Sta.Po. [Geheimen Staatspolizei] hier besonders kraß sein, so wird es in den andern unterworfenen Ländern ähnlich sein. – Überall herrscht der ausgesprochene Terror, der Schrecken, die Gewalt. Verhaftungen, Verschleppungen, Erschießungen sind an der Tagesordnung. Das Leben eines Menschen, geschweige die persönliche Freiheit, spielen überhaupt keine Rolle. Aber der Freiheitstrieb ist jedem Menschen und jedem Volk eingeboren und wird auf die Dauer nicht unterdrückt werden können. Die Geschichte lehrt, daß die Tyrannei immer von kurzer Dauer war. Nun kommt noch das entsetzliche Unrecht der Blutschuld an der Ermordung der jüdischen Bewohner auf unsre Rechnung. Gegenwärtig läuft eine Vernichtungsaktion der Juden [sic!], die zwar seit der Besetzung der Ostgebiete Ziel der deutschen zivilen Verwaltung unter Zuhilfenahme der Polizei und der G.Stapo. [Geheimen Staatspolizei] war, aber jetzt scheinbar großzügig und radikal gelöst [sic!] werden soll[125]. Es wird glaubhaft von den verschiedensten Leuten berichtet, daß man das Ghetto in Lublin ausgefegt hat, die Juden daraus vertrieben und sie massenweise ermordet, in die Wälder getrieben hat und zu einem kleinen Teil in einem Lager eingesperrt hat. Von Litzmannstadt, von Kutno wird erzählt, daß man die Juden, Männer, Frauen, Kinder, in fahrbaren Gaswagen[126] vergiftet, den Toten die Kleider auszieht, sie in Massengräber wirft und die Kleider zur weiteren Verwendung den Textilfabriken zuführt. Entsetzliche Szenen sollen sich abspielen. Jetzt ist man dabei, das Warschauer Ghetto, das etwa 400 000 Menschen zählt, auf ähnliche Weise zu leeren[127]. Statt der deutschen Polizei hat man ukrainische und litauische Polizeibataillone dazu herangeholt. Aber man kann das alles nicht glauben, ich wehre mich dagegen, es zu glauben, nicht nur aus Sorge für die Zukunft unseres Volkes, das ja einmal diese Ungeheuerlichkeiten büßen muß, sondern deswegen, weil ich nicht glauben will, daß Hitler so etwas will, daß es deutsche Menschen gibt, die solche Befehle geben. Es gibt nur eine Erklärung, sie sind krank, anormal oder wahnsinnig.

Neuere Gerüchte erzählen von dem Kriegseintritt Schwedens und der Türkei gegen uns[128]. Ich wollte mich nicht wundern, wenn es wahr sein sollte.

An die Ehefrau *Warschau, 23. Juli 1942*

Meine Annemie – liebste Frau –
es ist 4 Uhr in der Früh. Ich kann nicht mehr schlafen, deswegen schreibe ich Dir; ich dachte so schon eine Zeitlang an Dich und habe bei Dir und den Kindern am Bett Wache gehalten. Vielleicht bist auch Du wach. Der Regen tropft auf das Fensterbrett, es ist, als ob es nie mehr Sommer werden wollte. Düsterer, verhangener Himmel, kühl, Regenschauer, jagende Wolken – keine Sonne. Ich unterliege leicht dieser Stimmung. An der Arbeit richte ich mich schnell auf. Aber

diese Arbeit, die man als Soldat zu tun hat, und mag es die schönste sein und interessanteste, sie befriedigt nicht. Wie ist das schön zu Haus. Du hast mir das übelgenommen, aber glaube mir, ich muß mir den Kummer dieses Krieges von der Seele arbeiten. Es ist mir gar nicht so sehr darum zu tun, geliebt und verwöhnt zu werden und es im Urlaub schön zu haben! Mal zu sorgen für seine Lieben, mal zu zeigen, daß man etwas für sie tun kann, daß man mit der Hände Arbeit und dem Segen der Erde schafft, das ist Beglückung. In Deinen Armen zu schlafen und Deine Süßigkeit zu erleben, ist natürlich eine köstliche Wonne, nach der ich mich jetzt wieder so stark sehne; an das Bettchen der Kinder am Abend zu treten und den Gute-Nacht-Kuß zu empfangen, beseligt mich in stillem Glück; aber neben all dem muß ich etwas unter den Händen haben, das sich gestalten läßt und umformen zum sichtbaren Wert, den ich andern schenken kann. Wie stolz war ich, wenn ich mit Dir durch den Garten und Hof gehen konnte, und Du lobtest die Spuren meiner Tätigkeit. [...] Ich mag gar nicht mehr hier sein. Was man jetzt wieder tut, wie man die Juden tötet, in andern Städten sind sie schon zu Tausenden ermordet; jetzt soll das hiesige Ghetto mit einer halben Million Juden auch leergemacht werden[129]. Himmler soll hier gewesen sein – kann sich denn ein Deutscher noch auf der Welt sehen lassen? Sterben dafür unsere Soldaten draußen an der Front? Die Geschichte weiß ähnliches kaum zu berichten. Vielleicht haben sich die Urmenschen gegenseitig aufgefressen, aber daß man ein Volk, Männer, Frauen, Kinder, im 20. Jahrhundert einfach abschlachtet, ausgerechnet wir, die wir den Kreuzzug gegen den Bolschewismus führen, das ist eine so entsetzliche Blutschuld, daß man vor Scham in den Boden sinken möchte. Man fragt sich, sind denn diese verantwortlichen Menschen noch normal. Ist es wirklich so, daß der Teufel Menschengestalt angenommen hat? Ich zweifele nicht daran. – Ach, das ist kein schönes Briefende, aber ich bin so bekümmert, so niedergedrückt, ich kann mich nicht erwehren der Trostlosigkeit, wenn man unsre Zukunft sieht. Auf Deinen lieben Brief komme ich noch zurück. Herzlichst, Dein Wilm.

An Ehefrau und Kinder *Warschau, 24. Juli 1942*

Meine Lieben –

[...] Gestern abend haben wir gefeiert. Ein Oberstleutnant hat das Sportabzeichen gemacht und war deswegen so stolz und erfreut, daß er den ganzen Stab vom Sportamt freihielt. Bier, Schnaps und Zigarren hatte er reichlich mitgebracht. Zum Schluß gab es sogar Sekt. Ich war aber so müde, daß ich dauernd mit dem Schlaf zu kämpfen hatte und am liebsten ins Bett gegangen wäre. Ich war aber gewissermaßen der Hausherr und mußte warten, bis die Gäste gingen. Aber um ½2 [Uhr] war's mir doch genug. – Von den vielen Witzen habe ich gerade einen behalten: Der Kaiser Wilh[elm] II. interessierte sich, über den Hitler alles genau zu erfahren, und ließ sich von dem Kronprinz Vortrag halten. Der Kaiser fragte seinen Sohn, ob H[itler] auch die militärischen Dinge selbst bearbeitete und ob er davon etwas verstände. »Ja, ja«, sagte der Kronprinz, darauf der Kaiser, »siehst Du, Fritz, da kannst Du sehen, wie wir die Gefreiten ausgebildet haben«.

Eben ruft mich mein Oberst[130] an und teilt mir mit, daß ich zum Hauptmann befördert bin[131]. Da habe ich mich gefreut. Der Leutnant paßt für uns alte Kerle auch nicht mehr. [...] Helm[ut] schreibt mir heute vom 13.7. Ich lege die Karte bei. Die Zensur hat die letzten Zeilen durchgestrichen. Ich glaube es aber zu entziffern: ... Das sind die Kameraden, die er kürzlich traf und ihn überreden wollten, zu ihnen zu kommen. Ganz sicher bin ich mit der Deutung nicht. H[elmut] ist in der Gegend von Rostow[132], wie ich vermute. Das hatte er sich schon lange gewünscht, so richtig mit dabei zu sein und etwas zu erleben. Ich freue mich für ihn. Gut, daß er bei der Sanitätskompanie[133] bleibt. Sei herzlich mit den lieben Kindern gegrüßt, Dein Wilm, Euer Vater.

An den Sohn *Warschau, 24. Juli 1942*

Lieber Helmut –

[...] Deine Karte vom 14.7., die Du vor dem Don-Übergang[134] schriebst, gelangte heute in meine Hand. Der letzte Satz war durchgestrichen, offenbar von der Zensur. Du schriebst von gefallenen Kameraden der 8. Kompanie. Sind das die, die

Du kurz zuvor auf dem Vormarsch trafst? Das ist bitter. – Wie freue ich mich, daß es Dir gut geht. Du wirst jetzt allerlei vom Krieg sehen und von Rußland. Ist diese Gegend – ich schätze, daß Du in der Gegend von Rostow bist – auch so eintönig? Es soll dort sehr heiß sein. Hier und daheim ist es kalt und regnerisch. – Mein Oberst teilte mir eben mit, daß ich zum Hauptmann befördert bin ab 1.4.42. Das macht einem ein klein wenig Spaß. Für uns alte Kerle ist es auch in Ordnung, daß man etwas höher klettert, noch dazu als Weltkriegsteilnehmer. Als Hauptmann steht man doch etwas höher im Ansehen bei den jungen Offizieren. – Freust Du Dich auch über den schönen Brief von Ludwig L[...]? Das ist doch der alte, unbeholfene Bär, in seiner tolpatschigen Gutheit und Dummheit. Aber auch diese Burschen stellen [sic!] ihren Mann. Ich schrieb schon an Mutter, wenn ich mal wieder Schule habe, werde ich die sogenannten Dummen besonders liebhaben. Unter den Klugen ist viel mehr Falschheit und Gemeinheit.

Sei herzlichst gegrüßt, Dein Vater.

Tagebucheintrag *(Warschau,) 25. Juli 1942*

Wenn das wahr ist, was in der Stadt erzählt wird, und zwar von glaubwürdigen Menschen, dann ist es keine Ehre, deutscher Offizier zu sein, dann kann man nicht mehr mitmachen. Aber ich kann es nicht glauben. – In dieser Woche sollen schon 30 000 Juden aus dem Ghetto herausgeführt sein, irgendwohin nach dem Osten[135]. Was man mit ihnen macht, ist trotz aller Heimlichkeit auch schon bekannt. Irgendwo, nicht weit von Lublin, hat man Gebäude aufgeführt, die elektrisch heizbare Räume haben, die durch Starkstrom, ähnlich wie ein Krematorium, geheizt werden. In diese Heizkammern werden die unglücklichen Menschen hineingetrieben und dann bei lebendigem Leib verbrannt[136]. An einem Tag kann man so Tausende umbringen. Man spart sich die Erschießungen und das Erdeauswerfen und Zuwerfen für die Massengräber. Da kann die Guillotine der Franz[ösischen] Revolution doch nicht mehr mit, und in den russ[ischen] G.P.U.-Kellern[137] hat man solche Virtuosität im Massenmord auch nicht erreicht.

Aber das ist ja alles Wahnsinn, das kann doch nicht möglich sein. Man fragt sich, warum wehren sich die Juden nicht. Viele, die allermeisten sind durch Hunger und Elend so geschwächt, daß sie keinen Widerstand leisten können und sich stumpf in ihr Schicksal ergeben; andre wieder mögen froh sein, daß die Qual ein Ende hat. Daß sich auch furchtbare Szenen der Verzweiflung abspielen, kann man sich denken. Statt der deutschen Polizei sollen dort ukrainische und litauische Polizisten eingesetzt sein[138]. Ich finde das töricht und dumm. Es soll doch alles geheimgehalten werden, aber diese Leute schweigen doch nicht. Wahrscheinlich halten sie sich schadlos an den zurückgelassenen Wertsachen und dergleichen und werden auf diese Weise für ihre Henkerdienste entlohnt. Ich könnte mir auch nicht denken, daß deutsche Polizisten fähig wären, das mitzumachen. – Auf der Kommandantur traf ich gestern einen Geschäftsmann, der mich darauf aufmerksam machte, daß jetzt im Ghetto alles zu haben sei, und zwar sehr billig. Uhren, Ringe, Gold, Dollar, Teppiche und was nicht alles. Ein anderer Herr, der mir auf der Straße begegnete, das heißt, wir trafen uns und unterhielten uns kurz und gingen auseinander. Dann kam er mir wieder nachgelaufen und fragte, ob ich die Sache mit Schweden und der Türkei gehört habe[139]. Er erzählte auch von den Judengreueln und war maßlos empört. Zum Geburtstag des Führers soll Himmler die Liquidierung von 50 000 Juden im Generalgouvernement gemeldet haben[140]. Ein schönes Geburtstagspräsent. Das wird alles erzählt; was mag davon wahr sein? Jedenfalls die Juden verschwinden. Wie sie ausgerottet werden, ist eine zweitrangige Frage.

Tagebucheintrag *(Warschau,) 29. Juli 1942*

An dem unglaublichen Verbrechen der Abschlachtung der Juden zeigt sich der blutige Dilettantismus, mit dem Hitler regiert. Die Außerachtlassung der Weltmeinung, die Kurzsichtigkeit wirkt sich von Tag zu Tag bitterer aus. Ein Dschingis-Khan[141] oder Attila[142] oder auch Stalin[143] konnten sich solche Methoden leisten, aber nicht wir, die wir den Krieg noch lange nicht gewonnen haben und uns immer überzeugtere

Feinde schaffen. Wenn eine Regierung so wenig Realpolitik treibt, so wenig klug und feinfühlig das Instrument der Diplomatie führt wie in diesem Fall, dann muß man annehmen, sie betrügt das Volk auch in anderer Weise. Was für Reden sind gehalten worden, zum Beispiel [von] Göring[144], hat er nicht gesagt, wir sind mit Brot versorgt für viele Jahre, und haben wir nicht Hungersnot in Deutschl[an]d. Wer glaubt heute noch daran, daß der Krieg gegen Rußland nötig war, oder gegen Polen?

An die Ehefrau *(Warschau,) 30. Juli 1942*

Meine Annemie –

[...] Die Familie ist nicht nur Keimzelle des menschlichen Seins, sie ist auch die geheimnisvolle Werkstatt, in der das Leben wirkt und formt. Sie ist wie ein Baum, der mit seinen Ästen, Zweigen, Blättern und Früchten, Stamm und Wurzeln eine Vielheit und eine Einheit zugleich ist. Wie beglückend ist der Gedanke, daß wir alle, ich hier, Moni am andern Platz, der Junge in den Steppen Rußlands und Ihr daheim so innig vereinigt sind; eins ist nicht mehr ohne das andere denkbar, eins fühlt und lebt im andern. Wie der Saftstrom durch alle Teile des Baumes kreist, so kreisen unsre Liebe, unsre Sehnsüchte, unsre guten Wünsche um uns in einem fort. [...]

Wer hätte gedacht, daß ich drei Jahre von daheim weg sein könnte? Drei verlorene Jahre! Ja, das könnte man schon eher sagen, obwohl auch diese Jahre zu unserm Leben gehören, zu Deinem und zu meinem. Und niemals als verlorene, unnütze Jahre für Dich und mich gelten dürfen. Was der einzelne zu leiden und zu opfern hatte in dieser Zeit des unseligsten Krieges, es ist ein winziger Beitrag zur Erfüllung großer Menschheitsideen. Aber das ist nicht das Nächstliegende, für uns beide und dann auch für unsre Kinder sind die Jahre der Trennung ein Prüfstein und Wendepunkt des Lebens zugleich. Sind wir das, was wir früher waren, auch nach dieser Zeit? Bleiben wir unserm Ziel und unserer Lebenslinie treu? Trotz dem und jenem? Ganz gewiß! Und das gibt mir Kraft und Hoffnung. [...]

Helmuts Brief lege ich wieder in den Brief und seine letzte Karte an mich. Es geht ihm gut. Seine Zuversicht kann ich nicht teilen. Ich bin recht pessimistisch. Im Herbst wird er sicher zurückkommen. Ich traf dieser Tage auch zwei Medizinstudenten, die zum Studium in der Heimat sind. Sie fuhren für ein Vierteljahr in ein Feldlazarett, um dort zu famulieren[145]. Dann kehren sie wieder zur Hochschule zurück und machen Staatsexamen. [...]

An den Sohn *Warschau, 2. August 1942*

Mein lieber Detlev –

Zu meinem nicht geringen Schrecken sehe ich auf dem Kalender, daß Du übermorgen Geburtstag hast, und die Post ist schon weg. Der Brief kommt nicht mehr rechtzeitig an. Ich hatte dieser Tage so viel zu tun, daß ich gar nicht nach dem Datum geschaut habe. Nach dieser Einleitung will ich Dir nun die allerherzlichsten Glückwünsche zu Deinem 15. Geburtstag senden. Ich wünsche Dir das Beste und Liebste, was ich Dir nur erdenken kann. Von den Gutsi [Bonbons], die ich an die kleinen Mädchen sandte, wirst Du ja auch welche abkriegen. Ich habe aber auch noch ein sehr schönes Buch für Dich, nämlich das von Nils Holgerssohn[146], dasselbe, was wir in der Schulbibliothek haben. Ich kenne hier einen Buchhändler, der hat im Keller noch eine Anzahl guter Bücher stehen; neulich erlaubte er mir, daß ich einige Bücher aussuchte. Da fand ich auch dieses. Ich kann es aber nicht gleich schicken, Du bekommst es aber bald. Auf Deinen lieben Brief wollte ich Dir gleich antworten. Die Bienenhalterei muß ich ganz genau wissen, darüber mußt Du mir oft schreiben; überhaupt über die Ereignisse im Garten und Haushalt mußt Du mich genau informieren. [...]

An die Ehefrau *Warschau, 3. August 1942*

Meine Annemie –

morgen ist Detlevs Geburtstag. Ich habe sein Bild auf dem Schreibtisch stehen. Das, auf dem er so ernst ausschaut. Das habe ich besonders gern. Ich denke noch daran, was er für ein winziges, süßes Knäblein war, Du hattest viel Sorge um ihn, ich habe immer guten Glauben gehabt. Und jetzt ist das so ein prächtiges Bürschlein. So männlich und bestimmt sieht er aus. Ein Gesicht wie ein Prinz. Ja, es lohnt sich, Vater zu sein. [...]

Deinen langen Brief habe ich noch gar nicht beantwortet. Danke Dir für die Glückwünsche[147]. Mich hat besonders gefreut, daß mein ehemaliger General von Unruh[148], der in Berlin ist, mir eine Glückwunschkarte gesandt hat. Ich war ganz erstaunt. – Um Helmut sorge ich mich zwar auch wie Du, aber ich beunruhige mich nicht. Es ist doch gut, daß er diesen Dienst tut. Heute schreibt er etwas bekümmert, daß er noch nicht befördert ist und daß er zu dem leichten Zug [der Sanitäts-Kompanie] kommandiert ist. – Am Sonntag war ich früh in der Kirche und ging zur Kommunion. Ich saß zwei Stunden in der Kirche, es hat mir so gut gefallen, und ich war so beglückt den ganzen Tag. Ich bete sehr gerne die Litanei vom heiligen Namen Jesu. Über jeden Ausruf kann man sich Zeit nehmen und nachdenken und begreift den tiefen Sinn erst, wenn man sich Zeit nimmt. [...]

An den Sohn *Warschau, 3. August 1942*

Mein lieber Helmut –

[...] Ja, die Russen, die sind noch lange nicht bezwungen. Ich halte von der ganzen Lage im Osten nicht viel. Überhaupt komme ich immer wieder auf meine alte Vorhersage über den Kriegsverlauf zurück. Es kann noch Jahre dauern. Aber hoffen wir das Beste. [...]

Daß Du Dich oft in Gefahr befindest, macht mir auch große Sorge. Das ist alles kein Spaß im Krieg. Aber es wird schon gutgehen. Ich habe die feste Hoffnung, daß Du heil herauskommst. Mir gefällt es nicht, daß die Russen dauernd zurückgehen. Sie weichen aus und ziehn uns immer tiefer in die Endlosigkeit der russ[ischen] Steppe. [...]

An die Ehefrau *Warschau, 4. August 1942*

Meine Annemie –

ich habe gar nicht viel Zeit, aber ich möchte Dir doch rasch noch einen Gutenachtgruß senden und Dir die Mitteilung machen, daß möglicherweise die Möglichkeit besteht, daß ich mal nach Berlin fahre. Aber freue Dich nicht so schrecklich darauf. Es kann auch geradesogut nichts werden. Ich habe nämlich in Sportangelegenheiten mit einem Herrn von der Heeressportschule in Wünsdorf[149], der beim OKH [Oberkommando des Heeres][150] in Berlin sitzt, eine Besprechung in Aussicht genommen. Für 2-3 Tage würde ich von hier beurlaubt, nehme ich an. Ich habe dem Herrn nahegelegt, mich nach Berlin zu beordern. Vielleicht kann es dazu kommen. Dann würdest Du auch hinkommen, und wir wären zwei Tage zusammen. Ich gebe Dir rechtzeitig Bescheid. Aber es ist alles sehr unbestimmt.

Von Helmut bekam ich heute ein Päckchen russischen Tabak. Der liebe Junge versorgt mich regelmäßig mit Rauchwaren. Ich schickte ihm auch schon 6 Päckchen. Sie waren alle schwerer als 100 g. Hoffentlich kriegt er sie. Anbei zwei Briefe von ihm. Ihr hebt sie ja alle gut auf. Er wird sie später als schöne Andenken bewahren wollen. Ich vermute ihn auf dem Vormarsch am Don, Richtung Stalingrad[151]. [...]

Du schriebst in Deinem langen Brief vom 24.7. von dem fremden Geistlichen, der so packend predigte. Ja, es gibt noch Menschen trotz aller Gemeinheit und Bosheit. Was hier in W[arschau] mit den Juden geschieht, das kannst Du Dir nicht denken[152]. Das ist, solange die Erde von Menschen bevölkert ist, sicher noch nicht dagewesen. Da verliert man jeden Glauben und jede Hoffnung. Wie tief sind wir gesunken. – Ich halte einen Aufstieg und einen Sieg unter diesen Ideengängen für undenkbar. Selbst die Schwarzen in Afrika haben ein Recht, sich gegen uns zu wehren. Das ist die Welt ohne Gott, ohne sittliche Verantwortung. [...]

Tagebucheintrag *Warschau, 7. August 1942*

In den Zeitungsberichten ist in den letzten 10 Tagen immer dasselbe zu lesen: anhaltende Vorwärtsbewegung der deutschen Truppen in Richtung auf den Kaukasus. Eine Stadt nach der andern wird erobert. Jetzt ist der Kubanfluß schon überwunden, [die] Eisenbahnverbindung Schwarzes Meer–Kaspisches Meer unterbrochen. Alle sowjetischen Entlastungsangriffe [sind] gescheitert, und mehr solcher Erfolgsmeldungen. Aber man hört nichts von Kesselschlachten, von Materialbeuten, von den riesigen Gefangenenzahlen. Schweigt die d[eutsche] Heeresleitung absichtlich, oder ist nichts anderes zu berichten als dieses rasche Vorwärtsdringen? Sollte es denn wirklich möglich sein, den Russen das Öl abzuschneiden, das aus dem Kaukasus kommt? Gehen die Russ[en] planmäßig zurück, oder werden sie geschlagen und von den Deutschen zurückgetrieben? In der Mitte der Front greifen die R[ussen] unentwegt an, bei Woronesch, bei Rzsew und im Wolchowgebiet. Vor Moskau und Petersburg stehen wir still, und die Offensive von Finnland aus auf die Murmanskbahn[153] bleibt auch aus. Aber der Sommer [19]42 ist bald zu Ende, und wir sind nicht weiter als im vorigen Jahr, aber um eine Hoffnung ärmer, daß es so bald nicht zu Ende ist[154]. – Von der d[eutschen] Propaganda wird die kommende zweite Front, die von England und den USA ausgehen wird, bagatellisiert[155], so als ob die sich nicht trauten, uns anzugreifen. Ich glaube, der einzige Grund für das lange Zuwarten ist die Tatsache, daß sie noch nicht genügend gerüstet sind. Sie haben ja Zeit. Was können wir England antun; unsere Flieger sind im Westen zu schwach, und Amerika ist überhaupt nicht beizukommen. Sie rüsten in aller Ruhe weiter, bis sie kraft der riesigen Materialvorräte und der zur Verfügung stehenden Menschenreserven eine erdrückende Übermacht ins Feld stellen können. Inzwischen arbeitet die Zeit in den von uns besetzten Gebieten weiterhin gegen uns. Hunger, Entbehrung, deutscher Terror stacheln die Völker immer stärker gegen uns auf. Eines Tages, wenn die zweite Front ins Rollen kommt, werden sie sich gegen ihre Unterdrücker erheben. Dann wird auch der Russe wieder offensiv. Alle diese angegriffenen, vergewaltigten Völker kämpfen um ihre Freiheit, kämpfen mit der Gewißheit ihrer Überlegenheit. Sie beseelt eine sittliche Idee, aber wofür kämpfen wir? Wir haben uns in diesen furchtbaren Krieg hineingestürzt und wissen nicht mehr aus noch ein. Zu viel Schuld haben wir auf uns geladen, um von irgendeiner Seite Sympathie zu erhalten. Die Bundesgenossen sind selbst schwach genug und bedürfen unserer Hilfe, genau wie im vorigen Krieg. Finnland ist ausgeblutet. Rumänien, Ungarn, Italien machen den Krieg nur gezwungen mit. Japan kämpft für seine Interessen. Es wird sofort abspringen, wenn die Alliierten ihm entgegenkommen. Mögen wir in diesem Jahr noch durchhalten, 1943 beginnt der Kampf auf Tod und Leben. Die nationalsozialistische Idee wird nicht stark genug sein als bewegende Kraft, als sittliches Fundament für diesen Kampf. Sie ist von ihren eigenen Vorkämpfern und Führern zu viel verraten worden und ist vom deutsch[en] Volk nicht bejaht. Sie wird nur ertragen, weil sie gegenwärtig von zwei Übeln das kleinere ist. Das größere ist, den Krieg zu verlieren.

An die Ehefrau *Warschau, 7. August 1942*

Liebes Frauchen –

es ist wieder Abend, ein Tag nach dem andern vergeht. Die Wochen fliegen nur so herum. Mein Leben ist losgelöst von allen Menschen, nur mit Dir und den lieben Kindern spüre ich die enge Verbundenheit. Ich meine oft, ich hätte es zu gut hier, und möchte eine andre Tätigkeit. Dann aber wieder denke ich, mag kommen, wie es will. Ich tue gar nichts dazu, meine Lage zu verändern. Es wird schon von selbst anders. Und nach der schönen Zeit kommt bestimmt eine andere. Jetzt, wo ich Hauptmann bin, wird man mich für andere Aufgaben eines Tages einsetzen. Aber mein und Dein Wunsch, irgendwo nach Deutschland zu kommen, wird wohl nicht in Erfüllung gehen, eher geht es nach dem Osten. Warum soll ich es anders wünschen. – Früh morgens mache ich mit den Lehrgangsteilnehmern, es sind auch Offiziere dabei, Frühgymnastik; wir schwimmen zwei Bahnen, und dann ist Frühstück. Nachher halte ich Singstunde und gebe einen Vortrag. Dann übernimmt einer der Sportlehrer die Abteilung, und ich gehe zur Kommandantur oder habe andere Beschäftigung. Nachmittags habe ich auch noch da und dort zu tun. Um 5 [Uhr] bin ich gewöhnlich wieder zurück, dann gehe ich in die Kaserne und hole mir ein Pferd und reite 1 Stunde. Meist ganz allein. Auch Tennis kann ich spielen. Zum Schluß geht's noch einmal ins Schwimmbad. Dann freue ich mich auf den Abend, lese oder schreibe Briefe und gehe um 10 Uhr schlafen. Nicht wahr, das ist ein angenehmes Leben, denkst Du? Ich sollte auch zufrieden sein. Aber eins fehlt mir, und das ist die Hauptsache, um glücklich und zufrieden zu sein: nämlich zu sorgen, zu arbeiten und da zu sein für meine Lieben, für Dich und die Kinder. Das Briefeschreiben ist ein erbärmlicher Ersatz. Das In-den-Tag-hinein-Leben bringe ich nicht fertig. Ich mache mir Sorgen um Helmut, um Euch und um die Zukunft. Es kann ja nicht gutgehen. Immer mehr kommen mir Zweifel am guten Ausgang des Krieges. Kein Volk mag uns, und wie steht die Bevölkerung in den besetzten Ländern zu uns? Sie warten nur auf den Augenblick, wenn wir schwach würden. Deshalb kann ich absolut nicht diese Terrorpolitik verstehen oder gar die Austilgung der Juden in Polen. [...]

An die Tochter *Warschau, 9. August 1942*

Meine liebe Moni –

[...] Du schreibst, daß Du so viel zu arbeiten hast und erst spät ins Bett kommst. Das ist alles nicht schlimm, wenn Du es gesundheitlich nur aushältst. Auch, daß die Oberschwester so streng ist und Du Strafe für eine an sich geringfügige Sache bekommen hast, weil Du den Spruch nicht gesagt hast beziehungsweise vergessen hast. Gewiß, das ärgert einen und das ist peinlich wegen der andern Menschen. Aber was meinst Du wohl, geht es mir anders oder geht es einem Soldaten anders, wenn er eine auch geringe Sache vergißt? Wenn ich zum Beispiel einen Auftrag erhalte, den ich hinterher vergessen habe, da kriege ich einen ganz gehörigen Wischer. Als ich noch Feldwebel war, habe ich einmal einen Offizier nicht ordentlich gegrüßt. Wie hat der mich angefahren. Ich habe mich natürlich auch innerlich empört und fand diese Behandlung unerhört. Und als ich vor einiger Zeit auf dem Motorrad fuhr ohne Stahlhelm, da bin ich von der Heeresstreife[156] aufgeschrieben worden und bekam einen Verweis von meinem Vorgesetzten. Dabei wußte ich es gar nicht einmal, daß man auf dem Motorrad immer den Stahlhelm aufsetzen muß. Oder ein Soldat bekam neulich 3 Tage Arrest, weil er mit dem Auto rechts überholt hatte. Durch solche Strafen wird man auf seine Nachlässigkeiten ganz gehörig aufmerksam gemacht und man vergißt es das nächste Mal nicht. Im Grunde müßte man noch dankbar sein, aber man ist zu eitel, zu trotzig und am Ende auch noch beleidigt. Aber die strenge Erziehung tut immer gut und schadet einem nichts. Der Erzieher muß nur gerecht sein und einen wie den andern behandeln.

Mutter schreibt mir, daß sie gar nicht zufrieden ist mit Detlev, weil er sich immer zankt mit Jorinde. Das sind Kinderunarten und [ist] im Grunde nicht böse gemeint. Wenn ich zu Hause wäre, könnte ich da leicht Abhilfe schaffen; so muß sie sich allein ärgern darüber. – So muß man ein Kind nach dem andern allein in die Welt schicken; jetzt mußt Du Dich zum Beispiel darin zurechtfinden. Nicht ohne Besorgnis sehen die Eltern ihre Kinder von sich gehen. Das einzige, was ihnen eine Beruhigung gibt, ist, daß sie glauben, sie haben ihrem Kinde das Beste mitgegeben an Erziehung, aber den eigentlichen Kern im Menschen muß das Kind nun selbst entwickeln. Ich denke, daß Du einen guten Kern mitbekommen hast und gesund an Leib und Seele bleibst und Dich schon durchbeißt.

Lebe herzlich wohl und sei bestens gegrüßt, Dein treuer Vater.

An Ehefrau und Kinder *Warschau, 12. August 1942*

Meine liebe Gesellschaft –

[...] Wegen des Treffens in Berlin bist Du, liebe A[nnemie], wohl wieder ganz aus dem Häuschen geraten[157]. Ich schrieb Dir doch schon, daß Du auch mit dem Gegenteil rechnen sollst. Heute habe ich den General[158] gefragt. Er sagte, daß er die Fahrt erlaubte. Nun muß ich noch abwarten, was der Herr aus Berlin schreibt. [...] Ich kann vor dem 6. September nicht von hier weg. Vom 30.8.-6.9. habe ich eine große sportliche Veranstaltung, damit habe ich viel Arbeit. Aber in der Woche danach könnte ich fahren. Wie paßt es Dir denn, liebe A[nnemi], im allgemeinen und im besonderen? Du weißt ja, was ich mit letzterem meine. – Ich möchte auch alles gut vorbereiten, daß wir uns nicht zu suchen brauchen und gleich zusammen in B[erlin] eintreffen. [...] Ich habe heute seit langem mal wieder die früher häufigen Kopfschmerzen mit den üblichen Begleiterscheinungen gehabt. Eine Ursache konnte ich nicht feststellen. Zum Glück war der Dienst zu Ende, und ich konnte nach Hause gehen. Ich habe mich gleich ins Bett gelegt. Das Schreiben fällt mir auch ein bißchen schwer, ich habe noch einen starken Druck an der rechten Schläfe; [...]

Tagebucheintrag *Warschau, 13. August 1942*

Ein polnischer Kaufmann aus Posen, der zu Anfang des Krieges von dort ausgewiesen wurde, hat hier in W[arschau] ein Geschäft. Er verkauft mir oft Gemüse, Obst und dergleichen. Im [Ersten] Weltkrieg hat er als deutscher Soldat 4 Jahre lang an der Westfront gestanden. Er zeigte mir sein Soldbuch. Dieser Mann sympathisiert stark mit den Deutschen, ist aber Pole und bleibt es. Er ist ganz verzweifelt wegen der furchtbaren Grausamkeiten, der viehischen Rohheiten, die im Ghetto von den D[eutschen] verübt werden. Man muß sich immer wieder fragen, wie ist das möglich, daß unser Volk ein solches viehisches Gesindel beherbergt. Hat man aus den Zuchthäusern oder Irrenanstalten die Verbrecher und Anormalen herausgelassen und verwendet sie hier als Bluthunde? Nein, es sind Leute, die eine Rolle spielen im Staat, die dies Erziehungswerk vollbracht haben an sonst harmlosen Volksgenossen. Im Grunde des Menschen ist viel Bosheit und Tierhaftigkeit. Diese Instinkte treten leicht offen zu Tage, wenn sie sich hemmungslos entfalten dürfen; ja, man braucht diese niedrigen Instinkte, um dies Morden, Töten an den Juden und Polen zu verüben. Dieser Kaufmann hat geschäftliche Beziehungen zu Juden im Ghetto und kommt sehr oft dorthin. Er sagt, daß es nicht zu ertragen ist, was man dort sieht. Ihm graut, dorthin zu gehen. Er fährt in einer Riksch a durch die Straße. Er sieht, wie ein G.Sta.Po.-Mann in einen Hausgang eine Anzahl Juden, Männer, Frauen und Kinder, hineindrängt und dann wahllos in diesen Menschenhaufen hineinschießt. Gleich 10 Personen sind getötet und verwundet. Ein Mann läuft weg, auf ihn legt er auch die Pistole an, aber das Magazin ist leer. Die Verwundeten sterben, kein Mensch hilft ihnen, die Ärzte sind schon weggeschleppt oder getötet, außerdem sollen sie ja sterben. Eine Frau erzählte meinem Gewährsmann, mehrere G.Sta.Po.-Männer sind in die jüdische Entbindungsanstalt eingedrungen, haben die Säuglinge weggenommen, in einen Sack gesteckt und sind damit fort, um sie auf einen Leichenwagen zu werfen. Das Gewimmer der kleinen Kinder wie das herzzerreißende Geschrei der Mütter rührt diese Ruchlosen nicht. Man glaubt das alles nicht, trotzdem es wahr ist. Zwei solcher Tiere fuhren gestern auf derselben Straßenbahn. Sie hatten Peitschen in der Hand und kamen aus dem Ghetto. Am liebsten hätte ich die Hunde unter die Straßenbahn gestoßen. – Was sind wir Feiglinge, daß wir, die besser sein wollenden, das alles geschehen lassen; darum werden wir auch mitgestraft werden, auch unsre unschuldigen Kinder wird es treffen, denn wir machen uns mitschuldig, indem wir die Frevel zulassen.

An den Sohn *Warschau, 18. August 1942*

Lieber Helmut –
wieder ist ein Brief von Dir angekommen, diesmal mit der Luftpost. Du hast ihn am 6. [August] geschrieben. – Du kannst aber jetzt erzählen! Habe herzlichen Dank. Ich freue mich immer sehr über Deine Berichte; natürlich regt sich dann die große Sorge um Dich, wenn ich die Gefahren sehe, die Dich umgeben, aber es ist ja auch so viel Platz daneben, warum muß es mich [sic!] gerade treffen? Es ist alles noch nicht so schlimm, als wenn man als Infanterist irgendwo in einem Loch liegt, und die Ari [Artillerie] macht Punktschießen auf diesen Platz. Man hört den Abschuß ganz entfernt, hört das heranheulende Geschoß; die Nerven sind bis zum Zerreißen gespannt, man möchte sich in die Tiefen der Erde verkriechen wie ein Wurm. Ach, man kommt sich so elend, so klein, so kreatürlich vor – wie ein Punkt, ein Nichts. Wenn das Geschoß mit einem atemberaubenden »fft« hinweggezischt ist, dann schießt einem das Blut erst wieder durch den Körper und mit ihm die Angst vor dem nächsten Schuß, der vielleicht sitzt. Man malt sich das alles aus, man sieht sich verstümmelt, verwundet, vernichtet, ausgelöscht. Man hat Mitleid mit sich selbst. Man könnte über das junge, verlorene Leben des eigenen Ichs bitterlich weinen, so leid tut man sich. So in der Todesnähe fühlt man erst, wie man das Leben liebt und wie teuer einem Vater, Mutter, Bruder, Schwester und die eigene

Zukunft ist. Man hat das Gefühl, nie in deinem Leben kannst du das vergessen, niemals kannst du oberflächlich sein und das wiedergeschenkte Leben sinnlos leben, es vergeuden und nicht ernst nehmen. Wie scheint einem der Frieden wie ein Wunderland, was ist das Schlaraffenland dagegen. – Ich erinnere mich noch deutlich, wie ich am ersten Tag vor Ypern[159], am 11. November [19]14, nachts im Graben saß, ganz mutterseelenallein; ich weiß nicht mehr warum, vielleicht, weil ich ein sicheres Plätzchen gefunden zu haben glaubte und mich um niemand kümmerte, oder hatte ich mich verirrt. – Über mich weg ging der Hagel der Geschosse, ich saß frierend und elend in dem Loch; Angst hatte ich eigentlich nicht, obwohl ich das Gefühl hatte, wenn du jetzt den Kopf hoch tust, hast du eine weg. Ich holte meinen Rosenkranz hervor und habe gebetet, die Leidensgeheimnisse natürlich, weil ich mich dem schmerzbeladenen Gottessohne so nahe fühlte und von ihm Trost und Haltung erwartete. Wie bereut man in solchen Augenblicken seine Sünden und macht gute Vorsätze! Ich glaube, ich habe nie wieder in meinem Leben so geistig und innerlich gelebt wie damals. – Welch ungeheuerlicher Verlust aber einem Volk durch die Vernichtung so vieler Männer entsteht, das zu ermessen, ist man erst jetzt in der Lage, wenn man älter ist. Ich brauche doch nur an mich zu denken. Keines von Euch fünf Kindern wäre am Leben, Deine Mutter hätte nie das Glück gefunden, das ich ihr gegeben habe, das ich ihr nur geben konnte, meine Familie wäre ausgelöscht, wenn ich gefallen wäre. Und nun sind 2 Millionen deutscher Männer im [Ersten] Weltkrieg gefallen, die besten. Ist das verlorene Blut zu ermessen? Und doch soll das alles eine Sinnlosigkeit sein? Geht nicht alles nach einem großen, höheren Plan? Ich glaube ganz fest an die Lenkung der Weltgeschicke und des Völkerlebens, an Fügung und Vorsehung Gottes. Die Menschen und Völker werden gewogen in seiner Hand, er hält sie oder er läßt sie fallen nach seinem großen, weisen Plan, hinter dessen Sinn wir in diesem Leben nicht kommen. Was man jetzt zum Beispiel mit den Juden macht! Sie sollen ausgerottet werden, und man ist dabei, dies zu tun. Was für ein Unmaß menschlichen Leids auf der einen, menschlicher Bosheit und Tierhaftigkeit auf der anderen Seite tritt da zutage. Wie viele Unschuldige müssen umkommen, wer fragt nach Recht und Gerechtigkeit? Muß auch das alles sein? Warum denn nicht, warum soll Gott die niedrigen Instinkte der Menschen nicht auch zur Geltung kommen lassen; mordet euch doch, schindet euch und plagt euch, ihr habt zu beidem den Verstand und die Begabung, zum Haß und zur Liebe. So würde ich denken, wenn sich die Menschen als meine Geschöpfe wie Ungeziefer benehmen; was Gottes Weisheit damit vorhat, wer will es deuten?

Der moderne Mensch des Maschinenzeitalters, der Technik, der Beherrschung der Naturkräfte ist seelenlos, ungeistig geworden, töricht und hochmütig. Gewiß ist es erstaunlich, was wir alles können, wie wir in die Geheimnisse der Natur eindringen, einen Schleier nach dem anderen wegreißen, um sie zu entgöttlichen; dann stehen sie wie die Gaffer, wie die Kinder, wenn sie die Mechanik ihres Spielzeugs zerstört haben und die Teile in den ungeschickten Händen halten und nichts damit anzufangen wissen. Selbst unseren größten Forschern geht es nicht anders wie diesen Kindern, auch sie wissen nichts von den großen Geheimnissen des Lebens, so wenig, wie das Kind etwas von den physikalischen Gesetzen seines Spielzeugs. Wenn man nach dem Grunde dieses Krieges fragen möchte und mit unseren gewöhnlichen Erklärungen zur Hand ist, dann kommt man nicht weit, da gibt's nichts als Widersprüche und Sinnlosigkeiten. Man muß alles so hinnehmen, wie's kommt, auf sich selbst aber Bedacht haben, daß man sein Wesen entdeckt und ihm treu bleibt und seinen Weg geht. Ich las heute früh ein Kapitel in der »Nachfolge Christi« von Thomas von Kempis[160]. Da sind weise Worte und Gedanken: »Mein Sohn, laß dich nicht fangen durch schöne und tiefsinnige Menschenworte: Denn nicht in Worten besteht das Reich Gottes, sondern in der Kraft.« – Nur in dem Maße nähert sich der Mensch Gott, als er auf jeden Menschentrost verzichtet. Um so höher schwingt er sich auch zu Gott empor, je tiefer er sich in sich selbst versenkt, und je weniger er von sich selbst hält. – Was für ganz andere Gesinnungen als die dummen Prahlereien, die Anmaßung und Selbstverhimmelung, der Machtanspruch, die Vergewaltigung anderer Menschen! [...]

Tagebucheintrag *(Warschau,) 21. August 1942*

Donnerstag nacht, 20.8., auf Freitag, den 21., kamen feindliche Flieger, wahrscheinlich Russen, und bombardierten Warschau[161]. Ein Bombeneinschlag lag 100 m, der andere 6 Meter neben unserm Haus. Ich war mit Pfeifer[162] auf der Veranda. Wie wir die Treppe heruntergestürzt sind und von Schrecken und Panik im ersten Augenblick gelähmt waren, das kann man jetzt nach 1 Tag Abstand gar nicht mehr so recht begreifen. Man folgt irgendeinem unbestimmten, aber sichern Gefühl des Schutzsuchens in den unteren Räumen des Hauses. Wenn die 2. Bombe nur einige Meter kürzer kam, dann saß sie mitten in unserm Haus [sic!]. Was für ein Glück wir hatten, wird einem erst klar, wenn man die Verwüstungen in der Stadt sieht, die von einer einzigen Bombe angerichtet wurden. Von den zertrümmerten Fensterscheiben im ganzen Haus darf man gar nicht reden. Das ist eine Kleinigkeit. – Wie ein gejagtes Tier hockt man da irgendwo in einer Ecke, unfähig einen klaren befreienden Gedanken zu fassen. Der ganze Wahnsinn des Krieges ergreift einen und ein ohnmächtiger Zorn über die, die das alles angerichtet haben. Aber das stärkste Gefühl ist doch das der Trauer über das Unglück so vieler Unschuldiger und eine Niedergeschlagenheit, von der man ergriffen wird angesichts der Bosheit und Ruchlosigkeit der Menschen, die ihren Verstand und Geist dazu gebrauchen, um sich gegenseitig abzuwürgen. Es ist schon richtig, die Sünde verdunkelt den Verstand des Menschen und treibt ihn zu immer teuflischeren Plänen. Die Lüge ist mit das größte Übel. Von ihr gehen alle anderen Teufeleien aus. Was sind wir belogen worden, und wie steht die ganze öffentliche Meinung unter der Lüge. Kein Zeitungsblatt ist ohne Verlogenheit, mag es von militärpolitischen, wirtschaftlichen, historischen, sozialen, kulturellen Dingen reden, überall ist der Wahrheit Zwang angetan, die Wirklichkeit entstellt, verdreht und ins Gegenteil verkehrt. Kann das gutgehen, nein, das darf um der Ehre der freien Menschenpersönlichkeit und des freien Menschengeistes nicht so weitergehen.

Die Lügenmäuler und Verdrehungskünstler müssen umkommen und ihrer Gewaltherrschaft entkleidet werden, daß wieder ein freieres, edleres Menschentum Platz erhält.

An Ehefrau und Kinder *Warschau, 21. August 1942*

Meine Annemie, liebe Kinder –

[...] Im Wehrmachtbericht werdet Ihr heute gehört haben, daß die russ[ischen] Flieger gestern nacht hier waren[163]. Sie haben viel Schaden angerichtet, aber doch ist das alles nur ein Kinderspiel gegen das, was die Leute früher durchgemacht haben. Freilich, wen's trifft, dem genügt's. Ich war schon eingeschlafen. Als die ersten Bomben krachten, dachte ich, es sei ein Gewitter. Ganz in der Nähe schlugen sie ein, aber wo dachte ich, daß die Gefahr einige Minuten später so nah sei. Eine Bombe haute auf den Sportplatz, 100 m vom Haus, und die nächste saß 6 m daneben. Gleich kamen die Fensterscheiben hereingeprasselt, Rauch und Qualm erfüllte das ganze Haus. Wir löschten den Brandsatz mit Erde. Angst habe ich nicht gehabt, aber der Schrecken ist mir doch in die Glieder gefahren. Was hatten wir für ein Glück! In der Stadt sah es teilweise schlimm aus. – Ich dachte, was ein Wahnsinn ist das alles, was ein Wahnsinn! Eine große Traurigkeit kam über mich; all das Unglück, das schreckliche Leid, warum muß das sein? Können die Menschen nicht vernünftig sein und sich vertragen? So viel Unschuldige müssen das büßen, was einzelne Unvernünftige anrichten. – Aber was wollen wir klagen; ich bin so froh, daß es Euch gutgeht und dem lieben Jungen an der Front. Was für ein Grauen muß er erleben! Am 6. August erhielt ich einen Flugpostbrief von ihm. Ich lege ihn bei. Er erzählt ganz nüchtern von seinen Erlebnissen. Das ist mir lieber, als wenn er sie verschweigt. Daß es gefahrvoll ist, weiß man ja doch. Gott wird ihn behüten und ihn uns erhalten. Das ist meine feste Zuversicht. [...]

An die Ehefrau *Warschau, 22. August 1942*

Meine Annemie –

ich erinnere mich, gelegentlich des Urlaubs im vorigen Sommer, daß Du mich gerne ein wenig verspottetest wegen meiner »neu« entdeckten »Sportleidenschaft« und Dir manches, was ich erzählte, mit leiser Ironie anhörtest. Inzwischen bin ich als leitender Sportoffizier fast zwei Jahre, im letzten Jahr besonders aktiv, tätig und habe zu meiner neuen Tätigkeit auch ein anderes Verhältnis gewonnen, als ich es anfangs hatte. Eine Unterhaltung mit Dir, im Anschluß an den Vortrag, den ich mal vor den Nachrichten-Helferinnen[164] hielt, zeigte mir, wie kritisch Du meiner Arbeit und meinen Anschauungen gegenüberstandest. Ich habe aus diesem Gespräch, das Du nicht ohne Heftigkeit führtest, was ich nicht verstand, doch ein sehr Wesentliches gelernt, nämlich das eine: Sport ist nicht die Hauptsache, und man kann nicht von jedem Menschen eine sportliche Einstellung und sportliche Betätigung verlangen. Der Charakter ist immer doch das Wichtigste und das Einzigste [sic!]. Ersteres war aber auch nie meine Auffassung. [...] Diese Erkenntnis aus der Erfahrung und der Beobachtung an Dir und an mir ist, daß wir beide durch die Lust an der körperlichen Bewegung jung geblieben sind, viel jünger als andre, als Deine und meine Geschwister. Ich übe mich nicht deswegen, um eine sportliche Leistung zu erreichen, zum Beispiel im 100-m-Lauf, oder weil ich ein Turnier im Reiten mitmachen will, sondern aus einem körperlichen Bedürfnis heraus. Dabei ist es mir lieber, ich könnte etwas Zweckhaftes mit dieser körperlichen Tätigkeit erreichen, zum Beispiel Holz spalten oder den Garten umgraben oder dergleichen, als daß ich Tennis spielte. [...]

Einer meiner Sportlehrer war früher ein bekannter Sportler im Rheinland. Er ist äußerlich noch anziehend, besonders in seinem geistigen Gesicht; aber wie welk und schlapp er sich hält und wie bei ihm dies geistige Moment verlorengegangen ist und damit seine ganze Haltung, das beobachte ich an ihm mit besonderem Interesse, weil ich an ihm bestätigt finde, daß das geistige Prinzip des Sports das ausschlaggebende ist für die Erziehungsmöglichkeit durch die Leibesübung. Wer das nicht begreift, wird trotz körperlicher Leistungsfähigkeit alt und verbraucht. [...]

Dienstlicher Aufruf[165] *Warschau, 25. August 1942*

Sportkameraden!

Es sind nur noch wenige Tage bis zur Wehrmachtkampfspielwoche. Unsere kleine Sportzeitung soll deswegen noch einmal in Eure Hand kommen. Ich habe so lange mit der Drucklegung gewartet, bis ich einen ungefähren Überblick der Beteiligung an den Kampfspielen hatte. Und die ist überraschend hoch, über 1200 Wettkämpfer sind gemeldet. Durch diese hohe Beteiligungsziffer in den mannigfachsten Sportarten legen die Soldaten den richtigen Geist an den Tag, den Geist der Leistung. Die Beteiligung an den Wettkämpfen ist um so höher zu veranschlagen, als die Männer durch dienstliche Beanspruchung das Training fast nur in ihrer dienstfreien Zeit betreiben konnten. Die hohe Zahl der Teilnehmer erklärt sich auch daraus, daß mein Aufruf in der Ausschreibung richtig aufgefaßt wurde. Es kommt darauf an, daß viele Soldaten Leibesübung überhaupt treiben. Welche Art und mit welchem Erfolg, ist gar nicht so wichtig. Wir müssen einsehen, daß wir die körperliche Ertüchtigung uns selbst schuldig sind und unserer deutschen Auffassung vom Soldatentum.

Siegespreise sind nicht zu erwerben. Den drei ersten Siegern in jedem Wettkampf wird eine Siegerurkunde ausgehändigt. Wir müssen uns ein Beispiel an unseren Kameraden an der Front nehmen, für die es höchste Auszeichnung ist, wenn ihr Name im Heeresbericht genannt wird. Ihnen ist es eine Selbstverständlichkeit, ihre Pflicht zu tun und nichts dafür zu erwarten.

Hauptmann Hosenfeld.

An den Sohn *Warschau, 27. August 1942*

Lieber Helmut!

Herzlichen Dank für Deine Briefe vom 9. und 11.7. Nein, was schreibe ich denn, vom August sind sie natürlich. Mit Freude habe ich ihnen entnommen, daß es Dir gut geht. Ihr jungen Kerle haltet das alles leichter aus, Strapazen und Klima. Die Hitze muß ja toll sein bei Euch! Ich erinnere mich an den Sommer [19]17 in Rumänien, wie wir da durch die Ebenen marschierten, ganz eingehüllt in Staub[166]. An einem Brunnen wäre ich beinahe ins Wasser geschmissen worden! Wie eine wilde Horde stürzte alles auf den Brunnen und wollte trinken. Das war so ein Ziehbrunnen, wie man sie im Osten häufig hat, mit einem langen Schwengel. Ich hatte den Befehl, die Wasserausgabe zu regeln, war aber nicht der Sache mächtig. Jedesmal, wenn ich einen Eimer hoch hatte, wurde er mir aus den Händen gerissen, und das meiste Wasser, das so kostbar war, floß in den Staub. Da habe ich gelernt, wie gut einem ein Anpfiff tut. Der Bataillonskommandeur sah meine Ohnmacht und schrie mich ganz gehörig an, nannte mich einen schlappen Kerl und so weiter. Jetzt wurde ich aber energisch. Jedesmal, wenn der Eimer hochkam, habe ich mich auf den Rand gestellt, da hielt ich den Eimer hoch, daß keiner dran konnte und schöpfte die hingereichten Becher voll, da ging das viel schneller, und jeder kriegte etwas. Der Bataillonskommandeur war ein Hauptmann der Reserve. Was hatte ich eine Hochachtung vor ihm. Heute könnte ich auch ein Bataillon führen. Wenn ich daran denke, dann gefällt es mir hier nicht, und ich wäre auch gerne da vorne dabei. Ich habe jetzt einen feudalen Burschen, er ist im Zivilberuf Fechtlehrer, einer der besten in Deutschland. Wegen eines Bruchleidens ist er g.v. [garnisonverwendungsfähig]. Leider wird er wohl zum Ersatzhaufen[167] zurückgeschickt werden. Mir ist es peinlich, wenn er das Bett macht und die Stiefel putzt, aber er macht es mit Humor und möchte für sein Leben gerne hierbleiben. Er gibt in meiner Sportschule Fechtunterricht. [...]

Tagebucheintrag *(Warschau,) 1. September 1942*

In den deutschen Kalendern steht unter dem 1.9.: deutscher Gegenangriff in Polen. Vor drei Jahren begann der Krieg. Zur Bekräftigung dieser Tatsache bombardierten die Bolschewisten in der Nacht vom 1. auf den 2. September die Stadt Warschau[168]. Zumeist wurden Objekte getroffen, die deutsche Kriegsbetriebe sind, Lazarette, Truppenunterkünfte, Autoreparaturen, Feldbäckerei, Verwaltung der Eisenbahn und anderes mehr. Man erkennt, daß ein System in der Bombardierung ist, und man muß bestimmt damit rechnen, daß nach diesem

System weiter vorgegangen wird. Ob nun polnische Piloten mitfliegen, oder ob die Polen von der Erde aus die Flugzeuge leiten, ist anzunehmen, und nachfolgende Angriffe werden immer präziser deutsche Anlagen und d[eutsche] Wohnviertel treffen.

Wenn ich nachts wach liege, da kommen einem so niederdrückende Gedanken, daß man den Mut verlieren möchte und den Glauben an unseren Sieg. Es scheint geradezu unmöglich, den Krieg zu gewinnen. Der Sommer ist vorbei, er hat uns nur halbe Erfolge gebracht. Stalingrad wird sicher nicht bald fallen, und wenn es fällt, ist es eine Ruine, der Kaukasus und sein Öl wird ebenso nicht in unsre Hand kommen[169]. Dafür haben wir ein großes Hinterland zu besetzen, in dem sich die Partisanen sehr bald vermehren werden. Der Winter steht vor der Tür. Ob wir diesmal ausgiebige Winterbekleidung haben? Die Luftangriffe in Ostdeutschland und die furchtbaren Bombardierungen der mittel- und westdeutschen Städte durch die anglo-am[erikanische] Luftwaffe[170] wird mit der Zeit doch die Widerstandsfähigkeit der Zivilbevölkerung brechen, besonders, da noch Hunger und andre Entbehrungen hinzukommen und keine Aussicht auf das Ende. – Im Rundfunk wurde anschließend bekanntgemacht, daß man bei der Landung in Dieppe[171] einen Befehl aufgefunden habe, in dem es heißt: »Den deutschen Gefangenen sind die Hände zusammenzubinden, damit sie nicht ihre Papiere vernichten können.« Als Gegenmaßnahme droht die d[eutsche] Regierung, alle engl[ischen] Gefangenen sofort in Fesseln zu legen, wenn die engl[ische] Regierung nicht sofort diesen Befehl zurücknimmt[172]. Diese Maßnahme mag auf den ersten Blick gerechtfertigt erscheinen, aber haben wir das Recht, wehrlose Gefangene so zu behandeln, wenn wir Tausende von Polen in den Konzentrationslagern umkommen lassen, bolschewistische Gefangene erschießen[173] und Millionen Juden umbringen? Ist das nicht die Krone der Heuchelei? Zunächst werden die Engländer diesen Befehl abstreiten und werden zu verstehen geben, daß sie es uns überlassen müssen, zu all dem großen Unrecht, das wir tun, auch das noch auf uns zu nehmen. Praktisch wird nichts anderes herauskommen als Quälerei der unschuldigen Kriegsgefangenen.

Warum mußte dieser Krieg überhaupt kommen? Den Menschen sollte einmal vor Augen geführt werden, wohin sie in ihrer Gottlosigkeit kommen. Erst hat der Bolschewismus Millionen umgebracht, um angeblich eine neue Weltordnung herbeizuführen. Er konnte das nur tun, weil er sich von Gott und von den christlichen Lehren abgewandt hat; dann tut der Nationalsozialismus in D[eutschland] dasselbe, verbietet die Religionsausübung, erzieht die Jugend ohne Religion, führt den Kampf gegen die Kirche, enteignet ihren Besitz, vergewaltigt Andersdenkende, erniedrigt die freie Persönlichkeit der Deutschen zu furchtsamen, unfreien Sklaven. Die Wahrheit wird ihnen vorenthalten, an dem Geschick ihres Volkes dürfen sie keinen Anteil nehmen, als es nur hinzunehmen. Es gibt kein Gebot mehr: Du sollst nicht stehlen, nicht töten, nicht lügen, wenn es dem eigenen Nutzen zuwiderläuft. Aus dieser Ableugnung der göttlichen Gebote entstehen alle andern unmoralischen Erscheinungen der Habgier, der ungerechten Bereicherung, des Hasses, des Betruges, der geschlechtlichen Zügellosigkeit mit den Folgen der Unfruchtbarkeit, des völkischen Niedergangs. Gott läßt das alles zu, läßt diese Mächte herrschen, läßt so viele Unschuldige umkommen, um der Menschheit vor Augen zu führen, ohne mich seid ihr Menschen tierhafte Kreaturen, die sich gegenseitig im Weg sind und vernichten zu müssen glauben. Ihr wollt von dem göttlichen Gebot »Liebet einander« nichts wissen, gut, dann erprobt die umgekehrte Lehre des Teufels: »Hasset einander«. Aus der Heiligen Schrift wird die Geschichte von der Sündflut [sic!] berichtet. Was war der Grund zu dieser Tragödie des ersten Menschengeschlechts? Sie hatten Gott verlassen und mußten sterben, Schuldige und Unschuldige. Sie hatten sich das Strafgericht selbst zuzuschreiben. So auch heute.

An die Ehefrau (Fragment) *(Warschau,) ca. Anfang September 1942*

[...] Ich habe den Sonderurlaub in der Tasche und kann nach der Sportwoche fahren, aber der Herr aus Berlin hat mir noch nicht geantwortet[174]. Darauf muß ich warten, damit ich nicht umsonst fahre. Ich richte mich auch nach Dir ein, ganz besonders nach Dir. Du weißt ja, warum. – Am schönsten fände ich es, wenn Du schon einen Tag vorher in Berlin wärest und würdest schon ein Zimmer gemietet haben. Ich habe schon nach der Adresse gesucht, wo wir damals wohnten, ich weiß aber nicht mehr die Straße. Finden würde ich es schon. Ließe es sich nicht machen, daß Du an Deine Verwandten in Berlin schriebst, an die Frau von dem Stabsarzt oder an den Pfarrer? Wir wollen nicht dort wohnen, sondern uns nur dort treffen. Schreibe an Tilde nach der Anschrift. Oder die sollen uns ein Hotelzimmer ausmachen. Am besten wäre es, wenn Du schon in B[erlin] wärest und könntest mich abholen. Du kannst eher einen Tag entbehren als ich. Ich kann nur drei volle Tage in Berlin sein. Bring alles Geld mit und etwas zu essen, aber keine Kleider, nur eins außer dem Reisekleid, das schönste, das Du hast. Ich glaube, es ist das goldbraune.

Die Wehrmacht-Kampfspielwoche[175] hat mit einer sehr gut gelungenen Veranstaltung am 30.8., am Sonntag, begonnen. Wenn wir am nächsten Sonntag auch gutes Wetter haben, bin ich nicht bange, daß das Fest ebenso abschließt. [...]

An den Sohn *Warschau, 5. September 1942*

Lieber Helmut –
Du schreibst mir so viele Briefe, daß ich ein schlechtes Gewissen habe, weil ich Dir so wenig schrieb. Daß Du auch die Päckchen bekamst, ist mir eine Genugtuung; ich hatte mir schon vorgenommen, keine mehr aufzugeben. Sobald ich wieder etwas habe, kriegst Du weitere. Wie freut man sich über so einen Brief. Du gewiß auch, aber dies Gefühl der Erleichterung, wenn ein Brief von Dir kommt und noch dazu einer von so jungem Datum wie vom 26. August, das kennst Du nicht, weil Du ja annehmen darfst, daß daheim alles in Ordnung geht. Von Dir weiß man das trotz aller Beteuerungen, daß es ungefährlich ist, nicht. Ich weiß, wie schnell sich eine Lage ändern kann und wie plötzlich andre Umstände im Krieg eintreten können. Ich bin aber ziemlich beruhigt, ich denke natürlich oft an Dich, aber nicht in Angst und Sorge. Das Verhältnis zu Deinen Vorgesetzten kann eigentlich gar nicht anders sein, als wie Du das beschreibst. Durch ruhige Sachlichkeit, Energie und freundliche Bereitschaft, vor allem

durch Zurückhaltung und Schweigen gewinnt man einen übergeordneten Menschen am ehesten, vorausgesetzt, daß er ein Menschenkenner ist, dem es um wesentliche Dinge geht. Ich wundere mich oft über mich, wie gut ich die Menschen kenne und wie recht ich mit meinem Urteil über sie hatte. Ich weiß mit der Zeit genau, was ich von dem einen erwarten darf und was nicht. Überhaupt soll man mit seinem Urteil sehr zurückhaltend sein und besonders mit negativer Kritik. Das Schweigen ist eine große Macht. Es ist auch hier wie in andern Fällen der verhaltenen Kraft, sie wirkt durch ihr Vorhandensein, nicht durch ihre Auslösung. In der Natur ist es doch auch so, zum Beispiel wirkt ein tiefes Wasser immer unheimlich auf mich, und wenn ich nur in der Nähe am festen Land stehe. – Für andre Menschen gilt das wieder nicht, zum Beispiel für die Mutter, die springt am liebsten gleich hinein. Für sie ist das Wasser ein Lebenselement, das mir fremd ist. Vielleicht ist das nur Gewöhnung und Erziehung. – Wenn Du mit Deinem Chef sprichst, vergiß nicht, den Dienstweg einzuhalten und erst Deinen Spieß zu fragen. Das Recht hast Du ja, Dich in der Angelegenheit in Erinnerung zu bringen, und ängstliche Bescheidenheit ist nicht am Platz, wenn man glaubt, so viel zu leisten wie andere auch. – Daß die Verluste außerordentlich stark sein müssen, geht aus dem Anfall der vielen, vielen Verwundeten hervor, die allein hier täglich eingeliefert werden. Aus meiner Überzeugung von dem Stand der Dinge habe ich Dir früher schon kein Geheimnis gemacht. Ich bin auch heute noch derselben Ansicht und wundere mich nur, mit welcher Blindheit die meisten Menschen herumgehen. Ich glaube, sie haben Angst vor der Wahrheit, Angst vor dem Entsetzen, wenn das Gegenteil ihrer Wünsche Tatsache wird. [...]

Tagebucheintrag *(Warschau,) 6. September 1942*

Heute ist die Schlußveranstaltung der Wehrmacht-Kampfspielwoche[176]. So erfreulich das alles ist, so sind meine Gedanken doch oft nicht dabei. Ich sehe tiefer. Was hier zum Sport kommt, sind fast alles ehemalige Sportler, die aus Neigung kommen, die SS-Männer beteiligen sich auch noch aus Ehrgeiz. Offiziere und Kommandeure, besonders die von der OFK [Oberfeldkommandantur], haben für die Sportwettkämpfe kein Interesse. Am vorigen Sonntag bei der Eröffnung ließ er[177] sich vertreten, der Chef des Stabes lehnte auch ab; zuletzt fand man einen alten Major, der es machen mußte. Bei der Siegerehrung wird es nicht anders sein. Der General[178] ist in Urlaub. Sein Stellvertreter Graf Bothmer[179] [ist] unpäßlich; irgendein Oberst, der mit der Sache gar nichts zu tun hat, wird es machen müssen. Ich bin davon nicht überrascht. Die Offiziere sind vergreist, nervös, unzufrieden. Sie tun ihre Pflicht, sitzen eisern ihre Dienststunden ab, aber dann wollen sie ihre Ruhe haben. Das öffentliche Leben geht sie nichts an. Sie sehn sich überall auf den zweiten Platz gestellt. Als Offiziere der einstmals stolzesten Armee haben sie keine Bedeutung und kein Ansehen mehr in dem reinen Verwaltungsdienst der Etappe. Sie fühlen sich in ihrer Ehre gekränkt angesichts der Schandtaten, die durch die Beauftragten Himmlers an den Polen und neuerdings an den Juden verübt werden[180]. Sie müssen zu all diesen ungeheuren Greueln stillschweigen und wissen doch, daß sie im Ernstfall und bei der unausbleiblichen Reaktion das alles mitverantworten müssen und mit den Soldaten kämpfen müssen. Daß die Wehrmacht bei dieser Kampfspielwoche ganz unter sich ist und sich als ein machtvolles Ganzes einmal zu repräsentieren die Gelegenheit hatte, das verstehen sie nicht. Die einen aus Gleichgültigkeit, Verstimmung, Bequemlichkeit, die andern aus Blindheit und Gedankenlosigkeit.

Tagebucheintrag *(Warschau,) 6. September 1942*

Ein Sonderführer[181], der an dem Fechtturnier teilnahm, berichtete mir von den Greueltaten der Sonderkommandos in der Kreisstadt Sielce [Siedlce][182]. Er war so empört und aufgebracht, daß er ganz vergaß, daß wir in einer größeren Gesellschaft waren, worunter sich auch ein leitender Gestapobeamter befand. Man trieb die Juden eines Tages aus dem Ghetto heraus und führte sie durch die Straßen, – Männer, Frauen, Kinder. Dabei wurde schon eine Anzahl erschossen, vor aller Öffentlichkeit, vor den dortigen Deutschen und der poln[ischen] Bevölkerung. Im Blut sich wälzende Frauen ließ man ohne Hilfe in der Sonnenhitze liegen, Kinder, die sich versteckt hatten, warf man aus den Fenstern. Dann trieb man die Tausenden auf einen Platz in der Nähe des Bahnhofs, wo angeblich Züge bereitstehn sollten, um sie abzutransportieren; drei Tage lang ließ man sie in der Sonnenglut liegen, ohne Nahrung, ohne Trinken. Wenn sich jemand erhob, wurde er sofort erschossen. Und das alles in der Öffentlichkeit. Dann wurden sie abtransportiert, 200 Menschen in einem Viehwagen, in dem sonst 42 Platz haben. Wohin, weiß niemand. Was macht man mit ihnen? Weiß auch niemand! Aber es kann nicht verborgen bleiben. Es gelingt immer mehreren zu entfliehen, und durch sie kommen die Wahnsinnstaten an die Öffentlichkeit. Der Ort heißt Triplinka [Treblinka][183] im Osten des Generalgouvernements. Dort werden die Wagen ausgeladen. Viele sind schon tot. Das ganze Gelände ist mit Mauern abgesperrt. Die Wagen fahren hinein und werden entladen. Die Toten neben den Geleisen aufgeschichtet, die ankommenden gesunden Männer müssen die Leichenberge wegschaffen, müssen neue Gruben graben und die gefüllten zuwerfen, dann werden sie erschossen. Andre Transporte kommen und schaffen die vorhergehenden weg. Die nach Tausenden zählenden Frauen und Kinder müssen sich entkleiden, werden in eine fahrbare Baracke getrieben und werden da vergast[184]. Die Baracke fährt an eine Grube, und die Leichen werden mittels einer Vorrichtung, indem sich eine Seitenwand öffnet und der Boden sich hebt, in die Grube gekippt. So geht das nun schon wochenlang. Aus allen Teilen Polens holt man die unglücklichen Menschen zusammen, einen Teil tötet man gleich an Ort und Stelle, weil nicht genügend Laderaum zur Verfügung steht. Wenn sie zuviel sind, transportiert man sie ab. Ein furchtbarer Leichengeruch liegt über der ganzen Gegend. Mein Gewährsmann hat sich von einem dort entflohenen Juden alles erzählen lassen. Es gelang ihm, mit 7 andern zu entfliehen. Er lebt jetzt in Warschau. Es sollen ziemlich viele hier leben. Er zeigte einen Zwanzig-Zloty-Schein, den er einer Leiche aus der Tasche zog. Er hatte diesen Schein eingewickelt, damit der Leichengeruch nicht verlorenging, der ihm stete Mahnung sein soll, seine Brüder zu rächen.

Tagebucheintrag *(Warschau,) ca. 6.–26. September 1942*

Man hört oft sagen, daß der Krieg mit Rußl[an]d nicht propagandistisch vorbereitet worden wäre, das d[eutsche] Volk wäre ahnungslos in diesen Kampf hineingetappt, andererseits ist es eine allgemein bekannte Tatsache, daß wir über die Rüstungen und das innere Gefüge der Sowjet-Union, besonders über den Kampfwert des russ[ischen] Soldaten und die Kampfmoral des russ[ischen] Heeres ein ganz falsches Bild hatten. Die allgemeine Ansicht war doch die, daß der Feldzug in wenigen Wochen zu Ende sei. Man glaubte, die Sowjet-Armee würde auseinanderfallen und im russ[ischen] Volk würde eine Revolution ausbrechen und die Sowjetmachthaber stürzen. Das ist jedoch nicht anzunehmen von dem Oberkommando der Wehrmacht[185]. Ihm mußten die wahren Verhältnisse bekannt sein. Es hat sicher gewußt, daß ein schwerer Kampf bevorstand. Weil aber dieser Krieg in Deutschl[an]d ganz unerwartet kam und nicht populär war, durfte die Volksstimmung nicht belastet werden. Die Propaganda hat jene Gerüchte und den Glauben an die schnelle Erledigung der Bolschewisten geflissentlich im Volk aufrechterhalten und nichts getan, um auf den Ernst hinzuweisen. Wir befanden uns nach den siegreichen Kriegen mit Polen, Jugoslaw[ien], Griechenland und Frankr[eich] in einer Art Siegestaumel und glaubten, das Siegen ginge unaufhaltsam weiter. In der russ[ischen] Armee trat uns ein ebenbürtiger Gegner gegenüber, der uns zahlenmäßig überlegen und in der Ausrüstung gleich stand. Der innere Kampfwert der Truppe hält ebenfalls einen Vergleich aus. Wenn wir auch im Angriff und in der Strategie überlegen sind, so ist der Russe in der Verteidigung und in dem Partisanenkrieg ein zäher, tapferer und verschlagener Gegner, dem die Eigenart des Landes zu Gebote steht und [der] sie voll ausnutzt. Die allzu früh angemeldeten und später ausgebliebenen Entscheidungen haben im deutschen Volk eine gewisse Niedergeschlagenheit hervorgerufen und das Vertrauen in die oberste Führung erschüttert[186].

An Ehefrau und Kinder *Warschau, 7. September 1942*

Liebe Annemie, liebe Kinder –

am liebsten wäre ich gleich heute gefahren. Die kommende Woche scheint mir endlos. Ich treffe um 4.05 [Uhr] am Schlesischen Bahnhof ein[187]. Wenn ich Deine Wohnung weiß, sollst Du mich nicht in dieser Frühe abholen. Da fährt noch keine Straßenbahn, und Du weißt nicht Bescheid in Berlin. Es ist besser, Du erwartest mich dort. Wird das gehen, daß Du bei Deinen Verwandten wohnen kannst, wenigstens für den ersten Tag? Bis wir ein Zimmer haben! Ich weiß mir keinen andern Rat. – Unsere Sportwoche ging gestern, Sonntag, zu Ende mit einer gut gelungenen Schlußveranstaltung. 131 Sieger wurden ausgezeichnet. Einige tausend Zuschauer waren wieder da. Und ein merkwürdiges Zusammentreffen hatte ich. Du erinnerst Dich an den kleinen von Bothmer, Helmuts Klassenkamerad, der manchmal zu uns kam. Anstelle des Kommandanten[188], der in Urlaub ist, nahm ein Oberst von Bothmer[189], der mir bis jetzt nicht bekannt war, die Siegerehrung vor. Ich meldete mich bei ihm. Er meinte, als wir zusammensaßen, woher wir uns kennten [sic!]. Er erinnerte sich wohl meines Namens. Es stellte sich heraus, daß er der Vater von dem Jungen war; er führte seinerzeit in Fulda ein Bataillon. Als ich ihn nach seinem Jungen fragte, ging ein Schatten über sein Gesicht, der mich ahnen ließ, was er antworten würde. Vor einem Vierteljahr ist er in Rußland gefallen. – Ich schrieb es auch an Helmut, der das sicher mit großer Anteilnahme hören wird. – So klein ist die Welt. – Mein Bursche ist zur Zeit ein bekannter deutscher Fechtmeister[190], der zu den besten Fechtmeistern in D[eutschland] zählen soll. Gegenwärtig [sind] der Deutschlandmeister Moos[191] und die deutsche Meisterin im Florettfechten, Fräulein Höfer[192] aus Leipzig, hier und lassen sich von ihm auf die Deutschen Meisterschaften, die demnächst in Dresden sein werden, trainieren. Er ist bei mir am Sportamt als Wachsoldat getarnt. Ich würde ihn gerne hierbehalten, weil er ein diensteifriger, gefälliger und bescheidener Mensch ist, der sich in seine Burschendienste mit Humor schickt. Es war mir anfänglich peinlich, mir von ihm das Bett machen und die Stiefel wichsen zu lassen, aber in den 6 Wochen, in denen er hier ist, haben wir uns schon gut aneinander gewöhnt. [...]

An Ehefrau und Kinder *Warschau, 21. September 1942*

Meine Lieben –
die Fahrt hierher verlief ganz programmäßig. Von Fulda nach Berlin und auch von B[erlin] nach W[arschau] hatte ich einen guten Platz. Ich war erstaunt, daß von B[erlin] aus so wenig Reisende waren, wenigstens im Wehrmachtabteil in der 2. Klasse. Von F[ulda] aus habe ich sogar lang gelegen und fast die ganze Fahrt geschlafen. Hier traf ich auch alles in bester Ordnung an. Heute vormittag war ich schon bei meinem Vorgesetzten und habe Bericht erstattet. Ich bin jetzt dabei, für das Wehrmacht-Berufsförderungswerk[193] Lehrer ausfindig zu machen, um die neuen Lehrgänge einzurichten. Wie sich das alles gestalten wird, weiß ich noch nicht. – Von Helmut lagen zwei Briefe da und mehrere Päckchen mit Zigaretten und Tabak. In einem Luftpostbrief vom 29.8. klagt er darüber, daß er bei seinen Vorgesetzten kein Verständnis fände und die Einteilung als Pfleger als eine Zurücksetzung empfände. In dem nächsten Brief vom 1.9. dagegen berichtet er von seiner Tätigkeit als Operationshilfe und davon, daß ihm diese viel Freude macht. Heute erhielt ich sogar einen Brief vom 13.9. Auch in diesem Schreiben ist er ganz angetan von seinen neuen Aufgaben. [...] Er meint, die Kämpfe um Stalingrad[194] wären mit Verdun[195] im ersten Weltkrieg zu vergleichen, so schwer und verlustreich wären sie. – In W[arschau] sind die Russen nicht mehr gewesen, außer daß ein Flieger eines Nachts da war, der die Weichselbrücke zu treffen suchte. – In meinem Haus sind die Fensterscheiben wieder alle eingezogen. [...]

Tagebucheintrag *(Warschau,) 26. September 1942*

[...] Gestern abend bei von Schoene[196] zum Abendessen eingeladen. Dr. Stab[enow][197] ist mit seiner Geliebten auch da, und die Gräfin Larotzka. Die Unterhaltung ist denkbar oberflächlich, jeder nimmt sich selbst sehr wichtig, man sagt sich Schmeicheleien. St[abenow] fühlt sich als der mächtige Mann, der Herr des Ghettos. Von den Juden spricht er so wie von Ameisen oder sonstigem Ungeziefer. Von der »Umsiedlung«[198], das heißt, dem Massenmord, so wie von Vertilgung von Wanzen bei einer Entwesung in einem Haus. Seine Dame ist auf das Kostbarste angezogen; das stammt sicher alles dorther, was sie auf dem Leib trägt. Von der Furchtbarkeit des Krieges, von Opfern, Entbehrungen, Leiden spürt dies Volk nichts. Sie bereichern sich, huren und völlern. Aber macht man sich nicht selbst mitschuldig an all dem? Warum esse ich an der reich gedeckten Tafel der Reichen, wo ringsum größte Armut ist und die Soldaten hungern? Warum schweigt man und protestiert nicht? Wir sind alle zu feige und bequem, zu falsch und verrottet, darum müssen wir auch alle den Sturz ins Verhängnis mitmachen.

An den Sohn *Warschau, 26. September 1942*

Mein lieber Helmut –

[...] Es ist noch früh am Tag, der Mond steht voll und groß am Himmel, die Luft ist sommerlich weich. Am liebsten liefe ich in die Nacht hinaus. Ich erwachte um drei Uhr und konnte nicht mehr schlafen, schrieb einen Brief an Moni und betete ein Gesetz vom Rosenkranz. Was sind das alles für wunderbare, tiefsinnige Worte. Wo wir hingeraten ohne Gottes Gebote und ohne ihn selbst, wird einem mit jedem Tag klarer. Der tiefste Sinn dieses Krieges ist der, die Menschen sollen sich so viel Leid und Unglück zufügen, als sie nur können, damit sie endlich mal einsehen, es gibt auch noch andre Möglichkeiten miteinander auszukommen als mit den Mitteln der rohen Gewalt. Dann müssen sie natürlich wieder bei den 10 Geboten anfangen, aber das wollen sie nicht, darum herrscht heute der Antichrist und hat ein leichtes Spiel mit den Menschen. Der Alte lächelt weise und denkt in seinem ewigen Sinn: Laß sie gewähren, sie kommen von selbst zurück, aber sie müssen sich selbst so weh tun, von mir nehmen sie keine Lehre an. – All die großen Opfer, die Gefallenen, Gemordeten sind die Opfer dieses gewaltigen Ringens, des Kampfes zwischen Gut und Bös, zwischen der Finsternis und dem Licht, Engel und Teufel, Baldur und Loki[199] – Götterdämmerung – immer dieselben Symbole! Hast Du erlebt, wie schaurig schön, großartig, ungeheuer und zermalmend die moderne Schlacht ist? Ein Inferno der Vernichtung, ein rasendes Schauspiel der Zerstörung. Was ist darin der einzelne kleine Mensch? Ein Held, ein Tier? – Wir Deutsche führen eine neue Welt herauf, vielleicht anders als wir gedacht haben, aber wir sind mit dazu berufen, das Antlitz der Erde zu formen! [...]

Tagebucheintrag *(Warschau,) 1. Oktober 1942*

Schon seit Wochen ist wundervolles Herbstwetter. Am Tag ist es heiß wie im Sommer, und nachts kühlt es sich gar nicht sehr ab. Gestern war ich mit Graf von H[ohenau][200] und seinem Adjutanten mit dem Auto in Minsk[201]. Ich wollte mit den dortigen Soldaten, der Ortskommandantur und dem Bataillon sportliche Fragen besprechen, aber es sind so wenig Leute dort; sie sind alle eingesetzt zu Wachen oder Ernteschutzkommandos und so weiter, daß für einen geschlossenen Dienst gar keine Zeit bleibt. Wir aßen in dem dortigen Kasino zu Mittag. Die Unterhaltung erging sich über die politischen Ereignisse, besonders wurden auch die Judenfrage und die sogenannte Umsiedlung[202] besprochen. Der dortige Adjutant, Oberleutnant Hasse, teilte unsern Standpunkt nicht, er hieß die Ausrottung der Juden gut und fand es richtig, daß man das jetzt machte. Die 5 übrigen Offiziere schwiegen bei der ganzen Unterhaltung, anscheinend wollten sie vor dem Adjutanten nicht ihre Ansicht äußern, oder sie waren, urteilslos wie die meisten, auch einverstanden. Wir hielten mit unserer Ansicht nicht zurück. Hinterher aber hat man ein Gefühl, als ob man sich ausgezogen hätte. Es kann einem als Zersetzung der Truppe[203] ausgelegt werden. Das Recht der freien Meinungsäußerung steht uns leider nicht zu.

Zur 2jährigen Wiederkehr des Dreierpaktes sprechen die drei Außenminister von D[eutschland], It[alien] und Jap[an][204]. Der d[eutsche] Außenminister gab ein sehr optimistisches Bild von dem gegenwärtigen Stand. Es wäre zu wünschen, wenn alles so wäre. Der ital[ienische] und japan[ische] ergingen sich in allgemeinen Redewendungen, die bei Ciano mehr

Phrasen waren. Zur Eröffnung des Winterhilfswerkes sprach der Führer[205]. Auch seine Rede läßt uns zuversichtlich der Zukunft entgegengehen.

An den Sohn *Warschau, 5. Oktober 1942*

Lieber Helmut!

Dein letztes Schreiben vom 13.9. ist schon längst in meiner Hand, und ich warte jeden Tag auf einen nächsten Brief, aber er kommt nicht. Wie geht es Dir? Das Ringen um Stalingrad[206] muß ja alles bisher Dagewesene übersteigen. Du hast recht, wenn Du diese Kämpfe mit denen von Verdun[207] vergleichst. Wir wollen aber hoffen, daß der Ausgang ein anderer ist. Ich glaube, daß diese Stadt für die Bolschewisten eine ähnliche Bedeutung hat wie Verdun für die Franzosen im Weltkrieg. Es war für diese zu einem Symbol geworden, zu einer Schicksalsfrage. Wer Verdun hat, gewinnt den Krieg, war die Meinung der Franzosen. Der Führer hat in seiner letzten Rede[208] gesagt, es [Stalingrad] müsse und würde noch fallen. Er muß und kann es wissen. Ich glaube, daß der kommende Winter sehr hart wird, die Russen werden wieder mächtig angreifen und uns das zu entreißen versuchen, was wir im Sommer erobert haben. Sie meinen wohl, daß sie [im] Winter besser Krieg führen können als wir, weil sie das Klima eher ertragen als der deutsche Soldat. Aber darin irren sie sich am Ende doch, der Deutsche erträgt eben alles. Wenn man die Leistungen der deutschen Wehrmacht sich mal ansieht, wie sie vom Eismeer bis in die afrikanische Wüste dem Feind die Stirne bietet, dann kann man doch von Stolz erfüllt sein, zu diesem Volk zu gehören. Man mag mit diesem und jenem nicht einverstanden sein, aber die innige Verbundenheit mit dem Wesen des eigenen Volkes läßt einen die Mängel übersehen. [...] Ich habe jetzt die Wehrmachtkurse zur Berufsförderung[209] ins Laufen gebracht, am 15. Oktober soll es losgehn; ich will wahrscheinlich in Geschichte unterrichten, darauf freue ich mich schon.

Lebe herzlich wohl, Gott behüte Dich, und sei aufs herzlichste gegrüßt von Deinem [Vater]

An den Sohn *Warschau, 7. Oktober 1942*

Mein lieber Helmut!

[...] Hast Du denn nicht Deinen Antrag zur Beförderung als ROA [Reserve-Offizier-Anwärter] eingegeben? Dann kannst Du doch außerplanmäßig befördert werden! – Ich rief eben den Adjutanten des Gruppenarztes, dem sämtliche hiesigen Lazarette unterstehen, an und fragte ihn, wie das bei den SOA [Sanitäts-Offizier-Anwärtern] sei. Er sagte mir, die Ernennung zum SOA käme erst nach der Beförderung zum Sanitäts-Unteroffizier in Frage. Das ist also anders, als es früher war. Ich war als Gefreiter schon ROA und wurde dann außerplanmäßiger Unteroffizier, kriegte auch keine Unteroffizierlöhnung. Ich fragte auch wegen des Weiterstudierens der Mediziner an; er meinte, da kämen zwar neue Bestimmungen, aber voraussichtlich dürfte sich da nichts dran ändern, daß das Studium nach 15 Monaten Frontbewährung aufgenommen werden könnte. Er meinte sogar, daß die Frontzeit verkürzt würde, weil der Bedarf an Ärzten sehr groß sei. Die Alarmnachricht, die der Neue mitbrachte, gilt für alle anderen Studierenden, aber nicht für die Mediziner. Das ist ja auch erklärlich, sie bleiben ja im militärischen Dienstverhältnis und werden nur im Sanitätswesen ausgebildet, genauso wie andere Soldaten, die zum Beispiel einen Waffenlehrgang oder sonstigen Speziallehrgang besuchen beziehungsweise dahin kommandiert werden. Wenn man Euch zum Studium entläßt, wird man Euch gleichzeitig zum Unteroffizier befördern, dann nehmt Ihr ja niemandem mehr eine Stelle weg. [...] Wenn Ihr als Sanitäts-Einheit Zeit zu infanteristischer Ausbildung habt, dann ist es mit Eurer eigentlichen Arbeit wohl nicht mehr so schlimm. – Beim Kommandieren darf man sich nur keine Unsicherheit anmerken lassen, schon der erste Schrei muß die Umwelt erbeben lassen. Es ist ja tatsächlich so, wie das Kommando so die Ausführung, und der leitende Offizier glaubt einen strammen Kerl vor sich zu haben. Wenn ich manchmal dran denke, was ich in der Hinsicht als junger Soldat für Fehler gemacht habe, besonders als ich Unteroffizier war, da ärgere ich mich heute noch. Im Gefecht oder in Gefahr war das etwas ganz anderes, da stand ich immer meinen Mann, und meine Soldaten zollten mir Achtung, und bei meinen Vorgesetzten glaube ich auch eine gute Meinung geweckt zu haben, aber im außerdienstlichen Verkehr ließ ich mich zu sehr gehen und betrachtete sie als Kameraden. Ein Leutnant, der auch Lehrer war, hat mir das richtig übelgenommen und hat mir später deswegen eine schlechte Beurteilung gegeben. Man soll den Vorgesetzten immer als solchen behandeln, damit kommt man am weitesten. Ist der ein Kerl, dann wird er nicht so viel Wert darauf legen, ist er das aber nicht, dann erblickt er in jeder Schmälerung seines Ansehens eine persönliche Kränkung. Wenn ich zum General zum Vortrag gehe, dann melde ich mich mit lauter Stimme: »Hauptmann H[osenfeld] meldet sich gehorsamst zum Vortrag!« Das kommt mir durchaus so vor, als wenn ein Rekrut sagt: »Grüß Gott, ihr alten Knochen, hier kommt ein Hammel angekrochen!«; aber was macht's, das gehört dazu. Sei herzlich gegrüßt von Deinem Vater.

An die Ehefrau *Warschau, 11. Oktober 1942*

Meine Annemie –

ich habe gerade noch ein wenig Zeit vor der Kirche, da will ich den Sonntagsbrief schon anfangen. Es ist Herbst geworden. Man schielt schon nach dem Ofen als dem vertrauten Wärmespender. Bei Euch wird's auch nicht wärmer sein. Jetzt rüstet Ihr allgemach zur Kirche. Und Du wirst zum ersten Mal den Pelz anziehen. Hast Du ihn Dir enger gemacht? Wie froh und zufrieden bin ich, daß ich Dir den gekauft habe. Es gibt schon keine mehr. Ein kleines Kontingent stand zur Verfügung, das ist aufgekauft. Es wird ja alles so schnell weggekauft, gerade von den Deutschen. Die poln[ische] Bevölkerung hat kein Geld. – Inzwischen ist es Nachmittag geworden; ich wollte den Sonntag ausschließlich zum Briefeschreiben benutzen, aber es ist immer etwas dazwischengekommen. Nachher um 6 [Uhr] will ich ins Theater gehen: »Das Land des Lächelns« von Lehár[210] wird gegeben. Vorigen Winter war ich zu spießig eingestellt. Mich hatte das Theater mehrmals enttäuscht, und [ich] schüttete das Kind mit dem Bade aus, indem ich gar nicht mehr hinging. Diesmal will ich die Gelegenheit mehr ausnutzen. Wer weiß, wie lange das noch möglich ist. – In der Kirche war es wie immer sehr schön. Mich ergreift es immer, wenn die Soldaten Meßdiener spielen. Heute war es ein junges Kerlchen, das so fromm und kindlich aussah, daß ich mich so richtig an ihm erbaute. Nach dem Gottesdienst wartete ich auf ihn und unterhielt mich mit ihm und nahm ihn mit in die russische Kirche. Das war für ihn ein großes Erlebnis. Ich bin schon öfters dorthin gegangen im Anschluß an meinen Kirchenbesuch. Es ist alles wohl eine fremde Welt dort, und man versteht die Zeremonien und die Handlung nicht, aber das Ganze, die farbenprächtigen Gewänder, der Goldschmuck der Altäre, die Lüster und brennenden Kerzen, dazu der einzigartige Gesang, wirkt so erhebend, daß der Verstand gar nicht nötig ist. Vor 14 Tagen war ich da mit einem jungen Fliegeroffizier. Ich lernte ihn auf der Straßenbahn kennen. Er kam mit dem Flugzeug von Abbéville vom Kanal[211]. In W[arschau] mußte er landen und wollte am Abend wegen Flugzeugschaden mit der Bahn weiterfahren. Ich lud ihn zu mir ein, wir aßen zusammen im Deutschen Haus[212], und er blieb dann bei mir. Er war Kampfflieger von dem Geschwader »Schlageter«[213] und führte als Staffelkapitän eine Staffel. Von dem Kampf um Dieppe[214] konnte er sehr interessant berichten, er war als erster deutscher Flieger über dem Kanal und sah sich die Bescherung an. Ich werde Euch später erzählen. Mir war der Tag mit diesem tapferen, bescheidenen Soldaten ein Erlebnis. Was gibt es unter den deutschen Offizieren für zünftige Kerle. Ich hatte noch wenig Gelegenheit, solche kennenzulernen. Auf sein Urteil über den russ[ischen] Gottesdienst war ich gespannt; es war aber so, wie ich es erwartete. Er hatte sich eine unbefangene, feine und vorurteilslose Meinung bewahrt, die man nicht so häufig trifft. Später erklärte sich mir seine beeindruckende Haltung, er war nämlich Katholik von Hause aus, Westfale, wohl nicht gerade ein stark praktischer Katholik, aber ein religiöser, innerlicher Mensch, dem das Elternhaus diese Grundlage gegeben hatte.

Es ist ½10 Uhr abends. Ich komme aus dem Theater. Diese Operette, »Land des Lächelns«, hat mir sehr gut gefallen. So ein ernstes Problem hätte ich gar nicht vermutet. Hier sind sehr viele Soldaten, besonders Verwundete. Was ist diesen, aus dem Grauen des Krieges kommenden Männern eine solche Darstellung wohl ein Genuß. Sie sitzen auf den ersten Plätzen. Wie gönnt man ihnen das alles. – Ich war öfters im Lazarett und ich sah sie auf den Schmerzenslagern. Mich ergreift das immer so sehr, daß ich mit meiner Rührung kämpfen muß. [...]

An die Ehefrau *Warschau, 13. Oktober 42*

Meine Annemie –
morgen werde ich alle Meldungen zusammen haben, dann kann ich überschauen, welche Kurse[215] zustandekommen. Die Lehrer habe ich auch schon beisammen. Die Soldaten sollen durch diese Kurse wieder mal mit den Fragen ihres Berufes vertraut gemacht werden. Ich denke mir, es wird so sein wie in der Fortbildungsschule[216]. Als Lehrer meldeten sich einige Volksschullehrer, Berufsschullehrer und Ingenieure. Wenn ich nach Hause komme, will ich meine alten Geschichtsbücher, die noch nicht bereinigt sind, suchen. Mit den heutigen bin ich nicht einverstanden, da wird zu sehr Gesinnung getrieben. – Es ist Abend geworden. Ich arbeitete am Tage an einem Vortrag und hatte Kopfweh. Das Stubensitzen war ich überdrüssig, und dazu war es kalt in meiner Bude.

Ich ließ mir das Pferd satteln und ritt in die Umgegend von W[arschau]. Man ist in 10 Minuten auf dem Lande. Die Bauern eggen die Kartoffelfelder und säen, der Rauch der Kartoffelfeuer schmeckt so heimatlich. Weiße Nebel ziehn ihre Schleier über das Wasser, das Knarren der Räder, Kinderstimmen schallen dazwischen. An einem Feuer braten sich Jungen Kartoffeln. Ich meine, ich müßte mit ihnen lachen und Spaß machen. Es sind so frische, hübsche Jungens, in dürftigen Kleidern, barfußbeinig mit rotgefrorener Haut. Auch die kleinen Mädels sind fix und vergnügt. Ein zierliches, kleines Ding, auch barfuß und [mit] ganz dünnem Kleidchen, ruft mich an: »bitte, Herr, Brot!« Für das Pferd stecke ich immer ein Stückchen in die Tasche. Ich dachte, besser gebe ich es dem Kind als dem Pferd. Geschickt hat die Kleine das zugeworfene Brot erhascht und unter dem Freudengeschrei der

Geschwister sausen sie alle davon. Wovon die Kinder nur satt werden!

Es dunkelte schon, als ich nach Hause kam. Vor der Stalltüre wartete die Stallwache auf mich. Der Mann sattelte ab und gab dem Fuchs noch ein wenig Hafer, dann beschäftigte er sich wieder mit seiner Arbeit. Er hatte bereits abgefüttert und war dabei, Kaninchenfelle aufzuspannen. Ich beguckte mir denn auch seine Hasenzucht. Eine weiße Häsin kann ich wahrscheinlich kriegen. Wenn ich sie nur mitbringen könnte. Inzwischen war es schon bald 6 Uhr und fast dunkel. Im Hause rückten die Boxer zum Training an. Der Bursche bringt Fisch und Pellkartoffeln. Das ist mal was anderes. [...] Ich habe mir eine Brille verschreiben lassen. Beim Lesen tut sie mir sehr wohl. Sonst brauche ich sie nicht. [...]

An die Ehefrau *Warschau, 18. Oktober 1942*

Meine Annemie –

Du denkst gewiß nur noch an meinen Urlaub, ich dagegen hatte diese Woche gar keine Zeit dazu. Ich war eben, als ich den Kalender ansah, auf dem ich den 25.10. als Abreisetag angemerkt hatte, ganz erstaunt, daß der schon in einer Woche ist. Du schriebst mir, ich sollte um den 29. oder 30. [Oktober] kommen. Das kann ich dann hoffentlich so einrichten. Heute in 2 Wochen bin ich dann schon bestimmt bei Euch. Kann man das für möglich halten? Alles Wunderschöne und Wunderbare will einem so unwirklich erscheinen. Vielleicht ist einem die Freude im Wege. Daß Helmut zum Beispiel studieren darf, ist ein so beglückender Gedanke, daß man ihn wie eine Kostbarkeit mit sich herumträgt und immer die leise Angst hegt, es könnte auch nicht so sein. Ich glaube aber bestimmt daran, daß alles gutgeht. – Hast Du die Epistel vom heutigen Sonntag gelesen? Was sind das für kraftvolle Gedanken und herrliche Worte. Was ist das für ein Mann, der Apostel Paulus. So lange es Menschen auf dieser Erde gibt, werden ihre Größten ihn nicht erreichen.

Gestern war die Besprechung mit den Dozenten, die ich für die Wehrmacht-Kurse zur Berufsförderung[217] ausgesucht habe. Es haben sich etwa 550 Teilnehmer gemeldet und 57 Lehrer zur Verfügung gestellt. Aus diesen haben ich 20 ausgesucht zur Abhaltung der Lehrgänge. Es sind Diplom-Ingenieure, Diplom-Landwirte, Studienräte, Lehrer, Kraftfahrtechniker, Bautechniker und andere mehr. Morgen abend beginnen die 4 Lehrgänge für Kraftfahrtechnik. Zuerst sollten die Kurse hier in der Sportschule stattfinden, aber die Räume sind zu klein, deswegen sind sie in die Handelsschule verlegt, die ganz in der Nähe ist. Ein Hauptmann vom OKW [Oberkommando der Wehrmacht] hielt gestern den einleitenden Vortrag. Er ist Universitätsprofessor aus Freiburg[218]. Mit ihm habe ich öfters zu tun. Ich übernahm dann den zweiten Vortrag über die Organisation, Ausgestaltung und begründete die Notwendigkeit der Berufsförderung für die Soldaten. Ich hatte gestern einen guten Tag. Während der Vortrag des Professors mehr chaotisch und mehr vom Grünen Tisch aus gehalten wurde, ging ich auf das Praktische und das Leben der Soldaten ein. Ich hatte nicht die geringsten Hemmungen und sah an den Gesichtern der Zuhörer lebhafte Zustimmung. Ich leitete dann die Aussprache und gab die Richtlinien der Arbeit, die im großen ganzen angenommen wurden. Ich habe vor, diese Einrichtung noch weiter auszubauen, zum Beispiel die Möglichkeit zu schaffen, daß die Reifeprüfung und die Meisterprüfung gemacht werden können. Der General[219] äußerte sich sehr skeptisch über das Gelingen der Sache. Ich hoffe ihm aber beweisen zu können, daß seine Zweifel sich nicht verwirklichen. Er steht auf dem Standpunkt, daß durch eiserne Disziplin das meiste zu erreichen ist. Er ist deswegen auch sehr gefürchtet. Ich bin noch immer gut mit ihm zurechtgekommen. [...]

Tagebucheintrag *(Warschau,) 19. Oktober 1942*

Bezeichnend für die Sturheit unserer Soldaten, der Unterführer und auch der Offiziere ist der Gesang, das Singen der marschierenden Abteilungen. Seit drei Jahren singen sie unentwegt dieselben Lieder, das heißt, sie werden hinausgegröhlt ohne geringste innere Anteilnahme. Das ganze Liedverzeichnis beschränkt sich auf 3-4 Lieder. »Die blauen Dragoner«, »Westerwald«, »Wir marschieren geradeaus«, »Heidi, heida«[220] ... Ich möchte den Kerlen ins Maul hauen, wenn sie fast jeden

Morgen mit demselben Lied ankommen. Aber sie sind gar nicht schuld. Sie haben sich das Denken und das eigene Leben abgewöhnt, wenigstens zeigen sie es nicht, dann bleiben sie ungeschoren. Es ist ein Gefühl der Geborgenheit, dieses Massengefühl, hinter dem man sich wundervoll tarnen kann; nur nicht auffallen, in keiner Weise, nicht nach oben, nicht nach unten. Was befohlen wird, wird gemacht. Im übrigen ist mir alles einerlei. Warum also soll der einzelne, dem es auch ein Greuel ist, immer dasselbe Lied zu singen, sich gegen den allgemeinen Stumpfsinn auflehnen. Es geht so am bequemsten, er ist in seinen Gedanken ungestört. Das ist nämlich durchaus nicht richtig, daß der Mann kein inneres Leben hätte.

Tagebucheintrag *(Warschau,) 22. Oktober 1942*

Am Kriegsgericht. Als Beisitzer[221].

[1.)]Hengstenberg, ein Hochstapler, Angeber, hat 2 Decken verkauft, wird in der 1. Verhandlung zu 6 Monaten Gefängnis verurteilt, legt Berufung ein. Man ist geneigt, der Berufung stattzugeben. Aber der Angeklagte lügt wieder so dreist und unwahrscheinlich, schneidet auf (Mein Vater ist bei der Justiz! Wachtmeister) daß das Gericht die Berufung verwirft. Er nimmt das Gerichtsurteil gelassen hin.

2.) Todesurteil gegen den OT-Mann[222] *Burre*[223], gemeingefährlicher Gewohnheitsverbrecher. Plünderung, fortgesetzte, als Tateinheit.

3.) Unteroffizier, vom Staatsanwalt 6 Monate wegen tätlichem Angriff einer Wache [sic!][224]. Das Gericht erwirkt Freispruch. Hauptsächlich auf meine Einwirkung.

An die Ehefrau *Warschau, 23. Oktober 1942*

Meine Annemie –

Deinen lieben Brief vom 17.10. erhielt ich gestern, beim Zubettgehen habe ich ihn erst gelesen. Am Morgen war ich als Richter (Beisitzer) am Kriegsgericht[225]. Ich war zum ersten Mal als Richter mit tätig, während ich sonst nur Zuhörer war. In der zweiten Verhandlung ging es um Leben und Tod eines Angeklagten. Als ich meine Stimme für das Todesurteil gegeben hatte, war es mir, als hätte ich ein großes Verbrechen getan. Ich sehe immer den Menschen vor mir stehn, und ein grenzenloses Erbarmen überkommt mich. Der Gerichtsschreiber deutete auf das Geburtsdatum des Verurteilten. Es war der 22.10.1914. An seinem Geburtstag wird er zum Tode verurteilt![226] Wenn ich kann, will ich bei der Urteilsvollstrekkung zugegen sein. In einem andern Fall beantragte der Staatsanwalt 6 Monate Gefängnis. Durch meine vollkommen andere Auffassung der Zusammenhänge erreichte ich Freisprechung. – Heute saß ich von früh bis gegen Abend an meinen Vorbereitungen für den Unterricht und an der Zusammenstellung der Kurse. Nachher, von 7-9 [Uhr], habe ich Unterricht zu geben. Sogar ein Schulrat[227] ist unter meinen Dozenten. Er ist Zivilist und hat die Aufsicht über die städtischen Schulen. – Für morgen mittag habe ich eine Konferenz aller Dozenten. So was macht Spaß. – Von Helmut bekam ich heute einen Brief vom 11.10. Er ist Unteroffizier. Ich freue mich sehr darüber. Ich glaube bestimmt, daß er zum Studium kommt. Sonntag mehr. Sei herzlich bedankt für alle Liebe und Sorge. Morgen in 8 Tagen fahre ich zu Dir, meine Allerliebste. Küsse die Kinder! Wir werden ganz glücklich sein. Dein Wilm

Tagebucheintrag *(Warschau,) 25. Oktober 1942*

[Aus der] Warschauer Zeitung.
Überschriften: Ins vierte Jahr im Dienste des Reiches (26.10.39-26.10.42). Aufruf des Generalgouverneurs zum dreijährigen Bestehen des Generalgouvernements[228]. Untrennbar für alle Zukunft ein Bestandteil des Großd[eutschen] Reiches. Verpflichtende Worte Dr. Franks an alle Deutschen des Nebenlandes. Anerkennung für d[eutsche] Bevölkerung.

Der Generalgouverneur Frank bezeichnet das Generalgouvernement als das »reichseigene Land des Ostens« und spricht von dem »ersten staatsgleich aufgebauten Instrument zur Verwirklichung der Epoche des Ostens«. Es soll eine Schleuse zwischen dem Reich und dem sowjetischen Osten, ein Durchgang sein, eine Brücke; 17 Millionen Fremdvölkische einer ganz andern Kulturstufe bewohnen dieses Gebiet. Deshalb [sei] die Sonderform des Nebenlandes die für diesen Raum vorläufig gegebene Form, auch wenn seine Verwaltung in engster Verbindung mit dem Reich und mit alljährlich größerer Reichsbezogenheit arbeitet. Die Polen nennt der Leitaufsatz der Sonntagsausgabe ein Fremdvolk. »Auch die fremdvölkische Bevölkerung zieht ihren Nutzen aus diesen Verhältnissen ...«

Der Generalgouverneur stellt fest: »... daß in diesem Raum noch nie so klar und sauber regiert wurde, wie das heut der Fall ist«. Da lachen wohl nicht nur die Hühner!

An Ehefrau und Kinder *Warschau, 18. November 1942*

Liebe Annemie – liebe Kinder –
vor zwei Stunden bin ich angekommen. Die Reise verlief normal. Moni durfte nicht mit in mein Abteil, deswegen ging ich mit ihr in den Wagen für Zivil, wo wir allerdings wegen Überfüllung stehen mußten. Das machte uns jedoch nichts aus. Viel zu schnell waren wir in Eisenach, und sie mußte Abschied nehmen. Wir haben uns beide sehr gefreut, noch diese kurze Zeit beieinander sein zu dürfen. Unterwegs haben wir uns noch viel erzählt. Sie kam auch von selbst auf die Dinge zu sprechen, worüber zwischen Eltern und Kindern Klarheit sein muß. Sie hat ein feines Gefühl für das Verhältnis zu dem andern Geschlecht und wird sich ganz gewiß zurechtfinden. Mir wurde es so klar, wie wichtig es ist, daß so ein junger Mensch, der den andersartigen Einflüssen der Umwelt ausgesetzt ist, ab und zu in die häusliche Gemeinschaft von Vater und Mutter zurückkehrt und den Geist, der da herrscht, in sich aufnimmt. Ich habe mir auch vorgenommen, ihr viel mehr zu schreiben. – Von Helmut fand ich auch mehrere Briefe vor, aber alle späteren Datums als die, die er nach Hause sandte. Neues stand nicht darin. 3 Päckchen mit Zigaretten bekam ich ebenfalls von ihm. Er hat schon seinen festen Weg und ein sicheres Richtungsgefühl.

Unterwegs füllte sich der Zug immer mehr. An jedem Bahnhof stiegen Soldaten ein und nahmen Abschied. Es ist immer dasselbe Bild, ob es eine junge Braut oder Frau ist oder eine alte Mutter oder ein alter Vater. Mir schneidet es immer ins Herz, wenn ich die winkenden Zurückgelassenen so klein und hilflos am Bahnsteig stehen sehe, und der donnernde Zug zieht mit uns davon mit unwiderstehlicher Gewalt. [...] Im Abteil fuhren noch drei neugebackene Leutnante mit und ein älterer Kriegsgerichtsrat, der auch zur Kommandantur W[arschau] versetzt ist. Mit ihm werde ich wohl öfters zusammenkommen. Er ist aus Frankfurt. Die jungen Offiziere waren in Helm[uts] Alter. Es ist gut, wenn man mal die Unterhaltung dieser Jungen mit anhört. Es sind wirklich die reinsten Kinder, so kommt es mir vor. Sie machen sich um nichts Sorge. Wie es kommt, so stellen sie sich ein. So ist es wohl auch ganz richtig.

Liebe Annemie, ich bin mit einem großen Glücksgefühl von Dir weggegangen. Ich habe mal wieder gespürt, wie wir zusammengehören und wie die Zukunft unserer Kinder fest und treu in unseren Händen liegt. Ich bin noch ganz erfüllt von dem warmen Leben mit Dir und mit den Kindern. Alle Tage der Trennung dürfen nur ein Schatten über unserm Leben sein, das uns gut und reif und tapfer finden soll.

Seid alle herzlich gegrüßt von Deinem [sic!] Wilm.

An die Ehefrau *Warschau, 19. November 1942*

Liebe Annemie –

Ich will Dir nur die freudige Mitteilung machen, daß es mit dem Winterstudium von Helmut klappen wird. Ich frug bei dem betreffenden Sanitätsoffizier, der die Personalfragen bearbeitet, an. Er teilte mir dann die Bestimmung aus den Allgemeinen Heeresmitteilungen mit, wonach das Studium für Medizinstudenten neu geregelt ist[229]. Voraussetzung für die Zulassung ist, daß einer 18 Monate aktiven Wehrdienst hinter sich hat oder aber, und das trifft bei H[elmut] zu, wenn er die Vorprüfung, das Physikum, gemacht hat, dann braucht er nur ein Jahr aktiven Wehrdienst zu haben, und daß er Sanitätsoffizier-Anwärter ist. Helmut war deswegen in Sorge, weil er keine 18 Monate zusammenkriegt. Das Semester beginnt am 1. Dezember. Es wird wohl möglich sein, daß er in Marburg studieren kann, denn er muß sich in Kassel bei seiner Sanitäts-Ersatz-Abteilung melden. Ich habe ihm diese Auskunft heute mit Feldluftpost zugehen lassen. Vielleicht weiß sein Kommandeur es auch schon ohnedies, und er ist am Ende schon auf dem Wege in die Heimat. – Vorläufig ist nur das Wintersemester für das Studium vorgesehen, der Arzt sagte mir aber, daß für die Fortgeschrittenen neue Bestimmungen zu erwarten wären, die ein Weiterstudium ermöglichten, wenn dieses Semester mit Erfolg abgeleistet ist. Das kann man ja vorläufig der Zukunft überlassen. Du brauchst somit keine weiteren Päckchen an ihn abzusenden.

Es ist Abend, und ich muß jetzt gleich in den Unterricht. Während meiner Abwesenheit ist manches durcheinandergeraten, Lehrer haben gewechselt, die Hörer sind ausgeblieben, andere haben sich angemeldet, so habe ich vorläufig zu tun. Gestern war hier ein großes Fußballspiel gegen den Deutschen Meister Schalke 04. Unsere Mannschaft hat sie geschlagen mit 2:1, das ist [ein] sportliches Ereignis, was in der Sportöffentlichkeit von ganz Deutschland Beachtung findet. Abends war ich zu dem Kameradschaftsabend, an dem die beiden Mannschaften friedliche Nachbarn waren. Der Gouverneur[230] war auch da. [...]

Tagebucheintrag *(Warschau,) 29. November 1942*

Seit Mittag ist ein massiver Schneesturm, naß und flockig, aber auf dem Fußballplatz kämpfen zwei Mannschaften mit Selbstverständlichkeit ihr Spiel durch. Der Wind treibt einem den Schnee in die Augen, die [dem] Wind zugekehrte Körperseite ist mit einem dicken Schneebrett belegt. Ist das schon eine ordentliche Leistung, wie hoch ist erst das Opfer der Frontsoldaten bei der Witterung. Und dann noch kämpfen und verwundet werden! Man schämt sich, in der warmen Stube zu sitzen. Können wir unsere Tätigkeit überhaupt mit ihren Leistungen vergleichen?

Tagebucheintrag *(Warschau,) 5. Dezember 1942*

Heute abend ist der Nikolausabend. Wieviel Glück und Freude haben wir früher an diesem Abend gehabt. Wie selig waren die Kinder. 15-16 Jahre habe ich den Nik[olaus] gespielt, den Kindern die fromme, selige Täuschung bereitet. Heute ist A[nnemi] mit den drei Kleinen allein. Vielleicht wird A[nemone] für Uta als Nik[olaus] erscheinen. Sicher sitzt die Mutter nachher oben in der Sofaecke und weiß sich nicht zu helfen vor Traurigkeit und Leid. Wie geht es dem großen Jungen? Ich kann schon gar nichts mehr anderes denken den ganzen Tag. Bei Stalingrad gehen die Kämpfe in unverminderter Heftigkeit weiter. 15 Divisionen sind von den Bolschewisten eingeschlossen. Helmut ist sicher auch dabei. In einem der letzten Briefe schreibt er zwar, daß seine Sanitätskompanie nach Süden abgerückt sei. 120 km südlich Stalingrad. Wenn die Bolschewiken die d[eutschen] Divisionen in einem Kessel eingeschlossen haben, dann ist er wohl nicht mit drin[231]. Es kann natürlich auch sein, daß seine Division wieder zur Verstärkung herangezogen wurde. Daß keine Briefe kommen, der letzte ist vom 11.11., ist nicht verwunderlich. Die Feldpost wird weder hinkommen noch zurückgehen. Aller Nachschubraum wird für dringendere Bedürfnisse der Front gebraucht werden.

Tagebucheintrag *(Warschau,) 6. Dezember 1942*

Sollten wir nicht doch unsere Kräfte überschätzt haben und die unserer Gegner unterbewertet, und waren wir über die wirklichen Kräfte der Russen nicht doch falsch oder gar nicht unterrichtet? Wenn wir den Krieg verlieren sollten, dann hat Hitler ein ungeheures Verbrechen am deutschen Volk begangen. Es ist müßig, darüber zu reden, ob der Krieg mit Ruß-l[and] zu sein brauchte. Hitlers Festlegung auf das Ostprogramm ist uns zum Verhängnis geworden. Aber eins folgert aus dem andern. Wir waren von dem russ[ischen] Öl abhängig und von dem Getreide der Ukraine. Ohne sie konnten wir den Krieg gegen Engl[an]d und Am[erika] nicht fortsetzen. Aber hätten wir die Freundschaft mit R[ußland] nicht aufrechterhalten können?

An Ehefrau und Kinder *Warschau, 6. Dezember 1942*

Meine Annemie, liebe Kinder –

war denn der Nikolaus da? Hat Euch meine Geschichte gefallen? Ich freue mich auf Euern Bericht. Heute ist es hier gar nicht recht hell geworden. Um drei Uhr mußte ich schon das Licht anknipsen. Es regnet, auf der Straße ist ein Schneematsch. Wie mag es erst in Rußland sein? Von Helmut habe ich keine

Nachricht. Schickt mir doch den Brief, in dem er schreibt, daß er zur Kompanie gekommen ist; soll das seine frühere Schützenkompanie sein? In seinem Brief vom 11.11. teilte er mir davon nichts mit. In einem Schreiben vom 25.10. sagte er, daß sie nach einer Stadt 120 km südlich von St[alingrad] abrückten. Bei den Kämpfen nördlich und südlich von St[alingrad] wird er, wie ich rechne, nicht sein. Es kann aber auch sein, daß seine Division, als die Russen angegriffen haben, wieder zurückgeholt wurde und in die Abwehrfront hineingeworfen wurde[232]. Ich stelle mir die Lage dort so vor[233]. Daß er unter diesen Umständen weggeschickt wird, halte ich für ausgeschlossen. Die Post wird auch kaum befördert werden. Wir müssen uns mit Geduld wappnen und ihn dem lieben Gott befehlen.

Ich habe den ganzen Tag nur immer einen Gedanken, wie geht es ihm. Ich weiß, wie auch Ihr, Du, meine liebe Frau, Dich um ihn sorgst. Aber wir wollen guter Hoffnung sein. – Ich war heute früh zur Beichte und Kommunion. Ich habe für Euch alle recht innig gebetet. Das hat mir Zuversicht und Mut gegeben. Wie nötig wären wir uns gerade jetzt! Aber wir wollen tüchtig sein und uns noch lieber haben. [...]

An den Sohn *Warschau, 7. Dezember 1942*

Mein lieber Helmut –

[...] Ich verfolge jeden Wehrmachtbericht. Gestern traf ich einen Unteroffizier, der aus Deiner Gegend kam; es war mir sehr wichtig, was er von dort erzählte. Die Russen müssen ja mit riesigen Massen angreifen. Wie zielbewußt sie doch geleitet sind, und organisatorisch sind sie bestimmt nicht schlecht. Man muß nur immer staunen, wo sie das viele Material herbekommen. Ihr werdet da vorn noch einen ganz andern Begriff davon haben als wir, die wir es nur vom Hörensagen wissen. Habt Ihr denn ordentliche Winterbekleidung? [...]

An die Ehefrau *Warschau, 10. Dezember 1942*

Meine herzliebe Annemie –

[...] Ich habe einen Offizier[234] kennengelernt, er hatte sich als Dozent für die Wehrmachtskurse zur Berufsförderung gemeldet. Mit ihm bin ich sehr gern zusammen. Er ist der erste

Mann, der ganz und gar katholisch ist, aber in einer so großzügigen, dabei so bestimmten Art, die mir imponiert. Er war aktiver öster[reichischer] Offizier, später Taxichauffeur, jetzt Studienrat in Wien. Er war erstaunt, bei mir die Madonnenbilder zu sehen, und noch überraschter war er, als ich ihm sagte, daß ich Katholik bin. »Was?«, sagte er, »ich hielt Sie für einen ganz modernen Menschen. Dazu sind Sie noch Sportoffizier. Wie paßt das zusammen?« Ich freue mich schon, wenn er wieder zu mir kommt. [...]

Tagebucheintrag *(Warschau,) 13. Dezember 1942*

Ein Brief von Helmut ist eingetroffen. Ein Lebenszeichen! Nur der kann das ermessen, der lange, bange Wochen um sein Kind gebangt hat, was so ein Zeichen bedeutet. Vom 1. Dezember ist der Brief, es geht ihm gut. Er bittet um Zusendung der Bestimmung aus den Allgemeinen Heeresmitteilungen betreffend Studium der Mediziner[235]. Ich sandte sie ihm in drei verschiedenen Briefen, nachdem zwei frühere nicht ankamen.

An Ehefrau und Kinder *Warschau, 13. Dezember 1942*

Meine Annemie, liebe drei –

wie ist das Leben gleich wieder gut und schön, wenn einem so eine Zentnerlast vom Herzen genommen ist. Helmut hat einen Luftpostbrief vom 1. Dezember an mich heute geschrieben. Er ist sehr kurz, aber doch so inhaltsreich. Ich lege ihn bei. Es ist alles so, wie ich ahnte. Er hat mit in dem Schlamassel bei St[alingrad][236] gesteckt und konnte nicht schreiben, beziehungsweise es war wohl keine Gelegenheit, daß Post abging. Das waren bange Wochen, so habe ich mich noch nicht um den guten Kerl gesorgt wie diesmal. In einer Nacht war es mir gerade, als wollte ich vor Angst vergehen. Ich habe so tüchtig gebetet. Dann habe ich mich wieder beruhigt. In der letzten Zeit war ich wieder zuversichtlich. Aber was ich heute für eine Freude hatte! Ich schickte Dir gleich ein Telegramm, Du hast vielleicht noch nichts von ihm bekommen. Gewiß denkst Du, als Du das Telegramm erhältst, ich komme auf Urlaub. Aber die Enttäuschung wird Dich gewiß nicht schwer treffen bei dieser lieben Nachricht. Ich werde ihm morgen die gewünschte Bestimmung nun zum dritten Mal hinschicken. Er hat Hoffnung, daß er doch noch zum Studium weggeschickt wird. Es liegt nur daran, daß seine vorgesetzte Dienststelle nicht die Verordnung kennt. [...]

Tagebucheintrag *(Warschau,) 15. Dezember 1942*

Von A[nnemi] sind zwei Weihnachtspakete eingetroffen. Ich wußte ja nicht, daß ich nach Hause fahren durfte. Ich habe sie aufgemacht, weil ich ja doch hier nicht das Fest verlebe. Die Augen sind mir naß geworden, als ich die Geschenke der Kinder sah. Jorinde schickt drei Holzfiguren, Pferd, Gans, Nikolaus, schön bemalt, mit einem Zettel, »Dem lieben Vater zu Weihnachten«, und Uta hat 5 Plätzchen, die sie geschenkt erhielt vom alten Quell[237], mitgeschickt für den lieben Vater. Wie wird einem das Herz so weich und warm, wenn man diese Liebe, diese schöne, reine Kindesliebe spürt. Und A[nnemi] hat mir so gute Sachen eingepackt. Honig, Speck, eine Wurst, Plätzchen. Mit traurigem Herzen hat sie das alles zusammengepackt. Ich hätte es ja am liebsten nicht angerührt, jetzt, 10 Tage vor Weihnachten, aber ich hatte solches Verlangen nach dem Speck. Den ganzen Tag hatte ich nichts Ordentliches gegessen, da ich [mir] den Magen verdarb, und die Haferflockenplätzchen schienen mir auch richtig. So habe ich alles versucht und schon eine weihnachtliche Vorfreude gehabt. Aber nun wird nichts mehr angerührt.

An Ehefrau und Kinder *Warschau, 27. Dezember 1942*

Liebe Annemie, liebe drei, Detlev, Jorinde, Uta –
es ist mir so, als wäre ich noch bei Euch in Thalau. Daß ich fast 900 km von Euch weg bin, scheint mir nicht wahr zu sein. So deutlich und nah ist mir noch alles. So fremd und unwirklich ist die Umwelt hier. Und doch liegt diese riesige Landstrecke zwischen uns. Städte und Dörfer, Flüsse und unendliches Land, durch das mich der Schnellzug von Euch wegtrug. Daheim steht noch der Christbaum, auf den Tischen liegen die Gaben. Die Stube ist noch wieder [sic!] geheizt; heute am Sonntag werdet Ihr einen kleinen Spaziergang gemacht haben, vielleicht denselben, den wir vorgestern [sic!]. In

dem bereiften Gras seht Ihr noch unsere Spuren; Du, liebe Annemie, gehst hinter den Kindern her, wie ehegestern wir beide zusammen. Ich bin neben Dir, aber Dein Herz ist wund, Dein Kamerad ist nicht da. Das Lachen der Kinder scheucht die Sehnsucht nicht fort. Und weiter gehen Deine Gedanken zu dem noch ferneren Jungen und dem großen Mädel. Alle drei wandern mit Dir durch die heimatlichen Gefilde. Dein Herz wird bang und verlassen, und Du eilst hin zu den dreien, daß Du eins von ihnen an die Hand nimmst und das warme Leben spürst. Diese Zeit der großen Sehnsucht, der weltenweiten Liebe, macht uns gut und tapfer und stark, empfindsam und fromm. Sie führt uns zu uns selbst zurück und verankert uns fester miteinander, als wenn wir täglich beisammen wären. Wir wissen ja, daß wir einmal wieder ganz beieinander sind. – Ich kam heute vormittag gut hier an, zwar mit Verspätung, aber das ist unerheblich bei einer so langen Reise. In Fulda hatte ich schon gleich einen guten Platz. Der Zug wurde erst von Breslau ab stärker besetzt. [...] Die mitreisenden Offiziere saßen schweigsam und mit sich beschäftigt. Ich hatte auch keine Lust zur Unterhaltung. Kaum, daß in den 24 Stunden ein Wort gewechselt wurde. Jeder hatte wohl dasselbe erlebt und hütete das Andenken der letzten Stunden wie einen Schatz. Mir sind diese Kameraden so angenehm. [...] Deine rote Kerze brennt gleich in meiner Weihnachtsecke. Ich sitze in dem Sessel am Ofen, und meine Gedanken sind bei Euch allen, sie wandern von einem zum andern. Ich danke Dir und den Kindern noch einmal für die schönen Tage, Dir besonders auch für das gute Essen und den dreien, weil sie so brav waren.

Ich grüße Euch in Liebe, Euer Vater, Dein Wilm.

Tagebucheintrag *(Warschau,) ca. Ende Dezember 1942*

Vom 22. bis 27. Dezember hatte ich Weihnachtsurlaub. 3 volle Tage durfte ich zu Hause sein. Die Züge waren dermaßen überfüllt, daß ich nur durch das Fenster einsteigen konnte. Ohne die Zuvorkommenheit der im Abteil sitzenden Soldaten wäre ich nicht mitgekommen. Offiziere hätten mich sicher nicht hereingelassen. Es waren drei wunderbare Tage. A[nnemi] war in F[ulda] am Bahnhof. Wir übernachteten dort. Wie wir uns voller Seligkeit in die Arme schlossen! Es gab trotz des 4. Kriegsweihnachten reichlich Geschenke, vor allem Bücher. Über Monis reiches Paket, das sie mit großer Sorgfalt verpackt hatte, waren A[nnemi] und ich gerührt. So ein liebes Kind. – Über allem stand aber die Sorge um Helmut. Er wird furchtbare Tage erlebt haben. Er ist mit seiner Division, der 29. aus Erfurt-Kassel, bei Stalingrad eingeschlossen[238]. Die ganze 6. Armee ist dort eingeschlossen. Vom 9. Dezember erhielt ich heute einen Brief, in dem er schreibt, daß er als M.G.[Maschinengewehr]-Schütze eingeteilt ist und im Schützengraben ist. Wenn man die Sanitäter aus einem Truppenverbandsplatz in die Schützengräben wirft, dann steht die Sache brenzlich. Die Truppen um Stalingrad sind jetzt ganz eingeschlossen. Die deutschen Verbände sind mit rumän[ischen] vermischt, weil letztere nicht standhalten. Auch im Mittelabschnitt sollen die Russen bis Weliki-Luki, dem wichtigen Eisenbahnknotenpunkt, vorgestoßen sein[239]. Das Jahr [19]43 läßt sich schlecht für uns an. Ich habe die Hoffnung, daß wir doch wieder der Lage Herr werden. Aber was sind das alles für große Worte gewesen, die die Führer zu Anfang des Jahres 1942 uns sagten. Rußl[an]d ist nicht geschlagen, im Gegenteil, es greift mächtig an[240]. Wir haben Stalingrad nicht ganz genommen und haben Moskau nicht im mindesten gefährdet[241], der Zug, die Ölquellen in Baku und den Kaukasus zu nehmen, ist gescheitert[242]. Mir schien das früher schon unmöglich. Jetzt werden wir überhaupt nicht mit den Bolschewisten fertig. Dazu kommt noch Amerika mit seiner riesigen Rüstung und dem unerschöpflichen Menschenmaterial. Ich kann die Zeitungen gar nicht mehr lesen. Sie dürfen die Wahrheit nicht sagen.

1943

An Ehefrau und Kinder *Warschau, 1. Januar 1943*[1]

Meine Lieben alle –

Für heute hatte ich auf einen Brief von Euch gerechnet. Vor einer Woche war ich noch bei Euch. Die Tage hier sind mir so schnell vergangen, daß ich es kaum glauben kann, daß ich schon 8 Tage von Euch weg bin. Was waren das doch für 3 schöne Tage. Ich wüßte so gerne, wie es Euch weiter geht. Heute abend oder gestern an Silvester habt Ihr sicher den Baum noch einmal angesteckt. Voriges Jahr solltet Ihr ihn nicht abräumen, ehe Helmut eintraf. Ich hatte ja immer noch die leise Zuversicht, daß er käme. Aber seitdem neuerdings dort wieder schwere Kämpfe im Gange sind, wird es ausgeschlossen sein, daß er zurück kommt. Sie werden in ihrem Lazarett viel zu tun haben und können auch keinen Mann entbehren[2]. Mich beruhigt, daß er da vollauf beschäftigt ist. Eine Abstellung zu seiner früheren Feldkompanie kommt deswegen auch nicht in Frage. Vom 14.11. erhielt ich einen Brief vor einigen Tagen. Ich hatte mich schon gefreut. Aber da war es noch ruhig an seiner Front. Aus dem Wehrmachtbericht kann man sich überhaupt kein Bild von der wirklichen Lage machen. Das ist wohl auch die Absicht. – Den Brief lege ich bei. Was sind Kranke mit Ikterus? Eben habe ich es im Duden festgestellt. Das ist Gelbsucht. Scheinbar ist die ansteckend und vom Klima begünstigt. – Das Neujahr ist wie ein anderer Tag angebrochen. Was mag man schon hören. Die Rede von Goebbels[3] läßt keinen Zweifel aufkommen, daß wir ein schweres Jahr vor uns haben. Man sollte von den leitenden Stellen aus viel mehr auf den Ernst der Lage hinweisen, statt alles in Rosenrot zu malen. Es bleibt uns doch auch nichts anderes übrig, als das Schwere zu ertragen. Leicht gemacht wird uns die Zukunft bestimmt nicht. Ich verstehe nicht, wie man Silvesterfeiern halten kann und mag. In dem Buch von Moni über Hans Thoma[4] lese ich gerne. Was haben diese Leute eine friedvolle Zeit erlebt. 1839 geboren, 1924 gestorben. Den [Ersten] Weltkrieg erlebte er als alter Mann. Es mutet einem geradezu wie ein Leben auf einem andern Stern an, wenn er von nichts anderem als seinem persönlichen Leben, von seiner Familie und seinen Bildern und Malerfreunden spricht. Heute kann man doch gar nicht an sich denken. Was ist nun die größere Zeit? Jene oder unsere? [...] Die ganze Woche habe ich an einem Vortrag gearbeitet, den ich am 4. [Januar] halte. Am 5. [Januar] reise ich dann nach Bromberg. Liebe Annemie, kommst Du? Du fährst wahrscheinlich über Berlin-Schneidemühl. Das wird wunderschön. Landschaftlich wird die Stadt und die Gegend nichts zu bieten haben. Aber das kann uns wurscht sein. [...]

An die Ehefrau *Warschau, 2. Januar 1943*

Meine gute, liebe Annemie –

[...] Auch ich leide sehr um den Jungen[5]. Dort, wo er ist, spielen sich neue große Kämpfe ab. Ich erhielt zwei Schreiben von ihm vom 8. und 10. Dezember, eine kurze Karte und den beiliegenden Brief. Den Brief schicke ich später. Ich will ihn erst beantworten. Er schreibt, daß er Infanteriedienst am Maschinengewehr zu verrichten hatte und in der Stellung lag. Deutsche Truppen seien zwischen rumänische Verbände eingeschoben, damit diese nicht ausreißen. Wenn er als Sanitäter auch mit der Waffe kämpfen muß, dann müssen die deutschen Linien sicher zerbrochen gewesen sein, und man hat alles, was zusammenzuraffen war, in die Verteidigung geworfen. Er schreibt: »Heute oder morgen wird unser infanteristischer Einsatz beendet sein.« Wahrscheinlich haben sie auf dem Verbandsplatz genug zu tun. Er wird Euch zur selben Zeit auch geschrieben haben. Wie fidel er noch schreibt! Es wird nicht zum Lachen sein, glaube ich. Wenn ich das lese, was der Junge mitmacht, und sitze hier im behaglichen Zimmer, dann möchte ich auf und davon. Aber man wird uns Alte auch schon noch brauchen. [...] mit Helmut geht's doch gut, trotz allem. Das glaube ich so sicher. Denke nicht, daß ich mir keine Gedanken machte und nicht unter der Angst um ihn zu leiden hätte. Ich bin oft ganz niedergeschlagen, daß ich nicht arbeiten kann, dann aber reiße ich mich zusammen, und ich habe Zuversicht und frohen Mut. [...]

An die Ehefrau *Bromberg, 5. Januar 1943*[6]

Meine Annemie –
Ich sitze mit einem Hauptmann in meinem Alter zusammen an einem Schreibtisch, er liest, ich schreibe. Er raucht Zigaretten, und ich nicht. Drei hat er mir schon angeboten, mehr kann ich seine Gefälligkeit nicht in Anspruch nehmen. Ich warte auf meinen Koffer, in dem ich noch einen Vorrat habe. Das Zimmer ist kahl, ein Tisch, drei Betten, drei Schränke, drei Waschtische und der besagte Schreibtisch. In diesem Quartier werde ich nun vierzehn Tage hausen, warum nicht, die draußen würden vor Freude in die Luft springen, wenn sie so untergebracht wären. Aber aufs erste war es mir doch stumpfsinnig langweilig hier, und ich schlug meinem Kameraden von Gummersbach [am] Rhein, wo Dein Vetter Kr[ummacher] Friedel Landrat war, vor, in die Stadt zu gehen. Das taten wir auch und besuchten den »Danziger Hof«, ein sehr ordentliches Hotel. Ich aß Kartoffel mit Wirsing; es schmeckte ausgezeichnet, weil ich Hunger hatte. Aber die Zeit wollte nicht herumgehen, in W[arschau] komme ich nie mit der Zeit rum. Als wir wieder, durch die nassen, dunklen Straßen der Stadt wandernd, im Quartier angekommen waren, lag auf dem dritten Bett ein schönes, besticktes Kißchen, zum Zeichen, daß der Dritte nun auch da war und Besitz von dem Bett ergriffen hatte.

Aus dieser Schilderung siehst Du, daß Du unbedingt notwendig hier bist. Ich kann Dir keine goldenen Berge versprechen, nicht mal ein warmes Zimmer. Aber ich stelle Dir einen lieben Mann in Aussicht, der Dich zu entschädigen sucht für alle Unannehmlichkeiten. Ich finde schon ein Quartier für Dich, ich denke bei Privatleuten, und legen wir uns ins Bett, wenn's uns friert. Lebensmittelkarten bringst Du ja mit, 1 oder

2 Wurstbüchsen, Kuchen. Tee und etwas Kaffee habe *ich*[7] dabei, auch Honig. An Kleidern brauchst Du nur warme Sachen und ein besseres Kleid, wenn wir mal in ein Lokal gehen wollen. Von 16 Uhr ab bin ich meistens frei. Die Stadt sehen wir dann nur bei Dunkelheit, wenigstens ich. Aber Du hast ja Zeit, Dich allein umzusehen. – Geld habe ich nicht allzuviel. Nimm außer den Fahrtkosten 100 Mark mit. Hoffentlich geht alles gut bei Euch zu Hause, daß Du abkommen kannst.

Ich freue mich sehr auf Dich. Von Helmut leider keine Nachricht. Jetzt verzögert sich die Post auch wieder. Aber ich habe gute Hoffnung, daß es ihm gut geht.

Wir dürfen uns ja nicht zanken! Gelt? Ich warte auf Dich und freue mich. Grüße die lieben Kinder von Deinem Wilm.

An die Ehefrau *Bromberg, 7. Januar 1943*[8]
Heeres-Gasschutzschule 2,
Offizier-Lehrgang.

Liebe Annemie –
ich habe schon einen Brief an Helmut geschrieben. Nun will ich auch Dir einige Zeilen zukommen lassen. Obwohl ich damit rechne, daß Du sie vielleicht nicht mehr bekommst. Wann wirst Du hierherkommen[9]? Ich warte mit großer Sehnsucht auf Dich. Dann erhält mein Leben hier wieder Auftrieb und Hoffnung. Ich fühle mich in dieser Umgebung so richtig in der Fremde. Die Menschen sind mir gleichgültig. Ich komme mir so abgeschnitten und hilflos vor und so leer. Was für eine freundliche, schöne Welt bringst Du mit, wenn Du von den Kindern erzählst und von den vielen großen und kleinen Sorgen. In den nächsten Tagen erwarte ich Dein Telegramm und dann Dich selbst.

Von mir weiß ich Dir gar nichts zu schreiben. Ich merke, daß ich alt werde. Die Menschen um mich sind mir gleichgültig, ich fühle mich einsam und verschließe mich vor ihnen. Was hat man noch mit ihnen gemeinsam? – Wenn ich den Heeresbericht höre, dann höre ich nur auf den Namen Stalingrad und sehe meinen lieben, edlen Sohn, wie er in diesen Kämpfen steht, und klammere mich an sein schönes, reines

Bild wie an einen tröstlichen Stern. Wann wird er uns wieder geschenkt? Wie groß und weit wird unser Gemüt bei den Gedanken an ihn.

In einziger, tiefer Liebe, Dein Wilm.

An den Sohn *Bromberg, 7. Januar 1943*

Mein lieber Helmut –

ich bin wieder mal zu einem Gasschutzlehrgang kommandiert, diesmal hierher. Es war mir keine Freude, und ich trug auch kein Verlangen nach dieser Wissenschaft. Eins erwartete ich mit stiller Hoffnung, daß Mutter vielleicht für einige Tage hierher kommt[10]. Sie hat es so sehr nötig, sich bei mir Trost zu holen. Nun bin ich schon zwei Tage hier. Von der Stadt habe ich noch nichts gesehen, weil es jedesmal schon dunkel ist, wenn wir weggehn. Sechs Stunden Vorträge am Tag und Übungen. Wie gerne möchte ich einmal einen solchen Kursus mitmachen, in dem etwa Geschichte oder Literatur gelehrt würde oder über religiöse Dinge gesprochen würde. Aber diese Sachen, die davon handeln, wie Menschen umgebracht werden können, sind gar zu trostlos. Ich zweifle nicht daran, daß sie eines Tages auch noch angewandt werden, nicht etwa deshalb vermute ich das, weil es uns in dem Kurs gesagt worden wäre, sondern weil ich diesen ganzen Krieg als einen Greuel ansehe, der sich bis in die letzten Schrecken verlieren wird. Vielleicht liegt darin sein Sinn. Wenn er sich an all dem Furchtbaren, an allem Leid und Blut, an aller Gemeinheit und Niedertracht gesättigt hat, werden die Menschen das Elend begreifen, in das sie sich selbst gestürzt haben und werden wieder hervorkriechen wie aus einem von Bomben zerschmetterten Haus. Wo sind noch Ideale? Welche Seite kämpft noch darum? Aber all das mußte so kommen!

Wie fern ist mir die friedliche, schöne Welt von daheim. Wenn man unter lauter fremden Menschen ist, dann wird man auf sich selbst zurückgestoßen. Man spürt keinen verbindenden Gedanken. Es sind meist junge Offiziere hier, einige ältere. Wenn der Dienst zu Ende ist, stürmt alles davon, irgend etwas zu erleben oder zu genießen, und sei es nur ein Stückchen Kuchen in den zum Platzen gefüllten Cafés. Die Stuben sind kalt und ungemütlich. Das Essen ist spartanisch einfach. Früher suchte ich einen Anschluß an Menschen, die mir angenehm waren, zu denen ich in irgendeiner Weise Beziehung [be]kam. Jetzt ziehe ich mich von ihnen zurück. Es scheint mir nicht der Mühe wert, und doch tue ich den meisten damit Unrecht. Aber kommt man in ein Gespräch, dann begegnet einem so viel Unedles und Schmerzhaftes, daß man bedauert, auch nur ein Wort gesagt zu haben. Dabei bin ich ständig auf der Suche nach Menschen, jeden Kameraden, jeden der Lehrer suche ich in ihrem Innersten zu ergründen, fühle mich aber immer wieder enttäuscht und auch abgestoßen. Man sollte sich aber nicht so dem Gefühl überantworten, sonst spürt man die Leere zu sehr, die uns umgibt.

Mein lieber Junge, wie geht es Dir? Meine Gedanken sind unablässig bei Dir und fragen nach Dir und suchen Dich. Wenn ich den Heeresbericht höre, dann höre ich nur noch nach den Berichten, die von Deiner Gegend sprechen. Alles andre kümmert mich nicht. Ich sehe Dich in der ungeheuren Weite wie einen reinen, hellen Stern, und meine Hoffnung umklammert Dich und hängt sich an Dein schönes, edles Bild. Komm bald zurück!

Ich grüße Dich aufs herzlichste, Dein treuer Vater.

Tagebucheintrag *(Bromberg,) 15. Januar 1943*

Ist die innere Linie ein Vorteil für die deutsche Kriegsführung[11]?

Bei gleichstarkem Gegner ist sie es, aber nicht, wenn der Gegner stärker ist und aus Räumen kommt, die der andre nicht erreichen kann, zum Beispiel bei unserm amerik[anischen] Gegner. A[merika] ist für uns unangreifbar, wirtschaftlich nicht und militärisch nicht [sic!]. Soweit die U.S.A. ihre Streitkräfte nicht in den Bereich unseres Aktionsradius führen, sind sie nicht erreichbar für die deutsch[en] Waffen. Sie können dadurch zwar keine Entscheidung herbeiführen, aber die haben sie auch nicht nötig, während wir sie unbedingt brauchen. Unsern Feinden stehen unbegrenzte Rohstoffe und Lebensmittel zur Verfügung, ihre Verbündeten kämpfen aus freiem Entschluß, die Maßnahmen der Regierungen werden vom Volk gebilligt und unterstützt. Ungeheure Menschenmassen stehen auf der Gegenseite, die mehr oder weniger aktiv und positiv zur Kriegsführung stehen. Dagegen sind die von uns und den Japanern besetzten Gebiete von einer Bevölkerung bewohnt, die nur gezwungen und aus Not für uns arbeitet, die auf eine günstige Gelegenheit wartet, gegen uns zu gehen, von uns abzufallen und Sabotage zu treiben. Sie ist auch zahlenmäßig weit geringer. Je länger der Krieg dauert, desto mehr wächst diese Unsicherheit und die Gefahr, deshalb muß eine rasche Entscheidung von uns angestrebt werden. [...]

An Ehefrau und Kinder *Warschau, 23. Januar 1943*

Liebe Annemie, liebe Kinder –

[...] Jetzt wirst Du wohl im Zug nach Berlin sitzen. Wahrscheinlich hast Du einen guten Platz, denn an der Front ist Urlaubssperre, sodaß die Züge kaum überfüllt sein werden. Ich sah Dich schon am Morgen auf der Kutsche mit Frau C[ieciora] denselben Weg zurücklegen wie gestern, als ich noch dabei war. Über dem emsigen Geplauder hattest Du ganz den Abschied vergessen, und dann kam alles so plötzlich und unversehens. Hast Du noch einen schönen Tag in Karolin verlebt[12]? Ich bekam einen herrlichen Butterkuchen, eine riesige Wurst und 2 Hasenkeulen mit. Ich war aber von dem Frühstück so satt, daß ich erst am Abend zu essen brauchte. Was für herzliche, gute Menschen sind das doch. Ich frage mich immer wieder, wie kommen sie nur dazu, uns so zu verwöhnen? Mit meinem Gepäck bin ich gut angekommen. Von Kutno aus, wo der Zug ½ Stunde Aufenthalt hatte, rief ich meine Leute hier an, die mich am Bahnhof abholten. Das Päckchen an den Geistlichen[13] habe ich noch hier, ich war in seiner Wohnung, aber er war nicht da. Herrn Lasinski habe ich heute morgen auch schon begrüßt. Das ist der Typus eines gelehrten Weltbürgers, der es mit keiner Partei verderben will, loyal nach jeder Richtung. Für mich springt bei diesem Verkehr nicht viel Positives heraus, so habe ich den Eindruck. In der nächsten Woche wollen wir uns mal treffen. [...]

Tagebucheintrag *(Warschau,) 25. Januar 1943*

Von der Front kommen böse Nachrichten. Im Norden ist der starke Stützpunkt, Eisenbahnschnittpunkt und Stapelplatz Weliki-Luki gefallen[14], im Süden streben die Russen auf Rostow zu. Die 6. Armee vor Stalingrad ist seit Wochen eingeschlossen[15]. Gleichzeitig ist die Nachschublinie zu den Divisionen im Kaukasus bedroht, die Front am Terek ist schon zusammengebrochen. Die Russen stehn in Armenien. Wenn es uns nicht gelingt, sie zu halten, bricht der ganze Kaukasus zusammen[16]. In Afrika wird das Afrikakorps immer enger zusammengepreßt, schon ist Tripolis verloren[17]. Angesichts dieser Hiobsbotschaften ist es unbegreiflich, daß die Schandtaten gegen die polnische Bevölkerung sich eher noch steigern. Von ganz unglaublichen Vorgängen wird hier berichtet. In der Lubliner Gegend und bei Zamosc bei Krakau werden die Bauern aus ihren Dörfern vertrieben, Männer und Frauen in Lager verschickt, die alten Leute erschossen und die Kinder in Transportzügen irgendwohin verfrachtet[18]. Im Alter von 2–14 Jahren verschleppt man sie. Ein solcher Zug kam dieser Tage durch Warschau. Auf dem Bahnhof Praga wurden die Wagen geöffnet. Ein großer Teil war verhungert und erfroren. Die Zivilbevölkerung stürmte die Wagen und wollte die Kinder retten und mit nach Hause nehmen. Das wurde aber verboten, die Wagen wurden geschlossen, und der Zug fuhr mit den unglücklichen Kindern, ohne daß man die Toten herausnahm, weiter. Er soll irgendwohin nach Deutschland verschleppt werden. Man fragt sich, ob die Menschen, die das befehlen, wahnsinnig sind. In W[arschau] werden wahre Menschenjagden abgehalten, auf der Straße, sogar in die Kirchen und Privatwohnungen dringt die Polizei ein und verhaftet wahllos, wer ihr in die Hände fällt. Niemand weiß, was mit den Opfern geschieht. Ob man glaubt, wir verlieren den Krieg, und will die Zivilbevölkerung als Geiseln behalten, oder, wie ein Kamerad meint, es soll durch diese Schandtaten die Kluft und der Haß immer größer werden, daß es kein Zurück mehr für uns gibt als Vernichtungskampf bis zum letzten Mann.

An den Sohn *Warschau, 25. Januar 1943*

Mein lieber Helmut –

was für ein Glück, was für ein Glück! Nun steuerst Du im Strom der hohen medizinischen Wissenschaft. Ich glaube, man braucht keinem von Euch zu sagen, was er dieser Aufgabe schuldig ist. Mit welchem unermüdlichem Eifer werdet Ihr bei der Sache sein. Und da draußen, wo Eure Kameraden stehn: Da fällt der Vorhang hinter einem der schaurigsten Drama [sic!] deutscher Geschichte. Gott steh uns bei. Was wird noch alles über uns kommen! Habt Ihr denn wenigstens Ruhe vor den englischen Fliegern, wohl kaum? Sei nur ja recht vorsichtig! Lächerlich, was? [...]

An Ehefrau und Kinder *Warschau, 28. Januar 1943*

Meine liebe Annemie, liebe Kinder –

[...] Täglich lese ich den Wehrmachtsbericht. Wie froh können wir sein und wie dankbar! Aber das Herz tut einem weh, wenn man an die schrecklichen Opfer denkt. So etwas ist doch im [Ersten] Weltkrieg nicht vorgekommen, daß eine ganze Armee vernichtet wurde. Es ist wie ein Wunder, daß Helmut herausgekommen ist. Ein Offizier erzählte mir gestern abend, ein Oberleutnant wäre vorige Woche noch bei ihm gewesen und hätte Ersatzteile für Autos geholt. Er war mit einem Flugzeug aus dem Kessel geflogen und flog nun wieder zurück. Er habe ihm gesagt: »Mensch, werden Sie krank und bleiben Sie hier«, aber er hätte gesagt, er könne doch seine Kameraden nicht im Stich lassen, er wüßte wohl, er käme nicht mehr heraus, für sie gäbe es nur drei Möglichkeiten, eine so schrecklich wie die andere: verhungern, in Gefangenschaft geraten oder sterben. Aber trotzdem müsse er zurück. Wenn man das hört, dann möchte man die Lust am Leben verlieren. Aber alle Opfer müssen gebracht werden, damit die Menschen endlich den Wahnsinn des Krieges begreifen. Das scheint mir noch der einzige Sinn zu sein. – Das Paket an den Bruder von Herrn C[ieciora][19] habe ich abgegeben. Ich war zweimal in seiner Wohnung, traf ihn aber nicht an. Ich ließ ihm meine Telefonnummer da. Dann kam er zu mir. Er lebt hier als Versicherungsbeamter und ist in beständiger Sorge.

Was hat er sich gefreut. Er wollte alles mit mir teilen, aber ich nahm natürlich nichts an. Ich hatte noch vom Mittag einen Teller Suppe übrig. Den hat er sich gut schmecken lassen. Ich habe mich geschämt, ihm so wenig anbieten zu können, nachdem wir so großartig bewirtet worden sind. Aber Deine Plätzchen, von denen ich noch einige habe, haben ihm gut geschmeckt. Ich freue mich, daß ich ihn kennengelernt habe. Mein Freund aus Wien[20], dem ich von ihm erzählte, bat mich, ihn bekannt zu machen, er möchte ihn kennenlernen. Eben höre ich den Wehrmachtbericht, es ist 22 Uhr; in den Bericht des deutschen Sprechers schreit ein Bolschewist hämische Bemerkungen[21]. Es ist mir geradezu unheimlich. [...]

Notiz *(Warschau,) 29. Januar 1943*

[...] Oberstleutnant v[on] Kamlah[22] teilt mir mit, daß ich mit Versetzung zum Wachregiment zu rechnen habe. Sportamt soll aufgelöst werden. Andre Verwendung für mich.

An die Ehefrau *Warschau, 30. Januar 1943*

Meine Annemie –

es ist schon recht spät am Abend. Ich bin so richtig müde, daß ich Sehnsucht nach dem Bett habe. Überhaupt bin ich jetzt so bequem geworden. Du würdest Deine Freude an mir haben. Morgens, wenn es 7 Uhr ist, dann fühle ich mich so wohl im Bett, daß ich gar nicht heraus will. Du hast Dich doch immer darüber beschwert, daß ich es nicht aushielte, wenn Du noch so gern weiterschlafen mochtest und ich davontobte. Ich glaube, das kommt vom Älterwerden, oder es hängt auch damit zusammen, daß mich meine Arbeit nicht befriedigt. Die Kurse werden so wechselnd besucht, daß es einem gar keine Freude macht. Aber es liegt an den unbeständigen Verhältnissen. Jetzt verliere ich zum Beispiel wieder zwei meiner besten Dozenten[23], darunter auch meinen Wiener Freund Lemmel, Ritter von Seeburg [Seedorf][24]. Er rückt mit seiner ganzen Kompanie ab. Das ist mir wirklich schmerzlich. Ich habe mich noch mit keinem Mann so gut verstanden. Ich habe gar nicht gedacht, daß ich mich mit einem Menschen in so kurzer Zeit anfreunden könnte. Was ein Freund ist, habe ich in meinem Leben noch nicht gewußt. Immer kam hinterher eine Enttäuschung, oder das Verhältnis erkaltete. Vielleicht lag es an mir. Mit meinen Leuten hier stehe ich auch fast in einem Freundschaftsverhältnis. Leider gibt es auch da bald eine Änderung, vielleicht wird das Sportamt ganz aufgelöst. Es sind große Umänderungen im Gange, personelle Verschiebungen und so weiter. Das hängt alles mit den Vorgängen an der Front zusammen. Vielleicht bekomme ich auch eine Kompanie und mache Dienst in der Truppe. Das wäre mir auch recht. [...] Und die Reise war auch angenehm[25]? Frau C[ieciora] hat Dir wohl auch noch Eßsachen mitgegeben? Ich habe schon an sie geschrieben. Ist es nicht so, daß es im Leben doch immer auf den inneren Menschen ankommt? Diese einfache, schlichte, fremde Frau, welch großartiges Gemüt und welche innere Anständigkeit hat die. Kennst Du unter Deinen Bekannten eine, die sie überträfe? Ich habe es gewußt, daß Du Dich sehr verlassen fühlen mußtest, als ich fort war. Mir tat auch das Herz weh. Aber ich wurde sogleich in den Strudel der Ereignisse gerissen, daß ich meinen Gedanken gar nicht nachhängen konnte. Erst als ich in dem dunklen Abteil lag und dem Osten zufuhr, überkam mich die alte Verlassenheit. Die Tage waren wirklich wunderschön. Ich danke Dir für alles! [...]

An die Ehefrau *Warschau, 2. Februar 1943*

Meine liebe Annemie –

[...] Als ich heute in der Zeitung las: Paulus von der Übermacht überwältigt[26], da hat mich das geradezu erschüttert. Der Brief von Josefine gibt ein sehr anschauliches Bild von den entsetzlichen Leiden der Zivilbevölkerung[27]. Aber so ist es in vielen Städten. Was kann es schon trösten, wenn Göring[28] sagt, daß er alles den Engländern einmal heimzahlen will. [...]

An Ehefrau und Kinder *Warschau, 4. Februar 1943*

Meine Lieben alle –

[...] Ich sitze den ganzen Tag schon an der Schreibmaschine und arbeite an einem neuen Vorlesungsverzeichnis für den nächsten Kurs. Dauernde Telefonanrufe, dann wieder Besprechungen, eben komme ich von einem Vortrag vor Offizieren.

Ein Gefreiter, stud[iosus] rer[um] pol[itiarum] [Student der Staatswissenschaften] hielt ihn über die Kriegsfinanzierung. Ich habe ihn gewissermaßen entdeckt und meinem Chef empfohlen. Er hat seine Sache sehr gut gemacht. – Ich bleibe in Warschau, auch an meiner seitherigen Dienststelle. Du brauchst Dir keine Sorge zu machen. [...]

Notiz *(Warschau,) 7. Februar 1943*

Vormittags Kirche. Bei Prof. Dr. Eißer[29], Vorlesungsverzeichnis bearbeitet. Mittagessen bei S. – Abends Besuch bei Spatta[30].

70 Lehrer auf Auto verladen und erschossen, Anfang des Krieges im Warthegau[31].

Nachmittags Prof. Eißer bei mir. Vorlesungsverzeichnis für die 9. Kursreihe ausgearbeitet.

Notiz *(Warschau,) 10. Februar 1943*

Die friedliche Arbeit in den Berufskursen würde mir ganz andre Freude machen, wenn nicht diese Bitterkeit der Niederlagen an der Front mich so niederdrückten.

An die Ehefrau *Warschau, 10. Februar 1943*

Liebe Annemie –

[...] Ich komme eben aus einer Vorlesung, die ein Dozent Dr. Mann – er ist Dozent an der Universität Heidelberg und kennt Gerds Schwiegervater[32] sehr gut. Er liest über Goethe. So oft ich Zeit habe, höre ich mir seinen Unterricht an. Er gibt Deutsch für die Abiturienten. Aus gelegentlichen Bemerkungen und auch aus seinen Darstellungen spricht ein so feiner, innerlicher Mensch. Der »Faust«[33] fängt im Himmel an und hört im Himmel auf. Unser Leben hat nur Sinn, wenn wir es als eine Unterbrechung dieses unseres Zieles und unseres Ursprungs betrachten und leben. [...]

Tagebucheintrag *(Warschau,) 11. Februar 1943*

Inzwischen ist das furchtbare Drama der Schlacht von Stalingrad zu Ende gegangen[34]. Man spricht von 300 000 Mann, die dort vernichtet wurden, 47 000 Verwundete sollen mit Flugzeugen aus dem Kessel herausgeschafft worden sein. Ein großer Teil wird wohl in Gefangenschaft gekommen sein[35]. Vor allem haben die eingeschlossenen Truppen dort nichts zu essen gehabt. Ein Offizier, der noch kurz vor dem Ende dort herauskam, berichtete, daß für den Mann ein Stück Brot täglich zur Verfügung stand. Etwa 30 000 Fahrzeuge seien verlorengegangen, einschließlich der Tanks [Panzer]. Welches grauenhafte Elend dort herrschte, ist wohl nicht vorstellbar. Es nützt nichts, jetzt zu fragen, wie kam es dazu, wer trägt die Schuld. Aber dieses unerhörte Opfer muß auch einen Sinn haben. Wir werden das später erkennen. Ich glaube, daß wir uns von diesem Schlag nicht mehr erholen werden. Auch von der ganzen übrigen Ostfront kommen bedrohliche Meldungen. Bei Woronesch ist der Russe durchgebrochen und marschiert auf Kursk[36]. Die Kaukasusarmee ist in vollem Rückzug. Rostow ist bedroht. Die Kämpfe spielen sich im Dondelta ab[37]. Auch bei Leningrad haben wir Gelände verloren, sodaß die Russ[en] jetzt Landverbindung mit der Stadt haben[38]. – Die militärische Lage ist für uns überall schlecht. Wie soll die Front zum Halten gebracht werden, wenn Stellungen, die zum Teil schon ein Jahr lang ausgebaut waren, von den Russ[en] durchstoßen werden, wie sollen unsere Truppen dann weiter rückwärts im offenen Feld Widerstand leisten. Ist es uns nicht gelungen, dem Feind Halt zu gebieten, von unseren besten Truppen, die schon die Verhältnisse kennen, wie soll es dann möglich sein, wenn wir den Ersatz, die jungen Leute, Jahrgang [19]24 und [19]25, und die älteren, die jetzt aus den UK-Stellungen[39] herausgeholt wurden, an die Front werfen. Und in Afrika? Wir haben noch den Zipfel von Tunesien[40], aber mit welchen Opfern, schon allein der Transport über das Meer. Wieviele Schiffe werden versenkt? Wir erfahren's nicht. Auch da wird es bald zu Ende sein. Die Übermacht ist dort viel zu groß. Dann kommt Italien an die Reihe. Der Regierungswechsel[41] geschah sicher unter dem Zwang, daß die seitherigen Mitglieder der Regierung nicht mehr die Verantwortung übernehmen wollen. Mussolini gibt aber nicht eher seine Stellung preis, bis er nicht mehr kann. Sicher werden die Engl[änder] und Am[erikaner] in Ital[ien] landen. – Von den Japanern hört man auch nichts Positives. Ihre Stellungen auf Guadalcanal haben sie aufgegeben, ebenso auf Neu-Guinea[42]. Sie wären der Übermacht gewichen. Überall Übermacht. Auch an der russ[ischen] Front heißt es stets, daß die Russ[en] zahlenmäßig weit überlegen wären. Das ist wohl eine Entschuldigung für unser Zurückweichen, verbürgt aber unsere Niederlage, wenn wir nicht dieselben Kräfte entgegenstellen können. Und das ist nicht möglich.

Tagebucheintrag *(Warschau,) 12. Februar 1943*

Ein geradezu lächerlicher Aufruf an die poln[ische] Bevölkerung erging dieser Tage von dem Gouverneur in Warschau. Alle irgendwie mit deutschem Namen oder d[eutschem] Blut in Zusammenhang stehenden Polen sollen sich jetzt melden, damit sie die deutsche Kennkarte erhalten. Jetzt, wo sie Oberwasser haben und jeden Tag mehr überzeugt sind, daß wir den Krieg verlieren. Man meint, diese Herrn, die einen solchen Unsinn machen, wären Idioten. Wie haben sie die P[olen] behandelt, und nun erwarten sie noch, daß sie sich zu uns bekennen. Sie wissen doch ganz genau, daß sie nur eingezogen werden sollen für die d[eutsche] Wehrmacht[43].

An die Ehefrau *Warschau, 12. Februar 1943*

Meine liebe Annemie –

[...] Nein, ich war restlos glücklich, und die Reise nach Samter war doch ebenfalls ein so schönes Erlebnis[44]. Gerade die Fahrt mit dem Bummelzug! Daß ich auf diese schönen Stunden so wenig eingegangen bin in meinen Briefen, kam wohl daher, daß ich hier von allen möglichen Anforderungen überfallen wurde. Ich bin manchmal ganz nervös. Jetzt muß ich einen Vortrag über Gasabwehr vorbereiten, aber ich komme gar nicht dazu. Ich bin wieder an einer anderen Arbeit für einen Vortrag vor den Betreuungsoffizieren. Man muß sich in eine Sache erst richtig einarbeiten, ehe man sie zu Papier bringt und vortragen kann. Das sind aber zwei ganz verschiedene Gebiete, und in keinem bin ich von vornherein daheim. Dann kam die Sache mit der Auflösung des Sportamtes und mit meiner Versetzung[45], das hat mich auch unruhig gemacht. [...] Dann wird man ja gar nicht froh, wenn man an die Zukunft denkt und an die entsetzliche Katastrophe von Stalingrad[46], an die Niederlagen im Osten, die sich immer mehr ausbreiten. Wenn ich auch sonst Optimist bin, in bezug auf den Ausgang dieses Krieges bin ich es von Anfang an nicht gewesen. Ich habe mich selbst über die Siege nicht freuen können, immer aus der heimlichen Angst, das Schicksal wird sich wenden. Wie sollen wir nur dieser Übermacht Herr werden? [...]

An den Sohn *Warschau, 13. Februar 1943*

Lieber Helmut –

[...] Nach diesem Krieg werden wir so bitter arm sein, daß wir mit Gewalt wieder zur Einfachheit gezwungen werden. Ich will dann wieder als kleiner Dorfschulmeister wirken und werde damit volles Genüge finden. Was soll man nur denken, daß der Russe diese großen Fortschritte im Osten macht? Ich glaube beinahe, wir gehen absichtlich zurück, kann aber auch nicht glauben, daß wir die riesigen Vorräte und Anlagen so mir nichts dir nichts preisgeben. Es ist doch ganz unmöglich zu denken, daß unsere Truppen demoralisiert sind und einfach nicht mehr kämpfen wollen. Ich stehe vor einem Rätsel. Es muß doch mit der inneren Haltung zusammenhängen, anders kann ich es mir nicht denken. Ich habe von Anfang an den sittlichen Halt und das tiefere Ethos vermißt. Solange wir gesiegt haben, ging alles gut. [...]

Notiz *(Warschau,) 14. Februar 1943*

Bei Rosinski[47] zum Kaffe eingeladen.

Im Hochamt. Ein Feldgeistlicher, der aus dem Kaukasus kommt, predigt und spricht zu der Opferhandlung. Er spricht einfach und volkstümlich, ist mir zu derb im Ausdruck. Geradezu Entgleisung.

Tagebucheintrag *(Warschau,) 14. Februar 1943*

An einem Sonntag, wenn man so den eigenen Gedanken nachgehen kann und sich vom Dienst und seinen Erfordernissen freimacht, dann drängen sich einem alle die Gedanken in den Vordergrund, die sonst im Unterbewußtsein verborgen sind. Das ist die große Sorge um die Zukunft und andererseits die

Rückschau über diese Kriegszeit. Es ist ganz unverständlich, daß wir solche Greueltaten haben begehen können an den wehrlosen Zivilbewohnern, an den Juden. Ich frage mich oft und oft: Wie ist das möglich? Eine Erklärung nur gibt es; diese Menschen, die das tun konnten und die es befahlen und geschehen ließen, haben alle Maße der sittlichen Verantwortung verloren. Sie sind gottlos durch und durch, krasse Egoisten und tiefstehende Materialisten. Als die schrecklichen Judenmassenmorde, die Hinschlachtung von Kindern und Frauen im vergangenen Sommer geschahen[48], da wußte ich mit aller Deutlichkeit, jetzt verlieren wir den Krieg, denn damit hatte der noch zu rechtfertigende Kampf um Nahrungsfreiheit, um Volksboden seinen Sinn verloren. Er artete aus in ein maßloses, unmenschliches, kulturwidriges Massenschlachten, das niemals vor dem deutschen Volk zu rechtfertigen ist und von dem gesamten d[eutschen] Volk zutiefst verurteilt wird. Auch die ganzen Quälereien der verhafteten Polen, die Erschießungen der Kriegsgefangenen, die bestialische Behandlung sind niemals zu rechtfertigen.

An die Ehefrau *Warschau, 15. Februar 1943*

Meine liebe Annemie –

[...] Ich warte noch, bis Unteroffizier Siebel nach Hause fährt. Er erwartet täglich Bescheid, daß er zu der Geburt seines zweiten Kindes abreisen kann. Er ist von Dortmund. Dorthin kommen auch die engl[ischen] Flieger fast jede Woche. Wie sind die armen Menschen dort zu bedauern. Und dann hilflos im Bett liegen und einem Kind das Leben schenken! Es kann nicht so weitergehen. Der Wehrmachtbericht von heute hat mich ganz niedergeschlagen. Ich war bei meinem Chef von Kamlah[49]. Es geht ihm geradeso. Was ist denn nur los? Sind unsere Truppen derart demoralisiert? Wieder mehrere 100 000 Mann im Donezbecken eingeschlossen[50]. Kommt die Katastrophe so schnell? Über nichts kann man sich noch freuen. Das große Glück, Helmut ist raus. Und doch krampft es einem das Herz zusammen, wenn man an das entsetzliche Unglück da draußen denkt. Ich glaube nicht, daß Hitler das lange mitmacht. [...]

An den Sohn *Warschau, 16. Februar 1943*

Mein lieber Helmut –
bei all dem Trubel hätte ich beinahe Deinen Geburtstag verschwitzt. Mein lieber Junge, Du bist uns neu geschenkt worden, und ich bin dem lieben Gott für dieses Glück so unendlich dankbar. Mir ist es jetzt zur Gewißheit geworden, daß wir Dich behalten dürfen. Der Krieg ist noch nicht zu Ende, und Du wirst auch wieder ins Feld ziehn müssen. Aber zweimal hat Dich das Schicksal schon herausgeholt. Und so hoffe ich, daß es auch weiterhin gutgeht. [...]

Nun bist Du schon 22 Jahre. Mit 23 kam ich aus dem Krieg zurück. Wolle Gott, daß Du auch in diesem Alter frei wärest. Es hat so den Anschein, daß es dieses Jahr zu Ende geht, aber nicht so, wie wir es uns dachten. Die Sorge um die Zukunft läßt einen gar nicht mehr los. Ihr jungen Menschen, die der Krieg übrigließ, geht in diese neue Zeit hinein, wir können Euch nichts mitgeben an materiellen Dingen und nichts, was in unserer Jugend Sinn und Ideal waren, Eure Ideale brechen wie Phantome zusammen. Eine ganz neue Welt habt Ihr aufzurichten, allem, was hinter Euch liegt, müßt Ihr abschwören. Es wird Euch auch gar nicht so schwerfallen, denn das meiste war Äußerlichkeit, Schein und Überheblichkeit ohne echten Wesenskern. Ich rechne Dich zu meiner großen Freude zu den jungen Menschen, die das frühzeitig erkannten, teils aus innerer Veranlagung, teils als Mitgift der Erziehung. Es ist schon eine ungeheure Aufgabe, unser Volk wieder zu Ehren zu bringen, ohne Vergleich mit dem [Ersten] Weltkrieg, denn das Ehrenschild ist zu sehr besudelt worden. Wir haben es gar nicht nötig, über die Welt zu herrschen, unser Schicksal ist nicht das der Engländer, sondern das der Dichter und Denker. Darin sind wir groß und unerreicht. Jetzt stößt uns das Erbe dieses Krieges auf unsere eigentliche Aufgabe zurück. Eure Generation kann erst wieder damit rechnen, bessere Tage (materiell gesehen) zu erleben. Für uns ist für den Rest unseres Lebens ein stilles, bescheidenes Genügen und ein Freuen an den Kindern ein Geschenk. Was hätten wir auch davon gehabt, wenn jeder Arbeiter seinen Volkswagen[51] in der Gegend herumgefahren hätte? Den tieferen Sinn und das schönere Reich hatten wir schon ganz verloren. Daß wir es in einem fremden Land suchten, müssen wir mit viel Blut bezahlen. Ein Volk muß immer mit dem Blut seiner besten Männer bezahlen. Wen das Schicksal für wert hält, es weiterzutragen, ist ein Berufener. Es hat alles einen Sinn, auch das Gemetzel im Osten. Für Dein künftiges Jahr wünsche ich Dir das Beste, in Treue, Dein Vater.

Tagebucheintrag *(Warschau,) 17. Februar 1943*

Herr Sp[atta][52] erzählte mir vor einigen Tagen eine geradezu niederträchtige, gar nicht mit Worten wiederzugebende Handlung der Parteileute aus der Anfangszeit des Krieges[53]. Ein neu ernannter deutscher Schulrat berief eine Lehrerkonferenz der poln[ischen] Lehrer ein. Als alle da waren, erschien SS und SA und verhaftete die größte Zahl der Lehrer und führte sie in Lastautos fort. Keiner kam zurück. Sie wurden alle erschossen.

Tagebucheintrag *(Warschau,) 19. Februar 1943*

Gestern Abend hielt Dr. Goebbels im Sportpalast eine Rede[54]. Den Anlaß zu dieser Kundgebung weiß ich nicht. Wahrscheinlich ist es nötig, das Volk vorzubereiten auf die großen Niederlagen im Osten. Charkow ist geräumt, Orel stark bedroht. Das ganze Donezbecken geht mit Rostow verloren, die Kaukasusfront ist zusammengebrochen[55]. – Dr. Goebbels hielt eine Art Volksbefragung ab. Er stellte 10 Fragen an die anwesenden Volksgenossen, zum Beispiel: »Seid Ihr gewillt, noch härtere, brutalere Schläge zu ertragen?«, oder: »Vertraut Ihr dem Führer? Seid Ihr bereit, den Krieg bis zum siegreichen Ende durchzuhalten?«, und anderes mehr. Darauf antwortete die Masse mit tosendem »Ja«. Er sagte, daß die Versammlung ein Ausschnitt des gesamten Volkes sei. Die Antwort sollte das feindliche Ausland, besonders England, hören. So eindrucksvoll eine solche Volkskundgebung gerade heute gewesen wäre, wenn das Volk in seiner Gesamtheit hätte sprechen können, so wenig überzeugend wirkte sie vor diesem ausgesuchten Teil der Berliner Bevölkerung. Es kam mir wie ein Kasperletheater vor Kindern vor, wo der Kasperle die Kinder fragt: »Seid Ihr alle hier?« Für die, die nicht da sind, können sie ja nicht antworten. Wenn die Mütter und Väter der Gefallenen, die Bombengeschädigten in den Städten befragt worden wären, hätte die Antwort sicher anders gelautet. Wozu so ein Theater, wir wissen doch alle ganz genau, daß es für uns gar keine andre Wahl bleibt [sic!], als zu kämpfen und zu opfern und alles auf uns zu nehmen, um die furchtbare Gefahr aus dem Osten zu bannen. Mit solchen billigen Mätzchen wird keine Stimmung gemacht. Die haben wir gar nicht nötig. Das sind Äußerlichkeiten, worüber unsere Feinde nur lachen. Es ist gerade so wie hier in Warschau mit der Umbenennung der polnischen Straßenbezeichnungen. Die deutsche Stadtverwaltung glaubt, wenn deutsche Straßenschilder statt der poln[ischen] angeschlagen wären, dann sei W[arschau] eine deutsche Stadt. – Eine verfängliche Frage[56] lautete: »Wollt Ihr, daß derjenige, der sich am Krieg bereichert, den Kopf verliert?« »Ja«, antwortet die Masse. Wieviele Deutsche von SD [Sicherheitsdienst der SS] und der Zivilverwaltung, von der Eisenbahn müssen da geköpft werden? In der schamlosesten Weise bereichern die sich hier.

Tagebucheintrag *(Warschau,) ca. 19. Februar – 3. März 1943*[57]

Zu einer Zeit, wo die Tatsachen eine solche gewaltige Sprache reden, Charkow, Rostow, Kursk erobert[58], die Kaukasusarmee unter [Generaloberst von] Kleist abgeschnitten[59], die russ[ische] Offensive geht weiter, was nutzen da noch so begeisterte Worte und aufpulvernde Reden. Hätte unsere Regierung ein sauberes Gewissen, wäre dieser Krieg ein Abwehrkrieg gegen feindliche Angriffe, und hätten wir in humaner Weise den Krieg geführt, vor allem wären nicht die Metzeleien der G.Sta.Po. [Geheimen Staatspolizei] im besetzten Hinterland vorgekommen, die Massenabschlachtungen der Juden, wären wir moralisch einwandfrei, mit einem Wort, führten wir einen gerechten Krieg mit blankem Ehrenschild, dann hätte unser Volk ganz gewiß auch die sittliche Kraft, diese Schläge zu ertragen. Und was noch sehr ins Gewicht fällt und unsere Widerstandskraft lähmt, ist, daß die Partei noch im Krieg versuchte, gegen die Einrichtungen der Religion zu wühlen und jede Äußerung christlichen Lebens zu unterdrücken. Das hat in weitem Umfang das Vertrauen erschüttert. Alle die schweren Opfer werden willig vom Volk ertragen, wenn es weiß, daß die Führung die einfachsten Gebote der Gewissensfreiheit beachtet; Terror, Zwang und Furcht sind nicht die Klammern, die eine Masse in so schweren Zeiten zusammenhalten.

An die Ehefrau *Warschau, 20. Februar 1943*

Meine liebe Annemie –
als ich gerade fort war, kam Dein Anruf. Was habe ich mich geärgert. Ich war so wütend, daß ich meine Unteroffiziere über einige Kleinigkeiten, die sie nicht ordentlich gemacht hatten, mächtig angefahren habe. Ich mußte mir irgendwie Luft machen. Dann war ich darüber erbost, daß Du so früh angerufen hast. Es war doch keine 5 Uhr (17 [Uhr]). Bis dahin hatte ich bei dem Unterricht zugehört und war gerade auf eine Stunde zum Schwimmen gefahren. Ich habe aber sofort ein neues Gespräch angemeldet. Ich bin neugierig, wann das ankommt. Twenhäfel sagte mir, er hätte Dich sehr gut verstehen können. Wie ärgerlich! Wenn Du wieder anrufen wirst, schreibe mir vorher, an welchem Tage das sein wird. [...] Heute erlebte ich an der Kommandantur einen üblen Auftritt. Ein älterer Hauptmann von der Luftwaffe – er sah kränklich aus – wollte einen Bezugschein für Handschuhe. Er wurde von dem Hauptmann, der diese unterschreibt, ziemlich kurz und barsch abgefertigt. Darauf geriet der erstere in Wut, der andre auch. Mir war es peinlich, obwohl mich die Sache nichts anging. Eins, zwei hatte ich ein Formular und drückte es dem etwas Unbeholfenen in die Hand. Von Kamlah[60] unterschrieb, und alles war in schönster Ordnung. Wie dankbar war mir der Mann.

Anbei das Vorlesungsverzeichnis der Wehrmachtskurse zur Berufsförderung. Ich legte den Text der ersten Seite dem General[61] vor. Er unterschrieb. Die Formulierung stammt von mir. Das, was Professor Eißer[62] schrieb, war so ledern und ungeschickt, das konnte ich gar nicht brauchen. Er ist aber gar nicht böse deswegen, sondern hat meinen Text gleich akzeptiert. Aus dem Verzeichnis ersiehst Du, was wir hier treiben.

Eine Hauptschwierigkeit entsteht immer durch den starken Wechsel der Dozenten. [...] Der General meint immer, ich wäre überflüssig bei der Angelegenheit, er macht sich keine Vorstellung von der Arbeit, aber von Kamlah hat ihm Bescheid gesagt. Jetzt läßt er mich in Ruhe. [...]

Notiz *(Warschau,) 24. Februar 1943*

Am Abend zur Probe Chorsingen. Das »Deutsche Requiem« von Brahms[63]. Nachher noch 1 Stunde zusammengesessen mit einigen Teilnehmern.

Notiz *(Warschau,) 25. Februar 1943*

Den ganzen Tag zu Hause an dem Vortrag gearbeitet: Notwendigkeit der geistigen Truppenbetreuung. [...]

An die Ehefrau *Warschau, 25. Februar 1943*

Meine liebste Annemie –

[...] Den ganzen Tag sitze ich an der Schreibmaschine und schreibe an meinem Vortrag, den ich am Samstag halten will. Manchmal weiß ich gar nicht weiter, und es überfällt mich Verzagtheit und Unsicherheit. Dann druckst man herum wie ein Schüler an seinem Aufsatz. Dann geht es mal ein gutes Stück weiter, bis wieder der Faden abreißt. Ich sende Dir den Vortrag gelegentlich. Am Sonntag-Sonntag [sic!][64] habe ich eine Arbeitstagung einberufen. Ich bin sehr gespannt, wie das gelingt. Ich schicke Dir den Kommandanturbefehl, in dem sie angezeigt ist, mit. Gib ihn mir später zurück. Am Abend habe ich ein sehr schönes Programm für einen Gemeinschaftsabend aufgestellt. Ein Soldat, im Zivilberuf Kapellmeister aus München, ein prächtiger Kerl[65], übernahm die musikalische Leitung. Das Programm schicke ich Dir demnächst. Es ist noch im Druck. Dieser Musiker leitet den deutschen Chor in Warschau. Ich wollte schon lange mich beteiligen, kam aber immer nicht dazu, gestern abend ging ich zum ersten Mal zu einer Übungsstunde. Es ist in dem Schwesternheim der Rote-Kreuz-Schwestern, einem wundervollen Palais des Prinzen von Bourbon. Gegenwärtig wird das »Deutsche Requiem« von Joh[annes] Brahms geübt, das am 4.4. aufgeführt werden soll.

Als ich in Bromberg war, gelangte das Konzert »Die Vier Jahreszeiten« von Händel[66] zur Aufführung. Ich will mich jetzt regelmäßig beteiligen. Wenn der Chor zusammen sang, wurde ich von Rührung immer so ergriffen, daß ich gar nicht mitsingen konnte. Ja, das sind Eindrücke. Wenn ich doch nur musikalischer wäre, um das so recht zu verstehen und mitzuwirken. Ich war ganz sprachlos, als die andern ohne weiteres vom Blatt sangen, und wie schwer ist das. Nachher saßen wir noch eine Stunde mit einigen Musikern und Sängerinnen zusammen. Die Unterhaltung erging sich nur in Regionen, in denen ich mich nicht bewegen konnte, aber es ist ein Genuß, diesen gebildeteten Menschen zuzuhören. Am Freitag ist ein Musikabend. Das Programm liegt bei. Ich gehe auch hin. – Für meinen Abend am Sonnabend singt eine Sängerin Schubertlieder und anderes, und ein Schauspieler spricht Dichtungen. Ich habe sie beide kennengelernt. Sie gefielen mir gut. – Ach, Du liebes Mädchen, wenn Du bei mir sein könntest, und wir könnten das zusammen erleben. Ich sehe und höre alles mit Deinen Augen und Deinem Herzen. [...]

Notiz *(Warschau,) 27. Februar 1943*

Arbeitstagung der Leiter der AG [Arbeitsgemeinschaften] und der Betreuer. Schleifer[67] singt mit seinem Chor.

Abends Gemeinschaftsabend.

Notiz *(Warschau,) 28. Februar 1943*

Arbeitstagung der Truppenbetreuer. Sehr gute Rede von Feldwebel Dr. Mann[68], gute Musik. [...]

An Ehefrau und Kinder *Warschau, 28. Februar 1943*

Meine liebe Annemie, liebe Kinder –

das waren zwei anregende Tage, gestern und heute. Ich habe meinen Vortrag auch gut hingekriegt und habe auch das Schlußwort so gesagt, daß es wirkte. Ich hatte jedenfalls das Gefühl. Man hat hinterher das Gefühl, sich mit jemandem auszusprechen, der einem sagt, was richtig und was falsch war. Ich spürte, daß eine starke Resonanz da war. Leider kamen wir in der Zeit nicht zurecht, sodaß für die Aussprache zu wenig

Zeit übrigblieb. Ein Zwischenfall trat leider auch ein, der etwas störte. Ein Feldwebel Dr. Mann[69], von dem ich Dir schon schrieb, daß er den Schwiegervater von Gerd sehr gut kennt – er ist Dozent in Heidelberg – griff eine Bemerkung aus meinem Vortrag auf, in der ich sagte, wie es nicht gemacht werden dürfte, daß man sich vor der Phrase hüten müßte und es nicht so machen sollte wie ein Offizier, der bei seinen Soldaten rügte, daß sie über das Essen meckerten, den Russen in seiner Anspruchslosigkeit als Vorbild hinstellte und selbst anschließend ins Kasino zum Hasenessen ging. Er führte ähnliche Beispiele an und stellte seine Offiziere richtig bloß. Es waren zahlreiche Offiziere anwesend, die das sehr übel aufnahmen. Es gehörte zwar nicht ganz hierher und schuf eine peinliche Situation, aber ich konnte dem Sprecher nicht unrecht geben. Hoffentlich kriegt er keine Schwierigkeiten. Das würde ich sehr bedauern. Bei der heutigen Morgenfeier hielt er einen ganz ausgezeichneten Vortrag: Vom Sinn des Opfers. Professor Eißer[70] war ganz entsetzt über den Freimut seiner Gedanken. Ich will versuchen, ihn drucken zu lassen. Dann war noch ein Reinfall mit dem Vortrag eines Oberleutnants der Luftwaffe, der so konfuses Zeug brachte, daß uns die Leute bald wegliefen. Der Gemeinschaftsabend war dagegen wieder sehr schön. Anliegend das Programm[71]. Die Sängerin sang leider nur die drei ersten Lieder. Sie mußte vertretungsweise noch im Theater auftreten. Wie habe ich an Dich gedacht bei dem Lied: »Du bis Orplid, mein Land.«[72] Die Gedichte hätte ich auch so gut gesprochen wie der Schauspieler, bilde ich mir ein. Anliegend auch unser neuer Stundenplan[73]. Hebt ihn bitte auf, es ist eine Erinnerung für später. Der Dirigent ist Karl Schleifer, wie er im Theater »Die 4 Jahreszeiten«[74] dirigiert. Er hat sich hilfesuchend an mich angeschlossen, bei seinem Oberst ist er in größte Ungnade gefallen, weil er sich unmilitärisch benommen hat. Nun muß er feste Wache schieben. [...]

An den Sohn *Warschau, 1. März 1943*

Mein Helmut –
herzlichen Dank für Deine Briefe. Den letzten mit den Bildern erhielt ich vor einigen Tagen. Ich kam aber noch nicht

dazu, ihn zu beantworten, weil ich Sonnabend-Sonntag eine Arbeitstagung der geistigen Betreuer aus den Einheiten einberufen hatte. Das war eine sehr anregende Tagung. Ich lege Dir das Programm des Gemeinschaftsabends bei, auch unser neues Vorlesungsverzeichnis[75]. – Es ist noch früh am Morgen. Ich kontrollierte soeben die Wache im Hause. Drei Unteroffiziere stehen mir noch zur Verfügung. Sie halten jede Nacht Hauswache. Um 5 Uhr war niemand da. Der Unteroffizier schlief in seinem Bett. Ich glaube, ich komme mit der Bemerkung aus, mit der ich ihn weckte: »Unteroffizier W., was sind das für Sachen!« – Wenn ich das Vergehen dienstlich nehmen wollte, bekäme er mindestens 14 Tage strengen Arrest. Aber ich stehe mit diesen Männern in einem guten Vertrauensverhältnis, daß es mir so peinlich ist, eine Verfehlung an ihnen feststellen zu müssen. Das fühlen sie selbst. Aber wie leicht gibt einer doch der Schwäche nach. Und wie wenige Menschen sind treu, wirklich treu. [...]

Tagebucheintrag *(Warschau,) 3. März 1943*

Dieser Krieg ist die furchtbarste Gegenauslese in rassischer Hinsicht, die vorstellbar ist. Die besten Männer fallen oder werden schwer verletzt. Immer mehr Männer im zeugungsfähigen Alter – jetzt kommen die Jahrgänge 1906 und 1907, also die 36- und 37jährigen Männer dran, neben den ganz jungen Jahrgängen 1924, 1925 die 18- und 19jährigen – saugt die Front auf und tötet sie. Die Kv.-Kommissionen durchsuchen alle Schreibstuben, jeden Winkel, wo noch ein Kv.-Mann übersehen wurde, auch die bis jetzt nicht Eingezogenen werden rücksichtslos aus den Betrieben herausgeholt und in die Uniform gesteckt[76]. An ihre Stelle treten Frauen, Ausländer und andere. Immer mehr Legionäre[77] holt man aus den Gefangenenlagern. Sie ersetzen die Arbeitsformationen. OT. [Organisation Todt][78], Baubataillone und so weiter. Was da herausgezogen wird von den deutschen Soldaten, wird an die Front geworfen. Somit wird das gegnerische Blut geschont und unser deutsches vernichtet. Wie rächt sich die verkehrte Politik gegen Polen. Sogar unsere bolschewistischen Feinde stellen wir in unsere Reihen[79], und die von Haus aus gegen den Bolschewismus eingestellten Polen, die heute bestimmt an unserer Seite stünden und kämpften, weist man zurück. Dieser Krieg gibt dem d[eutschen] Volk den Rest. Es wird sich nie wieder als große Nation behaupten können. Wie alles, was die Nazis machen, was Hitler tut, [ist] blutigster Dilettantismus. Wenn er das Dogma und den Primat der Rasse predigt, dann muß er für ihre Erhaltung Sorge tragen, nicht für ihre Vernichtung. – Jetzt wird die große Offensive und die Invasion der Engl[änder] und Am[erikaner] bald kommen[80]. Wie wollen wir gegen diese Übermacht obsiegen?

An Ehefrau und Kinder *Warschau, 6. März 1943*

Meine liebe Frau, liebe Kinder –

[...] Ich war mit meinem Gartenbaukursus in einer Gärtnerei. Wir haben uns die Treibhauskulturen angesehen und die Anlage der Mistbeetfenster. Etwa 30 Soldaten nahmen teil. Wie kribbelt es mir in den Fingern, wie wollte ich Hand anlegen und zu Hause im Garten schaffen. [...] Gestern kamen die zwei Pakete mit der Wurst, Zigaretten und der Kuchen. Habe herzlichen Dank! [...] Gleichzeitig kam auch ein Päckchen von Frau C[ieciora], das ich mit dem Schwager[81] teilen soll. Er war gestern schon hier. Ich bin morgen mittag zum Essen eingeladen bei ihm, das heißt bei Bekannten, wo er wohnte. Er wird bald bei mir hier eingestellt. Ich mußte meine Leute größtenteils abgeben. Unteroffizier Pfeifer und Siebel sind mir noch geblieben. Das wird aber auch nicht mehr lange dauern. Sie sind k.v. [kriegsverwendungsfähig], Jahrgang [19]06, und werden an die Front kommen. Deshalb stelle ich, solange ich noch hier arbeite, Polen ein. Auf diese kann ich mich verlassen. – Es ist schon ½10 [Uhr], Euer Gespräch kommt nicht, verdammt noch einmal. Bis jetzt hat mich einer meiner Dozenten gut unterhalten. Er ist Lehrer in Chile gewesen, vor dem Krieg im Urlaub in D[eutschland] und ist Soldat geworden. Er kann recht interessant von dort erzählen. Zum Lachen wäre es gewesen oder vielmehr zum Weinen, wie die Partei in Chile das Deutschtum kaputt gemacht hätte. – Ein Witz. Ein Soldat kam heute in die Schreibstube gestürmt und sagte: »Eben ist es durch's Radio gekommen, Zarah Leander ist eingezogen. Sie soll an der Front singen.« »Was denn?« »Es wird einmal ein Wunder geschehn[82].« [...]

An die Ehefrau *Warschau, 14. März 1943*

Meine liebe Frau –

es ist zwei Uhr in der Nacht. Ich habe Hauswache. Seither waren 5 oder 6 Unteroffiziere und Soldaten bei mir, die versahen die Wache, und ich konnte nachts schlafen, aber jetzt ist [sic!] Pfeifer und Twenhäfel noch allein da, da beteilige ich mich auch. An und für sich wäre es nicht nötig, aber wegen der Sicherheit halte ich es doch für angebracht, und deswegen habe ich es angeordnet. Schrieb ich Dir schon, daß ich meine seitherigen Kameraden auch bald abgeben muß? Sie sind Jahrgang [19]06, und der muß, sobald Ersatz da ist, zum Feldheer abgestellt werden. Siebel ist noch im Urlaub. Wenn er kommt, Ende der Woche, geht Tw[enhäfel] zur Truppe. Später werden S[iebel] und Pf[eifer] folgen. – Eben ist gerade wieder Fliegeralarm. Fast jede Nacht ist Alarm, aber bis jetzt kamen keine Flieger. Wahrscheinlich sind sie immer in der Nähe. W[arschau] werden sie nicht bombardieren, aus Rücksicht auf die Polen. In Essen sollen sie am Freitag wieder ganz entsetzlich gehaust haben. Ob die Einwohner dieser Städte das noch lange ertragen werden? Helmut soll doch, wenn es zu machen ist, nach Würzburg zum Studium gehen. Ffm. [Frankfurt/Main] wird auch bald an die Reihe kommen. So oft ich an den hiesigen Trümmern vorbeigehe, bin ich ergriffen von dem traurigen Schicksal der Betroffenen. Immer sind die Ruinen eine Anklage. Die deutschen Städte werden noch viel furchtbarer zerstört, das Elend muß unvorstellbar sein. Man fragt nach dem Sinn dieser Vernichtungsorgie und weiß keine Antwort. Und doch läßt Gott das alles zu, und er hat doch seinen Zweck dabei. Er will es den Menschen klarmachen, wohin sie kommen, wenn sie ihn auf der ganzen Linie verlassen. Unsere Zeit kannte doch keine religiösen Probleme mehr. Gott war abgetan. Man setzte ihn von der Tagesordnung ab und glaubte, selber klug genug zu sein, die Wohlfahrt der Menschheit zu lenken. Und der 30jährige Krieg! Ist er nicht aus blindem, fanatischem Haß der Konfessionen entstanden? Jede Partei rief den Namen Gottes an und tat dem andern in seinem Namen Unrecht. Im [Ersten] Weltkrieg war es doch auch noch so, daß jedes Volk für seinen Sieg betete. Ich habe das Gefühl, heute läßt man Gott aus einem Gefühl der Sauberkeit aus dem Spiel. Außerdem kann ich mir nicht vorstellen, daß die Nazi [sic!] auf der einen Seite und die Bolschewisten auf der andern für ihren Sieg beten. Sie schalten auch da den Herrgott aus.

[...] Heute bin ich zu den Sakramenten gegangen. Ich habe so stark an Euch gedacht. Ich gehe jeden Sonntag zur Kirche. [...] Im Brahms-Requiem[83] heißt eine Stelle: »Selig, die da Leid tragen!« Aus der Heiligen Schrift sind die Worte: »Die das Leben verlieren, werden es gewinnen.« Manchmal meint man es zu verstehn. [...]

Notiz *(Warschau,) 16. März 1943*

[...] Einstellung von Rosinski und Anton[84].

An den Sohn *Warschau, 17. März 1943*

Mein lieber Helmut –

herzlichen Dank für Deinen Brief vom 13.III. So, mein Vorlesungsverzeichnis hat Dir gefallen[85]. Diese Tätigkeit macht mir richtig Freude. In der 2. Märzwoche nahmen 710 Soldaten am Unterricht teil. Auffallend ist, daß sich die Offiziere überhaupt nicht beteiligen. Dagegen sind die Mannschaften und Dienstgrade[86] sehr bei der Sache. Ich bin der Meinung, daß die meisten Offiziere und Beamten im Offiziersrang viel zu wenig Schwung und Energie haben. Sie melden sich noch nicht mal als Dozenten, obwohl sie doch die Vorbildung hätten und auch mehr Zeit als einfache Soldaten oder Unteroffiziere. Diese Wehrmachtkurse zur Berufsförderung sind vom OKW [Oberkommando der Wehrmacht] empfohlen, ich habe hier die Leitung. Sie sollen auch den Sommer durch weitergeführt werden. [...]

Notiz *(Warschau,) 18. März 1943*

[...] Abends Geschichtsunterricht. Verschiedene Auffassungen treten zu Tage über die Bedeutung des Christentums. SS.

Tagebucheintrag *(Warschau,) 18. März 1943*

Verkalkte Führer.

Auf den Sportplätzen sind fast jeden Tag geschlossene Einheiten, die Sport treiben. Meist sind Feldwebel und Unteroffiziere als Leitende dabei, manchmal auch Offiziere. Man möchte mit Knüppeln dreinschlagen, wenn man diese trägen, verdrießlichen, verkalkten Führer und Unterführer ansieht. Während die Mannschaften irgendein Bewegungsspiel oder Lauf oder Fußballspiel machen, stolzieren die Unteroffiziere in Mänteln, Koppel umgeschnallt, dazwischen herum. Für sie ist das nicht. Wie soll da Schwung und Zusammenhalt entstehen, wenn das Beispiel ganz und gar fehlt?

Notiz *Krakau, 20. März 1943*

[...] In Krakau – Tagung der Sportführer im Generalgouvernement. Übernachtet im Hotel Polonia. Treffe einen Gefreiten aus Hainzell. [...]

An Ehefrau und Kinder *Krakau, 21. März 1943*

Meine liebe Annemie, liebe Kinder –

wenn man mal einen oder zwei Tage aus seinem gewohnten Leben – denn das Leben in W[arschau] ist allmählich auch zu einer Gewohnheit geworden – herauskommt und unter ausschließlich fremden Menschen herumläuft, wie ich hier zwei Tage in Krakau, da kommt einem so richtig die Trostlosigkeit und Verlorenheit des Daseins zum Bewußtsein. Ich hatte hier dienstlich zu tun. Mein Auftrag war rasch erledigt, und ich hätte am selben Tag noch nach W[arschau] zurückfahren können, aber ich wollte mir die schönen Kirchen von Krakau ansehen, und am Sonntag versäume ich sowieso nichts. Am Morgen ging ich in die Garnisonkirche zum Gottesdienst und besuchte anschließend eine Kirche nach der andern. Kr[akau] hat wundervolle Gotteshäuser aus dem Mittelalter, ähnlich wie Nürnberg. W[arschau] hat nicht dergleichen. Die Burg, der Wawel, in der die polnischen Könige bestattet liegen, ist leider nicht zu besichtigen. In einiger Entfernung der Stadt, etwa 3 km, erhebt sich der Kusciusko-[Kościuszko]hügel. Das war am Nachmittag mein Ziel. Mitten in einer alten Zitadelle, die die Österreicher gebaut haben, erhebt sich der Hügel. Er ist zu Ehren des poln[ischen] Freiheitshelden K[ościuszko][87] aufgeschüttet worden. Jedes Dorf aus ganz Polen hat eine Fuhre Erde nach Kr[akau] gebracht, und sie ist hier aufgeschüttet worden, sodaß ein ganzer Berg entstand. Eine einzigartige Idee, in der die Verbundenheit des Volkes mit seinem Freiheitshelden sinnfällig zum Ausdruck kommt. Gegenüber auf einer waldreichen Anhöhe erhebt sich der Pilsudskihügel[88], der auf dieselbe Weise errichtet wurde. Kr[akau] selbst ist eine tote Stadt. Die Menschen gehen gedrückt und bekümmert ihren Weg. Den Deutschen geht es dagegen sehr gut. Ich war erstaunt, wie gut sie hier leben. Für sie kann der Krieg noch lange dauern. Ich fahre mit demselben Zug in der Nacht zurück, mit dem ich mit Dir vor einem Jahr nach W[arschau] fuhr. Wie steht mir alles noch in so guter Erinnerung. [...] Die Menschen leiden hier unter der Rechtlosigkeit und Unsicherheit mehr als unter der Mittellosigkeit. [...]

Notiz *(Warschau,) 25. März 1943*

Herr Novitzki[89] bei mir wegen seines verhafteten Bruders. Abschiedsfeier in der Deutschen Oberschule anläßlich des Abiturs. Gouverneur[90] mit Frau. Spitzen der Partei und der Stadt.

Tagebucheintrag *(Warschau,) 25. März 1943*

Lumpen.

Ein Pole namens Nowitzki bittet mich, ihm eine Begutachtung seiner loyalen Gesinnung gegenüber den Deutschen auszustellen. Sein Bruder ist im November [19]42 von der G.Sta.Po. [Geheimen Staatspolizei] verhaftet worden und nach Auschwitz, dem berüchtigten Lager[91], abgeführt worden. Sein Unglück und seine Schuld ist es gewesen, mit einem verdächtigen Schmuggler in einem Haus zusammen gewohnt zu haben. Er ist völlig unschuldig. N[owitzki] will an den Führer ein Gnadengesuch einreichen und braucht eine Beurteilung seiner Person. Er hat es schon mit Geld versucht. Ein Polizeioberleutnant hat von der Verhaftung gehört und hat sich angeboten, wenn er 30 000 Zloty zahlt, den Gefangenen zu befreien. Er hat ihm die Hälfte gezahlt, darauf ist der Lump verschwunden.

Tagebucheintrag *(Warschau,) 25. März 1943*

Entlassungsfeier in der deutschen Oberschule.

Ein Oberregierungsrat Kraschinske [Gruschinske][92] hält eine Ansprache. Sehr viele Phrasen! Er ruft den Abiturienten zu, daß sie danken sollen, dem Führer, der Regierung, der HJ. [Hitlerjugend], [den] Lehrern, der Schule; von Gott und von den Eltern ist keine Rede. So weit geht die Loslösung von allen natürlichen und inneren Bindungen.

Notiz *(Warschau,) 26. März 1943*

Film: »Die goldene Stadt«[93], ein wundervoller Film, der mich diesen Film als Kunstwerk erleben ließ.

Bei Dr. Kah[94] wegen Nowicki[95]. [...]

An die Ehefrau *Warschau, 27. März 1943*

Meine liebe Annemie –

es scheint mir schon so lange her, daß ich einen Brief von Dir erhielt. Tatsächlich ist die Woche herumgegangen, ohne daß einer kam. Es ist Sonnabend. Eine arbeitsreiche Woche liegt hinter mir. Ich fühlte mich frisch und leistungsfähig und war immer guter Stimmung, das heißt, am Montag, als ich von Krakau zurückkam, war ich niedergeschlagen und verzagt. Wenn man so allein in der Welt herumfährt, ohne Hoffnung und Ziel unter fremden, gleichgültigen Menschen, dann kommt einem wohl so eine Stimmung an. Aber als ich mich dann wieder in meine Arbeit hineingekniet hatte und neue Ausblicke gewann, da war ich auch wieder zufrieden. [...] Gestern war ich in einem wunderschönen Film. Wenn der nach Fulda kommt, mußt Du ihn unbedingt ansehen. »Die Goldene Stadt«[96] heißt er. Ein Farbfilm. Ich war ganz stolz darüber, daß wir im Krieg solche Sachen machen können. Da ist es mir zum ersten Mal richtig zum Bewußtsein gekommen, daß der Film hohe Kunst sein kann. Und ein zweites Erlebnis geistiger Art hatte ich. Was brauchen wir Krieg zu führen und andre Völker mit Waffengewalt zu unterjochen. Mit diesen Kulturleistungen können wir uns zu viel stärkeren Beherrschern der Welt machen. Die Polen dürfen zum Beispiel nicht in einen solchen Film gehn, ich glaube wenigstens kaum, daß er in den poln[ischen] Lichtspielhäusern gezeigt wird. Ganz falsch. Gerade müßte ihnen das gezeigt werden. Daran könnten sie sehen, daß wir mehr können, als Krieg führen.

Dann war ich noch als Vertreter der OFK [Oberfeldkomandantur] zu der Abschiedsfeier der Abiturienten an der deutschen Oberschule eingeladen. Das wurde sehr feierlich gemacht. Aber was für Phrasen dahergeredet wurden, da geht einem der Hut hoch. [...] Heute hatte ich wieder Unterricht im Gartenbau. Mein Gärtner kann den deutschen Soldaten manches vormachen. Da freut er sich sehr. Im Geschichtsunterricht platzen manchmal die Meinungen aufeinander, es sind auch SS-Leute unter meinen Zuhörern, die haben natürlich eine andere Meinung von manchen Ereignissen, aber meist sind es nur Schlagworte und Phrasen, die sie gedankenlos nachreden. Bei tieferem Eindringen in die historischen Vorgänge, die man aus ihrer Zeit verstehen muß, werden sie dann recht kleinlaut.

Frau Lasinski[97] traf ich zufällig auf der Straße. Abends war ich bei einem bescheidenen Abendbrot dort zu Gast. Während beide, jeder für sich, doch ganz vernünftige Menschen sind, benahm sich das Ehepaar ziemlich albern. Du hättest Deine bekannte Gänsehaut gekriegt. Wenn so alte Leute verliebt tun oder gar versteckte Anspielungen in Richtung Liebe machen, dann kriegt man zuviel. Nein, wir passen nicht zu diesen Leuten. – Aber was tut's? Es sind anständige, redliche Menschen. Und die findet man nicht jeden Tag. – Ich arbeite jetzt das 4. Vorlesungsverzeichnis aus, da habe ich in dieser und der nächsten Woche ziemlich zu tun. Vor meinem Urlaub muß es noch gedruckt sein. [...]

Notiz *(Warschau,) 31. März 1943*

Mit Now[icki] um 10.00 [Uhr] zu Dr. Kah[98]. Ich war allein da. K[ah] schien mir nicht sehr viel Lust zu haben, den Oberleutnant festzustellen, obwohl er so tat.

An die Ehefrau *Warschau, 31. März 1943*[99]

Meine liebe Annemie –

dieser Brief soll schon Dein Geburtstagsbrief sein. Wenn meine Briefe so lange unterwegs sind, soll der wenigstens zur rechten

Zeit ankommen. Ich muß erst nachrechnen, wie alt Du wirst. 45. Ist das denn möglich? Du bist 45? Nicht zu glauben. Was für eine würdige Matrone stellt man sich da vor, und Du bist immer noch das leichtfüßige, grazile Frauchen, mein Mädchen, meine Annemie! Was soll Dir dieses Jahr bringen? Uns allen den Frieden – Dir und den Lieben Gesundheit und ein glückliches Zusammensein. Ich will Dir meine uneingeschränkte Liebe schenken, meine Sorge und restlose Hingabe. Ich wünsche mir, daß ich mit Dir auf immer zusammenbleiben könnte, daß wir nie voneinander getrennt wären. Und müssen wir noch voneinander geschieden sein, so soll uns doch nichts scheiden. Ich bin ganz Dein. [...]

Frau Holy. [?] [...] war dieser Tage wieder hier. [...] Sie kam aus einem besonderen Grund zu mir; ich sollte einem Bekannten von ihr helfen, der von der G.Sta-Po [Geheimen Staatspolizei] verhaftet wurde. Sie kann Dir das erzählen. Vielleicht habe ich Erfolg. Sie kennt auch meine alten Bekannten Luckhaus. Frau L[uckhaus?] war gestern auch bei mir. Ich soll ihr auch helfen. Wie vielen habe ich schon geholfen. Die Tante von Olga[100] habe ich auch aus dem Gefängnis gebracht. Meine Arbeiter haben auch dauernd Anliegen. Den Bruder von Herrn C[ieciora] habe ich jetzt bei mir angestellt[101]. [...] Mein Unteroffizier Pfeifer ist abgelöst, Siebel folgt bald, Twenhäfel ist schon fort. Auf der Kommandantur ist auch großer Wirbel, alle Soldaten vom Jahrgang [19]06 und jünger kommen ins Feld. An Stelle von Pf[eifer] kam heute ein Ersatzmann, ein Tiroler. G.v.H. [garnisonverwendungsfähig Heimat]. Er hat nur einen Viertelmagen, aber er gefällt mir gut. Den Pf[eifer] wird er wohl nicht ersetzten. Aber auch er ist nicht gesund, gestern hat er mir gestanden, daß er lungenkrank ist. Professor Eißer[102] geht auch weg. Er hat mich für morgen abend zu einer Flasche Wein eingeladen. Das soll der Abschied sein. [...]

Notiz *(Warschau,) 5. April 1943*

Vertretung von Oberstleutnant v[on] Kamlah bei Ic[103]. Sehr viel gearbeitet.

An den Sohn *Warschau, 6. April 1943*

Mein lieber Helmut –

[...] Ich habe jetzt so viel Arbeit, daß mir der Tag viel zu kurz ist, aber das ist schön so. Diese restliche Tätigkeit ist etwas Berauschendes. Ich bin gesund und leistungsfähig, und die Arbeit liegt mir, das heißt, ich bin ihr gewachsen. Wie lähmend ist das oft, wenn man eine Sache nicht beherrscht und muß sich damit abquälen. Heute sind meine drei Helfer, die Unteroffiziere, die fast 2 Jahre mit mir zusammen am Sportamt waren, zum Ersatzbataillon abgefahren. Sie kommen zur Feldtruppe. Es hat mir doch einen Stich gegeben, als ich ihnen die Hand zum Abschied drückte. Ein Ersatzmann ist eingetroffen, aber mit dem ist nicht viel anzufangen. Ich habe jetzt zwei Polen eingestellt, das sind meine Hauptstützen[104]. Nun bin ich auch noch den halben Tag an der Kommandantur festgenagelt, sodaß ich nur am Spätnachmittag in der Sportschule sein kann. Abends laufen die Lehrgänge, da muß ich auch dabei sein. So wirst Du verstehen, daß ich nicht viel Zeit zum Schreiben habe. [...]

An die Ehefrau *Warschau, 11. April 1943*

Meine Annemie –

[...] Gestern ein Erlebnis, an sich unbedeutend, aber eins von denen, die einen aus dem seelischen Gleichgewicht heben und hilflos machen. Wie ein bitterer Geschmack, so steigen sie immer wieder ins Bewußtsein, bis man es nach Tagen vergißt. Und zwar sind das solche Vorfälle, bei denen man sich andern Menschen gegenüber unschön benommen hat oder auch diese, wo einem selbst Unrecht geschieht. – Mir lief gestern ein junger Mann ins Fahrrad. Er begehrte auf. Ich wies ihn zurecht, war aber gleich so zornig und aufgebracht, weil er Widerworte gab. Es war grade an einer Haltestelle der Straßenbahn, und eine Menge Menschen standen [sic!] dabei und hörten diese erregte Unterhaltung, ich doch als Offizier. Am meisten habe ich mich geärgert, daß ich dem Menschen Ohrfeigen anbot, geradeso, als wenn ich nichts anderes als einer der übl[(ich)en?] deutschen Knechte wäre, von deren Gesinnung die Polen täglich Beweise bekommen. Er sagte: »Ich habe auch deutsche Erziehung genossen« und machte mich auf die roten Verkehrsampeln aufmerksam, die ich nicht beachtet hätte. Ich wies in heftigem Ton darauf hin, daß ich im Recht sei. Wieviel schöner hätte es ausgesehen, wenn ich mich höflich entschuldigt hätte, obwohl ich im Recht war und er sich dusselig benommen hatte. Nein, man benimmt sich wie ein Bauer. Oder, ich werde ans Telefon gerufen. Der Chef des Kommandanturstabes[105] verlangt mich und kanzelt mich herunter wie einen dummen Jungen. Ich sage nur immer »Jawohl« und stecke den Anpfiff ein, obwohl ich ganz unschuldig bin. Mit Pfeifer hatte ich am zweitletzten Tag einen Mordsskandal, zwei Jahre haben wir uns ausgezeichnet verstanden, und dann dies zum Abschluß. Ich habe ihn so fürchterlich angebrüllt, daß er ganz bleich wurde. Gewiß war ich im Recht, aber warum so ganz aus der Form fallen? Weiß der Teufel, so ruhig ich sonst bin, auf einmal bin ich so zornig, daß ich einen morden könnte, daß ich alle Selbstbeherrschung verliere. – Wie habe ich das Bedürfnis, mit Dir über all diese Dinge zu sprechen, wie brauche ich einen Kameraden! Das kannst [nur] Du allein auf der weiten Welt sein. Oder die Menschen um mich herum, 100 an einem Tag lerne ich kennen, oberflächlich natürlich, aber ich fasse jeden ins Auge und suche in seinem Gesicht zu lesen. Intuitiv erfasse ich sein Wesen. Oder da ist mein alter Suchalski, mein Diener. Ehemaliger Gardist im Regiment der Zarin, im [Ersten] Weltkrieg vielmals verwundet. Er hat ganz Rußland vom Baikalsee bis Kaukasien, Baku, Krim erlebt. Heute am Sonntag kommt er auch. *9 Uhr*[106]. Sonntag. Ich habe noch eine halbe Stunde Zeit bis zur Kirche. S[uchalski] ist gekommen. Ich unterhalte mich mit ihm polnisch. Ich kann ja nicht viel, und die Deklination ist sehr schwer; ich mache immer Kasusfehler, aber ich spreche die Endungen undeutlich aus. Er kann wenig Deutsch. Aber er versteht mich meist. Ich bin glücklich, wenn er »tak tak«[107] sagt und sein Gesicht strahlt, dann weiß er, was ich will. Heute lag ich noch im Bett. Er macht mir Feuer. »O Pan capitan, dzisiaj jest barzo zimno[108]!« Das sagt er fast jeden Morgen. Ich will aber kein Feuer haben. Dann läuft er ans Thermometer und guckt, wieviel Grad es sind. »9 stopien Pan bendzie chrny[109]?« Ich sage: »nie dbai v co[110].« Wenn er mich nackend herumlaufen sieht, kann er sich nicht genug wundern. Ich schenke ihm etwas. Er kommt weit her von Praga, ¾ Stunde mit der Straßenbahn. Für ein wenig Brot oder eine Suppe, eine Handvoll Zigaretten. Mein früherer Bursche hat nicht so für mich gesorgt wie er.

Ich freue mich schon auf den Gottesdienst. Weiß der Kuckuck, ich habe oft gar keine Lust zu beten, aber ich bin doch fromm. [...]

Der Leiter des hiesigen Arbeitsamtes, der mir behilflich war, ist vorgestern von Leuten der poln[ischen] Widerstandsbewegung in seinem Zimmer im Arbeitsamt ermordet worden[111], kein Mensch hat etwas gemerkt. Die Täter sind entkommen. Fast täglich werden Deutsche ermordet, als Vergeltung für die Massenmorde an den Polen. Es wird noch schlimmer. Was für Terror wird nun wieder folgen? [...]

An den Sohn *Warschau, 16. April 1943*

Mein lieber Helmut –

[...] Ich habe die letzten Tage sehr tüchtig arbeiten müssen. Ich vertrat meinen Chef bei der Abteilung Ic[112]. Das ist eine sehr interessante Arbeit (Abwehr). Da lernt man mal hinter die Kulissen sehen. W[arschau] ist ein sehr heißes Pflaster geworden. Es passieren täglich die unheimlichsten Sachen. [...]

An Ehefrau und Kinder *Warschau, 5. Mai 1943*

Liebe Annemie, liebe Kinder –

pünktlich auf die Minute lief der Zug in W[arschau] ein. Seit einer Stunde bin ich in meiner alten Wohnung, ich habe mir Tee gekocht und habe die Wurstbrote und den Kuchen gegessen und schreibe Euch schnell eine kurze Nachricht. Wie ich schon erwartete, hat sich manches geändert. Ich gehe jetzt gleich zur OFK [Oberfeldkommandantur], um weitere Nachrichten zu empfangen. Das Wichtigste scheint ein Aufstand im Ghetto[113] zu sein, wo richtiger Krieg mit Artillerie, Panzereinsatz, Toten und Verwundeten ist. Das Ghetto brennt zum Teil. [...]

Notiz *(Warschau,) 5. Mai 1943*

Meldung bei v[on] Kamlah[114], Hallensleben[115], General Rossum[116]. Ich werde nicht mehr auf Ic benötigt. Ein neuer Herr ist im Anrollen. Einesteils hat mir die vielseitige Arbeit dort Spaß gemacht, andererseits kann ich jetzt wieder meiner früheren Tätigkeit mehr nachgehen. [...]

An die Ehefrau *Warschau, 9. Mai 1943*

Meine Annemie – liebe Frau –

der erste Sonntag nach dem Urlaub. Morgens fing er mit Regen und Unfreundlichkeit an und hörte als wunderschöner Sommertag auf. Mit einem Mal ist es hier auch Frühling geworden. In den Straßen der Stadt, besonders in den Parkgegenden, schieben sich die Menschen geradezu in dichten Massen dahin wie ein Strom. Sie sind gut gelaunt, sie haben ihren Kummer daheimgelassen. Nach 8 Uhr stehen sie noch vor den Haustüren und reden. An uns sehen sie vorbei, als wären wir nicht da. Man spürt geradezu, wie sich ihre Haltung gegen die Deutschen strafft. Nach den jüngsten Ereignissen sind sie erst recht voller Triumph. Über die Stadt ziehen schwarze Rauchwolken aus dem seit 3 Wochen brennenden Ghetto[117]. Ungeheure Werte wurden vernichtet, zahllose Menschen getötet. Noch immer ist die Polizei nicht fertig geworden. Nachts ist ein unablässiges Geschieße. Entsetzliche Szenen spielen sich dort ab. Ein neuer, unauslöschbarer Schandfleck für die, die es zu verantworten haben, und eine riesige Blamage dazu. Wir können nur froh sein, daß wir als Wehrmacht nichts damit zu tun haben. Aber davon wollte ich Dir nichts erzählen. Es macht Dich ebenso traurig wie mich. Aber wehr sich mal einer dagegen. Jeder Mensch spricht davon, allen ist es unheimlich zumute, es gibt keinen, den die Vorgänge unberührt ließen. Allen legt sich das Gefühl der schweren Verantwortlichkeit wie ein Stein auf die Seele. – Ich stand heute schon früh auf und arbeitete die schriftlichen Sachen auf, die sich im Urlaub aufgehäuft haben. Dann ging ich in die Kirche ganz in meiner Nähe. Es war dieselbe Zeit, in der Ihr auch im Gotteshaus seid. Ich habe unablässig an Euch denken müssen, besonders an Dich. Vielleicht hast Du's gespürt. Dann hatte ich Besuch von einem Kameraden. Ein Rittmeister von der benachbarten Pionierkompanie. Was gibt es doch für einfache, unkomplizierte Menschen. Sie leben den Aufgaben des Tages, die Alltäglichkeiten sind ihnen Lebensinhalt. Sie reden von der Petersilie im Garten, von gekeimten Kartoffeln, von unleidlichen Vorgesetzten, von ihrem Können und Wissen, vom Prozentgehalt des Wodka und davon, daß der Winter vorbei ist und der Sommer bald kommt. Ich frage mich, sind sie eigentlich zu beneiden oder zu bedauern? – Dann war ich auf einem Sportplatz zur Einweihung. Ein Sportfest wurde abgewickelt. Ich hatte nichts damit zu tun, war nur stiller Beobachter. In dem Soldatenheim trank ich dann Kaffee und wurde von der Oberschwester zum Abendessen eingeladen. Das Bild, das Dein Vater für das Heim gestiftet hat, ist nicht eingetroffen. Die Sonne stand schon im Nordwesten, als ich mich von der Ostseite der Stadt dem großen Strom näherte. Groß und vielgestaltig stand die Stadtsilhouette gegen die Sonne, vor die sich die grauen Rauschschwaden wälzten. Als ich durch das Menschengewühl lief, hatte ich das Gefühl, als wenn mich jeden Augenblick eine Kugel treffen müßte. Hier unten im Stadion ist Frieden, die Frösche quaken zum Fenster herein, der Lärm der Straßenbahnen dringt weitläufig herein, die SS-Rekruten singen ihr Abendmarschlied, ehe sie ins Bett gejagt werden. Meine einsame Lampe brennt und beleuchtet Dein Bild vor mir, aber vor meiner Seele steht ein anderes von Dir. Ich sehe Dich, wie Du suchenden Blicks ins Weite schaust und fragst und fragst. Hast Du mich verstanden, als ich Dir vom abfahrenden Zug aus zuwinkte?

Grüße die Kinder, [...] Dein Wilm.

Notiz *(Warschau,) 13. Mai 1943*

In dieser Nacht Bombenangriff auf Warschau. Große Schäden und viele Tote und Verwundete, besonders unter der Zivilbevölkerung.

Notiz *(Warschau,) 15. Mai 1943*

Mit Afrika ist es zu Ende[118]. Der Wehrmacht-Bericht erwähnt es ganz kurz. Dafür bringt er eine Zeitungsmeldung aus [...][119]

in der die Tapferkeit der d[eutschen] Soldaten gerühmt wird und die Bedrohung der engl[ischen] Schiffahrt im Mittelmeer.

Notiz *(Warschau,) 18. Mai 1943*

Auf dem Stadionhauptplatz gearbeitet, neu angesät. Ich arbeite mit.

Nachricht, daß Staudamm der Edertal-, Möhnetalspeere von Engl[ändern] gesprengt wurde[120].

Notiz *(Warschau,) 19. Mai 1943*

Mit Cichocki[121] im Landgut Cerniakow [Czerniakow][122].

Notiz *(Warschau,) 23. Mai 1943*

Morgens in der Messe von Tolka[123], anschließend Frühstück bei seinem Hausherren. Bei Rosinski[124] eingeladen, nicht dagewesen. Auf Gut Cerniakow [Czerniakow][125].

An die Ehefrau *Warschau, 23. Mai 1943*

Liebe Annemie –

Dein dritter Brief kam heute zum Sonntag. Er hat mir den Tag vergoldet. Ein zweiter Brief kam von Samter. Frau C[ieciora] lädt uns aufs beste ein. Kommst Du? Ich wäre überaus glücklich. Mehr als diesmal habe ich mich noch niemals gefreut. Komm! Wer weiß, wann wir uns wiedersehen können? [...] Ich stand schon früh heute auf und habe gelernt und gearbeitet, dann wieder geschlafen. Mit Tolka[126] hatte ich verabredet, heute in seiner Kirche zu sein, wenn er zelebrierte. Er hat sich mächtig darüber gefreut. Nachher wurde ich von seinem Hausherrn zum Frühstück eingeladen. Es ist ein ehemaliger Bankbeamter, früher in ordentlichen Verhältnissen. Er ist schon älter, hat eine jüngere Frau und zwei Töchter. Ich kenne diese Art der Familien, sehr fromm, ein bißchen albern, etwas eingebildet, aber eine hochanständige, reine Atmosphäre. Mittags sollte ich noch bei einer andern Familie mit zum Essen kommen, aber dazu hatte ich keine Lust. Ich freute mich auf den langen, freien Nachmittag. Dann hatte ich auch Deinen Brief in der Tasche! Draußen zu liegen in der Sonne, war wegen des argen Windes, der den Staub vor sich her jagte, kein Genuß. Nachher war ein Pokalspiel, bei dem mußte ich zugegen sein. Zwei Stabsärzte baten mich, ihnen das Sportabzeichen abzunehmen. Dann habe ich noch ½ Stunde mit meinem neuen Gehilfen Tennis gespielt. Er ist ein Österreicher, von altem Adel. Er bat mich schon lange darum, ob ich ihn nicht brauchen könnte. Er gefiel mir schon immer wegen seines feinen Wesens. Daß er aber Baron war, wußte ich nicht. Du siehst, ich habe es immer mit hochgeborenen Leuten zu tun. [...]

Notiz *(Warschau,) 26. Mai 1943*

Ein großer Fehler in der Behandlung der Polen ist die Methode, sie zu Menschen zweiter Ordnung zu stempeln. An den Bahnhöfen und so weiter stehn die Schilder: »Für Polen verboten. Nur für Deutsche!« Der P[ole] darf nicht den Wartesaal benutzen, er darf sich in der Eisenbahn nicht mit Deutsch[en] zusammensetzen. Er ist der Knecht, der Minderwertige. Auf jede Art und Weise will man ihm das ins Ohr schreien und zum Bewußtsein bringen. Der Pole hat sich seither geduckt und sich das alles gefallen lassen, aber heute trägt er sein Los mit Stolz, weil er voll Hoffnung ist, daß wir den Krieg verlieren. Er hat uns verachten gelernt, darum sucht er jetzt gar keine Gemeinschaft mit uns.

Notiz *(Samter,) 29. Mai 1943*

7.30 [Uhr] ab Posen nach Samter[127]. A[nnemi] und Jorinde holen mich am Bahnhof in S[amter] ab.

Notiz *(Samter,) 30. Mai 1943*

Fahrt mit der Familie C[ieciora][128] nach Gut Obersitz[129] zu Herrn Wika. Große Kaffeetafel mit der ganzen Familie.

Notiz *(Warschau,) 2. Juni 1943*

A[nnemi] und Jorinde nach Hause. Rückreise von Samter nach Warschau[130].

Mann soll an einem Menschen festhalten, wenn man auch gelegentlich enttäuscht wird. Die Arbeiterin Olga zum Beispiel ist heute eine zuverlässige, tüchtige Hilfe. Wenn ich sie seinerzeit, als sie unordentlich war und in Armut fast verkam, weggeschickt hätte, dann hätte sie sich gar nicht so entwickeln könne, wie es ihr so möglich war.

Ich bin gespannt, ob die Frau Kleinowska, die in letzter Zeit mich sehr enttäuschte, sich in Zukunft bessern wird und eine brauchbare Arbeiterin wird. Sie hat Besserung versprochen. Mal sehen, was wird.

Notiz *(Warschau,) 16. Juni 1943*

Vortrag vor den Offizieren der Garnison in den Marschall-Lichtspielen[131]. Ein Zeichen, wie sich die Zeiten geändert haben. Schwerbewaffnete Feldgendarmerie auf der Straße, in den Gängen. Früher zwei Mann als Ordner. – Miserabler Vortrag. Ungeschickt, unfähig, ohne Schwung, lähmt und drückt nieder. Selbst das Positive, was er zu sagen hat, wirkt in der vorgebrachten Form negativ. Typisch, daß das OKW [Oberkommando der Wehrmacht] solche Parteileute in Uniform auf Stimmungsmache losschickt.

Tagebucheintrag *(Warschau,) 16. Juni 1943*

Ein junger Mann suchte mich heute morgen auf. Ich lernte seinen Vater in Obersitz kennen[132]. Er arbeitet hier in einem Lazarett. Er war Augenzeuge gewesen, wie ein Zivilist von drei deutsch[en] Polizisten erschossen wurde. Sie verlangten seine Papiere und stellten fest, daß er ein Jude war. Man führte ihn in einen Torweg und erschoß ihn. Den Mantel nahmen sie mit, die Leiche ließen sie liegen. Ein anderer Augenzeuge berichtet, ein Jude[133]: »Wir waren in einem Haus im Ghetto. Sieben Tage hielten wir im Keller aus. Das Haus über uns brannte, die Frauen liefen heraus, auch wir Männer. Ein Teil wurde erschossen, wir wurden auf den Umschlagplatz gebracht, in Viehwagen verladen. Mein Bruder nahm Gift. Unsere Frauen wurden nach Triplinka [Treblinka][134] gebracht und dort verbrannt. Ich bin in ein Arbeitslager gekommen. Wir werden schrecklich mißhandelt, bekommen fast nichts zu essen, müssen schwer arbeiten.« Er schreibt an seine Freunde, »Schickt mir Gift, ich kann es nicht aushalten.« Viele sterben. Frau J. war 1 Jahr beim SD [Sicherheitsdienst der SS] als

Dienstmädchen tätig. Sie war oft Augenzeuge der schrecklichen Mißhandlungen der dort arbeitenden Juden. Sie wurden fürchterlich geschlagen. Ein Jude mußte einen ganzen Tag in furchtbarer Kälte auf einem Kokshaufen stehn, ohne warme Kleidung. Ein SD-Mann ging vorbei und schoß ihn nieder. Zahllose Juden sind so umgebracht worden, ohne Grund, ohne Sinn und Verstand.

Jetzt ist der letzte Rest der jüdischen Einwohner im Ghetto ausgetilgt worden[135]. Ein SS-Sturmführer[136] prahlte damit, wie sie die Juden, die aus den brennenden Häusern stürzten, zusammengeknallt hätten. Das ganze Ghetto ist eine Brandruine. So wollen wir den Krieg gewinnen. Diese Bestien. Mit diesem entsetzlichen Judenmassenmord haben wir den Krieg verloren. Eine untilgbare Schande, einen unauslöschlichen Fluch haben wir auf uns gebracht. Wir verdienen keine Gnade, wir sind alle mitschuldig. Ich schäme mich, in die Stadt zu gehen, jeder Pole hat das Recht, vor unsereinem auszuspuken. Täglich werden d[eutsche] Soldaten erschossen[137], es wird noch schlimmer kommen, und wir haben kein Recht, uns darüber zu beschweren. Wir haben's nicht anders verdient. Jeden Tag wird es mir unheimlicher hier zumute.

Notiz *(Warschau,) 17. Juni 1943*

An der Kommandantur habe ich Verschiedenes zu erledigen. Zwei neue Herrn sind da, Oberstleutnant v[on] Kamlah[138] geht demnächst weg. Er ist noch der einzige Offizier aus der Anfangszeit. Mit ihm scheidet ein preuß[ischer] Offizier von Format und macht einem andern Platz, der das 3. Reich vertritt[139]. – In der Mokotowska[140] liegt die Leiche eines erschossenen Zivilisten, wahrscheinlich eines Juden. Ich spürte förmlich, wie feindselig die Menschen waren, als ich ahnungslos durch die Straße fuhr.

Notiz *(Warschau,) 18. Juni 1943*

Um 5.00 [Uhr] erwacht. Gleich aufgestanden. 400-m-Lauf, 72 Sekunden. Kurze Gymnastik. Kalte Dusche. Nachrichten – nichts Besonderes. Deutschl[an]d richtet sich auf Defensive ein. Festung Europa. Kann sie gehalten werden? Ja, wenn die besetzten Länder aktiv sich wehrten, aber sie sind unsere Feinde ebenso wie die Engl[änder]. [...]

Notiz *(Warschau,) 19. Juni 1943*

Ich lerne mit Cichocki[141] fleißig polnisch. Das Lernen macht mir Freude. Täglich verwende ich mehrere Stunden dafür. Oft bin ich schon um 3 Uhr wach, da hole ich mir das Buch und lerne. Wie beglückt bin ich, wenn ich mich mit den Polen unterhalten kann, das heißt, wenn ich mich verständlich machen kann und ich sie verstehe.

Notiz *(Warschau,) 20. Juni 1943*

10 Uhr Kirche[142]. Pfarrer predigt über die Heilige Dreifaltigkeit, aber abstrakt und altmodisch, abgegriffene Redewendungen, die nicht wirksam sind; der Geistliche muß in jeder Predigt eine innere Erhebung hervorrufen und sich zum Ziel setzen. Es wird wohl so sein, daß einer selbst innerlich erhoben sein muß, wenn er die Wirkung haben will. – Von da aus über den Stare Rynek [Alten Markt], ich hatte ein unheimliches Gefühl, als ich durch diese Straßen ging zwischen den vielen Polen. Ich spüre die feindliche Stimmung. Täglich werden Soldaten erschossen[143]. Ich wollte schon umkehren, aber ich kam mir so feige vor und ging weiter.

An die Ehefrau *Warschau, 20. Juni 1943*

Liebe Annemie –

[...] Ich komme soeben aus der Kirche. Auf der Orgel war diesmal ein schlechter Musikant, deswegen ging ich früher weg und besuchte eine poln[ische] Kirche[144]. Da war erhebendes Orgelspiel, und ein Chor sang eine lateinische Messe zu Ehren der Heiligen Dreifaltigkeit. Wie wohltuend ist diese fromme Sammlung der gläubigen Menschen. Alles geht so zwanglos und selbstverständlich. Die Kinder sind bei ihren Eltern oder zwischen den Erwachsenen. Es fällt keinem ein, Dummheiten zu machen. In der Kirche nebenan wurde Pfingsten Erstkommunion gefeiert. Die kleinen Mädchen trugen lange weiße Kleider bis auf die Schuhe – woher sie bloß noch den Staat haben – offenes Haar und Blumenkränze.

Das sah entzückend aus. Richtige kleine Bräute. Diese Kleidung sollte man bei solchen Gelegenheiten in der Kirche beibehalten, keine modischen kurzen Kleider. Freilich sind die Kinder hier älter. Aber darüber kann man ja nicht diskutieren. Ich fand es jedesmal wunderschön. Die Jungen dagegen sahen recht kümmerlich aus.

[...] Ich sende morgen eine dicke Mappe nach Hause, in der ich alle Kinderbriefe seit Kriegsbeginn gesammelt habe. Wenn ich darin blättere und die Liebesbezeigungen auf mich wirken lasse, die aus den Zeilen dieser Feldpostbriefe sprechen, dann bin ich glücklich, aber eine große Wehmut beschleicht mich. Vier Jahre entbehre ich nun schon bald die Kinder; ich habe so wenig Einfluß auf sie, und sie haben nichts von mir. Gerade in der Zeit der Kindheit sind die Eindrücke am stärksten und bewahren sich für das ganze Leben. Daß sie mir so wenig schreiben, ist auch daraus zu erklären, daß ich nur in ihrem Unterbewußtsein stehe. Was ich als Vater für sie sein könnte, wissen sie nicht.

Liebe Annemie – ich glaube, Du wärest jetzt sehr zufrieden mit mir, wenn Du mein tägliches Leben sehen könntest. Ich arbeite viel und vielerlei, bin von früh bis spät tätig, körperlich und geistig, fühle mich gesund und schaffensfroh. Bei allem, was ich tue, begleitet mich das eine schmerzlich-süße Gefühl, daß ich Dich nicht dabeihaben kann und daß Du mir fehlst.

Ich umarme Dich, Dein Wilm.

Notiz *(Warschau,) 23. Juni 1943*

Besuch von Schleifer[145]. Er hat etwas Feminines in seinem Wesen, der dauernde Verkehr mit Frauen, Krankenschwestern und so weiter entspricht seinem Wesen. Er sucht ihre Gesellschaft, weil er da angehimmelt wird. Er ist weichlich. Daß er für die Kompanie die Postsäcke schleppen muß, findet er unter seiner Würde. Er meint, das stände ihm nicht zu. Das könnte jeder Packesel. Er begreift nicht, daß es im Krieg nicht in erster Linie um das persönliche Wohlbefinden des einzelnen geht, sondern um den Einsatz einer Kraft auf irgendeinem Platz.

Tagebucheintrag *(Warschau,) 23. Juni 1943*

Gestern abend war ein sogenannter Gästeabend im Offizierskasino der OFK [Oberfeldkommandantur], wozu die Kommandeure der hiesigen Einheiten und die Spitzen der Behörden, Partei, Verwaltung der Stadt aus dem zivilen Sektor, auch Polizei, SD-G.Sta.Po. [Sicherheitsdienst der SS-Geheime Staatspolizei][146] eingeladen werden. Der General[147] beabsichtigt damit, diese Stellen einander zu verbinden und Möglichkeit zu geben, sich kennenzulernen. Es gibt ein einfaches Abendessen, anschließend wird Bier getrunken und geraucht. Je nachdem, bei wem man zu sitzen kommt, unterhält man sich gut oder schlecht. Ich saß bei Hauptmann Kirschbaum und Stabszahlmeister[148] Lieder. Ob die Zivilbeamten sich eigentlich da wohl fühlen und die G.Sta.Po-Beamten, SS? Es wird doch ganz offen kritisiert. Von der Mißwirtschaft der Verwaltung, von der Korruption. In meiner Nähe sitzt Major Hirzemenzel, er macht sich lustig über den Besuch von Generalgouverneur Frank, der sich dieser Tage in Warschau aufhielt[149]. Die Straßen, durch die er mit dem Auto raste, waren durch Polizei abgesperrt, die Schulen umstellt. Das nennt man dann Befriedung, und der Besuch soll ein Ausdruck der Stärke sein. Die Polen haben sich gefreut, daß solche Maßnahmen nötig sind, um die Sicherheit des höchsten Beamten im Generalgouvernement zu gewährleisten. Solchen Respekt haben die Deutschen auf einmal vor ihnen.

An die Ehefrau *Warschau, 24./25. Juni 1943*

Meine Annemie –

wenn mich mein Freund Tolka[150] nicht daran erinnert hätte und um einen Tag Urlaub für heute gebeten hätte, wäre ich des hohen Festtages [Fronleichnam] gar nicht bewußt geworden. Es zog mich den ganzen Tag in die Kirche. Jetzt ist es Abend, und ich bin müde und bin einer gesammelten Stimmung kaum fähig. Aber Deinen lieben Brief muß ich doch beantworten. Er ist gestempelt vom 21., war also in drei Tagen hier. Du erzählst so schön von Deinen kleinen Erlebnissen. Das habe ich am allerliebsten. Ich kann mir Euch dann so gut vorstellen und kann an Euerm Leben teilnehmen. Wie warm und erlebnisreich ist es bei Euch. Durch die Kinder. Habt Ihr das Holz nun endlich daheim? Um was Du Dich zu kümmern hast!

25. [Juni] früh. [...] Gestern mittag war ich in dem Film »Alkazar«[151]. So ein Schmarren. Es wird Zeit, daß diese Filmära bald überwunden wird. Oberflächlich und dumm ist das alles gemacht, und so faustdick aufgetragene Tendenz, die Roten sind natürlich die Teufel, die Faschisten die Engel, und dazwischen Liebesgeschichten, daß man Gänsehaut kriegt. Dieser Film hat auf der Biennale in Venedig den Mussolini-Pokal erhalten. Ob die Menschen es gar nicht satt kriegen, sich zu freuen, wenn der Massenmord im Film vorgeführt wird. Ich möchte wissen, was die Menschen in Westdeutschland über ein solches Machwerk sagen. – Die Maler sind noch immer bei uns im Haus. Der schlimmste Dreck ist bald draußen. Die Kurse laufen trotz der Sommerzeit weiter. Die polnischen und russischen Sprachkurse sind am besten besucht. Der 3. Kurs hatte 52 Teilnehmer, darunter ein Oberstarzt, mehrere Stabsärzte, Offiziere, das übrige sind Soldaten aller Dienstgrade. Diesen Lehrgang hält T[olka][152] ab. Er hatte erst ein wenig Angst, aber es macht ihm Spaß. Ich lerne auch mit. – Ein Bekannter von mir, der Leiter der Gruppe Handwerk, der die Meisterkurse abhält, will versuchen, ob er Dich anfordern kann, um eine Einreisegenehmigung für Dich zu erwirken. Du sollst Vorträge halten über Berufserziehung im Lehrlingswesen. Hättest Du Lust dazu? Vielleicht kann ich in der Zeit einen Zakopaneurlaub[153] nehmen, dann fahren wir zusammen dorthin. Du meinst, es wäre nötig, daß wir wieder mal beieinander wären. Ich glaube auch, es wäre für uns beide sehr nötig. [...]

Notiz *(Warschau,) 25. Juni 1943*

Deutschunterricht[154]:

Der Beginn des 5. Lehrgangs hat eine größere Teilnahme zur Folge. Die Bekanntmachung im Kommandanturbefehl bewirkt sofort eine größere Beteiligung, deswegen von Zeit zu Zeit Reklame machen.

Tagebucheintrag *(Warschau,) 26. Juni 1943*

Ein Kamerad war heute bei mir, um für seine Einheit Sporthosen zu holen. Ich konnte ihm keine geben. Wir kamen natürlich gleich auf die gegenwärtige Kriegslage zu sprechen. Er ist aus dem südlichen Schwarzwald, war im Urlaub. Von einem Neffen berichtet er, daß die SS-Werbekommission diesen zwingen wollte, in die Waffen-SS einzutreten. Weil er sich weigerte, sperrte man ihn 6 Stunden ein. Als er sich weiterhin, auch dem H.J.-Bannführer[155] gegenüber, hartnäckig weigerte, in die SS einzutreten, stieß man ihn aus der H.J. [Hitlerjugend] aus. Durch Zwang sucht man jetzt überall, die jungen Rekruten in die SS zu pressen[156]. In den Zeitungen aber liest man von den freiwilligen SS-Verbänden aus der H.J. Die jungen Leute weigern sich überall, in die SS einzutreten, weil sie wissen, daß sich gegen sie die Volksmeinung richtet, und weil sie mit Recht annehmen, daß die Russen keine Gefangenen machen, getreu dem Vorbild, das die SS-Verbände ihnen geben, indem sie alle Politruks[157] erschossen haben. Der Kamerad sagte, in der Heimat wäre die Stimmung derartig schlecht, daß das Volk lieber eine Niederlage hinnehme als einen Sieg der Nazi-Regierung, der zur Folge hätte, daß das gegenwärtige Regime bestehenbliebe. Eine andere Regierung, zum Beispiel die kaiserliche 1918, wäre wenigstens zurückgetreten, als sie das Vertrauen des Volkes verloren hatte, aber diese Regierung wäre imstande, das d[eutsche] Volk zu opfern, ehe sie Platz machte.

Man spricht jetzt viel von dem großen Vergeltungsschlag gegen England, von geheimnisvollen Vorbereitungen. Goebbels sagte, er wüßte schon den Tag, an dem der Schlag fallen würde[158]. Was soll das sein? Sollten wir mit Gas angreifen und den chemischen Krieg über England bringen? Wenn das sein sollte, dann ist das Ende da. Dann wird es eine entsetzliche Katastrophe für die Zivilbevölkerung der deutschen Städte geben. Denn unsere Feinde sind uns schon heute in der Luftwaffe überlegen. Sie werden auch mit der chemischen Waffe gerüstet sein und werden in der Lage sein, in unerhörtem Maße zurückzuschlagen.

Zum Namenstag des polnischen Generals Sigorski [Sikorski][159] haben die Polen in der Nacht zum Sonntag, 27.VI., die polnische Nationalflagge auf dem zerstörten Königsschloß gehißt. Bis morgens 8 Uhr flatterte sie im polnischen Wind, ehe sie entdeckt wurde. Die Feuerwehr stieg dann mit langen Leitern hinauf und holte sie herunter. Die Warschauer haben sich riesig gefreut. Wie ein Heiligtum und ein Symbol des glücklichen Ausganges des Krieges ist sie von der Bevölkerung angeschaut worden. Man kann sich vorstellen, mit welcher Inbrunst das geknechtete, gedemütigte Volk sich an diesem Symbol berauscht hat. Die Kunde fliegt von Mund zu Mund, ohne Zeitung, ohne Rundfunk. Wie konnten wir nur so ungeschickt und dumm hier regieren, ohne im mindesten die polnische Volksseele zu beachten. Mit Terror allein läßt sich ein Volk nicht beherrschen.

Notiz *(Warschau,) 27. Juni 1943*

Verregneter Sonntag.

Distriktmeisterschaften. S.G. Palais Brühl[160] sucht durch Kombination mit der Luftwaffe eine gute Frauenmannschaft für die 4x100-m-Staffel zu stellen. Diesen Leuten geht es um jeden Preis um den Erfolg. Der Sinn unseres Sportes ist der der Leibesertüchtigung auf breiter Grundlage. Mit solchen Mätzchen stößt man die andern, leistungsschwachen Menschen ab.

Tagebucheintrag *(Warschau,) 27. Juni 1943*

Sonntag in der Fronleichnamsoktav[161].

In der Kirche Matkaboska Tschenstowochska. Große Fronleichnamsprozession in der Kirche. Welcher Aufwand. Voraus geht der Kirchenschweizer [Kirchendiener] mit einem schwarzen Stab, auf dem eine versilberte Kugel steckt. Bei jedem Schritt rasseln innen befindliche Steine. Dann kommen alte Männer, und Frauen mit roten Schärpen und brennenden Kerzen, kleine Mädchen mit Blumenkörbchen, Jungfrauen tragen große Fahnen, 6 weißgekleidete Mädchen haben die langen Bänder, die von den Fahnen herabhängen, in der Hand. Die Jungfrauen sind weiß verschleiert. Junge Burschen mit weißen Alben [Gewändern] tragen Stäbe, an denen oben 6 Schellen befestigt sind. Durch fortwährendes Rütteln erklingen die Schellen. Eine Menge Meßdiener, Priester folgen, dann der Priester mit der Monstranz unter dem Baldachin. Ein farbenfreudiges, buntes Bild. 2 Stunden hat der Gottesdienst gedauert. Mir tat der Rücken weh, aber ich blieb bis zum Ende. Die Vorüberziehenden schauen mich an, ich errege Aufsehen[162]. Vielleicht denken sie, ich bin ein Spitzel. Die ganze Aufmachung, das Gepränge ist ein Ausdruck der frommen, gläubigen Haltung, es mutet uns nüchternen deutschen Menschen fast orientalisch an. Die äußeren Formen, das Zeremoniell gehört zum Wesen der Ostvölker. Die Russen haben das auch in ihrem Gottesdienst. Diese Welt müssen wir zu verstehen suchen, vor allem aber muß man sie achten und gelten lassen, wenn sie auch nicht unserer Art entspricht.

An Ehefrau und Kinder *Warschau, 28. Juni 1943*

Liebe Annemie, liebe Kinder –

Eure Briefe, beziehungsweise die Bilder von den Kindern erreichten mich heute. Da haben sich die zwei aber sehr geplagt. So primitiv diese Zeichnungen sind, so gehaltvoll sind sie, voller Sinn und Bewegung, ja man kann behaupten, voll Ausdruck. Die vielen Walleute [Wallfahrer] allerdings hat Uta normalisiert, aber die Hauptpersonen sind wieder originell. Sage den beiden Kinder, daß ich mich sehr gefreut habe und ich Ihnen bald wieder eine Karte schreibe. [...]

Ich will gewiß daran denken, wenn Jorinde die Aufnahmeprüfung in Fulda macht. Nun geht wieder eins von den Kindern aus dem Haus. Daß ich J[orinde] gar nicht in der Schule haben konnte, tut mir so leid. Gerade sie wäre bei mir eine tüchtige, vielseitig interessierte Schülerin gewesen. Aber wir wollen zufrieden sein, wenn die Kinder alle gesund bleiben und wenn wir alle glücklich wieder zusammensein werden. Das sind alles kleine Übel. Von den Schrecken der westlichen Industriestädte habe ich von verschiedenen Seiten schon gehört. Es wiederholt sich alles in der Geschichte der Menschheit. Wenn in den biblischen Geschichten von den Städten Sodom und Gomorrha erzählt wird, auf die Gott Feuer und Schwefel regnen läßt, so ist das heute wieder wahr geworden. Was nützt das den armen Menschen, wenn Goebbels von

Vergeltung und Rache predigt[163]. Und ob das überhaupt möglich sein wird. Wenigstens glaube ich nicht, daß damit die furchtbaren Angriffe der Engl[änder] nachlassen werden. Nein, es ist noch nicht am Ende. Wir müssen uns noch in Geduld wappnen. Das einzige und beste, was wir tun können, ist arbeiten, fromm und gut sein, auf Gott vertrauen und sich in seinen Willen schicken. [...]

Tagebucheintrag *(Warschau,) 30. Juni 1943*

Der Wehrmachtbericht meldet von den vorgestrigen Angriffen auf Köln, und der Sprecher im Rundfunk bezeichnet den Angriff als den Gipfel der englischen Kulturschändung und Niedertracht. Ein Waisenhaus ist getroffen, der Dom zerstört und der Gürzenich[164]. Man fragt sich, haben wir ein Recht dazu, darüber Klage zu führen, haben die Nationalsozialisten vor allem ein Recht zu bedauern, daß Kirchen getroffen werden, die sie doch sowieso für überflüssig halten. Sie zwingen die Beamten, die Angehörigen der SS aus der Kirche auszutreten. Sie erziehen die Jugend in kirchenfeindlichem Sinn. Im Wartheland verbieten sie den dortigen Katholiken, in die Kirche zu gehen, oder machen es ihnen unmöglich, weil sie die katholischen Priester verhaften und die Kirchen schließen[165]. Im Straßburger Münster wird kein Gottesdienst gehalten, sie [sic!] ist eine nationale Weihehalle geworden[166]. Wozu dann diese Klagen. Die Engl[änder] arbeiten ihnen doch in die Hand, wenn sie diese christlichen Kulturstätten zerstören helfen. So bedauerlich das alles ist, und so furchtbar die dortigen Menschen zu leiden haben, so wenig darf das heutige Regime den Engländern einen Vorwurf machen. Wenn wir in der Lage sind, Wiedervergeltung zu üben, werden wir bestimmt nicht anders handeln und hätten nicht anders gehandelt. Auch dieses ist so ein Stück der inneren Unwahrhaftigkeit, die unsere gesamte Regierungsweise kennzeichnet.

Notiz *(Warschau,) 1. Juli 1943*

[...] Praktischer Teil der Meisterprüfung im Kfz-Handwerk.

16 Uhr Überreichung der Meisterurkunde an vier Jungmeister im Kfz-Handwerk.

Tagebucheintrag *(Warschau,) 4. Juli 1943*

Großes H.J.[Hitler-Jugend]-Sportfest im Wehrmacht-Stadion. Die Warschauer Deutschen haben nicht viel Sinn für Sport. Die SS-Rekruten sind dazu kommandiert. Sie marschieren singend durch die Straße. Ein scheußliches Gekrächze, natürlich das unsterbliche Lied von den blauen Dragonern mit dem Judenkehrreim[167]; etwas Besseres wissen sie nicht. Man hört es ihnen an, mit welchem Widerwillen sie zu dem Gesang gepreßt werden. Alles junge Kerlchen. Es tut einem weh, wenn man ihre freudlosen Gesichter ansieht. – Unter den vielen weißgekleideten B.D.M.-Mädchen von »Glaube und Schönheit«[168] sind sehr wenig hübsche Mädchen dabei, einzelne nur sind gut gebaut und haben unschuldige Gesichter, die meisten sind unschön im Ausdruck und in der Bewegung. Man sieht, daß die Volksdeutschen[169] dem Proletariat angehören. Deswegen sind die Eltern auch wenig vertreten. Ebenso ist es bei den Jungens. Für die polnische Jugend ist der Sport verboten. Wie töricht war das alles, die Schulen nimmt man ihnen, jedes kulturelle Leben[170]. Es ist ein Eingeständnis der Schwäche, eine Angst vor dem Selbstbehauptungswillen des p[olnischen] Volkes. Statt daß man seine Kräfte positiv sich auswirken ließe, sucht man sie nach allen Seiten abzuwürgen. Aber es ist nicht gelungen. Jeden Tag stärker wird der Widerstand.

An den Sohn *Warschau, 4. Juli 1943*

Lieber Helmut –

[...] Ich frage mich oft, wie hat das alles kommen müssen? Wer ist schuld? Dann gibt es nur eine Antwort. Es mußte so sein. Das Schicksal des einzelnen ist unwichtig. Auch das der Völker spielt keine Rolle. Sie werden den großen Menschheitsideen geopfert. Der mißverstandene Sozialismus, der Sozialismus ohne Liebe, ohne die christliche Liebe, erfordert seinen Krieg, wie der mißverstandene Gottesglauben den 30jährigen [Krieg] hatte. Die Irrwege des Nationalsozialismus sind nur ein Teil dieser Menschheitsirrungen, der Kommunismus wäre dem gleichen Ziel zugetrieben. Die Führer sind nur Werkzeuge in diesem großen Plan. Von allen geistigen Werten und Idealen waren wir abgerutscht. Der Krieg führt uns mit jedem Tag seiner Dauer tiefer in diese Armut geistig wie materiell hinein. Das Ideal des Sozialismus, jedem Arbeiter sein Auto, seine Wohnung und seine Bequemlichkeit zu geben, ist auf Jahrzehnte, für uns wenigstens, vorbei, ebenso wie wir vor den Ruinen eines ehemaligen Bildungshochstandes stehen. Der Kommunismus und der Nationalsozialismus, beide haben das Problem unseres Jahrhunderts nicht lösen können, das Weltgewissen schwieg damals zu den Greueltaten des Bolschewismus, wir nahmen die Ungerechtigkeiten bei uns hin, wir sahen zu, ließen alles gehen, taten noch mit, nun gibt es keinen Halt mehr. Der Stein ist im Rollen, in ungeheurer Wucht strebt er dem tiefsten Punkt zu. Naturgesetz.

Du wirst am Flakgeschütz [Flugabwehrgeschütz] ausgebildet. Wie lange wird es dauern, bis Frankf[urt/Main] angegriffen wird? Ich warte jeden Tag, daß der Wehrmachtbericht diese Meldung bringt. Die Engl[änder] schlagen unsere Industrie restlos zusammen, um uns nach dem Krieg – selbst wenn wir ihn gewinnen – vom Weltmarkt auszuschalten. Sie führen eine weitsichtige Politik. Daß sie uns damit nicht mürbe machen können, wissen sie wohl, das ist auch nicht ihre Absicht. Auch die Rüstung treffen sie nicht in dem Maße, daß wir den Krieg beenden müßten. Aber arm wollen sie uns machen. Eine Stadt nach der andern werden sie in Trümmer legen. – Daß Du nach Semesterschluß auch wieder nach dem Osten oder sonstwohin ins Feld kommst, ist mir selbstverständlich. Mich wundert's überhaupt, daß man Euch so lange daheim läßt. Fahre nur, so oft Du kannst, nach Hause. Ich freue mich, daß Du die schöne Welt genießt. Daß Dich das Studium anzieht und innerlich erfüllt, ist sehr wichtig. Du bist ja auch schon 22 Jahre alt. Da muß man ja auch schon wissen, was man will.

Notiz *(Warschau,) 6. Juli 1943*

[...] Unterricht vor den Offizieren der OFK [Oberfeldkommandantur] über Gasschutz. – General[171] kommt zu einer kurzen Besichtigung, stellt fest, ob alles da ist. Ich beherrsche den Stoff und bin darum frei und sicher. – Anschießend Vortrag beim General über verschiedene Angelegenheiten, betreffend Sport und Kurse.

Tagebucheintrag *(Warschau,) 6. Juli 1943*

Warum läßt Gott diesen schrecklichen Krieg mit den furchtbaren Menschenopfern zu? Denkt man nur an die gräßlichen Luftangriffe, an die entsetzliche Angst der unschuldigen Zivilbevölkerung, an die Unmenschlichkeiten, mit der die Gefangenen in den Konzentrationslagern mißhandelt werden, an die Ermordung der Hunderttausenden von Juden seitens der Deutschen. Trifft Gott die Schuld? Warum greift er nicht ein, warum läßt er das alles geschehen? Das sind Fragen, die man stellen könnte, und [auf die man] keine Antwort hat. Wir sind so gern geneigt, einem andern die Schuld zu geben und sie nicht bei uns selbst zu suchen. Gott läßt das Böse geschehn, weil es sich die Menschen selbst zuzuschreiben haben, wenn sie nun die Plage ihrer eigenen Bosheiten und Unvollkommenheit zu spüren bekommen. Wir haben seinerzeit, als die Nazi zur Macht kamen, nichts getan, um es zu verhindern. Wir haben die eigenen Ideale verraten, [das] Ideal der persönlichen Freiheit, der demokratischen Freiheit, der religiösen. Der Arbeiter lief mit, die Kirche sah zu. Der Bürger war zu feige, ebenso die führenden geistigen Schichten. Wir ließen zu, daß die Gewerkschaften zerschlagen wurden, daß die Konfessionen unterdrückt wurden, es gab keine freie Meinungsäußerung in Presse, Rundfunk. Zuletzt ließen wir uns in den Krieg treiben. Wir waren es zufrieden, daß Deutschland ohne Volksvertretung blieb, wir ließen uns eine Scheinvertretung, die nichts zu sagen hatte, gefallen. Ideale lassen sich nicht ungestraft verraten. Jetzt müssen wir alle die Folgen tragen.

Notiz *(Warschau,) 7. Juli 1943*

[...] Am 5. Juli scheint im Osten in der Gegend Kursk-Bjelgorod eine größere Kampfhandlung im Gang zu sein[172]. Wir haben starke Kräfte zusammengezogen. Wie das OKW [Oberkommando der Wehrmacht] berichtet, um den Angriffsabsichten der R[ussen] zuvorzukommen. Aber was wollen wir damit erreichen, nützt uns ein Erfolg? Örtlicher Gewinn gar nichts, er ist uns nur schädlich. Und können wir die Russ[en] noch vernichten? Ich glaube nicht. Denn im selben Maße, wie wir die Kampfpause benutzt haben, haben es auch die Russ[en] getan, abgesehen von den Lieferungen der Amerikaner. Was soll uns dann aber eine Offensive nützen? Nur aus Prestige können wir das doch auch nicht tun, und doch glaube ich, daß es nichts weiter ist.

Tagebucheintrag *(Warschau,)* 7. *Juli 1943*

Seit Mai sind die Versenkungsziffern des feindlichen Schiffraums bedeutend zurückgegangen[173]. Man hört überhaupt nichts mehr von den U-Booten. Goebbels sagte in seiner Rede im März[174]: »Mit den Luftangriffen haben uns die Engländer am Handgelenk, mit den U-Booten aber haben wir die Engl[änder] an der Kehle.« Mit dem Nachlassen der Erfolge sieht das allerdings nicht so aus, eher ist es jetzt umgekehrt. Gestern sprach ich mit einigen Offizieren der Waffen-SS, auch über diesen Punkt. Sie sind ziemlich naiv. Sie glauben an große, geheime Vorbereitungen, in deren Verlauf die U-Boote zurückgezogen wären. Das sind meiner Meinung nach leere Trostpillen. Gerade in diesen Monaten Mai-Juni waren die Versenkungsziffern immer am höchsten, und bei den Vorbereitungen der Anglo-Amerikaner für die zu erwartende Landung[175] würden sich doch jetzt bestimmt lohnende Ziele bieten. Scheinbar haben die Engl[änder] eine äußerst wirksame U-Boot-Abwehr entwickelt, die es für unsere Boote sehr schwer macht, die Geleitzüge anzugreifen. Die Entwicklung geht also genau wie im [Ersten] Weltkrieg, als gegen Ende des Weltkrieges die Geleitzüge so gesichert waren, daß sie fast unangreifbar blieben und imstande waren, ungeheure Materiallieferungen und Truppen nach Frankr[eich] zu werfen.

Tagebucheintrag *(Warschau,)* 9. *Juli 1943*

Es regnet jetzt schon einen Monat lang. Richtig sommerlich war es noch nicht in diesem Jahr. Ich bin schon früh erwacht um 3.30 [Uhr]. Das eintönige Regengeplätscher, das oft auch so gemütlich sich anhört, wenn es zur richtigen Zeit kommt und wenn man in sorgloser Stimmung ist, macht einen melancholisch. Noch eine Mißernte, und dann ist es bald aus mit dem Krieg. Ich habe das Gefühl, daß das Ende mit einem

Mal und plötzlich kommt, daß alles zusammenstürzt, ehe wir recht zur Besinnung kommen. Was soll uns zum Beispiel eine Offensive im Osten [sic!]? Die Russ[en] vernichtend zu schlagen, ist unmöglich, und Land erobern, kann nur verhängnisvoll sein. Je mehr die Etappe vergrößert wird, desto ungünstiger für uns, außerdem ist das Gebiet vor der d[eutschen] Front ausgeplündert und zerstört, muß instandgesetzt werden, kostet uns nur Material und Menschen. Die Initiative ist nicht mehr auf unserer Seite, aus dem Blitzkrieg ist ein Sitzkrieg geworden; die Festung Europa aber soll allein ohne das Zutun der anderen Länder verteidigt werden. Das ist ganz unmöglich. Nicht nur ohne Eur[opa], sondern auch noch gegen Europa müssen wir uns verteidigen. Die Hilfe, die die Völker uns gewähren, ist gezwungen und erzwungen. Wenn erst eine Niederlage eintritt, kann sie der Anlaß sein, daß alles mitgerissen wird.

Tagebucheintrag *(Warschau,) 11. Juli 1943*

Gestern, am 10.7., Sonnabend, sind die Engl[änder] und Am[erikaner] auf Sizilien gelandet. Die deutsch-it[alienische] Abwehr setzte zum Gegenangriff an. Aber die Alliierten fassen Fuß. Es scheint so nach dem Heeresbericht, als ob es gelingen könnte, sie wieder ins Meer zu werfen[176]. Aber ich glaube nicht daran. Wenn der Engl[änder] etwas unternimmt, setzt er auch die Mittel an, die ein Gelingen garantieren, oder er wartet ab. Engl[änder] und Am[erikaner] kämpfen auf der Gegenseite mit großer Überlegenheit in der Ausrüstung und in der Bewaffnung und sind sich einig, während zwischen deutschen und it[alienischen] Truppen kein gutes Verhältnis besteht und die ital[ienische] Zivilbevölkerung sogar offensichtlich Feindschaft gegen die d[eutschen] Truppen an den Tag legt. Es ist eine Tragik für den d[eutschen] Soldaten in diesem Krieg, daß er Deutschl[an]d an den Grenzen Europas verteidigen muß. In diesem Falle noch in einem verbündeten Land, aber sonst überall in feindlichen Ländern. Mit der Entfernung von der Heimat aber vermindert sich die geistig-seelische Verbindung. Durch das Gemisch mit Soldaten anderer Nationen, die mehr oder weniger Achtung verdienen, wird die Geschlossenheit unter dem d[eutschen] Heer noch geschwächt. Er fühlt sich im fremden Land nicht mehr als Verteidiger der Heimat, sondern als Söldner für die Interessen eines andern Volkes. Solange es vorwärts geht, fühlt er sich als dem nordischen Wesen eigenen Eroberer, aber in der Verteidigung versagt er. Es wird so viel gerühmt und als ein Vorteil hingestellt, daß wir die innere Linie haben, die ermöglicht, unsere Abwehrkräfte an die gefährdeten Stellen zu werfen. Die innere Linie[177] aber ist für uns zu weit, die Entfernungen von dem Atlantik bis an den Don oder vom Nordkap bis Sizilien zu groß, als daß wir rasch unsere Truppen verschieben könnten. Dazu kommt, daß der beherrschte Raum nicht mehr der Größe unserer Macht entspricht. Je länger die Kraftlinien sind, desto dünner sind sie. Es ist wie mit einer Gummiblase, die eine gewisse Menge Luft oder ein Vakuum enthält. Strömt an irgendeiner Stelle die Luft heraus, dann ist es nicht möglich, neue hinzuzuführen. Die Blase wird schlaff und sinkt in sich zusammen und verliert ihre Spannung und Widerstandsfähigkeit. Der Gegner der äußeren Linie aber hat den entscheidenden Vorteil, seine Kräfte auf bestimmten, schwachen Punkten in stärkster Verdichtung anzusetzen, wir aber können unsere Kräfte nicht beliebig abziehen und schwächen, wohl aber der Gegner. So ist jetzt schon eine beängstigende Verschiebung der Kräfte ersichtlich. Die Initiative liegt beim Gegner. Er diktiert den kommenden Ablauf des Krieges. Für uns ist es vom Blitzkrieg zum Sitzkrieg gekommen, aber aus der Verteidigung heraus ist noch nie ein Krieg entschieden worden, und auf die Zermürbung des Gegners haben nicht wir zu bauen, sondern der Gegner hat allen Grund dafür. Wir können den Engl[ändern] fast nichts und den Am[erikanern] gar nicht im eigenen Land schaden, dagegen werfen sie eine d[eutsche] Stadt nach der anderen entzwei, vernichten unsere Industrie und machen weite Volkskreise zu Bettlern, denen wir fast nichts zurückgeben können. Man geht jetzt schon dazu über, die westlichen Städte auszusiedeln. Wahrscheinlich hängt das damit zusammen, daß man sich mit dem Gedanken des Gaskrieges gegen England trägt.

Vorher aber die Bevölkerung des Westens vor einer Vergeltung schützen will.

Notiz *(Warschau,) 12. Juli 1943*

Uta – Geburtstag. Ich habe die Kleine immer als ganz kleines, zweijähriges Kind in der Erinnerung. Nun ist sie schon 6 Jahre und kommt in die Schule. 4 Jahre habe ich nichts von dem Kind gehabt, gerade in der Zeit, als [sic!] sich ein Kind ein Bild von seinem Vater macht und fürs Leben behält. Eine Bitterkeit steigt in einem hoch, aber das gehört auch zu meinem Leben.

Notiz *(Warschau,) 14. Juli 1943*

Bei der Film- und Propaganda-Gesellschaft Besprechung wegen einer Reportage [über] Freizeitgestaltung in der Truppe. In den Kursen. Im poln[ischen] Unterricht werden die Teilnehmer immer geringer. Abends nach Unterricht kommt eine [Kranken-]Schwester, die das Abitur nachmachen will, noch zu mir, wir unterhalten uns über die Zukunft. Ziemlich naiv, unwirkliche Einstellung.

Notiz *(Krakau/Miechów,) 16. Juli 1943*

Kurierfahrt. Abends, 11.30 [Uhr], Abreise nach Krakau. Um 7.00 [Uhr] früh in Kr[akau] Geheimsachen abgegeben bei der OFK [Oberfeldkommandantur]. Mit Ci[eciora][178] bei Bekannten aus Posen. Dort gefrühstückt. Mittags nach Miechów gefahren zu Familie Kroschel.

Notiz *(Miechów,) 18. Juli 1943*

In Miechow.

In M[iechów] ist eine neue wunderbare große Kirche, von den Tempelherren oder dem Deutsch[en] Ritterorden erbaut. Das war deutsche Kultur. Wie lächerlich winzig ist die Arbeit der heutigen Deutschen in diesem Ort. Das größte Verdienst ist die Ermordung der Juden und die Gewaltherrschaft über die Bevölkerung.

Notiz *(Warschau,) 19. Juli 1943*

[...] Um 12 Uhr über Kielce, Radom nach W[arschau] zurück. Abends ½7 [Uhr] zu Hause. Von Kr[oschel] eine Menge guter Sachen mitbekommen, die ich mit Ci[eciora] teile.

An die Ehefrau *Warschau, 19. Juli 1943*

Meine liebe kleine Frau –

von der Reise nach Krakau und dem Abstecher nach Mi[echów] bin ich vor einigen Stunden wieder gut hier angekommen. Die ganze Reise habe ich mich schon auf Deine Briefe gefreut. Zwei waren auch eingetroffen. Vom 13. und 14. [Juli]. Herzlichen Dank dafür! Eh ich auf Deine Mitteilungen eingehe, will ich Dir kurzen Bericht geben. Ich fuhr mit Ci[eciora] nach Kr[akau], wo ich dienstlich zu tun hatte. Auf dem Rückweg besuchten wir die Verwandten. Frau C[iecioras] Schwester wohnt dort. Du weißt ja Bescheid von Frau C[ieciora] selbst. Wir hatten uns angemeldet und wurden erwartet. Wir erlebten dort einen schönen Sonntag und bekamen gute Sachen eingepackt. In dem Stil wie in S[amter]. Reich beladen kamen wir hier an. [...] Wir haben da eine Gastfreundschaft gefunden, die einfach ohne Beispiel ist. [...]

Notiz *(Warschau,) 22. Juli 1943*

Regen. Geritten. Oberleutnant Sprotte gibt Unterricht. – Auf dem Hauptplatz Anweisungen gegeben zum Ausbessern der Kahlstellen im Rasen.– Abends bei Oberstabsarzt Haberla im Geschichts-Unterricht. H[aberla] ist anscheinend ein Mensch, der gar keinen Wert auf Äußerlichkeiten legt, aber trotzdem ist er ein eitler Mann und überheblich. Er ist Schulmann und Arzt.

An den Sohn *Warschau, 22. Juli 1943*

Mein lieber Helmut –

Deine Karte mit der Mitteilung, daß Du um Deinen Heimaturlaub betrogen wurdest, habe ich erhalten. Schade, schade! Wie nötig wäre es gewesen, daß wir uns einmal gesehen hätten, aber nicht nur das, sondern daß wir uns über das Trennende zwischen uns klargeworden wären. Im Briefe kann man sich nicht erklären. Vieles bleibt ungefühlt, was in einer Aussprache von selbst mitschwingt. Jeder Mensch hat seine Probleme, auch ich. Wir sind keine einfachen Naturen, Deine Mutter und ich. Es hat in unserer Ehe wie in allen andern ehelichen Gemeinschaften Spannungen gegeben, die durch das lange Auseinandersein zum Teil noch erhöht wurden. Heute aber überwunden sind. Du hast das in meinem letzten Urlaub gespürt, und ich weiß auch davon. Du hast ein gewisses Recht, davon zu wissen. Aber Du kannst nicht erwarten, daß Dich Deine Eltern zum Mitwisser der Erlebnisse machen, die nur zwischen ihnen gelöst werden können. Es muß Dir genügen zu wissen, daß wir beide uns verstehen, daß uns nichts trennt, daß wir mit Euch Kindern eine treue Gemeinschaft sind. – Das wären Gedanken gewesen, die uns beschäftigt hätten, wenn Du bei mir gewesen wärest. Da es aber nicht sein kann, darfst Du auch so den Glauben haben, daß alles wieder gut zwischen uns ist. Es hat keinen Sinn, nicht darüber sprechen zu wollen. Jugend hat das Recht zur Kritik, und ein Sohn hat auch das Recht, Kritik an seinem Vater und an seiner Mutter zu üben. Aber nicht zum Verurteilen oder zur Überheblichkeit. Aber das liegt Dir auch fern. Ich weiß, daß Du das nicht tust, ich weiß das, daß Du darunter gelitten hast. Schon früher als Kind, und deswegen hast Du ein Recht, daß ich Dir auch gerne zugestehe, an unserm Leben teilzuhaben. – Als Du im vergangenen Winter hier warst[179], habe ich so ein überaus großes Glück empfunden. Ich habe Dich als Sohn erlebt und als Herzensfreund. Das ist ein so unbeschreiblich schönes Erlebnis gewesen, daß es mich heute noch ganz erfüllt. Es ist mir darum nie bange gewesen, daß wir uns einmal nicht verstehen würden, auch damals nicht im Osterurlaub. Es gibt einfach Bande, die nicht zerreißen können. Du bist nun heute groß geworden und gehst schon Deinen eigenen Weg, aber niemals käme mir der Argwohn, wir gehn aneinander hin. Es ist nicht anders, wir müssen immer durch uns hindurch gehen. Alles Unglück, alles Leid, aber auch alles Glück und alle Liebe kreuzt sich in uns. Das ist so zwischen Mutter und mir, das ist am stärksten zwischen Dir und mir von allen Kindern. Wahrscheinlich deshalb, weil Du mir am nächsten im Alter stehst und vor den andern wach bist. – Es war mir ein Bedürfnis, auf diese Dinge zu sprechen zu kommen. Du gehst nun wieder von uns fort, darum muß alles ganz klar zwischen uns sein. Du sollst das Bewußtsein haben, Dein Vaterhaus ist noch das liebe, traute Nest, und Deine Eltern stehen Herz bei Herz, Euch das zu hüten, bis Ihr wiederkommt.

Sei aufs herzlichste gegrüßt, Dein treuer Vater.

An Ehefrau und Kinder *Warschau, 23. Juli 1943*

Meine liebe Annemie – liebe Kinder –

[...] Ist bei Euch auch so schlechtes Wetter? Jeden Tag regnet's hier. Zum Braunbrennen komme ich dies Jahr scheint's nicht. Ich habe auch wenig Zeit dafür. Gegenwärtig fahre ich mit einem Stabsoffizier zu den einzelnen Dienststellen, um die Gasabwehrbereitschaft zu prüfen. Ich glaube trotzdem, was man so hört, nicht daran, daß der chemische Krieg noch kommt. Das, was ich mit der Landung in It[alien] ahnte, ist unterdessen Wahrheit geworden. Auf Siz[ilien] folgt die Landung in It[alien] selbst[180]. Und im Osten haben wir auch die Initiative verloren. Pfeifer schrieb mir aus der Lungenheilanstalt im Rheinland. Sein Haus und das Geschäft sind völlig vernichtet. Er stammt aus Elberfeld. Seine Frau ist noch mit dem nackten Leben davongekommen. Ein Beispiel von vielen. – Ich habe mich hier ganz vergraben. Nur zu den unumgänglichen Berichten gehe ich oder fahre vielmehr zur Kommandantur. Verkehr habe ich überhaupt nicht mehr. Das Leben gefällt mir so am allerbesten. Die paar Tage, die ich in Miechów war und Krakau[181], haben mich gleich ein wenig aus dem Gleichgewicht gebracht. Daran merke ich doch, daß ich schon ein wenig alt geworden bin. Es ist nicht die Bequemlichkeit, die ich liebe, sondern der regelmäßige Ablauf des Tages und der Arbeit. Aber die Fahrt dorthin hat sich wenigstens gelohnt. Das schrieb ich Euch schon. M[iechów] ist eine kleine poln[ische] Kreisstadt. Es hat eine wundervolle alte und überdurchschnittlich große Kirche. Ehemals war da ein Kloster des Deutschen Ordens. Der hat auch die Kirche gebaut. Ich war ganz überrascht, als ich die Kirche von innen sah. Ja, das ist deutsche Kultur gewesen, die diese Leute nach dem Osten brachten. Was wir heute hier leisten, ist nicht des Aufhebens wert. [...]

Notiz *(Warschau,) 24. Juli 1943*

[...] Dozentenkonferenz. Kalt und regnerisch. – Wenn ich es so gut jetzt habe im Vergleich zu vielen andern, dann beschleicht mich doch immer eine gewisse Angst vor den Dingen, die unausbleiblich kommen werden. Auf einmal hat das alles hier ein Ende, das weiß ich bestimmt. In Italien wird die erste Katastrophe sein. Mit dem Angriff auf Sizilien hat's angefangen.

Notiz *(Warschau,) 25. Juli 1943*

[...] Ein prächtiger Sonnentag. Ich habe ihn gut ausgenutzt. Mit dem poln[ischen] Übungsbuch habe ich mich in die Sonne gelegt, schon am Morgen, dann war ich in der Kirche. Viel Betrieb auf den Spielplätzen und im Schwimmbad. Tennis gespielt. Gut gegessen und zufrieden, mit der Sehnsucht nach meiner Herzallerliebsten beschließe ich den Tag. Kempke sagte mir eben, daß Hamburg einen furchtbaren Angriff heute erlebte[182]. [...]

Notiz *(Warschau,) 26. Juli 1943*

Sonne. Mussolini abgetreten[183]. Damit hat die Wendung des Krieges begonnen zu unserer Niederlage. Der große Prahler jenseits der Alpen hat sein Regiment abgegeben. Ich habe das Gefühl, daß jetzt das Ende schneller naht, als man denken darf. Hamburg 3x angegriffen, total zerstört. Essen erlebte seinen schwersten Angriff. Wie mag es Josefine gehen[184]?

Notiz *(Warschau,) 28. Juli 1943*

Sonne. Filmen für die Wochenschau[185]. Freizeitgestaltung der Truppe. Bilder aus dem Sportbetrieb. Eine Rekrutenkompanie der Waffen-SS. – Die Rekruten werden entsetzlich zusammengeschimpft von ungebildeten Unteroffizieren, selbst ein Untersturmführer[186] gefällt sich in den übelsten Schimpfereien und Kasernenhofausdrücken. Schade um diese jungen Menschen.

Notiz *(Warschau,) 29. Juli 1943*

Besuch von Luckhaus[187]. Fronturlaub. Er ist mit seiner Frau hier, bringt mir Kirschen. Abends bleibt er hier, macht Entwürfe für die Siegerdiplome. Er spricht und erzählt sehr zuversichtlich von der Front und ist überzeugt von der Überlegenheit der deutschen Armee.

An die Ehefrau *Warschau, 29. Juli 1943*

Meine liebe Annemie –

[...] So schnell geht das nun doch nicht mit dem Kriegsende. Aber es kommt ganz sicher. Und in diesem Winter noch. Ich wage natürlich nicht zu hoffen, daß ich dann gleich nach Hause kommen werde. Das geht nicht so, als wenn die Kirche aus ist, und jeder geht heim und setzt sich zum Mittagessen. Was uns da noch für eine Suppe serviert wird, das ist nicht zum Geringsten eine Blutsuppe. Aber ich fühle mein Gewissen nicht so schlecht, daß ich eine Vergeltung zu befürchten habe. [...] Aber zunächst will ich für 6 Tage mal schnell nach Hause fahren. Ich habe jetzt gerade so viel zu tun, daß ich gar nicht weiß, ob ich die zweite Augustwoche wählen kann. Hoffentlich werde ich fertig beziehungsweise kommt nichts dazwischen. Am 29.VIII.-5.9. ist die Wehrmacht-Sportwoche. Die muß ich jetzt schon vorbereiten, besonders die Ausschreibungen drucken lassen und auch noch dies und das in die Wege leiten, dann muß ich noch das nächste Vorlesungsverzeichnis für die Berufsförderung fertigstellen. [...]

Notiz *(Warschau,) 1. August 1943*

Sonne. Früh in der Kirche. Kommunion. – Einladung von Hauptmann Richter zu dem Sportfest der Feld-Unteroffiziersschule für schnelle Truppen in Rembertow[188]. Von Oberstleutnant Seele begrüßt, saß mit den Offizieren in der Ehrenloge. Üblicher Sportbetrieb, nur hier rein militärisch aufgezogen. Ich sollte noch zum Abend bleiben, fuhr aber um 6 [Uhr] nach Hause. Vergnügen macht mir das doch nicht. Ich bin am liebsten in meiner Bude.

So ein Sonntag mit der freien Zeit und dem fröhlichen Gewimmel im Schwimmbad macht mich ganz melancholisch. Ich kann mich an gar nichts erfreuen. In der Sonne liegen und fleißig lernen, faulenzen kann ich sowieso nicht. Und den Betrieb mit den vielen Menschen mag ich erst recht nicht.

Tagebucheintrag *(Warschau,) 4. August 1943*

Lange Zeit habe ich nichts in dies Buch geschrieben. Es hat sich in den letzten Augusttagen[189] Entscheidendes zugetragen, was meines Erachtens großen Einfluß auf die Weiterführung des Krieges hat. Mussolini ist abgetreten[190]. Was die Gründe sind, ist nicht bekannt. Aber das ist unwichtig. Auch die ganze faschistische Partei und Führung des Staates ist ausgeschaltet, und das ist das Entscheidende. Das seitherige Staatssystem ist in It[alien] zusammengebrochen. Der Faschismus erlebt seinen ersten Bankrott. Der König von It[alien] hat offiziell die Regierung übernommen und den Marschall Badoglio mit der Regierung beauftragt. Er hat erklärt, der Krieg geht weiter, und hat eine strenge Militärdiktatur eingeführt, ganz It[alien] unter das Standrecht gestellt. Wenn es aber Mussolini nicht gelang, sich durchzusetzen, der 20 Jahre den Staat beherrschte und jetzt eigentlich die Früchte seiner Herrschaft ernten müßte, vor allem das Volk hinter sich haben müßte, dann wird auch eine Militärdiktatur Italien diesen Krieg, der jetzt in Sizilien auf ital[ienischem] Boden ausgetragen wird, [nicht] weiterführen können. Die Friedenssehnsucht ist in It[alien] so stark wie in Deutschland. Und das it[alienische] Volk hofft sicher auf eine Sonderbehandlung, wenn es Schluß macht. Außerdem schreckt es nicht so wie uns die bolschewistische Gefahr. Die nächsten Wochen, vielleicht Tage schon werden die Haltung It[aliens] entscheiden[191].

Inzwischen gehen die engl[ischen], am[erikanischen] Luftangriffe auf d[eutsche] Städte weiter. Ende Juli ist Hamburg fast gänzlich zerstört worden[192]. Man rechnet damit, daß Berlin jetzt an die Reihe kommt.

Notiz *(Warschau,) 5. August 1943*

Mein erstes Urlaubsgesuch wegen 6 Tage für Weltkriegteilnahme[193] wurde abgelehnt, da ich schon 2x14 Tage hatte. Ich rechnete damit, daß sich der betreffende Offizier, der die Urlaubssachen bearbeitete, nicht so genau die Urlaubsliste ansehen würde. Das war doch ein harter Schlag für mich. Ich versuchte darauf einen Sonderurlaub für 6 Tage, der mir auch gewährt wurde wegen häuslichen Notstandes.

Notiz *(Warschau,) 6. August 1943*

Um 12 Uhr Besichtigung der Wehrmacht-Sportanlagen durch den Wehrkreiskommandanten, General Hänicke [Haenicke][194], in Begleitung vom Kommandanten, General Rossum[195]. Oberstleutnant v[on] Hallensleben[196] hat mich angeschnauzt, weil ich im Augenblick nicht auf dem Ausguck war. Ich war mit einem Arzt in das Haus gegangen. Militärisch gesehen hat er Recht. Durch das lange Warten war ich der Meinung, daß der General nicht mehr käme. Plötzlich waren sie da. [...] Der General war äußerst liebenswürdig und höflich.

Notiz *(Auf der Heimreise,) 7. August 1943*

Sonderurlaub. Reisetag. Abfahrt Warschau Hauptbahnhof. 23.49 [Uhr] am Wehrmachtbahnhof. Um 11.00 [Uhr] mit Droschke vom Hause weg. Vorher noch geschwommen. Zug fuhr pünktlich ab. Plötzlich Wetter umgeschlagen. 3.00 [Uhr] in Dresden. Major vom Rekruten-Ausbildungs-Bataillon Biala Podl[aska]. Sehr sympathisch. Lebhafte Unterhaltung, große Entrüstung über Polizei, Zivilverwaltung im Generalgouvernement.

Notiz *(Warschau,) 15. August 1943*

Rückreisetag. ½9 [Uhr] in Fulda mit dem Fronturlauberzug Ffm. [Frankfurt a.M.]–Brest–Litowsk zurückgefahren. Unterwegs in Dresden Major ... vom Landes-Schützen-Bataillon 996 getroffen. Pünktlich in W[arschau] angekommen.

Notiz *(Warschau,) 17. August 1943*

Vormittags bei der deutschen Wochenschau, Film vorführen lassen von dem Sportbetrieb im Wehrmacht-Stadion[197]. 2 Dias bestellt als Reklame für das Sportfest.

Sizilien ist von den deutschen Truppen aufgegeben worden. Sie haben sich mit den Resten auf das italienische Festland zurückgezogen[198]. Im Osten ist Orel verloren, dar russ[ische] Vormarsch geht weiter[199]. – Ein neuer Kommandant soll nach Warschau kommen. General Rossum[200] wird von hier weggehen. Das kommt ganz überraschend. Die einzige Hoffnung auf eine einigermaßen günstige Beendigung des Krieges scheint mir, wenn die Wehrmachtgeneräle den Oberbefehl übernehmen würden und den Krieg beendigten. Jetzt sind wir noch ziemlich stark. Mit Rußland könnten wir den Kampf noch aufnehmen, wenn wir alle Truppen im Osten zusammenzögen und sie aus allen übrigen Ländern herausholten.

An die Ehefrau *Warschau, 25./27. August 1943*

Meine liebe Annemie –

[...] Ich bewundere Dich, daß Du das mit dem Schwein fertiggekriegt hast. Aber bis das nun das richtige Schlachtgewicht hat, das wird eine schöne Zeit dauern, und dann, wenn es sein Leben krönen soll, wird es Dir wohl sehr leid tun. Selbst mit so einem Borstenvieh kann man Gefühl haben, nicht? Was hättest Du wohl früher gesagt, wenn ich Dir zugemutet hätte, auf den Schweinehandel zu gehn? Nein, lächeln tue ich nicht, aber recht herzlich lachen kann ich darüber, wie Du das meisterst. Wie gerne ließe ich mir diesen Schweinehandel von Dir erzählen. Du kannst das immer so lebhaft schildern. Detlev ist mit seinen Hasen nun aber sehr ins Gedränge gekommen. Wo steckt er die nun hin? Für wie lange muß er weg, und wohin kommt er? Er wird sich in diesem Betrieb nicht sehr glücklich fühlen, aber es steckt so viel Männliches in dem Jungen, daß er es doch bedauern würde, wenn man ihn nicht heranzöge, glaube ich. Für Dich ist es ein richtiger Verlust, wenn der Junge so lange von Dir getrennt sein muß. Wie wird* es Dir zumute sein, wenn Du den ersten Brief an ihn schreibst! Ich glaube, den ersten in seinem Leben! (* Von diesem Zeichen an schreibe ich am 26. [August] morgens weiter.) Ich habe hier im Haus 20 junge Offiziere, Leutnants, untergebracht. Einige kamen zu mir, und wir unterhielten uns. Deswegen habe ich den Brief unterbrechen müssen. Jetzt ist es aber gleich 7 Uhr und der Betrieb geht los. Vor der Sportwoche ist der Teufel los. An was gibt es alles zu denken. 1700 Teilnehmer haben sich gemeldet. Zum Glück habe ich eine tüchtige Hilfe bekommen. Ach, wärest Du doch bei mir und könntest das alles mitmachen. Nur damit Du mal sähest, wie sich alles abwickelt. [...]

Freitag, 27.8., früh. Gestern habe ich keine Zeit gefunden, den Brief weiterzuschreiben. Ich habe noch eine neue Sache dazubekommen, die ich jetzt vorzubereiten habe. Es handelt sich um Betreuung der im Wehrdienst stehenden Studenten. Für sie werden im September Kurse abgehalten. Die Dozenten sind Hochschulprofessoren von deutschen Universitäten, die zu diesem Zweck hierherkommen. – Die andern Kurse lasse ich zum Teil jetzt ausfallen. – Wenn ich von kommenden Dingen schrieb, so meinte ich nichts, was sich auf meine Person bezieht. Ich habe die allgemeine Lage und die kommenden politischen Ereignisse im Auge. Mit einer Verwendung im Frontdienst muß auch ich rechnen, aber bis es soweit kommt, hat sich wohl alles grundlegend geändert, sodaß man uns alte Offiziere nicht mehr nötig hat. – Freitag nachmittag. Ich war draußen auf den Plätzen, um die Arbeiten zu überwachen. Anschließend habe ich geschwommen. Ein Gewitter zieht auf. Nach der Hitze tut das gut. Wie ganz anders erlebt man das auf dem Lande. Wie gemütlich ist es da zu Haus, wenn draußen der Regen losprasselt; die Bauern kommen einer hinter dem andern vom Feld, die Weiber rennen mit über dem Kopf zusammengeschlagenen Röcken, die Kinder vorneweg. Hinterher der Bauer, die schweren Holzschuhe erlauben ihm kein eiliges Laufen. Er hat sich schon längst damit abgefunden, daß er durchweicht. Im Hof flüchten die Hühner mit hängenden Schwänzen ins Hühnerloch. Da und dort klappt noch ein Fenster. Der Regen rauscht, und in der warmen Küche findet sich alles zusammen, auf das Abendessen wartend. Kommt die Zeit auch mal wieder? Ja, ganz gewiß! Es dauert nicht mehr allzulange. [...]

An die Ehefrau *Warschau, 2. September 1943*

Meine liebe Annemie –

nun hatte ich Dir im letzten Brief geschrieben, daß ich Dir jeden Tag ein paar Zeilen schreiben wollte, aber es läßt sich wahrhaftig jetzt nicht durchführen. Mitten in dem Rummel der Sportwoche habe ich die Vorbereitungen für die Studentenkurse zu machen. Das ist ein ewiges Telefonieren. Ich habe noch einen zweiten Telefonapparat beantragt und auch einen Heeresanschluß bekommen. Da spreche ich oft an dem einen, und an dem andern kommt schon wieder ein Anruf. Den Sonntagsbericht vom Auftakt zu unserer Sportwoche lege ich bei. Zum ersten Mal in meinem Leben habe ich vor so einer großen Menschenmenge ins Mikrofon gesprochen. Ich war etwas aufgeregt. Auch deshalb, ob die Menge mitgehen würde. Wie erlöst war ich, als das Schlußlied »O Deutschland hoch in Ehren« über den Platz brauste. Der General[201] war skeptisch, ob das überhaupt am Platze sei. Vom Intendanten[202] erfuhr ich, daß es ihm sehr gut gefallen hätte. Ich hatte nämlich zur Eröffnung des Fußballpokalspiels eine kurze Gedenkfeier gehalten. Dadurch bekam die Veranstaltung erst den von mir erstrebten feierlichen Auftakt. Der Berichterstatter der Warschauer Zeitung, der eigens von Krakau hierhergekommen war, sagte mir, daß ihm das ein besonderes Erlebnis gewesen wäre. – Die ganze Woche durch werden die Wettkämpfe abgewickelt. Nächsten Sonntag ist dann der Abschluß. Hoffentlich ist gutes Wetter. Das ist zum Gelingen einer solchen Veranstaltung ja ausschlaggebend. – Und doch, bei all dem Betrieb fühle ich eine drückende Einsamkeit. Einmal lastet die Trennung von Euch und das unbefriedigte Leben hier auf mir. Und zweitens steht die Zukunft immer drohender vor uns. Wenn ich darum einen Brief von Dir bekomme, dann ist das wie ein Lichtstrahl. Man möchte die Augen schließen und an nichts denken als nur an das schöne Glück daheim und daran, daß das einmal wiederkommen wird. Für wie viele Soldaten aber wird das Heimkommen in die Ruinen der Städte aber erst der Anfang neuen Unglücks sein. – Nun ist der liebe Detlev auch noch fort. Das ist doch gar zu traurig für Dich. Meinst Du wirklich, er bleibt in Kassel? Das glaube ich nicht. Was wollen sie mit den Jungen dort? Von Moni höre ich nichts. Sie wird zuviel für ihr Examen schuften müssen. Und Helmut? Ach, und Jorinde muß nun allein zur Schule fahren. Und Uta ist in die Schule gekommen. Ich weiß es noch gut, wie Du vor ihrer Geburt gebangt hast. Wir gingen zusammen durch die Wiesen. Und der Arzt mit seinen Spritzen und die Ungewißheit in der Nacht. Es ist alles gut geworden, und wir haben soviel Freude erleben dürfen an dem sonnigen Kindchen. [...]

Notiz *(Warschau,) 6. September 1943*

1. Lehrgangswoche für Studenten. Wirtschaftswissenschaft. Technik. Prof. Helander, Nürnberg, und Prof. Schmeidler.

An die Ehefrau *Warschau, 6. September 1943*

Meine Annemie –

[...] Ich habe jetzt Studentenkurse einzurichten. Heute begann der erste. Es hat mich eigenartig berührt, als die Gesellschaft auf einmal lostrampelte, als ich heute morgen zu ihnen [sic!] sprach. Später mehr. Mit dem gestrigen Tag nahm die Sportwoche ihr Ende. Der Abschluß war auch gut. Es wird schon Herbst. Aber ich bin frisch und gesund, und im Herzen leuchtet mir eine warme Sonne, das bist Du!

Küsse die Kleinen von Deinem Wilm.

An die Ehefrau *Warschau, 8. September 1943*

Meine Annemie –

gestern erhielt ich den ersten Brief von Detlev. Es war mir doch eigenartig zumute, als ich den Absender las. Nun ist dieses Kind auch schon so gut wie Soldat. Das kann ich nicht begreifen und will mir nicht in den Kopf. Ich muß so oft daran denken. Ihm selbst wird es wahrscheinlich gar nicht so schwer sein. Aber Dir ist es doch so schmerzlich, einmal ihn zu missen und ihn in so mißlichen Verhältnissen aufgenommen zu sehen. Ich weiß aber auch, nichts kann uns diesen Jungen nur eine Spur wegnehmen. Nur noch fester schließen wir uns alle zusammen. Und ich glaube immer wieder ganz fest, daß wir bald vereinigt sind. – Ich muß ja ganz und gar schweigen und darf nicht klagen. Vielleicht wäre es sogar besser, wenn ich in Rußland wäre, so denke ich oft. Wenn ich nicht an Dich und die Kinder denken müßte, dann hielte ich es nicht aus hier. Warum bin ich nicht so, daß ich das Leben, so wie es ist, nicht nur hinnehme, sondern das Gute und Schöne zuerst sehe und dankbar dafür bin, daß es so ist? [...]

Tagebucheintrag *(Warschau,) 9. September 1943*

Wieder sind wir ein Stück näher dem Kriegsende gekommen. Italien hat bedingungslos die Waffen gestreckt[203]. Badoglio, der beim Sturz Mussolinis davon redete, der Krieg geht weiter, hat um Waffenstillstand gebeten. Die Alliierten stehen auf itali[enischem] Boden auf dem Festland, nachdem Sizilien in ihrer Hand ist. Sie werden rasch bis an die Grenzen des Deutschen Reiches vordringen. Unsere Armeen in It[alien] können sich nun nicht mehr halten. Im Osten haben wir nun auch das Donezbecken geräumt. Stalino ist in russ[ischer] Hand. Die Russ[en] dringen weiter vor, wir gehen zurück[204]. Nun wird der Balkan folgen. Der König Boris von Bulgarien ist gestorben oder ermordet [worden][205]. Jedenfalls verlieren wir in ihm einen Bundesgenossen auf dem Balkan, der, wenn auch nicht aktiv, so doch in seiner Haltung für die Achse[206] das Gleichgewicht auf dem Balkan zu unsern Gunsten aufrechterhielt. Die Luftangriffe nehmen immer stärker zu. Berlin, Stuttgart, Nürnberg, Wiener Neustadt, Regensb[ur]g, Schweinfurt, Kassel, Bochum werden in Trümmer gelegt. Hamburg und das Ruhrgebiet sind nur noch Ruinen. Angesichts dieser Lage, die hoffnungslos ist, sprechen wir immer noch vom Sieg. Wir täuschen dem Volk eine immer noch günstige Lage vor. Aber kein Einsichtiger glaubt daran. Das Volk weiß ganz genau, woran wir sind. Die Erfahrung des kleinen Weltkrieges von 1918 sind immer noch viel zu frisch. Aber es läßt sich gerne täuschen, weil die Aussichten auf eine Katastrophe unausdenkbar sind.

An die Ehefrau *Warschau, 9. September 1943*

Liebe Annemie –

heute früh hörte ich die Meldung, daß Italien kapituliert hat[207]. Was wird das für schwere Folgen haben? Es war vorauszusehen. Daß die Italiener den Krieg satt haben, kann man sich auch denken. Ich glaube, daß das auf unsere Lage so einschneidende Wirkungen haben wird, daß in wenigen Wochen ein großer Umschwung kommt. Daß der Krieg schon gleich zu Ende ist, meine ich nicht, aber es ist nicht mehr weit dahin. Das Betrüblichste ist, daß wir im Osten einen Platz nach dem andern verlieren und anhaltend zurück müssen. Wenn ich mir die kommende Entwicklung vorstelle, dann ergibt sich folgendes Bild: Von It[alien] aus und vom Mittelmeer greifen die Alliierten Frankreich an und den Balkan. Vielleicht gleichzeitig werden sie in Dänemark landen. Von allen Seiten wird Deutschland angegriffen, dazu kommen die Luftangriffe. Wenn wir im Osten standhalten, kann sich der Krieg bis Frühjahr hinziehen. Einen entscheidenden Schlag werden wir aber kaum noch führen können. So bietet sich das Bild einem Laien dar. Vielleicht aber hat die Oberste Heeresleitung noch einen starken Trumpf in der Hand, von dem wir nichts wissen. – In W[arschau] hat die Nachricht von dem Verrat Italiens riesige Freude hervorgerufen. Zur Feier des Tages besaufen sich die Polen. Unser Nachbar ist so vergnügt, er hat seinen Laden geschlossen und sitzt in der angrenzenden Kneipe. Er hält alle frei und küßt jeden Hereinkommenden. – Uns schneidet diese Freude, die wohl verständlich ist, ins Herz. Ich grüble oft darüber nach, warum gerade wir Deutschen zum zweiten Male dies Schicksal verdienen [...] sollen. Wir sind doch auch nicht schlechter als ein anderes Volk, schlechter als die Engländer oder die Franzosen oder die Amerikaner. Ist der Höhepunkt unserer Geschichte – der unzweifelhaft im Mittelalter lag – nicht mehr zu erreichen? Wir sind keine Weltmacht mehr, und unser Streben dahin war vielleicht verkehrt. Wir haben immer davon geredet, wir müßten es unserm Ruf als hohes Kulturvolk schuldig sein, auch machtmäßig eine Rolle zu spielen. Wenn wir die Macht in Europa hatten, wollten wir die soziale Frage lösen. Das war wohl der Irrweg, den wir einsehen müssen. Wir werden diese Fragen anders lösen müssen. Das ist vielleicht der Sinn dieses Krieges. Vielleicht ist das auch der Beitrag, den wir der Menschheit gerade als Deutsche schuldig geblieben sind und der jetzt mit ungeheuren Opfern von uns gefordert wird. Wenn ich eine höhere Weltordnung, die der göttliche Geist bestimmt, annehme oder überhaupt an Gott glaube, dann dürfen wir uns nicht anders als Werkzeug ansehen, das gilt für ein Volk sowohl wie für den einzelnen Menschen. Unser Einzelschicksal und das eines Volkes gewinnt erst Sinn, wenn wir den göttlichen Auftrag annehmen. [...]

An die Ehefrau *Warschau, 10. September 1943*

Meine Liebe Annemie –

[...] Detl[ev] ist doch nicht in Münster. Seine Feldpostnummer gehört nur zum Luftgaupostamt M[ünster]. Er ist in Kassel. Laß Du nur Deine Sorgen, es geht ihm schon gut, auch er wird sich zurechtrücken, und seinen Mann will er auch stellen [sic!]. Du mußt auch eine tapfere Jungensmutter sein. Wir haben nun einmal das große Glück, solche Söhne zu besitzen, und das muß man sich jeden Tag neu verdienen. Wie kläglich ist das Leben anderer, die ohne Kinder sind, trotzdem sie nicht die Angst auszustehen haben. Ein Kamerad sagte mir, wenn alles schiefgeht, dann hebe ich die letzte Kugel für mich auf. »So«, habe ich ihm gesagt, »das ist Eure [sic!] Einstellung zum Leben, und was machen Sie mit Ihrer Frau und Ihren Kindern?« »Ich habe keine Kinder.« »Ach, darum reden Sie so daher.« »Wollen Sie vielleicht bei den Bolschewisten Sklavenarbeit verrichten wie heute die Polen und die Juden?« »Ja, wenn's nicht anders sein kann, da tue ich das auch. So lange ich lebe, habe ich immer noch die Möglichkeit, das Leben zu meistern und für die Meinen zu sorgen, und wenn es nur in Gedanken sein könnte. Aber wenn Sie sich selbst austilgen, dann ist alles aus.« – So können nur Menschen reden, die keine Verantwortung zum Leben haben. Im Grund ist auch das Phrase. [...]

An die Ehefrau *Warschau, 12. September 1943*

Meine Annemie –

[...] Heute am Sonntag hatte ich mal meine Ruhe. In der Mittagszeit wollte ich den Medizinprofessor aus Posen abholen, aber ich habe ihn verfehlt. Endlich heute abend spürte ich ihn auf in einem Hotel. Dabei hatte ich für ihn schon so ein schönes Zimmer bereithalten lassen. Der zweite Professor kommt auch noch. Ich habe zwei Soldaten hingeschickt. Vielleicht erwischen sie ihn. Ich bin mit der Leitung der Kurse beauftragt, muß die Professoren betreuen, den Stundenplan aufstellen, die Teilnehmer versorgen und unterbringen, die Eröffnungsansprache und Begrüßung der Professoren, auch die Verabschiedung im Namen des Kommandanten vornehmen, Theaterkarten besorgen und was nicht noch alles. Die Professoren lesen morgens drei x 50 Minuten. Für die Nachmittage habe ich Dozenten von hiesigen Dienststellen und Einrichtungen zusammengesucht. Für diese Woche gelang es mir, erstrangige Fachkräfte zu verpflichten. Morgens nehme ich die Studenten zum Sport. Das macht ihnen und mir auch Spaß. Etwa 20 Mann wohnen in der Sportschule. Zum Abschluß der ersten Woche machte ich eine kleine Feier und hielt eine Ansprache. Das Getrampel hättest Du mal hören sollen. Es gelang mir sofort, einen persönlichen Konnex [Kontakt] herzustellen, der durch die Woche nicht nur anhielt, sondern sich vertiefte. Ich muß immer an meinen eigenen Jungen denken, wenn der dabei wäre, und was der von mir erwartete. Es sind auch Ältere dabei, Leute mit abgeschlossener Hochschulbildung. Ich habe wieder mal gelernt, wie überlegsam man bei der Menschenbeurteilung sein muß. Menschen mit unvorteilhaftem Äußeren sind meistens tiefer veranlagt und überraschen einen bald durch ihre inneren Qualitäten. Besonders leicht kann man sich täuschen, wenn das nun ein älterer, einfacher Soldat ist, der in seinem unvorteilhaften Kommiß [Uniform] steckt. Eine gleichmäßige Liebenswürdigkeit zu jedem einzelnen verscheucht meist sehr schnell die durch die Uniform bedingte Zurückhaltung. Was habe ich in dieser Woche für nette Kerle kennengelernt. Es war mir eine herzliche Genugtuung, als sie mir alle zum Abschied die Hand drückten und sich bedankten. Einer nahm ganz spontan das Wort und sprach im Namen aller Teilnehmer. Ich habe noch selten in meinem Leben eine solche »Ovation« erlebt. Wenn ich dann an meine Bauern im Dorf daheim denke und an meine Tätigkeit, dann möchte es mir vorkommen, ich könnte auch etwas anderes leisten, und bei diesen Leuten fände ich nie Anerkennung. Aber darum soll es mir wahrhaftig nicht gehen. Ich will so gerne wieder auf mein altes Nest zurück. Was für eine ganz neue Schau habe ich in den Kriegsjahren gewonnen, was Wert und Unwert ist. Das, was mir als schönstes und festestes Ziel vor Augen steht, ist eine tiefe Verwurzelung in der Familie. Darin sehe ich ein klares Ziel, eine tiefe Befriedigung und einen unausschöpfbaren Jungborn der Kraft und des Lebenswillens. Wie danke ich Gott, daß er mir Dich gab und daß er uns diese Kinder schenkte. Ich war immer von einer Unruhe erfüllt, von einer Unbeständigkeit und Schwankung. Ich lief den Menschen nach und meinte, es ginge mir etwas verloren, wenn ich eine Gelegenheit versäumte. Frauen zogen mich besonders an und junge Menschen. Heute lasse ich alles an mich herankommen, ja, ich weiche aus und ziehe mich zurück. Ich sehe das Leben nur unter der einen Perspektive, alle Linien laufen zusammen, das bist Du mit den Kindern. Die Geradlinigkeit dieser Blickrichtung gibt einem ruhige, frohe Sicherheit. Sie ist umso stetiger, als ich heute weiß, daß Du am andern Ende stehst und alles in Dich [sic!] auffängst wie in einem Brennspiegel. Was können uns nun schon alle Sorgen und Widerwärtigkeiten anhaben. [...]

An die Ehefrau *Warschau, 15. September 1943*

Meine liebe Annemie –

[...] Ich habe Herrn C[ieciora] alias Cichocki[208] zum Kaffee eingeladen. Er ist mir in der Zeit ein guter Kamerad geworden. Von den Verwandten aus M[iechów?][209] bekam ich jetzt einen Brief. Sie waren mal in Samter gewesen und hatten dort ein großes Wiedersehensfest gefeiert. Sie haben mich aufs herzlichste eingeladen und baten auch, daß Du mitkommen solltest. Ich glaube, daß ich nach dem Krieg diese Leute besuchen werde. Sie hoffen natürlich stark, daß sie in ihre alten Verhältnisse zurückkommen. Herr C[ieciora] war früher in Kempen, wo der Steinmetze Knecht her ist. Der kennt ihn sicher. So klein ist die Welt. [...]

Unteroffizier Günther Rothschild an H. *Radom, 17. September 1943*

Sehr geehrter Herr Hauptmann!

Nachdem nun einige Tage seit dem Abschluß des Studentenkurses verstrichen sind, und jeder einzelne von uns wieder dem mehr oder weniger gleichförmigen Dienst des Alltages nachgeht, möchte ich noch einmal meiner großen Befriedigung Ausdruck geben, die mir durch die Teilnahme an dem Kursus beschieden wurde. Die Tage in Warschau werden mir unvergessen bleiben.

Wenn auch der eine oder andere von uns manchen speziellen Dingen, die im Rahmen der einzelnen Vorlesungen an uns herantraten, mitunter aufgrund einer mangelnden Vorbildung nicht so folgen konnte, wie das von einer fachlich gebildeten Zuhörerschaft erwartet werden kann, so liegt darin bei weitem kein Nachteil begründet. Gerade durch die Entdeckung mancher Bildungslücken hat man eine sehr nützliche Anregung erhalten, nun in Zukunft die bislang stiefmütterlich behandelten Wissensgebiete zu bevorzugen. – Und wenn in uns allen nur der im Verborgenen glimmende Funke des Wissensdurstes und der geistigen Beweglichkeit nach langer Zeit eines einförmigen »Kommißlebens« wieder angefacht wurde, so kann man sagen, daß damit schon das Ziel des kurzen Lehrganges erreicht wurde. Daß dies der Fall ist – nicht nur bei mir persönlich, sondern auch bei der großen Mehrzahl der Teilnehmer – dürfen Sie – Herr Hauptmann – versichert sein. Das zeigte wohl auch am Eindrucksvollsten unsere Stimmung am Tage des Abschiedes.

Ich wünsche mir, daß solch ein Erlebnis noch vielen anderen Soldaten beschieden sein mag. Hier hat man die Werte zum mindesten erahnt, wofür es gilt zu kämpfen in diesem gegenwärtigen Ringen! Ich glaube, daß dieses Wissen um unsere deutsche Kultur einen bedeutsamen Impuls im Leben und Kämpfen jedes Soldaten liefert!

Was in meinen Kräften steht, so will ich mich von Herzen bemühen, zu dem »Sauerteig« zu gehören, von dem Sie, Herr Hauptmann, in Ihrer Schlußrede sprachen!

Es grüßt Sie in dankbarer Erinnerung Unteroffizier Günther Rothschild.

Schütze Wolfgang Werner an H. *Biala Podlaska, 21. September 1943*

Sehr geehrter Herr Hauptmann,
eine sehr schöne, anregende und eindrucksvolle Woche liegt hinter mir; sie gehört nun leider schon der Vergangenheit an. Noch am selben Sonntag, an dem ich Warschau verließ und in Lukow eintraf, mußte ich hierher zu einem »Krankenträgerlehrgang« weiterreisen. Durch dieses »Unterwegssein« kann man sich sehr schwer »sammeln«. [...] Es ist vielleicht sehr vermessen, wenn ich Ihnen einen solchen Brief schreibe, als unreifer Mensch und einfacher Schütze, und ich weiß nicht, wie Sie das auffassen. Aber es drängt mich irgendetwas, zwingt mich, mit Ihnen in Fühlung zu bleiben zu versuchen oder wenigstens noch einmal an Sie zu schreiben ... als wenn ich etwas »verlieren« könnte. Sie werden das bitte verzeihen?! Ihre Persönlichkeit wird mir unvergessen bleiben, obwohl es ja nicht zu einem eigentlichen Kennenlernen kam. Schon am ersten Tage, als ich Ihnen im Waschraum gegenüberstand und nicht wußte, wer Sie waren, und dementsprechend unbefangen war, fühlte ich mich sehr beeindruckt. Das wurde noch sehr verstärkt an dem Samstag abend, an dem ich mich von Ihnen verabschiedete, den ich auch nicht vergessen werde. Vielleicht war es sogar das größte Erlebnis während des Lehrgangs für mich. Ob Ihnen wohl aufgefallen ist, daß ich irgendeine Scheu hatte, über dieses oder jenes mit Ihnen zu sprechen und alles nur sehr an der Oberfläche berührte? Ich bitte, das zu entschuldigen!

Warum ich Ihnen das schreibe? Ich weiß es selbst nicht recht. Vielleicht war es das Gefühl, daß seit langem mal wieder ein Mensch mit mir sprach, was mich so dankbar macht. Diese Zeilen seien darum Ausdruck dieses Dankes.

Mit ergebenem Gruß, Ihr Wolfgang Werner.

Notiz *(Warschau,) 22. September 1943*

Korrektur gelesen für 6. Vorlesungsverzeichnis.

Abends Theater. Oper: »Tiefland«[210]. [...] Mich läßt die Aufführung kalt, ich erlebe nichts.

Notiz *(Warschau,) 23. September 1943*

Abends Kameradschaftsabend mit dem dritten Lehrgang[211] in der Kantine. Professor Wilhelm, Tübingen, Professor Fechner. Anschließend bei Spatta[212]. Schmuland[213] und Fuhr[214] sind da. Politische Debatte.

Tagebucheintrag *(Warschau,) 23. September 1943*

In dem 3. Studentenkurs hielt Dr. Grundmann[215] von der Propagandaleitung des Distrikts W[arschau] einen Vortrag über das deutsche Erbe im Weichselraum beziehungsweise in Warschau. Er führte unter anderem aus, daß heute noch viele Wahrzeichen deutscher Kultur in den Baudenkmälern W[arschaus] stehen und von der deutschen Vergangenheit beredtes Zeugnis geben. Er weist auf die sächsische Bauperiode des 18. Jahrhunderts hin und auf die mittelalterliche Stadtplanung, die im alten Markt am deutlichsten wird. Er zeigte auch auf, daß die führenden Schichten und die Handwerker noch bis ins 19. Jahrhundert rein deutsch waren. Auch blutsmäßig hatten die Deutschen ein starkes Übergewicht. Aber man fragt sich heute, wer hat dieses d[eutsche] Erbe angetreten? Da ist nur eine Antwort möglich, das polnische Volk. Am deutlichsten wird das, wenn der Redner darlegt, daß die führenden deutschen Familien in der Industrie, im Handel, in der Politik und in der poln[ischen] Wehrmacht, die heute noch ihre deutschen Namen tragen, gar nicht daran denken, ihre Zugehörigkeit zum poln[ischen] Volkstum aufzugeben. Und jeder Deutsche, der hier als Soldat oder Beamter oder in sonst einem Auftrag hier [sic!] weilt, spürt, daß er in einer durch und durch fremdvölkischen Stadt ist. Und so wie hier in W[arschau] geht es uns überall, wo wir uns im polnischen Land aufhalten, mag es auf dem Land sein oder in einer Kleinstadt oder beispielsweise in Krakau.

Notiz *(Warschau,) 25. September 1943*

Verabschiedung des dritten Lehrgangs. Der General v[on] Kleist[216] erscheint. Er spricht mir seine Anerkennung aus über die Abschiedsansprache. Abends machen wir ein Abschiedsessen für die zu ihrer Kompanie zurückkehrenden Kameraden. [...]

Notiz *(Warschau,) 26. September 1943*

Die SA hat ein großes Wehrsportfest auf unserm Platz. Später [ist] Propagandamarsch durch die Stadt und Vorbeimarsch. Von der Front kommen schlechte Nachrichten, Smolensk ist aufgegeben, die Russ[en] stehen vor Kiew[217]. Ob wir eigentlich planmäßig zurückgehen? Oder ist es Schwäche? Wir müssen die Front verkürzen, um Divisionen einzusparen, damit geben wir alles auf, was wir von dem wertvollen Teil Rußl[ands] erobert hatten.

An die Ehefrau *Warschau, 26. September 1943*

Meine Annemie –

[...] Es ist Sonntag nachmittag. Früh war hier wieder starker Betrieb. Die SA machte auf dem Platz ihre Herbstwettkämpfe. Sehr viel Brimborium, mit wenig Leistung. Die Hauptsache ist die Propaganda. Es hat den ganzen Tag geregnet. Gestern hatte ich noch eine schöne Schlußfeier mit dem dritten Studentenlehrgang. Der neue General[218] erschien auch dazu. Er sprach anerkennende Worte über meine Ansprache und fragte, ob ich mir das selbst ausarbeitete. General Rossum[219] ist weg. Der neue gefällt mir besser. Es hat wieder eine große Umstellung mit Versetzungen und Umbesetzungen gegeben. Ich bin nun noch der einzige von den Alten. Morgen beginnen die allgemeinen Kurse[220] wieder. Das Vorlesungsverzeichnis lege ich bei. Das Vorwort unterschrieb schon der neue Kommandant. Ich habe einige Nächte darauf verwandt. Bis so eine kleine Schrift fertig ist, hat man allerlei Mühe. Jedes Wort muß richtig gewählt sein und der Stil geschliffen werden. – Die Studenten, von denen viele im Alter von Helmut waren, aber auch eine ganze Anzahl mit abgeschlossener Hochschulbildung, zum Beispiel mehrere Amtsgerichtsräte, die aber einfache Soldaten sind, haben sich mit großer Herzlichkeit verabschiedet. Sie waren für die geistige Fürsorge und Betreuung so dankbar. Ich meine gar nicht, daß ich ihnen etwas Besonderes geboten hätte. Eine Anzahl früherer Hörer aus den ersten Kursen schrieben [sic!] mir schon. Ich lege zwei Briefe[221] bei, die ich gelegentlich zurückerbitte. Ich habe gefühlt, wie einsam diese jungen Menschen sind und wie wohl es ihnen tat, einen verstehenden Offizier zu finden. Ich hielt jeden Morgen einen kurzen Vortrag, in dem ich versuchte, die Probleme und Spannungen der Gegenwart herauszustellen und unsere eigene Haltung dazu in aktivem geistigen Leben und Streben darzulegen. Es versicherten mir verschiedene Teilnehmer, vor allem auch wieder jüngere, meine Ausführungen wären ihnen wertvoller gewesen als die Vorlesungen der Professoren. Mit letzteren habe ich mich ausgezeichnet verstanden. Wie stark doch das Äußere ist im Leben. Die Studenten sowohl als auch die Dozenten wußten, daß ich Volksschullehrer bin. Unter normalen Verhältnissen hätte meine Geltung unter dieser Stellung infolge der Voreingenommenheit sicher gelitten, aber als Offizier ist der Wirkung der Persönlichkeit diese Schranke nicht vornherein gezogen, man wertet den Menschen. Das habe ich auch immer in anderen militärischen Verhältnissen erfahren, besonders bei Untergebenen. [...]

Die Meldungen von der Front sind niederschmetternd. Aber der Wehrmacht-Bericht tut so, als ob das alles nichts ist, dagegen werden nichtssagende Einzelheiten von ganz nebensächlichen Vorkommnissen erzählt.

Gute Nacht, mein Lieb – grüße und küsse die Kinder von Deinem Wilm.

Notiz *(Warschau,) 2. Oktober 1943*

Mit Oberstleutnant Hallensleben[222], Major Ebener[223] in Legjonow bei der zweiten Jahresfeier der Turkestanischen Legion[224]. Man will aus den ehemaligen Bolschewisten Kämpfer gegen den Bolschewismus machen. Mit jedem Tag, an dem wir im Osten Raum verlieren, wird es schwerer werden, diese Menschen zusammenzuhalten. Alle schönen Reden helfen nichts. Die machen nur mit, weil sie es besser haben als im Gefangenenlager.

Notiz *(Warschau,) 3. Oktober 1943*

Beichte und Kommunion. Ein schöner stiller Sonntag. An dem Bericht über die Studentenkurse gearbeitet. [...] Die Ermordungen von deutsch[en] Soldaten nehmen zu[225].

Notiz *(Warschau,) 4. Oktober 1943*

Vormittags mit den Arbeitern im Garten. Bericht abgegeben. Nachmittags Tennis gespielt. Abends Lehrgänge. Ich freue mich, daß die Kurse gut besucht werden.

Notiz *(Warschau,) 5. Oktober 1943*

Schöner Herbsttag. Früh im Bett schon gelernt. Gebetet. In Thomas Kempis[226] gelesen: »Von der [reumütigen?] und völligen Selbstentsagung. 37. Kapitel, 3. Buch. Mein Sohn verlasse dich und du wirst mich finden ...« [...] Kassel wurde schwer angegriffen, was wird Detlev erlebt haben? Frankfurt ebenfalls.

An die Ehefrau *Warschau, 5. Oktober 1943*

Meine liebe Annemie –

[...] Kassel ist so furchtbar von engl[ischen] Fliegern angegriffen worden und ebenso Frankfurt. Was mögen die Jungen erlebt haben? Was für Eindrücke wird der liebe Detlev empfangen haben? Wenn man diese fürchterlichen Schilderungen hört und das Elend und Grauen sich ausmalt, dann kommen einem alle persönlichen Schwierigkeiten nichtig vor, und man möchte nur gut sein. Ob die Jungen auch bei der Abwehr eingesetzt waren[227]? Ich warte so auf Nachricht von ihnen. Und von Moni höre ich auch nichts. Sie wird sicher im Examen stehn. Daß man so gar nichts für seine Liebsten tun kann! Helmut schrieb mir, daß er wegen des verbotenen Urlaubs drei Tage Arrest bekommen hat. So schwer scheint er es nicht genommen zu haben. Es ist ja auch kein Vergehn, weswegen er sich Vorwürfe zu machen hätte. Es war eben Pech. – Jetzt sind hier so schöne Herbsttage. Ich habe heute wieder mal im Garten mitgearbeitet. Wir haben eine Menge Möhren, ich glaube bei 15 Zentner. Sie werden eingemietet [eingelagert]. Im Winter lasse ich [sie] dann für die Arbeiterküche ausgeben. Kartoffeln habe ich auch geerntet. Von den vielen

Tomatenstöcken ist die Ernte nicht groß gewesen, das heißt, wir haben selbst nicht viel davon gehabt. Es sind zu viele Kostgänger, die mitessen, vor allem die Sportler haben sich gütlich getan. [...]

Abends – meine Deutschstunden sind vorbei. Dieser Unterricht macht mir richtig Freude. Die Teilnehmer sind meistens aktive Unteroffiziere von der Luftwaffe, auch einige Nachrichtenhelferinnen-Führerinnen[228] sind dabei. Wir treiben Rechtschreibung und Grammatik und machen Stilbildungsübungen. Die einen wollen mehr dies, die andern das. Ich bringe sie aber doch unter einen Hut, sodaß alle befriedigt sind. Wegen der Unsicherheit befürchtete ich, daß der Besuch nachließe, aber die neuen Kurse sind über Erwarten gut besucht. Hier ziehn sich jetzt Dienststellen, die weiter im Osten lagen, zusammen. Heute besuchte mich ein Offizier, der die Leitung der Wehrmachtkurse im ganzen Ostgebiet hat[229]. Er trägt sich mit dem Gedanken, meine Stelle einzunehmen. Ich habe ihm die kalte Schulter gezeigt. Seither habe ich keinerlei Unterstützung von irgendeiner Stelle gehabt und brauche jetzt auch keine. Ich glaube auch nicht, daß mich meine vorgesetzte Dienststelle abschiebt.

Notiz *(Warschau,) 6. Oktober 1943*

Ich habe den ersten Band der Trilogie von Bruno Brehm: »Apis und Este«[230] zu Ende gelesen. Wie klar und eindringlich werden die gewaltigen Kräfte der serbischen erwachenden Volksseele geschildert. Das sind dieselben Kräfte, denen wir heute in dem niedergerungenem, militärisch besiegten Jugoslawien gegenüberstehen und ihrer nicht Herr werden[231]. Wenn wir auch nur ein wenig von dieser erwachten Volksseele gewußt hätten, wie sehr hätten wir uns hüten müssen, diesen Krieg auf dem Balkan zu entfesseln. Dieselben Kräfte machen uns jetzt in Polen so viel zu schaffen und sind in dem großen Slawenreich der Russen für uns unverständlich und unüberwindlich.

Notiz *(Warschau,) 8. Oktober 1943*

Ein Oberleutnant Tausendfreund, Oberstudiendirektor aus Berlin, ist jetzt hier eingetroffen. Er ist Sachbearbeiter der

Wehrmacht-R[?] für das OKW [Oberkommando der Wehrmacht]. Eine solche hohe Stellung im Zivilleben erfüllt mich mit Achtung, und ich bringe sie ihm gegenüber auch zum Ausdruck. Aber ich bin auf der Lauer und spähe nach dem Menschen aus, der hinter dem Titel steckt. Ich habe schon oft die Feststellung gemacht, daß sich unter einem höheren Titel durchaus kein höherer Mensch verbirgt, und schaue darum auch nicht mehr so hoch hinauf, wie ich das früher gewohnt war. Erst recht heute, bei den durch Gunst Hochgekommenen, ist Mißtrauen am Platze.

Notiz *(Warschau,) 10. Oktober 1943*

Heute mal wieder in der poln[ischen] Kirche nebenan zum Gottesdienst um 9 Uhr für Kinder. Die Jungen, die mich vom Sportplatz her kennen, begrüßen mich aufs herzlichste. Sie freuen sich riesig, daß sie mich sehen und wollen mir ihre Freundschaft zeigen. Einer kam durch die ganze Kirche her und postiert sich in meiner Nähe auf und lachte mich immerzu an. Für die andern ist es immer ein Ereignis, daß ein deutscher Offizier in der Kirche betet[232]. – Wie einfach wäre es, auf dem Boden des Christentums sich zu verstehen.

Notiz *(Warschau,) 12. Oktober 1943*

[...] Frostklarer Morgen. Ich habe es sehr gut. Mit Kraft an die Arbeit gegangen. Ich kann mir den Tag einteilen. – Vormittags bei Major Ebener[233]. Ich soll eine Fußballmannschaft aufstellen für das WHW-Sportfest[234] am kommenden Sonntag. Auf der einen Seite spielt die Zivilverwaltung, auf der andern Seite Offiziere der OFK [Oberfeldkommandantur]. Herr Mirbach, der Distriktsportführer, nimmt die Sache »sehr ernst«.

Notiz *(Warschau,) 14. Oktober 1943*

Von der Frontbuchhandlung habe ich eine Menge schöner Bücher besorgt, die an die Besucher der Wehrmachtskurse verkauft werden. Ich suche mir eine Anzahl aus und prüfe sie auf ihren Wert für den Ankauf. Durch das viele Lesen wird man ungeistig und gedankenarm. Wieviel Spreu ist aber unter den Büchern, und die kann man nicht anders vom Weizen [trennen,] sondern als dadurch [sic!], daß man sie näher betrachtet. [...]

An die Ehefrau *Warschau, 14. Oktober 1943*

Meine Annemie –

[...] Ob ich Urlaub bekomme, weiß ich noch nicht, ich will ihn jedenfalls für den 23. Oktober beantragen. Ich glaube, daß ich jetzt einen Vertreter für die Wehrmachtkurse habe. Das ist ein Oberstudiendirektor[235] aus Berlin. Ich verstehe mich ganz gut mit ihm. Er hat die Leitung aller Wehrmachtkurse im mittleren Osten. Aber fast überall bestehen die Kurse nicht mehr. Die ganze Ostfront ist ja in Bewegung. Überhaupt dieser Krieg! Was wird das noch geben!

Notiz *(Warschau,) 16. Oktober 1943*

Morgen soll ein Senioren-Fußballspiel zwischen der Zivilverwaltung und der OFK [Oberfeldkommandantur] stattfinden. Der 2. Volkssporttag ist mit einer Sammlung für das WHW [Winterhilfswerk] vorgesehen. Das Fußballspiel soll eine besondere Attraktion sein, da auf beiden Seiten die leitenden Persönlichkeiten mitspielen. Ich will auch mitspielen.

Tagebucheintrag *(Warschau,) 17. Oktober 1943*

Wie lassen sich die andauernden Rückschläge im Osten und [in] Italien erklären? In den Heeresberichten heißt es, daß die Russen und Engl[änder] mit überlegenen Kräften angreifen, daß erbitterte Kämpfe bei Kiew, Saporosche, am Dnjepr, bei Gomel, am Volturno und überall sind, wo die Gegner angreifen[236], von schweren Verlusten der Feinde wird gesprochen, von den eigenen natürlich nicht. Noch immer will die Propaganda glauben machen, daß die schweren Rückschläge, [der] Verlust der gewonnenen Ostgebiete, darum wir angeblich den Krieg führen, nichts anderes sind als geschickte Absetzbewegungen, wie das neue Schlagwort heißt.

Vor einem Jahr tobte die Schlacht vor Stalingrad, da wurden schon dieselben Reden gehalten. Schwere feindliche, aber für die Gegner verlustreiche Angriffe. Unsere Front steht unerschütterlich und so weiter, bis dann das Ende kam, aber auch das wurde glorifiziert und wurde als Symbol deutschen Heldentums gefeiert. Alle Leitartikel und politischen Veröffentlichungen sind Phrasen. Drüben werden Tatsachen berichtet, bei uns sucht man diese Tatsachen zu bagatellisieren, zu verschleiern oder gar abzuleugnen und glaubt, damit den Krieg zu gewinnen. Aber das Volk sieht doch alles klar vor Augen, es läßt sich nicht mehr täuschen, es schweigt nur. Es fürchtet sich immer noch zu sehr vor dem nationalsozialistischen Terror. Damit ist der Krieg zu einer Angelegenheit der Regierung geworden, aber nicht mehr Sache des Volkes. Darum fehlt es an Schwung und Begeisterung, an Mut und Willen. Keine Geistesheroen stehn auf wie 1813[237], und gerade jetzt brauchten wir sie nötiger als je einmal in der deutsch[en] Geschichte. Was sich als geistige Führer aufspielt, hat verspielt, sie sind als falsche Propheten längst erkannt, sie schleppen den Fluch ihrer bösen Taten und schweren Lügen mit sich. Wenn der Terror nicht jede freie Volksbewegung und Gedankenfreiheit niederknüppelte, wären sie längst weggefegt. – Von der Einheit eines geschlossenen, unbeugsamen Volkswillens kann darum nicht die Rede sein, und das spürt die Front – in tausend und abertausend Kanälchen fließt der Geist der Zermürbung, des Fatalismus zwischen Front und Heimat hin und her und läßt dort die Kräfte erlahmen. Nicht die Zahl der Soldaten oder ihre Ausrüstung kann an den Niederlagen schuld sein, sondern allein die moralische Haltung, der fehlende Kampfgeist. Hitler hat die Soldaten in die russ[ische] Wüste geführt, und nun fühlen sie sich verlassen, belogen und verraten. Das ist der tiefste Grund unserer Rückschläge, und das wird auch zum Zusammenbruch führen.

Notiz *(Warschau,) 18. Oktober 1943*

Heute wurden 20 Polen, die als Geiseln festgenommen wurden, in der Piusastraße öffentlich vor der Bevölkerung, die zu diesem Zweck zusammengetrieben wurde, erschossen. 2 Frauen waren auch dabei. Fast jeden Tag erfolgen solche öffentlichen Exekutionen, und zwar in den Stadtteilen, in denen Deutsche erschossen wurden[238]. Am selben Tag und an den Tagen darauf fanden Prozessionen der Bevölkerung nach dem Richtplatz statt.

Der Platz wurde mit Blumen übersät. Einzelne der Hingerichteten riefen die umstehende Menge zum weiteren Widerstand auf und sagten, daß sie nicht traurig sein sollen. Sie stürben für das freie Polen. Ein anderer stimmte die poln[ische] Nationalhymne an.

Notiz *(Warschau,) 20. Oktober 1943*

Das Leben hier wird immer unerträglicher. Die Überfälle auf deutsche Soldaten und Zivilisten gehen trotz der Massenerschießungen polnischer Geiseln weiter[239]. Mit einer Kühnheit und Kaltblütigkeit überfallen die organisierten Banden die Polizeiautos, erschießen verhaßte Deutsche, dringen in die Häuser und Büros ein und erledigen jene Deutschen, die sich durch ihr Verhalten den Polen gegenüber mißliebig gemacht haben. Überall bei den militärischen Dienststellen trifft man Vorsorge wegen bevorstehender Überfälle. Auch bei der OFK [Oberfeldkommandantur] ist ein hoher Holzzaun erstellt worden.

Notiz *(Auf der Heimfahrt/Thalau,) 23.–25. Oktober 1943*

Urlaub. Abfahrt 23.49 [Uhr]. [...] Zuerst, als ich um 4 Uhr am Bahnhof war, wollte mir die Schwester von der Urlaubsüberwachung meinen Fahrschein für den Zug um Mitternacht nicht abstempeln, weil mein Urlaub erst am 25. [Oktober] begann. Ich war darum in Sorge, ob ich fahren könnte. Um 9 Uhr ging ich wieder auf den Bahnhof. [...] Diesmal war eine andere Schwester da, nach einigem Zögern drückte sie mir doch den Stempel drauf. Ich war sehr erleichtert und erfreut. Nun konnte ich in Ruhe warten. Im Zug schien mir alles besetzt zu sein. Ich tröstete mich mit meiner Kiste als Sitzplatz, als ich aber durch die Abteile ging, waren noch mehrere Plätze frei. Man soll sich nicht gleich mit seinen Befürchtungen abfinden. Später entdeckte ich in einem 3.-Klasse-Wagen ein freies Abteil, wo ich mich ausstrecken konnte. Obwohl die Fahrt also sehr gemütlich sein konnte, erschien sie mir doch außerordentlich lang. Mit 2 Stunden Verspätung in Fulda angekommen. A[nnemie] erwartete mich. Große Freude. Übernachtung bei Taubels. Der Rhönzug war schon weg. Montag früh zu Hause. Jorinde auf dem Schulweg. – Schönes Wetter!

Nachmittags schon im Garten. Montag abend kommt unerwartet Detlev. Er bleibt bis Mitwoch früh. Es ist wunderschön zu Hause. Das neue Radio ruft große Freude hervor. Es hat sich doch gelohnt, daß ich es mitgebracht habe. [...]

Notiz *(Thalau,) 11. November 1943*

Die beiden Mädchen helfen mir, die Offizierkiste voll Äpfel [zu] packen. Die lieben, süßen Kinder. Wie sie um mich sind, wie flink und fest sie zupacken, wie sie mir die schönsten Früchte einpacken wollen.

An Ehefrau und Kinder *Warschau, 16. November 1943*

Meine Lieben alle daheim –

schnell will ich Euch einen frohen Gruß senden und mitteilen, daß ich gut angekommen bin. Bis Leipzig fuhr der Zug auf die Minute, dann ging die Bummelei los. Hier mußten wir eine Stunde auf eine neue Lokomotive warten. So ging es dann weiter bis Warschau, wo ich mit 2½ stündiger Verspätung ankam, aber mir konnte das ja nicht viel ausmachen, da ich auf einen Anschluß nicht zu warten brauchte. Überhaupt ist die Rückfahrt wenig aufregend für mich. Ich setze mich in meine Ecke und döse und lasse die schöne Zeit des Urlaubs der Reihe nach an mir vorüberziehen und denke an jedes von Euch. Was um mich herum vorgeht, ist mir gleichgültig. Schon ist Eisenach da. Ich habe gar nicht gemerkt, daß es auf einmal so schönes Wetter geworden ist. Die Wartburg grüßt von dem hohen Berg, das Wasser flimmert hell, tiefe blaue Schatten liegen auf der Landschaft, und die Sonne leuchtet so klar und rein, als wollte sie einen Frühlingstag vortäuschen. Ein junger Soldat steigt in den Zug. Seine alte Mutter begleitet ihn zum Zug. Er ist schwer bepackt. Nachdem er seine Last abgelegt hat, gibt er der Mutter zum Abschied noch einmal die Hand. Sie wissen sich nichts mehr zu sagen oder schämen sich vor den Menschen. Ganz schlicht nehmen sie Abschied, dann geht die Frau einige Schritte und kehrt wieder um. Mit einem verlegenen Lächeln fragt sie den Jungen, ob er noch einen Apfel will. Sie will ihm doch noch etwas Liebes tun. Er nickt, und sie reicht ihm noch einen Apfel, in den er fest hineinbeißt. Dann geht sie zögernden Schrittes, ohne sich umzublicken, hinweg. Er hat gesehen, daß ich sie beobachtet habe, und wir lächeln einander zu.

Zwischendurch hole ich meine Eßsachen heraus und lasse mir die guten Brote und den Kuchen schmecken. In der Nacht ist es kalt geworden. Unser Wagen ist an den Schluß des Zuges gekommen. Bis dahin reicht die Heizung nicht. Am Ausgang vom Bahnhof stehen meine Leute und nehmen mir das Gepäck ab, die Apfelkiste ist auch da. Vom Bahnhof zu meiner Wohnung laufen wir. Die Bewegung tut mir gut. Meine Hausgenossen und die Arbeiter begrüßen mich mit großer Freude, aber als ich wieder in meinem Zimmer stehe, fühle ich mich wie ein Gefangener, und die ganze Fremdheit überkommt mich. Wie warm und schön war es bei Euch!

Seid aufs herzlichste gegrüßt von Euerm Vater.

Notiz *(Warschau,) 17. November 1943*

Nach dem ersten, gestrigen Tag in W[arschau] fange ich heute schon wieder ein wenig an, mich zurechtzufinden.

Ernst Sudermann, »Die Reise nach Tilsit«[240], hat mich gepackt wie selten eine Dichtung. Weil so oft Selbstempfundenes anklingt?

An die Ehefrau *Warschau, 19. November 1943*

Meine liebe Annemie –

nun ist es wirklich schon Freitag abend geworden, bis ich dazu komme, Dir den zweiten Brief zu schreiben. Ich kam seither noch nicht zur Ruhe, um mich einmal hinzusetzen und mich ganz ungeteilt den Gedanken an Dich und die Kinder zu überlassen. Ich glaube, dieser Zustand des Übergangs, wie ich ihn so schon erlebt habe, hat Ähnlichkeit mit den Empfindungen eines Tieres, dem die Natur von Zeit zu Zeit die Oberhaut abschälen und es einige Tage in einem Schlupfwinkel sich verbergen läßt, bis ihm eine neue Schale gewachsen ist. In dieser Zeit ist das Tier scheu, verängstigt und leicht verwundbar, und es meidet die Außenwelt. So ähnlich geht es mir, wenn ich vom Urlaub zurückkomme. Ich hab zu nichts Lust und lebe ohne rechten Antrieb. Zu den Menschen um mich herum und zu den Aufgaben habe ich noch kein richtiges Verhältnis und scheue mich, etwas Neues anzupacken. Das, was ich hier tue, ist, oder jedenfalls scheint es mir, sinnlos. Jede kleine Arbeit daheim war zweckerfüllt und gab Befriedigung; ob ich nun Futter für die Haustiere zurechtmachte oder einen Topf lötete oder bei Dir im Backhaus war oder den Kindern die Schuhe wichste. Immer umgab mich die Wärme Eurer Liebe, und ich spürte, daß ich Euch nötig hatte, und Ihr mich. Ich weiß auch, wie weh Euch die Lücke tut, die ich zurückließ, und ich traure mit Euch, daß ich Euch allein lassen muß. Kein Urlaub hat mich so das Glück des Geborgenseins erleben lassen wie dieser Novemberurlaub. Erst die strahlend schönen Herbsttage, dann die nebligen, düsteren Vorwintertage. Das ist so richtig die Zeit, in der man im Haus froh wird, wenn man – ein Heim hat. Darum liebe ich daheim so den November. Draußen hängen die tiefen regenschweren Wolken vom Himmel, die Bäume stehen kahl, die Felder sind leer, die Sonne läßt sich den ganzen Tag nicht blicken, der Wind pfeift um die Hausecken und schlägt einem den Regen ins Gesicht, als wollte er uns wieder ins Haus zurückscheuchen, und wagt man doch einen Gang durch die Landschaft, dann scheint sie uns so arm, so entblößt und dürftig und altersbeschwert, daß man gar nicht versucht ist, bei ihr etwas zu erwarten. Wir gehen dann achtlos an der Natur hin, als schämten wir uns ihrer Dürftigkeit und wollten es sie nicht merken lassen, daß sie für uns nicht da ist. Wie schön ist es dann in den vier Wänden des Hauses, wie traulich und vertraut ist es hier, und wie wohlig liegt man dann im Bett. Was tut einem da all die Dunkelheit da draußen? Sie ist nur da, daß es einem um so heller wird. Aber das ist alles nur dann so, wenn man zu Hause ist. [...]

An die Ehefrau *Warschau, 24. November 1943*

Liebe Annemie –

[...] Abends habe ich immer etwas Zeit zum Lesen. Unter anderem fiel mir das Buch von Hausmann, »Salut gen Himmel«[241], in die Hand. Ich war nun sehr begierig, weil H[ausmann] als großer Schriftsteller in Worpswede gilt, aber dafür ist mir doch die Zeit zu schade. Aus diesem Buch jedenfalls kann ich mir gar nichts machen. Ich bin gespannt, was Du dazu sagen wirst. Demnächst schicke ich eine Kiste mit der Bahn als Expreßgut. Ich habe eine Anzahl Bücher, die ich allmählich kaufte, eingepackt und will sie heimschicken. Andere Sachen kann man ja doch nicht bezahlen. Wenn Du auch jetzt nicht so viel Zeit zum Lesen hast, später liest Du sie doch einmal, und wir können darüber sprechen. [...] In Kassel sind die Flieger bis jetzt nicht wieder gewesen. Dafür haben sie dieser Tage Berlin heimgesucht. Das war die Antwort darauf, daß die letzten großen jüdischen Arbeitslager liquidiert wurden[242]. Hier bewahrheitet sich der Spruch aus dem Alten Testament wirklich in grausigster Form: »Zahn um Zahn – Aug um Aug.« – Hier ist es etwas ruhiger geworden. Aber man hat das Gefühl, als säße man auf einem Pulverfaß. Meine Kurse dauern an, sind aber um 50 % zurückgegangen wegen der Ausgangssperre und so weiter. Aber ich mache mir keine Sorgen, es gibt doch dauernd etwas anderes. Ich weiß, wo mein ruhender Pol ruht, und drehe mich um die eine Achse, alles andere kann mir wurscht sein. – Betest Du auch jeden Tag das Abend- und Morgengebet? Ich weiß mich mit Dir dann immer verbunden. Ich will es auch für die Kinder abschreiben und ihnen schicken.

Lebe wohl, meine Liebste, grüße die drei lieben Mädchen von Deinem Wilm.

Notiz *(Warschau,) 26. November 1943*

Morgen soll ich mit einer Delegation vom Reichspropagandaminister nach russisch Minsk als Begleitoffizier fliegen. Es wird das erste Mal in meinem Leben sein, daß ich in einem Flugzeug sitze. Wahrscheinlich wird es mir kotzübel werden.

Notiz *(Warschau/Baronowicze,) 27. November 1943*

Abflug vom Flugplatz Okecie bei Warschau um 7.00 [Uhr]. Die Delegation ist nicht vollständig. Zwei polnische Schriftleiter fehlen. Sie werden sich wohl gedrückt haben, weil sie sich vor der polnischen Öffentlichkeit nicht als Parteigänger der Deutschen bloßstellen wollen. Für mich ist das der erste Flug. Gegen Ende des Fluges bekomme ich Übelkeit und muß erbrechen. Wir kommen nur bis Baronowicze und müssen zwischenlanden. Auf dem Fliegerhorst in B[aronowicze] sind wir Gäste des Horstkommandanten und übernachten dort. Der Horst liegt in einer ehemaligen poln[ischen] Kavalleriekaserne. Mit ist es nach dem Flug noch hundsmiserabel. Abends gehen wir in den Film: »Der große Schatten«[243]. Stefan [sic!] George, Heidemarie Heidelager [sic!]. Guter Film. Mit einigem Bangen habe ich den Flug mitgemacht. Wenn das körperliche Unbehagen nicht wäre, verlöre ich schnell das Gefühl, daß man sich über der Erde befindet. Es ist nicht viel anders als in einem Auto.

Notiz *(Warschau,) 29. November 1943*

Rückflug [...]. 9 Uhr klärt sich das Wetter auf. Weiterflug nach Minsk. Dort werden wir von der Propaganda-Abteilung West erwartet, fliegen mit Herren der Abteilung nach Borrisow [Borisov]. Vom Flugplatz geht es über die Beresina ins Gefangenenlager, wo sich etwa 500 Überläufer der poln[ischen] Legion[244] befinden. Die poln[ischen] Soldaten sind gerade beim Essenempfang. Einzelne werden interviewt. Gottesdienst – Filmaufnahmen, Sprachaufnahmen. Abends Rückflug nach Minsk. In Minsk Gäste der Propaganda-Abteilung. Major Doktor Kost. Ein russisches Tanz- und Musikensemble gibt eine Vorstellung. – Minsk ist eine große Stadt, fast 200 000 Einwohner vor dem Krieg. Fast völlig zerstört. Auf dem Rückflug von M[insk] nach W[arschau] geht es mir besser, aber hinterher noch anhaltende Übelkeit.

An Ehefrau und Kinder *Warschau, 30. November 1943*

Meine Lieben –

ich wollte erst zurück sein von meiner Reise in den Osten, ehe ich Euch schrieb. Gestern am Montag kam ich wohlbehalten wieder hier an, aber ich bin noch gar nicht recht in Ordnung. Mein Magen ist nun einmal nicht für die Schaukelei, weder auf einem Schiff, wie Du, liebe Annemie, ja weißt, noch in einem Flugzeug, aber ich bin doch froh, daß ich das mal kennengelernt habe. Es war der erste Flug meines Lebens. Als wir abflogen vom hiesigen Flugplatz, war ein solcher Wind, daß man sich kaum unterhalten konnte. So riß einem der Sturm das Wort vom Munde. Der Offizier vom Flugleitedienst sagte: »Bei diesem Rückenwind werden Sie nicht lange fliegen, da sind Sie bald in Minsk!« Daß es aber eine bockige Fahrt werden würde, sagte er nicht. Mir war nicht angst, aber ich fühlte mich gleich sehr unbehaglich. Ein verteufeltes Gefühl kam mir bei jeder Schwankung des Flugzeugs aus dem Magen und stieg bis in die Haare. Wenn ich doch nur kotzen könnte! Na, das kam auch noch. Ich rettete mich gerade noch rechtzeitig durch das Flugzeug über die Beine der Mitreisenden stolpernd zum Schwanzende, wo der besagte Eimer auf mich wartete. Da blieb ich dann auch hocken. Als dann das Landemanöver begann, wurde es ganz schlimm. Der Flugplatz schien mir auf einmal wie ein Bergabhang geneigt zu sein, auf der einen Seite ging es tief hinunter, auf der andern stieg die Fläche an, es schien mir aber nur so, weil sich das Flugzeug seitlich neigte. Wir waren aber nicht am Ziel, sondern mußten wegen des schlechten Wetters in Baronowicze zwischenlanden. Mir war es nur recht. Ich war so durchgefroren und hatte einen steifen Nacken, so hundsübel war's mir, daß ich erst zu mir kommen mußte. An Weiterfliegen war an dem Tag nicht zu denken. Wir wurden freundlicherweise von dem Horstkommandanten eingeladen, zunächst mal zum Frühstück. Als es sich herausstellte, daß die Wetterlage für den Tag sich nicht änderte, mußten wir den Tag in Bar[onowicze] bleiben. Ich habe erst mal geschlafen und mich ordentlich durchgewärmt. Allmählich war es mir dann auch besser. Der Fliegerhorst war in einer ehemaligen polnischen Kavalleriekaserne untergebracht. Es war sogar ein Kino da, das wir am Abend besuchten. Der Film »Der große Schatten«[245] hat mir gut gefallen, obgleich ich ihn nicht ganz verstanden habe. Am nächsten Tag ging es weiter. Das Wetter war besser. Wir landeten zuerst in Minsk, nahmen da einige Herrn an Bord und flogen dann weiter nach Borrisow hinter Smolensk[246]. An diesem Tag vertrug ich den Flug sehr gut. Dagegen war es mir am Ende des Rückflugs gestern nach Warschau ziemlich übel zumute. Ich kann jetzt noch kein Essen sehen. Aber allmählich geht es schon wieder. Der Grund meiner Reise: Ich hatte den Auftrag, eine Delegation von Pressevertretern und Journalisten in ein Gefangenenlager hinter der Front zu begleiten, wo die Überläufer aus der polnischen Division[247], die auf seiten der Bolschewisten eingesetzt war, zu interviewen [sic!]. Die ganze Fahrt war sehr erlebnisreich. Ich berichte in einem späteren Brief darüber. Um Euch keine unnötigen Sorgen zu machen, habe ich vorher nichts geschrieben. Seid alle aufs herzlichste gegrüßt von Euerm Vater, Dein Wilm.

Notiz *(Warschau,) 1. Dezember 1943*

Diese stillen Abende sind doch ganz köstlich. Wenn die Kurse um 8 [Uhr] zu Ende sind, dann gehe ich in mein Zimmer, und nun kommen all die guten Geister zu mir. Jede Viertelstunde ist mir dann kostbar. Ich will so viel tun, aber es scheint mir dann gar nichts Besonderes, was ich erreicht habe. Jeden Morgen wache ich auf mit einem Dankgefühl, daß mir wieder ein Tag geschenkt wurde.

Notiz *(Warschau,) 3. Dezember 1943*

[...] Seit langem habe ich wieder mal Migräne gehabt. Nach dem Frühsport fühlte ich mich sehr wohl, dann spürte ich, wie sich die Bilder verwischten, und beim Rasieren verschwamm mein Spiegelbild, sodaß ich die Augen schloß und mich blind rasierte. Zum geistigen Arbeiten war ich unfähig. Ich legte mich aufs Bett und blieb einige Stunden in der Ruhe. Gegen 4.00 [Uhr] war es weg. Ich ging dann zum Schwimmen und das hat mich ganz frisch gemacht. Am Abend bin ich wieder in Ordnung.

Notiz *(Warschau,) 5. Dezember 1943*

Morgens in der p[olnischen] Kirche in der Nachbarschaft. Nachmittags Besuch von Dr. Laszinski und seiner Frau. – Abends beim Gärtner Nowakowski. Die Frau hat ein gutes Abendbrot gemacht, einfach, bescheiden, aber sehr ordentlich. Wir unterhalten uns polnisch. Auf diese Weise lernte ich wohl am meisten. [...]

Tagebucheintrag *Warschau, 5. Dezember 1943*

Seit einem Jahr folgt ein Rückschlag nach dem andern. Jetzt kämpfen wir noch am Dnjepr. Die ganze Ukraine ist verloren. Selbst, wenn wir diesen Rest behielten, von einer wirtschaftlichen Ausbeute könnte wohl keine Rede mehr sein. Die Russen sind so stark, daß sie uns immer weiter aus ihrem Land hinausdrängen. In Italien hat jetzt auch die Offensive der Engl[änder] begonnen. Auch da geben wir eine Stellung nach der anderen auf. Die deutschen Städte werden eine nach der anderen vernichtet. Jetzt ist Berlin an der Reihe und seit dem 9.12. Leipzig. Die Ubootwaffe versagt völlig. Worauf rechnen wir eigentlich noch, wenn fortwährend von dem d[eutschen] Sieg geredet wird? Nicht ein Land, das wir besetzt halten, haben wir für uns gewinnen können, und unsere Bundesgenossen Bulgarien, Rum[änien], Ungarn können uns doch nur örtliche Hilfe geben. Sie sind froh, wenn sie mit den inneren Schwierigkeiten fertigwerden, und richten sich für den Fall ein, daß die feindlichen Mächte ihre Grenzen angreifen. Einzig durch ihre wirtschaftliche Hilfe, zum Beispiel die Öllieferungen aus Rum[änien], leisten sie etwas, aber militärisch ist ihre Hilfe fast nichts wert. Seit dem Umsturz der faschistischen Regierung in Italien hat It[alien] nur den einen Wert für uns, daß es zum Kriegsschauplatz geworden ist und der Krieg sich vorläufig noch außerhalb der Reichsgrenzen abspielt. – In diesen Tagen kommen die Staatsoberhäupter der drei Großmächte, Stalin, Roosevelt und Churchill, in Teheran zu einer Konferenz zusammen[248]. In der deutschen Presse und Propaganda wird diese Konferenz wie üblich lächerlich gemacht und als unwichtig hingestellt. Man versucht den Eindruck zu erwecken, als kämen sie nur zu dem Zweck zusammen, sich zu streiten und Reden zu halten. Ich glaube aber, daß sich die Auswirkungen dieser Zusammenkunft bald in einer verstärkten Kriegsaktion zeigen werden. Was haben wir der feindlichen Übermacht, die jeden Tag deutlicher wird, eigentlich gegenüberzustellen. Unsere letzten Reserven an Menschen, die Jahrgänge vor 1900 und die 18-, 19jährigen. Die deutsche Öffentlichkeit wird immer noch in Atem gehalten durch die Ankündigung des Vergeltungsschlags gegen England mittels der geheimnisvollen Waffe[249]. Aber man glaubt daran nicht mehr. Warum machen wir nicht Schluß, wenn das ganze Volk einsieht, es hat keinen Zweck? Die jetzige Regierung tritt nicht ab. Sie macht sich zum Sprecher des Volkes, ist es aber nicht. Und eine andre Volksvertretung haben wir nicht. Wenn das Volk gefragt würde, ob es noch weiter Krieg führen will, dann käme ein einstimmiges Nein. Aber das Volk hat im faschistischen Staat nur zu gehorchen, sein eigenes Schicksal bestimmen darf es nicht. Es bliebe noch eine Hoffnung, daß die Staatsführung mehr weiß als die Öffentlichkeit und mit absoluter Sicherheit weiß, daß der Krieg zum gutem Ende geführt werden kann. Anders ist die Fortsetzung ein Verbrechen. Goebbels sagt im Dezember-»Reich«[250]: »Wie sollten wir uns unsern Feinden unterlegen fühlen, wenn wir wissen, daß jeder einzeln genommen uns unterlegen ist.« Was nützt uns das. Wir haben es nun aber mit der ganzen Welt zu tun. Ist das ein Trost? Wenn, wenn ... Es ist aber ganz anders. Warum diese Trugbilder uns vormachen? »Das Volk muß nur unerschüttert auf dem Schlachtfeld stehen, seine Waffe fest umklammert halten ...« Die Übermacht unserer Feinde schlägt uns aber die Waffen aus der Hand, und wer noch aufrecht stehen wird, der wird gefällt. So ist es doch schon heute. Wie können wir denken, eine Kriegsentscheidung zu erzwingen zu unsern Gunsten? In Deutschland glaubt auch kein Mensch daran, daß wir den Krieg gewinnen, aber niemand weiß einen Ausweg. Im Heimatgebiet wird keine Revolution entstehen, weil niemand den Mut hat, gegen die G.Sta.Po. [Geheime Staatspolizei] aufzutreten, und seinen Kopf riskieren will. Was nützte es auch, wenn es einzelne versuchen wollten? Die große Masse würde schon mitgehn, aber die ist gefesselt. Schon seit 10 Jahren gibt es keine Möglichkeit der freien Willensäußerung, nicht des einzelnen, viel weniger der Masse. Sofort würden die Kugeln der G.Sta.Po. dazwischenfahren. Auch von der Armee ist ein Umsturz nicht zu erwarten[251]. Sie läßt sich willig in den Tod treiben. Auch hier ist jeder Gedanke an Widersetzlichkeit, der zu einer Massenbewegung ausreichte, schnell erstickt. So müssen wir zum bitteren Ende weiterschreiten. Alles Unheil und Unglück, alle Verbrechen, die wir begangen haben, muß unser gesamtes Volk büßen. All die vielen Unschuldigen müssen geopfert werden, um die Blutschuld, die wir auf uns geladen haben, abzutragen. Das ist ein unabänderliches Gesetz. Im Kleinen wie im Großen.

An die Ehefrau *Warschau, 6. Dezember 1943*

Liebe Annemie –

heute mittag erhielt ich Dein Telegramm. Ich habe dann auch sehr bald Nachricht über Karl Fischer[252] gehabt, aber glaube mir, wie war ich erschrocken, als mir der Arzt diese Nachricht gab. Ich konnte nicht gut verstehen, die Verständigung war sehr undeutlich und leise, aber das Wort »gestorben« traf mich wie ein Donnerschlag. Wie schrecklich muß diese Nachricht für die Eltern sein. Die Verständigung wurde besser, und der Arzt berichtete mir, daß K[arl] F[ischer] beide Beine verloren hatte. Sie wurden ihm schon im Feldlazarett amputiert. Er kam sehr geschwächt in das Lazarett nach Lemberg. Eine Sepsis kam hinzu, außerdem noch Diphtherie, und das hielt der durch Blutverlust geschwächte Körper nicht aus. Er ist am 1. Dezember gestorben. Ich sprach doch in meinem Urlaub noch mit seiner Mutter, aber in dem Lazarett, das sie mir angab, war er nicht mehr. Ich dachte, er wäre sicher verlegt worden, sonst hätte ich schon früher dort angerufen. Ein Telegramm will ich nun auch nicht aufgeben. Wahrscheinlich ist die Nachricht auch schon dort eingetroffen. Die armen Eltern! Man sagt ja wohl, wenn einer mit zwei Beinstümpfen weiterleben soll, bleibt er zeitlebens ein Krüppel, und was hat er dann noch vom Leben, aber das ist dummes Gerede. So geht das Verhängnis nun von Haus zu Haus und von Stadt zu Stadt. Aber einmal ist das Maß voll. Ich glaube an eine ausgleichende Gerechtigkeit Gottes und an ein stellvertretendes Leiden. Das Opfer der Unschuldigen allein nimmt Gott an. Das ist der Sinn dieser Prüfungen. Darin ist auch der einzige Trost zu suchen. – An die Eltern werde ich schreiben, sobald die Todesnachricht in Th[alau] eingetroffen ist.

Lebe herzlich wohl, ich habe heute so viel an Dich in Liebe gedacht. Grüße die Kinder und nimm sie in Deine Arme, Dein Wilm.

Notiz *(Warschau,) 12. Dezember 1943*

In Rembertow[253], Besprechung mit den Dozenten der Wehrmachtkurse, die in R[embertow] eingerichtet werden sollen. Ich hielt einen einleitenden kurzen Vortrag. Fraglich, ob etwas zustandekommt. – Wie lange halten die Soldaten und Offiziere noch das aus, daß sie von ihrer Familie getrennt sind und unter dem ständigem Zwang stehen.

An die Ehefrau *Warschau, 12. Dezember 1943*

Liebste Annemie –

heute am dritten Adventssonntag habe ich doch mal Deine Plätzchen versucht. Ich wollte sie aufheben bis Weihnachten, aber ich mußte sie doch mal versuchen. Sie sind sehr gut. Ich hätte so richtig drauflos essen können, aber das schien mir doch gefrevelt. Deshalb habe ich sie eingepackt und verschlossen. Ja, was wird Weihnachten? Wenn ich die Zurüstungen bei den einzelnen Truppenteilen in den Kasernen ansehe, dann überfällt mich eine große Traurigkeit. Was weiß man von Weihnachten? Nur wenn ich notgedrungen irgendwohin gehen muß, werde ich eine solche Feier besuchen. Ich bleibe am Heiligen Abend bestimmt in meiner Stube und will nichts sehen und hören. Ich bin nur bei Euch und feiere nur mit Euch. – Die vergangenen Tage war ich unterwegs bei auswärts liegenden Truppenteilen, um dort die Einrichtung von Lehrgängen zu besprechen. Abends saß ich mit den Offizieren im Kasino und hörte den Gesprächen zu. Wie bin ich doch zu einem Einsiedler geworden. Ich blieb dort auch über Nacht. Der Hauptmann dieser Kompanie ist ein junger, aktiver Offizier von einnehmendem Wesen. Die Kompanie liegt in der früheren Sporthochschule im Norden von Warschau. Über die Tätigkeit der Kompanie bin ich mir nicht recht im klaren. Sie versehen jedenfalls einen besonderen Geheimdienst, worüber sie nicht sprechen dürfen. Die Soldaten (Flieger) sind fast nur junge Leute mit höherer Schulbildung. Ich kannte schon eine

Reihe von ihnen von den Studentenkursen her. – Heute war ich auf einem Truppenübungsplatz. Mittags war ich zum Essen eingeladen. So früh ich konnte, fuhr ich zurück. Der Zug gepreßt voll Menschen, Zivilleute und Soldaten, die Sonntagsurlaub nach W[arschau] hatten. Vom Bahnhof lief ich nach Hause. Die frische Luft tat mir gut. An den Litfaßsäulen stauten sich die Leute. Ich trat auch hinzu. Da sind auf großen Plakaten die Namen der erschossenen Geiseln bekanntgegeben, die öffentlich in den Straßen der Stadt hingerichtet werden. Die Leute suchen die Namen ihrer Bekannten oder Verwandten. – Ich machte, daß ich weiterkam, nicht, daß ich mich zu fürchten hätte, aber wie die Menschen einen ansehn, das kann man nicht ertragen. Auf die eine Liste, die 100 Namen trug, war mit roter Farbe geschrieben KATYN[254]. – Unterwegs kam ich an einer Kirche vorbei. Es zog mich dorthin. Es war um die Zeit der Mittagsandacht daheim. Vielleicht wart Ihr auch drin. Ich mußte so lebhaft an Euch denken. [...]

Notiz *(Warschau,) 16. Dezember 1943*

[...] Nachmittags Film. – »Münchhausen«[255]. Fabelhafte Trickaufnahmen. – Frauen spielen eine große Rolle. Es ist nicht der M[ünchhausen], wie wir ihn aus den Geschichten kennen. Der Film macht aus ihm einen Casanova, der überall die Herzen der Frauen erobert. Eine fabelhaft bunte Welt zieht an unserm Auge vorbei. Die Handlung ist unwichtig, aber die Märchen-Prunkwelt am Hof der Kaiserin Kath[arina] II., im Serail des Sultans, dann in Venedig, die Mondlandschaft, die Ballonfahrt sind herrliche Bilder, die dem Beschauer ein Erstaunen abringen.

An die Ehefrau *Warschau, 16. Dezember 1943*

Meine liebe Annemie –

Der Schulbetrieb ist stark zurückgegangen, aber ich organisiere die Sache jetzt anders. Ich dezentralisiere den Unterricht nach den einzelnen Dienststellen. Das geht natürlich nur soweit, als Dozenten vorhanden sind. [...] Mir ist es nicht nach Weihnachten zumute. Das kannst Du Dir denken, aber man soll nicht so gefühlvoll sein in dieser scheußlichen Zeit. Ich bin so dankbar, daß es Euch gut geht. Wie fein war das, daß die beiden Jungen bei Euch waren. Und der Nikolaus hat seine Sache auch wieder gut gemacht. Ihr habt ein schönes Fest gehabt. Wenn ich Dir auch fehlte, sei doch zufrieden und versuche, froh zu sein. Ich bin Dir so gut, und Du weißt, daß ich ganz einfach und treu zu Dir stehe und Dich liebe. [...] Mit großer Freude lese ich Deine Schilderung von dem Nikolaustag und von Uta. Nun wird der Pelz wohl das letzte Mal seinen Dienst getan haben. Nächstes Jahr ist Uta schon aufgeklärt. Sei nicht schwermütig, meine Liebste. Wir wollen uns gesund und stark füreinander erhalten und für die Kinder. Sei nicht ungeduldig, wenn um Dich die Kinder schreien. Das ist das Leben, das mir fehlt. [...]

Notiz *(Warschau,) 17. Dezember 1943*

Auf den Plakatsäulen ist eine neue rote Liste angeklebt. 270 Polen wurden öffentlich hingerichtet als Sühne für verschiedene Mordtaten und Überfälle auf einen Urlauberzug. Trotz der öffentlichen Hinrichtungen geschehen weitere Untaten. Die poln[ische] Bevölkerung der Stadt ist hilflos gegen diese Terrorakte gewisser Banden, die die Überfälle ausüben. Sie werden aufs stärkste verurteilt, aber sie muß es trotzdem büßen. Ich glaube sogar, daß es der G.Sta.Po [Geheimen Staatspolizei] willkommen ist, daß sie einen Vorwand zur Ausrottung der poln[ischen] Bevölkerung hat. Schon seit Anfang dieses Krieges war es ihr Grundsatz, die poln[ische] Intelligenz zu dezimieren. Gauleiter Kreiser [Greiser][256] im Warthegau sagte in einer öffentlichen Rede in Litzmannstadt: »Nur die Deutschen werden hier Besitzer sein und die Herrn, die Polen sind ein für alle Mal unsere Knechte.« Die Engl[änder] konnten deswegen gar nicht auf das Friedensangebot Hitlers eingehen im Herbst [19]40[257], als es offenbar wurde, wie wir mit unterworfenen Völkern umzugehen gedachten.

An Ehefrau und Kinder *Warschau, 18. Dezember 1943*

Liebste Annemie, liebe Kinder –

es ist wieder Sonnabend abend geworden. Ich bin eben vom Schwimmen gekommen. Ein wundervolles neues Lebensgefühl durchströmt meinen Körper. Ich eile durch die schon dunklen Straßen, das heißt, ich fahre mit dem Rad, daß ich nach Hause komme, in meine stille Klause. Was will ich noch alles tun. Es ist ein köstliches Gefühl, so allein und ungestört einen Abend für sich zu haben und Lust zu allem zu haben. Ich will ja heute den Weihnachtsbrief schreiben für meine Lieben daheim. Aber erst muß ich Ordnung schaffen auf meinem Schreibtisch. Ich hefte die abgelegten Akten in die Mappen, sichte und hebe das auf und jenes übergebe ich dem Papierkorb. Ich hole die Briefe, die zu beantworten sind und nun schon so lange da liegen. Zwischendurch sortiere ich in meinen Büchern, werfe einen Blick hinein, wem kann ich das schenken? [...] Es ist schon halb acht [Uhr] geworden, mein Bursche, ein junger Pole, der mit im Haus wohnt, macht mir das Abendessen. Bratkartoffeln und Fisch. Hinterher Butterbrot mit Marmelade. Er hat den Hund mit raufgebracht. Der ist noch neu. Er muß sich erst an uns gewöhnen. Er soll uns bewachen. Wenn es auch kein Rassentier ist, ich freue mich doch darüber, daß ich ihn habe. Ich hatte mir schon lange einen Hund gewünscht. Wenn ich mal einen schönen auftreibe, bringe ich ihn mit nach Hause. [...] Dann habe ich die Zeitung gelesen. Ach, was steht schon darin. Es ist alles widerspruchsvoll. Auch der beiliegende Artikel »Die ungeahnten Folgen«[258] lassen einen leer, wenn sie auch Hoffnung geben sollen. Das Schändlichste und Traurigste soll immer noch eine positive Wertung erfahren. Das scheint die Tendenz der heutigen Schreiber zu sein. [...]

Notiz *(Warschau,) 21. Dezember 1943*

[...] Ich lese Nietzsche: »Zarathustra«[259]. Wie kann man auf dieser Philosophie eine Weltanschauung aufbauen oder mit diesen Gedanken eine religiöse Überzeugung beispielsweise abtun wollen? Gewiß, es sind herrliche Gedanken, und es ist viel Geist darin, und man soll diese in seiner Lebensführung beherzigen, aber sein ganzes Leben danach ausrichten, könnte eben nur ein Übermensch, aber das ist ja keiner.

An Ehefrau und Kinder *Warschau, 21. Dezember 1943*

Liebe Annemie, liebe Kinder –

auch in diesem Jahr wird es nun Weihnachtsabend werden, trotzdem Euer Vater und Dein lieber Mann nicht bei Euch sein wird. In so vielen Häusern werden unter dem Lichterbaum diesmal die Tränen den Glanz der Kerzen trüben und das Leid sich mit schmerzlicher Gewalt um die Herzen legen. Wie kann das sein, daß der Vater nicht da ist? Er muß doch den Christbaum zurechtmachen und in den Ständer stellen. Er muß ihn putzen. Und wer ruft dann das Christkind und liest Euch das Weihnachtsevangelium vor? Wie oft hast Du, liebe Annemie, Dir das in diesen Tagen vorgestellt und bist bei diesen Gedanken so traurig gewesen. Aber wenn es Heiliger Abend ist, und ich sitze hier um 6 Uhr vor meiner brennenden Kerze, zu der Zeit, als Ihr daheim den Christbaum ansteckt und das Christkind zu Euch ruft, dann komme ich auch herein und bin bei Euch und sehe, wie schön Ihr alles gemacht habt und wie Ihr Euch freut und wie glücklich Ihr seid und wie lieb Ihr Euch habt. Und Du, meine liebe Frau, wenn Dich auch immer wieder der Schmerz und das Weh überfällt, sei froh mit den Kindern und laß es sie nicht so sehr spüren, daß Du auch in ihrer Mitte allein bist. Inniger, fester und tiefer sind unsere Gedanken und Gefühle gewiß nicht gewesen, wenn wir das Glück hatten zusammenzusein, als diesmal, wo wir getrennt sind. [...]

An Ehefrau und Kinder *Warschau, 23. Dezember 1943*

Meine Lieben daheim –

dieser Brief wird Euch vielleicht noch alle zu Hause antreffen. Wenn nicht, dann schicke ihn, liebe Annemarie, an die Jungen weiter. Ob der liebe Helmut nun nach dem schweren Luftangriff auf Frankfurt nach Hause kommen darf, ist wohl zweifelhaft. Ich mache mir um ihn einige Sorge. Und ist der liebe Detlev daheim? Ich habe mich nun damit abgefunden, daß ich hierbleiben muß. An der Bahn soll es schlimm hergehen. Die Urlaubszüge werden gestürmt. Heute hat man bei einem Zug sieben Mann verletzt, die ins Lazarett eingeliefert werden mußten. Hoffentlich kommt der Obergefreite Walther aus

Lütter, der Euch das Paket mitnehmen soll, glücklich an. [...] Jetzt will ich Euch mal von der Weihnachtsfeier mit meinen polnischen Arbeitern erzählen. Heute mittag hatten sie uns zum Mittagessen eingeladen. Obwohl sie alle doch nichts zu leben haben, hatten sie ein schönes Essen bereitgestellt. Alle dreißig Mann und die Frauen hatten sich versammelt. Ein Schulzimmer war zu diesem Zweck ausgeräumt worden. An einem langen Tisch saßen die Leute, oben am Quertisch ich mit den drei Soldaten. Mit Herrn C[ieciora][260] hatte ich schon vorher alles verabredet, und er hatte mich auch in die Sitten eingeweiht. Zuerst gab es Borscht, das ist eine sehr schmackhafte Roterübenbrühe mit Weißbrot. Darauf hielt Herr C[iecioral] eine Ansprache erst in polnischer Sprache, dann überbrachte er die Glückwünsche der Leute in deutscher Sprache. Jeder hatte vor sich eine Oblate liegen. Aber nicht in runder Form, sondern viereckig. Ich als Hausvater hatte die größte. Nun kamen alle der Reihe nach zu mir. Ich brach von jeder in der linken Hand dargereichten Oblate ein Stückchen ab, während jeder sich von meiner ein Stück abbrach und sie aß. Dasselbe tat ich auch. Dabei sagte jeder dem anderen seine Glückwünsche. Dasselbe taten dann auch alle anderen, jeder mit jedem. Das ist eine sehr schöne Sitte. So wird in den Familien der Heilige Abend eingeleitet. Danach gibt man sich den Bruderkuß. Das habe ich allerdings nicht mitgemacht. Als sich alle gesetzt hatten, gab es das Mittagessen. Dann habe ich eine Ansprache in polnischer Sprache gehalten, das heißt abgelesen. Ich hatte sie mir erst aufgesetzt, und Herr C[ieciora] hatte sie mir übersetzt. Das hat allen sehr gut gefallen. Jetzt tranken wir das erste Gläschen. Dabei ließen sie mich hochleben. Ich hatte durch Verbindungen mit dem Direktor der Zuckerwarenfabrik Wedel für jeden eine Tüte mit Konfekt besorgt. Die konnte ich dann austeilen. So hatte ich doch auch etwas zu schenken. Auf meinem Platz stand ein entzükkendes kleines Weihnachtsbäumchen. Das werde ich morgen abend für mich anstecken. [...]

Auch Du, meine liebe Annemie, mußt nicht allzu traurig sein. Bei dem entsetzlichen Elend, das in den fliegergeschädigten Städten herrscht, und was diese Menschen dort aushalten müssen, muß man sich schämen, wollte man auch nur ein Wort der Klage laut werden lassen. Ein Kamerad, er ist auch Lehrer, ein Oberzahlmeister, gibt bei mir Unterricht. Nach dem letzten Angriff auf Berlin bekommt er ein Telegramm, daß er sofort nach B[erlin] kommen soll wegen Fliegerschaden. Er reist hin und kommt gerade dazu, wie man die Leichen seiner drei Kinder, der Frau und der Eltern aus dem Keller ausgräbt. Er sagt, er hätte kein Glied rühren können, er hätte nur auf die Arbeiter und die Leichen gestarrt, und als er bei dem 10jährigen Jungen und dem 12jährigen Töchterchen die Hände angesehen hätte und erkannte, daß sie in ihrer Todesnot die Fingerspitzen bis auf die Knochen an den Wänden weggekratzt hatten, da sei etwas in ihm kaputt gegangen. Und als man die Leichen in das Massengrab gelegt hatte, wäre er sich vorgekommen, als ginge ihn das alles nichts an. Allmählich erwache er jetzt, aber er wisse nicht, ob er das Leben aushielte. Ich konnte ihm nichts sagen. Aber er hat wohl gesehen, daß mir die Tränen in die Augen schossen, und da nahm er meine Hand und drückte sie ganz leise. Einige Tage darauf traf ich ihn wieder. Er wehrte ab, als ich fragte, wie es ging, und sagte lange Zeit nichts. »Es ist auch nicht leicht, sich nun das Leben zu nehmen, nachdem ich um alles gekommen bin. Sich selbst das Leben zu nehmen, ist gar nicht so einfach.« »Nein«, sage ich ihm, »das Leben ist auch das größte Geschenk, das Gott uns gab, das wirft einer auch nicht weg, wenn er noch normal ist.« »Ach, wenn ich doch mit ihnen zusammen umgekommen wäre. Ich wollte Weihnachten daheim sein. Ich hätte nicht gedacht, daß man mal so vor dem Nichts stehen kann, es ist mir manchmal, als stände ich auf dem Straßburger Münster, da bin ich aufgewachsen, und trete über die Brüstung in die freie Luft, ich fühle manchmal richtig, wie ich stürze und in die Tiefe sause, und unten sehe ich mich zerschmettert liegen. Aber ich habe Mitleid mit mir. Vielleicht ist es auch Feigheit. Ich könnte mich ja auch totschießen. Aber das ist auch nicht einfach, obwohl es im Bruchteil einer Sekunde geschehen ist.« »Glauben Sie an Gott?« frage ich ihn. »Glauben Sie an ein Wiedersehen drüben?« – Er schüttelt langsam den Kopf. Er hat die Arme auf der Sessellehne aufgestützt, die Hände wie zum

Beten, vor dem Gesicht gefaltet. »Nein, nein«, sagt er wieder und sein ganzer Oberkörper wiegt herüber und hinüber, »fortleben nach dem Tode? Das möchte ich auch gar nicht.« »Dann waren Sie nicht glücklich in Ihrer Ehe und hatten Ihre Kinder nicht gern?« »Wieso? Ich war sehr glücklich. Wir haben uns alles sehr gern gehabt. Sehen Sie, wenn ich mir vorstelle, wie die drei Kinder in dem Keller nach mir geschrien haben, kann man da nicht wahnsinnig werden? Ich hätte ihnen ja nicht helfen können. Aber ich bin auch heute damit einverstanden, daß ich sie nicht zu Gott beten lehrte. Denn der hätte sie auch verlassen und hat ihnen nicht geholfen. Wie kann ein Schöpfer, der seine Geschöpfe liebt, sie so bis in den Tod hinein quälen? Die biologische Reihe ist zu Ende. Ich bin zu alt, eine neue anzufangen, ich bin ja auch nur noch eine Ruine.« »Aber man spricht doch so viel von dem Opfer für das Vaterland, was hätte das Opfer denn für einen Sinn, wenn es nicht Opfernde gibt, Menschen, die freiwillig das Opfer bringen?« »Das ist zuviel verlangt!« »Gut, nun sind die aber wirklich geopfert, sollen sie wirklich umsonst geopfert sein?« »Ja, es ist umsonst, wir verlieren den Krieg doch.« »Ja, wenn Sie es so ansehen, dann kann es stimmen. Aber ich sehe es anders an.« »Wie?« »Ich meine so: Wenn die Überlebenden in den Gefallenen und Getöteten nicht die Geopferten sehen und nicht die Kraft haben und den Mut, sie einem Höheren – nennen Sie es Volk, ich nenne es Gott – darzureichen, dann, ja dann sind sie nur die Hingeschlachteten, dann dürfen wir auch nicht von Heldentum sprechen. All das Leid und alles unschuldige Sterben fordert von uns Überlebenden eine einzige Größe und Heldenhaftigkeit, deren ein Mensch nur fähig sein kann. Erst wenn die Toten in unserem Geiste wiedergeboren aufstehen, können sie weiterleben, und ihr Tod war die Saat zu neuem Leben.« – Ob er mich verstehen konnte? Er stand noch zu sehr unter dem Grauen. Ich wußte nachher, daß er nichts begriffen hatte. Aber ich wollte ihn ja nicht belehren, ich wollte ihm etwas Tröstliches sagen.

Seid von Herzen gegrüßt – Gott behüte Euch! Euer Vater.

An die Ehefrau *Warschau, 24. Dezember 1943*

Liebste –

nun ist es doch Heiliger Abend geworden. Und morgen ist Weihnachten. Das Geburtsfest des Heilands. Trotz aller Not in der Welt, trotz aller Niedertracht und Bosheit, trotz aller Schmerzen und schmerzvoller Trennung. Nacht muß sein, wenn die Sterne leuchten sollen. Ich war vorhin in der Christmette, bin zur Kommunion gegangen. Zwei Kerzen brennen vor meiner Weihnachtsnische. Eine für das Christkind und eine für Euch. Da stehen Eure Bilder. Im Hintergrund der Creglinger Altar[261] mit dem Stall von Bethlehem. Davor die kleinen Holzfiguren, die die Kinder mir voriges Jahr schenkten. Ich liege auf dem Bett und bin gar nicht einsam. Ihr steht alle leibhaftig vor mir, ich sehe Euch, wie Ihr die Lieder singt und wie Ihr Euch freut und wie Ihr traurig seid. Du, meine Liebe, sitzt im Sofa vor dem brennenden Baum, und eins nach dem andern schlingt die Arme um Dich und tröstet Dich. Nein, Du willst nicht traurig sein. Vorhin, als die Lieder gesungen wurden, da ließ ich meine Tränen rinnen. Dann habe ich mitgesungen und mit vollem, dankbaren Herzen in das Loblied Gottes eingestimmt. Nacht muß sein, wenn die Sterne leuchten sollen. Wir beide haben an unsern Kindern die Menschwerdung erleben dürfen. [...]

Tagebucheintrag *(Warschau,) 28. Dezember 1943*

Seit einigen Tagen habe ich einen Ersatzmann für den Gefreiten Kleim bekommen. Er gehörte zur Schonliste und war nach dem Führererlaß, weil er Blutsträger war, nicht an der Front zu verwenden[262]. Seit August des Jahres ist dieser Erlaß wieder aufgehoben. Warum macht man das überhaupt? Es soll nach etwas aussehen. Als ob diesen Leuten etwas daran liegt, ob deutsches Blut geschont wird. Der Ersatzmann ist Jahrgang [18]96, heißt Hörle und ist aus Hanau. Für die Aufgaben, die er hier hat, nicht geeignet. Er ist nicht nur ein über seine Jahre gealterter Mann, sondern auch ein Krüppel. Seit heute weiß ich, warum er das ist. Ich fragte ihn, ob er Krampfadern hätte, weil er nicht laufen kann und ständig über Schmerzen in den Füßen und Beinen klagt. Außerdem ist er herzkrank. Er dürfte darüber nicht sprechen, sagte er mir. Als ich aber in ihn drang, erzählte er zögernd, daß er von der Ge.Sta.Po. [Geheimen Staatspolizei] gefoltert worden sei. Vom Kopf bis zu den Füßen sei kein heiler Fleck an ihm gewesen. Er zeigte mir seine Füße. Sie waren voller Narben und blutunterlaufenen Stellen. Man hat ihm die Bastonade[263] gegeben. Mit Stöcken auf die nackten Fußsohlen so lange geschlagen, bis das Fleisch in Fetzen hing. Er hat fast keine Zähne mehr, die wurden ihm beim Verhör herausgeschlagen, und als er am Boden lag, trat ihm ein SS-Mann den Unterkiefer entzwei. Von den fürchterlichen Quälereien, denen er 1½ Jahre in den Konzentrationslagern ausgesetzt war, ist er herzkrank. Ich habe schon viel von den Unmenschlichkeiten der SS gehört, aber man meint immer wieder, es könnte nicht wahr sein. Hier sehe ich's mit eigenen Augen, hier steht ein Zeuge, der unwiderleglich ist. Das sind keine Menschen, nicht einmal Tiere, das sind Teufel. Was für Teufeleien sie sich ausgesonnen haben, um die Menschen zu quälen, das ist gar nicht auszudenken. Man brach den Opfern die Zähne aus, riß ihnen die Fingernägel ab, bohrte ihnen einen Bohrer in die Kniescheibe, hängte sie auf den am Rücken verschränkten Armen auf, daß die Armgelenke auskugelten, knüpfte einem andern einen Draht um die Geschlechtsteile und riß ihn daran. Zuletzt hing man ihn daran auf. Daran starb er. Viele sind so zu Tode gemartert worden. Nun kann ich mir auch denken, wie die unglücklichen Juden und Polen gemartert worden sind, wenn an den eigenen Volksgenossen so gehandelt wurde. Aber, frage ich mich, woher kommen denn diese Untermenschen? Man hat doch früher nur einmal so etwas gehört von krankhaften Verbrechern. Und auf einmal sind sie zu Zehntausenden da. Und an der Spitze stehen diese Männer, die das billigen, gutheißen und wahrscheinlich die Methoden vorschreiben. Nun wird einem auch klar, warum sie nur mit Gewalt und Lüge weiterarbeiten können und warum die Lüge ihr ganzes System zudecken muß. Im Ausland ist das alles bekannt, wie konnten sie mit dieser Regierung Verträge schließen? Immer größere Gewalttaten mußten folgen, der Krieg ist nur die richtige Fortsetzung ihrer Politik gewesen. Nun muß das ganze Volk, das nicht rechtzeitig dieses Geschwür ausmerzte, zugrundegehen. Diese Schurken opfern uns alle. Wenn sie selbst schon verloren sind, wollen sie auch alle mit ins Verderben reißen. Ich glaube, es gibt in der Geschichte der Menschheit kein ähnliches Beispiel, daß Verbrechen von einer verhältnismäßig geringen Zahl begangen, von einem ganzen Volk abgebüßt werden müssen, weil dieses selbe Volk blind war und zu feige und zu unmoralisch, um sich gegen die Verbrecher zur Wehr zu setzen. Die Greuel hier im Osten, in Polen, Jugoslawien und Rußland sind nur die geradlinige Fortsetzung dessen, was anfangs mit den politischen Gegnern in Deutschland geschah. Und wir Toren glaubten, sie könnten uns eine bessere Zukunft bringen. Als Schande muß jeder Mensch es heute empfinden, daß er auch nur im geringsten dieses System bejahte. Wie sind wir getäuscht und genarrt worden. Kein Wunder, daß sich alle Verbrechen von Diebstahl, Vergewaltigung, Mord, Betrügereien in diesen Reihen breitmachen und daß einer dem andern nicht traut.

Wenn einer auch nicht an einen Himmel glauben will, dann muß er aber an eine Hölle glauben, wo diese Unholde ewig gestraft werden können, denn einer irdischen Gerechtigkeit suchen die dann durch Selbstmord zu entgehen, aber der Gerechtigkeit Gottes entgehen sie nicht. Es muß eine ewige Vergeltung sein, sonst wäre Gottes Sein und Weisheit Stümperei.

1944/45

Tagebucheintrag *(Warschau,) 1. Januar 1944*

Die deutschen Zeitungen regen sich darüber auf, daß die Amerikaner Kunstschätze in Süditalien beschlagnahmen und entführen. Dieses Geschrei über die Verbrechen der andern hört sich recht einfältig an. Als ob die Gegner nicht wüßten, was wir in Polen an Kunstschätzen uns angeeignet und fortgeführt haben[1] und was wir in Rußland zerstört haben. Wenn man sich auch den Standpunkt zu eigen machen möchte, »Recht oder Unrecht, mein Vaterland«, und was geschehen ist, auf sich beruhen lassen möchte, so ist diese Heuchelei gar nicht am Platz und kann uns nur lächerlich machen. Gut, wenn unsre Regierung diese Werke einzieht, dann soll sie auch dafür gerade stehn und es zugeben vor der Weltöffentlichkeit. Das feige Versteckspielen und die Ablenkungsmanöver passen gar nicht zu dem großen Pathos, das sonst die übliche Methode ist.

Tagebucheintrag *(Warschau,) 5. Januar 1944*

Wenn ich nachts schlaflos liege, dann kommen die Sorgen um Deutschlands Zukunft, um unser eigenes Schicksal herangekrochen und legen sich beängstigend auf das Gemüt. Am Morgen sind sie zwar weg, und ich schaue wieder mit gutem Mut in die Welt, aber wenn sich die Gedanken auch nicht so schwarz und düster zeigen, so lassen sich doch die Befürchtungen nicht abweisen. Da ist zunächst einmal die Neujahrsbotschaft des Führers[2], die einem zu denken gibt. Sie enthält doch auch rein gar nichts Positives, aus dem sich entnehmen ließe, daß wir den Krieg gewinnen könnten. Er spricht einzig und allein, aber diesmal sehr vorsichtig, von der kommenden Vergeltung. Seit einem ¾ Jahr wird davon geredet, Goebbels hat gesagt, daß er den Zeitpunkt schon wüßte, er dürfte ihn nur nicht sagen[3]. Allmählich glaubt niemand daran. Aber an andre Prophezeiungen erinnert man sich immer wieder. Wie leichtfertig sind wir in diesen Krieg mit Rußland hineingerannt. Nach den ersten Schlachten wurde verkündet, die Russ[en] seien total vernichtet, mit ernstlichem Widerstand sei nicht mehr zu rechnen. Und was hat das Jahr [19]43 für entsetzliche Verluste gebracht? 1300 km von Stalingrad bis an die ehemals poln[ische] Grenze sind wir zurückgetrieben worden[4]. Und in jedem Wehrmachtbericht ist zu lesen, daß die Russ[en] mit überlegenen Kräften angreifen. Haben wir uns nicht jämmerlich geirrt in der militärischen Kraft nur dieses einen Gegners. Und nun noch Amerika und Engl[an]d. Mit 1000 Flugzeugen kommen sie heute nach D[eutschland][5]. Von Tag zu Tag wird ihre Luftwaffe größer. Bald wird kein deutsches Industriewerk mehr stehen. Unsere Abwehr ist machtlos. Und so ist's mit allem. *Wie*[6] wollen wir denn siegen? Darauf gibt keiner eine Antwort.

An die Ehefrau *Warschau, 11. Januar 1944*

Liebe Annemie –

Du wirst Dich wundern, daß Du einen Brief aus dem Lazarett bekommst. Ich liege heute den 4. Tag im Lazarett, und es geht mir wieder sehr gut. Am liebsten wäre es mir, wenn ich wieder raus käme, denn ich fühle mich ziemlich gesund. Es kam ganz plötzlich. Am 7. [Januar], freitags, hielt ich noch abends von 5-6 [Uhr] eine Sportstunde, bin dann geschwommen und mit dem Rad nach Hause gefahren, habe mich umgezogen und schnell noch etwas gegessen, und [bin] dann mit dem Auto nach auswärts gefahren, wo ich in einem Offizierskasino fast zwei Stunden eine Besprechung hatte und ein Referat hielt. Ich war so voller Spannung und Schwung, aber immer wieder lief mir ein Fieberschauer durch den Körper. Als ich nach Hause fuhr, bekam ich Schüttelfrost, der sich im Bett steigerte. Das Fieber stieg sehr rasch bis nahe 40 [Celsius]. Ich konnte immer schlechter atmen und nur in kurzen Stößen. Die Rippen schmerzten mich am meisten. Die Stiche beim Atmen gingen bis in die Schultern. Am anderen Morgen stellte der Arzt Grippe mit Rippenfellentzündung beziehungsweise -reizung fest. Er meinte, es sei am besten, wenn ich gleich ins Lazarett ginge, das heißt, von Gehen war keine Rede. Ein Sanka [Sanitäts-Kfz] holte mich. Das Fieber hielt noch zwei Tage an. Jetzt ist es vorbei, die Stiche und die Atembeschwerden auch, nur bin ich noch etwas schwach. Ende der Woche bin ich ganz in Ordnung. Seit einigen Tagen vor Weihnachten bin ich nicht ganz gesund gewesen. Jetzt kam es mal zum Ausbruch. Die gründliche Untersuchung im Lazarett, Röntgenaufnahmen, Blutsenkung und so weiter, hätte ich doch sonst nicht gehabt. [...]

An die Ehefrau *Warschau, 12. Januar 1944*

Liebste –

endlich habe ich Eure Briefe, auf die ich so sehr wartete, erhalten. Ich dachte, die Verzögerung käme daher, daß Du mit Helmut nach Worpsw[ede][7] gereist wärest. Nun höre ich aber, Du bist krank geworden. So ging es Dir also geradeso wie mir. Merkwürdig! Du bist um die gleiche Zeit wie ich erkrankt. Gut, daß ich nicht nach Hause gefahren bin. Bestimmt hätte ich nichts von der Heimfahrt gehabt. So, wie es mir ging. Ich wollte mir immer nicht eingestehen, daß mir etwas fehlte. Es ist mir heute so, daß ich gleich wieder aufstehen könnte, aber der Arzt läßt mich nicht raus. [...] Es liegt mir so viel Leid auf einem [sic!], und das der andern Menschen legt sich auch noch dazu, daß man selbst des eigenen Glücks nicht recht froh werden kann. Der Emil Herbert[8] ist auch gefallen? Es ist doch ein Jammer! [...] Was brauchst Du Dir für Sorgen wegen der Erziehung zu machen. Du machst es ganz richtig, besser kann ich es nicht. Und Du hast ja meist nichts von meiner Erziehungskunst gehalten. Ich glaube annehmen zu dürfen, daß unsere Kinder so glücklich veranlagt sind, daß wir weiter nichts zu tun übrig haben, als ihre Anlagen sich nach der positiven Seite entwickeln zu lassen, und sie im übrigen bewahren müssen. – Du sollst nicht versuchen, mich zu verstehen, das kann ich gar nicht mehr hören. Was ist denn nur an mir zu verstehen? Ich bin [ein] alltäglicher Mensch und beanspruche keine Sonderrechte und habe nicht mehr falsch gemacht, als was andre auch gemacht hätten, und jetzt will ich alles richtig machen und habe nur einen Wunsch, an Deiner Hand zu gehen. Ich bete für Dich und mich, daß wir uns erhalten bleiben. Kraft und Mut strömen Dir aus Deinen Aufgaben zu. Ich hoffe und erwarte noch viel vom Leben und freue mich unbändig auf die Zeit, in der wir beieinander sein werden und nie mehr auseinander gehen werden. [...].

An Ehefrau und Töchter *Warschau, 14. Januar 1944*

Liebe Annemie – liebe Töchter –
heute bekam ich von Euch drei Briefe, über die ich mich sehr gefreut habe. Wenn man noch dazu im Bett liegt und nur die kahlen Zimmerwände angucken muß, dann ist ein Brief so sehr willkommen. Aber ich bin ja gar nicht mehr krank, ich darf nur noch nicht aus dem Lazarett. Am Montag hoffe ich entlassen zu werden. Einen vernünftigen Brief kriege ich hier nicht zusammen. Es liegen noch zwei Leutnants mit mir im Zimmer. Sie haben Rheuma. Zum Unglück hat die Schwester uns ein Radio ins Zimmer gestellt. Das spielt nun den ganzen Tag. Am liebsten haute ich die Kiste unter das Bett. Aber die jungen Herrn haben die Musik und überhaupt Rundfunkdarbietungen lange entbehrt und sind entzückt. Mich stört das Gedudel sehr, besonders auch beim Briefeschreiben. Gerade werden Grüße und Wünsche an Soldaten N.H. und weiß Gott an wen all[e] durch den Rundfunk vermittelt. Das nimmt gar kein Ende. Wer da wohl zuhören mag? Neben unserm Zimmer ist ein Saal, der voll belegt ist. Von dort dringt den ganzen Tag ein fröhlicher Lärm und lautes Radiogedudel. Bei den Insassen ist ein Diphteriefall vorgekommen, und nun darf keiner entlassen werden, und dabei sind fast alle gesund. Deshalb der Radau.

Nein, dieser Frühling wird den Frieden noch nicht bringen, aber dem Ende kommen wir ein Stück näher, allerdings um den Preis furchtbarer Opfer. [...]

An den Sohn *Warschau, 16. Januar 1944*

Mein lieber Helmut –
ich schreibe Dir aus dem Lazarett. [...] Für Deinen lieben, langen Brief aus der Vorweihnachtszeit habe herzlichen Dank. Ich habe mich besonders über Eure Weihnachtsfeier in Frank-

furt, als die Studenten das Weihnachtslied sangen, gefreut. Mit diesem Geist sollen sie nicht fertig werden. Und dürfen es nicht, sonst sind wir am Ende[9]. [...]

An die Ehefrau *Warschau, 16. Januar 1944*

Liebste –

wenn Du nach Worpsw[ede][10] fahren willst, dann fahre jetzt. Ich muß am 28.I. einen Vortrag halten bei einer größeren Tagung von Betreuungsoffizieren[11]. Vordem kann ich nicht kommen. Es wird somit Februar, bis ich auf einige Stunden leider nur bei Dir sein kann. [...] Gestern schrieb ich noch an Moni, daß ich vielleicht zu ihrem Geburtstag daheim sein würde. Am Nachmittag kam dann ein Offizier von der OFK [Oberfeldkommandantur] zu mir und sagte mir, sie hätten einen Vortrag von mir aufs Programm gesetzt. So muß ich noch bleiben. Ich hatte schon früher darum gebeten, mir bei einer solchen Tagung Gelegenheit zu geben, über das Berufsförderungswerk der Wehrmacht[12] zu sprechen. [...]

Notiz *Auf der Heimreise, 30. Januar 1944*

Genesungsurlaub. In der Nacht 4.15 [Uhr] in Warschau abgefahren. Zug kommt mit Verspätung. Reise mit 2 Koffern, Schi, Tasche, Grammophon und mit kleinem Hund, Putzi.

Tagebucheintrag *(Warschau,) ca. 15./16. Februar 1944*

Genesungsurlaub vom 29.I. bis 15.II.44.

Ich reiste mit viel Gepäck und nahm viele Sachen mit, [...] in der Ahnung, daß ich nicht mehr lange hier sein würde [...]. Auch den kleinen Hund Putzi. Ich kam mit Verspätung früh morgens gegen ½5 [Uhr] an. A[nnemi] kam etwas später. Wir übernachteten im »Württemberger Hof«. Die Kinder Moni und Uta holten uns ab. Große Freude über den Hund. Ich habe fast nichts getan in diesem Urlaub. Es waren richtige Faulenzertage. A[nnemi] verwöhnte mich. Detl[ev] kam von Kassel in einen 14tägigen Urlaub. Helmut war am 13. Februar über Sonntag da. Schönstes Beisammensein. An einem Tag waren wir in Weiperz. Mit Annemie öftere Aussprache, nächtliche Reden bis 4 Uhr morgens. [...]

An Ehefrau und Kinder *Warschau, 16. Februar 1944*

Liebe Annemie, liebe Moni, Jorinde und Uta – lieber Detlev – nun sitze ich schon wieder an meinem Schreibtisch in meinem gemütlichen Zimmer, und da ich, wie mir heute mitgeteilt wurde, nicht mehr lange hier sein werde, genieße ich die Behaglichkeit und die Bequemlichkeiten meiner seitherigen Wohnung jetzt erst recht. Mein Unteroffizier Müller, der mich abholte, sagte mir, daß ich sofort zu einer ärztlichen Untersuchung kommen sollte. Ich ging dann auch gleich von der Bahn zum Truppenarzt. Das Ergebnis liegt noch nicht ganz fest, er wollte noch das Urteil von dem Nervenarzt, bei dem ich vor einiger Zeit war, einholen. Aber ich zweifle nicht dran, daß ich als k.v. [kriegsverwendungsfähig] befunden werde und somit mit einer Abstellung zu rechnen habe. Einige Wochen werde ich noch hier bleiben, um meinen Nachfolger einzuarbeiten. Was dann wird, ist unbekannt. Bei meinen Leuten herrscht über meinen voraussichtlichen Weggang auch große Bestürzung, aber daran läßt sich nun nichts ändern. Ich selbst mache mir deswegen keine große Sorge. Wie's kommt, wird mitgemacht. Ich habe es hier ja auch lange Zeit gut gehabt. Besonders freue ich mich, daß ich noch einmal bei Euch war und wir alle so schön beisammen waren. – Die Reise ging glatt vonstatten, soweit eine vierstündige Verspätung heute nicht viel zu bedeuten hat. Bis Breslau war der Zug ziemlich pünktlich. Dann war auf der Strecke vor uns ein Zugunglück passiert, und unser Zug mußte umgeleitet werden. Ich saß in meiner Ecke, die ich schon in Fulda besetzt hatte, und habe geschlafen, und wenn ich wach wurde, habe ich die guten Brote und den Kuchen und Äpfel gegessen. Es war mir ganz einerlei, wann ich nach W[arschau] kam. Die Reise kam mir überraschend schnell vor trotz der vielen Bummelei. Ganz anders ist es, wenn man auf der Heimreise ist. Da kann man vor Ungeduld vergehen, wenn's einen Aufenthalt gibt. Die Mitreisenden sitzen teilnahmslos jeder auf seinem Platz. Kein Wort wird gesprochen. Man ist sich gleichgültig. Jeder beschäftigt sich mit seinen Gedanken. [...]

An die Ehefrau *Warschau, 22. Februar 1944*

Liebe Annemie –

heute vor 8 Tagen war ich den letzten Abend bei Dir. Es scheint mir, als ob eine endlos lange Zeit seitdem vergangen ist. Und doch habe ich alles noch in so schöner und frischer Erinnerung. Jedesmal nach der Urlaubszeit ist das Leben hier und das Fernsein von Dir so schwer zu ertragen. Und es dauert eine Zeit, bis ich mich zurechtgefunden habe. Die ganze Sinnlosigkeit des jetzigen Lebens legt sich wie Blei auf mich. Du hast doch die Kinder um Dich, und alles, was Du in die Hand nimmst, hat Sinn und Zweck, aber mein Tun scheint vergeudet und nutzlos, wenn ich mir auch anderseits wieder klarmache, daß es andern doch zugute kommt. Aber dieses Gefühl, mit einem Federstrich wird man zur Seite und wie eine tote Holzfigur da- und dorthin geschoben, das ist niederdrückend. – Nach dem Befund des Nervenarztes bin ich nun bedingt k.v. [kriegsverwendungsfähig] geschrieben. Meine Abstellung wird sich damit für einige Zeit noch hinausschieben, wenigstens werde ich vorläufig nicht für den Feldeinsatz genommen werden. Ob meine bisherige Tätigkeit bestehenbleibt, ist nicht gewiß. Schließlich ist es mir einerlei, was weiter wird. [...] In der miserablen Stimmung, in der ich mich jetzt befinde, möchte man sich ganz in sich zusammenkriechen und von allem nichts hören und sehen. Ob es Dir auch ähnlich geht? Ich konnte auch gar nicht schreiben, obwohl ich immer und immer spüre, wie sehr Du mir fehlst und wie gut Du zu mir bist. Ich danke Dir aufs herzlichste für alles. Ich meine, ich hätte es noch niemals so gefühlt, was Du mir bist und wie ich Dich jetzt entbehre. Es ist ja alles dummes Zeug, was wir bisweilen in den Nächten geredet haben. Nichts kommt an die Tatsache und Gewißheit heran, daß wir so innig zusammengehören. Meinst Du nicht auch? [...]

An die Ehefrau *Warschau, 26. Februar 1944*

Meine liebe Annemie –

[...] Hoffentlich hat Dich die Nachricht nicht so sehr beunruhigt, daß mich der Arzt k.v. [kriegsverwendungsfähig] geschrieben hat. Diese Feststellung ist nun endgültig. Erst wurde mir gesagt, ich sei bedingt k.v. auf das Gutachten des Nervenarztes hin, aber der Truppenarzt hat nun so entschieden. Ich bleibe nun einige Wochen noch hier, bis mein Ersatzmann eintrifft, den ich erst einzuarbeiten habe, dann komme ich, wie ich schon schrieb, zum Ersatz-Bataillon nach Kolberg[13]. Ich erwarte Dich dort ganz bestimmt. Wie lange ich dort bleiben werde, ist mir völlig unbekannt, sicher nicht lange, und was dann folgt, auch nicht. Mir ist alles gleich. Ich will meinen Weg schon gehen und habe die beste Hoffnung, daß alles gutgeht. Das Weggehen von hier fällt mir nicht schwer, ich habe mich damit abgefunden; nicht nur das, sondern ich erwarte ein ganz neues Leben, und ich bin froh, daß Du nun ganz ruhig sein kannst. Ein Stachel wäre ja doch immer geblieben. – Mein Chef[14] bedauert, wie er sagt, daß ich weggehe; er sagte mir auch, daß der Chef des Kommandostabes[15] mich hätte halten wollen und beim Wehrkreiskommando in Krakau[16] vorstellig gewesen wäre, aber die Bestimmungen[17] wären nicht zu umgehen gewesen. Ob ich an einen andern Kriegsschauplatz als den Osten komme, weiß ich natürlich nicht. Am liebsten ginge ich nach Norwegen. Aber man kann sich ja nichts aussuchen. [...] Ich habe auch einen Malkursus eingerichtet[18]. Ein Dresdener Maler hält ihn ab. Die Soldaten sind mit großer Begeisterung und regem Fleiß dabei. Gestern abend war ich dort, um dem Unterricht beizuwohnen. Ich war im ersten Augenblick etwas erschrocken, als ich das Aktmodell stehen sah. Eine junge Frau, für ihre 30 Jahre tadellos gebaut. Sie stand da wie eine Bildsäule. Geradezu andächtig war es in dem Raum; die Stille wurde nur unterbrochen von den leisen Bemerkungen des Lehrers und dem Seufzen der sich mühenden Schüler, die vor unlösbaren Aufgaben standen. Und noch etwas berührte mich eigenartig. Es waren meist einfache Soldaten, auch einige Offiziere, aber ich befand mich plötzlich in der Atmosphäre einer geistigen Welt, vor der alles Äußerliche, wie zum Beispiel Rang oder Vorgesetztenverhältnis, versank. Der Kurs ist in einem stillen Zimmer eines Soldatenheimes eingerichtet. Die Schwestern luden mich zum Abendessen ein. Das war sehr nett. Ich hatte auch tüchtigen Hunger. – Ich gehe jetzt auch jede Woche in einen Film.

Seither hatte ich gar kein Verlangen danach, aber jetzt will ich die Gelegenheit doch noch ausnutzen. Nachher (heute) war ich schwimmen. Ich hatte soviel Kraft und Lust. Als ich nach Hause kam, war Deine Post da. Das war ein schöner Tag. Morgen gehe ich zur Kommunion und bin mit Dir vereint. – Ja, ich will Dir jetzt oft schreiben. Gute Nacht, mein Lieb, Dein Wilm.

Tagebucheintrag *(Warschau,) 29. Februar 1944*

Allmählich löse ich mich von hier los. Was es in der Zukunft gibt, weiß ich nicht. Ich bin auf alles gefaßt und gehe dem Neuen mit Mut und Selbstvertrauen entgegen.

Abends war ich zu einem Schulungsabend zu der Frontleitstelle[19] kommandiert mit Oberleutnant Strauch von Ic[20]. Bei dieser Dienststelle ist ein Hauptmann Müller, Gaupropagandaredner, der den dienstlichen weltanschaulichen Unterricht da leitet[21]. Sein Bestreben ist, möglichst bei den oberen Dienststellen aufzufallen, deshalb wurde diese Sache dort aufgezogen. Es handelte sich um den Abschlußabend einer mehrwöchigen Gemeinschaftsarbeit. Stubenweise wurde den Soldaten ein Thema gestellt, über das sie sprechen sollten. An diesem Abend hielt ein Vertreter der einzelnen Stubengemeinschaften ein kurzes Referat über ein Sachgebiet: zum Beispiel Bombenterror[22], Ostfront, Ostasien, Italien, Feindpropaganda, Tonnagekrieg[23]. Die Sprecher versuchten nun, eine Darstellung zu geben, bei der die eigene Seite in hellstem Licht erstrahlte, während auf der andern Seite alles schwarz gemacht wurde. Wo die Tatsachen dem entgegenstanden, sparte man nicht mit Vorschuß auf günstige Entwicklungsmöglichkeiten der Zukunft. Der Propagandaredner selbst unterstrich dann in drastischen Worten jedesmal das Gesagte. Ich war denkbar betroffen über soviel Dummheit und Gedankenlosigkeit. Das ganze war so ein recht typischer Nazirummel. Ohne Sachkenntnis, ohne Nachdenken großes Wortemachen. Das ist nun die geistige Führung. Wie viele denkende Männer rücken aber innerlich ab und sind in tiefstem Grunde abgestoßen. Die Masse macht mit. Es soll ja immer auf die ankommen. Aber einmal wird ein Erwachen kommen.

Nachher waren die Offiziere im Kasino noch zusammen. Bald bildeten sich zwei Gruppen. Die eine, der Propagandaoffizier an der Spitze, mit dem üblichen Phrasengerede, die andre, die es wagte, ihre andre Einstellung zu bekunden. Ich habe den Eindruck wieder mal bekommen, daß wir unserm Verderben entgegeneilen müssen, weil keine Männer da sind, die mit Mannesmut dem Schicksal entgegenzutreten gewillt sind.

An die Ehefrau *Warschau, 5. März 1944*

Meine Annemie –
endlich trifft Dein zweiter Brief ein, vom 26.II. Du beklagst Dich, daß ich Dir nicht schrieb. Bald eine Woche schrieb ich Dir nicht. Ich war von einer solchen Unruhe und Niedergeschlagenheit beherrscht, daß ich zu nichts mich aufraffen konnte. Als ich dann Deinen ersten Brief in der Hand hatte, war die Spannung gelöst. Fast jeden Tag schrieb ich Dir dann einen kurzen Brief. Und wenn ich Dir nun auch nichts Tröstlicheres mitteilen konnte, so hoffe ich, daß Du Dein Gleichgewicht wiedergefunden hast. Ich sagte es Dir schon in früheren Briefen, ich habe mich mit meinem Weggang von hier jetzt abgefunden und sehe dem kommenden Neuen mit einer gewissen Neugier entgegen. Auch das sagte ich Dir schon, daß ich zur Frontverwendung nicht komme. Irgendwo im besetzten Gebiet werde ich wahrscheinlich eingesetzt werden. An Deinem Geburtstag hoffe ich, mit Dir zusammen zu sein. Zwei bis drei Wochen bleibe ich noch hier, bis ich den Nachfolger eingearbeitet habe. Nächsten Samstag, am 12. [März], will ich eine kleine Abschiedsfeier für meine Kameraden machen. Ich kenne so viele Leute, mit denen mich eine gewisse Freundschaft verbindet. Ich möchte nicht einfach aus ihrem Gesichtskreis verschwinden. Es sind meistens Offiziere. Auch meinen Chef[24] möchte ich einladen und einen oder den andern von meinen Dozenten. – Du schriebst gar nichts von den Kindern. Aber das begreife ich, vorläufig hast Du zuviel mit Dir selbst zu tun. Du meinst, ich bekäme im Urlaub nicht das richtige Bild von Dir. Sonst wärest Du besonnener und gesammelter und innerlicher. Aber wie könntest Du anders

sein, daß ich Dich lieber hätte als so, wie Du warst. Ich habe auch alles noch in so lieber Erinnerung. Selbst die Bitterkeiten, mit denen wir uns quälten, sind mir teuer, und ich möchte das alles gar nicht missen. Sie lassen mich so tief empfinden, wie sehr wir umeinander ringen. Wir müssen uns jede selige Umarmung immer wieder neu erkämpfen. Ich glaube, das wird nie anders sein bei uns beiden. Wir haben einen starken, immer wechselnden Zug zueinander, der, wenn wir beisammen sind, einer stärkeren Dynamik unterworfen ist, als wenn wir getrennt sind. Die Hauptsache für diese wechselnden Spannungen, das wissen wir beide sehr lange schon, ist das oft übertriebene geschlechtliche Ausleben. Aus der Ferne bist Du mir der stetig strahlende Stern, nach dem meine Sehnsucht geht. – Du hast mir so einen lieben, schönen und starken Brief geschrieben. Wie freut mich das. Ja, ich spüre das alles auch so oft. Es wird jetzt eine ganz andere Zeit kommen. Du sagst, Du liebst mich tiefer als irgendein anderer Mensch. So kann ich Dir sagen, es gibt niemand auf der Welt, der mir teurer wäre als Du.

Gute Nacht, mein Lieb, Dein Wilm.

An die Ehefrau *Warschau, 12. März 1944*

Liebe Annemie –
von Moni und Detlev bekam ich gestern Briefe. Detl[ev] ist mit wenig Begeisterung in die neue Stellung gerückt. Er schreibt wirklich gut. In einem prägnanten, sichern Stil. Moni berichtet in ihrer temperamentvollen Weise von dem Leben daheim. Ich werde ihr noch antworten. Für sie ist die Zeit daheim eine richtige Erholung. Wie werdet Ihr im Garten Euch austoben! Hier scheint es wieder Winter werden zu wollen. – Mein Chef[25], der am Sonnabend beim Kameradschaftsabend war, meinte, es sei noch nicht sicher, ob ich weg müßte. Aber er weiß so wenig wie ich selbst. Wenn eines Tages der angeforderte Ersatz anrückt, sind meine Tage hier gezählt. – Hast Du die Rede von Dönitz[26] gehört? Da hörte man gar nichts mehr von den großen Versprechungen früherer Gelegenheiten. In der Kirche war eine schlichte, aber ergreifende Feier. Das Lied vom guten Kameraden hat mich

unter diesen Umständen in Begleitung der Orgel stark berührt[27]. Ich warte auf einen Brief von Dir. Sei mit den Kindern herzlichst gegrüßt von Deinem Wilm.

An die Ehefrau *Warschau, 15. März 1944*

Meine liebe Annemie –

[...] Ein junger Soldat[28], ich glaube, er ist Bibliothekar in Hannover, liegt im Lazarett in Hanau, schreibt mir von Zeit zu Zeit so anhängliche Briefe, daß ich ihm vorschlug, Euch mal zu besuchen. Ich lernte ihn bei einem Studentenkurs kennen. Brief anbei. [...]

An die Ehefrau *Warschau, 16. März 1944*

Liebste Annemie –

[...] Ach ja, das Wünschen! Wenn das helfen könnte! Ich wollte Dich schon trösten, wenn Du so Schmerzen hast. Und unser Leben könnte wieder einfach und ohne die ständige Ungewißheit an uns vorübergehen, wie es früher war. Man kann sich das alles gar nicht mehr richtig vorstellen. Aber das Klagen hat ja keinen Sinn. Ich komme ab und zu in die Lazarette und nehme dann immer die Gelegenheit war, um die Verwundeten zu besuchen. Mir stürzen dann immer die Tränen in die Augen, so bewegt mich der Anblick dieser zerschossenen, verstümmelten jungen Soldaten. Einer lag da mit abgeschossenen Händen, die Stümpfe standen aufrecht auf dem Kissen. Er versuchte sogar, eine Ehrenbezeugung zu machen. Eine Schwester fütterte ihn, aber er war rührend geduldig und war so gar nicht verbittert. Er erzählte mir ganz ausführlich, wie das Unglück passiert war. Ein Kamerad hatte eine Miene scharf gemacht und hatte ihm nichts gesagt. Wie er sie in die Hände nehmen wollte, ging sie los. Daß er mit dem Leben davongekommen ist, kann er immer noch nicht begreifen, aber er ist heute doch dankbar dafür. Und was ist das Leben noch für ihn? Man kann von Bett zu Bett gehen, in jedem liegt ein zerschlagener, gequälter Mensch, aber die Hoffnung blickt ihnen aus den Augen. Und das ist das Rührende und ans Herz Greifende. Das ist auch das, was mich immer wieder voller Vertrauen in die Zukunft sehen läßt. Es ist eine Hoffnung und ein Sinn in allem

Leid, in aller Sinnlosigkeit, das wir nicht zu begreifen vermögen. Unter entsetzlichen Schmerzen wird etwas Neues, Größeres und Schöneres geboren werden. Es gibt auf der Welt keinen Untergang, keinen Tod ohne Hoffnung auf Auferstehung. Trotz der entsetzlichen Katastrophen, die täglich über unser Volk hereinbrechen in den furchtbaren Fliegerangriffen; auch sie haben und müssen einen Sinn haben. Der einzelne Mensch wird ausgelöscht, aber die Menschheit wird weiterleben, und ich glaube, sie wird besser und schöner aus der Katastrophe hervorgehen. Darum lohnt es zu leben und zu hoffen. [...]

An Ehefrau und Kinder *Warschau, 19. März 1944*

Meine liebe Annemie, liebe Kinder –

[...] Gestern abend war ich bei Luckhaus[29]. Ich schrieb schon, daß er vor einigen Wochen in [sic!] Urlaub kam und mich gleich besuchte; er hatte so eine abgetragene, zerschlissene Uniform an, daß ich ihm vorschlug, sie beim Bekleidungslager umzutauschen. Das wollte er auch gerne. Aber seine Mutter hat sie ihm gewaschen, und nun meinte er, er wollte sie doch weiter tragen. Ich glaube, er ist etwas abergläubisch. Mehrere Kugeln sind schon durch den Rock und die Hose gegangen, und nun meint er, sie solle ihn auch noch weiter beschützen. Ich soll Dich von ihm und seiner Frau bestens grüßen. Frau L[uckhaus] fragte, ob Du nicht einmal wieder kämst, sie hätte Dich in ihr Herz geschlossen, Du wärest ihre große Sympathie. Sie wohnt eigentlich auf dem Land, hat ein kleines Bauerngut mit einem Pferd, 1 Kuh und Schwein und 13 ha Feld. Aber sie darf ihren Mann nicht mit dorthin nehmen, einmal fürchtet sie einen Überfall auf ihn und zweitens soll niemand im Dorf wissen, daß er deutscher Soldat ist. Dann wäre sie bei der Bevölkerung bloßgestellt. Wir gingen nach dem Abendessen zu einem bekannten Ehepaar. Der Mann war früher Instrukteur (wie die Polen sagen)[30] an der Hochschule für Leibesübungen, und L[uckhaus] war sein Mitarbeiter und früherer Schüler. Der hat nun eine Deutsche zur Frau. Sie ist hochmusikalisch und spielt die schwersten Stücke von Beethoven[31], Liszt[32] und so weiter. Sie schwärmte den ganzen Abend von deutscher Musik. Als ich sagte, ich kennte von Dir einige Lieder von Schubert[33], Schumann[34], Wolff[35], holte sie sofort die Noten und spielte sie mir alle vor. Sie singt auch gar nicht schlecht. [...] L[uckhaus] und ich durften nun nicht als Soldaten hingehen, damit die Leute nicht merkten, daß sie Deutsche empfingen. Wir zogen Zivilmäntel über die Uniformen und Hüte auf. Ich habe dort auch geschlafen. Heute früh habe ich dadurch die Kirche versäumt. Ich fuhr auf dem Rückweg an der Kirche vorbei, und die Soldaten strömten gerade hinein, aber ich hatte so ein verteufeltes Bauchkneipen [Bauchschmerzen], daß ich vorzog, erst mal nach Hause zu fahren. [...]

An die Ehefrau *Warschau, 21. März 1944*

Liebe Annemie –

Wie geht es Helmut? Er war wohl nicht zurück, als der letzte [Luft-]Angriff auf Ffm. [Frankfurt/Main] war. Der Krieg beginnt bereits in das Krisenstadium einzutreten. Erst Finnl[an]d, jetzt Ungarn[36]. Im Osten geht es unaufhaltsam zurück. Das bleibt natürlich nicht ohne Einfluß auf die Balkanländer. – Ich höre gerade den Wehrmachtbericht und warte mit Spannung auf die Vorgänge in Ungarn, aber nach der alten Taktik des d[eutschen] Rundfunks verschweigt man das Wesentliche und gibt nur belanglose Einzelheiten. Ich halte diese Umschwenkung in Ungarn für ein bedenkliches Zeichen. Mit einer militärischen Besetzung ist da nicht viel gemacht. Wir haben sowieso keine Soldaten übrig. – Für mich sind noch keine weiteren Befehle da. Ich warte noch, aber mache meine Arbeit in bisherigem Umfang weiter. [...]

An die Ehefrau *(Warschau,) 21. März 1944*

Liebe Annemie –

ich komme eben aus dem Varieté. Wie oft hatte ich mir früher vorgenommen, solche Vorführungen nicht zu besuchen, weil ich immer enttäuscht war. Diesmal wurde ein ganz besonderes Programm angekündigt. Ich traf einen meiner Dozenten, der mir davon vorschwärmte. Aber es ist immer derselbe Zauber. Zu bestaunen ist die fabelhafte Leistung der Akrobaten. Was müssen diese Leute sich einüben. Aber die

Hauptsache fehlt da immer: die Seele. Man geht ernüchtert und überdrüssig nach Hause. In meiner Wohnung empfangen mich meine Leute mit einem riesigen weißen Pudel. Er ist zugelaufen. Er sitzt jetzt neben mir und guckt mich an. Ich erschrecke fast vor diesem verständigen Blick. – Heute mußte ich mit andern Offizieren die Winterwettbewerbe von Soldaten und bei der Wehrmacht eingestellten Frauen begutachten und in einer Art Jury, so heißt das doch wohl, richtern helfen. Es waren ganz wunderschöne Sachen verfertigt worden, besonders auch Zeichnungen und Bilder. Als ich abends mit der Straßenbahn nach Hause fuhr, traf ich einen früheren Kompaniekameraden, der aus Rußland kam. Er war einer der letzten von denen, die im Sommer [19]41 nach Osten gingen. Ich schäme mich dann, daß ich in dieser ganzen Zeit hiergeblieben bin. – Die Zukunft ist voller Ungewißheit und Spannung. Ich will nichts mehr erleben, nur heim zu Dir. Sei herzlich mit den Kindern gegrüßt von Deinem Wilm.

An die Ehefrau *Warschau, 22. März 1944*

Meine liebe Annemie –

wenn ich so einen ganzen Tag für mich verbringen muß, dann meine ich, ich müßte mal schnell etwas mit Dir plaudern. Es ist wenig, was ich derzeit erlebe und nicht des Erzählens wert. Heute mittag zog es mich hinaus. Ich konnte das Stillsitzen im Haus nicht mehr ertragen. Da bin ich zum Reiten gegangen, und weil ich eine Stunde noch Zeit hatte, wollte ich die alten Kameraden aufsuchen, die in dem Landes-Schützen-Bataillon, dem ich angehörte, begrüßen [sic!], aber sie waren alle weg. An den Türschildern standen nur fremde Namen. Nur mein Fuchs ist immer noch da. Er wird wenig geritten, fast nur, wenn ich mal komme. Der alte Pferdepfleger betreut ihn auch noch. Es ist etwas Eigenartiges, wie wohl man sich fühlt, wenn man einen Bekannten trifft. Es ist gar nicht nötig, daß man sich so besonders gut versteht. Nachher will ich in ein Schauspiel gehen. Ich kenne einen Schauspieler, den ich vor ein paar Tagen traf. Er spielt mit und lud mich ein, hinzukommen. Es ist ein sehr ernster, gediegener Mensch. Ich soll ihn mal besuchen. Das will ich auch bald tun. [...]

An die Ehefrau *Warschau, 23. März 1944*

Meine liebe Annemie –
herzlichen Dank für Deinen lieben und langen Brief vom 16.3. Ich will ihn gleich beantworten. Nachmittags habe ich manchmal Zeit zum Schreiben, abends gehe ich dann meist zum Besuch der Kurse[37] weg. Ich habe jetzt eine Anzahl Lehrgänge in Lazaretten und bei den Einheiten eingerichtet, um den Leuten den weiten Weg mit der Straßenbahn zu ersparen. Nachher werde ich auch wieder abgeholt, um in dem Fort Bema[38], wo eine größere Nachschubeinheit liegt, einige neue Kurse in Gang zu bringen. Wenn mich die Arbeit auch nicht mehr so fesselt wie früher, so bin ich doch dabei, für die Fortbildung zu werben und die vorhandene Einrichtung weiterzuführen. Denn ich sehe, daß sie einem Bedürfnis entspricht und von vielen begrüßt wird. Die meisten Soldaten allerdings und die hier beschäftigten weiblichen Wehrmachtangehörigen vertrödeln lieber ihre Zeit. Gegenwärtig machen drei von meinen Schülern das Abitur. – Von meinem Abschiedsabend habe ich doch schon berichtet. Es war sehr nett. Mein Chef[39] gab bei seiner Ansprache dem Wunsch Ausdruck, daß ich noch hier bleiben möge, es sei ja auch wieder ruhig geworden mit der Versetzung. Aber ich weiß, daß ein Offizier angefordert ist, der meinen Posten übernehmen soll, und wenn der eintrifft, werde ich gehen müssen. Es ist aber ganz unbestimmt. [...] Die Einreise für Zivilpersonen ist jetzt ganz gesperrt, wohl weil die Front näher rückt. Ich hatte mir schon allerlei Pläne gemacht, wie ich Dich wohl hierher bringen könnte. Obwohl diese Pläne noch in der Luft hingen, enthielten sie doch ein wenig Hoffnung, Dich bald wiederzusehen. So muß ich auf die Zeit in Kolberg warten. Freilich, die Reise über Berlin ist nicht ohne Gefahr. Du mußt sie so einrichten, daß Du morgens in B[erlin] eintriffst. [...] Das glaube ich nicht, daß die kleinen Jungen so mir nichts dir nichts als Soldaten an die Front geschickt werden[40]. Dazu sind die Menschen doch zu kostbar. Ohne eine richtige Ausbildung werden die Jungen nicht verwendet. [...] Eben komme ich zurück. Ich war bei einer Dienststelle, die ein riesiges Kraftfahrzeugersatzteillager hat. Wieder einmal konnte ich feststellen, wie interessiert die

Leute sind und nach Weiterbildung verlangen, aber die Herrn Verantwortlichen tun nichts dazu. Unter den einfachen Leuten gibt es Prachtskerle. Ich fragte einen Soldaten, der mir schon durch den Besuch anderer Kurse bekannt war, ob er keine andere als Volksschulbildung habe. »Oh doch«, sagte er, »ich bin im Zivilberuf Regierungsrat«. [...]

An die Ehefrau *(Warschau,) 25. März 1944*

Meine liebe Annemie –

meine Briefe bleiben anscheinend lange auf dem Weg, deswegen will ich Dir heute schon den Geburtstagsbrief schreiben. Zu Deinem 46. Geburtstag wünsche ich Dir das Beste, was nur zu denken ist, Gesundheit, Kraft und frohen Mut, das Schwere der Trennung zu ertragen und die Last der Sorgen mit frohem Gottvertrauen zu überwinden. Und vor allem soll das künftige Lebensjahr Dir wieder ganz und gar das glückliche Bewußtsein geben, daß wir zwei unzertrennlich sind und uns unverbrüchlich liebhaben. Aber auch noch ein anderer großer Wunsch soll in Erfüllung gehen, der Frieden soll bald kommen. Auch auf die Gefahr hin, daß Du mich wieder einen unverbesserlichen Optimisten schiltst, glaube ich dennoch, daß es in diesem Sommer zu Ende geht. Möchten wir dann doch alle mit Gottes Hilfe wieder gesund vereinigt sein. Der Frieden wird sehr schwer sein, das kann gar nicht anders sein. Wir alle müssen doch helfen, die zerstörten Städte wieder aufzubauen und den heimatlosen Menschen ein Obdach zu geben und für ihren Unterhalt zu sorgen. In den ersten Jahren wird ein großer Mangel an allen Wirtschaftsgütern, Nahrungsmitteln, Kleidung, Haushaltsgeräten sein. Jahrelang hat die Industrie nichts mehr erzeugt, und die Bedürfnisse sind ins Ungemessene gestiegen. Die Gehälter der Beamten werden herabgesetzt werden, ebenso die Löhne der Arbeiter. Mit einem Minimum an Lebensansprüchen werden wir uns bescheiden müssen. All diese Aufgaben aber können nur gelöst werden mit einer ganz andern Lebensauffassung, mit der wirklichen christlichen Haltung der brüderlichen Liebe und mit dem ganzen Ernst der Verwirklichung der sozialen Idee. Ich befürchte nicht, daß die Haßinstinkte der Sieger über uns hereinbrechen werden und uns zu

Sklaven machen werden und Vergeltung üben für alle Schandtaten. Die Friedenssehnsucht und die Bestrebungen zum Wiedergutmachen sind in jedem Volk lebendig geworden. Ein wirkliches, großartiges demokratisches Zeitalter wird kommen. Auch unsere jetzigen Feinde wissen, daß der Großteil unseres Volkes unschuldig ist an den schrecklichen Kriegsleiden, und sie wissen auch, daß wir wie kein anderes Volk die größten Opfer und die schwersten Leiden hinzunehmen haben. Auch sie sehen, daß der Krieg ein schreckliches Unglück ist, das wie eine Naturkatastrophe über die Welt hereingebrochen ist, wofür der einzelne Mensch, auch nicht das einzelne Volk, verantwortlich zu machen ist. Wenn ich in der Unterhaltung mit andern Menschen immer wieder höre, es lohnt sich nicht mehr zu leben, wenn wir den Krieg verlieren, dann spüre ich mit aller Deutlichkeit, daß [sich] damit eine Gesinnung offenbart, die nicht in diese neue Zeit paßt und sich deswegen nicht zurechtfinden kann. Der materialistisch gerichtete Geist der Zeitgenossen verliert mit einem Mal alles, worauf sein ganzer Sinn gerichtet war: auf ein immer bequemeres, genußreicheres Dasein. Viele, die heute noch an einen siegreichen Ausgang glauben – ob sie es glauben, weiß ich nicht, jedenfalls reden sie davon – die leben noch immer in den seit Jahren gehegten und immer wieder vorgebrachten Illusionen, daß wir ein besonderes Schicksal verdienen auf Kosten anderer Völker. Das ist der Wahnsinn von dem auserwählten Volk, das wir, da es den Juden abgesprochen wurde, für uns in Anspruch nehmen[41]. Wenn der äußere Glanz und Schimmer verloren und die Machtpläne gescheitert sind, dann ist der Traum vom Ewigen Reich aus für diese Leute.

So lange die Erde besteht, sind nicht solche Massen in Bewegung gewesen wie in diesem Krieg. Angefangen von den flüchtenden und zurückflutenden Grenzbewohnern in Polen, den umgesiedelten Volksdeutschen, den Flüchtlingen in Frankreich, jetzt in Italien, in Rußland. Zwei-, dreimal sind die Menschen davongetrieben worden. Die russ[ische] Zivilbevölkerung hat Unsägliches erduldet. Dann die Ausrottung mehrerer Millionen Juden, die Vernichtung der deutschen Städte und die Zerstreuung ihrer Einwohner, dazu kommen Millionen Fremdvölkischer, die zur Zwangsarbeit nach Deutschland gebracht wurden, und über all dem stehen sich die Millionenheere der feindlichen Völker zur gegenseitigen Vernichtung gegenüber. – Eine Revolution und Katastrophe von unerhörtem Ausmaß. Das Jahr 1943 hat deutlich die allmähliche Steigerung zu dem in diesem Jahr liegenden Höhepunkt erkennen lassen. Mit dem Angriff der vereinigten engl[isch-] am[erikanischen] Streitkräfte ist er da[42], und damit das Ende. Wie ein fernes Grollen das heranziehende Gewitter ankündigt, so erscheinen mir die Waffenstillstandsverhandlungen Finnlands und der deutsche Einmarsch in Ungarn und Rumänien[43], wie ich glaube, die letzte exzentrische Bewegung deutscher Streitkräfte. Angesichts dieser riesenhaften Massenbewegungen dürfen wir nicht erwarten, daß, wenn auch die Kriegshandlungen vorbei sind, alles andere gleich zur Ruhe kommt. Die alten Zustände werden nie zurückkommen, aber die deutschen Menschen werden einem Zeitalter entgegensehen dürfen, in dem sie die Sehnsucht nach dem Reich der deutschen Seele verwirklichen können. Dazu sind Reichtümer nicht nötig und auch keine Macht. Und darum lohnt es sich, diesen Krieg zu überstehen, nicht nur für sich selbst, sondern weil wir ja unsern Kindern helfen müssen, das Neuland zu suchen. [...] Du bist ja immer etwas zurückhaltend gegenüber dem gesellschaftlichen Verkehr mit Leuten aus dem Dorf. Aber die Kriegszeit hat Dich gelehrt, daß es sich auch mit einfachen Menschen leben läßt. Du schriebst in einem früheren Brief, Du hättest Sehnsucht nach Verkehr mit gebildeten Menschen. Das kann ich gut begreifen. Mein liebster Verkehr ist ein Zusammensein mit Dr. Mann[44]. Er sprach jetzt über Nietzsche[45]. Am Mittwoch abend wird er bei mir bleiben. Das ist ein ganz wesentlicher Mensch. Auch Herr C[ieciora][46] ist ein lieber Freund. Er geht nie aus sich heraus und bleibt mir immer etwas fremd, aber ich bin doch gern mit ihm zusammen.

Herzlichen Dank für Deinen lieben Brief vom 19.3. Sind die beiden Mädelchen wieder gesund? Wie dankbar und glücklich müssen wir sein, daß die Kinder so gesund sind. Du hast mir so eine schöne Schilderung von Deinem Ausguck am Fenster gegeben. Wie deutlich sehe ich das alles. Du mit Deinem sinnenden Gesicht auf der Sofakante sitzend, die Kinder im Zimmer und das Leben und Treiben am Kirchplatz. Was für eine friedliche, stille Welt. [...] Heute bin ich schon früh aufgestanden und bin in die Kirche gegangen und zur Heiligen Kommunion. Wenn man auch nicht den inneren Drang zum Frommsein hat, irgendwie ist man doch bereichert und zufriedener geworden und steht den Aufgaben des Tages mit anderer Haltung gegenüber. [...] In W[arschau] ist es jetzt merkwürdig ruhig geworden. Flüchtlinge aus dem Osten des ehemaligen Polens treffen ein. Wenn man doch nur früher nicht so viele Fehler gemacht hätte. Heute ist es zu spät, das Volk zu gewinnen. Die deutsche Regierung macht jetzt zwar Versuche, einen andern Kurs zu steuern, aber ich glaube nicht, daß sie Erfolg haben wird[47]; obwohl die Polen die entschiedensten Gegner des Bolschewismus sind und mit Schrekken einer bolschewistischen Invasion entgegensehen, werden sie kaum aktiv mit uns gehen. [...]

Tagebucheintrag *(Warschau,) 29. März 1944*

»Das Nebenland des Reiches mehr denn je vom totalen Frontgeist erfüllt«, so sagt der Generalgouverneur auf einer großen Parteikundgebung in Krakau[48]. Und früher schon mal, etwa vor 6 Wochen, nannte er vor ausländischen Journalisten das Generalgouvernement den bestbefriedetsten Teil der besetzten Gebiete[49]. Wer die Verhältnisse kennt, kann sich nur wundern, wie der verantwortliche Regierungschef solche, die Allgemeinheit irreführenden Reden halten kann. Es ist nicht anzunehmen, daß er nicht weiß, wie gefährdet die öffentliche Sicherheit ist, wie die Banditen und die illegalen Widerstandsbewegungen[50] in steigendem Maße sich festigen und organisieren. Er selbst kommt nur unter stärkster polizeilicher Bedeckung nach Warschau. Man kann nur annehmen, daß es Generalgouverneur Frank darum zu tun ist, die Öffentlichkeit irrezuführen und nach oben hin Eindruck zu machen. Diese Unwahrhaftigkeit ist ein Kennzeichen der gesamten nationalsozialistischen Staatsführung. Was nicht in den Kram paßt, wird dem Volk verschwiegen, Nebensächlichkeiten werden aufgebauscht, und durch Ablenkungsmanöver soll die öffentliche Meinung beruhigt werden. Zum Beispiel beschäftigt sich die Presse anhaltend mit Schwierigkeiten im engl[isch]-am[erikanischen] Heer, in der engl[ischen] Politik und so weiter. Was gehn uns deren Sorgen an, wo wir nicht ein noch aus wissen. Die Volksstimmung ist zwar ruhig, aber keinesfalls aktiv oder einsatzbereit bis zum letzten, wie Goebbels zu sagen pflegt[51]. Die Deutschen sind schon zermürbt und abgestumpft und fast uninteressiert am Krieg. Jeder hat seine eigenen Sorgen und hat damit genug zu tun. Die wahre Stimmung zeigt sich am deutlichsten in den zu einer Zeit umlaufenden Witzen. Ab und zu hört man diese. Zum Beispiel die Wochenzeitschrift »Das Reich«[52] heißt: Klumpfüßchens[53] Märchenbuch. »Was kostet der Krieg? Drei Mark, die Ostmark [Österreich], die Westmark [Saapfalz] und die Reichsmark.«

»In Deutschland sind sämtliche Koffer beschlagnahmt. Die Deutschen müssen einpacken.«

»Warum ist das Fleisch in Deutschland so teuer und nicht zu haben? Die Ochsen sind in der Regierung, die Schweine in der Partei und die Hammel an der Front.« – So gemein und niederträchtig diese Witze sind, so bezeichnend sind sie. Man kann sie nicht hören, ohne Zorn und Trauer zu empfinden. Aber sie werden erzählt mit einem Gefühl der Genugtuung und Schadenfreude.

Tagebucheintrag *(Warschau,) 2. April 1944*

Es gibt Dinge in der Welt und im persönlichen Leben des Einzelnen, die sind nicht mehr gutzumachen. Wenn ein Mensch eine Schuld auf sich lädt, mag es aus Leichtsinn oder mit allem Vorbedacht aus dem Grund eines bösen Herzens geschehen oder aus Schwäche, in ihrer Wirkung kann sie zur unabwendbaren Katastrophe führen. Judas verriet den Herrn. Als er sah, welche Wendung das Schicksal nahm, das er seinem Herrn nicht zugedacht hatte, und er die Tat bereute, suchte er den Lauf des Schicksals aufzuhalten. Er warf das Blutgeld den Feinden Jesu vor die Füße; er tat aber nicht das, was ein unbelasteter Mensch in seinem Fall tun mußte, nämlich mit Einsatz seines Lebens für Jesus zu kämpfen und für ihn zu sterben. Er verzweifelte unter der Last seiner entsetzlichen Schuld und nahm sich das Leben. Er warf nun auch das Letzte fort, das ihm geblieben wäre, das Leben und damit die rettende, heilende, büßende Tat. In der Vernichtung des Urhebers der Schuld liegt das Geheimnis des Bösen. Aber auch das Böse dient zur Verherrlichung des Guten. »Der Menschensohn geht zwar hin, wie von ihm geschrieben steht, wehe aber dem Menschen, durch den der Menschensohn verraten wird. Es wäre besser für ihn, wenn er nicht geboren wäre[54].« [...]

An die Ehefrau *Warschau, 5. April 1944*

Meine liebe Annemie –

wie ein Brief von einem so lieben Menschen, wie Du mir bist, mich wieder hochreißen kann. Er hat lange Zeit gebraucht, eine ganze Woche. Und von Moni kam auch einer. Ihr zwei lieben Frauen! Ich kam eben gerade aus der Matthäus-Passion[55]. Die erste Aufführung am Sonntag abend hatte ich auch schon gehört. Sie hatte mich so sehr ergriffen, der ganze Palmsonntag – ich war schon früh in der Kirche gewesen, in der das Matthäus-Evangelium vorgelesen wurde – stand unter einer seelischen Gehobenheit. Als die Aufführung begann, Chor, Orgel und Orchester, da wurde ich plötzlich wie von einem Sturm davongetragen, daß sich mein ganzes Wesen erschütterte und die Tränen aus den Augen stürzten. Wie demütig und klein und groß zugleich wird man da. Heute um ½3 [Uhr] war die Wiederholung. Aber das Erlebnis vom Sonntag kam nicht wieder. Die Aufführung war wieder in der evangelischen Garnisonkirche[56]. War es das helle Tageslicht oder die andachtslosen Menschen oder muß man ohne Erwartungen sein? Ich weiß es nicht. Freilich, diese erdentrückte Musik und die heiligen Worte ergreifen und erheben, aber das tiefe Erlebnis kann man nicht rufen. Ich spürte, wie Du neben mir warst. Welches Glück wäre es mir gewesen, wenn Du wirklich dagewesen wärest. [...]

An die Ehefrau *Warschau, 6. April 1944*

Liebe Annemie –

wenn ich heute bei Dir wäre, würde ich Dich in meine Arme nehmen und Dich herzlich auf den Mund küssen und auf

Deine Augen und Dir zum Geburtstag die herzlichsten Glückwünsche sagen, und Du würdest merken, daß ich Dich sehr lieb habe. Nachher säße ich bei Dir in der Küche, wenn Du das Festmahl bereitetest und ich schaute Dir nur zu. Heute kann es nicht sein, aber in 10 Tagen sehen wir uns in Bromberg[57]. Im Danziger Hof habe ich bereits ein Zimmer für 4 Tage zugesagt erhalten. Das steht für Dich bereit. Du kannst also am 17. [April] schon eintreffen. Vom 17.-21. [April] wohnst Du dort. Nachher werden wir schon eine andere Lösung finden. Bring nur nicht so viele Kleider mit. Ein Paar Laufschuhe fürs Spazierengehen. Am 1.5. fahren wir nach Danzig, wenn's sich machen läßt. Ich bringe auch etwas zu essen mit. Backe einen Kuchen. Du sollst Dich gut erholen, und wir wollen ganz glücklich sein. Heimwärts fahren wir wieder über Samter[58]. Du kannst dort einen Tag bleiben, wenn Du willst. – In großer Erwartung und Sehnsucht, Dein Wilm.

An die Ehefrau *Warschau, 8. Mai 1944*

Liebe Annemie –

ich habe gestern Deinen Reiseweg bis zum Einschlafen verfolgt, und als ich heute früh erwachte, war es halb sieben [Uhr] und ich glaubte Dich in Begleitung von Moni und Uta auf dem Heimweg nach Thalau zu sehen. Hoffentlich ist alles so gutgegangen, wie ich es erwartete und für Dich wünschte. Bei mir ging auch alles glatt. In Kutno habe ich nach W[arschau] telefoniert und wurde abgeholt. Nicht ein Ei ist zerplatzt. Herr C[ieciora][59] hat sich sehr gefreut. Er hatte auch schon einen Brief von Frau C[ieciora] erhalten, in dem sie ihm ihre große Enttäuschung wegen unserer Absage schildert. Ich fand auch einen Brief ähnlichen Inhalts vor. Es ist gut gewesen, daß wir doch noch dort waren. Die Enttäuschung wäre doch zu groß gewesen. [...] Ich bin mit neuem Mut an meine Aufgaben herangegangen. Es macht mir so viel Freude nach dieser Zeit der Ausspannung und nach der Zeit unseres schönen, friedlichen Zusammenseins. Von meiner Versetzung wurde nichts verlautbart. [...]

An den Sohn *Warschau, 8. Mai 1944*

Mein lieber Detlev –
zwei liebe Briefe von Dir sind zu beantworten. Den einen sandtest Du nach Bromberg, und den anderen fand ich gestern hier vor, als ich ankam. Besten Dank für Deine Geburtstagswünsche. Das wäre freilich die schönste Gabe, wenn in diesem Jahr der Frieden käme. Mutter zweifelt ja sehr daran, aber ich glaube es doch. Aber so leicht wird es nicht gehen, und ohne große Schmerzen und Schrecken kann dieser furchtbare Weltenbrand nicht aufhören. Unser Volk muß wahrscheinlich noch das Schwerste durchmachen, schwerer als alles bisher Dagewesene. Manche glauben, die Engl[änder] werden keine Invasion versuchen, wenigstens nicht in diesem Jahr. Und die augenblickliche Ruhe an der Ostfront, so glauben sie, wäre ein Beweis dafür, daß die Russen auch nicht weiterkönnten. Ich teile diese Ansicht nicht. Es scheint mir nur eine Ruhe vor dem Sturm zu sein. Sie bereiten jetzt den Angriff vor, und wenn sie soweit sind, dann bricht's auch im Westen los. Der Russe ist jetzt wahrscheinlich noch nicht fertig, und die Angloamerikaner warten solange[60]. Mich wundert es nur, daß der Russe Warschau noch nicht angegriffen hat. Ob er sich das noch ein wenig aufhebt? – Eure neue Stellung scheint mir recht ungünstig zu liegen[61]. Hoffentlich kriegt Ihr da nicht was ab. Ich weiß ungefähr, wo das ist. Als ich 1914 in Kassel ausgebildet wurde[62], haben wir auf dem Exerzierplatz W[aldau] die ersten Sprünge geübt. Das sind nun schon 30 Jahre her. Nun bist Du schon fast so alt, wie ich damals war.

Die Zeit, die ich mit Mutter in Bromberg verlebte – es waren gerade 3 Wochen – war für uns beide eine wunderschöne Zeit. Wenn Du Mutter noch zu Hause getroffen hast, wird sie Dir ja erzählen können. Der Höhepunkt der Ereignisse war die Fahrt nach Danzig und die Reise nach Gdingen, jetzt heißt es Gotenhafen[63]. Dort hatten die Polen einen großen Hafen gebaut für ihre Kriegsflotte. Mutter meinte immer, als wir auf einem der Kriegsschiffe waren, das müßtest Du mal sehen. Man kann sich gar keinen Begriff machen von dem Wunderwerk eines solchen Schiffes[64]. Die Anlagen einer ganzen Stadt von der Größe von Gersfeld ist [sic!] da auf engstem

Raum hineingebaut. 1400 Matrosen leben auf einem solchen Schiff. Dazu die modernsten Einrichtungen eines Telegrafen- und Telefonamtes, Funk und Radio, Werkstätten, Küche, Wohnräume, Schlafräume und dann das ganze Arsenal von Geschützen, Munitionskammern und die gewaltige Heizungs- und Motorenanlage, die Rettungsboote, Flugzeuge. Man kann nur immer staunen und staunen über das, was menschlicher Geist ersinnt. Na, wenn Du mal so alt geworden bist wie ich, wirst Du so etwas auch schon mal gesehen haben. Schade, daß Ihr so wenig Unterricht habt. Schreibe nicht so genau, wenn Du wieder berichtest. Man weiß nicht, wer den Brief in die Finger kriegen kann. – Mir geht es gut.

Sei aufs herzlichste gegrüßt von Deinem Vater.

An die Ehefrau *Warschau, 22. Mai 1944*

Meine liebe Annemie –

[...] Ich fahre heute abend noch als Kurier nach Krakau und will auf dem Rückweg in M[iechów] bei den Verwandten von Frau C[ieciora] einkehren[65]. Herr C[ieciora] fährt mit, aber ich will Dir doch schnell noch auf Deinen Brief antworten. Am Sonntag, 27.5., um 14.13 [Uhr] komme ich mit dem Leipziger Schnellzug in Fulda an, das schrieb ich Euch schon 2x. Dann können wir alles noch ausführlicher besprechen. [...] morgen ist unser Hochzeitstag! Wenn ich Pfingsten daheim bin, feiern wir ihn auf unsere besondere Weise. Ich freue mich sehr auf die zwei Tage[66]. Dein Freund H. wird nach Bromberg zu der Kavallerieabteilung kommen[67]. Dahin werden alle ehemaligen Kavallerieoffiziere als Ausbilder versetzt. Da herrscht ein böser Drill. Er wird sich da kaum wohlfühlen. So ist das aber nicht, daß ich seine Bekanntschaft ablehnte. Aber wir werden kaum zusammenkommen. Ins Generalgouvernement darf er ja von Br[omberg] aus nicht fahren. [...]

An Ehefrau und Töchter *Warschau, 3. Juni 1944*

Meine liebe Annemie, meine lieben drei Mädchen –

nun ist es wahrhaftig schon Sonnabend geworden, und ich habe Euch noch nichts weiter als den kurzen Kartenbrief geschrieben, in dem ich meine Ankunft hier mitteilte. Ich bin den ganzen Tag so im Betrieb, daß ich abends zu müde zum Schreiben war und mich früh ins Bett legte. Dann hole ich mir allerdings noch ein Buch und lese. Immer sind meine Gedanken bei Euch in Erinnerung an die schönen Tage. Heute kommt mir das wie ein Traum vor. Jeder Tag hatte ein besonderes Gepräge. Am ersten haben wir im Garten gearbeitet, der zweite Tag stand unter dem Zeichen der feindlichen Flieger, am dritten haben wir Sport gemacht. Was könnte man alles anfangen, wenn wir zusammen wären. Vor allem möchte ich Euch Kindern so viel Anweisung geben. Aber es kommt alles wieder, wenn es uns auch jetzt so vorkommt, als ob diese Zeit gar nicht zu Ende gehen wollte. Wir wollen ja so dankbar sein, Gott hat es noch gut mit uns gemacht. Als ich zurückfuhr und der Zug lief am Bahnhof Eisenach ein, da heulten gerade die Alarmsirenen. Die Mitreisenden erzählten von den häufigen Angriffen auf fahrende Züge, eine nervöse Spannung bemächtigte sich der Leute, aber ich hatte das Gefühl, es passiert nichts. Ich stellte mir alles gut vor, wie das auf einmal ein Durcheinander geben würde, trotzdem schlief ich bald ein. An den Bahnhöfen immer dasselbe Bild, Abschied nehmende Eltern, Frauen und Kinder. Ich sehe Euch noch immer am Bahnhof in Schmalnau stehn, wie Ihr dem abfahrenden Zug nachwinkt. Und sehe Dich, liebe Annemie, so frisch und froh mich erwarten. Der gemeinsame Weg nach Thalau an dem Sonnabend morgen, die geschäftige Moni in der Küche, dann die verschlafenen Gesellen, wie sie der Reihe nach sich einfanden. – Es ist mir später noch so manches eingefallen, was ich Euch noch sagen wollte. [...]

Tagebucheintrag *Warschau, 7. Juni 1944*

Invasion[68]!

Gestern früh hat sie begonnen. Als ich nachmittags davon erfuhr, gab es mir doch einen Ruck. Das ist das Ende. Über die Anfangserfolge läßt sich nicht viel sagen. Nach den deutschen Berichten scheint alles gutzugehen und das Überraschungsmanöver nicht geglückt zu sein[69]. Aber was haben die Feinde schon damit zu rechnen, wenn sie eine derartige Überlegenheit zur See und in der Luft haben. Daß wir überhaupt keine

Luftabwehr haben, ist kaum zu glauben. Rom ist dieser Tage kampflos von uns preisgegeben[70]. Der Russe steht auf dem Sprung!

An Ehefrau, Kinder und Schwiegervater *Warschau, 11. Juni 1944*

Meine Lieben, lieber Vater –

[...] Liebe Annemie, in dieser Woche sende ich eine Kiste hauptsächlich mit Büchern an Dich ab. Unter anderen findest Du ein Buch von dem Friesen Momme Nissen, der Biograph von Jul[ius] Langbehn[71]. Das ist ein sehr wesentliches Buch, das mir viel gegeben hat. Vater wird das Kapitel interessieren, in dem er von der Kunstschule in Weimar berichtet. Die bekannten Namen, die ich von Vater her kenne, Hagen, von Thodi und andere, tauchen da auf. Durch den Inhaber der deutschen Buchhandlung hier habe ich Gelegenheit, solche Bücher zu kaufen. Er hat einen Raum, in dem er einen Vorrat an Büchern aufbewahrt, da darf ich mir ab und zu eins aussuchen. Früher kauften wir Bücher, ohne einen gewissen Gesichtspunkt einzuhalten; jetzt lege ich ganz andere Maßstäbe an, den Maßstab des inneren Gehaltes nach der sittlich-religiösen Seite. – Heute war ein reicher Tag für mich. Ich war früh in der Kirche und ging zu den Sakramenten. Der Volkssporttag brachte viel Bewegung. Das Rückspiel der OFK [Oberfeldkommandantur] gegen die Zivilverwaltung, von dem ich Euch erzählte, verlief zu unsern Gunsten. Am Abend habe ich noch eine Stunde Tennis gespielt, nachher war ich zum Abendbrot bei Familie Arteld, von denen [sic!] ich Dir auch schon erzählte. Jetzt ist es Abend geworden, gleich höre ich die Berichte von den Kämpfen im Westen. Dann ist der Sonntag herum. Den ganzen Tag, besonders heute morgen, dachte ich an Euch. Hier ist alles in großer Spannung über den Beginn der russ[ischen] Offensive[72]. Äußerlich geht alles seinen gewohnten Gang. Und das ist ganz gut so. Aber jeder hat das Gefühl, als säßen wir auf einem Vulkan. – Hier regnet es fast jeden Tag. Es ist ein fruchtbares Wachswetter. Ihr werdet jetzt viel Arbeit mit dem Garten haben. In meinem Garten ist ein Beet mit wunderbaren großen Mohnblumen. Könnte ich Dir einen Strauß davon schicken. Das sind die richtigen Blumen für Dich, brennend rot und heiß mit großem schwarzem Stempel, dabei ganz zart und kühl. Sei mit den Kindern und dem lieben Großpapa aufs herzlichste gegrüßt von Deinem lieben Wilm.

An die Ehefrau *Warschau, 15. Juni 1944*

Meine liebe Annemie –
herzlichen Dank für Deinen lieben Brief vom 11. des Monats. Was kann man viel sagen über die jüngsten Ereignisse im Westen[73]. Für mich ist der Ausgang nicht zweifelhaft. Schade für das viele Blut, das noch geopfert werden muß. Eine Hoffnung auf das nächste Wiedersehen muß man in dieser Zeit zurückstellen. Ja, es war so wunderschön bei Dir! Es kommt alles wieder, daran glaube ich ganz fest. Für jeden Tag, den ich noch in Ruhe genießen kann, bin ich dankbar, denn ich weiß, es wird nicht so bleiben. Eines Tages heißt es packen und weiterwandern. Seit einigen Tagen besuchen uns auch wieder die russ[ischen] Flieger. Bis jetzt haben sie in der Stadt nichts angerichtet. Aber das kommt noch. Ich gebe mich da keiner Täuschung hin. – Morgen ist Herz-Jesu-Fest[74]. Ich werde in die Kirche in meiner Nachbarschaft gehen. Herr C[ieciora][75] erzählte mir, daß die Deutschen in seiner Heimatstadt eine große H[erz]-J[esu]-Bronzefigur, die vor dem Schloß stand, beseitigt haben. Da ist mir so recht klar geworden, die permanenten Dinge auf der Welt sind doch nur im Reich des Geistes zu finden. Die sichtbaren Dinge können beseitigt, zerstört und vernichtet werden, die unwirklichen sind diesem Zugriff entzogen. Das moderne Heidentum kann sie wohl vergessen und auch auszurotten versuchen, irgendwo und irgendwann sprießen sie wieder auf und zeigen ihre Macht. Das Übersinnliche ist das wahrhaft Wirkliche. Erziehe die Kinder in der Gottesfurcht. Du bist erstaunt, daß ich so etwas schreibe. Aber es ist mir ernst, und ich weiß, daß wir sonst auf Sand bauen. – Wenn wir auch nicht sehr kirchenfromm sind, wir können ohne religiöse Bindungen nicht froh sein. Und bei allen Förmlichkeiten soll man den tiefen Sinn nicht übersehen, den die Formen oft überwuchern. [...] Die Hauptarbeit ist jetzt wieder getan, aber ich soll jetzt Kurse halten über das, was ich

in Br[omberg] gelernt habe[76]. Meinetwegen. Morgens [sic!] kommen etwa 50 Offiziere, die vorübergehend hier sind. Auch ein dicker Oberst ist dabei. Mit denen mache ich Sport. Das gefällt mir eigentlich recht gut. Zum Lesen komme ich kaum; ich habe auch alle Bücher nach Hause geschickt. [...]

An die Ehefrau *Warschau, 18. Juni 1944*

Meine Annemie –

[...] Heute ist viel Betrieb auf den Sportplätzen. Die H.J. [Hitlerjugend] führt ihre Wettkämpfe durch. Ich muß den General[77] vertreten und habe auch sonst dabei zu tun. Gestern war ich zu einer Feier eingeladen, anläßlich der 10jährigen Primiz von meinem Bekannten[78]. Es waren eine Menge Leute da, und die Festtafel war recht üppig. Er hatte von überall her etwas geschenkt erhalten. Ich muß ihm auch noch etwas verehren, vielleicht ein Buch. [...]

Tagebucheintrag *(Warschau,) 22. Juni 1944*

3. Jahrestag des Überfalls auf Rußland. Heute erkennt man, daß es nichts weiter war. Wir haben Rußl[and] überfallen. Es war natürlich gerüstet. Aber wir waren besser gerüstet. Hitl[er] konnte hoffen, R[ußland] in kurzer Zeit, ehe England fertig war, zu überrennen. Am 4. Oktober[79] hat er es selbst geglaubt: »Ich darf es heute sagen, weil ich es erst heute sagen darf, daß dieser Gegner bereits gebrochen ist und sich nie wieder erheben wird.« War das Leichtsinn, oder wollte er das deutsche Volk absichtlich belügen, oder wußte er es nicht besser? Jedenfalls ein unglaublicher Irrtum und eine freventliche Behauptung; der ganze Selbstbetrug der drei Jahre Rußl[and]krieg folgt. Wievielmal wurde nicht behauptet, die Russ[en] sind am Ende. Aber sie waren militärisch nie geschlagen. Sie konnten es sich leisten, große Gebiete aufzugeben, weil sie dann um so sicherer waren, uns zu schlagen. – Als wir nach der Sommeroffensive 1942 immer tiefer in R[ußland] eindrangen und am Ende vor Stalingrad und im Kaukasus standen, konnte Goebb[els] sagen: »Es geht in diesem Krieg nicht um blasse Ideale, sondern um viel mehr, um Dinge, die uns alle angehen, um Eisen, Kohle, Öl und vor allem um Weizen,

damit wir das tägliche Brot auf dem Tisch haben[80].« Vorher aber wurde von dem Kreuzzug gegen den Bolschewismus geredet und dem deutschen Volk sowie den europäischen Völkern weisgemacht [sic!]. Und das heutige Ergebnis? Alles ist wieder verloren, und dazu Millionen deutscher Soldaten. Die Russ[en] behaupteten, bis jetzt hätte uns der Krieg im Osten 7,8 Millionen Verluste gekostet, 70 000 Tanks [Panzer], 60 000 Flugzeuge[81]. Hitler wollte den Zweifrontenkrieg vermeiden, und jetzt haben wir den Vielfrontenkrieg. Jeder Mensch in D[eutschland] weiß, daß das Ende für uns nur eine Niederlage sein wird. Goebbels schreibt im »Reich«[82] vom 23. Juni in seinem Artikel »Die Vergeltung und die Invasion«, daß es gelingen wird, durch die neue Geheimwaffe, die seit einigen Tagen auf Engl[and] losgelassen wird[83], den Engländern und den Am[erikanern] solche Verluste bei[zu]bring[en], daß sie sich doch noch zum Frieden mit Deutschl[an]d geneigt zeigen werden. Das glaubt doch kein Mensch. Er selbst sicher nicht[84]; unsere Freunde [!] sind uns in der Luft derart überlegen, daß sie allein mit der Luftwaffe die Entscheidung zu ihren Gunsten herbeiführen werden. Gegenwärtig tobt der Kampf um die Cherbourg-Halbinsel[85]. Die d[eutsche] Besatzung ist abgeschnitten. Der Fall von Ch[erbourg] ist nur eine Frage von wenigen Tagen. Was hat der Atlantikwall[86] genützt. Die Invasion hat er nicht verhindern können. Auch die tapfersten Soldaten müssen der Übermacht unterliegen.

An die Ehefrau *Warschau, 23. Juni 1944*

Meine liebe Frau –

habe herzlichen Dank für Deinen lieben, langen Brief! Was Du alles mitzuteilen hast und was Du alles erlebst! Das ist zu schön. Du meinst, das wäre nichts. Mag es äußerlich betrachtet so scheinen, wenigstens Dir scheinen, mir bedeutet es die ganze Welt. Wie eintönig fließt mein Tagewerk dahin. Wie reich an Spannungen ist Deins. Nach nichts sehne ich mich mehr als nach diesem stillen Dasein daheim. Hier ist alles fremd, ohne persönliche Beziehung. Ich schrieb Dir das schon oft. Es geht den meisten Soldaten so. Ich habe es ja noch sehr gut. Das sage ich mir immer, wenn ich unzufrieden bin und dieses Leben verfluche. [...] Gegenwärtig ist alles in Spannung und Ungewißheit. Ab Montag sind hier die deutschen Schulen geschlossen; die Kinder müssen Warschau verlassen. [...]

An die Ehefrau *Warschau, 23. Juni 1944*

Liebe Annemie –

gestern vor drei Jahren begann der Krieg mit Rußland. Was hat er uns eingebracht? Hier wird davon gesprochen, daß der Angriff der Russ[en] unmittelbar bevorsteht[87]. Vorgestern flogen etwa 200 am[erikanische] Flugzeuge an Warschau vorbei nach dem Osten zu ihren Stützpunkten in Rußl[and][88]. Sie werden wohl bald wiederkommen. Und die Invasion ist auch nicht aufzuhalten. Die Wunderwaffe[89] wird nichts dran ändern. Es ist alles unsagbar traurig. [...]

An die Ehefrau *Warschau, 27. Juni 1944*

Liebste Annemie –

herzlichen Dank für Deinen Kartenbrief vom 24. Der Urlaub wird sicher später wieder gewährt. Ich hoffe doch, im Juli noch zu kommen. Allerdings müssen sich die Fronten dann einigermaßen stabilisieren. Gegenwärtig fahren die Urlauberzüge leer in die Heimat, um die Urlauber zu holen. [...] Vorläufig komme ich nicht weg. W[arschau] ist zur festen Stadt[90] erklärt. [...]

An die Ehefrau *Warschau, 29. Juni 1944*

Meine liebe Annemie –

[...] Heute habe ich viel Sport getrieben. Von 7-8 [Uhr] Tennis. Dann dienstliche Sachen. Gegen Mittag geschwommen. Als ich mich in der Mittagspause sonnte, waren zwei Offiziere von dem Feldjäger-Kommando da, die die Aufgabe haben – sie kommen vom OKH [Oberkommando des Heeres] –, alle Dienststellen zu überprüfen, ob ein Offizier eingespart werden kann[91]. Sie hatten eine Liste von der OFK [Oberfeldkommandantur]. Hinter meinem Namen stand unter der Rubrik »dienstliche Verwendung«: Sportoffizier. Ha, das war ein Objekt! Was braucht man im 5. Kriegsjahr einen Sportoffizier. Sie wollten mich persönlich sprechen. Ein junger Oberleutnant, so alt wie Helmut, und ein vielleicht 24jähriger Hauptmann. Beide mit Orden bedeckt, Frontoffiziere, schneidige Burschen, auch entsprechend ihrer Vollmachten von sich eingenommen. Ich bat sie zu mir auf die Veranda. Und nun ging's los mit dem Verhör. Aber sie kamen nicht weit. Ich legte ihnen mein Vorlesungsverzeichnis[92] vor und bat sie, sich das mal anzusehen. Sie hatten keine Ahnung, daß es so was gibt, und nun waren sie nicht wenig erstaunt, daß ich ihnen Aufschluß über meine Tätigkeit geben konnte, der sie die Anerkennung nicht versagen konnten. Wir unterhielten uns eingehend, und ich legte ihnen meine Berichte vor. Die gezückten Bleistifte verschwanden, und die großen, leeren Vordrucke blieben unausgefüllt. Nachher führte ich sie noch ins Schwimmbad, zeigte die Sportplätze und das Bootshaus. Da waren sie mächtig begeistert und meldeten sich für die nächste Freizeit zum Segeln an. Gerade am Morgen hatte mein Chef[93] mir noch gesagt, er müßte mich auf seinem Büro beschäftigen, aber vorläufig noch nicht. Der General[94] hatte wissen wollen, ob ich auch genügend ausgelastet sei. Ich rechne ja schon längst mit einer anderen Verwendung, aber vorläufig, glaube ich, ändert sich nichts. [...]

An die Ehefrau *Warschau, 7. Juli 1944*

Meine liebe Frau –

[...] Jetzt geht ja wieder ein Transport nach dem andern an die Fronten; die Soldaten werden da wohl nicht lange mehr in der Heimat sein dürfen. Im Osten hat sich ja eine schöne Katastrophe zugetragen[95]. Wenn das so weitergeht, sind die Russen bald in W[arschau]. Hier wimmelt es auch wie in einem Ameisenhaufen. [...]

An die Ehefrau *Warschau, 11. Juli 1944*

Meine liebe Annemie –

herzlichen Dank für Deinen kurzen Kartenbrief. Ich wundere mich, daß Detlev nicht schon längst gemustert wurde. Sein Jahrgang ist doch schon an der Reihe[96]. Wenn es an allen Fronten so weitergeht, dann wird das Ende bald da sein. Die schlimmste Katastrophe[97] scheint sich im Osten abzuspielen.

Was hier für versprengte Truppen durchkommen. Und was sie von den Kämpfen erzählen, sollte man nicht für möglich halten. Die Russen sind einfach nicht zu halten. Und unsere Soldaten haben keine Lust mehr, Krieg zu führen. Ich begreife nicht, daß Warschau immer noch so ruhig bleibt, beziehungsweise daß die feindlichen Flieger noch nicht dagewesen sind. Aber sie kommen sicher noch. Über allen Menschen liegt eine nervöse Spannung, eine Unruhe und auch wieder ein Galgenhumor, der die Dinge von der komischen Seite ansieht. Aber von der großen patriotischen Stimmung, die Goebbels aufgerufen hat in seiner letzten Rede in Posen[98], ist nichts zu merken. Nein, wir können bei all dem nichts tun, als stillhalten und uns dem Schutze Gottes anheimgeben und darauf warten, was uns das Schicksal bringt. Gestern traf ich auch einen alten Bekannten, Hauptmann Neidhart[99] von Wüstensachsen, der seinerzeit mit mir von Fulda ausrückte. Er ist recht alt geworden, aber er hat sich so herzlich gefreut, daß es mir ordentlich wohlgetan hat. Er ist jetzt auch bei der OFK [Oberfeldkommandantur] gelandet, nachdem er in der Gegend, wo wir früher waren, Wirtschaftsoffizier[100] auf einem großen Landgut war. Merkwürdig, sollten wir, nachdem wir zusammen den Anfang erlebten, auch das Ende des Krieges gemeinsam mitmachen? – Du schreibst davon, daß Du oft niedergeschlagen und traurig bist. Wer ist das in dieser Zeit nicht? Es gibt kaum einen Menschen, der nicht sein Leid zu tragen hat. Wenn ich an Euch daheim denke, ist es mir, als wenn ich nach einer stillen, glücklichen Insel Ausschau halte. Alle Sehnsucht geht dorthin. [...] Was für eine Freude ist das, daß Uta jetzt schon allein lesen kann. Morgen ist ihr Geburtstag! Sieben Jahre ist sie schon. Du schreibst in Deinen Erinnerungen, wie sie damals, als der Krieg begann, so ein kleines Kindchen war. Ich erinnere mich so gut, wie mir der Abschied von dem unschuldigen, nichts ahnenden Kinde so schwer wurde. Ihr werdet die Geburtstage von den beiden zusammen feiern. Ich bin ja so neugierig auf den Bericht. – Was ist mit Moni geworden? Ist sie immer noch nicht ganz gesund? Wie müßte sie erst zu leiden haben, wenn sie in irgendeinen Rüstungsbetrieb eingespannt wäre. Hier kommen eine Menge Mädels[101] aus dem Osten (Minsk) an, die fluchtartig alles im Stich gelassen haben, manche hatten keine Schuhe und noch nicht mal Kleider an. Sie hatten im Sonnenbad gelegen, da waren plötzlich die Russ[en] da. Mit knapper Not konnten sie noch auf einem L.K.W. entkommen. In M[insk] sind mehrere Lazarette mit allen Verwundeten und dem ganzen Personal zurückgeblieben[102]. – Wie gerne möchte ich Dich wiedersehen! Aber die nächsten Wochen ist nicht daran zu denken. [...] Ich habe jetzt als Ausbilder bei den Gasschutzkursen mitzuwirken. [...]

Tagebucheintrag *(Warschau,) 17. Juli 1944*

Für den Fall eines bewaffneten Aufstandes im Stadtgebiet[103] ist die Stadt W[arschau] in einzelne Verteidigungsabschnitte eingeteilt. Ich bin für einen Unterabschnitt als Kommandant eingesetzt. Heute war ich mit Hauptmann Thiemann, der Abschnittskommandant ist, unterwegs, um einzelne Werke und Blocks zu besichtigen. Zuletzt waren wir bei dem militärischen Kasernenvorsteher in Mokotow[104], Oberstleutnant Stützle. Die dienstliche Besprechung ist gewöhnlich nicht sehr lange. Anschließend springt die Unterhaltung sehr bald auf die gegenwärtige Lage über. Ich muß mich immer wieder wundern, mit welcher Oberflächlichkeit und Unkenntnis diese Offiziere urteilen und die Kriegslage darstellen. Die Tatsachen übersehen sie. Sie warten und glauben auf Wunder. Einer meint, die Front im Osten wird jetzt stabilisiert. Dabei fällt ein fester Platz nach dem andern, [Grodno][105], Wilna[106]. Jetzt stehen die Russen vor Kowno, Dünaburg[107]. Im Süden greifen sie auch an. In der nächsten Zeit ist der Stoß auf Brest–Litowsk–Warschau zu erwarten. Alle Verteidigungslinien, die jahrelang ausgebaut waren, sind überrannt worden, riesige Beute fiel den R[ussen] in die Hände; und jetzt, wo sie ins freie Gelände vorstoßen, sollen sie aufgehalten werden. Ich finde das so naiv. Man kann daraus sehen, wie sehr die verlogene Propaganda und die unwahren Darstellungen im OKW-Bericht[108] immer noch geglaubt werden von Leuten, die ein besseres Urteil haben sollten. Hauptmann Th[iemann] meinte, wir ließen die Engl[änder] und Am[erikaner] absichtlich in Frankreich herein, um recht große Massen treffen zu können, wenn von uns der Gegenschlag gestartet würde. Er ist der Ansicht, daß wir in der Lage sind, den Alliierten ein zweites Dünkirchen[109] zu bereiten. Ich schätze, daß die Alliierten uns zahlenmäßig 3fach und an Fliegern, schweren Waffen 10x überlegen sind. Sie werden sich niemals schlagen lassen. Auch in Italien gehen wir, wenn auch unter stetigen Kämpfen und mit starkem Widerstand zurück. Woher nehmen unsere Phantasten den Glauben, daß wir die Lage umkehren können?

An die Ehefrau *Warschau, 18. Juli 1944*

Meine liebe Annemie –

[...] Du brauchst Dir aber gar keine Sorge zu machen. Sollte hier die Front näher rücken, dann wird meine Dienststelle nach Westen verlegt. Ich gehe dann mit. Ich glaube auch nicht, daß W[arschau] verteidigt wird. Militärisch gesehen, ist das nicht so einfach. Einige 100 000 poln[ische] Männer müßten dann vorher festgenommen und abtransportiert werden. Das läßt sich nicht durchführen. Sie sind längst organisiert und zum Teil bewaffnet. Andererseits würden sie den Feind beträchtlich verstärken. Und wohin mit der übrigen Millionenbevölkerung? Wenn auch aus humanen Gründen militärische Notwendigkeiten nicht beeinflußt werden, wie dieser Krieg zur Genüge bewiesen hat, so sind taktische Gründe maßgeblich, die W[arschau] nicht zum festen Platz machen werden[110]. Das ist meine Ansicht. [...] Meine neue Aufgabe nimmt viel Zeit in Anspruch. Ich kann darüber nichts mitteilen. [...]

An die Ehefrau *Warschau, 21. Juli 1944*

Meine liebe Annemie –

[...] Das war gestern abend eine Neuigkeit von dem Attentat auf Hitler[111]! Die Krise in der obersten Führung ist damit akut geworden. Das Verhängnis nimmt nun weiter seinen Lauf. – Ich habe gleich zwei neue Posten bekommen. Zu den andern Aufgaben nun noch Gerichtsoffizier[112] beim General. Die Sportplätze sehe ich nur noch vom weiten [sic!]. – Aber alles wird nur vorübergehend sein. Es sind große Veränderungen zu erwarten. Ich bin Dein lieber Wilm.

Sei herzlichst gegrüßt, Dein Wilm.

An die Ehefrau *Warschau, 24. Juli 1944*

Liebe Annemie –

meine letzten überflüssigen Sachen sende ich heute und morgen ab durch Expreß. Was ich noch für eine Menge Zeug hatte, sah ich erst, als ich packte. Eigentlich wollte ich das noch mitnehmen nach unserm neuen Ausweichquartier, aber ich ziehe doch vor, nur mit dem Rucksack zu reisen. Der Transportraum ist sowieso zu gering, und es wird lange nicht alles weggebracht. [...]

An Ehefrau und Kinder *Warschau, 24. Juli 1944*

Meine liebe Annemie, liebe Kinder –

seit einigen Tagen kann man durch das Postamt Warschau keine Post abschicken. Diesen Brief will ich versuchen, durch eine Feldposteinheit zu befördern. Was jetzt hier in Warschau vor sich geht, könnt Ihr Euch schwer vorstellen. Seit gestern wird evakuiert[113]. Zuerst Frauen und Kinder, natürlich nur die deutsche Zivilbevölkerung. Auf allen Straßen jagen die Lastautos, in den deutschen Vierteln stehn die Möbelwagen. Die Leute dürfen nur die notwendigsten Sachen mitnehmen. Was sie sich in den Kriegsjahren hier erworben, müssen sie zurücklassen. Meist war es beschlagnahmtes Eigentum. Die Lastautos sind hoch bepackt mit Kisten und Säcken, Bettzeug und Haushaltsgeschirr, und obendrauf hocken die Flüchtlinge. Ja, man kann schon von einer Flucht reden. Die Lager und Fabriken, in denen noch riesige Vorräte liegen, schaffen fort, was möglich ist, aber das meiste wird man in die Luft sprengen müssen oder anzünden. Was die höhere Führung vorhat, ob W[arschau] nun doch verteidigt werden soll, oder ob wir zurückgehen, man erfährt nichts. Gestern war schon großer Wirbel. Bis 10 Uhr sollte alles fertig sein zum Abmarsch. Dann haben wir den ganzen Tag gewartet. Der heutige Tag, Montag, ist auch schon bald herum, und niemand weiß etwas Bestimmtes. Bleibe ich hier oder nicht, werden Kampfhandlungen sein oder nicht? Vor kurzem wurde verlautet, die Stadt wird nicht als fester Platz[114] angesehen, aber ein Befehl stößt den andern um. Man kann nicht wissen, was die nächste Stunde bringt. Meine Sachen habe ich natürlich alle gepackt, aber ob wir viel mitkriegen, ist noch die Frage. – Dazu bin ich seit einigen Tagen gar nicht so recht in Ordnung. Ich habe dauernd Kopfweh, mag nichts essen und fühle mich ganz schlapp. – Vorhin war Frau Luckhaus[115] bei mir und suchte Rat. Sie fürchtet auf dem Dorf zu bleiben, wo sie seither war. Sie will mit ihrem Bauernwagen 100 km nach Westen zu Bekannten fahren. Deswegen bat sie sich bei mir eine Karte aus. Sie zeigte mir ihre Hände, die voll Schwielen waren. Sie mußte mit den Dorfleuten Tankgräben[116] schaufeln.

Trotz aller Ungewißheit über die nächste Zukunft bin ich frohen Mutes und glaube, daß alles gutgeht und ich Euch in diesem Jahr für immer habe. Seid alle Gott befohlen und aufs herzlichste gegrüßt von Deinem Wilm und von Euerm Vater.

An die Ehefrau *(Warschau,) 25. Juli 1944*

Liebe Annemie –

ich schreibe Euch jetzt meist diese kurzen Briefe, weil die eher fortgehen. – Mir geht es wieder besser. Die Kopfschmerzen haben nachgelassen, ich fühle mich auch sonst wieder frisch und bin guten Mutes. Daß das Ende des Krieges noch einmal mit Gewalt über uns hereinbricht, muß ertragen werden. [...] Für persönliche Gedanken und Gefühle hat man jetzt gar keine Zeit. Herzlichst, Dein Wilm.

Tagebucheintrag *(Warschau,) 26. Juli 1944*

In der Nacht von Sonntag auf Montag wurde der Befehl durchgegeben, daß alle Dienststellen sich zur Räumung vorbereiten sollen. Für die OFK [Oberfeldkommandantur] war befohlen, daß alles um 10 Uhr zum Abtransport bereitstehen solle. Das war vor drei Tagen, am Sonntag, den 23. [Juli]. Heute sind wir noch da. Das weibliche Personal, Stabshelferinnen, N[achrichten-]H[elferinnen][117] und so weiter sind abgefahren. Der Rest der Kommandantur arbeitet weiter. Ich soll versetzt werden zum Stab der Stadtkommandantur, die ein neuer General befehligen wird[118]. Bis jetzt habe ich noch keinen Befehl. Gelegentlich muß ich dies und jenes erledigen. Heute sollte ich einen Zug bereitstellen lassen für 400 Zivilarbeiter, die in Gora-Kalwaria[119] Panzergräben ausheben sollen. Das Arbeitsamt hatte den Befehl erlassen, aber niemand erschien. Die Polen führen die deutschen Befehle nicht mehr aus[120]. Es ist höchste Zeit, daß die Zivilverwaltung verschwindet und die Wehrmacht die Befehlsgewalt übernimmt.

An Ehefrau und Kinder *Warschau, 26. Juli 1944*

Meine Lieben –

[...] Draußen hält ein Panzer, er hat eine Panne. Ach, wie ich diese Jungens liebe. Wie sind sie schneidig! Die ganze Welt steht wieder gegen uns. Es ist wahrhaftig keine Schande, wenn wir den Krieg verlieren. Habt guten Mut! [...]

An die Ehefrau *Warschau, 27. Juli 1944*

Liebe Annemie –

heute traf wieder Post auf dem normalen Weg hier ein, leider nicht für mich. Die Überhastung vom Sonntag hat sich gelegt, aber die Räumung geht weiter. Zu dem neuen Stab[121], für den ich vorgesehen war, komme ich nun nicht. Ist mir auch recht. Täglich ändern sich die Befehle, ich arbeite jetzt mit meinem Major von Ic[122] zusammen. Wie lange das dauert, weiß er auch nicht. Ich schrieb Euch eine Anzahl kurzer Briefe; ein oder den andern werdet Ihr ja wohl bekommen. Die Front ist etwas fester geworden, aber ich glaube nicht, daß wir stark genug sind, die R[ussen] aufzuhalten. Die Rede von G[oebbels][123] war wie immer »vielversprechend«, aber die Tatsachen kümmern ihn nicht. Mir geht es gut. Nun warte ich voller Sehnsucht auf Eure Nachrichten. Seid Gott befohlen, in Liebe und Treue Euer Vater, Dein Wilm.

An die Ehefrau *Warschau, 28. Juli 1944*

Liebe Annemie –

jeder Tag bringt etwas Neues, meist nichts Erfreuliches. Die Ungewißheit besteht weiter. Keiner weiß, was wird. Es ist auch ganz zwecklos, danach zu fragen. Ich sitze gerade in der

OFK [Oberfeldkommandantur] an Stelle eines andern Offiziers, der für mich zur Wehrmachtkommandantur versetzt ist. Letztere bleibt länger hier als wir[124]. Ob ich mit abziehe, weiß ich nicht. Auf der Straße marschieren Kolonnen. Endlos! In westliche Richtung! Vergangene Nacht fielen in der Nähe meiner Wohnung eine Anzahl Bomben. Die Fenster im Haus sind fast alle entzwei. Das geht jetzt jede Nacht so. Diesmal werden wir die Scheiben nicht mehr einsetzen. [...]

An Ehefrau und Kinder *Warschau, 29. Juli 1944*

Ihr Lieben –

Jedesmal, wenn ich das Datum schreibe, denke ich, es wird die letzte Nachricht aus Warschau sein. Jetzt weiß ich endlich, wo ich hingehöre. Ich bleibe bei meiner seitherigen Dienststelle und rücke mit ihr ein Stück nach Westen, sobald alle Übergabeverhandlungen erledigt sind. Ich weiß gar nicht, was man noch erwartet. Es ist doch alles abgewickelt. – Zu einem vernünftigen, ruhigen Brief komme ich jetzt nicht einmal wegen der dauernden Unruhe bei Tag und auch bei Nacht. Um ½10 [Uhr] abends geht's mit den Fliegern los. Gegen Morgen kann man erst schlafen. Dazu die Spannungen seelischer Art. Große Entscheidungen stehen bevor. – Macht Euch keine Sorgen um mich, es geht mir sehr gut.

Ich grüße Euch herzlichst, Dein Wilm, Euer Vater.

An die Ehefrau *Warschau, 29. Juli 1944*

Liebste Annemie –

Nachmittag. [...] Ich sitze wieder im Büro der OFK [Oberfeldkommandantur]. Wie habe ich vor 4 Jahren, als ich damals hier Dienst tat, das alles bewundert. Jetzt sind es noch wenige Tage, bis wir hier endgültig verschwinden. [...]

Tagebucheintrag *(Warschau,) 30. Juli 1944*

Die vergangene Nacht war höchste Alarmbereitschaft. Alle Soldaten und Offiziere wurden zur Sicherung eingesetzt. Keiner durfte in sein Bett schlafen gehen, sondern [mußte sich] kriegsmarschmäßig auf einem Alarmposten oder auf seinem Dienstzimmer aufhalten. In der Nacht und auch jetzt ist der

Geschützdonner der Front um Warschau herum gut zu hören. Die Russen werden, wie ich rechne, die Stadt von Südwesten und Osten einschließen[125]. Sie sind zwar noch nicht über die Weichsel, aber die Überquerung werden sie heute schon versuchen. Ich bin seit heute zur Wehrmachtkommandantur W[arschau] versetzt[126]. Damit wird mich das Los all derer treffen, die hier als deutsche Soldaten eingesetzt werden. Kaum einer wird herauskommen, wenn nicht so bald als möglich geräumt wird.

An Ehefrau und Kinder *Warschau, 4. August 1944*

Liebe Annemie – liebe Kinder –

Heute hat mein lieber Detlev Geburtstag. Wenn er auf mein Ersuchen bei seinem Batteriechef[127] vielleicht Urlaub bekommen haben sollte und bei Euch ist, dann sende ich ihm hiermit die allerherzlichsten Grüße und Glückwünsche. Ich habe in den letzten Tagen oft daran gedacht, ihm zu schreiben, aber es war nicht möglich. Einmal hatte ich keine Zeit, und die Umstände ließen mir keine ruhige Minute zum Schreiben, auf der andren Seite ging keine Post ab. Ich will versuchen, auf irgendeine andere Weise diesen Brief zu befördern. An mich könnt Ihr vorläufig nicht schreiben. Ich gebe Euch, sobald es möglich sein wird, meine neue Anschrift an. Ihr habt sicher schon gehört, daß hier ein allgemeiner Aufstand ausgebrochen ist[128]. Es geht toll zu. Die Aufständischen haben Schlag vier Uhr am 1. August ihre Aktion begonnen und sämtliche deutschen Dienststellen, Truppenunterkünfte und andere deutschen Gebäude angegriffen. Seitdem tobt ein erbitterter Kampf. Ich wurde einen Tag vorher zum Stab des Stadtkommandanten, der die Verteidigung von W[arschau] befehligt, versetzt. Das ist nicht die frühere OFK [Oberfeldkommandantur], sondern ein ganz neuer Stab[129]. Ich bearbeite ein sehr interessantes, für mich neues Aufgabengebiet[130], in das ich mich erst hereinarbeiten muß. Es macht mir aber viel Freude. Es ist eine rastlose Tätigkeit bis in die späte Nacht hinein. Ich gehöre zum engsten Stab des Kommandanten[131], der persönlich vom Führer mit der Verteidigung der Stadt beauftragt wurde. Später berichte ich mehr davon. Jetzt wollte ich Euch nur schreiben, wo ich bin und was ich tue, damit Ihr beruhigt seid. Es geht mir sehr gut. Ich leide natürlich unter dem Eindruck dieser grausamen Vernichtung und der vielen Opfer, die auf beiden Seiten gefordert werden. Bisher habe ich die Schrecken des Krieges nicht zu sehen bekommen. Deswegen haben mich die Erlebnisse dieser Tage erschüttert. Ich hoffe, daß noch alles gutgeht und es doch noch einen Ausweg aus diesem Hexenkessel gibt.

Seid von Herzen gegrüßt, Dein Wilm, Euer Vater.

An Ehefrau und Kinder *Warschau, 6. August 1944*

Meine Lieben, liebe Annemie, liebe Kinder –
wenn ich mal ein wenig Zeit habe, dann wandern meine Gedanken zu Euch. Ach, wie fern seid Ihr mir gerückt. Alle Gefühle und Gedanken versinken in dem unermeßlichen Unglück um uns herum. Gott sei Dank habe ich keine Zeit, gefühlvoll meinen Gedanken und meiner Sehnsucht nachzuhängen. Als der Aufstand losbrach, wußte ich, daß unsere Lage ernst sein würde. Denn ich kannte die hiesigen Verhältnisse, während viele meiner hierher gekommenen Herrn sich über die Zähigkeit der Aufständischen täuschten. Der Verlauf dieser Woche hat mir leider recht gegeben. Selbst Einsatz von Panzern und schweres Luftbombardement auf Widerstandsteile der Aufständischen zeigen keinen großen Eindruck zu machen [sic!]. Straßenzüge werden planmäßig abgebrannt, die Zivilbevölkerung flüchtet irgendwohin, Aufständische besetzen die Trümmer und schießen weiter. Was sich auf der Straße sehen läßt, wird erschossen[132]. Das scheint das Finale dieses entsetzlichen Krieges für W[arschau] zu sein. – Heute ist Sonntag. Ich habe mich kaum daran erinnert. Mir selbst geht es gut. Ich schicke Euch außer diesem Brief ein Päckchen mit Hautkreme. Auf einmal rücken die Marketendereien mit allerlei guten Sachen heraus. Die Verpflegung ist sehr gut. Ich befürchte, daß es bald Mangel an Wasser gibt, denn die Leitungen werden zerstört. – Was ich zu tun habe? Ich bin Ic beim Stab des Kommandanten[133]. Mehrmals am Tage habe ich Vortrag beim General[134] zu halten. Ich habe mich schon ganz gut eingearbeitet. Er sagte mir, daß er zufrieden sei mit mei-

ner Arbeit. Aber so einfach ist es nicht, einen solchen Posten zu versehen, der mir vor einer Woche gänzlich fremd war. Gut Kirschen essen ist mit diesem Herrn nicht. Genausogut kann er mich angotzen [sic!]. Er ist sehr nervös, hat sich aber sehr bald wieder in der Hand und will nicht ungerecht sein.

Seid alle aufs herzlichste gegrüßt und habt mich lieb! Gott befohlen, Euer Vater. Dein Wilm.

Ich träumte ganz deutlich, wie Uta auf meinem Schoß saß und mich küßte und die Arme um meinen Hals legte und mich tröstete. Ich weiß, wie sehr Ihr um mich seid!

Tagebucheintrag *(Warschau,) 8. August 1944*

Aufstand in Warschau.

Am 1. August, also vor einer Woche, brach nachmittags um 4 Uhr der Aufstand in der Stadt Warschau aus. Seitdem sinkt die Stadt von Tag zu Tag mehr in Schutt und Asche. Herzzerreißende Szenen spielen sich in den brennenden Straßen ab. Die Bevölkerung sitzt in den Kellern und wird bei den Räumungsaktionen auf die Straße getrieben, Männer, Frauen und Kinder. Gestern wurden nur die Männer, tags zuvor auch Frauen und Kinder getötet[135]. Heute bewegen sich lange Züge von Zivilisten durch den Hof des Kommandanturblocks Richtung [Westen?], wo die Zivilisten sortiert werden sollen[136]. Es soll Befehl von Himmler sein, alle Männer umzubringen. Aussage eines Polizeioberleutnants.

An Ehefrau und Kinder *Warschau, 8. August 1944*

Liebe Annemie, liebe Kinder –

wenn ich auch nach Euch der Reihe nach frage, nach Helmut, Detlev besonders, Ihr könnt meine Frage ja nicht beantworten. Post erreicht uns in dem eingeschlossenen Warschau nicht. Die Lage hat sich nicht zu unsern Gunsten viel gebessert[137]. Von Stunde zu Stunde sinkt die Stadt durch Feuersbrünste und Bomben mehr in Trümmer. Systematisch müssen die Straßenzüge angebrannt werden. Man muß seine Augen und sein Herz verschließen. Mitleidlos wird die Bevölkerung vernichtet. – Zahlreiche deutsche Städte liegen ja auch in

Trümmern! Ich begreife jetzt den Sinn des Krieges. Der stolze, überhebliche, gottvergessene Mensch soll sich gegenseitig umbringen. In der Heiligen Schrift lesen wir von der Sündflut, durch die das Menschengeschlecht unterging. Das wohltätige Element des Wassers brachte den Menschen damals einen stillen, schmerzlosen Tod gegenüber den Todesnöten, die die Bestie Mensch heute entfesselt.

Gut, daß ich viel, viel Arbeit habe. Körperlich war ich auch ganz heruntergekommen. Es geht mir wieder besser, nachdem ich zu jeder Mahlzeit 1 oder 2 Glas Rotwein trinke. [...] Mag kommen, was kommen mag. Ich bin guten Muts. Und von Euch weiß ich, daß Ihr geborgen seid. Das tröstet mich. [...]

Tagebucheintrag *(Warschau,) 9. August 1944*

Die Lage im Stadtgebiet ist wenig verändert. Im Zentrum der Stadt und in Außenbezirken halten die Aufständischen ihre Widerstandsnester. Die freigekämpften Straßen, die durch Feuer zerstört sind, sind trotzdem nicht für Durchgangsverkehr offen. Der Verkehr an der Stadtbrücke ist seit gestern wieder unmöglich. Auch die Bombardierung und Beschuß mit Sturmartillerie hat keinen großen Eindruck gemacht. Unsere eingeschlossenen Kräfte sind nicht ausreichend, um wirksame Ausfälle zur Befreiung zu machen. Die über die ganze Stadt verteilten Stützpunkte sind jetzt meist stark genug, um sich zu halten und feindliche Angriffe abzuwehren. Ein Zusammenziehen aller Besatzungen zu einem größeren Verbande ist nicht ratsam, sonst fallen wertvolles Material und für die Verteidigung wichtige Positionen in die Hand der Aufständischen. Außerdem könnte die Herauslösung nur unter großen Verlusten geschehen. Also muß jeder bleiben, wo er ist. – Die Entsatzkräfte, die bis jetzt angesetzt wurden, sind zu schwach. Zum Teil haben sie auch keinen Kampfgeist. Die sogenannte Kaminskigruppe, die vorzüglich aus Kosaken besteht, soll noch am Ausgangspunkt festliegen, [sie] sollen plündern und sich besaufen[138]. Auch andre Formationen kommen nicht weiter. Zusammenfassend kann man sagen, daß beide Parteien ihre Kräfte gegenseitig binden, ohne daß die eine imstande ist, die andere entscheidend zu schwächen. Für die Polen ist jeder

Tag, den sie durchhalten, ein Gewinn. Denn mit Sicherheit wird die sowjetische Armee zum Angriff antreten[139]. Sie hat solche Kräfte im Brückenkopf und südlich davon massiert, daß eine Offensive nicht aufgehalten werden kann, wenigstens nicht mit unseren schwachen Kräften. Der Russe bereitet diesen Stoß unter verhältnismäßig großem Zeitaufwand vor. Ich nehme an, daß er diesem Unternehmen weite Ziele gesteckt hat und, wenn er erst ins Rollen gekommen ist, nicht vor der Reichsgrenze haltmacht[140]. Ich habe mich mit dem Gedanken abgefunden, daß ich aus W[arschau] nicht mehr herauskomme. Der günstigste Fall wäre russ[ische] Gefangenschaft. Erstaunlich ist, daß viele Offiziere die Lage völlig verkennen und sich immer noch Hoffnung machen, wir würden mit den Aufständischen fertig, ja sogar, so meinen sie, wir wären imstande, die Russ[en] an der Weichsel aufzuhalten.

Tagebucheintrag *(Warschau,) 9. August 1944*

Den ganzen Tag ziehen Zivilisten, die aus den Straßen herausgeholt werden, über den Platz. Seit einer Woche haben sie sich in den Kellern aufgehalten. Jetzt werden die Häuser angezündet, um die Stützpunkte der Aufständischen zu beseitigen, da müssen die Einwohner weg. Auf einem Hof werden sie gezählt, Männer für sich. Als die Männer von den übrigen Frauen und Kindern getrennt wurden, fingen die Frauen und Kinder laut an zu weinen. Sie glaubten, die Männer würden erschossen[141]. Wie beglückt waren sie alle, als sie dann wieder zusammentreten durften. Die Leute machen einen traurigen Eindruck. Alle sehen sie sehr mitgenommen aus. Manche brechen fast unter der Last ihrer Habseligkeiten zusammen, andre haben nur ein Köfferchen in der einen Hand und führen in der andern ihren Hund. Dazwischen die verängstigten Kinder. Scheu und ängstlich schauen sie die Soldaten an, jeden Augenblick darauf gefaßt, daß irgendetwas Schreckliches passiert.

An Ehefrau und Kinder *Warschau, 9. August 1944*

Meine Lieben alle –

ich habe Gelegenheit, diesen Brief einem Offizier der OFK [Oberfeldkommandantur], die heute abend W[arschau] verläßt, mitzugeben. Ich gebe ihm auch noch meine Uhr und ein silbernes kleines Eßbesteck, das ich schon einige Zeit besitze, mit. Es war mir immer zu unsicher, diese Wertsachen abzuschicken. Der Offizier heißt Hauptmann Mügge und wohnt in Stade. Vielleicht hat er Gelegenheit, die Sachen zu schikken, oder er nimmt sie bis Kriegsende mit nach Hause. – Hier ballert es noch tüchtig in allen Stadtteilen. Viel Neues gibt es nicht zu berichten. Der Widerstand der Aufständischen ist noch derselbe. Meine Tätigkeit macht mir weiterhin Spaß. Leider werden keine Gefangenen eingebracht[142]. Meine Aufgabe ist es, sie zu verhören. Ich habe einen Dolmetscher zur Verfügung, noch einen jungen Leutnant und einen Unteroffizier. Wie ich hörte, sollte ein neuer Offizier an meine Stelle kommen, aber ich glaube nicht daran. Dann wäre es möglich, daß ich abgelöst würde. Gesundheitlich bin ich jetzt auch wieder ganz in Ordnung, nur habe ich häufig Kopfschmerzen. Den ganzen Tag am Schreibtisch hocken, ist nicht mein Fall.

Ich muß den Brief rasch beenden, damit er noch mitkommt. Seid alle aufs herzlichste gegrüßt von Euerm Vater.

Tagebucheintrag *(Warschau,) 11. August 1944*

Es soll ein Führerbefehl erlassen sein, daß Warschau dem Erdboden gleichgemacht werden soll[143]. Die Anfänge werden gemacht. Alle Straßenzüge, die freigekämpft werden, werden durch Feuer zerstört. Die Einwohner müssen die Stadt verlassen. In Scharen zu vielen Tausenden ziehen sie in westlicher Richtung ab. Wenn dieser Führerbefehl stimmt, dann ist es für mich klar, daß man W[arschau] für verloren gibt und damit Polen und auch den Krieg selbst. Wir geben auf, was wir 5 Jahre gehalten, ausgebaut und vor der Welt als Kriegspfand erklärt haben. Ungeheure Mittel sind angewendet worden. Wir haben uns so aufgeführt, als wären wir die Herrn und gingen nie wieder weg. Jetzt, als wir einsehen müssen, es ist alles verloren, zerstören wir all die getane Arbeit und richten alles das zugrunde, worauf die Zivilverwaltung, die doch hier ihre großen Kulturaufgaben sah, so stolz war und [womit sie] der Welt gegenüber ihre Notwendigkeit beweisen wollte. Das ist der Bankrott unserer Ostpolitik, und mit der Zerstörung von W[arschau] setzen wir dieser Politik das Abschlußdenkmal.

Tagebucheintrag *Warschau, 11. August 1944*

Ich war heute morgen im Palais Brühl[144]. Von der deutschen Zivilverwaltung war dieser historische Bau aus der Rokokozeit ganz besonders schön gepflegt und hergerichtet worden, außen renoviert und innen bis in den äußersten Winkel mit größter Sorgfalt geschont. Wenn ich in das Palais hineinkam, war es mir immer ein Genuß, mich darin aufzuhalten und die Räume zu betrachten. Zuletzt saßen wir noch in dem großen Sitzungssaal gelegentlich einer Besprechung, die der Gouverneur[145] einberufen hatte. Die ganze Decke ist mattblaues Glas mit allegorischen Figuren; eine schlanke Marmorsäulenreihe teilt den Saal nach einer Seite etwa [zu] 1/3 ab. In dem größeren Teil steht eine lange Tafel mit hohen Ledersesseln. Aber wie sieht das alles jetzt aus? Unten in dem Vestibül sind die wunderbaren Empiresessel übereinander geworfen zu einem großen Haufen. Dazwischen Teppiche, Bilder, Tische. Die Fenster, Glastüren sind zum Teil zerschlagen. Überall liegen ausgetrunkene Flaschen. Im Arbeitszimmer des Gouverneurs sieht es toll aus, ein Greuel der Verwüstung. Diesen Gesellen (SS-Leuten von einem B.Btl. [Bewährungs-Bataillon]) macht es geradezu eine Freude, alles zu zerstören, hinter sich Schweinerei und Chaos zu lassen. In einem halbdunklen Raum, mit kostbaren Möbeln ausgestattet, sitzt der Standartenführer Dörlewanger [Dirlewanger], der Führer dieses Haufens[146]. An der Tischecke, ein dicker, ungeschlachter Kerl mit einer fürchterlichen Visage, im Hemd, Ärmel hoch aufgewickelt, wie ein Schlachter.

An Ehefrau und Kinder *Warschau, 11. August 1944*

Meine Lieben alle –

es geht fast jeden Abend ein Kfz-Zug mit Panzergeleit nach den feindfreien Vorstädten, von wo aus die Post weiter befördert wird. Ihr werdet also jetzt regelmäßig meine Briefe bekommen. Leider ist der umgekehrte Weg noch nicht ausgemacht. Aber auch das wird nicht mehr lange dauern. In der Lage ist auch heute keine Entspannung eingetreten, obwohl von uns heftige Angriffe geführt werden, ganze Straßenzüge angezündet werden und die Artillerie in die feindlichen Widerstandsnester hineinhaut. Uns selbst hier im Stab hat der Pole bis jetzt in Ruhe gelassen[147]. Er hat keine schweren Waffen, um uns zu beschießen. Vielleicht will er auch die repräsentativen Gebäude schonen. Außerdem hat ihn der Russe, der ihn mit Luftwaffe unterstützen wollte und auch sonst aktiv einzugreifen versprach, bis jetzt schnöde im Stich gelassen[148]. Trotzdem hoffen die Aufständischen, daß die ganze Weichselfront bald in Bewegung kommt und W[arschau] befreit wird. Ich glaube auch, daß der Russe bald antritt. – Soweit wollte ich Euch, meine Lieben, in etwa informieren. Zum ersten Mal hat sich heute einer meiner poln[ischen] Leute gemeldet, die früher mit mir zusammen waren, und zwar Herr C[ieciora][149]. Er hat sich mit einem Köfferchen in ein Lager gerettet, von wo er sich an mich wendet und mich bittet, ihm zu bescheinigen, daß er in deutsch[en] Diensten gestanden hat. Von früheren Bekannten bin ich völlig abgeschnitten, wie wir alle nur auf engem Raum zusammensitzen. Um uns herum ist ein Heerlager von Panzern, Soldaten, Fahrzeugen und so weiter. Wie das alles aussieht, könnt Ihr euch denken, aber bei uns ist es noch recht ordentlich gegen den Saustall, den die SS-Strafkompanie[150] aus dem Palais Brühl gemacht hat. – Aber im Krieg muß es ja so hergehen. – Mir geht es ganz gut. Seit gestern habe ich morgens wieder geturnt und geduscht. Ich habe ein schönes Bad entdeckt, das aber stets besetzt ist. Jetzt gehe ich morgens früh um 5 [Uhr] hin, dann ist es frei. – Und Ihr meine liebe, liebe Gesellschaft? Wie geht es Euch der Reihe nach? Uta, Jorinde, Detlev – Moni – Helmut und Dir, meiner lieben Frau? Ihr macht Euch natürlich große Sorgen um mich. Ich will Euch auch nicht verhehlen, daß es nicht rosig aussieht, aber ich glaube, daß wir noch immer rechtzeitig entwischen werden. Seid alle Gott befohlen und habt mich lieb. Daß Ihr noch mehr tut für mich, weiß ich.

In aller Liebe und Treue, Euer Vater, Dein Wilm.

An Ehefrau und Kinder *Warschau, 12. August 1944*

Meine Lieben alle –

es ist jetzt gegen 6 Uhr abends, gleich werden noch die Tagesmeldungen durchgegeben; ich habe sie schon dem General[151] vorgelegt, dann habe ich wieder ein wenig Zeit, bis in der Nacht sich wieder dies und das ereignet. Gestern nacht wurde mir ein junger Aufständischer (19 Jahre) zur Vernehmung vorgeführt. Es kann einem leid tun, wenn man diese irregeleitete Jugend ihrem Untergang entgegengehen sieht. Er machte ganz unbefangen seine Aussagen. Er war, glaube ich, sogar etwas stolz auf seine zünftige Uniform. Er war nämlich mit deutschen Kleidungsstücken ausgerüstet, die sie in einem deutschen Depot erbeutet hatten. Er trug d[eutsche] Schnürstiefel, ein weißes Schneehemd und darüber einen deutschen Tarnanzug, wattierte Hose und Bluse. Auf dem deutschen Schiffchen trug er stolz den polnischen Adler. Er gehört zu jenem Teil der poln[ischen] Jugend, der offenbar leicht entflammbar für den Kampf um die nationale Freiheit, von den Führern leicht zu gewinnen [war] und sich mit einer gewissen Begeisterung dem Kampf angeschlossen hat, andererseits aber mit dem Instinkt der Jugend herausfühlt, daß es um die Sache der Aufständischen nicht zum besten bestellt ist und er sich, wie auch viele andere Jugendliche, am liebsten wieder aus der Angelegenheit herauszöge. Selbst junge Mädchen stellen sich bedenkenlos zur Verfügung und stehn in Versorgungsdiensten und werden als Kuriere eingesetzt. Die Zivilbevölkerung verläßt zum Teil die Stadt; ein großer Teil bleibt hier und will mit in den Trümmern untergehen. Sie erwarten nichts mehr vom Leben. Von den Deutschen keine Gnade, und von den Russen und Alliierten keine Hilfe. Trotzdem halten die aufständischen Führer die Hoffnung wach, daß die Sowjets bald antreten. – Den ganzen Tag und auch in der Nacht ist unablässiges Kampfgetöse. Uns haben sie bis jetzt merkwürdigerweise in Ruhe gelassen. Sie haben keine Steilfeuerwaffen[152], sonst würden sie uns schon eindecken. – Aber bis jetzt ist alles gutgegangen, und ich denke, es wird weiterhin gutgehen. – Ich schicke heute abend eine Kiste Zigarren, die Du, liebe A[nnemie], zum Tauschen verwenden kannst, wenn sie ankommt. Jetzt habt Ihr sicher viel Arbeit und müßt auch den Bauern noch helfen. Wie weit und fern verloren ist die friedliche Welt von Thalau mit seinen Bauern und mit Euch, meinen teuern Lieben. Wie klein sind alle Sorgen und Nöte früher gewesen, betrachtet aus dem Chaos einer im Todeskampf versinkenden Millionenstadt. Ich möchte mich gern von all diesen Gedanken losreißen und an Schönes und Glückliches denken, aber es geht nicht. Selbst zum Beten gewinne ich keine Sammlung. Ihr müßt es für mich tun. Wie erwarte ich Eure Nachrichten!

Seid aufs herzlichste gegrüßt und habt mich lieb, in Liebe und Treue, Euer Vater.

An Ehefrau und Kinder *Warschau, 13. August 1944*

Meine Lieben –
es wird schon wieder Abend; glaubt Ihr, ich habe nicht gewußt, was es heute für ein Tag war. Vorhin rechnete einer nach und sagte, es sei Sonntag. Ich war ganz überrascht, und fast habe ich mich geschämt, daß ich daran nicht gedacht habe. Aber bei dem schrecklichen Wirrwarr um uns herum, dem Kampfgetöse in den Ohren, kann man keinen friedlichen Gedanken schöpfen. Dann fingen heute früh auch gleich wieder die Vernehmungen der Gefangenen an. Sie waren verwundet. Ich habe es durchgesetzt, daß sie behandelt wurden[153]. Bei dem unermeßlichen Leid fällt es natürlich nicht ins Gewicht, wenn man mal dem oder jenem hilft. Aber wie glücklich sind die Menschen, wenn sie nur ein wenig Herz spüren. [...]

An Ehefrau und Kinder *Warschau, 15. August 1944*

Meine Lieben alle –

gestern bin ich gar nicht mehr dazu gekommen, Euch zu schreiben. Die auf beiden Seiten mit Erbitterung geführten Straßenkämpfe halten an. Die Stadt wird immer mehr zerstört. Aber was fragt man viel danach. Kunst- und Baudenkmäler sind auch genug in den deutschen Städten zerstört worden. Was ist überhaupt heute noch Besitz wert. Wenn ich die Menschen hier vorbeiziehen sehe mit ihrem bißchen Hab und Gut, was sie im Köfferchen oder in einen Sack gebunden wegschleppen, alles andere der Zerstörung überlassend, dann kommt einem die relative Wertlosigkeit des Besitzes so recht zum Bewußtsein. Wenn sie nur das nackte Leben gerettet haben und glücklich aus dem Hexenkessel heraus sind. Dann sind die Menschen schon wieder zufrieden. Es gibt ja immer solche Leute, die sagen, wenn man ein Leben unter Verzicht auf jede Zivilisation führen müßte, dann wäre es nicht lebenswert. Aber das sind Reden; ich glaube, jeder fängt gerne wieder ganz unten an, wenn es ihm nur vergönnt ist. – Gegenwärtig ist ein Ende oder eine rasche Beendigung des Kampfes um die Stadt gar nicht abzusehen. Wenn die nahe Front, die immer noch merkwürdig still ist, erst in Bewegung kommt, wird es mit einem Schlag anders. [...]

Ich habe gerade vor mir auf dem Schreibtisch die Brieftaschen von zwei abgestürzten englischen Fliegern[154]. Es ist ein eigenartiges Gefühl, diese persönlichen Dinge, unter anderem einen Rosenkranz oder eine Plakette des heiligen Christophorus, des Schutzheiligen der Flieger und Autofahrer, und andere Sachen in die Hand zu nehmen. [...]

An die Ehefrau *Warschau, 16. August 1944*

Meine Annemie –

Du wirst begreifen, daß ich Dir nicht viel zu schreiben weiß, trotz der sich im Aufruhr befindlichen Umwelt. Das ist ja alles viel zu traurig und häßlich. Allmählich stumpft das Gefühl ab. Nur wenn ich Kinder sehe im Alter von Uta oder Jorinde, dann zieht sich mir das Herz zusammen. Heute mußte ich zwei katholische poln[ische] Geistliche auf Befehl des Generals[155] in seinem Wagen durch die zerstörten Straßen fahren. Sie sollten einen Eindruck vom Grade der Zerstörung erhalten und in ihrem Bezirk (Praga), wo es noch ganz ruhig ist, die Einwohner warnen und sie auffordern, die Stadt zu verlassen. Die beiden Priester waren sichtlich beeindruckt von den Ausführungen des Generals. Er sagte ihnen, daß er die Räumung Roms durchgeführt habe und mit dem Heiligen Vater verhandelt habe[156]. – Ich habe mich ihnen später als Katholik zu erkennen gegeben und sie gebeten, mich in das Memento bei der heiligen Wandlung einzuschließen. Mit welcher Herzlichkeit sind sie von mir gegangen! Sei mit den Kindern aufs liebste gegrüßt, von Deinem Wilm.

An die Ehefrau *Warschau, 21. August 1944*

Liebste Annemie –

[...] Gestern am Sonntag war ich den ganzen Tag mit dem Erzbischof von Warschau[157] unterwegs. Ich hatte vom General[158] einen Sonderauftrag zu erledigen, der uns auch nach Sochaczew führte[159], 60 km westlich Warschau. Und wen treffe ich dort? Meinen alten Bekannten, den Dekan aus Kaluszyn[160], bei dem ich 1939 im Dezember 14 Tage im Quartier lag. Er kannte mich wieder und hat sich sehr gefreut. – Spätabends kamen wir in die traurige Stadt zurück. Ich quartierte den Erzbischof mit seinem Kaplan im Hotel Bristol ein und erstattete dem General Bericht. Er war sehr zufrieden und hat heute früh bei der Offizierbesprechung, bei der ich allerdings nicht zugegen war, mich belobigt. Ich war schon wieder früh unterwegs, um den Erzbischof in seine Wohnung zu bringen. Das letzte Stück, etwa 1 km, ging durch Partisanengebiet, und der alte, ehrwürdige (80 Jahre) Herr mußte in einen Schützenpanzerwagen einsteigen. Er hatte Angst, es könnte etwas passieren. Aber es ging alles gut. Ich lieferte ihn wohlbehalten in ein Schwesternheim, wo er Notwohnung hatte, ein. Was haben sich die Schwestern, Geistlichen und Zivilisten gefreut, als ihr geistlicher Vater, um den sie einen Tag gebangt hatten, wiederhatten [sic!]. Es ist etwas Wunderbares um diese religiöse Gemeinschaft. Ich hatte auch auf Befehl des Generals Arznei für eine schwer verwundete poln[ische] Schwester mitgebracht. Sie wollte mit andern Schwestern und zwei Geistlichen verwundete deutsche Soldaten bergen, wurde aber von den Banditen beschossen. Die eine Schwester starb sofort, während die andere schwer verletzt wurde. [...]

An Ehefrau und Kinder *Warschau, 23. August 1944*

Liebste Annemi, meine lieben Kinder –

[...] Jetzt ist es gleich 7 Uhr. Die wichtigste Arbeit ist getan. Die Meldungen an die Armee müssen nur noch telefonisch durchgegeben werden, aber das macht mein Unteroffizier. So habe ich mal eine Stunde Ruhe. Ich habe es gerne, wenn es viel Arbeit gibt und eins das andre jagt. Dann vergißt man die grausame Wirklichkeit. In einem fort knattern die Gewehre und M.G. [Maschinengewehre], und die Artillerie haut in die Häuser hinein, daß die Fetzen bis her zu uns fliegen. Von meinem Fenster aus sah ich zu, wie die große und prächtige Kreuzkirche[161] in Brand geschossen wird. Ein Turm nach dem andern sank in das Flammenmeer. Jetzt ragen nur noch die Ruinen aus dem Qualm. Jeden Tag habe ich Verhöre durchzuführen. Heute wieder ein Aktivist und ein 16jähriges Mädchen. Aber es war aus beiden nichts herauszukriegen. Vielleicht kann ich das Mädchen retten. Eine Studentin wurde gestern vorgeführt. Sie ist auch auf so eine dumme Weise in die Widerstandsbewegung hineingeraten. Dann ein polnischer Oberwachtmeister der Polizei. 56 Jahre. Aus reinstem Patriotismus handeln diese Menschen, aber wir können sie nicht schonen. Ich versuche jeden zu retten, der zu retten ist. Den Polizisten hoffe ich auch durchzubringen. Ich bin nicht der Mensch dazu, solche Untersuchungen zu führen, wenigstens nicht mit der Herzlosigkeit, die hier am Platze wäre und meist angewendet wird. Und doch bin ich dankbar, daß ich das machen muß, denn ich kann doch manches noch gutmachen. Mein Leutnant erzählte mir gerade, daß in der Kirche, die in den Brand geschossen wurde, noch 1500 Zivilisten drin waren. Ein Teil ist noch herausgekommen. Von einem Nachlassen des feindlichen Widerstandes ist trotzdem nichts zu merken. Meine frühere Wohnung und das Stadion[162] ist auch von den Aufständischen besetzt. Man kann natürlich gar nicht mehr dorthinkommen. [...]

An Ehefrau und Kinder *Warschau, 25. August 1944*

Meine Lieben –

gestern habe ich eine schöne Fahrt gemacht nach einer Stadt 50 km westlich von W[arschau][163]. Es kommt einem ganz unglaublich vor, wenn man aus dem Trümmerfeld der Stadt und aus dem Lärm der Schießereien plötzlich in das friedliche Land kommt, wo die Bauern auf dem Felde sind und die Kinder spielen, die Kühe weiden und alles wie im tiefsten Frieden weitergeht. Freilich sieht es nur so aus. Kein Dorf und keine Familie lebt unbesorgt. Alles bangt vor der drohenden Zukunft. – Ich hatte beim Oberkommando der hiesigen Armee zu tun und für den General[164] wichtige Auskünfte zu holen. Am späten Nachmittag kam ich zurück. Die Sonne hatte mich so müde gemacht, daß ich mich aufraffen mußte, meine Gedanken zusammenzuhalten. Leider ist der General heute früh nach Bukarest geflogen[165]. Er wird vom Führer immer dahin geschickt, wo etwas los ist. Ich bedaure sehr, daß er weg ist. Ich habe mich mit ihm sehr gut verstanden. Ich glaube, daß er mit mir zufrieden war. Es war nicht nur ein gutes Vorgesetztenverhältnis, sondern auch ein persönlich-menschliches. Wenn ich ihm abends noch wichtige Sachen vorzutragen hatte und er mich entließ, sagte er: »Gute Nacht, mein Lieber«. Im allgemeinen ist er sehr gefürchtet gewesen. Ich hätte nichts dagegen gehabt, wenn er mich mitgenommen hätte nach Buk[arest]. Vor der Luftreise hätte es mir allerdings gegraut. Na, nun wollen wir sehen, was es hier weiter gibt. In Frankreich geht es ja nun mächtig zurück[166]. Da werden wir die Lage kaum mehr meistern, und der Balkan rumpelt nun auch zusammen[167]. Unsern polnischen Freiheitskämpfern gibt das natürlich auch mächtigen Auftrieb. Sie werden erst recht nicht nachgeben. Die Zivilbevölkerung muß ja Schreckliches mitmachen. Zum größten Teil ist sie nicht einverstanden mit dem Aufstand, aber sie wird terrorisiert und kann jetzt gar nicht mehr heraus. Von uns sind Aufrufe erlassen, daß sie sich aus dem Kampfgebiet entfernt, aber anscheinend werden sie [sic!] von den Aufständischen nicht herausgelassen[168]. [...]

An die Ehefrau *Warschau, 26. August 1944*

Meine liebste Annemie –
immer noch keine Post von Dir. Es ist zum Verzweifeln. [...] In den nächsten Tagen ziehen wir an den Westrand der Stadt um, das ist günstiger, als hier mittendrin zu sitzen. [...]

Der neue General[169] ist gerade das Gegenteil von dem früheren. Jener temperamentvoll, explosionsgeneigt, jeden Augenblick voller Spannung und mit Energie geladen. Dieser ruhig, sachlich, voll Humor, aber unpersönlich, während General Stahel das in hohem Maße war. [...] Ich muß jetzt noch eine scheußliche Sache fürs Kriegsgericht vorbereiten.

Gute Nacht, mein Herzlieb, behüt Dich Gott mit den lieben Kindern, Dein Wilm.

An Ehefrau und die Töchter *Warschau, 27. August 1944*

Meine liebe Annemie – liebe Mädels –
ich bin heute noch zu keinem besinnlichen Gedanken gekommen, geschweige zu einem stillen, frommen. Es war gerade nichts Aufregendes los, aber doch immer etwas anderes, was mich in Anspruch hielt. Da waren wieder drei junge Mädels, Studentinnen, die Flugblätter und Kartenmaterial im Kurierdienst besorgten und dabei erwischt wurden. Was soll ich nun mit ihnen machen? Werden die scharfen Maßstäbe angelegt, dann werden sie erschossen. Wenn es geht, will ich sie herausziehen. [...]

An die Ehefrau *Warschau, 28. August 1944*

Meine liebe Annemie –
endlich ist der erste Brief seit so viel Wochen, ich glaube über 4, eingetroffen. Ich wollte es beinahe gar nicht glauben, daß der Brief für mich sei, so gewöhnt war ich daran, daß ich nichts dabei hatte. [...]

In den nächsten Tagen ziehen wir an den Westrand der Stadt, da ist es ruhiger. Ich werde wohl hier das Kriegsende erleben. – Seit dem 3.8. ist es hier jeden Tag sehr warm. Wie leid tut es mir, daß ich mich nicht in die schöne Sonne legen oder mal ins Wasser springen kann. Ich habe auch schon daran gedacht, wie wir früher um diese Jahreszeit entweder ganz draußen lebten oder uns zu Wanderungen aufmachten. Aber jetzt sind ja alle Vergleichsmöglichkeiten verlorengegangen. Zu wüst und zu bös ist die Welt um einen herum. Mit seinen Gedanken kann man sich kaum freimachen. Dazu bin ich in meine vier Wände gefesselt und muß mich mit Dingen abgeben, die meinem Wesen fremd sind. Und doch bleibt man derselbe Mensch, man kann nicht aus sich heraus. Auch wenn man sich einen ganz andern Anschein gibt. [...]

An Ehefrau und Kinder *Warschau, 29. August 1944*

Liebe Annemie, liebe Kinder –

[...] In den Zimmern nebenan ist schon ausgeräumt. Diese Nacht oder morgen früh soll der Umzug beendet sein. Ich bin froh, wenn ich aus dem Lärm heraus bin. Also weit gehen wir ja auch nicht. Schau mal auf den Stadtplan von W[arschau]. Da findest Du die Vorstadt Wola und ein Fort W[ola][170], in der Gegend lassen wir uns nieder. – Mit dem neuen General[171] komme ich nicht so gut aus wie mit dem früheren. Das ist ein ganz anderer Mensch. Das ist der Vorgesetzte, der von seinem Untergebenen nur die militärische Leistung verlangt. Das persönliche Verhältnis zum Menschen kennt er nicht. Darin lag des anderen Stärke und ein gewisser Zauber. Dieser groß, massiv und schwer, rücksichtslos. Ein 100%iger Soldat. Aber nichts Verbindendes, wenigstens nicht für mich. Ich muß mit dem Herzen dabeisein können, wenn ich einem Mann dienen soll. Wie eigenartig diese Wechselbeziehung ist. Ich spüre es, ich gefalle ihm nicht. Er wird mich abschieben eines Tages, weil er nicht mit mir zufrieden ist. Trotzdem werde ich mir Mühe geben. Ich muß an mir arbeiten, ihm Leistungen vorweisen. Ich weiß es aber, er mag mich nicht, ich werde ihn nie zufriedenstellen. Ja, ja, nun bin ich bald 50 Jahre, aber ich muß schuften und mich in acht nehmen wie ein Schuljunge. Warum ich Dir das schreibe meine liebe Annemie? Mit irgendeinem muß ich mich ein wenig aussprechen. Ich bin kein Mann, der vor Männern wirkt. Vor Männern bin ich noch immer schüchtern, obwohl ich vielen gewachsen bin und mich mit ihnen messen kann und mich auch überlegen fühle und auch eine Menge verachten kann, aber trotzdem, ich fühle mich unfrei unter einem großen Haufen. Bürostunden gibt's jetzt nicht mehr. Es geht den ganzen Tag durch, und wenn man nicht fertig wird, nimmt man die Nacht hinzu. Aber wie die Zeit herumfliegt; ich dachte früher, wenn ich in eine Schreibstube gebannt sei, dann käme ich um vor Langeweile. Es ist deswegen gut, daß es immer etwas Neues gibt. – So, nun habe ich genug langweiliges Zeug geschrieben. Von all meinen Warschauer Bekannten habe ich keine Ahnung. Sind sie evakuiert? Oder leben sie unter den Trümmern der Häuser? Herr Cieciora[172] kam vor einer Woche noch einmal zu mir in großer Not: Sie müssen mich retten! Aber wie? Ich habe mein Bestes getan. Ob er durchkommt? Zu mir nehmen konnte ich ihn nicht. Er kam gerade vom Barrikadenbau. Die Polen müssen unter dem Feuer ihrer eigenen Leute Schanzarbeiten in den Straßen machen[173]. Er wohnte in einem Stadtteil, der von uns befreit wurde. Da steht kein Stein auf dem anderen. Er hatte fast nichts anzuziehen. Er tat mir so leid, aber was konnte ich machen? Trotzdem mache ich mir heute Vorwürfe. [...]

An die Ehefrau *Warschau, 31. August 1944*

Meine liebe Annemie –

[...] Seit gestern sind wir draußen im Westen der Stadt. Wir sehen nur nachts die Brände und tags die Rauchschwaden über der unglücklichen Stadt. Vom Kampflärm sehen wir nichts [sic!]. Nur durchs Telefon und die Kampfberichte werde ich laufend unterrichtet. In einzelnen Stadtteilen, in denen die schweren Waffen wirksam wurden, werden die Aufständischen weich, in andern wird erbittert weitergekämpft. Ich schätze, daß der Kampf noch Wochen dauern wird, wenn nicht der Russe, der die Polen schmählich im Stich gelassen hat[174], an der Front keine [sic!] größeren Aktionen startet. Sollte er im Raum W[arschau] durchbrechen, dann kann's mulmig werden. [...]

An die Ehefrau *Warschau, 3. September 1944*

[...] Gestern hat sich ein Stadtteil, die Altstadt, ergeben, nachdem sie völlig zusammengeschossen war[175]. In den Kellern lebten noch etwa 30 000 Menschen, die evakuiert wurden. Was für Elendszüge da herauskamen, kannst Du Dir vorstellen. – In der beiliegenden Zeitung ein Aufsatz über [den] Aufstand in W[arschau][176]. Meine Berichte sind darin verwertet, zum Teil wörtlich. Ich teile nicht alle Ansichten, die dort vertreten sind.

In meinem Brief vom 29.7. schrieb ich, daß ich aus W[arschau] herauskäme. Ja ja, aber dann überstürzten sich die Befehle von Tag zu Tag. Ich bin mit meiner heutigen Verwendung zufrieden. Allzuviel darf man nicht wünschen. [...]

An den Sohn *Warschau, 5. September 1944*

Lieber Helmut –

mit Deinem Brief vom 28. August hast Du mir eine große Freude gemacht, und noch mehr habe ich mich darüber gefreut, daß Du das Glück hast, daheim sein zu können. Ich kann mir das so richtig vorstellen, wie Du mit dem lieben Schwesterlein morgens zur Bahn gehst. [...] Ich kann mir gar nicht denken, daß es irgendwo noch geordnete Zustände gibt, wo Eisenbahnen fahren und die Kinder in die Schule gehen, die Bauern auf dem Feld arbeiten und die Menschen sich nicht gegenseitig totschlagen. Ich komme eben gerade wieder aus der Stadt zurück und werde die Elendsbilder und Schreckensszenen nicht los. Noch scheußlicher als alle Leiden sind die Rohheit und die Vertiertheit eines Teiles unserer eingesetzten Truppen. Das heißt, die Wehrmacht hat immer noch ihr altes Renommee behalten. Wenn SS oder Polizei oder Volksdeutsche in Gefangenschaft geraten, werden sie sofort erschossen, Wehrmacht dagegen wird sehr anständig behandelt[177]. Als Ic[178] habe ich all das zu bearbeiten, was mit dem Feind zusammenhängt. Deswegen bin ich da genau im Bilde. Ich wohne mit dem Stab [der Wehrmacht-Kommandantur] in einem alten Fort. Im Lexikon ist ja eine Karte von W[arschau]. Da ist das Fort Wola[179] zu finden. Von dem Kampfgeschehen höre ich nur aus der Ferne. Heute war ich mit unserem Ia[180], einem jungen Major i. G. (im Generalstab)[181], der uns zugeteilt ist, auf dem Gefechtsstand einer jenseits der Weichsel liegenden Division. Der ist natürlich einige Kilometer hinter der Front. Und an dieser Stelle war es sehr ruhig. Aber es ist doch gleich eine ganz andere Luft unter diesen Männern. [...]

An die Ehefrau *Warschau, 6. September 1944*

Meine liebe Annemie –

ich komme nur so zwischendurch dazu, Dir diese kurzen Briefe zu schreiben. Immer nehme ich mir vor, mich auf mein Zimmer zu setzen und nichts weiter zu tun, als an Dich zu schreiben, aber ich komme zu keiner Sammlung. Ich bin immer froh, wenn ich den Vortrag beim General[182] hinter mir habe. Das ist so gegen 9 Uhr, das heißt, wenn ich an die Reihe komme. Ich muß mich befleißigen, eine ganz exakte militärische Sprache, die ich bis jetzt nicht so brauchte, anzuwenden. Ein falscher Ausdruck oder eine nicht treffende Formulierung, und schon geht der General hoch. Ich habe es aber schon gelernt, und es geht jetzt besser. Siehst Du, das sind jetzt meine Sorgen. Wie ein Schuljunge muß ich lernen und muß Rüffel einstecken. Aber das schadet nichts. Ich betrachte auch das als Mittel zum Zweck. – Wenn ich den Vortrag hinter mir habe, dann gibt's so viele andre Sachen, die der Bearbeitung warten, Meldungen an die Armee und so weiter, Akten studieren, Belege suchen – und mein liebes Mädchen kommt zu kurz. Aber Du weißt, daß ich Dein lieber Wilm bin.

An die Ehefrau *Warschau, 8. September 1944*

Meine liebe Annemie –

[...] Von dem Kampf in W[arschau] will ich Dir nichts erzählen. Ich glaube, es geht bald dem Ende zu. Die Polen haben keine schweren Waffen, deswegen sind sie der Artillerie und den Stukas [Sturzkampfbombern] ausgeliefert. Die Stadt ist fast nur noch ein Trümmerhaufen. Trotzdem stecken die Keller noch voll Menschen, und die Aufständischen verteidigen sich tapfer. Auch die Frauen, besonders junge Mädchen, machen mit, meist als Sanitäterinnen. Was dann wird, wenn

W[arschau] gefallen ist, weiß man nicht. Der Russe greift vielleicht gar nicht frontal an. Möglich, daß er W[arschau] umgeht, nördlich und südlich vorgeht. Wir warten jeden Tag auf seine Offensive. Oft ist schweres Geschützfeuer von der Front zu hören, und man denkt, jetzt geht es los, aber dann ist es doch nichts Besonderes gewesen. Hoffentlich kommen die Truppen aus Fulda zur Verstärkung der Ostfront bald an. Dann gelingt es vielleicht, die Front hier noch zu halten. Der Russe bekommt nämlich gehörige Schläge; er hat starke Verluste gehabt, als er angriff[183]. Er ist natürlich sehr stark, und wenn er loslegt, kommt er auch durch. – Man fragt sich immer wieder, soll denn der Wahnsinn nicht bald aufhören? Muß denn erst alles kaputtgehen? Und noch immer so viele Menschen umkommen? Heute war der Besitzer der Schokoladefabrik Wedel bei mir und bat um eine Bescheinigung, daß er in seine Fabrik zurückgehen dürfte, um sich noch Geld zu holen. Er ist deutscher Abstammung, aber polonisiert, ist auch nicht Volksdeutscher geworden, was ihm dringlich und oft nahegelegt wurde[184]. Er war vielfacher Millionär; jetzt hat er nur noch das, was er auf dem Leibe trägt, und seine Fabrik wird demnächst in die Luft gesprengt. Aber mit welcher Gelassenheit der alte Herr das aufnimmt, ist zu bewundern. – Sicher ist er sehr religiös eingestellt. – Wenn ich die Nachlaßpapiere der erschossenen Banditen[185] durchsehe, ist fast in jeder Brieftasche ein Muttergottesbild oder ein Medaillon. Das berührt mich sehr eigenartig. Man denkt, die Mutter Gottes hat ihm auch nicht helfen können, aber wer weiß das, ob sie es nicht doch getan hat. – Gute Nacht, mein Lieb, grüße die Kinder von Deinem Wilm.

An die Ehefrau *Warschau, 11. September 1944*

Liebe Annemie –

[...] Aus dem Wehrmachtbericht habt Ihr heute gehört, daß der Russe östlich Warschau angreift[186]. Die Aufständischen hatten gestern Übergabeverhandlungen mit uns geführt. Aber als der Russe angriff, haben sie die Verhandlungen eingestellt. Nun ging heute der Kampf in der Stadt weiter. Der Russe hat nicht viel erreicht. [...] Es wird nun schon früh dunkel, und nachts ist es kalt. Aber am Tag ist das herrlichste Wetter. Die Trümmerstätten sehen in der Sonne um so trauriger aus.

Ich war heute mit [dem] Auto unterwegs. Das kommt jetzt selten vor, weil der Sprit fehlt. Ich fuhr die Gefechtsstände der Kosakenabteilungen[187] ab. Es war aber nicht viel los. [...]

An die Ehefrau *Warschau, 13. September 1944*

Meine liebe Annemie –

[...] Gegenwärtig haben wir nicht so viel zu tun. Aus dem Wehrmachtbericht hast Du gehört, daß die Kämpfe an der Front vor Warschau jetzt angefangen haben. Wir sitzen im Westen der Stadt[188] und hören das Gewummer. Schwarze Rauchwolken stehen über der Stadt. Was noch nicht verbrannt ist, wird jetzt noch angesteckt oder gesprengt. Auch das von den Aufständischen gehaltene W[arschau] ist ein Trümmerhaufen. Das 30stöckige Hochhaus[189], dessen Du Dich sicher erinnerst, war lange Zeit ein festes Bollwerk, auch das ist zerlöchert und zertrümmert, aber in den unteren Geschoßen und Kellern halten sich die Aufständischen und wehren sich tapfer. Angesichts des russ[ischen] Angriffs haben sie die Waffenstillstandsverhandlungen abgebrochen und kämpfen weiter, in der Erwartung, daß jetzt endlich der Russe zu Hilfe kommt[190]. Von dem entsetzlichen Elend der Bevölkerung kann man sich kein Bild machen, wenn man es nicht gesehen hat. Aber wo ist es anders? Jetzt ist auch Fulda bombardiert worden[191], wie ich im Rundfunk hörte. Die kurzen Worte des Wehrmachtsberichtes verbergen das Ausmaß eines solchen Angriffs, aber ich weiß, was es bedeutet, wenn nur wenige Bomben fallen und man ist in der Nähe. [...] Warum machst Du Dir große Sorgen? Wegen mir sollst Du Dir nicht so düstere Gedanken machen. Wir sind ja nicht direkt im Kampfgebiet. Der Nachfolger[192] von General Stahel, von dem ich Dir schrieb, daß ich ihn sehr verehrte[193], war ein greulicher Mensch. Ich bin wie erlöst, als er wegkam. Der hat mir jede Lust an der Arbeit genommen. Daß es noch solche Führer gibt. Ich habe bis jetzt nicht den Haß gekannt, aber den habe ich gehaßt und [ich] wünsche ihm nichts Gutes. Solche Führer richten uns zugrunde. Der neue[194] ist mir noch nicht bekannt, aber er scheint nicht so schlimm zu sein. Später erzähle ich Dir mal mehr. Vorläufig vertraue ich meine Gefühle meinem Tagebuch an. – Ich bin froh, daß mein früheres Tagebuch gut nach Hause kam. Ich wollte es schon längst wegschicken. [...] Was die Aufzeichnungen in meinem Tagbuch betreffen, wegen der kritischen Lage, in die ich zu kommen fürchte, ist aus meiner damaligen seelischen und körperlichen Depression zu erklären. Ich war körperlich sehr herunter in den ersten Tagen [des Warschauer Aufstandes] und sah alles ziemlich schwarz. Ich stand auch zu sehr unter den andern Eindrücken, die ich hier nicht näher schildern will. Mir war das eine nicht denkbar, und deswegen litt ich darunter, daß man mit unschuldigen Menschen, die ihre Pflicht ihrem Vaterlande gegenüber tun, so verfahren kann, oder daß der größte Teil unserer Leute ohne Gefühl für anderer Menschen Schicksal und Leid sein kann. Einzelheiten später. Das alles wirkt auf mich niederschmetternd und bedrückte mich wie damals, als ich zum ersten Male im Oktober [19]39 diese Eindrücke hatte. Ich hatte immer das Gefühl, ja, das kann nicht gut gehen, das muß die Strafe Gottes herabziehen auf uns.

Du schreibst von Deiner einzigen Verbundenheit mit mir, ach, wie sollte das anders möglich sein. Für mich bist Du schon lange die einzige Frau, mit der ich alles teilen kann. Du brauchst keinen anderen Halt mehr suchen. Wie sollen wir uns wieder weh tun. Daß wir uns auch späterhin ab und zu in die Haare kriegen, das ist nicht ausgeschlossen. Dazu sind wir zu temperamentvoll und in unseren Lebensanschauungen, trotz der langen Ehejahre, zu verschieden. [...]

An die Ehefrau *Warschau, 14. September 1944*

Liebste Annemie –

[...] Vorhin war ich mit einem Oberleutnant der Flak [Flugabwehrkanone][195], der unserem Stab als Verbindungsoffizier beigegeben ist, draußen in einem Tomatenfeld und wir haben uns zum Abendessen Tomaten geholt. In den Vororten von W[arschau] sind riesige Felder, die leuchten rot von diesen Früchten. Sie kommen jetzt um. Kein Mensch ist da, der sie pflückt. Du hast doch auch bestimmt geerntet, oder sind sie nicht reif geworden? Du schreibst, daß der Garten Euch allerhand gebracht hat. Wie ist denn die Kartoffelernte ausgefallen? Nun ist die Arbeit im Garten bald erledigt, und der Herbst beginnt mit seinen Nebeln und Regen und Kälte und Stürmen. Wie gemütlich war es da, im Zimmer oder in der warmen Küche zu sitzen nach der getanen Arbeit im Garten. Der Duft der Äpfel dringt vom Keller herauf, wenn man die Haustüre öffnet, und an den süßen, großen Birnen ißt man sich den Bauch voll. Oben sitzen wir dann noch eine Zeitlang, ich hole mir die Zeitung und werfe einen Blick hinein, es interessiert uns ja nicht viel, was in der Welt passiert. Du bringst den Stopfkorb mit den vielen zerrissenen Strümpfen, vielleicht lese ich Dir auch etwas vor, die Kinder gehen eins nach dem anderen ins Bett, dann hast Du auch nicht mehr große Lust zum Aufbleiben, denn ich habe Dir schon die ganze Zeit etwas vorgegähnt, und dann ziehn wir zusammen ins Heija. So denke ich mir das. Bald wird es noch nicht sein, aber es kommt alles wieder. Wenn man sich das nicht träumenderweise vorstellen könnte, wer wollte das Leben aushalten. [...]

An die Ehefrau *Warschau, 15. September 1944*

Liebste Annemie –

gestern abend, als ich Deinen Brief gerade geschrieben [hatte] und ins Bett gehen wollte, wurden zwei gefangene Russen eingeliefert. Der eine war schwer verwundet; er hatte einen Lungendurchschuß, das Herz lag teilweise frei, und einen Beinschuß. Der andere war unverwundet. Ich ließ den Dolmetscher kommen, und wir machten die Vernehmung. Der Gesunde kam zuerst an die Reihe. Die erste Frage war: »Werden wir jetzt erschossen?« Als ich ihnen lachend das Gegenteil beteuerte, wollten sie es gar nicht glauben, so war ihnen das eingebleut worden von ihren Politruks[196]. Es wurde immer erzählt, daß die Vernehmung der russischen Kriegsgefangenen sehr schwierig sei, weil sie nichts aussagten. Bei meiner ersten Vernehmung eines Russen könnte ich das nicht sagen. Der Junge, er war 18 Jahre alt, erzählte alles ganz treuherzig und gab auf alle unsere Fragen unbefangen Auskunft. Er war mit einem Schwimmwagen [gekommen], das sind kleine Autos, wir haben die auch, die haben hinten eine Schraube. Wenn der Wagen ins Wasser kommt, dann wird die Kraft statt auf die Radachse auf die Schraube übertragen, und da der Wagen eine Kübelform hat, schwimmt er wie ein Boot. Mit einem solchen Wagen waren sie gestern mittag zu sechsen, 4 russ[ische] Soldaten, ein 12jähriger Polenjunge und ein älterer Pole von der Praga-Seite über die Weichsel gekommen, um festzustellen, ob das diesseitige Ufer besetzt sei[197]. Dabei sind sie dann gefangengenommen worden. Der Junge erinnerte mich in seinem Aussehen und in seinem Blick an Martin Mihm[198], mit dem er auch die Grübchen in den Backen gemeinsam hatte. Er machte recht brauchbare Aussagen, die ich gleich zur Armee weitergab. Heute morgen mußte ein Flieger los, um die Angaben zu überprüfen. Aber das ist für Euch nicht wichtig. Andere Einzelheiten waren mir auch wertvoll, obwohl die nicht in das unmittelbar Militärische fallen. Auf die Frage, wie die Verpflegung sei, sagte er, sie sei schwach. Nach seinen Angaben ist die russische Verpflegung, gemessen an der unseren, auch kümmerlich. Aber gerade darin sehe ich die Stärke des russ[ischen] Soldaten. Obwohl er nichts zu essen hat, hat er eine ausgezeichnete Kampfdisziplin. Ich ließ fragen, ob sie bei ihrem Marsch durch Polen nichts unterwegs von den Bauern besorgen könnten? Darauf sagte er, nein, das würde sehr streng bestraft. Wer requirierte, käme sofort in ein Strafbataillon. Und wie ist dagegen unsere Auffassung? Benzin sparen müssen die Russen auch; so ist das nicht, daß sie aus dem Vollen schöpfen können und nun so einfach in die Gegend brausen können. Verluste haben sie auch ganz außerordentlich gehabt. Aber bei denen zählt der einzelne nicht allzu viel, und sie haben noch erhebliche Reserven. Wegen seiner wichtigen Aussagen brachte ich ihn heute morgen zur Armee[199]. Ich fuhr selber ganz gerne mit, einmal, um die Herren bei dem höheren Stab kennenzulernen, und zweitens, weil die Fahrt durch das friedliche Land, anscheinend friedliche Land, mir ein Aufatmen von der Schreibtischarbeit ist. Als wir eine Strecke gefahren waren durch die sauberen polnischen Dörfchen und einige Städtchen hinter uns hatten, da fragte er mich, ob das Germany [russ.: Germanija] sei. Er schaute unverwandt zum Fenster hinaus und betrachtete sich die Gegend und die Menschen. Es muß ihm doch sehr unterschiedlich gegenüber seiner Heimat vorgekommen sein. – Ich lieferte ihn dann ab und hatte noch einige Geschäfte bei dem Stab zu erledigen, unter anderem gab ich etwa 20 kg Schmelzsilber ab, das in einem abgebrannten Haus gefunden wurde, wahrscheinlich das ganze Tafelsilber einer reichen Familie. Auf dem Heimweg kam ich durch ein Städtchen. Auf dem Markt war reges Leben. Ich kaufte einige Kilo Birnen. Es kam mir doch etwas merkwürdig vor. Paar zehn Kilometer weiter schlagen sich Polen und Deutsche gegenseitig tot, und hier bin ich als einziger Deutscher, und man bedient mich mit ausgesuchter Höflichkeit und Freundlichkeit. Was ist nun echt? Ich neige dazu zu sagen: beides. Einmal entspricht es dem Wesen des Slawen, zuvorkommend und anpassungsfähig zu sein, andererseits hängt der Pole wenigstens mit einer großen Liebe an seinem Vaterland. Der Aufstand hat bestimmt seine Berechtigung, wenn wir das auch abstreiten wollen, aber das ist einseitig, und gerade ein nationalistisch eingestelltes Volk müßte Verständnis dafür haben, daß ein Volk für seine Freiheit zu kämpfen hat. Heute abend wurde wieder ein Russe gebracht. Der war schon vorher vernommen worden, aber seine Aussagen schienen mir nicht richtig. Er wollte allein mit einem Schwimmwagen herüber gekommen sein, angeblich weil er überlaufen wollte. Mir schien das nicht sehr wahrscheinlich, daß einem einzelnen ein Fahrzeug zur Verfügung stehen konnte, und durch verschiedene Zwischenfragen sah er sich in die Enge getrieben und gab dann auch zu, daß er der vierte Mann gewesen war, der tags zuvor mitgefahren war. Einer war gefallen. Er hatte einen nicht leichten Unterschenkelschuß und wurde auf Befehl des Oberstabsarztes ins Lazarett gebracht. Den zweiten mit dem Lungenschuß ließ ich ganz in Ruhe. Das Sprechen fiel ihm schwer. Ihr habt im Rundfunk gehört, daß die Russen Praga genommen haben, jetzt wollen sie über die Weichsel. Sie haben jetzt auch mehrere polnische Divisionen herangeholt, in der nächsten Zeit, vielleicht schon morgen, wird er [»der Russe«] zum Großangriff starten. Aber leicht wird ihm das Rüberkommen nicht gemacht. [...]

An die Ehefrau *Warschau, 17. September 1944*

Meine liebe Annemie!

[...] Bei uns gibt es jetzt auch wieder etwas Neues, der Stab der Wehrmachtkommandantur wird aufgelöst. Welche Verwendung ich nun erhalte, ist mir noch nicht bekannt. Wahrscheinlich komme ich zur Führerreserve der Armee. Dort wird der neue Einsatz erfolgen. Na, wollen wir abwarten. – Heute hatte ich schon nichts mehr zu tun auf meinem alten Arbeitsgebiet. So einen schönen Sonntag muß man so ungenutzt vorbeigehen lassen, ohne daß sich etwas unternehmen läßt. Nicht mal zur richtigen Sammlung kommt man. Gegen Abend zog ich mich auf mein Zimmer zurück, das ich mit einem Hauptmann zusammen bewohne, und habe mir das kleine Meßbuch hervorgeholt. Gottesdienst ist seit 5 Wochen nicht mehr gewesen. Ich las die wunderschöne Epistel vom heutigen Sonntag: »Daß Ihr durch seinen Geist dem inneren Mensch nach kraftvoll erstarket, daß Christus durch den Glauben in Euren Herzen wohne und Ihr selbst in der Liebe festgewurzelt und gegründet seid[200].« Wie beglückend sind diese Worte, wenn man ihren Sinn innerlich empfinden und erleben darf. Wie nichtig wird das Gewimmel um einen herum, und wie verrückt scheinen einem die Kämpfe und das Kriegsgeschehn. Tröst Dich Gott, mein liebes Weib, und sei mit den Kindern seinem starken Schutz empfohlen. In liebender Sorge, Dein Wilm.

An die Ehefrau *Warschau, 18. September 1944*

Liebste Annemie –

[...] Heute gab es eine lustige Abwechslung. Eine telefonische Durchsage hatte uns heute mittag davon unterrichtet, daß ein starker Luftverband aus westlicher Richtung nach Osten fliegt, womöglich nach Warschau[201]. Ich schaute gerade zum Fenster hinaus, da sah ich am Himmel von Norden kommend einige hundert Flugzeuge und zugleich auch die Fallschirme. Da ging mir doch ein kleiner Schreck durch die Glieder. Wenn das Luftlandetruppen sind, dann gibt es eine schöne Schießerei.

Wir sausten dann auch alle aus der Unterkunft heraus und beobachteten das Schauspiel. Zu unserer Überraschung waren es aber keine Fallschirmspringer, sondern ausschließlich Versorgungsbomben, die da herunterkamen. In einzelnen waren Lebensmittel, ich knappere jetzt gerade englischen Keks, in anderen waren Waffen und Munition. Ich habe mir eine amerik[anische] Maschinenpistole bei der Gelegenheit erworben. Im Nu waren die Bomben aufgelesen. Aber bei uns wurden nur drei abgegeben. Fast 80 % fielen in deutschbesetztem Gebiet ab, und die Partisanen, für die sie bestimmt waren, gingen leer aus. Uns war das so viel sympathischer, als wenn wir uns mit englischen Fallschirmjägern herumschießen müßten.

Morgen werden wir wieder ein Stückchen nach Westen ziehn. Vorläufig bleibt der Laden noch zusammen, glaube ich wenigstens.

Gute Nacht, ich grüße Dich aufs herzlichste und auch die lieben Kinder, Dein Wilm.

An die Ehefrau *Młotki, 19./20. September 1944*

Meine liebe Annemie –

seit langer Zeit schreibe ich nun über meine Zeilen einen andern Ort als Warschau[202]. Wir sind heute einige km nach Westen verzogen und wohnen auf einem polnischen Gutshof. [...]

20.9. Gestern abend hatte ich kein Licht zum Weiterschreiben. Ich habe schon meinen Frühlauf um den Park herum gemacht. Weit in der Ferne grollt die Schlacht. Gestern abend rief mich noch ein Offizier an; sein Regimentsstab will mich als Ic[203] haben. Er sagte, er hätte mich schon bei der Division angefordert. Dann müßte ich doch noch einmal nach W[arschau]. [...]

An die Ehefrau *Młotki, 20. September 1944*

Liebe Annemie –

[...] Wir haben vorläufig hier gar nichts zu tun. Ich brauchte noch ein Reitpferd, dann hätte ich keinen Wunsch mehr. Aber das ist hier nicht vorhanden. Warum wir nichts zu tun haben? Man ist sich noch nicht schlüssig, was aus unserem Stab werden soll. Wir haben wieder einen neuen General[204], ein sehr umgänglicher Herr, der möchte den Stab auflösen. Es wird wahrscheinlich auch dazu kommen. Aber was soll man sich darüber Gedanken machen. In W[arschau] geht es allerdings ziemlich scharf zu. Eine polnische Armee, die unter russischem Befehl steht, hat den Auftrag, die Hauptstadt zu erobern[205]. Bis jetzt wurden sie abgewiesen. Nur ganz schwachen Kräften kann es gelungen sein, sich mit den Aufständischen zu vereinigen. [...] Ja, im Westen sieht es nicht gut aus. Ich glaube nicht, daß wir die Alliierten noch zum Stehen bringen. Sie sind zu stark, und wir sind ausgeblutet und erschöpft. Dagegen könnten wir den Russen halten, wenn wir genügend Kräfte und Kriegsmaterial hätten. Leider hat er auch die Luftüberlegenheit. Seine Infanterie taugt nicht viel.

Mit dem vorigen General[206] hatte ich noch ein übles Erlebnis, das erzähle ich Dir später. Aber mir ging es nicht allein so. Nur einige Schmeichler und die, von deren Arbeit er abhängig ist, kamen mit ihm aus.

An Frau C[ieciora] habe ich schon geschrieben. Leider weiß ich nicht, was aus dem Schwager[207] geworden ist. Zufällig traf ich in einem Lager einen meiner früheren Arbeiter. Er kam voller Hoffnung auf mich zugelaufen und meinte, ich könnte ihm helfen. Aber ich konnte nichts für ihn tun. [...]

An die Ehefrau *Młotki, 23. September 1944*

Meine liebe Annemie –

[...] Ich stoße alles ab, was ich entbehren kann. Es ist ein Befehl, daß auch Offiziere nur so viel Sachen mit sich führen dürfen, als in einen Rucksack geht. Diese Forderung habe ich nun bald erfüllt. [...] Bis jetzt sind die Russen beziehungsweise die Sowjetpolen[208] noch nicht über die Weichsel gekommen, und die 1000 Mann, die versuchten überzusetzen, sind gefangengenommen oder abgeschossen worden und ertrunken. Die Verbindung mit den Aufständischen in der Stadt ist nicht gelungen. Letztere halten sich immer noch. Ich schätze, mit etwa 200 000 Zivilisten. Die zuletzt, vor etwa 14 Tagen befreiten sahen schon elend aus. Wie mögen diese letzten erst zu leiden haben. Die Aufständischen wissen nicht ein noch aus. Die ihnen zu Hilfe kommenden polnischen Divisionen unter russ[ischer] Führung beklagen sich bitter über ihre Herren. Und nun wissen die Kämpfer in der Stadt, daß sie dem Bolschewismus ausgeliefert sind. Die nationalpolnischen Offiziere, die den Aufstand entfachten und leiten, wissen, daß der Sowjet sie nach Sibirien schickt, sobald er ihrer habhaft wird[209]. Ich hatte heute die Abschrift einer Vernehmung von einem polnischen Offizier, der übergelaufen war, in der er sagt, daß er sich lieber den Deutschen ausliefern möchte als den Russen. – Aber wir haben ja nun den Krieg im eigenen Land, und die Heimat wird jetzt aus eigener Anschauung erleben, was es heißt, mitten in den Kriegswirren zwischen Freund und Feind zu stehen. Du, meine liebe Frau, machst Dir schon Sorgen, wenn etwa die Westfront[210] bis zu Euch vordringt. Das glaube ich nicht. Wo wollt ihr denn noch hin? Ihr müßt schön auf Eurem Dörfchen bleiben und abwarten, bis die Kriegswoge über Euch weggerollt ist. Aber soweit kommt das nicht. Ganz sicher nicht. Wenn es soweit ist, dann ist es bestimmt aus. Hätte denn Widerstand noch einen Zweck? Nein! Und was mir Helmut schrieb! Jorinde hat in der Bahnhofsunterführung den Bombenangriff in Fulda mitgemacht[211]? Ich hatte doch so eine Unruhe, ich spürte, daß die beiden bedroht waren. Ihr sollt, besonders Jorinde, mir doch mal schreiben, was zerstört ist und wie alles gewesen ist. [...]

An den Sohn *Macierzysz, 24. September 1944*

Mein lieber Helmut –

[...] Wir sitzen hier schon eine Woche auf einem kleinen Gut[212] und warten auf eine neue Verwendung. Eines schönen Tages wird es eine Veränderung geben, was es sein wird, kann man nicht wissen. Vielleicht bleibt der Stab zusammen, vielleicht wird er aufgelöst. Von den Kampfhandlungen im Raum Warschau sehen wir nicht viel, nur ab und zu Luftkämpfe [...] Von meiner Tätigkeit wirst Du aus den Briefen an Mutter schon erfahren haben. Ich mußte mich in ein ganz neues Arbeitsgebiet hineinfinden, von dem ich vorher keine Ahnung hatte[213]. Mein erster Chef war allerdings auch der Mann dazu, einem so etwas beizubringen. Es war General Stahel[214], der uns leider zu bald verlassen mußte und vom Führer mit einem

Sonderauftrag nach Bukarest geschickt wurde. Die Dinge scheinen aber dort schon so verworren gewesen zu sein, daß er nichts ausrichten konnte. Wir haben nichts mehr von ihm gehört. Es wurde sogar gemunkelt, er sei in russ[ische] Gefangenschaft geraten. Es ist merkwürdig, wie sich Geist an Geist entzündet. Du hast ja auch in Deinen Vorgesetzten und Lehrern dies schon erlebt. – Wenn Du mal Zeit und Gelegenheit hast, lies das Buch [von] Hans Carossa[215]: »Eine Kindheit« und »Verwandlungen einer Jugend«. Ich glaube, Du hast auch manches so erlebt, wie dieser Junge. Er hat seine Kindheit in der Geborgenheit und Sicherheit der Kaiserzeit erlebt. Er wird vielleicht so alt sein wie Martin. Ich kann bloß immer staunen, was ein junger Mensch innerlich erleben kann, und bin voller Verwunderung über die Deutungen, die der reife Mann seinen Kindheitserinnerungen gibt. Ich halte C[arossa] für einen der größten Dichter der Deutschen. Ein Zufall spielte mir das Büchlein in die Hand. Wir haben sonst gar nichts zu lesen. Grüße mir die Lieben. Alles Beste! Dein Vater.

An die Ehefrau *(Macierzysz,) 1. Oktober 1944*

Meine liebe Annemie –
heute ist so ein schöner Sonntag. Ich bin schon früh aufgestanden und bin [in] den Park gegangen und habe für mich Kirche gehalten. Es ist doch wohl der 18. Sonntag nach Pfingsten. Im Evangelium wird das Wunder von dem Gichtbrüchigen erzählt. Jesus sagt dem Kranken zuerst: »Deine Sünden sind Dir vergeben«; später erst heilt er ihn von seinem körperlichen Gebrechen. Ihm ist der innere Mensch das Wichtigste. – Unter den Kastanienbäumen liegen die stacheligen Fruchtschalen [...] mit den glänzenden Früchten. Ich nahm eine Schale in die Hand und gewahrte die Dreiteilung der Schale. Eine ganz feine Naht läßt sie in drei fast gleiche Teile zerlegen. Als ich so die Frucht aus der zarten Innenschale glänzend braun hervorleuchten sah, noch eingehüllt von der inneren weichen, weißen Haut, da offenbarte sich mir das Wunder der Geburt. Auch die Menschenfrucht ist von einer solchen Haut umgeben. In der Kapsel entdeckte ich noch ganz winzige Früchtchen, die nicht zu Entwicklung gekommen waren. Sie

mußten verkümmern, damit der eine Same voll und stark zukunfttragend reifen konnte. – Am Ende des Parkes schließen fünf lichte Baumreihen die Windseite des Gutes ab. Dorthin bringt der Hauptverbandplatz[216] seine Toten. Anfang der Woche waren es erst zwei Gräber, gestern zählte ich acht, und heute früh sah ich mit Erschrecken 47 Gräber. Zwei tote Kameraden lagen schon wieder daneben. Der eine war mit einem weißen Leintuch zugedeckt. Es zog mich zu ihm hin, ich nahm das Tuch ab und schaute das zerschossene Haupt des Toten an. Es war im Tod erstarrt, aber es sagte mir nichts, nur ein grenzenloses Mitleid und tiefe Trauer erfüllte mich bei seinem Anschauen. Wenn ich morgens meinen Frühlauf mache, dann halte ich bei den Gräbern ein und suche die Seelen der toten Schläfer. – Nie hat mich die Unsterblichkeit des Menschen so ergriffen wie hier an den Gräbern der Soldaten, dieser verlassenen, aller Liebe am Grabe entbehrenden Opfer. Polnische Zivilisten schaufeln ihnen die Gräber. Es scheint mir, als würden sie es gerne tun. Wir sind ja doch ihr Feind, der sie mit hartem Würgegriff auf den Boden drückt. Was anderes sollen sie empfinden als Haß. Opfern des Hasses schaufelt Haß das Grab, und die Liebe ist weit. Aber sie ist doch stärker. Polnische Frauen tragen Blumen auf die deutschen Soldatengräber, und in der Ferne weint Liebe ohne Ende und ohne Maß. Über die Gräber der toten Männer werden die Mütter und Frauen mit ihrer Liebe siegen und die neue Welt errichten helfen.

Nie ist mir auch die ganze Grausamkeit und Verlassenheit der Gottlosen zu Herzen gegangen, die in dem Menschen nur das höhereentwickelte Tier sehen. In eine fremde Erde, bis auf den nackten Leib, der von Geschossen zerrissen und verstümmelt ist, ausgezogen, in einen Papiersack gesteckt – wir sind ja so arm geworden, daß wir den toten Soldaten nicht mal ihre Uniform belassen können; so senkt man sie in die Erde. Diese nackten Toten unter den großen Parkbäumen, wie klein sind sie geworden, wie unscheinbar, nicht viel anders als die Kastanien, die um sie herum verstreut liegen. – Und jede dieser braunen, glänzenden Früchte trägt den Keim des Lebens in sich. Und diese Menschensaat, diese jungen Unvollendeten wären ausgelöscht, ohne Hoffnung?

Dieser Sonntag war für mich ein Glückstag. Die Post brachte mir sechs Briefe von Euch. Von Dir vier, einen von Detlev, den er im Urlaub schrieb, und einen von Moni vom 4.9. Aber Zeit zum Lesen hatte ich nicht gleich. Es warteten auf mich mehrere Zivilisten, die Bescheinigungen ausgestellt haben wollten. Auch die junge Gutsbesitzersfrau mit ihrem Mann war erschienen. Durch meine Bemühungen konnte die Familie zurückkehren. Mit dem einjährigen Töchterchen hatte die Frau 8 Wochen in den Kellern der belagerten Stadt zugebracht. Gestern wurde sie frei und war in einem Transport, der nach Westen weitergeschickt wurde. Das Zimmer, das ich bewohne, ist ihre Wohnung. Ich weiß nicht, ob mir das komischer vorkam oder ihr. Die ganze Familie des Besitzers mit Verwandten aus der Stadt – ich glaube, es sind bei 25 Personen – wohnt im Gesindehaus. Aber wie dankbar ist die junge Frau, daß sie dem Leben wiedergegeben ist, daß sie wieder in freier Luft atmen kann. Sie gönnt mir ihr Zimmer von Herzen. Heute zum Mittag schickte sie mir eine gebratene Gans. So sind diese Leute. Es ist einfach beschämend. – Was aus uns wird, wenn Warschau nun endlich gefallen ist, weiß immer noch keiner. Es kann sein, daß wir als Stab zusammenbleiben und irgendwo anders gebraucht werden, es kann auch zur Auflösung kommen. Wir haben jetzt alles so schön eingerichtet, gewöhnlich geht's dann weiter.

[...] Es sind viele Zivilisten und Soldaten, die sich bei Ausbruch des Aufstandes in der Stadt befanden, gefangengenommen worden. Sie kommen erst heraus, wenn die betreffenden Stadtteile sich ergeben. Jetzt ist nur noch die Stadtmitte besetzt. Es sollen aber auch da Verhandlungen im Gange sein[217]. Nachdem den Aufständischen die Zusicherung gegeben wurde, daß sie wie Kriegsgefangene behandelt werden, ergeben sie sich eher. Vorher wurden sie als Banditen behandelt, das heißt erschossen. Was blieb ihnen dann anderes übrig, als bis zum letzten Atemzug zu kämpfen. [...]

An Ehefrau und Kinder *(Macierzysz,) 3. Oktober 1944*

Meine liebe Annemie, meine lieben Kinder –
was soll ich Euch denn heute erzählen? Etwas von meinen täglichen Erlebnissen. Also da kommt zuerst mal ein polnischer Bauer an. Er hat Nachricht bekommen, daß seine alte Mutter, die in Warschau vom Aufstand überrascht wurde, heute herausgekommen ist und sich in einem Durchgangslager befindet, von wo die Leute dann nach dem Westen abgeschoben werden[218]. Ich gebe ihm einen Passierschein. Aber dann weiter, er hat noch mehr auf dem Herzen. Am 7. August ist seine Frau mit Gemüse auf den Markt gefahren in das benachbarte Städtchen, seitdem weiß er nichts mehr von ihr. Heute kriegt er auf Umwegen Nachricht, daß seine Frau, die ein kleines Kind von 6 Monaten und eins von 2 Jahren zu Hause gelassen hat, sich in einer Lungenheilanstalt in Schlesien als Dienstmädchen befindet. Pferd und Wagen, dazu drei Hausangestellte sind auch mit abgeführt worden. – Eine junge, vornehme Dame, ihre Mutter ist Irländerin, Vater Pole, bittet um einen Passierschein nach Warschau, daß sie sich etwas aus ihrem Hause holen könnte. Im Verlauf des Gespräches höre ich zu meinem Erstaunen, daß sie Gersfeld kennt, und zwar die Familie von Waldthausen[219]. Bei der Ofk [Oberfeldkommandantur] war mal ein Oberleutnant von Waldthausen, der in ihrem Haus verkehrte. Die Mutter ist eine Duzfreundin der Frau des ehemaligen Botschafters von Molckte [Moltke][220], der bis zum Krieg in Warschau war. Die Mutter war vor ein paar Tagen bei mir mit ihrem Mann. Eine feine, ältere Dame. Die Tochter sieht sehr apart aus, spricht tadellos deutsch. Man sieht ihr an, daß sie aus einer hohen Adelsfamilie stammt, deren Dekadenzerscheinungen nicht zu verbergen sind. Dieser Eindruck wird noch verstärkt durch ein Leiden infolge spinaler Kinderlähmung. Sie kann nicht richtig gehen. Bei jedem Schritt platscht sie mit dem ganzen Fuß auf die Erde, indem sie das Bein seitwärts heranholt. Ich begleitete sie ein Stück. Sie tat mir leid, als sie mit ihrem schwerfälligen Laufwerk durch den dicken Matsch waten mußte. Die Familie muß unerhört reich gewesen sein. Das sagte sie nicht, aber ich hörte das aus allem heraus. Innerhalb 10 Minuten mußte sie

aus dem Haus heraus, das dann in Brand gesteckt wurde. Sie hofft, daß im Keller des Hauses noch etwas übriggeblieben ist, wenigstens ein Bild von den alten Meistern. Die Kleider, die sie trägt, sind von ihrer Zofe. Sie selbst war in einem dünnen Sommerkleid davongegangen, und in der Aufregung hatte sie nichts mitgenommen. Wenn sie die Mutter ihres Mannes gefunden haben, wollen sie nach Deutschland fahren zu der Familie von Molckte [Moltke] nach Schlesien. Der Botschafter soll acht Kinder haben, wie sie mir erzählte. Der von Waldthausen ist übrigens kurz nach seiner Versetzung von W[arschau] gefallen. – Abends brachte der Posten noch einen Mann, einen Volksdeutschen, der heute aus Warschau evakuiert wurde. Er sucht in der Nähe der Front auf der östlichen Weichselseite seine Frau und Kinder. Ich riet ihm ab, dorthin zu gehen, einmal wegen der Gefahr und zweitens, weil anzunehmen ist, daß die Einwohner schon längst das Dorf verlassen mußten. Aber er war nicht zu halten. Er hatte große Hoffnung. Er sagte, zwei Monate war das mein einziger Gedanke, meine Frau und die Kinder wiederzusehen, jetzt kann ich doch nicht einfach irgendwohin gehen, ohne alles versucht zu haben, sie zu finden. Schwerbepackt ist er dann im Regen und der Dunkelheit losgezogen, nachdem er meinen Passierschein hatte. Dabei hatte er Fieber und ein großes Geschwür am Hals. Ich sagte zu ihm, versuchen Sie doch irgendwo zu übernachten. Aber er wollte nur weiter und möglichst schnell ans Ziel kommen. – Im Kasino sitzt man abends zusammen und wartet auf die Nachricht, welche Stadt ist wieder angegriffen worden. Wenn die Post kommt, dann bringt sie Telegramme über Bombenschaden. Der Wehrmachtsbericht redet immer von Erfolgen, und dabei geht's immer tiefer bergab. Aber man will es nicht sehen, und das Volk soll nichts merken. Wie lange soll diese Täuschung noch fortgesetzt werden?

Mir geht es gut. Wir haben sehr gut zu essen. Der Zahlmeister hat wieder neue Lebensmittel gefunden. Es fehlt an nichts. Wer will, kann Sekt und Wein trinken. Zu rauchen gibt es auch. Aber was ist das alles. Ich möchte hungern und laufen, Tag für Tag, wenn ich zu Euch dürfte. Ihr seid meine

Allerbesten! Gute Nacht! Ich grüße Euch herzlich, Euer Vater.

An Ehefrau und Kinder *Macierzysz, 5. Oktober 1944*

Meine liebe, liebe Hausgesellschaft daheim!

[...] Du meinst, gegenwärtig sei überall an den Fronten Stillstand und der Krieg würde sich noch in die Länge ziehn. Ich teile diese Ansicht nicht. Laß uns einen Monat weiter sein, da sieht es anders aus. Im Westen sowohl wie im Osten ziehn unsere Gegner die Verbände nach und schließen an die Front auf[221]. Für den Russen ist es gegenwärtig im Norden und Südosten wichtiger, um mit den vom Balkan kommenden Engländern Fühlung zu bekommen und mit den Serben[222] [...] Ungarn, das sowieso schon wackelt, zum Zusammenbruch zu bringen. Dort hat er leichtere Erfolge als in der Mitte, wo er gegen die gefestigte deutsche Linie anrennen muß. Warschau ist ja nun zu Ende. Ich war heute in der Stadt. Unterwegs begegneten uns die endlosen Kolonnen der gefangenen Aufständischen[223]. Wir konnten uns nicht genug wundern über die stolze Haltung, mit der sie daherkamen. Sie waren gut angezogen, tadellos rasiert, fast gepflegt. Alles junge Leute, nur die Offiziere waren in meinem Alter etwa, aber auch nicht viele. Und diese Armee hat fünf Jahre unter der deutschen Herrschaft existiert, und wir hatten kaum eine Ahnung. Zehnjährige Knaben trugen stolz ihre Käppis; sie hatten als Melder Dienst getan, und es war ihnen eine Ehre, mit den Männern in die Gefangenschaft zu marschieren. Hinter jedem Zug von etwa 60 Mann kamen die jungen Mädchen und Frauen. Das war ein neues Bild. Sie sangen patriotische Lieder und keiner war anzusehen, was sie Furchtbares mitgemacht hatten. In den Waffenstillstands- und Übergabeverhandlungen hatten sich die Aufständischen ausbedungen, daß alle Kämpfer, ob Mann oder Frau oder Knabe, wie Kriegsgefangene behandelt werden sollten. Das heißt also, daß auch die Frauen in Kriegsgefangenenlagern untergebracht werden müssen. Als ich nachher in die Stadt kam, war es mir bei jedem Schritt unwahrscheinlicher, daß diese Hunderttausende (Zivil eingerechnet) unter diesen Trümmern 63 Tage ausgehalten haben konnten, und daß überhaupt noch so viele übriggeblieben waren. Die Verluste sind sicher sehr hoch gewesen[224]. Ich möchte einmal in dem Gefangenenlager, es liegt hier in der Nähe – später werden sie weiter transportiert –, abends dem Singen dieser Massen zuhören. Was nationaler Geist ist, und in welch echter, spontaner Form er sich äußern kann, wenn ein Volk einen fünfjährigen unverdienten Leidensweg gegangen ist, das könnte man hier erleben. Ich habe es damals im Gefangenenlager in Pabjanice erlebt, als die 15 000 ihr Abendgebet sangen[225]. Leutnant Andreesen[226] sagte damals, ein Volk von so urwüchsiger Kraft und dieser Frömmigkeit ist nicht zu schlagen. Leider haben wir das nicht erkannt oder wollten es nicht sehen. Wir dachten, wir könnten mit Methoden der Gewalt mehr erreichen. Aus der Geschichte hat Hitler diesmal nichts gelernt. Die Aufständischen, sie heißen auf einmal nicht mehr Banditen, sind maßlos enttäuscht über die Russen und Engländer. Nur mit verbissener Wut sprechen sie von der treulosen Haltung dieser ihrer Freunde. Unsere Führung glaubt, aus dieser Gesinnung [auf] einen Umschwung zu unseren Gunsten hoffen zu dürfen und Polen nun zu einem Frontwechsel bewegen zu können[227]. Dazu ist es aber zu spät, und zu viel Unrecht ist getan worden. – Was ist der Sinn dieses Krieges? Das habe ich schon oft gefragt. Heute erhielt ich wieder die Bestätigung meiner alten Gedanken. Es ist die Erlösung des Menschen vom Materialismus und von der Ichsucht. Und nicht die Sieger, sondern die Geschlagenen werden diesen neuen Geist erleben und ihre Zukunft und damit eine neue Welt aufbauen. Aus der Asche ihrer Wohnstätten, aus dem Leid und der Grausamkeit der Opfer wird dieser neue Geist erblühn. [...]

An die Ehefrau *Macierzysz, 8. Oktober 1944*

Meine liebe Annemie –

[...] Täglich kommen die Leute zu mir und wollen Ausweise zum Betreten der Stadt haben, um aus ihren verbrannten Häusern noch ein wenig Hausrat oder Kleider und dergleichen zu retten. Heute kam eine Frau, die barfuß lief. Sie hatte gar nichts anzuziehen als ein dünnes Sommerfähnchen. Ich kann ihr aber nicht helfen. Zivilisten dürfen nicht nach W[arschau] hinein. Hunderte muß ich wegschicken. [...]

An die Ehefrau *Macierzysz, 10. Oktober 1944*

Meine liebe Annemie –

[...] Das Sterben der Alten kann einen in jetziger Zeit nicht rühren. Und doch, als gestern so ein alter Mann mit so einem guten, treuen Großvatergesicht mich um Hilfe anflehte, wie hat mich das gerührt. Als er einen Teller Suppe bekam, war er überglücklich. Und als er gar ein Paar ordentliche Stiefel anziehen durfte, da hätte er mir am liebsten die Füße geküßt. Von all seinen Angehörigen hatte er niemand mehr. Kein Mensch kümmerte sich um ihn. Wenn es einem im Alter mal so gehen sollte, das ist doch grausam. – Aber das Leben geht weiter. [...] Ja, um den lieben Detlev! Warum habe ich für den Jungen so ein zärtliches Gefühl? Er schreibt mir so liebevolle Briefe. Jorinde soll ein Tagebuch anlegen und es mir zu Weihnachten schenken. Ich schreibe es ihr noch mal, aber anfangen soll sie mit dem Tag, als sie bei dem Bombenangriff in Fulda war. Helmut ist ja wirklich schon ein Mann geworden. Denkt er ernstlich ans Heiraten? Ich habe nichts dagegen. Was ist denn seine Uta für ein Mädchen? Wann – wann? Die große Frage! Sie wird sich eines Tages erfüllen. Sei stark, Liebste! Dein Wilm wartet auf Dich.

An die Ehefrau *Macierzysz, 13. Oktober 1944*

Liebe Annemie –

[...] Schon seit langem ging das Gerücht über das Schicksal General Stahels[228]. Es hat sich also bewahrheitet. Ich wäre wirklich gerne mit ihm zusammengeblieben. Sicher hätte mich dasselbe Geschick ereilt wie ihn. Er soll von den Russen wegen der Greueltaten, die von den Deutschen begangen wurden, als Kriegsverbrecher angesehen werden und verantwortlich gemacht werden. Das verdient er aber nicht. Er hatte eine sehr menschliche Seite, andererseits konnte er auch brutal sein. Die Wehrmacht hat sich im allgemeinen anständig verhalten, dagegen SS-Verbände und Polizei und vor allem die Kosaken[229] haben unmenschlich gewütet. Aber das kam von der Einstellung, daß die Aufständischen wie Banditen zu behandeln seien[230]. Die Aufständischen, die sich zuletzt ergaben, wurden als Kriegsgefangene sehr ordentlich behandelt, hoffentlich auch weiterhin. Endlich wird man doch einsehen, daß man mit Methoden der Gewalt und der Brutalität nicht weiterkommt. Die Amerikaner sind doch Schweine, wenn sie auf die Zivilisten mit Bordwaffen schießen [...].

An die Ehefrau *Macierzysz, 15. Oktober 1944*

Meine Annemie –

[...] Der Russe greift im Raum W[arschau] mächtig an. Bald wird es auch südlich von W[arschau] losgehen. Wir bleiben vorläufig hier. Gestern bekamen wir wieder einen neuen General[231]. Ich habe mir ihn sehr kritisch betrachtet. Ich glaube, er ist nicht so, wie ich ihn mir nach seinem Namen vorstellte. Er heißt nämlich Eisenstuck. Ob er seinem Namen Ehre macht, muß die Erfahrung lehren. Der General Schirmer[232], der mir das Leben so sauer machte, sitzt auf Ösel[233], da kann er meinetwegen bleiben. – Daß Andreesen[234] gestorben ist, hat mich richtig bestürzt. Ich wollte ihm schon jeden Tag schreiben. Wie herzlich schrieb er mir. Ich werde seiner Frau schreiben.

Es ist tiefe Nacht. In freudigem, lieben Gedenken, Dein Wilm.

An die Ehefrau *Macierzysz, 17. Oktober 1944*

Meine liebe Annemie –

gestern kam ein Brief vom lieben Detlev. [...] Es kommt mir immer ganz unwahrscheinlich vor, daß der kleine Junge in den Krieg ziehn soll[235]. Ich glaub's auch noch nicht. In Ungarn werden sich die Dinge nun auch zu unseren Ungunsten verändern[236]. Wenn es auch widerrufen wird und die Soldaten noch weiterkämpfen, eine starke Kampfkraft sind sie nicht mehr. Wenn der Russe noch weiter in Ungarn eindringt, wird auch dort der Abfall nicht aufzuhalten sein. Ich kann nicht verstehen, daß die deutschen Kräfte an den Peripherien auf dem Balkan und in Finnland nicht früher hereingeholt worden sind. Jetzt ist es fast zu spät. Jedenfalls müssen sie sich den

Rückzug schwer erkämpfen. In Frankreich rüsten die Anglo-Am[erikaner] sicher zu einer großen Offensive nach Deutschland. Es ist bewundernswert, daß wir sie dort aufgehalten haben[237]. Überhaupt ist eine gewisse Stabilität an den Fronten eingetreten. Bei der großen Überlegenheit an Menschen und Material wird es schwer sein, die ausgedehnten Fronten zu halten. Es ist ganz unwahrscheinlich, daß ein Volk diesen langen Krieg überhaupt aushält. – Gestern war hier der ostpreußische Dichter Oberleutnant Graf von Finkenstein[238]. Ich habe noch nichts von ihm gelesen. Ein Buch heißt: »Die Mutter«. Das hatte ich zufällig unter meinen Büchern entdeckt, kannte es aber nicht. Ich will es jetzt mal lesen, weniger weil ich mich lesenderweise beschäftigen wollte, sondern um einmal Werk und Mensch zu vergleichen. Ein Sonderführer[239], der mir oft als Dolmetscher behilflich war, bekam Nachricht, daß er Vater geworden sei. Nach dem Kasinoabend gingen wir drei auf mein Zimmer und tranken noch einige Schnäpse und unterhielten uns noch bis spät in die Nacht. Der Finkenstein interessierte mich schon und zog mich auch menschlich an. Aber ich konnte eine gewisse Abneigung nicht unterdrücken. Der Sonderführer schreibt selbst auch, ich erzählte Dir früher schon mal, daß ich an einem Nachmittag bei ihm war in W[arschau] und er seine Gedichte vorlas. Ich bin nicht ganz einverstanden damit. Ich weiß nicht, ob es daran liegt, daß man sich als älterer Mensch dagegen sträubt, die Gefühle anderer in dieser Unmittelbarkeit, die in einem kleinen Kreis, wenn der Dichter selbst liest, noch stärker wirken als in einem größeren, mitzuempfinden. Irgendetwas wehrt sich in mir. Wenn ich so ein Gedicht für mich lese, dann kann ich unbeeinflußt dem Gefühl nachgehen und bin bereit, Steigerung und Abstieg mitzuerleben. Es war ein anregender Abend, aber mehr für die andern, glaube ich, als für mich. Ich bin zu wenig geneigt, etwas von mir selbst preiszugeben, wie das die andern taten. [...]

An die Ehefrau *Macierzysz, 19. Oktober 1944*

Meine liebe Frau –

draußen regnet es sich langsam in den traurigen Abschied des Sommers hinein. Die Bäume stehn schon fast laublos. Das bunte Laub, das gestern in der Sonne leuchtete, sieht heute welk und alt aus. Wenn es der Herbstwind ein bißchen anbläst, wird es zur Erde fallen und dort vermodern. Der graue Himmel läßt nicht viel Licht durch die Fenster der Stube. Es ist eigentlich recht gemütlich in meinem Zimmer hier. Der große weiße Kachelofen wärmt unaufdringlich. Ein bequemer Polsterstuhl ladet mich zum Verweilen. Das Radio spielt, wenn ich es will. Ein bequemes Bett, ein Waschtisch, ein großer Spiegelschrank und am Fenster der Schreibtisch. Mitten steht der Kartentisch. Mein Schreiber an der Schreibmaschine ist still und bescheiden; er hat eine unauffällige Art, sich unbemerkt zu machen. An der Wand über dem Bett hängt das Bild der Schwarzen Mutter Gottes[240] und daneben ein alter Meister mit der Heiligen Familie. Ein Offizier aus unserem Stabe, der Maler ist, hat es aus der Stadt mitgebracht. Ich habe es für mich von ihm erbeten. Auf der andern Seite über dem Polsterstuhl hängt das Porträt einer alten Frau von einem polnischen Maler. Ein ganz wunderschönes Bild. Ich nahm es dieser Tage mit, als ich in W[arschau] war. Es stand unter vielen andern in einer zerstörten Kunsthandlung, an der ich oft vorübergegangen war und die Bilder betrachtet hatte. Wer hat Verständnis für das Porträt einer fremden, alten Frau? Aber als ich es meinem Kameraden (dem Maler) vorwies, war er ganz begeistert. Ich sehe in dem Bild aber mehr als das Kunstwerk. Es ist mir noch bei keiner Wiedergabe eines Menschenantlitzes durch Künstlerhand so zu einem persönlichen Erlebnis geworden wie dieses Bild. Ja, ein Bild kann sprechen, erzählen und besinnlich machen. Auch das Bild einer fremden, alten Frau bringt einem die eigene Mutter nahe und lehrt Ehrfurcht vor dem Adel einer Menschenmutter schlechthin. Vielleicht gerade deswegen, weil nichts Persönliches im Wege ist.

Der Tag ist bald wieder dahin. Draußen ist es finster, es regnet seit heute früh. Ich war nachmittags kurz in der Stadt und bin von der Hauptstraße bis zu unserer Unterkunft zu

Fuß marschiert. Die Landwege sind schon grundlos. Von der Front her dröhnen die Geschütze. Die Russen haben wieder den ganzen Tag angegriffen nördlich Warschau, aber nichts erreicht[241]. – Ich habe in dem Buch »Mutter« von Graf von Finkenstein[242] gelesen und habe mich nicht getäuscht. Der Mann sagt mir nichts. Ich habe das gleich empfunden. Es sind keine wesentlichen Dinge, die er bringt. Und zur Unterhaltung lese ich nicht. Heute gibt's größere Probleme als die, wie eine Frau mit ihrem Mann zurechtkommt. – Eigentlich wollte ich Dir schildern, wie wohl ich mich in diesen vier Wänden fühle oder vielmehr fühlen könnte. Aber es geht nicht. Die ständige Unruhe und Sorge der Zukunft, die immer schwärzer sich abhebt, lastet auf dem Gemüt. Ich habe in den letzten Tagen auch wieder die innere Sammlung verloren. Da fehlt einem gleich der Mittelpunkt. Du erlebst ja auch an Dir selbst diese Schwankungen.

Abends 9.15 [Uhr]. Ich komme eben vom Kasinoessen. In der großen Familienstube ist das Kasino eingerichtet. Bei dem General Nummer 3[243] saßen wir an runden Tischen, immer 3 Mann. Nummer 4 hat befohlen, daß das Abendessen gemeinsam eingenommen wird und als Dienst zu betrachten ist. Nun sitzen wir an einer langen Tafel, 12 Offiziere, der General an der Spitze. Wir warten geduldig, bis er aufsteht, heute war's nach 9 [Uhr] geworden. Er erzählt furchtbar gern und braucht ein Publikum. Er gefällt mir aber gut, er hat ein feines, vornehmes Wesen, ist gebildet und hat Interessen für alles Mögliche. Persönlich läßt er jeden in Ruhe. Wenn ich ihm Vortrag gehalten habe, bedankt er sich freundlich und gibt mir die Hand. Meist erzählt er dann noch eine Zeitlang. – Aber die schöne Abendzeit ist dann immer zerrissen. Ich nehme mir jedesmal etwas vor, aber wenn ich vom Abendessen komme, dann bin ich müde und gehe am liebsten ins Bett. [...]

An die Ehefrau *Macierzysz, 22. Oktober 1944*

Meine liebe Annemie –

[...] Den Sonntagmorgen wollte ich gerne zu Hause verbringen in meiner gemütlichen Stube, denn draußen regnete es sehr, aber ich mußte den General[244] mit noch einem Offizier nach Warschau begleiten. W[arschau] wird als »Festung« ausgebaut, und unser Stab hat diese Aufgabe[245]. Wir sind jetzt Festungskommandantur von W[arschau] geworden. Ein neuer Ia, ein Oberst, ist noch zum Stab gekommen, und es sollen noch einige Herrn erscheinen. Es ist wahrscheinlich, daß wir wieder in die Stadt ziehn müssen. Das hat aber noch gute Weile. Vorerst ist noch allerlei zu bauen. Wir besichtigten zu diesem Zweck das in Frage kommende Gelände. Bei dieser Gelegenheit kam ich auch wieder in die Sportschule und in das Stadion[246]. Ach, wie sieht's da aus. Ich war auch oben in meinem Zimmer, aber da war alles so verwüstet, daß es mir ein wenig graute. Nur das Schild habe ich von der Türe abgenommen und bin dann schnell wieder weggegangen. In dem großen Saal standen noch der Flügel und das Harmonium, der Regen troff von der Decke. Die Fenster waren verbarrikadiert mit Büchern, Schulbänken, Matratzen. Nicht daß mir das alles leid getan hätte inmitten des anderen Greuels der Verwüstung. Die gegenüberliegende Kirche lag auch in Trümmern. – Aber es kann einen doch traurig machen – diese Sinnlosigkeit der Vernichtung. Später waren wir im Theater. Die herrlichen Kostüme, die Orchesternoten zu Bergen getürmt, zertreten, verschmutzt. In der Staatsbibliothek dasselbe Bild. – In der Heimat ist es nicht anders. Wie mag jetzt Aachen[247] aussehen? Und die Menschen, was sind sie für kleine Kreaturen, wenn man sie zwischen den Trümmern antrifft. Zivilisten sind nicht mehr in der Stadt. Sie ist vollkommen tot[248]. Einzelne Soldaten sieht man ab und zu. [...] Ja, das weiß ich wohl, daß die Leute in der Heimat nicht anders dran sind als die hier. Aber es ist doch etwas anderes, den Feind im Land zu haben und im eigenen Land beargwöhnt und mißhandelt zu werden. Ich muß sagen, es ist viel besser geworden, aber immer wieder trifft man auf Scheußlichkeiten. [...]

An Familie Zieringer[249] *(Macierzysz,) 25. Oktober 1944*

Liebe Familie Zieringer –

vor etwa 10 Tagen besuchte ich, wie jeden Morgen, den kleinen Heldenfriedhof in dem Park des Gutes, in dem unser Stab Quartier bezogen hat. (In der vergangenen Nacht waren gefallene Kameraden aus den Kämpfen nördlich Warschau gebracht worden[250].) Wenn ich in die Nähe des Friedhofs komme, dann verlangsamt sich mein Schritt angesichts der frischen Gräber, aber besonders deshalb, weil während der Nacht die am Vortage gefallenen Soldaten gebracht werden und im Schutz der Bäume gelagert werden. Mein Auge sucht schon von der Ferne, und zögernden Schrittes gehe ich näher. Da liegt einer, die Arme hinten verschränkt, mit dem Haupt an den Baum gelehnt. Er scheint mir sehr groß. Die Zeltbahn, mit der er zugedeckt ist, reicht nicht aus. Ich stehe vor dem Toten[251] und kann nicht weitergehen. Wenn das mein Sohn wäre? Ich knie neben ihm nieder und schlage das Tuch zurück und schaue auf ein junges, schönes Angesicht, die Augen sind ein wenig geöffnet, ebenso die Lippen. Eine Wunde ist nicht zu sehen. Die Haare hängen ihm wirr in die Stirne. Ich nehme seine kalte Hand, dann lege ich ihm die Haare zurück und streichle ihm die Wange und schaue ihn lange an und denke daran, daß ich der letzte Mensch bin, der diesen Jungen zum letzten Male sieht. Ich bin ihm Vater und Mutter, Bruder und Schwester. All das Leid, das Ihr um Euern lieben Sohn und Bruder nun tragen müßt, das kommt über mich. Und so streichle ich immer wieder sein totes Gesicht und denke, daß ich Abschied für Sie nehmen will.

Sehen Sie, liebe unbekannte Familie Zieringer, deswegen schreibe ich an Sie. Ich kenne Ihren Sohn nicht. Ich bin ihm nur dies eine Mal begegnet. Ich bin der letzte Mensch gewesen, der Ihr Liebstes mit Augen der Liebe angesehen hat und darf wohl glauben, daß er mir diesen letzten Gruß an Sie aufgegeben hat. Sehen Sie, darum schreibe ich Ihnen. Ich kann sie nicht trösten, das kann Gott allein.

Ich habe ein Gebet für ihn gesprochen und habe darum gebetet, daß Gott Sie in Ihrem Schmerz trösten möge. Ich ließ mir vom Gräberoffizier den Namen des Gefallenen sagen und erfuhr somit auch Ihre Adresse.

Jeden Tag gehe ich an der Grabstätte Ihres Sohnes und der vielen andern, die hier bestattet liegen, vorbei und grüße sie und bete ein Vaterunser.

In inniger Teilnahme an Ihrem Schmerz grüße ich Sie, W[ilm] H[osenfeld].

An die Ehefrau *Macierzysz, 27. Oktober 1944*

Herzliebe Annemie –
herzlichen Dank für Deinen lieben Brief Nummer 5 vom 19.10. Ich habe jetzt keine Zeit mehr zum Schreiben. Es ist ½12 [Uhr], und morgen muß ich früh raus, ich soll den General[252] begleiten zu einer Fahrt zu den Gefechtsständen. Morgen ziehn wir nun wieder in die Stadt. Mein schönes, gemütliches Zimmer muß ich nun verlassen. Nun heißt's wieder einrichten. Hier ist jetzt ein großer Wirbel. Ich mußte einen Kameraden vertreten, der sich die ganzen vorderen Zahnstumpen ziehn ließ. Der neue Chef des Stabes ist ein zwar feiner Mann, aber äußerst pingelig. Er hat mich tüchtig rumgejagt. Aber diese Gewissenhaftigkeit gefällt mir. [...] Heute abend sprach Goebbels[253]. Man hat das Gefühl, man sitzt im warmen Badewasser, so schön geht einem die Rede ein, aber nachher steht man im kalten Wind nackend und friert und klappert mit den Zähnen. Rhetorische Wortspiele! Jedenfalls ein angenehmer Gegensatz zu Hitlers kalter Stimme. Wir müssen auch das kommende Leid ertragen. Ich will auch recht tapfer sein. Es wird alles schwer sein, aber ich hoffe zum guten Gott, daß er es mit uns gnädig macht. Sei recht herzlich gegrüßt, mein liebes Kind, und sei stark. Dein Wilm.

An die Ehefrau *Warschau, 29. Oktober 1944*

Meine liebe Annemie –
[...] Ich habe den ganzen Tag sehr viel zu tun. Der Tag rauscht nur so dahin. Ehe ich mich versehe, ist es Mittag und Abend geworden. Aber das behagt mir ganz gut. Wir sind umgezogen nach Osten, wieder in die Stadt, und haben hier den Gefechtsstand bezogen. Nun wirst Du gleich einen Schrecken kriegen, aber das ist nicht nötig. Hier sind dicke Kellerwände, und ich habe ein oder zwei große Zimmer. Bis jetzt ist noch kein Schuß in die Gegend gekommen. – Heute morgen hatte ich wieder mal eine Extratour zu machen. Eine Anzahl Pressevertreter vom neutralen Ausland und auch inländische Journa-

listen wollten Warschau ansehn[254]. Ich habe sie dann durch die traurigen Ruinen geführt. An dem Empfang beim Gouverneur[255] habe ich nicht teilgenommen, ich hatte dienstlich zu viel zu tun, habe auch keinen Wert darauf gelegt. In der Zeitung werdet Ihr vielleicht mal davon lesen. [...]

An die Ehefrau *Warschau, 4. November 1944*

Meine liebe Annemie –

wie rasch sich die Verhältnisse ändern können. Seit gestern bin ich Kompanieführer in meinem früheren Landes-Schützenbataillon 996, dem ich 1940 bis 42 angehörte, ehe ich zur OFK [Oberfeldkommandantur] versetzt wurde. Wir liegen am Westrand der Stadt und haben in den Außenbezirken der Stadt Wachen und Streifen zu stellen, um Zivilisten am Betreten der Stadt zu verhindern [sic!], und die Kontrolle über Fahrzeuge und Soldaten, die aus der Stadt kommen und in die Stadt wollen. Ich habe zwei sehr schöne Zimmer mit erlesenen Möbeln, Bildern und Teppichen ausgestattet. Leider komme ich nicht oft dazu, mich darin aufzuhalten. In einigen Tagen hoffe ich aber alles in Ordnung zu haben. Die Kompanie war gerade beim Einrichten der neuen Unterkünfte, als ich kam, und so ist noch nicht alles so, wie es sein soll. Aber hier fühle ich mich in meinem Element. Ich habe mir immer eine Kompanieführerstelle gewünscht. Durch meine Tätigkeit in den Stäben hatte ich ganz die Verbindung zu den Soldaten selbst verloren. Jetzt sehe ich erst, wie sehr die Leute einen Führer, der ein Herz für sie hat, brauchen. Es sind alles ältere Leute, einige jüngere, die nicht k.v. [kriegsverwendungsfähig] sind oder irgendeinen gesundheitlichen Schaden oder eine Kriegsverletzung haben. [...]

An Ehefrau und Kinder (Fragment) *ca. Anfang November 1944*

[...] Auf meinem Schreibtisch steht eine wunderbare, goldene Monstranz[256]. Ich traute meinen Augen nicht, als ich heute morgen in eine benachbarte Kirche kam und diese Kostbarkeit zwischen allen möglichen Sachen auf dem Altar stehen sah. Der Altar war verwüstet, Bilder, Leuchter, Bücher, Blumenvasen, Meßgewänder, Kerzen, alles übereinander, das Tabernakel aufgerissen, sogar die Altarsteine weggerückt und dazwischen die Monstranz. Ich dachte erst, daß sie wohl aus einer minderwertigen Legierung hergestellt sei, anders konnte ich mir nicht erklären, daß sie noch dastand. Es sind doch drei Monate her, daß der Aufstand losging und Tausende von Menschen hielten sich in der Kirche auf. Noch eine kleinere fand ich, die auch sehr kostbar ist. Ich habe noch nie eine solche Monstranz in der Nähe gesehen und kann mich jetzt nicht sattsehen daran. Ich versuche, sie mit meiner armseligen Feder nachzubilden[257]. Dabei entdecke ich erst die ganze Schönheit der Teile. Das Ganze ist wie eine gotische Kirche, mit einem Mittelturm und vielen kleinen Türmchen verziert mit Säulen und Türmchen und echten Edelsteinen. Ich überlege, wie ich sie und wem ich sie übergeben kann. Vielleicht kriege ich einen Wagen und bringe sie mit den vielen Gewändern, die in der Sakristei herumliegen, dem Erzbischof[258]. Er muß in einem Vorort von W[arschau] leben. Die Monstranz ist fast 1 Meter hoch und so schwer, daß ich sie mit einer Hand nicht lange heben kann. Jetzt muß ich Schluß machen. Ich will noch einmal einige Posten abgehen und die Quartiere meiner Landser nachsehen, dann gehe ich geschwind ins Bett. [...]

An die Ehefrau *Warschau, 7. November 1944*

Meine liebe Annemie –

es gibt schon wieder etwas Neues. Meine Kompanie ist mit dem Bataillon heute verladen worden und kommt zu irgendeinem andern Einsatz. Ich vermute, an die Front irgendwohin. Ich hätte die Kompanie gerne behalten, aber schon kam ein neuer Befehl; ich bin zu einem andern Bataillon[259] versetzt worden, das hier in W[arschau] liegt. Vorläufig weiß ich noch nicht recht, was aus diesem Kommando wird. Ich wohne noch in dem früheren Quartier, das ich mir sehr schön eingerichtet habe. Die Monstranz und die übrigen Meßgeräte sind heute abgeholt worden von einem Beauftragten des Erzbischofs[260]. Gut, daß ich alles so schön aufgehoben hatte. Ich habe in meinem Schlafzimmer noch ein großes Bild hängen. Christus am Kreuz. Ich glaube, es ist ein altes Bild. In dem Haus wohnte früher die Polizei, die hatten es natürlich weggesteckt. Wenn es geht, schneide ich es aus dem Rahmen und nehme es mit. Ich stehe oft davor und lasse den Gekreuzigten zu mir sprechen. Jesus hat ausgelitten; ein unendlicher Friede ist in seinem Antlitz; die Gewißheit seines Sieges über die Welt und ihre Gemeinheit, ein Hauch der zukünftigen Auferstehung liegt über dem Haupt. Rechts und links stehen Maria und Johannes. Maria schmerzerfüllt, doch aufrecht, Johannes in Trauer versunken, mit geneigtem Haupt. Er hat den Sinn des Kreuzestodes seines Herrn noch nicht begriffen. Es geht mir wie ihm. Und doch drängt sich mir mit starkem Gefühl der Sinn der Worte auf: Durch Dein heiliges Kreuz hast Du die Welt erlöst. [...]

An die Ehefrau *Warschau, 8. November 1944*

Meine liebe Annemie –

herzlichen Dank für Deinen Brief vom 26.10. Der kam nicht so schnell wie die andern. Durch meine Versetzung verzögert sich die Zustellung auch um ein oder zwei Tage. Wie ich Dir schrieb, ist die Kompanie meines früheren Bataillons ohne mich abgerückt[261]. Ich komme gerade vom Dienst bei der neuen Einheit, nachdem ich mich bei dem neuen Chef[262] gemeldet habe. Ob ich hier eine Kompanie übernehme, weiß ich noch nicht. Es ist mir jetzt auch ziemlich wurscht. Irgend etwas wird sich schon anstellen lassen. [...] Du meinst, ich hätte mich wieder mal geirrt wegen der Vorhersage des Kriegsendes. Mag sein, daß der Zeitpunkt verfrüht ist, aber viel länger dauert es nicht. Du wirst sehen. Es spitzt sich alles so langsam, aber unaufhaltsam zu. Ob es nun noch einige Wochen oder Monate länger dauert oder nicht, das läßt sich bei dem Riesenausmaß des Krieges nicht absehen. Sicher ist eins, es geht mit Riesenschritten dem Ende zu. Was dann kommt, ist nicht viel besser, da hast Du recht. Es wird sehr schwer für uns, aber nicht nur für uns, für alle Völker, die in diesen Krieg hineingezogen wurden. Wir werden allerdings das Schwerste zu tragen haben. Und doch ist das nicht das Schlimmste, es gibt immer noch eine Hoffnung zur Wendung. Es ist heute noch gar nicht abzusehen, was für ein Unheil kommen mag, aber die große Not um das Leben seiner Lieben hat aufgehört, und das scheint mir das andre Schwere vergessen zu lassen. Nur einmal wieder in Sicherheit! Mit dem Leben werden wir fertig. [...]

An den Sohn *Warschau, 8. November 1944*

Mein lieber Detlev –
ich sitze in einer Kasematte [Unterkunft] eines der alten Forts, die im Westen der Festung Warschau angelegt sind[263]. Zur Verteidigung taugen sie nicht und Beschuß durch die modernen Waffen halten sie auch nicht aus. Aber als Quartiere für die Soldaten sind sie noch gut, wenn die schönen Häuser der Stadt zerstört sind. Ich wohne nicht hier, ich habe noch zwei schöne Zimmer in der Stadt, aber ich fahre zum Dienst hier heraus. Um 5 Uhr muß ich aufstehen, dann fahre ich mit dem Rad in das Fort. Da ist die Kompanie schon angetreten und wartet, daß ich den Frühsport mit ihnen treibe. Eigentlich könnte das auch ein anderer, aber mir macht das ja gerade Freude. Du sollst mal das Gehuste hören nach ein paar hundert Metern Lauf. Die alten Säcke sind natürlich ganz eingerostet und keine körperliche Bewegung gewöhnt. Die meisten finden das ja wohl auch lächerlich. Aber sie machten doch mit und sind lustig dabei. [...] Wenn Du auch nicht in der Lage bist, lange Briefe zu schreiben, dann kannst Du mir doch öfter eine Karte schicken, damit ich weiß, wo Du bist und wie es Dir geht. Ein paar Worte genügen. – Die üblichen Scherze auf dem Kasernenhof kenn' ich schon[264]. Da darf man sich nichts draus machen. Eher kann man das von der lustigen Seite ansehen, zum Beispiel wenn der Vorgesetzte glaubt, er will einen mal ordentlich drankriegen, dann fasse ich es so auf, daß er mal für eine gesunde Bewegung für mich sorgen will. Du hast also wenig oder gar keine Landsleute bei Dir. Das macht nichts. Du lernst damit andere Menschen kennen, die Dir unter normalen Verhältnissen nie zu Gesicht gekommen wären. Und Du wirst feststellen können, außer der Sprache ist nicht viel Unterschied. Gerade bei dem einförmigen Soldatenleben werden alle Unterschiede verwischt. [...]

An die Ehefrau *Warschau, 11. November 1944*

Meine liebe Annemie –

ich bin schon einige Stunden daheim in meiner Wohnung. Es ist wieder Abend geworden, und ich will schlafen gehen, aber ich habe noch nicht an meine liebe Annemie geschrieben und mich noch nicht mit ihr unterhalten und so will ich rasch noch einige Zeilen aufs Papier bringen. Von meinem Tagewerk ist jetzt wenig zu erzählen. Ich gehe morgens oder fahre mit dem Fahrrad in ein altes Fort an der Westgrenze der Stadt. Dort ist die Ausbildungskompanie untergebracht, der ich gegenwärtig zugeteilt bin. Ich habe da nicht viel zu tun. Lediglich, daß ich dabei bin. Vorläufig weiß man nicht, was sie mit mir machen sollen, und so bin ich aufs Warten eingestellt. Schön ist dieser Zustand nicht, aber er ist erträglich. Ich bin eine feste, verantwortliche Tätigkeit gewöhnt. Jeden Tag freue ich mich auf den Abend, wenn ich in meinen vier Wänden sein kann. Gestern fiel der erste Schnee, heute ist er wieder weg, aber es ist kalt geworden. [...] Es ist so eine merkwürdige Zeit. Scheinbar ist ein Stillstand an den Fronten eingetreten. Ich lese nur den Wehrmachtbericht. Ich höre sonst kein Radio und bekomme keine Zeitung zu Gesicht. Es interessiert mich auch nichts. Und doch spüre ich, daß sich große Dinge überall vorbereiten und zur Entscheidung drängen. Nein, am Ende sind wir noch nicht, aber auch nicht weit davon. Was das Kriegsende mit sich bringt, ist ein großes Chaos. Aber auch das muß sein. Viele Menschen, besonders die Soldaten, sehen die heutigen Verhältnisse als bestehend an. Sie haben oft keine Heimat mehr, viele Hoffnungen sind verloren, keine Existenzmögichkeit. Deswegen sind sie gleichgültig und stumpf. Die Entfremdung von der Familie ist oft auch so groß, daß da kein Halt ist. Um so tiefer begreife ich, was ich an Dir und den Kindern habe und wie ich verbunden bin mit Euch.

Ich bin Dein Wilm. Gute Nacht, Gott behüte Euch.

An die Ehefrau *Warschau, 13. November 1944*

Meine liebe Annemie –

Gestern war Sonntag. Ich versuchte mich morgens darauf einzustellen und etwas Feierlichkeit zu spüren. Ich las das Evangelium aus meinem kleinen Meßbüchlein[265], aber am Tag vergaß ich ganz darauf und am Abend erinnerte ich mich, daß der Sonntag ein ordinärer, grauer Alltag gewesen war. Es schneite und regnete fast den ganzen Tag und ich kam durchnäßt zu Hause an. Wie wohlig fühlte ich mich in der warmen Stube. Heute war ich früh mit dem Oberstleutnant, dem Bataillonskommandeur[266] und dem Stabsarzt im Auto unterwegs zu der Ausbildungskompanie. Der Arzt, ein junger Mann, hielt einen Vortrag über Gesundheitspflege. Wie kalt und nüchtern redet so ein Mann daher. Die 180 Soldaten standen in der engen, dunklen Kasematte. Nur die paar ersten Reihen waren zu sehen, die andern füllten den dumpfen Raum als Menschenmasse. Was sind die Soldaten für geduldige Schafe. Sie lassen alles über sich ergehen und machen treu und brav mit. Zuerst hielt der Kommandeur eine Strafpredigt; einige hatten Methylalkohol getrunken, zwei waren davon gestorben. Er verbittet sich, daß die Offiziere oder sonst jemand »Guten Tag« oder »Guten Morgen« sagen. Und wenn das einer tut, dann antwortet der Soldat mit »Heil Hitler«[267]. »Guten Tag« sagen die Juden und anderes Gesindel, aber nicht deutsche Männer. – Am Nachmittag lief ich über die Felder nach Hause, vorbei an den ausgebrannten Villen. Ein amerikan[ischer] Bomber lag im Feld, 7 Engl[änder] in einem Grab waren von deutschen Soldaten inmitten der Trümmer bestattet[268]. Ein riesiges Feld mit Rosenkohl war da. Zwei Stauden pflückte ich ab und hatte den Brotbeutel voll. Heute abend soll er mir schmecken, wenn der Bursche ihn richtig zubereitet. Ich bin Gast bei einer andern Kompanie, bei der Kompanie, die uns abgelöst hat. Ehe ich nicht weiß, was aus mir wird, bleibe ich noch wohnen. [...]

An die Ehefrau *Warschau, 15. November 1944*

Meine Liebe –

[...] Ich war heute mit dem Gefreiten Wöbke aus Kiel unterwegs und habe Unterkünfte gesucht für etwa eintreffende Truppen. Was habe ich mich damals geärgert, als die schönen Stadtrandsiedlungen niedergebrannt wurden ohne jeglichen Grund. Wir haben damals gleich gesagt, was werden wir noch froh sein, wenn wir noch warme Winterquartiere finden können. Jetzt sucht man zwischen den verbrannten Straßenzügen, ob noch ein brauchbares Haus da ist, was vergessen wurde. Wie es darin aussieht, ist nicht zu beschreiben. Auch in einer Kirche waren wir. Ich mußte denken an die Worte von dem Greuel an heiliger Stätte. In den Geschichtsbüchern liest man von den feindlichen Horden, die die Gotteshäuser zu Pferdeställen machten. Zwischen dem Pferdemist lagen die Gewänder, Bilder und Fahnen, sogar aus der Orgel waren die Zinnpfeifen herausgerissen und lagen zertreten am Boden. Ach, man wundert sich schon lange nicht mehr. Was gelten dem Soldaten geheiligte Bezirke oder Rücksichten auf Sitte und Kultur. Was im Augenblick zweckmäßig und nötig ist, das ist entscheidend, danach handelt er. Höhere Gesichtspunkte! Die gehen ihn einen Dreck an. Er ist gar nicht so sehr schuld an allem. [...]

An die Ehefrau *Warschau, 17. November 1944*

Liebe Annemie –

Die Post kommt jetzt wieder spärlicher. Von Tag zu Tag warte ich auf Deine Nachricht. Aber von meinem lieben Jungen Detl[ev] bekam ich gestern einen kurzen Brief. Er meinte, sie würden schon am 13.11. entlassen und dann bald zur Wehrmacht eingezogen. Da hat ja die RAD[Reichsarbeitsdienst]-Zeit nicht lange gedauert[269]. Was wollen sie bloß mit den kleinen Jungen im Krieg? Sie werden wahrscheinlich eine längere Ausbildungszeit bekommen. So geht der Junge nun auch den schweren Weg. Aber ich habe immer gute Hoffnung, daß doch alles gutgeht. [...] Wir haben jetzt kein Licht; mit den Kerzen muß ich sehr sparsam sein – dann ... setzte ich mich im Halbdunkel des Zimmers in den Ledersessel und bete den Rosenkranz. Nicht immer habe ich dazu Sammlung. Wie gering sind eigentlich die wahren großen Bedürfnisse des Lebens. Essen, Trinken, Schlafen, ein Dach über dem Kopf, eine warme Stube. Das sind so die äußeren Voraussetzungen. Und dann beginnt das richtige Leben, das Hinsinnen, Erinnern, die Gemeinschaft mit Gott und den lieben Menschen, die nicht mehr sind und bei ihm leben.

In dieser Nacht bin ich gegen zwei Uhr aufgewacht und konnte nicht mehr einschlafen. Da kamen sie vorbeigezogen.

Wie viele sind es schon, die mir nahestanden und nicht mehr leben. Sind es die dunkeln, langen Nächte oder ist es meine Einsamkeit, die sie rief? Es ist etwas ungemein Tröstliches, sich mit ihnen zu unterhalten. Ich fühle mich so ganz lebendig eingeschlossen in diese Gemeinschaft. Alles Kleine und Vergängliche fällt ab. Und dahinein, in diesen Kreis eingeschlossen, sehe ich meine Lieben daheim, Dich und die Kinder. Ich sehe die schlafenden Kleinen, die müden Jungen, das große Mädchen und Dich mit großen, wachen Augen in die Nacht sinnend und zu mir herkommend.

So bin ich ganz Dein Wilm.

An die Ehefrau *Warschau, 20. November 1944*

Mein liebes Frauchen –
heute abend kriegst Du nur dieses kleine Briefblatt, und doch hätte ich Dich so gerne bei mir. Im Verlauf des unsteten Tagesgetriebes zwischen Ärger und Verdruß kommt dann der Abend, wo ich die Verlassenheit so schmerzlich spüre. Da flüchte ich mich in Gedanken zu Dir. Wie wäre das, wenn es sein könnte, bei Dir zu sein. Du schriebst oft in Deinen Briefen, daß Du Dich in meine Arme flüchten wolltest und Dich darin geborgen fühlen wolltest. Ich glaube, ich hätte es noch nötiger, mich von Dir umfangen zu lassen, um bei Dir auszuruhen. Ich sitze hier beim trüben Kerzenschein – lange darf ich sowieso kein Licht brennen [lassen], denn es gibt keine Kerzen –, und meine Gedanken gehen zu Dir – gewiß auch zu den Kindern –, aber Du bist meine Geliebte, mein Herzensschatz – und das ist noch mehr. In diesem Namen Annemie liegt mir ein eigener Zauber der Süßigkeit und Innigkeit, der Sehnsucht und des Verlangens zur Hingabe und Vereinigung. Tagelang verzichte ich darauf, aber dann wieder ist dies Verlangen voll zehrender Gewalt. Heute will ich mit Dir schlafen gehn und mir alles so vorstellen, wie es wäre, wenn Du bei mir wärst! Schlaf wohl, mein lieber Schatz, ich bin ganz Dein Wilm.

An die Ehefrau *Warschau, 22. November 1944*

Meine liebe Annemie –
noch immer warte ich auf einen Brief von Dir. Den Kameraden geht es genauso. Sie sagen, was sollen wir nur schreiben, wir erleben nichts, und immer dasselbe kann man doch nicht schreiben. Es geht mir auch so. Wenn ich einen Brief zu beantworten habe, dann geht das Schreiben viel besser. Aber jeder Tag bringt etwas anderes, wenn es auch nicht der Rede wert ist. [...] Von morgen ab vertrete ich den Adjutanten[270] bei unserem Regimentsstab. Das ist aber nur für 10 Tage. Was [es] dann gibt, weiß ich noch nicht; vielleicht kriege ich anschließend eine Kompanie in einem Landesschützen-Bataillon. Es ist immer noch sehr ruhig vor der Front. Der Russe scheint mit den andern Alliierten große Dinge vorzubereiten[271]. Wir rechnen damit, daß er vor W[arschau] nicht kommt, aber südlich und nördlich davon. Jedenfalls soll jetzt die endgültige Entscheidung kommen. Das Warten ist ja auch unerträglich und je länger daß es dauert, je hoffnungsloser wird unsre Lage. Aber von meinen Prophezeiungen hältst Du ja nichts. Es ist auch überflüssiges Zeug. Es kommt schon so, wie es kommen mußte. – Mir geht es sehr gut. Ich fühle mich gesund und leistungsfähig. Jeden Morgen beginne ich mit einem Frühlauf. Es ist noch dunkel um 6 [Uhr], wenn ich aufstehe. Mein Tobbi[272] freut sich schon, wenn ich aus dem Bett krieche. Meist steht er vor dem Bett und legt seine Pfoten auf die Decke und wartet. Ich brauche nur ein wenig mit dem Kopf zu nicken und ihn einzuladen, schwupps ist er bei mir. Während ich meinen Trainingsanzug anziehe, hüpft er wie unsinnig an mir hoch. Aber dann saust er los. Mit mir um die Kirche, manchmal rennt er in eine Türe oder guckt, ob eine schwarze Katze irgendwo sitzt, wo er sie gestern gesehen hat, dann verliert er mich, aber wie der Wind ist er wieder bei mir. Auf seinen langen Beinen ist es ihm ein leichtes, mich einzuholen. Am Ende meines Laufes gehn wir in die Kirche. Es ist eine alte gotische Kirche, sehr groß und weit. Erst war es mir unheimlich hineinzugehen. Überall liegen noch alte Kleider, Betten, Uniformstücke, Tragbahren stehn da, Patronen, Waffen. Alles ist verwüstet. Dann stehe ich

in dem großen, dunkeln Raum und bete mein Morgengebet. Ach, wie klein, wie winzig komme ich mir vor, wie dünn ist meine Stimme, aber wie nah ist mir Gott, wie erdrückt bin ich von seiner Größe und seiner Nähe. Jedes Wort ist mit Sinn und Kraft erfüllt. Gerade dieses verlassene, entweihte Gotteshaus, das verlassen von den Betern und den Priestern mit seinem spitzen Turm in den dämmernden Tag gegen den Himmel weist und in seinem Halbdunkel im Innern all das Traurige zudeckt, das sich hier abgespielt, all das überfällt mich mit überirdischer Gewalt und hebt mich über mich selbst hinweg. Wie klein und eng ist mein Sein und wie groß wird es, wenn es eingeschlossen ist in die Unendlichkeit des Geistes.

Sei meine liebe, tapfere Annemie und warte auf mich; ich komme eines Tages zu Dir und küsse Dich, Dein Wilm.

An die Ehefrau *Warschau, 23. November 1944*

Meine liebe Annemie –

[...] Ich dachte mir schon, daß Du Dir wieder unnötige Sorge machst. Es ist hier ganz ruhig. Sollte es brenzlich sein, gehen wir in die Keller. Bis jetzt haben wir das nicht nötig gehabt. Seit einigen Tagen bin ich bei einem Regimentsstab und vertrete den Regimentsadjutanten[273]. Der Dienst ist zu Ende, ich bin hinauf in mein Zimmer gegangen. Die Kameraden haben die Wohnungen sehr schön eingerichtet. In den verlassenen Häusern stehen ja genug Möbel. Es ist warm, elektrisches Licht ist da. Schöne Bücher, gute Bilder. Aber meine Wohnung war praktischer eingerichtet. Mittags esse ich im Offizierkasino bei einem unterstellten Bataillon. Es wird geführt von einem Wiener Major, ein fabelhaft charmanter Herr, ehemaliger Kaiserjäger[274], sehr witzig, einfallsreich und von immer übersprudelnder Laune. Ich lernte ihn schon früher kennen. Er sieht sehr vornehm aus und ist sicher ein großer Freund der Frauen. Ich komme mir ganz hölzern und trocken vor in seiner Gesellschaft. Meinen Oberst[275] kenne ich noch nicht. Er scheint umgänglich zu sein. – Nach 10 Tagen bekomme ich eine andere Verwendung. Die ist noch nicht bekannt. Es ändert sich dauernd etwas. [...]

An die Ehefrau *(Warschau,) 27. November 1944*

Meine liebe Frau –

[...] Es ist nicht mit anzusehen, was hier alles umkommt. Was für eine reiche Stadt W[arschau] war, das kann man jetzt erst sehen, wievielmal haben mir das die Offiziere und die Soldaten gesagt. Heute morgen war ich bei einer Kompanie. Der Kompanieführer zeigte mir ein Bild, einen Holländer aus dem 17. Jahrhundert. Soldaten hatten damit – es war auf Holz gemalt – ein Fenster zugenagelt. Es war katalogisiert im Museum in Kiew und war später in dem Nationalmuseum in W[arschau], ein ganz kostbares Stück. [...] So vornehm habe ich noch nicht gewohnt. Wenn die Artillerie mal schießt, dann wird einem aber sehr bald klar, daß das nur Sonntagsstuben sind; allerdings läßt uns der Russe merkwürdigerweise ganz in Ruhe, sodaß man gar nicht daran denkt, daß es Krieg ist, besonders abends am Schreibtisch oder in dem gemütlichen Ledersessel mit einem schönen Buch beschäftigt. Nein, im Keller war ich bis jetzt noch nicht, aber das kann auch passieren. [...] Abends esse ich mit dem Oberst[276] zusammen. Ich schrieb Dir doch schon, daß ich den Regimentsadjutanten vertrete[277]. Er erzählt mir immer sehr viel. Ich höre ihm geduldig zu und warte auf den Augenblick, wo er sich erhebt. Heute mittag beim Mittagessen saß der Wiener Major[278] noch mit ihm zusammen. Das ist ein Schwerenöter. Alte Wiener Schule! Er läßt den Oberst erzählen und blinzelt mir zu. Dann wirft er mal ein Wort oder einen Satz dazwischen, damit will er ihn veräppeln, aber der merkt das nicht, er redet sich dann immer mehr in Eifer. Der Oberst ist übrigens sehr gutmütig. Ich komme auch gut mit ihm aus. [...]

An Ehefrau und Kinder *Warschau, 1. Dezember 1944*

Meine Lieben daheim –

das Warten auf Briefe gewöhne ich mir allmählich ab. Anspruch auf schnelle, zuverlässige Zustellung gibt's nicht mehr. Will es der Zufall doch, dann ist man um so erfreuter und dankbarer. Ach, was müssen sich die Leute heute noch alles abgewöhnen: Ein Urlauber kam eben von Köln zurück. Er hatte wegen Bombenschaden einige Tage Urlaub. Aus seinem

Bericht konnte ich ersehen, wie es im rheinischen Gebiet zugeht. Die Menschen werden allmählich ganz stumpf und teilnahmslos. Sie erhoffen nichts mehr und glauben an keine noch so schönen Versprechungen. Aber der Krieg geht weiter, es muß so sein. Warum, darf man nicht fragen.

Mir geht es noch recht gut. Es scheint so, als ob der Russe den Krieg hier eingestellt hat. Es ist aber nur so, er holt erst mal tief Luft[279]. Wo es dann losgeht, kann man sich schon denken, nördlich und südlich von uns. An dem Trümmerhaufen hat er wohl nicht viel Interesse.

Wie geht es Euch? Ich hole mir immer mal die Bilder hervor und betrachte sie, um mich zu vergewissern: Das seid Ihr daheim, das ist meine Welt, mein Glück und meine Sehnsucht. In der langen Zeit des Fernseins wird die schönste Erinnerung blasser. Und es ist doch gar nicht so lange her, daß wir uns sahen[280]. Wie ertragen das die Menschen, die jahrelang in der Gefangenschaft schmachten oder sonstwie auseinandergerissen sind. Es wird wohl jedem so gehen, der eine Familie oder einen geliebten Menschen hat. Das ist der feste Halt, aber auch die Zuflucht in der Zeit und in den Verhältnissen, die den eigenen Wert zweifelhaft erscheinen lassen. Mir geht es doch immer wieder so, daß man im Verkehr mit Vorgesetzten und Kameraden bei neuen Aufgaben an seinem eigenen Können und an seinen Qualitäten irre wird. Ja, wenn man das nur zu tun hätte, was man gelernt hat und wofür man sich besonders eignet, dann könnte man sicher sein, aber so; bald ist das, bald ist jenes, wovon man keine Ahnung hat, und doch soll man es wissen und können. Ich schaue mir dann die Offiziere an, zum Beispiel bei einer Besprechung, und suche sie zu studieren. Der oder jener tritt mit einer Sicherheit auf, daß ich mich wundere und meine, das kannst du nicht. Überhaupt ist dieses Menschenstudium immer wieder sehr lehrreich und bringt Überraschungen. Da saß einer mit am Tisch, es war bei einer Offizierbesprechung. Ich hatte Zeit, meine Gedanken von einem zum anderen wandern zu lassen. Der Kommandeur hatte mir gesagt, daß ich demnächst einen von diesen Kompanieführern ablösen sollte, indem ich die Kompanie bekommen sollte. Er war mit einigen nicht zufrieden. Nun suchte ich ihn. Einer fiel mir auf. Es war ein großer, massiver Mensch mit einem fleischigen, breiten Gesicht. Er schien mir alt und verbraucht. Den nahm ich aufs Korn und suchte mich in sein Wesen einzufühlen. In nähere Berührung kam ich aber nicht mit ihm. Heute traf ich ihn nun in seiner Wohnung. Ich war sogleich eigenartig überrascht, als er mir seine Hand gab, merkwürdig klein und schmal. Die paßte gar nicht zu ihm. Wir kamen dann gleich auf Bilder zu sprechen, weil er den Kossak[281] in meinem Zimmer gesehen hatte. Er entwickelte mit größter Lebendigkeit und Kenntnis ein anschauliches Bild der polnischen und russischen Maler. Wie beschlagen war er in allen Fragen des Ostens. Ich hörte ihn nur mit Staunen an. Er sprach 16 Sprachen, war im Zivilberuf Direktor einer englischen Holzfirma und kannte den ganzen Osten von der Mandschurei bis Polen, von Norwegen bis in die Türkei. Schade, daß ich keine Zeit hatte, mit ihm in nähere Fühlung zu kommen; morgen rückt das Bataillon ab. Nur hätte ich noch gerne gewußt, ob er als Kompanieführer der richtige Mann ist. Das muß ich noch rauskriegen. [...]

An die Ehefrau *Warschau, 2. Dezember 1944*

Meine liebe Annemie –

[...] Ich lerne solche Menschen auch zur Genüge kennen, Leute, die gar nicht darauf kommen, daß es auch andere Menschen gibt. Mein jetziger Oberst[282] gehört auch zu diesen. Er spricht nur von sich, er bezieht die ganze Umwelt und seine Untergebenen nur auf sich. Aber nicht in der Weise, daß er sie anzieht, sondern es ist so wie bei einem eitlen Clown, der sich mit allem Möglichen behängt, um komisch zu wirken; nur mit dem Unterschied, daß jener nicht weiß, wie lächerlich er wirkt und wie sich seine Umgebung lustig über ihn macht, natürlich im Stillen. Man ist versucht, den Harlekin auszuziehn und ihn seiner eigenen Armut und Blöße gegenüberzustellen. Aber auch da würden sie den dicken Bauch oder die schlaffen Beine noch ideal finden, nur weil sie ihnen gehören. Dann sitz Du mal einige Stunden mit so einem Herrn zusammen. Wagst Du dann auch eine Ansicht, dann mußt Du Dich immer belehren lassen, daß Du irrst. Man wird bald gescheit und pflichtet nur bei, schon aus dem Grund, daß er bald müde wird, und [um] ihm keinen Ansporn zu geben, sich erneut zu produzieren. Aber auch das geht vorbei, und man ist um eine Erfahrung reicher. [...]

An die Ehefrau *Warschau, 4. Dezember 1944*

Meine liebe Annemie –
über den lieben Brief meiner kleinen Uta habe ich mich innig gefreut. Gerade daß sie so aus sich heraus, aus einer Eingebung, die Worte gefunden hat, das hat mich so gerührt. Was ist so ein Kinderbrief gegen das gewandteste Schreiben eines fremden Menschen. Da spürt man auf einmal mit ganzer Gewalt die ferne, sehnsüchtige Kinderseele in nächster Nähe. Wie das mich beglückt, wirst Du gut verstehen können, wenn Du weißt, daß ich nur Fremdheit und Leere um mich habe. [...]

An die Ehefrau *Brwinów[283], 8. Dezember 1944*

Meine liebe Annemie –
ich habe mich mal krank gemeldet und befinde mich auf einer Station der inneren Abteilung. Hier ist ein Neurologe, der mich mal untersuchen soll wegen meiner Kopfschmerzen. Ich bin vor einigen Stunden hier eingetroffen, habe auch schon mit dem Arzt gesprochen. Ob er mir viel helfen wird, weiß ich nicht. Die Ruhe hier ist jedenfalls köstlich. Zwei, drei Tage werde ich wohl hier bleiben[284], ich will mir noch eine Brille verschreiben lassen und die Zähne nachsehen lassen, eine Plombe ist herausgefallen. Meine Vertretung als Adjutant ist seit gestern vorbei, anschließend an den Lazarettaufenthalt bekomme ich wahrscheinlich eine Kompanie. Dann weiß ich wenigstens, wo ich hingehöre. Es ist nicht schön, wenn man einmal da und einmal dort eingesetzt wird. [...]

An Ehefrau und Kinder *Warschau, 10. Dezember 1944*

Meine Lieben daheim –
heute ist der zweite Adventsonntag. Oben in Eurer Stube hängt der Fichtenkranz, an dem Ihr zwei Kerzen angebrannt habt. Du, liebe Annemie, denkst, indem Ihr die frommen Lie-

der singt. Die eine ist für Wilm, die andre ist dem kommenden Christkind; so nah stellst Du Deinen Mann neben das göttliche Kind, damit es ihn wieder heimführe. Ich sehe Euch in dem halbdunklen Raum eins nach dem andern; Eure Augen sind groß und rein. Sie suchen die Wunder der Weihnacht und blicken ins Zwielicht der Kerzen und in das halbdunkle Rund, ob nicht doch sich die Sinne täuschen, ob nicht doch der liebe Vater in der Nähe sei. Es ist jetzt, da ich das schreibe, die fünfte Stunde am Abend. Ich weiß, daß Ihr jetzt versammelt seid und Eure Sonntagsfeierstunde haltet, und ich bin bei Euch, so wie ich bei Euch sein will, wenn Ihr am Heiligen Abend Euer einsames Christfest feiert. Der beiden Jungen und meine Sehnsucht ist dann zwischen Euch. Ach, Eure Herzen sind so schwer, und die liebe, gewohnte Welt um Euch so leer und kalt. Aber Ihr habt doch einen Lichterbaum, wenn es auch nur wenige Kerzen daran sind. Die Lichter brennen hell wie in andern Jahren, als sie die ungetrübten Freuden glücklicher Kinder beschienen, und der dunkle Baum duftet wie früher, und die bunten Glaskugeln glänzen wie jedesmal. Und wenn Euch die Tränen in den Augen schimmern, sie schimmern vervielfacht den Schein des Lichtes. Sie wollen Euch sagen, seid nicht traurig, seid nicht kleingläubig und verzagt. Es geschehen große Dinge in der Welt. Grauenhaftes Leid zieht über die Welt. Die Wogen des Hasses, der Lüge, der Gemeinheit wälzen sich über die Erde. In ihrem Gefolge ist das Sterben der Millionen unschuldiger Gequälter. Viele sind es, die das Leben verfluchen, die Gott hassen und sich aufbäumen gegen die Sinnlosigkeit des Elends, in das sie gestoßen wurden. Für sie gibt es keinen Ausweg, überall steht Grauen, Angst, überall lauert die Not; um sie herum steht die dunkle Nacht der Verzweiflung. Ja, es geschehen große Dinge jetzt; Gott läßt die Menschen in dem Dunkel des Verblendetseins herumirren. Sie wollten ja nichts von ihm wissen. Auch jetzt noch rufen sie ihn nicht, er ist gar nicht da für Sie. Soll er sich um sie kümmern? Wir kleinen Menschen könnten so klein von ihm denken, weil wir selbst nichtige Kreaturen sind. Aber er ist gut und gewaltig, erhaben, allgütig und barmherzig. Und wir wollen zu denen gehören, die ihm unser eigenes

Leid, unsere eigenen Kümmernisse als kleine, bescheidene Opfer hinreichen, daß er uns gnädig sei und daß er die Welt erlöse von der entsetzlichen Geisel des Krieges. Sieh, da leuchtet der Stern über dem Stall von Bethlehem und weist uns den Weg wie damals in der Geburtsnacht den Hirten, und unser Singen und Loben vereinigt sich mit dem Gesang der Engel. Wir gehören ja zu den Geweihten, die an die Erlösung glauben. Und mit den frommen Königen kommen wir gegangen und bringen auch unsre Opfer dar. Die langen Tage unserer Trennung, die schweren Nächte unserer Sehnsüchte, die angstgequälten Stunden der Sorge, unsere Verlassenheit und die Zerrissenheit unserer Herzen. In Demut neigen wir unser Haupt und bitten, daß er unsern Gaben geneigt sei. Mit uns gehen all die Notbeladenen; aus jeder Türe des Dorfes kommen sie, aus jedem Haus der Städte schließen sie sich an. Es ist ein langer, feierlicher Zug, der da heranwallt zu der Krippe des Gotteskindes, die Toten sind in ihrem Geleite, die vielen Toten dieses Krieges. Voran schreiten die Mütter, die jenen das Leben gegeben, ihnen folgen die Väter, die Bräute, Brüder und Schwestern, und ihnen die Kinder. Alle tragen sie in ihren erhobenen Händen ein Opfer und legen es zu Füßen des Gottessohnes. Und siehe, ein Lächeln geht über das Gesichtlein des Kindes. Was kann es anders sein als Verheißung unseres Bittens. So sehe ich Dich, meine liebe Frau, diese Weihnacht begehen; so sehe ich Euch, meine Kinder, und so will auch ich mit Euch gehen. Und es wird uns dann so sein, als wenn wir früher zusammen aus der Christmette kamen und wir gingen Hand in Hand durch die Dunkelheit nach unserm Haus. In unsern Herzen noch das Singen und Jubeln des Liedes: »Auf, Christen, singt festliche Lieder«, und vor uns die Erwartung der warmen Weihnachtsstube voll der schönen Gaben, die das Christkind gebracht hatte. So werde ich auch dieses Jahr mit Euch feiern und mit Euch vereint sein. Und mein Herz wird überströmen vor Dankbarkeit, daß es all diese schönen, glücklichen Weihnachtsfeste erleben durfte, indem er mir diese liebe Frau zuführte und uns diese guten Kinder schenkte. Und froh will ich sagen: Ehre sei Gott in der Höhe und Friede den Menschen auf Erden, die eines guten Willens sind; denn ich weiß, Ihr singt und betet es mit mir, Ihr, meine treuesten und liebsten Menschen, in der Hoffnung, daß Euch Gott gnädig zusammenführe mit Euerm fernen, lieben Vater.

An die Ehefrau (Fragment) *(Warschau,) ca. Mitte Dezember 1944*

[...] Seit gestern habe ich wieder eine Kompanie. Ich wohne in einem riesigen Haus. Das war zur polnischen Zeit ein Studentenheim. Um einen großen Hof sind vier achtstöckige Flügel gebaut. Über tausend Zimmer sind in dem Gebäude. Da ist Platz für ein Regiment. Ein Teil ist zerstört, aber weil in der Aufstandszeit deutsche Truppen hier lagen, ist das meiste noch gut in Ordnung. Die Kompanie ist über 200 Mann stark; gegenwärtig ist noch ein Oberleutnant bei uns aus Kassel, auch Lehrer. Die Leute sind auf Wachen[285] verteilt und machen Arbeitsdienst bei dem Festungsbau. Ich fühle mich wieder richtig im Element. Wenn ich diese braven Männer vor mir in der Reihe stehen sehe, dann muß ich an die Bauern daheim denken und sehe jedes einzelne Schicksal vor mir, und das verbindet sogleich, und ich meine, sie spüren das auch. [...]

An die Ehefrau *Warschau, 16. Dezember 1944*

Liebe Annemie –

[...] In der neuen Kompanie gefällt es mir sehr gut. Täglich gibt es neue Vorfälle und damit reichste Abwechslung. Man kann den ganzen Tag auf den Beinen sein. Die Kompanie ist sehr weitgehend aufgeteilt. Morgens und abends ist ein kleiner Teil, etwa ¼, bei der Befehlsausgabe in der Unterkunft. Tagsüber sind die Leute hier und dort aufgeteilt. An der Front ist noch alles still. Es fällt kaum ein Artillerieschuß ins Stadtgebiet. [...] Bis dieser Brief ankommt, ist sicher Weihnachten schon gewesen. Wie Ihr wohl dieses Fest erlebt habt? Ich weiß nicht, wie unsere Feier ausfallen wird. Ein Christbaum kommt morgen heran. Es gibt ja eine Anweisung, wie eine Weihnachtsfeier aufzuziehn ist[286]. Ich denke, ich mache es doch noch ein wenig anders. [...]

An Ehefrau und Kinder *Warschau, 19. Dezember 1944*

Liebe Annemie, liebe Kinder –

der Tag ist vorbei, der Dienst mit den Soldaten zu Ende. Ich habe eben meine süße Grütze mit Marmelade verspeist; nun bin ich soweit, mit meiner kleinen Frau und meinen lieben Kindern zu plaudern. So richtige Lust habe ich dazu. Denn jetzt erlebe ich sehr viel bei meinen braven Soldaten. Jeden Tag muß ich ein-zwei Mann wegschicken, die durch ein Telegramm nach Hause gerufen werden. Viele stammen aus Baden-Württemberg, mehrere auch aus Ostpreußen. Der Krieg jagt ihre Frauen und Kinder von Hause weg. Andren zerstören die Flieger ihr Heim, und die Hilferufe der Frauen rufen die Männer nach Hause. Einen Teil der Kompanie habe ich abends im Quartier. Ich habe einen Gemeinschaftsraum eingerichtet. Abends finden wir uns da zusammen. Ein Klavier ist da; aus der Sportschule[287] habe ich das Harmonium holen lassen; der Flügel, der auch noch dort steht, ist aber ziemlich beschädigt. Das Harmonium zwar auch, aber ich denke, daß wir's wieder instandsetzen können. Eine Geige ist auch da. – Auf dem Tisch liegen mehrere Stücke der Panzerfaust. Ein Unteroffizier soll Unterricht darüber abhalten. Aber erst singen wir ein Lied. Wie lang haben die Soldaten nicht mehr gesungen! »Nur der Freiheit gehört unser Leben«[288], »O Straßburg«[289]. Nun sind wir schon so im Singen, daß wir gar nicht mehr aufhören mögen. Aber die rauhe Wirklichkeit steht vor unsern Augen: die Panzerfäuste auf dem Tisch und der Artilleriedonner von der nahen Front. Also: Die Panzerfaust besteht aus einem Rohr und einem Kopf, der die Sprengladung enthält. Die Panzerfaust dient zur Nahbekämpfung von Panzern ... Aber nun ist's damit genug. Wir singen wieder. Wer kennt: »Vom Himmel hoch, ein Englein kommt«? Keiner. Nun üben wir. Bald ist's gelernt. Wie leuchten die Augen; Andreas, der Legionär[290] aus dem Wolgagebiet, lacht mich immerfort an, sobald ich zu ihm hinsehe. Nun zum Schluß noch: »O du fröhliche, O du selige Weihnachtszeit«. Der Zauber der Weihnachtszeit umfängt uns schon. Rasch Schluß. »Heil Kameraden!« »Heil Herr Hauptmann!« Wie das hinter meinem Rücken herdonnert! – In meinem Zimmer ist es so herrlich gemütlich. Ein wunderbarer Teppich, den ich aus einem vollständig zerstörten Haus herausholte, bedeckt fast das ganze Zimmer. In der Mitte steht ein kleiner, runder Tisch, davor zwei Armstühle aus edelstem Holz, edel in der Form der geschwungenen Lehne, der Beine und den Kranichhals darstellenden Armlehnen. In einer Nische ein runder Eßtisch, darauf eine Meißener Vase. Die eine Längswand nimmt ein Buffet ein, aus gelbem Holz mit Ebenholzintarsien und kunstvollen Türschlössern. Darauf stehen silberne Platten, Kristalle und silberbeschlagene Kristallkannen. In einer Ecke ein dreieckiges Ecktischchen mit Schachbrettintarsien. Ein Bücherbord daneben. Kunstbücher, Michelangelo[291], Rubens[292], eine Liebermann-Mappe[293]. Märchenbücher. Eine große japanische Vase mit Drachenmuster und kämpfenden Kriegern schließt die Ecke gegen die Wand ab. Auf der andern Seite steht ein vergoldeter Rokokoschminktisch, darüber hängt ein Spiegel; ein Sessel und zwei Stühle gehören dazu. Im Kerzenlicht funkelt mit ruhiger Eindringlichkeit das Gold auf Rahmen, Beinen und Armlehnen. Damit das Gegenstück nicht fehle, ein eiserner rauchender Ofen mit einem langen, häßlichen Rohr, das oben zum Fenster herauslangt. An den Wänden hängen alte Meister, eine Anbetung der Hirten, die Heilige Familie, ein Holzschnitt von A[lbrecht] Dürer[294], Seelandschaften, polnische Dorfbilder; und vor mir auf dem Schreibtisch steht das Bild meiner lachenden kleinen Frau; sie freut sich, hier bei mir zu sein. Wenn ich von draußen in mein Zimmer trete, empfängt mich diese Wohnlichkeit wie eine andre Welt. Als ich hier einzog, war das Zimmer leer. Ich bin mit einigen Soldaten durch die Trümmer gegangen, und wir haben hier das eine, dort das andre Stück gefunden. Es ist um so köstlicher, so zu wohnen, weil es jeden Tag ein Ende haben kann. Solange es geht, kann man sich's ja leisten. Es ist ein ewiger Wechsel. Bald kommt dieser, bald jener Auftrag. Auch innerhalb der Kompanie passiert immer etwas. Ich dachte, ohne Strafen auskommen zu können, aber es geht nicht. Gestern hatten wir eine Nachtübung. Beim Antreten fehlten zwei Mann. Sie waren auf der Stube geblieben und dachten, es ginge auch ohne sie. Wie die dummen Kinder sind diese

Menschen. Was für Ausreden sie haben! Der eine ist schwerhörig, man sieht es ihm an. Wenn man etwas zu ihm sagt, sperrt er den Mund auf und schaut einen ängstlich an. Ausgerechnet auf den Schwerhörigen hatte sich der andre verlassen, wie er zu seiner Entschuldigung angibt. Eben komme ich von einer Kontrollfahrt. Es ist schon 23.15 [Uhr]. Auf einer Wache haben sich die Brüder betrunken und Streit mit einem Legionär bekommen. Ein Obergefreiter, der Kunstmaler ist, hatte den Freiwilligen mit der Waffe bedroht, darauf war dieser fortgerannt. Jetzt habe ich ihn endlich gefunden. Er saß auf einer andren Wache bei der Polizei. Wir haben ihn auf das Dach des Pkw gesetzt und haben ihn mitgenommen; im Wagen war kein Platz mehr. So ist jeden Tag etwas los. [...]

An Ehefrau und Kinder *Warschau, 26. Dezember 1944*

Meine Lieben –

mehrere Tage bin ich nicht zum Briefeschreiben gekommen. Es gab sehr viel zu tun. Auch heute war ich viel unterwegs. Gestern, am 1. Feiertag, war dienstfrei. Ich hatte mich schon so auf den Feiertag gefreut. Aber es gab dauernd Ärger. Fast jeden Tag gibt es irgendeine Schweinerei, die zu bestrafen ist. Vielen Soldaten ist alles einerlei. Ich hatte gedacht, daß es ohne Bestrafungen ging, aber wegen der allgemeinen Disziplin darf man nicht darauf verzichten. Die Kompanie ist ein zusammengewürfelter Haufen. Andre Bataillone haben ihre unbrauchbaren Leute abgeschoben, und so ist diese Kompanie ein Sammelbecken für allerhand Tunichtgute geworden. Bei meinen Rundgängen lerne ich viele Leute kennen und bei jedem fast ein besonderes Schicksal. Ich bin immer wieder erstaunt, wie geduldig die Leute es tragen. Daß sie ab und zu über die Stränge schlagen, ist gut zu verstehen. Meist geschieht es unter Einfluß von Alkohol. Den Heiligen Abend feierten wir mit einem Teil der Kompanie, etwas über 100 Mann. In dem großen Turnsaal waren zwei große Tannenbäume aufgestellt, sehr schön geschmückt. Aus den Häusern hatten die Soldaten eine Menge Weihnachtsschmuck zusammengetragen. Es gab ein besonderes Abendessen und Glühwein. Vorher habe ich eine Ansprache gehalten; ich hatte zu wenig Zeit, mich vorzubereiten, deswegen ist sie stilistisch nicht ganz einwandfrei. Ich habe sie auch etwas verändert. Ich schicke sie Euch mit[295]. Jedenfalls erzielte sie die richtige Stimmung, was ich beabsichtigte. Leider konnte ich die [...][296] Kerze für das Kind von Bethlehem nicht anzünden. Es sind zu viele Leute dabei, die davon nichts wissen wollen. Ein Feldwebel sagte mir, so was kenne er nicht, er kenne nur ein Julfest[297]. Das Weihnachtsfest hätten die Juden ja von den Germanen gestohlen. Na ja – da muß man ruhig sein; nur lächeln, mitleidig lächeln kann man. Heute morgen hatten wir Gottesdienst, erst eine Weihnachtspredigt für beide Konfessionen, dann für die Katholiken eine Messe. Beichte, Kommunion. Ich habe viel an Euch gedacht. [...]

An die Ehefrau *Warschau, 27. Dezember 1944*

[...] Ich schicke fast jeden Tag einen oder zwei Mann weg wegen Bombenschaden, bald da-, bald dorthin. Nein, es kann so nicht weitergehn. Und doch ist immer noch nicht das Maß voll. – Und Detlev ist nun auch Soldat[298]. In Meiningen, das ist ja nicht so weit weg. Und zu den Panzermännern ist er gekommen. Ich kann's gar nicht glauben. Die Ausbildung dauert da ziemlich lange. Mein lieber Junge. Das glaube ich, daß Dir der Abschied schwer geworden ist. Wie schön war das, daß er noch so lange daheim sein durfte. Konnte man ihn da nicht noch über Weihnachten bei der Familie lassen? Aber was gilt heute noch Familie und häusliches Glück. Wie einsam wird Dein Weihnachten gewesen sein. Gut, daß Helmut kommen durfte[299]. [...] Nach meiner Untersuchung beim Facharzt[300], der mich bedingt k.v. [kriegsverwendungsfähig] schrieb, und nach seinem Urteil ist es möglich, daß ich eine andre Verwendung erhalte. Was es gibt, ist mir nicht bekannt. [...]

An die Ehefrau *Warschau, 30. Dezember 1944*

Liebe Annemie –

Im Heeresbericht[301] wird gesagt, daß Fulda wieder angegriffen wurde. Wenn das da schon gesagt wird, dann ist es sicher schlimm gewesen[302]. Hoffentlich ist von Euch niemand da gewesen. Ich bin sehr gespannt auf Eure Nachricht. Die wird aber nun recht lange auf sich warten lassen, wenn in F[ulda] so viel zerstört ist. Gott behüte Euch, meine Lieben! Das Bild von mir hat Dir so gut gefallen? Ach ja, Du kennst mich gut. Mein Gesicht, meine Hände! Ich wollte Dich festhalten mit ihnen. Wir lassen uns nicht mehr. Das Glück kommt wieder! [...] Manchmal hole ich die Bilder aus der Tasche, die wir in Karolin[303] gemacht haben, und freue mich daran. Übrigens, von dort habe ich keine Nachricht seit Juli, obwohl ich mehrere Male schrieb. Auch von meinem Freund[304] weiß ich nichts Neues. – Welche Soldaten aus dem Dorf sind vermißt außer den Seiferts Jungen? Paul B[aumann] war wohl in Frankreich? Willi Böhm auch vermißt? Traurig, traurig! Ja, das ist noch lange nicht am Ende. Aber die nächste Offensive bringt die Entscheidung[305]. Das ist für mich keine Frage. Lange läßt die nicht auf sich warten. [...]

An die Ehefrau *Warschau, 7. Januar 1945*

Meine liebe Annemie –

es ist mir am heutigen Sonntag so traurig zumute gewesen, ich weiß nicht warum. Als ich dann ein kurzes Brieflein von Detlev bekam, überfiel mich die Sehnsucht mit großer Gewalt. Im Wehrmachtbericht vom 4. Januar wird gesagt, daß Fulda wiederum angegriffen wurde[306]. Was wird von der Stadt noch übriggeblieben sein? Sind die Flieger auch wieder über Euch gewesen? Ich mache mir die größte Sorge um Euch. Das Brieflein von Uta tröstet mich. Wie hat mich das gerührt: Vater, Du brauchst nicht traurig zu sein, wenn Du Weihnachten nicht bei uns bist, ich bete für Dich! [...] Die Leute meiner Kompanie kenne ich noch lange nicht alle. Jeden Tag entdecke ich einen, das heißt, ich lerne einen näher kennen. Gestern einen evangelischen Pastor. Er liegt schon einige Wochen auf der Krankenstube, er hat eiternde Füße. Ich fragte ihn, ob er nicht mal Gottesdienst für die evangelischen Kameraden halten wollte. Dazu war er gerne bereit. Mit welcher Selbstverständlichkeit geht der katholische Pfarrer an die Leute heran, und mit welcher Vorsicht und Befangenheit dieser. Nun mag es auch daran liegen, daß er durch seine Krankheit und dadurch, daß er nur Oberschütze ist, Minderwertigkeitsgefühle hatte. Er sprach über den 90. Psalm[307]. Mir hat der Ernst und die christliche Überzeugung, mit der er von Sünde, Schuld und dem Tod als der Frucht der Sünde sprach [sic!]. Ich hatte einen Gemeinschaftsabend angesetzt, und nachdem ich geendet, stellte ich frei, wer dableiben oder weggehn wollte. Die meisten blieben. Der Pfarrer meinte, das käme daher, daß die meisten Süddeutsche seien, die hätten mehr Gemüt. In Norddeutschland wäre man in religiösen Dingen kalt und teilnahmslos. – Ich warte so sehr auf Eure lieben Briefe. Wie mögt Ihr Weihnachten gefeiert haben? Wie mag es Euch ergehen? Ich kann Euch nur in Gottes gnädigen Schutz empfehlen. Mit den Gedanken an Dich und die lieben Kinder gehe ich schlafen und beginne mein Tagwerk. Lebt herzlich wohl, Dein Wilm.

An die Ehefrau[308] *Warschau, 12. Januar 1945*

Liebe Annemie –
in der Kantine gab es allerlei Sachen zu kaufen. Ich dachte, diese Kämme sind Euch willkommen, wenn nicht für eigenen Gebrauch, dann kannst Du jemand eine Freude machen oder auch gelegentlich etwas eintauschen. Mir geht es gut.

Herzlichst, Dein Wilm.

Kriegsgefangenschaft

Vernehmungsprotokoll[1] *Minsk, 13. Juni 1945*

Lebenslauf des [Hauptmann] Hosenfeld, Wilhelm.

Autobiographie: Ich bin geboren am 2. Mai 1895 in Mackenzell, Kreis Hünfeld (Hessen-Nassau). Meine Eltern hießen Adalbert und Friederike, geborene Krick. Ich habe 5 Geschwister, 2 Brüder und 3 Schwestern. Die Eltern sind gestorben. Der älteste Bruder: Martin Hosenfeld, Dr. chem., München, von der Pfortenstraße 11. Der jüngere Bruder: Rudolf Ho[senfeld], wohnt in Weiperz, Kreis Schlüchtern, Beruf Lehrer.

Schwestern: Josephine Raub, Essen, Klinkestraße 18; Therese Wassermann, Mackenzell, Kreis Hünfeld; Rosel Mihm, ebenfalls Mackenzell, Kreis Hünfeld.

Meine Frau ist: Annemarie Hosenfeld, 47 Jahre.

Meine Kinder: Helmut Hosenfeld, 24 Jahre; Detlev Hosenfeld, 17 Jahre; Anemone Hosenfeld, 21 Jahre; Jorinde Hosenfeld, 13 Jahre; Uta Hosenfeld, 8 Jahre.

Ich wohne in Thalau, Kreis Fulda.

Schulbildung: Volksschule: 5 Jahre. Lateinschule: 3 Jahre. Lehrerseminar: 6 Jahre. 1914 Abschlußexamen.

Tätigkeit im Beruf: von 1918 bis 1939 als Volksschullehrer tätig und in der landwirtschaftlichen Fortbildungsschule.

Militärdienst: 1914-1918 im 1. Weltkrieg. 1939 im August eingezogen zum Landesschützenbataillon Franken[2] [Francken] in Fulda, Dienstgrad: Feldwebel.

Tätigkeit im Militärdienst:
von 1939 – zur Gefangennahme am 17. Januar 1945.

Mit Bataillon Franken am 10. September ausgerückt nach Polen. In Pabjanice bei Lodz Gefangenenbewachung. Besatzung und Sicherungsdienst im Generalgouvernement in Wegrow und Jadow, östlich Warschau. Dienstgrad: Feldwebel. Am 1.4.40 zum Leutnant ernannt. Im Juni 1940[3] versetzt [zum] Wachbataillon Warschau[4]. Bataillonskommandeur Hauptmann [Heider]manns. *Tätigkeit:* Ausbildung und Kommandan[tur]wache. Dienst als Zugführer. 1941 rückt Bataillon Hei[dermanns] nach Rußland. Ich komme zu dem neu aufge[stellten] Bataillon 996 als Zugführer. Im April 1942[5] werde i[ch zum] Sportoffizier und Gasschutzoffizier bei der Stadt[kommandantur] Warschau kommandiert, tue weiter Zugführ[er-Dienst] bei Wachregiment Warschau. Kommandeur: Ober[st Graf von] Hohenau[6]. Im Oktober 1942 erhalte ich die [Leitung] der Wehrmachtkurse Warschau[7] und werde [im] Jahre 1943 versetzt zur Kommandantur Warschau[8]. Die W[ehrmacht]kurse haben die Aufgabe, den Soldaten die [Mög]lichkeit zur Fortbildung in ihrem Zivilberuf [zu] geben. Der Besuch der Kurse ist freiwillig. Die Be[teiligten] stellen die Einheiten in Warschau und Umgebung] Auch Frauen im Wehrmachtsdienst dürfen teiln[ehmen]. Unterricht wird erteilt für: a) kaufmännische Berufe, b) landwirtschaftliche Berufe, c) handwerkliche und technische B[erufe], d) für Beamte, e) akademische Berufe. Die Anzahl der Teilnehmer schwankt zwischen je 1[...]. Die Dozenten sind Soldaten aus den Einheiten. I[n jedem] Vierteljahr ist ein Tätigkeitsbericht über den W[ehrmachtbefehlshaber in] Krakau an das OKW zu machen. Zeitweise sind 20-30 Kurse. Gesamtteilnehmerzahl im Viertelj[ahr] zwischen 3000 und 5000[9]. Die Teilnehmer in [den] handwerklichen Berufen legen nach 150 Unter[richts]stunden die Meisterprüfung bei der Deutschen H[and]werkskammer in Warschau ab. Die Teilnehmer [der] akademischen Berufe haben die Möglichkeit, [den Abschluß] bei der Oberschule in Krakau oder in der Heimatstadt zu machen. Die Wehrmachtkurse waren in allen großen Städten der besetzten Gebiete eingerichtet. Ein Kursus dauerte 6 Wochen, mit wöchentlich 2 Stunden. Diese Kurse hatten keinerlei militärische Bedeutung.

Sportkurse/[Tätig]keit als Sportoffizier:
Für Ausbildung der Sportoffiziere bei der Truppe wurden im Winter 1942 und 1943 je 3 Sportkurse durchgeführt, die ich

ebenfalls leitete. – Außerdem leitete ich den gesamten Sport im Wehrmachtstadion Warschau und die Heilgymnastik für Verwundete und Körperbehinderte. Als Übungsstätten dienten die Sportanlagen im Stadion, Lazienkowskastraße 7, und die Sporthallen in der Ymca[10]. Als Mitarbeiter hatte ich 4 Sportunteroffiziere. Meine Wohnung befand sich im Wehrmachtstadion. Lazienkowska 7. Ich beschäftigte etwa 30 polnische Arbeiter.

[Tät]igkeit als Gasschutzoffizier.
Als Gasschutzoffizier der Stadtkommandantur (später Oberfeldkommandantur 225)[11] wurde ich zu 3 Gasschutzkursen kommandiert: 1942 drei Wochen nach Celle, 1943 zwei Wochen nach Bromberg, 1944 drei Wochen nach Bromberg.

Ich hatte die Aufgabe, den Stand der Gasschutzbereitschaft der Einheiten, die der OFK [Oberfeldkommandantur] 225 unterstanden, zu überwachen und die Einheiten bei der Ausbildung zu beraten und gelegentlich zu überprüfen.

[Diens]tliche Unterstellung.
In meiner Tätigkeit als Sportoffizier und als Leiter der Wehrmachtkurse wurde ich der Abteilung Ic, als Gasschutzoffizier der Abteilung IIb (Waffen und Gerät)[12] unterstellt.

[Täti]gkeit der Abteilung Ic [in d]er OFK Warschau.
Das Aufgabengebiet der Abteilung Ic lag im Gegensatz zum Feldheer in erster Linie auf dem Gebiet der

1.) materiellen und geistigen Betreuung: zum Beispiel Einrich[tung von] Soldatenheimen in Warschau und in allen größeren [Orten] im Bereich der OFK, Verwaltung und Verteilung der S[oldaten]büchereien, Versorgung mit Zeitungen und Zeitschriften, [Propa]gandamaterial, Verteilung und Beschaffung von R[adio]geräten für die Einheiten, Organisation der Bespiel[ung] der drei Tonfilmwagen im Gesamtbereich der OFK, [Ver]teilung von Theater- und Kinokarten, Ausgabe von B[ezugs]scheinen für Selbsteinkleider (Uniformen) und für [sic!] A[usgabe] von Spinnstoffen.

2. Aufgabe: Abwehr: Der Abwehr-Offizier führte die Frontlag[ekarte] von allen Kriegsschauplätzen und be[arbeitete] sie nach den OKW-Berichten[13]. Der Leiter der Abteilung oder der Ab[wehr]offizier hielten einmal in der Woche einen Vortrag über die [Feind]lage vor den Offizieren der OFK. – Zur Abwehr von Spio[nage] und Sabotage im Bereich der OFK unterhielt der Abwehr[offizier] ständige Verbindung mit der Feldgendarmerie[14], der Geheim[en] Feldgendarmerie[15], mit der Abwehrnebenstelle-Warschau[16], d[...] und der Polizei. Eigene Spionageorgane (Agenten) wur[den] meines Wissens nicht angesetzt und unterhalten. Die [Tätig]keit des Abwehroffiziers beschränkte sich auf die Überwachun[g des] Bereiches der OFK-Warschau.

Leiter der Abteilung Ic war von 1943 bis August 44 Major Dr. Ebner, Hilfsoffizier war Hauptmann Meyer und später Hauptmann Ohl. Der Abwehr[offizier] wechselte mehrmals. Die Namen sind mir nicht mehr bekannt.
Kompaniechef der Feldgendarmerie[17] war Hauptmann Janosch.
Die Abwehrnebenstelle leitete Major Dirska[18] [Dirske].
Chef der G.Sta.Po. [Geheimen Staatspolizei] war Sturmbannführer Dr. Hahn[19].
Chef des SD [Sicherheitsdienstes der SS] war Sturmbannführer Dr. Kah[20].

Meine persönlichen Aufgaben in der Abteilung Ic bis 1. August 1944.
Meine persönlichen Aufgaben bei der Abteilung Ic der OFK Wars[chau] waren die oben geschilderten: nämlich Leitung der We[hrmacht]kurse zur Berufsförderung und Leitung des Truppensports, [Ver]waltung der Sportanlagen in Warschau. Am 27. Juli 44 [wurde] ich zum Stellvertreter der Abteilung Ic kommandiert. Von dieser [Zeit] berichte ich weiter unten.

[Der Auf]stand [in Warsch]au.
Der Aufstand in Warschau begann am 1. August 1944 und endete am 3. Oktober 1944. Der Führer des polnischen Aufstandes war General Bór[21]. Weitere Führer sind mir nicht be-

kannt. Der Kommandant von Warschau war bis etwa 12. August: Generalleutnant *Stahel*[22]. Von da ab führte der SS- und Polizeigeneral *von dem Bach*[23] den Oberbefehl. Der Aufstand begann gegen 16 Uhr mit einem Angriff auf alle deutschen Dienststellen der Wehrmacht, der Polizei und der zivilen Dienststellen, besonders auf Post, Telegrafenämter und Bahnhof. Diese Dienststellen wurden von den Aufständischen eingeschlossen. Auch die Wehrmachtkommandantur war eingekesselt[24]. Die Aufständischen beherrschten die Straße. Zwischen den einzelnen Dienststellen in den verschiedenen Stadtteilen bestand keine Verbindung. Mehrere deutsche Stützpunkte wurden von den Aufständischen besetzt, die deutsche Besatzung niedergemacht oder gefangengenommen. Der Verkehr nach außen war unterbrochen. Erst nach etwa 10 Tagen[25] erkämpfte das SS-Strafbataillon Dirlewanger[26], von außen kommend, die Ost-West-Verbindung durch die Litzmannstadtstraße[27]. Diese Verbindung blieb bis Ende des Aufstandes offen. Neu herangeführter SS und Polizei und Teilen der Wehrmacht gelang es in den nächsten Wochen, die verschiedenen Stadtteile einzukesseln und zu besetzen. Auf beiden Seiten wurde mit Erbitterung gekämpft, die Verluste waren besonders auf deutscher Seite hoch, auf polnischer Seite hatte die mit eingeschlossene Zivilbevölkerung hohe Verluste. Der deutsche Kommandant bot der Zivilbevölkerung mehrmals freien Abzug aus der Stadt an, er wurde aber von den Aufständischen verhindert. Aus den freigekä[mpften] Stadtteilen wurde die Zivilbevölkerung evakuiert. Die Häuser [...] bei diesen Kämpfen [...]. Ein Stadtteil nach dem anderen wurde von den deutschen Truppen genommen. Von Mitte September an wurde zwischen [der] deutschen und der polnischen Führung wegen Übergabe der [Stadt] verhandelt. In den ersten Tagen des Oktobers wurde der Kam[pf] eingestellt, die polnischen Streitkräfte ergaben sich und [gingen] in deutsche Kriegsgefangenschaft.

Meine Tätigkeit während des Aufstandes.
Als stellvertretender Leiter[28] der Abteilung Ic hatte ich in den ersten Tagen folgende Aufgaben:

1.) Führung der Lagekarte für die Großlage an der russisch[en] Front im Bereich der 9. Armee[29].
2.) Führung der Lagekarte von Warschau über den Stand d[es] Aufstandes in Warschau.
3.) Tägliche Orientierung des Kommandanten.
4.) Sammlung der Meldungen der unterstellten Verbände [und] Meldung an die Armee.
5.) Verhöre der eingebrachten gefangenen Zivilisten.
6.) Aufnahme der Verbindung mit dem SS- und Polizeiführer [und] mit dem SD.

Frage: Welche Nachrichtenverbindungen hatte die Abteilung Ic?
Antwort: Die Nachrichten über die Lage bei den Aufständischen erhielt [ich] auf folgenden Wegen:
1.) durch Meldungen der eigenen Truppen.
2.) durch Verhöre von Gefangenen und Zi[vilisten,] die evakuiert wurden.
3.) durch die Informationen des Ic-Offizi[ers im] Stab des SS- und Polizeiführers.
4.) durch die Berichte des SD, auf Grund [von] Agentenberichten.

Ich bekam jeweils eine Abschrift, woraus ich das Wichtigste d[em Gene]ral zu melden hatte.

Eigene Agenten hatte die Abteilung Ic nicht beschäft[igt.] Ich habe auch nie einen Agenten des SD kennengelernt. Seitdem der SS- und Polizeigeneral von dem Bach den Oberbefehl übernommen hatte, spi[elte die] Wehrmacht-Kommandantur eine untergeordnete Rolle.

[Frage: ...] Welche [...] Führer [...] [Ver]bindung [...?]
Antwort: Ich habe nie einen Führer der polnischen Aufstandsbewegung kennengelernt. Solange Generalleutnant Stahel das Oberkommando hatte, das war bis zum 12. August, fanden zwischen der AK [Armia Krajowa][30] und den deutschen Truppen die erbittertsten Kämpfe statt. Die späteren Verhandlungen wegen Übergabe der Stadt wurden vom SS- und Polizeigeneral von dem Bach und seinem Stab geführt. In dieser Zeit

hatte die Wehrmacht-Kommandantur, also auch ich, die Stadt Warschau schon verlassen.

[Frage: ...] auf der [...] Seite [...?]
Kommandant von Warschau, *Generalleutnant Stahel.* Er hatte etwa bis zum 12. August den Oberbefehl gegen die Aufständischen. Er wurde abgelöst durch SS- und Polizeigeneral von dem Bach. General Stahel übernahm die Kampfgruppe Innenstadt. Andere Führer von Kampfgruppen:
SS- und Polizeigeneral Reinefahrt [Reinefarth][31],
SS- und Polizeigeneral Geibel[32],
Gruppenführer der SS Dirlewanger[33],
General Rohr[34].

[Frage: ...] auf der [...] Seite [...?]
Das Oberkommando über die AK [Armia Krajowa] führte General Bór. Weitere Führer sind mir nicht namentlich bekannt geworden.

[Frage: ...] welche [...] [w]urden [...] mei[...] [...]ngen nach Gefangene [...] [...]gen?
Antwort: Ich habe 4 Gefangene der AK verhört. Davon wurden 3, weil sie verwundet waren, am Hauptverbandplatz verbunden und dann in das polnische Spital Sw[ietego] Rocha überführt[35]. Der 4. Gefangene wurde vom Stab der Kampfgruppe Dirlewanger zu weiterem Verhör abgeholt[36]. Ferner verhörte ich etwa 20-30 Zivilisten, die angeblich im Verdacht standen, im Dienst der AK zu stehen. Nach dem Verhör wurden davon 3 Männer zu einem zweiten Verhör dem SD überwiesen, mit dem ausdrücklichen Befehl, sie dem A[uffang]-lager Pruszkow[37] zuzuführen. Die übrigen Zivilisten wurden von [mir] persönlich dem Auffanglager Pruszkow zugeführt. Mißhand[lungen] oder Erschießungen kamen nicht vor.

Erklärung: Generalleutnant Stahel hatte zu Beginn des Aufstandes [den] Befehl Himmlers erklärt, die polnischen Aufständischen [seien] wie Banditen zu behandeln, Gefangene seien zu erschießen, weil [...] Gefangene auch erschossen würden. Nachdem aber eine Anzahl deu[tscher] Soldaten, denen es gelungen war, aus der polnischen Gefangenschaft zu en[tkommen,] berichteten, daß sie von der AK gut behandelt worden seien und auch [andere] glaubhafte Berichte über gute Behandlung von Wehrmachtangeh[örigen] vorlagen, gab er Befehl, daß die Gefangenen der AK wie Kriegsgefan[gene] zu behandeln seien. General Stahel verfolgte eine humane Kam[pf]führung, was die Verhandlungen mit dem Erzbischof von Warschau[, Ex]zellenz Dr. Szlagowski[38], wegen Herausführung der Zivilbevölkerung [aus] dem Kampfgebiet und andre Bemühungen zur Linderung der L[age] der Bevölkerung beweisen. Ebenso befahl er, daß den polnischen Krankenhäusern in der Krakauer Straße Lebensmittel aus de[n Be]ständen der Wehrmacht zugeführt würden. Als Zeugen nenne [ich] den Direktor des Spitals Swietego Rocha und die Priester d[...]ren Krankenhauses in der Kirche neben dem Deutschen Haus.

Am 12. August übernahm der SS- und Polizeigeneral von dem Bach den Ober[befehl.] Ob er den Befehl General Stahels aufgehoben hat, weiß ich nicht, j[edoch] wurde bekannt, daß die SS- und Polizeiverbände zahlreiche Ersch[ießun]gen, auch an Zivilisten, vorgenommen haben. Der Kampf wurde [von] diesen Verbänden mit Rücksichtslosigkeit und Brutalität gef[ührt.] Dieses wurde damit begründet, daß die Aufständischen alle A[ngehöri]gen der Polizei- und SS-Verbände erschießen würden. – Ich selbst [habe,] soweit es in meiner Macht stand, jedem Polen geholfen, mit de[m ich] in Berührung kam. Zahlreiche Zeugen werden heute noch [leben,] die das bezeugen können. – Ich habe bereits in der Zeit vor [dem] Aufstand stets eine humane Einstellung zu der polnischen Bevölk[erung be]wiesen und kann eine Menge von Personen *namentlich* nennen, [die dies] bezeugen können. Ich habe zum Beispiel mehrere Juden unter eigener Leb[ensgefahr] dem Zugriff der G.Sta.Po. entzogen und ihnen das Leben gerettet.

[Frag]e: [...] Verbindungen [...] zwischen [...] [Auf]ständischen [...] SD?
Antwort: Irgendwelche Verbindungen dieser Art sind mir unbekannt.

[Frage: ...] bekannt [...] daß in Posen [...] Ic-Lehr[gänge ...] abgehalten [...?]
Antwort: Es wurde mir daher bekannt, weil im Laufe der Zeit Offiziere zu Ic-Lehrgängen abkommandiert wurden.

[Frage: ...] [...]ter in Abteilung Ic [...] vom 1.-25.8. [...?]
Antwort: Leutnant Gabriel, Unteroffizier Schmitt, Gefreiter Klein. Über ihr Schicksal ist mir nichts bekannt.

[Frage: ...] [befi]ndet sich in [...] Kriegsgefangen[...] der mich [...?]
Antwort: Vom Wachbataillon Warschau: Gefreiter Beck, hier. Baracke 14; von Teilnehmern an Wehrmachtkursen: Gefreiter Boitschen, Brest[39], und Gefreiter Gerz, beide in Brest.
Von der ZBV-Kompanie[40]: etwa 15 Mann in Brest, zum Beispiel Feldwebel Blum, Unteroffizier Dörre.

[Frage:] Wo befand sich [...?][41]
Antwort: bis 1. August [19]44 in dem Kommandanturgebäude[42]; 1. August bis 3. September im Gebäude des polnischen Generalstabes[43]. Ab 4. September auf dem Gut Mlotki, 6 km westlich Warschau, wohin der Stab der Wehrmacht-Kommandantur verlegt wurde[44].

[Frage:] Welches [...] ist mir [...] zugestellt [...?]
Antwort: Mit Agenten habe ich niemals zusammengearbeitet. Für meine Tätigkeit als Ic während der Aufstandszeit wurden mir Berichte der Agenten vom SD beziehungsweise von der Polizei zugestellt.

[Frage: ...] von [Warschau]er Einwohnern [...] mir verhört [...?]
Namen von Warschauer Einwohnern, die ich verhört habe, kann ich zu meinem größten Bedauern nicht machen [sic!]. Es wäre jedoch möglich, diese durch eine Notiz in der Warschauer Presse und im polnischen Rundfunk zu identifizieren. Ich habe selbst das allergrößte Interesse daran, [...] [be]weisen zu können, daß mich keinerlei Mitschuld tri[fft an] Kriegs-

verbrechen, die von deutscher Seite leider geschehen [sind.] Einige Namen von Personen, die das bezeugen können, si[nd:]

1. Erzbischof von Warschau, Exzellenz Dr. Szlagowski.
2. Sein Sekretär: der Priester Michalski.
3. Der Direktor des polnischen Spitals Swietego Rocha. Kraka[auer Straße].
4. Die Priester und Krankenschwestern aus dem Spital [bei] dem Deutschen Haus[45]. Hotel Bristol[46].
5. Etwa 30 Arbeiter und Angestellte, die ich im Wehrmachtstadion beschäftigte.
6. Leon Warszinski[47].
7. Josef Kufirski.
8. Josef Pacanowski und seine Familie.
9. Wladislaus Spielmann[48], Pianist beim polnischen Radioorchester.
10. Andrej Cicholki[49], ein polnischer Priester.

Die unter 6-9 Genannten sind jüdische Warschauer E[in]wohner, die ich in Schutz nahm und ihnen das Leben rettete.

Frage: Welche Befehle hat General Stahel gegeben auf Grund meiner Informationen?
Antwort: Die Befehle sind mir nicht bekannt. Für die [takti]sche Führung war die Abteilung Ia (Major Meuthe[...]) [ver]antwortlich. In die taktischen Befehle betre[ffend] der Kampfführung hatte ich keinen Einb[lick.]

Wo befindet sich Kommandeur Wachregiment, Oberst Lange[50], und andere?
Antwort: Der Kommandeur des Wachregiments Warschau, Oberst Lange, hat am 15. [...] mit seinem Stab Warschau verlassen. Wo er sich [befin]det, ist mir unbekannt.
Obergruppenführer Reinefahrt [Reinefarth], SS-General, Aufenthalt [mir] unbekannt;
Gruppenführer Dirlewanger, SS-General, Aufenthalt [mir] unbekannt;
Obergruppenführer von dem Bach, SS-General, Aufenthalt [mir] unbekannt;

Obergruppenführer Geibel, SS-General, Aufenthalt mir unbekannt;
General Rohr wurde im Oktober [19]44 an die Westfront [versetzt.]

Frage: [...] mir [...] in Warschau [...] Aufstand [...] [beka]nnt?
Antwort: Von den Führern des SD und der G.Sta.Po. sind mir namentlich bekannt und oberflächlich vom Sehen:

1. Chef der G.Sta.Po, Standartenführer Dr. Hahn. Etwa 30 Jahre, mittelgroß, blond, frisches Gesicht.
2. Chef des SD: Dr. Kaah [Kah]. Mittelgroß, dunkles Haar.
3. SS-Untersturmführer Dr. Stabenow[51]. Mittelgroß, blond. Wohnort: Halle an der Saale.

Andere Führer sind mir nicht bekannt, da ich dienstlich und außerdienstlich nichts mit ihnen zu tun hatte.

Frage: [...] Aufgabe [...] ich bei [...] [Landes]schützen-[Bataillon] 238?
Antwort: Zum Landesschützen-Bataillon 238[52] war ich kommandiert etwa vom 6.-12. November 44. Ich bildete mit einem anderen Offizier eine aus dem Bataillon zusammengestellte Ausbildungskompanie aus.

[Frage: ...] Aufgaben [...] die [...] Kompanie?
Antwort: Die Z.b.V.-Kompanie bewachte in den Jahren 1942 und 1943 das Führerhauptquartier Mitte in Tomaszow[53]. Im Oktober [19]44 wurde dieses aufgelöst, und die Kompanie kam nach Warschau. Ich führte die Kompanie vom 20. November [19]44[54] bis zur Gefangennahme am 17.I.45. Der größte Teil der Kompanie geriet in Gefangenschaft, viele sind gefallen. In Warschau hatte [sic!] die Kompanie die Bewachung der beiden Radiosender und von 7 Lebensmittel- und Munitionslagern.

[Frage:] Wer ist [...] [be]kannt von [...] [persö]nlichen [Umgebu]ng Hitlers?
Antwort: Niemand. Hitler ist in der Zeit, als die Z.b.V.-Kompanie das Hauptquartier in Tomaszow bewachte, niemals dagewesen.

Frage: Welche Aufgabe hatte das Landesschützen-Bataillon 238 in Warschau?

Antwort: Das Landesschützen-Bataillon 238 (Kommandeur Oberst[leutnant] Heinrich) war von etwa Anfang November bis Mitte [...] in Warschau. Neben intensiver Ausbildung hatte [es] die Aufgabe, die Stadt Warschau in einem äußeren und in einem inneren Sperring gegen [die] zurückkehrende Zivilbevölkerung abzusperren.

Schlußbemerkung: Ich versichere, vorstehende Ausführungen nach bestem Wissen und Gewissen und wahrheitsgemäß gemacht zu haben. Etwaige Unklarheiten bin [ich] bereit aufzuklären.

W. Hosenfeld, Hauptmann.

Vernehmungsprotokoll[55] *Minsk, 23. Juli 1945*

Oberst Lange, Kommandeur Wachregiment *Warschau*[56].

1.) Oberst Lange führte das Wachregiment Warschau, und zwar, so viel mir bekannt ist, vom Mai [19]44 bis Januar 45. Das Wachregiment bestand aus mehreren Landesschützenbataillonen, darunter die Nummern 996, 997, 998. Ich lernte Oberst Lange im Sommer 1944 flüchtig kennen. Während des Aufstandes in Warschau kommandierte er den Kampfabschnitt im Süden von Warschau im Raum des Vorortes Sielce. In den ersten Augusttagen 44 sah ich ihn einmal auf der Wehrmachtkommandantur. In der Zeit vom 10.-21. November 44 wurde ich für den beurlaubten Adjutanten Hauptmann Kraus als Stellvertreter kommandiert. Oberst Lange hatte in dieser Zeit den Auftrag die Sicherung des äußeren Festungsgürtels der Stadt Warschau [sic!]. In dieser Zeit unterstanden ihm das Landesschützenbataillon 238 und ein Zug der Feldgendarmerie. Das Regiment sollte neu aufgestellt werden. Zu dieser Neuaufstellung kam es wegen der russischen Offensive im Januar 1945 nicht mehr. Oberst Lange erhielt einen neuen Auftrag im rückwärtigen Armeegebiet und schied am 15. Januar aus dem Verband der Festungskommandantur aus. Sein neuer Auftrag war mir nicht bekannt.

Durch Zufall erfuhr ich, daß Oberst Lange sich hier im Gefangenenlager Minsk befindet. Er wird Auskunft geben können über meine Tätigkeit als Leiter der Wehrmachtkurse in Warschau, desgleichen über meine Tätigkeit als Sportoffizier und als Gasschutzoffizier.

2.) Hauptmann Kraus ist seit dem Jahre 1940 Adjutant beim Kommandeur des Wachregimentes Warschau. Er ist mir persönlich gut bekannt. Er verließ am 15. Januar 1944 mit Oberst Lange Warschau. Auch er soll sich im Gefangenenlager Minsk befinden. Ihm ist ebenfalls meine Tätigkeit in Warschau bekannt. Er wird über den Charakter der Wehrmachtkurse Aufschluß geben können, vor allem auch darüber, daß diese Kurse nur dem Zweck dienten, Wehrmachtangehörigen Gelegenheit zu bieten, ihre Kenntnisse im Zivilberuf zu vervollkommnen, keinesfalls dienten diese Kurse zur Ausbildung von Agenten, die im Nachrichtendienst tätig waren.

3.) General Schirmer[57] übernahm Ende August 1944 den Befehl über die Wehrmachtkommandantur Warschau bis etwa Mitte September 1944. Ich war in dieser Zeit bei seinem Stabe Stellvertreter der Abteilung Ic. General Schirmer war vordem Kommandant in Radom. Er schied Mitte September [19]44 aus und übernahm ein Kommando bei der Heeresgruppe Nord in Kurland beziehungsweise auf der Insel Ösel. Wie ich von Kameraden hörte, soll er ja im Raume Danzig in russische Gefangenschaft gekommen sein. Ich führe General Schirmer als Zeugen an, daß die Abteilung Ic beim Stab der Kommandantur Warschau keinen eigenen Nachrichtendienst hatte, also auch nicht über V-Männer oder Agenten verfügte. Auf dem Gebiet des Nachrichtendienstes war der Stab angewiesen auf die Orientierung durch den SD des höheren SD- und Polizeiführers, General von dem Bach-Silewski [Bach-Zelewski][58]. Der SD verfügte über eine größere Anzahl gut eingearbeiteter V-Männer. Ihre Berichte, die sich auf die Lage bei den Aufständischen in der Stadt Warschau bezogen, wurden mir teilweise abschriftlich zur Kenntnis gegeben.

H. Hosenfeld, Hauptmann.

Vernehmungsprotokoll[59] *Minsk, 22. Oktober 1945*

Hauptmann Hosenfeld. Kriegsgefangenenlager Minsk. Kriegsverbrechen und Kriegsverbrecher während des Aufstandes der AK [Armia Krajowa] in Warschau.

Vorbemerkung: In folgender Darstellung will ich einen Bericht geben über Kriegsverbrechen, wie ich [sie] während des polnischen Aufstandes in Warschau erlebt habe. [Un]d klage damit bewußt die militärischen Führer beziehungsweise Unterführer an, die zur Niederkämpfung der polnischen Volks[erheb]ung vom militärischen Standpunkt zwar ihre Pflicht getan [ha]ben, aber nicht vom allgemein menschlichen.

Ich leiste diesen Bericht nicht in der Absicht, mich [sel]bst etwa zu entlasten oder mir eine günstige Position [in] der russischen oder polnischen Beurteilung zu sichern. Wenn [es] nötig sein sollte, kann ich eine genügende Anzahl von [po]lnischen Menschen mit Namen und Adressen angeben, die [mir] freudig bezeugen werden, daß ich nicht nur ohne Schuld bin, [son]dern daß ich die geschilderten Vorkommnisse tief verabscheut [habe]. Ich sehe im Gegenteil in der Bloßstellung der Kriegsver[bre]cher in erster Linie eine Pflicht gegenüber dem deut[sche]n Volk und vor allem gegenüber dem deutschen Soldaten. Sie [habe]n mit diesen Kriegsverbrechern nichts zu tun. Sie haben [eine]n Anspruch darauf zu erfahren, wer die Schuldigen sind, die unser [Vol]k in die furchtbarste Schande gebracht haben, die jemals einem [Vol]k durch seine eigenen Volksgenossen angetan wurde. [Ich] hoffe, mit der Nennung dieser Menschen dem deutschen Volk [au]ch insofern einen wertvollen Dienst zu erweisen, als dadurch offenbar wird, daß die Gesamtheit des deutschen Vol[kes] an diesen Verbrechen schuldlos war und nichts davon gewußt hat. Es ist nur eine kleine Gruppe Terroristen und Mitläufer gewesen, die diese Verbrechen begingen aus eigener Verantwortung, keinesfalls im Namen des deutschen Vol[kes.] Auch das russische Volk sowie das polnische und vor allem auch das jüdische sowie die gesamte Menschheit haben einen Anspruch darauf, daß sie erfahren, wer die Kriegsverbrechen begang[en] hat, damit es den Nationen möglich ist, ein gerechtes Urtei[l] zu sprechen und die wirklich Schuldigen zur Verantwortung z[u] ziehen.

Erklärung: Meine Angaben sind, soweit ich mich nach A[b]lauf mehr als eines Jahres auf Einzelheit[en] besinne, die volle Wahrheit, allerdings in subjektiver Anschauung und Begrenztheit. Ich erkläre, daß ich [zu] dieser Darstellung nicht gezwungen wurde; ich l[eiste] diesen Beitrag aus freiem Willen, lediglich aus dem Wunsch, der Wahrheit zu dienen, und durch die wahrnehmende Dienststelle der russischen NKWD[60] Minsk dazu aufgefordert.

1. Generalleutnant Stahel[61].
General Stahel traf gegen Ende Juli 1944 als Beauftragter Hitlers in Warschau ein und übernahm als Kampfkommandant den Befehl über die deutsche Garnison Warschau mit dem Auftrag, Warschau gegen den zu erwartenden russischen Angriff zu verteidigen. Der Zeitpunkt des polnischen Aufstandes dürfte für [ihn] ebenso unerwartet gekommen sein wie für die Besatzung, die am 1. August erheblich geschwächt war.

Ich selbst bekleidete seit 30. Juli in dem hastig und behelfsmäßig aufgestellten Stabe die Stellung des Ic und hatte so einen unmittelbaren Eindruck von der Persönlichkeit des Generals Stahel und seinem Verhalten, sowie auch von den übrigen zu schildernden Ereignissen und Personen. Obwohl in der Stellung eines Ic nicht geschult, glaube ich doch die Verhältnisse richtig beurteilen zu können und schuldhaftes Verhalten der einzelnen Personen richtig und sachlich darstellen zu können.

Die schwerste Schuld des Generals Stahel sehe ich darin, daß er die Streitkräfte des polnischen Aufstandes nicht als kriegführende Macht im Sinne des Völkerrechts ansah, sondern sie als Banditen und Rebellen bezeichnete, die rücksichtslos zu vernichten seien. Diese Einstellung mußte bei Einlieferung des ersten Gefangenen akut werden. Etwa am 6. August[62] wurde mir von dem SS-Strafbataillon Dirlewanger[63] ein junger Aufständischer als Gefangener zum Verhör überbracht. Ich legte dem General das Ergebnis des Verhörs vor und machte darauf aufmerksam, daß der Gefangene und nach seiner Aussage alle AK-Männer sich durch eine rotweiße

Armbinde als polnische Wehrmacht kennzeichneten, somit ihnen die Rechte einer kriegführenden Macht zugestanden werden müßten. Die Gefangenen also wie Kriegsgefangene zu behandeln seien.

Er antwortete in dem Sinne nach etwa folgendes: Einen polnischen Staat gibt es nicht. Der polnische Aufstand richte sich gegen die deutsche Besatzungsmacht, und es sei das Recht des Siegers, eine Rebellion mit allen Mitteln zu unterdrücken, die Bestimmungen des Völkerrechts seien in diesem Falle nicht anwendbar. Darum würden Gefangene nicht gemacht. Ich antwortete, daß Polen eine Regierung in London habe und sich trotz der deutschen Besatzung als souveräner Staat betrachte und daß jedes Volk das Recht habe, für seine Freiheit zu kämpfen. Darauf sagte er, ich sollte mich bei dem Kriegsrichter Koch über die rechtlichen Verhältnisse belehren lassen. Oberstabsrichter *Koch*, sowie Oberstabsrichter Jaeth zog[en] einen Gesetzesparagraphen heran, der die Auffassung d[es] Generals bestätigte. (Der Wortlaut ist mir entfallen, ebenso der Name des Gesetzbuches.) Ich sagte zu Oberstabsrichter Koch: »Also sind die Gefangenen nach Ihr[er] Ansicht Banditen und werden erschossen.« »Jawohl«, sag[te] er. Dieser Antwort pflichtete Oberstabsrichter Jaeth bei. Ich antwortete: »Ich sehe darin eine Verletzung des Völkerrechts.« Er: »Sie haben das nicht zu verantworten, das entscheidet der General.« Darauf begab ich mich wieder zum General Stahel und teilte ihm die Ansicht des Gerichtes mit. Er sagte: »Erschießungen werden von uns nicht durchgeführt, das macht der SD oder die Polizei, das geht Sie nichts an. Die Gefangenen werden von Ihnen verhört und dann dem SD übergeben. Halten Sie sich an meine Befehle! Schluß.« Der Gefangene, der auf unserer Wache untergebracht war, wurde an einem der nächsten Tage von dem SS-Strafbataillon Dirlewanger, die ihn als ihren Gefangenen reklamierten, abgeholt und, wie ich annehme, erschossen.

Einige Tage später[64] wurden drei verwundete Gefangene eingebracht. Aus dem Verhör konnte ich ebenfalls feststellen, daß sich die Aufständischen als reguläre polnische Wehrmacht betrachteten und die polnischen Offiziere darauf größten

Wert legten. Sie sagten andererseits aus, daß die deutschen gefangenen Wehrmachtangehörigen gut behandelt würden. SS und Polizei sowie SD würden allerdings erschossen. Aus der Vernehmung von entwichenen deutschen Soldaten, die in poln[ische] Gefangenschaft geraten waren, sowie aus glaubwürdigen Berichten von Zivilisten und eigenen Feststellungen war diese Aussage bestätigt worden. Ich trug dem General Stahel das vor und bemerkte, daß wir die polnischen Gefangenen entsprechend behandeln müßten. Zu meiner Überraschung entschied er, daß die drei Gefangenen dem deutschen Hauptverbandplatz zu überweisen und nach der ersten Wundversorgung in ein polnisches Zivilhospital abzugeben seien. Er mach[te] mich für die Durchführung dieses Befehls persönlich ha[ft]bar. Ich lieferte die drei in das Hospital Swietego Rocha in der Krakauer Straße ein, wo sie verblieben.

Diese entgegengesetzte Entscheidung des Generals halte ich nicht für eine grundsätzliche Änderung seiner Ansicht über die Behandlung der polnischen Gefangenen. Vielmehr [sehe] ich sie als eine Art Propaganda an. Auch die später eingeleiteten Hilfsmaßnahmen für die Zivilbev[öl]kerung und die Verhandlungen mit dem Erzbischof v[on] Warschau[65], die den Zweck haben sollten, die Leiden der Zivilbevölkerung zu lindern, entsprangen nicht ei[ner] humanen, sittlichen Einstellung, sondern waren Zweckmäßigkeitserwägungen mit der Absicht, die Zivilbevölkerung gegen die Aufständischen zu be[ein]flussen. Mir ist kein Befehl bekanntgeworden, in dem General Stahel den polnischen Aufständischen das Recht einer kriegführenden Macht zugesteht. Auch sein oft rücksichtsloses Verhalten gegenüber der Zi[vil]bevölkerung und das Abbrennen der Häuser läßt sich nicht mit den Bindungen an das Völkerrecht v[er]einbaren.

Bei einer Offiziersbesprechung brachte er zum Ausdru[ck], daß man den eingesetzten russischen Freiwilligen[ver]bänden[66] gewisse Freiheiten, zum Beispiel Plünderung und Vergewaltigung der Frauen, zugestehen müsse, das erhöhe ihre Kampfmoral. Gegen bekanntgewordene Ausschreitungen, die auch auf andere Kampfverbände übergriffen, besonders auf das SS-

Strafbataillon Dirlewanger, ist meines Wissens nicht durch energische Befehlsgebung eingeschritten worden, und Schuldige [sind nicht] zur Rechenschaft gezogen worden.

Etwa am 12. August übernahm der Obergruppenführer der SS und Polizeigeneral von dem Bach-Silewski [Bach-Zelewski][67] den Oberbefehl über die deutschen Streitkräfte in Warschau. Er ist mit seinem Stab für alle Ausschreitungen verantwortlich zu machen.

2. Polizeioberst Geibel[68].
Dem Polizeiobersten Geibel unterstanden im Anfang des Aufstandes alle Polizeikräfte. Er hat sich eines besonderen Verbrechens schuldig gemacht, als er bei dem Kampf um das Telegrafenamt in der Piusa[69] vor den angreifenden Panzern und Polizeikräften polnische Frauen einhertreiben ließ, die als Kugelfang dienen mußten. Eine Anzahl Frauen ist getötet worden. Während des Aufstandes war Geibel Stabschef bei General Bach-Silewski [Bach-Zelewski][70]. Nach dem Aufstand leitete Oberst Geibel den Polizei-Räumungsstab, der die Aufgabe hatte, wertvolle Gegenstände aus den verlassenen Häusern sicherzustellen und abzutransportieren: Unter anderem ließ er nach [...] nach Gold und Werten suchen, auch die in der Stadt zurü[ck]gekehrten Zivilisten wurden dabei untersucht. In seine[m] Stab arbeitete der Oberstleutnant der Polizei *Schöppe*.

3. Hauptmann der Polizei Schulz.
Ein besonders rücksichtsloser Polizeioffizier war der Hauptmann Schulz. Er soll Zivilisten, die Wertsachen aus der Stadt geholt haben, eigenhändig erschossen haben und häufig den Befehl dazu gegeben haben. Polizisten haben mir das selbst erzählt.

4. Verbrechen des SD.
Der Leiter des SD war SS-Sturmbannführer *Dr. Ha[hn.]*[71] Ihm unterstand als Kommandoführer des SD in Warschau der Hauptsturmführer *Spilker*[72]. Er und sein Gehilfe *Hauptsturmführer Voigt* sind verantwortlich zu machen für die Erschie-

ßungen von Gefangenen. Der Untersturmführer *Schramm* hat in Praga[73] eine polnische Rotekreuzführerin erschießen lassen.

5. Polizeigeneral Reinefahrt [Reinefarth][74].
Polizeigeneral R[einefarth] befehligte den Kampfabschnitt Stadtmitte. Für alle Kriegsverbrechen ist er mit seinem Polizeistab verantwortlich. Im einzelnen sind mir keine von ihm bekannt. Auch die Offiziere seines Stabes kenne ich nicht.

6. Sittlichkeitsverbrechen des Obersturmführers *Böhme*.
Der Obersturmführer Böhme, der eine Kompanie des *Muselmanenbataillons*[75] führte, hat in seiner Wohnung die beiden Schwestern Komorowska gefangengehalten und sie mehrfach vergewaltigt. Sein eigener Bursche hat mir das gemeldet. General Stahel befahl die Freilassung der beiden Mädchen und die Bestrafung des Böhme. Über die Vernehmung der beiden Schwestern nahm ich ein Protokoll auf und reichte es an das Gericht der SS ein. Soviel ich weiß, ist Böhme nicht bestraft worden.

7. SS-Strafbataillon des Gruppenführers Dirlewanger.
In den ersten Tagen des Aufstandes wurde das SS-Strafbataillon Dirlewanger zur Freikämpfung der Litzmannstädter Straße eingesetzt. Auch von diesen Männern wurde berichtet, daß sie besonders rücksichtslos gegen die Zivilbevölkerung vorgingen und den gesamten Straßenzug in Brand steckten. Verantwortlich dafür ist der SS-Gruppenführer Dirlewanger sowie sein Ia[76], Sturmführer Weise, andere Offiziere kenne ich nicht.

8. Verbrechen der Legionärsverbände[77].
Die russischen Legionärsverbände machten ebenfalls keine Gefangenen. Sie plünderten und vergewaltigten die Frauen und Mädchen. Besonders schamlos trieben es ukrainische Freiwillige unter ihrem Führer Kaminski[78]. Der Führer des Muselmanen-Bataillons war ein Freiwilliger namens Leutnant Alin.

9. Andere Abschnittskommandeure.
Den Kampfabschnitt Süd hatte Generalmajor Rohr[79]. Ihm unterstanden Oberst Lange[80] und Oberstleutnant Fürstenwert. Im Norden befehligte ein Oberst Schmitt [Schmidt][81]. Von diesen si[nd] mir keine Kriegsverbrechen bekannt, eben[so] nicht von Oberstleutnant Andersen, der die Evakuieru[ng] von Praga durchführte. Letzterer war im Geg[en]teil immer bestrebt, mit größtmöglicher Schonung die Evakuierung durchzuführen.

10. Polizeigeneral und Obergruppenführer von dem Bach-Silewski [Bach-Zelewski].
Er leitete etwa seit 12. August bis zum Ende des Aufstandes die gesamten Kämpfe und trägt die Hauptverantwortung f[ür] alle im einzelnen vorgekommenen Verbrechen.

Abgeschlossen, Minsk 22. Oktober 1945
W. Hosenfeld, Hauptmann.

»Bescheinigung« von Karl Hörle[82] *Hanau, 9. November 1945*

Der Unterzeichnete [sic!], der selbst Naziopfer als Funktionär der Gewerkschaften und der K.P.D. [Kommunistischen Partei Deutschlands] vor 1933 war, befand sich von 1933 bis 1935 im Konzentrationslager und bestialischen Mißhandlungen ausgesetzt, bestätigt: daß Herr Wilhelm Hosenfeld, aus Thalau, über Fulda, in dessen Dienststelle ich in Warschau seit 1943 beschäftigt war, jederzeit von ihm als Kamerad und Mensch urteilen kann.

Meine politischen Diskussionen mit H[osenfeld] waren stets gut, machten mir Freude, was immerhin in der Umgebung nicht ungefährlich war, über solche Fragen zu sprechen. Auch über meine KZ-Haft, die Umstände, war Herr Hosenfeld von mir bestens unterrichtet. Seine politische Stellung war oft so, daß ich gezwungen war, zu warnen, denn in jeder Weise machte H[osenfeld] im allgemeinen und besonders über die Jugenderziehung bei den Nazis scharfe Äußerungen, auch der SS gegenüber, die geeignet waren, wenn ein Denunziant darunter gewesen wäre, seine Verhaftung herbeizuführen.

Trotzdem Herr Hosenfeld, wie ich erfuhr, der NSDAP angehörte, was ja bei den meisten Lehrern zwangsläufig, um die Stellung nicht zu verlieren, geschah, verdient seine antifaschistische Haltung als Mensch, Soldat und Kamerad hervorgehoben zu werden. Denn ich hatte Gelegenheit, in letzter Zeit folgende Aufforderung der Nazipartei an Beamte und Geschäftsleute zu sehen: »Sie haben sich zwecks Aufnahme in die NSDAP heute um soviel Uhr auf der Geschäftsstelle zu melden.« Das ist ja ein direkter Befehl!

Ich bitte daher, Herrn Hosenfeld keine Schwierigkeiten zu bereiten. Bin nach seiner Haltung überzeugt, daß er als Lehrer im neuen Deutschland seine ganze Kraft der Jugenderziehung im demokratischen Sinne widmen wird.

Auch setze ich mich dafür ein, daß H[osenfeld] baldigst aus der Kriegsgefangenschaft entlassen wird. [...][83]

An Ehefrau und Kinder *(Minsk,) 25. Dezember 1945*

Meine liebste Annemie, herzliebe Kinder!

Ich sende Euch die allerbesten Wünsche zu Weihnachten und zum Neuen Jahr. Ich bin bei bester Gesundheit. Heute bin ich aufs innigste mit Euch verbunden. Ich hoffe, daß es Euch allen, meinen Lieben, gut geht. Seid Ihr wohl alle zusammen? Sind die lieben Jungen auch daheim, oder habt Ihr daheim Nachricht von Ihnen? Wenn ich das wüßte! Nun könnt Ihr mir gleich schreiben. Wie warte ich auf diese Nachricht! Ich habe die Hoffnung und das bestimmte Gefühl, daß Ihr alle lebt und Ihr die schwere Zeit gut überstanden habt, und lebe in der festen Hoffnung auf ein baldiges Wiedersehen. Ich grüße Euch aufs herzlichste, Dich liebste Annemie, Helmut, Moni, Detlev, Jorinde, Uta,

Dein Wilm, Euer Vater.

An Ehefrau und Kinder *(Minsk,) 1. Januar 1946*

Liebste Annemie, herzliebe Kinder!

Die herzlichsten Neujahrwünsche und nachträgliche Weihnachtsgrüße sende ich Euch, meinen Lieben. Ich bin bei bester Gesundheit und hoffe, daß auch Ihr alle wohlauf seid. Sind die lieben Jungen zu Hause, oder wißt Ihr, wo sie sind?

Wenn ich das wüßte! Ihr und Euer Schicksal sind meine ständige Sorge. Bist Du, liebe Annemie, mit den lieben Mädels daheim? Ich hoffe, daß ich Euch bald alle wiedersehe und grüße Euch aufs herzlichste, Dich, liebste Annemie, Helmut, Anemone, Detlev, Jorinde, Uta. Dein lieber Wilm, Euer Vater.

An Ehefrau und Kinder *(Bobrujsk,) 5. Juni 1946*

Meine Liebsten!

Wie unbeschreiblich ich mich über Eure Antwortkarte vom 22.4., die ich am 30.5. erhielt, gefreut habe, könnt Ihr Euch wohl denken. Und dazu diese allerbesten Nachrichten. Ihr lebt und seid gesund und seid in Thalau alle beisammen. Daß die beiden Jungen schon so bald nach Hause gekommen sind und den Krieg glücklich überstanden haben, ist ja wunderbar. Um sie machte ich mir die meiste Sorge. Nun kann ich in Gottes Namen getrost das Ende meiner Gefangenschaft abwarten, so schmerzlich mir die Trennung wird. – Mir selbst geht es sehr gut. Ich bin frisch und gesund, die viele freie Zeit verliegen wir in der Sonne und lassen uns braun brennen. Daß ich Gymnastik mache, ist klar. Ihr sollt einen gesunden Vater wiederhaben. Das Essen ist gut und ausreichend. Leider kann ich selten schreiben. Ihr könnt mir jede Woche schreiben, auch Briefe, wenn auch nicht alles ankommt. Wovon lebt Ihr? Liebe A[nnemie], kriegst Du Unterstützung? Dürft [Ihr] in Th[alau] bleiben? Wie geht es in der Verwandtschaft? Im Dorf? – Wann wir entlassen werden, ist unbestimmt. Hoffentlich in diesem Sommer. – Ein schwerer Alpdruck ist von mir genommen. Voll Dankbarkeit sehe ich froh in die Zukunft und hoffe auf ein baldiges Wiedersehen. Ich bitte *Gott*[84], daß er besonders Dir, meine liebe A[nnemie], Kraft gibt, die schwere Zeit der Prüfung zu bestehen. Behüt Euch *Gott*! Dich, meine liebste Annemie, Helmut, Moni, Detlev, Jorinde, Uta. Ich grüße Euch aufs herzlichste, Dein Wilm, Euer Vater.

An Ehefrau und Kinder *(Bobrujsk,) 15. Juni 1946*

Liebste Annemie, liebe Kinder –

Wie ich mich über Eure erste Karte, die mich am 30.5. erreichte, gefreut habe, schrieb ich auf Karte 3. Das ist Nummer 4. Ihr könnt schreiben, soviel Ihr wollt. Jedes der Kinder soll bitte auch schreiben. Auf Euren Mitteilungen wiederholt das Wesentliche. [...] Ich habe jetzt eine schöne Arbeit, ich bin Postmeister geworden und sortiere die Post. Herrliches Wetter hier, bin ganz braungebrannt. Ihr sicher auch, besonders Du, liebe A[nnemie], und Uta. Bekommst Du Unterstützung? Dürft Ihr in Th[alau] bleiben? Was machen die Verwandten? Auch Verwandte können mir schreiben. Sehr freue ich mich, daß [die] Kinder zur Schule gehen. Gruß an alle Verwandten und Bekannten, Fräulein Mans[85], Kuratus[86], Sebald. Ich habe große Sehnsucht nach Euch, warte in Geduld, bin glücklich und dankbar, daß Ihr lebt! Gott befohlen! Herzlichst, Euer Vater, Dein Wilm. Gruß an Vater.

Andere Adresse! Anderes Lager. Mir geht es sehr gut!

An Ehefrau und Kinder *(Bobrujsk,) 22. Juni 1946*

Liebste Annemie, liebe Kinder!

Wie geht es Euch? Von mir kann ich nur Gutes berichten. In dem neuen Lager ist es gut. Essen auch gut. Täglich 600 g Brot, 40 g Zucker, 40 g Butter, ½ l Kascha, das ist Brei aus Graupen oder Reis, Hirse, 3x täglich ¾ l Suppe. Ihr seht, daß ich nicht zu hungern brauche, mehr werdet Ihr auch nicht haben. – Was für ein Glück, daß Ihr alle in Thalau zusammen seid. Wie mögen sich die Kinder verändert haben? Im Brief könnt Ihr 1-2 Bilder senden. Ich habe keins mehr. – Liebste! Bleib gesund und stark. Wir haben noch viel zu erleben und zu besorgen. Eines Tages werde ich heimkehren zu Euch. Es wäre Undank, wenn wir nicht zufrieden sein wollten. Welch traurige Nachrichten kommen für manche Kameraden aus der Heimat. Womit habe ich verdient, daß Gott so gut zu mir war? Wie sehr Du gelitten, als Du nichts von mir wußtest, kann ich nachfühlen. Das Eingangslied vom 2. Sonntag nach Pfingsten ist unser Trost. Psalmen 17, 19-20[87]. Ebenso Paulus: Phil[ipper][88] 4, 4. Ich lebe immer mit Euch in Gedanken; betet [für] mich am Morgen, am Abend und das Tischgebet. Wer ist aus dem Dorf noch nicht da? Karl Böhm, Stephan? Ist Rudolf da? Die Mackenzeller Jungen? Bekommst [Du] Unterstützung? Habt Ihr noch Bienen? Dürft Ihr in Th[alau] bleiben? Kann ich dorthin zurück in meine alte Stellung? Habt Ihr noch den Putzi[89]? 1000 Fragen. In innigstem Gedenken, Dein Wilm, Euer Vater. Grüße an alle Verwandten und Bekannten.

An Ehefrau und Kinder *(Bobrujsk,) 11. Juli 1946*

Meine innigstgeliebte Annemie, liebe Kinder.

Einem Glücksfall verdanke ich, daß ich Euch wieder schreiben kann. Ich benutze die ganze Karte, weil Ihr ja Briefe schreiben könnt. Ich erwarte jetzt bald Post von Euch auf die neue Lagernummer 56[90]. Von mir bekommt Ihr jetzt öfters Nachricht. Wie geht es Euch der Reihe nach? Seid Ihr alle gesund, besonders Du, Liebste? Hast Du Dich mit genug Geduld gewappnet? In diesem Jahr hoffe ich noch nach Hause zu kommen. Man muß lernen, in allem groß zu denken, so auch hier. Die Sehnsucht muß erst unerträglich werden und tief, daß sie für das ganze Leben nicht mehr erlischt. Aber dazu müssen wir die Kraft des Herzens steigern und die Gesundheit des Leibes, sonst werden wir müde und erschlaffen in allem. Seid deshalb recht froh miteinander und gönnt Euch so viel Freuden, als Ihr könnt; wandert in die Berge, besucht die Verwandten, feiert die Geburtstage recht fröhlich wie in guter Zeit. Denkt, daß ich immer bei Euch bin. Laßt nur den Kopf nicht hängen. – Ich habe den »Grünen Heinrich«[91] vor mir liegen, in dem ich das Kapitel »Anna und Judith« beendigte, und denke an meine großen Kinder, die ohne mich aus ihrer Kindheit herauswachsen und ihr eigenes Leben beginnen. Lest dieses Kapitel und das folgende einmal zusammen. So müssen junge Menschen zueinander kommen. – Ihr lieben Kinder, seid gut und lieb zur Mutter und auch untereinander, macht ihr das Leben nicht unnötig schwer durch Ungehorsam, Eigensinn oder Unverträglichkeit. Helft Euch untereinander aufs beste. Seid der lieben Mutter in allem willfährig. Du, meine lieben Helmut, Moni und Detlev, beratet Euch in allem mit Ihr, ehe Ihr einen wichtigen Schritt tut. Was sie Euch sagt, das gilt auch von mir gesagt. Ermahnt die jüngeren Geschwister, laßt Euren Zank nicht vor die Mutter kommen. Erspart ihr jedes Herzeleid, aber auch jeden kleinlichen Ärger. Ich würde sehr unruhig und traurig sein, wenn ich heimkehrte und müßte Klage über Euch hören. Habt Euch lieb untereinander, so wie Ihr mich lieb habt und ich Euch. Bedenkt, welch ein Glück, daß Ihr beisammen sein dürft und Gelegenheit habt, [daß] Ihr Eure Liebe beweisen könnt. Ich kann sie Euch nicht beweisen. Und wie gerne wollte ich das und wie wollte ich für Euch sorgen und kann nichts tun. Seht Ihr, das ist wie eine Strafe für mich. Ich weiß ja, und das erfüllt mich mit größter Freude, daß Ihr liebe Kinder seid und Eure Mutter auf Händen tragt; aber ich mußte Euch es doch mal sagen, was mein Herz bewegt. Meine liebste A[nnemie]. Nun bist Du zu kurz gekommen über meinen Sermon. Du bist immer bei mir. Ich höre Deine Stimme und sehe Dein liebes Angesicht und spüre Deines Herzens Schlag, im Gedenken an Dich wird mir alles leicht. Ich danke Dir für alles, was Du für die Kinder und für mich leistest und leidest. – Mir selbst geht es sehr gut. Ich bin ganz gesund, was ich Dir schon früher erzählte. Die Sonne nutze ich gut aus. Jeden Morgen mache ich mit einigen Kameraden Gymnastik. Ich habe mir ein eigenes System zusammengestellt, nach dem ich unterrichte. Es ist nur ein kleiner Kreis, die meisten sind zu bequem, sich körperlich anzustrengen. Ich hoffe, gesund und kräftig zu Dir zurückzukommen. Nun sei mit den lieben Kindern aufs herzlichste gegrüßt; ich bin Dein Wilm und Euer lieber, treuer Vater. [...]

An die Ehefrau *(Bobrujsk,) 15. Juli 1946*

Liebe Annemie: Schreibe bitte an folgende Personen in Polen. Sie sind mir zu Dank verpflichtet und können mir von Nutzen sein; teile ihnen meine Adresse mit.

1.) Josef Pacanowski, in Petrikau,
2.) Achim Prut[92], Pabjanice bei Łódz (mein alter Bekannter),
3.) Pfarrer Andreas Cieciora[93], *Samter*[94],
4.) Wladislaus Spielmann[95], Pianist am Warschauer Rundfunk, Warschau.

Ich kann diese Personen von hier aus nicht erreichen.

An die Tochter *Bobrujsk, 17. Juli 1946*

Meine liebe, liebe Jorinde – mein liebes Geburtstagskind – ich benutze die Heimkehr eines gefangenen Kriegskameraden, um Dir die allerherzlichsten Geburtstagsgrüße und Geburtstagswünsche zu senden. Auf diese seltene Art wirst Du wohl keinen Geburtstagsbrief mehr bekommen, und ich hoffe, daß ich den nächsten nicht mehr in der Gefangenschaft zu schreiben brauche. Ach, wie gerne wäre ich auch mitgefahren! Meine liebe Jorinde – Du bist unser zweites Sommerkind nach Detlev, der damit den Anfang machte, in der hohen Zeit des Jahres zu uns zu kommen. Möge Dir die Sonne des Glückes auf Deinem künftigen Lebenswege scheinen und möge Dich Gottes gütige Vaterhand im Lichte seines Geistes und seiner Liebe führen. Mögest Du selbst die Sehnsucht nach Licht und Reinheit im Herzen behalten, damit sie Dir in das unvermeidlich Dunkle, durch das wir alle hindurch müssen, wie ein heller Stern leuchtet. Du bist nun schon fast erwachsen, und ich glaube, Du bist fast kein Kind mehr. In Dir ist das eigene Leben schon erwacht, Du schreitest mit Deinen 14 Jahren aus dem Garten der Kindheit und des Friedens heraus und trittst in die Welt der fremden Tagesforderungen, beladen mit der Last der inneren Nöte, verwirrt von sich regenden schwankenden Kräften und Stimmungen des Herzens. Wie sehr wäre ich nötig bei Euch, wie gern möchte ich mit Dir zusammen über die Berge wandern, durch Wald und Wiese und Du solltest mir von Dir erzählen, mir mitteilen, was Dein junges Herz bewegt. Und wie wollte ich mich an Dir freuen und wie lieb wollte ich Dich haben. Wie magst Du wohl gewachsen sein diese zwei Jahre, als wir uns nicht mehr sahen. Ich stelle mir Euch vor, eins nach dem anderen. Du wirst groß und schlank geworden sein. Das Turnen hast Du doch immer gern gehabt. Das pflege nur tüchtig weiter. Ich würde mich freuen, wenn Du auch das Klavierspielen lerntest oder sonst ein Instrument. In diesem Jahr will ich noch bei Euch sein. Was wird das dann ein Glück sein. Morgens stehe ich früh auf und werde Euch den Kaffee kochen und die Brote schmieren und Euch auf den Weg schicken und die liebe Mutter lassen wir noch schlafen. Sie hat die Kriegsjahre genug zu sorgen und zu arbeiten gehabt. [...]

An den Sohn *Bobrujsk, 17. Juli 1946*

Mein lieber großer Detlevjunge –

zu Deinem Geburtstag so viele herzliche Glückwünsche, so viel Gutes und Bestes, als Du Dir selbst nicht zu wünschen wagst. Wie lieb wir uns haben, mein Junge, das wissen wir jetzt erst, nicht wahr? Nachdem wir uns so lange entbehren müssen. Zwischen uns sind jetzt noch Tausende Kilometer weites Land und der Stacheldraht des russischen Gefangenenlagers, der mich festhält und mich von der Außenwelt abschließt. Ich sitze auf einer Bank am Westgiebel einer Baracke, einige Schritte von mir entfernt zieht sich der Stacheldraht hundert Meter links und zweihundert Meter rechts, in einem Wachthäuschen lauert ein Posten. Auf der Straße hinter dem Zaun fährt gerade eine endlose Wagenkolonne mit ehemals deutschen Wehrmachtspferden. Über großen Weidenbäumen schweift mein Blick hinweg, festgehalten von den Häusern der Stadt Bobruisk. Aber doch über allem hinweg sehe ich den blauen Himmel, die strahlende Sonne und die großen weißen Wolken und über dem endlosen Land im Westen sehe ich im Geiste die Heimat so greifbar, wie meine Augen das wirkliche Land um mich, sehe Euch meine Lieben und Dich mein Geburtstagskind, als wenn Ihr vor mir ständet. Aber Du wirst jetzt anders ausschauen, als ich Dich in der Erinnerung habe, als ein schmächtiges, zartes Bürschlein mit langen schlanken Gliedern. Wahrscheinlich bist Du noch größer geworden, Dein Gesicht in die Länge gezogen wie das des Worpsweder Großvaters[96]. Mutter behauptet zwar, Du sähest aus wie ich, ich meine aber, Du kämest auf die Krummacher Linie hinaus. Ich sehe Dich, wie Du am Geburtstag mit Deiner Büchertasche und Deinem Fahrrad das Pfädchen herkommst, Jorinde ein wenig hinterdrein; Uta mit frohem Geschrei kommt Euch entgegen und aus dem Küchenfenster schallt das Juhu der Mutter heute sehr freudig, weil ja Ihr Geburtstagsjunge kommt. Bedächtig schiebst Du erst Dein Rad in die Scheune, nachdem Du Uta heruntergeschüttelt hast. Schnell hat sie das von Jorinde erstiegen und karjolt [fährt] damit im Hof herum. Jorinde überläßt es ihr mit dem Bemerken »Du tust es aber auch weg.« Aber plötzlich fällt ihr ein: Der Deti hat ja Geburtstag. Schleunigst lehnt sie das

Rad an die Treppe und saust an den zweien vorbei nach oben. Da steht die liebe Mutti auf der obersten Treppenstufe und erwartet Dich und gibt Dir einen frohen Geburtstagskuß. Sie hat Dich heute so sehr zurückgesehnt, ihren lieben Sommerjungen. Der liebe Gott hat ihn ihr zum zweiten Mal geschenkt, als Du aus dem Krieg heil zurück kamst. Auf dem Tischchen vor dem Spiegel ist die Geburtstagstorte aufgestellt, sogar einige Geschenke. Auch von mir hat Dir Mutter etwas ausgesucht. Die 19 Kerzen brennen so lustig und spiegeln sich im Glas. Utas Blumenstrauß und Mutters Gartenblumen leuchten daneben. Ach, ich kenne das alles so gut und abends, wenn Helmut und Moni da sind, sitzt Ihr am festlichen Abendtisch und laßt Euch alles gut schmecken. Und das Geburtstagslied wird gesungen. Als der Monat Mai dran kommt, da sagt Ihr, dann ist der Vater aber bestimmt da. Ja, dann bin ich dabei. – Was willst Du für einen Beruf erwählen? Auch Arzt? Ich habe oft gedacht, Du wirst vielleicht Priester. In welcher Klasse bist Du? So vieles möchte ich wissen und wollte ich erzählen, aber das Briefblatt darf nicht zu groß werden. Als ich Dich zuletzt in Kassel sah[97], war ich auf dem Heimweg so traurig, weil wir am Bahnhof in Kassel noch so lange standen und ich Dich in der Nähe wußte und wir nicht beieinander sein konnten; ich hätte doch mit Dir zu Deiner Batterie gehen können. Mit Wehmut habe ich die Jahre her daran gedacht, und der Gedanke, daß der Abschied damals vielleicht der letzte gewesen wäre, hat mich so oft geschmerzt. Aber Du bist ja glücklich zurückgekehrt, Gott hat Dich uns erhalten, und bald schließe ich Dich in die Arme mit all den Lieben. Kannst Du Dir dies Glück vorstellen? – Möge Gott seinen reichsten Segen Dir geben; bleib mein lieber guter Junge, so wie ich Dich im Herzen habe. Grüße die liebe Mutter und die lieben Geschwister, in Liebe und Treue, Dein Vater.

Erklärung von Antoni Cieciora[98] *Posen, 22. Juli 1946*

Erklärung über Wilm Hosenfeld. Lehrer in Thalau[99].

Ich, unterzeichneter [sic!] Pfarrer Antoni Cieciora, wohnhaft in Poznań [Posen], Mariackastr. 15, erkläre folgendes:

1. Ich kenne Hauptmann Wilm Hosenfeld seit 1942.

2. Auf Bitten meiner Familie suchte mich Hauptmann Hosenfeld in Warszawa [Warschau] auf und als Leiter der Wehrmachtsportschule und Wehrmachtstadion stellte mich als Büroarbeiter in seiner Kanzlei an. Da ich mich vor der Gestapo [Geheimen Staatspolizei] verbergen mußte, besorgte er mir den nötigen Ausweis und [die] Arbeitskarte, was mich zweimal vor dem Tode bewahrte. Mit seinem Wissen habe ich jeden Tag die Heilige Messe gehalten.
3. Hauptmann Hosenfeld war für die polnischen Arbeiter zuvorkommend und suchte jedem zu helfen. Deshalb hatten die Polen zu ihm sehr viel Vertrauen. Er nannte sich selbst auf polnisch »Vater der polnischen Arbeiter«. Als er seine Stelle als Leiter verlassen sollte, schenkten ihm die Arbeiter aus Dankbarkeit eine Medaille (Ringgraf) der Heiligen Jungfrau aus Czestochowa [Tschenstochau] mit der Widmung: Seinem lieben Leiter – dankbare Arbeiter.
4. Hauptmann Hosenfeld war ein praktischer [praktizierender] Katholik. Öfters haben ihn die polnischen Arbeiter gesehen, wie er zur Heiligen Beichte und Heiligen Kommunion ging, sogar in der polnischen Kirche, was verboten war.
   In zwei Fällen hat er Familien, die religiös vernachlässigt waren, bewogen [sic!] und gesorgt, daß sie ihre Kinder taufen ließen.
   Er umgab sich stets mit Katholiken. In [sic!] diesen gehörte Hauptmann v. Lemmel[100].
   Zusammen mit seinen Arbeiter beging er die katholischen Feste: Weihnachten, Ostern, auf polnische Art.
   Sein offener Glaube hat überall vertrauensvoll gewirkt.
   [...][101]

»Bescheinigung« von Antoni Cieciora[102] *Posen, 22. Juli 1946*

Ich, unterzeichneter [sic!] Pfarrer Antoni Cieciora, wohnhaft in Poznań [Posen], Mariackastr. 15., erkläre in Sachen des Hauptmann Wilm Hosenfeld folgendes:

1. Wilm Hosenfeld kenne ich seit 1942.
2. Als Leiter der Wehrmacht-Sportschule und [des] Wehrmachtstadion[s] in Warszawa [Warschau] war er für die dort

beschäftigten Polen sehr zuvorkommend. Jeden Mißbrauch gegenüber den Polen seiner untergegebenen Soldaten strafte er scharf, für die Polen dagegen war er milde. Die Polen nannten ihn ihren Vater und wandten sich voll Vertrauen in allen Sachen, ja sogar Familienangelegenheiten an ihn, wie an einen Vater.

Zu diesen Arbeitern gehörte auch ich fast über 2 Jahre. Mir, einem polnischen Geistlichen, der sich vor der Gestapo [Geheimen Staatspolizei] verbergen mußte, kam er zur Hilfe, indem er mich unter fremden Namen zur Arbeit einstellte und mir die nötigen Papiere sowie den Arbeitsnachweis besorgte, was mich zweimal vor dem Tode bewahrte.

3. Durch ihn hatte ich Verbindung mit meiner Familie.
4. Er war niemals Hitlersmann und kein Faschist, was er fast täglich mit Wort und Tat den Polen bewies, ja sogar seinen deutschen Kollegen.
5. Es können alle Arbeiter, die im Stadion arbeiten, bezeugen. Es waren uns [sic!] über 30 an der Zahl, darunter 2 Juden unter falschen Namen.

[...][103]

An die Ehefrau *(Bobrujsk,) 27. Juli 1946*

Liebste Annemie –

Der Heimkehrertransport soll nun endlich morgen abfahren, nachdem es drei Wochen gedauert hat, bis er zustandegekommen ist. Ich hatte noch einmal eine schwache Hoffnung mitzukommen. Aber sie ist wieder zuschanden geworden. Wie mich das innerlich zerrissen hat, kannst Du Dir denken. Ich bin tagelang so niedergeschlagen gewesen, daß ich fast nicht mehr beten konnte. Ich war so vermessen, an Gottes Güte und Barmherzigkeit zu zweifeln. Aber jetzt habe ich meine Ruhe wiedergefunden und trage mein Schicksal in williger Ergebenheit in Gottes Führung. Ich wünschte ja die Heimkehr weniger für mich als vielmehr für Dich und für die lieben Kinder. Diese Zeit der Gefangenschaft ist für mich, und ich hoffe auch, für Dich ist diese schmerzliche Trennung von mir keine verlorene Zeit [sic!]. Ich habe gelernt, innerlicher zu sein, ich habe erkannt, daß es über dieses materielle Sein ein glückhaftes Leben und Sein in Gott gibt, daß unser endliches Ziel die Vereinigung mit dem ewigen göttlichen Wesen ist. Wenn ich wüßte, daß auch Du dieser Erkenntnis lebst und somit Dich in Gottes Willen zu schicken verstehst, dann würde mir die Gefangenschaft leichter sein. [...]

An Ehefrau und Kinder *Bobrujsk, 1. September 1946*

Liebste Annemie, liebe Kinder –
ein schöner Sonnentag geht zu Ende, ich habe heute so viel an Euch denken müssen. Ich hatte viel zu tun mit Instandsetzung meiner Sachen. Bei der Flickarbeit hat man so schön Zeit zum Denken. In der Woche gehe ich in die Stadt zur Arbeit. Das gefällt mir gut. Man sieht doch etwas von dem Leben der Bevölkerung. Einmal haben wir aus dem Fluß Holzstämme herausgezogen. Da habe [sic!] ich seit langem wieder mal geschwommen. Jetzt bin ich mit einigen Kameraden in einer Tischlerei und arbeite an der Hobelbank. Ich habe schon manches gelernt, was ich später gut gebrauchen kann. Bei Euch wird jetzt das Obst reif sein. Hier gibt es auch Obst. Mit Gurken und Tomaten werden wir reichlich beliefert. Leider habe ich noch immer keine weitere Nachricht von Euch als nur die erste Karte vom April. Die Kameraden, die nach Hause fuhren, werden Euch ja von unserm Leben erzählt haben. Ich wüßte so brennend gern, wie es Euch geht, vor allem, ob Ihr alle gesund seid und ob Ihr noch in Th[alau] seid. Mir geht es weiterhin sehr gut. Ob es mit der Entlassung in diesem Jahr noch etwas wird, ist zweifelhaft. Wie ich mich nach Euch sehne! Behüt Euch Gott! Seid aufs herzlichste gegrüßt, Dein Wilm, Euer Vater.

An Ehefrau und Kinder *Bobrujsk, 21. September 1946*

Liebste alle –
herzlichen Dank für Eure Karte vom 16.7. und für Monis Karte vom 1.8. Auf Deine Karte vom 1.8. schrieb ich Dir schon, liebe A[nnemie]. Mo[nis] Karte hat mich sehr interessiert. Von Helm[ut] und Detl[ev] hätte ich auch gerne mehr gewußt. Wer wohnt denn in unserer Wohnung? Wie geht es

den Verwandten außer den Mackenzellern? Ich freue mich, daß Du, liebe A[nnemie], schriebst, daß die Kinder so tüchtig sind und fleißig und daß es Euch gut geht. Mir geht es weiterhin sehr gut, gesundheitlich sowohl als auch seelisch. Ich bin jetzt nicht mehr in der Arbeit, wie ich das letzte Mal schrieb, sondern in einem Erholungslager, wo es mir sehr gut gefällt. Ich traf hier wieder eine Anzahl alter Kameraden. Gott behüte Euch. Ich bin immer bei Euch und grüße Euch aufs beste, Euer Vater, Dein Wilm.

An Ehefrau und Kinder *Bobrujsk, 7. Oktober 1946*

Meine Allerliebsten –

es wurde jetzt gestattet, in deutscher Schrift zu schreiben, deshalb schreibe ich in der Euch gewohnten, lieben Handschrift. [...] Liebe A[nnemie], nimm unbedingt Verbindung auf mit Ciciora [Cieciora][104]. Sehr wichtig! Mir geht es recht gut, bin gesund und leistungsfähig. Wann Heimkehr, weiß kein Mensch. Ich habe frohen Mut, wenn es auch noch länger dauert. Ich träume merkwürdigerweise sehr häufig von Dir, liebe A[nnemie], und von den Kindern. Früher nie. Ich besitze einen kleinen Schott[105]. Das Gebet ist mein Trost und Impuls. Von Kameraden entleihe ich großen Schott, eine Kostbarkeit. Immer bin ich mit Euch eins, besonders in der innerlichen Versenkung. Seid aufs allerherzlichste gegrüßt und geküßt, Dein Wilm, Euer Vater.

Nachtrag: [...] Hörle[106] soll versuchen, an Lager zu schreiben.

An Ehefrau und Kinder *Bobrujsk, 19. November 1946*

Liebste alle –

viel herzlichen Dank für Eure Karten. [...] Welche Überraschung, liebste A[nnemie]. Dein Bild! Das hast Du gut ausgesucht. Jeden Tag betrachte ich Dein liebes Gesicht. Es liegt in meinem kleinen Schott[107]. Schreib doch auch Briefe. An richtiger Stelle abgeben. [...] Hat C[ieciora] aus Samter geantwortet[108]? Erfreuliche Mitteilung von Mar[ia] Ehrenberg[109]. Religiöse Erneuerung einzige Grundlage für Neuaufbau. Grüße Vater, auch mein Dank! Sprachstudien bescheiden. Arbeite wieder in der Stadt, tue ich gerne, hilft mich gesund erhalten und steigert körperliche und geistige Kräfte. Hier schon Winter. Gute warme Bekleidung. Essen ausreichend, oft gut: gutes Brot, 30 g Butter, 40 g Zucker täglich. Fisch. Gesund bin ich, nicht einmal erkältet. Nehmt Einschränkung nicht tragisch. Wir alle müssen opfern. Zusammenleben mit Kameraden oft nicht leicht, menschliche Schwächen steigern sich in der Gefangenschaft. Habe gute Freunde, bin aber einsam. Ihr seid mein Halt und Trost und die Geborgenheit in Gott. Arbeiten und wohnen mit Mannschaften. Gutes Verhältnis. In handwerklicher Fertigkeit Offizieren voraus. Ich säge meist Holz, arbeite gelegentlich als Tischler. Putzi[110] schade! Bringe neuen mit. Sind die großen wollenen Rollen aus W[arschau] angekommen? Habt Ihr meine Uhr von Hörle[111]? Schwierigkeiten mit lieben Nächsten vermutet. Kleine Menschen, macht Euch groß. Moni, Helmut keine Gefühle auf Karten, Tatsachen! Weihnachten! Herzlichste Wünsche, Leben in Hoffnung auf Wiedersehen im nächsten Jahr. Großes Geschenk, daß wir alle leben. Lesung aus Christmette unser Leitgedanke[112]. Frühere, glückliche Zeiten leben in uns unvergeßlich. Dankbar sein für das Erhaltene, wollen das Leben auch so lieben, jeden neuen Tag mit Spannung meistern. Gott gibt uns Hilfe. Seiner Führung anheimgeben. Ihr lebt in meinem Herzen, seid Weihnachten froh und glücklich. Getrenntsein unser Opfer. Ich grüße Euch in alter und neuer Liebe, Dein Wilm, Euer Vater. [...]

An Ehefrau und Kinder *(Bobrujsk,) 26. November 1946*

Liebste Annemie, liebe Kinder –

auf meiner Karte vom 19.11. sandte ich Euch schon vorläufige Weihnachtsgrüße. Ich will sie heute noch ergänzen. Ein gesegnetes, frohes Weihnachtsfest wünsche ich Euch, meine Lieben, als Gefangener. Vor einem Jahr hoffte ich, in diesem Jahr bei Euch zu sein. Damals wußten wir noch nichts voneinander. Heute wissen wir sogar, daß es uns gut geht. Wenn ich Euch darum ein frohes Weihnachtsfest wünsche, dann tue ich es aus eigener Freude und Dankbarkeit. Die tröstlichen Worte des Eingangsliedes vom 24. Sonntag nach Pfingsten[113] sollen auch Euer Glaube sein. Mir sind sie eine sichere Verheißung. Trotz aller Bedrängnis und Not haben wir alle Grund zum Danken und zum Fröhlichsein. Im nächsten Jahr bin ich gewiß bei Euch. Auch ein gesegnetes neues Jahr wünsche ich Euch und allen lieben Verwandten und Bekannten. Schreibt Ihr ihnen dies. [...] Mir geht es nach wie vor gut. Ich begrüße jeden neuen Tag und suche ihn mit Kraft und Spannung zu gestalten. Ich resigniere nicht. Meine Liebste, halte auch Du tapfer aus. Wir haben noch viel zu erleben. Und Ihr meine lieben Kinder lebt so ordentlich, daß, wenn ich Euch bei meiner Heimkehr in die Arme schließe, es für uns alle eine einzige große Freude sein wird, Dein Wilm, Euer Vater.

An Ehefrau und Kinder *Bobrujsk, 31. Dezember 1946*

Meine Liebsten alle –

[...] Ich danke für Eure lieben Weihnachtswünsche. Nein, ich bin nicht traurig gewesen. Ich habe die früheren schönen Weihnachten nachgefeiert. Dazu beste Gelegenheit, da ich im Revier krank liege, jetzt aber fast gesund bin. Bronchitis. Erkältet. Nicht wichtig! Für mich schöne Ausspannung. Ob ich mich verändert habe, liebe A[nnemie]? Sicher, ich bin deswegen nicht alt, aber wie weit ist unserer innerer Blick! Was für eine Aufgabe für die Zukunft! So und so sind wir uns unersetzlich. Wie freue ich mich auf Dich, liebe A[nnemie], und auf jedes der Kinder. Grüße Vater! Ich bete für ihn, daß er uns noch erhalten bleibt. Feiern wir in diesem Jahr den großen Familientag in Worpsw[ede]? Meine Wünsche für das Neujahr [19]47? Heim, heim, sonst nichts! Wiedersehen mit Euch! Das Glück ist zu groß, es muß noch mehr verdient werden. Aber es kommt doch einmal. – Mein Gewicht? Ziemlich normal wie früher. Runzeln im Gesicht, ja, in ihnen steckt viel Lebensweisheit. – Ich brauche eine Brille. Gott behüte Euch, alles Beste, Moni zum Geburtstag die besten Wünsche! Ich bin Dein lieber Wilm und Euer treuer Vater. Ihr lebt stets in meinem Herzen.

Auf Brief von Ciec[iora] und Hörle bin ich gespannt[114].

An Ehefrau und Kinder *Bobrujsk, 5. Januar 1947*

Liebste Annemie, liebe Kinder –

Liebe Jor[inde][115],

Deine liebe Karte vom 24.11. hat mich sehr gefreut. Es tut mir leid, daß ich nicht mehr Dein Lehrer sein kann. Lerne so tüchtig weiter. Unterschätze aber ja nicht die handwerklichen Fertigkeiten. Die sind sehr wichtig. Das habe ich in der Gefangenschaft gesehen. Mutter hat mir so viel Gutes von Euch Kindern geschrieben, daß ich ganz glücklich bin. Deine Hoffnung, im Frühjahr heimzukommen, teile ich. *Lieber Detlev* – Danke Dir für Deine Karte vom 1.12. Sehr gefreut. Lieber Junge! Was gibt's nach Abitur? Ich kann nichts für Dich tun. Gott behüte Dich. *Liebe Moni* – Dank für Karte [vom] 1.12. Was für Elend gibt es. Schreibe mir von den Zuständen. Briefe könnt Ihr natürlich schreiben. Ich schrieb es doch schon mehrmals. Russ[ische] Adresse nicht nötig. Ich habe von den Kameraden fast die meiste Post erhalten, beinah 40 Karten. *Liebe Uta* – Dank Dir für die Einladung zum Hasenbraten. Macht ihn nur recht fett. Ich helfe Dir später. *Liebe Annemie* – Dank für das schöne Gedicht. Ja, wir warten für Zeit und Ewigkeit aufeinander. Die Zeit des Wiedersehens rückt immer näher. Wann? Ich bin jeden Sonntag mit Euch in der Kirche. Es ist ein besonderes Band der Gemeinschaft mit Euch in J[esus] Chr[istus]. Detl[ev] soll Arzt werden. Wie bringt Ihr das überhaupt fertig? – Was hat C[ieciora][116] geschrieben? Karte Nr. 13 fehlt noch. Mir geht es wieder ganz gut. Ich schließe Euch in die Arme. Gott befohlen. Zur Arbeit gehe ich noch nicht.

Seid aufs herzlichste gegrüßt, Dein Wilm, Euer Vater.

An die Ehefrau *Bobrujsk, 16. Januar 1947*

Liebste –

vor mir liegt Deine letzte Karte (Nr. 14 vom 28.11.) mit dem schönen Gedicht: Warte. Ach ja, was gehört für eine Kraft dazu. Dieses Warten! Es geht mir nicht anders als Dir. Es gibt Zeiten, da hat man genug Mut und Kraft, dann sind Tage, da ist man schwach und klein. Meistens aber bin ich erhobenen Sinnes und stehe über der Not. – Heute vor zwei Jahren war ich das letzte Mal frei. Welche Zeit liegt dazwischen und welche Ereignisse! Ist sie verloren? Nein, ich bin reich geworden in meiner Armut. Ich habe mich so gefunden, wie Du mich willst. Geliebte, ich weiß, daß auch Du trotz aller Sorge und Hingabe an Deine täglichen Aufgaben einsam bist, aber Dein Herz ist mit allem Fühlen um mich gespannt. Doch so allein wie ich bist Du nicht. All mein Denken und Fühlen, mein Wünschen und Beten hat ein Ziel: Mich reif zu machen für Dich und für mein künftiges Leben an Deiner Seite. Dann weiß ich wohl, jeder Tag der Trennung darf nicht verloren gehen in Trübsal oder Klage. Jeder Tag muß mit frischer Kraft und neuem Mut erfüllt, die tragende Brücke zu Dir hin bilden, hin zu dem großen Glück des Wiederfindens. Ich will es mir verdienen. Es geht mir gut. Ich bin gesund. Das Jahr [19]47, so hoffen wir, wird unser Erlösungsjahr sein. Ich bin Dein Wilm, küsse die Kinder. Gott behüte Euch. Euer Vater! Für die liebe Moni die herzlichsten Geburtstagswünsche.

An die Tochter *Bobrujsk, 15. Februar 1947*

Herzliebes Utakind!

Dein liebes Bildchen hat mich sehr gefreut. Ich dachte, es wäre Jorinde. Du schriebst: Ich bete für Dich. Darüber war ich froh. Vergeßt mich keinen Tag. Liebe Moni – Karte von Mackenzell erhalten und zwei vom 19. und 24.12.[1946]. Herzlichen Dank! Mache immer erst ein Konzept, um jede Zeile gut auszunutzen. Berichtet bitte über die Verhältnisse daheim, politische, wirtschaftliche. Helm[ut soll] über seine Tätigkeit, Verwandte sollen mir auch schreiben. Briefe senden. Hat Detlev Abitur gemacht? Was wird weiter? Woher willst Du, liebe A[nnemie], das Geld fürs Studium nehmen? In der Heiligen Schrift habe ich viel gelesen. P[aulus] an Phil[ipper][117] 2, 24; Sirach[118] 2, 45; Opferungslied [am] 3. Sonntag nach Erscheinung[119]; Phil[ipper][120] 4, 4–7; P[aulus] an Philemon[121]: 22. Vers; Kol[osser][122] 2, 5; Thessal[onicher][123] 1, 3, 10–13. Das sind tröstliche Worte. Wann sie sich erfüllen, wollen wir Gott überlassen. Paulus an Titus[124] 2, 11–14. Herzliebe Annemie! Wie schön schreibst Du die Lateinschrift! Ich ersehe aus Deiner Handschrift eine mich tröstende wundervolle Festigkeit

Deines Wesens. Ich lese W[ilhelm] von Kügelgen[125]. Herrlich! Du mußt viel mit den Kindern darin lesen. Jedes der Kinder soll über Deine Ahnen Bescheid wissen. – Ich bin stolz auf meine Kinder und zugleich traurig, daß alles ohne mich geht. Das Nest ist ausgeflogen, wenn ich komme. Für Helmut die herzlichsten Geburtstagswünsche. [...] Mir geht es gut. Die Kälte tut mir nichts. Ich gehe jetzt noch an die Arbeit. Manchmal Kartoffelschälen in der Lagerküche. [...] Berichtet mir doch mehr von den Verwandten und Bekannten. Wie war es Weihnachten? Seid auf das beste und herzlichste gegrüßt, Du, liebe A[nnemie], von Deinem Wilm, Ihr lieben Kinder von Eurem Vater. [...]

An Ehefrau und Kinder *Bobrujsk, 9. März 1947*

Meine Herzlieben alle –

Die herzlichsten Ostergrüße und für Dich, liebste A[nnemie], die besten Geburtstagswünsche. Das Fest der Auferstehung und Dein Geburtstag fallen zusammen. Das soll uns eine gute Vorbedeutung sein für mein Heimkommen. Auch für Deinen Vater die herzlichsten Wünsche zum Geburtstag. [...] Herzlichen Dank! Endlich mal nähere Nachricht vom Dorf. Verhältnisse aus der Heimat sind mir sehr wissenswert. Ich lebe doch hier auf dem Mond, darum sind diese Nachrichten so interessant für mich. Und die Berichte von den lieben Kindern! Wenn Detl[ev] nicht studieren kann, soll er auf ein Gut gehen, vielleicht in der Nähe, sonst in Worpsw[ede] oder Döscher in Lohe. – Wie gespannt bin ich auf sein Examen. Jorinde! Wie brennt mir das auf den Nägeln, daß Du, liebe A[nnemie], so Schwierigkeiten mit ihr hast. Ich könnte so ausgleichend wirken. Denkst Du noch an die Spannungen mit Deiner Mutter? Sei ja nicht verbittert. Es wird alles gut. Einmal sind Träume Wahrheit! Grüße Kuratus[126]! – Behalte Deinen frohen Mut und sei größer als die Verhältnisse. Mir geht es tadellos, macht Euch keine Sorge, bin gesund und guten Muts. Dieses Jahr komme ich heim. In Briefecke je einen Feuerstein einkleben. Ich bin Dein Wilm, Euer treuer Vater. Viel Freude für Ostern! Und für die Geburtstagsfeier!

An den Schwiegervater *Bobrujsk, 17. März 1947*

Lieber Vater –
zu Deinem 80. Geburtstag sende ich Dir die allerherzlichsten Glückwünsche und Grüße. [...] Mir geht es recht gut. Wenn es wärmer wird, melde ich mich freiwillig zur Arbeit. Jetzt treibe ich Russisch, lese und schreibe Tagebuch. Kamerad Hauptmann Wendt hat wohl die Grüße bestellt von mir. Er durfte schon heimfahren. [...]

An die Ehefrau *Bobrujsk, 8. April 1947*

Liebste A[nnemie] –
ein nachträgliches Geburtstagsgeschenk, mein Bild[127]. Ich bin nicht ganz damit zufrieden, aber so ungefähr sehe ich aus. [...]

An die Ehefrau *Bobrujsk, 14. April 1947*

Meine liebe Annemie –
zu unserem Hochzeitstag sende ich Dir schon heute diese Zeilen innigen Gedenkens. Auch diesmal dürfen wir nicht vereint sein. Wir müssen einsam stehen und stille sein in traurigem Verzicht. Unsere Hände, die wir an diesem Maientag so fest ineinander legten, greifen ins Leere, und unsere Augen schauen ins Weite. Meine Lippen formen einen süßen Namen, aber Du hörst ihn nicht. Und doch stehn wir im Glanz unseres jungen Lebenstages. Wie törichte Kinder standen wir an den neuen Ufern. Wir sind hineingeschritten in das Land unserer Sehnsucht, mutig, heiter und ernst, haben geirrt, gelitten, verziehen und verwundet, geirrt und gefunden. Wie dem Wanderer im Dunkel der Nacht ein Stern nach dem anderen, so kamen uns die Kinder entgegen. Gottes Güte hat sie uns gelassen. Standen wir uns damals näher, als sich unsere Hände vor dem Altar für ewig banden? So fern wir uns jetzt sind, so nah sind unsere Herzen, so schmerzlich die Trennung, so gewiß die Sicherheit des Besitzes. – Wie der Strom die Wasser vieler Rinnsale in sich sammelt, wie das Gold den Wert von tausend Pfennigen, der Diamant die Kostbarkeit vieler edler Steine, und der Sonnenball die Fülle des Lichtes, so vereint der Tag des Wiedersehens all die Stunden der Trennung. In seinem Glück werden wir verstummen. Du und

ich, wir wollen stark sein, beides zu ertragen, die Zeit der Not, den Tag des Glücks. [...]

An Ehefrau und Kinder *Bobrujsk, 19. Mai 1947*

Meine Liebsten –

[...] Liebste, ich habe frohen Mut. Du? Der Tag der Heimkehr, wenn mir auch nicht bekannt, wird kommen. Mir soll jeder Tag der Gefangenschaft ein Baustein sein am Bau meines Lebenstages, ein Werkstück der Seele, das ich gut für die Zukunft bereiten will. Mein Flehen zu Gott: Herr, gib mir Einsicht, Deinen Willen zu erkennen, leih mir Kraft, Deinen Auftrag zu erfüllen. Laß uns beide in Deinem Lichte bleiben. Leih uns die Schwingenkraft des Adlers, daß sich unsere Herzen jeden Tag begegnen und Kraft zutragen, bis wir zueinanderfinden und Hand in Hand unseren Weg bis zu Dir hin zu Ende gehen dürfen. [...]

An Ehefrau und Kinder *Bobrujsk, 31. Mai 1947*

Meine Lieben – liebste A[nnemie], liebe Kinder –

[...] Mir geht es gut. An Pfingsten aßen wir zum ersten Mal im neuen Speisesaal. Das Orchester spielte alte und neue schöne Tänze. Ich vergaß die Umwelt und sah mich mit Dir, liebe A[nnemie], im Arm dahinschweben, Du in dem goldbraunen Festkleid. Ja, auch das wird so einmal wieder sein. Ich habe Hoffnung, daß ich in diesem Jahr bei Dir bin. [...] Ich treibe weiterhin Russisch. Es ist eine gute geistige Übung. Die Kinder sollen Ihre Sprachstudien recht ernst nehmen. Die Sprache eröffnet erst das Verständnis eines anderen Volkes. – Liebe A[nnemie], ich gehe jeden Sonntag mit Dir zur Heiligen Kommunion. Spürst Du das? Wir haben leider keine Gelegenheit. Ich habe Euch alle sehr lieb. Behüt Euch Gott! Dein Wilm, Euer Vater.

An Ehefrau und Kinder *Bobrujsk, 9. Juni 1947*

Meine Liebsten alle –

meinen lieben drei Sommerkindern, Detl[ev], Jor[inde], Uta, die allerherzlichsten Geburtstagsgrüße und Glückwünsche. Im vorigen Jahr, als ich Euch die Geburtstagsbriefe schrieb, hatte ich gehofft, in [19]47 bei Euch zu sein. Ein Jahr ist dahingeflogen, und wir sind immer [noch] nicht beisammen. Fast will mich die Traurigkeit überwältigen. Mein Trost ist, daß Ihr lebt und meine lieben Kinder seid, die ich so lieb habe und die so innig an ihren Vater denken. Ihr seid mein Glück! Ich will immer dem lieben Gott danken, daß ich Euch habe und daß ich noch für Euch da bin. Es hätte so leicht anders sein können. Durch wie viele Gefahren und Nöte bin ich gegangen. Noch bin ich ganz gesund. Wenn auch die Sehnsucht riesengroß und die Trennung so schwer und schmerzlich auf mir lastet, ich habe frohen Mut und Glück verheißende Hoffnung auf baldiges Wiedersehen. Wir wollen uns weiterhin lieb haben und aufeinander warten. Feiert recht froh, ich feiere im Geiste mit. Behüt Euch Gott! [...] Liebe A[nnemie], die Kameraden haben Dir so viel von mir erzählt? Im Grunde kennen sie mich nicht. Ich bin trotz der Enge fast immer für mich und in mich gekehrt. In meiner Einsamkeit bin ich so reich, daß ich niemand nötig habe. In meinem Alter findet man auch keinen Menschen, der zu einem gehört. Mein Ring ist geschlossen, da hat niemand mehr Platz als Du und die Kinder. – Was wird das für ein Glück sein, im innigsten Insichgekehrtsein mit Euch vereint zu sein! – Studiert Detlev in Frankfurt Medizin? Liebe A[nnemie], nimm die Misere im Haus nicht so schwer, bleib mir ja gesund, wie Du zu meiner Freude schriebst, aber Du darfst sie mir nicht vorenthalten. Es kommt auch wieder anders, nur Geduld, Geduld! Ihr habt mir nicht geschrieben, was Ihr eingebüßt habt und wodurch! Bekommst Du Unterstützung? Verdient Helm[ut] jetzt mehr? [...] Die Verhältnisse in Worpsw[ede] bekümmern mich. Ich ziehe gern mit Dir dorthin. Wenn ich da eine Stelle kriegte! Nun behüt Euch Gott, seid alle 6 innigst gegrüßt, besonders Du, Liebste. In froher Hoffnung auf baldiges Wiedersehen, Dein Wilm, Euer Vater.

An Ehefrau und Kinder *Bobrujsk, 4. Juli 1947*

Liebste A[nnemie], liebe Kinder –

Mo[ni] meinte, Ihr braucht mir nicht mehr zu schreiben, da ich bald käme. So weit ist es noch nicht. Mir geht es gut. Ich sitze in der Sommerlaube, draußen am Zaun kommen die Arbeitskommandos in Trupps von der Arbeit zurück ins Lager. Im üblichen gelassenen Plennischritt[128], die Köpfe gesenkt, mit dem Ausdruck freudloser Gleichgültigkeit. Um mich herum einige Kameraden; der eine liest, der andre schreibt, die meisten stieren vor sich hin und sinnen. Am östlichen Himmel türmen sich auf dem zarten Weißblau des Himmels wundervolle weiße Wolkenberge. Darunter stehn die kleinen, geduckten Holzhäuser, und 6 Schritte vor mir das Geflecht des Stacheldrahtes. Ich sehe ihn nicht. Mein Blick geht drüber weg zu den hohen Wolkentürmen. Ich würde nicht erstaunt sein, wenn sich dort auf den weißen Ballen eine Schar der himmlischen Bewohner niederließe, wenn die Englein hervorlugten und einen Reigen tanzten, und wenn die allerreinste Jungfrau mit ihrem Knaben auf dem Arm hinzuträte und zu dem Spiel der Engel lächelte und auch mir hier unten einen freundlichen Blick schenkte. – Ist es vermessen, hinter all den Erscheinungen um uns das Unsichtbare zu sehen und mit gläubigem Herzen zu glauben? In dem kleinsten Käferchen, dem Spinnlein oder der feingliedrigen Mücke, die daherschwirrt und ihren Rüssel in meine Haut bohrt, um mein Blut zu trinken, bis zu dem gewaltigen Wolkenhimmel in der Unermeßlichkeit des Alls wird uns ein Spiegel vor die Augen gehalten, in dem wir den Ewigen anschauen und erkennen möchten. Jedes Geschöpf, Sturm und Wasser, Erde und Himmel sind ein Augenaufschlag, ein Blick des Unendlichen. Aber wir sind wie Blinde, wir sehen seine Spuren, aber erkennen ihn nicht. Und so laufen die Menschen daher, den Blick zur Erde gerichtet in schleppendem Gang, als hinge der Erde Last an ihrem Fuß, als zöge der Staub sie zu sich, als wäre der Staub ihr Element wie dem Fisch das Wasser. Wann begegnest du mir, du freier, herrlicher Mensch, der du wie ein Fürst daherschreitest in deinem schönen Menschenleib mit hohem Haupt und leuchtendem Auge, in dem sich der Himmel einfängt und die Pracht der Erde, du Mensch mit der weißen Stirn, die der Wind umspielt, hinter der die stolzen Gedanken der Ewigkeit wohnen und ins All versprühen, suchend, forschend und gebietend? Wann begegnest du mir, du hohes Gefäß der göttlichen Kraft, der du schreitest wie ein griechischer Gott mit geflügeltem Fuß und beschwingten Lenden, mit freier Stirn und leuchtendem Angesicht, aus dem der Adel deiner Seele sieht? Und finde ich dich nicht und begegnest du mir nicht, so will ich mir selbst so entgegenkommen und so will ich warten. So sollen meine Söhne mir begegnen und meine Töchter, so sollst Du, mein Weib, mir entgegenschreiten, dann, wenn die Stunde des Wiedersehens da ist. Dein Mann, Euer Vater. [...]

An Ehefrau und Kinder *Bobrujsk, 2. August 1947*

Liebe Annemie, liebe Kinder,
ich schreibe Euch mit der linken Hand. Seit Sonntag, 27.7., habe ich plötzlich eine Lähmung der rechten Seite, Arm und Bein, bekommen, und Sprachstörung. Ich muß liegen, bin im Lazarett in guter Pflege. Einige Wochen wird es dauern, bis ich gesund bin. Ich bin frohen Muts und schicke mich in Gottes heiligen Willen. Für den lieben Detlev [zum] Geburtstagsfest morgen herzlichste Wünsche. Behüt Euch Gott, Euer Vater, Dein Wilm. Macht Euch keine Sorgen!

An Ehefrau und Kinder *Bobrujsk, 10. August 1947*

Liebste Annemie, liebe Kinder –
mit der rechten Hand kann ich zwar noch nicht schreiben, ich habe noch keine Kraft darin, aber es geht mir viel besser. In 8 Tagen kann ich wieder aufstehen. Doktor G. meinte, ich hätte es Dir nicht schreiben sollen, aber Du hilfst mir, wenn Du es weißt. Nächstes Jahr im August sind es 30 Jahre, daß wir uns in Witzenhausen sahen[129]; wir wollen mit den Kindern hinfahren. [...]

An Ehefrau und Kinder *Bobrujsk, 26. August 1947*

Meine Allerliebsten –
Eigentlich wollte ich erst schreiben, wenn ich wieder Kraft in der rechten Hand hätte, aber Ihr sollt Euch nicht nutzlos ängstigen; es geht mir sonst gut, habe mächtigen Appetit und kann auch wieder laufen. Heimkehr sicher in diesem Jahr. [...]

An Ehefrau und Kinder *Bobrujsk, 11. September 1947*

Liebe Annemie, liebe Kinder –

[...] Mir geht es wieder gut, noch keine Kraft in der rechten Hand. Ängstigt Euch nur nicht um mich. Die Heimkehr rückt näher, Termin unbestimmt. Versucht Verbindung mit Ciecio-ra[130] über poln[isches] Konsulat oder amerik[anische] Behörde. [...] Lebt nicht in Heimkehrerpsychose, man wird krank davon. Eure Sehnsucht reißt an meinem Herzen. Eindruckvolle Schilderung vom Mar[ia] Ehr[en]berg. Mit Dir geweint. Gott [ist] der einzige Trost und Halt. Ihr seid die lichten freundlichen Sterne, die das Grau meines Lebens erhellen. Eure Tugend und Reinheit, Tüchtigkeit und Leistung sind die Geschenke auf unserm Opferaltar. Ich habe Dich und die Kinder sehr lieb. Wenn Ihr in Not seid, verkauft womöglich meine Sachen. Schickt Bilder, auf Postkarte kleben. Seid vielmals herzlich gegrüßt, Dein Wilm.

An Ehefrau und Kinder *Bobrujsk, 17. September 1947*

Liebste A[nnemie], liebe Kinder,

[...] Ich wußte, daß ich Euch erschrecken würde, aber ich wollte Euch die Wahrheit sagen. Es geht mir wieder gut. Das Schreiben will noch nicht recht. Schäfer wird berichtet haben. Der Glückliche! Ursache der Apoplexie [Schlaganfall] mir ein Rätsel, vielleicht Vererbung. [...] Eure Nachrichten erfreuen mich so sehr. Ich habe mir schon oft vorgestellt, wie gut ich es bei Euch hätte, aber wenn ich heimkomme, bin ich gesund. Auf mich warten dürft Ihr nicht. Das ist ganz unbestimmt. [...]

Karl Hörle an den Kommandanten des sowjetischen Kriegsgefangenenlagers Bobrujsk[131] *Hanau, 5. Oktober 1947*

Betrifft[132]: Gesuch um Entlassung des Kriegsgefangenen Wilm Adalbert Hosenfeld, geb. 2.5.1895 in Mackenzell, Kreis Hünfeld.

Kriegsgefangenenlager Nr. 7056 in der UdSSR.

Ich bitte Sie, Herr Kommandant, dem Gesuch auf Entlassung des Kriegsgefangenen Wilm Adalbert[133] Hosenfeld zu entsprechen.

Begründung:
Ich bin auf Grund meiner Tätigkeit als Funktionär der KPD [Kommunistischen Partei Deutschlands] im Jahre 1933 verhaftet worden durch die Gestapo [Geheime Staatspolizei] und ins Konzentrationslager gekommen. Bin jetzt Vorsitzender der Vereinigung der Verfolgten des Naziregimes[134]. Daher betrachte ich es als meine vornehmste Aufgabe, nun auch das Gesuch auf Entlassung des Obigen aus der Kriegsgefangenschaft zu stellen. Denn, als ich im Jahre 1943 bei dem jetzigen Kriegsgefangenen Hosenfeld nach Warschau, wo derselbe als Leiter der Wehrmachtskurse zur Berufsförderung und Sportoffizier der Oberfeldkommandantur 225 tätig war, kam und auf Grund meines Zustandes die Frage stellte, warum ich so runtergekommen aussehe, hat er mir einmal den Dienst gegeben, den ich zu leisten imstande war. Jetzt erfolgte eine Unterredung, in der ich H[osenfeld] denn klipp und klar erklärte, daß ich im KZ gewesen sei, und [als er] diese furchtbaren Mißhandlungen, die bei mir ungeheuere Spuren hinterlassen hatten, sah, kamen wir in näheren Kontakt. Vorausschicken möchte ich, daß ich auf die Angaben anderer Kameraden ersah, daß ich Herrn Hosenfeld Vertrauen schenken konnte. Denn es war doch so, daß man dieses nicht jedem schildern konnte, ohne wieder Gefahr zu laufen, ins KZ zu kommen. Jetzt erkannte ich durch die Anteilnahme des H[osenfeld], daß derselbe auch Gegner dieser Naziverbrecher war. Von jetzt ab unterhielten wir uns denn, wo es auch nur einigermaßen ging – denn die nötige Vorsicht mußte immer beachtet werden – über die Politik und über die sinnlosen und verbrecherischen Maßnahmen der deutschen Zivilverwaltung in den besetzten Ländern, und insbesondere im Osten. Ich verweise hierbei auf das Tagebuch des Herrn Hosenfeld, welches sich im Besitz seiner Familie befindet und alles enthält, was zu einem sofortigen Todesurteil bei den Nazis hätte führen können, wenn es in unrechte Hände gekommen wäre. Er zeichnete neben meinen Mißhandlungen auch die Vergehen aller Art in Warschau und so weiter auf, ungeschminkt, zum Beispiel Judenverfolgungen, Gaskammern, Folterungen und Erschießungen, ferner eine Illustrati-

on [sic!] der militärischen und politischen Lage, die an Deutlichkeit nicht zu wünschen übrig läßt.

Im besonderen hebe ich hervor, daß bei uns ungefähr 25 polnische Arbeiter und Angestellte beschäftigt waren, die zum Teil der Widerstandsbewegung angehörten, das war sowohl Herrn Hosenfeld wie auch mir bekannt. Unter diesen befand sich ein polnischer Pfarrer, Antoni Cieciora[135]; derselbe wurde von der Gestapo verfolgt und von H[osenfeld] verborgen und war unter falschem Namen, Cichocki, bei uns als Angestellter im Büro tätig. Die Abschrift der Bescheinigung des Genannten liegt zur geflissentlichen Kenntnisnahme bei.

Auf Grund der besonderen Umstände, die ich als Konzentrationslager-Gefangener von ehemals, jetzt wieder Funktionär der KPD und gleichzeitig Vorsitzender der Vereinigung der Verfolgten des Nazi-Regimes war [sic!], bin ich in der Lage, die Gefahren zu kennen, in der sich Herr Hosenfeld als Gegner der Nazis, zum Teil bei seinen Äußerungen und Tagebuchaufzeichnungen, befand. Besonders sei hervorgehoben, daß er mich im Zusammenhang mit dem 20. Juli 1944[136] davor bewahren konnte, wieder ins KZ zu wandern, was aber bei einem hörigen Nazi-Offizier der Fall gewesen wäre; einigen Kameraden von mir erging es so bei ihren Dienststellen.

Ich bitte Sie, Herr Kommandant, in diesem Fall besonders dringend, meinem Gesuch auf Entlassung des Herrn Hosenfeld aus der dortigen Kriegsgefangenschaft zu entsprechen, da dieser nach meinen Darlegungen wohl zur Genüge bewiesen hat, daß er ein entschiedener Gegner der Nazis war. Sie wollen daher die bevorzugte Entlassung in verständnisvoller Weise veranlassen.

In der Hoffnung, einer baldigen bewilligenden Erledigung entgegensehen zu können, dankt Ihnen für Ihre Bemühungen besonders herzlich und zeichnet
Hochachtungsvoll
[...][137]

An die Kinder *Bobrujsk, 13. Oktober 1947*

Mein lieber Helmut, meine liebe Moni, mein lieber Detlev, meine liebe Jor[inde], meine liebe Uta –

Jedem möchte ich einen langen Brief schreiben. Lest aus meinen kurzen Worten alles Gute und Schöne, alles Edle und Gute an Wünschen für Euch heraus; wißt, daß ich in Liebe und Sorge an Euch denke und um Eure Tugend bange. Die liebe Mutter berichtet mir so viel Gutes von Euch, daß ich ganz beglückt bin. Denkt daran, wenn Ihr zur Heiligen Kommunion geht, daß Ihr das Brot des Lebens mit mir teilt und mir seine Kraft durch Euer frommes Bitten zuleitet. Mir ist der Tisch nicht gedeckt. Ich schreibe wieder rechts, aber noch nicht sicher. Es geht mir gut. [...]

An Ehefrau und Kinder *Bobrujsk, 18. Oktober 1947*

Meine liebste Annemie, allerliebste Kinder –

[...] Mir geht es weiter gut, [aus] Lazarett entlassen, schreibe mit [der] rechten Hand. [...] Meine Heimkehr ungewiß, trotzdem man uns Hoffnung macht. Wir stehn der Kriegskatastrophe zu nahe und sind ihre Opfer. Ihr glaubt daheim, das wäre alles vorbei. Das ist nicht der Fall. Nur geistige Haltung hilft überwinden, und meine Liebe zu Euch. Lies: Lesung Quatembersamstag von Pfingsten[138]. [...]

An Ehefrau und Kinder *Bobrujsk, 6. November 1947*

Liebste alle.

Heute zu meiner größten Freude 9 Karten von Euch. [...] Vielen, vielen Dank! Ich kann meine Freude und Liebe nur andeuten. So viel Neuigkeiten! Ich könnte lange Briefe dazu schreiben. [...] Plakette, Ring, Uhr, Füller nicht mehr, aber Rosenkranz[139]. Von meinem Freund von Fürstenberg großer Schott[140], Heilige Schrift. Unschätzbar. [...] Mir geht's jeden Tag besser. Essen ausreichend. 3 x ¾ l Suppe, 670 g Brot, 20 g Zucker, 20 g Fett täglich. Ihr habt bestimmt nicht mehr. Ich könnte natürlich mehr essen. Kraft in Hand und Arm ist auch wieder da. Ich schreibe rechts, rauche wieder, aber wenig; noch immer Schwindel, aber viel besser geworden. – Keiner soll uns bedauern – wir gehen den königlichen Weg des

Leids. Ich danke Dir für Deinen Trost und Deine Liebe. Wann Heimkehr? Ungewiß. Macht Euch keine unnützen Sorgen. Wir sind sehr reich und müssen dankbar sein. In Liebe, Euer Vater, Dein Wilm. [...]

An die Ehefrau *Bobrujsk, 16. November 1947*

Liebste –

ich bewundere Deine Tatkraft. Was hast Du in B[erlin] erreicht? Ich bin mißtrauisch. Sind [das] nicht zu große Ausgaben? Mir geht es gut, habe häufig Schwindel und Kopfschmerzen. Hoher Blutdruck 180–130. Laufen geht, ebenso Kraft rechts wie links. Gewicht 62 kg, früher 69. Schreibe rechts. Heimkehr, Termin ungewiß. Leben wird immer schwerer. Eure Nachrichten halten mich hoch. Ich selbst setze mich schon durch, mir ist es um Euch so leid. – Liebe Kinder, laßt mich an Eurem inneren Leben teilnehmen, was fühlt, denkt, was liebt Ihr? [...] Verbindung mit Ciec[iora][141] wichtig, weil C[ieciora] mehr Juden in Warschau suchen soll, denen ich Leben gerettet habe. Hörle[142] kennt Leon[143] und Kasslowski, er weiß nicht, daß [es] Juden sind, ich habe [es] ihm nicht gesagt. Noch mehr. – Ich erhalte viel Post. Vielen Dank! Von meinen Gefühlen kann ich nichts mitteilen, kein Platz; aber ich lebe nur für Euch und bin Dein lieber Wilm und Euer lieber Vater. [...]

An Ehefrau und Kinder *Bobrujsk, 25. November 1947*

Liebste Annemie, liebe Kinder –

[...] Ich hoffe, Euch zu Weihnachten mein Weihnachtsmärchen schicken zu dürfen, aber es ist ungewiß[144]. Darum die herzlichsten innigsten Weihnachtswünsche. Seid nicht traurig, seid fröhlich und glücklich, beherzigt Lesung vom 24. Sonntag nach Pfingsten[145]. »Ihr möchtet erfüllt werden mit der Erkenntnis des Willens Gottes in aller Weisheit und geistiger Einsicht« und so weiter. Das sind so starke und tiefe Gedanken! Wenn Gott einem außer der Gnade noch Gesundheit gibt, dann kann man in aller Trübsal nur froh sein. Und das möchte ich so sehr wünschen. Dir, liebe A[nnemie], aus meinem Weihnachtsmärchen einige Verse! »Wir Frauen, wir Mütter, wir tragen das Leben. Wir sind des ewigen Lichts Gefäße. Wir halten in glühenden, zerbrechlichen Schalen des Lebens wallende Flut. Wir sind die unüberwindlichen, unentbehrlichen Helferinnen. Des Einen, des Reinen. Wir bieten die Sühne, wir reichen die Opfer mit blutenden Herzen. – Wir geben aus lauteren klingenden Quellen die ewigen Ströme des Lebens zurück. Wir dürfen klaglos innig verstummen in bebenden Schauern seligen Leids.«

Frohe Weihnacht und glückselig neues Jahr. [...]

Wundert Euch nicht, wenn meine Post ausbleibt, ich komme in ein anderes Lager.

An Ehefrau und Kinder *Vitebsk, 15. Mai 1948*

Liebste Annemie, liebe Kinder!

Vor einigen Tagen schrieb ich die Karte 49 an Euch. Ihr denkt wohl, daß meine Schrift verriete, wie es mir gesundheitlich geht, dieser Gradmesser ist irreführend; es geht mir wirklich gut, trotz der zittrigen Schrift. In der rechten Hand ist eine gewisse Schwäche geblieben. Ich danke dem lieben Gott, daß er mich soweit wieder gesund gemacht hat. Ich bin seit kurzem wieder in einem andern Lager; deswegen ist die Postzustellung verzögert worden. Morgen ist Pfingsten! Mein Herz ist bei Euch!

Seid herzlichst gegrüßt, Dein Wilm, Euer Vater.

Rudhard Enders an Dr. med. Helmut Hosenfeld *Vitebsk, 28. Mai 1948*

Sehr geehrter Herr Doktor!

Gern erfülle ich den Wunsch Ihres Vaters. Er bat mich nämlich, Ihnen zu schreiben. Gestern abend hat er überraschend schnell das Lager verlassen und dadurch keine Zeit mehr gefunden, es selbst zu tun. Er rechnet damit, dorthin zu kommen, wo er als Soldat einige Jahre war, und ist sehr froh darüber, weil er dort Gelegenheit zu seiner Rechtfertigung zu bekommen hofft. Außerdem kann er dann sicherlich alte Freunde wiedersehen. Damit würde seine eigene Bitte erfüllt und ein Schritt getan, der ihn der Heimat näher bringt. Ich wünsche es ihm von ganzem Herzen. Ihr Vater hat mich besonders gebeten, Ihnen mitzuteilen, daß Sie sich keine Sorgen machen sollten über seinen Gesundheitszustand. Das alte Leiden hat sich fast vollständig gegeben und er fühlt sich auf jeden Fall den kommenden Ereignissen gegenüber stark genug. Ich bin mit Ihrem Vater erst hier im Lager näher bekannt geworden und habe ihn in dieser kurzen Zeit sehr schätzen gelernt. So wie ich seine Freude über die Möglichkeit zum Rehabilitieren teile, bedauere ich aber auch, nun auf den Umgang mit ihm verzichten zu müssen. Ich möchte auf alle Fälle die Verbindung erhalten. Bitte geben Sie mir auf der Antwortkarte Nachricht. Ihr Vater will sich ja, sobald er kann, bei Ihnen melden. [...] Im übrigen hoffe ich, in der Heimat bald selbst mit ihm Verbindung aufnehmen zu können. Ich übermittle Ihnen zum Schluß die herzlichsten Grüße und besten Wünsche von Ihrem Vater. In der Hoffnung bald von Ihnen zu hören, verbleibe ich mit bestem Gruß Ihr Rudhard Enders.

An Ehefrau und Kinder *Vitebsk, 29. Mai 1948*

Meine Herzgeliebten alle! Liebste Annemie!
Habt Ihr die Karten 50, 51, 49 von Mitte Mai erhalten? Von Euch habe ich leider, leider nichts mehr erhalten, von Dir, liebe A[nnemie], seit November nichts, und jetzt wird die Post mich auch wieder nicht erreichen, da ich Ende Mai [das Lager] wieder gewechselt habe; aber das Wichtigste ist ja, daß Ihr über mich Bescheid wißt. Ich tröste mich mit den vielen, denen es ebenso geht wie mir. Ich bin wieder gesund, zwar nicht ganz auf der Höhe, aber das wird wieder. Kein Vergleich gegen den Beginn. Arbeiten kann ich nicht viel, brauch' auch nicht; dafür lernte ich Russisch. Ich habe oft das Gefühl beim Erlernen einer fremden Sprache, man wollte mit einem Trinkglas einen tiefen Brunnen ausschöpfen. Die Kinder alle sollen ja tüchtig Sprachen lernen. Ach, wie wüßte ich so gerne, wie es Euch geht; jedem einzelnen. Habt mich lieb! Dein Wilm! Euer Vater!

An Ehefrau und Kinder *(Vitebsk[146],) 29. Mai 1948*

Meine Herzallerliebsten alle!
Ich will Euch gleich eine zweite Karte schreiben, da ich so schöne Schreibgelegenheit habe und die Karten schnell abge-

hen. Wie häufig schon habe ich jetzt wieder den vertrauten Kreis liebgewordener Menschen aufgeben müssen und bin in ganz fremde Umwelt gestellt. Vieles ist ähnlich, vieles neu. Ich bin, Gott sei's gedankt, noch nicht so alt, daß mir der Wechsel Beschwerden macht. In einem Arbeitslager geht ein frischer Wind, die Kriegsgefangenen sind jünger, gesund und, weil sie tätig sind, zufriedener. Im Lazarett muß man sich wehren gegen den Geist des Trübsinns. [...]

An Ehefrau und Kinder *Vitebsk, 2. Juni 1948*

Meine Lieben! Liebste Annemie! Liebste Kinder!
Ich las wieder Eure alten Karten, besonders Deine lieben Zeilen, liebe A[nnemie]. Welche Hoffnungen hattet Ihr. Und immer noch stehn sie aus; sie haben sich noch nicht erfüllt, aber nun dürfen wir für dieses Jahr die Heimkehr sicher erwarten. Welch ein Glück steht uns bevor, besonders da ich nun auch wieder gesund bin und es ganz werde, wenn ich heimkomme. Wie es Euch wohl geht? Wie kommt Ihr aus? Ist Moni noch im Verdienst? Studiert Detlev? [...] Und die beiden Kleinen und Helmut und Du, liebste Annemie? Bliebst Du gesund; habt Ihr zu leben? Ich denke so oft daran, es ist doch besser, daß ich in Gefangenschaft bin als einer von den Jungen. Sie können für ihre Zukunft arbeiten. Der Gedanke gibt mir oft wieder Kraft, zum Opfer bereit zu sein für Euch! – Von den Bemühungen [von] Hörle[147] ist nichts zu mir gekommen. Ich bin jetzt in einem Arbeitslager, werde aber wahrscheinlich nicht lange hier bleiben; deshalb darf ich mit Post nicht rechnen. Das ist sehr schmerzlich. Ist die Schrift heute nicht besser? Ich grüße Euch und küsse Euren lieben Mund und bin Euer lieber Vater und Dein lieber, treuer Wilm. Behüt Euch Gott! Habt Sonne im Herzen!

Heinrich Sauerwein an Annemarie Hosenfeld *Nieder-Seemen, 13. Juni 1948*

Werte Frau Hosenfeld!
Sie werden erstaunt sein, von hier eine Karte zu bekommen. Ich bin einer der Glücklichen, aus russischer Gefangenschaft zurückzukehren. Und dem Wunsch Ihres Mannes zu folgen, schreibe ich Ihnen sofort diese Karte. Ich war im Winter bis

zum 3. März mit Ihrem Mann zusammen im Hospital Kolmi[148]; wir haben uns oft unterhalten. Es ging ihm den Verhältnissen nach noch gut. Ich bin von da weggekommen, und nach [ein] paar Wochen wurde das Lager aufgelöst. Ihr Mann ist, soviel ich erfahren konnte, nach Orscha gekommen. Wir alle hoffen ja, daß auch er und seine Kameraden bald die Heimat grüßen dürfen. Ich wünsche Ihnen und Ihrer Familie alles Gute und ein baldiges Wiedersehen mit Ihrem Mann.

Herzliche Grüße, Heinrich Sauerwein.

An Ehefrau und Kinder *Bobrujsk, 26. Juni 1948*

Meine Allerliebsten, liebste Annemie, liebe Kinder –
Ihr werdet erstaunt sein, daß ich wieder meine alte Anschrift habe. Nun hoffe ich, daß ich endlich wieder Eure Post bekomme. Ein Teil meiner Bekannten ist unterdessen heimgefahren, ich muß leider noch warten, doch hat es die längste Zeit gedauert und wir werden uns bald wiedersehen. Bei der Antwort haltet den angegebenen Zeilenabstand ein. – Zu meiner größten Freude traf ich einen früher bekannten katholischen Geistlichen wieder, der sonntags zelebriert, und ich darf endlich mal zum Tisch des Herrn gehen. Ich lade Euch alle ein für Sonntag, 4. Juli, und feiere da mit Euch auch die Geburtstage der Kinder. Liebe A[nnemie], lies Thom[as] von Kempen, III. Buch, 17. Kapitel[149]. Herzlichst Euer Vater, Dein Wilm.

An Ehefrau und Kinder *Bobrujsk, 6. Juli 1948*

Liebste Annemie, liebste Kinder –
ich befürchte, daß meine Karten vom Anfang des Jahres nicht angekommen sind. Hier wird es mit der Post wieder besser werden. Ich habe die Hoffnung, daß ich sie nicht mehr lang in Anspruch zu nehmen brauche. Jedenfalls bin ich guter Hoffnung, daß ich bald heimkehre, freilich ist kein Entlassungstermin bekannt, und es ist leicht möglich, daß wieder eine Enttäuschung eintritt. Man muß stillhalten. Verliert nur Ihr nicht den Mut. So lange haben wir ausgehalten, wir werden's auch die kurze letzte Zeit ertragen. Manchmal will es mir das Herz abdrücken, besonders auch, weil ich so gar nicht weiß, wie es

Euch geht. Seid Ihr gesund? Habt Ihr Nahrungssorgen? Studiert Detlev? Ist Moni noch beschäftigt? Den drei Geburtstagskindern noch einmal die herzlichsten Geburtstagswünsche. In treuer Liebe Dein Wilm, Euer Vater.

An Ehefrau und Kinder *Bobrujsk, 22. Juli 1948*

Meine Allerliebsten alle –

Ach, war das eine Freude, als ich Eure Karten erhielt [...]. Alle meine Sorgen um Euch waren umsonst. Es geht Euch gut. Ihr seid tapfer und treu, ich wußte es ja. Wir haben viel Grund zum Danken. Auch die Nachricht, daß ich in Thalau anfangen kann, hat mich sehr gefreut, später werden wir sehen. Ich muß doch erstmal verschiedene Leute zur Rechenschaft ziehen. Wenn sie nicht gar zu erbärmlich sind. Habt Ihr die Geburtstage recht gefeiert? Mit meinem Kommen habt Geduld. Daß die ganze Post verlorenging, ist schmerzlich. Jetzt läuft sie wieder. [...]

Josef Gith an Annemarie Hosenfeld *Mühlheim/Ruhr, 25. Juli 1948*

Sehr geehrte Frau Hosenfeld!

In der leider allzu berechtigen Befürchtung, daß Ihr Gatte, mein lieber Kamerad Wilm, noch nicht wieder bei seinen Lieben ist, möchte ich Ihnen von ihm einen kurzen Bericht geben bis zu dem Zeitpunkte unserer Trennung voneinander.

Ich war mit Wilm zusammen in Bobruisk im Lazarett – wir wurden dann beide mit dem gleichen Befund (Schlaganfall) in ein Hospital (Nähe Mogilev) gebracht[150]. Dort erkrankte ich an einer schweren Nierenentzündung, und es ist nicht zuletzt Ihrem Mann zuzuschreiben, daß es wieder bergauf mit mir ging. Ich hatte mich selbst aufgegeben und lehnte zeitweise jede Nahrungsaufnahme ab – da war es Kamerad Wilm, der [mir] immer wieder zuredete und keine Ruhe ließ, bis ich etwas aß. Kleine Leckerbissen von seiner Verpflegung gab er her, um mir das Essen schmackhafter zu machen. Aber viel wichtiger und ausschlaggebender war der Zuspruch, den er mir aus seiner tiefen, innigen Religiosität zuteil werden ließ. – Wir haben häufig davon gesprochen, zusammen in die Heimat zu fahren, aber leider hat der Russe einen Strich durch die Rechnung gemacht. Und nun der Reihe nach: Das Hospital in Mogilev wurde aufgelöst, und wir kamen in ein anderes Hospital nach Orscha. Es ging Wilm gesundheitlich bedeutend besser; er war, wie eigentlich immer, geistig sehr rege, studierte eifrig die russische Sprache, spielte häufig Schach. Da auch Post von Ihnen ziemlich regelmäßig gekommen war und die Hoffnung auf baldige Heimkehr bestand, war er mit seinem Lose einigermaßen zufrieden. Plötzlich wurde er zum Politoffizier gerufen, der ihn fragte, ob er Kommandant in Warschau gewesen sei; darauf mußte er seine Sachen packen und sich marschbereit halten. Wilm selbst nahm nun an, daß er von den Russen an die Polen ausgeliefert werden sollte, um in einem Prozeß, der in Warschau gegen deutsche Offiziere angestrengt wird, als Zeuge vernommen zu werden. Er hatte keinerlei Befürchtungen seinetwegen, da er in W[arschau] genug Freunde nachweisen kann, die gerne für ihn zeugen würden, um eine Dankesschuld ihm gegenüber abzutragen. Ich glaube ja auch, daß ihm da keinerlei Gefahr droht, denn daß er an den dem polnischen Volke gegenüber begangenen Scheußlichkeiten nicht nur nicht beteiligt war, sondern darüber hinaus Polen und Juden Hilfe hat angedeihen lassen, wo ihm das möglich war; dafür bürgen seine ganze Veranlagung, sein Charakter, seine tiefe Religiosität. Ich fürchte nur, daß die ganze Angelegenheit eine unliebsame Verzögerung seiner Heimkehr bedeutet, denn der Russe liefert nicht an den Polen aus, sondern leiht nur aus. So wurde uns jedenfalls auf der Heimreise in Brest-Litowsk von Leuten gesagt, denen es ähnlich erging. Wenn also jetzt eine Stockung in der Postzustellung von Wilm an Sie eingetreten sein sollte, kennen Sie jetzt die Ursache. Anzunehmen ist ja, daß der Pole seine Untersuchungsgefangenen mehr nach westlicher Art behandeln wird, sodaß es W[ilm] bei ihm bestimmt nicht schlechter gehen wird als beim Russen.

Hoffentlich habe ich mit meinen Zeilen Ihnen einen kleinen Dienst erweisen können, und indem ich mich mit Ihnen, sehr geehrte Frau Hosenfeld, einig fühle in dem heißen Wunsche, daß auch für Kamerad Wilm die bittere Leidenszeit bald ein Ende habe, zeichne ich mit herzlichen Grüßen als stets Ihr ergebener Jos[ef] Gith.

An Ehefrau und Kinder *Bobrujsk, 1. August 1948*

Liebste – [...] Die Post ist doch nicht mehr so zuverlässig; ich vermisse eine Menge von Euern Karten. Aber ich weiß, daß es Euch den Umständen entsprechend gut geht, und von mir kann ich sagen, daß es mir gut geht. Manchmal habe ich schlimme Kopfschmerzen, die mich niederdrücken, aber meist bin ich gesund und guten Muts. Das Warten und die Enttäuschung sind eben die uns gestellten Aufgaben der Daseinsmeisterung. – In einem Büchlein über Tilmann Riemenschneider[151] fand ich das Bild der heiligen Barbara. So möchte ich meine Töchter wiederfinden, und meine Söhne sollten so sein, wie die Männerköpfe des heiligen Sebastian es besagen. [...]

An Ehefrau und Kinder *Bobrujsk, 8. August 1948*

Liebste, liebe Kinder –

Ihr werdet heute wohl Detlevs Geburtstag nachfeiern. Ich habe sehr viel an Dich, lieber D[etlev], und an Euch alle gedacht. Gestern ging ein Transport aus unserem Lager in die Heimat. Alle Offiziere, die vorgesehen waren, wurden gestrichen. Wir müssen weiter warten. [...] Mir geht es weiterhin gut. Ich kann es gar nicht begreifen, daß es mir auf einmal so gut geht. Ich muß ja mit Rückschlägen rechnen, aber ich bin optimistisch. Es gibt noch Wunder. Darum tröste ich mich, daß ich warten muß; man kann nicht alles haben. [...]

An Ehefrau und Kinder *Bobrujsk, 21. August 1948*

Liebste, liebe Kinder –

ob Ihr jetzt wohl von mir Post erhaltet? Ich habe seit den von mir bestätigten 4 Karten vom Juni nichts mehr bekommen. Es ist traurig. Wie es Euch geht? Die letzte Nachricht war ja zuversichtlich. Mir geht es gut. Ich bin so glücklich und dankbar. Von der Heimkehr läßt sich noch nichts Bestimmtes sagen. Wir werden immer vertröstet. Hat sich mein lieber Freund Rudhard Enders gemeldet? Er soll Euch besuchen und kann viel erzählen. Liebste, ich las gestern abend wieder einmal das Hohe Lied Salomons[152]. Man muß die Symbole verstehn, dann erwacht die Sehnsucht süß und stark. Unser künftiges Leben wird ein Hohes Lied sein. Dein Wilm, Euer Vater.

Josef Gith an Annemarie Hosenfeld *Mühlheim/Ruhr, 26. August 1948*

Sehr geehrte Frau Hosenfeld!

Ich muß mich zunächst entschuldigen, daß mein Dank für Ihre Sendung vom 11.8. so spät kommt. – Man hat mich hier im Hospital derart untersucht, daß ich mich jetzt elender fühle als bei meiner Einlieferung. Angeblich soll es mit der Zeit besser werden. Also – herzlichen Dank – Wilm hat so viel von seinen Bienen erzählt; ich hätte mir nicht träumen lassen, daß ich so bald eine Probe ihres Sammelfleißes kosten würde.

Im übrigen bin ich, wie Sie, enttäuscht, daß nicht Wilm selbst sich von Thalau gemeldet hat. Ich hatte nach Ihren letzten Zeilen bestimmt damit gerechnet, daß er im August zu Hause sein würde, zumal mir durch einen Mühlheimer bekannt war, daß von Bobruisk Transporte für August vorgesehen waren.

So deprimierend Wilms Äußerungen auf seiner Karte vom 1. August im ersten Moment wirken – lassen Sie sich bitte nicht allzu sehr von ihnen beeindrucken und in Ihrer Zuversicht beirren –, es ist allzu menschlich, daß auch ein Mann wie Wilm, der im Nehmen von Schicksalsschlägen an und für sich hart ist und immer wieder Trost findet in seiner Gottverbundenheit, im Gespräch mit dem ihm liebsten Menschen einmal der Qual des immer wieder Zurückgestellten und seiner großen Sehnsucht nach Familie und Heimat Ausdruck gibt.

Ich kann mir vorstellen, daß ein Transport zusammengestellt wurde, bei dem es, wie beim Russen stets üblich, bis zur letzten Sekunde ungewiß ist, wer dabei ist und wer nicht. Es sind jedesmal Tage nervenzerreißender Spannung. Und ist dann die Entscheidung gefallen – man ist wieder nicht dabei – dann gehört schon ein gehöriges »Sich-beim-Riemen-nehmen« dazu, nicht einer verzweifelten Stimmung anheimzufallen. Und in einer solchen Atmosphäre des Pessimismus schreibt man dann die entsprechende Karte.

Daß russischerseits gegen W[ilm] persönlich irgendwelche Bedenken vorliegen, glaube ich nicht. Vielmehr glaube ich, daß die augenblickliche politische Spannung sich in Bezug auf das Problem der Kriegsgefangenentlassung unheilvoll auswirkt. Wir können nur beten und hoffen, daß es nicht zu einem offenen Bruch kommen möge; bis dahin ist auch der Russe der Weltöffentlichkeit gegenüber gezwungen, seine Zusage, die Kriegsgefangenen bis Ende [19]48 zu entlassen, einzuhalten[153]. Das wird er auch tun bei den Gefangenen, die Postverbindungen mit der Heimat gehabt haben und noch haben. (Es gibt auch sogenannte »Schweigeläger«, deren Insassen noch nicht haben schreiben dürfen[154].)

Im übrigen kann es nicht schaden, wenn Sie alle Minen springen lassen, die Ihnen zu Gebote stehen. Wenn ein einflußreicher K.P.D.-Mann[155] Ihrem Mann zu Dank verpflichtet ist, veranlassen Sie ihn doch, sich einmal an Oberleutnant Seidenwar direkt zu wenden. Das muß natürlich mit der äußersten Delikatesse geschehen, denn der Russe ist auch den Seinen gegenüber fürchterlich mißtrauisch.

Im Moment sehe ich in den immer neuen Enttäuschungen und schwersten seelischen Belastungen eine Gefahr für Wilms Gesundheitszustand. Ich weiß, wie unheilvoll sich das bei mir ausgewirkt hat. Als W[ilm] uns in Orscha verließ, war er gesundheitlich erstaunlich auf der Höhe. Abgesehen von leichten Schwindelanfällen, mit denen wir Leute mit hohem Blutdruck immer zu rechnen haben, fühlte er sich ganz wohl. Sein Tag war ausgefüllt mit Lektüre, Studium der russischen Sprache, gelegentlichem Schachspiel, seltener mit politischen Debatten. Da er ein Mensch ist, der ganz gut mit sich selbst auskommen kann, kannte er keine Langeweile. Jedenfalls gehört er zu denen, Gott sei's geklagt, wenigen deutschen Männern, denen auch Hunger, Haft und die raffiniertesten seelischen Martern russischer Erfindung die *Haltung*[156] nicht haben erschüttern können. *Der* Umstand hat uns beide auch zusammengeführt in einer Umgebung ehemaliger Stabsoffiziere, die wirklich jede, auch die letzte Hemmung der Selbstachtung über Bord geworfen hatten, um ihrem Gotte Bauch kleine Vorteile zu verschaffen. Beliebt haben wir uns beide durch unsere gegenteilige Haltung bei den betreffenden Herrn natürlich nicht gemacht; es fielen häufig Bemerkungen bissiger Art über die »Schulmeister«, aber das haben wir nur als unfreiwillig gegebene Anerkennung aufgefaßt.

Liebe Frau Hosenfeld! Entschuldigen Sie die im Eifer des Gefechts weniger förmliche Anrede, aber der Gattin meines lieben Kameraden Wilm gegenüber glaube ich sie verwenden zu dürfen, – lassen Sie bitte den Mut nicht sinken! Denken Sie so, wie W[ilm] und ich uns in unzähligen Gesprächen immer wieder gesagt haben: »Wenn der Russe sein Versprechen hält, die Kriegsgefangenen bis Ende [19]48 zu entlassen, sind wir zufrieden.« Und es besteht doch noch kein Grund zu der Annahme, daß er das nicht tun wird. Sie haben die letzten 3 Jahre ausgehalten, verlieren Sie jetzt nicht die Geduld. Sie werden denken, der hat billig trösten, er ist gut zu Hause. Aber genauso wie ich als bereits Totgesagter eines Tages vor meinen Angehörigen stand, so überraschend wird auch Ihr Mann in Kürze bei Ihnen eintreffen. Den festen Glauben und die Zuversicht habe ich. [...]

An Ehefrau und Kinder *Bobrujsk, 1. September 1948*

Liebste, liebe Kinder –
Ach, könnte ich doch einmal mitteilen, ich komme dann und dann. So aber müssen wir uns auf das quälende Warten einstellen, Ihr und ich. Denkt aber nicht, daß mir das den Lebensmut raubte. Ihr dürft Euch auch nicht unterkriegen lassen. Unsere Examen wollen wir alle mit 1 machen. Und ersitzen wollen wir es auch nicht und es uns, wenn die Zeit kommt, als reife Frucht in den Schoß fallen lassen. Diese Zeit ist sehr kostbar. Mein Wiedersehen mit Euch ist mein 2. Geburtstag. Mehr kann sich ein Heiliger auch nicht nach dem Himmel sehnen, wie ich nach Euch. Wir sind auf der Gratwanderung, dem letzten Stück unserer Bergfahrt und haben den Gipfel vor Augen: Soll's uns nun noch schwach werden? Weißt Du, meine Freundin, als wir auf dem hohen Berg waren und es Dir schwindlig wurde vor den Abgründen? Die liegen jetzt hinter uns. [...]

An Ehefrau und Kinder *Bobrujsk, 15. Oktober 1948*

Liebste alle, [...]
wieder ein Transport abgefahren ohne mich; bin ein wenig krank gewesen, Kopfweh, Sprachlähmung, einen Tag lang im

Lazarett, Aderlaß, danach wieder gut. Ich will Euch nichts verheimlichen, Blutdruck auf 170 konstant, war 220. Jetzt fühle ich mich wieder ganz gut. Habe alles in Gottes Hand gestellt, bin froh und zuversichtlich. Auch das Warten nehme ich freudig und willig an. Es gibt größeres Leid, das ich vor Augen habe. Mit mir sind es viele, die warten müssen. [...] Euer Glück ist mir wie eine Sonne im Dunkel der Gefangenschaft. Und Du, mein Lieb, wie nötig hätten wir zwei uns! Jetzt trag Dein Glück und Dein Leid als mein stolzes Weib. Mit Freuden las ich Deine heimlichen Worte. Wenn ich erst bei Dir bin, schließe ich Dich in meine Arme, sei gewiß, es bleibt Dir an Seligkeit nichts zu wünschen übrig. Seid alle herzlich gegrüßt, Dein lieber Wilm, Euer Vater. [...]

H.J. von Knoblauch an Annemarie Hosenfeld *Hannover, 4. November 1948*

Sehr verehrte Frau Hosenfeld.

Einen recht herzlichen Gruß möchte ich Ihnen von Ihrem Mann übermitteln. Nachdem, in den letzten Tagen im September, Ihr Mann gesundheitlich nicht auf der Höhe war, so hatte er sich doch bis zu meiner Abfahrt am 13.10. recht gut wieder erholt. Es war ein ausgeprägter Schwindelzustand, der ihn ins Revier geführt hatte. Ich hoffe aber, daß er nun bald selbst zu Ihnen kommen wird. Sollten Sie noch Fragen haben, so bin ich gerne bereit, sie zu beantworten. [...]

An die Ehefrau *Bobrujsk, 5. November 1948*

Geliebte!

[...] Freue mich sehr, daß Du wieder gesund [bist]. Ich bin noch im Lazarett; längst gesund, Blutdruck von 220 auf 150-170, beständig, sehr froh darüber. Ich hatte mich aber erkältet; Husten, Schnupfen, Halsschmerzen, darum ließ mich Ärztin nicht los. Ich bin dick geworden, vom guten Essen + Liegen. Schlechtes Papier, schreibt sich schlecht. – Ich habe das gewisse Gefühl, daß ich ganz gesund werde. Wann ich heimkehre, ist gegen dieses Geschenk zweitrangig. Du bist vor Sehnsucht krank geworden. Du Liebe! Wenn's über mich kommt, könnte ich heulen. Ich richte mich auf an größerem Leid, das anderen auferlegt ist. [...]

H.J. von Knoblauch an Annemarie H. *Hannover, 15. November 1948*

Sehr verehrte gnädige Frau!

Heute schickte mir meine Frau Ihre Karte vom 10.11. ins Krankenhaus, und ich will gleich Ihnen Ihre Fragen beantworten. Ich freue mich, daß es Ihrem Mann wieder gut geht, und hoffentlich ist er auch aus dem Revier entlassen. Ein äußerer Anlaß bestand meines Wissens nicht zu dem Krankheitsrückfall; soviel ich weiß, hat Ihr Mann schon tagelang vor dem Schlaganfall den deutschen Ambulanzarzt gebeten um einen Aderlaß, aber wie die meisten der deutschen Ärzte, die in Kriegsgefangenschaft sind, tun sie nur das Allernotwendigste und das auch nur widerstrebend. Anstatt ihre vornehmste Aufgabe darin zu sehen, den deutschen Kameraden zu helfen, so sehen sie ihre Aufgabe (mit Ausnahmen) darin, möglichst wenig zu tun und möglichst gut zu leben. Ihr Mann wurde dann ins Revier eingeliefert und dort wurde ihm gleich Ader gelassen. Er lag dann im Nebenzimmer von mir (ich lag mit Gelbsucht), und ich besuchte ihn täglich 1-2 mal. Wenn ich Ihren Mann nicht schon vorher gekannt habe, so lernte ich ihn doch erst richtig kennen und schätzen während meiner Krankenhaus- respektive Revierzeit. Auf der Heimkehrerliste für Oktober stand Ihr Mann nicht drauf. Hoffnung besteht jederzeit, daß Ihr Mann kommen kann. Aber jede Heimkehr ist ein Lotteriespiel; keiner kann wissen, ob er bis zum letzten dabei ist, und nach welchen Gesichtspunkten die Heimkehr zusammengestellt wird. Der Russe ist unberechenbar. Es kann ebensogut sein, daß Ihr Mann jetzt schon unterwegs ist oder erst im Dezember kommt. Da aber Ihr Mann, wie ich weiß, nicht bei einer SS-Einheit war, ist damit zu rechnen, daß er in nächster Zeit kommen kann. Sehr verehrte gnädige Frau, ich will Ihnen weder Hoffnung noch das Gegenteil machen, aber ich selber glaube ehrlich, daß Ihr Mann in diesem Jahr entlassen wird. Aber bitte seien Sie so gut und lassen Sie, wenn Ihr Mann kommt, ihn erstmal richtig untersuchen. Ich dachte auch, nur so etwas schwach zu sein, und nun liege ich schon 14 Tage im Krankenhaus mit vollkommener Unterernährung (Eiweißmangel), Herzfehler und Rheuma. Und mindestens ein 1/2 Jahr bin ich arbeitsunfähig. Schwer ist es natürlich, den Eiweißmangel zu beheben, aber auch Ihr Mann wird darunter leiden.

Sollten Sie, verehrte gnädige Frau, noch Fragen haben, so bin ich gerne bereit, Ihnen dieselben zu beantworten. Ich hoffe, daß Ihr Mann nun doch bald bei Ihnen sein wird, und verbleibe mit besten Wünschen, Ihr Knoblauch.

An Ehefrau und Kinder *Bobrujsk, 19. November 1948*

Liebste alle –

[...] Ich glaube nicht, daß ich Weihnachten bei Euch bin. Schade, schade, aber auch das bringt uns nicht um. Ich will nicht schwach werden, und Ihr sollt auch ohne mich ganz froh sein. Mir geht es gut; leider mußte ich Euch mit der Nachricht von meinem Kranksein erschrecken, aber Du willst doch alles wissen. – Es kann sein, daß ich in ein andres Lager komme mit der Aussicht baldiger Heimfahrt; aber ich glaube nichts. Das Traurigste dabei ist, daß die Post nicht klappt. Macht Euch keine Sorge darum. [...]

An Ehefrau und Kinder *Bobrujsk, 10. Dezember 1948*

Meine allerliebste Annemie, meine herzliebsten Kinder –

[...] Es geht mir recht gut. Aber Schwindel und Kopfschmerzen habe ich auch noch, Blutdruck auf 200 gestiegen, mal geringer, rechter Arm und Bein immer noch schwächer. Ich bin noch im Lazarett. Könnte genausogut im Lager sein. Hier habe ich es natürlich besser, bequemer, bekomme Vitamine, Lebertran und Möhren, roh gerieben mit Zucker. Essen gut. Dein Wilm, Euer Vater. [...]

An Ehefrau und Kinder *Bobrujsk, 15. Dezember 1948*

Liebste alle!

[...] Leider bin ich Weihnachten nicht da. Gesundheitlich geht es mir wechselnd, eigentlich bin ich gar nicht krank, aber auch nicht gesund. Schwindel und Kopfschmerzen, manchmal keinen Hunger. Trotzdem sehe ich gut aus. – Jeden Tag kannst Du nicht auf Post warten. Norm ist im Monat 1 Karte. Ich tausche Karten ein. Ich habe Dich so sehr lieb und verehre Dich. Grüß die Kameraden, die Dir schrieben, hebe die Adressen auf. Du hast so eine schöne Schrift bekommen, auch die Kinder. Meine ist wieder unsicherer geworden. [...]

Klaus Wagner an Annemarie H. Bonn, ca. Anfang Januar 1949

Sehr geehrte gnädige Frau!
Nachdem das alte Jahr verflossen ist und – wie ich und die zurückbleibenden Kameraden damals befürchteten – doch für die meisten nicht die versprochene Heimkehr gebracht hat, und da ich aus Ihrem Brief vom 19.12. ersehe, daß auch Ihr Gatte noch nicht zurückgekehrt ist, will ich Ihren Brief, so gut wie mir das möglich ist, beantworten.

Noch im Oktober wurde von seiten der Russen immer wieder behauptet und von den deutschen sogenannten Aktivisten und Propagandisten als sicher und unumstößlich gewiß hingestellt, daß alle bis zum 31.12.[19]48 zu Hause sein würden von Rußland[157], das heißt, die Sowjetunion als einzigster [sic!] Staat ihre Verträge treu erfülle und so weiter und so fort. Zweifel daran galten als faschistische Äußerungen und »Staatsverbrechen«.

So konnte und durfte auch Ihr Gatte des guten Glaubens oder doch wenigstens der Hoffnung sein, bis zum Ende des Jahres heimzukehren. Aber wie alles, was wir von russ[ischer] Seite erfahren und erlebt haben, sind solche Versprechen nur Zweckversprechen, Propaganda, Dialektik. Aber in Moskau besteht nicht die geringste Absicht, Verträge und Versprechungen zu halten[158]. Zeit gewinnen, das ist das Bestreben, was dahinter steht. Vielleicht hat man sich auch die politische Entwicklung in Deutschland anders vorgestellt.

Ich persönlich hoffe, daß nunmehr in Deutschland ein Sturm der Entrüstung seitens der Parteien und der Frauen losbricht, daß Rußland seine Verpflichtungen nicht einhält hinsichtlich der Rückführung der deutschen Kriegsgefangenen. Persönlich möchte ich Ihnen raten, wenn Sie irgendwelche Beziehungen zu Engländern oder Amerikanern haben, oder Verwandte in Übersee, zu versuchen, daß sich diese durch die Botschaften ihrer Staaten nach dem Schicksal Ihres im Lager 7056 befindlichen Verwandten erkundigen. Das sind Dinge, die der Russe scheut. (Und um Mitteilung über die Gründe der noch nicht verfolgten Entlassung ersuchen.)

Die persönliche Bekanntschaft mit Ihrem Gatten reicht zurück in den Spätherbst 1945 oder Januar 1946, genau weiß ich das nicht mehr. Ihr Gatte war damals aus einer ½jährigen Untersuchungshaft endlich entlassen worden und machte täglich seine Abendspaziergänge, um sich wieder zu erholen. Wir waren damals über 2000 Offiziere in Minsk und in ehemaligen RAD-Baracken[159] auf Holzpritschen untergebracht. Im März kamen wir dann gemeinsam ins sogenannte OK-Lager [Erholungslager], wo wieder unerquicklich enge Verhältnisse mit Millionenheeren von Wanzen und Flöhen herrschten. Wer nicht dem allgemeinen Stumpfsinn und der allgemeinen Lethargie anheimfallen wollte, beschäftigte sich mit irgendwelchen geistigen Dingen, meist im kleinen Kreis oder ganz für sich. Im Mai ging es dann wieder weiter nach Bobruisk, von wo wir damals angeblich entlassen werden sollten. Die Auswahl war nach irgendwelchen ärztlichen Gesichtspunkten erfolgt. Bei Ihrem Gatten war wohl sein körperlicher Gesamteindruck infolge der Nachwirkungen der Einzelhaft maßgeblich. Während wir uns bis dahin nur oberflächlich kannten, kamen wir uns nunmehr auch persönlich näher. Wir trieben gemeinsam Frühsport und lagen in der Badehose (selbstgenäht) in der Sonne. Dabei erzählte mir Ihr Gatte einiges von seiner Kriegsverwendung. So erfuhr ich damals von ihm, daß er Sportoffizier von Warschau war. Er erzählte mir von seinem Beruf und war immer glücklich, wenn er Post bekam, und er war immer reichlich mit Post versehen, ganz im Gegensatz zu den meisten anderen. Später haben wir dann gemeinsam angefangen, russisch zu lernen.

Ich habe mich mit Ihrem Gatten auch über die vermutlichen Gründe unterhalten, weshalb er in so langer Untersuchungshaft gehalten wurde, und er sagte mir damals, daß die Russen nicht glaubten, daß er Sportoffizier gewesen sei, sondern glaubten, er habe Berührung mit russischen Agenten gehabt, die in deutschen Diensten standen. Er glaubte aber, sie hätten sich inzwischen von der Sinnlosigkeit dieser Annahme überzeugt.

Er erzählte mir auch von seinem hilfreichen Eingreifen für einige poln[ische] Staatsangehörige während der Zeit seines

Aufenthaltes dort und zeigte mir die Bescheinigung, die Sie, verehrte gnädige Frau, von diesen wohl erhalten und Ihrem Gatten geschickt hatten.

Wenn es Ihnen möglich ist, diese Polen und eine Reihe anderer, mit denen Sie vielleicht in Verbindung stehen, zu veranlassen, ihrerseits nun einmal Schritte für Ihren Gatten zu tun, indem diese sich durch die polnische Botschaft und Militärmission für ihn einsetzen, kann das vielleicht zu einer schnelleren Heimkehr Ihres Gatten beitragen. Doch möchte ich Ihnen dann raten, den von mir erwähnten Verdachtsgrund nicht zu erwähnen, da dadurch unter Umständen nur Unheil angerichtet werden könnte.

Es muß wohl in Warschau irgendeine Stelle gegeben haben, die mit russ[ischen], für Deutschland arbeitenden Agenten in Verbindung stand; es soll sich da um eine Schule für diese Agenten gehandelt haben, und bei dem Mißtrauen der Russen verdächtigen sie wahrscheinlich alle jemals in Warschau gewesenen Offiziere, darum zu wissen oder Namen solcher Russen – an denen die Sowjets großes Interesse haben – zu kennen.

Als irgendwie belastet im Sinne zahlreicher anderer Vorwürfe wird Ihr Gatte meines Wissens nach von den Russen nicht angesehen. Aber es herrscht dort ein furchtbarer Bürokratismus, und selbst nachdem man sich von der Unsinnigkeit der russ[ischen] Vermutungen überzeugt hat, ist da vielleicht irgendein kleines, untergeordnetes Organ, das noch immer nicht den Schlußvermerk unter die Akte gemacht hat.

Ich glaube, man hat sich schon seit mehr als 2 Jahren nicht mehr für die Person Ihres Gatten interessiert, und der Tag seiner Heimkehr hängt mehr oder weniger davon ab, ob er, wenn aus seinem Lager gerade ein Transport geht, das Glück hat, aus irgendwelchen Gründen des Zufalls auf die Liste zu kommen. Ärztliche Gründe sind dabei am wenigsten maßgeblich; es ist vielmehr ein bloßes Spiel des Zufalls – reines Lotteriespiel.

Ganz in Ihrer Nähe, in Fulda, befindet sich ein ehemaliger Oberfeldarzt, *Professor Dr. Gerhard*[160] aus Königsberg, der im Juni oder März aus Bobruisk entlassen wurde, ein alter Herr von 68 Jahren, der lange als Arzt im Lagerhospital tätig war. Er kennt Ihren Gatten ebenfalls persönlich und wird sich sicher an ihn erinnern und Ihnen über seinen Gesundheitszustand und sein Befinden als Arzt Auskunft geben, wenn Sie ihn selbst einmal aufsuchen. Ich möchte Ihnen das sogar raten, oder vielleicht tut es Ihr Sohn einmal; wenn ich mich nicht irre, erzählte mir doch Ihr Gatte, daß einer seiner Söhne sogar Arzt – ich meine in Fulda am Krankenhaus – sei, oder irre ich mich da?

Ich kann nicht umhin, Ihnen nochmal meine Freude darüber auszudrücken, daß ich Ihren Gatten im Oktober bei so gutem Allgemeinbefinden sprechen konnte, wie es der Fall war. Er kam damals im Hospitalgarten zu mir und bat mich, Ihnen von seinem Ergehen zu berichten und ausdrücklich zu versichern, daß zu irgendwelchen Besorgnissen kein Grund sei und daß er fest auf seine Heimkehr hoffe.

Seine tiefe Religiosität ist ihm wohl in den schweren Jahren und bei allem schweren Erleben ein fester Halt gewesen, und seine Liebe zu Ihnen, verehrte gnädige Frau, und seinen Kindern gibt ihm die Festigkeit des Willens und die Ausdauer, um ungebrochen an Charakter und Willenskraft und trotz mancher kleiner Bosheiten gewisser Elemente, die sich auch Deutsche nennen, gegen so aufrechte Männer wie Ihren Gatten, als der[jenige] nach Hause zurückzukehren, als der er 1939 dem Ruf des Vaterlandes Folge leistete. Ich bin zwar selbst 24 Jahre jünger als Ihr Gatte, war Kommandeur einer 1000 Mann starken Sturmgeschützbrigade und trug das Ritterkreuz, um Ihnen kurz meine Person zu skizzieren, aber es gibt wenige Menschen, die nach dem Erleben der letzten Jahre so meine Achtung besitzen wie Ihr Gatte. Ich wünsche Ihnen, daß er bald zu Ihnen zurückkehren darf. Alles Gute für 1949, Ihr ergebener Klaus Wagner.

An Ehefrau und Kinder *Bobrujsk, 2. Januar 1949*

Meine Liebsten alle –

nun sind Weihnachten und Neujahr vorbei. Ich habe alles gut verbracht. Noch im Lazarett. Das Erlebnis der Weihnacht hat mich sehr aufgewühlt, sodaß mein Blutdruck stieg und ich mich nachher gar nicht wohlfühlte. Aber eine wundervoll eindringliche geistige Begnadung hatte ich, sodaß ich sogar für das Fernsein von Euch entschädigt wurde. Man kann wirklich auch für sich allein feiern, ohne alle Gesellschaft und ohne äußere Feierlichkeiten. Vielleicht mußte ich deswegen noch hierbleiben, um in ganzer Armut das Geheimnis der Weihnacht zu erfahren. Am Heiligen Abend war ich bei Euch und war herzlich froh und herzlich traurig mit Euch. Am 1. Weihnachtsmorgen kam der *Herr*[161] zu mir mit einer Fülle von Geschenken, sodaß ich den ganzen Tag voller Glück und Jubel war. Am 3. Weihnachtstag mußte ich die innere Aufregung allerdings büßen, aber jetzt geht es mir längst wieder gut. Das Bild von Martin Schongauer, »Wunder im Schnee«[162], ist mir zur Offenbarung geworden; im nächsten Jahr erkläre ich es Euch. [...]

Ignaz Fornhammer an Annemarie Hosenfeld *München, 3. Januar 1949*

Sehr geehrte Frau Hosenfeld!

Bin aus russischer Gefangenschaft zurückgekommen und möchte Ihnen recht viele Grüße von Ihrem lieben Gatten, Herrn Wilm Hosenfeld, übermitteln. Wir beide waren in Wittebsk im Girowlager beisammen; leider lernten wir uns nur wenige Tage vor seinem Abtransport nach Bobruisk kennen, und in Bobruisk, wohin ich später für einige Tage kam, konnte ich ihn leider nicht sehen und auch nicht erfragen. Aber das soll bitte bei Ihnen keinerlei Besorgnis erregen, denn es sind ja in diesem Lager etwa 18-1900 Mann dort, und bis man da dann den Gesuchten findet, geht man meistens ein dutzendmal vorbei und trifft ihn dann per Zufall dort, wo man ihn nicht sucht. [...] Der gesundheitliche Zustand Ihres lieben Mannes ist zwar nicht 100 %, aber doch war er, als ich mit ihm beisammen war, zufriedenstellend für all die Leiden, die ein Gefangener auszuhalten hat. Denn nicht die körperlichen, auch die seelischen Qualen machen den Menschen müde und mürbe. Nun liebe Frau Hosenfeld, bitte nehmen Sie es nicht zu schwer, auch das geht vorüber, und Ihr lieber Mann trägt alles im Glauben und fester Zuversicht, daß es im göttlichen Ratschlusse ist, das zu erdulden.

Ich wünsche Ihnen zum neuen Jahr alles Gute und vor allem, daß Ihnen dieses Jahr recht bald Ihren geliebten Gatten nach Hause kommen läßt. Es grüßt Sie recht vielmals, Ihr Ignaz Fornhammer.

Hans Twenhäfel an Annemarie Hosenfeld *Braunschweig, 16. Januar 1949*

Sehr geehrte Frau Hosenfeld!
Gern möchte ich mich einmal wieder erkundigen, ob Sie Ihren Gatten wieder zu Hause haben. Hoffentlich bekomme ich bald eine günstige oder gute Nachricht von Ihnen. An liebe, gute Menschen erinnert man sich immer gern wieder. So oft treffe ich mich in Gedanken mit meinen lieben Kameraden des Sportamtes, von denen allerdings Siebel und Pfeiffer[163] das Zeitliche gesegnet haben.

Ihnen und Ihrer Familie alles Gute wünschend, verbleibe ich mit den besten Grüßen, Ihr Hans Twenhäfel.

An Ehefrau und Kinder *Bobrujsk, 17. Januar 1949*

Meine Allerliebsten, meine herzliebe Uta –
sei nicht traurig, liebes Kind. Ich schrieb Dir zum Geburtstag. Deine Karte kam nicht an. Wenn ich erst zu Hause bin, lasse ich Dich nicht mehr von der Hand. [...] Liebe, liebe Annemie, ach, könnte ich bei Dir sein, wie leicht wäre alles. Gott hat seine Hand auf uns gelegt. Er braucht Menschen, die nach diesen Freveln die Schalen seiner ausgleichenden Gerechtigkeit mit Opfer füllen. Sind wir auch dazu berufen? Ich meine, ja. Bei allem Leid ist mir eins gewiß: das Wort vom Offertorium[164] am Gründonnerstag: »Die Rechte des Herrn wirket Wunder ... Ich sterbe nicht, ich werde leben und werde künden die Werke des Herrn[165].« Ich bin ja so froh, daß Ihr alle [...] auf diesem Weg gehet, der allein aus diesem Elend führt und es ertragen läßt und uns froh sein läßt, stark und reich. Menschentrost ist Blech. Denke nicht, ich sei aller Erdenlust abgewendet, Dein Bild im Sonnenkleid betrachte ich mit Freude. Ich habe Dich so lieb, gerade so. Es geht mir wechselnd, seit kurzem nervöses Zittern in rechtem Bein und rechtem Arm; im Lazarett gute Pflege, gute Kost. Herzlichst, Dein Wilm, Euer Vater.

An Ehefrau und Kinder *Bobrujsk, 3. Februar 1949*

Meine Allerliebsten, Du meine Annemie, meine lieben Kinder – [...]

Es geht mir wieder gut. Die Tage scheußlichen Kopfschmerz, deshalb noch unsichere Schrift, und in Hand und Bein Gliederzittern. Nach einigen Tagen ist es wieder vorbei. Arm [und] Bein sind aber gekräftigt. Du liebe A[nnemie] wirst Dich betrüben, daß ich Dir das schreibe; aber Du sollst alles wissen. *Er*[166] richtet es ja doch ein, und ich bin's zufrieden, aber auch zum letzten. Ich bin so frohen Muts und so guter Hoffnung. Zu essen hab' ich gut. Fragt nicht, wann ich komme, es dauert halt seine Zeit. [...]

An die Tochter *Bobrujsk, 12. Februar 1949*

Mein allerliebstes Utalein –

nun sollst Du aber endlich Deine Karte haben. Ich habe einige eingetauscht. Für Deine Zeichnungen habe ich mich schon bedankt. Du hast Fortschritte gemacht, darüber freue ich mich immer wieder. Daß Du tüchtig und fleißig bist, beruhigt und beglückt mich ebenso. Mutter hat mir das so oft schon geschrieben, daß Du ihr Sonnenschein und Herzenstrost bist. Du kannst Dir das gar nicht denken, wie sehr Du auch mein Glück bist. Obwohl ich Dich jeden Tag Deinem Engel anheimgebe und seinem Schutz Dich vertraue, so bin ich manchmal in Sorge, ob Dir wohl kein Unglück zustößt, das Dir innerliche Gefahren bringt. [...] Mir geht es wieder gut. Ich bleibe aber vorläufig im Lazarett. Bei der Kälte habe ich es auch hier am besten. Mutter schrieb, daß die Gefangenen bis Mai nach Hause kämen. Wir glauben's nicht. Aber trotzdem lassen wir den Mut nicht sinken. Bleib gesund und lieb zur Mutter. [...] Gott behüte Dich! Ich drücke Dich an mein Herz und geb Dir einen festen Kuß, Dein Vater.

An die Ehefrau *Bobrujsk, 17. Februar 1949*

Liebste!

[...] Mit großer Lust und Lebensfreude [und] Dankgefühl habe ich den Tag begonnen. Jeder Lebenstag ist mir jetzt ein köstliches Geschenk. Trotzdem mein Leben äußerlich so beschränkt und ohne Tätigkeit ist, kenne ich keine Langeweile, keinen Mißmut und brauche kein Bedauern. Ich beneide jene nicht, die daheim sitzen geblieben sind. Ich betrachte sie wie Kinder, die nicht mit durften auf die große Fahrt. Psalm[167] 17, 19-20 [...]. Mein Lieb! Lies Mark[us][168] 9, 48. Psalm 126, [Psalm] 121, 8, [Psalm] 90. Ich grüße Dich mit dem Wort, das Du mich gelehrt: Und der Friede Gottes, der höher... Lies den Brief [des] P[aulus] an die Phil[ipper][169], als hätte ich ihn Euch geschrieben. Du findest alles, was ich meine, das für uns gilt. [...] Dein lieber treuer alter Wilm.

An die Ehefrau *Bobrujsk, 21. Februar 1949*

Meine liebste Annemie –

[...] Mir geht es gut. Du wunderst Dich über den Inhalt dieser Karte. Heb sie auf, es sind meine Formulierungen: Litanei zum heiligen Josef: »Nährvater Christi, Beschützer der Heiligen Familie, gehorsamer Diener des Herrn, auserwählter Liebling Gottes, reinster Bräutigam der Heiligen Jungfrau M[aria]. Du Helfer am Erlösungswerk der göttlichen Dreifaltigkeit, der Du voll Glauben und Vertrauen die Botschaft des Engels aufgenommen hast. Der Du in Ehrfurcht und Reinheit das Geheimnis der Menschwerdung des Wortes an Deiner heiligen Braut hinnahmst, der Du Dich vor dem Wunder der Empfängnis Mariens vom Heiligen Geist in Demut beugtest. Der Du in liebendem Herzen der Heiligen Jungfrau dientest, der Du die Sorgen um das göttliche Kind mit M[aria] teiltest. Der Du in heiliger Bereitschaft Dich dem Willen des Ewigen anheimgabst. Heiliger und gerechter Werkmeister des Herrn, der Du in Unerschrockenheit die gefahrvolle Reise nach Ägypt[en] unternahmst. Du Mann voll Mut und Kraft, Du Gestalter innerlichen Lebens, unser Vorbild in Entsagung und Überwindung der sinnlichen Begierde. Du treuer Verwalter der himmlischen Güter, der Du mit dem schaffenden Geiste Gottes aufs innigste verbunden warst. Heiliger Josef, hilf mich von allem Irdischen frei machen. Stärke mich in der Nachahmung Deiner Mannhaftigkeit. Nimm uns in Deinen väterlichen Schutz. – Der Herr hat Dich geliebt und Dich geschmückt, das Kleid der Herrlichkeit hat, das er Dir angetan. Der Lilie gleich sproßt Du als Gerechter und blühst ewig vor dem Herrn. Selig bist Du, weil Du den Herrn fürchtest und sein Gesetz Deine Freude war.« – Ich grüße Dich, Dein Wilm. Es umarmt Euch Euer Vater.

An Ehefrau und Kinder *Bobrujsk, 1. März 1949*

Liebste, meine Kinder!

[...] Lese wieder Kügelgen[170]. Das Buch wie eine Bibel; bin stolz auf Deine Ahnen; unsere Kinder müssen Bescheid wissen. Was für eine Kultur! [...] Wie es mir geht? Recht unterschiedlich. Tage liege ich mit Kopfweh und Übelkeit zu Bett, ohne Hunger und geistig unlustig, dann folgt wieder eine Reihe von gesunden Tagen, an denen ich turne und spazierengehe, Schach spiele und lese. Blutdruck um 170. In Arm und Bein mehr Kraft. Wenn Schwindel, dann datterig wie ein Alter, Klemme im Kiefer, leichte Sprechbehinderung. Gute Kost und Pflege, bin noch dick, Nabelschwund, wirst Dich freuen, hoffe Dich im selben Zustand, liebe kleine Frau. Deine Weihnachtskarte duftet, Dein Bild, Du im Sonnenkleid, ich hab Dich sehr lieb. Aber Du ängstigst Dich entsetzlich; tu es nicht, hab mit mir Vertrauen; mit Dir geh ich durch dies Feuer. Umarme die Kinder [...]. Ich bin Dein Wilm, Euer Vater. Von Heimkehr noch keine Spur. Das kommt plötzlich. Mein Segel steht immer im Wind, zu Euch. Behüt Euch Gott!!! *Er reist mit mir*[171].

An die Ehefrau *Bobrujsk, 7. März 1949*

Meine Annemie, mein Glück, Geschenk Gottes!

Zu Deinem Geburtstag alles Beste für Leib und Seele. In unserer Umarmung sähen wir dies Beste. Aber wir sind demütige Kinder. Wir überlassen es *Ihm*[172], wann *Er* uns dies Glück gewährt. Feiert froh und seid nicht traurig. Beherzige die Lesung vom Donnerstag nach Aschermittwoch[173] und glaube an seine Verheißung, wie ich daran glaube. Ist das kein Geschenk? [...] Ich darf nichts Schriftliches mitnehmen bei der Heimfahrt. – Von Dir trafen ein: Bildkarte: Mar[ia] und Joh[annes]. Davon später. Und Nr. 58. Dein Bild mit Schlafaugen und den zwei Wächtern. Wie schön. Ich habe es vor mir liegen. Meine Lippen schürzen sich zum zartesten, weichsten Kuß und meine Arme breiten sich, Dich zu umfangen. So edel ist Dein Gesicht. Was Deine Augen verschließen, erzählt Dein Gesicht. Lieblich bist Du meine Holde, mit Dir will ich Hochzeit feiern. Wie eine Blume wartest Du im Sonnenschein auf den Schmetterling, der ihre Süße zum Trinken kommt, um die Frucht zum Leben zu wecken. In Treue, Dein Mann.

An die Tochter *Bobrujsk, 13. März 1949*

Meine liebe Anemone!

In diesem Monat feiern wir das Fest der Menschwerdung des Gottessohnes im Schoße der allerseligsten Jungfrau Maria. Dieses tiefe Mysterium begreift eine reine Jungfrau vielleicht am besten. Du bist Braut, Du denkst Tag und Nacht an Deinen Liebsten, und er an Dich. So verstehst Du das Verhältnis der göttlichen Braut zu ihrem Geliebten, dem Geist Gottes. Wie sich in einem Brennglas die Sonnenstrahlen in einem Punkte sammeln, so in dem reinen Gefäß der Heiligen Jungfrau wirkt sich und verdichtet sich die Kraft Gottes in dem Gotteskind J[esus] Chr[istus]. Dich soll nach Deiner Hochzeit das Wunder der Menschwerdung beglücken. An M[aria] geschah das Wunder der Empfängnis, indem die göttliche Liebe und der Geist Gottes sich in M[arias] Schoß verdichteten. Sie kannte die Messiashoffnungen ihrer Zeit. In heißer Mädchensehnsucht verlangt sie ihn zu sehen, ja, in ihrem innersten Herzen wuchs ein geheimes aber demütiges Verlangen, dem Messias das Leben zu schenken. In ihrem Gebet versank sie [...][174] in diesen Gedanken. So geschah das Wunder. [...] Mir geht es besser. Behüt Euch Gott! Seid alle herzlich gegrüßt, [...] Dein Vater.

An die Tochter *Bobrujsk, 20. März 1949*

Meine herzliebe Jorinde –

ich denke so oft an Dich und so gern. Dein Bild betrachte ich immer wieder, so verändert bist Du. Es ist ein Jammer, daß ich so gar keinen Anteil an Eurer Entwicklung nehmen darf. Liebes Utakind – Du gehst nun mit Jorinde nach Fulda in die Schule? Wie schön! Ihr dürft Euch aber nicht zanken!

Du mußt Jor[inde] immer folgen. Was für eine schöne Aufgabe ist es für Dich, liebe Jor[inde], Deiner kleinen Schwester Schutzengel zu sein. Wie sehr ich auf Dich baue, weißt Du! [...] Wie dankbar aber U[ta] sein wird, kann sie Dir erst später sagen. Lernt tüchtig Fremdsprachen. Hast Du Gelegenheit, Polnisch zu lernen, dann tu es; warum, sage ich Dir später. [...] Mir geht es wechselnd, mal gut mal schlecht. Von Heimfahrt wird viel geredet, ich glaube nichts, [bin] aufs Warten eingestellt. [...]

An Ehefrau und Kinder *Bobrujsk, 8. April 1949*

Liebste Annemie – liebe Kinder !

[...] Eure guten Nachrichten! Ich muß ja unbedingt heimkommen, um Dein helles Lachen wieder zu hören, dann erst ist meine Freude ganz. – Ab und zu habe ich kleine Rückfälle, [es ist] viel besser geworden, [ich] darf keine Aufregung haben. Ernährung weiter gut, esse nicht alles. Leider [muß ich] Sonne meiden. [...] Liebe A[nnemie] denke nicht, ich sei ein frömmelnder Greis oder Pessimist geworden, nein, trotz allem bin ich ein lebenshungriger Mann geblieben, der wie keinmal auf sein Lieb wartet. Aber diese Weisheit lernte ich: Der Mensch ist der Glocke gleich, die nur klingt, wenn der erzene Klöppel mit hartem Schlage sie trifft. So schlägt mich Gottes Hand im Leid, Deinen Wohlklang zu prüfen und Deiner Seele Schönheit zu offenbaren[175]! Dein Wilm, Euer Vater.

An die Tochter *Bobrujsk, 13. Mai 1949*

Liebes Utakind –

wie mich das gefreut hat, als die liebe Mutter mir mitteilte, daß Du die Aufnahme in die Quinta[176] bestanden hast und auch weiterhin tüchtig bist. Ich hoffe, bald heimzukommen, da werde ich meine Freude an Euch beiden fleißigen Schulmädchen haben. Gestern kam Deine Karte mit dem Bild von Euch beiden mit Rädern auf der Straße nach Schmalnau. Lustig, wie? Holt Euch Putzi[177] ab? Er wird sich jetzt sehr langweilen, wenn Du so lange von Hause fort bist. [...] Du hast Dich sehr verändert; auf dem Bild mit Detl[ev] und dem anderen mit dem Hund kannte ich Dich erst nicht. Mir geht es ziemlich gut. Zu sehr loben darf ich's nicht. Ich denke, wir fahren bald heim. Die blauen Anzüge haben wir schon, aber das besagt nichts. Wir wurden schon so oft enttäuscht. Ihr habt mir so viel geholfen! Du weißt, auf welch goldenen Brücken wir uns begegnen. Einmal aber spannt die russische Eisenbahn auch für uns ein! Küsse die allerbeste Mutter und habe Deine lieben Geschwister recht lieb. Seid alle Gott befohlen und der Heiligen Jungfrau! In Liebe und Treue, Dein Vater.

An den Schwiegervater *Bobrujsk, 21. Mai 1949*

Lieber Vater –

Deine lieben Grüße sind mir von Annemie bestellt. Ich danke Dir herzlich. Wenn ich auch so selten an Dich schreibe, so denke ich doch immer an Dich und habe den großen Wunsch, Dich noch einmal wiederzusehen und Dich in W[orpswede] zu besuchen. Zu meiner großen Freude erfuhr ich von A[nnemie], daß es Dir gesundheitlich gut geht und Du noch in Deinem Beruf recht tätig bist. Dazu beglückwünsche ich Dich noch ganz besonders. Was Gesundheit ist, weiß ich, da ich auch krank war und, wie ich hoffe, auf dem Wege der Besserung bin. A[nnemie] wird Dir wohl geschrieben haben, daß ich eine rechtsseitige Lähmung hatte. Wir hoffen stark, daß wir endlich freikommen in diesem Sommer. Zu Hause geht es gut, wie mir meine liebe Annemie mitteilen konnte. [...] Wäre das ein Glück, wenn wir uns in diesem Sommer wiedersähen!! In alter Treue, Dein Wilm. [...]

An die Ehefrau *Bobrujsk, 24. Mai 1949*

Liebste –

[...] Die guten Nachrichten von Euch geben mir Kraft auszuhalten. Wie ist das nur möglich, daß der liebe Detlev studieren kann? Vielleicht ist Wolfg[an]g von Frey noch in Würzb[ur]g. Sein Vater war Professor der Medizin da, wohnte am Ring. Seit 13.5. bin ich aus dem Lazarett entlassen, fühle mich wohl. Kopfweh. Blutdruck gestiegen, um 200. Arzt sagt, ich soll mir keine Sorgen machen, das wäre zu erwarten gewesen. Besserung auffallend. Ich bin sehr zufrieden. [...] Grüße den lieben Rudh[ard] besonders, ich sitze jetzt wieder an dem Platz, wo wir beide vor einem Jahr saßen. Das rote Haus hat seine Schrekken noch nicht eingebüßt, für mich fürchte ich nichts. [...] Laß Dich umarmen, liebe, kleine A[nnemie]. 86 Pfund sind aber zu wenig! Daß Du für die Kinder hungerst, kann ich mir denken, aber Du hast noch Kräfte für mich nötig. So ist das nicht, ich stelle zur Zeit auch noch Ansprüche. Von der Heimfahrt ist viel die Rede. Jetzt, wo ich immer gesünder werde, kann ich schon noch ein wenig warten. Ich grüße Dich, Du Liebe, und küsse Dich und die lieben Kinder, Dein Wilm, Euer Vater.

An Ehefrau und Kinder *Bobrujsk, 21. Juni 1949*

Geliebte, meine Kinder!

Wenn ich an Dich denke, geliebte Frau, und an das gemeinsame Leben, das uns bald bevorsteht, dann sinne ich nach über das Wort »Erfüllung« und sehe unser Glück, das darin besteht, daß wir eins des andern Inhalt geworden sind und daß noch immer das Geheimnis um unsere Zweieinsamkeit mit jedem Tag neu zu blühen anfängt und seine Früchte treibt. Wir werden voreinander erschauern und ängstlich verstummen, weil uns des Segens Last bangemacht. Ich zeige Dir die Worte der Geheimen Offenbarung[178] 7, 13-17. Wir gehen Hand in Hand und finden schon in dieser Zeit die Wasserquellen des Lebens. [...]

An die Ehefrau *Bobrujsk, 23./24. Juni 1949*

Liebste Annemie –

[...] Heimfahrt gewiß, aber nicht bekannt, wann. Ich kann warten. Karte 94 da, will mich heute bei r[ussischem] Arzt erkundigen, große Hoffnung auf das Mittel, manchmal noch nötig. Karte 93 fehlt. Mit rus[sischem] Arzt gesprochen, [Mittel] vielleicht nicht mehr nötig[179]. Termin der Heimfahrt ungewiß. Schreibe an Gert, Mittel sofort an mich durch Schweizer Rotes Kreuz senden an meine Lageradresse[180]. [...]

An die Ehefrau *(Bobrujsk,) 26. Juni 1949*

Zu unserm 29. Hochzeitstag.

Du, Mensch, bist wie die Glocke, die nur klingt, wenn der eherne Klöppel mit hartem Schlage sie trifft. So schlägt dich

Gottes Hand im Leid, deines Herzens Wohllaut zu prüfen und deiner Seele Schönheit den Freunden kundzutun[...][181].
Liebste Annemie –
Rud[hard] wird Dir das Lied mal vorspielen. Die Worte sind von mir. Die Vertonung von P[eter] Br[ömse]. Das Quartett spielte es. Sehr schön! Ich habe an Gert[182] geschrieben wegen der Arznei. Ich meine, er läßt es am besten über das Schweizer Rote Kreuz über Moskau an mein Lager schicken. [...]

An die Tochter *Bobrujsk, 5. Juli 1949*
Meine liebste Anemone –
[...] Vom Heimfahren wollen wir nichts mehr reden. Es ist damit so wie mit dem »In den Himmel kommen«. Aber für beides habe ich gute Hoffnungen. Das ist schon was. Frage den lieben Rud[hard], was es mit dem roten Haus auf sich hat. Wer da hinein geht, hat keine Hoffnung mehr, wie die, die der Hades verschlingt. Ich aber bin wieder ziemlich gesund und frohen Mutes. Das ist sehr viel. Um Euch mache ich mir auch keine Sorgen [...]

An Tochter Jorinde *Bobrujsk, 18. Juli 1949*
Mein liebes großes Mädel –
morgen ist Dein Geburtstag. Ich komme erst heute dazu, Dir zu schreiben. Als ich Euch vor 10 Jahren verließ, warst Du ein Kind. Den Schmerz der Trennung empfandest Du nicht allzu tief und nicht lange. Die Kinderseele gehört der Gegenwart. Inzwischen bist Du zur Jungfrau erblüht. Aber wenn Du nicht im Kreise unserer Lieben diese ganze lange, so schwere Zeit gestanden wärest, dann hättest Du mich beinahe vergessen. So aber darf ich hoffen, daß ich, Dein Vater, Dir in Herz und Sinn lebendig bin. Der Gedanke, daß es auch anders sein könnte, soll uns gar oft am Tage den Atem anhalten lassen. Du weißt wozu! – Nun kommt für Dich das vielgerühmte Jahr der 1000 Wochen, in dem 1 Mädel am schönsten sein soll. Soll es aber ein gesegnetes Jahr sein, dann bleibe so, wie Du in meinem Herzen lebst. Wird das eine Freude, wenn ich Dich wiedersehe! So ein großes feines Mädel! Welch Gottesgeschenk! Das sei mein innigster Geburtstagswunsch für Dich. Alles Gute sei

Dir beschieden. Aber das Beste mußt Du Dir selbst verdienen. Das ist Matth[äus][183] 5, 8. [...] Daß Du immer dazu bereit seist, will ich nicht müde werden, meine Hände zu heben. Auch ein schönes Goethewort will ich Dir auf die Jahresbahn mitgeben: »Große Gedanken und ein reines Herz, das ist es, was wir uns von Gott erbitten sollen.« Eine Bitte: Schreibe ein Tagebuch für mich zum nächsten Geburtstag! [...]

An den Bruder *Bobrujsk, 21. Juli 1949*

Lieber Rudolf!

Dies ist, glaube ich, die 1. Karte, die ich Dir aus der Gefangenschaft schreibe. Daß es erst im 10. Jahr meines Landsknechtslebens sein sollte ... Ich komme natürlich mit einer Bitte, sonst wäre es auch diesmal nichts geworden. Sei so gut und sende 33 Mark an Jakob Hilgern in Tann, im Auftrag seines Sohnes Heinrich, dessen Gegenwert ich schuldig bin. Du wirst das Geld entbehren können, bis ich komme; Annemie, glaube ich, nicht. – Wenn ich daheim bin, treffen wir uns in Mack[en]zell und grüßen die lieben Verwandten und suchen die Räume auf, in denen sich unsere Knabenjahre zutrugen, die Sillirwies, das Geheeg, Weißenborn, ebenso die Gewässer, wo wir die Forellen griffen und Du mir Schmiere gestanden, die Raine und Wiesen, wo Schimmel und Fritz unter unserer Obhut sich die Wänste rund fraßen. Die alten Riesen der Schengeich, der Herzdreckersch-Birnbaum und noch 4 andere Bäume sind mir zu Symbolen des Lebens geworden; auf sie freue ich mich wie auf gute Leute. Den Geist unseres lieben Vaters und unserer lieben Mutter brauchen wir nicht zu rufen. Sie warten auf uns. Heimat! O Heimat! – Wir tragen noch so lange die Opfer für Dich, bis *Er*[184] auch uns entläßt. Ich bin nicht verbittert. Ich darf's nicht sein, da ich vieles gewann! Ist Ferd[inand] Gärtner aus Deinem Dorf daheim? Grüße Deine liebe Frau und Deinen lieben Sohn. In Treue, Dein Bruder Wilhelm.

An die Ehefrau *Bobrujsk, 8. August 1949*

Liebste,

weißt Du, daß wir heute vor 30 Jahren uns erkannten? Ich gehe mit Dir die Wege, die wir damals so ahnungslos geschritten. Alle Straßen führen einmal doch wieder zusammen. Dann feiern wir diesen Tag, vielleicht im September, wenn die Parolen stimmen. [...] Nach 4 Wochen weniger guten Befindens bin ich wieder oben. Ich war nicht eigentlich krank, nur unpäßlich, habe viel gelegen, spüre, daß es langsam besser geht, die alte Kraft wieder kommt, aber doch leichte Rückfälle kommen; anderen, auch dem Arzt, nicht bemerkbar, nur mir, da ich sehr genau auf mich Acht gebe. Ob das Schweizer Präparat[185] schon abgeschickt ist? [...]

An die Ehefrau *Bobrujsk, 24. August 1949*

Meine liebe Annemie –

[...] Daß Ihr die Medizin nicht schicken sollt, auch kein Päckchen schrieb ich [...] an Jor[inde]. Einmal rechne ich mit der Heimfahrt im September oder Oktober, und zu essen brauch' ich nichts; die Verpflegung ist ausreichend, wenn auch einfach. Liebe A[nnemie], Du willst über meinen Gesundheitszustand genau Bescheid haben, und der liebe Helmut macht sich auch Sorge um mich. Mein Zustand ist so wechselnd! Jetzt meine ich ganz gesund zu sein, erwache zum Beispiel frisch und unbeschwert, und nach einer kurzen Weile stellt sich Schwindel ein und Übelkeit. Ich lege mich dann hin und ruhe, an manchen Tagen 6-10 Stunden. Ich habe sowieso nichts zu versäumen, und Ruhe ist die einzige Arznei, die mir der Arzt verordnen kann. Der Appetit ist auch wechselnd, meist esse ich meine Portionen auf. [...] Wenn ich so auch mit diesen kleinen Rückfällen zu tun habe und auch seelisch niedergedrückt bin – eine Folgeerscheinung, gegen die der beste Wille nichts hilft –, so stelle ich doch mit Freuden fest, daß ein langsamer, stetiger Aufstieg da ist. Das soll keine Beruhigungspille sein. Ich weiß, Du machst Dir doch Sorge und willst mit mir leiden. Ich darf Dir die Wahrheit zumuten. Du hast mich lieb, und die Tatsache, daß Du mit mir trägst, macht mich stark und gibt mir Vertrauen; Euer Gebet hilft mir. Seid deshalb frohen Muts, wie ich es auch bin! Schlafen kann ich auch gut; von 1-3-4 [Uhr] bin ich meist wach und gebe Audienz lieben Menschen und Geistern, und empfange auch ganz hohen und allerhöchsten Besuch und bin mit ihm auf Du und Du. So bin ich gar nicht verlassen und traurig. Glaube nicht, daß ich kopfhängerisch geworden bin. [...]

An die Ehefrau *Bobrujsk, 16. September 1949*

Meine allerliebste Annemie –
auf einer früheren Postkarte, die Du wohl nicht bekamst, wies ich auf eine Stelle hin: 2 Kor[inther][186] 6-14. Dieser Geist ist unser Trost. Fast kommt er zu spät, denn diese Karte soll die letzte sein, die ich als Wojna Plenni[187] schreibe. Wenn ich bei Dir bin, tröst *ich*[188] Dich. [...] Wir dürfen nur noch eine Karte im Monat schreiben. Wundert Euch nicht, wenn Nachricht von mir ausbleibt. Ich denke, es ist auch nicht mehr nötig. Wir sind zwar so oft enttäuscht worden, aber nun muß es ja ernst werden. Spätestens November komme ich. Ich will gar keinen Termin ankündigen, denn den weiß niemand, selbst unsere Gastgeber nicht. [...] Hoffentlich schickt Ihr die Arznei nicht. Uta berichtete allerlei Neuigkeiten! Bald mache ich die Ausflüge mit; aber erstmal nicht, ich bleibe zu Hause bei Dir, ach ja, zu Hause bei Dir; gibt's denn so etwas auf der Welt? Ich brauche niemand sonst als Euch von der goldenen Sieben, die meine heilige Sieben ist[189]. [Karte] Nr. 14 traf ein mit dem Erikasträußchen. Hoffentlich hast Du von Deinen Karten Abschriften. Die möchte ich später noch mal lesen. Ich darf sie nicht mitnehmen. Deine süßen Verheißungen nehme ich sehr ernst. Grüße mir alle Deine Liebsten! Gott sei mit Euch! Dein Wilm!

Annemarie Hosenfeld an Wolfgang Werner *Thalau, 29. März 1950*

Sehr geehrter Herr Werner!
Über Ihren Brief habe ich mich sehr gefreut und danke Ihnen dafür! Es hat mir wohl getan, daß es noch Kameraden meines Mannes gibt, aus jener längst vergangenen Zeit, die ihn noch nicht vergessen haben. – Ich kann mich allerdings nicht mehr entsinnen, ein früheres Schreiben von Ihnen erhalten zu haben. Wir haben zu viel erlebt!

Nun will ich Ihnen kurz von meinem Mann das Wichtigste berichten. Im April 1946 erhielt ich die erste Karte von ihm aus dem Lager Minsk. Im Juni 1946 kam er nach Bobruisk. Im

Juli 1947 erlitt mein Mann einen Schlaganfall, von dem er sich aber erholte, bei großer Schonung und Ruhe ging es ihm verhältnismäßig gut. Nach seiner Gefangennahme im Januar 1945 hat er unsagbar Schweres erlitten. Von heimgekehrten Kameraden hörte ich ausführlich darüber. Die Hoffnung, nein sogar die Zuversicht bald entlassen zu werden, gab ihm die Kraft auszuhalten. Im September Oktober 1949 glaubte er ganz fest, bald bei uns zu sein. Das Lager Bobruisk wurde aufgelöst, die restlichen Gefangenen und unter ihnen mein Mann kamen wieder nach Minsk. Im Dezember 1949 wurde er mit 400 Kameraden in den dortigen Isolabor[190] eingewiesen. Er erhielt eine Anklageschrift, die er aber nach Aussage heimgekehrter Kameraden bis zu jenem Zeitpunkt, dem 14. Januar, *nicht*[191] unterschrieben habe. I. Punkt der Anklageschrift ist, daß er Vernehmungsoffizier war. II. Punkt, daß er 1939 ein Kriegsgefangenenlager leitete. Man kann ihm persönlich nichts vorwerfen, hat ihn daher bis zu jenem Zeitpunkt auch nicht verurteilt, aber auch nicht entlassen. Da er nie auf russischem Boden gekämpft oder sich überhaupt in Rußland aufgehalten hat, richtete er eine Bittschrift[192] an den Staatspräsidenten von Polen, ihn nach *Polen auszuliefern*. Er gab verschiedenen Namen einflußreicher Polen an, denen er geholfen hatte. Das Gesuch soll weitergeleitet worden sein.

Durch Verbindung eines Schweizer Herrn, der in Genf sich persönlich beim Roten Kreuz für meinen Mann verwenden will, hoffen wir auf Hilfe. Nun komme ich zu Ihnen, mit der Bitte uns zu helfen. Wir brauchen für jenes Gesuch an das Rote Kreuz Aussagen früherer Kameraden, die sachlich die Tätigkeit meines Mannes schildern und hervorheben, daß er sich nie an einem Verbrechen gegen die Menschlichkeit beteiligt hat. Aus Briefen und Tagebuchblättern weiß ich das. Sie waren gewiß mit meinem Mann bei Ic zusammen. Seine Tätigkeit als Vernehmungsoffizier war nur vertretungsweise und ganz kurz. Er hat in Rußland angegeben, daß während seiner Tätigkeit *kein Todesurteil* gefällt wurde. – Ich weiß, daß er froh war, wenn er Polen helfen konnte. – Bitte antworten Sie mir recht bald, die Sache hat Eile, da wir in der kommenden Woche dem Schweizer Herrn die Papiere zugehen lassen wollen.

Ein zweites Schreiben soll nach Stuttgart gehen an die Kriegsgefangenenhilfe.

Sollten Sie mir noch Adressen von Kameraden oder Polen angeben können, die meinem Mann helfen würden, wäre ich Ihnen zu großem Dank verpflichtet. Ihr heutiger Brief erscheint mir wie eine Fügung Gottes, da ich nicht einen Kameraden kenne aus jener verhängnisvollen Warschauer Zeit! Und gerade dafür braucht mein Mann Entlastung! Mit freundlichem Gruß, Annemarie Hosenfeld.

Wolfgang Werner an Annemarie Hosenfeld[193] *Bomlitz, 31. März 1950*

Sehr geehrte Frau Hosenfeld!

Erschüttert und mit großer Anteilnahme las ich vom Schicksal Ihres Herrn Gemahls, des ehemaligen Hauptmannes Wilm Hosenfeld, der immer noch von russischer Seite zurückgehalten wird. Es ist unbegreiflich, wie man ihm gerade die Tätigkeit in Warschau zur Last legen will.

Ich lernte Hauptmann Hosenfeld im September 1943 in Warschau kennen, als ich als Medizinstudent und Soldat an Vorlesungen im Rahmen der Wehrmachtskurse zur Berufsförderung teilnahm[194]. Die Kurse waren rein fachlicher Natur und hatten mit militärischen und politischen Dingen nichts zu tun. Sie fanden im Gebäude der polnischen Sporthochschule statt. Leiter dieser Kurse war damals Hauptmann Hosenfeld, der wegen seiner warmen, menschlichen Art von Kameraden und Untergebenen sehr geschätzt wurde. In der Eröffnungsrede betonte er, daß alle Teilnehmer sich als freie akademische Bürger und als Menschen fühlen sollten. Besonders hervorgehoben werden muß aber das mutige Eintreten für eine deutsch-polnische Verständigung, das Hauptmann Hosenfeld in aller Öffentlichkeit zeigte, und welches ihm nicht nur meine Sympathie, sondern auch die aller verständigungsbereiten Polen eingebracht haben dürfte. Hauptmann Hosenfeld wies immer wieder in Ansprachen darauf hin, daß die Deutschen die Freundschaft und Achtung des polnischen Volkes erwerben müßten, eine Knechtung mit Revolver und Knute würde zu keinem guten Ende führen. In aller Schärfe wandte er sich gegen jeden Terror und die Methoden, mit denen teilweise von deutscher Seite in Polen vorgegangen wurde. Zum Beispiel sollte damals eine wertvolle Skulptur vor dem »Haus zu den vier Winden«[195] auf Anordnung eines Führers der Organisation Todt[196] beseitigt werden, weil angeblich die Toreinfahrt behindert wurde. Mit anderen deutschen Kunstsachverständigen trat auch Hauptmann Hosenfeld für die Erhaltung dieses unersetzlichen Kunstwerkes ein.

In persönlichen Gesprächen lernte ich Hauptmann Hosenfeld als einen gütigen, um Verständnis bemühten Menschen kennen, der die Gewaltherrschaft des Nationalsozialismus völlig ablehnte.

Es ist zu hoffen und zu wünschen, daß recht viele von den zahlreichen Freunden und Bekannten unter der polnischen Bevölkerung Warschaus sich finden und den Mut aufbringen möchten, sich für einen unschuldigen Menschen und Freund einzusetzen, allein aus Dankbarkeit und Gerechtigkeit. Es dürfte aber auf der ganzen Welt als Unrecht gelten, wenn Unschuldige für Schuldige leiden müssen.

So hoffe ich, daß diese Erkenntnis bald Ihren Herrn Gemahl zurückkehren läßt, und bin mit freundlichen Grüßen Ihr (gez. Wolfgang Werner).

Urteilsschrift[197] *Minsk, 27. Mai 1950*

Urteil im Namen der Union der Sozialistischen Sowjetrepubliken

27. Mai 1950

Das Militärtribunal der Truppen des MVD [Innenministeriums] im Verwaltungsgebiet [»oblast«] Minsk mit Sitz in Minsk, bestehend aus dem Vorsitzenden, Hauptmann der Justiz *Zolotarev*, und den Mitgliedern Obersergeant [Feldwebel] Poljanskij und Obersergeant Rabkov, hat in Anwesenheit des Sekretärs, Staršina [Hauptfeldwebel] Karmanov, in Abwesenheit von Anklage und Verteidigung, in einer geschlossenen Gerichtssitzung die Anklage gegen den Kriegsgefangenen

Hosenfeld Wilhelm Adalbert, geboren 1895 im Dorf Mackenzell/Provinz Hessen, Deutscher, deutscher Staatsangehöriger, ehemaliges Mitglied der NSDAP ab 1935, mit nicht abge-

schlossener Hochschulbildung, verheiratet, ehemaliger Hauptmann der deutschen Armee,
wegen Verbrechen gemäß §§ 24-68, Punkt »a«, des Strafgesetzbuches der BSSR [Weißrussischen Sozialistischen Sowjetrepublik] und Teil 1 des Erlasses [»ukazs«] des Präsidiums des Obersten Sowjets der UdSSR vom 19. April 1943[198]

geprüft und *festgestellt*:
Hosenfeld hat seit 1939 in der deutschen Armee gedient und im September/Oktober 1939 in den Reihen des Sicherungsbataillons »Franken«[199] [Francken] ein Kriegsgefangenenlager mit Soldaten und Offizieren der polnischen Armee bewacht. Danach diente er bis 1944 als Offizier bei der Warschauer Kommandantur, wo er im August 1944 an Strafaktionen gegen aufständische polnische Bürger beteiligt war, die er persönlich verhörte und ins Gefängnis einwies, womit er zur Festigung des deutschen Faschismus und einer feindlichen Tätigkeit gegen die UdSSR beigetragen hat.

Das Militärtribunal erkennt *Hosenfeld* für schuldig gemäß § 66 des Strafgesetzbuches der BSSR[200] und würdigt sein Verbrechen statt nach den §§ 24-68, Punkt »a«, des Strafgesetzbuches der BSSR und Teil 1 des Erlasses vom 19. April 1943 nunmehr nach § 66 des Strafgesetzbuches der BSSR und §§ 319-320 der Strafprozessordnung der BSSR und

verurteilt
Hosenfeld Wilhelm Adalbert auf der Grundlage von § 66 des Strafgesetzbuches der BSSR und der Bestätigung von § 2 des Erlasses vom 26. Mai 1947 »Über die Kassation [Aufhebung] der Todesstrafe« zu einer Freiheitsstrafe von 25 (fünfundzwanzig) Jahren im allgemeinen Strafvollzug.

Als Beginn der Strafverbüßung gilt der 21. Dezember 1949[201].

Gegen das Urteil kann innerhalb von 72 Stunden nach Aushändigung eines Auszugs aus der Urteilsschrift an den Angeklagten beim Militärtribunal der Truppen des Innenministeriums im Militärbezirk Weißrußland Berufung eingelegt werden. [...][202]

D.Dr. med. Herbert Christian Meyer-Reicheneck an Dr. med. Helmut Hosenfeld *Bad Tölz, 12. November 1950*

Sehr geehrter Herr Hosenfeld!

[...] Ich bekam einen am 11.8.50 geschriebenen Brief vom 2.7.50 in die Hand, in dem mir eine deutsche Lehrerin aus Brest, die ich dort im Lager kennenlernte, mitteilte, daß sie mit ihren 380 Leidensgenossinnen (inclusive Kinder) am 1.8.50 aus Minsk, aus dem Verurteiltenlager, wieder ins Moskauer Lager verlegt sei nach Brest. Mit ihnen 250 verurteilte Militärs, darunter »der Zitterer mit dem Kranzbart, der sich auf Polen berufen hat und immer im Bibelbuch liest«, »der« lasse mich »herzlich grüßen«, er wolle »weiterhin durchhalten mit Gottes und Marien Hilfe«. *Das kann nur Ihr Vater sein*[203]*!* Mit ihm war ich seit 28.12.50 [sic!][204] zusammen und habe ihn auch behandelt. Er wurde gegen meinen Willen Ende Januar aus dem Lazarett von den Sowjetjuden [sic!] entlassen und hat mich von da an oft besucht. (Ich fuhr am 10.2.50 ins Gefängnis und von da nach Hause, nachdem ich Ihren Herrn Vater nochmal gesprochen hatte.) Am 4.4.50 war ich in München.

Ihr Herr Vater soll nicht, er *ist* angeklagt wegen Greueln und Verschleppungen, die er angeblich in seiner Eigenschaft als Sportoffizier und – ich glaube – Adjutant in Warschau angeordnet oder selbst ausgeführt haben soll. Trotzdem er eine ganze Reihe von Zeugen aus poln[ischen] und jüdischen Kreisen genannt hat, namentlich, die das Gegenteil beweisen könnten, hat man ihm so zugesetzt, daß er einen schweren Nervenzusammenbruch und *wieder* einen, wenn nicht zwei leichte Schlaganfälle erlitt (am Dezemberende). Der Arzt, der ihn damals im »Verbrecherisolator«[205] unter Bewachung im Minsker Lagerlazarett zuerst behandeln durfte, ohne allerdings mehr als das Nötigste mit ihm zu sprechen, kann von mir – auf Wunsch – festgestellt und genannt werden!! Als ich H[osenfeld] in die Hände bekam, war er zeitweise geistig vollkommen gestört, mußte oft aus »völliger Abwesenheit« zurückgeholt werden und bemühte sich oft vergebens, Worte auszusprechen, die ihm auf der Zunge lagen; erreichte man es mal, half man ihm, lächelte er glücklich und dankbar. Das wurde mit Herzstützmitteln und Vitamin-C-Gaben und Lebertran allmählich etwas besser, aber das Gleichgewicht beim Gehen hatte sich, als ich ihn verließ, noch nicht völlig wieder eingestellt. Das Zittern der Hände – er kann nicht zielgreifen mit ihnen – und des Kopfes hat sich anscheinend jetzt noch nicht gegeben. Dazu stellten sich geistige und körperliche Eigenheiten ein, die wohl verständlich sind, unter anderem eine Religiosität (römisch-katholischer Form), die, vorsichtig gesagt, nicht mehr ganz in normalen Bahnen verläuft. Er quälte sich auch sehr mit der Frage, ob er recht getan habe, sich, als die M.W.D.[206] ihn schwerstens bedrängte, schriftlich auf den polnischen Staatspräsidenten berufen zu haben, an den er über den russischen Innenminister ein Gesuch auf Auslieferung an Polen nach Warschau geschrieben hatte und erreichen wollte, von einem polnischen Gericht abgeurteilt zu werden. Würde dieses »Auslieferungsverfahren« nicht gestellt worden sein und »angeblich« laufen, wer weiß, ob er nicht doch schon frei wäre. Ob er jetzt in Brest sitzt, um an Polen ausgeliefert zu werden, oder, wenn Gott will, freizukommen, kann ich nicht sagen [...]. Vorstehendes macht Ihnen wohl klar, warum »Papa Hosenfeld« nicht verurteilt ist. Er hat mir, der ich selbst Lungen- und Gliederkrüppel bin, in der Zeit unseres Beisammenseins rührend geholfen, uns Patienten das Essen gebracht, »Wäsche« gewaschen, Stuben geputzt und die Öfen geheizt, immer ein Trostwort gewußt, wenn ich ihn aber beklagen wollte, flehentlich gebeten, ihn arbeiten zu lassen, sonst werde er wahnsinnig. [...]

Er wurde nur durch seinen tiefen Glauben mit seinem Los fertig. Es ist eine besondere Gnade, daß er sich sein Christentum erhalten konnte. Er meinte, er sühne und büße mit seinen Leiden *jetzt* Fehler von *früher*, die zwar nicht die Ursache *dieses* Leides seien, aber eben geschehen sind und ihm vielleicht in diesem, spätestens aber in jenem Leben bewußt werden. *Was* er hier büße, könne er deshalb jetzt nicht sagen, sicher sei nur, daß er *nicht* leide für *das*, was man ihm vorwerfe, denn das habe er *nicht* getan. Ich glaube, daß er mit diesen Argumenten über seine Gegenwart leichter wie andere hinwegkommt, doch liegt darinnen auch eine Gefahr für ihn bei seiner Veranlagung. [...]

Leon Warm an Władysław Szpilman[207]

Frankfurt a.M., 16. November 1950

Sehr geehrter Herr Szpilman!

Ich wende mich an Sie im Namen meiner Person sowie der Familie des Hauptmanns der Wehrmacht, Herrn Wilhelm Hosenfeld, den Sie angeblich während der Besatzungszeit gut kannten. Ich nehme an, daß wie auch mir und anderen Juden und Polen, Herr Hosenfeld auch Ihnen beim Retten Ihres Lebens sehr viel geholfen hat. Bislang befindet sich Herr Hosenfeld in sowjetischer Gefangenschaft, höchstwahrscheinlich in Brest am Bug[208] und wahrscheinlich sind keine Aussichten auf seine Entlassung vorhanden. Während eines zufälligen Aufenthaltes in Deutschland besuchte ich seine Familie in Thalau über Fulda. Herr Hosenfeld hat in seinen Briefen aus der Gefangenschaft wiederholt Ihren Namen genannt und bat die Familie, sich an Sie um Hilfe für Ihn zu wenden, kannte aber leider Ihre Anschrift nicht. Aus den Erzählungen seiner Familie geht hervor, daß das Nennen Ihres Namens zu der Zeit, als ihm die Erschießung drohte (weiß nicht genau durch wen), ihm das Leben rettete. Während meiner Gespräche mit Herrn Hosenfeld hat er Sie niemals erwähnt, denn wahrscheinlich hielt er alles vor den anderen geheim. Meinen Namen ebenso. Hätte ich etwas gewußt, so hätte ich mich nach dem Krieg an Sie gewandt, denn ich sah Sie oft nach dem Krieg in Warschau. Ich wußte auch nicht, daß Herr Hosenfeld in Gefangenschaft ist, obwohl ich an verschiedene Behörden in Moskau schrieb und um Informationen bat, ob er sich in sowjetischer Gefangenschaft befindet. Leider erhielt ich keine Antwort. Erst zufällig in Österreich konnte ich seine Anschrift in Erfahrung bringen und wo er sich in Gefangenschaft aufhält.

Die Initiative des Pfarrers Cieciora[209], der sich zur damaligen Zeit nicht an mich wandte, sowie des Mitglieds der Kommunistischen Partei Deutschlands, des Wehrmachtssoldaten Karl Hörle[210], wohnhaft in Hanau, der 1943-1944 nach der Entlassung aus dem K.Z. in die Wehrmacht eingezogen und in das Stadion W.P. nach Warschau überführt wurde, wo wir damals gemeinsam arbeiteten, endete wahrscheinlich mit einem Fiasko. Tatsache ist, daß Schufte und Übeltäter auf freiem Fuß sind und ein Mensch, der eine Auszeichnung verdient, leiden muß. Ich glaube, ich muß Ihnen über Hosenfeld nicht viel schreiben. Ich füge Ihnen ein Bild von Ihm sowie Abschriften von Erklärungen des Pfarrers Cieciora bei. Übrige Informationen können Ihnen nachfolgende Personen erteilen und bestätigen, die höchstwahrscheinlich noch im Stadion W.P. wohnen und arbeiten: Chamczyk Leon, Krawczyk Wacław, Patela Wacław, Załegowski Wiktor, Wiernik-Tokarska Maria, Pfarrer Cieciora-Cichocki, wohnhaft in Posen, Karl Hörle, wohnhaft in Hanau [...]. Als meine Aussage kann dieser Brief dienen, denn in einer Woche verlasse ich Deutschland und habe keine andere Anschrift. Ich bitte Sie höflichst, sich dieser Sache anzunehmen und auch weiterhin mit meiner Schwester in Verbindung zu bleiben, die Sie ja persönlich aus Chiechocinek kennen und die in Frankfurt wohnt [...], oder mit der Familie von Herrn Hosenfeld, Thalau über Fulda, U.S.-Zone. Die letzten Informationen über Herrn Hosenfeld sind aus Brest am Bug. Angeblich sollte er entlassen werden, wurde aber im Gegensatz dazu wegen irgendwelcher Verbrechen gegen die Menschheit angeklagt. Ist dies überhaupt möglich. Angeblich bat er: »Übergebt mich an Polen, dort war und lebte ich die ganze Zeit. In Rußland war ich nie gewesen.« Alle, denen Herr Hosenfeld beim Retten des Lebens behilflich war bzw. in einer anderen Art und Weise Kontakt hatte, werden nicht erlauben, daß er so angeklagt wird. Im Gegenteil, jeder ist verpflichtet, ihm für das Gute zu helfen und ihm dies gutzumachen. Herr Hosenfeld hat seiner Familie bereits seit einem Jahr kein Lebenszeichen mehr gegeben. Die letzten Briefe stammen aus Minsk. Es sind jedoch frische Informationen darüber vorhanden, daß er sich in Brest in einem Lager für Verurteilte bzw. für diejenigen, die noch verurteilt werden, befindet, zusammen mit Zivilpersonen und Kindern. Sein Gesundheitszustand ist sehr schlecht, Lähmungen, Herzanfälle und psychische Depressionen. Gemeinsam mit der Familie von Herrn Hosenfeld, die aus der verzweifelten Ehefrau und fünf Kindern besteht, übergebe ich das Schicksal von Herrn Hosenfeld in Ihre Hände, als einen Menschen, der ihm gegenüber ebenfalls moralisch verpflichtet ist. Ich nehme an, daß Sie sofort den Erhalt meines Briefes meiner Schwester bestätigen werden und ihr Ihre Meinung zu diesem Thema mitteilen, denn diesen Brief übergebe ich Ihnen durch meine Freundin, ohne daß ich Ihre Anschrift genau kenne.

Mit dem Ausdruck tiefer Hochachtung und an Ihre Möglichkeiten glaubend verbleibe ich Ihr Leon Warm-Warczyński

An Ehefrau und Kinder *Stalingrad, 26. Mai 1951*

Liebste Frau, herzliebe Kinder! –

Daß ich von Euch Anfang dieses Jahres 22 Karten, 6 Fotos, 2 Pakete vom 7.2.[1951] und 28. November [19]50 erhielt, schrieb ich. Blaues Wams [Jacke] tut mir noch gute Dienste. Über alles sehr gefreut, warte auf die angekündigten anderen [Sendungen], auch die von München. Gert soll mir das Hydergin senden[211]. Ob es nötig ist, weiß ich nicht, Termin der Heimfahrt nicht gewiß, doch glaub ich daran! Gesundheitlich geht es mir gut, natürlich wechselnd; ich denke, daß diese Medizin mir guttut. Gebrauchsanweisung für den russischen Arzt nötig und erwünscht. Schon im Februar an Gert geschrieben, Karte wahrscheinlich nicht angekommen. [...] Liebste Annemie, sei herzlichst mit den lieben Kindern gegrüßt. Grüße die Münchener, Deinen lieben Vater, Dein Wilm, Euer Vater!

An Ehefrau und Kinder *Stalingrad, 17. Juni 1951*

Liebste Annemie, meine Kinder!

[...] Mir geht es gesundheitlich gut. Lage und Befinden seit Mai- und April-Karten unverändert, meist gut. Eure Pakete vom 28.11.50 und 7.2.51; große Freude, im letzteren das blaue Wams. Alle Eßsachen herrlich ausgesucht. Warte auf die angekündigten. Eure letzten Nachrichten vom September bis Januar, insgesamt 22 Karten, 6 Fotos. Detlev fehlt. Beachtet meine neue Anschrift! Pakete kommen sicher und oft an. Alle Kinder sollen schreiben. Seid alle gegrüßt von Deinem Wilm und Eurem Vater.

An den Schwager *Stalingrad, 12. Juli 1951*

Lieber Gerhard –

Anfang des Jahres schrieb ich an Dich und bestellte nach Rücksprache und Erlaubnis der vorgesetzten sowjetischen Behörde das Hydergin[212]. Bis jetzt traf es nicht ein. Ich bestelle es deswegen noch einmal und bitte Dich, es im Paket an mich sofort zu schicken, natürlich auch Gebrauchsanweisung. Mein Befinden ist wechselnd; ich bin zufrieden. Wie geht es Dir und Deiner Familie, besonders dem lieben Großvater? Seid alle herzlichst gegrüßt, auch Annemie mit Familie und das junge Paar. Danke Gunild für die Karte vom 16.6. Herzlichst, Dein Wilm.

An Ehefrau und Kinder[213] *Stalingrad, 15. Juli 1951*

Liebste Frau, liebe Kinder!

Erhielt in diesem Jahre 22 Karten mit 6 Photos, die letzten datiert vom 18.I.; zwei Pakete vom 28.XI.[1950] und 11.II.[1951]. Ferner eins von Helmut mit Schmalz, Honig, grünem Hemd. Ihr könnt Euch denken, welche Freude! Zum Geburtstag der 3 Kleinen herzlichste Glückwünsche. Ob Monis Pläne, die sie mir auf der Karte mit dem wilden Wein vom 4.1. mitteilte, sich erfüllten und sie im Mai Hochzeit hielt? Ich habe sehr an sie gedacht und schrieb Euch in diesem Sinne? Wo leben sie? Mir geht es wechselnd, seit Weihnachten [19]49 im ganzen unverändert. Seit Februar nicht mehr in Krankenbehandlung, werde aber geschont, von Ärzten beobachtet, mit Medikamenten versorgt und halte gut durch. Einige Wünsche: Schickt Bilder auf Karten aufgenäht oder in Paketen, Trikot, Halstuch, mein blaues Oberhemd, Unterhose, Kamm, Sicherheitsnadeln, Brausepulver, Zucker, Wurst, Milchpulver, Trockenobst, von Rudolf Honig, billige Uhr, von Twenhäfel[214] Tabakwaren. [...] Seid herzlichst gegrüßt, Euer Vater, Dein Wilm.

An Ehefrau und Kinder *Stalingrad, 19. Oktober 1951*

Liebste Annemie! Liebe Kinder!

Glückwünsche zu Anfang des Jahres sind in Erfüllung gegangen. Nach langem Warten trafen zu größter Freude 14 Pakete ein, Hydergin[215] ebenfalls, auf Karte 10 abbestellt, heute widerrufe ich. Es geht mir gut. Für Weihnachten alles Gute! Benutzt die Glücksnummer auch für die Weihnachtskuchen. Angekommen: Uhr, Füller, Hose, Photos. Karten 21, 23, 25. Denke, daß Gerts Mittel mir hilft. Schickt 2 Tintenkulis, Preis angeben. Trainingsbluse, Gummidurchziehband, 2-3 Meter,

Lodenfreimantel[216] alt, Windjacke alt, Aktentasche. Eine Büchnerdose: verdorben; sonst alles wunderbar herrlich! Trockenobst. Dank Euch und den Lieben! In Liebe und Treue Euer Vater, Dein Wilm. Es geht mir gut!

An die Tante *Stalingrad, 22. November 1951*

Liebe Tante Else –

es war mir eine richtige Freude, als Annemie mir mitteilte, daß sie mit den Kindern beim Großvater[217] war, und es Euch gut geht. Für meine liebe Frau war das Ausspannen in der geliebten Heimat eine Wohltat. Das Photo Enkel und Großvater hat mich sehr erstaunt. Dem lieben Detlev Johannes sage ich zum Namenstag am 27.1., ebenso der großen Schwester am selben Tag zu ihrem Geburtstag herzliche Glückwünsche. Auch zum Namenstag von Jorinde Immakulata[218] am 8.12. alles Gute. Dem lieben Großvater und all seinen Enkelkindern in München und in der Rhön, Dir selbst, der lieben Annemarie die besten Grüße. Mir geht es gut. Zu Weihnachten allen alles Beste, Dein Gerhard Berg[219].

An Tochter Anemone *Stalingrad, 22. Dezember 1951*

Liebe Schwester[220] –

Ob Du meine Karte im September wohl bekamst? Ich hoffe, daß Du Deine Stelle bei den Schwachsinnigen noch beibehieltst. Die armen Menschen haben Dich sicher sehr gern. Bakken Sie bitte zu Weihnachten mit Ihren Schwestern einen Kuchen. [...] Besuche doch mal meine alte Mutter in Hosenfeld im Vogelsberg und grüße sie. Zu Deinem Geburtstag am 27.1. und zum Namenstag am 27.1. für Detlev Johannes herzliche Wünsche. Grüße auch die liebe Mutter. Gesundheitlich geht es mir zufriedenstellend. Dein Bild ist ja sehr schön, ebenso das Gruppenbild von der Mutter und den 3 Mädchen im Wald. Die besten Grüße und Wünsche zu Weihnachten Dein Karl Emrich[221].

An Ehefrau und Kinder[222] *Stalingrad, 15. Januar 1952*

Herzliebe Annemie, herzliebe Kinder!

Eure Pakete vom 20.XI. und 30.XI.[1951] kamen am 7.I.[19]52 an. Ich wiederhole meine Bestellungen auf Karte Nr. 12 vom 21.XI.[1951]: Schnürsenkel für Schischuhe, die schön sind und gut passen, meine alte Zivilmütze, lange Hose oder Knickerbokker, Kolonillederöl, Kopierstift mit Zwinge, Tintenkuli oder Ersatzmine für den grünen [Füller], den Ihr im September schicktet, gute Seife, Trockenobst, Honig, Zucker, 3 Stopfnadeln, ein Paar Socken, 2 Taschentücher, eine Handbürste, die verloren gegangen. Ich beging den Geburtstag von Gunild, die ich zu grüßen bitte, mit Honig und Weißbrötchen. Wenn Moni ins Kinderheim Frankfurter Straße versetzt wird, bin ich damit einverstanden, daß Ihr eine neue Wohnung sucht. Sorgt Euch nicht, daß ich diese Karte diktiere; meine Handschrift ist schwer leserlich, sodaß ich fürchte, daß sie nicht durchgeht[223]. Mein Befinden ist wechselnd, bin sehr vergeßlich. Detlev Johannes hat nicht 27.I., sondern 27.XII. Namenstag; ich habe mich geirrt. Die letzten Karten erhielt ich vom 21.VII., 6. und 15.VIII.

Mit herzlichen Grüßen Euer Vater, Dein Wilm. Der lieben Moni herzliche Wünsche zum 28. Geburtstag, Dein Vater.

An Ehefrau und Kinder *Stalingrad, 19. April 1952*

Auf der letzten Karte schrieb ich, daß ich die Aprilkarte selber schreiben werde. Bitte um Trockenmilch, Trockenwurst, Trokkenobst. Eure Sendungen sind gut. Einzelheiten sind nicht nötig.

An Ehefrau und Kinder[224] *Stalingrad, 22. April 1952*

Liebe Annemie, herzliebe Kinder!

Heute habe ich wieder 2 Pakete bekommen, für die ich Euch von ganzem Herzen danke. Der Inhalt der Paket ist jeweils sehr gut ausgesucht, und ich habe keine besonderen Wünsche außer Trockenmilch, Trockenobst und Trockenwurst. Schickt auch bitte keinerlei Textilien mehr. Grüßt bitte unsere lieben Verwandten in München. Mir selbst geht es gut, was ich auch von Euch annehmen zu dürfen hoffe. Seid für heute von Herzen gegrüßt und geküßt von Eurem Wilhelm.

An Ehefrau und Kinder[225] *Stalingrad, 13. Mai 1952*

Liebe Frau und Kinder!

Mit großer Freude erhielt ich in der vergangenen Woche drei Pakete von Dir, liebe Annemarie, und von Helmut. In den nächsten Paketen bitte keine Textilwaren mehr mitschicken. Trockenobst, Trockenmilch, Kakao, Wurst, Keks sind mir weiterhin sehr bekömmlich. Über die Fotos habe ich mich sehr gefreut und sehe daraus, daß es Euch weiterhin gut geht. Ach wie würde ich mich freuen, wenn ich auch bald wieder unter Euch Lieben weilen dürfte. In herzlicher Liebe und in stetem Gedenken an Euch grüße ich Dich, liebe Annemarie, und [Euch], Ihr lieben Kinder, Euer Vater.

An die Ehefrau[226] *Stalingrad, 15. Juni 1952*

Liebe Annemie!

Von Paketen habe ich von Dir alle erhalten, seit meiner letzten Karte waren es 5. Die genaue Zahl kann ich Dir nicht angeben. Du kannst beruhigt sein, die Pakete erreichen mich schon. Heilmittel bitte nicht schicken! Deine Karte vom 19.4. vor einer Woche eingetroffen. Was macht Helmut in Frankfurt? Die Sachen, die Du geschickt hast, sind sehr gut. Für Martin[227] die besten Wünsche zur völligen Genesung. Allen Kindern die besten Glückwünsche, besonders den Mädels zu den guten Zeugnissen. Die Kopfschmerzen haben nachgelassen. Dem Großvater nachträglich die besten Wünsche zu seinem Geburtstag. Grüße vielmals die Konstanzer! Über mich mache Dir keine Sorge, es geht mir den Verhältnissen entsprechend. Ich grüße Euch alle recht herzlich, alles Gute! Euer Wilm

+ 13.8.52

Udo v. Alvensleben an Annemarie H. *Alt-Wallmoden, 15. Januar 1953*

Sehr geehrte Frau Hosenfeld!

Ich kann mich leider nur durch die Hand meines jüngsten Sohnes bedanken, da eine abermalige Hirndurchblutungsstörung mir leicht die Sprache lähmte und die Hände ihren Dienst versagen läßt. Ich muß dabei so oft an Ihren Gatten denken, dem es ähnlich erging, nur daß er nicht die Pflege hatte, die ich hier bei meiner Frau genieße. Den Kameraden

Werner Lenz kenne ich nur sehr flüchtig, er muß mit Ihrem Gatten im Hospital zusammengewesen sein. Das Todesdatum [Ihres Gatten] habe ich aufs genauste am[228] 13.8.[19]52 festgestellt. Es herrschte Unklarheit darüber, aber ich weiß, daß die Nachforschungen diesen Tag zwischen neun und zehn Uhr abends mit Sicherheit ergaben, ohne daß mir die einzelnen Anhaltspunkte jetzt noch in Erinnerung wären. Daß Lenz es auf eine Woche später verlegt, mag daran liegen, daß über den Wochentag immer Klarheit herrschte und er sich höchstwahrscheinlich um eine Woche geirrt hat.

Ob ein Kamerad bereits heimgekehrt ist, der Ihren Gatten bis zuletzt betreute, kann ich nicht sagen, denn ich erhielt keine Heimkehrerliste. Dr. Daniel müßte das aber wissen. [...]

Dr. Nikolaus Daniel an Annemarie H. *Lüdenscheid, 27. Oktober 1953*

Sehr verehrte Gnädige Frau!

Ich habe Ihre Anschrift nicht gewußt, sonst hätte ich Ihnen schon geschrieben. Gewiß, die Zeit ist für uns alle schwer gewesen, doch ist es für mich eine selbstverständliche Pflicht, die Angehörigen der toten und noch dort verbliebenen Kameraden zu benachrichtigen.

Herrn Wilhelm Hosenfeld kannte ich seit August 1950, als er mit einem Transport aus Moskau in Stalingrad eingetroffen ist und gleich ins Zentrallazarett, Innere Abteilung, verlegt wurde. Seit dieser Zeit stand Herr Hosenfeld fast ununterbrochen in meiner Behandlung. Er ist 1951, als es ihm besser ging, vorübergehend ins Lager entlassen worden, bald war aber seine Neuaufnahme erneut notwendig. Als langjähriger Patient stand er mir natürlich auch menschlich nahe. Herr Hosenfeld litt schon seit längerer Zeit an stark erhöhtem Blutdruck und fortgeschrittener Aderverkalkung, insbesondere auch der Hirngefäße sowie an Herzmuskelschwäche. Während der Behandlungszeit in Stalingrad hatte Herr Hosenfeld drei Schlaganfälle mit vorübergehender Lähmung zweimal der rechten, einmal der linken Körperhälfte; durch entsprechende Maßnahmen gelang es uns jedoch immer, die Gefährdung des Lebens zu beherrschen; in der Nachbehandlungszeit bildeten sich auch die Lähmungen stets so weit zurück, daß Herr Hosenfeld bis zum letzten Tag gehen konnte. Klinisch und röntgenologisch wurde unter anderem eine ganz hochgradige Verkalkung der Brustaorta nachgewiesen. Eines abends, es war im September 1952[229], machte ich gerade Abendvisite mit der diensthabenden Ärztin, als ich dringend zu Herrn Hosenfeld gerufen wurde. Im ersten Augenblick konnte ich nur eine höchstgradige Herz- und Kreislaufschwäche feststellen, und da ich zufällig sterile Spritzen im Dienstzimmer hatte, habe ich unverzüglich Strophanthin-Glucose sowie Kampfer injiziert. Doch ist Herr Hosenfeld während der Spritze gestorben, ohne sein Bewußtsein zu erlangen. Die Sektion bestätigte die klinische Verdachtsdiagnose: Es handelte sich um einen Riß der aneurysmatisch veränderten, hochgradig sklerotischen Brustaorta, in dessen Folge Herr Hosenfeld innerhalb von 2-3 Minuten nach innen verblutete. Sein Tod kam plötzlich und völlig schmerzlos.

Sehr verehrte Gnädige Frau, ich habe in meinem kleinen Bericht die medizinische Fachsprache nicht gemieden, da ich ja weiß, daß Ihr Sohn ebenfalls Arzt ist. Wenn Sie weitere Fragen interessieren, stehe ich Ihnen gerne zu Diensten und bitte Sie, die Fragestellung konkret zu verfassen, damit ich auch weiß, was Sie besonders interessiert.

Mit freundlichem Gruß, Ihr Dr. Daniel

Zur Quellenlage und Edition

Die einführende biographische Darstellung schöpft weitgehend aus dem umfangreichen schriftlichen Nachlaß Wilm Hosenfelds, der noch komplett im Besitz seiner Familie vorhanden ist und sich in einer Auswahl mit Schwerpunkt auf der Zeit des Zweiten Weltkrieges in der vorliegenden Edition wiederfindet. Über 1000 von ihm verfaßte Brief-Seiten sowie eine noch größere Menge an persönlichen Aufzeichnungen verschiedenster Art, ergänzt um eine Vielzahl fotographischer Dokumente, vermitteln einen ausführlichen Einblick in Leben und Denken Hosenfelds. In unterschiedlicher Intensität dekken seine Selbstzeugnisse alle Lebensphasen ab, ausgenommen Kindheit und frühe Jugend.

Als wertvolle ergänzende Quelle erwiesen sich die noch lebenden Kinder Hosenfelds mit ihrem mündlichen Überlieferungsschatz zur Familiengeschichte. Vor allem der älteste Sohn, Dr. med. Helmut Hosenfeld (*1921), sowie sein jüngerer Bruder, Dr. med. Detlev Hosenfeld (*1927), aber auch alle drei Töchter des Ehepaares Hosenfeld trugen mit ihrer lebendigen Erinnerung an den Vater wesentlich dazu bei, das Gesamtbild über ihn zu vervollständigen. Nicht systematisch ausgewertet wurde dagegen die umfangreiche, eine eigene Edition lohnende Korrespondenz von Annemarie Hosenfeld, der bereits 1972 verstorbenen Ehefrau.

Berücksichtigung verdienten ferner einige historische Briefzeugnisse, in denen Dritte aufgrund persönlicher Bekanntschaft Auskunft über Hosenfeld geben. Diese Primärquellen sind nicht nur wegen ihrer Außensicht auf Hosenfeld von einigem Interesse. Gerade für die Zeit seiner Kriegsgefangenschaft konnten nur mit Hilfe solcher Fremdzeugnisse biographische Lücken geschlossen werden. Sie fanden deshalb ausnahmsweise Aufnahme in die Edition, obwohl diese prinzipiell dem Schrifttum Hosenfelds gilt.

Als bruchstückhaft und marginal erwies sich das amtliche archivalische Schriftgut zu seiner Person. Das betrifft in gleicher Weise die militärische Personalakte Hosenfelds wie auch die Überlieferung zu seiner dienstlichen Umgebung im Ersten und Zweiten Weltkrieg. Besonders bedauerlich ist in diesem Zusammenhang der Kriegsverlust des Aktenbestandes der Kommandantur bzw. Oberfeldkommandantur Warschau. Aus ihm hätten sich Hosenfelds dienstliche Aktivitäten von 1940 bis 1944 sicherlich noch sehr viel konkreter und aus anderer Perspektive nachvollziehen lassen. Auf die Recherche nach schulamtlichem Schriftgut wurde bewußt verzichtet, weil nicht Hosenfelds zivilberufliche Tätigkeit als Lehrer im Mittelpunkt der Edition steht.

Was schließlich die einschlägige Sekundärliteratur betrifft, die für die vorliegende Arbeit herangezogen wurde, sei ausdrücklich auf die erste biographische Würdigung der Person Hosenfelds aus der Feder von Dirk Heinrichs aus dem Jahr 2002 hingewiesen. Ihr verdankt die vorliegende Arbeit wertvolle Anregungen.

Die Edition bietet eine unterschiedlich starke, chronologisch geordnete Auswahl aus dem gesamten schriftlichen Nachlaß von Wilm Hosenfeld. Der historischen Bedeutung Hosenfelds und dem Charakter des Nachlasses angemessen, konzentriert sie sich auf seine Zeit im Zweiten Weltkrieg, ohne sich dabei auf seine Tätigkeit als »Retter« zu verengen. Von der Auswahl sind die einzelnen Quellengattungen unterschiedlich intensiv betroffen. Fast gänzlich gingen Hosenfelds Aufzeichnungen in seinem Warschauer Tagebuch von 1942 bis 1944 in die Edition ein, wobei es seine Geschlossenheit zugunsten der Vorteile einer chronologischen Einordnung der einzelnen Einträge verlor. Einer strengeren Auswahl unterzogen wurden dagegen die zahlreichen Briefe Hosenfelds an Ehefrau und Kinder, denen er regelmäßig mehrmals wöchentlich schrieb, und vor allem seine Tagesnotizen in Taschenkalendern, die nur für die Jahre 1940, 1941 und 1943 erhalten geblieben sind. Die Auswahl erfolgte in erster Linie nach dem Aussagegehalt der Texte in bezug auf Person und Wirken Hosenfelds. Kriterien für die Übernahme in die Edition waren daneben ihre Bedeutung als Dokumente der allgemeinen Zeitgeschichte und nicht zuletzt auch ihr literarischer Wert. Ebenso sind vordergründig nebensächliche Briefe und Notizen wegen ihrer Bedeutung als ereignisgeschichtliche Bindeglieder wiedergegeben, was der fortlaufenden Lektüre der Edition zugute kommen soll. Gerade die Notizen entschädigen oft durch ihren unverzichtbaren Informationsgehalt für ihre »literarische Unansehnlichkeit«. Grundsätzlich nicht aufgenommen wurden – in Absprache mit der Familie – Texte intimen Inhalts. Dennoch galt das Bemühen, trotz der großen Dominanz der politischen Thematik den Bezug zu Ehefrau und Familie nicht zu kurz kommen zu lassen. Insgesamt erfolgte die Textauswahl in der Absicht, die Lebensphase Hosenfelds in Polen bzw. Warschau möglichst lückenlos abzubilden.

Diesen Anspruch kann und will die Edition in den vorhergehenden Kapiteln »Erster Weltkrieg« und »Zwischen den Weltkriegen« ausdrücklich nicht erheben. Das liegt ganz wesentlich am völlig anderen Charakter der zudem sehr viel lükkenhafteren Überlieferung aus dieser Zeit. Ihr fehlt das Briefzeugnis Hosenfelds so gut wie ganz.

Lediglich die Jahre 1936 bis 1938 sind durch Notizkalender in tagebuchartiger Dichte belegt. Dafür haben sich aus Hosenfelds Berufs- und Privatleben zwischen den Weltkriegen umfangreiche Einzelschriften und persönliche Aufzeichnungen verschiedenster Art in mehreren Notizheften und -büchern erhalten. Ihre repräsentative Auswahl ermöglicht es immerhin, in Hosenfelds pädagogisches Wirken, sein Verhältnis zum Nationalsozialismus Einblick zu geben und überhaupt seine geistig-politische Entwicklung zu verfolgen. Einige Zeiträume bleiben allerdings »unterbelichtet«, so vor allem jene der nationalsozialistischen »Machtergreifung«, für die sich jedoch vieles aus der späteren Überlieferung rekonstruieren läßt.

War bislang von überwiegend ereignisnahen Aufzeichnungen die Rede, so ist demgegenüber Hosenfelds Zeit als Soldat im Ersten Weltkrieg ab Herbst 1914 hauptsächlich durch autobiographische Erinnerungen aus dem Jahr 1917 dokumentiert. Wenigstens für die Frühzeit des Rumänien-Feldzuges im Herbst 1916 und Winter 1916/17 konnte sich Hosenfeld dabei auf knapp gehaltene Kalendernotizen stützen, die selbst nicht editionswürdig erschienen. Die Erinnerungen sind Höhepunkten seines Kriegserlebens gewidmet und setzen sich bis in die Gegenwart des Jahres 1917 hinein fort, besitzen damit zuletzt fast wieder eine eigene tagebuchartige Aktualität. Biographischer Logik gehorchend, sind die Schriften aus dem Ersten Weltkrieg nicht nach ihrem Entstehungsdatum geordnet, sondern in chronologischer Abfolge der in ihnen geschilderten Ereignisse. In diesem Sinne setzt die Edition mit Hosenfelds Bericht über den Kriegsbeginn 1914 ein, obwohl dieser von ihm erst im November 1917 und damit *nach* den allermeisten anderen Texten des Kapitels verfaßt wurde.

Hosenfeld hat bis zu seiner Kriegsgefangenschaft von wenigen Ausnahmen abgesehen seine Texte handschriftlich, dabei in gut lesbarer deutscher Schrift verfaßt. Während des Zweiten Weltkrieges tippte er Briefe hin und wieder auch auf der Schreibmaschine, über die er dienstlich verfügte. Eine Ausnahme bilden die späteren Kartenbriefe aus der Kriegsgefangenschaft, die wegen der von der sowjetischen Zensur geforderten guten Lesbarkeit in lateinischer Blockschrift geschrieben sind. Die Edition geht im einzelnen über diese schrifttechnischen Unterschiede kommentarlos hinweg, weil sie keine weitere Bedeutung besitzen. Die Identifizierung der charakteristischen Handschrift Hosenfelds bereitete keinerlei Probleme.

Der Edition lag die Absicht zugrunde, Hosenfelds Texte soweit wie möglich unverändert wiederzugeben. Dennoch erwiesen sich mit Rücksicht auf den Gesamtumfang der Dokumentation nicht nur allgemein übliche formale, sondern auch substantielle Eingriffe als unvermeidlich. In erster Linie konnten Hosenfelds zahlreiche Briefe von Kürzungen nicht verschont bleiben. Solche Weg- bzw. Auslassungen durch den Herausgeber sind stets durch drei Punkte in eckigen Klammern markiert. Auf diese Weise ausgespart blieben grundsätzlich Mitteilungen intimen Inhalts. Die Beschränkung des Umfangs zwang darüber hinaus – nach sorgfältigem Abwägen – auch zum Verzicht auf Textabschnitte, die wegen ihres stark familiären Bezuges für das übergeordnete, allgemeine historische Interesse von minderer Bedeutung erschienen. Des weiteren wurde auf längere inhaltliche Wiederholungen verzichtet, sofern diesen nicht erkennbar eigene Bedeutung zukommt. Schließlich entfielen, wo es sich anbot, auch die mehr oder weniger stereotypen Einleitungs-, Gruß- und Schlußsentenzen, wie sie für die Briefroutine charakteristisch sind. Letztere blieben in der Edition mindestens repräsentativ abgebildet.

Die formalen Eingriffe in den übernommenen Text wurden auf das unbedingt Notwendige beschränkt, kleinere orthographische und grammatikalische Fehler stillschweigend korrigiert, Abkürzungen in der Regel stillschweigend aufgelöst. Abkürzungen von persönlichen oder geographischen Eigennamen sind hingegen in eckigen Klammern einheitlich aufgelöst, ohne Rücksicht auf die mitunter wechselnde Schreibweise Hosenfelds. Das betrifft z.B. auch den Vornamen seiner Ehefrau (Annemie/Annemi). Ansonsten fanden »verunglückte« und mißverständliche Formulierungen Hosenfelds eine sinngemäße Ergänzung in eckigen Klammern. Wo dies nicht möglich oder zweckmäßig war, macht wenigstens ein »sic!« in eckigen Klammern darauf aufmerksam, daß kein fehlerhaft edierter Text, sondern eine originäre Formulierung vorliegt. Auslassungen infolge unleserlicher Stellen in der Vorlage wurden ausdrücklich als solche angemerkt. Im übrigen blieben orthographische, grammatikalische, stilistische, umgangssprachliche und mundartliche Eigenheiten und Unebenheiten unter tolerantester Auslegung der Rechtschreibregeln erhalten, um den Charakter der Texte nicht zu verfälschen. Einer stärkeren Bearbeitung mußten die Texte lediglich hinsichtlich der Interpunktion unterzogen werden, nicht nur im Sinn richtiger Grammatik, sondern vor allem zugunsten besserer Lesbarkeit und Verständlichkeit.

Formal einheitlich beginnt jeder einzelne Text mit einer in Kursivschrift abgesetzten Kopfzeile. Sie enthält standardisierte Angaben des Herausgebers zum jeweiligen Text: links die Textart, ob Tagebucheintrag, (Kurz-)Notiz, Redemanuskript oder nicht weiter unterschiedene Aufzeichnung, im Fall von Briefen deren Adressaten – rechts Entstehungsort und -datum. Kann der Entstehungsort aufgrund fehlender Angaben im Original nicht als gesichert gelten, ist der Ortsname in Klammern gesetzt. Ein im Original fehlendes Entstehungsdatum wurde vom Herausgeber aus dem Gesamtzusammenhang so genau wie möglich ermittelt und mit dem Zusatz »ca.« versehen.

Inhaltliche Kommentare des Herausgebers zum Text sind grundsätzlich Gegenstand von Anmerkungen, die in kapitelweiser Ordnung geschlossen am Ende der Edition stehen. Um den Lesefluß nicht unnötig zu unterbrechen, wurden erläuterungsbedürftige Begriffe und Abkürzungen bereits unmittelbar anschließend im laufenden Textes in eckigen Klammern paraphrasiert bzw. aufgelöst, wo immer dies in geeignet knapper Form möglich war.

Nachwort

Am Anfang war Wildbad Kreuth. Hier, im entlegenen bayerischen Alpen-Kurort, begegneten sich Anfang 1998 der damalige Verteidigungsminister Volker Rühe und der Liedermacher, Schriftsteller und frühere DDR-Dissident Wolf Biermann als Gäste einer alljährlich stattfindenden parteipolitischen Klausurtagung. Am winterlichen Kaminfeuer scheinen sich beide gut verstanden zu haben. Jedenfalls schrieb der Künstler dem Politiker wenige Monate später einen Brief, dessen Entstehung durch die persönliche Bekanntschaft befördert worden sein dürfte. Der Brief sollte den Minister auf eine Person der Zeitgeschichte aufmerksam machen, die bis dahin selbst der historischen Fach-Öffentlichkeit weitgehend unbekannt geblieben war: einen Hauptmann der Wehrmacht namens Wilm Hosenfeld. Seinen Hinweis auf das vorbildliche menschliche Denken und Handeln Hosenfelds in dunkler Zeit verband Biermann mit dem Vorschlag, die Bundeswehr möge sich dieser historischen Persönlichkeit in geeigneter Weise, etwa im Rahmen der historisch-politischen Bildung für die Soldaten, annehmen.

Die Initiative Wolf Biermanns hatte zur Folge, daß das Militärgeschichtliche Forschungsamt (MGFA) umgehend mit der historisch-biographischen Recherche nach Hosenfeld beauftragt wurde. Mangels amtlicher archivalischer Überlieferung gab den Ansatzpunkt hierfür zunächst nur eine Buchveröffentlichung, die kurz zuvor mit Unterstützung eben Wolf Biermanns erstmals in deutscher Übersetzung erschienen war. Es waren dies die autobiographischen Erinnerungen des jüdischen polnischen Pianisten und Komponisten Władisław Szpilman an sein »wunderbares Überleben« in Warschau während der deutschen Besatzungszeit im Zweiten Weltkrieg.

Nach ebenso bedrückender wie bewegender Schilderung des qualvollen Alltags im Warschauer Ghetto und Szpilmans glücklicher Flucht daraus erfährt der Leser zum Schluß von dessen zufälliger, schicksalhafter Begegnung mit Hosenfeld, wie sie sich Ende 1944 in den Ruinen der bereits weitgehend zerstörten polnischen Hauptstadt ereignete. Dankbar erinnert sich Szpilman daran, daß der deutsche Hauptmann ihn nicht wie befürchtet dem NS-Apparat und damit der sicheren Ermordung auslieferte. Statt dessen versteckte er ihn, versorgte ihn mit Kleidung und Lebensmitteln und wurde auf diese Weise, nicht ohne selbst einiges zu riskieren, sein Lebensretter. Szpilmans Erinnerungen wurden von Wolf Biermann für die deutsche Ausgabe um einen Essay ergänzt. Die hierin enthaltenen Auszüge aus dem schriftlichen Nachlaß von Hosenfeld ließen bereits die sehr viel größere, weit über jenen Fall hinausgehende Dimension einer bemerkenswerten Menschlichkeit erkennen.

Durch Szpilmans Memoiren angestoßen, ergaben weitere Recherchen des MGFA einen ersten Kontakt mit der Familie des Hauptmanns, der tragischerweise 1952 in sowjetischer Kriegsgefangenschaft gestorben war. Es zeigte sich, daß die fünf Kinder Hosenfelds den umfangreichen schriftlichen Nachlaß ihres Vaters im wesentlichen komplett besaßen. Der erste Eindruck fand dadurch bald fundiertere Bestätigung: Hier wartete ein historisch-literarischer »Schatz« auf seine »Entdekkung« sowohl für die historische Fachwissenschaft als auch für eine größere, geschichtlich interessierte Öffentlichkeit. Diese Überzeugung verfestigte sich um so mehr, als Hosenfeld in seinen Hunderten von Briefen an die Familie sowie auf mehreren hundert Tage- und Notizbuch-Seiten nicht nur durch seine ebenso bestechende wie kritische Beobachtungsgabe überzeugt, sondern den Leser auch mit seiner literarisch-stilistischen Begabung zu fesseln weiß. Insgesamt eröffnete der Nachlaß den Blick auf eine Biographie, in der sich die deutsche Geschichte der ersten Hälfte des 20. Jahrhunderts in wesentlichen Facetten fast beispielhaft widerspiegelt. Im besonderen stach seine Bedeutung als Quelle zur Geschichte der nationalsozialistischen Gewaltherrschaft in Polen hervor.

Der Gedanke an eine umfassende wissenschaftliche Edition lag damit nahe. Er fand seine Entsprechung im Wunsch der Kinder Hosenfelds, den schriftlichen Nachlaß ihres Vaters in angemessener Weise bearbeitet und veröffentlicht zu sehen. Nachdem darüber Anfang 2000 die Familie Hosenfeld und das MGFA eine Vereinbarung geschlossen hatten, wuchs die Arbeit an dem Editionsvorhaben in vertrauensvoller und gedeihlicher Zusammenarbeit der Familie – vertreten durch Dr. med. Helmut Hosenfeld/Fulda – mit dem wissenschaftlichen Bearbeiter der Edition, Oberstleutnant Dr. Thomas Vogel.

Die Schriftleitung des MGFA unter der Leitung von Dr. Arnim Lang war für die weitere Betreuung des Projektes zuständig, das Lektorat lag in den Händen von Dr. Aleksandar-S. Vuletić und Knud Neuhoff, die Karten wurden von Bernd Nogli erstellt, die Erfassung des Textes übernahm Christine Nemitz, seine Gestaltung Carola Klinke. Die Deutsche Verlags-Anstalt, mit der das MGFA seit Jahrzehnten eine bewährte Zusammenarbeit pflegt, übernahm die verlegerische Betreuung des Werkes, allen voran ihr Geschäftsführer Jürgen Horbach und der Lektor Stefan Meyer. An dieser Stelle sei allen Beteiligten für ihr Engagement gedankt.

Das nunmehr vorliegende Werk soll zunächst die Erinnerung an eine bemerkenswerte, weitgehend im verborgenen wirkende Persönlichkeit der jüngeren deutschen Geschichte wachhalten, in deren Entwicklung sich Licht und Schatten der deutschen Vergangenheit widerspiegeln. Zweifellos ist Wilm Hosenfelds menschliches, in vieler Weise beeindruckendes Beispiel nicht geeignet, den Überfall auf Polen 1939 und die bittere, mit hohem Blutzoll belastete Besatzungszeit nachträglich zu relativieren oder vergessen zu machen. Auf jeden Fall eröffnet sein Zeugnis jedoch einen neuen, sehr persönlichen Blickwinkel auf das dunkelste Kapitel in der deutsch-polnischen und deutsch-jüdischen Geschichte.

Aber weit darüber hinaus bieten die Aufzeichnungen von Wilm Hosenfeld, wie nur wenige andere, einen faszinierenden Einblick in Entwicklung, Charakter und Verhalten eines deutschen Soldaten, der auch unter den Bedingungen einer

Diktatur und ihres Vernichtungskrieges menschliche Größe und ein Maß an Zivilcourage zeigte, die ihn zu einem Vorbild für die Bundeswehr macht.

Dr. Jörg Duppler
Kapitän zur See und
Amtschef des Militärgeschichtlichen Forschungsamtes

Anmerkungsteil

Anmerkungen zu »Wilm Hosenfeld - Ein deutsches Leben«

1 Brief von Leon Warm-Warczyński an Władysław Szpilman v. 16.11.1950.
2 Szpilman, Das wunderbare Überleben.
3 Einen guten Einblick in seine Kindheit gab H. selbst mit seiner Erzählung »Als Vater ein kleiner Junge war«, Beilage zum Brief an die Familie v. 17.12.1943 (nicht ediert).
4 Für seine Teilnahme gibt es keinen Beweis, doch läßt dies eine spätere, sehr anschauliche Beschreibung des Meißner-Tages in seinem Aufsatz über »Die deutsche Jugendbewegung« (nicht ediert) vermuten.
5 Von seiner damaligen patriotischen Gefühlsaufwallung gelang ihm, als hätten ihn zwischenzeitlich nicht die Schrecken des Krieges verändert, noch drei Jahre später eine sehr anschauliche Beschreibung. Vgl. H.s Aufzeichnung v. November 1917.
6 Über das Erlebnis dieser »Feuertaufe« schrieb er später rückblickend in aller Eindringlichkeit. Vgl. H.s Aufzeichnung v. November 1917.
7 Zu den näheren Umständen seiner ersten schweren Verwundung vgl. Brief v. 2.5.1915.
8 Über seine »Vier Kriegs-Weihnachten« veröffentlichte H. am 24.12.1928 einen farbigen Erlebnisbericht in der Weihnachts-Ausgabe der Fuldaer Zeitung v. 1928 (nicht ediert).
9 Nach einer Zeitungsnotiz v. 24.4.1916, ohne weitere Angaben überliefert im Nachlaß H. Die Verleihungsurkunde ist dagegen wie der Orden selbst nicht erhalten.
10 Vgl. Aufzeichnung v. 29.4.1917.
11 Zu dieser Begeisterung bekannte er sich noch im Rückblick seiner Aufzeichnung vom November 1917 ganz unbefangen.
12 Vgl. Aufzeichnung v. 26.6.1917.
13 Beispielhaft hierfür steht H.s Schilderung über den Feldgottesdienst an Heiligabend 1916 (vgl. Aufzeichnung v. 28.4.1917).
14 Vgl. Aufzeichnung v. ca. Ende Juni 1917.
15 Vgl. das letzte Kapitel seiner Veröffentlichung »Vier Kriegs-Weihnachten« (vgl. Anm. 8).
16 Aufzeichnung von ca. Oktober 1917.
17 Vgl. ebd.
18 Zu Gräff und dem Jungdeutschen Bund vgl. Laqueur, Die deutsche Jugendbewegung, S. 119-126, und Fiedler, Jugend im Krieg, S. 119-124.

19 H.s Name findet sich auf einer Mitgliederliste des Jungdeutschen Bundes, veröffentlicht im »Jungdeutschen Rundbrief für das 2. Vierteljahr 1923. Gau Hessen«. Ich danke dem Archiv der deutschen Jugendbewegung, Burg Ludwigstein, für die freundliche Auskunft.

20 Zu seiner Person vgl. Laqueur, Die deutsche Jugendbewegung, S. 131 u. 140.

21 Beide Dörfer sind heute Ortsteile der Stadt Hünfeld.

22 Dieser Brief v. 30.12.1919 ist auszugsweise ediert.

23 Beide Dörfer sind heute Ortsteile der Sammelgemeinde Biebergemünd/Spessart.

24 Vgl. Aufzeichnung v. ca. Frühjahr 1924.

25 Vgl. hierüber H.s. Bericht v. ca. 13.6.1929 in seinem Notizbuch »Vorbereitung und Unterrichts-Überlegungen« (nicht paginiert und datiert; nicht ediert) und H.s Notiz in der »Schul-Chronik von Thalau« unter dem Datum v. 13.6.1929 (nicht ediert).

26 Die meisten sind seinen tagebuchartigen Eintragungen in der »Schul-Chronik von Thalau« zu entnehmen.

27 Eine enge Zusammenarbeit mit den meist älteren Veteranen des örtlichen Kriegervereins suchte er dagegen nicht.

28 Der in den zwanziger Jahren eingeführte »Volkstrauertag« wurde vom NS-Regime 1934 in »Heldengedenktag« umbenannt und seitdem als staatlicher Feiertag weiterhin jährlich am 5. Sonntag vor Ostern begangen. Ein »Führerbefehl« verlegte 1939 den Heldengedenktag auf den 16. März (bzw. auf den vorausgehenden Sonntag), den Jahrestag der Wiedereinführung der Wehrpflicht in Deutschland.

29 Vgl. Redemanuskripte zum Volkstrauertag v. ca. Februar 1932 (ediert) und zur Gefallenen-Feier am Kreis-Kriegerverbands-Treffen am 16.7.1933 in seinem Notizheft »Kriegerfest in Thalau« (nicht ediert).

30 Das geht aus seiner Mitgliedskarte des NSLB hervor (vgl. Anm. 36).

31 Vgl. Küppers, Der Katholische Lehrerverband, S. 36–40.

32 Vgl. Aufzeichnung v. ca. Frühjahr 1924 mit dem Gedächtnisprotokoll seiner Rede zur Eröffnung der Fortbildungsschule in Kassel am 10.12.1923.

33 Vgl. Aufzeichnung v. ca. 1.8.1929 in seinem Notizbuch »Vorbereitungen und Unterrichtsüberlegungen« mit seinem Konzept für die Unterrichts- bzw. Feierstunde zum Verfassungstag 1929.

34 Der kleinbürgerliche Mittelstand und gerade auch Volksschullehrer waren unter den Anhängern der NSDAP verhältnismäßig stark vertreten. Vgl. Thamer, Verführung und Gewalt, S. 174 f.

35 Vgl. Pätzold/Weißbecker, Geschichte der NSDAP, S. 261 f.

36 H.s SA-Personalakte ist nicht erhalten, doch sind Mitgliedschaft und Eintrittsdatum durch die Personalkartei des NSLB überliefert. Vgl. Bundesarchiv, Berlin (BA; ehem. BDC), NSLB, Karteikarte Wilhelm Hosenfeld.

37 Seine Mitgliedschaft ist durch die Personalkartei des NSLB belegt (vgl. vorst. Anm.).

38 Der Katholische Lehrerverband des Deutschen Reiches (KLVdDR) hatte sich am 2.8.1933 unter dem Druck der Umstände selbst aufgelöst; sein Zweigverein Kassel-Fulda, dem H. angehörte, wurde am 19.8.1933 liquidiert. Vgl. Küppers, Der Katholische Lehrerverband, S. 165-167, bes. Anm. 225.

39 Vgl. Feiten, Der Nationalsozialistische Lehrerbund, S. 52 f.

40 Vgl. BA (ehem. BDC), NSDAP-Zentralkartei, Karteikarte Wilhelm Hosenfeld. Danach wechselte er später zu benachbarten Ortsgruppe Hettenhausen. Seine Mitglieds-Nummer war 3675024.

41 Er wurde prinzipiell bis 1939 aufrechterhalten, wobei es schon vorher immer wieder kleinere und größere Ausnahmeregelungen gab.

42 Notiz v. 21.1.1938.

43 Vgl. allg. Behrenbeck, Der Kult um die toten Helden; bes. S. 299-313 über »Das Opferzeremoniell vom 9. November«.

44 Vgl. Aufzeichnung v. 9.11.1937.

45 Vgl. allg. Zelnhefer, Die Reichsparteitage.

46 Aus Notiz v. 12.9.1936.

47 Den hohen Stellenwert von Fest und Feier in der Reformpädagogik spiegelt repräsentativ die schulpädagogische Konzeption Adolf Reichweins wieder. Vgl. Fricke, Die schulpädagogische Konzeption Adolf Reichweins, S. 119-122.

48 Der »Tag der nationalen Arbeit« am 1. Mai war 1934 per Gesetz zum höchsten Nationalfeiertag (»nationalen Feiertag des deutschen Volkes«) erhoben worden.

49 Vgl. Aufzeichnung in der »Schul-Chronik von Thalau« v. 1.5.1935 (nicht ediert).

50 Das Erntedankfest am 1. Sonntag nach Michaelis war 1934 per Gesetz zum »nationalen Feiertag« erhoben worden.

51 Überliefert sind solche von H. organisierten Erntedankfeste für die Jahre 1934, 1935 und 1937. Vgl. die Aufzeichnung v. ca. September 1934 über Zustandekommen und Ablauf des Erntedankfestes in jenem Jahr.

52 Aus Redemanuskript v. 19.9.1937.

53 Zur Datierung des Heldengedenktages vgl. Anm. 28.

54 Vgl. Redemanuskript v. 19.9.1937.

55 Vgl. Aufzeichnung v. ca. 13.3.1938 (ediert) sowie den im Notizbuch »Wilhelm Hosenfeld«, S. 116 f., überlieferten Text seiner kurze Ansprache (nicht ediert).

56 Aus der schulpädagogischen Konzeption Adolf Reichweins; zit. nach Fricke, Die schulpädagogische Konzeption Adolf Reichweins, S. 120.

57 Brief v. 20.11.1941.

58 Vgl. Flessau, Schule der Diktatur, S. 19 f.

59 Vgl. Aufzeichnung v. ca. 1.8.1929.

60 Vgl. Aufzeichnungen v. 2.2.1937 in H.s Notizheft »Vorbereitungen und Unterrichtsüberlegungen« (nicht ediert).

61 Vgl. Aufzeichnungen v. 17.5. und 2.8.1939 in H.s Notizheft »Völkischer Unterricht« (nicht ediert).

62 Repräsentativ hierfür sind H.s »rassische« Beobachtungen über die Dorfbevölkerung von Thalau (vgl. Aufzeichnung v. 25.8.1939).

63 Vgl. H.s 2., teilweise edierte Aufzeichnung (über die »Biologie«) von ca. Ende 1938/Anfang 1939.

64 Vgl. Redemanuskript v. 3.4.1938.

65 Teilweise ediert als 1. Aufzeichnung v. ca. Ende 1938/Anfang 1939.

66 Mit dem »Reichsgesetz über die Hitlerjugend« v. 1.12.1936 erhielt der »Reichsjugendführer« als Oberste Reichsbehörde einen staatlichen Erziehungsauftrag.

67 Gamm, Führung und Verführung, S. 305.

68 Vgl. Notiz v. 18.3.1936.

69 Vgl. Notiz v. 19.1.1936.

70 Vgl. Eintragung in der »Schul-Chronik von Thalau« v. 20.9.1935 und Notiz v. 6.3.1936.

71 Vgl. Notiz v. 6.3.1936.

72 Der »Staatsjugendtag« war durch Erlaß des Reichserziehungsministers v. 26.12.1936 aufgehoben worden. Vgl. Keesings Archiv der Gegenwart, 1936, S. 2863. – Erleichtert wurde dies von H. vermerkt (vgl. Eintragung in die »Schul-Chronik von Thalau« v. ca. Januar 1937).

73 Vgl. Notiz v. 22.-24.5.1938.

74 Besier, Die Kirchen und das Dritte Reich, Bd 3, S. 159-162, 714-717.

75 Besier, Die Kirchen und das Dritte Reich, Bd 3, S. 144-147, 750-754.

76 Aus der Aufzeichnung v. ca. 9.11.1937 (auch für das folgende Zitat).

77 Notiz v. 12.9.1937.

78 Notiz v. 2.11.1936.

79 Besier, Die Kirchen und das Dritte Reich, Bd 3, S. 277 (bes. Anm. 898).

80 Notiz v. 2.11.1936.

81 H. bemühte sich erfolglos um die Zurücknahme dieser Entscheidung. Der bestätigende Bescheid des Fuldaer Landrats vom 11.11.1936 über den Entzug der Lehrerlaubnis ist im Nachlaß H. überliefert.

82 Vgl. Notizen v. 30.4. u. 5.5.1937.

83 Ebd.

84 Vgl. Notiz v. 4.5.1937.

85 Vgl. Notiz v. 6.3.1937.

86 Vgl. Notiz v. 12.2.1936.

87 Notiz v. 25.11.1936.

88 Notiz v. 12.7.1938.

89 Notiz v. 12.11.1938.

90 Vgl. Notizen v. 23.-29.9.1938.

91 Vgl. Thamer, Verführung und Gewalt, S. 592.

92 Notiz v. 27.9.1938 (auch für das nachfolgende Zitat).

93 Vgl. H.s Aufzeichnungen v. 17.5. und 2.8.1939 in seinem Notizheft »Völkischer Unterricht« (nicht ediert).

94 Vgl. Das Deutsche Reich und der Zweite Weltkrieg, Bd 1, S. 135 (Beitrag Wette).

95 Notiz v. 27.4.1938.

96 Vgl. Notizen v. 5. u.8.5.1938.
97 Vgl. Das Deutsche Reich und der Zweite Weltkrieg, Bd 1, S. 128-137 (Beitrag Wette).
98 Vgl. allgemein Deist, Überlegungen.
99 Brief v. 30.8.1939.
100 Brief v. 27.8.1939 (auch für das nachfolgende Zitat).
101 Brief v. 1.9.1939.
102 Diese Episode findet sich nicht ausdrücklich in H.s Selbstzeugnissen wieder. Sie hat sich in der mündlichen Überlieferung der Familie H. erhalten und wurde zudem durch dic Familie Cieciora nach dem Krieg glaubhaft bezeugt. Vgl. Szpilman, Das wunderbare Überleben, S. 226 f., Banasiak/Piątkowska, Robinson.
103 2. Brief an die Ehefrau v. 23.10.1939.
104 Aus dem Schluß seiner längeren Aufzeichnung v. ca. Ende September 1939.
105 Vgl. Brief an den Sohn v. 30.9.1939.
106 Brief v. 10.11.1939.
107 Ebd.
108 Vgl. Brief v. 16.9.1939.
109 Vgl. Brief v. 10.11.1939.
110 Ebd.
111 Ebd.
112 Vgl. Notizen v. 19.1. und 10./11.3.1940.
113 Der nachfolgende Exkurs folgt im wesentlichen den neuesten Darstellungen zum Thema durch Bömelburg/Musial, Die deutsche Besatzungspolitik, und Pohl, Der Völkermord an den Juden. Ergänzend herangezogen wurden die Arbeiten von Kleßmann (Hrsg.), September 1939; Longerich, Politik der Vernichtung; Madajczyk, Die Okkupationspolitik, und Szarota, Polen unter deutscher Besatzung. Auf Einzelnachweise wird daher verzichtet.
114 Vgl. S. 95-106.
115 Brief v. 5.12.1939.
116 Vgl. Brief v. 22.11.1939 u. Aufzeichnung v. 14.12.1939.
117 Vgl. Brief v. 23.11.1939.
118 Vgl. Brief v. 13.12.1939, Aufzeichnung v. 14.12.1939 u. 2. Aufzeichnung v. 15.12.1939.
119 Aufzeichnung v. 14.12.1939 (auch für die folgenden Zitate).
120 Brief v. 25.11.1939.
121 Ebd.
122 Vgl. 2. Aufzeichnung v. 15.12.1939.
123 Näheres über Andreesen ist der Anm. zum Brief v. 30.8.1939 zu entnehmen.
124 Vgl. Briefe v. 9.1., 12. u. 22.2.1940.
125 Ein herausragendes Beispiel hierfür ist sein Brief an Sohn Helmut v. 13.2.1940.
126 Brief v. 24./25.1.1940.

127 Brief v. 31.1.1940.
128 Brief v. 27.2.1940.
129 Notiz v. 10./11.3.1940.
130 Dieses Erlebnis ist nur mündlich durch den ältesten Sohn von H. überliefert, nachdem es ihm der Vater als einzigem Familienmitglied erst zwei oder drei Jahre später während eines Heimaturlaubes anvertraut hatte. Die Schilderung des Sohnes ist im Wortlaut veröffentlicht bei Szpilman, Das wunderbare Überleben, S. 224 f.
131 Brief v. 29.2.1940.
132 Vgl. Brief v. 23.4.1940.
133 Vgl. Brief v. 25.4.1940.
134 Das Landesschützen-Bataillon VII/IX war am 1.3.1940 in II. Bataillon des Infanterie-Regiments 660 (II./Inf.-Rgt. 660) umbenannt worden, ohne daß sich seine interne Gliederung geändert hätte. Allerdings änderte sich das ursprünglich landsmannschaftlich homogene, von Oberhessen geprägte Erscheinungsbild des Verbandes durch die Zuversetzung zahlreicher Rekruten vor allem aus Westfalen und anderen Teilen Hessens merklich.
135 Vgl. Brief an den Sohn v. 17.4.1940.
136 Vgl. Brief v. 24.5.1940.
137 Vgl. Brief v. 16.6.1940.
138 Brief v. 26.6.1940.
139 Brief v. 14.6.1940.
140 Ebd.
141 Vgl. Brief v. 16.6.1940.
142 Vgl. Brief v. 11.6.1940.
143 Brief v. 4.7.1940.
144 Zur Geschichte Warschaus unter deutscher Besetzung im Zweiten Weltkrieg siehe allgemein: Szarota, Warschau unter dem Hakenkreuz.
145 Heinrichs, Hauptmann d. R. Wilm Hosenfeld, S. 78, sieht in Graf Hohenau sogar einen »faire[n] *Deckungsvorgesetzten*« und somit aktiven »Schutzpatron« H.s.
146 Vgl. seine Schilderungen von diesem Schauspiel in den Briefen v. 8.8., 7.9., 9.9., 11.9., 15.11.1940 u. 9.3.1941.
147 Vgl. Brief v. 1.11.1940.
148 Vgl. Briefe v. 20. u. 21.9.1940.
149 Vgl. Notizen u. Briefe v. 26.8.-5.9.1940 u. Briefe v. 13.-16.9.1940.
150 Notiz v. 8.9.1940.
151 Vgl. Briefe v. 28.10. u. 7.11.1940.
152 Vgl. Briefe v. 9. u. 11.1.1941.
153 Vgl. Notiz v. 8.11.1940.
154 Vgl. Brief v. 20.7.1942.
155 Brief an den Schwiegervater v. 19.8.1940.
156 Ebd.
157 Ebd.
158 Brief an Oberleutnant Gerd Freiherr von Ketelhodt v. 25.9.1940.

159 Brief v. 26.1.1941.
160 Notiz v. 4.12.1940.
161 Vgl. Notiz v. 21.2.1941.
162 Notiz v. 3.3.1941.
163 Vgl. Brief v. 28.8.1940.
164 Brief an den Sohn v. 21.9.1940.
165 Brief an den Sohn v. 15.11.1940.
166 Notiz v. 24.2.1941.
167 Ebd.
168 Brief an den Sohn v. 7.3.1941.
169 Notiz v. 15.3.1941.
170 Notiz v. 8.4.1941.
171 Vgl. 1. Brief an die Ehefrau v. 28.5.1941.
172 Ebd.
173 Das Wach-Bataillon 660 war am 1.1.1941 in Landesschützen-Bataillon 973 umbenannt worden, blieb aber zunächst weiterhin dem Wach-Regiment Warschau unterstellt.
174 Vgl. Notiz v. 7.6.1941 sowie Briefe v. 7. u. 8.6.1941.
175 Vgl. Notiz v. 15.3.1941.
176 1. Brief an die Ehefrau v. 28.5.1941.
177 Vgl. 1. Brief an die Ehefrau v. 28.5.1941.
178 Die Beurteilungen durch den Bataillons- und den Regimentskommandeur sind in einer Abschrift H.s überliefert (vgl. Notiz v. ca. April 1941).
179 Vgl. Notiz v. 20.4.1941 u. Brief v. 23.4.1941.
180 Dafür spricht, daß H. nie einen Vorgänger in dieser Funktion erwähnte und er selbst sichtlich Aufbauarbeit leistete. Eine Planstelle für diesen Dienstposten, auf die er »versetzt« werden konnte, wurde ohnehin erst zum 1.10.1942 geschaffen, wie aus der amtlichen Aktenüberlieferung der Kommandantur selbst hervorgeht (vgl. Bundesarchiv-Militärarchiv, Freiburg i.Br. [BA-MA], RH 53-23/40, Bl. 102). Bis dahin war H. formal lediglich auf den Dienstposten »kommandiert«.
181 Nachdem sein altes Bataillon Ende Juni ohne ihn nach Rußland abgerückt war, wurde er formal zum Landesschützen-Bataillon 996 versetzt, das dem Wach-Regiment Warschau unterstellt blieb (vgl. Brief v. 23.6.1941).
182 Brief v. 22.6.1941.
183 Notiz v. 22.6.1941.
184 Brief v. 22.6.1941.
185 Brief v. 21.6.1941.
186 Vgl. Briefe v. 29.6., 29./30.6.1941.
187 Vgl. Briefe an den Sohn v. 12. u. 30.7.1941.
188 Brief v. 30.7.1941.
189 Vgl. Brief v. 20.8.1941.
190 Brief v. 18.9.1941.
191 Brief v. 12./15.2.1942.

192 Vgl. Brief v. 14.11.1941.
193 Brief v. 8.12.1941.
194 Brief v. 3.4.1942. Vgl. auch den Brief v. 22.8.1942 mit einer Präzisierung seiner Auffassung von der Bedeutung des Sports.
195 Brief v. 3.3.1942.
196 Brief v. 20.11.1941. Vgl. diesbezüglich auch die Briefe v. 22./23.11.1941, 8. u. 12.2.1942.
197 Brief v. 7.12.1941.
198 Brief v. 10.3.1942.
199 H. selbst lieferte später bei seiner Vernehmung in sowjetischer Gefangenschaft eine sehr exakte Beschreibung seines Aufgabenbereiches und der ihn betreffenden Organisationsstruktur im Stab der Kommandantur (vgl. Vernehmungsprotokoll v. 13.6.1945).
200 H. blieb dem Regimentskommandeur aber offenbar noch weiter disziplinar unterstellt, bis er ein Jahr später auch formal an die Kommandantur versetzt wurde (vgl. Anm. 180), und hielt auch ansonsten engen Kontakt mit ihm.
201 Notiz v. 15.9.1941.
202 Ebd.
203 Vgl. Notiz v. 24.9.1941.
204 Notiz v. 9.12.1941.
205 Notiz v. 7.11.1941.
206 Brief v. 3.12.1941.
207 Brief v. 20.11.1941.
208 Notiz v. 29.9.1941.
209 Notiz v. 4.12.1941.
210 Vgl. Notiz v. 29.9.1941 u. Tagebucheintrag v. ca. 18.-22.12.1942.
211 Vgl. Tagebucheintrag v. 16.1.1942.
212 Notiz v. 12.9.1941.
213 Brief v. 3.9.1941.
214 Brief v. 28.9.1942; vgl. auch Notiz v. 27.9.1941.
215 Tagebucheintrag v. ca. 18.-22.12.1942.
216 Brief v. 22.12.1941.
217 Vgl. Brief v. 11.1.1942.
218 Vgl. Brief v. 3.3.1942.
219 Tagebucheintrag v. 30.1.1942.
220 Brief v. 12.7.1942.
221 Brief v. 21.7.1942.
222 Vgl. Tagebucheintrag v. 23.7.1942.
223 Ebd.
224 Brief v. 23.7.1942.
225 Tagebucheintrag v. 26.9.1942.
226 Ebd.
227 Speziell von Treblinka und dabei sehr detailliert über die dortige Mordmaschinerie erfuhr H. von einem Gewährsmann erst Anfang September (vgl. Tagebucheintrag v. 6.9.1942).

228 Tagebucheintrag v. 25.7.1942.

229 Vgl. Tagebucheinträge v. 29.7., 13.8., 1. u. 6.9.1942 sowie Briefe v. 4., 7. u. 18.8.1942.

230 Vgl. Brief v. 18.8.1942.

231 Tagebucheintrag v. 13.8.1942; in demselben Sinn siehe auch den Tagebucheintrag v. 26.9.1942.

232 Brief v. 18.8.1942.

233 Brief v. 26.9.1942

234 Vgl. Tagebucheintrag v. 1.9.1942.

235 Tagebucheintrag v. 26.9.1942.

236 Brief v. 18.8.1942.

237 Vgl. Tagebucheintrag v. 1.10.1942.

238 Brief v. 5.10.1942.

239 Vgl. Brief v. 11.11.1941.

240 Tagebucheintrag v. 7.8.1942.

241 Vgl. Brief an den Sohn v. 3.8.1942 u. Tagebucheintrag v. 7.8.1942.

242 Tagebucheintrag v. 1.9.1942.

243 Tagebucheintrag v. 7.8.1942.

244 Die Beförderung am 24.7.1942 galt rückwirkend zum 1.4.1942 (vgl. Brief an den Sohn v. 24.7.1942).

245 Brief an den Sohn v. 24.7.1942.

246 Tagebucheintrag v. 6.9.1942.

247 Brief v. 7.8.1942.

248 Bereits am 18.1.1942 war die Kommandantur Warschau in Oberfeldkommandantur Warschau umbenannt worden, ohne daß sich dadurch ihre Aufgaben wesentlich geändert hatten. Vgl. BA-MA, RH 53-23/34, Bl. 256. – Der Leiter der Wehrmachtkurse war disziplinarisch dem jeweiligen Standortkommandanten, in Warschau also dem Oberfeldkommandanten, unterstellt, in fachlicher Hinsicht dagegen der zuständigen Außenstelle des OKW für Truppenbetreuung.

249 Näheres über das Berufsförderungswerk der Wehrmacht läßt sich der vom OKW herausgegebenen Broschüre »Soldat und Beruf« entnehmen.

250 Vgl. Brief v. 13.10.1942.

251 H. selbst beschrieb bei seiner späteren Vernehmung in sowjetischer Gefangenschaft Art und Umfang dieses militärischen Berufsförderwerkes in Warschau (vgl. Vernehmungsprotokoll v. 13.6.1945).

252 Ebd. – Damit sind zweifellos ältere Lehrbücher gemeint, die inhaltlich noch nicht nationalsozialistisch indoktriniert waren.

253 Vgl. Notiz v. 18.3.1943.

254 Vgl. in diesem Sinne den Brief an den Sohn v. 7.1.1943.

255 Vgl. Tagebucheintrag v. 5.12.1942 u. Brief v. 6.12.1942.

256 Vgl. Tagebucheinträge v. 13.12. u. ca. Ende Dezember 1942 sowie Brief v. 13.12.1942.

257 Tagebucheintrag v. 25.1.1943.

258 Vgl. Notiz v. 7.2.1943 u. Tagebucheintrag v. 17.2.1943.

259 Brief v. 2.2.1943.

260 Tagebucheintrag v. 11.2.1943.
261 Tagebucheintrag v. 14.2.1943.
262 Tagebucheintrag v. 21.8.1942.
263 Tagebucheintrag v. 19.2.1943.
264 Ebd.
265 Tagebucheintrag v. ca. 19.2.-3.3.1943.
266 Tagebucheintrag v. 3.3.1943.
267 Vgl. allgemein zur Wehrkraftzersetzung Messerschmidt/Wüllner, Wehrmachtjustiz, S. 132-168.
268 Das andere Gesicht des Krieges, S. 13-25.
269 Vgl. S. 77.
270 Vgl. Notiz v. 16.3.1943.
271 Brief v. 6.4.1943.
272 Brief v. 15.9.1943.
273 Brief v. 25.3.1944.
274 Vgl. Brief v. 24./25.6.1943.
275 Schriftliche »Erklärung« und »Bescheinigung« von Pfarrer Antoni Cieciora v. 22.7.1946 (überliefert im Besitz der Familie H., Fulda, in deutscher wie in polnischer Originalausfertigung bzw. im Fall der »Bescheinigung« als beglaubigte Abschrift des polnischen Originals). Diese Dokumente entstanden im Bemühen, H. aus sowjetischer Kriegsgefangenschaft zu befreien.
276 Cieciora, »Bescheinigung« v. 22.7.1946 (wie vorst.).
277 Ein eindrucksvolles Zeugnis hierüber lieferte H. selbst mit der Beschreibung einer Weihnachtsfeier im Kreis seiner polnischen Belegschaft (vgl. Brief v. 23.12.1943).
278 Vgl. Brief von Antoni Cieciora an Annemarie H. v. 21.1.1948 mit beiliegender Bescheinigung v. 21.1.1948 (überliefert im Besitz der Familie H., Fulda, in deutscher Originalausfertigung). Auch diese Dokumente zielten darauf, H. aus sowjetischer Kriegsgefangenschaft zu befreien.
279 Quelle hierfür ist zum einen Leon Warm-Warczyński selbst bzw. sein mündlicher Bericht gegenüber der Familie H., Thalau, den er dort 1950 anläßlich eines Besuches gegeben und von dem sich eine mündliche Überlieferung erhalten hat (vgl. Szpilman, Das wunderbare Überleben, S. 225 f.). Bestätigt wird er durch die schriftliche Erklärung seiner Schwester Maria Malina gegenüber Yad Vashem, Jerusalem, vom 4.5.2000.
280 Dieser Vorfall ist nur durch Warms Schwester Maria Malina überliefert (vgl. vorst. Anm.).
281 Durch H. selbst wurde diese Begebenheit nicht überliefert. Urquelle dürfte Pfarrer Antoni Cieciora sein, dessen Neffe Maciej Cieciora sie 1973 der Familie H. in Fulda berichtete (Tonbandprotokoll hierüber v. 2.10.1973 im Besitz der Familie H., Fulda). M. Ciecioras Bericht ist veröffentlicht bei Szpilman, Das wunderbare Überleben, S. 227 f.
282 Tagebucheintrag v. 25.3.1943.
283 Vgl. Notizen vom 26. u. 31.3.1943.

284 Vgl. Verhörprotokoll v. 13.6.1945 sowie Postkarten v. 15.7.1946 u. 16.11.1947.

285 Brief v. 31.3.1943.

286 Brief v. 29.7.1943.

287 Vgl. Tagebucheintrag v. 28.12.1943.

288 Vgl. Brief v. 6.4.1943.

289 Vgl. das »Gesuch« von Hörle v. 5.10.1947 an den Kommandanten des sowjetischen Kriegsgefangenenlagers Nr. 7056 um Entlassung von H. (maschinenschriftl. Zweitschrift mit eigenhändiger Unterschrift des Verf. im Besitz der Familie H., Fulda).

290 Vgl. die förmliche »Bescheinigung« von Karl Hörle v. 9.11.1945 (maschinenschriftl. Zweitschrift mit eigenhändiger Unterschrift des Verf. im Besitz der Familie H., Fulda).

291 Ebd.

292 Tagebucheintrag v. 28.12.1943.

293 Ebd. – Vgl. auch die etwas differenziertere, aber nicht weniger entschiedene persönliche Abrechnung H.s mit dem Nationalsozialismus im Tagebucheintrag v. 6.7.1943.

294 Vgl. Brief v. 23.12.1943.

295 Vgl. Notiz v. 12.7.1943; vgl. auch den Brief v. 20.6.1943.

296 Brief v. 9.5.1943. – H. irrte hinsichtlich der Beteiligung der Wehrmacht, die tatsächlich kleinere Spezialeinheiten (Pioniere, Artillerie) für den Einsatz im Ghetto unter örtlichen SS-Führung abstellte. Vgl. Scheffler/Grabitz, Der Ghetto-Aufstand, S. 375-389.

297 Tagebucheintrag v. 16.6.1943.

298 Vgl. Brief v. 16.4.1943 u. auch Brief v. 11.4.1943.

299 Notiz v. 17.6.1943.

300 Brief v. 24.11.1943.

301 Vgl. Tagebucheintrag v. 26.6.1943.

302 Vgl. Notiz v. 18.10.1943.

303 Notiz v. 17.12.1943.

304 Vgl. Tagebucheintrag v. 17.10.1943.

305 Notiz v. 17.8.1943.

306 Vgl. Tagebucheintrag v. 5.12.1943.

307 Vgl. Tagebucheinträge v. 6.7., 5. u. 28.12.1943.

308 Tagebucheintrag v. 9.9.1943.

309 Vgl. Tagebucheintrag v. 5.12.1943.

310 Brief v. 14.3.1943.

311 Brief v. 16.3.1944; in diesem Sinn auch die Briefe v. 23.12.1943 u. 25.3.1944.

312 Charakterisierung durch seine Frau (vgl. Brief v. 25.3.1944).

313 Brief v. 25.3.1944.

314 Ebd.; vgl. auch Brief v. 9.9.1943 (»soziale Frage«).

315 Vgl. Brief v. 21.3.1943.

316 Vgl. Brief v. 25./27.8.1943.

317 Das brachten zwei Kursteilnehmer anschließend auch in Dankschreiben zum Ausdruck (vgl. Briefe von Günther Rothschild und Wolfgang

Werner an H. v. 17. bzw. 21.9.1943). H.s offenes Plädoyer vor den Studenten für eine »deutsch-polnische Verständigung« blieb letzterem noch lange in Erinnerung (vgl. Brief von Wolfgang Werner an Annemarie H. v. 31.3.1950).

318 Brief v. 12.9.1943; vgl. auch Brief v. 26.9.1943.

319 Vgl. S. 83.

320 Vgl. Notiz v. 29.11. u. Brief v. 30.11.1943.

321 Tagebucheintrag v. 5.1.1944.

322 Brief v. 26.2.1944.

323 Vgl. Briefe v. 26.2., 12.3., 23.3.1944

324 Vgl. Briefe an die Ehefrau v. 6.4. u. 8.5.1944.

325 Vgl. Brief v. 18.6.1944.

326 Vgl. Brief v. 19.3.1944.

327 Tagebucheintrag v. 29.2.1944.

328 Ebd.

329 Ebd.

330 Brief v. 21.7.1944.

331 Brief an den Sohn v. 8.5.1944.

332 Tagebucheintrag v. 7.6.1944.

333 Brief v. 11.6.1944.

334 Vgl. Brief v. 27.6.1944.

335 Vgl. Brief v. 29.6.1944.

336 Tagebucheintrag v. 17.7.1944.

337 Vgl. Brief v. 24.7.1944.

338 Brief v. 25.7.1944.

339 Tagebucheintrag v. 30.7.1944.

340 Die Darstellung zur Vorgeschichte und Geschichte des Warschauer Aufstandes folgt im wesentlichen zwei Standardwerken: Borodziej, Der Warschauer Aufstand 1944 (Darstellung v.a. aus polnischer Perspektive), und Krannhals, Der Warschauer Aufstand 1944 (aus deutscher Perspektive). Speziell zur Geschichte der AK vgl. den neuesten Sammelband: Die polnische Heimatarmee.

341 Brief v. 4.8.1944.

342 Ebd.; vgl. auch Brief v. 6.8.1944.

343 Eine genaue Beschreibung seiner Tätigkeit als Ic-Offizier gab Hosenfeld später in sowjetischer Kriegsgefangenschaft zu Protokoll (vgl. Vernehmungsprotokoll v. 13.6.1945).

344 Brief v. 6.8.1944.

345 Tagebucheintrag v. 8.8.1944.

346 Brief v. 6.8.1944.

347 Tagebucheintrag v. 8.8.1944.

348 Vgl. Tagebucheintrag v. 11.8.1944

349 Vgl. Tagebucheinträge v. 8. u. 11.8.1944.

350 Brief v. 8.8.1944.

351 1. Tagebucheintrag v. 9.8.1944.

352 Vgl. Brief v. 11.8.1944.

353 Vgl. Brief v. 29.8.1944.

354 Vgl. Brief v. 9.8.1944.

355 Vgl. Brief v. 12.8.1944 und das Vernehmungsprotokoll v. 22.10.1945, in dem dieser Fall mit den sich weiter daraus ergebenden Konsequenzen noch ausführlicher durch H. dargestellt ist.

356 Vgl. Brief v. 13.8.1944 und das Vernehmungsprotokoll v. 22.10.1945, in dem auch dieser Fall mit allen weiteren Konsequenzen ausführlich durch H. dargestellt ist.

357 Vernehmungsprotokoll v. 22.10.1945.

358 Ebd. – Allerdings weicht H. damit, was die letztlich negative Beurteilung von General Stahel in dieser Situation betrifft, deutlicher von seiner positiven Bewertung im Vernehmungsprotokoll v. 13.6.1945 ab. Vgl. hierzu auch den Brief v. 13.10.1944.

359 Vgl. Briefe v. 23. u. 27.8.1944.

360 Vgl. Vernehmungsprotokoll v. 13.6.1945.

361 Brief v. 23.8.1944.

362 Ebd.

363 Ebd.

364 Brief v. 15.8.1944.

365 Vgl. Briefe v. 16. u. 21.8.1944.

366 Vgl. Briefe v. 21., 25., 29.8. u. 13.10.1944.

367 Vgl. Brief v. 25.8.1944.

368 Vgl. Briefe v. 26., 29.8. u. 13.9.1944.

369 Vgl. Brief v. 19./20.9.1944.

370 Brief v. 31.8.1944.

371 Brief v. 8.9.1944.

372 Brief v. 5.9.1944.

373 Brief v. 15.9.1944.

374 Brief v. 13.9.1944.

375 Vgl. 1. Tagebucheintrag v. 9.8.1944, Anm. 139.

376 Vgl. Brief v. 15.9.1944.

377 Vgl. Brief v. 19./20.9.1944.

378 Vgl. Briefe v. 3. u. 8.10.1944.

379 Brief v. 24.9.1944.

380 Vgl. Briefe v. 13. u. 23.9.1944.

381 Brief v. 23.9.1944.

382 Brief v. 5.10.1944.

383 Brief v. 13.10.1945

384 Vgl. Briefe v. 17. u. 19.10.1944.

385 Vgl. Brief v. 22.10.1944.

386 Vgl. Brief v. 29.10.1944.

387 Brief v. 22.10.1944.

388 Vgl. Briefe v. ca. Anfang Nov. u. 7.11.1944.

389 Vgl. Brief v. 29.10.1944.

390 Vgl. Brief v. 4.11.1944.

391 Vgl. Brief v. 8.11.1944.

392 Vgl. Briefe v. 4. u. 11.11.1944.
393 Vgl. Brief v. 22.11.1944.
394 Brief v. 11.11.1944.
395 Vgl. Briefe v. 17.11. u. 27.12.1944.
396 Vgl. Briefe v. ca. Anfang Nov., 15.11. u. besonders v. 22.11.1944.
397 Brief v. 27.11.1944.
398 Vgl. Briefe v. 23., 27.11. u. 1.12.1944.
399 Vgl. Briefe v. 2.12.1944.
400 Vgl. Szpilman, Das wunderbare Überleben, S. 171–176.
401 Datierung und Umstände dieser Entdeckung, wie von Szpilman angegeben, werden in gewisser Weise durch den Brief v. 15.11.1944 bestätigt. Demnach war H. in jenen Tagen als Quartier-Erkunder in Warschau unterwegs.
402 Vgl. Szpilman, Das wunderbare Überleben, S. 184.
403 Vgl. Brief v. 8.12.1944.
404 Vgl. Briefe v. ca. Mitte Dez. u. 16.12.1944.
405 Brief v. ca. Mitte Dez. 1944.
406 Zur Herkunft dieser Kompanie vgl. H.s Aussage im Vernehmungsprotokoll v. 13.6.1945.
407 Brief v. 26.12.1944.
408 Ebd.
409 Vgl. Brief v. 19.12.1944.
410 Vgl. Brief v. 26.12.1944.
411 Vgl. Magenheimer, Abwehrschlacht an der Weichsel, S. 112–119.
412 Vgl. hierzu H.s Aussage im Vernehmungsprotokoll v. 13.6.1945.
413 Mit dem Zeitpunkt der Gefangennahme von H. ändert sich die Arbeitsgrundlage für den heutigen Biographen entscheidend. Die schriftliche Überlieferung durch H. selbst, wie sie bis dahin in Verbindung mit dem Zeugnis der Familie eine nahezu erschöpfende Darstellung ermöglicht, reißt schlagartig ab. Erst ein Jahr später setzen seine Mitteilungen aus der Gefangenschaft ein, deren Quellenwert jedoch aufgrund ihres spezifischen Charakters stark eingeschränkt ist. Zwar haben sich die allermeisten seiner Kartenbriefe erhalten. Doch stellen sie in erster Linie Dokumente des Gefühls- und Seelenlebens von H. dar. Dagegen ließ die scharfe Zensur für die Schilderung seiner Odyssee durch die sowjetische Lagerwelt und der äußeren Umstände des Gefangenenlebens wenig Spielraum, beschränkte sie zwangsläufig auf Andeutungen. Außerdem ist der Informationsfluß durch einige größere Zeitlücken unterbrochen, als H. krankheitsbedingt oder infolge verschärfter Haftbedingungen überhaupt nicht schreiben konnte bzw. durfte. Um so größere Bedeutung kommt deshalb der Sekundärüberlieferung zu. So können Berichte von bereits entlassenen deutschen Kriegsgefangenen über ihren ehemaligen Leidensgenossen H. wenigstens manche Lücke schließen. Wegen ihrer großen Anschaulichkeit fanden deshalb einige solcher Fremdzeugnisse auch Aufnahme in die Edition. Aufschluß über bestimmte Aspekte seiner Kriegsgefangenschaft geben außerdem archivalische Quellen sowjetischer

Provenienz. So stehen Protokolle von Vernehmungen H.s durch Offiziere des Volkskommissariats bzw. Ministeriums des Inneren der UdSSR (NKVD/MVD) zur Verfügung, die heute im Archiv des Generalstaatsanwaltes der Republik Belarus' (Weißrußland) in Minsk verwahrt werden. Gleiches gilt für die über H. angelegte Personalakte des MVD im heutigen Besitz des Russischen Staatlichen Militärarchivs (RGVA) in Moskau, Bestand Ministerium des Inneren (MVD) der UdSSR, Abt. für Aufarbeitung von Akten von Kriegsgefangenen und Internierten, Archiv-Nr. ZU 490078, Pers.-Akten-Nr. 4047 (Fotokopie im Besitz des Hrsg.). Sie dokumentiert im wesentlichen den Kriegsverbrecher-Prozeß gegen H. sowie seine Krankengeschichte des Jahres 1952. Insgesamt jedoch bleibt auch die Sekundärüberlieferung unzulänglich. Vor allem kann sie nicht jede Lücke in H.s Itinerar als Kriegsgefangener schließen. Auch sonst muß, wie im jeweiligen Zusammenhang noch ersichtlich werden wird, manche Fragen offenbleiben. Mitunter ist es dem relativ guten Forschungsstand zur Geschichte der deutschen Kriegsgefangenen im Zweiten Weltkrieg zu verdanken, daß dennoch H.s individuelles Schicksal mit Hilfe allgemein gültiger Erkenntnisse konkretisiert werden kann. Herangezogen wurden v.a. relevante Bände des Reihenwerkes Zur Geschichte der Deutschen Kriegsgefangenen des Zweiten Weltkrieges; Lehmann, Gefangenschaft und Heimkehr, sowie Hilger, Deutsche Kriegsgefangene. Speziell hinsichtlich der Problematik der Verurteilung H.s als Kriegsverbrecher stützt sich die Biographie auf die Arbeiten von Lang, Stalins Strafjustiz, und: Sowjetische Militärtribunale, Bd 1.

414 Vgl. Szpilman, Das wunderbare Überleben, S. 183 f.

415 Vgl. den entsprechenden Bericht des Kaplans Karl Güth an das Bischöfliche Ordinariat in Fulda mit Schreiben v. 2.1.1946 (nicht editiert). – Ich danke Dr. Christina Reiche vom Diözesanarchiv Fulda für die freundliche Mitteilung.

416 Die Vernehmungsprotokolle sind unter ihrem Datum im nachfolgenden Editionsteil veröffentlicht.

417 Vernehmungsprotokoll v. 22.10.1945.

418 Ebd.

419 Ebd.

420 Vgl. Brief von Klaus Wagner an Annemarie H. v. ca. Anfang 1949.

421 Ebd.

422 Vgl. Ebd.

423 Die Tatsache, daß sich H. in sowjetischer Kriegsgefangenschaft befand, war für die Familie allerdings keine Überraschung mehr. Sie hatte dies schon relativ bald nach Kriegsende durch einen früh entlassenen Mitgefangenen mündlich erfahren (nach der Erinnerung von Dr. Helmut H., Fulda).

424 Brief v. 25.12.1945.

425 Da H. seine Karten von Beginn an fortlaufend numerierte, wissen wir, daß er in dieser Zeit überhaupt nicht schrieb, die Möglichkeit eines Verlustes auf dem Postweg also ausscheidet.

426 Vgl. Brief von Klaus Wagner an Annemarie H. v. ca. Anfang 1949.

427 Brief v. 15.6.1946.

428 Vgl. Briefe v. 1.9. u. 19.11.1946.

429 Nicht nur nach der Genfer Konvention über die Behandlung von Kriegsgefangenen von 1929, der die UdSSR allerdings nicht beigetreten war, sondern auch nach dem gültigen »Erlaß des Rates der Volkskommissare der UdSSR über Kriegsgefangene« v. 1.7.1941 (abgedr. bei Ratza, Die deutschen Kriegsgefangenen, S. 277–281) durften kriegsgefangene Offiziere nicht zur Arbeit gezwungen werden.

430 Vgl. Brief v. 19.11.1946. – Solche Freunde waren etwa Klaus Wagner (vgl. seinen Brief an Annemarie H. v. ca. Anfang 1949) und Josef Gith (vgl. seine Briefe an Annemarie H. v. 25.7. u. 26.8.1948).

431 Vgl. Brief v. Josef Gith an Annemarie H. v. 26.8.1948.

432 Vgl. Brief v. 9.6.1947.

433 Brief v. 19.11.1946.

434 Brief v. 7.10.1946.

435 Vgl. Brief v. 19.7.1942, Anm. 119.

436 Vgl. Briefe v. 7.10. u. 19.11.1946.

437 Vgl. u.a. Briefe v. 26.11.1946 u. 15.2.1947.

438 Diese weit härtere und grausamere Realität, wie sie in etwa auch H. erlebt haben muß, wird in den Bänden des Reihenwerkes Zur Geschichte der Deutschen Kriegsgefangenen des Zweiten Weltkrieges durch zahllose Berichte entlassener Kriegsgefangener zu allen Aspekten der Gefangenschaft bestätigt.

439 Vgl. Brief v. 2.8.1947.

440 Vgl. ebd.

441 Brief v. 18.10.1947.

442 Vgl. Brief v. 25.11.1947.

443 Daß H. im folgenden Jahr etwa einmal monatlich schrieb, läßt sich aus der fortlaufenden Numerierung seiner Kartenbriefe rekonstruieren.

444 Wieder ist man auf Berichte ehemaliger Mitgefangener angewiesen (vgl. den Brief v. Heinrich Sauerwein an Annemarie H. v. 13.6.1948 und den Brief von Josef Gith an dieselbe v. 25.7.1948).

445 Brief v. Josef Gith an Annemarie H. v. 25.7.1948.

446 Vgl. die Briefe von Sauerwein und Gith (wie vorst.) sowie den Brief v. Rudhard Enders an Dr. med. Helmut H. v. 28.5.1948.

447 Brief v. Josef Gith an Annemarie H. v. 25.7.1948.

448 Vgl. S. 84 f.

449 Hörles »Bescheinigung« v. 9.11.1945 ist im Editionsteil abgedruckt.

450 Brief v. 15.7.1946.

451 Die deutschen Ausfertigungen der Erklärung und der Bescheinigung Ciecioras, beide v. 22.7.1946, sind im Editionsteil abgedruckt.

452 Vgl. Briefe v. 7.10., 19.11., 31.12.1946 u. 5.1.1947. Daß er sie überhaupt erhielt, ist belegt durch den Bericht des ehemaligen Mitgefangenen Klaus Wagner (vgl. seinen Brief an Annemarie H. v. ca. Anfang 1949).

453 Das Schriftstück ist nicht überliefert. Der Vorgang an sich ist zunächst durch den Brief von Annemarie H. an Wolfgang Werner v. 29.3.1950

bekannt, die sich dabei wohl auf mündliche Berichte von heimgekehrten Mitgefangenen ihres Mannes stützte. Später wurde der Sachverhalt auch durch Herbert Christian Meyer-Reicheneck in seinem Brief an Helmut H. v. 12.11.1950 bestätigt, der ihn unmittelbar von H. selbst erfahren hatte.

454 Das Bittgesuch ist im Editionsteil abgedruckt.

455 Belegt ist die gemeinsame Reise nach Ost-Berlin durch stichwortartige Notizen in Annemarie H.s Notizkalender (nicht ediert) sowie durch die mündliche Überlieferung ihrer Kinder.

456 Notiz v. 31.10.1947 im Notizkalender vom Annemarie H. (nicht ediert).

457 Brief v. 2.6.1948.

458 Das genaue Datum geht aus seiner Kriegsgefangenen-Akte hervor (vgl. Anm. 413).

459 Brief v. Josef Gith an Annemarie H. v. 26.8.1948.

460 2. Brief v. 29.5.1948.

461 Das genaue Datum ist durch H.s Brief an Rudhard Enders v. 15.10.1948 (nicht ediert) belegt; vgl. auch seinen Brief an die Familie v. 15.10.1948 und den Brief v. H. J. von Knoblauch an Annemarie H. v. 15.11.1948.

462 Zum Zeitpunkt des Rückfalls am 26.9.1948: 220; am 15.10.1948: 170; am 5.11.1948: 150-170; am 10.12.1948: 200; am 1.3.1949: 170; am 24.5.1949: 200 (Auszüge aus H.s jeweiligen Briefkarten).

463 Hierin wie im folgenden vgl. Hilger, Faustpfand im Kalten Krieg, S. 211-271.

464 Hilger, Faustpfand im Kalten Krieg, S. 224.

465 Das Protokoll der Vernehmung v. 29.5.1949 ist wie auch die Verhörprotokolle des Jahres 1945 im Archiv des Generalstaatsanwaltes der Republik Belarus (Weißrußland) überliefert und stand dem Hrsg. als Fotokopie zur Verfügung. Im Unterschied zu den Protokollen des Jahres 1945 wurde es nicht von Hosenfeld selbst, sondern durch den anwesenden Übersetzer in sehr mangelhaftem Deutsch handschriftlich verfaßt. Deshalb und wegen des geringen Quellenwertes wurde auf seine Edition verzichtet.

466 Brief v. 5.7.1949.

467 Brief v. 24.5.1949.

468 Brief v. 5.7.1949.

469 Brief v. 16.9.1949.

470 Der Haftbefehl v. 14.12.1949 (nicht ediert) ist in der Kriegsgefangenen-Akte von H. überliefert (vgl. Anm. 413). Die Untersuchungshaft im »Isolator« wird auch durch andere Quellen bestätigt: vgl. Brief v. Annmarie H. an Wolfgang Werner v. 29.3.1950 und Brief v. Hans Christian Meyer-Reicheneck an Helmut H. v. 12.11.1950.

471 Das Durchsuchungsprotokoll v. 21.12.1949 (nicht ediert) ist in der Kriegsgefangenen-Akte von H. überliefert (vgl. Anm. 413).

472 Eine eigentliche Anklageschrift ist nicht überliefert. Gewisse Formulierungen sprechen dafür, daß der Haftbefehl selbst möglicherweise diese Funktion erfüllte.

473 Vgl. Brief v. Annmarie H. an Wolfgang Werner v. 29.3.1950 und Brief v. Hans Christian Meyer-Reicheneck an Helmut H. v. 12.11.1950.

474 Die Verfügung v. 22.12.1949 (nicht ediert) ist in der Kriegsgefangenen-Akte von H. überliefert (vgl. Anm. 413).

475 Vgl. Brief v. Hans Christian Meyer-Reicheneck an Helmut H. v. 12.11.1950.

476 Ebd.

477 Das Urteil v. 27.5.1950, überliefert in der Kriegsgefangenen-Akte von H. (vgl. Anm. 413), ist nachfolgend unter diesem Datum ediert. – Ich danke Karin Hepp und Dr. Sergej Lipatov für die freundliche Hilfe bei Übersetzung und Interpretation des Urteilstextes.d

478 Das Revisions-Urteil ohne Datum (nicht ediert) ist in der Kriegsgefangenen-Akte von H. überliefert (vgl. Anm. 413).

479 Eine entsprechende, förmliche Aktennotiz v. 3.6.1950 (nicht ediert) ist in der Kriegsgefangenen-Akte von H. überliefert (vgl. Anm. 413).

480 Vgl. Brief v. Hans Christian Meyer-Reicheneck an Helmut H. v. 12.11.1950.

481 Diese ungefähre Zeitpunkt ist sicher überliefert im Brief v. Nikolaus Daniel an Annemarie H. v. 27.10.1953.

482 Zum Straflager Stalingrad vgl. die ausführliche Darstellung bei Hilger, Deutsche Kriegsgefangene, S. 335-353.

483 Vgl. Brief v. Nikolaus Daniel an Annemarie H. v. 27.10.1953.

484 Allgem. zum Spezialhospital 5771 vgl. Hilger, Deutsche Kriegsgefangene, S. 170 f. u. 338 f.

485 Vgl. Brief v. Nikolaus Daniel an Annemarie H. v. 27.10.1953.

486 Vgl. S. 82.

487 Brief von Leon Warm-Warczyński an Władysław Szpilman v. 16.11.1950.

488 Zit. nach Szpilman; vgl. Banasiak/Piątkowska, Robinson.

489 Ebd.

490 Von der Appellation selbst ist sonst nichts bekannt. Nur der offizielle, abschlägige Bescheid des »Höchsten Gerichts« v. 12.4.1951 (nicht ediert) mit H.s eigenhändiger Empfangsbestätigung v. 16.5.1951 ist in dessen Kriegsgefangenen-Akte überliefert (vgl. Anm. 413).

491 Brief v. 26.5.1951.

492 Brief v. 15.7.1951.

493 Vgl. ebd.

494 Das stimmt in etwa auch mit der Schilderung von Nikolaus Daniel in seinem Brief an Annemarie H. v. 27.10.1953 überein.

495 Ebd.

496 Vgl. Brief v. 19.10.1941.

497 Überliefert in H.s Kriegsgefangenen-Akte (vgl. Anm. 413).

498 Brief v. Nikolaus Daniel an Annemarie H. v. 27.10.1953.

Anmerkungen zu »Erster Weltkrieg«

1 Überliefert in H.s Notizbuch »Erinnerungen aus dem Feld« (1917).

2 H. hatte von 2.5.1913 bis 8.8.1914 das katholische Schullehrerseminar in Fulda besucht, um zum Volksschullehrer ausgebildet zu werden. Die regulär dreijährige Ausbildung verkürzte sich für ihn erheblich durch die Möglichkeit, infolge seiner freiwilligen Meldung als Soldat nach Ausbruch des Ersten Weltkrieges eine vorgezogene (»Not«-) Reifeprüfung ablegen zu können.

3 Mit seinen Kriegserklärungen an Rußland (1.8.1914) und Frankreich (3.8.1914) hatte das Deutsche Reich an der Seite Österreich-Ungarns den Ersten Weltkrieg ausgelöst. Das Phänomen allgemeiner Kriegsbegeisterung (»Augusterlebnis«) in Deutschland auf den Kriegsausbruch hin, wofür H.s Äußerungen repräsentativ zu sein scheinen, wird inzwischen differenzierter gesehen; manchem erscheint es gar nur als ideologisch motiviertes Konstrukt der Nachzeit, das bald zum Mythos wurde. Einigermaßen fest steht, daß eine eigentliche Kriegs-Euphorie im wesentlichen auf eine (groß-)städtische, dabei hauptsächlich bürgerliche Bevölkerungsminderheit beschränkt blieb. Vgl. Mommsen, Urkatastrophe, S. 35 f. und allg. Verhey, Der »Geist von 1914«.

4 Martin Hosenfeld (1890-1979), Student der Chemie.

5 Ulanen: leichte Kavallerie (Reiter-Truppe) mit der für sie typischen Lanzen-Bewaffnung.

6 Dragoner: Schwerbewaffnete und gepanzerte Schlachten-Kavallerie; Husaren: Leichtbewaffnete Kavallerie (Reiter-Truppe) überwiegend für Aufklärungszwecke.

7 Das belgische West-Flandern erlebte Ende Oktober bzw. Mitte November 1914 zwei der größten, jeweils mehrere Tage dauernden und erbittert geführten Einzel-Schlachten des Ersten Weltkrieges. Ende Oktober verfolgte die deutsche Führung noch die Absicht, mit dem Angriffsschwerpunkt um die flandrische Stadt Ypern bis zur Kanalküste durchzubrechen. Auf diese Weise sollte die französisch-britisch-belgische Front doch noch überwältigt werden, nachdem im September 1914 die deutsche Offensive im Westen an der Marne aufgehalten worden war. Unter großen Menschenverlusten scheiterten sowohl dieser größere Ansatz wie auch das bescheidenere Vorhaben Mitte November, wenigstens den Frontbogen bei Ypern zu zerschlagen und die Stadt selbst zu erobern. Vgl. Enzyklopädie Erster Weltkrieg, S. 489 f. (Artikel »Flandern«) u. S. 973 f.

(Artikel »Ypern«); Otto/Schmiedel, Der erste Weltkrieg, S. 96–98. – Der Einsatz des frisch auf dem Kriegsschauplatz eingetroffenen Reserve-Infanterie-Regiments Nr. 235, zu dem H. nach seiner Grundausbildung versetzt worden war, erfolgte während der zweiten Flandern-Schlacht im Abschnitt vor Ypern bei den Dörfern Westroosebeke und Poelcapelle.

8 Französischer Name der westflandrischen Stadt Roselare.

9 Thomas Mihm, ein früherer Schulkamerad aus dem Heimatdorf Makkenzell und später Schwager von H.

10 Individuelle Personalnummer des Soldaten, die mit der Anlage einer militärischen Personalakte (»Stammrolle«) im Rahmen der Musterung vergeben wurde. Üblicherweise wurde diese Nummer in eine metallene Erkennungsmarke eingeprägt, die – stets um den Hals getragen – die Identifizierung des Soldaten im Falle des Todes oder schwerer Verwundung ermöglichen sollte.

11 An der Seite getragene Stichwaffe für den Nahkampf, durch eine spezielle Vorrichtung auch als Bajonett für das Gewehr verwendbar.

12 Wort unleserlich.

13 Gemeint ist das Anbringen des Seitengewehrs als Bajonett am Gewehr in Vorbereitung auf Sturmangriff und Nahkampf.

14 Dünn besetzte Voraus-Linie von Soldaten vor den mit einigem Abstand nachrückenden Hauptkräften einer angreifenden Kompanie.

15 Wie aus anderem Zusammenhang hervorgeht, sind damit Soldaten der »Goslarer Jäger« gemeint, eines Elite-Bataillons der preußischen Armee.

16 Robert Malkmus, Volksschullehrer in der Gegend von Hanau.

17 H. schrieb den Brief aus dem Malteser-Lazarett in Aachen.

18 Artilleriegranate mit Kugelfüllung.

19 Zum Wandervogel vgl. die Aufzeichnung v. Oktober 1917 im Kapitel »Zwischen den Weltkriegen«. – Über die Begegnung mit dem schwerverwundeten Göttinger veröffentlichte H. eine Erzählung in der Verbandszeitung »Alt-Wandervogel«. Heimatblatt für den Kreis Hessen-Weserland, Jgg. 9 (1917), Heft 5–7 (Mai), S. 41 f. (nicht ediert).

20 Gemeint ist ein »Gautag« der Vereinigung des Alt-Wandervogels an Ostern 1914 auf Burg Hanstein bei Witzenhausen.

21 Überliefert in H.s »Tagebuch 1917«.

22 Infolge des unentschiedenen Ausgangs der beiden großen Flandern-Schlachten vom Herbst 1914 (vgl. Aufzeichnung v. November 1917) waren die Kämpfe an der Westfront weitgehend zu einem Schützengraben-Krieg erstarrt. In einer Offensive ab dem 22. April 1915 versuchte die deutsche Seite erneut – dabei auch wieder das Reserve-Infanterie-Regiment Nr. 235 mit H. –, die wichtige Frontstadt Ypern einzunehmen. Eröffnet wurde der Angriff diesmal durch den ersten Großeinsatz chemischer Kampfstoffe gegen die damals noch schutzlosen Verteidiger. Dennoch erreichte er, abgesehen von wenigen Kilometern Geländegewinn, sein eigentliches Ziel unter beiderseits großen Verlusten abermals nicht. Vgl. Enzyklopädie Erster Weltkrieg, S. 490 f. (Artikel »Flandern«); Otto/Schmiedel, Der erste Weltkrieg, S. 151 f. –

Als »verhaßt« galten die Engländer infolge ihres Kriegseintritts auf seiten der Entente am 4.8.1914. In den Augen der deutschen Zeitgenossen war Großbritannien damit den Mittelmächten in den Rücken gefallen. Das Schlagwort vom »perfiden Albion« wurde, nachdem es sich bereits im 19. Jahrhundert in Deutschland verbreitet hatte, endgültig zum abwertenden Synonym für bzw. Kampfbegriff gegen das britische Empire. Vgl. Enzyklopädie Erster Weltkrieg, S. 328 (Artikel »Albion«).

23 Vgl. vorst. Brief v. 2.5.1915.

24 Dieser Satz ist mehrfach mißverständlich. Mit »wir« meint H. ganz allgemein die deutsche Seite, nachdem er selbst bereits am 24. April verwundet aus den Kämpfen ausgeschieden war. Tatsächlich kam der deutsche Angriff Anfang Mai unmittelbar vor dem Dorf St. Jean zum Stehen und damit nur noch 2,5 km vom Stadtzentrum von Ypern entfernt. Das Gebiet vor St. Jean auf der Linie zwischen Poelcapelle und Langemarck, wo die deutschen Ausgangsstellungen am 22. April gelegen hatten, befand sich damit in deutscher Hand.

25 Überliefert in H.s »Tagebuch 1917«.

26 Der russische Erfolg (»Brussilow-Offensive«) gegen die österreichisch-ungarische Front auf dem Balkan im August 1916 hatte Rumänien am 27.8.1916 veranlaßt, gegen die verbündeten Mittelmächte Deutschland und Österreich-Ungarn in den Krieg einzutreten. Daraufhin hatte die deutsche Führung zur Stabilisierung der Lage auf dem Balkan eine neue Armee unter General Erich von Falkenhayn (1861-1922) aufgestellt. In einem gemeinsamen Feldzug mit der österreichisch-ungarischen Armee schlug sie ab September 1916 die bereits nach Siebenbürgen und damit auf ungarisches Territorium vorgedrungenen rumänischen Streitkräfte wieder über die Transsilvanischen Alpen zurück. In Fortsetzung dieser Offensive eroberten die Mittelmächte schließlich bis Anfang 1917 fast ganz Rumänien. Vgl. Enzyklopädie Erster Weltkrieg, S. 804-807 (Artikel »Rumänien«); Otto/Schmiedel, Der erste Weltkrieg, S. 272-278.

27 Ein Dorf der »Siebenbürger Sachsen«, einer deutschen Minderheit in Siebenbürgen, deren dortige Ansiedlung auf die deutsche Ostkolonisation des 12. Jahrhunderts zurückgeht. Mit königlich ungarischen Privilegien ausgestattet, konnten sie hier bis ins 19. Jahrhundert hinein eine starke kulturelle wie politische Autonomie bewahren.

28 Hermannstadt (heute rumänisch: Sibiu), Hauptstadt Siebenbürgens mit bedeutender deutschstämmiger Minderheit; politisches, wirtschaftliches und kulturelles Zentrum der Siebenbürger Sachsen.

29 Leichte Kavallerie (Reiter-Truppe) mit der für sie typischen Lanzen-Bewaffnung.

30 Leichte Kavallerie (Reiter-Truppe) der königlich-ungarischen Landwehr (»Honved«).

31 Einachsige Lenkwagen, auf denen Feldartillerie-Geschütze für die Dauer des Marsches aufgebockt und von denen sie vor dem Einsatz wieder »abgeprotzt« wurden.

32 Hauptverbindung über die Transsilvanischen Alpen zwischen Siebenbürgen und der Walachei, ca. 30 km südlich von Hermannstadt.

33 Im Original irrtümlich: »1917«.

34 Der Unterlauf des Flusses Düna zwischen Dünaburg und Riga markierte Ende 1915 etwa den Verlauf der Ostfront zwischen Deutschland und Rußland.

35 Gemeint ist die Stadt Rimnicul-Sarat, ca. 100 km nordöstlich von Bukarest.

36 Überliefert in H.s »Tagebuch 1917«.

37 Hölzerne Stange eines Pferdegeschirrs.

38 Nicht zu entschlüsseln.

39 Gemeint ist das rumänische Wort »foc« (Feuer).

40 Überliefert in H.s »Tagebuch 1917«.

41 Gemeint ist die 76. Reserve-Divison.

42 Überliefert in H.s »Tagebuch 1917«.

43 (Offiziers-)Bursche.

44 Bezeichnung für den einfachen Infanteristen in den preußisch-deutschen Streitkräften bis zum Ersten Weltkrieg.

45 Vgl. nachst. Aufzeichnung v. Oktober 1917.

Anmerkungen zu »Zwischen den Weltkriegen«

1 Überliefert in H.s »Tagebuch 1917«.

2 Alternative bürgerliche Jugendbewegung, die im wilhelminischen Deutschland um die Jahrhundertwende entstand. In ihrer unpolitischen Flucht vor der industriellen Moderne und deren zivilisatorischen Auswirkungen verband die »Wandervögel« das gemeinsame Erlebnis der Natur abseits der Städte. H. hatte bereits als 15- oder 16jähriger Schüler zu dieser Bewegung gefunden. Seine Wandervogel-Leidenschaft bewahrte er sich weit über den Ersten Weltkrieg hinaus. Wie seine Aufzeichnung vom Oktober 1917 widerspiegelt, war die ursprüngliche Jugendbewegung bereits während des Weltkrieges einer starken Politisierung und politischen Polarisierung unterworfen, die sie dann nach dem Krieg schnell in einzelne, parteipolitisch orientierte Jugendbünde zerfallen ließ. Vgl. allgemein: Laqueur, Die deutsche Jugendbewegung.

3 Im Original unterstrichen.

4 Otger Gräff (1893-1917), charismatischer Wandervogel-Führer und politischer Aktivist mit radikaler völkischer und auch antisemitischer Orientierung; Gründer des rechtsextremen »Greifen«-Bundes und des »Jungdeutschen Bundes«; bald nachdem Gräff auf der von H. beschriebenen Wandervogel-Tagung für seine Bewegung geworben hatte, fiel er als Leutnant im Ersten Weltkrieg. Vgl. Laqueur, Die deutsche Jugendbewegung, S. 119-125.

5 Gemeint ist möglicherweise Dr. phil. Karl Koetschau (1868-1949), Kunsthistoriker und Direktor bedeutender Kunstmuseen bzw. -sammlungen in Coburg, Dresden, Weimar, Berlin und Düsseldorf.

6 Im Original untersrichen. Willi Bohne (1894-?), Mitglied im »Alt-Wandervogel« und »Wandervogel e.V.«, Ortsgruppe Halle/Saale.

7 Wahrscheinlich Karl Rienits, Mitglied im »Wandervogel e.V.«, Ortsgruppe Jena.

8 Der Brief ist nur als Entwurf in H.s Wandervogel- und Schultagebuch (1918-1928) überliefert, zudem ohne Anrede, so daß die Adressaten nicht völlig sicher feststehen.

9 Überliefert in H.s Wandervogel- und Schultagebuch (1918-1928).

10 Wie vorst. Anm.

11 »Erlkönig« (1783), Gedicht von Johann Wolfgang von Goethe (1749-1832).

12 Überliefert in Hs. Notizbuch »Fortbildungsschule« (1924-1939). – Diese u. folgende kursive Hervorhebungen sind im Original unterstrichen.

13 Vgl. Anm. 19.

14 Wilhelm von Polenz (1861-1903), sozialkritischer Schriftsteller des deutschen Naturalismus.

15 Erzählung des russischen Schriftstellers Leo N. (Graf) Tolstoi (1828-1910), die in Form eines modernen Märchens die menschliche Habgier anprangert.

16 Lesung unsicher.

17 »Lösche den Funken, eh' er zur Flamme wird«; Erzählung des russischen Schriftstellers Tolstoi (vgl. vorst. Anm.), der mit ihr die moralische Botschaft bzw. Aufforderung verband, das Böse rechtzeitig zu beseitigen.

18 Die »Staatsbürgerkunde« war durch Artikel 148 der Reichsverfassung von 1919 (»Weimarer Verfassung«) als neues Lehrfach im Schulunterricht eingeführt worden.

19 Die Fortbildungsschule diente der dreijährigen berufsspezifischen und allgemeinen Weiterbildung der Volksschüler nach ihrer Schulentlassung. Sie war aus der Sonntagsschule früherer Zeiten hervorgegangen und erhielt erst im Lauf des 19. Jahrhunderts beruflich-fachlichen Charakter. Seit 1920 hieß sie offiziell bereits nicht mehr Fortbildungs-, sondern Berufsschule. Obwohl in der Reichsverfassung (Art. 145) festgeschrieben, bestand auch Ende der 20er Jahre noch keine einheitliche Berufsschulpflicht in Deutschland. Die Kultushoheit der Länder führte dazu, daß in Preußen die Einrichtung von Berufsschulen den Gemeinden überlassen war. In ihrer Form als ländliche oder landwirtschaftliche Berufsschule, wie sie auf Initiative von H. auch im Dorf Kassel gegründet wurde, existierte sie meist nur über das Winterhalbjahr.

20 Erst mit der einschneidenden Währungsreform vom Oktober/November 1923 war es gelungen, die Hyperinflation der Jahre 1922/23 in Deutschland zu beseitigen. Als bereits stabile Zwischenlösung war damals die »Rentenmark« eingeführt worden, die dann am 30.8.1924 durch die »Reichsmark« abgelöst wurde.

21 Überliefert in H.s Notizbuch »Grundschule Wilm Hosenfeld«. H. hielt die Rede am 31.3.1924 zur Einschulung für das Schuljahr 1924/25.

22 Überliefert in H.s Wandervogel- und Schultagebuch (1918-1928). – Nachfolgende kursive Hervorhebungen sind im Original unterstrichen.

23 Überliefert in H.s Wandervogel- und Schultagebuch (1918-1928).

24 Überliefert in H.s Notizbuch »Vorbereitungen und Unterrichtsüberlegungen« (1928-1937). – Nachfolgende kursive Hervorhebungen sind im Original unterstrichen.

25 Werner Beumelburg (1899-1963), mit historischen Sachbüchern und Kriegsromanen über den Ersten Weltkrieg erfolgreicher Autor der 20er und 30er Jahre (»Die Gruppe Bosemüller«, »Sperrfeuer um Deutschland«, »Bismarck gründet das Reich«). Als ein Hauptvertreter dieses Genres genoß er im »Dritten Reich« hohes Ansehen. Bei seiner 1923 in erster Auflage erschienenen Darstellung der symbolträchtigen Kämpfe des Jahres 1916 um das Fort Douaumont bei Verdun handelt es sich um ein nur

dem Anspruch nach populärwissenschaftliches, tatsächlich jedoch tendenziöses und den Krieg verklärendes Werk, herausgegeben vom Reichsarchiv in der Reihe »Schlachten des Weltkrieges in Einzeldarstellungen«.

26 Überliefert in H.s Notizbuch »Vorbereitungen und Unterrichtsüberlegungen« (1928-1934). – Nachfolgende kursive Hervorhebungen sind im Original unterstrichen.

27 Gemeint sind die aufeinander folgenden Präsidentschaften von Friedrich Ebert (1919-1925) und Paul von Hindenburg (1925-1934).

28 Überliefert in H.s Notizheft »Gedenkfeier zum Volkstrauertag 1932«. Aus dem Entwurf rekonstruierte Endfassung. Der Entwurf beinhaltet mehrere, von H. entsprechend angemerkte Umstellungen von Textteilen für die Endfassung. Unter Berücksichtigung dieser Umstellungen sowie unter Weglassung von Textbausteinen, die für die Endfassung ganz offensichtlich keine Verwendung mehr fanden, ergab sich die nachfolgend rekonstruierte Endfassung. Von ihr ist keine eigentliche Reinschrift erhalten.

29 Der Volkstrauertag 1932 fiel auf den 20. Februar (vgl. Anm. 70).

30 Wort am Seitenrand nachgetragen, ohne das vorherige zu streichen.

31 Wort über der Zeile nachgetragen ohne genaue Zuordnung.

32 Wort über der Zeile nachgetragen ohne genaue Zuordnung.

33 Über der Zeile nachgetragen: »manche«.

34 Satz am Seitenrand nachgetragen ohne genaue Zuordnung.

35 An dieser Stelle der Rede war offenbar vorgesehen, die Namen der gefallenen Gemeindemitglieder zu verlesen.

36 Offensichtlich orientiert sich der inhaltliche Aufbau dieses Teils von H.s Rede an den letzten beiden Strophen des »Lieds der Deutschen« von Hugo Hoffman von Fallersleben (1798-1874), das seit dem 11.8.1922 der Text der deutschen Nationalhymne war.

37 Im Original ist an dieser Stelle nachgetragen: »Das deutsche Volk ... zerrissen« – ein Hinweis auf jenen späteren Textteil des Entwurfes, der in der vorliegenden Edition im Sinne des Verfassers gleich unmittelbar anschließt.

38 Im Original folgt an dieser Stelle der Entwurf für den Schlußteil ab »Solange die Generation ...« bis »... zusammenhalten« (siehe unten), zudem weitere Versatzstücke, die vom Verfasser dann offenbar nicht mehr für die Endfassung vorgesehen waren und deshalb auch nicht in die vorliegende Edition eingingen.

39 Dieser Absatz ist von einer früheren Stelle im Entwurf an diesen Platz in der Endfassung verwiesen (vgl. vorst. Anm.).

40 Überliefert in der »Schulchronik von Thalau« als handschriftliche Eintragung von H. – Nachfolgende kursive Hervorhebungen sind im Original unterstrichen.

41 Der Erntedanktag, vom NS-Regime 1934 aus ideologischen Gründen zum gesetzlichen Feiertag aufgewertet, fiel nach dem Kirchenkalender in diesem Jahr auf den 30. September. Bereits seit 1933 (und noch bis 1938) wurde alljährlich an diesem Tag ein zentrales »Reichserntedankfest« in Anwesenheit Hitlers auf dem Bückeberg bei Hameln unter

großem Gepränge begangen, das sich damit noch vor den Reichsparteitagen und den Feiern zum 1. Mai als größte regelmäßige Massenveranstaltung des »Dritten Reiches« etablierte. Die Anregung, die H. hieraus für sein eigenes Vorhaben bezog, ist unübersehbar.

42 Vertreter der Ortsbauernschaft, der kleinsten Organisationseinheit des »Reichsnährstandes«, einer vom NS-Regime begründeten Selbstverwaltungsorganisation der deutschen Ernähungswirtschaft, die zwangsweise alle auf diesem Gebiet tätigen Personen und Betriebe umfaßte.

43 Kirchenzeitung des Bistums Fulda.

44 Vgl. Notiz vom 9.2.1936.

45 Die »Volksabstimmung« fand am 19.8.1934 statt. Sie war nach dem Tod des Reichspräsidenten von Paul Hindenburg am 2.8. anberaumt worden. Dessen Ableben erwartend, hatte Hitler allerdings bereits am 1.8. per Gesetz die Ämter des Reichspräsidenten und des Reichskanzlers in seiner Person als »Führer und Reichskanzler« vereinigen lassen. Durch die Abstimmung wollte sich Hitler also nur noch bestätigt sehen. Die Zustimmung von »nur« knapp 90 Prozent, wie sie auch das Thalauer Wahlergebnis in etwa widerspiegelt, empfand er schließlich als enttäuschend.

46 Überliefert in der »Schulchronik von Thalau« als handschriftliche Eintragung von H.

47 Mit dieser etwas verkürzten Darstellung gemeint ist die der »Reichsjugendführung der NSDAP« unterstehende Hitler-Jugend (HJ.) mit ihren Untergliederungen für Jungen von 10 bis 18 Jahren und Mädchen von 10 bis 21 Jahren. Dem »Deutschen Jungvolk in der Hitler-Jugend« (DJ.) waren die Jungen von 10 bis 14 Jahren, dem »Jungmädelbund in der Hitler-Jugend« (JM.) die Mädchen von 10 bis 14 Jahren zugeordnet. Neben der Hitler-Jugend waren die noch bestehenden katholischen Jugendverbände infolge des von der nationalsozialistischen Politik ausgehenden Anpassungsdrucks damals bereits zur Bedeutungslosigkeit verurteilt. Ihre endgültige Ausschaltung erfolgte mit dem »Gesetz über die Hitler-Jugend« vom 1.12.1936, der diese auch formal zur »Staatsjugend« und damit zum alleinigen »Erziehungsträger« neben Elternhaus und Schule erhob. Eine förmliche »Jugenddienstpflicht« in der HJ wurde erst 1939 durch Verordnung eingeführt. Vgl. Klönne, Jugend im Dritten Reich, S. 226 f.

48 Maxime der nationalsozialistischen Jugenderziehung, wie sie u.a. Reichsjugendführer Baldur von Schirach (1907-1974) in seiner Erklärung vom 2.12.1936 zum »Gesetz über die Hitler-Jugend« (abgedr. bei Gamm, Führung und Verführung, S. 306-308) unter Berufung auf Hitler zum Ausdruck gebracht hatte.

49 Offizielle Bezeichnung für die Mitglieder im »Deutschen Jungvolk«.

50 Ein Abkommen zwischen Reichserziehungsministerium und »Reichsjugendführung der NSDAP« vom 1.8.1934 hatte den Samstag als »Staatsjugendtag« bestimmt. Angehörige der Hitler-Jugend waren an diesem Tag vom Schulunterricht befreit, genossen statt dessen im Rahmen ihrer Or-

ganisation »staatspolitische Erziehung«. In der Praxis beinhaltete diese im wesentlichen Sport und Wandern. Zur Abschaffung des »Staatsjugendtages« siehe Eintragung in die Schulchronik v. 20.9.1935. Vgl. Keesings Archiv der Gegenwart, 1934, S. 1471, 1475, 1557.

51 Joseph Goebbels (1897-1945), Reichsminister für Volksaufklärung und Propaganda im »Dritten Reich«, Autor des Buches »Vom Kaiserhof zur Reichskanzlei. Eine historische Darstellung in Tagebuchblättern. Vom 1. Januar 1932 bis zum 1. Mai 1933« (1934).

52 John Galsworthy (1867-1933), englischer Romanschriftsteller, Nobelpreis für Literatur 1932, sozialkritischer Schilderer der englischen Gesellschaft. Fälschlicherweise hat ihn H. für den Autor der Novelle »Der Heilige« gehalten und insofern mit dem Schweizer Schriftsteller Conrad Ferdinand Meyer (1825-1898) verwechselt.

53 Gemeint ist der zweistündige Dokumentarfilm »Triumph des Willens« über den 6. Reichsparteitag der NSDAP in Nürnberg 1934, bei dem Leni Riefenstahl (1902-2003) auf besonderen Wunsch Hitlers die Regie führte. Das 1935 uraufgeführte Werk gilt bei aller berechtigten Kritik wegen seiner Verherrlichung des »Dritten Reiches« noch heute als ein Meilenstein der Filmkunst.

54 Untergliederung der Hitler-Jugend (vgl. Aufzeichnung v. 20.9.1935).

55 Vgl. vorst. Anm. – Eine Schar bestand aus etwa 40 bis 50 Mädchen.

56 Gemeint ist die »Reichsjugendführung der NSDAP«, deren »Kampf gegen christliche Ideale« zum einen in der Konkurrenz mit den noch bestehenden kirchlichen Jugendverbänden begründet lag, zum anderen im größeren Zusammenhang mit dem seinerzeit aktuellen »Kirchenkampf« des NS-Regimes stand (vgl. Notizen v. 21.5., 30.8., 27.9.1936 u. 17.1.1937).

57 H. gehörte seit dem 15.4.1933 der Sturmabteilung (SA) der NSDAP an, zuletzt im Rang eines Scharführers (Unteroffizier).

58 Gemeint ist die Hitler-Jugend (vgl. Aufzeichnung v. 20.9.1935).

59 Gemeint sind die wenigen noch nicht in der Hitler-Jugend organisierten Schulkinder, für die am Samstag, dem »Staatsjugendtag« (vgl. Eintragung in die Schulchronik v. 20.9.1935), vormittags weiterhin Schulunterricht und nachmittags Sport vorgesehen war.

60 Der Ortspfarrer von Thalau. Die Kuratie (Pfarrsprengel) umfaßte neben Thalau auch die Nachbardörfer Altenhof und Stellberg.

61 Versammlungsabende des »Katholischen Jungmännerverbandes Deutschlands« (KJMV). Der Verband war gerade in jenen Monaten das Ziel nationalsozialistischer Verfolgung durch die Geheime Staatspolizei. Zahlreiche kirchliche Funktionäre, schließlich auch der Verbandspräses selbst, kamen aus fadenscheinigen Gründen in Haft. Veranstaltungen wurden seit Jahresbeginn 1936 von den Behörden nur noch unter Auflagen genehmigt, wogegen die katholische Kirche offiziell protestierte. Vgl. Besier, Die Kirchen und das Dritte Reich, S. 212-214.

62 Mit dem am 1. Januar 1934 in Kraft getretenen »Gesetz zur Verhütung erbkranken Nachwuchses« hatte das NS-Regime im Sinne seiner

Rassenideologie eine Rechtsgrundlage zur Zwangssterilisation sogenannter »erbkranker« Menschen geschaffen, die nachfolgend in Zehntausenden von Fällen auch angewendet wurde. Die deutsche katholische Bischofskonferenz lehnte das Gesetz zwar im Kern ab, versuchte sich jedoch in der Praxis seiner Durchführung mit dem Regime zu arrangieren. Vgl. Besier, Die Kirchen und das Dritte Reich, Bd 3, S. 870 f.

63 H. war seit 25.8.1933 Mitglied im Nationalsozialistischen Lehrerbund (NSLB).

64 Christian Schweikart, Gymnasiallehrer, Direktor des Staatlichen Domgymnasiums in Fulda (1935-1939), NSDAP-Stadtrat von Fulda seit 1933, Gründer und anfangs Vorsitzender des Nationalsozialistischen Lehrerbundes (NSLB) in Fulda. Vgl. Schick, Stationen der Machtübernahme, S. 237-256.

65 Name des wichtigsten israelitischen Volksstammes; im nationalsozialistischen Sprachgebrauch abwertende Bezeichnung für die Gesamtheit der Juden. Vgl. Schmitz-Berning, Vokabular, S. 22 f.

66 Etwa 15 km nordöstlich von Fulda gelegenes Dorf, heute Ortsteil der Stadt Hünfeld; Geburtsort von H.

67 Wahrscheinlich handelte es sich um eine Tagung des Nationalsozialistischen Lehrerbundes (vgl. Notizen v. 12.2. u. 20.5.1936).

68 Vgl. Notiz v. 20.5.1936. Vgl. Notiz v. 20.5.1936. – Die hier genannte »Auffassung« orientierte sich offenbar sehr stark am Hauptwerk des »NS-Chefideologen« Alfred Rosenberg, »Der Mythus des 20. Jahrhunderts«, gegen das H. bereits offen opponiert hatte (vgl. Notiz v. 2.11.1936).

69 Hans Schemm (1891-1935), Volksschullehrer, Gründer (1929) des Nationalsozialistischen Lehrerbundes (NSLB), zudem 1933 bayerischer Kultusminister, war am 5. April des Vorjahres tödlich verunglückt.

70 Es handelte sich sehr wahrscheinlich um Unterbannführer August Raab aus Neuhof vom Unterbann II.167, Hattenhof (Notiz von H. im Adressenanhang des Notizbuches 1936).

71 Der Heldengedenktag war 1934 durch die NS-Machthaber anstelle des Volkstrauertages zum Andenken an die Gefallenen des Ersten Weltkrieges als gesetzlicher Feiertag eingeführt worden. Als beweglicher Feiertag, der sich nach wie vor am Kirchenjahr orientierte, fiel er 1936 auf den 8. März. Das Regime veranstaltete alljährlich zum Heldengedenktag einen militärisch geprägten Staatsakt in Berlin. Vgl. Heitmann/Henn, Volkstrauertag.

72 Vgl. Notiz v. 9.2.1936.

73 Vgl. Notiz v. 11.1.1936.

74 H. war Mitglied im 1919 gegründeten Volksbund Deutsche Kriegsgräberfürsorge.

75 Mit seiner Rede auf einer Großkundgebung in der Berliner Deutschlandhalle eröffnete Propagandaminister Goebbels als Wahlkampfleiter den »Wahlkampf« zur Neuwahl des Reichstages, die am 29.3.1936 stattfand.

76 Größerer Verband der SA, dem H. angehörte.

77 Untergliederung des vorgen. SA-Verbandes.

78 Vgl. Notiz v. 8.2.1936.

79 Vgl. Notiz v. 6.3.1936.

80 Anspielung auf den sog. Staatsjugendtag (vgl. Aufzeichnung v. 20.9.1935).

81 Mit dieser Rede voll falscher Friedensrhetorik (abgedr. bei Domarus, Hitler, Bd 2, S. 614-616) beschloß Hitler im Rahmen einer Massenkundgebung in den Kölner Messehallen den »Wahlkampf« für die tags darauf stattfindende »Neuwahl« zum Reichstag, die ihm eine manipulierte Zustimmung von 90 Prozent bringen sollte.

82 Das Programm der ganztägigen Feierlichkeiten in Berlin zum 1. Mai – seit 1933 »Nationaler Feiertag des deutschen Volkes« – begann mit einer Jugendkundgebung im Poststadion, auf der nach Schirach und Goebbels als Höhepunkt auch Hitler eine Ansprache hielt (teilw. abgedr. bei Domarus, Hitler, Bd 2, S. 620). Am späten Vormittag nahm Hitler dann im Deutschen Opernhaus an einer Festsitzung der Reichskulturkammer teil, als deren Präsident Goebbels eine Rede hielt (als Zusammenfassung abgedr. in Keesings Archiv der Gegenwart, 1936, S. 2535). Am Nachmittag hielt Hitler schließlich die Hauptrede beim Staatsakt im Berliner Lustgarten (teilw. abgedr. bei Domarus, Hitler, Bd 2, S. 622).

83 Baldur von Schirach, 1928 Leiter des NS-Studentenbundes, 1931 »Jugendführer« und Reichsleiter der NSDAP, 1933-1940 »Jugendführer des Deutschen Reiches«, 1940-1945 Gauleiter und Reichsstatthalter von Wien.

84 Vgl. Notiz v. 8.2.1936.

85 Lesung unsicher.

86 Vgl. Notiz v. 4.3.1936.

87 Das Hirtenwort der deutschen katholischen Bischöfe von Anfang Mai 1936 war eine Antwort auf die kirchenfeindliche Politik des NS-Regimes jener Jahre. Als Trost, Zuspruch und Stärkung gemeint, richtete es sich speziell an die deutsche katholische Verbandsjugend. Ihr wurde dafür gedankt, daß sie trotz großer Pressionen (durch die nationalsozialistische Kirchenpolitik) an Glauben und Jugendarbeit festhalte. Das Regime faßte dieses Hirtenwort als Provokation auf. Vgl. Besier, Die Kirchen und das Dritte Reich, Bd 3, S. 714.

88 Josef Magnus Wehner (1891-1973), deutscher Journalist und von der Erfahrung des Ersten Weltkriegs geprägter Schriftsteller; Autor nationalistisch-völkischer, den Krieg verklärender Romane (»Sieben vor Verdun«, 1930; »Stadt und Festung Belgerad«, 1936), dem Nationalsozialismus nahestehend.

89 In Gersfeld fand, wie den nachfolgenden Notizen zu entnehmen ist, offenbar ein Lehrgang des Nationalsozialistischen Lehrerbundes statt.

90 Kreisschulrat Wittmann, Mitglied der NSDAP.

91 Von H. im übertragenen Sinn verwandter Begriff aus dem studentischen Brauchtum für ein aus besonderem Anlaß abgehaltenes feierliches Trinkgelage.

92 An diesem Sonntag wurde der Hirtenbrief der deutschen katholischen Bischofskonferenz vom 19./20. August 1936 verlesen, dem ein Entwurf des Münchener Kardinals Michael von Faulhaber (1869-1952) zugrunde lag. Die Botschaft der Bischöfe, die sich in einer gleichzeitigen Denkschrift an Hitler wiederholte, ist im wesentlichen als Versuch zu verstehen, mit dem NS-Regime zu einem Ausgleich zu gelangen, es vom anhaltenden »Kirchenkampf« abzubringen. Hierfür wurde die Bedrohung durch den Kommunismus als gemeinsame Herausforderung beschworen. Aktuellen politischen Bezug bot der gerade ausgebrochene Bürgerkrieg in Spanien. Vgl. Besier, Die Kirchen und das Dritte Reich, S. 726-728. – H.s Notiz gibt die wesentlichen Gedanken des Hirtenbriefes stichwortartig wieder.

93 Gemeint ist das am 20.7.1933 im Vatikan unterzeichnete Konkordat zwischen dem Heiligen Stuhl und dem Deutschen Reich, mit dem das Verhältnis zwischen katholischer Kirche und deutschem Staat neu geregelt worden war (abgedr. in Die Kirchen im Dritten Reich, Bd 2, S. 61-74).

94 Vgl. Aufzeichnung v. 20.9.1935.

95 H. besuchte als SA-Mann gemeinsam mit seinem jüngeren Bruder Rudolf den Reichsparteitag der NSDAP in Nürnberg. Der hier seit 1933 regelmäßig stattfindende Reichsparteitag stand 1936 für die etwa eine halbe Million Teilnehmer unter dem Motto »Reichsparteitag der Ehre« und dauerte vom 8. bis 14. September. Nach einem Auftakt am 8. September stand auf dem Tagesprogramm am 9. der »Tag der Eröffnung«, am 10. der »Tag des Reichsarbeitsdienstes«, am 11. der »Tag der Politischen Leiter«, am 12. der »Tag der Hitlerjugend«, am 13. der »Tag der SA« und am 14. September der »Tag der Wehrmacht«. Vgl. Zelnhefer, Die Reichsparteitage, S. 91-113.

96 »Der Kaiser von Kalifornien«, deutscher Historien-Spielfilm von 1936 (Regie, Drehbuch und Hauptdarsteller: Luis Trenker), ausgezeichnet mit dem Prädikat »staatspolitisch wertvoll« des Reichspropagandaministers sowie als bester ausländischer Film (»Mussolini«-Pokal) auf den Internationalen Filmfestspielen von Venedig 1936. Der Film erzählt die Tragödie des Schweizer Auswanderers Johann August Suter, der während der 30er Jahre des 19. Jahrhunderts mit idealistischer Kraft im noch unerschlossenen Kalifornien ein Imperium an Ländereien aufbaut, das bald darauf ebenso wie die Existenz seine Familie an den Folgen des Goldrausches zugrunde geht.

97 Im Bemühen, die katholische Kirche politisch zu diskreditieren, überzog das NS-Regime seit 1935 vor allem die katholischen Orden als »Hort des Internationalismus« mit Prozessen wegen angeblicher Devisen- und Sittlichkeitsvergehen. In Bezug auf letztere bildeten homosexuelle Verfehlungen in der Laiengenossenschaft von Waldbreitbach (Bistum Trier) Ausgangspunkt und Kern einer vom Regime geförderten und propagandistisch ausgeschlachteten Prozeßwelle gegen Weltgeistliche und Ordensbrüder, die sich mit Unterbrechung von Mai 1936 bis Juli 1937 hinzog. Die Kirche wehrte sich seit Juni 1936 in bi-

schöflichen Kanzel-Botschaften (»Hirtenbrief«) dagegen. Vgl. allgemein Hockerts, Die Sittlichkeitsprozesse, bes. S. 48-59.

98 Hanns Johst (1890-1978), nationalsozialistischer Schriftsteller und Kulturpolitiker, 1935-1945 Präsident der Akademie für Deutsche Dichtung und der Reichsschrifttumskammer; sein Drama »Schlageter« (1930/32) verherrlicht den 1923 wegen Sabotage von der französischen Besatzungsmacht hingerichteten deutschen Freikorpskämpfer Albert Leo Schlageter (1894-1923), der vom Nationalsozialismus als »erster Soldat des Dritten Reiches« verehrt wurde.

99 Zwischen Thalau und Fulda gelegen.

100 Veraltete, bis 1921 gültige Bezeichnung für die (landwirtschaftliche) Berufsschule auf der Grundlage des bereits seit 1911 geltenden allgemeinen Berufsschulzwanges. Wie im Falle Thalaus existierte sie auf dem Land oftmals nur in Form von Winterkursen für die 15- bis 18jährigen Jugendlichen, soweit diese nicht eine höhere Schule besuchten. Für H. bedeutete die zusätzliche Lehrverpflichtung eine Möglichkeit, sein karges Gehalt aufzubessern.

101 Lehrer-Kollege G. hielt dennoch am 12.11. erstmals Unterricht in Thalau (Notiz v. 12.11.1936, nicht ediert). Vgl. hierzu auch Notiz v. 2.11.1936.

102 Vgl. Notiz v. 12.2.1936.

103 Vgl. Notiz v. 15.7.1936.

104 Vgl. Notiz v. 28.10.1936.

105 »Der Mythus des 20. Jahrhunderts« (1930), Hauptwerk von Alfred Rosenberg (1893-1946), der sich damit und in seiner Funktion als »Beauftragter des Führers für die Überwachung der gesamten weltanschaulichen Schulung und Erziehung der NSDAP« gewissermaßen zum »Chefideologen« des Nationalsozialismus profilierte. Sein Buch proklamierte eine völkisch-rassische »Blut- und Boden-Religion«, deren antichristliche Stoßrichtung den Vatikan 1934 dazu veranlaßte, es auf den Index verbotener Bücher zu setzen. Die Position und Argumentation H.s gegen Rosenbergs Machwerk stützten sich wahrscheinlich auf die Ende 1934 im Druck erschienenen »Studien zum Mythus des XX. Jahrhunderts«. Verfaßt von Geistlichen des Erzbistums Köln, versehen mit einem Geleitwort Graf Galens, Bischof von Münster, widerlegten sie Rosenberg Satz für Satz. Vgl. Besier, Die Kirchen und das Dritte Reich, Bd 3, S. 277 (bes. Anm. 898).

106 Überliefert in der »Schulchronik von Thalau« als handschriftliche Eintragung von H.

107 Mit Erlaß vom 26.12.1936 hatte der Reichserziehungsminister den Staatsjugendtag (zu ihm vgl. Eintragung in Schulchronik v. 20.9.35) abgeschafft und statt dessen wieder den lehrplanmäßigen Samstagsunterricht eingeführt. Vgl. Keesings Archiv der Gegenwart, 1936, S. 2863.

108 Entgegen den Bestimmungen des Konkordats, das am 20. Juli 1933 zwischen dem Vatikan und dem Deutschen Reich geschlossen worden war, förderte das NS-Regime die Versuche einzelner Länderregierungen, Kirche und Religion aus der Schule zu verbannen. Zum Hauptstreitpunkt

mit der katholischen Kirche entwickelte sich die vom Regime beabsichtigte, ideologisch motivierte Umwandlung der konfessionell unterschiedenen Volksschulen (»Bekenntnisschulen«), deren Bestand und Neueinrichtung durch das Konkordat (Art. 23) garantiert war, in konfessionell neutrale, sog. christliche Simultanschulen (»Deutsche Gemeinschaftsschule«). Gegen den heftigen Protest der katholischen Bischöfe in Form von offiziellen Eingaben wie auch in Predigten und Hirtenbriefen erzwang der staatliche Druck dennoch zwischen 1937 und 1939 die sukzessive Einführung der Gemeinschaftsschule in allen deutschen Ländern. Vgl. Denzler/Fabricius, Die Kirchen im Dritten Reich, Bd 1, S. 90-92.

109 Karl Weinrich (1887-1973), 1934-1944 NSDAP-Gauleiter von Kurhessen.

110 Aus taktischen Gründen – möglicherweise unter dem Einfluß der deutsch-italienischen Annäherung – hatte sich Hitler im Herbst 1936 entschlossen, den Kampf vor allem gegen die katholische Kirche einstweilen einzustellen. Äußeres Zeichen hierfür war seine Bereitschaft, den Münchener Kardinal Michael von Faulhaber am 4.11.1936 zu empfangen. Die neu verordnete Parteilinie machte sich bald auch im öffentlichen Auftreten von Parteifunktionären entsprechend bemerkbar. Vgl. Besier, Die Kirchen und das Dritte Reich, Bd 3, S. 754 f., 762 f.

111 Goebbels hatte die Rede bereits am Vortag auf einer Großkundgebung des NSDAP-Gaues Hamburg gehalten.

112 Der konziliante Ton in Goebbels' Rede entsprach ganz der von Hitler neu vorgegebenen Linie für die Kirchenpolitik des Regimes (vgl. Notiz v. 21.1.1937).

113 Gemeint ist sehr wahrscheinlich der einständige deutsche Spielfilm »Kreuzer Emden« von 1932 (Regie u. Hauptdarsteller: Ralph Louis), der auf eine Stummfilm-Urfassung von 1926 mit dem Titel »Unsere Emden« zurückgeht. Der Film heroisiert letztlich einen Schiffsverlust der kaiserlich-deutschen Marine im Ersten Weltkrieg, nämlich die Niederlage des als Handelsstörer im Indischen Ozean eingesetzten Kleinen Kreuzers »Emden« im Gefecht gegen ein australisches Kriegsschiff am 9.11.1914. – Ich danke Oberstleutnant Dr. Wolfgang Schmidt für den freundlichen Hinweis.

114 Auf den 21.2. fiel in diesem Jahr der staatliche Feiertag des Heldengedenktages (vgl. Notiz v. 8.3.1936).

115 H. war ehrenamtlicher »Luftschutz-Ortsgruppen-Obmann« des Nationalsozialistischen Lehrerbundes. Vgl. BA (ehem. BDC), NSLB, Karteikarte Wilhelm Hosenfeld. – In dieser Funktion, die sich aus der engen Zusammenarbeit zwischen NSLB und Reichsluftschutzbund in Fragen des zivilen Luftschutzes ergab, war er für die Schulung der örtlichen Bevölkerung im Rahmen der 1935 gesetzlich eingeführten Luftschutzpflicht verantwortlich.

116 Höhere Mädchenschule in Fulda, geführt vom katholischen Frauenorden der Englischen Fräulein (auch: Maria-Ward-Schwestern).

117 Katholische Ordensgemeinschaft der Jesuiten.

118 Gemeint ist die Enzyklika »Mit brennender Sorge« von Papst Pius XI., die am 21.3.1937 veröffentlicht bzw. von den Kanzeln verlesen wurde. Auf Anregung deutscher Bischöfe verfaßt, prangerte sie in deutlichen Worten die Unterdrückung der katholischen Kirche durch das NS-Regime an, verurteilte dessen Rassenpolitik und den Führerkult um Hitler. Das Regime rächte sich, nachdem es die Verbreitung der Enzyklika nicht mehr hatte verhindern können, an den beteiligten Verlagen und Druckereien und auch mit der Wiederaufnahme der Sittlichkeitsprozesse gegen katholische Priester und Ordensleute (vgl. Notiz v. 27.9.1936). Vgl. Besier, Die Kirchen und das Dritte Reich, Bd 3, S. 777-799; Denzler/Fabricius, Die Kirchen im Dritten Reich, Bd 1, S. 82-84, und Bd 2, S. 104-150.

119 Der Bischof von Fulda hatte für den 11.4.1937 eine Abstimmung über die Beibehaltung der Bekenntnisschule in den Pfarreien seiner Diözese angeordnet, an der die Eltern schulpflichtiger Kinder unmittelbar nach der Sonntagsmesse teilnehmen sollten. Über folgenden Wortlaut war abzustimmen: »Hiermit erkläre ich meinem Bischof: Ich bin für die Erhaltung der durch das Reichskonkordat vertraglich gewährleisteten katholischen Bekenntnisschule.« Auf Anweisung der Geheimen Staatspolizei wurden die Abstimmungsunterlagen nach der Wahl vielerorts beschlagnahmt. Vgl. Schick, Stationen der Machtübernahme, S. 653 f.

120 Unterste Gliederungsebene der SA, eine Formation aus wenigen SA-Männer bildend. H. bekleidete zuletzt den Rang eines SA-Scharführers (vgl. Notiz v. 19.1.1936).

121 Dienst in der größeren Formation des SA-Sturms.

122 Für H. bedeutete es eine Anerkennung, als SA-Scharführer die nächst größere Formation eines Trupps kommandieren zu dürfen.

123 Vgl. Notizen v. 17.1. und 11.4.1937.

124 Vgl. Notiz v. 27.9.1936. Die Wiederaufnahme der Sittlichkeitsprozesse war eine Reaktion des NS-Regimes auf die Veröffentlichung der päpstlichen Enzyklika »Mit brennender Sorge« (vgl. Notiz v. 21.7.1937).

125 Nachbarort von Thalau.

126 Gemeint ist Hitlers Rede während des Staatsaktes zum 1. Mai, dem »Nationalen Feiertag des deutschen Volkes«, im Berliner Lustgarten (teilw. abgedr. bei Domarus, Hitler, Bd 2, S. 689-691). Sie fiel in diesem Jahr verhältnismäßig aggressiv aus, enthielt u.a. auch Angriffe gegen die Kirchen. – Ein Satz Hitlers, wie nachfolgend von H. aus dieser Rede zitiert, ließ sich allerdings nicht verifizieren.

127 Vgl. Notiz v. 8.3.1936.

128 Gemeint sind im »Verein katholischer deutscher Lehrerinnen« (VkdL) organisierte Lehrerinnen, deren gleichzeitige Mitgliedschaft im Nationalsozialistischen Lehrerbund (NSLB) vom Regime nicht länger geduldet wurde.

129 Vgl. Notiz v. 11.4.1937.

130 Hirtenbrief des Fuldaer Bischofs Josef Damian Schmitt vom 11.5.1937 mit einer Stellungnahme zu den Prozessen gegen katholische Ordens-

angehörige (vgl. Notiz v. 27.9.1936), wie sie in ähnlicher Form in allen deutschen Diözesen um jene Zeit von der Kanzel aus erfolgte. Vgl. Hockerts, Die Sittlichkeitsprozesse, S. 163 f.

131 Friedrich Knorr, ein Freund der Familie.

132 Großbuchstaben im Original.

133 Das bischöfliche Hirtenwort stand offenbar in Zusammenhang mit dem vom Regime angeordneten »Tag des deutschen Volkstums« wenige Tage später (vgl. nachst. Redemanuskript).

134 Überliefert in H.s Notizbuch »Wilm Hosenfeld«, S. 56-60.

135 Über der Zeile nachgetragen: »Ungarn«, »Rumänien«.

136 Anspielung auf den Feldzug der Mittelmächte gegen das mit Rußland verbündete Rumänien im Ersten Weltkrieg. An diesem Feldzug hatte H. selbst in den Jahren 1916/17 teilgenommen (vgl. Aufzeichnungen v. 28. u. 29.4., 26.6. sowie Oktober 1917).

137 Wort unter der Zeile in Klammern nachgetragen.

138 Mundartliches Lied der Fuldaer Region, das an Fasnacht gesungen wird.

139 Satz am Seitenrand ohne genaue Zuordnung nachgetragen.

140 Aus der völkischen Bewegung der Jahrhundertwende hervorgegangener Verein, der sich dem Schutz des »Deutschtums« über nationale Grenzen hinweg und der Unterstützung deutscher Minderheiten in aller Welt verschrieb. 1880 als »Deutscher Schulverein« gegründet, 1908 in »Verein für das Deutschtum im Ausland« umbenannt, lag sein Arbeitsschwerpunkt zunächst in der Förderung und Gründung deutscher Schulen im Ausland. Ab 1933 ging der Verein unter dem Namen »Volksbund für das Deutschtum im Ausland« eine enge »volkstumspolitische« Verbindung mit dem Nationalsozialismus ein. Nichtsdestoweniger wurden seine Vereinsstrukturen vom NS-Regime 1937 »gleichgeschaltet«.

141 Satz bzw. Regieanweisung über der Zeile nachgetragen.

142 Karl Ehser (1893-1980), NSDAP-Kreisleiter und Bürgermeister von Fulda. Vgl. Schick, Stationen der Machtübernahme, S. 9.

143 Überliefert in H.s Notizbuch »Wilm Hosenfeld«, S. 101-104. – Nachfolgende kursive Hervorhebung sind im Original unterstrichen.

144 Gemeint ist die Rundfunkübertragung aus München von den Feierlichkeiten anläßlich des Jahrestages des 9. November 1923 (»Hitler-Putsch«).

145 Hermann Göring (1893-1945), u.a. Reichsminister für Luftfahrt und Oberbefehlshaber der Luftwaffe.

146 Julius Streicher (1885-1946), NSDAP-Gauleiter von Franken, Gründer und Herausgeber der NS-Wochenzeitung »Der Stürmer«; Protagonist eines besonderen, vulgär-radikalen Antisemitismus.

147 Die beim Hitler-Putsch in München am 9.11.1923 vorangetragene und schließlich blutbefleckte Hakenkreuz-Fahne, von den Nationalsozialisten später als Weihe-Objekt verwendet.

148 Gemeint sind Inhaber der höchsten Parteiauszeichnung der NSDAP (»Blutorden«), die Hitler 1933 ursprünglich für die aktiven Teilnehmer an seinem gescheiterten Münchener Putsch vom 8./9.11.1923 gestiftet hatte. Der Kreis der Ordensempfänger wurde 1938 allerdings erheblich aus-

geweitet und schließlich sogar ehrenhalber verliehen. Vgl. Enzyklopädie des Nationalsozialismus, S. 399; Schmitz-Berning, Vokabular, S. 117 f.

149 Offizielle Parteihymne der NSDAP (seit 1933 sogar quasi-offizieller Bestandteil der deutschen Nationalhymne), benannt nach ihrem Verfasser, dem Berliner SA-Sturmführer Horst Wessel (1907-1930), der nach seinem Tod im angeblichen Kampf für den Nationalsozialismus vor allem auf Betreiben des späteren Propagandaministers Goebbels zum Märtyrer stilisiert wurde.

150 Werner von Blomberg (1878-1946), 1933-1938 Reichswehr- bzw. Reichskriegsminister und Oberbefehlshaber der Wehrmacht.

151 Lesung unsicher.

152 Franziskaner-Kloster Frauenberg bei Fulda.

153 Vgl. Notiz v. 24.2.1937.

154 Wahrscheinlich eine Konferenz des Nationalsozialistischen Lehrerbundes (vgl. Notiz v. 12.2.1936).

155 Sturmführer Simon (vgl. Notiz v. 5.5.1938).

156 Überliefert in der »Schulchronik von Thalau« als handschriftliche Eintragung von H.

157 Mit dem Einmarsch der Wehrmacht, der auf keinen Widerstand stieß, hatte Hitler am 12.3.1938 den »Anschluß« Österreichs an das Deutsche Reich erzwungen. Ein entsprechendes »Gesetz über die Wiedervereinigung Österreichs mit dem Deutschen Reich« erließ er am folgenden Tag, dem Heldengedenktag. Zum Heldengedenktag vgl. Heitmann/Henn, Volkstrauertag.

158 Worte unleserlich, da Original schadhaft.

159 Vgl. vorst. Anm.

160 Lehrerkollege von H. aus dem Nachbardorf. Sinngemäße Rekonstruktion der Textstelle durch Hrsg.

161 Worte unleserlich, da Original schadhaft. Sinngemäße Rekonstruktion der Textstelle durch Hrsg.

162 Hitler kehrte aus Österreich zunächst nach *München* zurück, wo er am 15.3. von einer jubelnden Menge begrüßt wurde. Erst am folgenden Tag flog er weiter nach Berlin, wo ihn ein ähnlicher Empfang erwartete.

163 Aus dem Anhang des Notizbuches von 1938. – Nachfolgende kursive Hervorhebungen sind im Original unterstrichen.

164 Entwurf H.s für ein Kriegerdenkmal seiner Heimatgemeinde, der jedoch nie verwirklicht wurde. Der Entwurf ist durch eine entsprechende Handskizze von H. illustriert.

165 Überliefert in der »Schulchronik von Thalau« als handschriftliche Eintragung von H.

166 Teil einer umfangreicheren Aufzeichnung über diese Veranstaltung.

167 Kuratus Wald (vgl. Notiz v. 8.3.1936).

168 Gemeint ist der »Anschluß« Österreichs an das Deutsche Reich (vgl. Aufzeichnung v. 13.3.1938 und Notiz v. 15.3.1938).

169 Wie jedes Jahr zum 1. Mai, dem »Nationalen Feiertag der deutschen Arbeit«, veranstaltete das NS-Regime ein ganztägiges Festprogramm in

Berlin, das größtenteils im Rundfunk übertragen wurde (vgl. Notizen v. 1.5.1936 u. 1.5.1937).

170 Vgl. Anm. 45.

171 Äußeren Anlaß für dieses Gespräch dürfte die in jenen Tagen vom tschechoslowakischen Staatspräsidenten angeordnete Teilmobilmachung seines Landes gegeben haben. Grund dafür waren Gerüchte in Prag über einen unmittelbar bevorstehenden deutschen Angriff. Auch wenn diese nicht derart konkret begründet waren, strebte Hitler tatsächlich bereits seit Monaten aus ideologischen, wirtschaftlichen und strategischen Überlegungen die Einverleibung der Tschechoslowakei an. Seine militärische Weisung für diesen »Fall Grün«, die von einer Aktion im Oktober ausging, erließ er am 30.5.1938. Für Hitler spielte bei all dem das Minderheitenproblem der Sudetendeutschen in der Tschechoslowakei nur eine untergeordnete Rolle, wenngleich es nach außen hin propagandistisch hochgespielt wurde. Vgl. Das Deutsche Reich und der Zweite Weltkrieg, Bd 1, S. 638-645 (Beitrag Messerschmidt).

172 Der alljährliche Bekenntnissonntag der katholischen Jugend am Dreifaltigkeits-Sonntag, mit Jugendgottesdiensten und Feierstunden in allen Gemeinden, war 1936 von der katholischen Kirche in Deutschland eingeführt worden als eine Antwort auf den verschärften »Kirchenkampf« des NS-Regimes.

173 Kuratus Wald (vgl. Notiz v. 8.3.1936).

174 H.s Einschätzung dieses Lehrers findet heute auch aus anderer Sicht Bestätigung. Vgl. Schick, Stationen der Machtübernahme, S. 594 f.

175 Die Fahrt galt dem Besuch des Reichsparteitages der NSDAP in Nürnberg, der in diesem Jahr unter dem Motto »Parteitag Großdeutschlands« stand und bereits am 5. September begonnen hatte. Im Unterschied zu seinem ersten Parteitagsbesuch als SA-Mann zwei Jahre zuvor (vgl. Notiz v. 10.9.1936) besaß dieser Besuch in Begleitung seiner Ehefrau einen mehr touristischen Hintergrund.

176 Ein Anzeichen für die sich Ende September 1938 dramatisch verschärfende Sudeten-Krise, als sich Hitler in seinen Forderungen gegenüber der Tschechoslowakei bezüglich der Abtretung der überwiegend deutsch besiedelten Sudetengebiete unnachgiebig zeigte (vgl. Notiz v. 25.5.1938).

177 Der britische Premierminister Neville Chamberlain (1869-1940) befand sich als Vermittler in der Sudeten-Krise vom 22. bis 24.9.1938 in Bad Godesberg zu Verhandlungen mit Hitler. Am 23.9. sah er sich dessen ultimativen Forderungen an die Tschechoslowakei gegenüber, die Sudetengebiete bereits am 1.10. an Deutschland abzutreten. (Hitlers »Memorandum« und der Schriftwechsel mit Chamberlain sind abgedr. bei Domarus, Hitler, Bd 2, S. 914-921.) Hitler spekulierte dabei geradezu darauf, daß seine Forderungen von der tschechoslowakischen Regierung abgelehnt werden würden. Das wollte er zum Grund nehmen, um unverzüglich militärisch loszuschlagen.

178 Die Rede Hitlers auf einer Kundgebung im Berliner Sportpalast am 26.9.1938 (abgedr. bei Domarus, Hitler, Bd 2, S. 924-932) diente allein

dazu, seinen ultimativen Forderungen an die Tschechoslowakei nach Abtretung der Sudeten-Gebiete energisch Nachdruck zu verleihen und auch die Westmächte mit seiner Entschlossenheit in dieser Frage einzuschüchtern. Den tschechoslowakischen Staatspräsidenten Eduard Beneš beschuldigte er dabei mehrmals der Lüge.

179 Auf Vermittlung des italienischen Diktators Benito Mussolini, der hierzu von britischer Seite gewonnen worden war, hatte Hitler kurzfristig einer Viermächtekonferenz am 29.9.1938 in München zugestimmt. Auf dieser gaben die Regierungschefs von Großbritannien und Frankreich Hitlers Forderungen an die Tschechoslowakei schließlich nach, was Beneš keine Wahl mehr ließ. Hitler war über die Einigung in letzter Minute weniger erfreut, weil er auf die Ablehnung seiner Forderungen gesetzt und sich bereits die »Zerschlagung« des gesamten tschechoslowakischen Staates vorgenommen hatte. Vgl. Das Deutsche Reich und der Zweite Weltkrieg, Bd 1, S. 656-658 (Beitrag Messerschmidt). Der Text des »Münchener Abkommens« ist abgedr. bei Domarus, Hitler, Bd 2, S. 942 f.

180 Gemeint ist die Reichspogromnacht (auch »Reichskristallnacht«), Höhepunkt der Judenverfolgung in Deutschland vor dem Zweiten Weltkrieg. Auslöser war die Ermordung des deutschen Diplomaten Ernst von Rath (1909-1938) in Paris durch den 17jährigen polnischen Juden Herschel Grynszpan. Vom NS-Regime organisierter, im wesentlichen durch Propagandaminister Goebbels entfachter und von der SA angeführter »Volkszorn« hatte sich daraufhin in der Nacht vom 9./10.11.1938 entladen. Bei den Ausschreitungen in ganz Deutschland wurden nach einer offiziellen Bilanz 91 Juden getötet, 2676 jüdische Gottes- und Gemeindehäuser zerstört und 7500 Geschäfte in jüdischem Besitz verwüstet. Zudem wurden am 10.11. über 30 000 männliche Juden zum Teil anhand vorbereiteter Listen verhaftet und in Konzentrationslager verschleppt, wo es zu weiteren zahlreichen Morden kam. Die Pogromnacht war überdies Auftakt für verstärkte staatliche Anstrengungen zur Ausschaltung der deutschen Juden aus dem Wirtschaftsleben, um dadurch ihre Auswanderung zu erzwingen. Vgl. Enzyklopädie des Holocaust, Bd III, S. 1205-1210.

181 Vgl. Notiz v. 8.3.1936.

182 Johann Heinrich Pestalozzi (1746-1827), Schweizer Sozialreformer und Begründer der modernen Pädagogik

183 Überliefert in H.s Notizbuch »Wilm Hosenfeld«, S. 147 f.

184 Überliefert in H.s Notizbuch »Wilm Hosenfeld«, S. 149. – Nachfolgende kursive Hervorhebungen sind im Original unterstrichen.

185 Als Großbuchstaben im Original.

186 Vgl. Notiz v. 19.1.1936.

187 Der »Führer und Reichskanzler« Adolf Hitler stattete Kassel am 4.6.1939 einen offiziellen Besuch ab. Er hielt dort eine Rede auf dem »1. Großdeutschen Reichskriegertag« (abgedr. bei Domarus, Hitler, Bd 3, S. 1204-1208).

188 Sportfest der SA-Standarte 418 mit Sitz in Fulda. Hosenfeld gehörte seit 1937 dem 7. Sturm (vergleichbar der militärischen Formation der

Kompanie) dieser Standarte (vergleichbar dem Regiment) an (vgl. Notiz v. 3.1.1937).

189 Sohn Helmut leistete als »Arbeitsmann« landwirtschaftlichen Hilfseinsatz im Rahmen der halbjährigen gesetzlichen Reichsarbeitsdienst-Pflicht (vgl. Brief v. 9./10.4.1941).

190 Überliefert in H.s Notizbuch »Wilm Hosenfeld«, S. 165 f.

191 Vgl. Notiz v. 6.3.1937.

192 H. hatte als Feldwebel der Reserve seinen Gestellungsbefehl im Rahmen der deutschen Mobilmachung am Vortag zu Hause in Thalau erhalten. Er wurde zur 3. Kompanie des Landesschützen-Bataillons VII/ IX eingezogen, das als Mobilmachungsverband gerade erst in Fula aufgestellt wurde.

193 Vgl. Brief v. 1.9.1939.

194 Gemeint ist Dr. phil. Alfred Theodor Andreesen (1886-1944), bedeutender Reformpädagoge in der Nachfolge von Hermann Lietz (1868-1919). Seit 1911 war A. Leiter des Landerziehungsheims Schloß Bieberstein/ Rhön östlich von Fulda, von 1919 bis 1944 Oberleiter der Stiftung Deutsche Landerziehungsheime und damit aller Hermann-Lietz-Schulen. Als Reserveoffizier nahm er bereits am Ersten Weltkrieg teil. Vgl. NDB, Bd I, S. 285 f.; Reichshandbuch der Deutschen Gesellschaft, Bd 1, S. 27. – Zu Beginn des Zweiten Weltkriegs nur kurzfristig wieder zum Wehrdienst eingezogen, war er bis Ende April 1940 (vgl. Brief v. 30.4.1940) Führer jener Landesschützen-Kompanie, der auch H. angehörte.

Anmerkungen zu »Zweiter Weltkrieg. 1939«

1 Gemeint ist der Beginn des deutschen Angriffs auf Polen am 1.9.1939 um 4.47 Uhr, der den Zweiten Weltkrieg auslösen sollte. Die »Würfel« hierfür waren allerdings bereits längst »gefallen«, insofern Hitler seinen Entschluß zum Krieg gegen Polen bereits im Frühjahr 1939 gefaßt hatte. Seine entsprechende Weisung an das Oberkommando der Wehrmacht für den »Fall Weiß« datiert vom 3.4.1939. Darin war bereits der 1.9.1939 als der Tag bestimmt, an dem Deutschland kriegsbereit sein sollte. Ab 15.8. war dann die Mobilmachung angelaufen, und am 25.8.1939 hatte Hitler ein erstes Mal, und ohne Rücksicht auf die laufenden Vermittlungsbemühungen der Westmächte, den Angriff für den Folgetag befohlen. Nicht zuletzt der deutsch-sowjetische Nichtangriffspakt vom 23.8.1939 war bereits von der Eroberung Polens ausgegangen. Vgl. Das Deutsche Reich und der Zweite Weltkrieg, Bd 1, S. 809-850 (Beitrag Messerschmidt).

2 H. erweist sich mit seiner falschen Einschätzung als Opfer der NS-Propaganda, die Hitlers Aggressionspolitik gegenüber Polen vor der deutschen Öffentlichkeit geschickt zu verschleiern verstand. Hitlers heute bekannte Erklärungen gegenüber der politischen und militärischen Führung, aber auch sein Ausweichen auf die Vermittlungsversuche der Westmächte offenbaren, daß er kein wirkliches Interesse an der Erfüllung seiner ursprünglichen politischen Forderungen durch Polen (Abtretung Danzigs an das Reich, Bau exterritorialer Verkehrswege durch den »Korridor« nach Ostpreußen, Beitritt Polens zum Antikominternpakt) besaß. Er suchte geradezu die Konfrontation mit dem östlichen Nachbarn, dessen Eroberung seiner ideologischen Grundvorstellung von der Gewinnung neuen Lebensraumes im Osten entsprach. Vgl. allgemein Graml, Europas Weg in den Krieg; neuerdings: Kosmala, Der deutsche Überfall, S. 19-41.

3 Gemeint ist die positive, um Entspannung bemühte Haltung Kaiser Wilhelms II. am 28.7.1914 zur Antwort Serbiens auf das österreichische Ultimatum. Wilhelms spontane Initiative, die die Regierung in Wien veranlassen sollte, sich mit dieser Antwort zu begnügen, kam jedoch erheblich zu spät. Sie konnte das Räderwerk politischer und militärischer Mobilmachung, das hier wie da im Geist wilhelminischer »Nibelungentreue« in Gang gekommen war, nicht mehr aufhalten. – Immerhin war diese insofern überbewertete Episode dazu angetan, der

um Entlastung in der Kriegsschuldfrage bemühten Weimarer Nachkriegspolitik wertvolle Argumentationshilfe zu leisten. Vgl. Geiss, Das Deutsche Reich, S. 204-229, bes. S. 223.

4 Die Vorstellung von einer politisch-diplomatischen »Einkreisung« des Deutschen Reichs durch England hatte sich bereits im wilhelminischen Kaiserreich vor dem Ersten Weltkrieg herausgebildet. Ihr wurde das Jahr 1902 zum Fixpunkt, als sich Großbritannien einem Pakt mit dem Deutschen Reich verweigert, statt dessen einen mit Japan geschlossen und seitdem eine gegen Deutschland gerichtete Bündnispolitik eingeschlagen hatte (1904 Entente cordiale mit Frankreich, 1907 Konvention mit Rußland). Auch die offizielle Politik der Weimarer Republik hatte sich diese Sichtweise zu eigen gemacht und propagandistisch gefördert, um auf diese Weise Deutschland vom Vorwurf der Alleinschuld am Ersten Weltkrieg zu entlasten, wie sie von den Siegermächten 1919 im Versailler Vertrag festgeschrieben worden war. Am Vorabend des Zweiten Weltkrieges frischte die NS-Propaganda die Einkreisungs-Legende auf, um die Bevölkerung psychologisch für den bevorstehenden Krieg zu mobilisieren. Vgl. Geiss, Das Deutsche Reich, S. 204-229, bes. S. 214 f.; Wette, Zur psychologischen Mobilmachung, S. 218 f.

5 Zwar hatte sich der italienische Diktator Mussolini am 25.9.1939 gegenüber Hitler verweigert, als dieser die im »Stahlpakt« vom 22.5.1939 festgeschriebenen Bündnistreue Italiens für den Fall eines Angriffs der Westmächte infolge des deutschen Überfalls auf Polen einforderte. Dementsprechend blieb Italien zunächst auch neutral, bis Mussolini sich während des laufenden deutschen Westfeldzuges am 10.6.1940 dann doch dazu hinreißen ließ, Frankreich und Großbritannien den Krieg zu erklären. Jedoch mußte das französische Kalkül die militärische Bedrohung durch Italien von Anfang an bedenken. Vgl. Das Deutsche Reich und der Zweite Weltkrieg, Bd 3, S. 4-8 (Beitrag Schreiber).

6 Offenbar handelt es sich um eine Reaktion auf Hitlers »Aufruf an das deutsche Volk« vom Vortag (abgedruckt bei Domarus, Hitler, Bd 3, S. 1339-1341). Hitler antwortete damit öffentlich auf die für ihn unerwartete Kriegserklärung Großbritanniens an Deutschland. Er betonte darin seine vordem stets gezeigte Verständigungsbereitschaft und Freundschaft mit Großbritannien, nicht ohne gleichzeitig die britische Regierung scharf anzugreifen. Ungeachtet der mit ihr verbundenen propagandistischen Absicht steckt immerhin so viel Wahrheit in dieser Erklärung, als sich in ihr Hitlers außenpolitische Grundüberzeugung von einem »Ausgleich« bzw. »Kompromißfrieden« mit Großbritannien verbarg, die ihn noch bis in den Sommer 1940 hinein von einem härteren militärischen Kurs gegenüber Großbritannien abhielt. Als wesentliche Voraussetzung für einen solchen »Ausgleich« forderte Hitler die Rückgabe der früheren deutschen Kolonien. Vgl. Hillgruber, Hitlers Strategie, S. 144-157.

7 Leutnant Andreesen (vgl. Brief v. 30.8.1939).

8 Rudolf Hosenfeld, H.s jüngerer Bruder, im Zivilberuf ebenfalls Lehrer.

9 Gemeint sind Angehörige der sog. volksdeutschen Minderheit Polens unter den polnischen Kriegsgefangenen.

10 Vgl. Briefe v. 30.9. u. 10.11.1939.

11 Hitler fuhr nachweislich im Rahmen eines »Frontbesuchs« am Nachmittag des 13.9.1939 per Kraftfahrzeug in Łódź ein, das sich damals – unzerstört wie auch die Nachbarstadt Pabianice – seit vier Tagen in deutscher Hand befand. Vgl. Domarus, Hitler, Bd 3, S. 1351. Es ist daher sehr wahrscheinlich, daß er auf dem Weg nach oder von Łódź tatsächlich auch durch Pabianice kam.

12 Vgl. Brief v. 30.9.1939.

13 Vgl. vorstehenden Brief.

14 Leutnant Andreesen (vgl. Brief v. 30.8.1939).

15 Im Kessel von Kutno und Lowitz (ca. 100 km westlich von Warschau), auch Schlacht an der Bzura genannt, wurde Mitte September 1939 ein Großteil des polnischen Feldheeres aufgerieben. Über 120 000 polnische Soldaten gerieten dadurch in deutsche Gefangenschaft. Vgl. Das Deutsche Reich und der Zweite Weltkrieg, Bd 2, S. 123 f. (Beitrag Rohde).

16 Vgl. nachstehende Anmerkung.

17 H. erlag mit seiner Einschätzung ganz offensichtlich der NS-Propaganda, die Ursache und Wirkung verdrehte. Zwar war auch die kleine »volksdeutsche« Minderheit in Polen (ca. drei Prozent der Gesamtbevölkerung) von der grundsätzlich minderheitenfeindlichen Politik des polnischen Staates betroffen. Von Greueln vor Kriegsausbruch konnte jedoch keine Rede sein. Erst der von Hitler herbeigeführte Bruch mit Polen im Frühjahr 1939 (Kündigung des Nichtangriffspaktes am 28.4.1939) vergiftete das politische Klima. NS-Politik und -Propaganda schürten seitdem massiv die antipolnische Stimmung in Deutschland und radikalisierten die »Volksdeutschen« in Polen, was dort wiederum verstärkt antideutsche Reaktionen hervorrief. Vgl. Breyer, Die deutsche Bevölkerung; Fischer, Die deutsche Publizistik, S. 214 f.; Heike, Die deutsche Minderheit; Jacobmeyer, Die deutschen Minderheiten, S. 17-25).

18 Möglicherweise ist hiermit der praktisch bereits zum Abschluß gekommene Feldzug gegen Polen gemeint. Am 27.9.1939 kapitulierte Warschau vor den deutschen Truppen. Am 30.9.1939, also noch vor dem Ende aller Kämpfe in Polen, empfing Hitler in der Reichskanzlei bereits die Oberbefehlshaber der Wehrmacht zur Auszeichnung für ihre militärischen Verdienste. Vgl. Domarus, Hitler, Bd 3, S. 1374.

19 Vgl. Brief v. 23.9.1939.

20 Im Original unterstrichen.

21 Im Original unterstrichen.

22 Im Original unterstrichen.

23 Ehemalige Lehrerkollegin von H. aus Thalau.

24 Die Ernennung von Offizieren war grundsätzlich Hitler als »Oberstem Befehlshaber der Wehrmacht« vorbehalten.

[25] Leutnant Andreesen (vgl. Brief v. 30.8.1939).

[26] Sogleich nach Abschluß des Feldzuges gegen Polen wurde die Masse der dort nicht mehr benötigten Kampftruppen, sofern diese teilweise nicht sogar schon vorher abgezogen werden konnten, an die deutsche Westgrenze verlegt, wo das Risiko einer relativ schwachen Sicherung gegen Frankreich zugunsten einer Kräftekonzentration gegen Polen vorübergehend in Kauf genommen worden war. Seine Beobachtung ließ H. allerdings völlig zu Recht auch schon Hitlers Absicht einer Offensive im Westen vermuten, die dieser bereits am 27.9.1939 den militärischen Oberbefehlshabern offiziell mitgeteilt hatte. Gerade am 19.10.1939, dem Datum von H.s Brief, gab das Oberkommando des Heeres einen entsprechenden ersten militärischen Operationsplan für den »Fall Gelb«, die geplante Westoffensive, heraus. Vgl. Das Deutsche Reich und der Zweite Weltkrieg, Bd 2, S. 238-245 (Beitrag Umbreit).

[27] Vgl. Brief v. 30.8.1939.

[28] Der Brief ist geschrieben auf Rezeptblockpapier von Dr. med. T. Meyer, Pabjanice, ul. Warszawska 2.

[29] Dieser Brief wurde in leicht gekürzter und redigierter Form in der Fuldaer Zeitung vom 16.11.1939 veröffentlicht. Ich danke Frau Kann vom Stadtarchiv Fulda für die freundliche Auskunft.

[30] Im Deutschen eingebürgerte Bezeichnung für den polnischen Bauern.

[31] Bestandteil des Pferdegeschirrs.

[32] Möglicherweise Zitat aus einem Werk von Gustav Freytag (1816-1895), Romancier, Kulturhistoriker und Publizist, einer der meistgelesenen deutschen Autoren des 19. Jahrhundert, mit starkem politischen Engagement als Nationalliberaler.

[33] Gemeint sind Autos mit dem Kfz-Kennzeichen WH, also: Wehrmacht Heer.

[34] Hitler sprach am Abend des 8.11.1939 im Münchner Bürgerbräukeller zum jährlichen Gedenken an seinen Putschversuch vom 9.11.1923. Die Rede war von heftigen, teils ausfälligen verbalen Angriffen gegen Großbritannien bzw. führende britische Politiker bestimmt, die sich einige Tage zuvor seinem »Friedensangebot« verweigert hatten. Vgl. Domarus, Hitler, Bd 3, S. 1404-1414. – Die Nachricht von Georg Elsers Bombenattentat, das den Bürgerbräukeller verwüstete, bald nachdem Hitler vorzeitig die Veranstaltung verlassen hatte, war Hosenfeld offensichtlich noch nicht bekannt.

[35] Siehe Brief vom Vortag. – H. interpretierte die Rede Hitlers völlig zu Recht als Kriegsrede, hatte dieser doch bereits am 5.11.1939 den Befehl zum Angriff im Westen für den 12.11.1939 erteilt, der dann allerdings immer wieder, zunächst witterungsbedingt, verschoben wurde, bis die Westoffensive schließlich am 10.5.1940 tatsächlich begann. Vgl. Das Deutsche Reich und der Zweite Weltkrieg, Bd 2, S. 244-268 u. 282-284 (Beitrag Umbreit).

[36] Es handelt sich um Frau Prut, die sich wegen ihres verhafteten Ehemanns Joachim Prut, eines vormals polnischen Offiziers, hilfesuchend

an H. gewandt hatte. Dessen Intervention bewirkte schließlich die Freilassung des Mannes. Mit der in Pabianice wohnenden polnischen Familie verband H. daraufhin eine die ganze Kriegszeit während Freundschaft. Vgl. die entsprechenden Einträge im Personennamenverzeichnis dieser Edition.

37 Das bezieht sich auf die umfangreichen Rache- und Mordaktionen gegen Polen durch die deutsche Minderheit (»Volksdeutsche«), vor allem durch den von der SS organisierten »Volksdeutschen Selbstschutz«. Diese Aktionen ereigneten sich vorwiegend in Westpreußen und den westlichen, an das Reich angrenzenden Gebieten Polens, wo überhaupt eine nennenswerte deutsche Minderheit lebte. Sie wurden deutscherseits mit Übergriffen der Polen gegen Volksdeutsche vor dem Krieg und in der Anfangsphase des Krieges gerechtfertigt (vgl. Brief v. 30.9.1939). Die NS-Propaganda hatte das Ausmaß dieser Übergriffe allerdings gewaltig übertrieben. Statt der von ihr verkündeten Zahl von 58 000 Todesopfer allein infolge des spektakulären »Bromberger Blutsonntags« am 3.9.1939 dürften nach heutigen seriösen Schätzungen etwa 4000 Volksdeutsche während der gesamten Zeit der Kriegshandlungen getötet worden sein. Vgl. Jansen/Weckbecker, Der »Volksdeutsche Selbstschutz«; dies., Eine Miliz.

38 Diese Erkenntnis entsprach den Tatsachen. Einsatzgruppen der Sicherheitspolizei und des SD marschierten, ausgestattet mit umfangreichen »Fahndungslisten«, noch während der Kämpfe in Polen zum Zweck der »volkstumspolitischen Flurbereinigung« ein (»Unternehmen Tannenberg«). Ausdrücklich gemeint war damit die Ermordung der Angehörigen der polnischen Führungsschicht, darunter die sog. Intelligenz, sowie der jüdischen Bevölkerung. Der Mordauftrag, mehrfach überliefert aus dem Mund Heinrich Himmlers und Reinhard Heydrichs, besaß nachweislich die Zustimmung Hitlers, wurde wahrscheinlich sogar von ihm persönlich erteilt. Die erste derartige Terrorwelle im Herbst 1939, die H. kommentierte, kostete mehreren zehntausend Polen das Leben. Vgl. Jacobmeyer, Der Überfall, S. 23 f.; Krausnick, Hitler und die Morde; ders., Hitlers Einsatzgruppen, S. 32-106.

39 Hauptmann Francken. Vgl. Brief v. 5.12.1939.

40 Vgl. Brief v. 4.9.1939.

41 Satz nachgetragen.

42 Dieser Satz bezieht sich offensichtlich auf die vorher erwähnte »propagandistische Chance« Englands. Der falsch plazierte Nachtrag hat diesen Bezug unterbrochen.

43 Leutnant Andreesen. Vgl. Brief v. 30.8.1939.

44 Gemeint ist das mit Erlöschen der deutschen Militärverwaltung am 25.10.1939 eingerichtete »Generalgouvernement für die besetzten polnischen Gebiete« (auf Hitlers Befehl vom 8.7.1940 nur noch: »Generalgouvernement«), also jene deutsche Zivilverwaltung mit beschränkter Regierungsfunktion über das restliche (Zentral- und Süd-)Polen, nachdem vorher das Deutsche Reich und die Sowjetunion weite Landes-

teile annektiert hatten. Die NS-Politik sah für das Generalgouvernement den Status eines »Polenreservates« vor, dessen personelle und materielle Ressourcen unter Aufsicht einer deutschen Führungsschicht zum größtmöglichen Vorteil Deutschlands ausgebeutet werden sollten. Das Gebiet wurde in die Distrikte Krakau, Warschau, Radom und Lublin gegliedert, denen je ein Gouverneur vorstand; nach dem Angriff auf die Sowjetunion kam der Distrikt Galizien hinzu. Als Generalgouverneur mit Regierungssitz in Krakau herrschte von Beginn bis zum Kriegsende Reichsminister Dr. Hans Frank (1900-1946) mit der gewünschten Brutalität über diese deutsche »Kolonie«. Vgl. Bömelburg/Musial, Die deutsche Besatzungspolitik, S. 71-101; Szarota, Polen unter deutscher Besatzung.

45 Pabianice lag im unter deutscher Besatzung neugebildeten »Reichsgau Wartheland«, der mit dem Ziel einer schnellstmöglichen »Germanisierung« zum Nachteil der polnischen Bevölkerung dem »Großdeutschen Reich« eingegliedert worden war. Vgl. Hansen, Damit wurde der Warthegau.

46 Hauptmann Francken. Vgl. Brief v. 5.12.1939.

47 Gemeint ist die Demarkationslinie zwischen dem vom Deutschen Reich und dem von der Sowjetunion besetzten Teil Polens. Nach dem Geheimen Zusatzprotokoll des deutsch-sowjetischen Nichtangriffspaktes vom 23.8.1939 sollte sie ursprünglich etwa entlang der mittleren Weichsel verlaufen. Doch wurde in einem am 28.9.1939 geschlossenen »Grenz- und Freundschaftsvertrag« diese Linie zugunsten des Deutschen Reichs weiter nach Osten bis an den Bug verschoben. Zum Ausgleich erhielt die Sowjetunion Litauen zugesprochen.

48 Am 23.11.1939 erließ Generalgouverneur Frank eine Verordnung, wonach ab 1.12.1939 alle Juden und Jüdinnen über zwölf Jahren im Generalgouvernement auf dem rechten Ärmel ihrer Jacke oder ihres Kleides und auf ihrem Mantel ein mindestens zehn Zentimeter breites, weißes Band mit einem blauen Davidstern tragen mußten. Bereits seit September 1939 hatte es Verordnungen lokaler deutscher Militär- und Zivilbehörden gegeben, die Juden bzw. jüdische Geschäfte zu besonderer Kennzeichnung zwangen. Vgl. Enzyklopädie des Holocaust, Bd II, S. 750.

49 Das Portepee (Faustriemen an der Seitenwaffe), seit dem 18. Jahrhundert Dienstgrad- und Standesabzeichen des Offiziers in Deutschland, wurde bereits in Heer und Marine der deutschen Kaiserzeit zum Rangabzeichen auch der höheren Unteroffiziere. In diesem Sinn meinte H. alle Feldwebel- und Offizierdienstgrade.

50 Der Pfarrer hieß Katzinski, wie aus einer späteren Erwähnung in demselben Brief hervorgeht.

51 Sochaczew, ca. 60 km westlich von Warschau gelegene Stadt.

52 Gemeint ist das polnische Wort »proboszcz« (deutsch: »Pfarrer«).

53 Dieses von H. in polnisch nicht ganz korrekt wiedergegebene Zitat bedeutet sinngemäß übersetzt: »Ah, gut (ich habe verstanden), mein Herr.«

54 Im Original irrtümlich: November.

55 Vgl. Brief v. 30.8.1939.

56 Gemeint ist das »Generalgouvernement für die besetzten polnischen Gebiete« (vgl. Brief v. 17.11.1939).

57 Hauptmann Francken, der Bataillonskommandeur (vgl. vorst. Brief).

58 Dieses von H. offenbar akustisch nicht richtig verstandene bzw. in polnisch nicht ganz korrekt wiedergegebene Zitat bedeutet sinngemäß übersetzt: »Der Herr weint ja!«

59 Der deutsch besetzte Teil des polnischen Staatsgebietes war durch einen Erlaß Hitlers vom 8.10.1939 fast zur Hälfte dem »Großdeutschen Reich« eingegliedert worden. Kleinere Gebietsteile im Norden und Süden schlug man den angrenzenden deutschen Provinzen Ostpreußen bzw. Schlesien zu. Aus der Annexionsmasse aber hatte man zwei neue Reichsgaue gebildet, die Reichsgaue Danzig-Westpreußen und Wartheland im Nordwesten bzw. Westen. Alle annektierten Gebiete waren zur schnellen »Germanisierung« vorgesehen. Dieses hatte von Beginn an unterschiedliche Formen »ethnischer Säuberungen« zur Folge, Mordaktionen an Juden und polnischer Führungsschicht wie auch wilde Vertreibungen und bereits planmäßige Deportationen. Zur unkontrollierten Austreibung kam es zunächst vor allem in Danzig-Westpreußen. Im Wartheland fand dagegen in der ersten Dezemberhälfte 1939 eine erste »planmäßige« Massenumsiedlung von einheimischen Polen und Juden in das Generalgouvernement statt. Zu ihnen werden die von H. beobachteten »Ausgewiesenen« gehört haben. Vgl. Bömelburg/Musial, Die deutsche Besatzungspolitik, S. 49, 61 f.

60 Vgl. Brief v. 10.11.1939.

61 Wahrscheinlich eine Anspielung auf die durch die NS-Propaganda bereits vor Kriegsbeginn geförderte Legende von der »Einkreisung« Deutschlands. Vgl. Brief v. 1.9.1939.

62 Joseph Goebbels (1897-1945), seit 1926 NSDAP-Gauleiter von Berlin und seit 1933 Reichsminister für Volksaufklärung und Propaganda.

63 Die Hintergründe des Brandanschlages auf das Berliner Reichstagsgebäude in der Nacht zum 28.2.1933 sind noch immer nicht restlos geklärt. Doch war der Täter mit größter Wahrscheinlichkeit ein Einzelgänger, der niederländische Kommunist Marinus van der Lubbe. Eine Verschwörung der Nationalsozialisten ist dagegen unwahrscheinlich, obwohl immer wieder diskutiert. Für sie war der Brand so unmittelbar nach ihrer »Machtergreifung« allerdings ein willkommener Grund, um praktisch den ständigen Ausnahmezustand über Deutschland zu verhängen, und speziell zur gnadenlosen Verfolgung der Kommunisten. Vgl. Backes [u.a.], Reichstagsbrand.

64 Generalfeldmarschall Hermann Göring (1893-1946), u.a. Reichsminister für Luftfahrt und Oberbefehlshaber der Luftwaffe; spätestens seit September 1939, als er von Hitler für seine Nachfolge vorgesehen worden war, »zweiter Mann« in der Hierarchie des NS-Regimes.

65 Das Attentat auf Hitler im Münchner Bürgerbräukeller am 8.11.1939 (vgl. Brief v. Tag) war nachweislich die Tat eines Einzeltäters, des schwäbischen Handwerkers Georg Elser (1902-1945).

66 Die Sowjetunion und Großbritannien hatten dieses Handelsabkommen bereits am 11.10.1939 geschlossen. Schultheß' Europäischer Geschichtskalender, 1939, S. 395.

67 Gemeint ist wahrscheinlich jene richtungsweisende Rede des sowjetischen Außenministers Molotov, die dieser am 31.10.1939 vor dem Obersten Sowjet gehalten hatte. Sie war in der November-Ausgabe der »Rundschau«, dem Organ der Kommunistischen Internationale (Komintern), veröffentlicht worden (auszugsweise abgedr. in: War Through Children's Eyes, S. 251, Anm. 49). Molotov hatte darin vor dem Hintergrund des deutsch-sowjetischen Bündnisses in propagandistisch-ideologischer Verdrehung der Tatsachen nicht Deutschland, sondern England und Frankreich als Kriegstreiber beschuldigt.

68 Wort unleserlich.

69 Die programmatischen Mordaktionen der »Einsatzgruppen der Sicherheitspolizei« (darunter auch Angehörige der Gestapo) im Herbst 1939 unter Regie der SS (»Unternehmen Tannenberg«) galten nach Aussage von Reinhard Heydrich, Chef des Reichssicherheitshauptamtes, hauptsächlich der »Liquidierung des führenden Polentums«. Im Sinn der NS-Volkstumspolitik sollte dies die rasche »Germanisierung« vor allem der dem »Großdeutschen Reich« eingegliederten früheren west- und nordpolnischen Gebiete befördern. Vgl. Brief v. 10.11.1939.

70 Vgl. Brief v. 14.12.1939.

71 Vgl. Brief v. 30.8.1939.

72 Vgl. Brief v. 14.12.1939.

Anmerkungen zu »Zweiter Weltkrieg. 1940«

1 Das war im Herbst 1939 (vgl. Brief v. 10.11.1939).
2 Im Original irrtümlich: 1939.
3 Im Original irrtümlich: 1939.
4 Vgl. Brief v. 9.1.1940.
5 Vgl. Brief v. 30.8.1939.
6 Sigrid Undset (1882-1949), norwegische Schriftstellerin, die für ihre 1920-1922 entstandene Roman-Trilogie »Kristin Lavranstochter« (vgl. Brief v. 19.1.1942) 1928 den Literatur-Nobelpreis erhielt. Bereits 1925 war sie zum katholischen Glauben konvertiert. Ausdruck fand ihre starke Religiosität vor allem in den Romanen »Gymnadenia« (1929) und »Der brennende Busch« (1930). Als entschiedene Gegnerin des Nationalsozialismus, deren Sohn beim Kampf gegen die deutschen Invasoren im April 1940 fiel, floh sie vor der Besetzung ihres Heimatlandes in das US-amerikanische Exil, aus dem sie erst 1945 zurückkehrte. Vgl. BBKL, Bd XII [1997], Sp. 918-920.
7 Vgl. Notiz v. 11.-14.1.1940.
8 »Kristin Lavranstochter«, Roman-Trilogie von Sigrid Undset (vgl. Brief v. 16.1.1940).
9 Ehemalige Kollegin H.s an der Volksschule in Thalau.
10 Rudolf Hosenfeld, H.s jüngerer Bruder, der ebenfalls zum Wehrdienst eingezogen worden war.
11 Vgl. Brief v. 30.8.1939. – Das oben angeführte Datum ist im Original unterstrichen.
12 Vgl. Brief v. 30.8.1939.
13 Vgl. Brief v. 30.8.1939.
14 Hitler sprach am 30.1.1940 aus Anlaß des 7. Jahrestages der nationalsozialistischen »Machtergreifung« im Berliner Sportpalast. Seine polemische Rede richtete sich vor allem gegen Großbritannien und den britischen Imperialismus. Sie enthielt u.a. die Drohung Hitlers, bald auch im Westen gegen Großbritannien und Frankreich offensiv vorzugehen. Vgl. Domarus, Hitler, Bd 3, S. 1452-1461.
15 Dies meint den Kriegseintritt Italiens an der Seite Deutschlands, wie er hier unter Berufung auf den gemeinsamen »Stahlpakt« seit Kriegsbeginn erhofft wurde (vgl. Brief v. 4.9.1939).
16 Dies bezieht sich auf eine Passage in Hitlers Rede, mit der er auf eine Äußerung des französischen Ministerpräsidenten Édouard Daladier

(1884-1970) einging. Dieser hatte bezweifelt, daß die Österreicher (»Ostmärker«) die Ausweitung des Krieges an der Seite Deutschlands mitmachen würden. Hitler sah sich dadurch veranlaßt, die Geschlossenheit des »nationalsozialistische[n] deutsche[n] Volk[es]« zu betonen und Daladier den gemeinsamen Einmarsch österreichischer und deutscher Truppen anzudrohen, freilich ohne dabei auf militärisch-operative Details einzugehen. Vgl. Domarus, Hitler, Bd 3, S. 1460.

17 Das Verbot erstreckte sich auf den Besuch polnischer Gottesdienste durch Wehrmachtangehörige. Es ging auf eine entsprechende Willensbekundung Hitlers als »Oberster Befehlshaber der Wehrmacht« zurück, die sich in einem entsprechenden Erlaß des Oberkommandos der Wehrmacht (OKW) vom 14.11.1939 niederschlug (abgedr. in: Besondere Luftwaffen-Bestimmungen [BLB] 1939, S. 350, Nr. 808).

18 Hauptmann Francken (vgl. Brief v. 5.12.1939).

19 Vgl. Brief v. 9.1.1940.

20 Sohn Helmut hatte im Herbst 1939 ein Medizinstudium an der Universität Göttingen begonnen (vgl. Brief v. 20.10.1939), das er nach dem 1. Trimester an der Universität Frankfurt/Main fortsetzte.

21 Wort unleserlich.

22 Vgl. Brief v. 9.1.1940.

23 Eisernes Kreuz I. Klasse (E.K. I), preußisch-deutsche Tapferkeitsauszeichnung in zwei Klassen, gestiftet 1813 vom preußischen König für die Dauer des Krieges, erneuert 1870, 1914 und 1939 jeweils auf Kriegsdauer.

24 Die Anwendung des »deutschen Grußes« war durch eine Verordnung des Generalgouverneurs vom 23.11.1939 (abgedruckt in Documenta occupationis, Bd VI, S. 376 f.) zum »alleinigen Vorrecht Deutscher« erklärt worden. Die Zuwiderhandlung war mit Gefängnisstrafe bedroht.

25 Vgl. Brief v. 9.1.1940.

26 Zwei Epen von Johann Wolfgang von Goethe (1749-1832); in »Reineke Fuchs« (1794) findet sich die aus dem Mittelalter stammende Tierfabel als Satire auf die zeitgenössische höfische Gesellschaft bearbeitet; in »Herrmann und Dorothea« (1797) bildet die Flucht der linksrheinischen Deutschen vor den französischen Revolutionstruppen im Jahr 1796 den historischen Rahmen für die Geschichte eines zueinander findenden Paares vor dem Hintergrund eines kleinbürgerlichen deutschen Familienidylls.

27 Die Friedrichstraße in Fulda.

28 Oberbefehlshaber Ost und damit oberster deutscher militärischer Befehlshaber im besetzten Polen war seit 23.10.1939 Generaloberst Johannes Blaskowitz (1883-1948). Er und sein Stab residierten in Schloß Spala, der vormaligen Sommerresidenz des polnischen Staatspräsidenten, ca. 100 km südwestlich von Warschau gelegen.

29 Vgl. Brief v. 9.1.1940.

30 In Celle befand sich die Gasschutz-Schule des Heeres.

31 Gemeint ist ein Rundfunkkonzert, das der Deutschlandsender unter dem Titel »Was wir alle gerne hören« ausstrahlte (laut der Notiz v. Vortag, nicht ediert).

[32] Im Original irrtümlich: Februar.

[33] General Maurice Gamelin (1872-1958), 1940 Oberbefehlshaber der alliierten Streitkräfte in Frankreich.

[34] Vgl. Notiz v. 11.-14.1.1940.

[35] Bezeichnung für den Nachwuchs der NSDAP-Elite, wie er an einer der seit 1936 bestehenden drei »Ordensburgen« der Partei in Lehrgängen herangebildet wurde. Das Aufnahmealter lag zwischen 23 und 30 Jahren. Inhaltlich konzentrierten sich die Lehrgänge im wesentlichen auf die politisch-ideologische Indoktrination sowie die sportlich-militärische Ausbildung. Vgl. Enzyklopädie des Nationalsozialismus, S. 627 f.

[36] Gemeint ist wahrscheinlich die Stadt Biała Podlaska an der Bahnstrecke Siedlce-Terespol.

[37] Graudenz lag im neugebildeten »Reichsgau Danzig-Westpreußen«, wo die NS-Politik eine rasche und rücksichtslose »Germanisierung« des Bodens, folglich die »Umsiedlung« der einheimischen polnischen Bevölkerung ins Generalgouvernement betrieb (vgl. Aufzeichnung v. 14.12.1939).

[38] Die »Repatriierung« von über 100 000 »Volksdeutschen« aus Galizien, Wolhynien und Narew-Gebiet, also aus dem sowjetisch besetzten östlichen Polen bzw. den westlichsten Randgebieten der Sowjetunion, war bereits in der zweiten Dezember-Hälfte 1939 angelaufen. Mit diesen Aussiedlern sollten die von Deutschland annektierten und zur schnellen »Germanisierung« vorgesehenen Teile Polens kolonisiert werden. Ihre vorläufige Unterbringung und endgültige Ansiedlung wurde durch die eigens eingerichtete »Einwandererzentrale Litzmannstadt« mit Durchgangslager in Łódź gesteuert. Vgl. Esch, Bevölkerungsverschiebungen, S. 189-198; Madajczyk, Die Okkupationspolitik, S. 443.

[39] Vgl. Notiz v. 11.-14.1.1940.

[40] Speziell zur Grenzwacht an der deutsch-sowjetischen Demarkationslinie (vgl. Brief v. 22.11.1939) eingesetzte deutsche Truppen.

[41] Für den Februar 1940 ist die erste von vier Deportationswellen nach Sibirien belegt. Insgesamt erlitten dieses Schicksal im Laufe des ersten Halbjahres 1940 etwa eine halbe Million einheimischer Polen, aber auch Weißrussen, Ukrainer und Juden. Zudem waren von Beginn an die einheimischen Führungsschichten systematischer Verfolgung und Ermordung ausgesetzt, was mehrere zehntausend Todesopfer verursachte und am spektakulärsten durch das Massaker von Katyn belegt ist. In Art und Brutalität unterschied sich damit, abgesehen von der ihr fehlenden spezifisch antisemitischen Zielrichtung, die fast zweijährige sowjetische Besatzungsherrschaft über Ostpolen von jener der Deutschen im übrigen Polen nicht wesentlich. Vgl. Bömelburg/Musial, Die deutsche Besatzungspolitik, S. 100; Gross, Die Sowjetisierung Ostpolens, S. 56-74, bes. S. 71; allgemein ders., Revolution.

[42] Vgl. Brief v. 30.8.1939.

[43] Dies spielt auf die damals prekäre außenpolitische Lage Rumäniens an. Seine erheblichen territorialen Gewinne am Ende des Ersten Welt-

kriegs hatte es auf Kosten fast aller Anrainerstaaten (Sowjetunion, Ungarn, Bulgarien) gemacht. Deren Restitutionsforderungen (»alte Rechnungen«) sah sich Rumänien seitdem ausgesetzt. Nachdem das Land während der 30er Jahre zunehmend in wirtschaftliche und politische Abhängigkeit von Deutschland geraten war, verlor es infolge der Verständigung zwischen Deutschland und der Sowjetunion im August 1939 vollends jeden außenpolitischen Spielraum. Notgedrungen mußte Rumänien schließlich Ende Juni 1940 einem entsprechenden sowjetischen Ultimatum mit der Abtretung Bessarabiens und der Nordbukowina nachgeben. Im Streit mit Ungarn um Siebenbürgen und den Banat fanden die als Schiedsrichter angerufenen »Achsenmächte« Deutschland und Italien am 30.8.1940 einen Kompromiß zu Lasten Rumäniens (»Zweiter Wiener Schiedsspruch«). Die bulgarischen Ansprüche auf die Süddobrudscha wurden wenig später bilateral beigelegt. Vgl. Das Deutsche Reich und der Zweite Weltkrieg, Bd 4, S. 327-338 (Beitrag Förster).

44 Brief nur als Maschinen-Durchschrift des Originals erhalten.

45 Die Entscheidung für eine deutsche Offensive im Westen war längst gefallen; Hitler hatte sich bereits während des Polenfeldzuges dazu entschlossen und dies am 27.9.1939 den Oberbefehlshabern der Wehrmachtsteile auch mitgeteilt. Nach Ausarbeitung entsprechender Planungen (»Fall Gelb«) hatte er den 12.11.1939 als ersten Angriffstermin befohlen. Seine eigenen Bedenken wegen schlechter Witterungsverhältnisse und Transportlage hatten ihn den Angriff gleich darauf mehrmals verschieben lassen. Dann wurde im Frühjahr 1940 der gesamte militärische Operationsplan noch einmal nach der später erfolgreichen Idee (»Sichelschnitt«) des Generalleutnants Erich von Manstein, die sich Hitler zu eigen gemacht hatte, umgearbeitet. Schließlich erhielt der Angriff auf Dänemark und Norwegen strategische Priorität vor der Westoffensive. Diese begann deshalb erst am 10.5.1940. Vgl. Das Deutsche Reich und der Zweite Weltkrieg, Bd 2, S. 238-268, 282-284 (Beitrag Umbreit).

46 Generalmajor Theodor Freiherr von Wrede (1888-1973), von Oktober 1939 bis Mai 1940 Kommandeur der 423. Infanterie-Division z.b.V. bzw. (durch Umbenennung am 10.3.1940) der 393. Infanterie-Division. Dieser Division war das Infanterie-Regiment 660 unterstellt. Diesem wiederum unterstand das Fuldaer Landesschützen-Bataillon, dem H. angehörte.

47 Hitler und Mussolini trafen sich das erste Mal seit Kriegsbeginn am 18.3.1940 im Grenzbahnhof auf dem Brenner-Paß in den Alpen. Wesentliches Ergebnis der Besprechung war, daß Mussolini seine Bereitschaft beteuerte, an der Seite Deutschlands in den Krieg einzutreten. Dies erfolgte dann auch am 10.6.1940.

48 Vgl. Brief v. 30.8.1939.

49 Vgl. Aufzeichnung v. ca. Mitte März 1940.

50 Vgl. Brief v. 10.11.1939 u. Notiz v. 11.-14.1.1940.

51 Der Pfarrer von H.s. Heimatort Thalau.

52 Vgl. Brief v. 30.8.1939.

53 »Wer mir nachfolgen will, der verleugne sich selbst und nehme sein Kreuz auf sich und folge mir nach.« (Neues Testament, Evangelium Jesu Christi nach Markus, Kapitel 8, Vers 34).

54 Vgl. Notiz v. 4.2.1940.

55 Vgl. Brief v. 30.8.1939.

56 Antrag zur Bescheinigung der Unabkömmlichkeit (u.k.) im Zivilberuf, als Voraussetzung zur Befreiung vom Wehrdienst.

57 Vgl. Brief v. 25.4.1940.

58 Umgangssprachlich für: geht es voran.

59 Die Begeisterung H.s für die deutschen militärischen Erfolge »im Norden« ist eher der deutschen Propaganda geschuldet, als daß sie auf Tatsachen beruhte. Das deutsche Unternehmen (»Weserübung«) zur Besetzung Dänemarks und Norwegens, das am 9.4.1940 begonnen hatte, befand sich gerade Mitte April durch alliierte Gegenlandungen in Norwegen hier in einer kritischen Phase. Selbst Hitler zweifelte damals zeitweise am Erfolg der Operation. Auch hatte das Unternehmen bis zu diesem Zeitpunkt den deutschen Seestreitkräften erheblich höhere Schiffsverluste verursacht als der britischen Marine. Vgl. Das Deutsche Reich und der Zweite Weltkrieg, Bd 2, S. 212-225 (Beitrag Stegemann).

60 Umgangssprachlich für: gelangweilt.

61 Anspielung auf die zurückliegende Schwangerschaft der Ehefrau, die gerade eine Fehlgeburt erlitten hatte.

62 Vgl. Brief v. 30.8.1939.

63 Vgl. Brief v. 9.1.1940.

64 Vgl. Notiz v. 18.3.1940.

65 Hauptmann Francken (vgl. Brief v. 5.12.1939).

66 H. war gemäß Verfügung vom 15.4.1940 mit Wirkung vom 1.2.1940 zum Leutnant befördert worden (nach seiner teilweisen Abschrift der Verfügung des Heeres-Personalamtes im Anhang seines Notizbuches von 1940; nicht ediert).

67 Bereits der Erlaß des Reichswehrministers vom 28.2.1934 hatte festgelegt, daß die Bestimmungen des »Gesetzes zur Wiederherstellung des Berufsbeamtentums« vom 7.4.1933 sinngemäß auch auf Offiziere, Unteroffiziere und Mannschaften anzuwenden seien. Voraussetzung für das Verbleiben in der oder den Eintritt in die Armee war demnach die »arische« Abstammung. Hierfür mußte der Nachweis »arischer« Eltern und Großeltern erbracht werden. Dementsprechend band das die Allgemeine Wehrpflicht begründende Wehrgesetz vom 21.5.1935 die Vorgesetzteneigenschaft von Soldaten an ihre »arische« Abstammung. Verschärfend kam hinzu, daß eine »nichtarische« Eheschließung zum Verlust der Vorgesetzteneigenschaft führte, also auch diesbezüglich entsprechende Nachweise zu erbringen waren. Diese Nachweispflicht bestand nun für H. anläßlich seiner Ernennung zum Offizier. Vgl. Messerschmidt, Die Wehrmacht im NS-Staat, S. 48-53 u. 75 f.

68 Vgl. Brief v. 30.8.1939.

69 Vgl. Brief v. 9.1.1940.

70 Generalmajor von Oven (vgl. Notiz v. 6.6.1940).

71 Vgl. Brief v. 9.1.1940.

72 Vgl. Notiz v. 24.4.1940.

73 Im Rahmen des Unternehmens »Weserübung« hatten deutsche Truppen inzwischen ganz Süd- und Mittel-Norwegen unter ihre Kontrolle gebracht. Im Norden dagegen, im Gebiet von Narvik, befand sich die kleine deutsche Kampfgruppe unter Generalmajor Eduard Dietl noch bis Anfang Juni in isolierter und kritischer Lage gegen eine deutlich überlegene Streitmacht aus norwegischen und angelandeten alliierten Truppen (vgl. Brief an den Sohn v. 17.4.1940).

74 Eisernes Kreuz II. Klasse (vgl. Notiz v. 15.2.1940).

75 Außer dem Eisernen Kreuz II. Klasse aus dem Ersten Weltkrieg besaß H. aus demselben Krieg das Verwundeten-Abzeichen (gleichbedeutend mit dem von H. genannten Frontkämpfer-Abzeichen) in Schwarz (für ein- bis zweimalige Verwundung) sowie – wahrscheinlich seit 1938 – das Treuedienst-Ehrenzeichen in Silber für 25jährige Dienstleistung als Beamter, das H. im Frühjahr 1938 beantragt und offenbar (in durchgängiger Anrechnung seiner Dienstzeiten als Lehrer und Soldat einschließlich der Ausbildungszeit im Lehrerseminar Fulda ab 2.5.1913) auch erhalten hatte (lt. einer nicht edierten Notiz im Anhang seines Notizkalenders von 1938).

76 Am Morgen des 10.5.1940 hatte die lange vorbereitete deutsche Offensive im Westen unter vorsätzlicher Verletzung der Neutralität der Niederlande, Belgiens und Luxemburgs begonnen (vgl. Brief v. 16.3.1940).

77 Oberstleutnant Riedel (vgl. Notiz v. 27.6.1940).

78 Vgl. Notiz v. 5.12.1939.

79 Zu diesem Zeitpunkt hatte die Wehrmacht den Kampf im Westen bereits für sich entschieden, auch wenn der Feldzug noch einen Monat dauern sollte. Der riskante deutsche Operationsplan (»Sichelschnitt«) war aufgegangen. Durch einen überraschenden und schnellen Vorstoß deutscher Panzerdivisionen, der am 20.5.1940 die französische Kanalküste erreicht hatte, war ein Großteil der alliierten französisch-britisch-belgischen Armeen in Flandern eingeschlossen worden. Die Niederlande hatten ohnehin bereits am 15.5. vor der deutschen Übermacht kapituliert. Vgl. Das Deutsche Reich und der Zweite Weltkrieg, Bd 2, S. 284-307 (Beitrag Umbreit).

80 Eine »furchtbare Schlacht« war zu diesem Zeitpunkt nicht im Gang. Allerdings hatte der deutsche Vorstoß zur französischen Kanalküste (vgl. Brief v. 22.5.1940) einen solch überraschenden und durchschlagenden Erfolg erzielt, daß ihm Hitler selbst nicht recht traute. Zur Sammlung der eigenen Kräfte ließ er deshalb am 23.5. für einige Tage die weitere Verfolgung der sich auf die Kanalhäfen in und bei Dünkirchen (Dunkerque) zurückziehenden französischen und britischen Ar-

meen einstellen. Dieses »Innehalten« verursachte zwangsläufig auch ein zeitweiliges Nachlassen in der deutschen Siegespropaganda, nachdem sich vorher die Ereignisse überschlagen hatten. Vgl. Das Deutsche Reich und der Zweite Weltkrieg, Bd 2, S. 293 f. (Beitrag Umbreit); Frieser, Blitzkrieg-Legende, S. 363-393.

81 Tatsächlich hatte Generalleutnant Erich von Manstein den gleichermaßen originellen wie riskanten Operationsplan, der nach seiner Grundidee mit »Sichelschnitt« bezeichnet wird und der dem schließlich erfolgreichen deutschen Angriff im Westen zu Grunde lag, als Alternative zur konventionellen Planung des Generalstabs bereits seit Herbst 1939 entwickelt. Nachdem er damit dort zunächst keinen Anklang gefunden hatte, war Hitler im Frühjahr 1940 zufällig darauf aufmerksam geworden. Weil Hitler in Mansteins Plan eigene Gedanken wiederzufinden glaubte, machte er ihn sich zu eigen und setzte ihn schließlich gegen Widerstände in der Heeresführung durch, nicht ohne hinsichtlich seiner Verdienste um den Plan an sich einer Selbsttäuschung zu erliegen. Ungeachtet dessen war die NS-Propaganda dankbar dafür, hieraus umgehend jenen Mythos vom militärischen Genie des »Führers« konstruieren zu können, wie er somit zurecht von H. etwas ungläubig kommentiert wurde. Vgl. Frieser, Blitzkrieg-Legende, S. 71-116, bes. S. 92-94.

82 Tatsächlich lag das Städtchen – gemeint ist Jadów (vgl. nachstehende Notizen) – nicht an der Bahnstrecke von Warschau nach Wyszków, sondern nach Białystok.

83 Bereits seit Herbst 1939 warb die deutsche Zivilverwaltung im Generalgouvernement unter den nichtjüdischen Polen Arbeitskräfte für den Einsatz im Reichsgebiet an. Dies hatte in einem gewissen Umfang und auf mehr oder weniger freiwilliger Basis zunächst auch einigen Erfolg. Bald jedoch verbreitete sich die Nachricht von der menschenverachtenden Behandlung der polnischen Arbeitskräfte in Deutschland. Bis zum März 1940 versiegten deshalb die freiwilligen Meldungen völlig. Daraufhin gingen die deutschen Arbeitsämter mit Hilfe des Sicherheitsapparates im Generalgouvernement dazu über, Polen auf jede erdenkliche Art zum Arbeitseinsatz zu pressen und sie zwangsweise zu deportieren. Grundsätzlich mußte jeder junge Pole und jede jüngere Polin jederzeit damit rechnen, zur Zwangsarbeit nach Deutschland verschleppt zu werden. Vgl. Bömelburg/Musial, Die deutsche Besatzungspolitik, S. 84 f.; Madajczyk, Die Okkupationspolitik, S. 223 f.

84 Tatsächlich herrschte damals an der Front in Nordfrankreich und Flandern seit wenigen Tagen relative Ruhe, nachdem ein entsprechender Befehl Hitlers vom 24.5.1940 die weitere Verfolgung der auf die Kanalhäfen zurückweichenden alliierten Truppen vorerst gestoppt hatte (vgl. Brief v. 24.5.1940). Möglicherweise hatte H. aber doch schon die Nachricht von der Wiederaufnahme des deutschen Angriffs am Morgen des 27.5. erreicht. Dieser verhinderte nicht mehr, daß sich bis zum 4.6. fast die gesamte britische Expeditions- und ein Teil der französi-

schen Armee von Dünkirchen aus über den Ärmelkanal nach England retten konnten. Vgl. Frieser, Blitzkrieg-Legende, S. 368-379.

85 H. gibt eine zutreffende Einschätzung der Lage Italiens. Dessen Diktator Mussolini war einerseits grundsätzlich zum Kriegseintritt an der Seite seines »Achsen«-Partners Deutschland gewillt. Andererseits zögerte er diesen Schritt wegen des ungenügenden militärischen Rüstungsstandes seines Landes lange Zeit hinaus (vgl. Brief v. 4.9.1939). Die deutschen militärischen Erfolge im Westen ließen ihn nun, da sich die Gelegenheit bot, bei relativ geringem Risiko hiervon zu profitieren, auf den Plan treten. Am 30.5.1940 teilte er Hitler den voraussichtlichen Kriegseintritt Italiens für den 5.6. mit. Der hatte jedoch kein großes Interesse mehr daran und spielte auf Zeit. Dadurch erfolgten die Kriegserklärungen Italiens an Großbritannien und Frankreich schließlich erst am 10.6.1940. Vgl. Das Deutsche Reich und der Zweite Weltkrieg, Bd 2, S. 308-311 (Beitrag Umbreit).

86 Tragezelt für die Monstranz (»Allerheiligste«) während der Prozession.

87 Generalleutnant Max von Schenckendorff (1875-1943), Kommandierender General des Höheren Kommandos XXXV z.b.V. bzw. der »Gruppe Schenckendorff«.

88 Vgl. Brief v. 9.1.1940.

89 Vgl. Brief v. 5.12.1939 u. Notiz v. 24.4.1940.

90 Major Schäfer (vgl. Notiz v. 7.6.1940). Er hatte das Bataillon am 25.5.1940 übernommen (laut einer Notiz v. Tag, nicht ediert).

91 Vgl. nachst. Brief.

92 Die NS-Gemeinschaft »Kraft durch Freude« (KdF) veranstaltete als Unterorganisation der »Deutschen Arbeitsfront« (DAF), der größten Massenorganisation der NSDAP, umfangreiche kulturelle und touristische Freizeitaktivitäten, so auch Auslands-Kreuzfahrten mit eigenen Schiffen. Das Erholungs- und Unterhaltungsangebot richtete sich, im Sinne der Überwindung »bürgerlicher« Privilegien, vor allem an die Arbeiterschaft. Letztlich sollte es der Hebung der Arbeits- und Produktionsleistung dienen. Vgl. Enzyklopädie des Nationalsozialismus, S. 550 f.

93 Vgl. Brief v. 23.11.1939.

94 Herrnhuter Brüderunität oder Brüdergemeinde; aus dem Pietismus hervorgegangene, 1722 in der Oberlausitz als Kolonie Herrenhut begründete Gemeinschaft auf der Grundlage brüderlicher Liebe und gegenseitiger Unterordnung, geprägt von einfacher und strenger Lebensweise bzw. Sitte.

95 Generalmajor Karl von Oven (1888-?), Kommandeur der 393. Infanterie-Division (vgl. Notiz v. 24.4.1940).

96 Vgl. 2. Brief v. 30.5.1940.

97 Eine Film-Wochenschau über zurückliegende Ereignisse der Westoffensive und der Kämpfe in Norwegen. Die belgischen Städte Löwen und Brüssel sowie die französischen Grenzstädte Maubeuge und Sedan waren von der Wehrmacht bereits gegen Mitte Mai 1940 erobert worden, die nordnorwegische Stadt Narvik dagegen erst im Laufe der ersten Juni-Woche (vgl. Brief v. 5.5.1940).

98 Italien hatte am Vortag Großbritannien und Frankreich den Krieg erklärt (vgl. Brief an Ehefrau und Kinder v. 27.5.1940).

99 Generalmajor v. Oven (vgl. Notiz v. 6.6.1940).

100 Major Schäfer (vgl. vorst. Notiz).

101 Im Nachlaß nicht überliefert.

102 Reserve-Offizier-Anwärter im Dienstgrad Feldwebel.

103 Vgl. Brief v. 19.4.1940.

104 Vgl. Brief v. 30.5. u. Notiz v. 1.6.1940.

105 Vgl. Briefe v. 30.8.1939 u. 30.4.1940.

106 Mit dem Fall von Paris am 14.6.1940 war der militärische Widerstand Frankreichs gebrochen. Die deutsch-französischen Waffenstillstandsverhandlungen am 21./22.6. endeten mit der faktischen Zweiteilung des Landes in eine deutsche Besatzungszone (Nord- und West-Frankreich) und einen unbesetzten Teil (Zentral- und Süd-Frankreich), dessen französische Regierung (General Pétain) aber weitgehend unter deutscher Kontrolle stand. Das Elsaß und Lothringen wurden von Deutschland annektiert.

107 H. verkannte infolge des NS-Propagandaschleiers, daß es sich freilich fast immer um die für Hitler typischen rhetorischen Friedensbeteuerungen gehandelt hatte, die durch seine praktische Außenpolitik bei nächst passender Gelegenheit konterkariert wurden. Ansonsten waren seine Friedensangebote, ob nun vor dem Krieg an Polen oder sofern sie – wie im Fall von Hitlers öffentlichem »Friedensappell am 19.7.1940 (abgedruckt bei Domarus, Hitler, Bd 3, S. 1540-1559) – seinem Willen eines »Ausgleichs« mit Großbritannien entsprangen, stets mit unannehmbaren Forderungen verbunden (vgl. Brief v. 4.9.1939).

108 Vgl. Notiz v. 6.6.1940.

109 Das bedeutet, einzelne Soldaten bewegten sich noch, obwohl mit dem Kommando »Achtung!« eigentlich ins »Stillgestanden« befohlen.

110 Schlierseer Bauerntheater, gegründet 1892 durch den Münchener Hofschauspieler Konrad Dreher (1859-1944), im Einsatz zur Truppenbetreuung.

111 Vgl. Briefe v. 19.4. u. 14.6.1940.

112 Vgl. Notiz v. 6.6.1940.

113 Diese Bemerkung H.s ist wohl als Zukunftsprojektion zu verstehen. Sie wird unter dem Eindruck der NS-Propaganda gegen Großbritannien entstanden sein, die durch die wenige Tage alte Erklärung des britischen Premierministers Winston S. Churchill, den Krieg gegen Deutschland auch nach der Niederlage Frankreichs fortsetzen zu wollen, angefacht wurde (vgl. »Wollt Ihr den totalen Krieg?«, S. 72 f.). Tatsächlich begann wegen der von Hitler zunächst gewollten militärische Zurückhaltung die deutsche Luftoffensive gegen Großbritannien erst im August 1940 (vgl. vorst. Anm. und Notiz v. 1.8.1940).

114 Rainer Maria Rilke (1875-1926), österreichischer Dichter, dessen literaturgeschichtliche Bedeutung nicht zuletzt aus seinem umfangreichen, posthum veröffentlichten Briefwerk herrührt. Dieses enthält auch Kor-

respondenz mit Künstlern der Malerkolonie Worpswede, so etwa mit Paula Modersohn-Becker (1876-1907), mit der er seit seinem längeren Aufenthalt in Worpswede 1901 befreundet war. H.s besonderes Interesse für Rilke und Modersohn erklärt sich aus der familiären Herkunft seiner Frau. Als Tochter des Malers Karl Krummacher (1867-1955) war sie in Worpswede aufgewachsen und hatte im Haus Modersohn verkehrt.

115 Hauptmann Martini war seit einigen Tagen neuer Kommandeur des Bataillons (Notiz v. 15.6.1940, nicht ediert).

116 Gemeint ist die Besichtigung durch Oberstleutnant Riedel, den Regimentskommandeur (vgl. Brief v. 10.5.1940).

117 H. erlebte damit die Auswirkungen zweier Befehle des Oberkommandos des Heeres (OKH), die auf dem Entschluß Hitlers vom 28.5.1940 beruhten, das Heer in Erwartung eines baldigen »Ausgleichs« mit Großbritanniens (vgl. Brief v. 16.6.1940) schrittweise auf einen Friedensstand zu verringern. Entsprechend erließ das OKH am 26.6.1940 einen »Befehl für die Umgruppierung des Heeres«, dem vier Tage später ein weiterer zur Verringerung und Umgliederung folgte. Dies hatte die Entlassung älterer Geburtsjahrgänge sowie die Auflösung zahlreicher Großverbände zur Folge, so auch der 393. Infanterie-Division, jener Landesschützen-Division, der H. angehörte. Vgl. Das Deutsche Reich und der Zweite Weltkrieg, Bd 4, S. 260 f. (Beitrag Klink).

118 Vgl. Brief v. 30.5. u. Notiz v. 1.6.1940.

119 Vgl. Notiz v. 27.6.1940.

120 Vgl. vorst. Notiz.

121 Kompanieführer der neuaufgestellten Wach-Kompanie und damit H.s unmittelbarer Vorgesetzter.

122 Vgl. Notizen v. 27.6. u. 8.7.1940.

123 Vgl. Notiz v. 9.-11.7.1940.

124 H.s neuer Bataillonskommandeur in Warschau. Sein bzw. H.s Verband war das Wach-Bataillon 660, das bereits am 1.1.1941 in Landesschützen-Bataillon 973 umbenannt wurde.

125 Vgl. vorst. Notiz.

126 Vgl. Notiz v. 9.-11.7.1940.

127 Gemeint ist vermutlich »Ehe in Dosen«. Deutscher Spielfilm von 1939 (Regie: Johannes Meyer; Hauptdarsteller u.a.: Hilde Weissner, Leny Marenbach, Johannes Riemann, Ralph Arthur Roberts, Grethe Weiser).

128 Bereits am 2.7.1940 hatte die Wehrmacht-Führung offiziell von Hitlers Entscheidung erfahren, unter bestimmten Voraussetzung eine Landung in England (»Unternehmen Seelöwe«) zu unternehmen. Das Vorhaben kam jedoch nie über ein bestimmtes Planungs- und Vorbereitungsstadium hinaus, zum einen wegen der damit verbundenen maritimen Probleme, vor allem aber, weil die Luftwaffe im August/September 1940 nicht die erforderliche Luftherrschaft über England erringen konnte (»Luftschlacht um England«). Hitler mußte daraufhin erkennen, daß es vorerst unmöglich war, Großbritannien zum Frieden zu zwingen. Für ihn erhielt nun der ebenfalls bereits in Planung befindliche

Krieg gegen die Sowjetunion höchste Priorität. Vgl. Hillgruber, Hitlers Strategie, S. 144-192; Das Deutsche Reich und der Zweite Weltkrieg, Bd 2, S. 366-408 (Beiträge Umbreit und Maier).

129 Straßen in Warschau.

130 Gehilfe des Kommandeurs; nach heutigem Verständnis stv. Adjutant des Kommandeurs.

131 Gemeint ist wahrscheinlich das historische Palais Radziwill, vormals Sitz des polnischen Ministerrates (vgl. Brief v. 9.5.1941). – Die »Ortskommandantur« ist nicht identisch mit der Kommandantur Warschau (vgl. Brief v. 8.8.1941).

132 Komödie von Otto Ernst (1862-1926; eigentlich: Ernst Otto Schmidt), eines seinerzeit erfolgreichen deutschen Bühnenautors.

133 Vgl. Brief v. 19.8.1940.

134 Gemeint sind die von der Wehrmacht beschlagnahmten Sportanlagen an der Łazienkowska-Straße, etwa 4 km südöstlich der Stadtmitte nahe der Weichsel gelegen. Ihren Kern bildete das 40 000 Zuschauer fassende und damit größte Sportstadion Warschaus (vgl. Brief v. 30.5.1941). Unweit südlich davon lag ein früheres Kasernenviertel der polnischen Armee, das nun deutschen Truppen, so auch dem Wach-Bataillon mit H., als Unterkunft diente (vgl. Brief v. 8.8.1940).

135 Traditionsreichstes Warschauer Hotel, auf der Ostseite des zentralen Innenstadtplatzes (Piłsudski- bzw. Adolf-Hitler-Platz) neben dem Gebäude der Kommandantur gelegen; polnisch: »Europejski« (vgl. Brief v. 8.8.1940).

136 Nur für Deutsche zugelassenes Café-Varieté in Warschau. Vgl. Szarota, Warschau, S. 195, 253.

137 Vgl. Notiz v. 5.8.1940.

138 Die deutsche Kommandantur Warschau befand sich im Gebäude der früheren polnischen Stadtkommandantur, dem nach seiner architektonischen Form benannten »Haus ohne Kanten« (»Dom Bez Kantów«), auf der Ostseite des zentralen Innenstadtplatzes (Piłsudski- bzw. Adolf-Hitler-Platz) neben dem Hotel »Europa« bzw. »Europejski« gelegen.

139 Vgl. Notiz v. 6.8.1940.

140 Gustav Frenssen (1863-1945); erfolgreicher deutscher Roman-Schriftsteller, der in seiner Spätphase auch völkische und antisemitische Auffassungen vertrat; Hauptwerke: »Jörn Uhl« (1901), »Peter Moors Fahrt nach Südwest« (1906), »Otto Babendieck« (1926), »Der Glaube der Nordmark« (1936).

141 Sohn Helmut befand sich während der Trimester-Ferien seines Medizinstudiums im Einsatz als Erntehelfer (vgl. Brief an die Nichte v. 25.9.1940).

142 Warum H. den 10. August als Hitlers Glückstag bezeichnet, ist unklar. – »Schlag gegen England« ist ein Hinweis auf die wenige Tage später beginnende deutsche Luftoffensive (»Luftschlacht um England«). Mit ihr sollte die Luftherrschaft über dem Ärmelkanal errungen und damit die wesentliche Voraussetzung für eine deutsche Invasion in Südengland geschaffen werden (vgl. Notiz v. 1.8.1940).

143 Genaugenommen handelt es sich um die vier Distrikte, in die das Generalgouvernement verwaltungsmäßig eingeteilt war.

144 SA-Gruppenführer Dr. jur. Ludwig Fischer (1905-1947), von Oktober 1939 bis Januar 1945 Distriktchef bzw. Gouverneur des Distriktes Warschau, verantwortlich u.a. für die Errichtung des Warschauer Ghettos im Herbst 1940 (vgl. Notiz v. 30.9.1940). Vgl. die eingehenden Charakterisierungen F.s bei Wulf, Das Dritte Reich und seine Vollstrecker, S. 311 f., und bei Szarota, Warschau, S. 233 f.

145 Brief nur als Maschinen-Durchschrift des Originals erhalten.

146 Die Unterscheidung zwischen »Herr« und »Knecht«, zwischen deutschem »Übermenschen« und polnischem »Untermenschen«, dessen Existenzberechtigung nur in seiner Arbeitsleistung für Deutschland gesehen wurde, war ein Wesensmerkmal nationalsozialistischer »Volkstumspolitik«. Generalgouverneur Frank bekannte sich zumindest intern immer wieder ausdrücklich zu ihr (vgl. Das Diensttagebuch, S. 53, 280 f.), wenn auch die für die Öffentlichkeit bestimmte Sprachregelung diese Politik in ihrer ganzen Brutalität aus taktischen Gründen etwas verschleierte. Frank entsprach damit völlig Hitlers Intention, wie dieser sie bei einer persönlichen Unterredung am 2.10.1940 nochmals in aller Ausführlichkeit darlegte. Hitlers damals protokollierte Worte sind abgedruckt in Documenta occupationis, Bd VI, S. 31-35; auszugsweise bei Domarus, Hitler, Bd 3, S. 1591 f.

147 Gemeint ist der Schriftsteller August Hinrichs (1879-1956), mit Stükken aus seiner niederdeutschen, oldenburgischen Heimat in den 30er und 40er Jahren meistgespielter deutscher Bühnenautor. Sein plattdeutscher Bauernschwank »Wenn de Hahn kreit« wurde von Carl Froelich 1936 (»Wenn der Hahn kräht«) sogar verfilmt.

148 Vgl. Anm. 132.

149 Oberstleutnant (ab 1.2.1942: Oberst) Albrecht Graf von Hohenau (1882-1966), Kommandeur des Wach-Regiments Warschau.

150 Vgl. Notiz v. 22.8.1940.

151 Dr. Ludwig Fischer (vgl. Notiz v. 18.8.1940).

152 Das Ritterkreuz des Eisernen Kreuzes war die neugeschaffene höchste Klasse des traditionellen preußisch-deutschen Ordens für soldatische Tapferkeit, den Hitler mit Kriegsbeginn am 1.9.1939 erneut gestiftet hatte.

153 Oberleutnant Gerd Freiherr von Ketelhodt (1915-1976), Berufsoffizier.

154 Zu diesem Filmprojekt siehe Brief v. 13.9.1940.

155 Zu ihm siehe Brief v. 9.3.1941.

156 Gemeint ist die polnische Stadt Minsk Masowiecki östlich von Warschau.

157 Zu diesem Filmprojekt siehe auch den Brief v. 13.9.1940 und nachfolgende Briefe.

158 Oberstleutnant Graf von Hohenau (vgl. Notiz v. 22.8.1940).

159 Im historischen Palais Brühl, vormals Sitz des polnischen Außenministeriums, residierte der deutsche Zivilgouverneur mit seinem Distriktsamt. Es lag am nordwestlichen Rand des zentralen Innenstadt-Platzes

von Warschau und damit unweit der Wehrmacht-Kommandantur Warschau (vgl. Brief v. 8.8.1940).

160 Józef Beck (1894-1944), polnischer Außenminister von 1932 bis 1939.

161 Dr. Ludwig Fischer (vgl. Notiz v. 18.8.1940).

162 Walter Röhrig (vgl. nachst. Brief).

163 Sehr wahrscheinlich handelt es sich um das berüchtigte Pawiak-Gefängnis im Warschauer Nordwesten. Der große, 1,5 Hektar umfassende Gebäudekomplex war bereits Mitte des 19. Jahrhunderts von den russisch-zaristischen Besatzern Warschaus als Gefängnis erbaut worden. Seit März 1940 hatte die deutsche Sicherheitspolizei und damit die SS die Leitung übernommen. »Der Pawiak« wurde dadurch endgültig, bis zu seiner Auflösung und Sprengung während des Warschauer Aufstandes im August 1944, zum Schauplatz von politischer Inhaftierung, Folter und Massenhinrichtungen.

164 Der Brief ist geschrieben auf Briefpapier des »Hotel Posener Hof« in Posen, Wilhelmstraße 10.

165 Vgl. Notiz v. 11.-14.1.1940.

166 Stadt und Kreis Suwałki, im Norden Polens an der Grenze zu Litauen gelegen, gehörte zu den vom Deutschen Reich annektierten Gebieten Polens und war in die Provinz Ostpreußen eingegliedert worden.

167 Vgl. Brief v. 13.9.1940.

168 Mundartlich für: lästerte.

169 Vgl. Brief v. 8.8.1940.

170 Das »Grab des unbekannten polnischen Soldaten« befindet sich noch heute unter den Kolonnaden des Sächsischen Palais, also tatsächlich in Blickweite der Kommandantur, wo H. seinen Wachdienst versah (vgl. Brief v. 8.8.40). – Nach einem Befehl des Militärbefehlshabers im Generalgouvernement v. 26.10.40 hatten alle Soldaten der Wehrmacht beim Herantreten an das Grab »militärischem Brauch entsprechend« zu grüßen (BA-MA, RH 53-23/28, Bl. 60a).

171 Hans Grimm (1875-1959), prominenter Autor des »Dritten Reiches«, bis er sich vom NS-Regime distanzierte und 1938 aus der Reichsschrifttumskammer ausgeschlossen wurde. Sein Roman »Volk ohne Raum« (1926), der eine klassische Kolonialpolitik propagiert, wurde schon während der Weimarer Republik sehr populär. Den Nationalsozialisten diente der Titel schlagwortartig zur Begründung ihrer Lebensraum-Ideologie.

172 Vgl. Brief v. 7.9.1940.

173 Vgl. Brief an Ehefrau und Kinder v. 27.5.1940.

174 Brief nur als Maschinen-Durchschrift des Originals erhalten.

175 Umgangssprachliche Bezeichnung für die gesamte Panzerabwehrtruppe.

176 Gemeint ist die polnische Kleinstadt Chorzele, etwa 40 km südlich von Ortelsburg in Ostpreußen gelegen. Hier begann nach den von H. geschilderten Vorarbeiten (vgl. Notizen und Briefe ab 26.8.1940) im Februar 1941 ein Teil der Dreharbeiten zu dem Propaganda-Spielfilm »Heimkehr«, der das Schicksal der Wolhynien-Deutschen im Vorkriegs-

Polen im Sinn der NS-Politik dramatisiert. Regie führte Gustav Ucicky (1899-1961), einer der bedeutendsten deutsch-österreichischen Filmregisseure der 30er und 40er Jahre. Prominent besetzt waren auch die Hauptrollen mit Paula Wessely, Attila Hörbiger, Peter Petersen und Carl Raddatz. Die Produzierende Wien-Film GmbH hatte den Auftrag für diesen Film von Reichspropagandaminister Goebbels direkt erhalten. Dieser verlieh ihm dann auch die höchsten staatlichen Prädikate, »staatspolitisch und künstlerisch besonders wertvoll« und »Film der Nation«. Der Film wurde anläßlich der Biennale in Venedig am 31.8.1941 uraufgeführt, in Deutschland erst am 10.10.1941. Er gilt heute als ein Hauptwerk der NS-Propaganda. Vgl. Trimmel, Heimkehr.

177 Vgl. Brief v. 13.9.1940.

178 Vgl. Brief v. 16.9.1940.

179 Deutscher Spielfilm von 1939 (Regie: Gustav Ucicky; Hauptdarsteller u.a.: Käthe Dorsch, Paul Hörbiger), der die Lebensleistung einer »großdeutschen Mutter« verherrlicht und deshalb mit dem Prädikat »staatspolitisch und künstlerisch wertvoll« des Reichspropagandaministers ausgezeichnet wurde.

180 Rudczanny (Ruciane) am Niedersee in Ostpreußen, ca. 40 km östlich von Ortelsburg.

181 Vgl. Brief v. 13.9.1940.

182 »Der Postmeister«, auch heute noch wegen der Regie- und Schauspielerleistung hochgelobter deutscher Spielfilm von 1940 (Regie: Gustav Ucicky; Hauptdarsteller u.a.: Heinrich George, Hilde Krahl) nach einer Novelle von Alexander S. Puschkin (1799-1837). Wegen seiner zu sympathischen Zeichnung des russischen Menschen verschwand der Film nach dem deutschen Überfall auf die Sowjetunion aus den Kinos.

183 Gemeint sind die Memoiren »Erinnerungen aus dem äußeren Leben« (1840) des deutschen Schriftstellers, Historikers und Politikers Ernst Moritz Arndt (1769-1860), eines Protagonisten der nationalen Bewegung in Deutschland während der ersten Hälfte des 19. Jahrhunderts.

184 Nach dem Briefpapier logierte H. im »Eden-Hotel, Berlin W 62«.

185 Vgl. vorst. Brief.

186 Gemeint ist der sog. Bendlerblock am Landwehr-Kanal in Berlin-Tiergarten, vormals Sitz des Reichswehr- bzw. Reichskriegsministeriums, während des Krieges Dienststelle von Teilen der Oberkommandos von Wehrmacht (OKW) und Heer (OKH).

187 Gemeint ist das Ehrenmal für die Gefallenen des Ersten Weltkrieges, gestaltet und eingeweiht 1931 im historischen Gebäude der Neuen Wache (erbaut von Karl Friedrich Schinkel 1816-1818), in Berlin-Mitte, Unter den Linden 4.

188 Vgl. nachst. Brief.

189 Dies dürfte sich darauf beziehen, daß das Deutsche Reich bei der Suche nach Bundesgenossen für den geplanten Krieg gegen die Sowjetunion seine fast schon hegemoniale Stellung auf dem Balkan erfolgreich aus-

zuspielen begann. Sichtbar wurde dies durch seine Schiedsrichterrolle (gemeinsam mit Italien) im sog. Zweiten Wiener Schiedsspruch vom 30.8.1940, mit der es sich zunächst vor allem Ungarn verpflichten konnte (vgl. Brief v. 14.3.1940). Aber selbst die negativen Konsequenzen für Rumänien, die am 6.9.1940 den Sturz des Königs durch den Militärdiktator Ion Antonescu (1882-1946) herbeiführten, wirkten sich zugunsten Hitlers aus. Antonescu suchte aus Furcht vor der Sowjetunion erst recht den Schulterschluß mit ihm, was zur Entsendung einer deutschen »Militärmission« ab Oktober 1940 führte, die bald die Stärke eines Armeekorps erreichte. Durch umfangreiche Waffen-gegen-Öl-Verträge hatte sich Rumänien ohnehin längst wirtschaftlich an das Deutsche Reich gebunden. Vollendet wurde diese Bindung politisch durch den Beitritt zum Dreimächtepakt von Deutschland, Italien und Japan am 23.11.1940, nachdem Ungarn diesen Schritt bereits drei Tage zuvor vollzogen hatte. Vgl. Das Deutsche Reich und der Zweite Weltkrieg, Bd 4, S. 327-338 (Beitrag Förster).

190 H.s Skepsis sollte sich bald als sehr berechtigt erweisen. Die italienische Strategie gegen die britische Inselfestung Malta beschränkte sich auf, nicht sehr effekive, Luftangriffe. Von einer aufwendigen, riskanten Invasion Maltas wurde bewußt zugunsten einer Offensive gegen die zumindest zahlenmäßig schwachen britischen Streitkräfte in Ägypten abgesehen. Diese hatte am 13.9.1940 von der libysch-ägyptischen Grenze aus begonnen, beschränkte sich aber schon wenige Tage später nach einem begrenzten Vorstoß von etwa 100 km mit der Einnahme von Sidi Barrani. Die hier verharrenden italienischen Streitkräfte wurden bereits im Dezember von einer britischen Gegenoffensive überwältigt und weit nach Libyen zurückgeschlagen. Vgl. Das Deutsche Reich und der Zweite Weltkrieg, Bd 3, S. 225, 227, 239-249 (Beitrag Schreiber), S. 591-598 (Beitrag Stegemann).

191 Hildegard von Bingen (1098-1179, offiziell nie heiliggesprochen), Benediktinerin adeliger Abstammung und spätere Kloster-Gründerin mit politischem Einfluß auf die Großen ihrer Zeit. Besondere kulturgeschichtliche Bedeutung erlangte sie als vielseitige Autorin theologisch-prophetischer Schriften im Geist der deutschen Mystik (»Scivias«, »Liber divinorum operum«), bedeutender medizinisch-naturwissenschaftlicher Werke sowie musikalischer Dichtung. Darüber hinaus engagierte sie sich für eine Kirchenreform. Vgl. BBKL, Bd II [1990], Sp. 846-851. – Die Vielzahl von Beschreibungen ihres Lebens läßt keinen Schluß auf eine bestimmte Lektüre H.s zu.

192 Vgl. Notiz v. 17.9.1940.

193 Oberst von Unruh (vgl. Notiz v. 23.1.1941).

194 Generaloberst Werner Freiherr von Fritsch (1880-1939) war als Oberbefehlshaber des Heeres Anfang 1938 Opfer einer politischen Intrige geworden. Erst nach seiner Entlassung von Hitler teilweise rehabilitiert, zog er als Chef eines Artillerie-Regiments mit in den Polenfeldzug und fiel – möglicherweise in selbstmörderischer Absicht – am 22.9.1939

während der Einschließung Warschaus in einem östlichen Vorort. Vgl. Brausch, Der Tod des Generalobersten.

195 Die massierte Verlegung von deutschen Truppen aus dem Westen in den Osten, für die auch im Generalgouvernement Unterkünfte requiriert werden mußten, war bereits ein Vorzeichen der sich anbahnenden Auseinandersetzung mit der Sowjetunion. Hitler hatte seinen Entschluß, die Sowjetunion im Mai des folgenden Jahres anzugreifen, Ende Juli 1940 der militärischen Führung mitgeteilt. Wegen des politischen Drucks Moskaus auf Finnland und Rumänien drängte er zudem Ende August auf eine schnellstmögliche Verstärkung des Heeres im Osten. Hierhin wurde ab September 1940 die Heeresgruppe B (Generalfeldmarschall Fedor von Bock) zunächst als »Ostsicherung« verlegt. Dies legte gleichermaßen das Fundament für das spätere offensive Vorgehen. Vgl. Das Deutsche Reich und der Zweite Weltkrieg, Bd 4, S. 10-18 (Beitrag Förster), S. 214-219 (Beitrag Klink).

196 Vgl. vorst. Brief.

197 Die ukrainische Minderheit im Generalgouvernement (ca. 5 Prozent der Gesamtbevölkerung) wurde von den deutschen Besatzern bevorzugt behandelt, weil sie – gerade im Hinblick auf die sich abzeichnende Konfrontation mit der Sowjetunion – als Verbündeter galt. Vgl. Bömelburg/Musial, Die deutsche Besatzungspolitik, S. 89 f.

198 Entsprechende Richtlinien der deutschen Besatzungsmacht vom Dezember 1939 sahen eine siebenjährige Schulpflicht für polnische Kinder vor. Das Unterrichtsniveau wurde jedoch durch zusätzliche Bestimmungen weiter abgesenkt (hohe Klassenstärken, Einschränkung des Fächerangebots etc.). Diese Maßnahmen fügten sich in die insgesamt äußerst restriktive Bildungspolitik gegenüber den Polen. Durch die »volkstumspolitischen« Vorstellungen der Nationalsozialisten zum reinen »Arbeitsvolk« für die Deutschen erniedrigt (vgl. Brief v. 19.8.1940), sollten sie nur die hierfür unbedingt nötige Bildung und Ausbildung erhalten. Vgl. Kleßmann, Die Selbstbehauptung, S. 78-91.

199 Brief nur als Maschinen-Durchschrift des Originals erhalten.

200 Vgl. Brief v. 25.8.1940.

201 Dies bezieht sich wahrscheinlich auf den dementsprechenden Tenor jener »Friedensrede« Hitlers vom 19.7.1940 (abgedruckt bei Domarus, Hitler, Bd 3, S. 1540-1559), die H. möglicherweise noch stark in Erinnerung geblieben war. Schon früher hatten ihn solche Äußerungen Hitlers besonders angesprochen (vgl. Briefe v. 4.9.1939 u. 16.6.1940).

202 Brief nur als Maschinen-Durchschrift des Originals erhalten.

203 Gemeint ist das Hallenschwimmbad des polnischen Zweigs der internationalen »Young Mens Christian Association« (YMCA, in Deutschland: CVJM/Christlicher Verein junger Männer) in der Konopnickiej- bzw. Friedens-Straße, das wie andere polnische Sportstätten von der Wehrmacht beschlagnahmt worden war.

204 Vgl. Notiz v. 7.8.1940.

205 Die Zwangsumsiedlung aller außerhalb des historischen Ghettos lebenden Warschauer Juden in diesen Stadtteil sowie die Zwangsaussiedlung aller nicht-jüdischen Warschauer aus dem Ghetto, mithin die Errichtung eines abgeschlossenen »jüdischen Wohnbezirks« bis zum 31.10.1940, wurde von Gouverneur Fischer (vgl. Notiz v. 18.8.1940) am 2.10.1940 angeordnet. (Die Verordnung ist abgedr. bei Wulf, Das Dritte Reich und seine Vollstrecker, S. 83.) Erst am 16.11.1940 erfolgte die tatsächliche Abriegelung des Ghettos durch Polizei und SS. Vgl. Enzyklopädie des Holocaust, Bd III, S. 1532 f.

206 Es handelt sich um Eduard Luckhaus (vgl. Notiz v. 8.11.1940).

207 Das Portraitbild (Farbkreide) befindet sich heute noch in Familienbesitz.

208 Brief nur als Maschinen-Durchschrift des Originals erhalten.

209 Als Anlage zum vorstehenden Schreiben überliefert. Wie dieses nur als Maschinen-Durchschrift des Originals erhalten, jedoch mit handschriftlichem Nachtrag der Überschrift und der Orts-/Datumsangabe.

210 Das Programm der ersten »Deutschen Kulturtage in Warschau« vom 25.10.-3.11.1940, die von der Distriktverwaltung Warschau anläßlich des Jahrestages der Errichtung des Generalgouvernements veranstaltet wurden, ist abgedruckt bei Kleßmann, Die Selbstbehauptung, S. 240-243.

211 Deutscher Spielfilm von 1940 (Regie: Erich Waschneck), der im Dienst der NS-Propaganda in antisemitischer Machart die Geschichte des Aufstiegs der jüdischen Bankiersfamilie Rothschild während der napoleonischen Epoche inszeniert.

212 Deutscher Spielfilm von 1940 (Regie: Veit Harlan; Hauptdarsteller u.a.: Erich Ponto, Carl Kuhlmann, Albert Lippert, Herbert Wilk, Gisela Uhlen), gemeinsam mit dem fast gleichzeitig erschienenen Spielfilm »Der ewige Jude« (Hauptdarsteller u.a.: Ferdinand Marian, Kristina Söderbaum, Heinrich George), Hauptwerk der antisemitischen NS-Filmpropaganda, in deren Sinn das historische Schicksal des Josef Süß Oppenheimer, Finanzberater des Herzogs von Württemberg um die Mitte des 18. Jahrhunderts, eine entsprechend verzerrte Darstellung erhält. H. hatte den Film während seines gerade zurückliegenden Heimaturlaubs am 15.10.1940 in Weimar gesehen (Notiz v. Tag, nicht ediert).

213 Gemeint ist die in Warschau ansässige Industrie-Gesellschaft Kabel (laut einem Eintrag H.s im Anhang seines Notizbuches von 1941, nicht ediert).

214 Dieser Kommandanturbefehl beruhte auf einer grundsätzlichen Weisung des Oberkommandos der Wehrmacht (vgl. Notiz v. 4.2.1940).

215 Vgl. vorst. Brief.

216 Sowohl von Polen wie Deutschen besuchtes, gehobeneres Café in Warschau, in dem auch klassische Musik geboten wurde (vgl. nachst. Brief), gleichzeitig ein Zentrum des Warschauer Schwarzhandels. Vgl. Szarota, Warschau, S. 138; Alvensleben, Lauter Abschiede, S. 144.

217 Lieder für Singstimme und Klavier (D. 627 bzw. D. 768) des österreichischen Komponisten Franz Schubert (1797-1828) nach den Gedich-

ten »Das Abendrot« von Ludwig Gotthard Kosegarten (1758-1818) und »Wandrers Nachtlied« von Johann Wolfgang von Goethe (»Über allen Gipfeln ist Ruh, ...«).

218 Café »Lardelli« (vgl. vorst. Notiz).

219 Gemeint sind zum einen das Largo (Eröffnungs-Arie des Xerxes) aus der Oper »Xerxes« des deutsch-englischen Komponisten Georg Friedrich Händel (1685-1759), zum anderen der Instrumentalsatz »Solveigs Lied« aus der Peer-Gynt-Suite Nr. 2 op. 55 des norwegischen Komponisten Edvard Grieg (1843-1907).

220 Hauptwerk deutscher Renaissance-Plastik. Das Schnitzwerk des deutsch-polnischen Bildhauers, Kupferstechers und Malers Veit Stoß (ca. 1445-1533) hängt in der St. Lorenz Kirche von Nürnberg. Es stellt jene biblische Szene dar, in der die Engel der Jungfrau Maria verkünden, sie werde den Heiland gebären.

221 Hauptwerk mittelalterlicher deutscher Steinplastik, das sich im Westchor des Naumburger Doms befindet. Die nebeneinander stehenden Figuren von Markgraf Ekkehard und seiner Frau Uta, eines Stifterpaares, stammen von einem unbekannten Künstler aus der Mitte des 13. Jahrhunderts.

222 Das Amt des Stadtpräsidenten von Warschau entsprach ursprünglich etwa dem des Oberbürgermeisters in Deutschland. Der eigentliche Amtsinhaber Stefan Starzyński war nach dem Machtwechsel im Herbst verhaftet (und später ermordet) worden. Seitdem hatte Vizepräsident Julian Kulski das Amt inne. Er stand allerdings seit Herbst 1939 unter der Aufsicht eines deutschen NS-Funktionärs. Von März 1940 bis zum Warschauer Aufstand 1944 war dies SA-Oberführer Ludwig Leist, der zunächst als »Beauftragter des Distriktchefs für die Stadt Warschau« fungierte. Im September 1941 wurde sein Amt in das des »Stadthauptmanns« umbenannt. Der deutsche Stadthauptmann überwachte als reine Aufsichtsbehörde mit deutschem Fachpersonal die weiterhin arbeitende polnische Stadtverwaltung. Er residierte im historischen Palais Blank unmittelbar neben dem polnischen Rathaus in der Stadtmitte. Vgl. Madajczyk, Die Okkupationspolitik, S. 148 f.; Szarota, Warschau, S. 14, 232 f.; Warschau unter deutscher Herrschaft, S. 84-86.

223 Prof. Dr. med. Alfred E. Hoche (1865-1943), seit 1902 Ordinarius für Psychiatrie und Neuropathologie an der Universität Freiburg i.Br. Als Mitverfasser des Buches »Die Freigabe der Vernichtung unwerten Lebens. Ihr Maß und ihre Form« (1920) wurde Hoche später von den Nationalsozialisten als Vordenker der eigenen »Euthanasie«-Politik vereinnahmt. Autor von »Tagebuch des Gefangenen« (1938).

224 Prof. Dr. Karl Haushofer (1869-1946), vormals königlich-bayerischer Offizier und General. Haushofer wandte sich bereits während seiner Militärzeit der Geographie zu, habilitierte sich nach dem Ersten Weltkrieg in diesem Fach und begründete in den 20er Jahren eine eigene geopolitische Wissenschaft. Durch frühen persönlichen Kontakt mit Hitler erlangte er einen gewissen Einfluß auf dessen Lebensraum-

Theoriebildung, stand vor allem durch seine Freundschaft mit Rudolf Heß (1894-1987) lange in der Gunst des NS-Regimes, fiel aber nach dessen »England-Flug« 1941 bei den Machthabern in Ungnade. Schließlich geriet er wegen der Beteiligung seines Sohnes Albrecht (1903-1945) in der Widerstandsbewegung nach dem 20. Juli 1944 sogar in KZ-Haft. – Sein Buch »Weltpolitik von heute« erschien erstmals 1934.

225 Anspielung auf die alte Beinverwundung aus dem Ersten Weltkrieg.

226 Eduard (Edward) Luckhaus (1910-1975) war zunächst in Rußland als Sohn einer deutschstämmigen Fabrikantenfamilie aufgewachsen, die 1917 nach Polen umzog. Während der 30er Jahre arbeitete L. nach einem Sportstudium als Sportpädagoge in Warschau und war gleichzeitig international als Leichtathlet aktiv (u.a. Teilnahme an der Olympiade 1936). Seinerzeit lernte er auch seine spätere Ehefrau Krystyna (1908-1992), geb. Łoniewska, kennen. Sie stammte aus bürgerlicher polnischer Familie und hatte an der Warschauer Sportakademie eine vergleichbare akademische Ausbildung wie L. absolviert. Als emanzipierte und sportlich vielseitige Frau hatte sie sich dort überdies zum Offizier im weiblichen Hilfskorps der polnischen Armee ausbilden lassen. Aus ihrer Ehe mit L. ging Anfang 1939 eine Tochter hervor. – Nach der deutschen Besetzung Polens fand L. als »Volksdeutscher« zunächst eine Anstellung im Sportreferat der deutschen Distriktverwaltung Warschau mit Sitz im Palais Brühl. In dieser Funktion ergab sich aus dienstlichen Gemeinsamkeiten ein enger persönlicher Kontakt mit H. Während L. später zum Wehrdienst in der Wehrmacht eingezogen wurde (vgl. Brief v. 20.7.1942), unterstützte seine Ehefrau die polnische Untergrundbewegung und half verfolgten Polen und Juden. L. kehrte erst 1948 aus sowjetischer Kriegsgefangenschaft zurück. Nach der Ausweisung aus Polen fand die Familie Ende 1950 eine neue Heimat in Oberbayern, L. eine berufliche Existenz zunächst als freischaffender Künstler und später als Gymnasiallehrer. Vgl. unveröffentl. Typoskript »Schilderung der damaligen Ereignisse« (Kopie im Besitz des Hrsg.) von Frau Sophie Spies, geb. Luckhaus. Ich danke Frau Spies auch für fernmündliche Auskünfte im April/Mai 2003. Vgl. zudem die Internet-Seite <www.rspaf.pfaffenhofen.de/Luckhaus.htm>.

227 Frau Luckhaus (vgl. Notiz v. 8.11.1940).

228 Hier irrt H. Es handelt sich nicht um ein Werk des ostpreußischen Heimatdichters und Schriftstellers Dr. phil. Max Halbe (1865-1944), sondern um ein Bühnenwerk des deutschen Schriftstellers, Drehbuchautors und Regisseurs Fritz Peter Buch (1894-1964).

229 Vgl. Brief v. 1.11.1940.

230 Vgl. Notiz v. 8.11.1940.

231 Im Original unterstrichen.

232 Hotel »Polonia« (vgl. Notiz v. 13.1.1941).

233 Oberstleutnant Graf von Hohenau (vgl. Notiz v. 22.8.1940).

234 Gemeint ist Hitlers Rede am Abend des 8.11.1940 im Münchener Löwenbräukeller anläßlich der jährlich wiederkehrenden Gedenkfeier für

seinen Putschversuch vom 9.11.1923 (abgedruckt bei Domarus, Hitler, Bd 3, S. 1602-1608). Außer einer glorifizierenden Rückschau auf die militärischen Erfolge Deutschlands seit Kriegsbeginn war die Rede im wesentlichen gegen Großbritannien bzw. dessen Regierung gerichtet gewesen, dabei mit vielfältigen Beleidigungen »gewürzt«. Hitler hatte seine Entschlossenheit zum Ausdruck gebracht, nunmehr den Entscheidungskampf zu suchen, und dies mit der Kriegspolitik der Regierung Churchill begründet, die seine »oft gebotene Hand« ausgeschlagen habe.

235 Seine Vermutung einer gegen die polnische Führungsschicht (»Intelligenz«) gerichteten Besatzungspolitik beunruhigte H. nicht zum ersten Mal (vgl. Brief v. 10.11.1939). Sie traf geradezu das Wesen nationalsozialistischer »Volkstumspolitik«. Diese sah die Ausrottung der »Intelligenz« vor, einmal weil man in ihr das größte Widerstandspotential gegen die deutsche Herrschaft vermutete, zum anderen weil sie als unproduktiv im Sinn der den Polen zugedachten Rolle als »Arbeitssklaven« galt (vgl. Brief v. 19.8.1940). – Die überwiegend nicht zur Selbstversorgung fähige Warschauer Bevölkerung mit ihrem relativ hohen Anteil an »Intelligenz« sah sich bald einer dramatisch zugespitzten Ernährungslage ausgeliefert. Die Besatzungsbehörde teilte den Polen so geringe Lebensmittelrationen zu, daß sie allein zum Überleben kaum mehr ausreichten. Gleichzeitig verschlechterte sich die Möglichkeit einer Bedarfsergänzung auf dem bis zu einem gewissen Grad geduldeten Schwarzmarkt, wo die Preise für Grundnahrungsmittel seit Kriegsbeginn 1939 um ein Vielfaches gestiegen waren. Vgl. Madajczyk, Die Okkupationspolitik, S. 261-307, 596-600; Szarota, Warschau, S. 48-58 bzw. 111-130.

236 Vgl. Notiz v. 8.11.1940.

237 Die junge Frau (Schwiegertochter) Sachs war Jüdin (vgl. Notiz v. 30.9.1940).

238 Das Infanterie-Regiment 44 der Wehrmacht hatte 1939 am Polenfeldzug teilgenommen.

239 Vgl. Notiz v. 8.11.1940.

240 Ein solches Vorhaben einer Umsiedlungsaktion der wenigen tausend in Warschau registrierten »Volksdeutschen« ließ sich anhand der einschlägigen Literatur nicht ermitteln.

241 Prof. Dr. jur. Axel Freiherr von Freytag-Loringhoven (1878-1942), deutscher Völkerrechtler und Politiker, während der Weimarer Republik Abgeordneter der Deutschnationalen Volkspartei (DNVP) im Deutschen Reichstag.

242 Garnisonstadt ca. 10 km östlich von Warschau.

243 Hauptmann Heidermanns (vgl. Notizen v. 13.7. u. 1.8.1940).

244 H. war der Polin Zofia Cieciora im Herbst 1939 erstmals begegnet, als sie bei ihm als Aufsichtführendem im Kriegsgefangenenlager Pabianice vorstellig wurde, um ihren dort inhaftierten Mann Stanisław Cieciora freizubekommen. Speziell dieser Vorgang wurde durch H. selbst nicht schriftlich festgehalten, doch fügt er sich gut in das Bild von seiner

Hilfsbereitschaft, wie sie gerade für jene Zeit mehrfach dokumentiert ist (vgl. Briefe v. 2., 12., 23., 29.10.1939). Zudem ist das Geschehen durch Cieciora selbst bezeugt (veröffentlicht in: Banasiak/Piątkowska, Robinson; vgl. die auf derselben Zeugenschaft gründende Darstellung bei Szpilman, Das wunderbare Überleben, S. 226 f.). – Nachdem Stanisław Cieciora durch H.s Fürsprache wenig später tatsächlich aus deutscher Kriegsgefangenschaft freikam, entstand zwischen beiden Familien eine regelrechte Freundschaft. Sie äußerte sich u.a. in mehreren Besuchen des Ehepaares H. bei der Familie Cieciora in der Nähe von Samter (Gut Karolin) während der Kriegszeit, aber auch in weiterer Hilfe H.s zum Schutz von Angehörigen der Familie Cieciora vor der Verfolgung durch den NS-Sicherheitsapparat. Beides ist in H.s Schriften gut belegt und läßt sich über das Namensregister dieser Edition leicht erschließen.

245 Vgl. vorst. Brief.

246 Die Anstellung eines polnischen Dienstmädchens war tatsächlich »nur mit ausdrücklicher vorheriger Genehmigung des zuständigen Arbeitsamtes zulässig« (aus: »Merkblatt ... über das Arbeitsverhältnis und die Behandlung von Zivilarbeitern polnischen Volkstums aus dem Generalgouvernement«, abgedruckt in Documenta occupationis, Bd X, S. 20-22). Im konkreten Fall kam sie nicht zustande. Verständlicherweise wollte H. die schikanösen und menschenverachtenden Vorschriften für polnische Fremdarbeiter umgehen, die einer Sklavenhaltung gleichkamen. Unter anderem waren geselliger, privater oder gar intimer Verkehr mit Deutschen, aber auch der Besuch von Kirchen, strengstens, teilweise unter Androhung der Todesstrafe, verboten. Merkblatt »Pflichten der im Arbeitseinsatz im Reich befindlichen polnischen Arbeiter«, abgedruckt in Documenta occupationis, Bd X, S. 18 f.

247 Buchhandlung Uptmoor in Fulda.

248 Dr. Martin Hosenfeld (1890-1979), der ältere Bruder von H., wohnhaft in München und von Beruf Chemiker, wurde als Leutnant der Reserve am 6.12.1940 zum aktiven Wehrdienst bei der Flak-Artillerie einberufen. BA-ZNS, Personalakte Dr. Martin Hosenfeld (LP-54788).

249 Vgl. Notiz v. 29./30.11.1940.

250 Władysław S. Reymont (1856-1925), polnischer Schriftsteller, der 1924 für sein Hauptwerk, den vierteiligen Roman »Die Bauern« (1909), den Literatur-Nobelpreis erhielt.

251 Vgl. Brief v. 23.9.1940.

252 Uniformierter Wehrmachtbeamter in einem Offiziersrang, der dem Oberleutnant entsprach.

253 Vgl. Notiz v. 29./30.11.1940.

Anmerkungen zu »Zweiter Weltkrieg. 1941«

1 Im Original irrtümlich: 1940.

2 Vgl. Notiz v. 4.1.1941.

3 Vgl. Notiz v. 8.11.1940.

4 In Chelm, einer Kreisstadt ca. 70 km östlich von Lublin, waren am 12.1.1940 etwa 300 Insassen der örtlichen »Irrenanstalt« von SS und Gestapo an Ort und Stelle ermordet worden.

5 Vgl. Brief v. 25.11.1940.

6 Möglicherweise steht diese Nachricht in Zusammenhang mit der Errichtung eines »Polnischen Baudienstes« zur »Durchführung gemeinnütziger und staatspolitisch bedeutsamer Arbeiten sowie zum Einsatz bei Katastrophen« im Generalgouvernement. Die entsprechende Verordnung des Generalgouverneurs vom 1.12.1940 (abgedr. in Documenta occupationis, Bd VI, S. 336 f.) berief sich dabei auf die seit 26.10.1939 geltende »Arbeitspflicht für die polnische Bevölkerung«. Die polnischen »Baudienstpflichtigen« sollten demnach, ähnlich wie Wehrpflichtige, erfaßt und nach Maßgabe des Generalgouverneurs einberufen werden. Hinsichtlich ihrer Unterbringung bzw. Kasernierung traf die Verordnung jedoch keine Aussage.

7 Vgl. Brief v. 1.11.1940.

8 Das Konzentrationslager (Stammlager) Auschwitz von 1940 war noch kein »Vernichtungslager« zur systematischen Ermordung von Juden wie das erst 1941 unweit erbaute Lager Auschwitz-Birkenau; vielmehr diente es nach seiner Fertigstellung im Sommer 1940 vorwiegend der Inhaftierung polnischer politischer Gefangener. Vgl. Enzyklopädie des Holocaust, Bd II, S. 108.

9 Sitz des Stadthauptmanns von Warschau (vgl. Brief v. 3.11.1940).

10 Vgl. Briefe an den Sohn v. 15. u. 28.11.1940.

11 Vgl. Brief v. 27.11.1940.

12 Vgl. Notiz v. 8.11.1940.

13 Auf dem nordafrikanischen Kriegsschauplatz waren im Dezember 1940 britische Truppen gegen die auf ägyptisches Gebiet vorgedrungenen italienischen Streitkräfte in die Offensive gegangen. Bereits am 5.1.1941 zwangen sie die 45 000 italienischen Verteidiger der Hafenstadt Bardia in der Cyrenaika zur Kapitulation. Vgl. Das Deutsche Reich und der Zweite Weltkrieg, Bd 3, S. 595 f. (Beitrag Stegemann).

14 Deutscher Spielfilm von 1940 (Regie: Carl Froelich; Hauptdarsteller u.a.: Zarah Leander, Willy Birgel), der die historische Auseinandersetzung zwischen der schottischen Königin Maria Stuart und der englischen Königin Elisabeth I. zum Thema hat.

15 Traditionsreiches, großes Hotel in der Jerozolimskie-Allée bzw. Bahnhofstraße nahe des Warschauer Hauptbahnhofes. Es beherbergte zunächst das Quartieramt der Kommandantur. Nach Umbau und Umbenennung in »Der Reichshof« wurde es am 1.9.1941 als zentrales Standort-Offizierheim für Warschau wiedereröffnet. Es bot dann Unterkunftsmöglichkeiten für 240 Offiziere und Wehrmachtbeamte im Offizierrang. Vgl. Bundesarchiv-Militärarchiv, Freiburg i.Br. (BA-MA), RH 53-23/32, fol. 35a.

16 Das Reserve-Kriegs-Lazarett III war eines von vier Lazaretten der Wehrmacht in Warschau.

17 Vgl. Notiz v. 9.-11.7.1940.

18 Operette des österreichischen Komponisten Johann Strauß (1825-1899).

19 Vgl. Brief v. 9.3.1941.

20 Vgl. Brief v. 11.1.1941.

21 Vgl. Notiz v. 22.8.1940.

22 Er war bereits am 1.9.1940 in Adolf-Hitler-Platz umbenannt worden (vgl. Brief v. 7.9.1940).

23 Vgl. Brief v. 7.9.1940.

24 Wort unleserlich.

25 Braun war nominell Leiter der deutschen Volksschule Nr. 1, der größeren von zwei deutschen Volksschulen in Warschau. Hauptsächlich übte er jedoch die Funktion eines »Referenten für deutsche Volksschulangelegenheiten« im Stadtschulamt Warschau aus, mit Dienstsitz im Palais Blank. Faktisch wurde deshalb die Volksschule damals vom Lehrer Ludwig Spatta (vgl. Notiz v. 17.4.1941) geleitet. Vgl. Spatta, Lebenserinnerungen, Kap. XI.

26 Vgl. Notiz v. 9.-11.7.1940.

27 Johann Peter Hebel (1760-1826), badischer Heimatdichter; sein Gedicht »Der Winter« ist in alemannischer Mundart geschrieben.

28 Im Original unterstrichen.

29 Oberst (ab 1.7.1941 Generalmajor z.V.) Walter von Unruh (1875-1945), von März 1940 bis April 1942 Kommandant bzw. (ab 18.1.1942) Oberfeldkommandant von Warschau.

30 Vgl. Notiz v. Vortag.

31 Gemeint ist der Besuch der deutschen Volksschule Warschau (vgl. Notiz v. 17./18.1.1941).

32 Begriff aus dem nationalsozialistischen Vokabular; propagandistisch überhöhte Bezeichnung wie auch Rechtfertigung jener mörderischen »Volkstumspolitik«, die das NS-Regime vor allem in den deutsch besetzten Ostgebieten zur Bildung einer staatlich homogenen »deutschen Volksgemeinschaft« auf Kosten der einheimischen nicht-deutschen Bevölkerungsmehrheiten betrieb. Vgl. Enzyklopädie des Nationalsozialismus, S. 788-790; Schmitz-Berning, Vokabular, S. 675-679.

33 Vgl. Notizen v. 13.7. u. 1.8.1940.

34 Deutscher Historien-Spielfilm von 1940 (Regie: Wolfgang Liebeneiner; Hauptdarsteller u.a.: Paul Hartmann, Käthe Haack, Otto Gebühr, Lil Dagover), der den politischen Leistungen Otto von Bismarcks seit seiner Berufung ins Amt des preußischen Ministerpräsidenten (1862) bis zum Sieg Preußens über Österreich (1866) gewidmet ist.

35 Heeresstreifendienst: Ordnungsdienst des Heeres ohne allgemeine polizeiliche Befugnis (im Unterschied zur Feldgendarmerie), auf Ebene der Armee eingerichtet zur Unterstützung der Disziplinarvorgesetzten bei der Aufrechterhaltung der Disziplin der Soldaten in der Öffentlichkeit. Vgl. Böckle, Feldgendarmen, S. 170 f.

36 Führer einer Untergliederung der Hitlerjugend, vergleichbar der militärischen Größe des Regiments. Einem Bann gehörten ca. 3000-4000 Hitler-Jungen an.

37 Vgl. vorst. Anm.

38 Gemeint ist Hitlers Rede am 30.1.1941 im Berliner Sportpalast aus Anlaß des 8. Jahrestages seiner »Machtergreifung« (abgedr. bei Domarus, Hitler, Bd 4, S. 1657-1664). Sie richtet sich hauptsächlich gegen das feindliche Großbritannien und enthielt scharfe Angriffe auf die britische Regierung einschließlich zahlreicher Verbalinjurien. Zuletzt kündigte Hitler das bevorstehende Jahr 1941 als »das geschichtliche Jahr einer großen Neuordnung Europas« (S. 1663) an und drohte unverhohlen mit der Vernichtung der Juden im Falle eines Weltkrieges mit den USA.

39 Vgl. Notizen v. 13.7. u. 1.8.1040.

40 Vgl. Brief v. 1.11.1940.

41 100 Groszy = 1 Złoty (polnische Landeswährung).

42 Vgl. Brief an den Sohn v. 15.11.1940.

43 Mit dem Schuljahr 1941/42 wurde in Deutschland einheitlich der Schuljahresbeginn von Ostern an das Ende der Sommerferien verlegt. Das »überlange« Schuljahr 1940/41 dauerte also vom Schulbeginn nach Ende der Osterferien 1940 bis zum Beginn der Sommerferien 1941.

44 Die polnischen Oberschulen, die sich in ein vierjähriges Gymnasium und ein anschließendes zweijähriges Lyzeum gliederten, waren unter deutscher Besatzung grundsätzlich ebenso geschlossen worden wie die polnischen Hochschulen. Die deutsche Schulpolitik im Generalgouvernement erwies sich damit als gehorsamer Sachwalter nationalsozialistischer »Volkstumspolitik«. Die Polen in der ihnen zugedachten Rolle als Arbeitssklaven sollten sich demnach mit Volksschulbildung begnügen (vgl. Brief an die Ehefrau v. 25.9.1940); höhere schulische Ausbildung wurde ihnen allenfalls in gewissen Grenzen zugestanden, nämlich sofern sie beruflich-fachlicher Natur war und der wirtschaftlichen Ausbeutung des Generalgouvernements dienen konnte. Vgl. Kleßmann, Die Selbstbehauptung, S. 78-91, 165.

45 Vgl. Brief v. 31.1.1941.

46 Otto Fürst von Bismarck (1815-1898), 1862-1890 preußischer Ministerpräsident, zudem 1871-1890 erster deutscher Reichskanzler. –

Welche Edition der Briefe Bismarcks an seine Ehefrau Johanna, geb. von Puttkamer, H.s Lektüre zugrunde lag, ist unsicher. Wahrscheinlich handelte es sich um eine der zahlreichen Auflagen der von Herbert Fürst Bismarck erstmals 1900 zusammengestellten Gesamtausgabe »Fürst Bismarcks Briefe an seine Braut und Gattin« (9. Aufl. 1931), möglicherweise aber auch um die von Eduard von der Hellen erstmals 1912 unter gleichem Titel herausgegebene, ebenfalls mehrfach aufgelegte Auswahledition.

47 Vgl. Notiz v. 8.11.1940.

48 Vgl. Notizen v. 13.7. u. 1.8.1940.

49 Vgl. Notizen v. 13.7. u. 1.8.1940.

50 Hauptmann Heidermanns (vgl. Notizen v. 13.7. u. 1.8.1940).

51 Vgl. Brief an den Sohn v. 15.11.1940.

52 Gemeint ist das sog. Physikum, das Sohn Helmut als erste große Prüfung im Rahmen seines Medizinstudiums an der Universität Frankfurt/Main am 17.-19.3.1941 bevorstand.

53 Im Original unterstrichen.

54 Oberstleutnant (ab April 1942: Oberst) von Zitzewitz war Chef des Kommandostabes der Kommandantur Warschau und in dieser Funktion auch Vertreter des Kommandanten, Oberst von Unruh.

55 Gemeint ist das Kriegsverdienstkreuz (vgl. Notiz v. 20.4.1941).

56 Wehrmachtbeamter mit einem dem Oberleutnant entsprechenden Dienstrang.

57 Vgl. nachst. Notiz.

58 Vgl. Brief v. 29./30.1.1941.

59 Zur Familie Sachs vgl. Brief v. 17.11.1940.

60 NS-Propaganda-Dokumentarfilm von 1941 (Regie: Sven Noldan u. Fritz Brunsch) über den Feldzug der Wehrmacht gegen die Benelux-Staaten und Frankreich im Sommer 1940, zusammengestellt auf der Grundlage der deutschen Wochenschau-Filmberichterstattung.

61 Im Nachlaß nicht überliefert.

62 Groschen- bzw. Heft-Romane aus dem Kelter-Verlag, Hamburg.

63 Brief an die Familie v. 4.1.1941 aus Leipzig, im Nachlaß überliefert (nicht ediert). Vgl. Notiz v. 4.1.1941.

64 Vgl. Brief v. 31.1.1941.

65 Hauptmann Weber, der Kompanieführer (vgl. Notiz v. 9.-11.7.1940).

66 Das Unglück hatte sich am 17.2. zwischen dem Hauptbahnhof Warschau und dem Bahnhof Warschau-Ost ereignet, als ein Güterzug auf einen haltenden Personenzug auffuhr. Unter den Passagieren wurden 10 Soldaten getötet, 12 weitere schwer verletzt. Monatsbericht der Kommandantur Warschau v. 20.3.1941, in: BA-MA, RH 53-23/29, fol. 381.

67 Oberst von Unruh (vgl. Notiz v. 23.1.1941).

68 Vgl. Notizen v. 13.7. u. 1.8.1940.

69 Zweithöchster Berg der Rhön (928 m), ca. 30 km südöstlich von Fulda.

70 Im Original an dieser Stelle ein Verweis auf den vorgedruckten Kalendereintrag zu diesem Tag: »1920 Verkündung des Parteiprogramms

durch Adolf Hitler«. – Gemeint ist Hitlers Rede am 24.2.1941 im Münchener Hofbräuhaus-Festsaal, also am historischen Ort, aus Anlaß des 21. Jahrestages der Gründung der NSDAP. Sie enthielt zunächst die Ankündigung einer neuen U-Boot-Offensive gegen Großbritannien und rühmte ansonsten in kraftstrotzenden, durchaus überheblich wirkenden Worten die Leistungen des Nationalsozialismus, dem Deutschland eine einzigartige Machtstellung in seiner Geschichte verdanke. Vgl. Domarus, Hitler, Bd 3, S. 1667-1670.

71 Vgl. Notiz v. 8.11.1940.

72 Nach einem im September 1939 gefallenen »Volksdeutschen« benannte Einrichtung der NSDAP in der Ujazdowskie-Allee bzw. Siegesstraße; Sitz der Distriktsstandortführung Warschau der NSDAP, gleichzeitig Hauptsitz der am 20.4.1940 gegründeten Organisation der »Volksdeutschen Gemeinschaft« (ab 7.5.1941: »Deutsche Gemeinschaft«). Vgl. Warschau unter deutscher Herrschaft, S. 291 f.; Szarota, Warschau, S. 255 f.

73 Vorgeschriebenes Kommando im Rahmen dieser militärischen Zeremonie.

74 Im seinerzeit bereits abgeriegelten Ghetto von Warschau (vgl. Notiz v. 30.9.1940), dem »jüdischen Wohnbezirk« im NS-amtlichen Sprachgebrauch, waren etwa 400 000 bis 500 000 Menschen, also etwa ein Drittel der Einwohnerschaft Warschaus, auf 2,4 Prozent der Stadtfläche zusammengepfercht, ohne den zu diesem Zweck eingemauerten Bezirk verlassen zu dürfen. In dieser Isolation hausten somit nach einer zeitgenössischen deutschen Statistik (abgedr. bei Wulf, Vom Leben, S. 20-22) durchschnittlich sechs bis sieben Personen in einem Zimmer. Nicht zuletzt wegen der minimalen, zum Überleben ungenügenden Lebensmittelversorgung durch die deutsche Zivilverwaltung hatte sich die Sterblichkeitsrate im Ghetto seit seiner Abschließung im Herbst 1940 mehr als verdoppelt; sie sollte sich bis zum Hochsommer 1941 mehr als verzehnfachen. Vgl. Enzyklopädie des Holocaust, Bd III, S. 1533 f.

75 Der »jüdische Ordnungsdienst« war, wie auch in anderen Ghettos, auf deutsche Anordnung gebildet worden. Er war hierarchisch gegliedert, durch Mützen und Armbinden uniformiert sowie mit Schlagstöcken bewaffnet. Seine zunächst 1000, später 2000 Angehörigen sollten außer physischer Eignung auch eine militärische Ausbildung und höhere Schulbildung besitzen. Obwohl formal dem »Judenrat« unterstehend, jenem Selbstverwaltungsgremium des Ghettos von deutschen Gnaden, hatte der »jüdische Ordnungsdienst« in erster Linie die deutschen Interessen durchzusetzen und wurde entsprechend instrumentalisiert. Seine Angehörigen genossen dafür gewisse Vergünstigungen. Allein durch die Aufgabe vielfach als Schergen der Deutschen kompromittiert, bestanden mit »Judenrat« und »normalen« Ghettobewohnern, vor allem aber mit der jüdischen Untergrundbewegung, immer wieder stark gespannte Beziehungen. Vgl. Enzyklopädie des Holocaust, Bd II, S. 699-702, Bd III, S. 1534.

76 Gemeint sind die beiden jüngsten Kinder, die Töchter Jorinde und Uta.

77 Die Schule lag im Stadtteil Praga jenseits der Weichsel.

78 Wort unleserlich.

79 Vgl. vorst. Brief.

80 Literarisches Hauptwerk Adolf Hitlers, bestehend aus zwei Teilen, die erst seit 1930 in einem Band erschienen. Der erste, autobiographisch geprägte Teil mit dem Untertitel »Eine Abrechnung« entstand 1924 während seiner Zeit in Landsberger Festungshaft; er erschien im Folgejahr. Der zweite Teil mit dem Untertitel »Die nationalsozialistische Bewegung« wurde Ende 1926 veröffentlicht. Die eigentliche Substanz des Werkes bilden jedoch nicht Hitlers lückenhafte und zum Teil falsche Ausführungen zur eigenen Person und zur frühen Parteigeschichte, sondern seine programmatischen Aussagen wie etwa die Forderung nach »Lebensraum im Osten« und »Entfernung der Juden«. Als »Bibel« des Nationalsozialismus erreichte das Werk bis 1943 eine Gesamtauflage von zehn Millionen Exemplaren in 16 Sprachen. Vgl. Enzyklopädie des Nationalsozialismus, S. 580 f.

81 Vgl. Notizen v. 13.7. u. 1.8.1940.

82 Gemeint ist wahrscheinlich nicht der nördlich von Warschau gelegene Vorort •Śidry, sondern die Brücke über den Weichsel-Zufluß Śider bei Otwock südöstlich von Warschau.

83 Vgl. Notiz v. 26.2.1941.

84 Hauptmann Heidermanns (vgl. Notizen v. 13.7. u. 1.8.1940).

85 Oberstleutnant Graf von Hohenau (vgl. Notiz v. 22.8.1940).

86 Vgl. Notiz v. 9.-11.7.1940.

87 Igo Sym (1896-1941), in Österreich aufgewachsener, seit den 30er Jahren in Polen ansässiger Film- und Theaterschauspieler deutsch-ukrainischer Abstammung. Als bekennendem »Volksdeutschen« war ihm von den deutschen Besatzungsbehörden der Aufbau des Theaterlebens in Warschau, speziell die Geschäftsführung des Theaters der Stadt Warschau, übertragen worden. Wegen seiner Kollaboration wurde er wahrscheinlich im Auftrag der polnischen Widerstandsbewegung am 7.3.1941 in seiner Wohnung erschossen. Da der Täter nicht gefaßt wurde, ließ der Gouverneur von Warschau am 11.3. zwar nicht Hunderte, aber doch 21 polnische Geiseln exekutieren. Die drakonischen Gegenmaßnahmen waren nicht zuletzt Ergebnis einer persönlichen Intervention von Reichspropagandaminister Goebbels. Vgl. Bartoszewski, Todesring, S. 75-78. – Die flüchtige Bekanntschaft H.s mit S. hatte sich während der Vorbereitungen für den NS-Propagandafilm »Heimkehr« ergeben, für den S. polnische Schauspieler vermittelte (vgl. Notiz v. 26.8.1940 und Brief v. 13.9.1940).

88 Niederdeutscher Ausdruck für das Endstück des Brotlaibs.

89 Vgl. Notizen v. 9.-11.7.1940.

90 Vgl. Notizen v. 13.7. u. 1.8.1940.

91 Vgl. Notizen v. 13.7. u. 1.8.1940.

92 Gemeint ist das erste, 1921 in Roßbach geborene Kind des Ehepaars H., Sohn Helmut.

93 Vgl. Notiz v. 23.1.1941.

94 Am 31.7.1940 hatte Hitler der Führungsspitze der Wehrmacht seine Absicht eröffnet, die Sowjetunion im Frühjahr 1941 anzugreifen und als Staat zu zerschlagen. Diese Absicht entsprang aktuellem machtpolitischem Kalkül auf der Grundlage prinzipieller ideologischer Fixierungen (Antibolschewismus, Rassen- und Lebensraum-Ideologie). Nach seiner grundsätzlichen Entscheidung für einen Operationsplan, der die Sowjetunion in einem schnellen Feldzug niederwerfen sollte, erließ Hitler am 18.12. die grundlegende Weisung Nr. 21 (»Barbarossa«) für die Kriegführung. Danach sollte die Wehrmacht bis zum 15.5.1941 im Osten angriffsbereit sein. Eine ergänzende Weisung vom 31.1.1941 ließ den Aufmarsch des Heeres anlaufen, hauptsächlich auf dem Gebiet des Generalgouvernements. Vgl. Hillgruber, Hitlers Strategie, S. 352-377; Das Deutsche Reich und der Zweite Weltkrieg, Bd 4, S. 3-18 (Beitrag Förster) u. S. 202-272 (Beitrag Klink). – H., der selbst die Einquartierung der Aufmarschtruppen mit vorbereiten mußte (vgl. Briefe v. 3. u. 6.3.1941), konnten also die größeren Zusammenhänge und Hintergründe nicht verborgen bleiben.

95 Hotel »Europejski« bzw. »Europa« (vgl. Brief v. 8.8.1940).

96 Zu diesem Filmprojekt vgl. Brief v. 13.9.1940.

97 NS-Propaganda-Spielfilm von 1941 (Regie: Hans Bertram; Hauptdarsteller: Hans Bergmann, Marietheres Angerpointner, Horst Birr, Hermann Braun); ein »Fliegerfilm«, der die soldatischen Tugenden verherrlicht.

98 Gemeint sind die Folgeerscheinungen der politisch motivierten, auf fingierte Beschuldigungen gestützten Beschlagnahme des Franziskanerklosters Frauenberg bei Fulda durch den NS-Staat am 14.12.1940. Gleichzeitig waren die Klosterbrüder durch die Gestapo vertrieben, einige auch verhaftet worden. Den Zorn H.s dürften die Umstände der anschließenden Nutzung der Klostergebäude erregt haben, in denen eine Schule des Sicherheitsdienstes der SS (SD) eingerichtet wurde. Dabei kam es zu zahlreichen mutwilligen Zerstörungen am sakralen Interieur. Vgl. Schick, Stationen der Machtübernahme, S. 138-157.

99 Vgl. Brief an den Sohn v. 7.3.1941.

100 Vgl. Notiz v. 8.11.1940.

101 Gemeint sind die deutschen Repressalien wegen der Ermordung von Igo Sym (vgl. Brief v. 9.3.1941).

102 H. befand sich seit 19.3.1941 auf Heimaturlaub.

103 Vgl. Notizen v. 13.7. u. 1.8.1940.

104 Vgl. Notiz v. 15.3.1941.

105 Diese Einschätzung H.s ist der NS-Propaganda geschuldet, in der sich die seit Ende 1940 zunehmenden außenpolitischen Spannungen zwischen Deutschland und der Sowjetunion widerspiegelten. Tatsächlich erfüllte die Sowjetunion ihre Verpflichtungen aus den Wirtschaftsabkommen vom 11.2.1940 und 10.1.1941 voll. Dagegen wies die deutsche Handelsbilanz mit der Sowjetunion ein beträchtliches Defizit auf, weil die sowjetischen Rohstoff-Lieferungen nur ungenügend durch deutsche Industriegüter-Exporte kompensiert worden waren. Vgl.

Zeidler, Deutsch-sowjetische Wirtschaftsbeziehungen, S. 100-107. – Gleichermaßen erweist sich der implizite Vorwurf, die Rote Armee würde in aggressiver Absicht gegen Deutschland reorganisiert werden, als haltlos. Er läßt bereits die spätere Argumentationsweise der NS-Propaganda erkennen, die den deutschen Überfall auf die Sowjetunion als Präventivschlag zu rechtfertigen suchte. Diese These gilt heute als widerlegt. Vgl. allgemein: Präventivkrieg?; Wette, Die propagandistische Begleitmusik, S. 118 f.

106 H.s Kompaniechef (vgl. Notiz v. 9.-11.7.1940).

107 Vgl. Notiz v. 8.11.1940.

108 Landesschützen-Bataillon 973.

109 Gemeint sind die deutschen militärischen Erfolge in dem erst wenige Tage alten Krieg gegen Jugoslawien und Griechenland. Die Kombination der bereits länger geplanten Eroberung Griechenlands mit jener Jugoslawiens hatte sich erst kurzfristig ergeben, verursacht durch den gewaltsamen Sturz der deutschfreundlichen Regierung in Belgrad am 27.3.1941, den Hitler nicht hinnehmen wollte. Griechenland dagegen drohte zur deutschen »Achillesferse« auf dem Balkan zu werden. Die kriegerische Aggression Italiens dort war nicht nur in einem Fiasko gescheitert, sondern hatte zu einer militärischen Intervention Großbritanniens geführt, die Hitler eine alliierte Balkan-Front fürchten ließ. Praktisch zeitgleich mit der Kriegserklärung an Griechenland war deshalb am 6.4. eine in Bulgarien bereitstehende deutsche Armee in den Norden des Landes und nach Südjugoslawien eingefallen. Gleichzeitig erlebte Jugoslawien – ohne Kriegserklärung – eine weitere deutsche Invasion von der Steiermark und Ungarn aus, begleitet von einem schweren Luftangriff auf das unverteidigte Belgrad. Nachdem nur die Überwindung der griechischen Verteidigungslinien im Norden während der ersten Tagen mehr Mühe bereitete, als es die sicherlich der NS-Propaganda geschuldete Äußerung H.s vermuten läßt, erzwang der weitere deutsche Angriff schließlich relativ schnell die Kapitulation Jugoslawiens am 17.4. und diejenige Griechenlands am 23.4.1941. Vgl. Das Deutsche Reich und der Zweite Weltkrieg, Bd 3, S. 424-484 (Beitrag Vogel).

110 Die älteste Tochter Anemone (Moni, geb. 1924) wurde noch im April zur Ableistung ihrer halbjährigen Dienstpflicht in den Reichsarbeitsdienst (RAD) einberufen. Dazu waren nach dem Gesetz vom 26.6.1935 alle männlichen und weiblichen Jugendlichen zwischen 18 und 25 Jahren verpflichtet. Die Dienstpflichtigen wurden während dieser Zeit in Lagern kaserniert und von hier aus hauptsächlich zu land- und forstwirtschaftlichen Hilfsarbeiten sowie im Wege- und Straßenbau eingesetzt. Mit der staatlichen, paramilitärisch gegliederten RAD-Organisation verbanden sich dabei weniger wirtschafts- als sozialpolitische Absichten im Sinne der egalitären NS-Doktrin. Vgl. Enzyklopädie des Nationalsozialismus, S. 664.

111 Vgl. Brief v. 3.3.1942.

[112] Gemeint ist eine Marschkolonne des Heeres.

[113] Vgl. Brief v. 9./10.4.1941.

[114] Als Folge des finnisch-sowjetischen Winterkrieges 1939/40, den die Rote Armee nur mühevoll und letztlich mit einem Pyrrhus-Sieg für sich hatte entscheiden können, waren durch den von Stalin neu eingesetzten Volkskommissar (Minister) für Verteidigung, Marschall Timošenko, ab April 1940 tiefgreifende Reformen für eine grundlegende Modernisierung der sowjetischen Streitkräfte mit dem Ziel ihrer qualitativen wie quantitativen Verstärkung eingeleitet worden. Diese Reformen waren aber noch längst nicht abgeschlossen; sie wurden bis zum deutschen Überfall auf die Sowjetunion im Juni 1941 erst ansatzweise wirksam. Vgl. Kiršin, Die sowjetischen Streitkräfte.

[115] Die Ukraine hatte am 22.1.1918 ihre staatliche Unabhängigkeit und damit die Abspaltung vom revolutionären Rußland erklärt. Die verbündeten Mittelmächte des Ersten Weltkrieges nutzten den Zerfall des Zarenreiches zu ihrem Vorteil aus, indem sie wenige Tage später in einem Sonderfrieden die Unabhängigkeit der Ukraine anerkannten und sich dafür als Gegenleistung wertvolle Nahrungsmittel- und Rohstofflieferungen sicherten. Vgl. Borowsky, Deutsche Ukrainepolitik, S. 49-63.

[116] Der japanische Außenminister Yosuke Matsuoka besuchte im Rahmen seiner Europareise Ende März/Anfang April 1941 außer Moskau und Rom auch zweimal Berlin (27.-29.3. und 4./5.4.1941), wo er u.a. mit Hitler und Außenminister von Ribbentrop zusammentraf. In falscher Einschätzung der inzwischen verschärften deutsch-sowjetischen Beziehungen erhoffte er sich von der deutschen Regierung diplomatische Unterstützung für das Zustandekommen eines japanisch-sowjetischen Nichtangriffspaktes. Gegen den Willen der deutschen Führung, die damals bereits den Krieg gegen die Sowjetunion vorbereitete, erreichte Matsuoka dann am 13.4.1941 in Moskau doch den Abschluß eines japanisch-sowjetischen Neutralitätsvertrages. Vgl. Hillgruber, Hitlers Strategie, S. 409-419.

[117] Anspielung auf die Niederlage Napoleons in Rußland.

[118] »Friedrich Schiller – Triumpf eines Genies«, deutscher Spielfilm von 1940 (Regie: Herbert Maisch; Hauptdarsteller u.a.: Horst Caspar, Heinrich George, Hannelore Schroth, Lil Dagover) über den jungen Dichter Friedrich Schiller, der sich gegen seinen despotischen Landesherrn auflehnt. Der Film erhielt die staatlichen Prädikate »staatspolitisch wertvoll« und »künstlerisch wertvoll«. Heutige Interpretationen sehen in dem anspruchsvollen Werk sowohl die nationalsozialistische Propagandaabsicht als auch versteckte Kritik am NS-Regime.

[119] Ludwig Spatta (1897-1970), »Volksdeutscher« aus dem bis 1918 österreichisch-ungarischen West-Galizien; nach Ausbildung zum Volksschullehrer ab Mitte 1915 Soldat im Ersten Weltkrieg, zuletzt Leutnant d.R. in der k.u.k. Armee; 1919 polnischer Staatsbürger infolge der Eingliederung seiner Heimat in die neugegründete polnische Republik; 1919-1921 freiwilliger aktiver Dienst in der polnischen Armee, dabei militärische

Auszeichnung im Krieg gegen die Sowjetunion; 1921-1939 Volksschullehrer in Polen, gleichzeitig Reserveoffizier (letzter Dienstgrad: Hauptmann d.R.); 1939/40 wegen seiner staatstreuen Vergangenheit zunächst Verfolgung durch die NS-Behörden und halbjährige KZ-Haft; von Herbst 1940 bis Sommer 1944 Verwendung als Lehrer an der deutschen Volksschule Nr. 1 in Warschau, zeitweise deren faktischer Leiter; bei Kriegsende Flucht in das Reichsgebiet; nach dem Krieg Lehrer im Land Brandenburg. Vgl. Spatta, Lebenserinnerungen.

120 Seit 1792 verliehene, höchste militärische Tapferkeitsauszeichnung des polnischen Staates. Spatta erhielt den Orden V. Klasse, der mit der Erhebung in den Ritterstand (»kawaler«) des Ordens und einem jährlichen Ehrensold verbunden war.

121 Vgl. Notiz v. 22.8.1940.

122 Der Orden des Kriegsverdienstkreuzes (KVK) war von Hitler am 18.10.1939 in zwei Klassen, jeweils in einer Ausführung mit und ohne Schwerter, sowie in einer Sonderklasse als Ritterkreuz gestiftet worden. Das KVK wurde für »besondere Verdienste bei der Durchführung von sonstigen Kriegsaufgaben« verliehen, die nicht durch das Eiserne Kreuz gewürdigt werden konnten, weil die Voraussetzungen hierfür (»besondere Tapferkeit vor dem Feind«, »hervorragende Verdienste in der Truppenführung«) fehlten. Es wurde damit zur hauptsächlichen Auszeichnung für Soldaten in der Etappe. Vgl. Deutsche Orden und Ehrenzeichen, S. 210-212. – Obwohl im Fall von H. sowohl die entsprechenden amtlichen Unterlagen als auch der Orden selbst verloren sind und H. auch sonst keine weitere Präzisierung vornahm, darf aufgrund der Ordensstatuten als sicher angenommen werden, daß H. die Grundform, also das KVK 2. Klasse ohne Schwerter erhielt.

123 In Mondralin, etwa 30 km südlich von Warschau gelegen, hatte die deutsche Zivilverwaltung ein »Schulungs- und Kameradschaftsheim für die Lehrerschaft des Distrikts errichtet, in dem regelmäßig Schulungen durchgeführt werden, um die aus allen Gauen Deutschlands stammenden Lehrkräfte immer wieder fachlich und weltanschaulich auszurichten« (Warschau unter deutscher Herrschaft, S. 249). Dem Lehrerheim war ein Landschulheim angeschlossen.

124 Uniformierter Wehrmachtbeamter in einem dem Major vergleichbaren Dienstgrad; in diesem Fall wahrscheinlich der Leiter der Stabsabteilung IVa (Intendantur und Kassenwesen) der Kommandantur Warschau.

125 Vgl. Notiz v. 20.4.1941.

126 In der Imker-Fachsprache heißt die Bienenkönigin (der) »Weisel«.

127 Vgl. Notiz v. 20.4.1941.

128 Benjamino Gigli (1890-1957), berühmter italienischer Tenor.

129 Vgl. Notiz v. 9.-11.7.1940.

130 Vgl. Brief v. 11.1.1941.

131 Vgl. Brief v. 9./10.4.1941.

132 Vgl. Notiz v. 20.4.1941 (auch für das folgende).

133 Vgl. Notiz v. 23.1.1941.

134 Oberst von Unruh (vgl. Notiz v. 23.1.1941).

135 Vgl. Brief v. 23.4.1941.

136 Vgl. Notiz v. 8.11.1940.

137 Johann Sebastian Bach (1685-1750), Hof- und Kirchenmusiker, bedeutendster deutscher Komponist weltlicher und geistlicher Instrumental- und Vokalmusik des Barock.

138 Vgl. Brief v. 24.4.1941.

139 Angehöriger der polnischen Polizei, im Volksmund »(dunkel-)blaue Polizei« genannt, die bereits seit November 1939 von der Regierung des Generalgouvernements zur Unterstützung des deutschen Sicherheitsapparates aus politisch zuverlässigen Angehörigen der früheren polnischen Staatspolizei rekrutiert wurde. Die polnische Polizei trug weiter ihre alten dunkelblauen Uniformen und war zunächst mit Seitengewehr und Gummiknüppel, später auch mit Schußwaffen ausgerüstet. Sie bildete nur lokal eigene Formationen, die sich auf die Polizeiwachen der Vorkriegszeit verteilten. In Warschau zählte sie damals etwa 3000 Mann unter Führung einiger Dutzend polnischer Offiziere. Ihr polnischer Kommandeur im Dienstgrad Oberstleutnant unterstand wiederum dem deutschen Kommandeur der Ordnungspolizei. Eingesetzt wurde die polnische Polizei nicht nur für die gewöhnliche Verbrechensbekämpfung, sondern auch gegen den Schmuggel, zur Bewachung des Ghettos und zur Verfolgung von Juden sowie später zur Partisanenbekämpfung. Den Deutschen zeigte sie sich dabei überwiegend willfährig, was sie bei der polnischen Bevölkerung kompromittierte bzw. diskreditiere. Polnische Polizisten blieben deshalb auch von Mordanschlägen der polnischen Untergrundbewegung nicht verschont. Vgl. Enzyklopädie des Holocaust, Bd II, S. 1152-1154.

140 Vgl. Notiz v. 24.4.1941.

141 Der Roman »Demian. Die Geschichte von Emil Sinclairs Jugend« (1917) des deutschen Dichters Hermann Hesse (1877-1962) handelt von der Freundschaft zweier junger Männer vor und während des Ersten Weltkriegs, die einem der beiden (Sinclair/Ich-Erzähler) über das Vorbild des anderen (Demian) zu menschlicher Reifung und Selbstfindung verhilft.

142 Undatierte Notiz im Anhang des Notizbuches von 1941.

143 Vgl. Notiz v. 12.5.1941.

144 Gemeint sind Oberstleutnant Graf von Hohenau (vgl. Notiz v. 22.8.1940) bzw. der Kommandant, Oberst von Unruh (vgl. Notiz v. 23.1.1941).

145 Hauptmann Heidermanns (vgl. Notizen v. 13.7. u. 1.8.1940).

146 Wort unleserlich.

147 Angehörige des Reichsarbeitsdienstes (vgl. Brief v. 9./10.4.1941).

148 Wort unleserlich.

149 Gemeint ist das historische »Sächsische Palais« am zentralen Piłsudski- bzw. Adolf-Hitler-Platz, bis 1939 Dienstgebäude des Generalstabes der polnischen Armee, seitdem Sitz der deutschen Kommandantur bzw. Oberfeldkommandantur Warschau.

150 Sohn Helmut wurde als Wehrpflichtiger zur militärischen Grundausbildung in die 4. (MG-)Kompanie des Infanterie-Ersatz-Bataillons (mot.) 15 nach Kassel eingezogen.

151 Vgl. Brief v. 23.9.1940.

152 Vgl. Notiz v. 23.1.1941.

153 Vgl. späteren Brief v. ca. Anfang/Mitte Mai 1941.

154 Einer der erfolgreichsten NS-Propaganda-Spielfilme, von 1941 (Regie: Hans Steinhoff; Hauptdarsteller u.a.: Emil Jannings, Lucie Höflich, Werner Hinz, Ernst Schröder, Gisela Uhlen, Gustav Gründgens, Ferdinand Marian), der mit stark antibritischem Tenor den historischen Freiheitskampf (1899-1902) der südafrikanischen Buren unter ihrem Präsidenten Paul »Ohm« Krüger inszenierte. Reichspropagandaminister Goebbels zeichnete ihn mit dem erstmals verliehenen Spitzenprädikat »Film der Nation« aus, daneben auch als »staatspolitisch besonders wertvoll« und als »künstlerisch besonders wertvoll«.

155 Vgl. Notiz v. 8.11.1940.

156 Zum »Deutschen Haus« war das historische Palais Radziwill im Stadtzentrum, vormals Sitz des polnischen Ministerrates, von der deutschen Besatzungsverwaltung umfunktioniert worden. Es sollte als »Mittelpunkt des Deutschtums in Warschau« (Warschau unter deutscher Herrschaft, S. 261) dienen und beherbergte zu diesem Zweck mehrere Restaurants und Kasinos, Fest- und Gesellschaftsräume – natürlich nur für Deutsche – sowie einen Hotelbetrieb für Angehörige deutscher Behörden.

157 Das geschah am 6.5.1941 (vgl. Notiz vom Tag).

158 Nachrichten-Helferinnen der Wehrmacht (vgl. Brief v. 3.3.1942).

159 Uniformierter Wehrmachtbeamter mit einem dem Hauptmann vergleichbaren Dienstgrad.

160 Die »Roma« in der Nowgorodzka-Straße war der größte Konzertsaal Warschaus und zudem Schauplatz von NS-Kundgebungen. Vgl. Szarota, Warschau, S. 251.

161 Im Original unterstrichen.

162 H. war gemäß Verfügung vom 25. April 1941 mit Wirkung vom 1. April 1941 zum Oberleutnant der Reserve bzw. der Landwehr befördert worden (nach seiner teilweisen Abschrift der Verfügung des Heeres-Personalamtes als Notiz v. 14.4.1941; nicht ediert).

163 Oberstleutnant Graf v. Hohenau (vgl. Notiz v. 22.8.1940).

164 Rudolf Heß (1894-1987), seit 1933 Stellvertreter Hitlers als Führer der NSDAP, war am 10.5.1941 als Pilot alleine nach Schottland geflogen und dort mit dem Fallschirm abgesprungen. Anscheinend wollte er eigenmächtig bei der britischen Führung nach Friedensmöglichkeiten sondieren, worauf diese jedoch nicht einging, sondern ihn inhaftierte.

165 Sohn Helmut war wenige Tage zuvor als Wehrpflichtiger zur militärischen Grundausbildung in die 4. (MG-)Kompanie des Infanterie-Ersatz-Bataillons (mot.) 15 nach Kassel eingezogen worden. Wie jeder Rekrut erhielt er mit seiner persönlichen Ausrüstung eine Gasmaske, die routinemäßig in einem speziellen Raum auf ihre Dichtigkeit überprüft wurde.

166 »Der Reibert«. Bereits 1929 begründete, unter Soldaten bis heute weit verbreitete Handbuch-Reihe zu den verschiedenen Themen des militärischen Dienst- und Ausbildungsbetriebes.

167 Vgl. Notiz v. 12.5.1941.

168 Vgl. Notiz v. 12.5.1941.

169 Vgl. Notiz v. 12.5.1941.

170 Vgl. Notiz v. 12.5.1941.

171 Gemeint ist der »Ministerrat für die Reichsverteidigung«, den Hitler per Erlaß vom 30.8.1939 (abgedr. bei Domarus, Hitler, Bd 3, S. 1290) eingesetzt hatte. Diesem Pseudo-Gesetzgebungsorgan unter Vorsitz von Generalfeldmarschall Göring gehörte auch Heß als »Stellvertreter des Führers« an.

172 Der historische »Sächsische Garten« war die zentrale Parkanlage in der Warschauer Innenstadt. Er schloß sich westlich an das historische Sächsische Palais an. Die Parkanlage wurde im Mai 1942 für die polnische Bevölkerung gesperrt. Vgl. Szarota, Warschau, S. 30.

173 Vgl. Brief v. 22.6.1941.

174 Zur Familie Prut vgl. Brief v. 10.11.1939.

175 Dies bezieht sich vermutlich auf die im Zuge der Maßnahmen zum Luftschutz (»Verdunkelung«) ausgeschaltete Straßenbeleuchtung Berlins.

176 Vgl. Briefe und Aufzeichnungen v. 14.9.-30.10.1939.

177 Deutsche Siedler in Wolhynien, einer damals polnisch-russisch-ukrainischen Grenzlandschaft am oberen Bug, in einer Gesamtzahl von etwa 100 000 Menschen. Bereits 1939/40 wurden die auf polnischem Gebiet, nach dem deutschen Angriff auf die Sowjetunion 1941 ebenso die dort lebenden Wolhyniendeutschen entsprechend den bevölkerungspolitischen Vorstellungen des NS-Regimes zwangsweise in das Reichsgebiet »rückgesiedelt«. Sie wurden überwiegend in dem vormals westpolnischen, nunmehr vom Deutschen Reich annektierten Wartheland angesiedelt, aus dem man im Gegenzug die polnische Bevölkerung großteils vertrieb.

178 Polnisch; deutsch: »Ja, ja!«

179 Bei dem »volksdeutschen« Ehepaar Schulz in Pabianice war H. im Herbst 1939 einquartiert gewesen (vgl. Brief v. 16.9.1939).

180 Das jüdische Ghetto in der Altstadt von Pabianice bestand nur zwischen Februar 1940 und Mai 1942. Es war von etwa 8000-9000 Juden bewohnt. Der größere Teil von ihnen wurde bei der Auflösung des Ghettos im unweit gelegenen Vernichtungslager Kulmhof (Chełmno) sofort ermordet, ein kleinerer Teil zur Zwangsarbeit in das große Ghetto von Łódź überführt, um später meist auch ermordet zu werden. Vgl. Encyclopedia Judaica <www.motlc.wiesenthal.com>.

181 Vgl. Notiz v. 3.3.1941.

182 Im Ghetto von Litzmannstadt (Łódź), der größten Stadt des Warthegaus mit dem zweitgrößten Ghetto auf dem Gebiet des Vorkriegs-Polen, hatten die deutschen Behörden seit Frühjahr 1940 etwa 200 000 Juden

unter ähnlich katastrophalen Lebensbedingungen wie später im Falle Warschaus eingesperrt. Hier waren sie bei weitgehender interner Selbstverwaltung durch einen »Judenrat« einem brutalen System der Zwangsarbeit für die Textilproduktion ausgesetzt. Die Deportationen in Vernichtungslager während des Jahres 1942 und dann im Zuge der Räumung des Ghettos ab dem Frühjahr 1944 überlebten schließlich nur wenige tausend Ghettobewohner. Vgl. Enzyklopädie des Holocaust, Bd II, S. 892-899.

183 Vgl. Notiz v. 3.3.1941.

184 »Carl Peters«, deutscher Propaganda-Spielfilm von 1940/41 (Regie: Herbert Selpin; Hauptdarsteller: Hans Albers) über den gleichnamigen Begründer des deutschen Kolonialreichs in Ost-Afrika Ende des 19. Jahrhunderts. Der Film mit deutlich anti-britischer Tendenz erhielt u.a. die Prädikate »staatspolitisch wertvoll« und »künstlerisch wertvoll« des Reichspropagandaministers.

185 Vgl. Notiz v. 8.5.1941.

186 Oberst von Unruh (vgl. Notiz v. 23.1.1941).

187 Vgl. vorst. Brief.

188 Der militärische Nachrichtendienst, das Amt Ausland/Abwehr im Oberkommando der Wehrmacht, gewann geheimdienstliche Erkenntnisse über den künftigen Gegner Sowjetunion ganz wesentlich mit Hilfe von dort emigrierten Dissidenten. Der zentrale Einsatzstab hierfür arbeitete in Sulejówek bei Warschau. Darüber hinaus wurden antikommunistische Exilanten für Sabotage- und Zersetzungsunternehmen im unmittelbar bevorstehenden Krieg bereitgehalten. Vgl. Das Deutsche Reich und der Zweite Weltkrieg, Bd 4, S. 276 f.; Höhne, Canaris, S. 437 f. – In diesem Umfeld ist die nicht näher bekannte Tätigkeit des Barons von Schoene einzuordnen.

189 Vgl. Brief v. 9./10.4.1941.

190 Im Original unleserlich.

191 H. war am 15.3.1941 zum Sportoffizier der Kommandantur Warschau ernannt worden (vgl. Notiz v. Tag).

192 Die Sportstätten, die H. als Sportoffizier und Leiter des Sportamtes der Kommandantur unterstanden, lagen an der Łazienkowska-Straße am südöstlichen Stadtrand von Warschau. Dieser Komplex umfaßte die von H. beschriebenen Anlagen, dabei das Stadion des polnischen Traditionsvereins Legia Warschau. Das Bootshaus lag etwas abseits davon an der Salzstraße, die zur Weichsel führte. Hinzu kam das ebenfalls von der Wehrmacht beschlagnahmte, weiter stadteinwärts gelegene Hallenschwimmbad des YMCA = Young Men's Christian Association (vgl. Notiz v. 27.9.1940).

193 Johannes B. Dietz (1879-1959), Bischof von Fulda (1939-1958), wurde vom NS-Regime im Zuge des »Kirchenkampfes« zwar immer wieder bedrängt, jedoch nicht verhaftet.

194 Vgl. Notiz v. 22.8.1940.

195 Landesschützen-Bataillon 973 (vgl. Notiz v. 7.7.1941).

[196] H. gehörte diesem Bataillon schon nicht mehr an, als es schließlich nach Rußland abrückte und am 27.6.1941 der 286. Sicherungs-Division im rückwärtigen Gebiet der mittleren Ostfront unterstellt wurde.

[197] Vgl. Notizen v. 13.7. u. 1.8.1940.

[198] Oberst von Unruh (vgl. Notiz v. 23.1.1941).

[199] Gemeint ist die Kompanie des Landesschützen-Bataillons 973, der H. angehörte (vgl. vorst. Notiz).

[200] Vgl. Brief v. 30.8.1939.

[201] Dr. Niffka beschrieb seinen dienstlichen Aufgabenbereich in seinem von nationalsozialistischer Diktion geprägten Beitrag »Deutscher Sport im Generalgouvernement«, in Das Generalgouvernement, S. 195-199.

[202] Fußball-Pokal-Wettbewerb, der seit 1935 im Deutschen Reich ausgetragen wurde. Er war benannt nach SA-Obergruppenführer Hans von Tschammer und Osten (1887-1943), seit 1933 Mitglied der NSDAP im Reichstag und als »Reichssportführer« im Rang eines Staatssekretärs höchster Sportfunktionär des »Dritten Reichs«.

[203] Die »Verwendung der ehemaligen polnischen Hoheitsabzeichen im Generalgouvernement« war durch eine Verordnung des Generalgouverneurs vom 8.3.1940 (abgedr. in: Documenta occupationis, Bd VI, S. 379) bereits seit 1.4.1940 verboten.

[204] Sohn Detlev war gerade als noch nicht ganz Vierzehnjähriger vom »Deutschen Jungvolk«, der Unterorganisation der »Hitler-Jugend« für 10-14jährige Jungen, in die »Hitler-Jugend« für die 14-18jährigen Jungen übergetreten.

[205] Landesschützen-Bataillon 973 (vgl. Notiz v. 7.6.1941).

[206] Vgl. Notiz v. Vortag.

[207] Vgl. Brief v. 7.9.1940.

[208] Frédéric (Fryderyk) Chopin (1810-1849), polnischer Pianist und Komponist, der seit 1830 im Pariser Exil lebte.

[209] Adam Mickiewicz (1798-1855), polnischer Nationaldichter und Nationalheld des Kampfes seiner Heimat gegen die russisch-zaristische Besetzung und Unterdrückung.

[210] Schloß Spała bei Tomaszów Masowiecki, ca. 100 km südwestlich von Warschau, war Dienstsitz des Militärbefehlshabers im Generalgouvernement (ab 15.7.1942 umbenannt in: Wehrkreisbefehlshaber im Generalgouvernement). Dieser – in der Nachfolge des »Oberbefehlshabers Ost« (vgl. Brief v. 26.2.1940) – höchsten militärischen Kommandobehörde im Land unterstanden alle Oberfeld-, Feld- und Stadt-Kommandanturen, so auch die Kommandantur Warschau. Militärbefehlshaber zu jener Zeit war General der Kavallerie Curt Ludwig Freiherr von Gienanth (1876-1961).

[211] Offizier des Militärmusikdienstes im Rang eines Hauptmanns.

[212] Ignacy Moscicki (1867-1946), Professor für Elektrochemie, polnischer Staatspräsident 1926-1939. Vgl. auch vorst. Notiz.

[213] Baron Wenzel von Schoene (vgl. Notiz u. 2. Brief v. 28.5.1941).

[214] Vgl. Brief v. 25.8.1940.

215 Alternative bürgerliche Jugendbewegung, die im wilhelminischen Deutschland vor dem Ersten Weltkrieg entstand. In ihrer unpolitischen Flucht vor der industriellen Moderne und deren zivilisatorischen Auswirkungen verband die »Wandervögel« das gemeinsame Erlebnis der Natur abseits der Städte. Auch H., der seine spätere Ehefrau bei einem Wandervogel-Treffen kennengelernt hatte, gehörte dieser Bewegung bis über den Ersten Weltkrieg hinaus an.

216 Landesschützen-Bataillon 973 (vgl. Notiz v. 7.6.1941).

217 Umgangssprachliche Bezeichnung für die Gesamtheit der Flugabwehrtruppe.

218 Hauptmann Heidermanns (vgl. Notiz v. 13.7.1940).

219 Oberstleutnant Graf von Hohenau, der Regiments-Kommandeur (vgl. Notiz v. 22.8.1940).

220 Albrecht Graf von Hohenau war ein Enkel des Prinzen Albrecht von Preußen (1809-1872, jüngster Sohn von König Friedrich Wilhelm III. von Preußen und Königin Luise) und dessen zweiter Ehefrau Rosalie von Rauch, späterer Gräfin von Hohenau; er entstammte also einer sog. unstandesgemäßen Verbindung.

221 Vgl. Notiz v. 8.5. u. 2. Brief v. 28.5.1941.

222 Nachdem das vorgesehene Stichwort am 20.6.1941 ausgegeben worden war, traten am 22.6. zwischen 3.00 und 3.30 Uhr auf einer breiten Front, die vom finnischen Norden bis zur rumänischen Schwarzmeerküste reichte, über 3 Millionen deutsche Soldaten und eine halbe Million Soldaten verbündeter Staaten (Finnland, Ungarn, Rumänien) zum Angriff gegen die Sowjetunion an, deren Westgrenze von 2,9 Millionen Soldaten, also von über der Hälfte der Roten Armee, grenznah verteidigt wurde. Vgl. Das Deutsche Reich und der Zweite Weltkrieg, Bd 4, S. 66-75 (Beitrag Hoffmann) u. S. 270-276 u. 451 f. (Beiträge Klink).

223 Vgl. Notiz v. 15.3.1941.

224 Vgl. Notiz v. Tag.

225 Um die Weltöffentlichkeit über die deutschen Kriegsvorbereitungen gegen die Sowjetunion zu täuschen, hatte Propagandaminister Goebbels gezielt irreführende Gerüchte streuen lassen. Danach sollte der nicht zu verbergende deutsche Aufmarsch im Osten nur zur Ablenkung von einer Invasion Englands dienen; andererseits stünde eine Verständigung mit der Sowjetunion über die Verpachtung der Ukraine an Deutschland unmittelbar bevor. Im Zusammenhang mit dem deutschen kriegerischen Engagement in Nordafrika und im britisch-irakischen Krieg förderte dies wiederum weitere Spekulationen über einen von der Sowjetunion angeblich tolerierten deutschen Vorstoß (»Durchmarsch«) in den Vorderen und Mittleren Orient mit dem britischen Kolonialreich als Ziel. Vgl. Meldungen aus dem Reich, Bd 7, S. 2380, 2382, 2394, 2409; »Wollt Ihr den totalen Krieg?«, S. 180 f.; Wette, Die propagandistische Begleitmusik, S. 112-114.

226 In der Tat wurde die Sowjetunion nicht völlig von dem deutschen Überfall überrascht. Doch obwohl sich in der sowjetischen Führung

spätestens seit Anfang Mai 1941 die Erkenntnis von einem unmittelbar bevorstehenden deutschen Angriff durchzusetzen begann, beharrte Stalin bis zuletzt auf seinem außenpolitischen Entspannungskurs gegenüber Deutschland, weil er Hitler keinen Vorwand für einen Angriff bieten wollte. Umstritten ist, inwieweit die sowjetische militärische Führung im Mai/Juni 1941 dennoch bei Stalin Gehör fand, was die Vorbereitung militärischer Gegenmaßnahmen betraf. Jedenfalls konnte der sich nicht zum Befehl für einen kurzfristigen, begrenzten Präventivschlag gegen den Aufmarsch der Wehrmacht durchringen, wie dies der Generalstab der Roten Armee seit Anfang Mai vorschlug. Vgl. Bonwetsch, Die Forschungskontroverse.

227 Vgl. Brief v. 13.5.1941.

228 Walter Flex (1887-1917), Lehrer und Schriftsteller, als Kriegsfreiwilliger und Offizier im Ersten Weltkrieg gefallen; Verfasser patriotisch-nationalistischer Prosa und Lyrik, die in idealistischer Übersteigerung Kriegsgeschehen und Opfertod ästhetisieren. Sein Hauptwerk, die autobiographische Kriegserzählung »Wanderer zwischen beiden Welten« (1917), wurde bald in einer Millionenauflage zum »Brevier« der Kriegsgeneration und später auch von der NS-Jugendpolitik für ihre Zwecke vereinnahmt.

229 Hervorhebung im Original unterstrichen. Vgl. Notiz und Brief v. Vortag.

230 Zum neu aufgestellten I. (Bataillon)/Wach-Regiment Warschau, das jedoch schon am 5.7.1941 in Landesschützen-Bataillon 996 umbenannt wurde.

231 Landesschützen-Bataillon 973 (vgl. Notiz v. 7.6.1941).

232 Vgl. Notiz v. 8.11.1940.

233 Oberst von Unruh (vgl. Notiz v. 23.1.1941).

234 Genaugenommen absolvierte H. einen »Kampfrichter-Lehrgang für Turnen, Leichtathletik und Sommerspiele« an der Reichsakademie für Leibesübungen, Berlin (Notiz v. 29.6.1941, nicht ediert).

235 Gemeint sind die seit Kriegsbeginn 1939 täglich über Presse und Rundfunk veröffentlichten, stark propagandistisch gefärbten militärischen Lageberichte des Oberkommandos der Wehrmacht, wie sie von der dortigen Abteilung für Wehrmachtpropaganda erstellt wurden. Aus besonderen Anlässen erfolgten »Sondermeldungen« wie jene vom 29.6.1941. Diese faßte die beachtlichen deutschen Anfangserfolge der ersten Kriegstage gegen Rußland vom 22.-27.6. zusammen. Den Tatsachen entsprechend gemeldet wurden außer 40 000 sowjetischen Kriegsgefangenen u.a. der Fall der Städte Grodno, Brest-Litowsk, Wilna, Kowno und Dünaburg sowie die Einkesselung zweier sowjetischer Armeen bei Białystok. Vgl. »Das Oberkommando der Wehrmacht gibt bekannt ...«, Bd 1, S. 593-597.

236 Bezeichnung für die Gesamtheit der für die Olympischen Sommerspiele 1936 erbauten Sportanlagen an der Heerstraße in Berlin-Spandau, mit dem Olympiastadion als größtem Einzelbauwerk. Auf dem Gelände befand sich auch das »Haus des Deutschen Sports« mit dem Sitz der

»Reichsakademie für Leibesübungen«, an der H. seinen Lehrgang absolvierte (vgl. nachst. Brief).

237 Vgl. Brief v. 13.5.1941.

238 Gemeint ist wahrscheinlich: Ausbildung auf dem Truppenübungsplatz.

239 Die deutschen Generalstabsplanungen hatten die Dauer des Feldzuges auf maximal vier bis fünf Monate veranschlagt, gingen also von seinem Abschluß vor dem Winter aus. Die meisten politischen und militärischen Führer, nicht zuletzt Hitler selbst, nahmen aufgrund ihrer Geringschätzung der Militärmacht der Sowjetunion aber an, daß deren Widerstandskraft schon deutlich früher gebrochen sein würde. Vgl. Das Deutsche Reich und der Zweite Weltkrieg, Bd 4, S. 252 (Beitrag Klink); Hillgruber, Das Rußland-Bild.

240 Im Original unterstrichen.

241 Vgl. vorst. Brief.

242 Diese Hoffnung trog. Hitler hatte zugunsten der »Achse Berlin-Rom« gegenüber Mussolini schon im Mai 1938 auf Südtirol verzichtet. Der Bündnisvertrag mit Italien vom 22.5.1939 (»Stahlpakt«) bestätigte dies nur noch einmal. Nach deutsch-italienischen Verhandlungen hierüber im Oktober 1939 wurde den deutschstämmigen Südtirolern dann die Alternative der Aus- bzw. Umsiedlung in das Deutsche Reich eingeräumt. Die von ihnen bis Ende 1939 geforderte »Option« entweder für Umsiedlung oder für Verbleiben spaltete die Südtiroler und führte dort zeitweise zu Unruhen. Vgl. Das Deutsche Reich und der Zweite Weltkrieg, Bd 3, S. 9-12 (Beitrag Schreiber); Wedekind Nationalsozialistische Besatzungs- und Annexionspolitik in Norditalien, bes. S. 66-69.

243 Gemeint ist das Ehrenmal für die Gefallenen des Ersten Weltkrieges, gestaltet und eingeweiht 1931 im historischen Gebäude der Neuen Wache (erbaut von Karl Friedrich Schinkel 1816-1818) in Berlin-Mitte, Unter den Linden 4.

244 Vgl. Brief v. 30.5.1941.

245 Vgl. Brief v. 29.6.1941.

246 Truppenübungsplatz nahe des Heimatortes Thalau.

247 Gemeint sind Mitglieder der NSDAP.

248 Vgl. Brief v. 23.6.1941.

249 Alljährlich im Spätsommer/Frühherbst stattfindende Militärsportwoche der Wehrmacht in Warschau. Einrichtung und Begriff der »Kampfspiele« scheinen einer entsprechenden, von Hitler Ende 1936 angeordneten Institution der NSDAP auf ihren Reichsparteitagen entlehnt zu sein. Vgl. Schmitz-Berning, Vokabular, S. 438 f.

250 Generalmajor von Unruh (vgl. Notiz v. 23.1.1941).

251 Generalmajor von Unruh (vgl. Notiz v. 23.1.1941).

252 Richtig: Militärbefehlshaber im Generalgouvernement (vgl. Notiz v. 13.6.1941).

253 H. war vom 24.7. bis 13.8.1941 zu einem »Gasschutzkurs« an die Heeres-Gasschutzschule nach Celle kommandiert.

254 Generalmajor von Oven (vgl. Brief v. 11.6.1940).

255 Vgl. Notiz v. 21.7.1941.

256 Deutscher Spielfilm von 1941 (Regie: Traugott Müller; Hauptdarsteller u.a.: Gustav Gründgens, Eugen Klöpfer, Wolfgang Liebeneiner, Lina Lossen, Lotte Koch, Gustav Knuth) über das Leben des deutschen Musikers und Komponisten Wilhelm Friedemann Bach (1710-1787), der an der Größe seines Vaters Johann Sebastian Bach (vgl. Notiz v. 27.4.1941) menschlich und künstlerisch zerbricht.

257 Vgl. Brief v. 9./10.4.1941.

258 H. befand sich im August/September 1917 im Lazarett in *Jena*.

259 Nach den schnellen und überwältigenden militärischen Anfangserfolgen der Wehrmacht, die den erwarteten raschen Zusammenbruch der Sowjetunion herbeizuführen schienen, versteifte sich ab der zweiten Julihälfte 1941 der Widerstand der unterschätzten Roten Armee. Deren große personelle und materielle Reserven kamen allmählich zum Tragen; zudem stärkte die zunehmende Erfahrung des deutschen Feldzuges als Vernichtungskrieg den Verteidigungswillen von Armee und russischer Bevölkerung und förderte eine deutscherseits unerwartete Solidarisierung mit dem Sowjetsystem. Unter dem Druck der Umstände sah sich Hitler schließlich zu einer ersten Revision seiner ursprünglich ehrgeizigeren Ziele gezwungen. Seine Weisung Nr. 34 für die Kriegführung vom 30.7.1941 – also vom selben Datum wie H.s Brief – stoppte vor allem den weiteren Vormarsch der erschöpften Heeresgruppe Mitte auf Moskau und befahl ihr vorerst den Übergang zur Verteidigung. Vgl. Das Deutsche Reich und der Zweite Weltkrieg, Bd 4, S. 489-496 (Beitrag Klink).

260 Generalmajor von Unruh, dessen Beförderung H. offenbar noch nicht bekannt war (vgl. Notiz v. 23.1.1941).

261 Sohn Helmut wurde jener Tage nach abgeschlossener militärischer Grundausbildung mit einem Transport seines Ersatz-Truppenteils (vgl. Brief v. 13.5.1941) an die Ostfront in Marsch gesetzt.

262 Generalmajor von Unruh (vgl. 23.1.1941).

263 Vgl. Notiz v. 8.11.1940.

264 Oberstleutnant z.V. (ab 1.7.1943: Oberst z.V.) Felix-Ferdinand von Kamlah (1877-?), Ic-Offizier im Stab der Kommandantur Warschau, als solcher zuständig für das Ressort Feindlage, Abwehr und geistige Betreuung. Er war damit Abteilungsleiter und unmittelbarer Vorgesetzter von H.

265 Wahrscheinlich ging es um die Vorbereitung der Wehrmacht-Kampfspielwoche (vgl. Notizen v. 21.7. u. 20.8.1941).

266 Generalmajor von Unruh (vgl. 23.1.1941).

267 Vgl. Notiz v. 21.7.1941.

268 Richtig: Militärbefehlshaber im Generalgouvernement (vgl. Notiz v. 13.6.1941).

269 Vgl. Notizen v. 13. u. 14.8.1941.

270 Generalmajor von Unruh (vgl. Notiz v. 23.1.1941).

271 Vgl. Notiz u. 2. Brief v. 28.5.1941.

272 Vgl. Notiz v. 27.8.1941.

273 Vgl. Notiz v. 18.8.1940.

274 SS-Untersturmführer Dr. Gerhard Stabenow, Leiter des Referates III D (Wirtschaft) im Amt III (Lebensgebiete – SD; Leiter: SS-Sturmbannführer Dr. Ernst Kah) des Kommandeurs der Sicherheitspolizei und des Sicherheitsdienstes (SD) für den Distrikt Warschau (SS-Obersturmbannführer Dr. Ludwig Hahn). Vgl. Internet: <www.wilk.wpk.p.lodz.pl>.

275 Vgl. Brief v. 11.5.1941.

276 Oberstleutnant Graf von Hohenau (vgl. Notiz v. 22.8.1940).

277 Es ist nicht ganz klar, ob damit der polnische Stadtpräsident von Warschau oder der deutsche »Beauftragte des Distriktschefs für die Stadt Warschau« gemeint ist (vgl. Brief v. 3.11.1940).

278 Reichsgaue Ostpreußen, Westpreußen-Danzig, Wartheland und das Generalgouvernement.

279 Oberstleutnant Graf von Hohenau (vgl. Notiz v. 22.8.1940).

280 Vgl. Notiz u. 2. Brief v. 28.5.1941.

281 Vgl. Notiz 27.8.1941.

282 Vgl. vorst. Notiz.

283 Im Nachlaß nicht überliefert.

284 Dr. Ludwig Fischer (vgl. Notiz v. 18.8.40).

285 Im Nachlaß nicht überliefert. Wahrscheinlich handelte es sich um das »Hirtenwort« des katholischen Feldbischofs Franz Justus Rarkowski (1873-1950) vom 29.7.1941 (abgedr. bei Missalla, Wie der Krieg zur Schule Gottes wurde, S. 56-59), der darin den Krieg gegen die Sowjetunion ganz im Sinne der nationalsozialistischen »Kreuzzugs«-Propaganda guthieß. Vgl. Lemhöfer, Gegen den gottlosen Bolschewismus, S. 136; Wette, Die propagandistische Begleitmusik, S. 122 f.

286 Der Regimentsadjutant fungierte als Führungsgehilfe (des Kommandeurs) bei der Ausbildung und der taktischen Führung des Regiments; zudem war er Dienst- und Disziplinarvorgesetzter des Stabspersonals.

287 Vgl. Notiz v. 22.8.1940.

288 Baron Wenzel von Schoene (vgl. Notiz u. 2. Brief v. 28.5.1941).

289 Vgl. Brief v. 10.11.1939.

290 Vgl. Notiz v. 22.8.1940.

291 Das Landgut lag bei dem Ort Falenty, ca. 10 km südlich der Warschauer Stadtmitte (laut einer – nicht edierten – Notiz vom selben Tag).

292 Vgl. vorst. Notiz.

293 Der Łazienki-Park bzw. Seegarten im südlichen Stadtgebiet, hinter dem Schloß Belvedere gelegen, war die größte Warschauer Parkanlage. Sein Betreten war der polnischen Bevölkerung bereits seit 1940 durch die deutsche Zivilverwaltung verboten. Vgl. Szarota, Warschau, S. 30.

294 Nationalsozialistisches Kraftfahrkorps (NSKK); Unterorganisation der NSDAP zur »motorischen Ertüchtigung der Jugend«, die vor allem eine vormilitärische Kraftfahrerausbildung für die Wehrmacht betrieb. Später wurde ihr zudem die Führung des gesamten zivilen »Großtransportraums« übertragen, der neben den eigentlichen militärischen

Transportverbänden den enormen Nachschub für die Wehrmacht im »Rußland-Feldzug« bewältigen sollte. Vgl. Enzyklopädie des Nationalsozialismus, S. 609; Das Deutsche Reich und der Zweite Weltkrieg, Bd 4, S. 252 (Beitrag Klink).

295 Die Frontleitstelle der Kommandantur befand sich gegenüber dem Hauptbahnhof von Warschau. Vgl. BA-MA, RHD 57/5, Bl. 1.

296 Vgl. Notiz v. 21.7.1941.

297 Reitparcours im Łazienki-Park (vgl. Notiz v. 4.9.1941).

298 Vgl. Notiz v. 8.11.1940. Luckhaus wohnte in Bielany, einem nördlichen Vorort von Warschau.

299 Eingetragen im Kalenderfeld des 8.7.1941, doch handschriftlich ausdrücklich dem 15.9.1941 zugeordnet.

300 Generalmajor von Unruh (vgl. Notiz v. 23.1.1941).

301 Vgl. Brief v. 15.2.1941.

302 Vgl. Briefe v. 29./30.6. u. 30.7.1941.

303 Ehemalige Lehrer-Kollegin H.s in Thalau.

304 Schwimmbad des YMCA (vgl. Notiz v. 27.9.1940).

305 Im wesentlichen korrekt wiedergegebenes Zitat aus der Predigt des Bischofs von Münster, Clemens August Graf von Galen (1878-1946), vom 20.7.1941, mit der er zum wiederholten Mal das NS-Regime wegen seiner antikirchlichen und unchristlichen Politik öffentlich anklagte und die Gläubigen seiner Diözese zur Standfestigkeit gegenüber dem Ungeist aufrief (vgl. auch Brief v. 11.11.1941). – Die Predigt ist abgedr. bei Bischof Clemens August Graf von Galen, Bd II, S. 855-863. Das Zitat (S. 862) lautet demnach im Detail richtig:

»Nehmt euch zum Beispiel und Vorbild jenen preußischen Justizminister der alten Zeit – ich habe ihn schon früher einmal erwähnt, dem einst sein König Friedrich der Große das Ansinnen stellte, er solle ein gesetzmäßig gefälltes Gerichtsurteil nach dem Wunsche des Monarchen umstoßen und abändern. Da hat dieser echte Edelmann, ein Herr von Münchhausen, seinem König die prachtvolle Antwort gegeben: ›Mein Kopf steht Euer Majestät zur Verfügung, aber nicht mein Gewissen!‹«

306 Erst mit einem Fronteinsatz von sechs Monaten Dauer erfüllte H.s Sohn Helmut die Voraussetzungen, um dann als Sanitätsoffizier-Anwärter sein Medizinstudium wiederaufnehmen zu können.

307 Gemeint ist die Frontleitstelle (vgl. Brief v. 10.9.1941).

308 Edwin-Erich Dwinger (1898-1981), nationalsozialistischer Vorzeige-Schriftsteller und Besteller-Autor des »Drittes Reichs«, der zunächst durch die literarische Verarbeitung seiner Fronterlebnisse im Ersten Weltkrieg und im russischen Bürgerkrieg bekannt wurde. Ab 1941 nahm er im Sonderauftrag Heinrich Himmlers als Kriegsberichterstatter am Rußlandfeldzug teil. Seine dortigen Erfahrungen brachten ihn jedoch in Widerspruch zur Ostpolitik des Regimes, das ihn 1943 politisch kaltstelle.

309 Durch den fortgesetzten deutschen Angriff waren während des Septembers 1941 in Kiew und östlich davon vier Armeen der sowjetischen

Südwestfront eingeschlossen und bis zum 25.9. zur Kapitulation gezwungen worden, wodurch nach offiziellen deutschen Meldungen über 660 000 sowjetische Soldaten in Gefangenschaft gerieten. Vgl. Das Deutsche Reich und der Zweite Weltkrieg, Bd 4, S. 512-516 (Beitrag Klink) u. S. 746-751 (Beitrag Hoffmann).

310 Oberstleutnant von Zitzewitz (vgl. Notiz v. 15.9.1941).

311 Vgl. Brief v. 30.4.1941.

312 Gemeint ist der Łazienki-Park (vgl. Notiz v. 4.9.1941).

313 Einzelnes Festungswerk des Warschauer Festungsrings aus dem 19. Jahrhundert, am nordwestlichen Stadtrand gelegen, von der Wehrmacht u.a. als Heeres-Gerätelager genutzt.

314 Vgl. Brief v. 30.9.1940.

315 Eingetragen im Kalenderfeld des 1.8.1941, doch handschriftlich ausdrücklich dem 29.9.1941 zugeordnet.

316 Vgl. Notiz v. Vortag.

317 Dr. Ludwig Fischer (vgl. Notiz v. 18.8.1940).

318 NS-Schlagwort zur Diffamierung der politischen Träger der westlichen Demokratien, vor allem Großbritanniens und der USA. Vgl. Schmitz-Berning, Vokabular, S. 469-471.

319 Unteroffiziersrang der SS.

320 Umgangssprachlich für: Nachrichten-Helferinnen vgl. Brief v. 3.3.1942 u. Killius, Wehrmachthelferinnen.

321 Generalmajor von Unruh (vgl. Notiz v. 23.1.1941).

322 Unter dem Decknamen »Taifun« hatte die deutsche Heeresgruppe Mitte bereits am 30.9.1941 eine Angriffsoperation gegen Moskau eingeleitet, indem sie zunächst bis zum 7.10. bei Vjasma und Brjansk mehrere sowjetische Armeen einschloß. Noch vor deren Kapitulation (673 000 Kriegsgefangene), aber in der Annahme, damit die militärische Widerstandskraft des Feindes vor Moskau im wesentlichen gebrochen zu haben, trieb sie den Angriff weiter voran. Absicht war, Moskau in einer Art Zangenbewegung von Norden und Süden zu umfassen und einzuschließen. Vgl. Das Deutsche Reich und der Zweite Weltkrieg, Bd 4, S. 575-578 (Beitrag Klink) u. S. 760-765 (Beitrag Hoffmann).

323 Richtig: Militärbefehlshaber im Generalgouvernement (vgl. Notiz v. 13.6.1941).

324 Weibliche Dienstpflichtige im Reichsarbeitsdienst (vgl. Brief v. 9./10.4.1941).

325 Im Reichsgebiet eingesetzte polnische Arbeitskräfte mußten gemäß einer Polizeiverordnung v. 8.3.1940 (abgedr. in Documenta occupationis, Bd X, S. 17 f.) ein besonderes Kennzeichen auf der rechten Brustseite jedes Kleidungsstückes tragen, bestehend aus einem auf der Spitze stehenden gelben Quadrat, das violett eingerahmt war und ein ebenfalls violettes »P« in der Mitte zeigte. Zuwiderhandlung war mit Geldstrafe oder kurzer Haft bedroht.

326 Befreundetes Ehepaar aus dem Nachbardorf.

327 Zitat aus Goethes »Faust«. Nach der Hamburger Ausgabe von Goethes Werk in 14 Bänden, hrsg. v. Erich Trunz, Bd III. Dramatische Dichtungen, Erster Bd, 13. neubearb. u. erw. Aufl., München 1986, S. 34, lautet das Zitat richtig und vollständig:

Nichts Bessers weiß ich mir an Sonn- und Feiertagen
Als ein Gespräch von Krieg und Kriegsgeschrei,
Wenn hinten, weit, in der Türkei,
Die Völker auf einander schlagen.
Man steht am Fenster, trinkt sein Gläschen aus
Und sieht den Fluß hinab die bunten Schiffe gleiten;
Dann kehrt man abends froh nach Haus,
Und segnet Fried' und Friedenszeiten.

328 Generalmajor von Unruh (vgl. Notiz v. 23.1.1941).

329 Vgl. Brief v. 30.9.1941.

330 Tatsächlich befand sich die 29. Infanterie-Division (mot.) mit H.s Sohn Helmut nicht im Schwerpunkt der deutschen Heeresgruppe Mitte, deren Spitzen sich bereits bis auf 70 km der sowjetischen Hauptstadt genähert hatten, sondern in einer Auffrischungsphase über 300 km südwestlich davon bei Brjansk, wo sie kurz zuvor zur Niederkämpfung dort eingekesselter sowjetischer Armeen beigetragen hatte. Insgesamt ging es nun allerdings nicht mehr »gut vorwärts«. Auch infolge drastisch verschlechterter Witterungsverhältnisse hatte sich der deutsche Angriff auf Moskau materiell und personell erschöpft, so daß die Heeresgruppe Mitte ab Ende Oktober vorübergehend zur Verteidigung übergehen mußte. Vgl. Das Deutsche Reich und der Zweite Weltkrieg, Bd 4, S. 575-585 (Beitrag Klink); Lemelsen, Im Ostfeldzug, S. 158.

331 Infanterie-Regiment 15, Teil der 29. Infanterie-Division (mot.) (vgl. vorst. Brief).

332 Das Briefpapier ist hier wie an zahlreichen nachfolgenden Stellen schadhaft, so daß der Text in Klammern vom Hrsg. so weit wie möglich sinngemäß rekonstruiert wurde.

333 Vgl. vorst. Brief.

334 Schütze auf dem Motorrad-Seitenwagen.

335 Schütze am Schweren Maschinengewehr.

336 Der Umzug in das »Sportheim« ergab sich aus der Ernennung H.s zum Sportoffizier und Leiter des Sportamtes der Kommandantur Warschau ein halbes Jahr zuvor (vgl. Notiz v. 15.3.1941). Die »Wehrmacht-Sportschule«, wie die gerade eröffnete Einrichtung offiziell hieß, befand sich in einem ehemaligen Pfadfinderheim auf dem Gelände des Wehrmacht-Stadions an der Łazienkowska-Straße. Sie bot Unterkunfts- und Verpflegungsmöglichkeiten für 120 Personen. Vgl. BA-MA, RH 53-23/33, fol. 280.

337 Vgl. Brief v. 23.10.1941.

338 Major z.V. Gramke war erst im Mai 1941 an die Kommandantur Warschau versetzt worden, um hier für die »Bearbeitung aller mit Luftschutz zusammenhängenden Fragen« (BA-MA, RH 53-23/30 Bl. 156a)

eingesetzt zu werden, nachdem dieses Thema infolge sowjetischer Luftangriffe auf Warschau bedeutsam geworden war.

339 Vgl. Notiz v. 27.10.1941.

340 Sowohl in der Privatkrankenpflege als auch in Krankenhäusern eingesetzte Krankenschwestern, die im Gegensatz zu »Mutterhausschwestern« nicht konfessionell oder an das Deutsche Rote Kreuz gebunden waren. Statt dessen im »Reichsbund der freien Schwestern und Pflegeringen e.V.« organisiert, standen sie wie auch die NS-Schwesternschaft unter Führung der »Nationalsozialistischen Volkswohlfahrt« (NSV). Wie andere Krankenschwestern auch, jedoch mit eigenem rechtlichen Status, standen »Freie Schwestern« während des Zweiten Weltkrieges im Dienst der »Freiwilligen Krankenpflege« bei der Wehrmacht zur Unterstützung des militärischen Sanitätsdienstes. Rechtsgrundlage war ein entsprechender Erlaß des Oberkommandos des Heeres (OKH) v. 25.10.1939, abgedr. in Heeres-Verordnungs-Blatt (HVBl) 1939 B, S. 295, Nr. 461. Vgl. Absolon, Die Wehrmacht, Bd V, S. 233 f.; Meyers Lexikon, Bd 6, 8. Aufl. (1939), Sp. 1528, u. Bd 8, Aufl. (1940), Sp. 156.

341 Eine solche Mordaktion, begangen von einem der berüchtigten Einsatzkommandos der Sicherheitspolizei und des SD, hatte sich tatsächlich erst kurz zuvor ereignet. Vgl. Enzyklopädie des Holocaust, Bd I, S. 552.

342 Gemeint ist die Rede Hitlers am 8.11.1941 im Münchner Löwenbräukeller zum jährlichen Gedenken an seinen Putschversuch vom 9.11.1923 (abgedr. bei Domarus, Hitler, Bd 4, S. 1771 - 1781).

343 Hitler hatte bereits am 17.8.1940 offiziell die »totale Blockade Englands« verkündet (Domarus, Hitler, Bd 3, S. 1570 f.). Die hierzu hauptsächlich eingesetzte deutsche U-Boot-Waffe konnte zunächst die transatlantische Versorgung Großbritanniens durch die Versenkung alliierter Handelsschiffe (»Tonnagekrieg«) erheblich beeinträchtigen. In der zweiten Jahreshälfte 1941 ließen der U-Boot-Erfolg und damit die Wirksamkeit der »Blockade« infolge alliierter Gegenmaßnahmen vorübergehend deutlich nach. Vgl. Das Deutsche Reich und der Zweite Weltkrieg, Bd 6, S. 335 f. (Beitrag Rahn).

344 Ab Sommer 1941 ging die britische Luftwaffe verstärkt zum Flächenbombardement über. Die Nachtangriffe des Bomber Command trafen vorwiegend deutsche Industrie- und Bevölkerungszentren im Ruhrgebiet sowie die großen Hafenstädte. Vgl. Das Deutsche Reich und der Zweite Weltkrieg, Bd 6, S. 473 (Beitrag Boog).

345 Die erste Offensive des »Deutschen Afrika-Korps« unter General Erwin Rommel (1891 - 1944) war an der libysch-ägyptischen Grenze infolge des starken alliierten Widerstandes zum Stillstand gekommen. Rommel sah sich zur Jahreswende 1941/42 vorübergehend sogar zum Rückzug aus der Cyrenaika gezwungen. Vgl. Das Deutsche Reich und der Zweite Weltkrieg, Bd 3, S. 658 - 682 (Beitrag Stegemann).

346 Formal begründete erst die deutsche Kriegserklärung vom 11.12.1941 den Kriegszustand mit den USA (vgl. Notiz v. 8.12.1941), doch hatten die USA faktisch seit Mai 1940 durch immer massiver werdende mate-

rielle Unterstützung eindeutig Partei für Großbritannien ergriffen, was beide bereits im Jahr 1941 als Kriegsalliierte erscheinen ließ. Vgl. Das Deutsche Reich und der Zweite Weltkrieg, Bd 6, S. 8 f. (Beitrag Boog). In Zusammenhang mit den transatlantischen Hilfslieferungen der USA hatte Präsident Franklin D. Roosevelt am 11.9.1941 in einer Rundfunkansprache Deutschland und Italien eindringlich vor Angriffen auf US-Schiffe gewarnt, worauf Hitler in seiner Rede kurz einging. Vgl. Domarus, Hitler, Bd 4, S. 1778.

347 Obwohl Japan militärisch bereits längst zum Krieg gegen die USA rüstete, fiel die politische und damit eigentliche Entscheidung für den Krieg erst, nachdem im November 1941 die bilateralen Verhandlungen als gescheitert betrachtet wurden. Bis dahin hatte sich Deutschland so energisch wie vergeblich um einen Kriegseintritt Japans bemüht. Vgl. Das Deutsche Reich und der Zweite Weltkrieg, Bd 6, S. 211-217 (Beitrag Rahn); Syring, Hitlers Kriegserklärung, S. 686 f.

348 Hitler verneinte in seiner Rede kurz die Existenz einer politischen, möglicherweise religiös »getarnten« Opposition in Deutschland und betonte an anderer Stelle seine angeblich liberale Haltung in religiösen und kirchlichen Dingen (Domarus, Hitler, Bd 4, S. 1777 bzw. S. 1778 f.) – dies wahrscheinlich vor dem Hintergrund des zuletzt aufgekommenen Protestes katholischer Kirchenführer gegen Maßnahmen des Regimes (vgl. nachst. Anm.).

349 Der Bischof von Münster, Clemens August Graf von Galen, hatte in mehreren Predigten im Juli und August 1941 antikirchliche Maßnahmen und das »Euthanasie-Programm« des NS-Regimes öffentlich angeprangert. Seine dabei ausgesprochene Befürchtung, dafür selbst verhaftet zu werden, bewahrheitete sich jedoch nicht. Angesichts der großen öffentlichen Resonanz, die Galens Predigten auslösten, hielt sich die NS-Führung aus taktischen Gründen damit zurück und stellte auch das Euthanasie-Programm wenigstens offiziell ein (vgl. Notiz v. 18./19.9.1941).

350 Zitat aus der Rede Hitlers vom 8.11.1941. Die Stelle lautete vollständig und richtig:

»Aber dann kommt der Augenblick, an dem ich blitzartig zuschlage, und das sehr schnell beseitige [gemeint sind potentielle Anstifter einer Revolution in Deutschland; Anm. d. Hrsg.]. Und dann hilft alle Tarnung nichts, auch nicht die Tarnung mit der Religion. Aber, wie gesagt, das wird ja bei uns gar nicht notwendig sein, weil ja vor allem dieses ganze deutsche Volk heute in einer Bewegung organisiert ist, was unsere Gegner nur nicht begriffen haben, einer Bewegung, die bis in jedes Haus hineinreicht, ...« Vgl. Domarus, Hitler, Bd 4, S. 1777 f.

351 Im Original unterstrichen.

352 Gemeint sind die schlechten Witterungsverhältnisse, die die deutschen Angriffsoperationen zum Erliegen gebracht hatten (vgl. Brief v. 23.10.1941).

353 Generalmajor von Unruh (vgl. Notiz v. 23.1.1941).

354 Die Sportstätten des YMCA (vgl. Notiz v. 27.9.1940 u. Brief v. 20.11.1941).

355 Vgl. Brief v. 31.5.1941.

356 Vgl. Notiz u. 2. Brief v. 28.5.1941.

357 Martin Mihm, H.s Neffe, war seit kurzem als gewöhnlicher Wehrpflichtiger ebenfalls in Warschau stationiert und besuchte seinen Onkel hin und wieder.

358 Wort unleserlich.

359 Generalmajor von Unruh (vgl. Notiz v. 23.1.1941).

360 Wie aus dem begleitenden Vortragsprogramm für den 2. Sportlehrgang hervorgeht, der am 5. bzw. 6.12.1941 begann (vgl. Briefe v. 6. u. 8.12.1941), handelte es sich um Hauptmann der Reserve Prof. Dr. jur. Georg Eißer (1898-1964), während der 30er Jahre Dekan der juristischen Fakultät der Universität Tübingen.

361 Juristisches Großprojekt des NS-Regimes bzw. der damit beauftragten Akademie für Deutsches Recht, ein neues, umfassendes, in »volkstümlicher« Sprache gehaltenes zivilrechtliches Gesetzeswerk auf der Grundlage nationalsozialistischer Rechtsvorstellungen zu verfassen. Das »Volksgesetzbuch« sollte somit das Bürgerliche Gesetzbuch (BGB) ablösen. Die Arbeiten daran begannen im Sommer 1939, wurden jedoch Mitte 1944 eingestellt und auf die Zeit nach dem »Endsieg« verschoben. Vgl. Enzyklopädie des Nationalsozialismus, S. 787.

362 Martin Mihm (vgl. vorst. Brief).

363 Möglicherweise ist damit der schwäbische Arzt und Heimatdichter Ludwig Finckh (1876-1964) gemeint.

364 Vgl. Brief v. 30.5.1941.

365 Ganz offensichtlich eine Beschreibung der Liegenschaften des an der Łazienkowska-Straße gelegenen Sportamtes bzw. »Sportheimes« der deutschen Kommandantur. Als sein Leiter hatte H. dort erst im Monat zuvor seine neue Dienstwohnung bezogen (vgl. Brief v. 26.10.1941).

366 Generalmajor von Unruh (vgl. Notiz v. 23.1.1941).

367 Vgl. Notiz v. 18.8.1941.

368 Gemeint ist die »Kolonialfrauenschule«, die 1926-1945 in Rendsburg beheimat war. Sie bildete einen Zweig der bereits 1898 auf private Initiative gegründeten »Deutschen Kolonialschule«, ansässig in Witzenhausen bei Kassel. Ihr Zweck war die Heranbildung von Personal sowohl für die deutsche evangelische Mission als auch die (land-)wirtschaftliche Kolonisation Afrikas. Ab 1933 geriet die 1925 als »Kolonialhochschule« staatlich anerkannte Einrichtung unter die Kontrolle des Nationalsozialismus, jedoch ohne formal verstaatlicht zu werden. Vgl. die Internet-Seite: <www.wiz.uni-kassel.de/ditsl/de/geschichte.html>.

369 Gemeint ist das 1932 uraufgeführte Singspiel »Liselott« nach Texten von Richard Kessler und Musik von Eduard Künneke. Es greift das historische Schicksal der Prinzessin Elisabeth Charlotte von der Pfalz (1652-1721) auf, die aus Gründen der Staatsraison mit dem Herzog von Orléans, dem Bruder des französischen Königs Ludwig XIV., verheiratet wurde.

370 Die deutsche Heeresgruppe Mitte hatte erst Mitte November 1941 ihre Offensive gegen Moskau wieder aufgenommen, die aber schon

Anfang Dezember endgültig zum Erliegen kam (vgl. Brief v. 13/14.12.1941).

371 Sohn Helmut befand sich mit der 29. Infanterie-Division (mot.) Ende November/Anfang Dezember 1941 tatsächlich ca. 200 km südöstlich von Moskau in schweren Kämpfen mit der Roten Armee, deren Gegenoffensive schließlich auch hier am 5./6. Dezember zum endgültigen Scheitern des deutschen Angriffs auf Moskau führte (vgl. Brief v. 13./14.12.1941). Vgl. Lemelsen, Im Ostfeldzug, S. 160-170.

372 Vgl. Notiz v. 8.11.1940.

373 Etwas über 10 km.

374 Gemeint ist der tägliche, über Presse und Rundfunk verbreitete Frontbericht des Oberkommandos der Wehrmacht. Er meldete am 28.11. u.a., daß starke feindliche Verteidigungsstellungen im mittleren Abschnitt der Ostfront durchbrochen worden seien. Tatsächlich aber hatte sich der deutsche Angriff vor Moskau in diesen Tagen erschöpft bzw. an dem sich versteifenden sowjetischen Widerstand im wesentlichen festgefahren. Vgl. Reinhardt, Die Wende vor Moskau, S. 162-171.

375 Vgl. Notiz v. Vortag.

376 Heinrich George (1893-1946), bereits seit den 20er Jahren einer der meistbeschäftigten und renommiertesten deutschen Bühnen- und Filmschauspieler, der schließlich auch von den Nationalsozialisten hofiert und privilegiert wurde.

377 Deutscher Propaganda-Spielfilm von 1941 (Regie: Wolfgang Liebeneiner; Hauptdarsteller u.a.: Paul Hartmann, Heidemarie Hatheyer), der mittels einer Geschichte um einen Fall von »Tötung auf Verlangen« so geschickt wie suggestiv die Zustimmung zum nationalsozialistischen »Euthanasie-Programm« und für ein entsprechendes »Sterbehilfegesetz« befördern sollte (vgl. Brief v. 3.12.1941 u. Brief an den Sohn v. 12.2.1942).

378 Erhard Wittek (1889-1981), deutscher Schriftsteller, der vor allem durch seine unter dem Pseudonym Fritz Steuben zwischen 1929 und 1952 verfaßten authentischen Indianer-Erzählungen populär wurde. Seine Person wie auch sein literarisches Schaffen stellte er während des »Dritten Reiches« in den Dienst der NS-Machthaber, die ihn entsprechend privilegierten.

379 Joachim von Ribbentrop (1893-1946), NS-Politiker, früher außenpolitischer Berater und Sonderbotschafter Hitlers, von 1936 bis 1938 deutscher Botschafter in London, anschließend bis 1945 Reichsaußenminister.

380 Vgl. nachst. Brief.

381 Vgl. vorst. Notiz.

382 Oberstleutnant von Kamlah (vgl. Notiz v. 18.8.1941).

383 Generalmajor von Unruh (vgl. Notiz v. 23.1.1941).

384 Richtig: Militärbefehlshaber im Generalgouvernement (vgl. Notiz v. 13.6.1941).

385 Vgl. Brief an Ehefrau und Kinder v. 28.11.1941.

386 Vgl. Brief v. 29.11.1941.

387 H.s Mitteilung weist auf ein Wesensmerkmal des nationalsozialistischen Vernichtungskrieges im Osten hin: das bewußt in Kauf genommene, teils gar beabsichtigte Massensterben der sowjetischen Kriegsgefangenen in deutscher Hand. Infolge des Wintereinbruchs erreichte es gerade in den letzten Monaten des Jahres 1941 seinen Höhepunkt, nachdem den durch Marschstrapazen und schutzlose Unterbringung bereits Geschwächten auch noch die ohnehin mageren Lebensmittelrationen drastisch gekürzt worden waren. Insgesamt kamen von den über 3 Millionen Rotarmisten, die 1941 in deutsche Gefangenschaft geraten waren, bis zum 1.2.1942 fast 60 Prozent um. Vgl. Streit, Keine Kameraden, bes. S. 128-190.

388 Gemeint ist Goebbels' Rede »Das eiserne Herz« vor der Deutschen Akademie in der Neuen Aula der Friedrich-Wilhelm-Universität zu Berlin am 1.12.1941 (abgedr. in Schulthess' Europäischer Geschichtskalender, Bd 82 [1941], S. 283-285). Der von H. zitierte Satz lautete: »Wir müssen siegen, und wir werden siegen.« (S. 285). Vgl. »Wollt Ihr den totalen Krieg?«, S. 196.

389 Dem Brief lag das begleitende Vortragsprogramm für den 2. Sportlehrgang in Form des Kommandanturbefehls Nr. 217 (Kdtr. Warschau, Ia, v. 6.12.1941) bei. Er ist im Nachlaß überliefert (nicht ediert).

390 Vgl. Notiz v. 2.12.1941.

391 Siehe Brief v. 13./14.12.1941.

392 Tatsächlich hatte die Rote Armee zwar nicht Taganrog, sondern Rostov am Don, das sich erst wenige Tage in deutschem Besitz befunden hatte, am 29.11.1941 wieder zurückerobert. Vgl. Das Deutsche Reich und der Zweite Weltkrieg, Bd 4, S. 759 f. (Beitrag Hoffmann).

393 Japan hatte ohne Kriegserklärung mit dem Überfall seiner Flotte auf den US-Militärstützpunkt Pearl Harbor auf Hawaii am 7.12.1941 den Krieg gegen die Vereinigten Staaten eröffnet. Fast gleichzeitig begann auch eine japanische Offensive gegen die britischen Kolonien Malaya und Singapur. Die USA und Großbritannien erklärten daraufhin Japan am 8.12.1941 den Krieg. Dagegen bestand damals zwischen den USA und den sog. Achsen-Staaten Deutschland und Italien formell noch kein Kriegszustand. Dieser trat erst durch die deutsche und italienische Kriegserklärung an die USA am 11.12.1941 ein. Vgl. Das Deutsche Reich und der Zweite Weltkrieg, Bd 6, S. 234-243 (Beitrag Rahn).

394 Richtig: Militärbefehlshaber im Generalgouvernement (vgl. Notiz v. 13.6.1941).

395 Vgl. Notiz v. Tag.

396 Vgl. Notiz v. 8.12.1941.

397 Wort schlecht leserlich.

398 Sportanlage des YMCA (vgl. Brief v. 20.11.1941).

399 Vgl. Notiz v. 22.8.1940.

400 Vgl. Notiz u. 2. Brief v. 28.5.1941.

401 Im Original unterstrichen (vgl. Notiz v. 8.12.1941).

402 Gemeint ist Hitlers Rede vor dem Reichstag am Nachmittag des 11.12.1941 (abgedr. bei Domarus, Hitler, Bd 4, S. 1794-1811, bes. S. 1808 f.), in deren Verlauf er nach längerer Vorrede die Kriegserklärung des Deutschen Reiches an die USA verkündete. Sie war am selben Tag bereits auf offiziellem diplomatischem Weg erfolgt.

403 Der Versuch der Heeresgruppe Mitte zur Eroberung Moskaus war aufgrund personeller und materieller Auszehrung der Truppe, völlig unzureichenden Nachschubs, überwiegend fehlender Winterausrüstung bei Temperaturen bis minus 35 Grad Celsius (vgl. Brief v. 7.12.1941) und gegen den erbitterten Widerstand der Roten Armee Anfang Dezember 1941 teilweise nur 30 km vor der Stadtgrenze endgültig zum Erliegen gekommen. Heftige sowjetische Gegenangriffe ab dem 5. Dezember zwangen die deutschen Truppen dann schnell in die Defensive und teilweise auch zum Rückzug. Vgl. Das Deutsche Reich und der Zweite Weltkrieg, Bd 4, S. 592-600 (Beitrag Klink) u. S. 770-776 (Beitrag Hoffmann). Zumindest im Nord- und Mittelabschnitt der Ostfront hatte der deutsche Angriff damit seinen Kulminationspunkt erreicht, von dem ab es nicht mehr vorwärts, sondern nach einer Phase bereits defensiver Stagnation 1942 dann nur noch zurückging.

404 Generalmajor von Unruh (vgl. Notiz v. 23.1.1941).

405 Generalmajor von Unruh (vgl. Notiz v. 23.1.1941).

406 Sporthalle des YMCA (vgl. Brief v. 20.11.1941).

407 Generalmajor von Unruh (vgl. Notiz v. 23.1.1941).

408 Der Erfolg der sowjetischen Offensive lag, abgesehen von einigen speziell zum Winterkampf befähigten sibirischen Verbänden, weniger in der besseren materiellen Situation der Roten Armee begründet. Sie ergab sich vielmehr aus ihrer gewaltigen zahlenmäßigen Verstärkung mit frischen Truppen, die zum Teil seit Herbst in aller Eile neu aufgestellt sowie von anderen Fronten sowie aus Fernost und Mittelasien zusammengezogen worden waren. Vgl. Reinhardt, Die Wende vor Moskau, S. 147-152, 199-202.

409 Zu einem planmäßigen Zurückgehen der Verbände der Heeresgruppe Mitte in eine befestigte Stellung kam es nicht. Das lag einmal an ihrer teilweise desolaten personellen und materiellen Verfassung, aber auch an der Unnachgiebigkeit Hitlers, der schon vor Übernahme des direkten Oberbefehls über das Heer am 19.12.1941 durch persönliche Halte-Befehle unmittelbaren Einfluß auf die taktisch-operative Führung nahm. So deutsche Truppenführer im einzelnen dennoch den Rückzug befahlen, geschah dies auf eigene Verantwortung infolge extremer Notlagen, die durch den Druck der sowjetischen Gegenoffensive ab 5.12.1941 zunehmend entstanden. Erst Mitte Januar 1942 zeigte Hitler selbst Einsicht in das Unvermeidliche. Vgl. Das Deutsche Reich und der Zweite Weltkrieg, Bd 4, S. 605-619 (Beitrag Klink).

410 Vgl. Brief v. 22.12.1941.

411 Angesichts der mangelhaften Ausstattung der Wehrmacht mit Winterbekleidung und -ausrüstung, wie sie der strenge russische Winter da-

mals offenkundig werden ließ, rief das NS-Regime die deutsche Bevölkerung dazu auf, warme Bekleidung zu spenden. Als Sammelwoche war die Zeit vom 27.12.1941 bis 4.1.1942 bestimmt. Propagandaminister Goebbels selbst hatte sich am 20.12. mit einer entsprechenden Rundfunkbotschaft an die Öffentlichkeit gewandt und dabei auch einen kurzen Aufruf Hitlers verlesen (abgedr. bei Domarus, Hitler, Bd 4, S. 1815). Am 27.12. wurde die Sammlung auf Skier und Skistiefel ausgedehnt. Vgl. Joseph Goebbels. Tagebücher, Bd 4, S. 1723-1725; »Wollt Ihr den totalen Krieg?«, S. 201 f.

412 Gerhard und Martin Mihm, zwei Neffen von H. Zu Martin vgl. Brief v. 14.11.1941.

Anmerkungen zu »Zweiter Weltkrieg. 1942«

1 Max Jungnickel (1890-1945), deutscher volkstümlicher Schriftsteller und NS-Propagandist.

2 Robert Malkmus, ehem. Wandervogel-Kamerad und Lehrerkollege von H.

3 Unweit von Ypern im westlichen Flandern gelegener belgischer Ort, der im Ersten Weltkrieg zwischen deutschen und Truppen der Entente-mächte heftig umkämpft war. Hier hatte H. im Herbst 1914 seinen ersten Kriegseinsatz erlebt (vgl. Aufzeichnung v. November 1917).

4 Goethes Drama »Faust« (vgl. Brief v. 18.10.1941).

5 Vgl. Notizen v. 8. u. 11.12.1941.

6 Soldat (Gefreiter) und Angehöriger des Sportamtes der Kommandantur.

7 Generalmajor von Unruh (vgl. Notiz v. 23.1.1941).

8 Möglicherweise liegt hier ein Übermittlungs- oder Lesefehler vor. Gemeint ist wahrscheinlich die Stadt Mcensk ca. 50 km nordöstlich von Orël, wo die 29. Infanterie-Division (mot.) während fast des gesamten ersten Halbjahres 1942 in Verteidigungsstellung lag. Vgl. Lemelsen, Im Ostfeldzug, S. 175.

9 Jenseits der Weichsel gelegener Stadtteil von Warschau.

10 Vgl. Notiz u. 2. Brief v. 28.5.1941.

11 Großes Hotel im Zentrum Warschaus in unmittelbarer Nähe der Kommandantur.

12 Ina Seidel (1885-1974), deutsche Schriftstellerin (Lyrik und Prosa), Autorin historisch und religiös inspirierter Familienromane (u.a. »Das Wunschkind«, 1930).

13 Gemeint ist eine Kurzgeschichte im »Schatzkästlein des rheinischen Hausfreundes«, jener 1811 erschienenen Sammlung von Prosastücken des badischen Heimatdichters und Journalisten Johann Peter Hebel (1760-1826). In anekdotischer Form erzählt sie von der gastfreundlichen und generösen Behandlung zweier ausländischer Kriegsgefangener durch einen russischen Adeligen.

14 Vgl. Brief v. 3.12.1941.

15 Lesung unsicher.

16 Wort fehlt.

17 Einer der ältesten, von Hitler bereits Anfang 1920 propagierten Punkte im Parteiprogramm der NSDAP. Vgl. Schmitz-Berning, Vokabular, S. 259 f.

18 Vgl. Tagebucheintrag v. 16.1.1942.

19 Gemeint ist die Roman-Trilogie »Kristin Lavranstochter« der norwegischen Schriftstellerin Sigrid Undset (vgl. Briefe v. 16. u. 20.1.1940).

20 Josef Magnus Wehner (1891-1973), deutscher Journalist und von der Erfahrung des Ersten Weltkriegs geprägt Schriftsteller; Autor nationalistisch-völkischer, den Krieg verklärender Romane (Hauptwerk: »Sieben vor Verdun«, 1930), später dem Nationalsozialismus nahestehend.

21 Kleinere militärische Gruppe, die im Rücken der Front bzw. im feindlichen Hinterland operiert. Stärke und Ausrichtung orientieren sich hierbei jeweils an der Feindlage, dem Auftrag sowie den Geländeverhältnissen. Hier vermutlich zu Erkundungs- bzw. Aufklärungszwecken eingesetzt.

22 Vgl. Tagebucheintrag v. 16.1.1942 u. vorst. Brief.

23 Entwurf eines Briefes, nur als solcher überliefert.

24 Ermutigt durch das deutsche Scheitern vor Moskau im Dezember 1941 (vgl. Brief v. 13./14.12.1941), begann die durch Reserven verstärkte Rote Armee ab dem 7.1.1942 eine breit angelegte Offensive an allen Fronten, der gerade deswegen zwar kein Durchbruchserfolg gegen die geschwächten deutschen Truppen, aber doch einige beachtliche taktische Erfolge beschieden waren. Vgl. Das Deutsche Reich und der Zweite Weltkrieg, Bd 4, S. 790-798 (Beitrag Hoffmann).

25 Gemeint ist die Rede, die Hitler am 3.10.1941 anläßlich einer von Goebbels inszenierten »Volkskundgebung« im Berliner Sportpalast zur Eröffnung des Kriegswinterhilfswerkes hielt (abgedr. bei Domarus, Hitler, Bd 4, S. 1758-1767). Er bezeichnete darin u.a. den Rußlandfeldzug als »planmäßig verlaufen« (S. 1762) und behauptete, daß der Gegner »bereits gebrochen [sei] und sich nie wieder erheben« (S. 1763) werde.

26 Generalfeldmarschall Walther von Brauchitsch (1881-1948), seit 1938 Oberbefehlshaber des Heeres, bot aus gesundheitlichen Gründen und wegen des deutschen Scheiterns vor Moskau am 6.12.1941 seinen Rücktritt an. Den nahm Hitler am 19.12.1941 an und übernahm sogleich selbst den direkten Oberbefehl über das Heer.

27 Die Oberbefehlshaber aller drei deutschen Heeresgruppen der Ostfront, die Generalfeldmarschälle Wilhelm Ritter von Leeb (1876-1956; H.Gr. Nord), Fedor von Bock (1880-1945; H.Gr. Mitte) und Gerd von Rundstedt (1875-1953; H.Gr. Süd), wurden im Dezember 1941/ Januar 1942 wegen des deutschen militärischen Mißerfolgs ihrer Dienststellung enthoben bzw. baten selbst um ihre Entlassung. Bock und Rundstedt fanden allerdings bald darauf gleichwertige Wiederverwendung.

28 Generalfeldmarschall Walter von Reichenau (1884-1942), erst seit 9.12.1941 Nachfolger des Generalfeldmarschalls von Rundstedt als Oberbefehlshaber der Heeresgruppe Süd.

29 Die »Panzerarmee Afrika« unter General Erwin Rommel hatte nach vorübergehendem Rückzug zur Jahreswende 1941/42 gerade erst am 21.1.1942 wieder die Initiative und Offensive zur Rückeroberung der Cyrenaika aufgenommen. Vgl. Das Deutsche Reich und der Zweite Weltkrieg, Bd 6, S. 663-677 (Beitrag Stumpf).

30 Japanische Truppen befanden sich nach Kriegsbeginn in Fernost am 7.12.1941 (Überfall auf Pearl Harbor) im pazifischen Raum allgemein auf dem Vormarsch, gegen die US-Streitkräfte auf den Philippinen, gegen die Briten in Malaya und Burma, gegen die Niederländer in deren ostindischen Kolonien (Indonesien). Vgl. Das Deutsche Reich und der Zweite Weltkrieg, Bd 6, S. 237-243 (Beitrag Rahn).

31 Die deutsche Sommeroffensive begann tatsächlich erst Ende Juni 1942.

32 Oberst Werner Mölders (1913-1941), bis zu seinem tödlichen Absturz erfolgreichster deutscher Jagdflieger, zuletzt »General und Inspekteur der Jagdflieger«; erster Träger des Eichenlaubs mit Schwertern und Brillanten zum Ritterkreuz des Eisernen Kreuzes. – Major Helmut Wick (1915-1940), einer der seinerzeit erfolgreichsten deutschen Jagdflieger; Träger des Eichenlaubs zum Ritterkreuz des Eisernen Kreuzes.

33 Es kann sich nur um den Ersatztruppenteil des aus der SS-Totenkopf-Reiterstandarte hervorgegangenen SS-Kavallerie-Regiments 1 handeln, das sich seinerzeit an der Ostfront im Kampfeinsatz befand. Vgl. Michaelis, Die Kavallerie-Divisionen, S. 5-9 u. 24-26.

34 Hitler hielt seine Rede aus Anlaß des Jahrestages seiner Machtübernahme am 30.1.1933 im Rahmen einer »Volkskundgebung« im Berliner Sportpalast (abgedr. bei Domarus, Hitler, Bd 4, S. 1826-1834).

35 Genaugenommen beschimpfte Hitler in seiner Rede den US-Präsidenten Roosevelt als »armselige[n] Irre[n]«, den britischen Premierminister Churchill als »Schwätzer und Trunkenbold«, »verlogene[s] Subjekt« und »Faulpelz ersten Ranges« (abgedr. bei Domarus, Hitler, Bd 4, S. 1827).

36 Gemeint ist Hitlers Rede v. 3.10.1941 (vgl. 2. Tagebucheintrag v. 22.1.1942).

37 Zur Bekanntschaft mit dem Ehepaar von Schoene vgl. Brief v. 11.1.1942.

38 Liederbuch der Wandervogel-Bewegung mit von ihr gesammelten Volksliedern, 1908 erstmals veröffentlicht (vgl. Brief v. 17.6.1941 und Brief an Helmut v. 6.4.1942).

39 Soldaten mit dem Tauglichkeitsgrad »kriegsverwendungsfähig«.

40 Vgl. vorst. Brief.

41 Operette »Maske in Blau«, größter Erfolg des österreichisch-deutschen Schlager-Komponisten Fred Raymond (eigentlich Friedrich Raimund Vesely; 1900-1954), 1937 in Berlin uraufgeführt. Die Liebesgeschichte mit Hindernissen spielt im italienischen Künstlermilieu.

42 Gemeint ist der Winter 1915/1916.

43 Vergleichbar dem Dienstgrad Unteroffizier in der Wehrmacht.

44 Sohn Helmut leistete während des Frühjahrs 1942 im Rahmen seiner Ausbildung zum Militärarzt praktischen Sanitätsdienst in einem Lazarett in Jena.

45 Vgl. Brief v. 29.11.1941.

46 Es kann sich um keinen Aufmarsch für eine deutsche Frühjahrsoffensive gehandelt haben, wie H. annimmt (vgl. Brief v. 28.2.1942), weil es eine solche nicht gab. Vielmehr wurde die deutsche militärische Ermattung

an der Ostfront nach dem Rückschlag vor Moskau im Dezember 1941 erst wieder durch Hitlers grundlegende Weisung vom 5.4.1942 beendet, die dann zur Wiederaufnahme der deutschen Offensive erst Ende Juni 1942 führte. Die von H. beobachteten Truppenbewegungen stehen wahrscheinlich in Zusammenhang mit den verstärkten Anstrengungen zur Stabilisierung der Ostfront, wo die Rote Armee seit Dezember 1941 zum Gegenangriff übergegangen war.

47 Es gab keine deutsche Frühjahrsoffensive an der Ostfront (vgl. vorst. Brief).

48 Gemeint ist: zu je einem Führer/Unterführer und vier Mannschaftsdienstgraden.

49 Emil Strauß (1866-1960), süddeutscher Erzähler, dessen Prosa teils dem Realismus, zum anderen der Neuromantik zugerechnet wird.

50 Im Nachlaß nicht überliefert.

51 Weibliches Hilfspersonal der Wehrmacht, das sowohl über die normalen Wege der Arbeitsvermittlung gewonnen wurde, als auch aus notdienstverpflichteten Helferinnen des Deutschen Roten Kreuzes bestand. Heer wie auch Luftwaffe verfügten über ein eigenes Korps von Nachrichten- bzw. Luftnachrichtenhelferinnen, die als Fernsprecherinnen und Fernschreiberinnen im jeweiligen Nachrichtenbetriebsdienst, bei der Luftwaffe auch im Flugmelde- und Wetterdienst tätig waren. Die Helferinnen waren uniformiert und in geschlossenen Einheiten eingesetzt. Vgl. Absolon, Die Wehrmacht, Bd V, S. 234-237 u. Bd VI, S. 460 f.; Gersdorff, Frauen im Kriegsdienst, S. 60-68; Seidler, Blitzmädchen.

52 Bund Deutscher Mädel (BDM), NS-Jugendverband für Mädchen im Alter von 14 bis 18 Jahren, zur Dachorganisation der Hitlerjugend (HJ) gehörig.

53 Vgl. Notiz v. 8.11.1940.

54 Die Ausgabe v. 25.8.1942; dieses offenbar ab März monatlich erscheinenden Mitteilungsblattes »Soldat und Sport« ist im Nachlaß H. überliefert (vgl. Dienstlicher Aufruf v. 25.8.1942).

55 Rudolf Hosenfeld (1900-1980), jüngerer Bruder H.s, ebenfalls Lehrer von Beruf.

56 Josefine Raub, geb. Hosenfeld (1888-1977), Schwester H.s.

57 Charakterisierung des katholischen Standortpfarrers im Brief v. 15.2.1941.

58 Vgl. Brief v. 20.2.1942.

59 Im Jahr 1939 verlegte Hitler per Erlaß den Feiertag auf den 16. März bzw. auf den vorausgehenden Sonntag. Vgl. Heitmann/Henn, Volkstrauertag.

60 Generalmajor von Unruh (vgl. Notiz v. 23.1.1941).

61 Nicht feststellbarer Buchtitel.

62 Generalmajor von Unruh (vgl. Notiz v. 23.1.1941).

63 Der renommierte polnische Kur- und Wintersportort Zakopane liegt nicht in den Karpaten, sondern ca. 100 km südlich von Krakau am Nordrand der Hohen Tatra in fast 1000 m Höhe.

64 Vgl. Brief v. 18.3.1942.

65 Tochter Anemone (Moni) sollte in Kassel eine Ausbildung zur Krankenschwester absolvieren.

66 Militär-umgangssprachlich für: Haupt- bzw. Kompaniefeldwebel.

67 Generalmajor von Unruh (vgl. Notiz v. 23.1.1941).

68 Im Nachlaß H. nicht überliefert.

69 Vgl. Brief v. 18.3.1942.

70 Vgl. Brief an Helmut v. 12.2.1942.

71 Von H. im übertragenen Sinn verwandter Begriff aus dem studentischen Brauchtum für ein aus besonderem Anlaß abgehaltenes feierliches Trinkgelage.

72 Ältestes deutsches Landsknechtslied vom Anfang des 16. Jahrhunderts.

73 Vgl. Brief an Helmut v. 6.2.1942.

74 Vgl. Brief v. 1.4.1942.

75 Gemeint ist wahrscheinlich Dr. phil. Karl Koetschau (1868-1949), Kunsthistoriker und Direktor bedeutender Kunstmuseen bzw. -sammlungen in Coburg, Dresden, Weimar, Berlin und Düsseldorf (vgl. Aufzeichnung v. Oktober 1917).

76 Ferdinand Hodler (1853-1918), schweizerischer Kunstmaler, vor allem bekannt für die symbolistisch-monumentalen Historiengemälde seiner Spätzeit, darunter auch der »Aufbruch der Jenenser Studenten 1813« von 1908/09 in der Aula des Hauptgebäudes der Universität Jena.

77 Die älteste Tochter Anemone (Moni) befand sich in der Ausbildung zur Krankenschwester in Kassel (vgl. Brief v. 31.3.1942).

78 Oberst Graf von Hohenau (vgl. Notiz v. 22.8.1940).

79 Vgl. Brief an Helmut v. 12.2.1942.

80 Vgl. Briefe v. 18. u. 31.3.1942.

81 Das Fahrradtaxi wurde ab 1940 zu einem beliebten, professionell betriebenen Mittel des öffentlichen Verkehrs in Warschau. In Ermangelung anderer Verkehrsmittel (Busse, Taxis, Privat-Pkw und -Lkw sowie Pferdedroschken fielen durch Beschlagnahme oder wegen Benzinmangels weitgehend aus; das Straßenbahnnetz war durch teilweise Beschlagnahme überlastet) wurde die Rikscha zunächst von den deutschen Besatzungsbehörden gefördert, jedoch ab Mitte 1944 wegen vermuteter Begünstigung der Untergrundaktivitäten verboten. Vgl. Szarota, Warschau, S. 163-169.

82 Um die vormals polnische Kleinstadt Auschwitz (oświęcim) in Ostoberschlesien gruppierte sich der größte nationalsozialistische Konzentrations- und Vernichtungslager-Komplex, der schließlich Mitte 1944 etwa 100 000 Insassen zählte. Seit Juni 1940 existierte hier bereits ein KZ, vor allem für polnische politische Häftlinge (Stammlager bzw. Auschwitz I; vgl. Notiz v. 9.1.1941). Das eigentliche, große Vernichtungslager (Auschwitz II) mit seinen Gaskammern nahm in Herbst 1941 seinen Mordbetrieb auf. Schließlich entstand in Zusammenhang mit einer örtlichen Fabrik ein drittes (Arbeits-)Lager (Auschwitz III) mit zahlreichen Nebenlagern. Betrieb und Bewachung dieses wie aller anderen KZ oblagen nicht der Geheimen Staatspolizei, wie H.s Aus-

führung vermuten läßt, sondern den ursprünglich hierfür geschaffenen SS-Totenkopfverbänden, die aber bereits seit April 1941 in die Waffen-SS integriert waren. Vgl. Enzyklopädie des Holocaust, Bd I, S. 108-120 u. Bd III, S. 1416-1419.

83 Um diese Zeit hatte sich die Ernährung der polnischen Bevölkerung Warschaus infolge ständig weiter reduzierter Lebensmittelzuteilungen durch die deutsche Zivilverwaltung auf einen absoluten Tiefstand verschlechtert. Im Unterschied zum »reichs-« und »volksdeutschen« Einwohner erhielt ein Pole nur noch etwa ein Fünftel bis ein Zehntel des selbst von offizieller deutscher Seite als normal bzw. notwendig erachteten Kalorienbedarfs. Gleichzeitig wurde es für die polnische Bevölkerung infolge der extrem starken Inflation immer schwieriger, den großen Mangel durch Ergänzungskäufe auf dem Schwarzmarkt auch nur einigermaßen auszugleichen. Vgl. Madajczyk, Die Okkupationspolitik, S. 283-288; Szarota, Warschau, S. 112 f.

84 Bereits Ende August 1941 hatten die Briten mittels Schiffsgeleitzügen begonnen, die Sowjetunion über deren Nordmeer-Hafen von Murmansk mit kriegswichtigem Material zu versorgen. Vgl. Das Deutsche Reich und der Zweite Weltkrieg, Bd 4, S. 404-425 (Beitrag Rahn).

85 Bis zur Landung der Alliierten auf Sizilien am 10.7.1943 sollten noch 15 Monate, bis zu jener in der Normandie am 6.6.1944 sogar noch über zwei Jahre vergehen (vgl. Tagebucheintrag v. 7.8.1942).

86 Polnisch, übersetzt: »Nur für Deutsche!«

87 Knapp 2000 m hoher Hausberg von Zakopane.

88 Vgl. Brief v. 15.5.1942.

89 Auf die Initiative der amerikanischen Schriftstellerin und Frauenrechtlerin Julia W. Howe zurückgehender nationaler Ehrentag, der in den USA seit dem 8. Mai 1914 an jedem zweiten Sonntag im Mai begangen wird. Nach dem Ersten Weltkrieg setzte sich der Muttertag auch auf dem europäischen Festland durch, zunächst in Österreich und Skandinavien, 1933 auch in Deutschland.

90 Sohn Helmut befand sich seit einigen Tagen wieder bei seiner früheren Truppe, der 29. Infanterie-Division (mot.), an der Ostfront, diesmal nicht wie 1941 als Schütze, sondern nach gerade absolvierter Ausbildung als Sanitäter.

91 Vgl. Brief v. 2.1.1942.

92 Im Original unterstrichen.

93 Nur die Ort-/Datumszeile wurde am 20.5. geschrieben.

94 Am 31.5.1942 sollte ein militärischer Sportwettkampf in Form einer Meldestaffel über 60 km von Mannschaften aus Wehrmacht, Polizei und SS ausgetragen werden. H. war mit der Vorbereitung und Durchführung der Veranstaltung beauftragt.

95 Notiz v. 18.8.1941.

96 Vgl. Notiz v. 22.8.1940.

97 Generalmajor (ab 1.12.1942: Generalleutnant) Fritz Rossum (1887-?), vom 28.4.1942 bis 15.9.1943 Oberfeldkommandant von Warschau und

als solcher Nachfolger von Generalmajor Walter von Unruh (vgl. Notiz v. 23.1.1941).

98 Lesung unsicher; möglicherweise ist das von H. herausgegebene Mitteilungsblatt »Soldat und Sport« gemeint (vgl. Brief v. 3.3.1942).

99 Original hier wie nachfolgend stellenweise schadhaft; Text durch Hrsg. sinngemäß ergänzt.

100 Etwa 100 km südwestlich von Warschau gelegen.

101 Vgl. Notiz v. 20.8.1941.

102 Der Wehrmacht war die Eroberung der Festungsstadt Sevastopol' auf der Krim im ersten Anlauf des Rußlandfeldzuges bis zum Winter 1941/42 nicht gelungen. Erst als Auftakt zur großen Sommeroffensive 1942 konnte dies nachgeholt werden. Die einmonatigen, überaus heftigen Kämpfe endeten am 5.7.1942 mit der Einnahme der völlig zerstörten Stadt. Sie kosteten allein auf deutscher Seite 25 000 Todesopfer, auf sowjetischer Seite sogar ein Mehrfaches davon. Vgl. Das Deutsche Reich und der Zweite Weltkrieg, Bd 6, S. 845-852 (Beitrag Wegner).

103 Die Mittelmeer-Hafenstadt Tobruk, zur Festung ausgebauter Eckpfeiler der alliierten Verteidigung Ägyptens mit einer Besatzung von über 30 000 Mann britischer, südafrikanischer, indischer und frei-französischer Truppen, kapitulierte am 20.6.1942 nach nur eintägigem Kampf vor der deutsch-italienischen Panzer-Armee Afrika unter General Erwin Rommel. Vgl. Das Deutsche Reich und der Zweite Weltkrieg, Bd 6, S. 623-629 (Beitrag Stumpf).

104 Die 29. Infanterie-Division (mot.) mit H.s Sohn Helmut befand sich im Raum zwischen Char'kov und Belgorod in Bereitstellung für die große deutsche Sommeroffensive, die am 28.6.1942 begann (vgl. Brief v. 5.7.1942). Vgl. Lemelsen, Im Ostfeldzug, S. 178.

105 Lazarettartige Einrichtung einer deutschen Division in ihrem rückwärtigen Gefechtsraum zur Aufnahme und medizinischen Erstversorgung der Verwundeten.

106 Am 28.6.1942 hatte im Südabschnitt der Ostfront die große deutsche Sommeroffensive begonnen, die hauptsächlich auf die Eroberung der Ölfelder zwischen Kaukasus und Kaspischem Meer und in einem Nebenstoß auf das wichtige Industrie- und Verkehrszentrum Stalingrad an der Volga abzielte. Vgl. Das Deutsche Reich und der Zweite Weltkrieg, Bd 6, S. 868-898 (Beitrag Wegner).

107 Das sowjetische Partisanenwesen nahm nach relativ unbedeutenden Anfängen im Frühjahr 1942 einen deutlichen Aufschwung, der sich noch erheblich steigern sollte. Vgl. Das Deutsche Reich und der Zweite Weltkrieg, Bd 6, S. 1036-1044 (Beitrag Wegner).

108 Rudolf Hosenfeld (1900-1980), jüngerer Bruder H.s und ebenfalls Lehrer von Beruf.

109 Militärumgangssprachlich für: Haupt- bzw. Kompaniefeldwebel.

110 Vgl. Brief v. 27.6.1942.

111 In der Tat erreichte der linke (nördliche) Flügel der Heeresgruppe Süd schon wenige Tage nach Beginn der deutschen Sommeroffensive den

Oberlauf des Don beiderseits von Voronež und verschob dadurch den Frontverlauf ca. 150 km weiter nach Osten. Vgl. Das Deutsche Reich und der Zweite Weltkrieg, Bd 6, S. 875 f. (Beitrag Wegner).

112 Vgl. Brief v. 27.6.1942.

113 Das Ehepaar H. hatte gemeinsam den Reichsparteitag der NSDAP in Nürnberg im Jahr 1938 besucht (vgl. Notizen v. 8./9./11.9.1938).

114 Veit Stoß (ca. 1477-1533), Bildschnitzer, und Albrecht Dürer (1471-1528), Maler, Zeichner und Kupferstecher; beide Hauptvertreter ihrer Kunst in Mitteleuropa in der Übergangszeit von der Spätgotik zur Renaissance mit Nürnberg als Wirkungsstätte.

115 Gemeint sind wahrscheinlich die »Wandervogel-Zeiten« (vgl. Brief v. 17.6.1941).

116 Vgl. Brief v. 20.6.1941.

117 Oberst Graf von Hohenau (vgl. Notiz v. 22.8.1940).

118 Vgl. Tagebucheintrag v. 26.6.1942.

119 Durch den Benediktinermönch A.F.A. Schott im Jahr 1882 begründete, seitdem ständig neu aufgelegte Ausgabe des lateinisch-deutschen Meßbuches der katholischen Kirche, bald volkstümlich »der Schott« genannt. »Volksschott« im speziellen meint die um die Zweisprachigkeit weitgehend reduzierte und daher kürzere deutsche Ausgabe.

120 Gemeint ist wahrscheinlich der populäre Satz aus der Toccata und Fuge in d-moll (BWV 565) für Orgel von Johann Sebastian Bach (1685-1750).

121 Vgl. Notiz v. 8.11.1940.

122 Die Bescheinigung der »Unabkömmlichkeit« (uk.) im Zivilberuf aus kriegswichtigen Gründen befreite von der Einberufung zum Wehrdienst.

123 Nach einer entsprechenden Verordnung des Generalgouverneurs v. 29.10.1941 (abgedr. in Documenta occupationis, Bd VI, S. 186 f.) hatten grundsätzlich auch »nichtdeutsche« und »fremdvölkische« Ehegatten von »Deutschstämmigen« bzw. »Volksdeutschen« einen Anspruch auf Ausstellung eines Ausweises (Kennkarte) für Deutschstämmige und damit Anrecht auf bessere Lebensmittelversorgung. Entscheidende Voraussetzung hierfür war neben einem schriftlichen Antrag der Umstand, daß aus der bestehenden Ehe noch lebende Kinder hervorgegangen waren.

124 Wahrscheinlich handelt es sich um Rittmeister a.D. von Schoene (vgl. Notiz u. Brief v. 28.5.1941).

125 In Umsetzung des am 20.1.1942 auf der sog. Wannsee-Konferenz beschlossenen Programms zur Ermordung der europäischen Juden (»Endlösung«) wurden im März/April 1942 zunächst die meisten jüdischen Bewohner der Distrikte Lublin und Galizien in das Vernichtungslager Bełżec deportiert und dort in den Gaskammern getötet. Dieses Schicksal erlitten auch die 30 000 Insassen des Lubliner Ghettos, von dem H. berichtet. – Die Deportationen dehnten sich bald auch auf andere Regionen aus, bevor sie wegen der bevorstehenden deutschen

Sommeroffensive an der Ostfront und einer deshalb verhängten Transportsperre im Juni/Juli 1942 vorübergehend ausgesetzt wurden. Ab Mitte Juli 1942 begannen die Deportationen wieder, nun hauptsächlich aus dem Distrikt Warschau in das gerade fertiggestellte Vernichtungslager Treblinka. Zur Koordination dieser Aktionen besuchte der Reichsführer SS Heinrich Himmler im Frühjahr und Sommer 1942 mehrmals das Generalgouvernement. Nach seinem Befehl vom 19.7.1942 sollte die »Umsiedlung«, also die Ermordung der gesamten jüdischen Bevölkerung des Generalgouvernements – ausgenommen jener in vier großen städtischen Sammellagern – bis zum Jahresende abgeschlossen sein. Vgl. Longerich, Politik der Vernichtung, S. 504-509.

126 Seit Mitte Januar 1942 führten die Deportationen aus dem Ghetto Litzmannstadt (Łódź) direkt in das Vernichtungslager Kulmhof (Chełmno), wo bis zum Mai 1942 ca. 60 000 Menschen in mobilen Gaswagen ermordet wurden. Vgl. Enzyklopädie des Holocaust, Bd II, S. 896.

127 Vom 22.7. bis 12.9.1942 wurden über 250 000 jüdische Bewohner des Warschauer Ghettos nach Treblinka deportiert und dort in den Gaskammern ermordet (vgl. vorletzte Anm.). Vgl. Longerich, Politik der Vernichtung, S. 508.

128 Beide Staaten sollten noch lange wohlwollend neutral gegenüber dem Deutschen Reich bleiben. Die Türkei brach erst am 2.8.1944 auf politischen Druck der Alliierten die diplomatischen Beziehungen zu Deutschland ab und ließ sogar erst am 23.2.1945 eine Kriegserklärung folgen. Schweden dagegen wahrte bis zum Kriegsende seine Neutralität.

129 Vgl. Tagebucheintrag v. Tag und v. 25.7.1942.

130 Oberst Graf von Hohenau (vgl. Notiz v. 22.8.1940).

131 H. wurde rückwirkend zum 1.4.1942 zum Hauptmann befördert (vgl. nächst. Brief).

132 Die 29. Infanterie-Division (mot.) mit H.s Sohn Helmut hatte im Rahmen des deutschen Angriffs nach Süden Ende Juli 1942 den Don bei Cimljanskaja, also ca. 200 km östlich von Rostov, überquert. Vgl. Lemelsen, Im Ostfeldzug, S. 187-191.

133 Sanitäts-Kompanie der 29. Infanterie-Division (mot.).

134 Vgl. vorst. Brief.

135 Die Zahl erscheint realistisch, da für die ersten Tage nach Deportationsbeginn am 22.7.1942 eine Transportkadenz von über 5000 Menschen täglich in das Vernichtungslager Treblinka, das ca. 100 km nordöstlich von Warschau lag, nachgewiesen ist. Vgl. Longerich, Politik der Vernichtung, S. 508.

136 Die hier geschilderte Mordmethode des Verbrennens bei lebendigem Leib ist in der einschlägigen Literatur über die sogenannten Vernichtungslager nicht bekannt. Offensichtlich hat H. bzw. der Zuträger dieser Information, die wahrscheinlich nicht aus erster Hand stammt, Aufgabe und Funktionsweise von stationären Gaskammern, wie sie erstmals ab März 1942 im Vernichtungslager Bełżec (ca. 100 km südöstlich Lublin), dann auch in Sobibór (ca. 80 km nordöstlich Lublin) in Betrieb gingen,

nicht richtig erfaßt bzw. sie mit dem Prozeß der Leichenbeseitigung in den Krematorien vermengt. Das unmittelbar bei Lublin selbst gelegene KZ Majdanek kann im übrigen nicht gemeint sein, da hier der systematische Gaskammer-Mord erst ab Herbst 1942 betrieben wurde. Vgl. Enzyklopädie des Holocaust, Bd I, S. 175-180, Bd II, S. 918-920 u. Bd III, S. 1330-1334.

137 Folter- bzw. Tötungseinrichtungen der sowjetischen Geheimpolizei, seit 1922 innerhalb der GPU bzw. OGPU (»Staatliche politische Verwaltung« bzw. »Vereinte staatliche politische Verwaltung«) organisiert, allerdings bereits 1934 in der Nachfolgeorganisation des NKVD (»Volkskommissariat für Inneres«) aufgegangen; verantwortlich für Massendeportationen und -hinrichtungen unter dem Sowjetregime.

138 Die Wachmannschaften in den Vernichtungslagern bestanden aus sog. Trawniki-Männern. Ihre Bezeichnung rührte vom gleichnamigen polnischen Ort bei Lublin her, in dem sich ein Ausbildungslager der SS befand. Hier wurden ab Sommer 1941 nichtdeutsche Hilfswillige, die sich vorwiegend aus sowjetischen Kriegsgefangenen, vor allem Ukrainern sowie aus Letten und Litauern, aber auch aus freiwilligen »Volksdeutschen« rekrutierten, für Aufgaben der Lager- und Objektbewachung sowie der Partisanenbekämpfung ausgebildet. Vgl. Enzyklopädie des Holocaust, Bd III, S. 1425-1427.

139 Vgl. Tagebucheintrag v. 23.7.1942.

140 Eine solche Meldung des Reichsführers SS Heinrich Himmler ließ sich anhand der einschlägigen Literatur nicht verifizieren. Überliefert ist allerdings, daß er Hitler zu dessen 53. Geburtstag am 20.4.1942 im Führerhauptquartier die »Glückwünsche der SS« persönlich überbrachte, nachdem er zuvor tagelang im Generalgouvernement wegen des anlaufenden Programms zur systematischen Ermordung der dortigen Juden unterwegs gewesen war (vgl. Tagebucheintrag v. 23.7.1942). Vgl. Der Dienstkalender, S. 396-405.

141 Dschingis-Chan (1155/67-1227), Herrscher der Mongolen, Begründer des von China bis zum Schwarzen Meer reichenden mongolischen Weltreiches; von H. als Inbegriff für die Grausamkeit der mongolischen Kriegführung angeführt.

142 Attila (ca. 406-453), Fürst der Hunnen, deren Vordringen aus Zentralasien nach Europa seit der 2. Hälfte des 4. Jahrhunderts die spätantike Völkerwanderung auslöste; von H. als Inbegriff für die Grausamkeit der Kriegführung dieses Reitervolkes angeführt.

143 Josif V. Džugašvili gen. Stalin (1879-1953), seit 1929 Alleinherrscher der Sowjetunion, zunächst gestützt auf seine Machtfülle als Generalsekretär der Kommunistischen Partei, ab 1941 auch als Vorsitzender des Rates der Volkskommissare bzw. des Ministerrates und Oberbefehlshaber der Roten Armee. Als Initiator der großen innenpolitischen »Säuberungswelle« von 1936 bis 1938 war er für millionenfache Deportation, Folter und Ermordung durch das NKVD (vgl. vorst. Tagebucheintrag) verantwortlich. Seit Beginn des Krieges gegen die Sowjetunion ver-

mittelte die NS-Propaganda der deutschen Öffentlichkeit dieses Schrekkensbild wieder in grellen Farben, was offensichtlich nicht ohne Eindruck auf H. geblieben war.

144 Reichsmarschall Hermann Göring (1893-1946), u.a. Oberbefehlshaber der Luftwaffe und faktisch »Zweiter Mann« in der NS-Hierarchie; seit 1936 als »Beauftragter für den Vierjahresplan« (oberste Reichsbehörde) von Hitler auch mit einer Generalvollmacht in allen wirtschaftlichen Fragen ausgestattet. – Entgegen der Behauptung von H. blieb der deutschen Bevölkerung eine eigentliche Hungersnot während des Krieges erspart. Nicht zuletzt die rücksichtslose Ausbeutung der besetzten Gebiete ermöglichte eine stets ausreichende Lebensmittelversorgung. Allerdings hatte sich diese im Frühjahr 1942 nach einer weiteren Kürzung der mit Kriegsbeginn eingeführten Lebensmittelrationierung auf ihren Tiefststand verknappt. Erst eine Erhöhung im Herbst glich dies wieder aus. Vgl. Das Deutsche Reich und der Zweite Weltkrieg, Bd 5/2, S. 485-493 (Beitrag Müller).

145 Gemeint ist die Ableistung eines Krankenhauspraktikums im Rahmen des Medizinstudiums.

146 Gemeint ist das Märchen »Die wunderbare Reise des Nils Holgerssohn mit den Wildgänsen« (1906) der schwedischen Schriftstellerin Selma Lagerlöf (1858-1940; Nobelpreis für Literatur 1909).

147 Die Glückwünsche beziehen sich auf die Beförderung H.s zum Hauptmann (vgl. Briefe v. 24.7.1942).

148 Der inzwischen in den Ruhestand versetzte ehemalige Kommandant von Warschau (vgl. Notiz v. 23.1.1941).

149 Zossen-Wünsdorf, große Heeres-Garnison, ca. 40 km südlich von Berlin.

150 Vgl. Brief v. 20.9.1940.

151 Die 29. Infanterie-Division (mot.) mit H.s Sohn Helmut war nach Überquerung des Don (vgl. Brief v. 24.7.1942) Anfang August 1942 im Rahmen der neuen Angriffsrichtung der 4. Panzer-Armee nach Nordosten auf Stalingrad eingeschwenkt, das sie Anfang September erreichte (vgl. Brief v. 21.9.1942).

152 Vgl. Tagebucheinträge v. 23. u. 25.7.1942 u. Brief v. 23.7.1942.

153 Gemeint ist hier die im Ersten Weltkrieg von 1915-1917 erbaute *Murman-Bahn* von Leningrad (bis 1914 St. Petersburg, bis 1924 Petrograd) nach Murmansk.

154 H.s Einschätzung der Lageentwicklung trifft im großen und ganzen zu. In ihrem Nord- und Mittelabschnitt blieb die Ostfront trotz teilweise heftiger Kämpfe, etwa um Rzev, relativ stabil. Vgl. Das Deutsche Reich und der Zweite Weltkrieg, Bd 6, S. 1023-1036 (Beitrag Wegner). Dagegen machte die im Südabschnitt mit Richtung auf Kaukasus und Kaspisches Meer angesetzte deutsche Sommeroffensive (vgl. Brief v. 5.7.1942) in kurzer Zeit große Geländegewinne. Allerdings gelang es hier der Roten Armee, wie von H. aufmerksam registriert, im Unterschied zum Vorjahr mit seinen für die sowjetischen Verteidiger ungeheuer verlustreichen Kesselschlachten, sich dem Angreifer bei relativ geringen Verlusten

weitgehend zu entziehen. Vgl. Das Deutsche Reich und der Zweite Weltkrieg, Bd 6, S. 1009-1013 u. 1023-1036 (Beitrag Wegner).

155 Hinter aller propagandistischen »Bagatellisierung« der Gefahr einer »zweiten Front« waren sich Hitler und mit ihm die militärische Führung dieser Gefahr sehr wohl bewußt. Die energischen Bemühungen von sowjetischer Seite, die Westalliierten zur Bildung einer zweiten Front noch im Jahr 1942 zu veranlassen, um dadurch die Rote Armee an der Ostfront zu entlasten, verfehlten nicht ihren Eindruck auf die deutsche Führung und wirkten sich letztlich auch auf Hitlers strategische Überlegungen für die deutsche Sommeroffensive 1942 aus. Vgl. Das Deutsche Reich und der Zweite Weltkrieg, Bd 6, S. 143-159 u. S. 1020 f. (Beiträge Wegner).

156 Vgl. Notiz v. 30.1.1941.

157 Vgl. Brief v. 4.8.1942.

158 Generalmajor Rossum (vgl. Brief v. 20.5.1942).

159 Vgl. Brief v. 2.1.1942.

160 Thomas von Kempen/Thomas a Kempis (1379/80-1471), Theologe; Verfasser oder Bearbeiter des mystischen Erbauungsbuches »Von der Nachfolge Christi« (»De imitatione Christi«).

161 Es war dies der erste sowjetische Luftangriff auf Warschau seit den Anfangswochen des Krieges gegen die Sowjetunion (vgl. Brief v. 26.6.1941).

162 Unteroffizier Eitel Pfeifer (Pfeiffer), gleichzeitig Untergebener und Vertrauter von H.s im Sportamt.

163 Vgl. vorst. Tagebucheintrag.

164 Vgl. Brief v. 3.3.1942.

165 Aus: Soldat und Sport. Mitteilungsblatt des Sportamtes der OFK Warschau, hrsg. v. Hauptmann Hosenfeld, Sportoffizier der O.F.K. Warschau, Nr. 6 v. 25.8.1942, S. 2, im Besitz der Familie H., Fulda.

166 H. hatte damals im Reserve-Infanterie-Regiment Nr. 252 an der deutsch-österreichischen Offensive gegen Rumänien und das verbündete Rußland teilgenommen.

167 Gemeint ist ein Ersatz-Truppenteil im Reichsgebiet.

168 Vgl. Tagebucheintrag v. 21.8.1942.

169 H. sollte bezüglich dieses eigentlichen Zieles der deutschen Sommeroffensive 1942 insofern recht behalten, als zwar das Ölfeld von Majkop im gerade vergangenen August 1942 erobert, aber so gründlich zerstört bzw. demontiert vorgefunden worden war, daß es zu keiner nennenswerten Ölförderung mehr kam, bevor die deutschen Truppen durch die sowjetische Gegenoffensive im Januar/Februar 1943 wieder von dort vertrieben werden sollten. Und die viel größeren Ölfelder weiter südöstlich bei Groznyj und Baku wurden von der Wehrmacht ohnehin nie erreicht. Vgl. Das Deutsche Reich und der Zweite Weltkrieg, Bd 6, S. 927-961 u. 1064-1082 (Beitrag Wegner).

170 Diese Bezeichnung ist mehrfach mißverständlich. Zum einen hatte sich die US-Luftwaffe gerade so weit in britischen Stützpunkten eingerichtet, um von hier aus ab August 1942 erstmals Ziele im deutsch besetz-

ten Westeuropa angreifen zu können. Dagegen griff sie das Reichsgebiet 1942 noch nicht an – im Unterschied zu der hier schon länger aktiven britischen Luftwaffe mit Zielen hauptsächlich in den norddeutschen Küstenstädten, im Ruhrgebiet sowie im Rhein–Main–Neckar-Raum. Zum anderen fehlte beiden alliierten Luftwaffen noch Anfang 1943 eine gemeinsame Strategie. Sie erst ließe eine Bezeichnung als »anglo-amerikanische Luftwaffe« berechtigt erscheinen. Vgl. Das Deutsche Reich und der Zweite Weltkrieg, Bd 6, S. 506-541 (Beitrag Boog).

171 Gemeint ist das britisch-kanadische Kommandounternehmen (Operation »Jubilee«) gegen die deutsch besetzte französische Hafenstadt Dieppe am Ärmelkanal am 19.8.1942. Die alliierten Truppen in Divisionsstärke wurden hauptsächlich von See, aber auch aus der Luft angelandet und durch heftige Luftangriffe unterstützt. Dennoch scheiterte das Unternehmen noch am selben Tag unter schweren Verlusten an der deutschen Gegenwehr. Vgl. Das Deutsche Reich und der Zweite Weltkrieg, Bd 6, S. 401-403 (Beitrag Rahn); Hildebrandt, Die Front am Ärmelkanal, S. 49-56.

172 H.s Schilderung entspricht den Tatsachen. Der Vorfall weitete sich zu einer längeren diplomatischen Affaire aus. Vgl. Hildebrandt, Die Front am Ärmelkanal, S. 54.

173 Anspielung auf die »Richtlinien für die Behandlung politischer Kommissare« (sog. Kommissar-Befehl), die am 6.6.1941 vom Oberkommando der Wehrmacht (OKW) erlassen worden waren (vgl. Tagebucheintrag v. 26.6.1943). Sie gingen auf eine völkerrechtswidrige Anordnung Hitlers zurück. Demnach sollten im bevorstehenden Krieg gegen die Sowjetunion alle politischen Kommissare der Roten Armee von den übrigen Kriegsgefangenen abgesondert und durch Spezialkräfte der SS ermordet werden. Der Befehl fand zumindest stellenweise Anwendung, wurde aber bereits Anfang Mai 1942 wieder aufgehoben, nachdem er den Widerstandswillen der Roten Armee nur noch zu stärken schien. Vgl. Das Deutsche Reich und der Zweite Weltkrieg, Bd 4, S. 435-440 u. 1062-1070 (Beiträge Förster).

174 Vgl. Briefe v. 4. u. 12.8.1942.

175 Vgl. Notiz v. 21.7.1941.

176 Vgl. Brief v. ca. Anfang September 1942.

177 Gemeint ist der Oberfeldkommandant, Generalmajor Rossum (vgl. Brief v. 20./21.5.1942).

178 Generalmajor Rossum (wie vorherige Anm.).

179 Vgl. Brief v. 7.9.1942.

180 Vgl. Tagebucheintrag v. 23.7.1942.

181 Uniformierter Angehöriger der Wehrmacht mit besonderem Offizierrang, der aktiven Wehrdienst als Soldat aufgrund eines Erlasses des Oberkommandos der Wehrmacht v. 28.12.1939 leistete. Danach konnten Personen, »die zwar keine oder nur eine geringe militärische Ausbildung haben, die jedoch auf Grund ihrer besonderen zivilen Fachkennt-

nisse oder auf Grund ihrer führenden Stellung außerhalb der Wehrmacht für die betreffenden Offiziersstellen besonders geeignet erscheinen«, auf solche Dienstposten unter der Bezeichnung »Sonderführer« beschäftigt werden. Vgl. Absolon, Die Wehrmacht, Bd V, S. 183 f.

182 Das jüdische Ghetto der Stadt Siedlce, ca. 80 km östlich von Warschau gelegen, war im Zuge der Deportation der Warschauer Juden (vgl. Tagebucheintrag v. 23.7.1942) zwischen dem 22. und 24.8.1942 aufgelöst worden. Etwa 10 000 seiner Bewohner hatte man ebenfalls in das nächstgelegene Vernichtungslager Treblinka gebracht und dort ermordet. Die restlichen 2000 Juden des Ghettos wurden teilweise in Zwangsarbeitslager gebracht, zum anderen Teil an Ort und Stelle erschossen. Vgl. Enzyklopädie des Holocaust, Bd III, S. 1312.

183 Das Vernichtungslager Treblinka, ca. 100 km nordöstlich von Warschau gelegen, war von Mai bis Juli 1942 errichtet worden. Unmittelbar nach Fertigstellung begann am 23.7.1942 der systematische Massenmord, zunächst hauptsächlich an den aus Warschau deportierten Juden (vgl. Tagebucheintrag v. 23.7.1942). Bis zur Auflösung des Lagers im Herbst 1943 wurden in seinen Gaskammern 870 000 Menschen ermordet, weit überwiegend die jüdische Einwohnerschaft des Generalgouvernements. Vgl. Enzyklopädie des Holocaust, Bd III, S. 1427-1432.

184 Der Massenmord geschah in stationären Gaskammern mittels Kohlenmonoxyd, das von nebenstehenden Dieselaggregaten erzeugt wurde. Der Einsatz mobiler Gaswagen, wie er andernorts, vor allem in der Frühphase tatsächlich vorkam, ist für Treblinka nicht überliefert. Ansonsten entspricht die Schilderung des Augenzeugen den heute bekannten Umständen. Vgl. Enzyklopädie des Holocaust, Bd III, S. 1427-1432.

185 Tatsächlich zeigte sich die militärische Führung der Wehrmacht in Vorbereitung des Überfalls auf die Sowjetunion ziemlich ignorant gegenüber den dort herrschenden innenpolitischen Verhältnissen und der diesbezüglichen politischen Dimension des bevorstehenden Krieges. Sie beschränkte sich weitestgehend auf den militärisch-operativen Aspekt des Unternehmens und bewies selbst dabei eine auffällige wie leichtfertige Unkenntnis vom militärischen Potential des künftigen Gegners. Einerseits traditionellen Mustern der Unterschätzung (Sowjet-)Rußlands verhaftet, andererseits – geblendet von den vergangenen Kriegserfolgen – die eigenen Fähigkeiten und Möglichkeiten überschätzend, führte dieses insgesamt zu einer Verkennung des Gegners. Dessen wurde man sich erst einige Monate nach Kriegsbeginn infolge konkreter Erfahrungen allmählich bewußt. Vgl. Hillgruber, Das Rußland-Bild, S. 167-184.

186 Ein tendenziell ähnliches Stimmungsbild für diesen Zeitraum vermitteln auch die »Geheimen Lageberichte des Sicherheitsdienstes der SS«. Vgl. Meldungen aus dem Reich, Bd 11.

187 Die Uhrzeit bezieht sich auf die – wie aus anderem Zusammenhang hervorgeht – für den 13.9.1942 geplante Ankunft H.s am Schlesischen Bahnhof in Berlin. Seine Rückfahrt von Berlin nach Warschau war für

den 18.9.1942 vorgesehen. – Zu dieser Dienstreise H.s nach Berlin siehe auch die Briefe v. 4.8., 12.8. und jenen von ca. Anfang Sept. 1942.

188 Generalmajor Rossum (vgl. Brief v. 20.5.1942).

189 Oberst Richard von Bothmer (1890-1945), von Januar 1942 bis März 1943 Kommandant der nur zeitweise bestehenden Feldkommandantur 768 in der Kreisstadt Minsk Masowiecki östlich von Warschau, einer der Oberfeldkommandantur Warschau nachgeordneten Dienststelle. In dieser Funktion kam B. auch die Vertretung des Oberfeldkommandanten bei dessen Abwesenheit zu. – B. war von 1935/36 in Fulda als Kommandeur des I. Bataillons des Infanterie-Regiments 87 stationiert gewesen. Vgl. Bradley/Hildebrand/Rövekamp, Die Generale des Heeres, Bd 2, S. 167 f.; BA-MA, RH 53-23/35, Bl. 140a.

190 Vgl. Brief v. 27.8.1942.

191 Es handelt sich wahrscheinlich um Heinrich Moos, den deutschen Meister im Säbel-Einzel von 1931 und 1932.

192 Nicht feststellbar.

193 Das Berufsförderungswerk der Wehrmacht war bereits im Sommer 1940 als Ergänzung zur »wehrgeistigen Betreuung der Truppe« gegründet worden. Als höchste Instanz hierfür fungierte die Abteilung Wehrmacht-Fachschulunterricht (Abt. WU) im Allgemeinen Wehrmacht-Amt (AWA) des Oberkommandos der Wehrmacht (OKW) in Berlin. Das Angebot zivilberuflicher Betreuung bzw. Förderung richtete sich prinzipiell an jeden interessierten Soldaten, auch den Frontsoldaten. Organisiert war es zunächst in Form von Fernunterricht. Mittels »Soldatenbriefen zur Berufsförderung« wurden Grund-, Aufbau- und Sonderlehrgänge in fast allen Hauptberufen zur Verfügung gestellt. Den Lernstoff sollten sich die Teilnehmer sowohl im Selbststudium wie auch, soweit möglich, in Gemeinschaftsarbeit aneignen, worauf die Einheitsführer bei der Dienstgestaltung Rücksicht nehmen sollten. Um letztere zu fördern, wurden ab dem Winterhalbjahr 1942/43 in größeren Standorten im besetzten Gebiet – so auch in Warschau – unter dem Namen »Wehrmachtkurse zur Berufsförderung« Arbeitsgemeinschaften nach Art von Volkshochschulen ortsfest eingerichtet. Ihre Leitung sollte ein geeigneter Soldat erhalten, der »aus seinem Zivilberuf Erfahrungen in der Führung von Menschen und möglichst auch in der Berufsausbildung« mitbrachte. Es überrascht also nicht, daß diese Funktion in Warschau H. als erfahrenem Lehrer und Fortbildungsschulpädagogen übertragen wurde. Seine Aufgabe war in erster Linie organisatorischer Art. Ihm oblag zunächst die Verpflichtung geeigneter Lehrkräfte, vornehmlich aus dem reichhaltigen Personalfundus der Wehrmacht selbst. Daneben bestand die Möglichkeit, Gastdozenten aus örtlicher Zivilverwaltung und Wirtschaft wie auch aus dem Reichsgebiet zu gewinnen. Schließlich war H. für Planung und Durchführung der einzelnen Kurse verantwortlich. Dies umfaßte die Bereitstellung entsprechender Räumlichkeiten und Lehrmittel ebenso wie die Werbung für die Kurse auf dienstlichem Weg und durch öffentliche Bekanntmachung. Vgl. Soldat und Beruf.

194 Zwei Armeen der deutschen Südfront, die 6. Armee und die 4. Panzer-Armee – darunter die 29. Infanterie-Division (mot.), der H.s Sohn Helmut als Sanitätssoldat angehörte –, hatten sich Anfang September 1942 vor Stalingrad vereinigt und die Wolga-Metropole bis Mitte September von drei Seiten eingeschlossen. Danach aber verschlissen sich die deutschen Kräfte in verlustreichen Häuserkämpfen um die Stadt, ohne sie jemals gänzlich erobern zu können. Am 19.11.1942 wendete sich das Blatt dann schlagartig und endgültig zu ihren Ungunsten, als die verstärkten Kräfte der Roten Armee in einer großangelegten Umfassungsoffensive die 6. Armee und Teile der 4. Panzer-Armee in Stalingrad einschlossen. Vgl. Das Deutsche Reich und der Zweite Weltkrieg, Bd 6, S. 962-1023 (Beitrag Wegner).

195 Die Festungsstadt Verdun, nordöstlicher Eckpfeiler der französischen Festungsfront, war zwischen Februar und Herbst 1916 einer der am heftigsten umkämpften Einzelschauplätze des Ersten Weltkrieges. Nicht nur die Intensität der Kämpfe, gemessen an den beiderseits großen Verlusten, legt einen Vergleich mit der Schlacht um Stalingrad wenigstens im nachhinein nahe. Hier wie da versuchte eine deutsche Armee über Monate hinweg vergeblich, eine Schlüsselstellung des Gegners zu erobern, mit deren Besitz beide Seiten über die eigentliche militärische Bedeutung hinaus zunehmend eine Frage des nationalen Prestiges verbanden. Freilich kam es bei Verdun zu keiner Einschließung und Vernichtung einer Partei. Vgl. Enzyklopädie Erster Weltkrieg, S. 942-945 (Beitrag Krumeich).

196 Vgl. 2. Brief v. 28.5.1941.

197 Vgl. Notiz v. 27.8.1941.

198 Die Deportationen der Juden zur Ermordung in den Vernichtungslagern, wie sie gerade das Warschauer Ghetto im Hochsommer 1942 betroffen hatten (vgl. Tagebucheintrag v. 23.7.1942), wurden im offiziellen NS-Sprachgebrauch als »Umsiedlungen« verharmlost.

199 Gestalten aus der germanischen Götterwelt, wobei – im Sinne der vereinfachenden Interpretation von H. – Baldur das Gute und Loki das Böse verkörpert.

200 Vgl. Notiz v. 22.8.1940.

201 Gemeint ist die polnische Kreisstadt Minsk Mazowiecki, ca. 40 km östlich von Warschau.

202 Vgl. Tagebucheintrag v. 26.9.1942.

203 Gemeint ist der Tatbestand der »Zersetzung der Wehrkraft«, wie er seit Kriegsbeginn gemäß § 5 Kriegssonderstrafrechtsverordnung (KSSVO) bestand, die hierfür grundsätzlich die Todesstrafe vorsah. Hiervon machte die im NS-Geist politisierte Rechtsprechung mit zunehmender Kriegsdauer auch verstärkt Gebrauch. Vgl. Messerschmidt/Wüllner, Die Wehrmachtjustiz, S. 132-168. – H.s Bedenken waren insofern wohlbegründet.

204 Gemeint ist der sog. Dreimächtepakt, den Deutschland, Italien und Japan am 27.9.1940 eingegangen waren, um sich vor allem mit Blick

auf die USA der gegenseitigen Unterstützung bei Wahrung und Ausbau ihrer jeweiligen Interessensphären (Deutschland und Italien in Europa, Japan in Ostasien) zu versichern. Vgl. Das Deutsche Reich und der Zweite Weltkrieg, Bd 6, S. 159-174 (Beitrag Stumpf). – An dem Austausch von Rundfunkbotschaften anläßlich der Jahrtagsfeier waren außer Reichsaußenminister von Ribbentrop, dem italienischen Außenminister Graf Galeazzo Ciano und dem japanischen Außenminister Masayaki Tani auch die Außenminister aller anderen mittlerweile beigetretenen Paktstaaten (Bulgarien, Kroatien, Rumänien, Ungarn, Slowakei) beteiligt. Die Redetexte bzw. Zusammenfassungen davon sind abgedr. in Keesings Archiv der Gegenwart, 1942, S. 5648.

205 Gemeint ist Hitlers Rede v. 30.9.1942 im Berliner Sportpalast (vgl. nachst. Brief v. 5.10.1942).

206 Vgl. Brief v. 21.9.1942.

207 Vgl. Brief v. 21.9.1942.

208 Gemeint ist Hitlers Rede vom 30.9.1942 im Berliner Sportpalast, die er im Rahmen einer sog. Volkskundgebung zur Eröffnung des Kriegswinterhilfswerks hielt (abgedr. bei Domarus, Hitler, Bd 4, S. 1912-1924). Dabei hatte er u.a. ausgeführt, daß man »Stalingrad berennen und auch nehmen« werde (S. 1914).

209 Vgl. Brief v. 21.9.1942.

210 Franz Lehár (1870-1948), österreichischer Musiker und erfolgreicher Komponist von Operetten, so auch der Operette »Das Land des Lächelns« (1929), die das Thema von Liebe und Entsagung mit fast tragischem Einschlag behandelt.

211 Die französische Stadt Abbéville liegt an der Somme, kurz vor deren Mündung in den Ärmelkanal.

212 Vgl. Brief v. 9.5.1941.

213 Das Jagd-(nicht: Kampf-)Geschwader 26 »Schlageter« war ein deutscher Luftwaffenverband, der infolge seiner nahen Stationierung an der französischen Ärmelkanal-Küste 1942 auch zur Abwehr des alliierten Kommandounternehmens auf Dieppe eingesetzt wurde. Ein Staffelkapitän – in Person hier nicht weiter identifizierbar – war der Führer einer Staffel von 9 Flugzeugen, im Regelfall ein jüngerer Offizier im Dienstgrad Oberleutnant oder Hauptmann.

214 Vgl. Tagebucheintrag v. 1.9.1942.

215 Vgl. Briefe v. 21.9., 5.10. und 18.10.1942.

216 H. meint damit seine frühere Tätigkeit als Lehrer für die ländliche Fortbildungsschule, eine Art Berufsschule, in Thalau während der 30er Jahre.

217 Vgl. Brief v. 21.9.1942.

218 Wahrscheinlich handelte es sich um Professor Georg Eißer (vgl. Brief v. 14.11.1941 sowie Notiz v. 7.2. u. Briefe v. 20. u. 28.2.1943)

219 Generalmajor Fritz Rossum (vgl. Brief v. 20./21.5.1942).

220 Gemeint ist das alte deutsche Heimat- bzw. Marschlied »Ein Heller und ein Batzen« mit dem Refrain »Heidi, heido, heida ...«.

221 Es dürfte sich um eine Verhandlung vor dem Kriegsgericht der Oberfeldkommandantur Warschau gehandelt haben. Ein solches Kriegsgericht setzte sich aus drei Personen zusammen, die ihr Urteil mit Stimmenmehrheit faßten. Neben dem vorsitzenden, hauptamtlichen Militärrichter waren dies zwei ehrenamtliche Beisitzer, ein Offizier möglichst im Rang eines Stabsoffiziers und ein Soldat bzw. Wehrmachtbeamter im Rang des jeweiligen Angeklagten. Ohne Bestätigung durch den Gerichtsherrn – in diesem Fall den Oberfeldkommandanten – wurde deren Urteil allerdings nicht rechtskräftig. Vgl. Seidler, Die Militärgerichtsbarkeit, S. 31-38.

222 Angehöriger der »Organisation Todt« (OT), einer 1938 ursprünglich zum Bau des sog. Westwalls geschaffenen staatlichen Organisation, benannt nach ihrem Gründer Fritz Todt (1891-1942; seit 1940 auch Reichsminister für Bewaffnung und Munition). Wegen ihrer hohen Effizienz, die nicht zuletzt durch brutalen Einsatz von Zwangsarbeitern, Kriegsgefangenen und KZ-Häftlingen zustande kam, wurden ihr während des Krieges bald alle militärischen Bauaufträge auch im Ausland, schließlich sogar Bauformationen der Wehrmacht, unterstellt. Die OT war militärisch strukturiert, ihre Angehörigen uniformiert. Vgl. Seidler, Die Organisation Todt.

223 Im Original unterstrichen.

224 Gemeint ist wohl: auf eine Wache.

225 Vgl. vorst. Tagebucheintrag.

226 Der Text ab »Der Gerichtsschreiber...« bis »... zum Tode verurteilt!« ist am Seitenrand nachgetragen.

227 Wahrscheinlich ist damit Stadtschulrat Hans Fuhr gemeint (vgl. Notiz v. 23.9.1943).

228 Vgl. Brief v. 17.11.1939. – Der »Aufruf« war nur an die Deutschen im Generalgouvernement gerichtet. Vgl. Das Diensttagebuch, S. 570.

229 Das Oberkommando des Heeres hatte mit Erlaß vom 25.10.1942 die Bestimmungen für ein »dienstliches Studium im Winterhalbjahr 1942/43« neu gefaßt (abgedr. in Allgemeine Heeresmitteilungen, 9. Jg. 1942, Nr. 918, S. 495 f.). Sie dienten speziell »der Sicherstellung, Ausbildung und Erziehung des kriegsbedingten Nachwuchsbedarfs an Kriegs-Sanitäts- und Veterinäroffizieren sowie von Heeresapothekern d.B.«.

230 Dr. Ludwig Fischer (vgl. Notiz v. 18.8.1940).

231 Am 19.11.1942 hatte eine Umfassungsoffensive der Roten Armee die in und um Stalingrad kämpfende deutsche 6. Armee sowie verbündete Truppen, insgesamt 20 deutsche, 2 rumänische Divisionen und 1 kroatisches Regiment, eingeschlossen (vgl. Brief v. 21.9.1942). Darunter befand sich auch die Masse der südwestlich von Stalingrad stehenden 29. Infanterie-Division (mot.). Deren rückwärtige Teile, dabei die Sanitätseinheit mit H.s Sohn Helmut, blieben außerhalb des Einschließungsrings. Sie bzw. er entkamen dadurch dem nachfolgenden Untergang der 6. Armee im Kessel von Stalingrad. Vgl. Das Deutsche Reich und der Zweite Weltkrieg, Bd 6, S. 997-1023 (Beitrag Wegner); Lemelsen, Im Ostfeldzug, S. 209.

232 Vgl. Tagebucheintrag v. 5.12.1942.

233 In den Text eingeschoben folgt eine Handskizze des Verfassers.

234 Hauptmann Lemmel, Ritter von Seedorf (vgl. Brief v. 30.1.1943).

235 Vgl. Brief v. 19.11.1942.

236 Vgl. Tagebucheintrag v. 5.12.1942.

237 Name eines Einwohners von Thalau.

238 Das traf nicht zu (vgl. Tagebucheintrag v. 5.12.1942).

239 Die Stadt Velikie Luki im Mittelabschnitt der Ostfront geriet zur Jahreswende 1942/43 zum Schauplatz eines »kleinen Stalingrad«. Etwa 7000 deutsche Soldaten wurden durch den Vorstoß der Roten Armee Ende November dort eingeschlossen und konnten bis zum Fall der »Festung« am 15.1.1943 nicht mehr entsetzt werden. Vgl. Das Deutsche Reich und der Zweite Weltkrieg, Bd 6, S. 1082-1089 (Beitrag Wegner).

240 Das betraf hauptsächlich den Südabschnitt der Ostfront, wo die allgemeine sowjetische Winteroffensive über die Einschließung der deutschen 6. Armee in Stalingrad hinaus bald am schnellsten Raum gewann.

241 Vgl. Brief v. 13.12.1941.

242 Vgl. Tagebucheintrag v. 1.9.1942.

Anmerkungen zu »Zweiter Weltkrieg. 1943«

1 Im Original irrtümlich: »1942«.

2 Vgl. Tagebucheintrag v. 5.12.1942.

3 Gemeint ist die Rundfunkansprache von Goebbels »an das deutsche Volk« vom 31.12.1942. Eine Zusammenfassung des Redetextes ist abgedruckt in Keesings Archiv der Gegenwart, 1943, S. 5779.

4 Hans Thoma (1839-1924), deutscher Maler und Graphiker zwischen Romantik und Impressionismus mit Vorliebe für das ländliche Genre und Portraits; später Akademieprofessor und Galeriedirektor in Karlsruhe.

5 Gemeint ist Sohn Helmut, der in die Kämpfe bei Stalingrad verwickelt war, allerdings außerhalb des Kessels, in dem die deutsche 6. Armee durch die Offensive der Roten Armee schon seit Ende November 1942 eingeschlossen war (vgl. Notiz v. 5.12.1942).

6 Im Original irrtümlich: »1942«.

7 Im Original unterstrichen.

8 Im Original irrtümlich: »1942«.

9 Tatsächlich traf H.s Ehefrau am 14.1.1943 in Bromberg ein, wo sie ein Privatquartier nahm und bis zum Ende von H.s Lehrgang blieb (Notizen v. 14., 16., 18.1.1943, nicht ediert). Etwa um den 20.1. fuhren beide ab nach dem Dorf Karolin, ca. 40 km nordwestlich von Posen bei der Kreisstadt Samter gelegen. Hier besuchten sie die befreundete polnische Familie Cieciora auf ihrem Bauerngut. Dort trennte man sich am 22.1. wieder und kehrte zurück nach Warschau bzw. Thalau (vgl. Briefe v. 23., 28., 30.1.1943).

10 Vgl. vorst. Brief.

11 Theorie und Begriff der »Innere Linie« gehen auf den Schweizer Antoine-Henri Jomini (1779-1869) zurück, einen renommierten Militärtheoretiker und später hohen Offizier in französischen wie russischen Diensten. Der Begriff hebt auf den Vorteil einer Armee ab, die sich auch mehrerer Gegner erfolgreich erwehren kann, wenn sie ihre inneren, kürzeren Bewegungslinien zur schnelleren Konzentration der eigenen Kräfte nutzt, um die Gegner vor deren Vereinigung nacheinander zu schlagen. Vor allem den Militärstrategen des deutschen Kaiserreichs (Moltke d.Ä., Schlieffen) wurde diese Theorie zum Glaubensdogma, weil sie das Reich von seinem strategischen Dilemma im Fall des stets befürchteten Zweifrontenkriegs zu erlösen schien. An diese Tradition anknüpfend, bemühte auch die NS-Propaganda den Begriff zunehmend, als es angesichts

wachsender feindlicher Übermacht an allen Fronten die deutsche Bevölkerung im Glauben an den »Endsieg« zu stärken galt. So etwa war die von H. gelesene Wochenzeitung »Das Reich« (vgl. Tagebucheintrag v. 29.3.1944) am 1.2.1942 mit einer Titelgeschichte über den »Kampf auf der inneren Linie« erschienen, – also bezeichnenderweise bald nach dem Kriegseintritt der USA. Vgl. Transfeldt, Wort und Brauch, S. 168 f.; Fiedler, Kriegswesen und Kriegführung, S. 165 f., 183.

12 Das Ehepaar H. hatte die befreundete polnische Familie Cieciora besucht, die in Karolin lebte (vgl. Brief an die Ehefrau v. 7.1.1943). H.s Freundschaft mit dieser Familie rührte aus dem Herbst 1939 her. Damals hatte er Stanisław Cieciora zur frühzeitigen Entlassung aus deutscher Kriegsgefangenschaft verholfen, nachdem dessen Ehefrau Zofia deshalb bei ihm als Kommandanten des Gefangenenlagers persönlich vorstellig geworden war. Dieser Vorgang ist im Nachlaß von H. selbst nur anonym im Brief v. 23.10.1939 überliefert. Vgl. ergänzend seine Bezeugung durch die Familie Cieciora bei Szpilman, Das wunderbare Überleben, S. 226 f.; Banasiak/Piątkowska, Robinson.

13 Gemeint ist der kath. Priester Antoni Cieciora, Bruder von Stanisław Cieciora (siehe vorst. Anm.) und vormals Vikar in der St. Adalbert-Gemeinde in Posen. Als pol. Verfolgter hielt er sich in Warschau versteckt. Dabei konnte er nun bald auf die tatkräftige Hilfe von H. zählen, der den Priester unter falschem Namen (»Cichocki«, auch »Tolka«) als Arbeiter im Dienstbereich des von ihm geleiteten Sportamtes beschäftigte (vgl. Notiz v. 16.3.1944 u. Briefe v. 31.3. u. 15.9.1943). Beide verband deshalb bald eine bes. Freundschaft. Vgl. Szpilman, Das wunderbare Überleben, S. 227; Banasiak/Piątkowska, Robinson.

14 Vgl. Tagebucheintrag von ca. Ende Dezember 1942.

15 Vgl. Brief v. 5.12.1942.

16 Der deutsche Angriff nach Südosten auf den Kaukasus war in der zweiten November-Hälfte 1942 sogar über den Fluß Terek hinaus bis in die Höhen des Kaukasus vorgedrungen. Diese Linie der weitesten Ausdehnung des deutschen Machtbereiches mußte unter dem Druck der sowjetischen Winteroffensive in den ersten Januar-Tagen schon wieder aufgegeben werden. Die deutsche Heeresgruppe A (Generaloberst Ewald von Kleist) sah sich zudem bald in ihrem Rücken durch die von der Wolga-Front nach Westen vorstoßenden sowjetischen Armeen bedroht. Das zwang sie, in aller Eile den gesamten, erst im Sommer/Herbst 1942 eroberten Raum zwischen Kaukasus und Kaspischem Meer zu räumen. Bis Anfang Februar 1943 hatte sie sich hinter den Don bzw. auf den sog. Kuban-Brückenkopf zurückgezogen. Vgl. Das Deutsche Reich und der Zweite Weltkrieg, Bd 6, S. 1064–1068 (Beitrag Wegner).

17 Tripolis wurde von der Deutsch-Italienischen Panzerarmee unter Generaloberst Erwin Rommel, die sich vor der britischen 8. Armee auf dem Rückzug nach Westen befand, am 23.1.1943 angesichts der feindlichen Übermacht kampflos aufgegeben. Vgl. Das Deutsche Reich und der Zweite Weltkrieg, Bd 6, S. 736 (Beitrag Stumpf).

18 H. zeigt sich hier gut informiert über eine berüchtigte Aktion, die unter Regie des SS- und Polizeiführers des Distriktes Lublin, Odilo Globocnik, ab November 1942 im Kreis Zamość südlich von *Lublin* durchgeführt wurde. Auf persönlichen Befehl Himmlers sollte hier durch die Ansiedlung deutscher Kolonisten ein geschlossenes deutsches Siedlungsgebiet entstehen. Die über 100 000 zwangsausgesiedelten polnischen Bauern wurden, soweit sie die Strapazen der Aktion überlebten, zum großen Teil in Auschwitz und Majdanek ermordet, andere innerhalb des Generalgouvernements umgesiedelt oder zur Zwangsarbeit nach Deutschland oder weiter nach Osten deportiert. »Rassisch« geeignete Kinder kamen zur »Germanisierung« nach Deutschland. Dieses siedlungspolitische Experiment scheiterte bereits im Frühjahr 1943 am erheblich angewachsenen bewaffneten polnischen Widerstand. Vgl. Madajczyk, Die Okkupationspolitik, S. 421-424; Bömelburg/Musial, Die deutsche Besatzungspolitik, S. 92 f.

19 Vgl. Brief v. 23.1.1943.

20 Hauptmann Lemmel, Ritter von Seedorf (vgl. Briefe v. 10.12.1942 u. 30.1.1943).

21 Vermutlich feindlicher Störsender. Vgl. Der Kampf um die Ätherwellen.

22 Vgl. Notiz v. 18.8.1941.

23 Gemeint sind Dozenten der von H. geleiteten »Wehrmachtkurse zur Berufsförderung« in Warschau (vgl. Brief v. 18.10.1942).

24 Vgl. Brief v. 10.12.1942.

25 Vgl. Brief v. 23.1.1943.

26 Der Oberbefehlshaber der in Stalingrad eingeschlossenen deutschen 6. Armee, Generalfeldmarschall Friedrich Paulus (1890-1957), kapitulierte gegen den Willen Hitlers am 1.2.1943 mit dem Großteil seiner durch Erfrierungs- und Hungertod sowie durch die Kämpfe arg dezimierten Armee. Ein vom Hauptteil getrennter zweiter deutscher Kessel ergab sich erst am 3.2.1943 der Roten Armee. Vgl. Das Deutsche Reich und der Zweite Weltkrieg, Bd 6, S. 1053-1061 (Beitrag Wegner). – Von den ursprünglich etwa 200 000 deutschen Soldaten war etwa ein Viertel bereits im Kessel ums Leben gekommen und ein knappes Achtel bis zur Kapitulation ausgeflogen worden; über die Hälfte also, zudem ein Großteil der 5000 bis 10 000 rumänischen Soldaten und 50 000 russischen »Hilfswilligen« im Verband der 6. Armee, gingen in sowjetische Gefangenschaft. Diese überlebten von den deutschen Soldaten nur etwa 5000, unter ihnen der Oberbefehlshaber Paulus. Vgl. Overmanns, Das andere Gesicht des Krieges, S. 442.

27 H.s ältere Schwester Josefine lebte in der von alliierten Luftangriffen bereits schwer getroffenen Industriemetropole Essen.

28 Vgl. Aufzeichnung v. 15.12.1939.

29 Vgl. Brief v. 18.10.1942.

30 Vgl. Notiz v. 17.4.1941.

31 Vgl. Tagebucheintrag v. 17.2.1943. – Solche Maßnahmen zur »Ausrottung der polnischen Intelligenz«, von Mordkommandos der SS (»Ein-

satzgruppen der Sicherheitspolizei und des SD«) im offiziellen Auftrag (»Unternehmen Tannenberg«) durchgeführt, sind in dem von Deutschland annektierten und zur »Germanisierung« vorgesehenen Warthegau vor allem für Oktober/November 1939 überliefert. Vgl. Brief v. 10.11.1939; Krausnick, Hitlers Einsatzgruppen, S. 80-106; Bömelburg/Musial, Die deutsche Besatzungspolitik, S. 56.

32 H.s Schwager Dr. med. Gerhard (Gerd/t) Krummacher (1911-1991) war Schwiegersohn des liberalen evangelischen Theologen Hermann Maas (1877-1970). Dieser sah sich während des »Dritten Reiches« als Pfarrer in Heidelberg und Mitglied der »Bekennenden Kirche« vor allem wegen seines mutigen Engagements für die verfolgten Juden selbst heftigen Repressalien durch den NS-Staatsapparat ausgesetzt. Vgl. BBKL, Bd V, Sp. 505-510.

33 Drama von Johann Wolfgang von Goethe.

34 Vg. Brief v. 2.2.1943.

35 Vgl. Notiz v. 2.2.1943.

36 Voronež im südlichen Mittelabschnitt der Ostfront war von der Wehrmacht unter dem Druck der sowjetischen Winteroffensive am 24.1.1943 planmäßig geräumt worden. Das 200 km westlicher gelegene Kursk wurde dagegen am 8.2.1943 von der Roten Armee zurückerobert. Vgl. Das Deutsche Reich und der Zweite Weltkrieg, Bd 6, S. 1070 u. 1088 (Beitrag Wegner).

37 Vgl. Tagebucheinträge v. 25.1. und v. 19.2.-3.3.1943.

38 Sowjetische Angriffe hatten Mitte Januar 1943 den deutschen Einschließungsring um Leningrad bei Schlüsselburg sprengen und eine schmale Landverbindung zu der seit 17 Monaten belagerten Stadt herstellen können. Vgl. Das Deutsche Reich und der Zweite Weltkrieg, Bd 6, S. 1089-1091 (Beitrag Wegner).

39 Vgl. Tagebucheintrag v. 3.3.1943.

40 Auf dem nordafrikanischen Kriegsschauplatz kämpften die deutsch-italienischen Verbündeten inzwischen an zwei Fronten. Die »Panzerarmee Afrika« (Generalfeldmarschall Rommel) richtete sich gerade im südlichen Tunesien zur Verteidigung gegen die nachdrängende britische 8. Armee ein, vor der sie seit der Niederlage von El Alamein Anfang November 1942 aus Ägypten und ganz Libyen zurückgewichen war. Gleichzeitig bauten Deutsche und Italiener mit allen verfügbaren Kräften einen weiten Verteidigungsring um Tunis auf und hielten ihn bis Februar 1943 relativ erfolgreich gegen die aus Westen angreifende alliierte Armee. Dann begann sich die alliierte Übermacht auszuwirken, deren Angriffe den Brückenkopf allmählich eindrückten und schließlich im Mai zur Kapitulation zwangen. Vgl. Notiz v. 15.5.1943; Das Deutsche Reich und der Zweite Weltkrieg, Bd 6, S. 720-739 (Beitrag Stumpf); Deutschland im zweiten Weltkrieg, Bd 3, S. 101-132.

41 Mussolini hatte am 6.2.1943 eine größere Regierungsumbildung vorgenommen – Vorzeichen eines schleichenden Machtverfalls seines Regiments. Fünf Minister waren entlassen worden, darunter Außenminister

Graf Ciano. Er sollte ein halbes Jahr später der Fronde um den italienischen König angehören, die den Sturz Mussolinis herbeiführte. Vgl. Notiz v. 26.7.1943; Schieder, Italien, S. 491 f.

42 Mit der Besetzung der Salomonen-Insel Guadalcanal hatte das japanische Vordringen in den südwestpazifischen Raum Mitte 1942 seinen Kulminationspunkt erreicht. Bereits im August 1942 begannen mit der Gegeninvasion von US-Streitkräften erbitterte Kämpfe um die Insel. Das japanische Oberkommando rang sich schließlich am 31.12.1942 zu der seltenen Entscheidung eines Rückzuges durch. Dagegen dauerten die Kämpfe auf Neuguinea noch bis in den Sommer 1944 an. Doch zwang die überlegene amerikanisch-australische Invasionsarmee die japanische Garnison auch hier, schon zu Beginn 1943, immer stärker in die Defensive und bald zum ständigen Rückzug. Vgl. Das Deutsche Reich und der Zweite Weltkrieg, Bd 7, S. 643-666 (Beitrag Krebs); Weinberg, Welt in Waffen, S. 377-380.

43 Mit dem Bekenntnis zum Deutschtum, entsprechender Registrierung und Erhalt einer »Kennkarte« boten sich den »volksdeutschen« Polen im Generalgouvernement gewisse Privilegien für das alltägliche Leben, vor allem eine bessere Lebensmittelversorgung. Rassenpolitische Überlegungen der NS-Führung verwehrten allerdings auch anerkannten »Volksdeutschen« einen automatischen Erwerb der deutschen Staatsbürgerschaft, die wiederum rechtliche Voraussetzung für eine Wehrdienstpflicht war. Deshalb gab es Anweisung, möglichst viele »Volksdeutsche« zu »freiwilligen Meldungen« für den Dienst in der Wehrmacht zu veranlassen. Vgl. Das Diensttagebuch, S. 112, Anm. 23 u. S. 621, Anm. 14.

44 Vgl. Brief v. 23.1.1943.

45 Vgl. Notiz v. 29.1.1943.

46 Vgl. Brief v. 2.2.1943.

47 Vgl. Notiz v. 16.3.1943 u. Brief v. 6.4.1943.

48 Vgl. Tagebucheinträge v. 23. u. 25.7.1942.

49 Vgl. Notiz v. 18.8.1941.

50 Zu einer Einschließung kam es nicht, obwohl Ende Januar 1943 der Roten Armee an der Nahtstelle zwischen den Heeresgruppen B und Don ein tiefer Einbruch gelungen war. Die von der Umfassung bedrohte Heeresgruppe Don (Generalfeldmarschall Erich von Manstein) hatte deshalb bereits ab 8./9.2.1943 begonnen, einigermaßen geordnet den Don-Donec-Frontbogen mit dem rohstoffreichen Donec-Becken zu räumen. Rostov am Don etwa wurde am 14.2. aufgegeben. Diese Frontverkürzung und der Rückzug hinter den Fluß Mius erlaubten der neugebildeten Heeresgruppe Süd (Manstein) eine großangelegte Kräfteverschiebung als Voraussetzung für anschließende Gegenoffensiven Ende Februar und im März 1943. Deren Erfolge (Bereinigung des Fronteinbruchs, Rückeroberung eines großen Gebietes um Char'kov) konnten die mittlere und südliche Ostfront vorübergehend noch einmal stabilisieren. Vgl. Das Deutsche Reich und der Zweite Weltkrieg, Bd 6, S. 1068-1082 (Beitrag Wegner).

51 Das Projekt eines Autos, das zum Preis von 1000 Reichsmark ein »Volkswagen« werden sollte, war ein Lieblingskind der NS-Politik bzw. -Propaganda. Mit ihm verbanden sich sowohl wirtschafts- als auch sozialpolitische Vorstellungen. Der erste Volkswagen nach einem Entwurf von Ferdinand Porsche (1875-1951) war bereits im September 1938 der Öffentlichkeit vorgestellt worden. Aufgrund der Erfordernisse der bald anlaufenden Kriegswirtschaft erhielt jedoch keiner der über 300 000 Besteller, von denen fast jeder Fünfte das Auto schon voll bezahlt hatte, dieses auch ausgeliefert. Vgl. Enzyklopädie des Nationalsozialismus, S. 790.

52 Vgl. Notiz v. 17.4.1941.

53 Vgl. Notiz v. 7.2.1943.

54 Reichspropagandaminister und Gauleiter Joseph Goebbels hielt die Rede am 18.2.1943 im Berliner Sportpalast anläßlich einer Kundgebung des Gaues Berlin der NSDAP, abgedr. in Goebbels-Reden, Bd 2, S. 172-208. H. erinnerte sich an drei der insgesamt zehn Fragen Goebbels' (ebd., S. 204-206) zwar nicht wörtlich, jedoch sind sie im wesentlichen richtig wiedergegeben. Offensichtlich machte jene Frage nach der Bereitschaft des Auditoriums zum »totalen Krieg«, der die Rede ihre heute Bekanntheit verdankt, auf H. keinen solch nachhaltigen Eindruck, daß er sie ebenfalls erwähnt hätte.

55 Char'kov im nördlichen Südabschnitt der Ostfront mußte von den deutschen Truppen bis zum 16.2.1943 zunächst geräumt werden, um der drohenden Einschließung zu entgehen. Die Stadt kam jedoch schon im März 1943 im Rahmen einer großangelegten deutschen Gegenoffensive zur Stabilisierung der Ostfront vorübergehend wieder in deutschen Besitz, bevor sie infolge der sowjetischen Sommeroffensive 1943 endgültig verlorenging. Vgl. Das Deutsche Reich und der Zweite Weltkrieg, Bd 6, S. 1075-1081 (Beitrag Wegner). – Vgl. ansonsten Tagebucheintrag v. 25.1.1943 (Kaukasusfront) und Brief v. 15.2.1943 (Donec-Becken, Rostov).

56 In der Rede von Goebbels (siehe oben).

57 Möglicherweise handelt es sich auch nur um einen Nachtrag zum Tagebucheintrag v. 19.2.1943.

58 Vgl. vorst. Tagebucheintrag und jenen v. 11.2.1943 (Kursk).

59 Vgl. Tagebucheintrag v. 25.1.1943.

60 Vgl. Notiz v. 18.8.1941.

61 Generalleutnant Rossum (vgl. Brief v. 20./21.5.1942).

62 Vgl. Brief v. 18.10.1942.

63 »Ein Deutsches Requiem«, ein Hauptwerk des deutsch-österreichischen Komponisten Johannes Brahms (1833-1897).

64 Gemeint ist »Samstag-Sonntag« (vgl. nachfolgende Notizen).

65 Gefreiter Karl Schleifer (vgl. Brief v. 28.2.1943).

66 Gemeint ist offensichtlich das Oratorium »Die Jahreszeiten« des österreichischen Komponisten Joseph Haydn (1732-1809).

67 Vgl. Brief v. 10.2.1943.

68 Vgl. Brief v. 28.2.1943.

69 Vgl. Brief v. 28.2.1943.

70 Vgl. Brief v. 18.10.1942.

71 Das Programm ist im Nachlaß überliefert. Demnach bestand die Vortragsfolge aus einer Mischung von Musikstücken und Gedicht-Rezitationen. Mitwirkende waren u.a. die Altistin Ilse Siehl-Riedel und der Schauspieler (Rezitator) Karl Klüsener vom Theater der Stadt Warschau sowie als Bassist der Unteroffizier Siebel vom Sportamt der Kommandantur. Überdies wirkte der »A-capella-Chor des Deutschen Chores Warschau« mit. Die musikalische Leitung hatte der Gefreite Karl Schleifer.

72 Anfangszeile des Gedichtes »Weylas Gesang« von Eduard Mörike (1804-1875) in einer Vertonung für Singstimme und Klavier von Hugo Wolf (1860-1903).

73 Gemeint ist das von H. erstellte Vorlesungsverzeichnis für eine neue Kursreihe der von ihm geleiteten »Wehrmachtkurse zur Berufsförderung« (vgl. Brief v. 21.9.1942).

74 Vgl. Brief v. 25.2.1943.

75 Vgl. vorst. Brief.

76 Um den infolge zunehmender Verluste erhöhten Ersatz an »kriegsverwendungsfähigem« (k.v.) Personal für die Wehrmacht sicherzustellen, ergriff man verstärkt seit Ende 1942 zu vielfältigen Maßnahmen. Vgl. Das Deutsche Reich und der Zweite Weltkrieg, Bd 5/2, S. 820-878 (Beitrag Kroener). So wurden zu, einen immer ältere Jahrgänge eingezogen. Zum anderen entzog man Wirtschaft und öffentlichem Dienst k.v. gemusterte, aber bislang »unabkömmlich« (u.k.) gestellte Arbeitskräfte im Tausch mit weniger tauglichen Wehrpflichtigen. Schließlich erhielt eine Sonderkommission unter General Walter von Unruh, die bereits seit Sommer 1942 militärische Dienststellen der Etappe nach fronttauglichen Soldaten durchkämmte (und deshalb gemeinhin als »Aktion Heldenklau« berüchtigt wurde), von Hitler selbst weitgehende Vollmacht, um ihre Arbeit nun auch auf Wirtschaft und Staatsverwaltung auszudehnen. Vgl. Kroener, »General Heldenklau«.

77 Angehörige der sog. Ost-Legionen, Freiwilligen-Verbänden in Kompanie- und Bataillonsformation, die vom Oberkommando des Heeres seit dem Winter 1941/42 aus entlassenen Kriegsgefangenen der in der Sowjetunion lebenden Orientvölker (Turkestanen, Kaukasier, Tataren, Kosaken) für den »Kampf gegen den Bolschewismus« aufgestellt worden waren. Vgl. Joachim Hoffmann, Die Ostlegionen.

78 Vgl. Tagebucheintrag v. 22.10.1942.

79 Gemeint sind möglicherweise die sog. Hilfswilligen (»Hiwis«), die von der Wehrmacht bereits seit Herbst 1941 unter den sowjetischen Kriegsgefangenen und Überläufern rekrutiert wurden, um mit ihnen vornehmlich personelle Lücken bei den rückwärtigen Diensten der deutschen Armeen zu schließen. Diese schon 1942 mehrere zehntausend Hilfswilligen, zunächst nur russischer Nationalität, zählten zum

sog. Wehrmachtgefolge. Sie unterschieden sich von den bald auch aufgestellten »Ostlegionen« (siehe vorstehende Anm.) insofern, als sie keine eigenständigen Formationen bildeten, sondern auf regulären, wenngleich weniger wichtigen Planstellen deutscher Einheiten ihren Dienst versahen und damit laut H. »in den Reihen« der Wehrmacht selbst. Vgl. Das Deutsche Reich und der Zweite Weltkrieg, Bd 5/2, S. 986-990 (Beitrag Kroener); Joachim Hoffmann, Kaukasien, S. 42-49.

80 Vgl. Tagebucheintrag v. 17.4.1942.

81 Antoni Cieciora (vgl. Brief v. 23.1.1943).

82 »Ich weiß, es wird einmal ein Wunder gescheh'n.« Titel eines Lied-Schlagers, komponiert 1938 von Michael Jary (1906-1988) für den in Deutschland berühmt gewordenen schwedischen Gesangs- und Filmstar Zarah Leander (1907-1981). Vgl. Loeperdinger/Schöneküs, »Die große Liebe«.

83 Vgl. Notiz v. 24.2.1943.

84 Gemeint ist der katholische Priester Antoni Cieciora (vgl. Briefe v. 23.1. u. 6.3.1943).

85 Vgl. Brief v. 1.3.1943.

86 Gemeint sind die Unteroffiziere.

87 Tadeusz Kościuszko (1746-1817), polnischer General und Nationalheld; 1794 Führer des letzten großen Aufstandes gegen die Teilung Polens.

88 Józef Piłsudski (1867-1935), polnischer Offizier (Marschall) und Politiker; nach Ende des Ersten Weltkrieges militärischer und politischer Gründervater der zweiten polnischen Republik; danach bis zu seinem Tod Staatschef, Diktator bzw. »starker Mann« Polens.

89 Vgl. nachstehenden Tagebucheintrag.

90 Dr. Ludwig Fischer (vgl. Notiz v. 18.8.1940).

91 Vgl. Tagebucheintrag v. 17.4.1942.

92 Oberregierungsrat Dr. Gruschinske war seit Oktober 1941 Leiter der Abteilung Wissenschaft und unterrichtet in der deutschen Distriktverwaltung Warschau. Vgl. Warschau unter deutscher Herrschaft, S. 307.

93 Deutscher Spielfilm von 1941/42 (Regie: Veit Harlan; Hauptdarsteller u.a.: Christina Söderbaum, Kurt Maisel, Rudolf Prack, Paul Klinger). Liebestragödie um das Schicksal einer jungen Frau vom Land, die in der »goldenen Stadt« Prag ihr Glück sucht, wo sie aber ein uneheliches Kind bekommt, deshalb vom Vater enterbt wird und schließlich in den Freitod geht.

94 SS-Sturmbannführer Dr. jur. Ernst Kah (1899-?), SD-Referent und Leiter der Abteilung III beim Kommandeur der Sicherheitspolizei und des SD (Sicherheitsdienst der SS) in Warschau. Vgl. Ramme, Der Sicherheitsdienst, S. 265.

95 Vgl. Notiz u. Tagebucheintrag v. Vortag.

96 Vgl. Notiz v. Vortag.

97 Vgl. Brief v. 23.1.1943.

98 Vgl. Notiz v. 26.3.1943.

99 Im Original offensichtlich irrtümlich auf den 31. April 1943 datiert (A.s Geburtstag war der 6. April!).

100 Polnische Arbeiterin im Sportamt (vgl. Notiz v. 2.6.1943).

101 Vgl. Brief v. 23.1. u. Notiz v. 16.3.1943.

102 Vgl. Brief v. 18.10.1942.

103 Stabs-Abteilung Ic (vgl. Notiz v. 18.8.1941 u. Brief v. 16.4.1943).

104 Vgl. Notiz v. 16.3.1943.

105 Oberstleutnant Hallensleben (vgl. Notiz v. 5.5.1941).

106 Im Original unterstrichen.

107 In deutscher Übersetzung: »Ja, ja.«

108 Fehlerhaftes Polnisch; in sinngemäßer deutscher Übersetzung: »Oh, Herr Hauptmann, es ist heute sehr kalt!«

109 Fehlerhaftes Polnisch; in sinngemäßer deutscher Übersetzung: »9 Grad, Sie werden noch krank werden.«

110 Fehlerhaftes Polnisch; in sinngemäßer deutscher Übersetzung: »Macht Dir mal keine Sorgen.«

111 Laut der offiziellen Tagesmeldung der Oberfeldkommandantur Warschau wurde »am 9.4. gegen 12 Uhr, Regierungsdirektor Dr. Hoffmann, Vorsteher Hauptarbeitsamt Warschau, von unbekannten Tätern ermordet« (BA-MA, RH 53-23/41, Bl. 237). Und nur wenige Tage später ereilte den Leiter des Sozialversicherungsamtes Warschau das gleiche Schicksal (BA-MA, RH 53-23/41, Bl. 236).

112 Oberstleutnant von Kamlah (vgl. Notiz v. 18.8.1941).

113 Die Vorgeschichte dieses Aufstandes begann mit dem Versuch der SS, die jüdische Bevölkerung des Warschauer Ghettos in einer zweiten großen Deportationswelle ab Januar 1943 weiter zu dezimieren. Dagegen setzten sich die Ghetto-Bewohner zunächst mit passivem Widerstand einigermaßen erfolgreich zur Wehr. Als daraufhin die SS am 19.4.1943 das Ghetto mit militärischen Mitteln gänzlich räumen wollte, brach der offene, bewaffnete Aufstand aus. Getragen wurde er von einer jüdischen Untergrundorganisation, die bereits während der ersten Deportationen im Sommer/Herbst 1942 entstanden war. Deren aufopferungsvolle Kampfweise zwang SS und Polizei zum langwierigen und verlustreichen Häuserkampf. Auch Artillerie und Giftgas kamen dabei zum Einsatz. Erst am 16.5.1943 verkündete der Einsatzleiter, SS- und Polizeigeneral Jürgen Stroop, den Abschluß der »Großaktion«. Der größte Teil der Ghetto-Bewohner war während der Kämpfe umgekommen oder wurde nun zur Ermordung deportiert. Einigen tausend Juden gelang es, im polnischen Warschau »unterzutauchen«. Im weitgehend verwüsteten Ghetto-Bezirk überlebten nur wenige Einzelpersonen, teilweise bis zum Warschauer Aufstand im Spätsommer 1944. Vgl. Enzyklopädie des Holocaust, Bd III, S. 1546–1548.

114 Oberstleutnant von Kamlah (vgl. Notiz v. 18.8.1941).

115 Oberstleutnant der Reserve Eberhard Hallensleben (1890–1945), Nachfolger von Oberstleutnant von Zitzewitz (vgl. Notiz v. 15.9.1941) als Chef des Kommandostabes und damit »zweiter Mann« der Oberfeldkommandantur (vgl. Notizen v. 17.6. u. 6.8.1943).

116 Vgl. Brief v. 20./21.5.1942.

117 Vgl. vorst. Brief.

118 Am 12.5.1943 hatte die auf das nordöstliche Tunesien zurückgedrängte deutsch-italienische Heeresgruppe Afrika unter Rommels Nachfolger Generaloberst Hans-Jürgen von Arnim vor der alliierten Übermacht kapituliert. Eine Viertelmillion, je etwa zur Hälfte deutsche und italienische Soldaten gerieten dadurch in Gefangenschaft. Mit diesem »zweiten Stalingrad« war der Krieg in Nordafrika zu Ende gegangen. Vgl. Deutschland im Zweiten Weltkrieg, Bd 3, S. 129-132; Weinberg, Welt in Waffen, S. 481-483.

119 Wort unleserlich.

120 Die Staumauern der Eder- und der Möhne-Talsperre in Hessen bzw. Westfalen wurden in der Nacht vom 16./17.5.1943 durch den waghalsigen, im Tiefflug mit Spezialbomben durchgeführten Luftangriff eines britischen Bomber-Geschwaders zerstört. Der dadurch angerichtete wirtschaftliche Schaden hielt sich allerdings in Grenzen. Vgl. Das Deutsche Reich und der Zweite Weltkrieg, Bd 7, S. 29-32 (Beitrag Boog).

121 Pseudonym für Antoni Cieciora (vgl. Brief v. 23.1.1943).

122 Südöstlicher Vorort von Warschau.

123 Pseudonym für Antoni Cieciora (vgl. Brief v. 23.1.1943).

124 Einer von H.s polnischen Arbeitern und »Hauptstützen« im Sportamt (vgl. Notiz v. 16.3.1943 u. Brief v. 6.4.1943).

125 Vgl. Anm. 122.

126 Vgl. Anm. 123.

127 Auftakt zu einem Treffen mit Ehefrau und Tochter Jorinde im Rahmen eines mehrtägigen Besuches bei der befreundeten polnischen Familie Cieciora wie schon im Januar 1943 (vgl. Brief v. 23.1.1943).

128 Vgl. vorst. Notiz.

129 Wahrscheinlich handelt es sich um ein unweit von Samter bei oder in Obersitzko/Warthe gelegenes Bauerngut.

130 Vgl. vorst. Notizen.

131 Wie aus anderem Zusammenhang hervorgeht, trug ein Leutnant aus dem OKW über »Fragen der Gegenwart« vor.

132 Vgl. Notiz v. 30.5.1943.

133 Offenbar ein Augenzeuge des Warschauer Ghetto-Aufstandes (vgl. Brief v. 5.5.1943).

134 Vgl. den zweiten Tagebucheintrag v. 6.9.1942.

135 Vgl. Brief v. 5.5.1943.

136 Vergleichbar dem Wehrmacht-Dienstgrad Leutnant.

137 In der Tat nahmen die Attentate der polnischen Untergrundbewegung auf deutsche Einrichtungen und Funktionsträger in Warschau bereits in der zweiten Jahreshälfte 1942 deutlich und dann noch einmal ab 1943 drastisch zu. Sie richteten sich zunächst weniger gegen die Wehrmacht als gezielt gegen Repräsentanten des deutschen Terrorapparates in SS, Polizei und Zivilverwaltung. Dennoch wurden immer häufiger auch einzelne Soldaten überfallen, schon um sie ihrer Waffen zu berauben,

und dabei auch getötet. Dies geht nicht zuletzt aus den regelmäßigen Monatsberichten der Oberfeldkommandantur Warschau an die vorgesetzte Dienststelle des Wehrkreis-Befehlshabers hervor. Vgl. BA-MA, RH 53-23; auch Szarota, Warschau, S. 250, 269; ders., Resistenz, S. 150.

138 Vgl. Notiz v. 18.8.1941.

139 Vgl. Notiz v. 2.10.1943.

140 Straße in Warschau.

141 Pseudonym für Antoni Cieciora (vgl. Briefe v. 23.1. u: 28.2.1943).

142 Jeden Sonntag um 10 Uhr fand ein katholischer Gottesdienst für Wehrmachtangehörige in der katholischen Garnisonkirche Warschaus am Krasinski-Platz statt. Vgl. BA-MA, RHD 57/5, Merkblatt, S. 3.

143 Vgl. Tagebucheintrag v. 16.6.1943.

144 Der Besuch polnischer Gottesdienste war für deutsche Soldaten offiziell verboten (vgl. Notiz v. 4.2.1940).

145 Gefreiter Karl Schleifer (vgl. Briefe v. 25. u. 28.2.1943).

146 Die verbundene Schreibweise H.s ist zwar formal nicht korrekt, wird aber dem faktisch engen Miteinander von SD und Gestapo unter einem gemeinsamen SS-Kommandeur für die Sicherheitspolizei und den SD im Distrikt Warschau durchaus gerecht.

147 Generalmajor Rossum (vgl. Brief v. 20./21.5.1942).

148 Wehrmachtbeamter mit einem dem Hauptmann vergleichbaren Rang.

149 Generalgouverneur Frank (vgl. Brief v. 17.11.1939) hatte Warschau am 18./19.6.1943 anläßlich einer Arbeitstagung der dortigen Distriktverwaltung besucht. Hauptbesprechungspunkt war bezeichnenderweise die besorgniserregende Sicherheitslage infolge der stark angewachsenen Aktivität der polnischen Untergrundbewegung (vgl. Tagebucheintrag v. 6.6.1943). Gouverneur Fischer mußte sogar bekennen, daß die deutsche Verwaltung nicht mehr Herr der Lage sei. Vgl. Das Diensttagebuch, S. 686-691.

150 Antoni Cieciora (vgl. Notiz u. Brief v. 23.5.1943).

151 Deutscher Titel des italienischen Propaganda-Spielfilms »L'Assiedo dell Alcazar« (»Kampf um den Alcazar«) von 1939/41 (Regie: Augusto Genina; Darsteller: Rafael Calvo, Fosco Giachetti, Andrea Checchi, Mireille Balir, Maria Denis), der im Spanischen Bürgerkrieg von 1936 spielt und ein Heldenepos um die Verteidigung der Burg von Toledo durch Franco-Truppen (»Moros«) gegen die republikanische Armee (»Rote«) in geschichtsklitternder Weise konstruiert. Vgl. Regel, Han pasado, S. 136-139.

152 Pseudonym für Antoni Cieciora (vgl. Briefe von 23.1. u. 28.2.1943).

153 Vgl. 2. Brief v. 18.3.1942.

154 Im Original unterstrichen.

155 Vgl. Notiz v. 30.1.1941.

156 Diese Methoden der Rekrutierung von Freiwilligen im Reichsgebiet resultierten aus dem Vorhaben der SS-Führung, die Waffen-SS ab 1943 in großem Umfang auszubauen. Dabei stießen die Werber offenbar auf

weitverbreitete Antipathien gegen die SS und entsprechenden Widerstand in der Bevölkerung. Ungeachtet dessen gelang es, die Personalstärke der Waffen-SS von Ende 1942 bis Ende 1943 mehr als zu verdoppeln. Vgl. Das Deutsche Reich und der Zweite Weltkrieg, Bd 5/2, S. 991-995 (Beitrag Kroener).

157 Vom russischen Wort abgeleitete Bezeichnung für die politischen Leiter bei den Kompanien und vergleichbaren Formationen der Roten Armee. Auf höherer Ebene nahmen diese Funktion sog. politische Kommissare wahr. H. unterschiedet hier aber offensichtlich nicht und verwendet »Politruk« als Überbegriff für beide. Deren grundsätzliche »Sonderbehandlung« und Tötung im Fall ihrer Gefangennahme befahl eine Richtlinie des Oberkommandos der Wehrmacht (OKW) vom 6.6.1941. Sie basierte auf entsprechenden politischen Vorgaben Hitlers, der den Rußlandfeldzug als rassenideologisch motivierten Vernichtungskrieg gegen den »jüdischen Bolschewismus« plante. Trotz seiner Völkerrechtswidrigkeit – »Politruks« wie Kommissare besaßen als uniformierte Angehörige der Roten Armee den Status rechtmäßiger Kombattanten – wurde der sog. Kommissar-Befehl teilweise ausgeführt; in welchem Umfang das geschah, ist umstritten. Bereits 1942 führten praktische Überlegungen zu seiner Aussetzung. Zur Gesamtproblematik vgl. Das Deutsche Reich und der Zweite Weltkrieg, Bd 4, S. 435-440 u. S. 1062-1070 (Beiträge Förster).

158 Der genaue Bezug ist unklar. Möglicherweise handelt es sich um H.s Erinnerung an die letzte größere, durch Rundfunk und Zeitung verbreitete öffentliche Rede Goebbels', die dieser am 5.6.1943 im Berliner Sportpalast anläßlich einer NSDAP-Kundgebung gehalten hatte. Dabei hatte er speziell Großbritannien mehrfach Vergeltung für die Luftangriffe auf Deutschland angedroht, ohne dies jedoch weiter zu konkretisieren. Vgl. Goebbels-Reden, Bd 2, S. 218-239; auch Tagebucheintrag v. 5.12.1943.

159 General Władysław Sikorski (1881-1943), seit 30.9.1939 Chef der polnischen Exilregierung in London und Oberbefehlshaber der polnischen Streitkräfte.

160 Die Sportgemeinschaft der zivilen Distriktverwaltung Warschau, die im Palais Brühl residierte.

161 In der katholischen Liturgie die achttägige Feier des Fronleichnamsfestes.

162 Der Besuch polnischer Gottesdienste war für deutsche Soldaten offiziell verboten (vgl. Notiz v. 4.2.1940).

163 Vgl. Tagebucheintrag v. 26.6.1943.

164 Historisches Repräsentationshaus der Stadt Köln aus dem 15. Jahrhundert, im Zweiten Weltkrieg völlig zerstört.

165 Der extrem radikale NSDAP-Gauleiter und Reichsstatthalter im Warthegau, Arthur Greiser (1897-1946), praktizierte eine besonders kirchenfeindliche Politik mit dem Ziel einer »Ausmerzung des Christentums«. Vgl. Broszat, Nationalsozialistische Polenpolitik, S. 163-176; Stasiewski, Die Kirchenpolitik.

166 Bereits im Juli 1940 hatten die NS-Machthaber den Gottesdienst im Straßburger Münster verboten. Entsprechend antiklerikal fiel dann auch die Feier zum 625. Todestag des Münster-Baumeisters Erwin von Steinbach am 17.1.1943 aus. Vgl. Hartweg, Das Straßburger Münster, S. 420.

167 Bekanntes Soldatenlied, ursprünglich ohne antisemitischen Text; hier vermutlich nationalsozialistische Nachdichtung.

168 BDM-Werk »Glaube und Schönheit«; zum Bund Deutscher Mädel (BDM) gehöriger Verband in der Hitler-Jugend mit freiwilliger Mitgliedschaft für junge Frauen zwischen 17 und 21 Jahren. Damit verband sich die Absicht einer Erziehung zur »gemeinschaftsgebundenen Persönlichkeit«. Vgl. Schmitz-Berning, Vokabular, S. 88 f.

169 Vgl. Brief v. 30.9.1939.

170 Grundsätzlich zielte die deutsche Politik im Generalgouvernement darauf ab, die schulische Ausbildung der Polen der ihnen zugedachten Rolle als »Arbeitsvolk« für die Deutschen anzupassen, also auf möglichst niedriges Niveau zu senken. Die höheren Schulen wurden deshalb bald geschlossen. Im übrigen sollte die Pflege einer polnischen Nationalkultur bzw. die Erinnerung daran soweit wie möglich ausgelöscht werden. Zugeständnisse wurden allenfalls auf niedrigem Niveau gemacht. Die Entmündigung ging sogar so weit, organisierten Sportbetrieb völlig zu verbieten. Vgl. Kleßmann, Die Selbstbehauptung; ders., Die kulturelle Selbstbehauptung, S. 122 f.; speziell zur Situation in Warschau Szarota, Warschau, S. 177-229.

171 Generalleutnant Rossum (vgl. Brief v. 20./21.5.1942).

172 Gemeint ist das letzte bedeutende deutsche Offensiv-Unternehmen (»Zitadelle«) an der Ostfront, das am 5.7.1943 begann und sich zur größten Panzerschlacht des Zweiten Weltkrieges ausweitete. Absicht der beiden deutschen Angriffsarmeen war es, den großen sowjetischen Frontvorsprung bei Kursk einzunehmen. Nach geringen Anfangserfolgen scheiterte das Unternehmen bereits wenige Tage später an der Übermacht der Roten Armee, die ab August ihrerseits und erheblich erfolgreicher auf der gesamten Breite des Mittel- und Südabschnittes der Ostfront in die Großoffensive ging. Vgl. Klink, Das Gesetz des Handelns; Frieser, Schlagen aus der Nachhand.

173 Tatsächlich brachte der Mai 1943 die Wende im U-Boot-Krieg. Obwohl niemals zuvor mehr deutsche U-Boote vor allem im Haupteinsatzraum Atlantik zur Bekämpfung der alliierten Schiffskonvois eingesetzt waren, ging dort der deutsche Versenkungserfolg deutlich zurück, während die eigenen Verluste drastisch anstiegen. Dieses lag in den vielfältigen material- und verfahrenstechnischen Fortschritten der Alliierten bei der U-Boot-Abwehr begründet, ganz wesentlich auch darin, daß es britischen Spezialisten Ende 1942 und noch einmal im März 1943 gelungen war, die Verschlüsselung (»Enigma«) des deutschen Funkverkehrs aufzuklären (»Ultra«). Großadmiral Karl Dönitz, der Oberbefehlshaber der Kriegsmarine (ObdM), mußte am 31.5.1943 gegenüber Hitler die Krise der deutschen U-Boot-Kriegführung einge-

stehen. Vgl. Das Deutsche Reich und der Zweite Weltkrieg, Bd 6, S. 354-369 (Beitrag Rahn).

174 Gemeint ist die Rede von Goebbels am 10.4.1943 in der vom Bombenkrieg besonders getroffenen Stadt Essen (Inhaltsangabe in Keesings Archiv der Gegenwart, 1943, S. 5897 f.).

175 Vgl. Tagebucheintrag v. 11.7.1943.

176 Den Alliierten gelang es, Sizilien im wesentlichen gegen den Widerstand deutscher Truppen bis zum 17.8.1943 ganz zu erobern. Vgl. Deutschland im Zweiten Weltkrieg, Bd 3, S. 605-610; Schröder, Italiens Kriegsaustritt, S. 158-176 u. 260-269.

177 Vgl. Tagebucheintrag v. 15.1.1943.

178 Antoni Cieciora (vgl. Briefe v. 23.1. u. 31.3.1943).

179 Vgl. Tagebucheintrag v. 8.1.1942 u. Brief v. 11.1.1942.

180 Vgl. Tagebucheintrag v. 11.7.1943 u. Notiz v. 17.8.1943.

181 Vgl. Notizen u. Briefe v. 16.-19.7.1943.

182 Dieser britische Luftangriff in der Nacht vom 24./25.7.1943 war der erste einer Serie von anglo-amerikanischen Großangriffen auf Hamburg (Operation »Gomorrha«) innerhalb weniger Tage, die auf die totale Zerstörung dieser zweitgrößten deutsche Stadt abzielten. Der durch sie hervorgerufene »Feuersturm« verursachte die meisten der schließlich über 40 000 Todesopfer. Darüber hinaus machten die Angriffe fast zwei Drittel der Einwohnerschaft obdachlos und veranlaßten über die Hälfte zum Exodus aus der Stadt. Vgl. Das Deutsche Reich und der Zweite Weltkrieg, Bd 7, S. 35-42 (Beitrag Boog).

183 Der italienische Diktator Benito Mussolini war, nachdem sich das höchste Partei- und Staatsorgan des faschistischen Italien gegen ihn gestellt hatte, am 25.7.1943 vom italienischen König entlassen worden. Unmittelbar danach wurde er in Haft genommen, aus der ihn erst eine Handstreichaktion deutscher Fallschirmjäger am 12.9.1943 wieder befreite. Das mit Deutschland verbündete faschistische italienische Regime war damit zusammengebrochen. Vgl. Schröder, Italiens Kriegsaustritt, S. 196-202 u. 320-324.

184 H.s ältere Schwester Josefine lebte in Essen. Diese Industriemetropole – u.a. Sitz der Krupp-Werke – war bereits seit Anfang März 1943 Hauptziel intensiver alliierter Luftangriffe auf das Ruhrgebiet (»Battle of the Ruhr«). Vgl. Das Deutsche Reich und der Zweite Weltkrieg, Bd 7, S. 16-21 (Beitrag Boog).

185 Vgl. Notiz v. 14.7.1043.

186 Vergleichbar dem Wehrmacht-Dienstgrad Leutnant.

187 Vgl. Notiz v. 8.11.1940.

188 Ca. 10 km östlich von Warschau jenseits der Weichsel gelegene Garnisonsstadt.

189 Mißverständlich ausgedrückt. Gemeint sind wahrscheinlich die gerade vergangenen, also die ersten Tage im August.

190 Vgl. Notiz v. 26.7.1943.

191 Vgl. Tagebucheintrag v. 9.9.1943.

192 Vgl. Notizen v. 25. u. 26.7.1943.

193 Gemeint ist Zusatzurlaub für Teilnehmer des Ersten Weltkrieges.

194 General der Infanterie z.V. Siegfried Haenicke (1878-1946), vom 1.10.1942 bis zum Ende des Krieges in Polen »Wehrkreis-Befehlshaber Generalgouvernement« (ab Juli 1944 umbenannt in »Befehlshaber Heeresgebiet Generalgouvernement«) als Nachfolger General von Gienanths (vgl. Notiz v. 13.6.1941).

195 Vgl. Brief v. 20./21.5.1942.

196 Vgl. Notiz v. 5.5.1943.

197 Vgl. Notiz v. 28.7.1943.

198 Die auf Sizilien vor den alliierten Landungstruppen zurückweichenden deutsch-italienischen Streitkräfte konnten bis zum 17.8.1943 fast vollzählig, die Wehrmacht sogar mit ihrem gesamten Material, über die Straße von Messina auf das süditalienische Festland evakuiert werden. (vgl. Tagebucheintrag v. 11.7.1943) Die Alliierten folgten hier mit ihrer Invasion des Festlandes über die Straße von Messina erst am 3.9.1943. Vgl. Deutschland im zweiten Weltkrieg, Bd 3, S. 627-633.

199 Orël im südlichen Mittelabschnitt der Ostfront war von der Roten Armee am 5.8.1943 im Zuge ihrer Gegenoffensive auf das gescheiterte deutsche Unternehmen »Zitadelle« (vgl. Notiz v. 7.7.1943) hin zurückerobert worden. Vgl. Deutschland im zweiten Weltkrieg, Bd 3, S. 569-576.

200 Vgl. Brief v. 20./21.5.1942.

201 Generalleutnant Rossum (vgl. Brief v. 20./21.5.1942).

202 Der für die Stabsabteilung IV a (Intendantur: Rechnungswesen, allgemeine Verwaltung) verantwortliche höchste Wehrmachtbeamte der Kommandantur.

203 Die neue italienische Regierung unter Marschall Pietro Badoglio (1871-1956) war bereits am 3.9.1943 einen Waffenstillstand mit den Alliierten eingegangen, hatte dies aber bis zum 8.9. vor dem deutschen Bündnispartner geheimhalten können. Der rechnete jedoch bereits seit Ende Juli 1943 mit dem Fall eines italienischen »Verrates«. So gelang es den deutschen Truppen dann auch, den ehemaligen Verbündeten innerhalb weniger Tage zu entwaffnen und ganz Ober- und Mittelitalien unter Kontrolle zu bekommen. Dadurch wiederum konnten sie sich auf eine relativ wirksame Verteidigung gegen die gleichzeitig anlaufenden alliierten Landungen in Süditalien einrichten, weshalb – anders als von H. befürchtet – der alliierte Vormarsch auch später sehr schwer vorankam. Vgl. Schröder, Italiens Kriegsaustritt.

204 Das rohstoffwichtige Donec-Becken war durch den Rückzug der Heeresgruppe Don vom Don–Donec-Bogen hinter den Fluß Mius bereits im Februar 1943 geräumt worden (vgl. Brief v. 15.2.1943).

205 Zar Boris III. von Bulgarien (1894-1943), einer der treuesten Verbündeten Deutschlands (1941 Beitritt zum Dreimächtepakt), gleichzeitig ein geschickter Wahrer der nationalen Interessen seines Landes, starb am 28.8.1943 auf der Heimreise von Berlin nach Sofia unter mysteriösen Umständen. Sein Bündnis löste Bulgarien jedoch erst mit der

Kriegserklärung an Deutschland vom 5.9.1944 und dem gleichzeitigen Waffenstillstandsgesuch an die Westalliierten, was die bereits drohende sowjetische Besetzung des Landes verhindern sollte. Vgl. Enzyklopädie des Nationalsozialismus, S. 407 f.

206 Gemeint sind die sog. Achsen-Mächte Deutschland und Italien, freilich eine faktisch überholte Formulierung angesichts des gerade geschlossenen Waffenstillstandes zwischen Italien und den Alliierten.

207 Vgl. vorst. Tagebucheintrag.

208 Antoni Cieciora (vgl. Brief v. 23.1.1943).

209 Familie Kroschel (vgl. Notizen v. 16. u. 18.7.1943 u. Brief v. 19.7.1943).

210 Nach ihrer Uraufführung in Prag 1903 bald sehr erfolgreiche Oper des von Geburt französisch-englischen, jedoch im deutschen Kulturraum schaffenden Komponisten Eugen d'Albert (1864-1932). Als literarische Vorlage diente das Bühnenwerk des zeitgenössischen katalanischen Dichters Angel Guimerà (1849-1924), das eine Liebesgeschichte im Spannungsfeld zwischen unschuldig-ursprünglicher Pyrenäen-Bergwelt und zivilisatorisch verdorbenem Tiefland dramatisiert.

211 Der 3. Studenten- bzw. Hochschulkurs widmete sich Themen der juristischen und philosophischen Fakultät (vgl. Notiz v. 20.9.1943, nicht ediert).

212 Vgl. Notiz v. 17.4.1941.

213 Arthur Schmuland, Inhaber einer deutschen Firma in Warschau, die hier durch die deutsche Besatzungsverwaltung eine Art Monopolstellung als »Kartoffelgroßhandel« und »Großverteilungsstelle für Obst und Gemüse« erhalten hatte. Vgl. Spatta, Lebenserinnerungen, Kap. XI, S. 38-42.

214 Gemeint ist wahrscheinlich Hans Fuhr, ein »volksdeutscher« polnischer Gymnasiallehrer, der unter deutscher Besatzungsverwaltung zeitweise das Amt des Stadtschulrates von Warschau bekleidete, aber gerade wenige Tage zuvor, am 17.9.1943, wegen seines offenbar zu »weichen« Umganges mit den Polen abgesetzt worden war. Vgl. Szarota, Warschau, S. 236; Kleßmann, Die Selbstbehauptung, S. 74, 82, 211.

215 Dr. Karl Grundmann, ein »volksdeutscher« Pole, hatte vor dem Krieg als Germanist an der Universität Warschau gearbeitet. Als überzeugter Nationalsozialist erhielt er unter deutscher Besatzungsherrschaft eine leitende Funktion im Propaganda-Amt der Distriktverwaltung Warschau. Mit zahlreichen Veröffentlichungen (u.a. einem deutschen »Führer durch Warschau«, 1942) trat er seitdem als Verfechter des Deutschtums in Warschau hervor. Vgl. Szarota, Warschau, S. 236; Kleßmann, Die Selbstbehauptung, S. 50 u. 74.

216 Generalleutnant Adolf von Kleist (1886-1957), vom 15.9.1943 bis 7.2.1944 Oberfeldkommandant von Warschau und als solcher Nachfolger von Generalleutnant Fritz Rossum (vgl. Brief v. 20./21.5.1942).

217 Aus Smolensk hatten die deutschen Truppen am Vortag, dem 25.9.1943, vor der sowjetischen Offensive weichen müssen. Diese war weiter südlich, am Dnepr vor der ukrainischen Hauptstadt Kiev, ebenfalls schon

Ende September angelangt; doch entbrannte der eigentliche Kampf um diese größte von den Deutschen während des Zweiten Weltkrieges besetzte sowjetische Stadt erst Anfang November. Sie wurde schließlich am 5./6. November von der Roten Armee zurückerobert. Vgl. Deutschland im zweiten Weltkrieg, Bd 4, S. 25-67.

218 Generalleutnant von Kleist (vgl. Notiz v. Vortag).

219 Vgl. Brief v. 20./21.5.1942.

220 Gemeint sind die von H. geleiteten »Wehrmachtkurse zur Berufsförderung« (vgl. Brief v. 21.9.1942).

221 Vgl. Briefe an H. v. 17. u. 21.9.1943.

222 Vgl. Notiz v. 5.5.1943.

223 Vermutlich seit Juni 1943 (vgl. Notiz v. 17.6.1943) Nachfolger von Oberstleutnant von Kamlah als Dritter Generalstabsoffizier (Ic) der Oberfeldkommandantur Warschau und damit unmittelbarer Vorgesetzter von H.

224 In Legionowo nördlich von Warschau war die dem deutschen »Kommando der Ostlegionen« (Radom) unterstellte Turkestanische Legion stationiert, ein Stammverband zur Aufstellung und Ausbildung turkestanischer Hilfstruppen für das Heer (vgl. »Gliederung Wehrkreiskommando Generalgouvernement«, in BA-MA, RH 53-23/41, Bl. 91). Solche »fremdvölkischen« Verbände wurden damals aus Mangel an deutschen Kräften vorwiegend zu Sicherungsaufgaben im besetzten Osten, so auch im Generalgouvernement eingesetzt. Eine hohe Desertionsrate schränkte ihre Zuverlässigkeit allerdings sehr stark ein. Vgl. Joachim Hoffmann, Die Ostlegionen, S. 31-33; zum Thema »Legionäre« Tagebucheintrag v. 3.3.1943.

225 In ihrem Monatsbericht für die Zeit vom 16.9. bis 15.10.1943 meldete die Oberfeldkommandantur Warschau, daß das »Banditenunwesen«, wie die Aktivitäten des polnischen Untergrundes deutscherseits offiziell bezeichnet wurden, »bedenkliche Formen angenommen« habe: »Eine erschreckende Steigerung erfuhren auch die Überfälle in Warschau selbst auf deutsche Wehrmachtangehörige und Uniformierte, die am hellen Tag oft in belebten Straßen in brutalster Weise unter Anwendung von Maschinenwaffen und Handbomben stattfanden. 16 deutsche Wehrmachtangehörige, 9 deutsche bzw. polnische Polizisten und 9 Reichsdeutsche Wehrmachtangehörige und 12 deutsche bzw. polnische Polizeibeamte verwundet.« Vgl. BA-MA, RH 53-23/43, Bl. 57 f.

226 Thomas a Kempis/Thomas von Kempen (vgl. Brief v. 18.8.1942).

227 Sohn Helmut als Flak-Helfer in Frankfurt a.M., Sohn Detlev als Flak-Helfer in Kassel.

228 Vgl. Brief v. 3.3.1942.

229 Gemeint ist Oberleutnant der Reserve Tausendfreund (vgl. Notiz v. 8.10.1943).

230 Bruno Brehm (1892-1974), österreichischer Schriftsteller und überzeugter Nationalsozialist. Sein Roman »Apis und Este« (1931) ist der erste Band einer Trilogie, die den Untergang des alten Österreich zum Hauptthema hat.

231 Der Versuch einer »Befriedung« Jugoslawiens durch die deutschen Besatzer mittels einer prinzipiell exzessiven Bekämpfung der dortigen Partisanenarmeen – jener kommunistischen »Volksbefreiungsarmee« unter Josip Broz Tito und der nationalserbischen »Četniks« des Obersten Draža Mihailović – mußte spätestens im Sommer 1943 als gescheitert betrachtet werden. Trotz großangelegter militärischer Operationen gegen sie bewiesen die Partisanen in Reaktion auf die Kapitulation Italiens im September ihre ungebrochene, eher angewachsene Widerstandskraft. Diese Erkenntnis führte deutscherseits einmal zu einem flexibleren Umgang mit ihnen durch die militärische Führung. Zum anderen veranlaßte sie Hitler selbst zur Entsendung eines diplomatischen Sonderbevollmächtigten bereits Ende August 1943. Er sollte die politischen Anstrengungen gegen die kommunistische Gefahr auf dem Balkan bündeln und durchaus unter Ausnutzung »nationaler antikommunistischer Kräfte« in den Griff bekommen. Vgl. Deutschland im zweiten Weltkrieg, Bd 4, S. 188-197; Schmider, Auf Umwegen; ders., Partisanenkrieg.

232 Der Besuch polnischer Gottesdienste war für deutsche Soldaten offiziell verboten (vgl. Notiz v. 4.2.1940).

233 Vgl. Notiz v. 2.10.1943.

234 Sportfest zugunsten des Winterhilfswerkes (WHW).

235 Oberleutnant der Reserve Tausendfreund (vgl. Brief v. 5.10. u. Notiz v. 8.10.1943).

236 Der Dnepr mit den Städten Zaporož'je am Unter- und Kiev am Mittellauf sowie das weiter nördlich gelegene Gomel' markierten in etwa den Verlauf der südlichen und mittleren Ostfront seit Ende September 1943. Bereits völlig in der Defensive, konnten die deutschen Truppen hier ihre Stellungen nur kurzfristig halten, bevor sie durch neue sowjetische Offensiven ab der zweiten Oktober-Hälfte weiter nach Westen zurückgeschlagen wurden (vgl. Notiz v. 26.9.1943). – Auf dem italienischen Kriegsschauplatz hatte der Unterlauf des Flusses Volturno nördlich von Neapel den deutschen Truppen die Möglichkeit geboten, der am 9.9.1943 im Golf von Salerno gelandeten alliierten Armee den Vormarsch nach Norden zu verlegen. Erst nach einwöchigem Kampf war den Alliierten hier am 15.10.1943 der Durchbruch gelungen. Vgl. Blumenson, Salerno to Cassino, S. 188-206.

237 Gemeint sind die geistigen Väter der nationalen Bewegung in Deutschland zu Beginn des 19. Jahrhunderts und damit auch des Befreiungskrieges gegen die französische Fremdherrschaft, wie er schließlich 1813 mit der Erhebung in Preußen ausbrach. Exponenten dieser geistigen Mobilisierung waren u.a. die Dichter Heinrich von Kleist (1777-1811) und Theodor Körner (1791-1813), der Philosoph Johann Gottlieb Fichte (1762-1814), der Theologe Friedrich Schleiermacher (1768-1834), die Historiker Heinrich Luden (1778-1847) und Karl von Rotteck (1775-1840), die Publizisten Ernst Moritz Arndt (1769-1860) und Joseph Görres (1776-1848) sowie Friedrich Ludwig

Jahn (1778-1852), Gründer der nationalen Turnbewegung. Vgl. Echternkamp, Der Aufstieg des deutschen Nationalismus.

238 Am 13.10.1943 hatte die deutsche Sicherheitspolizei (Sipo) in Warschau eine neue Phase des Terrors gegen die Zivilbevölkerung eröffnet. Um den Druck auf die immer aktiver werdende polnische Untergrundbewegung zu verstärken und in unmittelbarer Vergeltung für deren Attentate, wurden bis in den Sommer 1944 hinein fast täglich polnische Geiseln, insgesamt etwa 8000 Menschen, zunächst in öffentlichen wie nicht-öffentlichen Aktionen exekutiert. Nachdem das erfolgreiche Attentat auf den SS- und Polizeiführer Warschau, Franz Kutschera, am 1.2.1944 die Wirkungslosigkeit solcher Repressalien erwiesen hatte, fanden die Mordaktionen fortan ohne Publikum statt, allerdings nicht ohne sie danach auch weiterhin öffentlich bekanntzugeben. Vgl. Die faschistische Okkupationspolitik, S. 85; Szarota, Warschau, S. 279 f.

239 Vgl. Notizen v. 3. u. 18.10.1943.

240 Werk von *Hermann* Sudermann (1857-1928), einem ostpreußischen Schriftsteller, der seinerzeit in der Publikumsgunst mit Gerhard Hauptmann (1862-1946) sehr erfolgreich konkurrierte. »Die Reise nach Tilsit« (1908) erzählt in dramatischen Wendungen von der »moralischen Läuterung« eines Mannes, der sich zwischen deutscher Ehefrau und polnischer Geliebten entscheiden muß. Vgl. BBKL, Bd XI, Sp. 169-183.

241 Erzählung (1930) von Dr. phil. Manfred Hausmann (1898-1986), eines niederdeutschen Dichters, der – wie H. – seine geistige Heimat zunächst in der Wandervogel-Bewegung und im soldatischen Erlebnis des Ersten Weltkrieges fand. Ab 1926 lebte er als freier Schriftsteller in Worpswede, wo er mit der dortigen Künstlerkolonie und so auch mit H.s Schwiegereltern in Verbindung kam. Sein zunächst stark von Vagabundenromantik geprägtes literarisches Schaffen erhielt durch die Hinwendung zum christlichen Glauben ab 1933 einen anderen Charakter. Vgl. BBKL, Bd XVI, Sp. 643-647.

242 Die britische Luftoffensive auf Berlin (»Battle of Berlin«) hatte am 18.11.1943 begonnen und hielt bis Ende März des Folgejahres an. Die Offensive war allerdings keine Antwort speziell auf Maßnahmen des Regimes im Rahmen seiner verbrecherischen Politik gegen die Juden, sondern durch die herausragende Bedeutung Berlins als politisches Macht- und Industriezentrum begründet. Vgl. Das Deutsche Reich und der Zweite Weltkrieg, Bd 7, S. 75-80 (Beitrag Boog).

243 Deutscher Spielfilm von 1942 (Regie: Paul Verhoeven, Hauptdarsteller u.a.: Heinrich George, Heidemarie Hatheyer, Will Quadflieg) mit einer Geschichte um Schuld und Versöhnung.

244 Gemeint sind Überläufer der 1. Polnischen Infanterie-Division »Tadeusz Kościuszko«. Diese war erst im Mai 1943 im Auftrag und unter Kontrolle der sowjetischen Führung aus Exil-Polen in der Sowjetunion, darunter viele Angehörige der früheren regulären polnischen Streitkräfte, rekrutiert worden. Als Gegenstück zu der auf westalliierter Seite kämpfenden polnischen Exil-Armee von General Władysław Anders bildete diese Di-

vision den Grundstock zum Aufbau einer Moskau-treuen polnischen Armee unter General Zygmunt Berling. Die Division hatte Anfang/Mitte Oktober 1943 auf seiten der Roten Armee an den Kämpfen um Lenino teilgenommen und dabei die große Zahl von 652 »Vermißten« verloren. Diese dürften zum großen Teil mit den von H. gemeldeten Überläufern identisch sein. Vgl. Encyklopedia II wojny światowej, S. 262; Wojsko Polskie; Gosztony, Stalins fremde Heere, S. 88-91; Żak, Militärische Traditionspflege, S. 691 f. – Ich danke Dr. Bernhard Chiari und Michael Foedrowitz für wertvolle Hinweise zu diesem Sachverhalt.

245 Vgl. Notiz v. 27.11.1943.

246 Hier irrt H. Borisov liegt ca. 80 km nordöstlich und damit in Flugrichtung »hinter« Minsk, aber noch ca. 250 km südwestlich, in diesem Sinne »vor« Smolensk.

247 Vgl. Notiz v. Vortag.

248 Auf der Konferenz in Teheran vom 28.11. bis 1.12.1943 waren erstmals die alliierten »Großen Drei«, der amerikanische Präsident Franklin D. Roosevelt, der britische Premierminister Winston S. Churchill und der sowjetische Diktator Josif V. Stalin, zusammengetroffen, um die weitere Kriegführung und auch die Nachkriegspolitik abzusprechen. So wurde beschlossen, die geplante alliierte Landung in Frankreich mit einer gleichzeitigen sowjetischen Offensive im Osten zu koordinieren. Zudem versprach Stalin den Kriegseintritt seines Landes gegen Japan nach Kriegsende in Europa. Hinsichtlich der Nachkriegsordnung wurde man sich über eine Aufteilung Deutschlands unter den Siegermächten grundsätzlich einig. Noch relativ unverbindlich kam das Schicksal der ost- und südosteuropäischen Staaten zur Sprache, nicht ohne bereits eine Westverschiebung Polens ins Auge zu fassen. Vgl. Weinberg, Welt in Waffen, S. 658-670.

249 Angesichts zunehmender anglo-amerikanischer Luftangriffe auf das Reichsgebiet orakelte die NS-Propaganda ab 1943 von der »Stunde der Vergeltung« speziell gegen Großbritannien mittels einer neu-entwickelten, geheimnisvollen »Vergeltungswaffe«. Vgl. Goebbels-Reden, Bd 2, S. 228 u. 277-293. Gemeint waren die Flugbombe V 1 und die Rakete V 2, deren Bezeichnung als »V-Waffen« auf Propagandaminister Goebbels zurückgeht. Sie kamen allerdings erst ab Juni bzw. September 1944 von Abschußbasen an der Westfront, vorwiegend gegen London, zum Einsatz. Dort verursachten sie einige tausend Todesopfer, hatten aber nicht entfernt jene moralisch erschütternde Wirkung auf die britische Bevölkerung, wie die NS-Propaganda der eigenen Bevölkerung vorgaukelte. – Zur Erörterung dieses Themas dürfte H. von einem Artikel des NS-Journalisten Hans Schwarz van Berk angeregt worden sein, der in der Ausgabe der Wochenzeitung »Das Reich« vom selben Tag erschienen war und gezielt dem wachsenden Gerede über das Ausbleiben der V-Waffen begegnen sollte. Vgl. Das Deutsche Reich und der Zweite Weltkrieg, Bd 7, S. 380-415 (Beitrag Boog), bes. S. 383; Schmidt-Berning, Vokabular, S. 623 f. u. 627-629.

250 Erst 1940 gegründete große deutsche Wochenzeitung, deren Leitartikel Propagandaminister Goebbels oft selbst verfaßte. Im Unterschied zur üblichen, meist derb-reißerischen NS-Presse sollte »Das Reich« durch moderne und ruhige Aufmachung, vor allem aber in sachlichem Ton und mit einer gewissen inhaltlichen Offenheit gezielt ein intellektuell anspruchsvolleres, bürgerliches Publikum ansprechen. Obwohl sie dennoch ein stark gelenktes und kontrolliertes Medium blieb, hatte sie mit diesem Konzept durchaus Erfolg. Auch H. scheint sie regelmäßig gelesen zu haben (vgl. Tagebucheinträge vom 15.1. sowie 29.3.1943 und 22.6.1944).

251 Vgl. Brief v. 21.7.1944.

252 Ehemaliger Schüler von H. aus Thalau.

253 Vgl. Notiz v. 1.8.1943.

254 Ort bei Smolensk im westlichen Rußland, wo im Frühjahr 1940 mehrere tausend, seit Herbst 1939 in Kriegsgefangenschaft befindliche polnische Offiziere vom sowjetischen Geheimdienst NKVD ermordet worden waren. Das Massengrab war im Februar 1943 von deutschen Soldaten zufällig entdeckt worden. Die deutsche Propaganda hatte die Gelegenheit aber erst Anfang April aufgegriffen und dann sogleich entsprechend ausgeschlachtet (Radiomeldung vom 13.4.1943). Die sowjetische Seite wiederum beschuldigte die Deutschen der Tat. Eine neutrale Untersuchungskommission hatte die Schuldfrage zwar bald geklärt, doch fiel die antibolschewistische deutsche Propaganda im besetzten Polen angesichts der dortigen NS-Herrschaftspraxis auf keinen fruchtbaren Boden. Vgl. Fox, Der Fall Katyn.

255 Deutscher Spielfilm von 1942/1943 (Regie: Josef von Baky; Hauptdarsteller u.a.: Hans Albers, Käthe Haack, Brigitte Horney, Ferdinand Marian, Leo Slezak), der episodenhaft die phantastischen Abenteuer des Barons von Münchhausen frei nach dessen Erzählungen in einer Bearbeitung von Erich Kästner inszeniert. Filmgeschichtlich ist er wegen seines hohen technischen Standards bzw. Aufwandes (Trick- und Farbtechnik) bemerkenswert, der ihn zum teuersten Spielfilm während des »Dritten Reiches« werden ließ.

256 Vgl. Tagebucheintrag v. 30.6.1943.

257 Hitler hatte öffentlich letztmals in seiner Berliner Reichstags-Rede vom 19.7.1940 ein solches, allerdings stark propagandistisch gefärbtes Friedensangebot gemacht. Vgl. Domarus, Hitler, Bd 3, S. 1558. Dies war Ausdruck seiner bis in den Frühsommer 1940 anhaltenden Erwartung gewesen, Großbritannien würde angesichts der deutschen Waffenerfolge in einen Frieden einlenken. Wegen der deutlich ablehnenden Haltung der neuen Regierung Churchill hatte Hitler dann noch im Juli seine Politik gegenüber Großbritannien verschärft und die Vorbereitungen für eine Invasion in Südengland intensivieren lassen. Vgl. Notiz v. 1.8.1940; Hillgruber, Hitlers Strategie, S. 144-192.

258 Im Nachlaß nicht überliefert.

259 »Also sprach Zarathustra. Ein Buch für Alle und Keinen« (1883-91). Hauptwerk des deutschen Philosophen Friedrich Nietzsche (1844-1900), in dem dieser, das christliche Menschenbild verwerfend, das Ideal einer sich ungehemmt und deshalb zu größter Stärke und Macht entfaltenden Persönlichkeit, eben des Übermenschen, entwickelt. Vgl. BBKL, Bd VI, Sp. 774-804.

260 Antoni Cieciora (vgl. Brief v. 23.1.1943).

261 Gemeint ist einer der bedeutendsten spätgotischen Schnitzaltäre, der Marienaltar von Tilman Riemenschneider (um 1460-1535) in der Herrgottskirche bei Creglingen/Tauber.

262 Mit dem »Führererlaß« ist eine Entscheidung Hitlers von 1942 zum Schutz sogenannter Bluterben gemeint. Demnach mußten »einzige Söhne, deren Väter als deutsche Soldaten im Kriege gefallen sind, und letzte Söhne von Familien, die schon durch den Tod von Vätern oder Söhnen im [Ersten] Weltkrieg oder im gegenwärtigen Kriege erhebliche Opfer gebracht haben, zur Erhaltung von erbgesunden Blutlinien aus der kämpfenden Truppe« zurückgezogen werden (als Verfügung OKH, Chef Heeres-Rüstung und Befehlshaber des Ersatzheeres, v. 6.10.1942 abgedr. in Heeres-Verordnungs-Blatt (HVBl.) 1942, Teil B, Bl. 19, Nr. 757. Wegen der angespannten Personalersatzlage hob ein erneuter »Befehl des Führers« ein Jahr später diese Bestimmung wieder auf (als Verfügung OKW, Wehrmacht-Führungsstab/Org II, v. 14.9.1943 abgedr. in HVBl. 1943, Teil B, Bl. 19, Nr. 525). Dagegen blieben die Schutzbestimmungen für Väter von mindestens fünf unversorgten Kindern und die Vergünstigung für Familien mit mindestens fünf im Wehrdienst stehenden Söhnen vorerst bestehen.

263 Stockhiebe auf die Fußsohle.

Anmerkungen zu »Zweiter Weltkrieg. 1944/45«

1 Der umfangreiche Raub polnischer Kunstgüter hatte bereits in der Anfangszeit der deutschen Besatzungsherrschaft, als Begleiterscheinung des Krieges und ungeordneter Verhältnisse, in Form »willkürlicher und zügelloser Plünderungsaktionen« (Kleßmann, Die kulturelle Selbstbehauptung, S. 97) begonnen. Diese Phase war dann zum Jahresende 1939 durch die Etablierung der Regierung des Generalgouvernements abgelöst worden, mit in anderer Weise verheerenden Folgen. Zwei Erlasse des Generalgouverneurs vom 15.11. und 16.12.1939 (abgedr. in Documenta occupationis, BdVI, S. 446-448) hatten die Beschlagnahme zunächst der staatlichen, dann auch kirchlicher und privater Kunstgüter verfügt. Dieser amtlich als »Sicherstellung« verbrämte, staatlich organisierte Kunstraub des Generalgouverneurs stand jedoch sogleich in Konkurrenz zur Begehrlichkeit anderer NS-Größen, allen voran der Sonderbeauftragten von Hitler, Himmler und Göring. Auf diese Weise wurden schon früh wertvolle Kunstschätze außer Landes gebracht. Der größte Teil blieb zwar innerhalb des Generalgouvernements »sichergestellt«, wurde dabei meist für deutsche »kulturpolitische« Ziele mißbraucht, bevor gegen Kriegsende auch ein bedeutender Teil davon die Flucht des Generalgouverneurs begleitete. Vgl. Kleßmann, Die kulturelle Selbstbehauptung, S. 97-102; Mezynski, Kommando Paulsen; Die faschistische Okkupationspolitik, S. 315 f.

2 Der »Neujahrsaufruf« Hitlers vom 1.1.1944 ist abgedr. bei Domarus, Hitler, Bd 4, S. 2071-2076.

3 Vgl. Tagebucheinträge v. 26.6. u. 5.12.1943.

4 Der Verlauf der Ostfront lag zur Jahreswende 1943/44 um einiges weiter östlich, als von H. angegeben. So standen deutsche Truppen noch vor Leningrad und am Ilmensee, hielten fast ganz Weißrußland und die westliche Hälfte der Ukraine einschließlich der Krim noch besetzt.

5 Die 1943 immer noch hauptsächlich vom britischen »Bomber Command« getragenen Luftangriffe auf das Reichsgebiet hatten im Winter 1943/44 schwerpunktmäßig Berlin zum Ziel. Dabei wurden im Durchschnitt jeweils etwa 500 bis 600 Bomber eingesetzt. Vgl. Das Deutsche Reich und der Zweite Weltkrieg, Bd 7, S. 75-80 (Beitrag Boog).

6 Im Original unterstrichen.

7 Worpswede bei Bremen war die Heimat von Annemarie H. Dort lebte noch ihr Vater, der Kunstmaler Karl Krummacher (1867-1955).

8 Einwohner von Thalau, gefallen am 8.12.1943 im Alter von 44 Jahren.

9 Anspielung auf einen von Sohn Helmut berichteten Vorfall während der vergangenen Weihnachtsfeier in seiner Frankfurter Studenten-Kompanie. Nationalsozialistische Medizin-Studenten waren mit dem Versuch, NS-Liedgut durchzusetzen, an der großen Mehrheit gescheitert, die bewußt christliche Weihnachtslieder anstimmte (mündliche Mitteilung von Dr. Helmut H. v. 15.8.2001).

10 Vgl. Brief v. 12.1.1944.

11 Offiziere anderer Wehrmacht-Dienststellen im Raum Warschau, die – wie H. selbst – im Sachgebiet »geistige Betreuung« tätig waren.

12 Vgl. Brief v. 21.9.1942.

13 Gemeint ist das in Kolberg/Pommern stationierte Grenadier-Ersatz-Bataillon 4. Warum die Absicht bestand, H. ausgerechnet zu diesem Verband zu versetzen, ist nicht bekannt.

14 Major Ebener (vgl. Notiz v. 2.10.1943).

15 Oberstleutnant Hallensleben (vgl. Notiz v. 5.5.1943).

16 Das Wehrkreiskommando Generalgouvernement, die höchste deutsche militärische Kommandobehörde im Lande (vgl. Notizen v. 20.8.1941 u. 6.8.1943), war am 15.8.1943 von Spała nach Krakau verlegt worden. Vgl. Bundesarchiv-Militärarchiv, i.Br. (BA-MA), RH 53-23/42, Bl. 139.

17 H. wurde Opfer einer durch das Oberkommando der Wehrmacht am 18.12.1943 befohlenen Verschärfung der Tauglichkeitskriterien. Dem lag ein »Führerbefehl« vom 27.11.1943 zugrunde, der angesichts der personellen Auszehrung der Fronttruppen zuviel Personal in den rückwärtigen Diensten (»Etappe«) feststellte und forderte, dem Mißstand u.a. durch »Vereinfachung« der Tauglichkeitskriterien und »Auskämmen« der Etappe abzuhelfen. Daraufhin war die Differenzierung zwischen »garnisondienstverwendungsfähig Feld« (g.v.F.) und »garnisondienstverwendungsfähig Heimat« (g.v.H.) abgeschafft und durch die neue Kategorie »bedingt kriegsverwendungsfähig« (bedingt k.v.) ersetzt worden. Die so eingestuften Soldaten waren damit für den Fronteinsatz disponibel. Vgl. KTB OKW, Bd 6/2, S. 1314 f. u. 1336 f.; Das Deutsche Reich und der Zweite Weltkrieg, Bd 5/2, S. 964-990 (Beitrag Kroener).

18 Kurs im Rahmen der von H. geleiteten »Wehrmachtkurse zur Berufsförderung« (vgl. Brief v. 21.9.1942).

19 Vgl. Brief v. 10.9.1941.

20 H. war selbst Angehöriger der Abteilung Ic (Feindaufklärung und Abwehr; geistige Betreuung) im Stab der Oberfeldkommandantur Warschau.

21 Ein Hinweis auf die mit der Verschärfung des Krieges in Rußland verstärkten Anstrengungen des NS-Regimes, unter der offiziellen Bezeichnung »wehrgeistige Führung« die Wehrmacht im nationalsozialistischen Geist zu indoktrinieren und der »totalen Kriegführung« zu unterwerfen. Einen Markstein bildete die Einsetzung »Nationalsozialistischer Führungsoffiziere« (NSFO) aufgrund eines Hitler-Befehls v. 22.12.1943. Im Zuge dieser Entwicklung ging auch die ursprünglich bestehende Unvereinbarkeit von Parteiamt, wie das eines Gauredners der NSDAP, und ak-

tivem Dienst in der Wehrmacht verloren. Auf diese Weise verschaffte sich Partei zunehmend Einfluß auf das innere Gefüge der Wehrmacht. Vgl. Messerschmidt, Die Wehrmacht, S. 306-347, 422-480.

22 Gemeint sind die alliierten Luftangriffe auf das Reichsgebiet, die im NS-Sprachgebrauch als »Terrorangriffe« bezeichnet wurden.

23 Gemeint ist die deutsche U-Boot-Kriegführung, deren Erfolg an der Höhe der Versenkung feindlichen Handelsschiffsraums, gezählt in Bruttoregistertonnen (BRT; »Tonnage«), gemessen wurde.

24 Major Ebener (vgl. Notiz v. 2.10.1943).

25 Major Ebener (vgl. Notiz v. 2.10.1943).

26 Großadmiral Karl Dönitz (1891-1980), Oberbefehlshaber der Kriegsmarine (ObdM), als einer der treuesten Vasallen Hitlers von diesem später zu seinem Nachfolger als Staatsoberhaupt bestimmt. – Dönitz hatte in Vertretung Hitlers am 12.3.1944 in Berlin anläßlich der jährlichen Feier zum Heldengedenktag eine Rede gehalten, die im Rundfunk übertragen wurde (abgedr. in Keesings Archiv der Gegenwart, 1944, S. 6303).

27 Der Gottesdienst stand offenbar im Zusammenhang mit den örtlichen Feierlichkeiten anläßlich des Heldengedenktages. Das Lied »Ich hatt' einen Kameraden« (Text von Ludwig Uhland, 1809; Melodie von Friedrich Silcher 1825) wurde und wird heute noch vor allem zum Gedenken an die gefallenen Soldaten bei feierlichen Anlässen gespielt und gesungen. Vgl. Stein, Symbole, S. 277 f.

28 Es handelt sich um den Schützen Wolfgang Werner. Dieser war Teilnehmer an den von H. geleiteten Studentenkursen im Rahmen des Berufsförderungswerkes der Wehrmacht im Spätsommer 1943 gewesen (vgl. Brief v. 21.9.1943). Werner hatte sich mit einem Schreiben v. 28.12.1943, auf den sich H. hier wahrscheinlich bezieht, in Erinnerung gebracht (im Nachlaß H. überliefert; nicht ediert).

29 Vgl. Notiz v. 8.11.1940 u. Brief v. 20.7.1942. – Frau L. war inzwischen in das Dorf Alexandrów im Umland der jenseits der Weichsel gelegnen Warschauer Vorstadt Praga gezogen.

30 Gemeint ist das polnische Wort »instructor« (Lehrer).

31 Ludwig van Beethoven (1770-1827), Pianist und Komponist der klassisch-romantischen Musikepoche.

32 Franz (Ritter von) Liszt (1811-1886), international tätiger Pianist, Dirigent und Komponist.

33 Franz Schubert (1797-1828), Komponist der Romantik.

34 Robert Schumann (1810-1856), Komponist der Romantik.

35 Hugo Wolff (1860-1903), Komponist der Spätromantik.

36 Die deutsche Führung hatte im Frühjahr 1944 erkennen müssen, daß unabhängig voneinander sowohl die finnische wie die ungarische Regierung angesichts der sich für ihre Länder verschlechternden Kriegslage als Verbündeter des Reiches die Möglichkeit einer Verständigung mit den Alliierten sondierten. Die Gefahr eines Sonderfriedens mit der Sowjetunion wurde im Falle Ungarns umgehend durch die militärische

Besetzung des Landes ab dem 19.3.1944 verhindert (»Unternehmen Margarethe«), während Staatschef Miklós Horthy (1868-1957) zu einem Besuch bei Hitler weilte. Im anderen Fall gelang es der deutschen Seite durch politisch-wirtschaftlichen Druck und Hilfsversprechen, Finnland noch einige Monate im Bündnis mit dem Deutschen Reich zu halten, bevor hier wie auch in Ungarn die militärische Entwicklung neue Fakten schuf. Vgl. Ránki, Unternehmen Margarete; Menger, Deutschland und Finnland, S. 160-193.

37 Gemeint sind die Wehrmachtkurse zur Berufsförderung (vgl. Brief v. 21.9.1942).

38 Vgl. Notiz v. 28.9.1941.

39 Major Ebener (vgl. Notiz v. 2.10.1943 u. Brief v. 26.2.1944).

40 Das bezieht sich auf eine Mitteilung der Ehefrau, wonach ein bekannter Junge aus dem Nachbardorf – kaum älter als H.s jüngerer Sohn Detlev (geb. 1927) und wie dieser bislang als Flak-Helfer in Kassel im Einsatz – zur Wehrmacht und zwar sogleich frontnah nach Italien eingezogen worden war.

41 Damit bezieht sich H. wahrscheinlich auf den NS-»Chef-Ideologen« Alfred Rosenberg, dessen Hauptwerk »Der Mythus des 20. Jahrhunderts« eine solche Umdeutung des Topos vom »auserwählten Volk« intendiert (vgl. Notiz v. 2.11.1936).

42 Gemeint ist die alliierte Landung in Süditalien im Juli 1943 (vgl. Tagebucheintrag v. 11.7.1943).

43 Vgl. 1. Brief v. 21.3.1944. – Rumänien, dessen Ostgrenze bereits unmittelbar von der Roten Armee bedroht war, wurde von seinem Diktator, Marschall Ion Antonescu, noch bis zu seinem eigenen Sturz Ende August 1944 im Bündnis mit dem Deutschen Reich gehalten. Deutsche militärische Planungen zur Besetzung Rumäniens gleich im Anschluß an jene Ungarns (»Margarethe II«) kamen daher nicht zur Ausführung. Vgl. KTB OKW, Bd 7/1, S. 247-249.

44 Vgl. Brief v. 10.2.1943.

45 Friedrich Nietzsche (1844-1900), Philosoph.

46 Antoni Cieciora (vgl. Brief v. 23.1.1943).

47 Der Versuch zur Revision der brutalen Besatzungspolitik gegenüber den Polen war bereits im Frühjahr 1943 von der Regierung des Generalgouvernements und nicht etwa von der »deutschen Regierung« ausgegangen. Keine plötzliche Besinnung auf humanitäre Grundsätze, sondern allein taktisches Verhalten lag dem zugrunde, nachdem sich im Winter 1942/43 die »Sicherheitslage« im Generalgouvernement entscheidend gewandelt der stark angewachsene passive und aktive Widerstand der Polen das Land zunehmend unregierbar gemacht hatte. Dieser Zwangslage entsprangen einige geringfügige Konzessionen gegenüber den Polen auf schul-, kultur- und »volkstumspolitischen« Gebiet. Der unverminderte Terror durch SS und Polizei konterkarierte dies jedoch umgehend. Im übrigen waren alle weitergehenden Versuche von Generalgouverneur Frank, die NS-Führung zu einer grundlegenden Än-

derung in der Politik gegenüber den Polen zu bewegen, bereits 1943 an der ideologischen Verbohrtheit der NS-Führung gescheitert, allen voran Hitler, Himmler und Bormann. Andererseits hatte die seit Stalingrad eindeutig negative Entwicklung der Kriegslage für Deutschland auch die Polen immer weniger empfänglich gemacht für solche verspäteten und letztlich unglaubwürdigen deutschen Umgarnungsversuche. Vgl. Broszat, Nationalsozialistische Polenpolitik, S. 187-192; Madajczyk, Die Okkupationspolitik, S. 110-142. – Zu seiner aktuellen Einschätzung wird H. durch Beobachtung der sog. »Aktion Berta« vom vergangenen Februar veranlaßt worden sein. Unter diesem Decknamen hatte die Regierung des Generalgouvernements in Zusammenarbeit mit dem Sicherheitsdienst der SS (SD) eine »antibolschewistische« Propagandakampagne durchgeführt, die vor dem Hintergrund der näherrückenden Ostfront an entsprechende Ressentiments in der polnischen Bevölkerung appellierte. Die Kampagne, die sich dabei auch die Entdeckung des Massenverbrechens von Katyn zunutze machte (vgl. Brief v. 12.12.1943), verfehlte infolge des anhaltenden Besatzungsterrors allerdings gründlich ihr Ziel, die Polen für die deutsche Sache einzunehmen. Vgl. Das Diensttagebuch, S. 779, 802 f., 807; Ramme, Der Sicherheitsdienst, S. 241 f.

48 Gemeint ist die Ansprache von Generalgouverneur Frank (zu ihm vgl. Brief v. 17.11.1939) auf einer Großkundgebung der Distriktstandortführung Krakau des Arbeitsbereiches Generalgouvernement der NSDAP am 25.3.1944. Vgl. Das Diensttagebuch, S. 818.

49 H. meint hiermit wahrscheinlich die – den Tatsachen spottende – Rede von Generalgouverneur Frank vor Vertretern der Auslandspresse im Berliner Auslandsklub am 7.2.1944, die anderntags in großer Aufmachung in der NSDAP-Parteizeitung »Völkischer Beobachter« unter der Schlagzeile »Unter deutscher Führung. Soziale Befreiung im polnischen Volkstum« veröffentlicht worden war. Die Rede ist auszugsweise abgedr. in Keesings Archiv der Gegenwart, 1944, S. 6268; eine Zusammenfassung der Rede ist abgedr. in Das Diensttagebuch, S. 793.

50 Die Unterscheidung zwischen »Banditen« und »illegalen Widerstandsbewegungen« durch H. ist insofern interessant, als im offiziellen deutschen Sprachgebrauch auch die Angehörigen der Widerstandsbewegungen als »Banditen« bezeichnet wurden. Vgl. Jockheck, »Banditen«, S. 446-448, sowie oben, Notiz v. 3.10.1943. – Polnische Widerstandsbewegungen gab es in der Tat mehrere. Die weitaus größte und bedeutendste Organisation, die Armia Krajowa (AK; »Heimatarmee«), hatte sich im wesentlichen auf Initiative von Offizieren der regulären polnischen Armee formiert, die nach der Besetzung Polens im September 1939 im Lande »untergetaucht« waren. Ihnen war es mit der Zeit gelungen, die zunächst noch zersplitterten bewaffneten Kräfte der meisten politischen Parteien des früheren polnischen Staates unter dem Dach der AK zu integrieren, mit Ausnahme von Teilen der beachtlichen Militärorganisation (NSZ) der extrem rechten Nationalen Partei. Grundsätzlich verstand sich die AK

mit ihren 1943/44 etwa 300 000 Mitgliedern – davon allerdings kaum ein Zehntel bewaffnete Kämpfer – als Teil der auf westalliierter Seite kämpfenden polnischen Exilarmee, die loyal zur legitimen polnischen Exilregierung in London stand. Von ihr unterschied sich insofern prinzipiell die auch zahlenmäßig deutlich schwächere Armia Ludowa (AL; »Volksarmee«). Sie war die Untergrund-Militärorganisation der im Auftrag Moskaus von kommunistischen Exil-Polen erst Anfang 1942 gegründeten Polnischen Arbeiterpartei. Die ideologischen Gegensätze zwischen dem in der AK vertretenen »bürgerlichen Lager« und den Kommunisten in der AL erwiesen sich bis zuletzt als unüberbrückbar und führten allenfalls aus taktischen Notwendigkeiten zeitweilig und örtlich zu einer gewissen Kooperation, entluden sich mitunter aber auch in bewaffneten Feindseligkeiten. Während sich die wachsende Stärke der AL vor allem im Distrikt Lublin bemerkbar machte, dominierte in Warschau bis zuletzt sehr deutlich die AK. – Zu den zahlreichen Aspekten der Geschichte des polnischen »Untergrundes« im Zweiten Weltkrieg, speziell der AK, siehe Die polnische Heimatarmee.

51 Tatsächlich hob Goebbels in all seinen damaligen Reden den »entschlossenen Siegeswillen« des »deutschen Volkes« deutlich hervor, zuletzt am 13.3.1944 in Salzburg anläßlich der Jahrestagsfeier zur »Wiedervereinigung« von Deutschland und Österreich (auszugsweise abgedr. in Keesings Archiv der Gegenwart, 1944, S. 6305 f.). – Im Gegensatz dazu standen die geheimen Lageberichte des SD, die durchaus die von H. festgestellte Mißstimmung in der deutschen Bevölkerung registrierten. Vgl. Meldungen aus dem Reich, Bd 16, S. 6412-6417, 6432-6437.

52 Vgl. Tagebucheintrag v. 5.12.1943.

53 Anspielung auf die Körperbehinderung von Propagandaminister Goebbels, einem regelmäßigen Leitartikel-Autor in der Wochenzeitschrift »Das Reich«.

54 Zitat aus dem Neuen Testament, Das Evangelium nach Markus 14, 21.

55 Monumentalstes Musikwerk – für sieben Solostimmen, zwei Chöre und zwei Orchester und mit einer Aufführungsdauer von drei bis vier Stunden – des Komponisten Johann Sebastian Bach (1685-1750). Es hat die Leidensgeschichte von Jesus Christus zum Thema, wie sie im 26. und 27. Kapitel des Matthäus-Evangeliums geschildert wird. Uraufgeführt wurde das Werk 1727 in der Leipziger Thomaskirche im Rahmen der evangelischen Karfreitags-Liturgie.

56 Die evangelische Garnisonkirche befand sich in einem Kasernengelände an der Feldherren- bzw. Puławska-Allee im südlichen Warschauer Stadtteil Mokotów. Vgl. Oberfeldkommandantur Warschau, Merkblatt für den Aufenthalt Wehrmachtangehöriger in Warschau, Mai 1942, BA-MA, RHD 57/5.

57 H. war vom 17.4. bis 5.5.1944 zum Besuch eines Gasschutz-Lehrgangs an die Heeres Gasschutz-Schule 2 nach Bromberg kommandiert. Seine Ehefrau traf dort schließlich wie verabredet am Nachmittag des 17.4. ebenfalls ein (vgl. Notiz v. 17.4.1944; nicht ediert).

58 In der Nähe der Stadt Samter (Szamotuły) im Warthegau lebte die mit H. befreundete polnische Familie Cieciora (vgl. Brief v. 7.1.1943 u. nachst. Brief).

59 Gemeint ist der Schwager von Frau Cieciora, Antoni Cieciora, der als Verfolgter des NS-Regimes mit H.s Hilfe unter falschem Namen Zuflucht und Arbeit im Sportamt der Kommandantur Warschau gefunden hatte (vgl. Brief v. 23.1.1943).

60 Beide Seiten der Alliierten befanden sich in Vorbereitung auf großangelegte Offensiven, die den militärischen Zusammenbruch des Deutschen Reiches deutlich beschleunigen sollten. Auf ihrer Konferenz in Teheran (28.11.-1.12.1943) hatten sich die »Großen Drei« Roosevelt, Churchill und Stalin entsprechend verpflichtet und abgestimmt (vgl. auch Tagebucheintrag v. 5.12.1943). Demnach wollten die Westalliierten im Mai 1944 unter dem Decknamen »Overlord« die von sowjetischer Seite lange geforderte »zweite Front« an der nordfranzösischen Küste eröffnen, begleitet von einer zweiten, kleineren Landung in Südfrankreich (Unternehmen »Dragoon«). Stalin hatte sich bereiterklärt, diese Unternehmen mit einer gleichzeitigen Großoffensive an der Ostfront zu unterstützen (spätere Operation »Bagration«). – Die deutsche Seite rechnete bereits Ende 1943 einigermaßen fest mit einer bevorstehenden alliierten »Invasion« an der belgischen oder französischen Kanalküste, konnte allerdings bis zuletzt das Landungsgebiet nicht näher eingrenzen und gewann auch keine Klarheit hinsichtlich des genauen Zeitpunktes. Vgl. Das Deutsche Reich und der Zweite Weltkrieg, Bd 7, S. 451-462 (Beitrag Vogel).

61 H.s 16jähriger Sohn Detlev befand sich seit September 1943 als Luftwaffen- bzw. Flak-Helfer bei der 6. Batterie der Schweren Flak-Abteilung 635 in Kassel im Kriegseinsatz.

62 H. hatte sich bei Ausbruch des Ersten Weltkrieges als Freiwilliger bei dem in Kassel garnisonierten Preußischen Infanterie-Regiment Nr. 167 gemeldet und dort seine militärische Grundausbildung erhalten.

63 Das Fischerdorf Gdingen (polnisch: Gdynia) war seit 1920, nachdem das Gebiet als deutsche Konkursmasse des Ersten Weltkrieges an die junge polnische Republik gefallen war, von dieser zu ihrem zivilen und militärischen Haupthafen ausgebaut worden, bewußt auch in Konkurrenz zur unmittelbar benachbarten alten deutschen Handels- und Hafenstadt Danzig. Unter deutscher Besetzung im Zweiten Weltkrieg erhielt die Stadt den Namen Gotenhafen. Mit zunehmender Kriegsdauer wuchs ihre Bedeutung als deutsche Marinebasis, da sie sich lange Zeit außerhalb der Reichweite alliierter Bomberflotten befand.

64 Die Beschreibung des Kriegsschiffes, das H. und seine Ehefrau offenbar besichtigen konnten, läßt auf eine der wenigen damals noch im Dienst befindlichen schweren Einheiten der deutschen Kriegsmarine schließen, für die überdies Gotenhafen als hauptsächlicher Liegeplatz bezeugt ist – entweder den Schweren Kreuzer »Admiral Hipper« oder das Schwesterschiff »Prinz Eugen«.

65 Es handelt sich um die in Miechów, ca. 50 km nördlich von Krakau ansässige polnische Familie Kroschel, die H. im Juli des Vorjahres kennengelernt hatte (vgl. Notizen v. 16., 18., 19.7. und Brief v. 19.7.1944).

66 H.s kurzer Heimaturlaub über Pfingsten dauerte genaugenommen vom 27. bis 30.5.1944 (Notiz v. 11.6.1944; nicht ediert). Es sollte sein letztes Wiedersehen mit der Familie sein.

67 In Bromberg, gelegen im Reichsgau Danzig-Westpreußen, war die Aufklärungs- und Kavallerie-Schule des Heeres einschließlich einer entsprechenden Lehr-Abteilung stationiert.

68 Die große alliierte Landung in Frankreich (Unternehmen »Overlord«), aus deutscher Sicht seit längerem als »Invasion« erwartet (vgl. Brief an den Sohn v. 8.5.1944), hatte in den Morgenstunden des 6.6.1944 an der Küste der Normandie von See her und aus der Luft begonnen. Obwohl sich die alliierte Übermacht an einigen Landezonen gegen die im Moment überraschte, aber stellenweise starke deutsche Verteidigung (»Atlantikwall«) anfangs schwertat, gelang es ihr überall, noch am selben Tag mit 155 000 Mann und 16 000 Kraftfahrzeugen dauerhaft Fuß zu fassen und sogleich mehrere Brückenköpfe auszubauen. Der deutsche Widerstand konnte das alliierte Anfangsziel, die Bildung eines geschlossenen, fast 100 km breiten Brückenkopfes, letztlich nur um vier Tage hinauszögern. Dessen weitere Ausdehnung wurde durch die fast unumschränkte alliierte Luftherrschaft unterstützt, die ganz wesentlich den Einsatz der aus dem Hinterland verspätet herangeführten deutschen Reserven unwirksam machte. Vgl. Das Deutsche Reich und der Zweite Weltkrieg, Bd 7, S. 536-556 (Beitrag Vogel).

69 Die offiziellen Wehrmachtberichte über die alliierte Landung vom 6. und 7.6.1944 (abgedr. in Keesings Archiv der Gegenwart, 1944, S. 6402 u. 6404) beschönigten in jeder Hinsicht die deutsche Lage, ließen aber doch durchblicken, daß die Invasionstruppen Fuß gefaßt hatten.

70 Die italienische Hauptstadt war am 4./5.6.1944 weitgehend kampflos von den deutschen Truppen vor den aus Süden und Südosten nachdrängenden Alliierten geräumt worden. Schon zuvor hatte die deutsche militärische Führung ihre von taktischen Überlegungen motivierte – und offenbar von Hitler selbst gebilligte – Absicht öffentlich erkennen lassen, Rom als »offene Stadt« zu betrachten und nicht zu verteidigen. Vgl. den entsprechenden Wehrmachtbericht v. 5.6.1944, abgedr. in Keesings Archiv der Gegenwart, 1944, S. 6401; KTB OKW, Bd 7/1, S. 499-507.

71 Nicht näher feststellbares Werk des nordfriesischen Malers und Schriftstellers Bendedikt Momme Nissen (1870-1943), der zunächst als ergebener Freund und Sekretär des kultur- und zivilisationskritischen Schriftstellers Julius August Langbehn (1851-1907) auf sich aufmerksam machte. Gemeinsam verfaßten sie das populäre Werk »Dürer als Führer« (1904). Beide pflegten eine nationalistisch übersteigerte Kunstbetrachtung, die u.a. den Schutz der deutschen vor der »entarteten« französischen Kunst forderte. Insofern gelten sie auch als zumindest geistige Wegbereiter der nationalsozialistischen Kunstauffassung. – Die von H.

erwähnte Biographie Nissens über seinen Meister erschien 1926 unter dem Titel »Der Rembrandtdeutsche. Julius Langbehn«.

72 Zur noch bevorstehenden sowjetischen Groß-Offensive vgl. Brief. v. 7.7.1944.

73 Gemeint sind die Auswirkungen der alliierten Landung in der Normandie. Gegen den sich ausdehnenden Brückenkopf kämpften die deutschen Truppen zunehmend erfolgloser an (vgl. Tagebucheintrag v. 7.6.1944).

74 Die katholische Kirche feiert das »Fest des allerheiligsten Herzen Jesu« am Freitag nach dem zweiten Sonntag nach Pfingsten.

75 Antoni Cieciora (vgl. Brief an die Ehefrau v. 8.5.1944). Bei der nachfolgend erwähnten Heimatstadt handelt es sich vermutlich um Posen.

76 Gemeint sind Kurse in der Abwehr feindlicher Angriffe mit Gaskampfstoffen (»Gasabwehr«). H. hatte in seiner Eigenschaft als Gasabwehr-Offizier mehrfach entsprechende Weiterbildungslehrgänge an der Heeres-Gasschutz-Schule 2 in Bromberg besucht. Vgl. zuletzt Brief v. 6.4.1944.

77 Generalleutnant Werner Schartow (1890-?), seit Februar 1944 Nachfolger von Generalleutnant Adolf von Kleist (vgl. Notiz v. 25.9.1943) als Oberfeldkommandant von Warschau.

78 Es handelt sich um den verfolgten katholischen Priester Antoni Cieciora, der durch H.s Hilfe Unterschlupf als einfacher Arbeiter im Sportamt der Kommandantur gefunden hatte (vgl. Brief an die Ehefrau v. 8.5.1944). Die Teilnahme von H. an der Feier des 10. Jahrestages seiner Priesterweihe (Primiz) ist indirekt durch C. selbst bezeugt. Demnach fand die Feier im Rahmen einer Untergrund-Messe in einer Warschauer Kirche statt, und H. assistierte dabei, obwohl in Uniform, als Meßdiener. Vgl. Banasiak/Piątkowska, Robinson.

79 Gemeint ist Hitlers Rede vom 3.10.1941 im Berliner Sportpalast (vgl. 2. Tagebucheintrag v. 22.1.1942). Das nachfolgende Zitat daraus lautet exakt: »Ich spreche das hier heute aus, weil ich es heute sagen darf, daß dieser Gegner bereits gebrochen und sich nie mehr erheben wird.« Domarus, Hitler, Bd 4, S. 1763.

80 Genauere Angaben über die Herkunft dieses Zitats ließen sich nicht ermitteln. Sinngemäße Äußerungen des Propagandaministers finden sich in Goebbels, Der steile Aufstieg, S. 40 (18.10.1942) u. S. 72 f. (15.11.1942).

81 Diese Zahlenangaben waren propagandistisch motiviert und entsprechend weit übertrieben. Nach neuesten Berechnungen dürften die Personenverluste der Wehrmacht an der Ostfront bis zur Jahresmitte 1944 tatsächlich etwa zwei Millionen Mann betragen haben. Vgl. Overmanns, Deutsche militärische Verluste, S. 276-284 (bes. Tab. 59). – Gleiches gilt hinsichtlich die materiellen Verluste. So verlor das Heer auf allen Kriegsschauplätzen von Anfang 1942 bis Mitte 1944 »nur« etwa 15 000 »Tanks«, also Kampfpanzer und Sturmgeschütze, – davon allerdings weitaus die meisten an der Ostfront –, die Luftwaffe im gleichen Rahmen

immerhin etwa 55 000 Flugzeuge, aber auch nur einen Teil davon an der Ostfront. Vgl. Das Deutsche Reich und der Zweite Weltkrieg, Bd 5/2, Tab. nach S. 570 u. Tab. nach S. 658 (Beitrag Müller).

82 Wochenzeitung »Das Reich« (vgl. Tagebucheintrag v. 5.12.1943).

83 Das meint den Abschuß der neuartigen, als »Vergeltungswaffe« (vgl. Tagebucheintrag v. 5.12.1943) angekündigten Flugbombe V 1 auf Ziele in Südengland und London, im größeren Ausmaß erstmals am 15./16.6.1944, wie im Wehrmachtbericht noch am gleichen Tag verkündet worden war. Vgl. Keesings Archiv der Gegenwart, 1944, S. 6412.

84 Sein Gespür trog H. nicht. Goebbels zeigte sich in seinen privaten Aufzeichnungen durchaus unangenehm berührt von der euphorischen Stimmung in der deutschen Bevölkerung über den Einsatz der V(ergeltungs)-Waffen. Diese war freilich von seinem eigenen Propagandapparat überhaupt erst geweckt worden. Goebbels war dennoch klug genug, sich angesichts der Gesamtlage von dem neuen Kriegsmittel keine sofort kriegsbeendigende Wirkung zu versprechen. Er wies deshalb die Presse an, fortan keine übertriebenen Hoffnungen zu schüren, die letztlich nur in »einer Art von Katzenjammer enden« und sich damit gegen das Regime wenden würden. Vgl. Joseph Goebbels. Tagebücher, Bd 5, S. 2058 f. (Eintrag v. 18.6.1944).

85 Gemeint ist die Halbinsel Cotentin im Westen der Normandie, mit der bedeutenden Hafenstadt Cherbourg an der Nordküste. Tatsächlich mußte die abgeschnittene deutsche Besatzung von Cherbourg mit etwa 21 000 Soldaten bereits am 26.6.1944 vor den Alliierten kapitulieren. Vgl. Das Deutsche Reich und der Zweite Weltkrieg, Bd 7, S. 546 (Beitrag Vogel).

86 Deutsches Befestigungssystem an der Atlantikküste zur Abwehr einer alliierten Invasion. Es erstreckte sich auf über 2500 km Länge von den Niederlanden bis zur spanischen Grenze. Die Bauarbeiten hatten im Sommer 1942 unter Regie der Organisation Todt (zu ihr vgl. Tagebucheintrag v. 22.10.1942) begonnen und wurden wesentlich mit Hilfe von Zwangsarbeitern bewältigt. Zum Zeitpunkt der Invasion waren die Arbeiten zwar weit gediehen, doch noch lange nicht fertig. So war etwa die Befestigung der Normandie vernachlässigt worden zugunsten des Abschnittes zwischen Calais und der Seine-Mündung, wo man deutscherseits eine alliierte Landung am ehesten erwartete. Vor allem aber – und das deutet H.s nachfolgende Kritik richtig an – war die militärische Effizienz des Atlantikwalls ganz wesentlich abhängig von seiner personellen Ausstattung und der Verfügbarkeit mobiler Reserven. Um beides war es nicht gut bestellt. Vgl. Das Deutsche Reich und der Zweite Weltkrieg, Bd 7, S. 465-471 (Beitrag Vogel).

87 Offensichtlich war H. noch nicht bekannt, daß bereits am Vortag die sowjetische Sommer-Großoffensive (Unternehmen »Bagration«) gegen die deutsche Heeresgruppe Mitte begonnen hatte. Sie war von Anfang an sehr erfolgreich und brachte bis Mitte Juli 1944 die deutsche mitt-

lere Ostfront praktisch zum Zusammenbruch, verbunden mit größeren Verlusten für die Wehrmacht als in Stalingrad. Bereits Ende Juli erreichten die Angriffsspitzen der Roten Armee die östlichen Vororte von Warschau, jedoch ohne die Stadt im ersten Anlauf erobern zu können. Vgl. Deutschland im zweiten Weltkrieg, Bd 6, S. 31-52; Weinberg, Welt in Waffen, S. 742-747.

88 Es handelte sich um einen Einsatz der US-Luftwaffe im Rahmen der Operation »Frantic«, die Anfang Juni nach Absprache mit der Sowjetunion angelaufen war. Dabei unternahmen Bomberverbände im »Shuttle-Verfahren« von englischen und süditalienischen Fluglätzen aus Angriffe auf rüstungswirtschaftlich herausragende Ziele im Osten des deutschen bzw. deutsch besetzten Territoriums, um danach auf sowjetischen Flugplätzen in der Ukraine zu landen. Von hier aus erfolgten anschließend Einsätze in umgekehrter Richtung. Speziell der von H. beobachtete Einsatz am 21.6.1944 hatte zuvor dem Hydrierwerk in Ruhland (Niederlausitz) gegolten. Vgl. Das Deutsche Reich und der Zweite Weltkrieg, Bd 7, S. 126-133, Grafik nach S. 136, S. 364 f. (Beitrag Boog).

89 Gemeint ist die »Vergeltungswaffe« V 1 (vgl. Tagebucheintrag v. Vortag).

90 Der Begriff lautet korrekt: »fester Platz«. Die Einrichtung fester Plätze geht auf den »Führerbefehl Nr. 11« vom 8.3.1944 zurück (abgedr. als Hitlers »Weisung Nr. 53« in Hitlers Weisungen, S. 281-289). Hitler befahl darin erstmals grundsätzlich den Ausbau frontnaher Orte zu »festen Plätzen«, deren Besitz als entscheidend für die deutsche Operationsführung angesehen wurde. Sie erhielten damit die Aufgabe von Festungen und sollten sich unter der Führung eines »Kommandanten des festen Platzes« notfalls einschließen lassen und »bis zum letzten« durchhalten, um möglichst viele Feindkräfte zu binden. Der Ausbau von Warschau zum »festen Platz«, zunächst durch das Anlegen von Panzergräben, hatte schon im Mai 1944 begonnen. Vgl. BA-MA, RH 53-23/45, Bl. 44a.

91 Die Feldjäger-Truppe war infolge eines Führerbefehls vom 27.11.1943 geschaffen worden, der angesichts der hohen Kriegsverluste forderte, »mit den rücksichtslosesten Methoden die Kampfkraft der kämpfenden Front wieder herzustellen«. Maßnahmen zur drakonischen Disziplinierung der Truppe sowie zur Rationalisierung des Personaleinsatzes und von Arbeitsverfahren waren die Folge. Konkret führte dies u.a. zur Verschärfung der Tauglichkeitskriterien (vgl. Brief v. 26.2.1944) und zur Aufstellung eben der neuen Feldjägertruppe durch das Oberkommando der Wehrmacht (OKW) am 7.12.1943. Direkt dem Chef des OKW unterstellt, wurde sie in drei, von Generalen geführte Kommandos bzw. Bataillone (später Regimenter) gegliedert, um verschiedenen Abschnitten der Ostfront zugeteilt zu werden. Als Feldjäger fanden nur fronterfahrene Offiziere und Unteroffiziere Verwendung, die mindestens mir dem Eisernen Kreuz ausgezeichnet waren. Ihre weitreichen-

den Vollmachten unterschied die Feldjäger-Truppe grundlegend von den bereits existierenden militärpolizeilichen Organen, der Feldgendarmerie des Heeres und den Streifendiensten der Wehrmachtteile und Waffen-SS. Seit Mai 1944 verfügten die Kommandos und Bataillone sogar über eine eigene Gerichtsbarkeit, was die sofortige Eröffnung von Standgerichten ermöglichte. Die zwei Aufgabenbereiche der in kleinen Streifen eingesetzten Feldjäger waren das »Durchkämmen« rückwärtiger Einheiten und Dienststellen, wie etwa der Oberfeldkommandantur Warschau, nach frontverwendungsfähigen Soldaten und das Vorgehen gegen Auflösungserscheinungen hinter der Front. Vgl. KTB OKW, Bd 6/2, S. 1342; Böckle, Feldgendarmen, S. 173-189; Radke, Die Feldjäger-Kommandos.

92 Gemeint ist das turnusmäßig von H. entworfene Veranstaltungsprogramm für die Wehrmachtkurse zur Berufsförderung (vgl. Brief v. 21.9.1942).

93 Major Ebener (vgl. Notiz v. 2.10.1943).

94 Generalleutnant Schartow (vgl. Brief v. 18.6.1944).

95 Gemeint ist der Zusammenbruch der deutschen Heeresgruppe Mitte infolge der Sommeroffensive der Roten Armee (vgl. 2. Brief an die Ehefrau v. 23.6.1944).

96 Sohn Detlev vollendete erst am 4.8.1944 sein 17. Lebensjahr. Er blieb bis zum September 1944 als Flak-Helfer im Einsatz (vgl. Brief an den Sohn v. 8.5.1944), diente anschließend noch drei Monate im Reichs-Arbeitsdienst, bevor er dann am 19.12.1944 zum Wehrdienst eingezogen wurde. – H.s Erstaunen ist verständlich angesichts der Tatsache, daß bereits Ende *1943* die ersten Angehörigen des Jahrgangs 1927 zum Wehrdienst eingezogen worden waren.

97 Vgl. vorst. Brief.

98 Sehr wahrscheinlich meint H. die letzte große, auch in der Presse veröffentlichte Rede von Goebbels, die er auf einer Volksversammlung in *Breslau* am 7.7.1944 hielt. Der Redetext ist auszugsweise abgedr. und ansonsten zusammengefaßt in Keesings Archiv der Gegenwart, 1944, S. 6444 f. Vgl. Joseph Goebbels. Tagebücher, Bd 5, S. 2073 f.

99 Vgl. Brief v. 9.1.1940.

100 Der Einsatz sogenannter Wirtschaftsoffiziere war Merkmal der planmäßigen wirtschaftlichen Ausbeutung der deutsch besetzten Gebiete vor allem im Osten. So hatten die militärischen Kommandostrukturen in den besetzten Gebieten frühzeitig zusätzliche Stabselemente für wirtschaftliche Belange erhalten. Die in diesen Dienststellen eingesetzten Wirtschaftsoffiziere sollten sowohl den Sofortbedarf der Truppe aus dem besetzten Land sicherstellen helfen als auch die Ausbeutung des Landes für die Zwecke der heimischen deutschen Kriegswirtschaft organisieren. Vgl. Das Deutsche Reich und der Zweite Weltkrieg, Bd 4, S. 129-135 (Beitrag Müller).

101 Gemeint sind Nachrichten-Helferinnen (zu ihnen vgl. Brief v. 3.3.1942) und Krankenschwestern im Dienst der Wehrmacht.

102 Die weißrussische Hauptstadt Minsk war von der Roten Armee im Zuge ihrer durchschlagenden Sommeroffensive (vgl. 2. Brief an die Ehefrau v. 23.6.1944) am 3.7.1944 zurückerobert worden.

103 Der deutsche Sicherheitsapparat in Warschau rechnete seit längerem mit der Gefahr eines von der nationalpolnischen Widerstandsbewegung initiierten bewaffneten Aufstandes im Generalgouvernement und speziell auch in Warschau. Für diesen Fall waren bereits 1941 Vorbereitungen getroffen worden. Zuletzt hatten sich im Frühjahr 1944 Hinweise auf den möglichen Zeitpunkt eines solchen Aufstandes verdichtet, die seinen Ausbruch mit der erwarteten alliierten Landung oder dem Zusammenbruch der deutschen Ostfront verbanden. Beide Ereignisse waren inzwischen eingetreten, ohne daß ein Aufstand erfolgt war oder die V-Männer der Sicherheitspolizei einen genauen Termin in Erfahrung gebracht hatten. Das war zu diesem Zeitpunkt auch schlichtweg unmöglich, weil die militärische Führung der polnischen Untergrundarmee Armia Krajowa (zu ihr vgl. Tagebucheintrag v. 29.3.1944) selbst erst am 21.7.1944 den Entschluß faßte, Warschau in ihre bereits flexibel bzw. stufenweise angelaufene landesweite Aufstandaktion namens »Burza« (Gewittersturm) einzubeziehen. Demnach sollten ihre dortigen Kräfte die entsprechende Bereitschaft bis zum 25.7. herzustellen. Die deutsche Seite erfuhr umgehend davon und rechnete seitdem täglich mit dem Ausbruch des Aufstandes. Schon zuvor hatte man infolge der allgemeinen militärischen Lageentwicklung, vor allem nach der weitgehenden Entblößung Warschaus von kampfkräftigen Truppen zugunsten der Stabilisierung der Ostfront, damit begonnen, die sicherheitsrelevante Infrastruktur der deutschen Besatzung in eine Art Belagerungszustand zu versetzen. Vgl. Krannhals, Der Warschauer Aufstand, S. 101-107, 263 f., 282; Borodziej, Terror und Politik, S. 122 f.; ders., Der Warschauer Aufstand, S. 94-112.

104 Südlicher Stadtteil von Warschau mit alten polnischen, nun von der Wehrmacht genutzten Kasernenarealen.

105 Lesung unsicher.

106 Die Städte Grodno im früheren Nordostpolen und die litauische Hauptstadt Wilna (Vilnius), 250 km bzw. 400 km nordöstlich von Warschau gelegen, waren am 16. bzw. 13.7.1944 von der Roten Armee erobert worden.

107 Die baltischen Städte Kowno (Kaunas) und Dünaburg (Dugavpils), 350 km bzw. 500 km nordöstlich von Warschau gelegen, wurden erst am 1.8 bzw. 27.7.1944 von der Roten Armee erobert.

108 Gemeint ist der Wehrmachtbericht, also der täglich durch Rundfunk und Presse verbreitete, freilich propagandistisch geschönte Lagebericht des Oberkommandos der Wehrmacht über die Kriegslage an allen Fronten.

109 Anspielung auf die Flucht des britischen Expeditionskorps vor der siegreichen Wehrmacht zurück nach England im Mai 1940. Sie vollzog sich im wesentlichen über den französischen Kanalhafen Dünkirchen (Dunkerque) (vgl. Brief v. 24.5.1940).

110 In diesem Punkt sollte H. unrecht behalten. Wie ihm bekannt war, wurde Warschau bereits seit einiger Zeit zum »festen Platz«, also zur Festung, ausgebaut, um gegen die Rote Armee verteidigt zu werden (vgl. Brief v. 27.6.1944). An dieser Absicht hielt die deutsche Führung dann auch nach der Niederkämpfung des Warschauer Aufstandes im Herbst 1944 weiter fest (vgl. Brief v. 22.10.1944). Und sie scheute auch nicht davor zurück, zu diesem Zweck die hinderliche, bereits während des Aufstandes erheblich dezimierte Warschauer Zivilbevölkerung zu deportieren und Warschau tatsächlich zu entvölkern.

111 Um die Mittagszeit des 20.7.1944 hatte Oberst i.G. Claus Schenk Graf von Stauffenberg im Führerhauptquartier »Wolfsschanze« in Ostpreußen ein Bombenattentat auf Hitler verübt, das diesen aber nur leicht verletzte. Auf das Attentat hin hatte der zivil-militärische Widerstandskreis um Stauffenberg in Berlin den geheimen Aktionsplan »Walküre« in Gang gesetzt, um das NS-Regime zu stürzen. Doch war der Staatsstreich nach vorübergehenden örtlichen Erfolgen schließlich am späten Abend des 20.7. an mangelnder Gefolgschaft gescheitert. Bereits kurz nachdem Stauffenberg und drei seiner engsten Mitverschworenen gegen Mitternacht hingerichtet worden waren, hatte Hitler selbst in einer kurzen Rundfunkansprache (abgedr. in Domarus, Hitler, Bd 4, S. 2127-2129) von der »Wolfsschanze« aus der deutschen Bevölkerung sein Überleben und das Scheitern des Umsturzversuches mitgeteilt. Vgl. Peter Hoffmann, Widerstand, S. 466-601. – Im Bereich des Generalgouvernements hatte sich von den Vorgängen akut überhaupt nur der Wehrkreisbefehlshaber als höchste militärische Dienststelle mit Sitz in Krakau betroffen gesehen und sich daraufhin gegen die Verschwörer und loyal zu Hitler gestellt. Gleich am 21.7. erließ der Wehrkreisbefehlshaber eine persönliche Ergebenheitsadresse an Hitler in Form eines Tagesbefehls und befahl noch für denselben Tag feierliche Appelle durch alle nachgeordneten Dienststellen. Sie sollten »der Dankbarkeit der Truppe und des Wehrmachtgefolges für die wunderbare Errettung des Führers und unseres Volkes aus höchster Gefahr Ausdruck« geben. Vgl. BA-MA, RH 53-23/59, Bl. 23-43, bes. Bl. 40. – H. hatte vom Attentat auf Hitler bereits am Vortag durch Rundfunkmeldungen erfahren, die seit dem frühen Abend des 20.7. durch das Führerhauptquartier veranlaßt worden waren, vor allem um Hitlers Überleben zu melden.

112 Als Gerichtsoffizier war H. zum Ermittlungsführer in Militärstrafsachen im Zuständigkeitsbereich des Gerichts der Oberfeldkommandantur (OFK) Warschau bestellt worden. Er fungierte dabei im Auftrag des Gerichtsherren, in diesem Fall des Oberfeldkommandanten (»General«). Gerichtsoffiziere konnten, obwohl keine Juristen, vom Gerichtsherren auch als Vertreter der Anklage in einem Kriegsgerichtsverfahren eingesetzt werden. Die Funktion des Gerichtsherrn wiederum macht sichtbar, daß die deutsche Militär- bzw. Wehrmacht-Gerichtsbarkeit keine Trennung von Anklagebehörde und Richteramt und auch keine Unabhängigkeit des letzteren kannte. Denn dem Gerichtsherren als

dem »Herren des Kriegsgerichtsverfahrens« oblag es zuletzt, die vom vorsitzenden Militärrichter, einem Juristen, gesprochenen Urteile auch zu bestätigen, bevor sie Rechtskraft erlangen konnten. Vgl. Messerschmidt/Wüllner, Die Wehrmachtjustiz, S. 273-304; Seidler, Die Militärgerichtsbarkeit, S. 33-38 (bes. S. 34 f.).

113 Aufgrund des schnellen Vordringens der Roten Armee – ihre vordersten Spitzen waren nurmehr 100 km von Warschau entfernt gemeldet worden – hatte Generalmajor Hermann Kruse als Urlaubsvertreter des Oberfeldkommandanten von Warschau, Generalleutnant Schartow, am 23.7. eine Teilevakuierung angeordnet. Sie betraf an sich nur das weibliche Personal im Wehrmachtgefolge, also Nachrichten- und Stabs-Helferinnen (vgl. Tagebucheintrag v. 26.7.1944), löste allerdings allgemeine, panikartige Fluchterscheinungen unter der deutschen Bevölkerung Warschaus aus, deren Evakuierung von der Zivilverwaltung offiziell noch nicht angeordnet worden war. Vgl. Krannhals, Der Warschauer Aufstand, S. 264, 282 f.; Szarota, Warschau, S. 281.

114 Vgl. Brief v. 18.7.1944.

115 Vgl. Notiz v. 8.11.1940 und Brief v. 19.3.1944.

116 Gemeint sind sog. Panzergräben, die als Panzerhindernis im Rahmen der Verteidigungsvorbereitungen gegen die Rote Armee angelegt wurden.

117 Stabs-Helferinnen des Heeres – in der Luftwaffe als Betriebshelferinnen bezeichnet –gehörten zum weiblichen Hilfspersonal der Wehrmacht. Sie wurden im Bürodienst vorwiegend innerhalb des Reichsgebietes, aber auch in den besetzen Ländern und sogar im Kampfgebiet eingesetzt. Im Unterschied zu den Nachrichten-Helferinnen (vgl. Brief v. 3.3.1942) und den Schwestern-Helferinnen waren die Stabs-Helferinnen allenfalls im Auslandseinsatz uniformiert und in eigenen Einheiten zusammengefaßt und kaserniert. Alle Helferinnen waren dienst-, disziplinar- und (militär-)strafrechtlich Angehörige der Wehrmacht, besaßen aber kriegsvölkerrechtlich nur insoweit Kombattantenstatus, als sie auch in Kampffunktionen eingesetzt und entsprechend gekennzeichnet bzw. uniformiert waren. Vgl. Gersdorff, Frauen im Kriegsdienst, S. 60-68; Seidler, Blitzmädchen.

118 Zum Wehrmacht-Kommandanten von Warschau, der primär die Verteidigung des »festen Platzes« Warschau gegen die Rote Armee organisieren sollte, deren Spitzen mittlerweile nur noch 50 km entfernt standen, war am 25.7. durch »Führerbefehl« der Generalleutnant der Luftwaffe Rainer Stahel (1892-1955) ernannt worden. Er traf dort am 27.7. ein. Als an vielen Fronten bewährter militärischer »Krisenmanager«, zuletzt bei der Verteidigung von Wilna, schien er Hitler der geeignete Mann für diese Aufgabe. Stahel wurde ermächtigt, »alle verfügbaren Kampfkräfte und -mittel« der Wehrmacht und Waffen-SS in Warschau, ausgenommen die der Polizei, für die Verteidigung der Stadt einzusetzen. Er und sein speziell für diesen Einsatz neugebildeter Stab mit der Bezeichnung »Wehrmacht-Kommandantur Warschau« (mitunter auch »Stadtkommandantur« genannt) wurden der 9. Armee unterstellt, die ebenfalls gerade erst ihre

schwachen Kräften sammelte, um im größeren, operativen Rahmen die Verteidigung des Raumes Warschau zu übernehmen. Demgegenüber verlor der Stab der Oberfeldkommandantur nun, wo der Distrikt Warschau zum Teil bereits verloren war und die Stadt selbst zum Kampfgebiet wurde, seine Bedeutung. Anfangs diente er noch als Personalstock zur Ergänzung des Stabes der Wehrmacht-Kommandantur, wovon H. selbst bald betroffen sein sollte (vgl. Tagebucheintrag v. 30.7.1944). Schließlich wurde er ganz aus der Stadt abgezogen, sobald dies die durch den Ausbruch des Warschauer Aufstands zunächst verschärfte Lage wieder zuließ (vgl. Brief v. 9.8.1944). Vgl. Hummel, Generalleutnant Rainer Stahel; Hildebrand, Die Generale der deutschen Luftwaffe, S. 336-338; Krannhals, Der Warschauer Aufstand, S. 103, 118 f., 350 f.

119 Ort am linken Weichselufer, ca. 40 km südlich von Warschau gelegen. Aus dieser Richtung drohte der sowjetische Hauptangriff.

120 Höhepunkt dieses passiven Widerstandes der polnischen Bevölkerung, der den unmittelbar bevorstehenden Ausbruch des Aufstandes der polnischen »Heimatarmee« ankündigte, war die weitgehende Nichtbefolgung eines öffentlichen Aufrufs des deutschen Distriktgouverneurs am 27.7.1944, wonach sich 100 000 Einwohner zu Befestigungsarbeiten stellen sollten. Vgl. Borodziej, Der Warschauer Aufstand, S. 104 f.

121 Vgl. Tagebucheintrag v. Vortag.

122 Stabs-Abteilung Ic (vgl. Tagebucheintrag v. 29.2.1944).

123 Gemeint ist die 50minütige Rundfunkrede von Goebbels am Abend des Vortages, die über alle deutschen Sender ausgestrahlt und dann in der Tagespresse des 27.7. veröffentlicht worden war (abgedr. in Goebbels-Reden, Bd 2, S. 342-359). Goebbels verstand seine Rede gleich einleitend als »Rechenschaftsbericht über die Vorgänge des 20. Juli« (vgl. Brief v. 21.7.1944). Zudem nutzte er sie als Gelegenheit, sich als von Hitler soeben ernannter »Reichsbevollmächtigter für den totalen Kriegseinsatz« zu präsentieren. In diesem Sinn stellte er in optimistischem Grundton der deutschen Bevölkerung ein gutes Zeugnis ihrer Loyalität zum Regime und ihrer Kriegsmoral aus und rief sie zum gesteigerten, totalen Kriegseinsatz auf.

124 Vgl. Tagebucheintrag v. 26.7.1944.

125 Die Spitzen der 1. Weißrussischen Front der Roten Armee hatten im Zuge ihres Vorstoßes rechts der Weichsel nach Nordwesten in Richtung Warschau und des Zusammenflusses von Weichsel, Narew und Bug in den letzten Juli-Tagen 1944 bereits das Vorfeld von Praga erreicht, des jenseits der Weichsel gelegenen Warschauer Stadtteils. Doch bevor es zur Einnahme Pragas oder gar einer völligen Eroberung von Warschau kommen konnte – falls letzteres im Zuge dieser Operation überhaupt beabsichtigt gewesen sein sollte – gelang es der deutschen militärischen Führung durch eine geschickte, improvisierte Zusammenfassung aller verfügbaren Kräfte, den sowjetischen Vorstoß aufzufangen. In einer heftig geführten Panzerschlacht östlich von Warschau kam er während der ersten August-Tage zum Erliegen. Ihre hierbei er-

littenen schweren Verluste zwangen die Rote Armee hier vorübergehend in die Defensive. Währenddessen hatte sie am 29.7. und 1.8.1944 etwa 120 bzw. 60 km südöstlich von Warschau zwei Brückenköpfe auf dem linken Weichselufer gebildet, die von der Wehrmacht nicht mehr zurückgedrängt werden konnten. Andererseits wurden sie gegen den heftigen deutschen Widerstand und wegen der »Atempause«, die die Rote Armee nun selbst einlegte, auch nicht weiter ausgebaut. Erst im Januar 1945 sollte von hier aus wie an der übrigen Weichsel-Front die sowjetische Offensive äußerst erfolgreich wieder beginnen. Vgl. Besymenski, Der sowjetische Vorstoß auf die Weichsel, S. 91 f.; Jaczyński, Die Rote Armee, S. 197-200; Frieser, Die Operationen.

126 Vgl. Tagebucheintrag v. 26.7.1944.

127 Sohn Detlev diente als Luftwaffenhelfer (vgl. Brief v. 8.5.1944).

128 Die polnische Untergrundarmee Armia Krajowa (AK) hatte schon seit Tagen bereitgestanden (vgl. Tagebucheintrag v. 17.7.1944), um nach einem vorgesehenen Aktionsplan in mehreren Kampfgruppen loszuschlagen. Sie verfügte hierfür in Warschau über etwa 20 000 Kämpfer, darunter zehn Prozent Frauen. Allerdings war höchstens ein Drittel mit Schußwaffen und wenig Munition dafür ausgerüstet. Ihre schwersten Waffen bestanden aus einigen Granatwerfern, Maschinengewehren und Panzerbüchsen. – Auf die Nachricht, die Rote Armee sei bereits in den deutschen Brückenkopf Praga eingedrungen, hatte der AK-Oberbefehlshaber, General Graf Tadeusz Komorowski (»Bór«), schließlich am 31.7.1944 für den Folgetag um 17 Uhr den Angriff befohlen. Doch brachen die Kämpfe dann vielfach bereits Stunden früher aus, wodurch das Überraschungsmoment andernorts verlorenging. Auch hatten sich für die Deutschen die nachrichtendienstlichen Hinweise auf den unmittelbar bevorstehenden Ausbruch des Aufstands zusehends verdichtet. Auf diesen Fall war die deutsche Garnison ohnehin schon länger vorbereitet. Ihr Umfang von einst 40 000 Waffenträgern (Wehrmacht, SS und Polizei) war zwar durch die jüngsten Abstellungen an die Front auf etwa ein Drittel zusammengeschmolzen, von denen wiederum nur etwa 5000 als Kampftruppen gelten konnten. Die wenigen Kräfte waren aber auf die wichtigsten Stützpunkte konzentriert und diese entsprechend befestigt worden. Dementsprechend gelang es den Aufständischen nur an wenigen Orten, die vorbereiteten und überwiegend auch alarmierten Deutschen zu überrumpeln. Vor allem konnten sie keine der Weichselbrükken, keinen der beiden Flugplätze und auch nicht den Hauptbahnhof erobern. Allerdings wurde die deutsche Besatzung durch die Entschlossenheit und den Todesmut der Angreifer zumindest während der ersten August-Woche in die Defensive gedrängt und in ihren Hauptstützpunkten vorübergehend eingeschlossen. So etwa war das deutsche Regierungsviertel im Stadtzentrum zunächst weitgehend isoliert und konnte nur über eine Weichselbrücke von Praga aus versorgt werden. Auf das der deutschen Regierungszentrale, dem Palais Brühl, benachbarte Sächsische Palais hatte der Stab der Wehrmacht-Kommandantur, dem H.

seit dem 31.7. angehörte, ausweichen müssen. Von hier aus leitete vorerst Generalleutnant Stahel die deutschen Anstrengungen zur Wiedergewinnung der großteils verlorengegangenen deutschen Herrschaft über die Stadt. Vgl. Krannhals, Der Warschauer Aufstand, S. 98-123, Borodziej, Der Warschauer Aufstand, S. 110-119.

129 Vgl. Tagebucheintrag v. 26.7.1944.

130 H. war vorübergehend, wahrscheinlich wegen des Mangels an ausgebildeten Generalstabsoffizieren, die Funktion des Ic-Offiziers (Dritten Generalstabsoffiziers) der Wehrmacht-Kommandantur übertragen worden. Als solcher war er grundsätzlich für die Feindnachrichtengewinnung und Feindlagebeurteilung zuständig (vgl. nachst. Brief).

131 Generalleutnant Stahel (vgl. Tagebucheintrag v. 26.7.1944).

132 Rechtsgrundlage hierfür war die Verhängung des Belagerungszustandes durch den Wehrmacht-Kommandanten, Generalleutnant Stahel. Dies war am 1.8. um 20.15 Uhr über sämtliche Lautsprecher in deutscher und polnischer Sprache folgendermaßen verkündet worden: »Ich verfüge ab sofort über die Stadt Warschau den Belagerungszustand. Auf Zivilpersonen, die die Straße betreten, wird geschossen. Gebäude und Einrichtungen, aus denen auf Deutsche geschossen wird, werden dem Erdboden gleichgemacht.« Krannhals, Der Warschauer Aufstand, S. 283.

133 Generalleutnant Stahel (vgl. Tagebucheintrag v. 26.7.1944).

134 Generalleutnant Stahel (vgl. Tagebucheintrag v. 26.7.1944).

135 Bereits seit Beginn des Aufstandes war es zu kriegsvölkerrechtswidrigen Übergriffen und Mordaktionen deutscher Truppen sowohl gegen AK-Kämpfer, die den Kombattantenstatus für sich reklamierten, als auch gegen die überwiegend unbeteiligte polnische Zivilbevölkerung Warschaus gekommen. Eine neue »Qualität« erhielt diese Brutalität bald dadurch, daß nicht die weitgehend an der Front gebundene Wehrmacht, sondern die SS auf persönliche Intervention ihres Reichsführers Heinrich Himmler von Hitler beauftragt worden war, den Aufstand mit allen Mitteln niederzuschlagen und bei dieser Gelegenheit Warschau »dem Erdboden gleichzumachen« und seine polnische Einwohnerschaft »ohne Unterschied niederzumachen«. Noch am 1.8.1944 hatte Himmler entsprechende Befehle sowohl dem SS- und Polizei-Führer in Warschau als auch den zusammengewürfelten SS-Verbänden erteilt, die hierfür aus dem näheren und weiteren Umland hastig zusammengezogen wurden. Den Oberbefehl über sie erhielt SS-Obergruppenführer und General der Polizei Erich von dem Bach-Zelewski (1899-1972), der sich als »Chef der Bandenbekämpfungsverbände« bereits eine berüchtigte »Befriedungs«-Kompetenz vor allem in den besetzten Ostgebieten erworben hatte. Ab dem 5.8. wurde der Einsatz der SS-Sonderverbände Reinefarth, Dirlewanger und Kaminski hauptsächlich vom westlichen Stadtrand aus wirksam. Doch verzögerte sich der Entsatz der eingeschlossenen deutschen Garnison im Stadtzentrum dadurch, daß die SS-Verbände in einem wahren Blutrausch zunächst über die Zivilbevölkerung der Stadtteile Wola und Ochota herfielen, wahllos mehrere zehn-

tausend Menschen ermordeten und sich mit Plünderungen aufhielten. Erst am Abend des 5.8., nachdem deshalb bereits Munitionsmangel herrschte, ließ Bach-Zelewski wenigstens die Erschießung von Frauen und Kindern stoppen, ohne daß Himmler seinen ursprünglichen Mordbefehl dahingehend abgeändert hätte. Fortgesetzt wurde dagegen noch bis zum 12.8. die systematische Erschießung aller Männer. Vgl. Krannhals, Der Warschauer Aufstand, S. 124-136, 303-325 u. 420 f.; Borodziej, Der Warschauer Aufstand, S. 119-125.

136 Im südwestlichen Warschauer Vorort Pruszków stand seit dem 6.8. ein großes Auffang- bzw. Durchgangslager für die Warschauer Zivilbevölkerung bereit. Nach einem Befehl des Reichsführers SS Himmler wurden von hier aus die evakuierten Polen, soweit sie arbeitsfähig waren, zur Zwangsarbeit ins Reichsgebiet deportiert. Vgl. Krannhals, Der Warschauer Aufstand, S. 291-295.

137 Diese Einschätzung mag dem subjektiven Empfinden von H. entsprochen haben. Tatsächlich hatte sich die Lage für die eingeschlossene Wehrmacht-Kommandantur zu wenden begonnen. Erst am Vortag war es den deutschen Entsatzkräften gelungen, von Westen her einen – freilich zunächst noch durch die Aufständischen gefährdeten – Verbindungskorridor zum Stadtzentrum freizukämpfen.

138 Kampfkraft und -moral der hastig zusammengewürfelten und nach Warschau geworfenen Sonderverbände der SS wurden von allen Zeitgenossen gleich negativ beurteilt. Am schlimmsten bestellt war es um die sog. SS-Sturmbrigade »RONA« (im Soldatenjargon auch »Kaminski-Kosaken« genannt), die der gebürtige Pole und SS-Brigadeführer Mieczysław Kaminski anführte. Aus seiner Horde von einigen tausend faschistischen Exil-Russen und -Ukrainern, die mit den Deutschen eng kollaboriert hatten und nun vor der Roten Armee bis ins Generalgouvernement ausgewichen waren, kamen in Warschau etwa 1700 »Kämpfer« zum Einsatz. Sie erwiesen sich dabei als so unzuverlässig wie ineffektiv, daß der Verband noch während der Kämpfe aus Warschau abgezogen und Kaminski schließlich durch die SS-Führung selbst liquidiert wurde. Vgl. Krannhals, Der Warschauer Aufstand, S. 126, 131-141, 241, 246, 251 f. u. 315-320; Umbreit, Wehrmachtsverbände und Sondereinheiten, S. 149-151; Borodziej, Der Warschauer Aufstand, S. 120 u. 154.

139 Die Hoffnung der Aufständischen richtete sich, nachdem sie den Kampf aus eigener Kraft absehbar nicht mehr gewinnen konnten und sich das Kräfteverhältnis immer mehr zu ihren Ungunsten verschob, verstärkt auf einen erlösenden Angriff der Roten Armee über die Weichsel. Diese Hoffnung sollte sich jedoch nicht erfüllen. Die Rote Armee beschränkte sich infolge ihrer verlustreichen Niederlage gegen die Wehrmacht beim ersten Vorstoß auf Warschau Anfang August (vgl. Tagebucheintrag v. 30.7.1944) zunächst darauf, ihre Kräfte vor der Weichsel-Front zu sammeln. Und als sie später, noch während des Aufstands, zu einem Angriff auf Warschau in der Lage gewesen wäre, stand

dem wahrscheinlich eine inzwischen getroffene politische Entscheidung Stalins entgegen. Als Förderer einer prosowjetischen polnischen Exil-Regierung betrachtete er die Armia Krajowa nicht als Verbündeten, sondern als ideologischen Gegner und konnte deshalb an ihrem Erfolg und Überleben kein Interesse haben. So unternahm die Rote Armee erst Mitte September 1944 lediglich einen begrenzten, frontbegradigenden Angriff, mit dem sie die Wehrmacht zur Aufgabe ihres Brückenkopfes Praga zwang. Nachdem sie nun das Warschau gegenüberliegende östliche Weichselufer erreicht hatte, durften einige sowjetpolnische Verbände im Rahmen der Roten Armee den Versuch wagen, die Weichsel zu überqueren und auf der Warschauer Seite Fuß zu fassen. Diese Operation nährte kurzfristig die letzten Hoffnungen der Aufständischen, scheiterte aber umgehend an der fehlenden Entschlossenheit und mangelnden Unterstützung sowjetischerseits. – Die Problematik der »unterlassenen Hilfeleistung« der Roten Armee für die Warschauer Aufständischen stellt bis heute ein offiziell lange totgeschwiegenes Politikum in den polnisch-russischen Beziehungen dar. Vgl. Krannhals, Der Warschauer Aufstand, S. 153-162 u. 173-176; Borodziej, Warschauer Aufstand, S. 126-139; Besymenski, Der sowjetische Vorstoß auf die Weichsel; Jaczyński, Die Rote Armee; Dmitrów/Kułak, Der polnische »Historikerstreit«, S. 834 f.

140 Die sowjetische Großoffensive von der Weichsel-Front aus sollte erst Mitte Januar 1945 beginnen (vgl. Tagebucheintrag v. 30.7.1944). Sie kam dann tatsächlich erst wieder an der Oder ein letztes Mal vorübergehend zum Stehen.

141 Diese Befürchtung bestand zurecht (vgl. Tagebucheintrag v. Vortag).

142 Das sollte sich zwei Tage später ändern, als H. anscheinend der erste Gefangene zum Verhör vorgeführt wurde (vgl. Brief v. 12.8.1944). – Die Aufständischen konnten, soweit sie uniformiert oder zumindest durch eine weißrote Armbinde als Angehörige der AK erkenntlich waren, den Status rechtmäßiger Kombattanten und damit eine Behandlung als Kriegsgefangene nach dem Völkerrecht für sich beanspruchen. In der Praxis machten sie, die der deutsche Sprachgebrauch generell zu »Banditen« erklärte, durchaus unterschiedliche Erfahrungen mit SS und Polizei einerseits und Wehrmacht andererseits. So haben erstere, gestützt auf Hitlers bzw. Himmlers Mordbefehl von Anfang August (vgl. Tagebucheintrag v. 8.8.1944), zumindest in den Anfangswochen gefangene »Banditen« generell exekutiert. Erst ab der zweiten August-Hälfte wurde diese starre Haltung wahrscheinlich aus politisch-militärischem Kalkül modifiziert; Hitler selbst scheint in dieser Frage Anfang September eingelenkt zu haben. – Die örtliche Wehrmacht-Führung kam in diesem Punkt offenbar früher zur Besinnung, nachdem sie sich zunächst ebenso an den Mordbefehl Himmlers gebunden glaubte (vgl. hierzu die weiter unten edierten Aussagen von H. in sowjetischer Kriegsgefangenschaft vom 13.6. u. 22.10.1945, speziell zur Haltung General Stahels). Dieser Sinneswandel war offenbar nicht zuletzt dem Verhalten der AK geschuldet, die

ihrerseits Wehrmacht-Soldaten grundsätzlich als Kriegsgefangene behandelte, wohingegen sie als Reaktion auf die Massenverbrechen von SS und Polizei mit deren Angehörigen meist kurzen Prozeß machte. Vgl. Krannhals, Der Warschauer Aufstand, S. 190-193; Borodziej, Der Warschauer Aufstand, S. 164 f.

143 Es ist nur ein solcher Befehl des Reichsführers SS Himmler belegt, der ihn aber nach eigenem Bekenntnis am 1.8.1944 persönlich-mündlich durch Hitler erhalten haben will. Vgl. Tagebucheintrag v. 8.8.1944, und speziell Krannhals, Der Warschauer Aufstand, S. 308-310.

144 Vgl. Brief v. 29.8.1940.

145 Dr. Ludwig Fischer (vgl. Notiz v. 18.8.1940).

146 SS-Standartenführer Dr. rer. pol. Oskar Dirlewanger (1895-1945) war der skrupellose, im Zivilleben wegen Verführung Minderjähriger vorbestrafte Führer des nach ihm benannten SS-Sonder-Regiments. Sein anfangs knapp 1000 Mann zählender und später auf über das Doppelte verstärkter Haufen von SS-Bewährungssträflingen, gewöhnlichen Kriminellen und russischen »Hilfswilligen« hatte sich bereits am 5.8.1944 beim Massaker an Tausenden Bewohnern des Warschauer Stadtteils Wola »ausgezeichnet«. Vgl. Auerbach, Die Einheit Dirlewanger; Krannhals, Der Warschauer Aufstand, S. 126 u. 312-314; Umbreit, Wehrmachtsverbände und Sondereinheiten, S. 149-151.

147 Der Stab der Wehrmacht-Kommandantur befand sich seit dem 1.8.1944 im Sächsischen Palais auf der Westseite des zentralen Adolf-Hitler- bzw. Piłsudski-Platzes.

148 Das Verhalten der Roten Armee in diesen Tagen ließ den Vorwurf von H. einerseits berechtigt erscheinen (vgl. 1. Tagebucheintrag v. 9.8.1944). Die sowjetische Luftwaffe nutzte lange nicht ihre Möglichkeiten, um die Luftherrschaft über Warschau zu erringen. Erst am 9. *September* verjagte sie erstmals die gegen den Aufstand eingesetzten deutschen Sturzkampfbomber. Andererseits hatte es in den letzten Juli-Tagen sowjetische Rundfunkaufrufe »an Warschau« gegeben, sich dem Kampf der nahenden Roten Armee gegen die Deutschen anzuschließen. – Der von H. geäußerte Vorwurf stand seinerzeit so sehr im Raum, daß er von der NS-Propaganda ganz gezielt aufgegriffen, verstärkt und instrumentalisiert wurde, um die Parteiungen des feindlichen Lagers gegeneinander auszuspielen. Vgl. Borodziej, Der Warschauer Aufstand, S. 106, 169; Villinger, Der Aufstand in der Berichterstattung.

149 Gemeint ist der polnische Priester Antoni Cieciora (vgl. Brief v. 23.1.1943).

150 Gemeint ist das SS-Sonder-Regiment »Dirlewanger« (vgl. vorst. Tagebucheintrag).

151 Generalleutnant Stahel (vgl. Tagebucheintrag v. 26.7.1944).

152 Mörser und Haubitzen, die wegen der steilen Flugbahn ihre Geschosse besonders zur Bekämpfung von Zielen hinter Deckungen geeignet sind.

153 Hierüber berichtete H. ausführlich in einem Verhör, dem er in sowjetischer Kriegsgefangenschaft am 22.10.1945 unterzogen wurde (nach-

folgend ediert unter diesem Datum). – Zur grundsätzlichen Problematik der Gefangenenbehandlung vgl. auch Brief v. 9.8.1944.

154 Auf Drängen der polnischen Exil-Regierung in London unternahm die britische Luftwaffe (auch mit südafrikanischen und exil-polnischen Flugzeugbesatzungen) seit dem 9.8.1944 (eventuell bereits seit dem 4.8.) vom süditalienischen Bari aus zahlreiche Hilfs- bzw. Versorgungsflüge für die Aufständischen. Der Abwurferfolg über Warschau war jedoch gering, die eigenen Flugzeugverluste dagegen so hoch, daß die Flüge Anfang bereits September eingestellt wurden. Vgl. Krannhals, Der Warschauer Aufstand, S. 178-185; Dülffer, Die Einstellung der USA und Großbritanniens, S. 188 f.; Borodziej, Der Warschauer Aufstand, S. 134 f. – Dieses Unternehmen ist nicht mit dem späteren, einmaligen und großen Hilfseinsatz der US-Luftwaffe im Rahmen der Operation »Frantic« zu verwechseln (vgl. Brief v. 18.9.1944).

155 Generalleutnant Stahel (vgl. Tagebucheintrag v. 26.7.1944).

156 Rom, das die deutsche Seite zur »offenen Stadt« erklärt hatte, war Anfang Juni 1944 weitgehend kampflos vor den alliierten Truppen geräumt worden (vgl. Tagebucheintrag v. 7.6.1944).

157 Genaugenommen handelte es sich um Weihbischof Antoni Władysław Szlagowski (1864-1956), den Verwalter und somit das amtierende Oberhaupt der seit 1938 verwaisten Erzdiözese Warschau.

158 Generalleutnant Stahel (vgl. Tagebucheintrag v. 26.7.1944).

159 In Sochaczew befand sich das Hauptquartier von SS-General Erich von dem Bach-Zelewski (vgl. Tagebucheintrag v. 8.8.1944), der seit dem 14.8. über alle zur Niederschlagung des Aufstandes eingesetzten deutschen Kräfte befahl, dem also nunmehr auch der Wehrmacht-Kommandant, Generalleutnant Stahel, unterstand. Vgl. Krannhals, Warschauer Aufstand, S. 142. – Der Sonderauftrag, von dem H. schreibt, steht vermutlich in Zusammenhang mit dem deutschen Bemühen, polnische Persönlichkeiten wie etwa Bischof Szlagowski (vgl. vorletzte Anm.) zu gewinnen, die eine Kapitulation der Aufständischen vermitteln sollten. Dem diente möglicherweise eine Begegnung Szlagowskis mit Bach-Zelewski in dessen Hauptquartier. Vgl. Krannhals, Der Warschauer Aufstand, S. 203; Borodziej, Der Warschauer Aufstand, S. 186 (bes. Anm. 24).

160 Es handelt sich um Pfarrer Katzinski, bei dem H. im *November* 1939 einquartiert gewesen war (vgl. Briefe v. 26. u. 28.11.1939).

161 Gemeint ist die etwa 500 m von H.s Aufenthaltsort entfernt gelegene barocke Heiligkreuz-Kirche an der Krakauer Straße.

162 Gemeint sind die einst von der Wehrmacht beschlagnahmten und von H. geleiteten Sportstätten in der Łazienkowska Straße (vgl. Brief v. 30.5.1941).

163 Hier, in Żyrardów, befand sich das Hauptquartier des Oberkommandos der 9. Armee, das für die Gesamtverteidigung im Weichsel-Abschnitt um Warschau zuständig war und damit auch die militärtaktische Verantwortung für die Niederschlagung des Aufstandes trug.

164 Generalleutnant Stahel (vgl. Tagebucheintrag v. 26.7.1944).

165 Generalleutnant Stahel wurde, nachdem die SS die Niederschlagung des Aufstandes zu ihrer Sache gemacht hatte, erneut per »Führerbefehl« mit einem »Feuerwehr-Auftrag« an einen anderen Brennpunkt des Frontgeschehens, nach Bukarest, entsandt. Hier geriet er schon vier Tage später, am 29.8.1944, in sowjetische Kriegsgefangenschaft, in der er 1955 starb.

166 In Frankreich befand sich die Wehrmacht auf dem fluchtartigem Rückzug vor der alliierten Landungsstreitmacht (vgl. Tagebucheintrag v. 7.6.1944), deren Vorstoß nach dem Ausbruch aus dem normannischen Brückenkopf Anfang August 1944 bereits die Seine auf breiter Front erreicht hatte und am 25.8.1944 Paris befreite. Vgl. Das Deutsche Reich und der Zweite Weltkrieg, Bd 7, S. 560-564 (Beitrag Vogel).

167 Gemeint ist der Zusammenbruch der deutschen Herrschaft über Rumänien. Am 20.8.1944 hatte eine sowjetische Großoffensive im südlichsten Abschnitt der Ostfront begonnen, die binnen weniger Tage die deutsche Heeresgruppe Südukraine weitgehend zerschlug. Das wiederum hatte am 23.8. in Bukarest den Sturz der deutschfreundlichen Regierung Antonescu ausgelöst. Eine deutsche militärische Intervention dagegen scheiterte. Vgl. Deutschland im zweiten Weltkrieg, Bd 6, S. 62-70.

168 Für den in dieser Phase am heftigsten umkämpften Stadtteil, die Warschauer Altstadt, ist überliefert, daß der örtlich verantwortliche Kommandeur der Armia Krajowa den hier auf wenigen Quadratkilometern zusammengepferchten 75 000 bis 100 000 Zivilisten den Übertritt auf die deutsche Seite bis zuletzt untersagte. Vgl. Borodziej, Der Warschauer Aufstand, S. 143.

169 Generalleutnant Hans Schirmer (1888-1955) hatte am 25.8.1944 die Nachfolge von Generalleutnant Stahel als Wehrmacht-Kommandant von Warschau angetreten.

170 Einzelwerk des Warschau umgebenden Festungsgürtels aus dem 19. Jahrhundert, das damals etwa 6 km von der Stadtmitte entfernt am westlichen Stadtrand lag.

171 Generalleutnant Schirmer (vgl. Brief v. 26.8.1944).

172 Vgl. Brief v. 11.8.1944.

173 In diesem Punkt forderte ein »Merkblatt« bzw. Erfahrungsbericht des Wehrmacht-Kommandanten, Generalleutnant Stahel, die deutschen Truppen geradezu dazu auf, die »angeblich nicht kämpfende, harmlose Bevölkerung« verstärkt und »rücksichtslos, auch unter Feindbeschuß« »zu Aufräumungsarbeiten« heranzuziehen. Das Merkblatt v. 21.8.1944 ist abgedr. in Krannhals, Der Warschauer Aufstand, S. 227-231.

174 Vgl. Brief v. 11.8.1944.

175 Die Altstadt hatte nicht formal kapituliert. Vielmehr war der Widerstand dort am 2.9.1944 unter den deutschen Angriffen zusammengebrochen, nachdem sich die erschöpften Reste der örtlichen Kampfgruppe der Armia Krajowa in der Nacht zuvor durch die unterirdische Kanalisation in andere Stadtteile hatten retten können. Die überlebenden 35 000 Bewohner von Wola wurden dann insofern »evakuiert«, als man sie in

Konzentrationslager bzw. zur Zwangsarbeit ins Reichsgebiet deportierte (vgl. Tagebucheintrag v. 8.8.1944). Vgl. Krannhals, Der Warschauer Aufstand, S. 148 f.; Borodziej, Der Warschauer Aufstand, S. 154 f.

176 Im Nachlaß nicht überliefert.

177 Vgl. Brief v. 9.8.1944.

178 Ic-Offizier (vgl. Brief v. 6.8.1944).

179 Vgl. Brief v. 29.8.1944. Abweichend hiervon gab H. später in sowjetischer Kriegsgefangenschaft an (vgl. das weiter unten edierte Protokoll des Verhörs v. 13.6.1945), der Stab der Wehrmacht-Kommandantur sei ab dem 4.9.1944 »auf dem Gut Młotki, 6 km westlich Warschau«, also in unmittelbarer Nähe von Fort Wola, stationiert gewesen.

180 Ia-Offizier (Erster Generalstabsoffizier); Leiter der Führungs-Abteilung im Stab der Wehrmacht-Kommandantur und somit der für die Planung des taktischen Einsatzes der Truppen der Wehrmacht-Kommandantur zuständige Generalstabsoffizier.

181 Die Abkürzung »i. G.« (im Generalstabsdienst) offenbart, daß es sich um einen entsprechend ausgebildeten Generalstabsoffizier im eigentlichen Sinn handelte, während im Unterschied dazu H. als Reserveoffizier die Funktion des Dritten Generalstabsoffiziers (Ic) der Stadtkommandantur nur behelfsweise ausfüllte (vgl. Brief v. 6.8.1944).

182 Generalleutnant Schirmer (vgl. Brief v. 26.8.1944).

183 Gemeint ist wahrscheinlich der Anfang August 1944 gescheiterte erste Vorstoß der Roten Armee auf Warschau (vgl. Tagebucheintrag v. 30.7.1944).

184 Dies war durchaus kein Einzelfall. So hatten sich im Zuge der ersten Registrierungsmaßnahmen durch die Besatzungsbehörde ab Herbst 1939 etwa 30 000 Personen evangelischer Konfession mit deutschem Namen nicht als »deutschstämmig« und damit als »Volksdeutsche« registrieren lassen, obwohl damit erhebliche materielle Vorteile verbunden gewesen wären (vgl. Brief v. 12.2.1943). Die zunehmend aggressivere Germanisierungspolitik der NS-Behörden schreckte auch später in Frage kommende Personen ab. In vielen Fällen hatte die bereits Generationen dauernde kulturelle Assimilation auch eine Identität als polnischer Staatsbürger wachsen lassen und so die deutschen Wurzeln weitgehend überdeckt. Überdies war das Bekenntnis zum Deutschtum zunehmend auch mit Nachteilen verbunden. So setzte man sich nicht nur der Verachtung und auch Repressalien durch die polnische Bevölkerungsmehrheit bzw. die Untergrundbewegung aus, sondern auch der Gefahr, zur Ableistung des Wehrdienstes in der Wehrmacht eingezogen zu werden. Vgl. Madajczyk, Die Okkupationspolitik, S. 520-522; Szarota, Warschau, S. 254-256.

185 Gemeint sind Aufständische der Armia Krajowa (vgl. Brief v. 9.8.1944).

186 Wie der Wehrmachtbericht am 11.9.1944 (abgedr. in Keesings Archiv der Gegenwart, 1944, S. 6519) richtig meldete, hatte die Rote Armee am Vortag mit ihrer begrenzten Offensive gegen die jenseits der Weichsel gelegene Vorstadt Praga begonnen, die von der Wehrmacht noch als

Brückenkopf gehalten wurde (vgl. 1. Tagebucheintrag v. 9.8.1944). Das Oberkommando der Armia Krajowa, das bereits eine Kapitulation ins Auge gefaßt hatte, schöpfte daraufhin wieder Hoffnung, brach seine Verhandlungen mit der deutschen Seite ab und setzte den Kampf fort. Vgl. Borodziej, Der Warschauer Aufstand, S. 169 f.

187 Unter den zahlreichen »fremdvölkischen« Hilfstruppen der Wehrmacht (»Ostlegionen«), die zur Niederschlagung des Warschauer Aufstandes eingesetzt wurden, befanden sich auch Kosaken-Abteilungen (vgl. Tagebucheintrag v. 3.3.1943). Vgl. Krannhals, Der Warschauer Aufstand, S. 318 f.

188 Vgl. Brief v. 5.9.1944.

189 Gemeint ist das mit 16 Geschossen höchste Gebäude Warschaus, das Hochhaus der Versicherungsgesellschaft »Prudential« am Post- bzw. Napoleons-Platz im Zentrum. Dieses Gebiet war von den Aufständischen gleich zu Beginn erobert worden.

190 Vgl. vorst. Brief.

191 Die ersten großen Luftangriffe hatte Fulda am 11. und 12.9.1944 erlebt. Sie forderten über 500 Menschenleben und zerstörten bzw. beschädigten über ein Viertel der städtischen Bausubstanz. Vgl. Sagan, »Die Bevölkerung hatte Verluste«, S. 99-143.

192 Generalleutnant Schirmer (vgl. Brief v. 26.8.1944).

193 Vgl. Brief v. 25.8.1944.

194 Der direkte Nachfolger von Generalleutnant Schirmer als Wehrmacht-Kommandant von Warschau ließ sich nicht ermitteln. Um Generalmajor Eisenstuck (vgl. Brief v. 15.10.1944), der erst am 10.10.1944 eingesetzt wurde, kann es sich noch nicht gehandelt haben.

195 Umgangssprachliche Bezeichnung für die Gesamtheit der Flugabwehrtruppe.

196 Vgl. Tagebucheintrag v. 26.6.1943.

197 Die Rote Armee, darunter die in ihrem Verband kämpfende 1. (Sowjet-) Polnische Armee unter General Berling (vgl. Notiz v. 29.11.1943), hatte in den vergangenen Tagen die Wehrmacht aus ihrem Brückenkopf Praga verdrängt (vgl. Brief v. 11.9.1944) und hielt seit dem 14.9. das gesamte rechte Ufer der Weichsel besetzt. Nur der wenige Hundert Meter breite Fluß trennte sie noch von den ums Überleben kämpfenden Aufständischen in Warschau, denen über eine lose Funkverbindung Hoffnung auf baldige Hilfe gemacht wurde. – Die H. vorgeführten Gefangenen dürften Erkundungskommandos angehört haben, die die Lage auf der anderen Flußseite für größere Übersetzversuche sondieren sollten. Mehrere solcher Angriffe über die Weichsel unternahmen in den nachfolgenden Nächten zwischen dem 15. und 19.9. hauptsächlich entsprechend hochmotivierte sowjet-polnische Truppen; doch fehlte es ihnen – wahrscheinlich aus dem bekannten politischen Kalkül der sowjetischen Führung (vgl. 1. Tagebucheintrag v. 9.8.1944) – an der erforderlichen Unterstützung. Sie konnten sich daher nur vorübergehend am Warschauer Weichselufer festsetzen, bevor sie von der Wehrmacht unter großen Verlusten wieder zurückgeschlagen wurden. Vgl. Krannhals, Der Warschauer Auf-

stand, S. 153-162; Jaczyński, Die Rote Armee, S. 201-208; Borodziej, Der Warschauer Aufstand, S. 171-176.

198 Vgl. Brief v. 14.11.1941.

199 Gemeint ist das Hauptquartier des Stabes der 9. Armee (vgl. Brief v. 25.8.1944).

200 Korrektes Zitat nach dem Meßbuch der Katholischen Kirche, das H. in der Ausgabe als »Volksschott« seit 1942 besaß (vgl. Brief v. 19.7.1942). Das Zitat stammt aus der Lesung zum 16. Sonntag nach Pfingsten und geht auf eine Stelle im Neuen Testament, den Brief des Apostel Paulus an die Epheser (3, 13-21), zurück.

201 Es handelte sich um einen der letzten Einsätze der US-Luftwaffe im Rahmen des Unternehmens »Frantic«, das seit Anfang Juni 1944 lief und eigentlich der Bombardierung von Anlagen der Treibstoffgewinnung und -lagerung in Mitteldeutschland sowie im östlichen deutschen Machtbereich galt. Diese weit entfernt gelegenen Ziele wurden im »shuttle bombing«-Verfahren sowohl von US-Luftwaffenbasen in England und Süditalien als auch im Gegenzug von einer Basis in der Ukraine aus angegriffen. – An jenem einzigen Großeinsatz – im Unterschied zu den vorangegangenen kleineren Hilfsflügen der britischen Luftwaffe (vgl. Brief v. 15.8.1944) – zur Unterstützung der Aufständischen in Warschau nahmen über 100 viermotorige Bomber vom Typ B-17 »Flying Fortress« teil, die über 1000 Behälter mit Waffen, Munition und sonstigen Versorgungsgütern über der Stadt abwarfen. Nach polnischen Quellen ging davon allerdings nur etwa ein Viertel auf von Aufständischen kontrolliertem Gebiet nieder. Bedeutung für sie erhielt der Einsatz vor allem durch seine psychologisch-moralische Wirkung. Vgl. Das Deutsche Reich und der Zweite Weltkrieg, Bd 7, S. 126, Grafik nach S. 136, 364 (Beitrag Boog); Krannhals, Der Warschauer Aufstand, S. 187 f.; Borodziej, Der Warschauer Aufstand, S. 176 f.

202 Seit Beginn des Warschauer Aufstandes gab H. mit dem 19.9.1944 erstmals einen anderen Aufenthaltsort als Warschau an, eben jenes Młotki, einen Weiler an der Hauptstraße nach Posen, ca. 10 km westlich der Warschauer Stadtmitte, wohin der Stab der Wehrmacht-Kommandantur zunächst ausgewichen war (vgl. Brief v. 29.8.1944).

203 Ic-Offizier (vgl. Brief v. 4.8.1944).

204 Vgl. Brief v. 13.9.1944.

205 Zu diesem Zeitpunkt mußte die Berling-Armee ihren Versuch, Warschau vom jenseits der Weichsel gelegenen Praga aus zu erobern, bereits als gescheitert betrachten (vgl. Brief v. 15.9.1944).

206 Generalleutnant Schirmer (vgl. Brief v. 26.8.1944).

207 Antoni Cieciora (vgl. Briefe v. 11. u. 29.8.1944).

208 Gemeint sind die Truppen der unter Führung der Roten Armee kämpfenden 1. Polnischen Armee des Generals Berling (vgl. Brief v. 15. u. 20.9.1944). Letzte Reste ihrer einzelnen Kampfgruppen, die sich auf dem Warschauer Weichsel-Ufer nicht hatten halten können, hatten sich erst in der vergangenen Nacht über den Fluß nach Praga zurückgerettet.

[209] Diese Befürchtungen beruhten auf Erfahrungen aus den von der Roten Armee bereits befreiten ostpolnischen Gebieten. Die hier im Rahmen der Aufstandsaktion »Burza« (vgl. Tagebucheintrag v. 17.7.1944) engagierten Verbände der Armia Krajowa waren umgehend entmachtet, ihre konservativen (»nationalpolnischen«) Führungskader ermordet oder in die Sowjetunion deportiert worden. Diese Abrechung mit dem ideologischen Gegner sollte 1945 in den Moskauer Schauprozessen gegen führende Köpfe der Armia Krajowa ihren spektakulären Höhepunkt erreichen. Vgl. Borodziej, Der Warschauer Aufstand, S. 82-93; Mazur, Die Aktion »Burza«; Moldenhauer, Der sowjetische NKVD.

[210] Mitte September 1944 hatte die alliierte Offensive die Westgrenze des Deutschen Reiches zwischen Aachen und Metz erreicht. Hier kam sie während des Herbstes 1944 infolge eigener logistischer Probleme und des sich versteifenden deutschen Widerstandes vorübergehend fast zum Stillstand, sieht man einmal vom Vorstoß bis zum Oberrhein im November/Dezember 1944 ab. Vgl. Das Deutsche Reich und der Zweite Weltkrieg, Bd 7, S. 572-580 (Beitrag Vogel).

[211] Vgl. Brief v. 13.9.1944.

[212] Gemeint ist offensichtlich der Gutshof Młotki unweit des Dorfes Macierzysz, etwa 10 bzw. 12 km westlich der Stadtmitte von Warschau gelegen (vgl. Brief v. 19./20.9.1944).

[213] Gemeint ist die Tätigkeit als Ic-Offizier im Stab der Wehrmacht-Kommandantur (vgl. Brief v. 4.8.1944).

[214] Vgl. Tagebucheintrag v. 26.7.1944 u. Brief v. 25.8.1944.

[215] Hans Carossa (1878-1956), deutscher Arzt und Dichter konservativ-katholischer Prägung, zeitlebens stark verwurzelt mit in seiner bayerischen Heimat; neben seiner Lyrik vor allem als Verfasser autobiographischer Erzählungen wie »Eine Kindheit« (1922) und »Verwandlungen einer Jugend« (1928) erfolgreich; obwohl wegen seiner großen Popularität und gewisser ideologischer Affinitäten vom Nationalsozialismus propagandistisch vereinnahmt, stand er diesem nicht eigentlich nahe.

[216] Lazarett-artige Einrichtung eines größeren deutschen Truppenverbandes.

[217] In aussichtsloser Lage hatte die Führung der Armia Krajowa bereits am 28.9.1944 den Entschluß zur Kapitulation gefaßt und diesen nur an die Bedingung gebunden, daß die eigenen Kämpfer von den Deutschen als rechtmäßige Kombattanten nach der Genfer Konvention von 1929 und damit als Kriegsgefangene behandelt würden. Am Folgetag war dann eine Delegation zu entsprechenden Verhandlungen in das deutsche Hauptquartier entsandt worden. Diese zogen sich, während die meiste Zeit bereits Waffenruhe herrschte, bis zum Abend des 2.10.1944 hin, als schließlich ein »Kapitulationsvertrag« (abgedr. bei Krannhals, Der Warschauer Aufstand, S. 404-407) zustande kam. Darin wurde den Aufständischen ihre Hauptbedingung zugestanden, während die deutsche Seite ihre Forderung nach Evakuierung der gesamten restlichen Zivilbevölkerung – immerhin noch über 300 000 Menschen – durchsetzte.

Vgl. Krannhals, Der Warschauer Aufstand, S. 208-212; Borodziej, Der Warschauer Aufstand, S. 185 f.

218 Unter Bruch des Kapitulationsvertrages (vgl. vorst. Anm.) wurde die Zivilbevölkerung Warschaus nicht etwa nur und »unter Vermeidung von Härten« evakuiert, sondern umgehend zur Zwangsarbeit bzw. in Konzentrationslager in das Reichsgebiet deportiert.

219 Die Familie von Waldthausen hatte herrschaftlichen Besitz in Gersfeld/Rhön, also in unmittelbarer Nachbarschaft von H.s Heimatort.

220 Hans-Adolf von Moltke (1884-1943), ein Großneffe des preußischen Generalfeldmarschalls Helmuth Graf von Moltke, war zuletzt deutscher Botschafter in Madrid gewesen. Von 1934 bis 1939 hatte er das Deutsche Reich als Botschafter in Warschau vertreten, dabei aber die destruktiver werdende NS-Außenpolitik gegenüber Polen abgelehnt. Vgl. Sahm, Rudolf von Scheliha, S. 34 f.

221 Zur Situation an der Westfront vgl. Brief v. 23.9.1944. – Im Unterschied zum Mittelabschnitt an der Weichsel befand sich der Süden der Ostfront damals stark in Bewegung. Hier hatte die Rote Armee im Verlauf des Septembers 1944 ganz Rumänien und Bulgarien erobert, was die Wehrmacht auch zum Rückzug aus Griechenland, Albanien und Südjugoslawien zwang. Anfang Oktober war die Rote Armee bereits tief in das südliche und östliche Ungarn vorgestoßen. In dieser Situation wurde das Bündnis Ungarns mit dem Deutschen Reich brüchig. Die ungarischen Truppen im Verbund der Wehrmacht erwiesen sich als zunehmend unzuverlässig. Der Versuch der ungarischen Regierung, einen Waffenstillstand mit der Sowjetunion abzuschließen, wurde am 15.10.1944 durch einen von deutscher Seite unterstützten Putsch vereitelt. Vgl. Deutschland im zweiten Weltkrieg, Bd 6, S. 82-104.

222 Eine britische Streitmacht war an diesem Tag auf dem Peloponnes gelandet, ohne jedoch in der Folgezeit den deutschen Rückzug aus Griechenland wesentlich zu behindern, wie er von Hitler am 3.10. genehmigt worden war und bald darauf auch begann. – Die Briten beschränkten sich weiterhin auf die Besetzung Griechenlands und nahmen keinen Einfluß auf die sowjetische Offensive auf dem Balkan. – Die Rote Armee hatte bereits im Zuge der Eroberung Rumäniens im September ihr Vorgehen mit den serbischen Tito-Partisanen (vgl. Notiz v. 6.10.1943) koordiniert. Die gemeinsamen Anstrengungen galten zunächst der Rückeroberung Serbiens und Belgrads (20.10.). Daran vorbei konnten sich die deutschen Truppen gerade noch rechtzeitig aus Griechenland. Albanien und Südjugoslawien nach Norden absetzten. Vgl. Deutschland im zweiten Weltkrieg, Bd 6, S. 90-95.

223 Etwa 18 000 Angehörige der Armia Krajowa gingen gemäß dem Kapitulationsvertrag (vgl. Brief v. 1.10.1944) in deutsche Kriegsgefangenschaft, wo sie zum Teil allerdings völkerrechtswidrig zur Zwangsarbeit eingesetzt wurden. Vgl. Borodziej, Der Warschauer Aufstand, S. 206.

224 Die Armia Krajowa hatte durch die Kämpfe in Warschau etwa 15 000 bis 16 000 Tote und 6000 bis 7000 Schwerverwundete zu beklagen. Dem-

gegenüber dürften die Verluste aller eingesetzten deutschen Truppen etwa 2000 Tote und 9000 Verwundete betragen haben. Vgl. Krannhals, Der Warschauer Aufstand, S. 214 f.

225 Vgl. Aufzeichnung v. ca. Ende September 1939.

226 Vgl. Brief v. 30.8.1939.

227 Ein solcher, freilich halbherziger und taktisch motivierter Kurswechsel in der deutschen Polen-Politik hatte sich bereits 1943 angebahnt (vgl. Brief v. 25.3.1944). Infolge der Niederschlagung des Warschauer Aufstands versuchte nun die deutsche Seite verstärkt, die Enttäuschung über das Ausbleiben alliierter Hilfe sowie antibolschewistische Instinkte in der polnischen Bevölkerung ausnutzend, diese mit Versprechungen doch noch für sich gewinnen zu können. Hierzu bediente sich die Regierung des Generalgouvernements polnischer Kollaborateure einer »antibolschewistischen Liga« ebenso, wie auch versucht wurde, den gefangengenommenen Oberbefehlshaber der Armia Krajowa, General Graf Tadeusz Komorowski (»Bór«), zu umgarnen. Diese Versuche fruchteten freilich wegen der offensichtlichen Unaufrichtigkeit und des inkonsequenten Verhaltens der deutschen Machthaber nicht. Vgl. Broszat, Nationalsozialistische Polenpolitik, S. 187-192; Das Diensttagebuch, S. 909-912; Madajczyk, Die Okkupationspolitik, S. 110-142 (bes. S. 133 f.); Borodziej, Der Warschauer Aufstand, S. 186.

228 Vgl. Tagebucheintrag v. 26.7.1944 u. Brief v. 25.8.1944.

229 Gemeint sind wahrscheinlich die Angehörigen der SS-Sturmbrigade »RONA« (vgl. 1. Tagebucheintrag v. 9.8.1944), vielleicht auch die von der Wehrmacht eingesetzten »fremdvölkischen« Verbände, darunter auch Kosaken-Abteilungen (vgl. Brief v. 11.9.1944).

230 Vgl. Brief v. 9.8.1944.

231 Generalmajor Hellmuth Eisenstuck (1892-1959), seit 10.10.1944 als »Festungs-Kommandant« von Warschau höchster örtlicher Wehrmacht-Befehlshaber und insofern Nachfolger in der Funktion des Wehrmacht-Kommandanten. Nach einem Befehl des Oberkommandos der 9. Armee (abgedr. in Documenta occupationis, Bd XII, S. 371 f.) sollte er Warschau als »Ringfestung zur Rundumverteidigung« ausbauen lassen, um es auf eine lange Belagerung vorzubereiten. Hierfür wurde ihm der Stab der Wehrmacht-Kommandantur als Führungsstab unterstellt.

232 Vgl. Brief v. 26., 29.8. u. 13.9.1944.

233 Damals noch deutsch besetzte Insel in der nördlichen Ostsee vor der Küste Estlands; heutiger estnischer Name: Saaremaa.

234 Vgl. Brief v. 30.8.1939.

235 Vgl. Brief v. 11.7.1944.

236 Anspielung auf den drohenden Abfall Ungarns vom Bündnis mit dem Deutschen Reich, der erst am 15.10. durch einen mit deutscher Hilfe inszenierten Staatsstreich in Budapest noch einmal hatte verhindert werden können (vgl. Brief v. 5.10.1944).

237 Vgl. Brief v. 23.9.1944.

238 Ottfried Graf von Finckenstein (1901-1987), während des »Dritten Reiches« preisgekrönter Schriftsteller und Verfasser mehrerer Erzählungen, Novellen und Romane, die im Guts- und Dorfmilieu seiner preußischen Heimat spielen, so auch der Roman »Die Mutter« von 1938.

239 Uniformierter Angehöriger der Wehrmacht mit besonderem Offiziersrang, der aktiven Wehrdienst als Soldat aufgrund eines Erlasses des Oberkommandos der Wehrmacht v. 28.12.1939 leistete. Danach konnten Personen, »die zwar keine oder nur eine geringe militärische Ausbildung haben, die jedoch auf Grund ihrer besonderen zivilen Fachkenntnisse oder auf Grund ihrer führenden Stellung außerhalb der Wehrmacht für die betreffenden Offiziersstellen besonders geeignet erscheinen«, auf solchen Dienstposten unter der Bezeichnung »Sonderführer« beschäftigt werden.

240 Die europäische Kunstgeschichte kennt zahlreiche Darstellungen der »Schwarzen Mutter Gottes« bzw. »Schwarzen Madonna« als besondere, motivgeschichtlich bis heute nicht völlig erklärliche Form der Marienverehrung in der katholischen Kirche. Gerade in Polen bildet nach wie vor der Wallfahrtsort Tschenstochau (Częstochowa) mit der wohl berühmtesten, aus dem 14. Jahrhundert stammenden Darstellung einer »Schwarzen Madonna« das geistliche Zentrum des Landes.

241 Beobachtung einer neuerlichen Offensive der Roten Armee, die bereits am 10.10.1944 nördlich von Warschau am Unterlauf des Weichsel-Zuflusses Narew begonnen hatte. Diese Offensive zielte nicht mehr primär auf Warschau ab, sondern auf einen Durchstoß in nordwestlicher Richtung an Warschau vorbei bis zur Ostsee, um Ostpreußen abzuschneiden. Die »Schlacht an der Narew« zog sich mit Unterbrechungen bis Ende Oktober hin, ohne daß der Roten Armee ein entscheidender Durchbruch gegen das letzte Aufgebot der Wehrmacht gelang. Danach wurde es an diesem Mittelabschnitt der Ostfront über zwei Monate relativ ruhig, bevor die Rote Armee schließlich im Januar 1945 zu ihrer entscheidenden und erfolgreichen Großoffensive nach Westen antrat. Vgl. Frieser, Die Operationen.

242 Vgl. Brief v. 17.10.1944.

243 Diese Zählung H.s bezieht sich nur auf die Abfolge der Warschauer Wehrmacht-Kommandanten seit Beginn des Warschauer Aufstandes. Demnach war »Nummer 1« Generalleutnant Stahel (vgl. Tagebuch v. 26.7.1944), »Nummer 2« Generalleutnant Schirmer (vgl. Brief v. 26.8.1944), »Nummer 3« ein namentlich nicht zu ermittelnder General (vgl. Brief v. 13.9.1944) und »Nummer 4« Generalmajor Eisenstuck (vgl. Brief v. 15.10.1944).

244 Generalmajor Eisenstuck (vgl. Brief v. 15.10.1944).

245 Vgl. Brief v. 15.10.1944.

246 Vgl. Briefe v. 5.8.1940 u. 30.5.1941.

247 Aachen war als erste größere deutsche Stadt von den Alliierten nach langen, erbitterten Kämpfen erst am Vortag erobert worden (vgl. Brief v. 23.9.1944).

248 Dies bezieht sich auf die Mitte Oktober abgeschlossene Evakuierung Warschaus nach der Kapitulation der Armia Krajowa (vgl. Brief v. 1.10.1944). Bis auf die deutsche militärische Besatzung und einige hundert »untergetauchte« Polen (»Robinsons«) – wie etwa der gegen Mitte November von H. zufällig entdeckte Jude Władysław Szpilman – war das Stadtgebiet danach menschenleer. Gleichzeitig setzte ein erneuter Befehl (vgl. Tagebucheintrag v. 8.8.1944) des Reichsführers SS Himmler ein monströses Zerstörungswerk in Gang, das Warschau bis auf wenige militärisch wichtige Objekte buchstäblich dem Erdboden gleichmachen sollte. Die Stadt war bereits durch die Kämpfe während des Aufstands zu etwa 30 Prozent zerstört worden. Nun vernichteten systematische Sprengungen bis zum deutschen Rückzug im Januar 1945 noch einmal soviel von ihrer Bausubstanz. Zudem wurde die Stadt ganz offiziell und planmäßig nach ihren Wertgegenständen ausgeplündert. Vgl. Borodziej, Der Warschauer Aufstand, S. 205-208; Krannhals, Der Warschauer Aufstand, S. 327-332; Szpilman, Das wunderbare Überleben, S. 162-176.

249 Als Abschrift oder Entwurf des Original-Schreibens im Nachlaß überliefert. Die erfolgte Zustellung von H.s Brief wird durch das Antwortschreiben der Familie Zieringer v. 11.11.1944 belegt (im Nachlaß erhalten; nicht ediert).

250 Vgl. Brief v. 19.10.1944.

251 Es handelte sich um den 19jährigen Oberschützen Josef Zieringer aus Bayern, der am 14.10.1944 in der »Schlacht am Narew« (vgl. Brief v. 19.10.1944) gefallen war. (Ich danke Frau Olga Nischler und Frau Annemarie Weinthaler für die freundlichen Auskünfte.)

252 Generalmajor Eisenstuck (vgl. Brief v. 15.10.1944).

253 In einer Rundfunkrede (Text abgedr. in Keesings Archiv der Gegenwart, 1944, S. 6572-6575) hatte Propagandaminister Goebbels einen die tatsächliche Situation stark beschönigenden »Überblick« über die militärische Lage des Reiches an allen Fronten gegeben, der eine verbleibende Siegeschance vorgaukelte und zum »Kampf um jeden Preis bis zum Sieg« aufrief. In düsteren Farben hatte er allerdings auch schon die Folgen für die deutsche Bevölkerung im Fall einer Niederlage ausgemalt.

254 Es dürfte sich um dieselbe Journalisten-Gruppe gehandelt haben, die am 26.10.1944 in Krakau von Generalgouverneur Frank empfangen worden waren. Außer der deutschen war dabei auch die italienische, schweizerische, spanische, dänische und schwedische Presse vertreten. Vgl. Das Diensttagebuch, S. 920.

255 Dr. Ludwig Fischer (vgl. Notiz v. 18.8.1940).

256 Seit dem Mittelalter bekanntes, tragbares liturgisches Gefäß der katholischen Kirche zur Aufbewahrung und Zurschaustellung von Hostien oder Reliquien. Nach der von H. angefertigten Skizze handelte es sich in diesem Fall um eine »Turmmonstranz« im gotischen Stil.

257 Die Skizze der Monstranz aus der Feder H.s ist auf dem Briefpapier überliefert.

258 Gemeint ist Bischof Szlagowski (vgl. Brief v. 21.8.1944).

259 Landesschützen-Bataillon 238 (vgl. weiter unten H.s spätere Aussage in sowjetischer Kriegsgefangenschaft v. 13.6.1945).

260 Vgl. vorst. Brief.

261 Vgl. vorst. Brief.

262 Oberstleutnant Heinrich, Kommandeur des Landesschützen-Bataillons 238 (vgl. weiter unten H.s spätere Aussage in sowjetischer Kriegsgefangenschaft v. 13.6.1945).

263 Wahrscheinlich handelte es sich entweder um Fort Wola oder Fort Bema, die westlichen Hauptwerke des Warschau lose umgebenden Festungsgürtels aus dem 19. Jahrhundert.

264 Offensichtlich Bezugnahme auf einen Brief des Sohnes, der damals den paramilitärischen Drill beim Reichsarbeitsdienst erlebte (vgl. Brief v. 11.7.1944).

265 Vgl. Brief v. 17.9.1944.

266 Oberstleutnant Heinrich (vgl. Brief v. 8.11.1944).

267 Aufgrund einer Ergebenheitsbezeugung der militärischen Führung (im Wortlaut abgedr. bei Domarus, Hitler, Bd 4, S. 2131 u. in Keesings Archiv der Gegenwart, 1944, S. 6461) gegenüber Hitler nach dem gescheiterten Attentat vom 20. Juli 1944 (vgl. Brief v. 21.7.1944) war am Folgetag der bis dahin in der Wehrmacht übliche militärische Gruß (Anlegen der rechten Hand an die Kopfbedeckung) durch den sogenannten deutschen Gruß (Erheben des rechten Armes und Grußformel »Heil Hitler!«) ersetzt worden. Dieser hatte allerdings schon seit 1936 für bestimmte Situationen gegolten. Vgl. Messerschmidt, Die Wehrmacht, S. 96.

268 Verluste aus einem der Hilfsflüge für die Aufständischen in Warschau, welche die britische Luftwaffe im August 1944 von Süditalien aus unternommen hatte. Zu diesem Zweck hatte die Royal Air Force geeignete Langstrecken-Bomber von der US-Luftwaffe entliehen (vgl. Brief v. 15.8.1944).

269 Vgl. Briefe v. 11.7. u. 8.11.1944.

270 Zur Funktion eines Regimentsadjutanten – H. bekleidete schon einmal eine solche Stellung – vgl. 2. Brief an die Ehefrau v. 1.9.1941.

271 Der überwiegenden Zurückhaltung der Alliierten an der Ost- wie auch der Westfront während der beiden letzten Monate des Jahres 1944 lag keine gemeinsame strategische Koordination zugrunde. Vielmehr ergab sich an beiden Fronten der im wesentlichen logistisch begründete Zwang zu »Atempausen« nach den kräftezehrenden militärischen Erfolgen des vergangenen Sommers (vgl. Briefe v. 23.9. u. 19.10.1944).

272 Der Hund war H. erst einige Tage vorher zugelaufen (Brief v. 15.11.1944, nicht ediert).

273 Vgl. vorst. Brief.

274 Aus Tirolern rekrutierte Elite-Truppe der früheren österreichisch-ungarischen Armee, zuletzt während des Ersten Weltkrieges in vier Regimenter bzw. eine Division gegliedert.

275 Oberst Lange, Kommandeur des Wach-Regiments Warschau, dem die Sicherung des äußeren Festungsgürtels von Warschau oblag (vgl. weiter

unten H.s spätere Aussage in sowjetischer Kriegsgefangenschaft v. 23.7.1945).

276 Vgl. vorst. Brief.

277 Vgl. vorst. Brief.

278 Vgl. vorst. Brief.

279 Vgl. Brief v. 22.11.1944.

280 H. hatte seine Familie zuletzt über die Pfingst-Feiertage (Ende Mai) 1944 besuchen können (vgl. Brief v. 22.5.1944).

281 Juliusz Kossak (1824-1899), bedeutender polnischer Maler des Realismus.

282 Oberst Lange (vgl. Briefe v. 23. u. 27.11.1944).

283 Kleinstadt ca. 25 km südwestlich von Warschau.

284 H. kehrte schließlich am 10.12. aus dem Lazarett zum Dienst nach Warschau zurück (Brief v. 10.12.1944; nicht ediert).

285 Es handelte sich um eine Kompanie z.b.V. (zur besonderen Verwendung), deren Hauptauftrag die Bewachung der beiden Warschauer Radiosender sowie von 7 Lebensmittel- und Munitionslagern war (vgl. weiter unten H.s spätere Aussage in sowjetischer Kriegsgefangenschaft v. 13.6.1945).

286 Schon länger waren die Nationalsozialisten bemüht, das christliche Weihnachtsfest im Sinne ihrer eigenen kultur- und gesellschaftspolitischen Vorstellungen zu vereinnahmen bzw. abzulösen. Als Ersatz wurde das »Julfest«, die altgermanische Feier der Wintersonnenwende, gefördert und im öffentlichen Rahmen unter Verwendung mystischer Licht- und Feuersymbolik nationalsozialistischer Prägung spektakulär begangen. Die private Weihnachtsfeier sollte zumindest ihren christlich-religiösen Bezug verlieren und sich in ihrer praktischen Ausgestaltung auf weltliches Brauchtum beschränken, in das allerdings neue, nationalsozialistische Elemente massiv Einzug hielten. Im Krieg schließlich wurde die Umdeutung des Weihnachtsfestes zum Totenfest betrieben, das dem Helden-Gedenken an die gefallenen deutschen Soldaten gelten sollte. Handlungsanweisungen für Weihnachtsfeiern dieser Art lieferte die von 1941 bis 1944 publizierte Reihe »Deutsche Kriegsweihnacht«, herausgegeben vom Hauptkulturamt der NSDAP in der Reichspropagandaleitung. Hierauf dürfte sich H.s Äußerung beziehen. Ihm wird dabei auch bewußt gewesen sein, daß die fortschreitende nationalsozialistische Indoktrination der Wehrmacht bereits am 15.3.1941 zum Verbot der »Verbindung militärischer Feiern irgendwelcher Art mit religiösen Feiern« durch das militärische Oberkommando (OKW) geführt hatte (HVBl. 1941, Teil B, S. 133 Nr. 212). Vgl. Brown, Vom »germanischen Julfest« zum »Totenfest«.

287 Vgl. Brief v. 22.10.1944.

288 Kampf- und Fahrtenlied der Hitler-Jugend; Text von Hans Baumann (1914-1988).

289 Altes deutsches Volkslied; Text nach dem Sesenheimer Liederbuch von 1771.

290 Vgl. Tagebucheintrag v. 3.3.1943.

291 Michelangelo Buonarotti (1475-1564); als Maler, Bildhauer und Architekt einer der bedeutendsten Künstler der italienischen Renaissance.

292 Peter Paul Rubens (1577-1640); flämischer Maler und Kunst-Unternehmer; einer der bedeutendsten Vertreter der Malerei des Barock.

293 Max Liebermann (1847-1935), einer der bedeutendsten deutschen Maler des Impressionismus und langjähriger Präsident der Preußischen Akademie der Künste, dem als Juden vom NS-Regime 1933 Arbeitsverbot erteilt worden war.

294 Vgl. Brief v. 11.7.1942.

295 Im Nachlaß nicht überliefert.

296 Wort unleserlich.

297 Vgl. Brief v. 16.12.1944.

298 Der 17jährige Sohn Detlev war am 19.12.1944 zum Wehrdienst einberufen worden, und zwar zur Panzeraufklärungs-Ausbildungs-Abteilung 9 nach Meiningen.

299 Der 23jährige Sohn Helmut bereitete sich auf den Abschluß seines Medizinstudiums in Frankfurt vor.

300 Vgl. Brief v. 8.12.1944.

301 Gemeint ist der *Wehrmachtbericht* (vgl. Tagebucheintrag v. 17.7.1944).

302 Ein verheerender Bombenangriff der US-Luftwaffe am 27.12.1944 hatte dem Bahngelände von Fulda gegolten und über 700 Menschenleben gefordert. Vgl. Sagan, »Die Bevölkerung hatte Verluste«, S. 170-204.

303 Dorf Karolin, etwa 40 km nordwestlich von Posen gelegen, wo die mit H. befreundet polnische Familie Cieciora auf einem Bauerngut wohnte. Das Ehepaar H. war dort bereits mehrmals zu Besuch gewesen, zuletzt Anfang Mai 1944 (vgl. Briefe an die Ehefrau v. 7.1.1943 u. 8.5.1944).

304 Antoni Cieciora (vgl. Briefe v. 23.1.1943 u. 20.9.1944).

305 Die große sowjetische Winteroffensive an der gesamten Ostfront sollte schließlich zwei Wochen später, zwischen dem 12. und 14.1.1945, mit sogleich durchschlagendem Erfolg beginnen und Anfang Februar 1945 erst wieder an der Oder zum Stehen kommen. Im Weichsel-Abschnitt bei Warschau trat die Rote Armee am 12.1.1945 zum Angriff an. Nach ihrer nördlichen und südlich Umfassung nahm sie die Stadt bis zum 17.1.1945 ein. Vgl. Deutschland im zweiten Weltkrieg, Bd 6, S. 502-511.

306 Ein neuer schwerer Bombenangriff der US-Luftwaffe am 3.1.1945 galt wieder dem Fuldaer Bahngelände (vgl. vorst. Brief). Sowohl die Menschenverluste (48 Tote) als auch die materiellen Schäden hielten sich diesmal in Grenzen. Vgl. Sagan, »Die Bevölkerung hatte Verluste«, S. 205-219.

307 Der 90. Psalm des Alten Testaments mit einem Moses zugeschriebenen Gebet ist dem Thema »Vergänglichkeit des menschlichen Lebens« gewidmet.

308 Letzter Brief von H. vor seiner Gefangennahme am 17.1.1945 bei der Stadt Błonie, ca. 30 km westlich von Warschau. Bis dorthin war seine Einheit gelangt, nachdem angesichts der sowjetischen Großoffensive (vgl. Brief v. 30.12.1944) die deutsche »Festung Warschau« in der Nacht vom 16. auf den 17.1. aufgegeben worden war und ihre Besatzung einen fluchtartigen Rückzug angetreten hatte. Dabei wurde manche Einheit, wie diejenige H.s, von den bereits weit über Warschau hinaus vorgestoßenen Angriffsspitzen der Roten Armee gestellt. Vgl. Magenheimer, Abwehrschlacht, S. 114 f.

Ib – Quartiermeister-Abteilung

Militärpolizei der Wehrmacht, zuständig für militärischen Ordnungsdienst, Verkehrsregelung und allgemeine Sicherheitsaufgaben – verstärkt auch bei Partisanenbekämpfung.

Anmerkungen zu »Kriegsgefangenschaft«

1 Original in H.s Handschrift im Archiv des Generalstaatsanwalts der Republik Belarus' (Weißrußland) in Minsk. Grundlage für die Edition war eine dem Hrsg. zur Verfügung stehende Fotokopie des Originals. Ihre stellenweise schlechte Lesbarkeit begründet einige in eckige Klammern gesetzte Auslassungen. Der fehlende Text wurde vom Hrsg. so gut wie möglich rekonstruiert. Unterstreichungen im Original wurden kursiv gesetzt.

2 Genaugenommen war es das Landesschützen-Bataillon VII/IX (Fulda), das in der Zeit, als H. diesem Verband angehörte (1939/40), vom Hauptmann der Reserve Francken aus Fulda geführt wurde (vgl. Brief v. 5.12.1939).

3 Genaugenommen im Juli 1940 (vgl. Notiz v. 4.7.1940).

4 Genaue Bezeichnung Wach-Bataillon 660, das am 1.1.1941 in Landesschützen-Bataillon 973 umbenannt wurde.

5 Hier irrt H. Zum Sportoffizier wurde er bereits ein Jahr früher ernannt (vgl. Notiz v. 15.3.1941).

6 Vgl. Brief v. 25.8.1940.

7 Gemeint sind die »Wehrmachtkurse zur Berufsförderung Warschau« (vgl. Brief v. 21.9.1942).

8 Das war nur ein formaler Vorgang, nachdem H. bereits seit April 1941 zum Dienst an die Kommandantur kommandiert war.

9 Zahl ausgebessert, urspr.: »4000«.

10 Vgl. Notiz v. 27.9.1940.

11 Die Kommandantur Warschau wurde im Januar 1942 in Oberfeldkommandantur Warschau umbenannt, diese wiederum im Juli 1943 in Oberfeldkommandantur 225.

12 Hier liegt wohl ein Irrtum vor. Es kann sich nicht um die Abteilung IIb (Adjutantur), sondern nur um die Quartiermeister-Abteilung Ib handeln.

13 Tägliche militärische Lageberichte des Oberkommandos der Wehrmacht (OKW).

14 Militärpolizei der Wehrmacht, zuständig für militärischen Ordnungsdienst, Verkehrsregelung und allgemeine Sicherheitsaufgaben, dabei im Osten ab 1941 verstärkt auch bei der Partisanenbekämpfung eingesetzt.

15 Gemeint ist die Geheime Feldpolizei der Wehrmacht, die dem militärischen Nachrichtendienst (Amt Ausland/Abwehr im OKW) unterstand und in operativen Gruppen von 50 bis 100 Mann im gesamten

deutschen Besatzungsgebiet eingesetzt wurde. Ihr Aufgabengebiet – Abwehr von Spionage, Landesverrat, Sabotage, Feindpropaganda und Zersetzung im Operationsgebiet – machte sie zu einer Mischung von Kriminalpolizei und Gestapo für die Wehrmacht. Vor allem an den ideologisch motivierten Verbrechen der deutschen Kriegführung im Osten war sie aktiv beteiligt. Vgl. Geßner, Geheime Feldpolizei.

16 Außenstelle des militärischen Nachrichtendienstes (Amt Ausland/Abwehr im OKW).

17 Wahrscheinlich handelt es sich um die Feldgendarmerie-Kompanie (mot.) 146, möglicherweise aber auch um die Feldgendarmerie-Kompanie der Oberfeldkommandantur. Diese beiden Einheiten der Militärpolizei unterstanden damals der Wehrmacht-Kommandantur. Vgl. Krannhals, Der Warschauer Aufstand, S. 120.

18 Richtig: Major Max Dirske. Er war der ranghöchste deutsche Offizier, der während des Warschauer Aufstandes in Gefangenschaft der Aufständischen geriet und nach deren Kapitulation wieder freigelassen wurde. Vgl. Borodziej, Der Warschauer Aufstand, S. 115.

19 SS-Standartenführer Dr. jur. Ludwig Hahn (1908-1986), Kommandeur der Sicherheitspolizei und des SD im Distrikt Warschau. Seine Dienststelle integrierte SD, Gestapo und Kriminalpolizei. Hahn unterstand dem SS- und Polizei-Führer Warschau, Paul Otto Geibel, nur einsatzmäßig. Ansonsten blieb er direkt dem Befehlshaber der Sicherheitspolizei und des SD im Generalgouvernement (Krakau), also mittelbar dem Reichssicherheitshauptamt in Berlin unterstellt. Vgl. Ramme, Der Sicherheitsdienst, S. 159 ff.

20 Vgl. Notiz v. 26.3.1943.

21 Richtig: General Graf Tadeusz Komorowski (1895-1966), Deckname »Bór«, Oberbefehlshaber der polnischen Heimatarmee (Armia Krajowa = AK).

22 Vgl. Tagebucheintrag v. 26.7.1944.

23 Richtig: SS-Obergruppenführer und General der Polizei Erich von dem Bach-Zelewski (vgl. Tagebucheintrag v. 8.8.1944). Er hatte genaugenommen erst am 14.8. den Oberbefehl zur Niederschlagung des Aufstandes übernommen (vgl. Brief v. 21.8.1944).

24 Der Stab der Wehrmacht-Kommandantur hatte sich im Sächsischen Palais am zentralen Adolf-Hitler- bzw. Piłsudski-Platz verschanzt.

25 Genaugenommen war dieses erste operative Ziel nach etwa sieben bis acht Tagen, also am 7./8.8.1944, erreicht.

26 Richtig: SS-Sonder-Regiment Dirlewanger, benannt nach seinem Kommandeur, SS-Standartenführer Oskar Dirlwanger (vgl. Tagebucheintrag v. 11.8.1944).

27 Litzmannstädter Straße bzw. Ulica Wolska.

28 Faktisch war H. Leiter der Abteilung Ic. Als Stellvertreter mußte er sich insofern fühlen, weil die Funktion nur vorübergehend, in der personellen Notlage bei Aufstandsbeginn, mit ihm besetzt worden war (vgl. Vernehmungsprotokoll v. 22.10.1944). Er mußte damit rechnen, bei

nächster Gelegenheit durch einen ausgebildeten Stabsoffizier abgelöst zu werden.

29 Die Wehrmacht-Kommandantur Warschau wie auch später die »Korpsgruppe von dem Bach« waren der 9. Armee unterstellt, die in diesem Weichselabschnitt den Kampf gegen die Roten Armee führte.

30 Vgl. Tagebucheintrag v. 29.3.1944.

31 SS-Gruppenführer und Generalleutnant der Polizei Heinz Reinefarth (1908-1979), SS- und Polizei-Führer Warthe (Posen).

32 SS-Oberführer und Oberst der Gendarmerie Paul Otto Geibel (1898-1966), SS- und Polizei-Führer im Distrikt Warschau.

33 SS-Standartenführer Dr. rer. pol. Oskar Dirlewanger (1895-1945), Kommandeur des gleichnamigen SS-Sonder-Regiments. Vgl. Auerbach, Die Einheit Dirlewanger, S. 250-252.

34 Generalmajor Günther Rohr (1893-?), vor Ausbruch des Aufstandes kurzzeitig Wehrmacht-Kommandant von Warschau, von Stahel in dieser Funktion am 27.7.1944 abgelöst, später Führer einer Kampfgruppe im südlichen Warschau.

35 Vgl. Brief v. 13.8.1944 u. Vernehmungsprotokoll v. 22.10.1945.

36 Vgl. Brief v. 12.8.1944 u. Vernehmungsprotokoll v. 22.10.1945.

37 Stadt Pruszków, südwestlich von Warschau.

38 Weihbischof Antoni Szlagowski (vgl. Brief v. 21.8.1944).

39 Gemeint ist die heute weißrussische Stadt Brest am Bug.

40 Kompanie z(ur) b(esonderen) V(erfügung).

41 Diese Frage bezieht sich zweifelsfrei auf den Verbleib des Stabes der Wehrmacht-Kommandantur Warschau.

42 Vgl. Brief v. 8.8.1940.

43 Gemeint ist das Sächsische Palais im Stadtzentrum am Adolf-Hitler- bzw. Piłsudski-Platz. Hier befand sich der Kommandantur-Stab tatsächlich nur bis zum 30. August (vgl. Brief v. 31.8.1944).

44 Diese Verlegung geschah erst am 19.9.1944 (vgl. Brief v. 19./20.9.1944).

45 Vgl. Brief v. 9.5.1941.

46 Vgl. Tagebucheintrag v. 16.1.1942.

47 Gemeint ist Leon Warm (?-1994), Deckname »Warczyński«.

48 Gemeint ist Władysław Szpilman (1911-2000), der in seinen Memoiren seinem Retter H. ein literarisches Denkmal setzte. Vgl. Szpilman, Das wunderbare Überleben, S. 171-176, u. Brief v. 22.10.1944.

49 Gemeint ist Antoni Cieciora, Decknamen »Cicholki« und »Tolka« (vgl. Einführung zu dieser Edition).

50 Oberst der Polizei Lange, Kommandeur des Wach-Regiments Warschau, Haupttruppenteil der Kommandantur Warschau (vgl. Vernehmungsprotokoll v. 23.7.1945).

51 Vgl. Notiz v. 27.8.1941.

52 Zahl ausgebessert, urspr.: »338«.

53 Das Führerhauptquartier »Mitte« bei der polnischen Stadt Tomaszów Mazowiecki besaß nur behelfsmäßigen Charakter. Anders als sein nördliches Pendant bei Rastenburg (Ostpreußen), das sich unter dem späteren

Namen »Wolfsschanze« tatsächlich zum Feldhauptquartier Hitlers entwickelte, wurde es von diesem nie besucht. Vgl. Neumärker/Conradt/Woywodt, Wolfsschanze, S. 37.

54 H. übernahm die Führung dieser Kompanie tatsächlich erst gegen Mitte Dezember (vgl. Briefe v. ca. Mitte Dez. u. 16.12.1944).

55 Wie Anm. 1.

56 Zur Charakterisierung von Oberst Lange durch H. vgl. Briefe v. 27.11. u. 2.12.1944.

57 Vgl. Brief v. 26.8.1944.

58 Vgl. Vernehmungsprotokoll v. 13.6.1945, Anm. 23.

59 Wie Anm. 1.

60 NKVD (Narodnyj Kommissariat Vnutrennich Del), Volkskommissariat für Innere Angelegenheiten, unter anderem mit der Hauptverwaltung für die Staatssicherheit, 1946 umbenannt in Ministerium des Inneren (Ministerstvo Vnutrennich Del/MVD).

61 Vgl. Tagebucheintrag v. 26.7.1944 u. Vernehmungsprotokoll v. 13.6.1945.

62 Tatsächlich war es am 11.8.1944 gewesen (vgl. Brief v. 12.8.1944).

63 Vgl. Vernehmungsprotokoll v. 13.6.1945, Anm. 26.

64 Genaugenommen war es am 13.8.1944 (vgl. Brief v. Tag).

65 Bischof Szlagowski (vgl. Brief v. 21.8.1944).

66 Damit war vor allem die SS-Sturmbrigade »RONA« gemeint (vgl. 1. Tagebucheintrag v. 9.8.1944). Offenbar war diese als unzuverlässig bekannte Soldateska durch offizielle deutsche Stellen mit der Aussicht und dem Versprechen auf Beute für den Einsatz überhaupt erst motiviert worden. Vgl. Krannhals, Der Warschauer Aufstand, S. 127, Anm. 23.

67 Vgl. Vernehmungsprotokoll v. 13.6.1945, Anm. 23.

68 Vgl. Vernehmungsprotokoll v. 13.6.1945, Anm. 32.

69 Das Fernsprechamt befand sich in der Pius-Straße (Ulica Piusa XI).

70 Geibel wurde mit Gründung der »Korpsgruppe von dem Bach« am 17.8.1944 deren Stabschef.

71 Vgl. Vernehmungsprotokoll v. 13.6.1945, Anm. 19.

72 SS-Hauptsturmführer und Kriminalrat Alfred Spilker war nach Einschätzung von Krannhals, Der Warschauer Aufstand, S. 311, 315, 321, einer der Haupttäter der Massaker im Stadtteil Wola am 5.8.1944. Spilker kam nicht aus dem Organisationsbereich der Warschauer Sicherheitspolizei, sondern war aus dem Amt des Befehlshabers der Sicherheitspolizei und des SD im Generalgouvernement (Krakau) abgeordnet, wo er das für den polnischen Widerstand zuständige Sonderkommando IV A befehligte. Spilkers eigenen Berichten zufolge gingen bis Ende September 1944 insg. 1480 Erschießungen auf das Konto seines in Warschau eingesetzten Kommandos. Vgl. Mallmann, Menschenjagd und Massenmord, S. 313.

73 Stadtteil von Warschau auf dem rechten Weichselufer. Militärisch gesehen, bildete Praga den Kern eines wenige Kilometer tiefen Brückenkopfes gegen die Rote Armee, den die Wehrmacht erst infolge der sowjetischen Offensive vom 13./14.9.1944 verlor.

74 Vgl. Vernehmungsprotokoll v. 13.6.1945, Anm. 31.

75 Gemeint ist wahrscheinlich eines der beiden in Warschau eingesetzten aserbeidschanischen Infanterie-Bataillone, die aber nicht der SS, sondern als »fremdvölkische« Hilfsverbände der Wehrmacht unterstanden.

76 Erster Generalstabsoffizier, zuständig für die taktisch-operative Planung und Führung des Verbandes.

77 Gemeint sind zum einen die SS-Sturmbrigade »RONA« unter ihrem Führer Kaminski, zum anderen die beiden aserbeidschanischen Infanterie-Bataillone des Heeres.

78 SS-Brigadeführer Mieczyslaw Kaminski, Kommandeur der SS-Sturmbrigade »RONA« (vgl. Anm. 60). Wegen seiner Unzuverlässigkeit ließ ihn die SS-Führung noch während des Aufstandes liquidieren.

79 Vgl. Vernehmungsprotokoll v. 13.6.1945, Anm. 34.

80 Vgl. Vernehmungsprotokoll v. 13.6.1945, Anm. 50.

81 Oberst Willi Schmidt, Kommandeur des Sicherungs-Regiments 608 aus Posen.

82 Maschinenschriftl. Zweitschrift im Besitz der Familie H., Fulda. – Zur Person von Karl Hörle vgl. Brief. v. 28.12.1943.

83 Es folgen die eigenhändige Unterschrift von Karl Hörle, seine Adresse in Hanau sowie eine zweizeilige Bestätigung durch die »Betreuungsstelle für ehemalige politische Häftlinge, Hanau«, daß der Unterzeichner als Antifaschist im Konzentrationslager inhaftiert gewesen war.

84 Im Original in Großbuchstaben.

85 Ehemalige Lehrer-Kollegin von H. an der Volksschule in Thalau.

86 Kuratus Wald (vgl. Notiz v. 9.2.1936).

87 Zit. nach Schott, Das Meßbuch.

88 Das Neue Testament, Die Paulinischen Briefe, Der Brief an die Philipper.

89 Name eines Hundes, den H. der Familie aus Warschau mitgebracht hatte.

90 Nummer des Kriegsgefangenenlagers Bobrujsk, in dem sich H. wahrscheinlich seit Anfang Juni 1946 befand.

91 »Der Grüne Heinrich«, Roman des Schweizer Dichters Gottfried Keller (1819-1890).

92 Vgl. Brief v. 10.11.1939.

93 Gemeint ist der von H. gerettete polnische Priester *Antoni* Cieciora (vgl. Brief v. 23.1.1943).

94 Wort im Original unterstrichen.

95 Gemeint ist Władysław Szpilman (vgl. Anm. 48).

96 Der Schwiegervater von H., Karl Krummacher, wohnte in Worpswede.

97 H. sah seinen Sohn Detlev zuletzt während eines Heimaturlaubes im Februar 1944.

98 Maschinenschriftl. Zweitschrift in deutscher Sprache im Besitz der Familie H., Fulda. – Zu Cieciora vgl. Brief v. 15.7.1946.

99 Zeile im Original unterstrichen.

100 Vgl. Brief v. 30.1.1943.

101 Es folgen Ort, Datum und eigenhändige Unterschrift von Antoni Cieciora, sowie der Stempel eines katholischen Pfarramtes in Posen-Główna.

[102] Maschinenschriftl. Zweitschrift in deutscher Sprache im Besitz der Familie H., Fulda.

[103] Es folgen Ort, Datum und eigenhändige Unterschrift von Antoni Cieciora, sowie der Stempel eines katholischen Pfarramtes in Posen-Główna.

[104] Vgl. Brief v. 15.7.1946.

[105] Vgl. Brief v. 19.7.1942.

[106] Im Original in Großbuchstaben und unterstrichen. Zu Hörle vgl. Tagebucheintrag v. 28.12.1943, Bescheinigung v. 9.11.1945 u. Brief v. 5.10.1947.

[107] Vgl. vorst. Brief.

[108] Vgl. Briefe v. 15.7. u. 7.10.1946 sowie Erklärung u. Bescheinigung v. 22.7.1946.

[109] Wallfahrtskirche mit Marienheiligtum auf dem gleichnamigen Berg in der westlichen Rhön.

[110] Vgl. Brief v. 22.6.1946.

[111] Vgl. vorst. Brief.

[112] Das Neue Testament, Die Paulinischen Briefe, Der Brief an Titus 2, 11-15; zit. nach Schott, Das Meßbuch.

[113] Das Alte Testament, die Bücher der Propheten, Das Buch Jeremia 29, 11, 12 u. 14; zit. nach Schott, Das Meßbuch.

[114] Vgl. Brief v. 7.10.1946.

[115] Diese und nachfolgende Kursiv-Setzungen im Original unterstrichen.

[116] Vgl. Brief v. 19.11.1946.

[117] Das Neue Testament, Die Paulinischen Briefe, Der Brief an die Philipper.

[118] Das Alte Testament, Das Buch Jesus Sirach.

[119] Das Alte Testament, Psalm 9, 11 ff.; zit. nach Schott, Das Meßbuch.

[120] Das Neue Testament, Die Paulinischen Briefe, Der Brief an die Philipper.

[121] Das Neue Testament, Die Paulinischen Briefe, Der Brief an Philemon.

[122] Das Neue Testament, Die Paulinischen Briefe, Der Brief an die Kolosser.

[123] Das Neue Testament, Die Paulinischen Briefe, Der erste Brief an die Thessalonicher.

[124] Das Neue Testament, Die Paulinischen Briefe, Der Brief an Titus.

[125] Wilhelm von Kügelgen (1802-1867), Maler und Schriftsteller, verwandt mit der Familie Krummacher und damit auch entfernt mit H.s Ehefrau. Sein bekanntestes literarisches Werk, das H. wahrscheinlich las, sind die autobiographischen »Jugenderinnerungen eines alten Mannes«, 1870 posthum veröffentlicht, 1922 in der 230. (!) Auflage erschienen, die sich im deutschen Bürgertum des späten 19. und frühen 20. Jahrhunderts großer Beliebtheit erfreuten.

[126] Kuratus Wald (vgl. Notiz v. 9.2.1936).

[127] Wiedergegeben im Bildteil dieser Edition.

[128] Gemeint ist der langsame Schritt des Kriegsgefangenen (russisch: Voennoplennyi).

[129] H. hatte seine spätere Ehefrau im August 1918 während eines Wandervogel-Treffens auf Burg Ludwigstein bei Witzenhausen kennengelernt.

[130] Vgl. Brief v. 15.7.1946.

131 Maschinenschriftl. Zweitschrift im Besitz der Familie H., Fulda. – Das Bittgesuch ist unter dem Briefkopf der »Vereinigung der Verfolgten des Naziregimes Hanau-Stadt und -Land e.V. (VVN.)« verfaßt. – Zur Person von Hörle vgl. Briefe v. 28.12.1943 u. 7.10.1946.

132 Im Original in Großbuchstaben.

133 Entsprechend russischer Sitte war H.s Name in sowjetischer Gefangenschaft offiziell um den Vornamen seines Vaters Adelbert ergänzt worden.

134 Organisation antifaschistischer Widerstandskämpfer und aus religiösen oder rassischen Gründen während der NS-Diktatur Verfolgter; 1947 gegründet.

135 Vgl. dessen Erklärung u. Bescheinigung v. 22.7.1946.

136 Vgl. Brief v. 21.7.1944.

137 Es folgt die eigenhändige Unterschrift von Karl Hörle in seiner Eigenschaft als 1. Vorsitzender der »Vereinigung der Verfolgten des Naziregims [sic!] e.V.« (des Bezirkes Hanau-Stadt und -Land).

138 Nach Schott, Das Meßbuch, kommen mehrere Lesungen aus der Bibel in Frage. Gemeint ist der Samstag in der Fastenwoche nach Pfingsten.

139 H. meint damit, daß er außer dem Rosenkranz die vorgenannten persönlichen Gegenstände nicht mehr besaß.

140 Vgl. Brief v. 7.10.1946.

141 Vgl. Brief v. 15.7.1946.

142 Vgl. Brief v. 7.10.1946.

143 Leon Warm, Deckname »Warczyński«.

144 Über diesen Satz verweist ein Zeichen auf einen Nachtrag an späterer Stelle im selben Brief: »nicht erlaubt!«.

145 Das Neue Testament, Die Paulinischen Briefe, Der Brief an die Kolosser 1, 9-14.

146 Auf dem Kartenbrief ist der Ziffernschlüssel des Lagers Bobrujsk als Absendeort angegeben. Mit Sicherheit befand sich H. damals bereits in Vitebsk.

147 Vgl. Brief v. 7.10.1946.

148 Gemeint ist Cholmy östlich von Mogilev (vgl. Brief v. Josef Gith an Annemarie H. v. 25.7.1948).

149 Gemeint ist ein Kapitel aus »De Imitatione Christi« (Von der Nachfolge Christi), dem Hauptwerk des niederrheinischen Theologen und christlichen Mystikers Thomas von Kempen (1379/80-1471).

150 Hospital Cholmy (vgl. Brief v. Heinrich Sauerwein an Annemarie H. v. 13.6.1948).

151 Tilman Riemenschneider (um 1460-1535), bedeutender Steinbildhauer und Holzschnitzer der Spätgotik.

152 Das Alte Testament, Das Hohelied.

153 Auf der Moskauer Außenministerkonferenz vom 23.4.1947 hatten alle alliierten Siegermächte einvernehmlich beschlossen, ihre deutschen Kriegsgefangenen bis spätestens zum 31.12.1948 zu entlassen.

154 Nach heutiger Erkenntnis gab es keine ausgesprochenen Schweigelager für deutsche Kriegsgefangene, allerdings unterschiedlich begründete und

befristete Schreibverbote bis hin zu generellen Postsperren in den Lagern, die aus damaliger Sicht den vom Verfasser wiedergegebenen Eindruck erweckten. Vgl. Böhme, Die deutschen Kriegsgefangenen, S. 151-157.

155 Gemeint ist Karl Hörle (vgl. Brief v. 7.10.1946).

156 Diese und nachfolgende Kursiv-Setzung im Original unterstrichen.

157 Vgl. Brief v. 26.8.1948.

158 Das Jahresende 1948 war verstrichen, ohne daß die Sowjetunion bis dahin, wie zugesagt, ihre verbleibenden deutschen Kriegsgefangenen entlassen hatte. Am 24.1.1949 erließ Stalin ein Memorandum, in dem er die Schuld hierfür den Westalliierten zuschob und die »Repatriierung« der Kriegsgefangenen bis Ende 1949 in Aussicht stellte. Vgl. Hilger, Deutsche Kriegsgefangene, S. 314-331.

159 Baracken, die der deutsche Reichsarbeitsdienst (RAD) während der deutschen Besatzungszeit im Zweiten Weltkrieg errichtet hatte.

160 Im Original unterstrichen.

161 Im Original in Großbuchstaben.

162 Werk des Colmarer Kupferstechers und Malers Martin Schongauer (um 1453-1491).

163 Die Unteroffiziere Twenhäfel, Siebel und Pfeiffer waren von 1941 bis 1943 Untergebene und Vertraute von H. im Sportamt der Kommandantur Warschau gewesen.

164 Bestandteil der katholischen Lithurgie (Dankgebet während der Eucharistiefeier).

165 Aus dem Alten Testament, Psalm 117, 16 f., zit. nach Schott, Das Meßbuch.

166 Im Original in Großbuchstaben; gemeint ist Gott.

167 Das Alte Testament, Die Bücher der Lehrweisheit und die Psalmen, Die Psalmen.

168 Das Neue Testament, Die Evangelien, Das Evangelium nach Markus.

169 Das Neue Testament, Die Paulinischen Briefe, Der Brief an die Philipper.

170 Vgl. Brief v. 15.2.1947.

171 Im Original in Großbuchstaben.

172 Diese und nachstehende Kursiv-Setzung im Original in Großbuchstaben; gemeint ist Gott.

173 Das Alte Testament, Das Buch Jesaja 38, 1-6; zit. nach Schott, Das Meßbuch.

174 Worte unleserlich.

175 Vgl. Brief v. 26.6.1949.

176 Zweite Klasse des Gymnasiums.

177 Vgl. Brief v. 22.6.1946.

178 Das Neue Testament, Die Offenbarung des Johannes.

179 Es handelte sich um ein neuartiges, den Blutdruck senkendes Medikament, das soeben erst in der Schweiz unter dem Namen Hydergin entwickelt worden war (vgl. Brief v. 26.5.1951).

180 Dr. med. Gerhard Krummacher, Schwager von H. – Zum Sachverhalt vgl. Briefe v. 26.6. u. 8.8.1946.

[181] Dieser Text von H. steht über zwei Notenzeilen, die eine kleine Komposition für Streichquartett darstellten. Diese stammt offenbar von dem Musikwissenschaftler und Komponisten Dr. Peter Brömse (geb. 1912), damals anscheinend Mitgefangener von H.

[182] Dr. med. Gerhard Krummacher, Schwager von H. - Zum Sachverhalt vgl. Briefe v. 23./24.6. u. 8.8.1949.

[183] Das Neue Testament, Das Evangelium nach Matthäus.

[184] Im Original in Großbuchstaben; gemeint ist Gott.

[185] Vgl. Briefe v. 26.6.1949 u. 26.5.1951.

[186] Das Neue Testament, Der zweite Brief an die Korinther.

[187] Vgl. Brief v. 4.7.1947.

[188] Im Original unterstrichen.

[189] Anspielung auf das Sternbild des Großen Wagens, gleichzeitig Sinnbild für die siebenköpfige Familie H. (Hinweis von Dr. Helmut H., Fulda).

[190] Vermutlich ist »Isolator« gemeint (vgl. Brief von H.C. Meyer-Reicheneck an Helmut H. v. 12.11.1950).

[191] Diese und nachstehende Kursiv-Setzungen im Original unterstrichen.

[192] Vgl. Brief von H.C. Meyer-Reicheneck an Helmut H. v. 12.11.1950.

[193] Nur als Abschrift im Besitz der Familie H., Fulda, erhalten, die der Verfasser später selbst von seiner Maschinen-Durchschrift des Originals angefertigt hat. Das Original ist nicht überliefert.

[194] Vgl. Brief von Wolfgang Werner an H. v. 21.9.1943; vgl. H.s Brief v. 12.9.1943.

[195] Gemeint ist das in der Warschauer Innenstadt gelegene sog. Palais Tepper aus der zweiten Hälfte des 18. Jahrhunderts, nach der Rokoko-Plastik am Eingangstor auch Haus »Unter den Winden« genannt.

[196] Vgl. Tagebucheintrag v. 22.10.1942.

[197] Übersetzung aus dem Russischen; Grundlage waren die 3. u. 9. Ausfertigung der Urteilsschrift aus H.s Kriegsgefangenen-Akte im Besitz des Russischen Staatlichen Militärarchivs (RGVA) in Moskau, Bestand Innenministerium (MVD) der UdSSR, Abt. für Aufarbeitung von Akten von Kriegsgefangenen und Internierten, Archiv-Nr. ZU 490078, Pers-Akten-Nr. 4047 (Fotokopien im Besitz des Hrsg.). – Nachfolgende Kursivsetzungen im Original in Großbuchstaben.

[198] Das Präsidium des Obersten Sowjet hatte damit angeordnet, alle »deutschen, italienischen, rumänischen, ungarischen und finnischen Verbrecher, die der Mordtaten an der Zivilbevölkerung und gefangenen Rotarmisten überführt wurden, und auch Spione und Vaterlandsverräter unter den Sowjetbürgern mit der Todesstrafe durch Erhängen« zu bestrafen.

[199] Vgl. Vernehmungsprotokoll v. 13.6.1945, Anm. 2.

[200] Der Paragraph 66 des weißrussischen Strafgesetzbuches in seiner Ausgabe von 1949 bedrohte jede »Unterstützung der internationalen Bourgeoisie«, die auf die Beseitigung des kommunistischen Systems abzielte, wie auch nachdrücklich jede feindliche Handlung gegen die UdSSR mit einer Freiheitsstrafe von mindestens drei Jahren und ganzem oder teilweisen Einzug des Vermögens, in schweren Fällen mit der Todes-

strafe (»Erschießen«), gänzlichem Vermögenseinzug, dem Verlust der Staatsbürgerschaften der Unionsrepubliken und der UdSSR sowie dauerhafter Verbannung aus der UdSSR. - Ich danke Dr. Bernhard Chiari für die Beschaffung dieser Angaben.

201 Datum des Beginns der Untersuchungshaft von H.

202 Es folgte die Beglaubigung der Abschrift bzw. Ausfertigung durch den Vorsitzenden Richters Zolotarev.

203 Diese und nachstehende Kursiv-Setzungen im Original unterstrichen.

204 Offensichtlich ein Schreibfehler. Es ist wohl 1949 gemeint.

205 Einrichtung zur strengen Absonderung innerhalb eines sowjetischen Kriegs- oder Strafgefangenenlagers, in die Gefangene wegen schwerer Vergehen und Verbrechen innerhalb des Lagers sowie automatisch bei Einleitung eines neuen Strafverfahrens eingewiesen wurden.

206 M.V.D. (Ministerstvo Vnutrennich Del), Ministerium des Inneren (der UdSSR).

207 Fotokopie des handschriftlichen Originalschreibens in polnischer Sprache sowie dessen amtliche beglaubigte deutsche Übersetzung im Besitz der Familie H., Fulda.

208 Diese Angabe spiegelte den Wissensstand der Familie H. wider, der auf einer inzwischen überholten Information durch den vorst. Brief basierte.

209 Vgl. Erklärung u. Bescheinigung v. 22.7.1946.

210 Vgl. das Bittgesuch von Karl Hörle v. 5.10.1947.

211 Vgl. Briefe v. 26.6. u. 17.8.1949.

212 Vgl. Brief v. 26.5.1951.

213 Brieftext in fremder Handschrift.

214 Vgl. Brief v. 16.1.1949.

215 Vgl. Briefe v. 26.5. u. 12.7.1951.

216 Lodenmantel der Marke Frey, München.

217 Gemeint ist H.s Schwiegervater Karl Krummacher.

218 »Die Unbefleckte« (lat.); religiöses Synonym für die Junfrau Maria. Wie vorstehend schon seinem Sohn Detlev (Johannes), teilte H. seiner Tochter mit diesem Beinamen eine biblische Rolle zu.

219 Fingierter Absender. Eigentlicher Absender ist H.

220 H.s Tochter Anemone war als Krankenschwester berufstätig.

221 Fingierter Absender. Eigentlicher Absender ist H.

222 Brieftext in fremder Handschrift, außer den Grußzeilen zum Schluß.

223 Gemeint ist die Zensur.

224 Brieftext in fremder Handschrift.

225 Brieftext in fremder Handschrift.

226 Brieftext in fremder Handschrift, außer der eigenh. Unterschrift von H.

227 Älterer Bruder von H.

228 Gemeint ist: »für den«.

229 Hier irrte der Verfasser. Gesicherter Zeitpunkt des Todes von H. ist der 13. August 1952, 21.50 Uhr. - Dies geht nicht nur aus seiner Kriegsgefangenen-Akte hervor, sondern wurde auch durch einen damaligen Mitgefangenen bestätigt (vgl. vorst. Brief).

Literatur

Absolon, Rudolf, Die Wehrmacht im Dritten Reich, 6 Bde, Boppard a.Rh. 1969–1995 (= Schriften des Bundesarchivs, 16)

Allgemeine Heeresmitteilungen. Hrsg. vom Oberkommando des Heeres, 9. Jg., 1942, Berlin: Reichsdruckerei 1942

Alvensleben, Udo von, Lauter Abschiede. Tagebuch im Kriege. Hrsg. von Harald von Koenigswald, 2. Aufl., Berlin 1972

Das andere Gesicht des Krieges. Deutsche Feldpostbriefe 1939–1945. Hrsg. von Ortwin Buchbender und Reinhold Sterz, München 1982.

Andresen, Karen, »Tiefe Bitterkeit senkt sich mir ins Herz.« Wilm Hosenfeld als Retter des »Pianisten«, in: Die Gegenwart der Vergangenheit. Der lange Schatten des Dritten Reichs. Hrsg. von Stefan Aust und Gerhard Spörl, München 2003, S. 389–400

Auerbach, Hellmuth, Die Einheit Dirlewanger, in: Vierteljahrshefte für Zeitgeschichte, 10 (1962), S. 250–263

Backes, Uwe, Karl-Heinz Janßen, Eckhard Jesse [u.a.], Reichstagsbrand – Aufklärung einer historischen Legende, München 1986

Bährens, Kurt, Deutsche in Straflagern und Gefängnissen der Sowjetunion, 3 Bde, München 1965 (= Zur Geschichte der deutschen Kriegsgefangenen des Zweiten Weltkrieges, Bd V/1-3)

Banasiak, Miroslaw, und Monica Piątkowska, Robinson i Wędrowny Ptak [= Robinson und der Wandervogel], in: Gazeta Wyborca vom 8./9.7.2000 [unveröff. Übers. aus dem Polnischen von Peter Bradschel vom 17.10.2000]

BBKL siehe Biographisch-Bibliographisches Kirchenlexikon

Behrenbeck, Sabine, Der Kult um die toten Helden. Nationalsozialistische Mythen, Riten und Symbole 1923 bis 1945, Vierow b. Greifswald 1996 (= Kölner Beiträge zur Nationsforschung, Bd 2)

Besier, Gerhard, Die Kirchen und das Dritte Reich, Bd 3: Spaltungen und Abwehrkämpfe 1934 bis 1937, Berlin 2003

Besymenski, Lew, Der sowjetische Vorstoß an die Weichsel, in: Powstanie Warszawskie – Der Warschauer Aufstand, S. 90–99

Bilder schreiben Geschichte: Der Historiker im Kino. Hrsg. von Rainer Rother, Berlin 1991

Biographisch-Bibliographisches Kirchenlexikon, Bd I–II. Hrsg. von Friedrich-Wilhelm Bautz †; Bd III–XVII und XIX–XXI. Hrsg. von Friedrich-Wilhelm Bautz † und fortgeführt von Traugott Bautz, Hamm,

Herzberg, Nordhausen 1990–2003 [aktualisierte Artikel im Internet: www.bautz.de/bbkl]

Bischof Clemens August Graf von Galen. Akten, Briefe und Predigten 1933–1946. Bearb. von Peter Löffler, Bd II, 2., erw. Aufl., Paderborn [u.a.] 1996 (=Veröffentlichungen der Kommission für Zeitgeschichte, Reihe A, Bd 42)

Blumenson, Martin, Salerno to Cassino, Washington, D.C. 1969, Nachdruck 1988 (= United States Army in World War II)

Böckle, Karlheinz, Feldgendarmen – Feldjäger – Militärpolizisten. Ihre Geschichte bis heute, Stuttgart 1987

Böhme, Kurt W., Die deutschen Kriegsgefangenen in der Sowjetunion. Eine Bilanz, München 1966 (= Zur Geschichte der deutschen Kriegsgefangenen des Zweiten Weltkrieges, Bd VII)

Bömelburg, Hans-Jürgen, und Bogdan Musial, Die deutsche Besatzungspolitik in Polen 1939–1945, in: Deutsch-polnische Beziehungen, S. 43–111

Bonwetsch, Bernd, Die Forschungskontroverse über die Kriegsvorbereitungen der Roten Armee 1941, in: Präventivkrieg?, S. 170–189

Borodziej, Włodzimierz, Terror und Politik. Die deutsche Polizei und die polnische Widerstandsbewegung im Generalgouvernement 1939–1944, Mainz 1999 (=Veröffentlichungen des Instituts für Europäische Geschichte Mainz, Abteilung Universalgeschichte, Beiheft 28)

Borodziej, Włodzimierz, Der Warschauer Aufstand 1944, Frankfurt a.M. 2001

Borowsky, Peter, Deutsche Ukrainepolitik, unter besonderer Berücksichtigung der Wirtschaftsfragen, Lübeck, Hamburg 1970 (= Historische Studien, H. 416)

Bradley, Dermot, Karl-Friedrich Hildebrand und Markus Rövekamp, Die Generale des Heeres 1921–1945. Die militärischen Werdegänge der Generale, sowie der Ärzte, Veterinäre, Intendanten, Richter und Ministerialbeamten im Generalsrang, Osnabrück 1993 (= Deutschlands Generale und Admirale, Teil IV)

Brausch, Gerd, Der Tod des Generalobersten Werner Freiherr von Fritsch, in: Militärgeschichtliche Mitteilungen, 7 (1970), S. 95–112

Breyer, Richard, Die deutsche Bevölkerung in Polen 1933 bis 1939, in: Deutschland und Polen von der nationalsozialistischen Machtergreifung bis zum Ende des Zweiten Weltkrieges. XVIII. deutsch-polnische Schulbuchkonferenz der Historiker, 28. Mai bis 2. Juni in Nowogrod (Naugard). Mit Beitr. von Peter Böhning [u.a.]. Red.: Wolfgang Jacobmeyer, Braunschweig 1986 (= Schriftenreihe des Georg-Eckert-Instituts für internationale Schulbuchforschung, Bd 22/IX), S. 71—81

Broszat, Martin, Nationalsozialistische Polenpolitik 1939–1945, Stuttgart 1961, Frankfurt a.M. 1965

Brown, Angela, Vom »germanischen Julfest« zum »Totenfest« – Weihnachten und Winterhilfswerk-Abzeichen im Nationalsozialismus, in: <www.dhm.de/magazine/weihnachten/ Brownt.htm>

Browning, Christopher, Die Entfesselung der »Endlösung«. Nationalsozialistische Judenpolitik 1939–1942. Mit einem Beitrag von Jürgen Matthäus, München 2003

Burleigh, Michael, Die Zeit des Nationalsozialismus. Eine Gesamtdarstellung. Aus dem Englischen übers von Udo Rennert und Karl Heinz Siber, Frankfurt a.M. 2000

Cartellieri, Diether, Die deutschen Kriegsgefangenen in der Sowjetunion. Die Lagergesellschaft. Eine Untersuchung der zwischenmenschlichen Beziehungen in den Kriegsgefangenenlagern, München, Bielefeld 1967 (= Zur Geschichte der deutschen Kriegsgefangenen des Zweiten Weltkrieges, Bd II)

Davies, Norman, Im Herzen Europas. Geschichte Polens, 3. Aufl., München 2002

Deist, Wilhelm, Überlegungen zur »widerwilligen Loyalität« der Deutschen bei Kriegsbeginn, in: Der Zweite Weltkrieg, S. 224–239

Denzler, Georg, und Volker Fabricius, Die Kirchen im Dritten Reich, Bd 1, Frankfurt a.M. 1984

Deutsche Orden und Ehrenzeichen. Kommentar zum Gesetz über Titel, Orden und Ehrenzeichen und eine Darstellung deutscher Orden und Ehrenzeichen von der Kaiserzeit bis zur Gegenwart mit Abbildungen. Begr. von Hans Karl Geeb und Heinz Kirchner, fortgeführt von Heinz Kirchner und Hermann-Wilhelm Thiemann, neu bearb. von Heinz Kirchner und Birgit Laitenberger, 5., neubearb. und erg. Aufl., Köln, Berlin, Bonn, München 1997

Das Deutsche Reich und der Zweite Weltkrieg, Bd 1: Wilhelm Deist, Manfred Messerschmidt, Hans-Erich Volkmann und Wolfgang Wette, Ursachen und Voraussetzungen der deutschen Kriegspolitik, Stuttgart 1979; Bd 2: Klaus A. Maier, Horst Rhode, Bernd Stegemann und Hans Umbreit, Die Errichtung der Hegemonie auf dem europäischen Kontinent, Stuttgart 1979; Bd 3: Gerhard Schreiber, Bernd Stegemann und Detlev Vogel, Der Mittelmeerraum und Südosteuropa, Stuttgart 1984; Bd 4: Horst Boog, Jürgen Förster, Joachim Hoffmann, Ernst Klink, Rolf-Dieter Müller und Gerd R. Ueberschär, Der Angriff auf die Sowjetunion, Stuttgart 1983; Bd 5: Bernhard R. Kroener, Rolf-Dieter Müller und Hans Umbreit, Organisation und Mobilisierung des deutschen Machtbereichs, Halbbd 1: Kriegsverwaltung, Wirtschaft und personelle Ressourcen 1939–1941, Stuttgart 1988, Halbbd 2: Kriegsverwaltung, Wirtschaft und personelle Ressourcen 1942–1944/45, Stuttgart 1999; Bd 6: Horst Boog, Werner Rahn, Reinhard Stumpf und Bernd Wegner, Der globale Krieg. Die Ausweitung zum Weltkrieg und der Wechsel der Initiative 1941-1943, Stuttgart 1990; Bd 7: Horst Boog, Gerhard Krebs und Detlef Vogel, Das Deutsche Reich in der Defensive. Strategischer Luftkrieg in Europa, Krieg im Westen und in Ostasien 1943–1944/45, Stuttgart, München 2001

Deutschland im zweiten Weltkrieg, Bd 1: Vorbereitung, Entfesselung und Verlauf des zweiten Weltkrieges bis zum 22. Juni 1941, Berlin (Ost) 1974; Bd 2: Vom Überfall auf die Sowjetunion bis zur sowjetischen Gegenoffensive bei Stalingrad (Juni 1941 bis November 1942), Berlin (Ost) 1975; Bd 3: Der grundlegende Umschwung im Kriegsverlauf (November 1942 bis September 1943), Berlin (Ost) 1979; Bd 4: Das Scheitern der faschistischen Defensivstrategie an der deutsch-sowjetischen Front (August bis Ende 1943), Berlin (Ost) 1981; Bd 5: Der Zusammenbruch der Defensivstrategie des Hitlerfaschismus an allen Fronten (Januar bis August 1944), Berlin (Ost) 1984; Bd 6: Die Zerschlagung des Hitlerfaschismus und die Befreiung des deutschen Volkes (Juni 1944 bis zum 8. Mai 1945), Berlin (Ost) 1985

Deutsch-polnische Beziehungen 1939-1945-1949. Hrsg. von Włodzimierz Borodziej und Klaus Ziemer, Sonderausgabe für die Bundeszentrale für politische Bildung, Bonn 2000

Der Dienstkalender Heinrich Himmlers 1941/42. Im Auftrag der Forschungsstelle für Zeitgeschichte in Hamburg bearb., kommentiert und eingel. von Peter Witte [u.a.], Hamburg 1999 (= Hamburger Beiträge zur Sozial- und Zeitgeschichte, Quellen, Bd 3)

Das Diensttagebuch des deutschen Generalgouverneurs in Polen 1939 bis 1945. Hrsg. von Werner Präg und Wolfgang Jacobmeyer, Stuttgart 1975 (= Quellen und Darstellungen zur Zeitgeschichte, Bd 20)

Dmitrów, Edmund, und Jerzy Kułak, Der polnische »Historikerstreit« zur Armia Krajowa, in: Die polnische Heimatarmee, S. 807-846

Documenta occupationis, Bd VI: Hitlerowskie »Prawo« okupacyine w Polsce: Wybór dokumentów i próba syntezy. Hrsg. von Karol M. Posieszalski, Poznań 1958

Documenta occupationis, Bd X: Praca przymusowa polaków pod Panowiem Hitlerowskim 1939-1945. Hrsg. von Alfred Konieczny und Herbert Szurgacz, Poznań 1976

Documenta occupationis, Bd XII: Eksploatacja Siły roboczej i Grabież ziem polskich przez Wehrmacht w Końcowym okresie il Wojny światowej. Hrsg. von Eugeniusz Kozłowski und Piotr Matusak, Poznań 1986

Domarus, Max, Hitler. Reden und Proklamationen 1932-1945. Kommentiert von einem deutschen Zeitgenossen, 4 Bde, 4. Aufl., Leonberg 1988

Dülffer, Jost, Die Einstellung der USA und Großbritanniens: Hilfloses Zögern, in: Powstanie Warszawskie – Der Warschauer Aufstand, S. 177-194

Du Prel, [Max Freiherr,] Das deutsche Generalgouvernement Polen, Krakau 1940

Echternkamp, Jörg, Der Aufstieg des deutschen Nationalismus (1770-1840), Frankfurt a.M., New York 1998

Eisenblätter, Gerhard, Grundlinien der Politik des Reiches gegenüber dem Generalgouvernement 1939-1944, Frankfurt a.M. 1969 [= Diss. Univ. Frankfurt a.M.]

Elble, Rolf, Die Schlacht an der Bzura im September 1939 aus deutscher und polnischer Sicht, Freiburg i.Br. 1975 (= Einzelschriften zur militärischen Geschichte des Zweiten Weltkrieges, Bd 15)

Encyklopedia II wojny światowej. Hrsg. von Kazimierz Sobczak, Warszawa 1975

Enzyklopädie des Holocaust. Die Verfolgung und Ermordung der europäischen Juden. Hrsg. von Eberhard Jäckel, 3 Bde, Berlin 1993

Enzyklopädie des Nationalsozialismus. Hrsg. von Wolfgang Benz, Hermann Graml und Hermann Weiß, Stuttgart 1997

Enzyklopädie Erster Weltkrieg. Hrsg. von Gerhard Hirschfeld, Gerd Krumeich und Irina Renz in Verb. mit Markus Pöhlmann, Paderborn 2003

Esch, Michael G., Bevölkerungsverschiebungen und Bevölkerungspolitik 1939–1950, in: Deutsch-polnische Beziehungen, S. 189–213

Europa unterm Hakenkreuz, Bd 2 siehe Die faschistische Okkupationspolitik in Polen 1939–1945

Europa unterm Hakenkreuz, Bd 8: Analysen, Quellen, Register. Hrsg von Werner Röhr, Werner, Heidelberg 1989

Die faschistische Okkupationspolitik in Polen 1939–1945, Dokumentenauswahl und Einleitung von Werner Röhr, Berlin 1989 (= Europa unterm Hakenkreuz, Bd 2)

Feiten, Willi, Der Nationalsozialistische Lehrerbund. Entwicklung und Organisation. Ein Beitrag zum Aufbau und zur Organisationsstruktur des nationalsozialistischen Herrschaftssystems, Weinheim, Basel 1981 (= Studien und Dokumentationen zur deutschen Bildungsgeschichte, Bd 19)

Fiedler, Gudrun, Jugend im Krieg. Bürgerliche Jugendbewegung, Erster Weltkrieg und sozialer Wandel 1914–1923, Köln 1989

Fiedler, Siegfried, Kriegswesen und Kriegführung im Zeitalter der Millionenheere, Bonn 1993 (= Heerwesen der Neuzeit, Abt. V, Das Zeitalter der Millionenheere, Bd 2)

Fischer, Peter, Die deutsche Publizistik als Faktor der deutsch-polnischen Beziehungen. 1919–1939, Wiesbaden 1991 (= Studien der Forschungsstelle Ostmitteleuropa an der Universität Dortmund, 7)

Fleischhacker, Hedwig, Die deutschen Kriegsgefangenen in sowjetischer Hand. Der Faktor Hunger, München 1965 (= Zur Geschichte der deutschen Kriegsgefangenen des Zweiten Weltkrieges, Bd III)

Flessau, Kurt-Ingo, Schule der Diktatur. Lehrpläne und Schulbücher des Nationalsozialismus, München 1977

Fox, John P., Der Fall Katyn und die NS-Propaganda, in: Vierteljahrshefte für Zeitgeschichte, 30 (1982), S. 462–499

Fricke, Klaus, Die schulpädagogische Konzeption Adolf Reichweins, in: Adolf Reichwein 1898–1944. Erinnerungen, Forschungen, Impulse. Hrsg. von Wilfried Huber und Albert Krebs, Paderborn [u.a.] 1981, S. 105–123.

Frieser, Karl-Heinz, Blitzkrieg-Legende. Der Westfeldzug 1940, München 1995 (= Operationen des Zweiten Weltkrieges, Bd 2)

Frieser, Karl-Heinz, Die Operationen an der Ostfront 1943/44 [bisher unveröff. Ms. für Das Deutsche Reich und der Zweite Weltkrieg, Bd 8, erscheint voraussichtlich 2006]

Frieser, Karl-Heinz, Schlagen aus der Nachhand – Schlagen aus der Vorhand. Die Schlachten von Char'kov und Kursk, in: Gezeitenwechsel im Zweiten Weltkrieg?. Die Schlachten von Char'kov und Kursk im Frühjahr und Sommer 1943 in operativer Analyse, Verlauf und politischer Bedeutung. Im Auftrag des Militärgeschichtlichen Forschungsamtes hrsg. von Roland G. Foerster, Hamburg, Berlin, Bonn 1996 (=Vorträge zur Militärgeschichte, Bd 15), S. 101–135

Gamm, Hans-Jochen, Führung und Verführung. Pädagogik des Nationalsozialismus, 3. Aufl., München 1990 [Erstauflage 1964]

Geiss, Imanuel, Das Deutsche Reich und die Vorgeschichte des Ersten Weltkriegs, München 1985 [Taschenbuchausgabe; Erstausgabe 1978]

Das Generalgouvernement. Im Auftrag des Generalgouverneurs hrsg. und bearb. von Max Freiherr du Prel, Würzburg, 1942

Das Generalgouvernement. Reisehandbuch von Karl Baedeker, Leipzig 1943

Gersdorff, Ursula von, Frauen im Kriegsdienst 1914 bis 1945, Stuttgart 1969 (= Beiträge zur Militär- und Kriegsgeschichte, Bd 11)

Geßner, Klaus, Geheime Feldpolizei – die Gestapo der Wehrmacht, in: Vernichtungskrieg. Verbrechen der Wehrmacht 1941–1944. Hrsg. von Hannes Heer und Klaus Naumann, Hamburg 1995, S. 343–358

Goebbels, Joseph, Der steile Aufstieg. Reden und Aufsätze aus den Jahren 1942/43, München [1943]

Goebbels-Reden, 2 Bde. Hrsg. von Helmut Heiber, Düsseldorf 1972

Gosztony, Peter, Stalins fremde Heere, Bonn 1991

Graml, Hermann, Europas Weg in den Krieg. Hitler und die Mächte 1939, München 1990 (= Quellen und Darstellungen zur Zeitgeschichte, Bd 29)

Gross, Jan Tadeusz, Polish Society under German Occupation. The Generalgouvernement 1939–1944, Princeton, N.J. 1979

Gross, Jan Tadeusz, Revolution from Abroad. The Soviet Conquest of Poland's Western Ukraine and Western Belorussia, Princeton, N.J. 1988

Gross, Jan Tadeusz, Die Sowjetisierung Ostpolens, 1939–1941, in: Zwei Wege nach Moskau, S. 56–74

Hansen, Georg, »Damit wurde der Warthegau zum Exerzierplatz des praktischen Nationalsozialismus.« Eine Fallstudie zur Politik der Einverleibung, in: September 1939, S. 55–72

Hartweg, Frédéric, Das Straßburger Münster, in: Deutsche Erinnerungsorte. Hrsg. von Etienne François und Hagen Schulze, Bd III, München 2001, S. 410–422

Heeresverordnungsblatt (HVBl.), Jahrgänge 1939–1945

Heike, Otto, Die deutsche Minderheit in Polen bis 1939. Ihr Leben und Wirken – kulturell, gesellschaftlich, politisch, Leverkusen 1985

Heinrichs, Dirk, Hauptmann d.R. Wilm Hosenfeld. Retter in Warschau, in: Retter in Uniform. Handlungsspielräume im Vernichtungskrieg der Wehrmacht. Hrsg. von Wolfram Wette, Frankfurt a.M. 2002, S. 69–87

Heitmann, Clemens, und René Henn, Volkstrauertag, in: Militärgeschichte. Zeitschrift für historische Bildung, 3/2003, S. 10–12

Hildebrand, Karl Friedrich, Die Generale der deutschen Luftwaffe 1935–1945. Die militärischen Werdegänge der Flieger-, Flakartillerie-, Fallschirmjäger-, Luftnachrichten- und Ingenieur-Offiziere einschließlich der Ärzte, Richter, Intendanten und Ministerialbeamten im Generalsrang, Bd 3, Osnabrück 1992 (= Deutschlands Generale und Admirale, Teil II)

Hildebrandt, Karl-Heinz, Die Front am Ärmelkanal. Dieppe 1942, in: Militärgeschichtliche Beiträge, 6 (1992), S. 49–56

Hilger, Andreas, Deutsche Kriegsgefangene in der Sowjetunion 1941–1956. Kriegsgefangenenpolitik, Lageralltag und Erinnerung, Essen 2000 (= Schriften der Bibliothek für Zeitgeschichte – Neue Folge, Bd 11)

Hilger, Andreas, Faustpfand im Kalten Krieg? Die Massenverurteilungen deutscher Kriegsgefangener 1949/50 und die Repatriierung Verurteilter 1950 bis 1956, in: Sowjetische Militärtribunale, Bd 1, S. 211–271

Hillgruber, Andreas, Hitlers Strategie. Politik und Kriegführung 1940–1941, 3. Aufl., Bonn 1993

Hillgruber, Andreas, Das Rußland-Bild der führenden deutschen Militärs vor Beginn des Angriffs auf die Sowjetunion, in: Zwei Wege nach Moskau, S. 167–184

Hitlers Weisungen für die Kriegführung 1939–1945. Dokumente des Oberkommandos der Wehrmacht. Hrsg. von Walther Hubatsch, München 1965 [Taschenbuchausgabe; Erstausgabe 1962]

Hockerts, Hans Günther, Die Sittlichkeitsprozesse gegen katholische Ordensangehörige und Priester 1936/37. Eine Studie zur nationalsozialistischen Herrschaftstechnik und zum Kirchenkampf, Mainz 1971 (= Veröffentlichungen der Kommission für Zeitgeschichte, Reihe B: Forschungen, Bd 6)

Höhne, Heinz, Canaris. Patriot im Zwielicht, München 1976

Hoffmann, Joachim, Kaukasien 1942/43. Das deutsche Heer und die Orientvölker der Sowjetunion, Freiburg i.Br. 1991 (= Einzelschriften zur Militärgeschichte, Bd 35)

Hoffmann, Joachim, Die Ostlegionen 1941 bis 1943. Turkotataren, Kaukasier und Wolgafinnen im deutschen Heer, 3. Aufl., Freiburg i.Br. 1986

Hoffmann, Peter, Widerstand – Staatsstreich – Attentat. Der Kampf der Opposition gegen Hitler, München 1969

Hummel, Karl-Heinz, Generalleutnant Rainer Stahel. Zu seinem 25. Todestag, in: Deutsches Soldatenjahrbuch, 28 (1980), S. 207 f.

Jacobmeyer, Wolfgang, Die deutschen Minderheiten in Polen und in der Tschechoslowakei in den dreißiger Jahren, in: Aus Politik und Zeitgeschichte, B 31/86 vom 2.8.1986, S. 17–25

Jacobmeyer, Wolfgang, Der Überfall auf Polen und der neue Charakter des Krieges, in: September 1939, S. 16–37

Jaczyński, Stanisław, Die Rote Armee an der Weichsel: Politischer oder militärischer Attentismus, in: Der Warschauer Aufstand, S. 195–209

Jansen, Christian, und Arno Weckbecker, Eine Miliz im »Weltanschauungskrieg«: der »Volksdeutsche Selbstschutz« in Polen 1939/40, in: Der Zweite Weltkrieg, S. 482–500

Jansen, Christian, und Arno Weckbecker, Der »Volksdeutsche Selbstschutz« in Polen 1939/40, München 1992 (= Schriftenreihe der Vierteljahrshefte für Zeitgeschichte, 64)

Jockheck, Lars, »Banditen« – »Terroristen« – »Agenten« – »Opfer«. Der polnische Widerstand und die Heimatarmee in der Presse-Propaganda des »Generalgouvernements«, in: Die polnische Heimatarmee, S. 431–471

Joseph Goebbels. Tagebücher 1924–1945, 5 Bde. Hrsg. von Ralf Georg Reuth, erw. Sonderausgabe, München 1999 [Originalausgabe 1992]

Kaiser, Gerd, Katyn – Das Staatsverbrechen – das Staatsgeheimnis, Leipzig 2002

Der Kampf um die Ätherwellen. Feindpropaganda im Zweiten Weltkrieg. Hrsg. von Hans Sarkowicz und Michael Crone unter Mitarbeit des Deutschen Rundfunkarchivs, Frankfurt a.M. 1990

Kilius, Rosemarie, Wehrmachthelferinnen im Zweiten Weltkrieg, in: Militärgeschichte. Zeitschrift für historische Bildung, 2/2003, S. 16–21

Die Kirchen im Dritten Reich, Bd 2: Dokumente. Hrsg. von Georg Denzler und Volker Fabricius, Frankfurt a.M. 1984

Kiršin, Jurij J., Die sowjetischen Streitkräfte am Vorabend des Großen Vaterländischen Krieges, in: Zwei Wege nach Moskau, S. 389–403

Kleßmann, Christoph, Die kulturelle Selbstbehauptung der polnischen Nation, in: September 1939, S. 117–138

Kleßmann, Christoph, Die Selbstbehauptung einer Nation, Nationalsozialistische Kulturpolitik und polnische Widerstandsbewegung im Generalgouvernement 1939–1945, Düsseldorf 1971 [Diss. 1969]

Klink, Ernst, Das Gesetz des Handelns. Die Operation »Zitadelle« 1943, Stuttgart 1966.

Klönne, Arno, Jugend im Dritten Reich, in: Deutschland 1933–1945. Neue Studien zur nationalsozialistischen Herrschaft, hrsg. von Karl Dietrich Bracher, Manfred Funke und Hans-Adolf Jacobsen, 2. erg. Aufl., Bonn 1993, S. 218–239

Kosmala, Beate, Der deutsche Überfall auf Polen. Vorgeschichte und Kampfhandlungen, in: Deutsch-polnische Beziehungen, S. 19–41

Krannhals, Hans von, Der Warschauer Aufstand 1944, Frankfurt a.M. 1962

Krausnick, Helmut, Hitler und die Morde in Polen. Ein Beitrag zum Konflikt zwischen Heer und SS um die Verwaltung der besetzten Gebiete (Dokumentation), in: Vierteljahrshefte für Zeitgeschichte, 11 (1963), S. 196–209

Krausnick, Helmut, Hitlers Einsatzgruppen. Die Truppe des Weltanschauungskrieges 1938–1942, durchgeseh. Ausg., Frankfurt a.M. 1993 (= Fischer Taschenbücher, 4344)

Krausnick, Helmut und Hans-Heinrich Wilhelm, Die Truppe des Weltanschauungskrieges. Die Einsatzgruppen der Sicherheitspolizei und des SD 1938–1942, Stuttgart 1981 (= Quellen und Darstellungen zur Zeitgeschichte, Bd 21)

Kriegstagebuch des Oberkommandos der Wehrmacht (Wehrmachtführungsstab). Im Auftrag des Arbeitskreises für Wehrforschung hrsg. von Percy Ernst Schramm, zusammengestellt und erl. von Hans-Adolf Jacobsen, 8 Bde, Sonderausgabe (Studienausgabe) der Originalausgabe 1961–65, Bonn [o.D.]

Kroener, Bernhard R., »General Heldenklau«. Die »Unruh-Kommission« im Strudel polykratischer Desorganisation (1942–1944), in: Politischer Wandel, organisierte Gewalt und nationale Sicherheit. Beiträge zur neueren Geschichte Deutschlands und Frankreichs. Festschrift für Klaus-Jürgen Müller. Hrsg. von Ernst Willi Hansen, Gerhard Schreiber und Bernd Wegner, München 1995, S. 269–285

Küppers, Heinrich, Der Katholische Lehrerverband in der Übergangszeit von der Weimarer Republik zur Hitlerdiktatur. Zugleich ein Beitrag zur Geschichte des Volksschullehrerstandes, Paderborn 1975

Lang, Martin, Stalins Strafjustiz gegen deutsche Soldaten. Die Massenprozesse gegen deutsche Kriegsgefangene in den Jahren 1949 und 1950 in historischer Sicht, Herford 1981

Laqueur, Walter Z., Die deutsche Jugendbewegung. Eine historische Studie, Köln 1962

Lehmann, Albrecht, Gefangenschaft und Heimkehr. Deutsche Kriegsgefangene in der Sowjetunion, München 1986

Lemelsen, Joachim, Im Ostfeldzug (22.6.1941 – Stalingrad), in: 29. Division. Hrsg. vom Falke-Verband, bearb. von Julius Schmidt, Bad Nauheim, 1960, S.104–260

Lemhöfer, Lutz, Gegen den gottlosen Bolschewismus. Zur Stellung der Kirchen zum Krieg gegen die Sowjetunion, in: »Unternehmen Barbarossa«, S. 131–139

Loeperdinger, Martin, und Klaus Schönekiis, ›Die große Liebe‹ – Propaganda im Unterhaltungsfilm, in: Bilder schreiben Geschichte, S. 143–153

Longerich, Peter, Politik der Vernichtung. Eine Gesamtdarstellung der nationalsozialistischen Judenverfolgung, München, Zürich 1998

Madajczyk, Czeslaw, Die Okkupationspolitik Nazideutschlands in Polen 1939–1945, Berlin 1987

Magenheimer, Heinz, Abwehrschlacht an der Weichsel 1945. Vorbereitung, Ablauf, Erfahrungen, Freiburg i.Br. 1976 (= Einzelschriften zur militärischen Geschichte des Zweiten Weltkrieges, Bd 20)

Mallmann, Klaus-Michael, Menschenjagd und Massenmord. Das neue Instrument der Einsatzgruppen und -kommandos 1938–1945, in: Die Gestapo im Zweiten Weltkrieg. »Heimatfront« und besetztes Europa. Hrsg. von Gerhard Paul und Klaus-Michael Mallmann, Darmstadt 2000, S. 291–316

Mazur, Grzegorz, Die Aktion »Burza«, in: Die polnische Heimatarmee, S. 255-274

Meldungen aus dem Reich. Die geheimen Lageberichte des Sicherheitsdienstes der SS 1938-1945, 17 Bde. Hrsg. und eingel. von Heinz Boberach, Herrsching 1984

Menger, Manfred, Deutschland und Finnland im Zweiten Weltkrieg. Genesis und Scheitern einer Militärallianz, Berlin (Ost) 1988 (= Militärhistorische Studien. Hrsg. vom Militärgeschichtlichen Institut der DDR. N.F., 26)

Messerschmidt, Manfred, Die Wehrmacht im NS-Staat, Hamburg 1969

Messerschmidt, Manfred, und Fritz Wüllner, Die Wehrmachtjustiz im Dienste des Nationalsozialismus. Zerstörung einer Legende, Baden-Baden 1987

Mezynski, Andrzej, Kommando Paulsen: Organisierter Kunstraub in Polen 1942-45, Köln 2000

Michaelis, Rolf, Die Kavallerie-Divisionen der Waffen-SS, 2. Aufl., Berlin 1998

Missalla, Heinrich, Wie der Krieg zur Schule Gottes wurde. Hitlers Feldbischof Rarkowski. Eine notwendige Erinnerung, Oberursel 1997

Moldenhauer, Harald, Der sowjetische NKVD und die Heimatarmee im »Lubliner Polen« 1944/45, in: Die polnische Heimatarmee, S. 275-299

Mommsen, Wolfgang J., Die Urkatastrophe Deutschlands. Der Erste Weltkrieg 1914-1918, Stuttgart 2002 (= Gebhardt, Handbuch der deutschen Geschichte, 10., völlig neu bearb. Aufl., Bd 17)

Musial, Bogdan, Deutsche Zivilverwaltung und Judenverfolgung im Generalgouvernement. Eine Fallstudie zum Distrikt Lublin 1933-1944, Wiesbaden 1999 (= Deutsches Historisches Institut Warschau, Quellen und Studien, Bd 10)

NDB siehe Neue Deutsche Biographie

Neue Deutsche Biographie. Hrsg. von der Historischen Kommission der Bayerischen Akademie der Wissenschaften, Bd 1-21, Berlin 1953-2003

Neumärker, Uwe, Robert Conrad und Cord Woywodt, Wolfsschanze. Hitlers Machtzentrale im II. Weltkrieg, Berlin 1999

»Das Oberkommando der Wehrmacht gibt bekannt ...« Der deutsche Wehrmachtbericht. Vollständige Ausgabe der 1939-1945 durch Presse und Rundfunk veröffentlichten Texte mit einem Gesamtregister von Günter Wegmann, Bd 1: 1939-1941, Osnabrück 1982 (=Veröffentlichungen deutschen Quellenmaterials zum Zweiten Weltkrieg, I)

Otto, Helmut, und Karl Schmiedel, Der erste Weltkrieg. Militärhistorischer Abriß, 3. Aufl., Berlin (Ost) 1977 (= Schriften des Militärgeschichtlichen Instituts der DDR, Kleine Militärgeschichte, Kriege)

Overmans, Rüdiger, Das andere Gesicht des Krieges. Leben und Sterben der 6. Armee, in: Stalingrad. Ereignis Wirkung – Symbol. Im Auftrag des Militärgeschichtlichen Forschungsamtes hrsg. von Jürgen Förster, München, Zürich 1992, S. 419-455

Overmans, Rüdiger, Deutsche militärische Verluste im Zweiten Weltkrieg, München 1999 (= Beiträge zur Militärgeschichte, Bd 46)

Pätzold, Kurt, und Manfred Weißbecker, Geschichte der NSDAP 1920 - 1945, Köln 1998

Pohl, Dieter, Der Völkermord an den Juden, in: Deutsch-polnische Beziehungen 1939 - 1945 - 1949, S. 113 - 134

Die polnische Heimatarmee. Geschichte und Mythos der Armia Krajowa seit dem Zweiten Weltkrieg. Im Auftrag des MGFA hrsg. von Bernhard Chiari, München 2003 (= Beiträge zur Militärgeschichte, Bd 57)

Powstanie Warszawskie – Der Warschauer Aufstand. Hrsg. von Stanislawa Lewandowska und Bernd Martin, Warszawa 1999

Präventivkrieg? Der deutsche Angriff auf die Sowjetunion. Hrsg. von Bianka Pietrow-Ennker, Frankfurt a.M. 2000

Radke, Gunther, Die Feldjäger-Kommandos der Wehrmacht und ihr Einsatz für die »Manneszucht«, in: Militärgeschichte. Zeitschrift für historische Bildung, 9 (1999), 2, S. 37 - 41

Ramme, Alwin, Der Sicherheitsdienst der SS. Zu seiner Funktion im faschistischen Machtapparat und im Besatzungsregime des sogenannten Generalgouvernements Polen, Berlin (Ost) 1970

Ránki, György, Unternehmen Margarete. Die deutsche Besetzung Ungarns, Wien [u.a.] 1984

Ratza, Werner, Die deutschen Kriegsgefangenen in sowjetischer Hand. Der Faktor Arbeit, München 1973 (= Zur Geschichte der deutschen Kriegsgefangenen des Zweiten Weltkrieges, Bd IV)

Regel, Helmut, Han pasado – Sie sind durchgekommen. Der Spanische Bürgerkrieg im NS-Kino, in: Bilder schreiben Geschichte, S. 129 - 142

Reichshandbuch der Deutschen Gesellschaft. Das Handbuch der Persönlichkeiten in Wort und Bild. Hrsg. vom Deutschen Wirtschaftsverlag, 2 Bde, Berlin 1930/31

Reinhardt, Klaus, Die Wende vor Moskau. Das Scheitern der Strategie Hitlers im Winter 1941/42, Stuttgart 1972 (= Beiträge zur Militär- und Kriegsgeschichte, Bd 13)

Sagan, Günter, »Die Bevölkerung hatte Verluste.« Der Luftkrieg im Raum Fulda vom September 1939 bis zum März 1945, Fulda 1994 (= 58. Veröffentlichung des Fuldaer Geschichtsvereins)

Sahm, Ulrich, Rudolf von Scheliha 1897 - 1942. Ein deutscher Diplomat gegen Hitler, München 1990

Scheffler, Wolfgang, und Helge Grabitz, Der Gettho-Aufstand Warschau 1943, München 1993

Schick, Elmar, Stationen der Machtübernahme. Die NSDAP im Fuldaer Land, Fulda 2002

Schieder, Theodor, Italien vom Ersten zum Zweiten Weltkrieg, in: Michael Seidelmayer, Geschichte Italiens, 2. erw. Aufl., Stuttgart 1989, S. 447 - 498

Schmider, Klaus, Auf Umwegen zum Vernichtungskrieg? Der Partisanenkrieg in Jugoslawien, 1941–1944, in: Die Wehrmacht, S. 901–922

Schmider, Klaus, Partisanenkrieg in Jugoslawien 1941–1944. Mit einem Vorwort von Gerhard L. Weinberg, Hamburg, Berlin, Bonn 2002

Schmitz-Berning, Cornelia, Vokabular des Nationalsozialismus, Berlin [u.a.] 1998

Scholder, Klaus, Die Kirchen und das Dritte Reich, Bd 1: Vorgeschichte und Zeit der Illusionen 1918–1934, Frankfurt a.M., Berlin, Wien 1977

Scholder, Klaus, Die Kirchen und das Dritte Reich, Bd 2: Das Jahr der Ernüchterung. 1934. Barmen und Rom, geringfügig erg. und korr. Aufl., Frankfurt a.M., Berlin 1988

Schott, Anselm, Das Meßbuch der heiligen Kirche. Mit liturgischen Erklärungen und kurzen Lebensbeschreibungen der Heiligen. Neubearb. von Benediktinern der Erzabtei Beuron, Freiburg i.Br. [1957]

Schröder, Josef, Italiens Kriegsaustritt 1943. Die deutschen Gegenmaßnahmen im italienischen Raum: Fall »Alarich« und »Achse«, Göttingen [u.a.] 1969

Schubert-Weller, Christoph, »Kein schönrer Tod ...«. Die Militarisierung der männlichen Jugend und ihr Einsatz im Ersten Weltkrieg 1890–1918, Weinheim, München 1998 (= Materialien zur Historischen Jugendforschung)

Seidler, Franz W., Blitzmädchen. Die Geschichte der Helferinnen der deutschen Wehrmacht im Zweiten Weltkrieg, Koblenz, Bonn 1979

Seidler, Franz W., Die Militärgerichtsbarkeit der Deutschen Wehrmacht 1939–1945. Rechtsprechung und Strafvollzug, München, Berlin 1991

Seidler, Franz W., Die Organisation Todt. Bauen für Staat und Wehrmacht, Bonn 1998

September 1939. Krieg, Besatzung, Widerstand in Polen. Hrsg. von Christoph Kleßmann, Göttingen 1989

Soldat und Beruf. Was kann ich durch die Berufsförderung der Wehrmacht praktisch erreichen? 56. Sammelband der Schriftenreihe »Soldatenbriefe zur Berufsförderung«. Hrsg. vom Oberkommando der Wehrmacht, Abt. J/WU in der Reihe Tornisterschriften (nur für den Gebrauch in der Wehrmacht), Breslau 1942

Sowjetische Militärtribunale, Bd 1: Die Verurteilung deutscher Kriegsgefangener 1941–1953. Hrsg. von Andreas Hilger, Ute Schmidt u. Günther Wagenlehner, Köln, Weimar, Wien 2001

Spatta, Ludwig, Lebenserinnerungen [ohne Titel], unveröffentl. hand- und maschinenschriftl. Manuskript [Kopie im Besitz des Hrsg.]

Stasiewski, Bernhard, Die Kirchenpolitik der Nationalsozialisten im Warthegau, in: Vierteljahrshefte für Zeitgeschichte, 7 (1959), S. 46–74

Stein, Hans-Peter, Symbole und Zeremoniell in deutschen Streitkräften vom 18. bis zum 20. Jahrhundert. Mit einem Beitrag von Hans-Martin Ottmer, Herford, Bonn 1986

Die Stellvertretenden Gauleiter und die Vertretung der Gauleiter der NSDAP im »Dritten Reich. Bearb. von Joachim Lilla, Koblenz 2003 (= Materialien aus dem Bundesarchiv, H. 13)

Streit, Christan, Keine Kameraden. Die Wehrmacht und die sowjetischen Kriegsgefangenen 1941–1945, Bonn 1991

Syring, Enrico, Hitlers Kriegserklärung an Amerika vom 11. Dezember 1941, in: Der Zweite Weltkrieg, S. 683–696

Szarota, Tomasz, Polen unter deutscher Besatzung, 1939–1941, in: Zwei Wege nach Moskau, S. 40–55

Szarota, Tomasz, Resistenz und Selbstbehauptung der polnischen Nation, in: Deutsch-polnische Beziehungen, S. 135–162

Szarota, Tomasz, Warschau unter dem Hakenkreuz. Leben und Alltag im besetzten Warschau 1.10.1939 bis 31.7.1944, Paderborn 1985

Szpilman, Władysław, Das wunderbare Überleben. Warschauer Erinnerungen 1939–1945. Aus dem Polnischen von Karin Wolff. Vorwort von Andrzej Szpilman. Anhang von Wilm Hosenfeld. Mit einem Essay von Wolf Biermann, Düsseldorf, München 1998

Thamer, Hans-Ulrich, Verführung und Gewalt. Deutschland 1933–1945, Berlin 1986

Transfeldt, Walter, Wort und Brauch in Heer und Flotte. Hrsg. von Hans-Peter Stein, 9., überarb. und erw. Aufl., Stuttgart 1986

Trimmel, Gerald, Heimkehr. Strategien eines nationalsozialistischen Films, Wien 1998

Umbreit, Hans, Wehrmachtsverbände und Sondereinheiten im Kampf gegen die Aufständischen und die Zivilbevölkerung: Planloser Terror oder militärisches Kalkül? In: Der Warschauer Aufstand, S. 141–152

»Unternehmen Barbarossa«. Der deutsche Überfall auf die Sowjetunion 1941. Hrsg. von Gerd R. Ueberschär und Wolfram Wette, Paderborn 1984

Verhey, Jeffrey, Der »Geist von 1914« und die Erfindung der Volksgemeinschaft, Hamburg 2000

Villinger, Tanja, Der Aufstand in der Berichterstattung der deutschen Medien, in: Der Warschauer Aufstand, S. 271–280

War Through Children's Eyes. The Soviet Occupation of Poland and the Deportations, 1939–1941. Ed. by Irena Grudzińska-Gross and Jan Tomasz Gross, Stanford 1981

Warschau unter deutscher Herrschaft. Deutsche Aufbauarbeit im Distrikt Warschau. Im Auftrag des Gouvernements des Distrikts Warschau bearb. von Friedrich Gollert, Krakau 1942

Wedekind, Michael, Nationalsozialistische Besatzungs- und Annexionspolitik in Norditalien 1943 bis 1945. Die Operationszonen »Alpenvorland« und »Adriatisches Küstenland«, München 2003 (= Militärgeschichtliche Studien, Bd 38)

Die Wehrmacht. Mythos und Realität. Im Auftrag des Militärgeschichtlichen Forschungsamtes hrsg. von Rolf-Dieter Müller und Hans-Erich Volkmann, München 1999

Weinberg, Gerhard L., Die globale Geschichte des Zweiten Weltkrieges, Stuttgart 1995

Wette, Wolfram, Die propagandistische Begleitmusik zum deutschen Überfall auf die Sowjetunion am 22. Juni 1941, in: »Unternehmen Barbarossa«, S. 111 – 129

Wette, Wolfram, Zur psychologischen Mobilmachung der deutschen Bevölkerung 1933 – 1939, in: Der Zweite Weltkrieg, S. 205 – 223

Wojsko Polskie na froncie wschodnim 1943 – 1945: w 50 rocznicę bitwy pod Lenino. Materiały z konferencji naukowej zorganizowanej przez WIH i dowództwo 1 Warszawskiej Dywizji Zmechanizowanej. Hrsg. von Henryk Stańczyk, Warszawa 1994

»Wollt Ihr den totalen Krieg?« Die geheimen Goebbels-Konferenzen 1939 – 1943. Hrsg. und ausgewählt von Willi A. Boelcke, Stuttgart 1967

Wulf, Josef, Das Dritte Reich und seine Vollstrecker, München [u.a.] 1978 [Nachdruck der Originalausgabe, Berlin 1961]

Wulf, Josef, Vom Leben, Kampf und Tod im Ghetto Warschau, Bonn 1958 (= Schriftenreihe der Bundeszentrale für Heimatdienst, H. 32)

Żak, Andrzej Czesław, Militärische Traditionspflege in den polnischen Streitkräften, in: Die polnische Heimatarmee, S. 691 – 719

Zeidler, Manfred, Deutsch-sowjetische Wirtschaftsbeziehungen im Zeichen des Hitler-Stalin-Paktes, in: Zwei Wege nach Moskau, S. 93 – 110

Zelnhefer, Siegfried, Die Reichsparteitage der NSDAP in Nürnberg, Nürnberg 2002 (= Schriftenreihe des Dokumentationszentrums Reichsparteitagsgelände, Bd 2)

Zur Geschichte der deutschen Kriegsgefangenen des Zweiten Weltkrieges. Hrsg. von Erich Maschke, Bd 1 ff., München 1962 ff.

Zwei Wege nach Moskau. Vom Hitler-Stalin-Pakt bis zum »Unternehmen Barbarossa«. Im Auftrag des Militärgeschichtlichen Forschungsamtes hrsg. von Bernd Wegner, München, Zürich 1991

Der Zweite Weltkrieg. Analysen, Grundzüge, Forschungsbilanz. Im Auftrag des Militärgeschichtlichen Forschungsamtes hrsg. von Wolfgang Michalka, München, Zürich 1989

Personenregister

Das Register verzeichnet die Personen im Textteil. Die Namen der Ehefrau und der Kinder Wilm Hosenfelds wurden nicht aufgenommen, das gleiche gilt für den Namen Adolf Hitlers.

Albinger (Schmied) 357
Albinger, Heinrich 242
Albrecht (Oberfeldwebel) 317
Alin (Leutnant) 907
Alvensleben, Udo von 978 f.
Anders, Günther 375
Andersen (Oberstleutnant) 908
Andreas (Legionär) 883
Andreesen, Alfred (Kompanieführer, Oberleutnant) 50, 243, 247, 270, 272, 289, 295, 304 f., 311, 314, 316 f., 330 f., 333, 336, 339 f., 359, 494, 857, 859
Anna 597
Arend (Kuratus) 565
Arndt, Ernst Moritz 391, 394
Arteld (Familie) 809
Attila 631
Bach, Johann Sebastian 471, 623
Bach, Wilhelm Friedemann 516
Bach-Zelewski, Erich von dem (SS-General) 893--896, 898, 900, 906, 908
Badoglio, Pietro (Marschall) 740, 746
Bagon (Pfarrer) 212
Baumann, Paul 887
Bauriedl, Andreas 226
Beck (Gefreiter) 897
Beck, Jósef (poln. Außenminister) 377
Beethoven, Ludwig van 409, 795
Belka 328
Bellin (Leutnant) 441
Berman, Jakub 144
Berninger, Canisius (Pater) 219
Bessert (Direktor) 330
Beumelburg, Werner 196
Bickert (Unteroffizier) 335
Bingen, Hildegard von 394
Biskupski (Dr.) 455
Bismarck, Johanna von (geb. von Puttkamer) 440
Bismarck, Otto von 436, 440, 446
Blanka 565
Blaskowitz, Johannes (Generaloberst) 324
Blomberg, Werner von (Generalfeldmarschall) 226
Blum (Feldwebel) 897
Bock, Fedor von (Generalfeldmarschall) 580
Böhm, Karl 341, 911
Böhm, Willi 887
Böhme (SS-Obersturmführer) 907
Bösser, Hans 152, 155, 159
Bohne, Willi 182
Boitschen (Gefreiter) 897
Bolte 183
Borgmeyer, Franz 421
Boris III., Zar von Bulgarien 746
Bothmer, Graf (Oberst) 653, 656
Brahms, Johannes 699, 705
Brauchitsch, Walther von 580

Braun (Schulrat) 433, 466
Brehm, Bruno 757
Brenner (Stabszahlmeister) 524
Breyer, Albert 451
Brömse, Peter 962
Büttner (Leutnant) 318, 323, 335
Buhl (Lehrer) 209
Buonarotti, Michelangelo 884
Burre (OT-Mann) 667
Carossa, Hans 851
Chamberlain, Neville 236 f.
Chamczyk, Leon 973
Chopin, Frédéric (Fryderyk) 498
Churchill, Winston S. 582, 769
Ciano, Graf Galeazzo 659 f.
Cieciora (Familie) 40 f., 77, 81, 83, 93, 717
Cieciora, Antoni »Cichocki«, »Cicholki«, »Tolka« 41, 81 f., 83, 91, 93, 100, 113, 118 f., 134, 685, 703, 705, 710 f., 716, 720, 722 f., 734 f., 750, 777, 801, 805, 807, 810 f., 826, 829, 838, 849, 898, 913, 916--918, 920, 922 f., 931, 933, 935, 972 f.
Cieciora, Zofia 40, 420 f., 430, 685, 689, 703, 716, 735, 805, 807, 849
Daladier, Édouard 237
Daniel, Nikolaus 979 f.
Danneborn (Oberleutnant) 437 f.
Deckert (Dr., Stabsarzt) 469
Dietz (Leutnant) 317 f.
Dietz, Johannes B. 492
Diez (Lehrer) 235
Dirlewanger, Oskar (SS-Standartenführer) 99 f., 828, 893, 895, 898, 903 f., 907
Dirske, Max (Major) 892
Dittfurth, Freiherr von (Major) 421
Dönitz, Karl (Großadmiral) 793
Dörre (Unteroffizier) 897
Dreher, Konrad 361
Dschingis-Chan 631
Dürer, Albrecht 215, 620, 884
Dwinger, Edwin-Erich 532
Ďzugašvili, Josif V. (siehe Stalin)
Ebener (Major) 719, 755, 758, 790, 793, 798, 814, 820, 892
Ebert, Friedrich 196
Eckart, Dr. (Intendanturrat) 466
Ehser, Karl (Kreisleiter) 225
Eile (Hauptmann) 345
Eisenstuck, Hellmuth (General) 106, 859, 862, 865
Eißer, Georg (Prof.) 546, 666, 690, 710
Enders, Rudhard 936, 937, 942, 960, 962
Enkhausen 484
Fechner (Prof.) 753
Feuerstein (Ehepaar) 539
Feuerstein (Lehrer) 218, 229
Fiebig, Heinz 376
Fier (Frau) 286
Fier (Herr) 286
Fink (Unteroffizier) 405
Finkenstein, Ottfried Graf von (Oberleutnant) 860, 862
Finkh, Ludwig 547
Fischer, Karl 771
Fischer, Ludwig (Gouverneur) 373, 375, 377, 522, 524, 535 f., 581, 671, 692, 707, 828, 866
Fladung (Schulkamerad) 179
Flex, Walter 504
Fornhammer, Ignaz 953 f.
Francken (Hauptmann) 274, 287, 290, 295 f., 298, 318, 340, 347, 349, 353, 889, 969
Frank, Hans (Generalgouverneur) 43 f., 668, 722, 802
Fraumann (Oberzahlmeister) 424
Frenssen, Gustav 371
Frey, Wolfgang von (Prof.) 960
Freytag, Gustav 284
Freytagh-Loringhofen, Freiherr von (Prof.) 419
Friedrich I. (Barbarossa) 223
Friedrich II., König von Preußen 531
Fritsch, Baron von 475, 478

Fritsch, Werner Freiherr von (Generaloberst) 394, 475, 478
Fürstenberg, von 934
Fürstenwert (Oberstleutnant) 908
Fuhr, Hans 668, 753
Gablikowski, Tadeus 610
Gabriel (Leutnant) 897
Gärtner, Ferdinand 963
Galen, Clemens August von (Bischof) 531, 544
Galsworthy, John 208
Gamelin, Maurice (Generaloberst) 327
Geibel, Paul Otto (SS-General) 895, 899, 906
Gellert (Oberleutnant) 461
George, Heinrich (auch Stefan) 466, 554, 766
Gerhard (Prof.) 951 f.
Gerhardsbauer 206
Gerz (Gefreiter) 897
Geßner 213
Gienanth, Curt Ludwig Freiherr von (General) 498, 513, 520, 538, 556, 560, 613
Gigli, Benjamino 468
Gith, Josef 940 f., 943--945
Gleichfeld (Stabszahlmeister) 481
Goebbels, Joseph 28, 79, 207, 210, 212, 218, 302, 377, 379, 393, 558, 679, 696, 724, 727, 731, 765, 770, 783, 803, 811 f., 815, 820, 865
Göring, Hermann (Reichsmarschall) 226, 302, 632, 689
Goethe, Johann Wolfgang von 182, 185, 267, 323, 690, 963
Gräff, Otger 11, 181 f.
Gramke (Major) 542, 601
Greiser/Kreiser, Arthur (Gauleiter) 774
Grimm, Hans 383
Grundmann, Karl 753
Gruschinske (Dr., auch Kraschinske) 708
Günther 215
Gunild 977
Gutberlet 209
Haberla (Oberstabsarzt) 735
Hack (Lehrer) 223
Händel, Georg Friedrich 409, 700
Haenicke/Hänicke, Siegfried (General) 741
Hagen 809
Hahn, Ludwig (SS-Standartenführer) 892, 899, 906
Halbe, Max 412
Hallensleben, Eberhard (Oberstleutnant) 712, 714, 741, 755, 790
Hammacher, Dr. 313
Hanselmann 187
Hasse (Oberleutnant) 659
Hatheyer, Heidemarie (auch Heidelager) 766
Haushofer, Karl (Prof.) 409
Hausmann, Manfred 764
Hebel, Johann Peter 433, 573
Heckel (Oberleutnant) 500
Heidermanns (Hauptmann) 367 f., 401, 419, 424, 436, 438, 442, 450, 455 f., 458 f., 462, 473, 493, 495, 497, 501, 890
Heinrich (Oberstleutnant) 868, 871, 900
Helander (Prof.) 745
Heller (Schneider) 340
Hengstenberg 667
Henschel, Martha 183
Herbert, Emil 786
Heß, Rudolf 481--483
Hesse, Hermann 472
Heuer (Stabsmusikmeister) 498 f.
Hilgern, Heinrich 963
Hilgern, Jakob 963
Himmler, Heinrich 75, 99 f., 102, 106, 628, 631, 653, 824, 895
Hindenburg, Paul 196
Hinrichs, August 373
Hirzemenzel (Major) 722
Hoche, Alfred E. 409
Hodler, Ferdinand 605
Höfer (Fräulein) 656
Höfer, Gerhard 404 f.

Hörle, Karl 84 f., 118--120, 780 f., 908 f., 920--922, 931--933, 935, 938, 944, 972 f.
Hoffmann (Dr.) 713
Hoffmann (Oberleutnant) 365
Hohenau, Albrecht Graf von (Oberst) 56, 62, 67, 73, 131, 374, 376, 413, 432, 456, 458, 466, 473, 481, 492, 502, 524--526, 561, 612, 622, 629 f., 659, 890
Hohenzollern (Familie) 502
Holy (Frau) 710
Hosenfeld, Friederike (geb. Krick) 3
Hosenfeld, Martin 978
Hosenfeld, Rudolf 124
Jaeth (Oberstabsrichter) 904
Janosch (Hauptmann) 892
Janoschek, Karl 376
Johannes (Pater) 227
Johst, Hanns 215
Jordan (Ortsgruppenleiter) 208
Jüngling 182
Jungnickel, Max 570
Kah, Ernst (SS-Sturmbannführer) 83, 708 f., 892, 899
Kaib (Lehrer) 209, 233
Kalb (Herr) 287
Kaminski, Mieczyslaw (SS-General) 825, 907
Kamlah, Felix-Ferdinand von (Oberstleutnant) 66, 519, 549, 556, 612, 688, 690, 694, 698 f., 710, 713 f., 719
Kampmann (Schütze) 474
Kanert (Oberleutnant) 368, 413
Kant, Immanuel 409
Karl Eugen, Herzog von Württemberg 466
Karl I. Alexander, Großherzog von Württemberg 406
Karmanov (Staršina) 968
Kasslowski 935
Katharina II., Kaiserin von Rußland 773
Katzinski (Pfarrer) 294, 833
Keller, Gottfried 115
Kempen, Thomas von 643, 756, 939
Kempke 738
Ketelhodt, Gerd Freiherr von (Oberleutnant) 375, 396, 499
Kirschbaum (Hauptmann) 722
Kleim (Gefreiter) 780
Klein (Familie) 489
Kleinowska (Frau) 718
Kleist, Adolf von (General) 742, 753 f.
Kleist, Ewald von (Generaloberst) 697
Klüsener, Karl 701
Knoblauch, H.J. von 946--948
Knorr, Friedrich 221
Koch (Oberstabsrichter) 904
Köck (Oberleutnant) 343
Koetschau (Frau) 182
Koetschau, Karl 182, 604
Komorowska (Geschwister) 907
Komorowski, Graf Tadeusz (General) 892, 895
Kościuszko, Tadeusz (auch Kociuszko, Kusciusko) 706 f.
Kosiorowski (Familie) 401
Kost (Major) 766
Kraschinske (siehe Gruschinske)
Kratz (Oberleutnant) 353, 355, 359, 368, 411, 428, 443, 447
Kratz (Hautpmann) 454, 468
Kraus (Hauptmann) 900 f.
Kraus, Josef 386
Krawczyk, Wacław 973
Kreß, Florian 235
Kreß, Will 478
Kroschel (Familie) 91, 734 f., 807
Kroschel (Herr) 83
Krüger (Oberleutnant) 370
Krüger, Paul »Ohm« 475, 487, 502
Krummacher, Annemarie 12, 125
Krummacher, Friedel 681
Krummacher, Fritz 239
Krummacher, Gerhard (Gerd/t) 690, 961 f., 974 f.
Krummacher, Karl 13, 809, 915

Krummacher, Tilde 239
Kügelgen, Wilhelm von 115, 925
Kufirski, Josef 82, 898
Kuhn (Dr., Feldwebel) 339, 342, 358, 361
Kusciusko (auch Kociuszko)
Langbehn, Julius 809
Lange (Oberst der Polizei) 108, 875--878, 898, 900 f., 908
Larotzka (Gräfin) 657
Lasinski (Frau) 709
Lasinski (Herr) 685, 709
Laszinski (Ehepaar) 768
Leander, Zarah 703 f.
Lednicki, Zygmunt 111
Leeb, Wilhelm Ritter von (Generalfeldmarschall) 580
Lehár, Franz 662
Leist, Ludwig (Stadtpräsident von Warschau) 409
Lemmel, Ritter von Seedorf (auch Hauptmann Seeburg) 673, 688, 917
Lenz, Werner 979
Leonhardt 453, 463
Leß (Unteroffizier) 290, 371
Liebermann, Max 884
Liedtke 312
Link, M. 208, 353
Liszt, Franz Ritter von 795
Luckhaus (Familie) 58, 93, 415, 441, 451, 461, 463, 470, 476, 529, 710, 739, 795
Luckhaus, Eduard (Edward) 64, 69, 402, 410, 412, 415, 417 f., 506, 519, 552, 592, 796
Luckhaus, Krystyna 58, 411 f., 418, 429, 430, 471, 624, 710, 795, 819
Maas, Hermann 690
Magerhans (Feldwebel) 362
Malkmus, Robert 161, 570
Mann (Dr., Dozent) 690, 700 f., 801
Mans (Lehrerin) 269, 313, 492, 530, 911
Martini (Hauptmann) 362, 364--367
Masayaki Tani 659
Matsuoka Yosuke 465
Melkös (Bauer) 205
Meseck (Hauptmann) 561
Meuthe (Major) 898
Meyer (Hauptmann) 892
Meyer, T. (Professor der Medizin) 273
Meyer-Reicheneck, Herbert Christian 970 f.
Michalski (Priester) 898
Michelangelo siehe Buonarotti
Mickiewicz, Adam 498
Mihm, Gerhard 566
Mihm, Martin 545, 547, 566, 845
Mihm, Thomas 154
Milke (Unteroffizier) 178
Mirbach (Herr) 758
Modersohn-Becker, Paula 13, 362
Mölders, Werner (Oberst) 580
Möller (Gefreiter) 277, 297
Molotov, Vjačeslav M. 303
Moltke, Hans-Adolf von 854
Moos, Heinrich 656
Mooshammer (Oberleutnant) 399
Mosicky, Ignacy 498
Mügge (Hauptmann) 827
Müller (Unteroffizier) 788
Müller (Feldwebel, R.O.A.) 362
Müller (Hauptmann) 792
Müller, Ulrich (Leutnant) 325
Münchhausen, Ernst Friedemann (Friedrich) Freiherr von 531
Münchhausen, Karl Friedrich Hieronymus Freiherr von 773
Mussolini, Benito 78, 88, 237, 331, 691, 723, 738, 740, 746
Napoleon 397, 512
Natorp, Paul 16
Neeb (Lehrer) 204
Neidhard/Neidhardt/Neidthardt/Neithart (Leutnant; Oberleutnant) 50, 308 f., 311, 319, 321 f., 324 f., 339, 342, 353, 815
Neugebauer (Sekretär) 279
Neusser, Erich von 375

Nietzsche, Friedrich 409, 775, 801
Niffka (Dr.) 495, 497
Ningelgen (Fräulein) 492
Nissen, Momme 809
Noll, Margrete 223
Novitzki/Nowitzki (Herr) 83, 707--709, 711
Nowakowski (Gärtner) 768
Nowicki (siehe Novitzki/Nowitzki)
Nuika (Frau) 351
Nuschke, Otto 120
Ohl (Hauptmann) 892
Olga (Arbeiterin) (717)
Oven, Karl von (General) 342, 350, 355 f., 361, 514
Pacanowski, Josef 898, 913
Patela, Wacław 973
Pestalozzi, Johann Heinrich 16, 238
Peters, Karl (Carl) 487
Pfeiffer/Pfeifer, Eitel (Schütze; Unteroffizier) 370, 519, 613, 619, 644, 703 f., 710--712, 737, 954
Pickelmann (Stabsarzt) 370, 399
Piłsudski, Józef 707
Pius XI. (Papst) 219
Pius XII. (Papst) 833
Polanski, Roman 2
Polenz, Wilhelm von 186
Poljanskij (Obersergeant) 968
Prut (Familie) 42, 51, 129, 296, 309, 330, 379, 485 f., 527
Prut (Frau) 285, 310, 333, 527
Prut, Joachim 118, 285, 312, 328, 526, 913
Prutnitzki (Agronom) 365
Quell (Bauer) 675
Rabkov (Obersergeant) 968
Radziwill (Familie) 478
Reeb, August 209 f., 212, 218
Reichenau, Walter von (Generalfeldmarschall) 580
Reichwein, Adolf 12
Reinefarth, Heinz (SS-General) 895, 898, 907
Rengarten, von (Frau) 408, 412, 429, 439
Rengarten, von (Herr) 408, 412, 439
Reymont, Władisław S. 423, 425
Ribbentrop, Joachim von 554, 659
Richter (Hauptmann) 739
Richter, Hanna 182
Riedel (Oberstleutnant) 345, 356, 362
Riemenschneider, Tilman 942
Rienits/Rieniets, Carl/Karl 12, 182
Rilke, Rainer Maria 362
Rodmil (Architekt) 380
Röhrig, Walter 375, 377, 379, 381
Rohr, Günther (General) 895, 899, 908
Rommel, Erwin (Generalfeldmarschall) 78, 580
Roosevelt, Franklin D. 582, 769
Rosenkranz (Leutnant) 458
Rosinski 693, 705, 716
Rossum, Fritz (General) 70, 75, 581, 612, 653, 656, 662, 666, 699, 714, 722, 729, 741 f., 744, 754
Rothschild, Günther 751
Rubens, Peter Paul 884
Rulle (Musketier) 178
Rundstedt, Gerd von (Generalfeldmarschall) 580
Sachs (Familie) 415
Sachs, Felix 415
Sachs (Frau) 401, 415, 446
Sachs, Hans 370
Sauerwein, Heinrich 938 f.
Schade (Leutnant) 289
Schäfer (Major) 353, 355 f., 931
Schartow (General) 811, 814, 817
Scheibe, Irmgard 181 f.
Schemm, Hans 210 f.
Schenkendorf, Max von (General) 352
Schiller, Friedrich 466
Schirach, Baldur von 212

Schirmer, Hans (General) 103, 836 f., 840, 848, 859, 900
Schlageter, Albert Leo 215
Schleifer, Karl (Gefreiter) 699--701, 721
Schmeidler (Prof.) 745
Schmidt (Frau) 250
Schmidt (Leutnant) 160
Schmidt, Hans 250
Schmidt, Krista 250
Schmidt, Willi (Oberst) 908
Schmitt (Unteroffizier) 897
Schmitt, H. 328
Schmitt, Josef Damian (Bischof) 219, 221
Schmuland, Arthur 753
Schnäder (Studiendirektor) 527
Schneider (Hauptmann) 352--354, 359, 365 f.
Schoene, Baron Wenzel von 488 f., 499, 522, 524, 526, 545, 561, 572, 625, 657
Schoene, Baronin von 545, 583
Schoene, von (Ehepaar) 82
Schöppe (Oberstleutnant der Polizei) 906
Schongauer, Martin 953
Schramm (SS-Untersturmführer) 907
Schröder, Marianne 392
Schubert, Franz 408, 700, 796
Schulz (Frau) 287, 486
Schulz (Hauptmann der Polizei) 906
Schulz (Kaufmann) 249, 250, 486
Schum, H. (Bäcker) 186
Schumann, Robert 796
Schweikart, Christian 209, 216
Schwerin, Graf 370, 374
Sebald, Ludwig 278, 295 f., 299, 341, 911
Seele (Oberstleutnant) 739
Seidel, Ina 573, 576--578
Seidenwar (Oberleutnant) 944
Seifert 887
Siebel (Unteroffizier) 694, 703 f., 710 f., 954
Siehl-Riedel, Ilse 700 f.
Siewers (Feldwebel) 361 f.
Sikorski, Władisław 724 f.
Simon (SA-Sturmführer) 229, 234
Sitzmann, Wilhelm 219
Soscha 430
Spatta, Ludwig 78, 466, 690, 696, 753
Spilker, Alfred (SS-Hauptsturmführer) 906 f.
Sprotte (Oberleutnant) 735
Stabenow, Gerhard (SS-Untersturmführer) 522, 524, 657 f., 899
Stahel, Rainer (General) 96, 98, 100, 102, 820, 822 f., 830, 832 f., 835, 836, 849 f., 858, 893--896, 898, 903--905, 907
Stalin, Josif V. (eigentl. Džugašvili, Josif V.) 104, 531, 631, 769
Stauffenberg, Claus Schenk Graf von (Oberst i.G.) 94
Stellberg 594
Stephan 459
Stöber (Fräulein) 313
Stoß, Veit 409, 620
Strauch (Oberleutnant) 791
Strauß, Emil 590
Streicher, Julius 226
Strenger (Oberleutnant) 479
Striechnitz (Oberleutnant) 361
Stützle (Oberstleutnant) 816
Suchalski 712 f.
Sudermann, Ernst 763
Sym, Igo (Intendant) 375, 431, 457
Szlagowski, Antoni (Bischof) 102, 833, 867, 896, 898, 905
Szpilman, Władysław 2, 108 f., 111--113, 118, 143, 898, 913, 972--974
Taubels 761
Tausendfreund (Oberleutnant/Oberstudiendir.) 757, 759
Theierl (Unteroffizier) 247 f., 268, 273 f., 278, 280, 353 f.

Thiemann (Hauptmann) 816 f.
Thodi, von 809
Thoma, Hans 680
Thomas (Gefreiter) 561 f.
Tilde 651
Todt, Fritz 702, 968
Tolstoi, Graf Leo N. 186 f.
Trenker, Luis 214
Tschammer und Osten, Hans von 495, 497
Tschammer (Herr) 401
Twenhäfel (Unteroffizier) 556, 698, 704, 710 f., 954, 975
Ucicky, Gustav 57, 375, 388, 390
Undset, Sigrid 311, 313
Unruh, Walter von (Oberst; Generalmajor) 61, 394, 434, 449, 460, 470, 473, 488, 491, 493, 508, 513, 518 f., 529, 536 f., 540, 545 f., 548 f., 556, 562, 564, 571, 594 f., 601, 612, 634
Uta (vom Naumburger Dom) 409
Vikta (Polenmädchen) 538
Viktor Emmanuel III., König von Italien 740
Vogeler, Heinrich 13
Vogt 359
Voigt (SS-Hauptsturmführer) 906 f.
Volzke (Leutnant) 355
Wagner, Klaus 949--952
Wald (Kuratus) 205, 208, 210, 220, 233, 237, 333, 911, 925
Waldthausen, von (Familie) 854
Waldthausen, von (Oberleutnant) 854
Walther (Obergefreiter) 776 f.
Warm »Warczyński«, Leon 1, 82, 113, 143, 898, 935, 972--974
Weber (Oberleutnant) 361, 365 f.
Weber (Hauptmann) 368, 423, 431, 433, 449, 456, 458, 463, 468
Wegmann (Gefreiter) 571
Wehner, Josef Magnus 212, 577
Weinrich, Karl (Gauleiter) 218
Weise (SS-Sturmführer) 907
Weißenstein (Schulrat) 194--196
Wendt (Hauptmann) 926
Werner, Wolfgang 752, 794, 965--968
Wessel, Horst 226
Wick, Helmut (Major) 580
Wiernik-Tokarska, Maria 973
Wika (Herr) 717
Wilhelm (Prof.) 753
Wilhelm II, Deutscher Kaiser und König von Preußen (bis 1918) 152, 245, 629
Wilhelm, Kronprinz des Deutschen Reichs und von Preußen (bis 1918) 629
Winkler 209, 212, 218
Wittek, Erhard (Pseudonym: Fritz Steuben) 554
Wittmann (Kreisschulrat) 213, 216
Witwicka (Frau) 307
Wöbke (Gefreiter) 871
Wolf (Herr) 187
Wolff, Hugo 796
Wondra (Direktor) 498
Worrel (SA-Oberführer) 234
Wrede, Theodor Freiherr von (General) 331, 340
Wynecken, Gustav 16
Załegowski, Wiktor 973
Zentgraf (Leutnant) 289
Zieringer (Familie) 863--865
Zieringer, Josef 864 f.
Zitzewitz, von (Oberstleutnant) 445, 529, 534
Zolotarev (Hauptmann der Justiz) 968

9. Armee in Warschau während d.
Aufstands

Wandervogel → Bündische Jugend
Besuch v. poln. Gottesdienst verboten 2. 11. 40
Heeresstreifendienst p. 1060 (35)
Kriegsverdienstkreuz p. 1067 (122)
Landesschützen-Bataillon, p. 39
Zersetzung der Truppe, p. 1103, (203)

Militärgeschichtliches Forschungsamt
g.v. garnisonsverwendungsfähig